Synonymwörterbuch
der
deutschen Redensarten

HANS SCHEMANN

Synonymwörterbuch der deutschen Redensarten

UNTER MITARBEIT
VON
RENATE BIRKENHAUER

STRAELENER MANUSKRIPTE VERLAG
1989

Die Arbeit an diesem Wörterbuch wurde unterstützt durch das Europäische Übersetzer-Kollegium, Straelen, und die Fritz-Thyssen-Stiftung, Köln.

CIP-Titelaufnahme der Deutschen Bibliothek

Schemann, Hans:
Synonymwörterbuch der deutschen Redensarten / Hans Schemann.
Unter Mitarb. von Renate Birkenhauer. – Straelen: Straelener Ms.-Verl., 1989
NE: HST
ISBN 3-89107-022-5

© Hans Schemann und Straelener Manuskripte Verlags-GmbH, Straelen
Satz: pagina GmbH, Tübingen
Druck und Einband: Barbosa & Xavier Ltd., Braga
Printed in Portugal

Vorwort

Der Plan, eine Synonymik der deutschen Redensarten (und eine Synonymik der idiomatischen Ausdrücke auch anderer Sprachen, insbesondere des Französischen und Portugiesischen) zu erstellen, bewegt mich seit langem. Mit Freude griff ich daher den Vorschlag von *Dr. Klaus Birkenhauer* auf, der als Leiter des *Europäischen Übersetzer-Kollegiums* vor fünf Jahren bei den alljährlich stattfindenen »Eßlinger Gesprächen« der literarischen Übersetzer anbot, eine solche Synonymik mit Hilfe der Computeranlagen in Straelen zu erarbeiten.

Der erste Arbeitsgang bestand damals darin, das idiomatische Corpus, das ich in gut einem Jahrzehnt zusammengestellt hatte, in den Computer einzuspeichern. Diesen Arbeitsgang übernahm *Frau Elke Wehr.*

Das Corpus umfaßte zu der Zeit etwa 80–90 Prozent der jetzt vorgelegten idiomatischen Einheiten, die alle durch ein Beispiel in ihrer Bedeutung und Verwendung charakterisiert waren und von denen viele schon Verweise auf bedeutungsverwandte Ausdrücke enthielten.

Frau Wehr setzte beim Einspeichern gleichzeitig – intuitiv – eine große Zahl von Grundbegriffen an, um das umfangreiche und bisher nur alphabetisch geordnete Material in eine erste thematische Ordnung zu bringen. Wenn auch die meisten dieser Grundbegriffe nachher entweder fallengelassen oder variiert wurden, so war doch nicht nur das langwierige Einspeichern, sondern auch der erste Vorschlag von Leitbegriffen durch eine erfahrene und kompetente Übersetzerin von großem Wert für die Weiterarbeit.

Auf der Basis des Computermaterials – konkret: in der Arbeit an den verschiedenen Ausdrucken – stellte ich dann nach und nach die definitive Struktur der Synonymik her. Wieviele Male das Material – teilweise oder ganz – ausgedruckt, wieviele Male es nach meinen Änderungen und Korrekturen dann wieder eingegeben wurde, ist heute nicht mehr genau feststellbar. Hätte jemand seinerzeit diese Zahl auch nur in Annäherungswerten vorhergesagt, hätte das wahrscheinlich den »Arbeitsmut« aller gebrochen. . .

Bei den Arbeiten am Computer bewies *Herr Bernd Kohrmann* während seiner Mitarbeit von gut zwei Jahren eine ungewöhnliche Geduld, Ausdauer und Geschicklichkeit, ohne die die Synonymik nicht in ihre Endphase hätte treten können.

Besonders in dieser Endphase – bei der Revision und Ergänzung der Einträge, der stilistischen Markierung, der definitiven Wortfeldanordnung und schließlich der computergerechten Satzvorbereitung – bewies *Frau Dr. Renate Birkenhauer* eine Einsatzbereitschaft und eine Kompetenz, die, idiomatisch-scherzhaft gesagt und sehr ernst gemeint, »ihresgleichen sucht«.

Vor allem in dieser Schlußphase trug dann auch *Herr Dr. Birkenhauer* durch eine Reihe gezielter Programme noch einmal entscheidend mit bei zum Gelingen der Arbeit.

Für das Material, seine Anordnung, für die Anlage des Wortfeldsystems (systematischer Teil) und für das Alphabetisierungsschema (Registerteil) trägt der Autor allein die Verantwortung; die Revision und Ergänzung der Ausgangseinheiten und ein Großteil der Arbeit am Suchwortregister wurden von Frau Birkenhauer und mir gemeinsam durchgeführt; die Vorschläge zur Satzgestaltung und zu technischen Lösungen bei den Kapitel- und Wortfeldüberschriften sowie bei den Kolumnentiteln gehen auf *Frau Dr. Birkenhauer* und *Herrn Wolfgang Reiner* von der Firma *Pagina* (Tübingen) zurück – wobei jedes einzelne Problem mit dem Verfasser besprochen und abgestimmt wurde.

Erst im Laufe der Arbeit wurde mir bewußt, daß eine Synonymik dieses Umfangs, die auf keinerlei brauchbare einschlägige Vorarbeit zurückgreifen konnte, an die Grenzen der Leistungskraft eines so kleinen Mitarbeiterstabs geht. In der Regel werden solche Bücher heute von großen »teams«, gefördert durch umfangreiche Geld- und Sachmittel, verfaßt – oder sie werden halt nicht verfaßt: es dürfte kein Zufall sein, daß sich trotz der neuen lexikologischen Perspektiven, die der Computer bietet, bisher weder in der Bundesrepublik noch in einem anderen Land jemand an die synonymische Aufbereitung des Idiomatikbestands »gewagt« hätte; früher waren solche Bücher ein Lebenswerk. Es ist daher nicht übertrieben festzustellen, daß ohne die jahrelange intensive Zusammenarbeit unter den erwähnten Personen, ohne die ausgezeichneten Arbeitsbedingungen im Straelener *Übersetzer-Kollegium* und ohne das dort herrschende, in jeder Weise fördernde »humane Klima« das SYNONYMWÖRTERBUCH DER DEUTSCHEN REDENSARTEN nicht das Licht der Öffentlichkeit erblickt hätte.

Mein Dank gilt nicht nur den genannten Mitarbeitern. Er gilt auch dem *Straelener Manuskripte Verlag* – neben *Frau Birkenhauer* vor allem *Herrn Claus Sprick* – für die Bereitschaft, ein solch umfangreiches Buch herauszubringen; mein Dank gilt der *Fritz-Thyssen-Stiftung*, die die Arbeit etwa ein Jahr lang durch ein Stipendium förderte; mein Dank gilt schließlich der *Deutschen Forschungsgemeinschaft* für die Gewährung eines Forschungsstipendiums, das zwar schwerpunktartig der Erstellung eines portugiesisch-deutschen idiomatischen Wörterbuchs galt, doch daneben für mancherlei Vorarbeiten am Synonymwörterbuch genutzt werden konnte.

Autor, Mitarbeiter und Verlag sind für jede konstruktive Kritik und für jeden sinnvollen Verbesserungs- und Ergängzungsvorschlag jederzeit dankbar.

München   Braga
im Februar 1989

Inhalt

Die Großfelder mit ihrer Feldeinteilung

Explizite Gliederung der Felder

A   Zeit · Raum · Bewegung · Sinnesdaten

Aa   Zeit

Aa 1   Zeitangaben

Aa 2   Dauer
Aa 3   wiederholt, häufig, ununterbrochen,
Aa 4   Usus, Angewohnheit, Manie

Aa 5   Reihenfolge
Aa 6   Entwicklung: Phasen, Richtungen, Qualitäten

Aa 7   initiieren, anfangen, loslegen
Aa 8   beenden, ein Ende setzen, enden; aus

Aa 9   nicht spruchreif
Aa 10   (so) allmählich, immer mehr
Aa 11   sich Zeit lassen, in aller Ruhe tun, aufschieben
Aa 12   langwierig
Aa 13   nie

Aa 14   (ganz) schnell
Aa 15   eilig, ungeduldig, kribbelig
Aa 16   wieder Luft haben

Aa 17   sofort
Aa 18   pünktlich
Aa 19   plötzlich, mir nichts dir nichts, kurzerhand

Aa 20   langweilig, monoton

Aa 21   veraltet, von Anno Tobak; altmodisch; aus der guten alten Zeit
Aa 22   modern

Ab   Raum, Bewegung

Ab 1   Lage, Entfernung
Ab 2   (von, nach) überall

Ab 3   Fortbewegung: Formen, Richtung, Art
Ab 4   reisen, wandern, an die Luft gehen
Ab 5   Verkehr
Ab 6   Schiffahrt
Ab 7   abhauen, aufbrechen, fliehen
Ab 8   sich retten, davonkommen
Ab 9   folgen, verfolgen
Ab 10   verschwinden, weg

Ab 11   verlieren, weg, verloren gehen
Ab 12   auf der Suche sein nach, suchen
Ab 13   finden, stoßen auf; jm. in die Hände fallen

Ac   Sinnesdaten

Ac 1   Wetter
Ac 2   frieren – schwitzen
Ac 3   naß
Ac 4   hell – dunkel

Ac 5   Farben
Ac 6   sehen, (sich) (genau) ansehen
Ac 7   Geruch
Ac 8   Notdurft
Ac 9   schmutzig – waschen

Ac 10   Ordnung – Unordnung, Durcheinander

Ac 11   ganz – kaputt
Ac 12   zerstören

B   Leben – Tod

Ba   Geburt – Tod

Ba 1   Geburt
Ba 2   sterben (müssen)
Ba 3   sich töten
Ba 4   töten
Ba 5   tot
Ba 6   noch lebendig

Ba 7   Beerdigung, Trauer

Bb   (noch) jung – (schon) alt

Bb 1   (noch) jung
Bb 2   (schon) alt

Bc   gesund – krank

Bc 1   gesund
Bc 2   krank
Bc 3   schwindlig
Bc 4   Ohnmacht

C   Physiognomie des Menschen

Ca   äußeres Erscheinungsbild

Ca 1   aussehen
Ca 2   groß – klein
Ca 3   stark, kräftig
Ca 4   dick – dünn

Ca 5   Haltung: steif, krumm

Cb   seelisches Erscheinungsbild

Cb 1   js. Art, Eigenart

Cb 2   Freude, Glück, Begeisterung, Jubel

Cb 3   Leid, Kummer, Sorge, Zerrissenheit, Klage

Cb 4   gut gelaunt
Cb 5   schlecht gelaunt; schmollen
Cb 6   (un-)zugänglich: leicht zu nehmen – eigenwillig, sonderbar – schwer zu nehmen

Cb 7   lustiger Kerl
Cb 8   Unsinn machen
Cb 9   foppen
Cb 10   lachen
Cb 11   weinen

Cb 12 empfindlich, verletzbar
Cb 13 Beleidigung
Cb 14 Ärger: Anstoß erregen; sauer sein (auf)
Cb 15 aufregen: jm. auf die Nerven gehen
Cb 16 Zorn
Cb 17 Mangel an Beherrschung: die Fassung verlieren
Cb 18 es gibt Theater
Cb 19 schimpfen, Schimpfworte
Cb 20 die Nerven behalten, sich beherrschen
Cb 21 unerschütterlich

Cc   moralisches Erscheinungsbild

Cc 1   gute Seele, guter Kern
Cc 2   Herz haben, ans Herz gehen
Cc 3   kein Mitgefühl haben, hartherzig, rücksichtslos

Cc 4   anständiger Mensch
Cc 5   pflichtbewußt, tugendhaft; Vorbild, Richtschnur
Cc 6   Abwege, schlechte Gesellschaft, moralisch verlieren, sinken
Cc 7   Unehrenhaftigkeit, Schande
Cc 8   boshaft, niederträchtig
Cc 9   frech, unverschämt
Cc 10 schlechter Ruf

Cc 11 Selbstwert: von sich selbst überzeugt sein; angeben; andere von oben herab behandeln
Cc 12 bescheiden sein, kurztreten (müssen)

Cc 13 wahrhaftig, wahr, richtig
Cc 14 unwahrhaftig, unwahr, erlogen; Ausrede
Cc 15 Schein: nur so tun, den Schein wahren, Masche, Theater
Cc 16 Täuschung: jm. was vormachen; jn. reinlegen; ein Doppelspiel spielen; falsch sein; reinfallen
Cc 17 heimlich, hintenherum

Cc 18 verdächtig sein, Verdacht schöpfen

Cc 19 Diebstahl
Cc 20 Kriminalität, Justiz, Gefängnis

Cc 21 unschuldig
Cc 22 schuldig
Cc 23 loben
Cc 24 tadeln, zurechtweisen, jm. etw. unter die Nase reiben
Cc 25 Ausdrücke des Unwillens
Cc 26 schlagen, verprügeln, ohrfeigen
Cc 27 nicht bestrafen, ein Auge zudrücken

Cc 28 büßen

Cc 29 sich schämen
Cc 30 Reue: in sich gehen; um Verzeihung bitten
Cc 31 selbstgerecht: nicht bereuen; anderen die Schuld geben

Cc 32 Abscheu empfinden
Cc 33 Ausdrücke des Unwillens und der Empörung

Cc 34 verachten

Cc 35 Religion

Cd   geistiges Erscheinungsbild

Cd 1   verstehen
Cd 2   nicht verstehen
Cd 3   fähig
Cd 4   unfähig
Cd 5   geschickt
Cd 6   ungeschickt

Cd 7   klug, helle, weitsichtig
Cd 8   schlau, gerissen
Cd 9   durchschauen
Cd 10 dumm
Cd 11 kurzsichtig, eng(stirnig)

Cd 12 spinnen, übergeschnappt, geistig weggetreten

Cd 13 Fehler, Murks

Cd 14 nichts Gutes, (schon) etwas ahnen; in der Luft liegen
Cd 15 wissen, erfahren; informieren; bestens kennen, beherrschen
Cd 16 nicht wissen, im Dunkeln tappen
Cd 17 Bekanntheitsgrad: Ruf – Gerücht – Tagesgespräch; (un-)bekannt
Cd 18 sattsam bekannt: üblicher Kram, alter Hut

Cd 19 lernen, lehren; Schule, Lehre, Universität
Cd 20 schreiben: Handschrift; Schriftwechsel; Schriftstellerei
Cd 21 rechnen, Mathematik
Cd 22 malen, zeichnen

Cd 23 erfahren
Cd 24 unerfahren

D   Stellung zur Welt

Da   Notwendigkeit oder Schicksal?

Da 1   realistisch, illusionslos, objektiv
Da 2   naiv, gutgläubig
Da 3   Romantik, Phantasie, Illusion, Einbildung

Da 4   Erstaunen
Da 5   überrascht, (ganz einfach) weg
Da 6   Schrecken, Grausen
Da 7   Ausdrücke des Erstaunens
Da 8   Ausdrücke der Überraschung, Verblüffung, des Schreckens

Da 9   Glück, (gütiges) Schicksal
Da 10 Unglück, Unstern

Db   Denken, Meinen

Db 1   Erinnerung
Db 2   Vergessen
Db 3   Einfall

Db 4 Betrachtungsweisen, Perspektiven ...

Db 5 glauben
Db 6 nicht glauben
Db 7 hoffen, sich Hoffnungen machen
Db 8 wünschen
Db 9 sich keine Hoffnungen (mehr) machen

Db 10 versichern, beteuern, schwören; Ausdrücke der Versicherung

Db 11 seine Meinung ändern; in ein anderes Lager übergehen

Db 12 unbeständig; mal hü mal hott sagen

Db 13 Zustimmung, Entgegenkommen, Beifall; Ausdrücke des Einverständnisses
Db 14 Ablehnung: die Finger davon lassen, dagegen sein, jm. fernliegen
Db 15 Ausdrücke der Zurückweisung
Db 16 Übereinstimmung
Db 17 Uneinigkeit

Db 18 Anerkennung, Achtung, Wertschätzung
Db 19 Kritik, Mißachtung, Schmähung

Db 20 im Recht sein; seine Berechtigung haben
Db 21 im Unrecht, Irrtum sein; sich was vormachen

Dc   Reden, Schweigen

Dc 1 reden
Dc 2 schweigen, schweigsam, verschwiegen

Dc 3 offenlegen, offenbar werden, zutage liegen
Dc 4 nicht offenlegen

Dc 5 Gespräch, Diskussion, Debatte; Gesprächsfloskeln
Dc 6 zuhören, Gehör schenken, die Ohren spitzen
Dc 7 nicht hören (wollen)

Dc 8 Gestik, Mimik

Dc 9 laut, leise

Dc 10 Musik

Dd   Handeln

Dd 1 versprechen, zuverlässig
Dd 2 Versprechen nicht halten, unzuverlässig

Dd 3 Planung, Absicht, Ziel; Vorbereitungen
Dd 4 unentschlossen, nicht entschieden
Dd 5 (auf der Suche nach einer) Lösung; Ratschläge
Dd 6 Wahl, Entscheidung, Gültigkeit
Dd 7 zur Tat schreiten, handeln

Dd 8 ungeplant: auf's Geratewohl, aus Zufall, nach Gutdünken, aus Versehen

Dd 9 Ursache, Anlaß
Dd 10 Wirkung, Folge; Folgerung

Dd 11 Konsequenzen, Verantwortung, Last

De   Wille; Anstrengung, Arbeit; Erfolg, Mißerfolg

De 1 aufmerksam, bei der Sache
De 2 unaufmerksam, zerstreut

De 3 Wille, Ausdauer
De 4 disziplinlos, ohne Ausdauer

De 5 Linie, Konsequenz
De 6 zielstrebig, unbeirrbar

De 7 ehrgeizig
De 8 hartnäckig

De 9 rechthaberisch, eigensinnig, stur
De 10 Vernunft annehmen; mit Sinn und Verstand handeln

De 11 alle Hände voll zu tun haben; immer auf Trab sein
De 12 (schwer) arbeiten; sich sein Brot (sauer) verdienen (müssen)

De 13 sich anstrengen
De 14 nichts tun

De 15 Beruf

De 16 erledigen, den letzen Schliff geben

De 17 sich (nicht) beteiligen (wollen)
De 18 für jn. einspringen

De 19 leicht: keine Kunst sein; wie geölt gehen
De 20 schwer: an etw. zu knacken haben; nicht jedermanns Sache sein
De 21 so eben, mit Müh' und Not

De 22 (nicht) schlafen; sich die Nacht um die Ohren hauen
De 23 erschöpft, fertig sein

De 24 Erfolg, Ehre, Ruhm; aus etw. wird was
De 25 Mißerfolg, Ruin, Bankrott; aus etw. wird nichts
De 26 (herbe) Enttäuschung, langes Gesicht

De 27 der Mühe wert, ein fetter Brocken
De 28 vergebliche Liebesmüh'

E   Haltung zu den Mitmenschen

Ea   Umgang

Ea 1 Unterkunft, Wohnung

Ea 2 gesellig: unter die Leute kommen (wollen), warmwerden mit
Ea 3 ungesellig: einsam und allein leben (wollen); nicht aus dem Haus kommen
Ea 4 Kontakte

Ea 5 (nicht) besuchen
Ea 6 begrüßen
Ea 7 Gastfreundschaft: empfangen, aufnehmen
Ea 8 (sich) verabschieden
Ea 9 Grußformeln

Ea 10 Distanz, Abfuhr: jn. schneiden; zum Teufel jagen; an die frische Luft setzen

Ea 11 gutes Benehmen, Form
Ea 12 schlechtes Benehmen, Mangel an Form; Rücksichtslosigkeit

Eb   Zuneigung – Abneigung

Eb 1   Zuneigung
Eb 2   Abneigung

Ec   persönliche Beziehung

Ec 1   gutes Verhältnis, Freundschaft, unzertrennliches Gespann
Ec 2   schlechtes Verhältnis, Feindschaft; Trennung

Ed   Liebe

Ed 1   Liebe, Liebesbeziehung
Ed 2   schwanger
Ed 3   heiraten
Ed 4   Eheleute; fremdgehen; sich trennen
Ed 5   Mensch – Vater – Mutter – Kind – . . .
Ed 6   Verwandtschaftsbeziehungen

Ed 7   Prostitution

Ed 8   Treue

Ed 9   nackt

F   Einfluß · Macht · Verfügung · Besitz

Fa   Einfluß, Macht, Druck

Fa 1   zentrale Rolle, Mittelpunkt
Fa 2   alle Blicke auf sich ziehen

Fa 3   gespannt, neugierig

Fa 4   soziale Position
Fa 5   die besseren Kreise – die kleinen Leute

Fa 6   Beziehungen; Einfluß nehmen

Fa 7   sich (dauernd) einmischen (wollen)
Fa 8   nicht eingreifen (wollen)

Fa 9   jn., eine Epoche prägen

Fa 10 Machtposition
Fa 11 politische Macht; öffentlicher Einfluß
Fa 12 eingeschränkte Macht
Fa 13 Machtlosigkeit

Fa 14 Unterdrückung
Fa 15 gefügig, unterwürfig
Fa 16 Befreiung

Fa 17 schmeicheln

Fa 18 antreiben, aufmöbeln
Fa 19 streng, scharf

Fa 20 zwingen, Druck ausüben
Fa 21 Zwang, Zwangslage: unter Druck stehen; wohl oder übel tun müssen
Fa 22 Ohnmacht: nicht ankommen können gegen
Fa 23 Handlungsfreiheit; tun und lassen können, was man will
Fa 24 selbständig (handeln, leben)
Fa 25 spontan, freiwillig

Fb   Verfügung, Besitz

Fb 1   Verfügung, Verfügungsgewalt
Fb 2   Besitzwechsel, Aufteilung
Fb 3   (viel) Geld
Fb 4   kein Geld (mehr) haben
Fb 5   Schulden
Fb 6   Wohlstand: gut versorgt; reich; weich gebettet; im großen Stil leben
Fb 7   Armut: sich so durchschlagen; nichts (mehr) (zu beißen) haben
Fb 8   verschwenderisch
Fb 9   sparsam
Fb 10 freigiebig, mildtätig
Fb 11 geizig
Fb 12 teuer
Fb 13 billig
Fb 14 umsonst

Fb 15 Handel und Gewerbe

G   Kritische Lage · Gefahr · Auseinandersetzung

Ga   Fertigwerden in schwerer Lage

Ga 1   gestörte Ordnung: was ist (denn) los (mit . . .)?
Ga 2   js. Kreise stören
Ga 3   durcheinander, unsicher; auf tönernen Füßen stehen
Ga 4   unangenehme, schwierige, ernste Lage; Zwickmühle, Sackgasse
Ga 5   (wieder) in Ordnung
Ga 6   zu Leibe rücken, bewältigen, deichseln; klargehen; aus dem Schlamassel heraus(ge)kommen (sein)
Ga 7   erleichtert
Ga 8   nicht bewältigen, nicht von der Stelle kommen mit
Ga 9   ratlos (dastehen)
Ga 10 verzweifeln, verzweifelt

Ga 11 bitten und betteln, jn. beknien
Ga 12 Hilfe: Hilfestellung; Gefallen, Hilfeleistung; Beitrag; Hilfe in der Not; Einsatz; Rat
Ga 13 jm. dankbar sein, danken; Dankesformeln

Ia 5 ungefähre Menge

Ia 6 genug, übergenug
Ia 7 nicht genug

Ia 8 jeder beliebige; dieser und jener; Hinz und Kunz; der Dingsbums

Ib Maßstab

Ib 1 im großen . . . Maßstab

Ic Ausmaß, Wertmaß

Ic 1 echt, typisch; (etw.) durch und durch (sein)
Ic 2 voll und ganz, von A bis Z, bis zum letzten; von Grund auf

Ic 3 perfekt: aus dem eff-eff . . .
Ic 4 ausgezeichnet: Klasse, ganz groß; ein Höhepunkt; js. bestes Stück

Ic 5 durchschnittlich, soso
Ic 6 nichts Halbes und nichts Ganzes
Ic 7 (so recht und) schlecht (etw. tun, sein)

Ic 8 keine halben Sachen machen; das Übel mit der Wurzel ausrotten

Ic 9 genau
Ic 10 übergenau, kleinlich

Ic 11 oberflächlich

Id Maßhalten

Id 1 Maß, Beschränkung
Id 2 (Tendenz zur) Übertreibung

Ie Bezug, Beziehung

Ie 1 (in) Beziehung (zu)

If gleich – verschieden

If 1 gleich: auf derselben Ebene liegen; sich die Waage halten
If 2 ähnlich: sich in manchen, vielen . . . Stücken gleichen
If 3 ungleich: einen Unterschied machen (müssen, wollen . . .) zwischen; auf einer (ganz) anderen Ebene liegen
If 4 unähnlich: ein himmelweiter Unterschied; Welten liegen zwischen . . . und . . .

If 5 sich ändern; wie verwandelt sein

If 6 Veränderung: neue Wege beschreiten, eine andere Wendung nehmen, geben
If 7 unverändert: nach wie vor, wieder, immer . . . derselbe sein; ausgetretene Wege gehen, der alte Trott, das alte Elend

Ig überlegen – unterlegen

Ig 1 überlegen
Ig 2 unterlegen
Ig 3 Rangfolge

Ih sicher – unsicher, (nicht) selbstverständlich, klar

Ih 1 sicher, klar; unter allen Umständen
Ih 2 selbstverständlich

Ih 3 eindeutig sein: etw. schwarz auf weiß haben

Ih 4 (noch) ungewiß sein; auf des Messers Schneide stehen; dahingestellt bleiben

Ii möglich – unmöglich

Ii 1 möglich
Ii 2 unmöglich

Zeichenerklärung und Benutzerhinweise

Abkürzungen

j.	jemand
js.	jemandes
jm.	jemandem
jn.	jemanden
etw.	etwas
e-e S.	eine Sache
e-r S.	einer Sache
Imp.	Imperativ
Sing.	Singular
Plur.	Plural
Subst.	Substantiv
Gen.	Genitiv

Nach stilistisch markierten Redensarten können folgende Abkürzungen in Kursivdruck, aber ohne Klammern stehen:

geh	gehoben
ugs	umgangssprachlich
vulg	vulgär
form	formell, formelhaft
iron	ironisch
path	pathetisch

Alle übrigen lexikographischen Zusätze stehen, ebenfalls kursiv gedruckt, in Klammern; z.B.:

(euphem.)	euphemistisch
(Neol.)	Neologismus

Benutzte Zeichen

( ) Runde Klammern

1. Fakultative Konstituenten des idiomatischen Ausdrucks; Elemente, die wegfallen können:
   »küß' die Hand *(gnädige Frau)*«; »um *(wieder)* auf *(den)* besagten Hammel zurückzukommen«; »jm. *(völlig)* freie Hand geben«.
2. Fakultative Ergänzungen; d.h. das Idiom ist auch ohne Ergänzung möglich:
   »keine Hand rühren *(für jn./etw.)*«; »jn. hängen lassen *(mit etw.)*«.
3. Normale, typische syntaktische Ergänzung:
   »es liegt klar auf der Hand *(daß . . .)*«.

4. Erklärungen; »gesagt von«:
   »die schöne Hand *(Kindersprache)*«; »jm. unter den Händen zerbrechen *(Gläser)*«.
5. nach Schrägstrich: weniger gebäuchliche Alternative:
   »es liegt klar/*(glatt)* auf der Hand (daß ...)«.

/ / Schrägstriche

1. Alternativen:
   »eine feste Hand *fühlen/spüren* müssen«; »eine *lockere/lose* Hand haben«.
2. Angabe von Konstruktionsmustern, besonders bei Ausdrücken, die nur beschränkt verwendbar (restringiert) sind:
   »*dafür/(daß etw. geschieht/j. etw. tut)* lege ich/legt Karl/... die Hand ins Feuer«. (Man kann nicht sagen: »*Karl legte *für seine Frau* die Hand ins Feuer«; eine Angabe des Ausdrucks im Infinitiv wäre also inkorrekt.)

/... Schrägstrich mit Fortsetzungspunkten

1. Offenes Paradigma möglicher Idiomkonstituenten; d.h. es können statt der angegebenen auch noch andere Glieder mit ähnlicher Bedeutung eingesetzt werden:
   »*aus erster/zweiter/dritter/*... Hand *kaufen/...*«.
2. Elemente, die den möglichen Kontext andeuten, also für die einzusetzenden Lexeme oder Lexemverbindungen beispielhaft stehen:
   »*einem Arzt/*... unter den Händen sterben«; »*ein Kind/*... bei den Händen nehmen«; »mit eiserner Hand *regieren/...*«.

... Fortsetzungspunkte

Andeutung eines vorhergehenden, folgenden oder auch eingeschobenen Kontextes:
»..., um (wieder) auf (den) besagten Hammel zurückzukommen, ...«;
d.h. es geht ein Kontext voraus, der zu dem idiomatischen Ausdruck überleitet und von ihm durch ein Komma getrennt ist, etwa: (Man sprach von einem bestimmten Apparat, der verschiedene Nachteile hat und danach von etwas anderem; dann fährt der Sprecher fort:) »*Und dann ist der Apparat*, um wieder auf besagten Hammel zurückzukommen, für das, was er leistet, auch viel zu teuer.«

Zur Orientierung im systematischen Teil

Jede Redensart enthält ein durch *Fettdruck* hervorgehobenes Leitwort, unter dem sie im alphabetischen Teil einsortiert ist (vgl. den zweiten Teil der Einleitung).
In Blöcken zusammengefaßte Redensarten sind wenigstens in bestimmten Kontexten austauschbar und/oder in ihrer denotativen Bedeutung gleich, insofern synonym.

Einfache Abstände zwischen den Blöcken deuten verhältnismäßig geringe Bedeutungsunterschiede an; (maximal) *vierfache Abstände* dagegen verhältnismäßig große Bedeutungsunterschiede.

Von einem *vierfachen Abstand* bis zum andern reicht in der Regel ein *Unter-Wortfeld*; d.h. die Wortfelder haben an diesen Stellen ihre »Achsen«. Die jeweilige Bedeutung oder der *Bedeutungsschwerpunkt* eines Unter-Wortfelds wird beispielhaft vorgeführt durch einen Ausdruck im *Wortfeld-Titel*. In kleinen Wortfeldern und bei bestimmten Wortfeldstrukturen kann der dreifache Abstand die Funktion der »Achse« übernehmen.

Ein-, zwei-, drei- und vierfache Abstände sind selbstverständlich relativ zu verstehen: sie hängen von der Strukturierung des einzelnen Wortfelds ab.

Die meisten *Wortfeld-Titel* bestehen aus einem begrifflichen Teil, der den Oberbegriff des Feldes anzudeuten sucht, und einem Beispielteil, in dem jeweils eine Redewendung ein Unter-Wortfeld repräsentiert.

Titel und Abstände zusammen erlauben also einen raschen Überblick zugleich über den Oberbegriff des Wortfeldes, über seine Aufteilung in Unter-Felder und über die Semantik der Unter-Felder. (Vgl. auch die ausführliche Beschreibung der Anlage des systematischen Teils im dritten Teil der Einleitung.)

Zur Anlage des Registerteils

Im *alphabetischen Teil* sind die idiomatischen Redensarten nach einem strengen Alphabetisierungsschema angeordnet. Dieses Schema wird im zweiten Teil der Einleitung detailliert erklärt.

Zu jedem Eintrag gehört eine *Stellenangabe*, die folgendermaßen zu lesen ist: ein Groß- und ein Kleinbuchstabe bezeichnen das Feld und eine ein- bis zweistellige Zahl das Teilfeld; dann folgt, nach einem Punkt, die Nummer des Blocks, zu dem die Redensart gehört. Die Referenz Aa1.28 z.B. bedeutet: 28. Block im Teilfeld 1 des Feldes »Zeit« (a), das zum Großfeld »Zeit · Raum · Bewegung · Sinnesdaten« (A) gehört. Die links bzw. rechts außen stehenden Kolumnentitel führen die Stellenangabe und die Überschrift des Teilfeldes, die innen stehenden Kolumnentitel führen die Feldbezeichnung mit.

Das *Such- und Stichwortregister* verzeichnet gängige Begriffe und Bezeichnungen für die einzelnen Wortfelder in alphabetischer Reihenfolge und eignet sich daher einmal zum Einstieg in die Synonymik, zum andern für das Auffinden von Querverbindungen unter den einzelnen Wortfeldern. Näheres dazu im ersten Teil der Einleitung.

Einleitung

Nach der linguistischen Fachterminologie ist das SYNONYMWÖRTERBUCH DER DEUT-
SCHEN REDENSARTEN ein Begriffswörterbuch und gliedert sich dementsprechend in
zwei Teile, einen systematischen und einen alphabetischen Teil. Zusätzlich zu diesen
beiden Hauptteilen enthält es noch ein Such- und Stichwortregister.

Das SYNONYMWÖRTERBUCH DER DEUTSCHEN REDENSARTEN gestattet also einen
dreifachen Einstieg bzw. eine Benutzung, der drei verschiedene geistige Operationen
zugrundeliegen:

a) der *onomaseologische Ansatz*, der beim Begriff anfängt (z.B. *sterben*) und nach den
Möglichkeiten sucht, diesen Begriff sprachlich auszudrücken (z.B. *ins Gras beißen,
den Arsch zukneifen, den Geist aufgeben*). – In diesem Fall beginnt der Wörterbuch-
benutzer also beim Begriffsgefüge, d.h. bei der Gliederung des systematischen Teils,
wo Oberbegriffe die einzelnen Wortfelder voneinander abstecken. Leitend ist hier das
Bemühen, einen mehr oder weniger abstrakten Gehalt in eine oder mehrere einzel-
sprachlich gegebene Bedeutungen umzusetzen.

b) der *semaseologische Ansatz*, der von einer einzelnen sprachlichen Wendung
ausgeht (*ins Gras beißen*) und dazu die synonymen – oder auch in anderer Bedeu-
tungsrelation stehenden – Ausdrücke sucht (*den Geist aufgeben, den Arsch zuknei-
fen*), d.h. Ausdrücke, die mit der gegebenen Wendung unter demselben Oberbegriff
(*sterben*) oder in einer anderen identischen semantischen Beziehung stehen. Für den
Wörterbuchbenutzer heißt das: er schlägt die Wendung, von der er ausgeht, im Re-
gisterteil nach und wird von dort auf die einschlägigen Wortfelder und -blöcke ver-
wiesen. – Selbstverständlich kann der Wörterbuchbenutzer diese Subsumierung unter
den geeigneten Oberbegriff auch selbst vornehmen und direkt bei den ihm plausibel
scheinenden Wortfeldern im systematischen Teil nachsehen. Je nach der Vertrautheit
mit dem Wörterbuch und seiner systematischen Anordnung, je nach Geschick oder
Treffsicherheit des Benutzers in der Unterordnung sprachlicher Einheiten unter
Oberbegriffe wird das Nachschlagen im Registerteil eine mehr oder minder große
Rolle spielen.

c) der *assoziative Ansatz*, gleichsam auf einer Mittellinie zwischen den beiden erst-
genannten. Hier geht der Wörterbuchbenutzer von einem einzelnen Wort (oder Le-
xem) aus, das den Sachverhalt, den er ausdrücken will, im Deutschen in allgemeiner
und gängiger Form wiedergibt.

Will er z.B. sagen, daß etwas *ein Kinderspiel, ein Klacks, kinderleicht, keine Kunst,
kein Kunststück* ist, so wird er im Such- und Stichwortregister wahrscheinlich unter
leicht (zu tun) nachschlagen – für das, was er sagen will, die im Deutschen übliche,
allgemeine Formulierung. – Bei der Anlage des Stichwortregisters stand also das Be-
mühen im Vordergrund, für jedes einzelne Wortfeld die Bezeichnungen zu finden,
auf die man wohl am ehesten kommt, wenn man die entsprechenden Gedanken in
Worte fassen will. (Oft stehen diese Bezeichnungen auch in den Wortfeld-
Überschriften; es handelt sich dann um sogenannte Archilexeme, die für das ent-
sprechende Feld den Oberbegriff bilden.)

Der Benutzer kann das Stichwortregister prinzipiell einmal als Einstieg in das SYNONYMWÖRTERBUCH DER DEUTSCHEN REDENSARTEN benutzen. Zum andern stellt es eine Basis dar, auf der er mühelos nach Querverbindungen Ausschau halten kann. In diesem Fall empfiehlt es sich, von dem konkreten Kontext auszugehen, für den die sprachlichen Ausdrucksmöglichkeiten gesucht werden. In unserem Beispiel: in welchem Bereich, zu welchem Zweck soll ausgedrückt werden, daß etwas *leicht (zu tun)* ist? Etwa: um eine Arbeit zu beurteilen – das führt zum Stichwort *arbeiten*; oder: um auszudrücken, daß man lange oder nicht lange braucht – Stichwort *Dauer* usw.

Deduktion und Induktion, welche den ersten beiden Verfahren letztlich zugrundeliegen, sind begriffliche Operationen – nicht zuletzt daher der Terminus »Begriffswörterbuch«; die *Assoziation* wurzelt im Phänomen der Ähnlichkeit, das zur Metaphernbildung führt. In der praktischen Arbeit gehen die hier voneinander geschiedenen methodischen Ansätze in aller Regel Hand in Hand. Unterordnung unter einen Begriff, Suchen nach Ausdrucksformen und Ausdrucksmodalitäten für einen Begriff und Aufspüren von Ähnlichem: Synonymiken reizen zum »Schmökern« – oder sollten dazu reizen; denn abgesehen von ihrem hohen praktischen Nutzen werden dabei geistige Grundoperationen geübt, wird das sprachliche Ausdrucksvermögen geschult.

Die alphabetische Anordnung der Redensarten

Das SYNONYMWÖRTERBUCH DER DEUTSCHEN REDENSARTEN bringt den idiomatischen Wortschatz zum ersten Mal in einer strengen alphabetischen Anordnung. Dabei gelten die folgenden Prinzipien:

1. Hat der idiomatische Ausdruck ein *Substantiv*, bestimmt dieses die alphabetische Einordnung: »freie *Hand* haben«; »mit offener *Hand* geben«.

2. Hat das Idiom kein Substantiv, aber ein *Verb*, so zählt dieses: »es nicht *abwarten* können, bis . . .«; »lieber/eher läßt sich j. *hängen*, als daß er . . .«

3. Hat der Ausdruck weder Substantiv noch Verb, gilt, falls vorhanden, das *Adjektiv*: »*fertig* sein«; »*todmüde* sein«.

4. Gibt es auch kein Adjektiv, zählt das *Adverb*: »immer *sachte* voran«; »*langsam*, aber sicher«.

5. Fehlen alle angeführten Kategorien, zählen *Pronomina, Interjektionsformen, Partikel usw.*, und zwar jeweils diejenige Konstituente des idiomatischen Ausdrucks, die den Kern seiner Bedeutung bildet: »an und für *sich*«; »per *se*«. (Die Intuition erfaßt den Rang von Idiomkonstituenten in der Regel kaum weniger sicher als den Rang von Elementen, die in freien Syntagmen vorkommen; eine explizite Diskussion aller möglichen Rangordnungen unter den Kategorien würde den Wörterbuchbenutzer eher verwirren als fördern. Im übrigen ist die Zahl der Redensarten, die weder Substantiv noch Verb, weder Adjektiv noch Adverb haben, begrenzt.)

6. Hat ein Idiom *zwei oder mehrere Konstituenten gleicher Kategorie*, zählt immer die erste:»*Hand* und Fuß haben«; *hoffen* und harren«; »*langsam*, aber sicher«; »*voll* und ganz«.

7. Haben *mehrere Redensarten dasselbe alphabetische Leitwort*, entscheiden *die übrigen Konstituenten* über ihre Reihenfolge, und zwar wiederum in der kategorialen Abfolge *Substantiv – Verb – Adjektiv – Adverb*. Gibt es also ein zweites Substantiv, entscheidet dieses, sonst das Verb, usw.: »jm. in die Hand *fallen*«; »Hand und *Fuß* haben«; »mit erhobener Hand *schwören*«.

Dabei rangieren jene Idioms, die alphabetisch relevante Konstituenten *vor* diesem Leitwort haben, vor solchen mit alphabetisch relevanten Konstituenten *nach* dem Leitwort; gibt es vor und nach dem Leitwort solche Konstituenten, zählen nur die nachfolgenden: »eine *leichte* Hand haben«; »jm. in die Hand *fallen*«; »jm. leicht von der Hand *gehen*«.

8. Die mit dem Hilfsverb *sein* gebildeten idiomatischen Ausdrücke rücken immer an den Beginn einer Gruppe mit identischem Leitwort; danach kommen die Idioms mit *haben*; also: »in js. *Hand sein*«; »js. rechte *Hand sein*«; »jm. zur *Hand sein*« vor: »eine leichte *Hand haben*«; »eine lockere *Hand haben*«; »eine lose *Hand haben*«. – Innerhalb dieser Gruppen um *sein* bzw. *haben* bestimmen, wie man sieht, wiederum die nächstfolgenden, zur Alphabetisierung geeigneten Konstituenten die Reihenfolge: »in *js. Hand* sein« steht vor »*js. rechte Hand* sein«; »eine *lose Hand* haben« vor »immer eine *offene Hand* haben« usw.

9. Eine gewisse Schwierigkeit entsteht beim Einsortieren der Wendungen, die *keine festen Konstituenten* haben, sondern nur (durch Schrägstriche getrennte) *Varianten*. Diese Schwierigkeit wird besonders dort spürbar, wo viele Wendungen dasselbe Leitwort haben, z.B. eben *Hand*. Hier sind zwei Möglichkeiten zu unterscheiden:

a) Die Varianten bilden eine *geschlossene Gruppe* (geschlossenes Paradigma), d.h. es kann nur eine eng begrenzte Zahl von Varianten eingesetzt werden:»eine feste Hand *fühlen/spüren müssen*« – und nicht: *empfinden müssen* oder »ein Kind/... bei der Hand *fassen/nehmen*«, aber nicht *greifen*.

b) Die Varianten bilden eine *offene Gruppe* (offenes Paradigma), d.h. es handelt sich im strengen Sinn gar nicht um einen lexikalischen, sondern um einen semantischen Kontext, den man jeweils mit den geeignetsten Lexemen anzudeuten versucht: z.B. »etw. aus erster/zweiter/dritter/...Hand kaufen/...«. Statt *erster, zweiter, dritter* könnte auch eine andere Ordnungszahl stehen – über diese Möglichkeit oder Unmöglichkeit entscheidet eher das, was in der (mit diesem Ausdruck angedeuteten) »Welt« möglich oder sinnvoll ist, als eine (inner-)sprachliche Regularität. Ähnlich: »mit fester Hand regieren/...«, wo statt *regieren durchgreifen, sich durchsetzen, sein Volk beherrschen* und andere Varianten auftreten können. –

Für die Alphabetisierung zählt im ersten Fall, beim *geschlossenen Paradigma*, nur die erste der angegebenen Varianten; die Tatsache, daß die Redewendung Varianten enthält, spielt bei der Einordnung dann also keine Rolle; so steht »eine feste Hand *fühlen*/spüren müssen« vor »einem Kind/... die Hand *führen*« und nach »jm. (regelrecht/sozusagen/...) aus der Hand *fressen*«.

Die *offene Gruppe* der Varianten (das offene Paradigma) dagegen bildet bei der Alphabetisierung *eine eigene Idiomgruppe* innerhalb der Redensarten mit identischem Leitwort. Diese Gruppe kommt jeweils vor den Ausdrücken mit festen Konstituenten. Stehen also die *offenen Paradigmen vor dem Leitwort*, kommen nach ihnen die Ausdrücke mit *festen Konstituenten vor dem Leitwort*; stehen die offenen Paradigmen *nach* dem Leitwort, folgen auf sie die Redensarten mit festen Konstituenten *nach* dem Leitwort.

Bei dem Leitwort *Hand* reicht also im Register der Block der offenen Varianten nach dem Leitwort von *mit eigener Hand unterschreiben/...* bis *von zarter Hand gereicht* – danach fängt es an mit *dafür/wenn das nicht stimmt/..., laß ich mir die Hand abhacken*; *abhacken* ist von den auf das Leitwort *Hand* folgenden festen Konstituenten alphabetisch die erste.

Bei dem Leitwort *Hand* steht die Gruppe der Redensarten mit offenen Paradigmen *nach* der Gruppe von Redensarten, die mit *haben* gebildet sind, weil vor den beiden mit *haben* und *sein* gebildeten Gruppen noch eine weitere strukturell zu unterscheidende Gruppe steht: *... linker Hand, die öffentliche Hand, ... rechter Hand* usw., d.h. solche Ausdrücke, bei denen auf das Leitwort nichts mehr folgt und deren Gesamtbedeutung zudem von »Hand« nicht mehr oder nur schwer zu verstehen ist (synchron gesehen). In den Fällen, in denen die Übersichtlichkeit das erfordert, kann die Gruppe der Wendungen mit einem offenen Paradigma von Kontextvarianten auch *vor* den mit *sein* und *haben* gebildeten Ausdrücken stehen.

10. *Irrelevant* für die Alphabetisierung sind der *bestimmte und unbestimmte Artikel* sowie *Ergänzungen*, sei es, daß sie grammatisch angegeben werden: *j., js., etw.* usw.; sei es, daß sie durch einen semantischen »Schlüsselbegriff« angedeutet sind: »*einem Kind/...* die Hand führen«; das offene Paradigma *einem Kind/...* soll helfen, die Bedeutung der Redewendung zu erfassen und ihren Verwendungsbereich einzugrenzen. Irrelevant sind ferner die Verben *sein, haben, tun, machen*, abgesehen von der Bildung eigener Idiomgruppen mit *sein* und *haben* (vgl. 9). All diese Elemente sind natürlich nur dort irrelevant, wo sie nur grammatische Angaben bzw. Platzhalter darstellen; wenn sie jedoch Konstituenten des idiomatischen Ausdrucks sind und dementsprechend idiomatische Funktion übernehmen, zählen sie selbstverständlich; z.B. »es ist jm. darum zu *tun*, daß ...«

11. *Für die Alphabetisierung gilt* sowohl beim Leitwort wie bei den übrigen Konstituenten *die Form, die im idiomatischen Ausdruck tatsächlich erscheint*, und nicht eine – idiomatisch gar nicht vorliegende – »Grundform«; steht also das Leitwort im Plural, Genitiv, Dativ usw., so zählt eben diese Form; die Ausdrücke mit *Hand* stehen vor denen mit *Hände*, diese wiederum vor denen mit *Händen*. Das kann dazu führen, daß sich zwischen die mit einem (an sich) identischen Leitwort gebildeten Ausdrücke andere Redensarten schieben. So stehen zwischen den Ausdrücken mit *Hände* und denen mit *Händen* drei andere mit *Handel* bzw. *Händel*. Dieser Nachteil muß in Kauf genommen werden; denn würde man auch im Alphabet semantische Zusammengehörigkeit, assoziative Schwerpunktsetzung u.a.m. berücksichtigen, würde dies jedes Alphabetisierungsschema sprengen; es handelt sich bei diesen oft als »Ausnahmen« betrachteten Fällen keineswegs um Ausnahmen, sondern um eine äußerst große Zahl von Einheiten.

12. Bei Ausdrücken, die *nur in bestimmten Tempora, Modi, Personen* usw. vorkommen, ist, soweit möglich, *die 3. Pers. Sing.* des entsprechenden Tempus, Modus, usw. für die Alphabetisierung leitend, bzw. der Imp. Sing. – Einschränkungen, die auf Sprechaktrestriktionen zurückgehen, sind ebenfalls berücksichtigt. *Aufgeschmissen sein* erscheint also nicht unter einem (hypothetischen) **aufschmeißen, etw. ausgefressen haben* nicht unter einem (hypothetischen) **ausfressen*; wenn in der folgenden Weise alphabetisiert wird: *er kann/Herbert kann/. . . mir/meinem Vater/. . . gestohlen bleiben*, dann bedeutet das, man kann sagen: *du kannst/ihr könnt/Herbert und du, ihr könnt/diese Leute können/. . .mir/ihm/Onkel Fritz/der Regierung/. . . gestohlen bleiben*, aber nicht: **Helmut Kohl blieb dem Parlament gestohlen*, ebensowenig wie: **Dieses Parlament rutscht mir schon zwei Jahre den Buckel herunter*. Diese Ausdrücke sind auf den Sprechakt der »Ablehnung« oder »Zurückweisung« beschränkt, und »Aussagen« lassen sich mit ihnen nicht formulieren; daher die entsprechenden formalen Restriktionen.

13. *Die Bestimmung der Kategorie eines Lexems erfolgt nach seiner Funktion im Idiom.*

14. *Die eingeklammerten, d.h. fakultativen Elemente der Redewendung zählen für die Alphabetisierung selbstverständlich nicht.*

Die Kriterien der alphabetischen Anordnung mögen auf den ersten Blick umfangreich erscheinen. Da sie der sprachlichen Intuition indessen soweit wie eben möglich folgen, dürften sich die Benutzer des SYNONYMWÖRTERBUCHS DER DEUTSCHEN REDENSARTEN einigermaßen mühelos und rasch mit ihnen vertraut machen. Hinter dieser Erwartung steht die Hoffnung, daß sich mit einer konsequenten und leicht handhabbaren Alphabetisierung der idiomatischen Redensarten der überreiche Schatz an Ausdrücken – im Deutschen wie in anderen Sprachen – in Zukunft ungleich leichter erschließen und überschauen läßt und daß die zeitraubende Suche in den Wörterbüchern zunehmend entfällt.

Der systematische Teil:

Synonymität – Wortfeld – Wortfeldsystem

Die Anlage eines systematischen Teils für ein Begriffs- oder Synonymwörterbuch muß auf drei Ebenen begründet werden:

a) auf der untersten Ebene: nach welchen Prinzipien werden bestimmte Einheiten als »synonym« angesehen und deshalb in Blöcken zusammengefaßt?
b) auf einer mittleren Ebene: wo setzt der Lexikologe bei der Zusammenfassung von Einheiten zu Blöcken und der Zusammenstellung zusammengehöriger Blöcke gleichsam einen Punkt, so daß diese Blöcke ein Wortfeld bilden? Wie grenzt er dieses Feld zu anderen Feldern ab?
c) auf allgemeiner Ebene: nach welchen Leitlinien ist ein Wortfeld-System als ganzes und der systematische Teil des Wörterbuchs als ein Gefüge angelegt?

Die Auffassung, was als synonym zu gelten hat, ist zwar nicht einheitlich; doch lassen sich einige Prinzipien angeben, die heute wohl als Gemeingut der Linguistik anzusehen sind.

Totale Synonymität, d.h. völlige Bedeutungsgleichheit oder Identität aller Bedeutungsmerkmale in allen (denkbaren) Kontexten, gibt es in einer natürlichen Sprache nicht. (Dabei ist – in gewisser Weise – abzusehen von Doubletten aus verschiedenen Regionen, Dialekten (*Rotkohl/Blaukraut*), von Übernahmen aus anderen Sprachen (*in Mode/in*), von fachsprachlichen Termini (*Tod/Exitus*) und verwandten Erscheinungen, und selbst hier pflegt die Bedeutung nur in Ausnahmefällen exakt identisch zu sein.) Und ebensowenig gibt es Bedeutungsgleichheit auf der Ebene der Sprache als »System« (»langue«), d.h. (u.a.), wenn man vom jeweiligen Kontext absieht. Auf der Ebene der »langue« gibt es nur Bedeutungsähnlichkeit. Bedeutungsähnliche Ausdrücke aber – und das ist entscheidend – können in spezifischen Kontexten die gleiche Funktion ausüben. – Ähnlichkeit und Kontext sind also die beiden Grunddaten, die in spezifischem Zusammenspiel Synonymität konstituieren. Die weitere Frage, ob »Ähnlichkeit« ein Grundphänomen ist oder ob sie sich – ohne in (offene oder verschleierte) Tautologien zu verfallen – schlüssig definieren läßt, muß hier auf sich beruhen bleiben. Und ebenso muß hier unerörtert bleiben, was exakt unter »Kontext« zu verstehen ist, welche Kontextformen zu unterscheiden sind und wie ihr Zusammenspiel aussieht.

Ein für die Praxis mindestens ebenso wichtiger – und in der theoretischen Diskussion der Synonyme (besonders in Deutschland) weitgehend übersehener – Aspekt ist die gleichsam umgekehrte Folge dieser Zusammenhänge: ein Synonymwörterbuch soll nicht nur Einheiten liefern, die in spezifischen Kontexten die gleiche Funktion ausüben; es soll Einheiten vorführen, die, eben weil sie ähnlich und nicht gleich sind, Variationen gestatten, Vielfalt der Ausdrucksmöglichkeiten einer Sprache präsentieren, Möglichkeit und Fähigkeit zum Ausdruck von Nuancen vermitteln. Ein Synonymwörterbuch gehört daher auf den Schreibtisch eines Schriftstellers, eines Übersetzers, eines jeden, dem es um einen treffenden, nuancierenden und variierenden Stil geht; und es gehört zum Grundbestand der Schul- und Übungsbücher. Wenn das in Deutschland eher ein Postulat als die Wirklichkeit ist, so wirft dieser Tatbestand ein Schlaglicht auf den Mangel an sprachlicher Bildung. Länder wie Frankreich, England oder Spanien haben da eine ganz andere Tradition.
Folgende Definitionen der Synonymität sind also möglich:

a) Synonym sind Einheiten, die in bestimmten Kontexten austauschbar sind, ohne daß sich die (Gesamt-)Bedeutung der Aussage dadurch (wesentlich) ändert;

b) Synonym sind Einheiten, die dieselben denotativen Merkmale haben, während die konnotativen unterschiedlich sind;

c) Synonym sind Einheiten, die unter denselben Oberbegriff gehören.

Ob diese Definitionen in der Tat unterschiedlich sind oder ob es sich letztlich nur um unterschiedliche Fassungen derselben (Grund-)Definition handelt, sei hier ebenfalls offengelassen.

Bei der Anlage des SYNONYMWÖRTERBUCHS DER DEUTSCHEN REDENSARTEN bin ich nach den dargelegten Prinzipien konsequent von unten nach oben gegangen und habe zunächst die Ausdrücke zusammengestellt, die fast bedeutungsgleich sind und sich in verschiedenen Kontexten austauschen lassen; dann habe ich mehrere solcher Blöcke zu größeren Gruppen zusammengefaßt usw.

Die Einheiten, die in verschiedenen Blöcken stehen, sind also in ihrer Bedeutung deutlich voneinander verschieden, gehören aber trotzdem unter denselben Oberbegriff. Diese doppelte Perspektive erkennt der Wörterbuchbenutzer sofort, da die Blökke im selben Feld unter demselben »Titel« stehen und zugleich durch Abstände voneinander abgehoben sind.

Je nach dem Grad der Bedeutungsdifferenzierung wurden ein- bis vierfache Abstände von Block zu Block gewählt. Der geringste, einfache Abstand drückt aus, daß der Bedeutungsunterschied verhältnismäßig gering, der größte, vierfache Abstand, daß er beträchtlich ist. Diese Druckanordnung der Synonymik der deutschen Redensarten in Blöcken ist ebenfalls neu. Es knüpft sich daran die Erwartung, die Übersicht über die semantischen Relationen innerhalb der Wortfelder substantiell zu verbessern.

Eine zusätzliche Hilfe bieten die Titel der Wortfelder. Sie geben über die begriffliche Formulierung hinaus aus jedem »Unterfeld«, d.h. aus jeder semantisch enger zusammengehörenden Gruppe von Blöcken, einen »sprechenden« idiomatischen Ausdruck (oder in Sonderfällen eine Umschreibung) an. Der Oberbegriff oder begriffliche Teil des Titels erscheint zudem als Kolumnentitel. Konkret heißt das: ein Unterfeld, als Gruppe von Blöcken, wird in der Regel von einem Vierfachabstand bis zum nächsten Vierfachabstand abgesteckt; bei kleineren Wortfeldern oder bei bestimmten Wortfeldstrukturen können auch Dreifachabstände als Unterfeldgrenze fungieren; und diese Unterfelder werden im Titel des (gesamten) Wortfelds durch eine Redewendung oder auch eine Umschreibung bezeichnet. Die Wortfeldüberschriften kombinieren also die Angabe des für das Feld als ganzes relevanten Oberbegriffs mit der beispielhaft-evokativen Andeutung aller jeweiligen Unterfelder.

Die Kriterien, nach denen die einzelnen Blöcke voneinander differenziert sind, sind selbstverständlich von Fall zu Fall verschieden: seit langem hat die Synonymforschung erkannt, daß sich die sprachlichen Bedeutungsrelationen nicht in ausreichender Form lediglich linear und hierarchisch, in sog. Stammbäumen, darstellen lassen - ein »Traum« vieler Sprachtheoretiker, Logiker und Philosophen -, und zwar hauptsächlich deswegen, weil die Perspektive, in der die Bedeutungen jeweils voneinander abgehoben werden, gleichsam die Achse, um die sich ein Gefüge von mehreren Ausdrücken oder von Relationen unter mehreren Ausdrücken jeweils »dreht«, laufend verschiebt. - Es ist dies übrigens einer der Gründe dafür, daß man von einem Ausdruck eines beliebigen Feldes oder Unterfeldes je nach gewählter Perspektive praktisch zu jedem anderen Feld oder Unterfeld kommen kann und daß umgekehrt die Einordnung bestimmter Ausdrücke in ein bestimmtes Feld oder Unterfeld die Wahl einer Perspektive voraussetzt. Aus diesem Grund u.a. bleiben auch bei einem strengen Gesamtsystem, für das ja eine Gesamtperspektive leitend ist, noch Spielräume für eine unterschiedliche Zuordnung zu einem Wortfeld übrig. Die Sprache ist nur auf einer verhältnismäßig oberflächlichen Ebene begrifflich linear und hierarchisch geordnet; auf einer tieferen Ebene ist sie semantisch-zirkular. Hierauf beruht die Fruchtbarkeit des Analogieprinzips für die Erschließung der Querverbindungen unter den Lexemen und, durch sie hindurch, der Verbindungen unter den »Elementen« der »Welt«.

Als nächstes stellt sich die Frage: in welcher Reihenfolge sind die Ausdrücke anzugeben, die in demselben Block stehen, in welcher Reihenfolge die Blöcke, die ein Feld konstituieren? Ein Schema, das auf alle Wortfelder anwendbar ist, gibt es nicht. Leitend sind u.a. folgende Kriterien:

1. Zuerst kommen die Redensarten, die die jeweilige Bedeutung »generell«, »permanent«, »von Natur aus« ausdrücken, danach die mit (lediglich) »aktueller« oder akzidentieller Bedeutung; (vgl. etwa bei krank die Ausdrücke mit der Bedeutung von Natur krank versus an sich gesund, aber zur Zeit, vorübergehend krank). Entsprechendes gilt für modale, sprechaktbedingte und ähnliche Bedeutungsbeschränkungen.

2. Lassen sich mehrere Ausdrücke nach Phasen ordnen, gilt die Reihenfolge: ingressiv – inzeptiv – progressiv – kontinuativ – regressiv – konklusiv – egressiv; d.h. der Gesamtvorgang, der durch die verschiedenen Redensarten dargestellt ist, wird einmal »von vorn« gesehen, vor seinem Einsetzen – im Moment des Einsetzens – anschwellend – kontinuierlich verlaufend – abklingend – auslaufend – nach seinem Abschluß, »von hinten«. Alle Wendungen, die sich nur auf bestimmte Phasen beziehen, kommen erst nach den Wendungen mit genereller, auf alle Phasen zu beziehender Bedeutung. Mitunter ist sogar das Wortfeld als ganzes oder teilweise nach Phasen strukturiert, vgl. das Wortfeld »Entwicklung«.

3. Die Phase ist nur einer der möglichen »Aspekte«. Wendungen, deren Bedeutung auf einen Aspekt begrenzt ist, folgen in der Regel auf die Ausdrücke mit genereller Bedeutung. Als aspektuelle Beschränkungen kommen u.a. in Frage: die Situierung, d.h. in der Bedeutung eines Ausdrucks liegt der Bezug zu vorausgehenden oder folgenden Handlungen oder Ereignissen, wenn die Bedeutung eine Handlung oder ein Ereignis ausdrückt; die Implikation, d.h. in einer Bedeutung steckt implizit eine andere Bedeutung; die Perspektive, d.h. in einer Bedeutung steckt der Bezug zum Sprecher: »von ihm weg« oder »zu ihm hin«; die Dauer, d.h. eine Bedeutung drückt etwas nicht nur »als solches« aus, sondern zusätzlich eine bestimmte Dauer; entsprechend: Wiederholung, Resultat.

4. Ausdrücke, deren Bedeutung Ort, Zeit, Umstände, Mittel o.ä. implizieren, rücken ans Ende des entsprechenden Wortfelds oder Unterfeldes; (z.B. durch das Eisen umkommen, auf dem Schafott enden wird eingeordnet als »sterben« + »wie«/»wo«/...).

5. Stilistisch markierte Ausdrücke (unter Stil verstehe ich hier: höhere oder niedrigere Stilebene) folgen auf nicht-markierte, soweit semantische Gesichtspunkte nicht eine andere Reihenfolge nahelegen. Prinzipiell sind stilistische Gesichtspunkte den semantischen nachgeordnet.

Die Kriterien für Reihenfolge und Anordnung der Redensarten auszuarbeiten, ist der weniger schwierige Teil bei der Strukturierung einer Synonymik; weitaus schwieriger ist die Entscheidung für die jeweils optimale Reihenfolge dann, wenn sich mehrere dieser Kriterien im Fortgang von Einheit zu Einheit oder von Block zu Block überschneiden; solche Überschneidungen sind eher die Regel als die Ausnahme. Hier ist von Fall zu Fall abzuwägen zwischen dem Gewicht der einzelnen Kriterien, dem Aufbau des Feldes als ganzem, dem Oberbegriff und oft auch der Beziehung des Feldes zu anderen Feldern.

Der Feldcharakter zeigt sich in seiner prinzipiellen Funktion am deutlichsten auf der nächsten Ebene: man kann ein einzelnes Wortfeld erst und nur dann definitiv konstituieren, wenn man bei einem Oberbegriff haltmacht, der es von den Nachbarfeldern abgrenzt; d.h. man muß die Oberbegriffe der Nachbarfelder auch schon kennen oder doch wenigstens ahnen. Das Auseinanderfalten und Abgrenzen einer Grundidee für ein Gesamt-Feld setzt also im Prinzip zugleich die Übersicht über die gesamten Wendungen dieses Feldes, seiner Einzelfelder und ihre von unten einsetzende Anordnung zu Blöcken, Unterfeldern und Feldern einerseits und die Übersicht über den Zusammenhang und die Relationen unter den Einzel-Feldern des Gesamt-Feldes andererseits voraus. Nirgends wird das oben angedeutete dialektische In- und Miteinander von Induktion und Deduktion deutlicher sichtbar als bei diesem Arbeitsschritt. Doch im Prinzip ist dieses In- und Miteinander schon bei der Bildung der einzelnen Blöcke dasselbe: schon zwei einzelne Redensarten kann man nur dann sinnvoll zu einem Block zusammenfassen, wenn man den semantischen Zusammenhang zwischen diesen beiden Wendungen und ihre Beziehung zu den übrigen Blöcken des Feldes oder Unterfeldes überschaut.

Der ein Feld verklammernde Oberbegriff kann im übrigen in einer (Einzel-)Sprache als Wort vorhanden sein – man nennt ein solches »Wort« oder »Lexem« dann ein »Archilexem«; er kann aber auch nur in unserem Geist präsent sein, in der Sprache aber fehlen – in diesem Fall bleibt dem Lexikologen nichts anderes übrig, als den Begriff zu umschreiben, ihn durch Angabe mehrerer Wörter in bestimmter Anordnung zu suggerieren o.ä. Hieraus erklären sich die unterschiedlichen Fassungen der Wortfeld-Titel, die die einzelnen Teile des Synonymwörterbuchs trotz aller Versuche zur Vereinheitlichung haben und haben müssen.

Kehren wir zurück zu den *Relationen* unter den Einzelfeldern, die ein Gesamt-Feld konstituieren. Zu diesen Relationen gehört z.B. der *Gegensatz* in seinen unterschiedlichen Formen: der *kontradiktorische* Gegensatz (»schwarz« – »nicht schwarz«, d.h. »blau«, »gelb«, »grün«. . ., alles mögliche, nur nicht: »schwarz«); der *komplementäre* Gegensatz von oppositiven Einzelgliedern, die zusammen eine höhere Einheit konstituieren (»Mann« – »Frau« zusammen »ergeben« den »Menschen«; »Vater«, »Mutter«, »Kinder« zusammen die »Familie«); der *vektorische* Gegensatz bei einer Grundeinheit, z.B. »kaufen« oder »gehen«, die nach (zumeist) zwei oppositiven »Richtungen« differenziert wird (»ein-/ver-kaufen«; »hin-/her-, herein-/heraus-, hinauf-/hinab-, um . . . herum-/mitten durch- gehen«). Es kann sich aber auch um *metonymische Relationen* handeln – um *Ursache, Folge, Wirkung, raumzeitliches*

Miteinander (lokale oder temporale Kontiguität), um unterschiedliche Manifestationsformen einer Grundgröße u.a.m. – Der Leser wird die Relationen der Einzelfelder durch ihren Ort im Gesamt-Feld erkennen.

Bei den *obersten Leitlinien des gesamten Wortfeldsystems* schließlich haben wir keine Gesamtvorstellung mehr, die »auseinanderzufalten« wäre; der Angelpunkt für das deduktive Element in der Wortfeldkonstitution fehlt. Er muß »entworfen« werden. – In der Geschichte der Begriffswörterbücher wurde immer wieder und zu Recht darauf hingewiesen, daß ihrer obersten Einteilung oder Gliederung ein philosophisch-explizites oder weltanschaulich-implizites Welt-»Bild« zugrundeliegt; es wurde bisher allerdings nicht genügend deutlich gemacht, daß es ohne solche »Bilder« gar nicht geht.

Bei der Synonymik der deutschen Redensarten habe ich mich allerdings *nicht* von einem *durchgehend-einheitlichen* Weltbild leiten lassen; ich bin vielmehr die Stufenleiter der Block- und Feldbildung so weit hinaufgegangen, bis mir ein dem gegebenen sprachlichen Idiomatikmaterial adäquater Bild-Entwurf des Ganzen möglich schien. Schauen wir uns die einzelnen Großfelder daraufhin an:

Feld A ist von dem Gedanken einer *»Außenwelt«* her konzipiert, deren sinnlich gegebene Erscheinungen auf einer ersten Ebene nach den Anschauungsformen *Raum* und *Zeit* geordnet sind. (Natürlich läßt sich eine solche Leitvorstellung mit kantischen Gedanken motivieren – im nachhinein; denn bei der Bildung dieses Wortfelds habe ich an Kant nicht gedacht.) Der »statischen« Außenwelt habe ich das dynamische Element der *Bewegung* zugeordnet. – Die weitere Untergliederung ergibt sich durch eine jeweils unterschiedliche Kombination von Raum-, Zeit- und Sinneselementen, unter Zuhilfenahme pragmatischer Faktoren, d.h. der Stellung des Sprechers zu diesen Elementen und zum Hörer sowie der – erwarteten und/oder konstatierten – Haltung des Hörers.

Feld B – Leben und Tod – ist gegensätzlich-komplementär angelegt; dieser auf einer ersten Ebene kontradiktorische Gegensatz macht das »Leben« in einem tiefer gefaßten Sinn aus. Das Grundgesetz alles Lebendigen ist hier die Leitidee. – Alles Lebendige lebt in Raum und Zeit, transzendiert diese Ebene aber in seiner spezifischen Eigengesetzlichkeit der Dialektik von »Leben« und »Tod«. (Auch dieses »Bild« war mir als Leitvorstellung des Wortfelds B zunächst nicht bewußt präsent. Doch zum einen schien mir bei der Durchsicht einer Reihe vorliegender Synonymiken die Nichtbeachtung dieses Grundgesetzes immer wieder als ein Mangel in der Struktur, zum andern drängte das reiche Material hierher gehörender Redensarten gleichsam dazu, eine solche Leitvorstellung anzusetzen.) Bei Bb »jung – alt« läßt sich im übrigen diskutieren, ob dieses Wortfeld nicht auch unter »Zeit« seinen Platz hätte: selbst bei solchen grundlegenden Erscheinungsformen des Lebens bzw. der sie fassenden sprachlichen Ausdrücke ergeben sich verschiedene Möglichkeiten der Einordnung . . .

Im Mittelpunkt der Felder *C, D, E* steht der *Mensch* – jeweils unter einem anderen Aspekt: in *Feld C* wird er als Einzelner, als *Individuum* gesehen; in *Feld D* geht es um seine *Stellung zur Welt*, in *Feld E* um seine *Stellung zum Mitmenschen* (»ens sociale«). Diese drei Felder wurden also gemeinsam abgegrenzt, und zwar nach längerer Überlegung und längerem Durchspielen verschiedener Alternativen.

Die *interne Gliederung* des Feldes C (in *a,b,c,d*) läßt sich vom Schichtenmodell leiten: »im« Menschen werden eine (eher) äußere (anorganische), organische, innere (seelische), moralische (sittliche) und geistige (über sich hinausweisende) Schicht angenommen; ihr Miteinander oder Ineinander machen vielleicht das eigentliche Wesen dessen aus, was man »Mensch« nennt.

Das Schichtenmodell wurde bewußt zur Ordnung der Großfelder herangezogen: man hätte die einzelnen Felder Ca, Cb, Cc und Cd natürlich unabhängig voneinander halten können. Gibt man sich damit nicht zufrieden, macht eine sinnvolle weiterführende Ordnung ein »philosophisches« Konzept erforderlich. Im übrigen gilt Entsprechendes auch für viele Zuordnungen der Ausdrücke zu den Feldern: der Lexikologe muß in zahlreichen Zweifelsfällen entscheiden, ob eine gegebene Bedeutung (eher) geistig, seelisch oder moralisch ist. Ja schon diese Begriffe selbst – man versuche, sie ins Französische oder eine andere Sprache zu übersetzen, um sich davon zu überzeugen – machen eine teilweise einzelsprachliche (deutsche) Orientierung bewußt. Eine französische Synonymik etwa, wollte sie die gleiche Gliederung übernehmen, müßte die Bedeutung der Archilexeme »seelisch«, »geistig«, »moralisch« im Titel umschreiben oder suggerieren. Dieses Wortfeld macht also wie kein anderes die zum Teil unumgängliche Gebundenheit der »Leitbilder« an Grundanschauungen (»Weltanschauung«) und an einzelsprachliche Traditionen deutlich. – »Physiognomie« und »Erscheinungsbild« sind im übrigen Begriffe, die, fast metaphorisch, die unterschiedlichen Schichten mit allgemeinen Termini einheitlich bezeichnen sollen.

Die Untergliederung von *Feld D* beginnt bei der vom Menschen noch unbeeinflußten, lediglich *geschauten oder befragten Welt*, die »so oder anders« verläuft (*Da*), kommt zu ihrer Bewußtwerdung im menschlichen *Denken* und der Stellungnahme zu ihr im *Meinen*, geht über zur geäußerten Stellungnahme im *Reden* mit dem kontradiktorischen Gegensatz *Schweigen* und führt schließlich zur Stellungnahme durch die Tat im *Handeln*.

Das Einzelfeld *De* fällt aus dem Rahmen: es gibt die Triebkräfte an, die zum Stellungnehmen führen oder nicht führen (»Wille«), die Äußerungsformen dieser Triebkräfte (»sich anstrengen«), ihren Erfolg oder Mißerfolg. – Dieses Wortfeld ließe sich auch anderswo einordnen, etwa bei *F*, als einführendes Unterwortfeld (man denke an Nietzsches »Wille und Macht«); auch für ein Verständnis als *Ce* spricht manches; und schließlich ließe sich (der) »Wille« auch mit guten Gründen als Leitgedanke eines eigenen Großwortfeldes vertreten. Aufgrund des gegebenen sprachlichen Materials entschied ich mich für die Einordnung unter *D*: die Ausdrücke für »Anstrengung«, »Mühe« (und deren Gegenteil: »faul« usw.), für »Erfolg« und »Mißerfolg« sind ungleich zahlreicher als die, die im strengen Sinn eine Willenshaltung ausdrücken; und der »Wille«, der in den idiomatischen Wendungen zum Ausdruck kommt, ist nicht jener Schopenhauersche Wille, der sich durch einen Teil der neueren deutschen und nicht-deutschen Geistesgeschichte zieht (und der vielleicht zu den tiefsinnigsten Einsichten der letzten 150 Jahre gehört, vor denen indessen bereits der größte Teil der heutigen idiomatischen Ausdrücke in Gebrauch war); die idiomatischen Ausdrücke präsentieren den Menschen vielmehr in erster Linie als den Meinenden, Handelnden, sich Bemühenden (oder Nicht-Bemühenden) mit seinen Erfolgen und Mißerfolgen und fragen weniger (philosophisch) nach dem Denken-, Meinen-, Handeln-»Müssen« oder »Wollen«. Ich ließ mich also hier nicht zuletzt vom »Geist der Sprache« leiten, würde aber auch eine andere Einordnung dieses Feldes nicht von der Hand weisen. – Ähnliches gilt für *Da*, das auch unter *F* oder anderswo denkbar wäre.

Feld E geht von außen nach innen: »einfaches« *Umgehen mit*, eher *lockere Kontakte, Kontakte mit zustimmender oder ablehnender Wertung, engere Kontakte, enge und engste Bindung*.

Feld F geht nicht vom Menschen als Einzelnem, sondern von der Gesellschaft und dem *Menschen in der Gesellschaft* aus – das ist etwas anderes, als den Menschen als »gesellschaftliches Wesen« zu sehen (*E*). Ich habe hier die (eher) *materielle Position (Fb)* und die (eher) *persönliche Lage (Fa)* miteinander verknüpft, weil die letzte von der ersten in den meisten Fällen abhängig ist.

Feld G bildet einen Gegenpol zu den anderen Feldern; es ist nicht nach philosophischen oder »weltanschaulichen« Vorstellungen entworfen, sondern nach einer vom idiomatischen Wortschatz besonders eindringlich und umfangreich dokumentierten Erscheinungsform der Gesellschaft und des menschlichen Verhaltens in der Gesellschaft. Methodologisch läßt sich die Anlage dieses Feldes am ehesten mit den Untersuchungen daraufhin vergleichen, welche Lebensbereiche, Lebensformen, Wertungen in bestimmter Sprachen, Sprachstadien, Sprachformen usw. lexematisch besonders reich vertreten sind. Allerdings mit einem zusätzlichen Element: die *Kritische Lage* faßt die Gesellschaft als etwas Ganzes, spiegelt sie, verdichtet sie als Konstellation, so daß die Unter-Wortfelder mühelos, als Konstellationsgefüge, in Beziehung zueinander gesetzt werden können. Wenn das Feld *Leben und Tod* das Grundgesetz des Lebens zu fassen sucht, versucht das Feld *Kritische Lage* eine für den Menschen typische Lebenssituation zu fassen (doch lassen sich auch andere Lebenssituationen als typisch für die Gesellschaft ansehen).

Feld H schließlich zeigt die Welt in unterschiedlichen Sehweisen. Der Mensch mißt dem, was ihn umgibt, mehr oder weniger Bedeutung zu, auf der Ebene des Geistes wie auf der des Gefühls. Subjektives Bevorzugen und Zurückstellen aufgrund unterschiedlicher Präferenzen und das Vorziehen und Hintanstellen aufgrund unterschiedlicher Bedeutungsrelevanz lassen sich in zahlreichen Fällen kaum voneinander trennen, so daß *Lust* und *Unlust (Hc)* auf geistige, moralische, seelische und vitale Einstellungen zurückgehen können. Auch *Genuß* als Archilexem ist keinesfalls als nur auf den Körper bezogen zu verstehen; ein Stück Epikuräertum reflektieren auch die

Idioms. – *Vor- und Nachteil (Hb)* ist gleichsam die objektive Spiegelung des subjektiven Vorziehens und Zurückstellens, der hohen oder niedrigen Bedeutungszumessung.

In *Feld I* werden Mengen-, Qualitäts- und Relationsbegriffe zusammengestellt, erscheint die Perspektivierung von Feld *H* vom Perspektivierenden abgelöst, »als solche«, »abstrakt« gefaßt.

    Einen Sonderfall stellt das Einzelfeld *Id Maßhalten-Übertreibung* dar, das man auch zum »moralischen Erscheinungsbild« (u.a.) hätte stellen können. Ich habe das Unterfeld hier eingeordnet, weil mir bei den Ausdrücken dieser Gruppe der Relationsbegriff des Maßes das entscheidende Kriterium zu sein scheint und nicht seelische, moralische oder andere Einstellungen.

Eine aufschlußreiche Frage wäre, wie sich die idiomatisch belegten Quantitäten, Qualitäten und Relationen zu denen verhalten, die für die Anlage eines solchen Systems der Synonymik der Redensarten des Deutschen ins Spiel kommen. Auch diese Frage muß linguistischen Detailanalysen vorbehalten bleiben.

Schematisch zusammmgengefaßt illustriert das SYNONYMWÖRTERBUCH DER DEUTSCHEN REDENSARTEN also folgende Leitideen:

A	Äußere Welt	(Anschauungsformen) *Raum Zeit* (Dynamischer Aspekt) *Bewegung*
B	Organische Welt	in ihrem Grundgesetz von *Leben und Tod* (insbesondere bezogen auf den Menschen: Hinausweisen über die organische Welt)
C/D/E Der Mensch		
C	als Individuum	in seinen verschiedenen *Seinsschichten*
D	angelegt auf Welt und Mitmensch	*hinnehmend/fragend* versus *stellungnehmend* (vorsprachlich, sprachlich, handelnd und sich bemühend)
E	als ens sociale	in seinen (mehr oder weniger »engagierten«) *Kontakten* zu den Mitmenschen
F	Der Mensch in der Gesellschaft	*mit seinem* persönlichen und materiellen *Gewicht*
G	Eine typische Darstellungsweise der Gesellschaft (und des sozialen Verhaltens)	
H	Die Perspektivierung der Welt	(durch den Menschen)
I	Kategorien der Perspektivierung	

Ein Vergleich mit den vielleicht bekanntesten Wortfeldsystemen, dem *Thesaurus* von *Roget* (1852) und seiner Weiterentwicklung im *Deutschen Sprachschatz* von *Sanders* (1873–1877) auf der einen, mit dem jüngsten großangelegten Versuch, der Gliederung des *Diccionario Ideólogico de la Lengua Española* von *Casares* (1959) auf der ande-

PLAN OF CLASSIFICATION

	Section	Nos.
Class **I. ABSTRACT RELATIONS**	I. EXISTENCE	1 to 8
	II. RELATION	9— 24
	III. QUANTITY	25— 57
	IV. ORDER	58— 83
	V. NUMBER	84— 105
	VI. TIME	106— 139
	VII. CHANGE	140— 152
	VIII. CAUSATION	153— 179
II. SPACE	I. GENERALLY	180— 191
	II. DIMENSIONS	192— 239
	III. FORM	240— 263
	IV. MOTION	264— 315
III. MATTER	I. GENERALLY	316— 320
	II. INORGANIC	321— 356
	III. ORGANIC	357— 449
	Division	
IV. INTELLECT	(I.) FORMATION OF IDEAS	450— 515
	(II.) COMMUNICATION OF IDEAS	516— 599
V. VOLITION	(I.) INDIVIDUAL	600— 736
	(II.) INTERSOCIAL	737— 819
	Section	
VI. AFFECTIONS	I. GENERALLY	820— 826
	II. PERSONAL	827— 887
	III. SYMPATHETIC	888— 921
	IV. MORAL	922— 975
	V. RELIGIOUS	976—1000

Peter Mark ROGET, Thesaurus of English Words and Phrases. 1852, 1882.

Plan der Anordnung

nach

7 Klassen.

Daniel SANDERS, Deutscher Sprachschatz, 1873-1877. Photomechan. Nachdruck Tübingen (Niemeyer) 1986.

PLAN GENERAL DE LA CLASIFICACIÓ

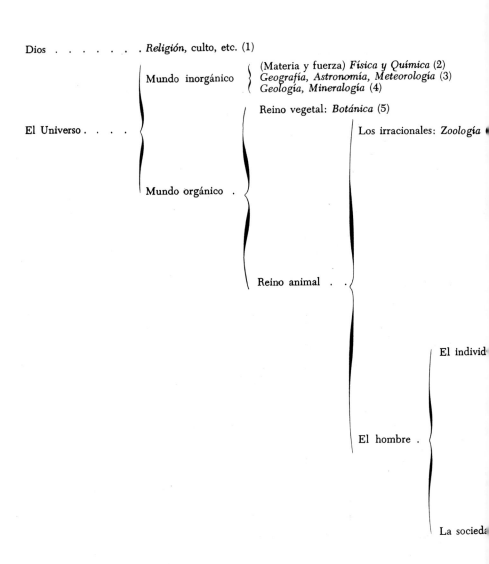

Dios . . . . *Religión*, culto, etc. (1)

El Universo . . . .

Mundo inorgánico
- (Materia y fuerza) *Física y Química* (2)
- *Geografía, Astronomía, Meteorología* (3)
- *Geología, Mineralogía* (4)

Mundo orgánico .

Reino vegetal: *Botánica* (5)

Reino animal . .

Los irracionales: *Zoología*

El hombre .

El individ

La socieda

Julio CASARES, Diccionario Idéologico de la Lengua Española, Barcelona (G. Gili) 19

no ser vivo .
- Anatomía (7)
- Fisiología (8) .
  - Alimentación (9)
  - Vestido (10)
  - Vivienda (11)
- Medicina (12)

no sujeto racional
- Sensibilidad.
  - Sensibilidad, Sentidos (13)
  - Sentimientos (14)
- Inteligencia (23)
  - El conocimiento a priori . . .
    - Existencia, Cambio (15)
    - Relación, Orden, Causalidad (16)
    - Espacio . . .
      - Espacio (Geom.) (17)
      - Forma (18)
      - Movimiento (19)
      - Colocación (20)
    - Tiempo (21)
    - Cantidad (22)
  - Intelección (23)
  - Apreciación, Juicio (24)
- Voluntad (25)

no agente .· . .
- Conducta (26)
- Acción (27)

municación (ideas sentimientos)
- Lenguaje (28)
- Arte (Lit., Pint., Esc., Arq., Mús., Danza) (29)

tituciones sociales
- Estado, Nación (30)
- Costumbres (31)
- Derecho y Justicia (32)
- Propiedad (33)
- Milicia (34)

ustrias y oficios .
- Comercio, Banca y Bolsa (35)
- Agricultura (36)
- Zootecnia (37)
- Transportes (38)
- Minería y metalurgia (4)
- Artes y oficios de la Alimentación (9)
- ,   ,   ,   del Vestido (10)
- ,   ,   ,   de la Vivienda (11)

ren Seite läßt die Struktur unseres Wortfeldsystems in ihrer Eigenart plastisch hervortreten. Der Klassifizierung bei *Roget* und *Sanders* liegt teilweise ein Schichtenmodell zugrunde; bringt man einige ihrer Klassen in die Reihenfolge unserer Synonymik, so zeigen sich Teilverwandtschaften (die Klassennummern von *Roget* und *Sanders* sind beibehalten): VII »Gefühl« – IV »Geist« – V »Wille«; dem »Raum« wird eine eigene Klasse zugeordnet, die »Zeit« erscheint unter den »Beziehungen« (I). Dagegen finden unsere »Klassen« B (»Leben und Tod«), G (»Kritische Lage«) und H (»Präferenzen«) bei den Vorgängern keine Parallele.

Roget und *Sanders* haben ein mehr oder weniger kohärentes logisches *System über die Sprache gestülpt*; besonders streng hat *Casares*, dessen System ganz offensichtlich das christliche Menschenbild zugrundeliegt, nach *Ober- und Unterbegriff* gegliedert. Bei einem solchen apriorischen Vorgehen müßten in erster Linie unsere »Klassen« G und H anderen Begriffen untergeordnet werden. Einer u.U. größeren internen logischen Stringenz würde aber ein Großteil an Plausibilität, an Anwendungsnähe und Praktikabilität der Feldanordnung geopfert.

Abgesehen von dem mangelhaften Bezug zur Praxis könnte man auch aus einem logisch-deduktiv entworfenen, der Sprache übergestülpten System keine Schlüsse mehr ziehen auf Schwerpunkte, die sich aus dem sprachlichen Material selbst ergeben. Dies gilt einmal für die speziell auf das Deutsche bezogene Art und Weise, wie die einzelnen Felder mit Redewendungen besetzt sind; das gilt zum andern auch für sprachvergleichende Arbeiten.

Eine allgemeine Bemerkung mag diese Überlegungen abschließen: im Vergleich fällt auf, daß die *Gliederungsprinzipien* des SYNONYMWÖRTERBUCHS DER DEUTSCHEN REDENSARTEN ungleich *dynamischer* sind als die der zum Vergleich herangezogenen Begriffswörterbücher – und das gilt auch für einen Vergleich mit anderen Synonymiken. »Stellung zu«, »Haltung zu«, »Einfluß«, »Macht«, »Präferenzen«, auch »Leben und Tod« sind durch und durch dynamische Prinzipien; schon deswegen liegen sie auf ganz anderer Ebene als die angeführten »logischen Klassen«. Selbstverständlich wird diese *dynamische Strukturierung* einmal durch die Tatsache unterstützt, daß die *übergroße Mehrheit der Redensarten Verbalphrasen* sind; gliedert man den gesamten Wortschatz und nicht nur die idiomatischen Ausdrücke, machen die verbalen Elemente lediglich einen Bruchteil aus. Zum andern aber spiegelt unsere dynamische Anordnung die grundlegende Einsicht wieder, daß die menschliche Sprache, unvoreingenommen analysiert und schrittweise gegliedert, ein Gefüge ergibt, das nicht so sehr ein logisches System von Klassen als vielmehr ein verschachteltes, teils logisches, teils vorlogisches Werkzeug ist – wie die Sprache selbst auch: ein Werkzeug des Menschen im Umgang mit der Welt.

Systematischer Teil

A

Zeit · Raum · Bewegung · Sinnesdaten

Aa 1 Zeitangaben: vor langer Zeit; seit Urzeiten; zu gegebener Zeit; in absehbarer Zeit; von früh auf ...

1 vor **Urzeiten**
   vor grauen **Zeiten**
   vor undenklichen **Zeiten**
   in nebelhafter **Vorzeit** *geh*
   vor längst vergangener **Zeit**
   vor **Zeiten**
   vor **Jahr** und Tag *geh*
   vor langer **Zeit**
   vor langen **Zeiten**
   vor längerer **Zeit**
   vor einiger **Zeit**
   vor kurzer **Zeit**
   vor **kurzem**
   dieser **Tage**

2 etw. ist neueren **Datums**

3 eine Geschichte/ein Märchen/... aus alter **Zeit**
   von alten **Zeiten** erzählen/...
   von längst vergangenen **Tagen** erzählen/...
   von längst vergangenen **Zeiten** erzählen/...
   etw. gehört bereits der **Geschichte** an *geh*

4 das/etw. ist schon (bald/...) (gar) nicht mehr **wahr**

5 vor der **Zeit**
   vor der **Zeit** meines Vaters/...
   vor meiner/deiner/Goethes/... **Zeit**

6 **kurz** vor ... Uhr/...
   tags darauf/zuvor *geh*

7 ein Zug/ein Bus/... fährt jm. (direkt/...) vor der **Nase** weg
   jm. etw. vor der **Nase** wegschnappen/wegnehmen/...

8 genau so/anders sein/... wie/als **sonst**
   wie **weiland** ... *(meist iron.)*

9 solange die **Welt** besteht/existiert
   seit **eh** und je
   seit **jeher**
   seit **je**
   von **jeher**
   seit **Jahr** und Tag *geh*
   seit **Menschengedenken**
   seit **Adam** und Eva
   seit **Urzeiten**
   seit unvordenklichen **Zeiten** *geh*
   seit undenklichen **Zeiten**
   seit uralter **Zeit**
   seit uralten **Zeiten**
   seit ewigen **Zeiten**
   von **uralters** her *selten*
   von **alters** her

10 (schon/...) die ersten **Menschen**/...

11 seit/(solang) ich **denken** kann
   solange/soweit ich/du/... **zurückdenken** kann/kannst/...
   solange ich mich **erinnere**/er sich erinnert/...

12 seit einer halben **Ewigkeit** etw. tun
   jn./sich seit einer **Ewigkeit** nicht mehr sehen/gesehen haben
   jn./sich eine **Ewigkeit** nicht mehr sehen/gesehen haben
   jn./sich seit **Ewigkeiten** nicht mehr sehen/gesehen haben
   (jn./sich) seit ewigen **Zeiten** nicht (mehr) sehen/gesehen haben

13 seit geraumer **Zeit**
   seit längerer **Zeit**
   schon **lange**

14 seit einiger **Zeit**
   seit kurzer **Zeit**
   seit **kurzem**

15 schon eine halbe **Ewigkeit** etw. tun
   eine halbe/kleine **Ewigkeit** warten/dauern/...
   ewig und einen **Tag** warten/dauern/...
   ewig und drei **Tage** warten/dauern/...

16 zu allen **Zeiten**
   zu jeder **Zeit**
   zu jeder **Stunde** (bereit sein/...)
   zu jeder **Tageszeit**
   zu jeder **Tages-** und Nachtzeit

17 **zeitlebens**

18 zu keiner **Zeit**

19 zu meiner/deiner/Goethes/... **Zeit**
   zu Goethes/Großmutters/... **Zeiten**
   zur **Zeit** meines Vaters/...
   zu js. **Lebzeiten**/Lebzeiten von jm.

20 zur festgesetzten **Zeit**
   zur festgesetzten **Stunde**
   zur rechten **Zeit**
   zu gegebener **Zeit**

21 um diese **Zeit**
   (morgen/...) um diese **Zeit**

22 zur gleichen **Zeit**
   zur selben **Zeit**

23 zu nächtlicher **Stunde**
   zu nachtschlafender **Zeit** *form selten*
   mitten in der **Nacht** ...
   zu später/vorgerückter/mitternächtlicher **Stunde**

   zu stiller **Stunde**
   zur **Schlafenszeit** (Lärm machen/...)

24 zu früher **Stunde**
   (um vier/fünf/...) (Uhr) in der **Früh(e)**

25 (noch/...) bei **Tageslicht**
   (noch/...) bei **Tag(e)**

26 mit den **Hühnern** zu Bett gehen/schlafen gehen

27 am hellichten **Tag(e)** etw. stehlen/jn. überfallen/...

28 vor **Tagesanbruch** (aufstehen/...)
   vor **Tau** und Tag aufstehen/... *geh selten*
   bei/vor/nach **Sonnenaufgang**
   bei **Tagesanbruch** (losfahren/...)
   (schon) in der ersten **Frühe** des Tages (aufstehen/...) *selten*
   in aller **Herrgottsfrühe**
   in aller **Frühe** (aufstehen/...)
   aufstehen, wenn die **Hähne** krähen
   beim/mit dem ersten **Hahnenschrei** aufstehen/...
   mit den **Hühnern** aufstehen/...
   (schon/noch) auf den **Beinen** sein
   früh aus den **Federn** sein/müssen/wollen/...
   (ein) **Frühaufsteher** sein

29 jn. **wachrütteln**
   jn. aus dem **Bett** schmeißen

30 aus dem **Nest**! *ugs*
   erhebe dich, du schwacher **Geist**! *iron*
   wünsche wohl **geruht** zu haben *(oft iron.)*

31 bis zum frühen **Morgen** aufbleiben/tanzen/zechen/tagen/...
   bis spät in die **Nacht** (hinein) arbeiten/feiern/aufbleiben/...
   bis in die **Puppen** feiern/zechen/aufbleiben/... *ugs*
   bis zum frühen Morgen/bis fünf Uhr/... **tagen**
   (abends/...) nicht ins **Bett** kommen/(finden)/...
   nicht aus den **Kleidern** kommen

32 die **Nacht** zum Tag machen

33 bis in die **Puppen** schlafen/pennen/im Bett sein/... *ugs*
   bis in den **Tag** hinein schlafen/pennen/im Bett sein/...
   (morgens/...) nicht aus den **Federn** kommen/finden/finden können/können
   (morgens/...) nicht aus dem **Bett** kommen/(finden)/...

34 (noch) (halb) im **Tran** (sein/etw. tun) *ugs*

35 in früheren **Zeiten**

36 in neuerer **Zeit**
in der letzten **Zeit**
in letzter **Zeit**

37 im **Moment** . . .
zur **Zeit**

38 **nach** wie vor

39 (nicht) lange auf sich **warten** lassen

40 bis dahin/das passiert/. . ., läuft/fließt noch viel **Wasser** den Berg hinunter
bis dahin/das passiert/. . ., läuft/fließt noch viel **Wasser** den Rhein/die Donau/. . . hinunter/hinab
bis dahin/das passiert/. . . hat es noch gute **Wege** *geh*
bis dahin/bis das passiert/. . . (mit etw.) hat es noch eine gute **Weile**
bis dahin/. . . ist noch ein weiter **Weg**
das/etw. liegt noch in grauer/weiter/nebelhafter/. . . **Ferne**

41 in **Kürze**
binnen **kurzem** *form*
in kurzer **Zeit**
(schon/. . .) in (ganz) kurzer **Zeit**
in absehbarer **Zeit**
j./etw. muß jeden **Tag** eintreffen/erscheinen/hereinkommen/. . .
in nächster **Zeit**
in nächster **Zukunft**
in nicht allzu ferner **Zeit**
in nicht allzu ferner **Zukunft**

42 vor der **Tür** stehen

43 in ferner **Zukunft**
in fernen **Tagen** . . .
in fernen **Zeiten**

44 (heute/. . .) in acht/vierzehn/. . . **Tagen**
(heute/. . .) über acht **Tage**

45 binnen **Jahr** und Tag *geh*

46 im **Jahre** des Heils 1914/. . . *iron*
im **Jahre** des Herrn 1850/. . . *iron*
Anno Domini 1525/. . . *geh*
Anno Leipzig einundleipzig *ugs selten*

47 im Jahre 500/750/. . . vor unserer **Zeit**
im Jahre 500/750/. . . vor **Christus**
im Jahre 500/750/. . . vor der **Zeitenwende** *geh*

im Jahre 500/750/. . . vor unserer **Zeitrechnung**
im Jahre 500/750/. . . nach **Christus**
im Jahre 500/750/. . . nach der **Zeitenwende** *geh*
im Jahre 500/750/. . . nach unserer **Zeitrechnung**

48 eines (guten/schönen) **Tages**

49 **dabei** sein, etw. zu tun
(gerade/eben) im **Begriff** sein/stehen, etw. zu tun

50 im **Verlauf** des Tages/der folgenden Wochen/der folgenden Jahre/der Diskussion/. . .

51 im **Laufe** der Zeit/der Jahre/der folgenden Wochen/. . .

52 in einem **Zeitraum** von mehreren Monaten/. . .

53 in der **Zwischenzeit**
in der **Folge**
in der **Folgezeit**

54 auf die **Dauer**

55 **früher** oder später
über **kurz** oder lang

56 **kurz** nach . . . Uhr/. . .

57 nach geraumer **Zeit**
nach **Jahr** und Tag *geh*
über **Jahr** und Tag *geh*

58 von **da** an
seit dieser/jener **Stunde**
von **Stund** an *geh*

59 von **Anfang** an
von **Beginn** an

60 von der **Wiege** an
von **früh** auf
von **klein** auf
von **jung** auf
von **Kind** an
von **Kindheit** an
von **Kindesbeinen** an
von **Jugend** an

61 bis zur **Stunde**
bis auf den/zum heutigen **Tag**

62 bis in alle **Ewigkeit** etw. tun
bis an sein **Lebensende** büßen/leiden/. . . (müssen)
bis ans **Ende** seiner Tage büßen/leiden/. . . (müssen) *path*
bis zum letzten **Atemzug** (etw. tun)

63 von **früh** bis spät (arbeiten/. . .)

64 für alle **Zeit**
für alle **Zeiten**

für alle **Ewigkeit**
auf **immer** und ewig

65 für die nächste **Zeit**
fürs **erste**
fürs **nächste**

66 **erst** einmal/mal
zunächst einmal/mal

67 bis auf **weiteres** . . .

68 **ein** für allemal(e)

69 für alle **Zukunft** (gelten)

70 auf kurze **Zeit** gesehen
auf kurze **Sicht**
kurzfristig

71 auf längere **Sicht**
auf längere **Zeit** gesehen
auf lange **Sicht**
langfristig
auf lange **Zeit** gesehen

72 ein Vertrag/eine Regelung/. . . auf **Zeit**

73 in letzter **Minute**
fünf **Minuten** vor zwölf
fünf vor **zwölf**
in letzter **Stunde**
in elfter/zwölfter **Stunde**
kurz vor **Toresschluß** kommen/etw. einreichen/. . .
(noch) kurz vor **Ladenschluß** (etw. tun)
fünf nach **Zwölf**

74 post **festum** *geh*
im **nachhinein**

75 schon einen Monat/. . . über die **Zeit** sein

76 etw./alles bis zur letzten **Minute** aufschieben/verschieben
etw./alles bis auf die letzte **Minute** aufschieben/verschieben
etw./alles bis zum letzten **Moment** aufschieben/verschieben

77 der **Zug** ist (schon) abgefahren *ugs*
. . ., dann ist der **Zug** abgefahren *ugs*

78 besser **spät** als nie

79 **so** bald wie/als möglich
möglichst **bald**

80 (etw.) im **voraus** (tun)

81 es ist noch früh an der **Zeit**

82 in einem **Atemzug**
im gleichen/selben **Atemzug**
wie auf **Verabredung** etw. tun

e-e S. tun und eine andere S. tun
war **eins**

83 mehrere Sachen/... **auf** einmal
erledigen/...
auf einen **Wurf** sofort mehrere
Dinge erledigen/...
alles/mehrere Dinge/... in ei-
nem **Zug** erledigen/...
alles/mehrere Dinge/... auf ei-
nen **Schlag** erledigen/...
alles/mehrere Dinge/... in ei-
nem **Abwasch(en)** (erledigen/...)
ugs
sechs/sieben/... Kontrahen-
ten/... auf einen **Streich** erledi-
gen/...

84 der **wievielte** ist heute/war ge-
stern/...?
den **wievielten** haben wir heute/
hatten wir gestern/...?
hast du/haben Sie/... genaue
Zeit?

85 die Uhr/Glocke/... gibt nur die
vollen **Stunden** an

86 der letzte **Tag** des Jahres

87 die Uhr/der Chronometer/...
geht nach dem **Mond** *ugs*

88 etw. auf **Jahr** und Tag genau/...
wissen/...

89 **Zeit** und Stunde vereinbaren/...
Ort und Zeit (der Veranstaltung
stehen noch nicht fest/...)
Zeit und Ort (der Veranstaltung
werden noch bekanntgege-
ben/...)
das **Wie**, Wann und Wo
Tag und Stunde vereinbaren/...
während/unter/in der **Woche**

90 (nicht) an eine/an keine be-
stimmte **Zeit** gebunden sein

91 das waren goldene **Tage** (da-
mals/...) *geh*
das waren noch **Zeiten**!
das waren goldene **Zeiten**!

92 eine bewegte/dunkle/... **Vergan-
genheit** haben

93 kommende/künftige/spätere **Zei-
ten**

94 die **Zukunft** wird es lehren
die **Zukunft** wird es lehren/zei-
gen, wer Recht hat/ob/...

95 goldenen **Zeiten** entgegensehen/
entgegengehen/...

96 ein/der Leiter/Chefarzt/Pia-
nist/... in spe *geh*

97 das akademische **Viertel**

98 die Aufgaben/die Anforderun-
gen/... des **Tages**

Aa 2 Dauer: einige Zeit hin- durch; sich hinziehen; per- manent tun

---

1 **immer** und ewig
immer und immer (wieder)

2 wie seit **eh** und je (etw. tun)

3 vom (frühen) **Morgen** bis zum
(späten) Abend
von **morgens** bis abends

4 eine lange **Weile** *selten*
eine ganze **Weile**
einige **Zeit** lang
eine **Zeitlang**
eine (kleine/kurze) **Weile** *selten*
(für) ein **Weilchen**

5 die ganze **Zeit** (über)
all die **Zeit**

6 sein **Leben** lang
zeit seines **Lebens**
Zeit seines Lebens

7 von der **Wiege** bis zum Grab *geh*
von der **Wiege** bis zur Bahre *geh*

8 eine geschlagene **Stunde** warten/
dauern/...

9 **Stunde** um Stunde verging/
warteten sie da/...
Tag um Tag verging/...
es verging/... geraume **Zeit**

10 die **Jahre** kommen und gehen
es vergehen/... **Wochen** und Mo-
nate bis .../...

11 ins **Land** gehen
ins **Land** ziehen

12 sich in die **Länge** ziehen
es ist (noch) kein **Ende** abzuse-
hen/in Sicht/ein Ende ist noch
nicht ...

13 es ist noch (immer) kein **Land** in
Sicht
das dauert/da kannst du/kann
er/... warten/... bis du **schwarz**
wirst/er schwarz wird/... *ugs*

14 in weite/(nebelhafte) **Ferne** rük-
ken

15 etw. **geht** (immer so) weiter
sich **dranhalten**
das/etw. **hört** (überhaupt/gar)
nicht mehr auf
bis ins **Unendliche** weiterdisku-

tieren/eine Sache an die andere
reihen/...

16 etw. bis zur **Bewußtlosigkeit** tun
ugs
bis zum (es-) **geht-nicht-mehr**
(etw. tun) *ugs*
etw. bis zum **Erbrechen** tun *ugs*

17 kein **Ende** finden (können) (mit
etw.)

18 aus der Arbeit/dem Staunen/
dem Lachen/... gar nicht mehr
herauskommen

19 nichts anderes **tun** (als ...)
nichts **tun** als arbeiten/intrigie-
ren/schwimmen/...

20 lieber Karl **hinten** und lieber
Karl vorne/Herr Doktor hinten
und Herr Doktor vorne/...

21 den lieben langen **Tag** (lang) fau-
lenzen/...

22 jm. eine **Frist** setzen (für etw.)

Aa 3 wiederholt: häufig; un- unterbrochen; ein ums ande- re Mal

---

1 von **Zeit** zu Zeit
hin und wieder
immer mal wieder
(so) **ab** und zu (mal)
dann und wann
ab und an *geh*
je und je *selten*

2 das eine oder andere **Mal**

3 an **Sonn-** und Feiertagen
(nur) an hohen (kirchlichen)
Feiertagen
alle **Jubeljahre** (einmal/mal) etw.
tun/vorkommen/...

4 **einmal** und nie wieder!
nun und nimmermehr *selten*

5 (so) manches liebe **Mal**
zu wiederholten **Malen**

6 **immer** wieder
wieder und wieder

7 **aber-** und abermals
alle **Nase** lang *ugs*
jeden Tag/jede Stunde/... den/
die (der liebe) **Gott** kommen läßt

8 **immer** und ewig
immer und immer (wieder)

9 ohne **Unterlaß** (etw. tun)
in **einem** fort reden/quasseln/be-
haupten/arbeiten/...

in **einem** durch
in einer **Tour**
am laufenden **Band**
am laufenden **Meter** *ugs*

10 j. redet/läuft/... als ob er es **bezahlt** kriegte/(bekäme)

11 so **geht** das/es in einem fort

12 laufende **Meter** Unsinn/Witze/... *ugs*

13 kein **Ende** nehmen

14 in (der) **Übung** bleiben
aus der **Übung** kommen
aus der **Übung** sein

15 auf **immer** und ewig
auf **ewig**

16 in der **Regel** (etw. tun)
sich etw. zur **Regel** machen

17 **sommers** wie winters *selten*
Sommer wie Winter
winters wie sommers *selten*
Jahr für/um Jahr
jahraus, jahrein
Monat für/um Monat
Woche für/um Woche
Tag für/(um) Tag (etw. tun müssen/...)
tagaus, tagein
Nacht für/um Nacht

18 jedes zweite **Mal**
ein über das/übers andere **Mal**
ein ums and(e)re **Mal**
ein **Mal** ums andere
ein **Mal** über das andere *selten*

19 **eine** über die andere Woche *selten*
ein über das andere Jahr
jeden zweiten **Tag**
einen **Tag** um den anderen/andern
alle zwei **Tage**
ein über den anderen Tag *selten*

20 auf/über weite **Strecken** (hin) ...

21 in zwangloser **Folge** (erscheinen/...)

22 (2 Tabletten/vier Seiten/...) pro **Tag**

23 wieder **einmal**

24 nur immer so **weiter**!
nur immer so **fort**!
weiter im **Text**! *ugs*

25 (schon/...) **x-mal** (etw. tun)
(schon/...) zum **x-ten** Mal (etw. tun)

26 eine (ziemlich/arg/...) **strapazierte** Entschuldigung/Erklärung/...

27 es sind 10/50/100/... Todesfälle/ Rücktrittsgesuche/... zu **verzeichnen** *form*

Aa 4 Usus, Angewohnheit, Manie

1 in **Gebrauch** kommen

2 es ist **Usus**, daß ...
es ist (nun einmal) so **Usus gang** und gäbe sein

3 (in letzter Zeit/heute/jetzt/...) an der **Tagesordnung** sein
(heute/...) zur **Tagesordnung** gehören

4 eine bestimmte Propaganda machen/..., das gehört zum **Handwerk**

5 mein/dein/... alltägliches/täglich(es) **Brot** sein
an der/unserer/... **Tradition** festhalten und ...

6 (es ist) ein ungeschriebenes **Gesetz** (daß ...)

7 die goldene **Regel**

8 nach alter **Väter** Sitte

9 es (in letzter Zeit/...) (so) an **sich** haben, zu ...

10 (von) etw. nicht **lassen** können

11 jm. (immer/...) mit etw. **kommen**
da **kommt** er/sie/der Peter/...
(doch) schon wieder damit!

12 (etw.) von **neuem** beginnen/machen/...
(etw.) aufs **neue** versuchen/...

13 jetzt/... beginnt/... das alte **Spiel** (von neuem/...)
jetzt/... beginnt/... das alte **Spielchen** (von neuem/...) *ugs*

14 Beispiele/Argumente/... zu **Tode** reiten/hetzen
auf etw. (wieder/...) **herumreiten**

15 immer wieder/wieder/... dieselbe/die gleiche **Platte** auflegen/ ablaufen lassen *ugs*
immer wieder/wieder/... mit derselben/der gleichen **Platte** kommen *ugs*

immer wieder/wieder ... dieselbe/die gleiche **Walze** abspielen/ ablaufen lassen *ugs*
immer wieder dieselbe/die gleiche **Platte**! *ugs*

16 alte **Geschichten** (wieder) aufwärmen *ugs*
alten **Kohl** (wieder) aufwärmen *ugs*
alte/olle **Kamellen** aufwärmen *ugs*

17 den alten **Dreck** aufrühren *ugs*
in der **Scheiße** rühren *vulg*

18 alten **Wein** in neue Schläuche füllen

19 du mußt dir/er muß sich/der Peter muß sich/... mal etwas **Neues** ausdenken/einfallen lassen
(endlich/...) (mal/...) eine neue **Platte** auflegen *(oft Imp.)* *ugs*

20 fröhliche **Urständ** feiern *selten*

21 und wie das so zu sein **pflegt**
wie man/er/die Frau Müller/... (so) zu **sagen** pflegt

22 die **Sitten** und Gebräuche

23 die **Macht** der Gewohnheit

24 der graue **Alltag**
das tägliche/ewige **Einerlei**
die tägliche **Tretmühle**
das tödliche **Einerlei**

Aa 5 Reihenfolge: dran sein, in einer Reihe warten, Schlange stehen ...

1 **einer** nach dem ander(e)n
ein *(+ Subst.)* nach dem ander(e)n

2 jeder **zweite** *(+ Subst.)*
einer um den ander(e)n

3 (immer) (schön/hübsch/...) der **Reihe** nach!

4 **dran** sein
an der **Reihe** sein

5 **drankommen**
an die **Reihe** kommen
der **Nächste**, bitte!

6 die **Reihe** ist an jm., etw. zu tun *form*

es **ist** (jetzt/...) an jm., etw. zu
tun

7 am **Zug** sein

8 js. **Stunde** ist gekommen
js. **Zeit** ist gekommen
js. **Stunde** hat geschlagen

9 js. **Stunde** kommt noch/auch
noch/...
js. **Tag** kommt noch/auch
noch/...

10 jn. **dranlassen**

11 jn. **vorlassen**
jn. **voranlassen**
jm. den **Vortritt** lassen

12 den **Vortritt** haben

13 außer der **Reihe** drankommen/
bedient werden/...

14 den **Auftakt** machen (bei etw.)
die **Reihe** eröffnen (bei etw.)
form
die **Reihe** mehrerer/... eröffnen
form
den **Reigen** eröffnen (bei etw.)
(oft iron.)

15 die **Runde** machen

16 in buntem **Wechsel** aufeinander
folgen/...
in bunter **Folge** (sah man Darbie-
tungen/...)
in rascher **Folge** ...

17 die **Reihe** beschließen *form*
den **Reigen** beschließen (bei etw.)
(oft iron.)

18 mit verteilten **Rollen** ...
die **Rollen** tauschen

19 wer zuerst **kommt**, mahlt zuerst
X ist **Kaiser** (Y ist König, Z ist
Bettelmann) *(Kindersprache)*

20 die **Letzten** werden die Ersten
sein

21 in einer **Reihe** stehen/antre-
ten/...

22 eine **Kette** bilden
einen **Ring** bilden (um etw.)

23 (immer hübsch/...) in der **Reihe**
stehen/bleiben/...

24 aus der **Reihe** treten

25 **Schlange** stehen

26 eine **Reihe** schließen
den **Schwanz** (in einer Reihe/in
einer Schlange) bilden

das **Schlußlicht** sein/machen/
bilden

27 der letzte **Mohikaner** *ugs*

28 die **Reihe** herum gehen/fra-
gen/...

29 in der **Runde** singen/...

30 eine bunte **Reihe** (machen/...)

31 ... **voran**, ... hinterdrein
im **Gänsemarsch** gehen/daher-
marschieren/...

32 im ersten **Augenblick**
im ersten **Moment** ...

33 des **weiteren** (wurde dann/...)

34 im **Zug(e)** der Reformen/der
Umbauarbeiten/...

35 und so **weiter** (und so fort/wei-
ter)

36 so kommt **eins** zum andern

Aa 6 Entwicklung: die Zeit
ist (noch nicht) reif; in den
Kinderschuhen stecken; sich
anlassen, im Gange sein, sei-
nen Verlauf nehmen; es geht
voran; am Höhe-, Wende-
punkt sein; sich zum Guten,
Bösen wenden; zum Erlie-
gen, wieder in Fluß kom-
men; an der Schwelle, in ei-
ner Übergangsphase stehen;
der Stand der Dinge; der
Geist einer Zeit

---

1 noch/... im **Schoß** der Erde ru-
hen/... *geh*
noch/... im **Schoß** der Zeit ru-
hen *geh selten*

2 die **Zeit** ist (noch) nicht reif (für
etw.)
das/etw. ist (noch) **Zukunftsmu-
sik**

3 von **vorneherein** etw. tun/sagen/
behaupten/...

4 im **Vorfeld** der Wahlen/der Un-
tersuchungen/...

5 es gibt (da/bei .../...) kein **Zu-
rück** (mehr)
das **Gebot** der Stunde heißt/...
form
dem **Gebot(e)** der Stunde gehor-
chen

6 sich am **Horizont** abzeichnen
(schon/...) in **Sicht** sein

7 greifbare **Gestalt** annehmen
greifbare **Formen** annehmen

8 zum **Greifen** nahe sein
etw. zum **Greifen** nahe vor sich
sehen/haben
in greifbare **Nähe** rücken

9 im **Keim** vorhanden sein/...

10 noch in der **Vorbereitung** stehen/
stecken

11 der **status** nascendi *geh*
(etw.) in **statu** nascendi (beobach-
ten/...) *geh*
(noch) im **Werden** (begriffen)
sein *form*
(noch) im **Anfangsstadium** ste-
hen/stecken/...
(noch) in den **Kinderschuhen**
stecken
(noch) beim **ABC** (e-r S.) sein
(noch) im **Rohzustand** sein

12 im **Ansatz** stecken bleiben

13 (gerade/eben) im **Begriff** sein/
stehen, etw. zu tun
(gerade/eben) **dabei** sein, etw. zu
tun

14 am **Werk(e)** sein

15 in der **Planung**/Entwicklung/im
Wachsen/Abnehmen/... **begrif-
fen** sein *form*

16 wenn/wo wir/ihr/... schon ein-
mal **dabei** sind/seid/...

17 sich (gut/schlecht/...) **anlassen**
gut/schlecht/... **einschlagen**

18 (erst/erst einmal) (richtig/...) in
Fahrt kommen
(erst/erst einmal) (richtig/...) in
Schwung kommen
auf **Touren** kommen

19 schon/bereits/seit ... im **Gang(e)**
sein
schon/bereits/seit ... in vollem
Gang(e) sein

20 in **Betrieb** sein
(ein Vulkan/...) ist noch in **Tä-
tigkeit**

21 (so) (richtig/...) in **Fahrt** sein
(mit/bei etw.)
(so) (richtig/...) in **Schwung** sein
(bei etw.)
auf **Touren** sein

22 gerade erst/erst gerade/... (so
richtig/richtig) **drin** sein

23 seinen **Verlauf** nehmen
seinen **Lauf** nehmen
seinen **Weg** nehmen

seinen **Fortgang** nehmen

vonstatten **gehen**

24 nun/jetzt/... wird/muß/... etw. seinen **Lauf** nehmen

25 jetzt/dann/... rollt der **Film** ab *ugs*

26 im **Zug(e)** der Reformen/der Umbauarbeiten/...

27 (ganz/genau/...) im richtigen **Fahrwasser** sein (bei jm./mit etw.)

28 noch immer/... auf demselben **Fleck** sein
nicht vom **Fleck** gehen/(kommen)
nicht **vorangehen**
nicht **vorankommen**
es **geht** nicht voran (mit etw.)
weder vor noch **zurück**
es **geht** nicht vor und zurück/weder vor noch zurück (mit etw.)
nicht vor und nicht zurück/nicht vorwärts und nicht rückwärts **gehen**
auf der **Stelle** treten (mit etw.)

29 sich im **Kreis** drehen
im **Leerlauf** laufen

30 einen **Schritt** vor und zwei zurückgehen
es geht nach dem **Motto**: ein Schritt vor und zwei zurück
im **Krebsgang** gehen *selten*

31 im **Schneckentempo** vorangehen/vorwärtskommen/...
(schleppend/mühsam/...) **vorangehen**

32 etw. **geht** so vor sich hin

33 (noch/...) im **Fluß** sein

34 noch weit vom **Ziel** entfernt sein

35 eine steigende/fallende **Tendenz** (haben)

36 es **geht** voran (mit jm./etw.)
es **geht** vorwärts (mit jm./etw.)
Fortschritte machen (bei etw.)
vorwärtskommen (mit etw.)

37 in e-r S. (mühsam/gut/...) **vorankommen**

38 einen (richtigen/kräftigen/...) **Sprung** machen
einen (großen/...) **Sprung** (nach vorn/vorwärts/nach oben/...) machen

39 besser **und** besser/schlimmer und schlimmer/fleißiger und fleißiger/... werden/...
zusehends besser/kritischer/unsympathischer/... werden

40 auf dem besten **Weg** sein, etw. zu tun/werden/erreichen/...

41 sich ins Ungeheuere/Unermeßliche/Gewaltige/... **steigern**
j./etw. berechtigt zu den schönsten/besten **Hoffnungen**
goldenen **Zeiten** entgegensehen/entgegengehen/...

42 sich in **Richtung** auf ... bewegen/entwickeln/...

43 im **Rohbau** fertig sein/stehen

44 seinen höchsten/tiefsten/... **Stand** erreichen
der **Stand** des Barometers/der Arbeitslosenzahl/... erreicht seinen/ihren höchsten/tiefsten/... Punkt

45 an dem **Punkt** sein/angekommen sein/..., an dem/wo man allein nicht weiterkommt/Hilfe braucht/es schwierig wird/...

46 auf dem **Höhepunkt** ankommen
auf dem **Scheitelpunkt** seiner Macht/... stehen/angelangt sein/sein/...
auf dem **Siedepunkt** ankommen/angelangt sein/... *(Erregung, Wut) path*

47 einen **Markstein** bilden in ...
einen **Meilenstein** (in der Entwicklung/...) bilden/darstellen/...

48 seine **Glanzzeit** haben
Geschichte machen *path*

49 seinen **Höhepunkt** erreicht/überschritten/... haben
den **Kamm** überschritten haben
(in seinem Leben/...) an einem **Wendepunkt** angelangt/... sein

50 der **Kurs** ändert sich
das **Pendel** (des/der/...) schlägt in eine andere/... Richtung aus/um
das **Pendel** (des/der/...) schlägt zur anderen Richtung aus/um
das **Blatt** wendet sich/wird sich (wieder) wenden/...

51 sich zum **Guten** wenden
sich zum **Besseren** wenden
eine **Wendung** zum Guten/Besseren nehmen

52 sich zum **Schlimmen** wenden
eine schlimme/böse/unheilvolle/... **Wendung** nehmen
eine **Wendung** zum Schlimmen/Bösen/Üblen nehmen

53 zum **Schlimmen** ausschlagen
zum **Bösen** ausschlagen

54 es kommt **eins** zum anderen

55 (und) das ist/war erst der **Anfang**
(und/aber/doch/...) damit nicht **genug**, ...
(und/aber/doch/...) nicht **genug** damit, ...
es **kommt** noch besser ...
das sind ja/... trübe **Aussichten** ..., und dann **kommt** es (plötzlich) knüppeldick

56 es kommt zum **Schlimmsten** *oft*: sollte es ...
es kommt zum **Ärgsten** *oft*: sollte es ...
so weit ist es also/es ist ja weit/... **gekommen** (mit jm./etw.)!

57 der Verzweiflung/dem Ruin/dem Ende/... **nahe** sein

58 vom **Regen** in die Traufe kommen

59 einen **Rückschritt** machen (in/bei/...)
Rückschritte machen (in/bei/...)
in **Rückstand** geraten (mit etw.)

60 ins **Stocken** geraten

61 **stehen** bleiben
zum **Stillstand** kommen
zum **Erliegen** kommen
an/auf einem toten **Punkt** ankommen/anlangen
auf den **Nullpunkt** sinken
auf dem (absoluten/...) **Nullpunkt** ankommen
sich **totlaufen**
etw./die Sache hat sich **totgelaufen**

62 etw. zum **Stocken** bringen
ins **Stocken** kommen

63 etw. zum **Stillstand** bringen

64 so kann das nicht **weitergehen**
das/etw. ist eine **Schraube** ohne Ende

65 ein toter **Punkt**/der tote Punkt

66 an die **Grenze** seiner Möglichkeiten/Entwicklungsfähigkeit/... stoßen/kommen/gelangen

67 (mit etw.) im **Rückstand** sein
zurück sein (in/mit etw.)

68 in einer/der **Talsohle** sein/stecken
in einem **Tief** sein/stecken

69 einen (bedenklichen/...) **Tiefstand** erreichen/...
auf dem/seinem **Tiefpunkt** ankommen/...

70 es/j. wird (noch/nie/...) dahin/
soweit **kommen**, daß ...

71 dahinschmelzen/schmelzen wie
Schnee an der Sonne

72 (unbeirrt/...) seinen **Weg**/(sei-
nes Weges) gehen

73 (wieder/...) in **Fluß** kommen
(wieder) flott **werden**
(wieder) flott **kommen**
etw. (wieder/...) in **Fluß** bringen
etw. wieder **flottmachen** ugs

74 zu guter **Letzt** doch/doch
noch/... etw. tun
schließlich und endlich ...
zum **Schluß** ...

75 etw. (doch noch/...) zum **Guten**
lenken/wenden

76 bei etw./hierbei/dabei nicht **ste-
hen** bleiben
jn./etw. einen (guten/wichtigen/
entscheidenden/...) **Schritt** wei-
terbringen (in e-r S.)

77 dem Verdacht/der Kritik/...
(neue) **Nahrung** geben

78 etw. auf eine (völlig) neue
Grundlage stellen

79 etw. in/im **Fluß** halten

80 einen **Schritt** weiterkommen (in/
mit e-r S.)
einen (großen/wichtigen/ent-
scheidenden/...) **Schritt** vor-
wärts/nach vorn tun (mit etw.)
ein wichtiger/entscheiden-
der/... **Schritt** sein auf dem Weg
zu ...

81 an der **Schwelle** einer neuen
Zeit/eines neuen Lebensab-
schnitts/... stehen
ein neues **Blatt** im Buch(e) der
Geschichte/Weltgeschichte auf-
schlagen geh

82 im (ersten/zweiten/.../jetzi-
gen/damaligen/.../letzten/...)
Stadium (der Entwicklung/...)

83 sich in einer **Übergangsphase** be-
finden
sich in einem **Übergangsstadium**
befinden
sich in einem **Zwischenstadium**
befinden

84 großen **Schwankungen** ausgesetzt
sein

85 der kritische **Punkt** (in der Ent-
wicklung/...)
das kritische **Stadium** (in der Ent-
wicklung/...) erreichen

86 ein **Sprung** ins Ungewisse/Dun-
kle (sein)

87 das **Etappenziel** erreichen/...

88 den **Flügelschlag** der Zeit ver-
spüren geh

89 wir leben heute/... im **Zeichen**
der Ideologien/...

90 über etw. **hinaus** sein
über etw. **hinweg** sein

91 noch ist/es ist noch nicht aller
Tage Abend

92 den **Teufel** mit (dem)/durch
(den) Beelzebub austreiben

93 das **Weitere**
alles **Weitere**

94 am **Ende**...

95 letzten **Endes**

96 was lange **währt**, wird endlich
gut/(wird endlich endlich)

97 wissen wollen/..., wie weit etw.
gediehen ist
(schon/...) (sehr) **weit** sein (mit
etw.)

98 (so) wie die **Dinge** (nun einmal)
liegen
nach **Lage** der Dinge
(so) wie die **Sache** (nun einmal)
liegt
unter den gegebenen **Umständen**
rebus in stantibus geh selten

99 der **Stand** der Dinge (ist der/...)
der **Lauf** der Dinge ...
das/etw. ist der **Lauf** der Dinge/
(Welt)
der **Verlauf** der Dinge

100 (die Regierungen/Jahre/Erinne-
rungen/...) **kommen** und gehen

101 im **Auf** und Ab des Lebens/der
Geschichte/...

102 so ist das im **Leben**
(und) wie es/das so **geht**

103 das **Werden** und Vergehen (in)
der Natur/...
das ewige **Stirb** und Werde geh

104 der **Geist** einer Zeit/Epoche/...
ein **Zug** der Zeit (sein)
ein **Zeichen** der Zeit (sein)
(das ist) der **Zahn** der Zeit ugs

105 das **Rad** der Entwicklung/Ge-
schichte zurückdrehen wollen/

nicht können/...
man kann die **Zeiger** der Uhr
nicht zurückstellen/zurückdre-
hen

106 das **Alte** und das Neue

107 etw. hat **Geschichte** gemacht path

108 der **status** quo
der **status** quo ante geh

109 (kulturell/...) auf hoher/niedri-
ger **Stufe** stehen
auf hoher/niedriger **Stufe** stehen
(in einem Volk/bei ...)

Aa 7 initiieren: die Grund-
lagen legen; Maßnahmen er-
greifen; starten (lassen); ran!

1 etw. noch vor sich **haben**
jm. ins **Haus** stehen

2 ein weites **Feld** liegt (noch) vor
jm.

3 grünes **Licht** haben (für etw.)
grünes **Licht** geben (für etw.)

4 mit etw. **Neuland** betreten

5 die **Grundlage** für etw. legen (mit
etw.)
den **Grund** für etw. legen (mit
etw.)
den **Grundstein** für etw. legen
(mit etw.)
das **Fundament** zu etw. legen (mit
etw.)
den **Samen** für eine Entwick-
lung/... legen form

6 die **Weichen** (für etw.) (richtig/
falsch) stellen

7 (schon) (gute/ausgezeichne-
te/...) **Vorarbeit** leisten

8 den (ersten) **Anstoß** geben (zu
etw.)

9 (der) **spiritus** rector (e-r S.) (sein)
geh

10 die **Initiative** ergreifen

11 etw. in die **Wege** leiten

12 etw. auf den **Weg** bringen

13 **Anstalten** treffen, etw. zu tun
Maßnahmen ergreifen (für/ge-
gen jn./etw.)
die nötigen/einschlägigen/...
Schritte veranlassen (damit etw.
geregelt wird/...)
die ersten **Schritte** einleiten

die nötigen/einschlägigen/...
Schritte tun/unternehmen/einleiten (um etw. zu erreichen/damit etw. geregelt wird/...)
den ersten **Schritt** tun

14 diplomatische **Schritte** einleiten (um/...) *form*

15 etw. ins **Leben** rufen
etw. aus der **Taufe** heben

16 etw. auf die **Beine** stellen

17 etw. ins **Werk** setzen

18 etw. in **Gang** bringen/(setzen)

19 etw. ins **Rollen** bringen

20 den **Stein** ins Rollen bringen

21 etw. **starten** lassen
den **Startschuß** (zu etw.) geben
auf die **Plätze**! (Achtung! fertig! los!) *(Sport)*

22 eine Maschine/Anlage/... (neu) in **Betrieb** nehmen
eine Maschine/Anlage/... in **Betrieb** setzen
(eine Maschine/...) in **Tätigkeit** setzen *form*
(eine Maschine/...) in **Gebrauch** nehmen *form*

23 etw. in **Angriff** nehmen
sich an etw. **machen**
sich daran **machen**, etw. zu tun

24 **loslegen**
an die **Arbeit** gehen
sich an die **Arbeit** machen
Hand ans Werk legen *geh*
ans **Werk** gehen
sich ans **Werk** machen

25 mit beiden **Beinen** hineinspringen
mit beiden **Füßen** hineinspringen

26 einen Streit/... vom **Zaun** brechen

27 ins **Rollen** kommen
der **Stein** kommt ins Rollen
eine **Lawine** kommt ins Rollen

28 ins **Leben** treten *selten*

29 seinen **Anfang** nehmen

30 in **Funktion** treten
in **Tätigkeit** treten *form*

31 in die **Hände** spucken
(sich) die **Ärmel** hochkrempeln/(aufkrempeln/aufrollen)
(sich) die **Hemdsärmel** hochkrempeln/(aufkrempeln/aufrollen)

32 jetzt/heute/... **geht's** ans Arbeiten/...
(nun/nun mal) **los**! *ugs*
ab geht die **Post**! *ugs*
auf **geht's**!
los, (ab/weg/heraus/heraus mit der Sprache/...)!
(los) **ran**!
Hand ans Werk! *geh*
frisch ans **Werk**!
na, dann **wollen** wir mal!
na, dann mal/(man) **zu**!
(na,) denn man **tau**! *ugs*
packen wir's an!
ran an die Gewehre! *ugs*
(dann/mal) auf ins **Gefecht**! *iron*
(dann/mal) ran an den **Feind**! *ugs*
auf ins **Getümmel**! *ugs*
ran an die Buletten! *ugs selten*
ran an den **Speck**! *ugs*

33 mit **Mut** voran!
(so) **Sprung** auf, marsch, marsch! *ugs*

34 **schieß'**/schießt/... (mal) los! *ugs*

35 (nochmal/noch einmal/...) von **vorn(e)** (anfangen/...)

36 ein blutiger **Anfänger** sein

37 (ein) stehender **Start**
(ein) fliegender **Start**

Aa 8 (be-)enden: zu Ende führen, ein Ende setzen, Schluß machen; ad acta legen; zu Ende gehen; aus (und vorbei)! Schluß mit ...!

1 etw. bis zu **Ende** machen/durchführen/...

2 etw. zu **Ende** bringen/führen
etw. **zuendeführen**
etw. fertig **machen**
etw. zu einem guten **Ende** bringen/führen
etw. zum **Abschluß** bringen

3 (mit etw.) (nicht) fertig **werden**
etw. (bald/...) **fertig** haben

4 so **weit** sein, daß ...

5 **soweit** sein
(mit etw.) **fertig** sein
fix und fertig sein *ugs*

6 e-r S. ein **Ende** bereiten/machen/setzen
e-r S. **Einhalt** gebieten/tun

7 jm./e-r S. den **Garaus** machen

8 dem **Unwesen** steuern

9 e-r S. einen **Riegel** vorschieben/(vorlegen)

10 e-r S. den **Todesstoß** geben/versetzen
e-r S. den **Gnadenstoß** geben/versetzen

11 **Schluß** machen (mit jm./etw.)
(für heute/...) (mit etw.) **Feierabend** machen
das **wär's** für heute/jetzt!

12 den **Schlußpunkt** unter/hinter etw. setzen
unter etw. einen/den (dicken) **Schlußstrich** ziehen (mit etw.)
einen (dicken) **Strich** unter etw. ziehen/(machen) (mit etw.)
drei **Kreuze** unter ein Schriftstück/... machen/setzen *selten*

13 das/ein **Kapitel** abschließen/(beenden)

14 es bei etw. **lassen**
es bei etw. **belassen**
es bei etw. **bewenden** lassen
die Sache/es/... auf sich **beruhen** lassen
es gut **sein** lassen
laß'/laßt/... (es) gut **sein**!

15 etw. **fallen** lassen
die **Sache** begraben *ugs*
ein Thema/... **sterben** lassen

16 etw. aufs tote **Gleis** schieben
etw. ad **acta** legen *geh*
etw. zu den **Akten** legen

17 etw. hinter **sich** haben

18 das wäre **geschafft**! *ugs*

19 eine Maschine/Anlage/... außer **Betrieb** setzen
eine Maschine/... außer **Tätigkeit** setzen *form*

20 in **Ruhestellung** gehen

21 dem/seinem **Ende** zugehen/entgegengehen
zu **Ende** gehen
es geht (mit jm./etw.) zu **Ende**

22 zur **Neige** gehen
sich dem/seinem **Ende** zuneigen

23 im **Schwinden** begriffen sein *form*

24 etw. ist der **Anfang** vom Ende (e-r S.)

25 ein gutes/böses/schlimmes/... **Ende** nehmen
einen guten/schlechten/... **Ausgang** nehmen
gut/schlecht/noch einmal glimpflich/... **ausgehen**
etw. bis zum bitteren **Ende** durchstehen/aushalten/... (müssen/...)

26 mit einem Vortrag/... am **Ende** sein
zu **Ende** sein

27 **vorbei** sein
herum sein
um sein
vorüber sein

28 **erledigt** sein (für jn.)

29 etw. gehört der **Vergangenheit** an

30 das bittere **Ende** wird sein/...
das **Ende** vom Lied ist/war/wird sein, daß ... *ugs*

31 die längste **Zeit** etw. getan haben/geherrscht haben/...

32 außer **Betrieb** sein

33 blind enden *(Gänge, Straßen)*
das`tote **Ende**

34 und damit/mit e-r S. soll/mag/wird/... es sein **Bewenden** haben
jetzt/dann/... ist Sense (mit etw.) *ugs*
damit/mit e-r S. muß es jetzt/... ein **Ende** haben
Schluß (damit)!
aus (damit)!
Feierabend! *ugs*
jetzt/... ist (aber) **ein** für allemal(e) Schluß/Sense/Feierabend/...!

35 ... und damit **Schluß** (mit...)!
jetzt/dann/... ist **Schluß** (mit etw.)
jetzt/dann/... ist **Feierabend** (mit etw.) *ugs*
... und damit **Sense**! *ugs*
... und damit **basta**! *ugs*
... und damit **punctum**! *selten*
... und damit **Punktum**! *selten*

36 um ... Uhr/jetzt/... ist **Zapfenstreich** *ugs*

37 aus, dein treuer **Vater**! *iron*

38 bis **hierher** und nicht weiter!
bis **hierhin** und nicht weiter!

39 (so,) genug des grausamen **Spiels**! *(oft iron.)*

40 **Schluß** (mit ...)!
bei jm./was jn. angeht/... ist **Schluß** (mit jm./etw.)
es ist **aus** (mit jm./etw./für jn.)
Sense! *ugs*
bei jm./was jn. angeht/... ist **Sense** (mit jm./etw.) *ugs*
jetzt/für heute/für diesen Monat/... ist **Ebbe** (bei jm.) (mit etw.) *ugs*

41 mit e-r S. – das ist **Essig**/ist es Essig *ugs*

42 fort/weg mit **Schaden**! *selten*

43 da/in der Richtung/... **läuft** nichts mehr *ugs*
die **Quelle** ist versiegt

44 (so,) der **Bart** ist ab *ugs*

45 ... und damit **hat** sich's (dann) (auch)!

46 aus, der **Traum**! *ugs*
der/dieser **Traum** ist aus *ugs*
der/dieser **Traum** ist ausgeträumt
den/diesen/... **Traum** ausgeträumt haben

47 lieber ein **Ende** mit Schrecken als ein Schrecken ohne Ende *ugs*

Aa 9 nicht spruchreif

1 noch nicht **spruchreif** sein
noch nicht **ausgegoren** sein
(noch/...) ungelegte **Eier** (für jn.) sein *ugs*

2 sich um ungelegte **Eier** kümmern *ugs*
über ungelegte **Eier** gackern *ugs*
ungelegte **Eier** begackern *ugs*

3 das **Fell** des Bären verkaufen/(vertreiben), ehe/bevor man ihn erlegt/(gefangen) hat
das **Bärenfell** verkaufen, ehe/(bevor) man den Bären erlegt hat *ugs*
die **Bärenhaut** verkaufen, ehe/(bevor) man den Bären erlegt hat *ugs*

Aa 10 (so) allmählich, immer mehr: mit der Zeit; von Mal zu Mal besser ...; langsam, aber sicher

1 mit der **Zeit** ...
(so) **nach** und nach

2 mit den **Jahren** sich an etw. gewöhnen/...

3 **Schritt** für Schritt vorangehen/seinem Ziel näher kommen/...
js. Macht/Einfluß/... **Schritt** um Schritt zurückdrängen/...

4 (erst/erst einmal) (richtig/...) in **Fahrt** kommen
(erst/erst einmal) (richtig/...) in **Schwung** kommen
auf **Touren** kommen

5 noch nicht/nicht ganz/voll und ganz/... **drin** sein (in etw.)

6 von **Mal** zu Mal besser/schlechter/... werden/...
von **Tag** zu Tag besser werden/schlechter/... werden/...

7 immer **mehr**
mehr und mehr

8 **langsam**, aber sicher
gut **Ding** will Weile haben
kommt **Zeit**, kommt Rat

9 daß .../ob .../..., das ist (nur/...) eine **Frage** der Zeit/des Geldes/...
ob .../..., das ist (nur/...) eine **Zeitfrage**

10 jm. etw. **tröpfchenweise** beibringen/beibiegen/erzählen/...
jm. etw. in kleinen **Dosen** beibringen/beibiegen/erzählen/...
(so) **scheibchenweise** mit der Wahrheit herausrücken/...

11 etw. in **Zeitlupe** zeigen/auf dem Bildschirm verfolgen/...

Aa 11 sich Zeit lassen: in aller Ruhe tun, aufschieben; immer sachte voran

1 sich **Zeit** nehmen (mit etw.)
sich **Zeit** lassen (mit etw.)
es langsam **gehen** lassen

2 der **Dinge** harren, die da kommen sollen
der **Dinge** warten, die da kommen sollen
eine abwartende **Haltung** einnehmen

3 die **Dinge** an sich herankommen lassen

sich in **Geduld** fassen (müssen)
(mit etw.)

4 geduldig sein wie ein **Schaf**
geduldig sein wie ein **Lamm**
eine **Engelsgeduld** mit jm./etw.
haben/für jn./etw. brauchen/...

5 jm. **Zeit** lassen

6 jm. zwei Stunden/vier Tage/
sechs Wochen/... **Zeit** geben

7 es hat (noch) **Zeit** (bis ...)
das/etw. hat (noch) **Zeit**
mit etw. hat es (noch) **Zeit**
etw. kann **warten**
damit/mit etw. hat es keine **Not**
geh

8 in aller **Ruhe** etw. tun
in aller **Seelenruhe** etw. tun
in aller **Gemütlichkeit** etw. tun
in aller **Gemütsruhe** etw. tun
(immer nach dem Motto/...)
kommst du heut(e) nicht, dann
(kommst du) morgen *ugs*

9 lange **machen**
ein Projekt/... (einstweilen/...)
ruhen lassen

10 etw. in die **Länge** ziehen
etw. auf die lange **Bank** schieben
etw. (erst einmal/...) auf **Eis** le-
gen

11 etw./alles bis zur letzten **Minute**
aufschieben/verschieben
etw./alles bis auf die letzte **Mi-
nute** aufschieben/verschieben
etw./alles bis zum letzten **Mo-
ment** aufschieben/verschieben

12 (drei Monate/ein Jahr/...) **Zeit**
gewinnen
versuchen/... **Zeit** zu gewinnen

13 immer mit der **Ruhe**!
abwarten und **Tee** trinken! *ugs*
nicht so **stürmisch**!
(immer) **sachte** (voran)!
nun mal **langsam**!
immer langsam **voran**!
(nur) **ruhig**!
immer mit der **Ruhe** und dann
mit 'nem Ruck! *ugs*

14 mit **Geduld** und Spucke ... (fängt
man eine Mucke) *ugs*

15 es/das wird sich (alles) **finden**!

16 morgen ist auch noch ein **Tag**!

17 so schnell schießen die **Preußen**
nicht!

18 **Rom** wurde (auch) nicht an ei-
nem Tag gebaut/(erbaut)!

19 **Moment**!

Aa 12 langwierig

1 etw. noch vor sich **haben**

2 nicht von **heute** auf morgen zu
machen sein/...
nicht von einem **Tag** auf den an-
deren zu machen sein/...

3 etw. kann man nicht/läßt sich
nicht/... mit einem **Federstrich**
aus der Welt schaffen

4 so eine Entscheidung/... kann
man/j. (doch) nicht übers **Knie**
brechen

5 das/etw. dauert seine **Zeit**
alles braucht seine/die Dinge
brauchen ihre **Zeit**

6 mühsam ernährt sich das **Eich-
hörnchen** *ugs*
mühsam baut sich das **Eichhörn-
chen** sein/das Nest *ugs*

Aa 13 nie

1 in seinem ganzen **Leben** (noch)
nicht gesehen haben/...
seinen/seiner **Lebtag** (noch)
nicht gesehen haben/...
so etw./einen solchen/... in sei-
nem ganzen **Leben**/sein ganzes
Leben noch nicht gesehen ha-
ben/...

2 etw. (so lange/...) verschieben,
bis **Ostern** und Pfingsten auf ei-
nen Tag fällt/fallen
etw. bis zum St. **Nimmerleinstag**
aufschieben/verschieben
etw. ad **calendas** graecas verschie-
ben *geh*
etw. bis zu den griechischen **Ka-
lenden** aufschieben/verschieben
geh

3 etw. geschieht/findet statt/...
wenn **Ostern** und Pfingsten auf
einen Tag fällt/fallen
etw. geschieht/findet statt/... am
St. **Nimmerleinstag**

4 etw. tun/findet statt/..., wenn
die **Hunde** mit dem Schwanz(e)
bellen *ugs selten*

5 etw. zum ersten und (auch) zum
letzten **Mal**/das erste und das
letzte Mal getan haben/...

Aa 14 (ganz) schnell: im Nu;
auf die Schnelle; im Fluge
vergehen; losschießen, ange-
schossen kommen; wie ein
Verrückter daherrasen; flink
wie ein Wiesel; dalli dalli!

---

1 (schon/...) in (ganz) kurzer **Zeit**
in kürzester **Zeit**
in kürzester **Frist**
binnen **kurzem** *form*

2 im **Handumdrehen**
im/in einem **Nu**
in **Null** Komma nichts *ugs*
in **Zeit** von Null Komma nichts
ugs
in **Zeit** von nichts
im **Bruchteil** einer Sekunde (ge-
schehen/...)

3 von zwölf bis **Mittag** etw. tun/
dauern/...

4 schnell **machen**
voran **machen**

5 in aller **Eile** etw. tun
etw. in fliegender/rasender **Eile**
tun
etw. in fliegender **Hast** tun
Hals über Kopf etw. tun
in aller **Kürze** erledigen/erzäh-
len/...

6 (etw.) **ruck-zuck** machen
etw. ist **ruck-zuck** fertig
etw. wie **nichts** verschlingen/
kassieren/einstreichen/...

7 in/mit **Windeseile** ...
(etw.) **hopp** hopp machen *ugs*
(etw.) **hoppla** hopp machen *ugs*
etw. im **Husch** erledigen/... *sel-
ten*
(etw.) im/in einem **Hui** (machen)
selten
in einem **Ruck** erledigen/...

8 mit atemberaubender **Ge-
schwindigkeit** (etw. tun)
mit atemberaubender **Schnellig-
keit**

9 mit einem (einzigen) **Fe-
derstrich**/ein paar Federstrichen
ändern/rückgängig machen/zu-
nichte machen/auslöschen/...

10 es ist/war das **Werk** eines Augen-
blicks

11 eine **Sache** von Sekunden/Stun-
den/Tagen/... sein

12 etw. geht **ruck-zuck**
etw. **geht** wie gehext

13 alles/etw. muß immer hopp hopp
    gehen (bei jm.) *ugs*
    (für jn.) **hopp** hopp gemacht sein
    (müssen) *ugs*
    (für jn.) **hoppla** hopp gemacht
    sein (müssen) *ugs*

14 (und) ehe sich j. dessen **versieht**
    (meist Imperf.)
    (und) ehe j. bis drei **zählen**
    kann/. . .
    noch/(und) ehe j. wußte, wie ihm
    geschah, . . .

15 (wann muß das fertig sein?/. . .)
    »am liebsten **gestern**!«

16 nicht von **Dauer** sein
    von geringer **Dauer** sein
    keinen **Bestand** haben/nicht von
    (langem) Bestand sein

17 die Zeit vergeht/die Tage verge-
    hen (wie) im **Fluge**
    die **Stunden** vergingen wie Mi-
    nuten
    mit **Riesenschritten** auf jn. zuge-
    hen/geht die Zeit vorbei/. . .

18 auf dem kürzesten **Weg** irgend-
    wohin fahren/gehen/. . .
    etw. auf kürzestem/dem kürze-
    sten **Weg** erledigen/. . .
    etw. auf schnellstem/dem
    schnellsten **Weg** erledigen/. . .
    auf dem schnellsten **Weg** irgend-
    wohin fahren/gehen/. . .
    auf die **Schnelle** etw. essen/bei
    jm. vorbeigehen/. . .
    etw. im **Eilverfahren** erledigen/
    durchziehen/. . .
    etw. im **Hauruck-Verfahren** erle-
    digen/durchziehen/. . . *ugs*

19 das läßt sich/. . . gleich/. . . im
    Stehen erledigen/. . .

20 zwischen **Tür** und Angel (noch
    eben) etw. tun

21 (nur auf einen **Sprung** bei jm.
    vorbeikommen/herein-
    schauen/. . .
    (nur) auf einen **Husch** bei jm.
    vorbeikommen/herein-
    schauen/. . . *selten*

22 eilenden **Fußes** aufbrechen/los-
    gehen/. . . *geh*
    die **Beine** unter den Arm/die
    Arme nehmen
    die **Beine** in die Hand nehmen

23 (und) haste was **kannste** rannte er
    davon/suchten sie das Weite/war
    er weg/. . . *ugs*
    (und) hast du was **kannst** du
    rannte er davon/suchten sie das

Weite/. . . *selten*
(und) hast du was kannst du was,
war er weg/rannten sie da-
von/. . . *selten*
(und) haste/hast du/hasse nicht
gesehen, war er weg/rannten sie
davon/. . . *ugs*

24 wie ein **Pfeil** losschießen/davon-
    rennen/. . .

25 (so)(schnell) wie der **Blitz** davon-
    rennen/wegsein/. . .
    wie ein geölter/der geölte **Blitz**
    davonsausen/davonrasen/. . . *ugs*
    wie eine **Rakete** davonsausen/
    davonrasen/. . . *ugs*
    davonrennen/. . . wie eine ge-
    sengte **Sau** *vulg*
    wie ein **Sturmwind** losschießen/
    davonrennen/. . .
    wie ein **Wirbelwind** davonra-
    sen/. . .
    wie der **Wind** war j. weg/davon-
    rennen/irgendwohin rasen/. . .
    mit fliegenden/wehenden **Rock-
    schößen** davonrennen/. . .
    (wie ein Wilder/. . .) **angeschos-
    sen** kommen *ugs*
    mit qualmenden **Socken** daher-
    rennen/angerannt kommen/. . .
    ugs selten

26 um die **Ecke**/Kurve/. . . **geschos-
    sen** kommen *ugs*

27 im **Sturmschritt** daherkommen/
    zu . . . eilen/. . .
    im **Sauseschritt** daherkommen/
    zu . . . eilen/. . . *selten*
    Siebenmeilenstiefel anhaben
    mit **Siebenmeilenstiefeln** kom-
    men/marschieren/. . .

28 er/Karl/. . . lief/rannte/. . . was
    er nur **konnte**
    laufen/rennen/. . ., was die **Beine**
    hergeben
    sich die **Seele** aus dem Leib ren-
    nen
    laufen/rasen/. . . was das **Zeug**
    hält

29 in vollem **Galopp** dahereilen/. . .

30 wie der **Teufel** rasen/reiten/. . .

31 davongaloppieren/mit dem
    Schwert dreinschlagen/. . ., daß
    die **Funken** stieben *geh*
    zwei/drei/. . . **Stufen** mit einem/
    jedem Satz/auf einmal nehmen
    wie von der **Tarantel** gestochen
    aufspringen/. . . *ugs*
    im **Schweinsgalopp** angelaufen
    kommen/davonlaufen/. . .

32 kräftig/mächtig/. . . in die **Pedale**
    treten

33 . . . **Stundenkilometer** fahren
    . . . (km) **drauf** haben *ugs*
    . . . **Sachen** drauf haben/fahren

34 mit **Vollgas** fahren/daherra-
    sen/. . .
    volle **Pulle** daherrasen/. . . *ugs*

35 wie die **Feuerwehr** daherrasen/
    rennen/. . . *ugs*
    wie die **Windsbraut** daherja-
    gen/. . . *geh*
    mit einem **Höllentempo** daherra-
    sen/. . .
    mit affenartiger/einer affenarti-
    gen **Geschwindigkeit** daherra-
    sen/. . . *ugs*

36 einen **Affenzahn** draufhaben *ugs*
    (vielleicht) ein **Tempo** draufha-
    ben/vorlegen
    einen (tollen/. . .) **Zahn** draufha-
    ben *ugs*
    ein wahnsinniges/irres/. . . **Tem-
    po** draufhaben
    ein **Höllentempo** draufhaben
    ein **Affentempo** draufhaben *ugs*
    mit hundertdreißig/hundertvier-
    zig/. . . **Sachen** daherrasen/. . .
    wie **besoffen** daherrasen/. . . *ugs*

37 mit 80 (km)/90 (km)/einem Af-
    fenzahn/. . . in die **Kurve** gehen
    mit quietschenden **Reifen** durch
    die Kurve rasen/. . .

38 die **Schallmauer** durchbrechen

39 einen **Zahn** zulegen *ugs*

40 rennen/rasen/. . . wie ein **Irrer**

41 rennen/. . . (können) wie der
    Wind
    Gold in der Kniekehle haben
    flink wie ein **Wiesel** (sein)
    rennen/. . . (können) wie ein
    Wiesel
    flink wie eine **Maus** (sein) *selten*
    Schritt halten können/wol-
    len/. . . (mit jm./etw.)
    j. hat (vielleicht) einen **Schritt**
    am Leib

42 in rasender **Fahrt**
    in voller **Fahrt**

43 im Nu/in Null Komma nichts/
    in zwei Minuten/. . . **weg** sein
    . . . und **schwupp**, war er weg/. . .!
    ugs
    . . . und **schwuppdiwupp**, war er
    weg/. . .! *ugs*

44 und, **raps** . . .! *ugs*

45 etw. geht/folgt/. . . **Schlag** auf
    Schlag
    etw. **Zug** um Zug erledigen/. . .

46 noch eben/... zum Bäcker/...
springen (müssen/...)

47 etw. aus dem **Boden** stampfen
etw. aus der **Erde** stampfen

48 **mach'**, daß du wegkommst/fertig
wirst/...
macht, daß ihr wegkommt/fertig
werdet/...

49 **Beeilung** bitte!
hopp hopp! *ugs*
mach'/macht zu!
(nun) **mach'**/macht schon!
(nun mal) (ein bißchen) **hoppla**/
(hoppla hopp)! *ugs*
dalli, dalli! *ugs*
(na/nun) **wird's** bald/endlich?!
ugs
los, ein bißchen **plötzlich**! *ugs*

50 etw. im **Zeitraffer** zeigen/auf
dem Bildschirm verfolgen/...

51 **Geschwindigkeit** ist keine Hexe-
rei!

Aa 15 Eile, Ungeduld: unter Zeitdruck stehen; nicht zur Ruhe kommen; es wird Zeit; es nicht abwarten können, bis; auf glühenden Kohlen sitzen; ein ruheloser Geist sein

1 in **Zeitdruck** kommen/geraten
in **Druck** kommen (mit etw.)

2 in/(im) **Druck** sein
in **Zeitdruck** sein
unter **Zeitdruck** stehen

3 **Eile** haben
es **eilig** haben

4 (j. würde etw.) lieber **heute** als
morgen (tun)

5 keine **Zeit** zu verlieren haben
sich nicht (mehr) lange **aufhalten**
(können) (mit jm./etw.)

6 etw. aus **Zeitmangel** nicht
tun/...

7 ohne **Zeitverlust**

8 nicht zur **Ruhe** kommen
keinen **Augenblick** Ruhe haben
keine ruhige **Stunde** (für sich) ha-
ben

9 ohne **Rast** und Ruh'/(Ruhe)

10 (immer/schon/...) auf dem
Sprung stehen/sein (müssen)
(schon/...) auf dem **Sprung** sein

11 sich kaum (die) **Zeit** zum Es-
sen/... gönnen/nehmen

12 wie die **Seelen** im Fegefeuer um-
herirren *geh*
wie der ewige **Jude** sein *selten*
ein ewiger **Jude** sein *selten*

13 jm. die **Zeit** stehlen/(rauben)

14 jn. in **Druck** bringen

15 es ist/wird **Zeit** (etw. zu tun/daß
.../zu ...)
es ist an der **Zeit**, etw. zu tun/
daß .../zu ...
es ist/wird höchste/allerhöchste
Zeit, daß ...
es ist/wird höchste/allerhöchste
Eisenbahn (daß ...) *ugs*

16 keinen **Aufschub** dulden/leiden

17 die **Zeit** nicht abwarten können
(bis ...)
es nicht **abwarten** können (bis...)
darauf **brennen**, etw. zu tun

18 schon/... die **Tage** zählen bis
.../...

19 keine **Ruhe** haben/finden (bis
...)
nicht **ruhen**, bis man etw. er-
reicht/...
nicht **ruhen** und nicht rasten, bis
man etw. erreicht/...

20 j. hat nichts **Eiligeres** zu tun, als
zu ...

21 jm. (doch/doch ein bißchen/...)
lang **werden**
die **Minuten** werden jm. zur
Ewigkeit

22 vor **Ungeduld** vergehen
von einem **Bein** aufs andere tre-
ten

23 wie auf **Nadeln** sitzen
wie auf **Nesseln** sitzen
(wie) auf heißen/glühenden **Koh-
len** sitzen

24 kein **Sitzfleisch** haben
ein richtiges/... **Quecksilber** sein
ugs

25 **Hummeln** im Hintern/Gesäß/
Arsch/(Hosenboden/Steiß) ha-
ben *ugs*

Quecksilber im Hintern/im
Arsch/(Hosenboden) haben *ugs*

26 ein rastloser **Geist** sein
unruhiges **Blut** haben

27 jm. keine **Zeit** lassen

28 keine/nicht eher **Ruhe** geben,
ehe ... nicht/...
keinen **Frieden** geben (ehe ...
nicht/...)
jm. keine **Ruhe** lassen (ehe ...
nicht/...)

29 keine/endlich/... **Ruhe** (vor jm.)
haben

Aa 16 wieder Luft kriegen, haben

1 eine schöpferische **Pause** einle-
gen

2 (wieder) zur **Ruhe** kommen

3 wieder zu **Atem** kommen
(endlich) wieder **Atem** schöpfen
(können)
(endlich) wieder **Luft** holen kön-
nen
wieder **Luft** kriegen/(bekom-
men)
wieder **Luft** haben

4 (na/...) jetzt/... haben wir/
ist/... (ja/...) (schon/...) wie-
der (etwas) **Luft**

5 es langsamer **gehen** lassen

6 neue **Kräfte** sammeln

Aa 17 sofort

1 auf **Anhieb**
auf der **Stelle** (zu etw. bereit
sein/...)

2 vom **Fleck** weg etw. tun
stehenden **Fußes** zu jm. eilen/...
geh
stante **pede** umkehren/... *geh*
wie er/sie/... **ging** und stand, ...
selten

3 auf den ersten **Blick**
beim ersten/... **Versuch**
(sofort/...) auf den ersten **Hieb**
etw. treffen/schaffen/... *selten*

4 ohne groß/erst groß/... **nachzu-
denken**, etw. tun

5 (immer) sofort/... mit Erklärun-
gen/... bei der **Hand** sein
nicht/nie um eine Ausrede/...
verlegen sein
und er/sie/mein Onkel/... nicht
faul, sagt(e)/...
postwendend (antworten/...)

6 im **Moment** erledigt haben/zu-
rück sein/...

7 (nicht) lange auf sich **warten** las-
sen

8 jm./e-r S. auf dem **Fuß** folgen

9 etw. (doch nicht/...) auf **Kom-
mando** tun (können) *ugs*

10 mein/sein erster **Weg** (nach der
Reise/...) führte mich/ihn/...
zu/nach/...

Aa 18 pünktlich

1 auf den **Tag** (genau) ankommen/
fertig werden/...
auf die **Minute** (genau) (ankom-
men/...)
Punkt 8/9/... (Uhr)
mit dem/(auf den) **Glok-
kenschlag** kommen/gehen/...
mit dem **Stundenschlag** 8/9/...
(Uhr)
(mit dem) **Schlag** 8/9/... (Uhr)

2 pünktlich wie die **Sonnenuhr**
(sein)
pünktlich wie die/ein **Maurer**
(sein) *ugs*

3 ohne **Verzug** zahlen/... *form*

Aa 19 plötzlich; kurzerhand

1 auf **einmal**
mit einem **Mal(e)**
mit einem **Schlag**

2 wie ein **Blitz** aus heiterem Him-
mel einschlagen/kommen/...
wie vom **Blitz** getroffen/(ge-
rührt) zu Boden stürzen/... *geh*
wie vom **Himmel** gefallen plötz-
lich vor jm. stehen/...
wie aus dem **Boden** gestampft
plötzlich vor jm. stehen/...
wie aus dem **Boden** gewachsen/
geschossen plötzlich vor jm. ste-
hen/...
(wie) aus dem **Nichts** auftau-
chen/...

3 Nachrichten/Neuigkeiten/...
schlagen wie eine **Bombe** ein

4 wie eine/(gleich einer) **Lawine**
brach das Unglück über sie her-
ein/... *path*

5 nicht wissen/(verstehen), wie ei-
nem **geschieht**
und ehe j. weiß, wie ihm **ge-
schieht** *(meist Imperf.)*
(und) ehe sich j. dessen **versieht**
(meist Imperf.)

6 (so) **mir** nichts dir nichts
(so) ohne **weiteres** ...

7 (auf) **Knall** und Fall
kurzerhand
kurz und schmerzlos sich ent-
schließen/...

Aa 20 langweilig, monoton: sich langweilen (in); in ... ist nichts los

1 jm. wird die **Zeit** (doch/doch ein
bißchen/...) lang

2 nicht wissen, was man mit der/
seiner **Zeit** anfangen soll
sich zum **Sterben** langweilen
sich zu **Tode** langweilen

3 zum **Sterben** langweilig sein

4 mit e-r S. kannst du/kann er/...
keinen **Hund** hinterm Ofen her-
vorlocken *ugs*
mit e-r S. lockt man keinen **Hund**
hinter dem Ofen hervor *ugs*

5 in .../bei .../da/... ist nicht
viel/wenig/nichts **los**
es **tut** sich nichts/nicht viel/...
(in .../bei ...)
es ist/herrscht wenig/kein/...
Betrieb (in .../bei .../...)
Hintertupfingen/... ist ein totes
Pflaster
in ... werden um 10 Uhr
(abends) die **Bürgersteige** hoch-
geklappt

6 Hintertupfingen/... (das) ist die
finsterste/finstere **Provinz**

7 sich in ... lebendig **begraben** füh-
len
in ... lebendig **begraben** sein
j. möchte in ... nicht **begraben**
sein

8 ein müder **Betrieb** sein *ugs*
ein müder **Laden** sein *ugs*

Aa 21 veraltet, altmodisch: von Anno Tobak; hinter dem Mond leben; aus der guten alten Zeit

1 (ganz/völlig/...) aus der **Mode**
kommen

2 **out** sein *ugs*

3 **Schimmel** ansetzen

4 aus **Urgroßvaters** Zeiten stam-
men
aus **Großmutters** Zeiten stammen
von **Anno** dazumal sein *ugs*
von **Anno** Tobak sein *ugs*
aus/von **Anno** Tobak stammen
ugs
aus grauer/(nebelhafter) **Vorzeit**
stammen *geh*

5 ein Witz/... stammt (noch) aus
der **Mottenkiste** *ugs*
ein Witz/... stammt (noch) aus
der **Klamottenkiste** *ugs*

6 etw. aus der **Klamottenkiste** ho-
len/hervorholen *ugs*
einen Witz/... aus der **Mottenki-
ste** erzählen/zum besten ge-
ben/... *ugs*

7 zum alten **Eisen** gehören

8 **Ansichten** von gestern (haben/
vertreten/...)
einer von den **Ewiggestrigen** sein
ugs

9 die ewig **Gestrigen**

10 ein alter **Zopf**

11 hinterm **Mond** sein *ugs*
hinterm/hinter dem/auf dem
Mond leben
auf einem anderen **Stern** leben
drei **Meilen** hinterm/hinter dem
Mond leben *ugs*

12 die gute alte **Zeit**
die guten alten **Zeiten**

13 Menschen/Leute/... alten **Schla-
ges**
(noch) **Holz** vom (guten) alten
Stamm sein *geh*
(noch) zum alten **Stamm** gehören

14 (noch) ein Drucker/Ober/... der
(guten) alten **Schule** sein
(noch) aus der (guten) alten **Schu-
le** stammen
(noch) ein Kavalier/... alter

Schule sein
(noch) von/aus der alten **Garde**
sein
(noch) ein... von echtem **Schrot**
und Korn sein

15 aus der guten alten **Zeit** stammen/(sein)

Aa 22 modern

1 mit der **Mode** gehen

2 etw. in **Mode** bringen

3 eine neue **Mode** kreieren/lancieren

4 in **Mode** sein
im **Schwange** sein
in sein *ugs*
en **vogue** sein *selten*

5 es ist **Mode** daß...

6 Linguistik/Minirock/... ist heute/... **Trumpf**/heute ist...
Trumpf *ugs*
heute/... ist/... Linguistik/Soziologie/... **angesagt**

7 das/etw. ist die neue **Masche**
(von jm.) *ugs*
die neue **Welle**
der letzte **Schrei**

8 das **Neueste** vom Neuen

9 nicht von **gestern** sein

10 up to **date** sein *ugs*

11 mit der **Zeit** gehen

12 dem **Zug** der Zeit folgen

13 auf der **Höhe** der/seiner Zeit
sein/stehen

Ab 1 Lage, Entfernung: hier und da; zu ebener Erde, auf halber Höhe; an Ort und Stelle; (ganz) nah bei, bis...; (ganz) weit von, bis...; in der, aus der Ferne; an js. Seite

1 nach vorn(e)/nach hinten (hinaus)/zur Straße (hin)/... **gehen**
nach vorn(e)/nach hinten (hinaus)/zur Straße (hin)/... **liegen**

2 bei/an/in/... **liegen** *(Orte)*
zwei Kilometer entfernt/weit weg/ganz nahe/weiter oben/...
liegen

3 **Richtung** Hannover/Hamburg/... sein/fahren/...
da und dort/(da)
hier und da/dort

4 in der **Gegend** von/des/...
(es muß/...) **hier** herum
(sein/...)

5 auf/in gleicher **Höhe** liegen *(Orte)*
auf der **Höhe** von Lissabon/...
liegen *(Orte) form*
das Schiff/Flugzeug ist/befindet sich auf der **Höhe** von Lissabon/... *form*

6 in unseren/südlichen/... **Breiten**
im **Herzen** Deutschlands/der Eifel/Berlins/...
im **tiefen** Afrika/...

7 zu ebener **Erde**

8 am **Fuß(e)** des Berges

9 auf halber **Höhe** (des Berges/des Hügels/...)

10 zu beiden **Seiten** des/der/...

11 in der **Mitte** zwischen... und...
(sein/liegen)

12 im/in einem toten **Winkel** liegen
(zwischen... und...)

13 das erste/beste/einzige/...
Haus/Hotel/... am **Platz**

14 am **Ort** (etw. entscheiden/...)
an **Ort** und Stelle (etw. entscheiden/...)
vor **Ort** etw. entscheiden/...
(müssen)

15 hier am **Ort**
an einem dritten **Ort** zusammenkommen/...

16 (hier/dort/...) (ganz) in der **Nähe** (von)

17 nahe **liegen** (bei)
in der **Nähe** liegen (von)

18 es ist (nur) ein **Sprung** (bis.../nach.../...)
es ist (nur) ein **Katzensprung** (bis.../nach.../...)
(nur) ein paar **Schritte** sein (bis/zu/...)
ein paar **Schritte** voneinander entfernt wohnen/...
(nur) einen **Steinwurf** weit sein/entfernt liegen/... *selten*
gleich um die **Ecke** wohnen/zu kaufen sein/...

19 **Tür** an Tür wohnen (mit jm.)
Haus an Haus wohnen (mit jm.)

20 (direkt/...) vor js. **Nase** sein/liegen/stehen/...
(direkt) an js. **Nase** vorbeilaufen/
(...)

21 an js./am **Weg** liegen

22 in js. **Reichweite** sein/liegen/...
etw. in seiner **Reichweite** haben
sich etw. in **Reichweite** legen/stellen/...
in greifbarer **Nähe** sein/sich befinden/...

23 j./das/Lissabon/... ist (doch) nicht aus der **Welt**
das/Lissabon/... liegt (doch) nicht aus der **Welt**

24 von **nahem**

25 **weit** weg sein
weit/weitab vom **Schuß** sein

26 **Lichtjahre** entfernt sein/liegen/
weg sein *iron*

27 am **Ende** der Welt sein/wohnen/...
am **Arsch** der Welt (sein/wohnen/...) *vulg*

28 wohnen/leben/..., wo sich **Fuchs** und Hase gute Nacht sagen
wohnen/leben/..., wo sich die **Füchse** gute Nacht sagen
wohnen/leben/..., wo sich (die) **Füchse** und Hasen gute Nacht sagen
wohnen/leben/..., wo sich die **Hasen** (und Füchse) gute Nacht sagen

29 (total) in der **Pampa** wohnen/zu Hause sein/... *ugs*
j.w.d. wohnen/leben/... *ugs*

30 da/dort in dem **Nest**/... hinter dem/hinterm **Mond** leben *ugs*
da/hier/in diesem Tal/... ist/scheint die **Welt** wie mit Brettern zugenagelt/vernagelt

31 es **weit** haben (bis/bis zu...)

32 es ist (noch) ein gutes/(ganz) schönes **Stück** (bis...)
es ist (noch) ein gutes/(ganz) schönes **Stückchen** bis...
es ist (noch) ein gutes **Stück** Weges (bis...) *selten*
es ist (noch) eine gute **Strecke** Weges (bis...) *selten*
es ist (noch) ein gutes **Ende** (bis...)

33 noch einen langen/weiten **Weg**
    vor sich haben (bis . . .)

34 außerhalb js. **Reichweite** liegen/
    stehen/. . .
    etw. außer **Reichweite** bringen/
    (legen/. . .)

35 im **Umkreis** von 30/. . . km/. . .

36 die nähere/weitere **Umgebung**
    (einer Stadt/. . .)

37 am **Stadtrand** (wohnen/. . .)

38 vor den **Toren** der Stadt *geh*
    im **Windschatten** eines Berges/
    der Weltpolitik/. . . liegen

39 am **Nabel** der Welt (wohnen, . . .)

40 in die **Ferne** gucken/. . .

41 soweit das **Auge** reicht/geht
    soweit der **Blick** reicht/geht

42 sich in der **Ferne** verlieren
    sich ins **Weite** verlieren

43 laufen/gehen/. . . so weit einen
    die **Füße** tragen

44 von **weitem**
    aus der **Ferne** schreiben/. . .
    von **weither** kommen/angereist
    kommen/. . .

45 an js. **Seite** sitzen
    jm. zur **Seite** sitzen

46 (zufällig/. . .) neben jn. zu **sitzen**
    kommen

47 zu js. **Rechten**
    zu js. **Linken**

48 sich an js. grüne **Seite** setzen/
    (komm', kommen Sie/setz' dich/
    setzen Sie sich an meine/. . . grü-
    ne Seite!) *ugs*

49 an js. **Seite** rücken

50 **Seite** an Seite mit jm. stehen/ar-
    beiten/kämpfen/. . .
    Schulter an Schulter mit jm. ste-
    hen/arbeiten/kämpfen/. . .

51 in **Tuchfühlung** (mit jm.) sitzen
    ugs
    in **Tuchfühlung** (mit jm.) stehen
    ugs

52 auf **Tuchfühlung** (näher-) rücken
    ugs

Ab 2 (von, nach) überall; nirgends

1   wo er/sie/. . . **geht** und steht

2   an jeder **Ecke** zu haben/kau-
    fen/. . . sein
    an allen **Ecken** und Enden/
    (Kanten) zu finden sein/. . .
    an allen **Ecken** und Enden/
    (Kanten) suchen/prüfen/zu fin-
    den sein/. . .

3   **hier** wie dort
    hüben wie drüben

4   **landauf**, landab

5   in allen **Breiten** zu finden
    sein/. . .

6   soweit die deutsche/engli-
    sche/. . . **Zunge** reicht/klingt
    path

7   in dieser und in jener **Welt** *geh*

8   in diesen heiligen **Hallen** *iron*

9   von allen **Ecken** und Enden/
    (Kanten) herbeiströmen/. . .
    aus allen **Himmelsrichtungen**
    kommen/herbeieilen/. . .
    aus aller **Welt** (Informationen be-
    ziehen/zu einem Kongreß kom-
    men/. . .)
    aus allen **Enden** der Welt herbei-
    strömen/. . .
    aus aller **Herren** Länder angereist
    kommen/. . .
    von allen **Seiten** kommen/. . .

10 von **nah** und fern (kommen/. . .)

11 nach allen **Seiten** auseinander-
    laufen/. . .

12 in alle vier **Winde** zerstreut sein/
    werden
    sich nach allen **Seiten** umse-
    hen/. . .

13 **weit** und breit ist niemand zu se-
    hen/kein Haus/. . .
    allein auf weiter **Flur** sein/ste-
    hen/. . .

14 **überall** und nirgends sein/sich zu
    Hause fühlen/. . .

Ab 3 Fortbewegung: in Ru-
helage; hin- und her, rauf
und runter . . . laufen; gera-
deaus, (nach) rechts, links;
im Uhrzeigersinn, zur Seite;
sich einen Weg bahnen; Rast
machen; den richtigen, fal-
schen Weg wählen; auf allen
vieren, auf Zehenspitzen,
über den großen Onkel . . .
gehen; ins Rutschen kom-
men, hinfallen; reiten

1   sich nicht von der **Stelle** rühren
    sich nicht vom **Fleck** rühren

2   nichts **rührt** sich (in/auf/. . .)

3   in **Ruhelage** (sein)
    sich in **Ruhelage** befinden

4   im **Schneckentempo** gehen/fah-
    ren/. . .
    im **Schweinsgalopp** angelaufen
    kommen/davonlaufen/. . .

5   **auf** und ab gehen/. . .
    hin und her gehen/. . .

6   sich die **Füße** (ein wenig/. . .) ver-
    treten
    sich die **Beine** (ein wenig/. . .)
    vertreten
    Luft schnappen
    durch die frische **Luft** spazieren
    einen **Bummel** machen
    eine **Runde** machen
    einen **Rundgang** machen (durch)

7   einen **Stadtbummel** machen

8   **Pflaster** treten
    straßauf, straßab

9   **hierhin** und dorthin (laufen/. . .)

10 **rauf** und runter (klettern/. . .)

11 **treppauf-treppab** (laufen/. . .)

12 jn. mit zu jm./durch die ganze
    Stadt/. . ./in ein Museum/. . .
    schleifen *ugs*
    jn. mit zu jm./durch die ganze
    Stadt/. . ./in ein Museum/. . .
    schleppen *ugs*

13 den **Bärenführer** spielen

14 **kreuz** und quer durch eine Stadt/
    einen Wald/ein Land/. . . gehen/
    fahren/. . .
    die **Kreuz** und die Quer(e) durch
    eine Stadt/einen Wald/ein
    Land/. . . gehen/fahren/. . .

15 in einer **Schlangenlinie**/in
     Schlangenlinien fahren
     im **Zickzack** laufen/fliegen/. . .

16 seine **Schritte** zu/auf . . . zu/. . .
     lenken
     seinen **Schritt** zur Tür/. . . wen-
     den

17 langsamen/schnellen/gemesse-
     nen/. . . **Schrittes** auf jn. zuge-
     hen/. . . *geh*

18 (immer) der **Nase** nach! *ugs*
     immer an der **Wand** lang! *ugs*

19 im **Kreis** gehen

20 eine Bewegung/. . . in **Uhrzeiger-
     richtung** durchführen/. . .
     eine Bewegung/. . . im **Uhrzei-
     gersinn** durchführen/. . .
     eine Bewegung/. . . entgegen der
     Uhrzeigerrichtung durchfüh-
     ren/. . .
     eine Bewegung/. . . entgegen dem
     Uhrzeigersinn durchführen/. . .

21 im rechten/spitzen **Winkel** nach
     rechts/links abbiegen/. . .

22 etw. rechts/links **liegen** lassen

23 . . . linker **Hand**
     . . . rechter **Hand**

24 sich von seinem **Sitz** erheben

25 seinen **Platz** aufgeben
     (jm.) **Platz** machen

26 zur/auf die **Seite** rücken

27 zur **Seite** gehen
     auf die **Seite** gehen
     zur **Seite** treten
     auf die **Seite** treten

28 geh'/geht/. . . da weg!
     weg (da)! *ugs*
     Platz (da)!

29 sich einen/den **Weg** bahnen
     (durch . . .)
     sich **Bahn** brechen (durch eine
     Menge/unwegsames Gelän-
     de/. . .)

30 den **Weg** abkürzen/(abschnei-
     den)

31 js. **Weg** kreuzen

32 **stehen** bleiben
     (mal kurz/. . .) **Halt** machen

33 **Rast** machen

34 eine **Verschnaufpause** machen/
     einlegen

eine **Mußestunde** einlegen
     Brotzeit machen

35 seine müden **Knochen** ausruhen
     ugs
     sein müdes **Haupt** hinlegen/. . .
     iron
     sein müdes **Haupt** ausruhen/. . .
     iron

36 seine **Lebensgeister** auffrischen/
     wecken

37 auf halbem **Weg** umkehren/ste-
     henbleiben/. . .

38 einen anderen/. . . **Weg** gehen/
     nehmen
     hier/. . . trennen sich unsere/. . .
     Wege

39 den **Weg** verfehlen

40 vom (rechten) **Weg** abkommen

41 auf dem richtigen/rechten/. . .
     Weg sein

42 den **Weg** kannst du/kann Hel-
     mut/. . . (gar/überhaupt) nicht
     verfehlen

43 (eben/rasch/. . .) noch/. . . einen
     Weg machen müssen

44 einen schweren **Gang** tun (müs-
     sen) *(euphemist.)*
     einen schweren **Weg** gehen (müs-
     sen)

45 jm. einen **Weg** abnehmen
     einen **Weg** für jn. machen
     eine **Besorgung** (für jn.) machen

46 an der **Seite** seines Vaters/. . . ge-
     hen
     sich an js. **Seite** halten

47 auf **Händen** und Füßen gehen
     auf allen **vieren** gehen
     auf allen **vieren** kriechen/sich an
     etw. heranschleichen/. . .

48 auf **Zehen** stehen/gehen/schlei-
     chen/. . .
     auf den **Zehenspitzen** stehen/ge-
     hen/schleichen/. . .
     (vorsichtig/. . .) einen **Fuß** vor
     den anderen setzen

49 die **Füße** auswärts setzen
     die **Füße** einwärts setzen
     über den (großen) **Onkel** gehen
     ugs
     wie auf **Eiern** gehen *ugs*

50 gehen/. . . als ob man die **Hose(n)**
     voll hätte *vulg*

51 watscheln wie eine **Ente**
     daherwatscheln wie eine **Gans**

52 daher schleichen/kriechen/. . .
     wie eine **Schnecke**

53 einen/keinen festen **Stand** haben
     einen **Rutsch** machen *selten*

54 ins **Rutschen** kommen/geraten

55 eine **Rutschpartie** machen *ugs*

56 aufs **Kreuz** fallen
     sich auf seine vier **Buchstaben**
     setzen
     auf seine vier **Buchstaben** fallen/
     (hinplumpsen/. . .)
     aufs verlängerte **Rückgrat** fallen
     der **Länge** nach hinfallen/hin-
     schlagen/. . .

57 sich die **Knochen** brechen *ugs*

58 aus dem **Stand** springen

59 ein (eifriges/. . .) **Kommen** und
     Gehen

60 ein **Stück** Weg(es)

61 still **stehen** (bleiben)

62 im **Trott** gehen (Pferd)

63 (einem Pferd) den **Zaum** anlegen

64 sich in den **Sattel** schwingen
     jm. in den **Sattel** helfen

65 mit verhängtem **Zügel** reiten
     im **Schritt** reiten
     ein Pferd/. . . im **Schritt** gehen
     lassen
     im **Schritt** bleiben

66 (einem Pferd) die **Sporen** geben
     (ein Pferd) in **Trab** setzen
     sich in **Trab** setzen
     im **Trab** reiten

67 **Tritt** halten

68 den **Schritt** wechseln

69 aus dem **Schritt** kommen
     falschen **Tritt** haben *selten*

70 einen **Haken** schlagen
     eine **Volte** reiten *form*
     einen **Satz** machen

71 die Hohe **Schule** reiten *form*

72 ein Pferd/. . . **zuschandenreiten**

73 gut zu **Pferd(e)** sitzen
sich im **Sattel** halten (können)
im **Sattel** bleiben
einem (durchgehenden) **Pferd** in
die **Zügel** fallen
ein Pferd/. . . am **Zügel** führen

74 jn. aus dem **Sattel** heben

75 jn. aus dem **Sattel** werfen

76 eine dichte **Staubwolke** hinter
sich lassen/aufwirbeln/. . .

77 hoch zu **Pferd(e)**
hoch zu **Roß**

78 **Roß** und Reiter

79 ohne **Tritt** marsch! *form*

80 sich in die **Luft** schwingen *(Vogel)*
sich in die **Höhe** schwingen *(Vogel)*

81 **auf** und ab flattern/. . .
auf und nieder schwanken/. . .

82 **Rad** schlagen

Ab 4 (ver-)reisen: die Koffer
packen und losziehen; auf
Fahrt, Wanderschaft gehen;
sich in der Welt umsehen, die
Welt kennen; ins Freie, Grüne; im Freien; ins Blaue fahren; aufs Land, an den
Strand . . . gehen; zu Lande,
zu Wasser; zu Fuß, per Anhalter

---

1 es **zieht** jn. nach . . ./von einem
Ort weg/. . .
(einmal/. . .) andere **Gesichter** sehen wollen
sich (einen) anderen **Wind** um die
Nase wehen/(pfeifen) lassen *ugs*
sich (anderen) **Wind** um die Ohren wehen/(pfeifen) lassen *ugs*
sich (erstmal/. . .) (ein bißchen)
Wind um die Nase wehen/(pfeifen) lassen *ugs*
sich (erstmal/. . .) (ein bißchen)
Wind um die Ohren wehen/
(pfeifen) lassen *ugs*

2 die **Tapeten** wechseln

3 die **Koffer** packen
(so) (langsam/. . .) sein **Ränzel**
packen/schnüren *(veraltend)*

4 die/seine **Zelte** abbrechen *ugs*
das **Lager** abbrechen

5 von (zu) **Hause** weggehen/fortziehen/. . .

6 ständig/immer/. . . auf **Achse**
sein/liegen
auf der **Walze** sein *ugs selten*

7 auf **Reisen** sein

8 auf der **Wanderschaft** sein

9 auf **Reisen** gehen

10 auf **Fahrt** gehen *(Jugendgruppen)*
auf (die) **Wanderschaft** gehen/
ziehen *(veraltend)*
den **Wanderstab** ergreifen *(veraltend)*
zum **Wanderstab** greifen *(veraltend)*

11 da kommt ein Wanderer/Onkel
Fritz/. . . des **Weges** daher *(Märchenstil)*

12 zu Abenteuern/neuen Ufern/
neuen Taten/. . . **aufbrechen**

13 in die **Welt** hinausziehen *path*
in die weite **Welt** wandern *path*
in die weite **Welt** ziehen *path*

14 auf **Abenteuer** ausziehen

15 in ferne **Länder** reisen/fliegen/. . .
in der **Weltgeschichte** umherfahren/. . . *ugs*

16 sich (mit offenen Augen) die
Welt angucken
sich in der **Welt** umsehen

17 (viel/weit/. . .) in der **Welt** herumkommen
weit **herumkommen**

18 die **Welt** kennen

19 weit **gereist** sein
ein weit gereister **Mann** (sein)

20 den **Staub** Londons/Münchens/. . . von den Füßen schütteln *geh*

21 in die **Stadt** gehen

22 ins **Freie** gehen/. . .

23 (ein bißchen/. . .) an die (frische)
Luft gehen
ein bißchen/. . . (frische) **Luft**
schnappen/(gehen)
in der frischen **Luft** sitzen

24 viel/wenig/nicht/. . . an die (frische) **Luft** kommen

25 in der freien **Natur**
im **Freien**
in der freien **Luft**

26 ins **Grüne** (fahren/. . .)
im **Grünen**

27 bei **Mutter** Grün übernachten/
schlafen/. . . *path-iron*
am **Busen** der Natur (ruhen/. . .)
iron

28 unter freiem **Himmel** übernachten/. . .

29 auf freiem **Feld** übernachten/
campieren/. . .
auf der bloßen/(blanken) **Erde**
schlafen
auf dem blanken **Boden** schlafen/. . .

30 übers freie **Feld** gehen/laufen/. . .

31 in freier **Wildbahn**

32 auf die **Jagd** gehen
das **Wild**/den **Hasen**/. . . vor den
Schuß kriegen/(bekommen)

33 **Streifzüge** machen durch . . .
(ziellos/. . .) durchs Land/durch
die Gegend/. . . **streifen**
so/einfach so/. . . durch die **Gegend** laufen/fahren/. . .

34 eine Fahrt/. . . ins **Blaue**

35 über **Berg** und Tal wandern/. . .
(durch) **Wald** und Feld streifen/
laufen/. . . *(veraltend)*
(durch) **Wiesen** und Wälder
(streifen/. . .) *(veraltend)*
über **Stock** und (über) Stein laufen/springen/. . . *(veraltend)*

36 ein/das/sein **Lager** aufschlagen
seine **Zelte** aufschlagen *ugs*

37 aufs **Land** gehen/fahren/. . .
aufs **Land** ziehen
auf dem **Land**
auf dem flachen/(platten) **Land**

38 **Stadt** und Land

39 über **Land** fahren/radeln/. . .
von **Ort** zu Ort gehen/laufen/
ziehen/. . .
landauf, landab
landaus, landein

40 in die **Sommerfrische** fahren/gehen *(veraltend)*
an den **Strand** gehen
an die **See** reisen/gehen/. . .
an der **See** sein/seine Ferien verbringen/. . .

41 zu Land(e)/Wasser/Pferd/... **rei-sen** *geh*
zu **Wasser** und zu Land(e) (irgendwohin fahren können/...)
zu **Land** und zu Wasser (irgendwohin fahren können/...)
auf dem **Seeweg** reisen/...
auf dem **Wasserweg** etw. schikken/einen Ort erreichen können/...
über **Land** und Meer fahren/reisen/...
auf dem **Luftweg** etw. schikken/...

42 in/aus/nach **Übersee**
über den großen **Teich** fahren/... *ugs*
über das/übers große **Wasser** fahren/...
über die große **Pfütze** fahren *ugs*

43 das **Meer** hat keine Balken
(das) **Wasser** hat keine Balken

44 ein stehendes **Wasser**
ein stehendes **Gewässer**
ein fließendes **Wasser**
ein fließendes **Gewässer**

45 noch/nicht mehr/da/... **stehen** können

46 von **Pol** zu Pol (reisen/...)

47 in fernen **Landen** *form*

48 auf der **Durchfahrt** sein
auf der **Durchreise** sein
in den **Mauern** unserer/eurer/... Stadt (weilen/...) *form*

49 über die grüne **Grenze** gehen
schwarz über die **Grenze** gehen
unter falschem **Namen** reisen/untertauchen/sich im Hotel eintragen/...

50 auf **Schusters** Rappen
per **pedes** apostolorum *iron, geh*
per **pedes** *iron, geh*

51 per **Anhalter** (fahren/...)

52 es gibt/... in/auf/... nicht/weder **Weg** noch Steg
(in .../...) **Weg** und Steg kennen

53 jm. Reiseproviant/Ratschläge/ein gutes Wort/... mit auf den **Weg** geben

54 es hat jn. nach ... **verschlagen**
an eine unbekannte Küste/einen unbekannten Ort/... **verschlagen** werden

55 ein schönes/anmutiges/... **Fleckchen** Erde
flach/eben sein wie ein **Tisch**

56 das **Land** der unbegrenzten Möglichkeiten
in den/nach dem **Westen** gehen/kommen/...

57 die Alte **Welt**
die Neue **Welt**

58 die **Säulen** des Herkules *geh*

59 ein weißer **Fleck** auf der Landkarte
eine **terra** incognita (sein) *geh*

60 das **Reich** der Mitte *geh*

61 alle Völker/... portugiesischer/deutscher/... **Zunge** *geh*

Ab 5 Verkehr: Straße, Auto, Zug

1 sich rechts/links/in der Mitte/... des Bürgersteigs/der Straße/... **halten**

2 eine **Straße** erster/zweiter/... Ordnung
(eine Straße/...) für den **Verkehr** freigeben
(eine Straße/...) dem **Verkehr** übergeben

3 ein Motor/... **läuft** leer

4 im **Leerlauf** fahren

5 ein Auto/... in **Bewegung** setzen
mit einem **Ruck** anfahren/...
sich in **Bewegung** setzen

6 **Gas** geben
Vollgas geben
das **Gas** wegnehmen

7 kräftig/mächtig/... in die **Pedale** treten

8 auf die **Bremse** treten

9 mit **Vollgas** in die Kurve gehen/...

10 eine **Kurve** elegant/mit 100/... nehmen
eine **Kurve** schneiden

11 aus der **Kurve** geschleudert werden
aus der **Kurve** getragen werden

12 ins **Trudeln** kommen/geraten *ugs*

13 ein Auto/... sauer **fahren** *ugs*
einen Wagen/... **zuschandenfahren**

14 eine **Schlange** bilden

15 in einen **Stau** geraten

16 (im) **Schritt** fahren

17 auf der falschen/richtigen **Seite** fahren/gehen/...
auf der falschen **Spur** fahren
links/rechts **fahren**

18 einen Zug/ein Auto/... zum **Stehen** bringen
einen Zug/ein Auto/... zum **Halten** bringen

19 es ist grüne **Welle**/grüne Welle haben
es ist rote **Welle**/rote Welle haben

20 **stecken** bleiben

21 der ruhende **Verkehr**

22 der fahrbare **Untersatz** *ugs*

23 ein Auto/Motorrad/... **liegt** gut/nicht gut/... auf der Straße/in der Kurve

24 die **Luft** nachsehen/prüfen (lassen)

25 (einen) **Platten** haben
die **Luft** aufpumpen

26 fahren/... wie eine gesengte **Sau** *vulg*

27 am **Steuer** sitzen

28 seine **Papiere** (nicht) bei sich haben/(führen)
keine **Papiere** bei sich haben/(führen)

29 jm. den **Schlag** des Wagens/der Kutsche/... öffnen

30 auf freier **Strecke** halten
(keine) **Einfahrt** haben

31 freie **Fahrt** haben

32 die **Notbremse** ziehen *ugs*

33 **Vorsicht** bei der Einfahrt des Zuges! *form*

34 **Richtung** nehmen auf (einen Ort/...) *form*
Kurs nehmen auf (einen Hafen/einen Flugplatz) *form*
Kurs halten auf (einen Ort/...) *form*
im **Anflug** sein

35 den **Kurs** halten
Richtung halten *form*

36 im **Verband** fahren/fliegen *form*
im **Konvoi** fahren/fliegen

37 eine **Schleife** fahren/fliegen

38 in js. **Windschatten** fahren/segeln/...

39 sich in die **Höhe** schrauben
sich in die **Lüfte** erheben

Ab 6 Schiffahrt

1 zur **See** gehen
zur **See** fahren

2 die **Segel** klarmachen
die **Segel** hissen/aufziehen

3 alle **Mann** an Bord

4 die **Anker** lichten

5 vom **Stapel** laufen (lassen)
in **See** stechen/gehen

6 mit **Volldampf** voraus *selten*
volle/halbe **Kraft** voraus

7 in/auf die (offene/hohe) **See** hinausfahren
auf offener/hoher **See**

8 ein **Spielball** der Wellen sein
wie eine **Nußschale** auf den Wellen/dem Meer tanzen
(so klein wie) eine **Nußschale**

9 gegen den **Wind** segeln/fahren/...
vor dem **Wind** kreuzen

10 (keinen) **Wind** in den Segeln haben

11 die **Segel** einholen

12 am **Steuer** stehen

13 vor **Anker** gehen
Anker werfen

14 vor **Anker** liegen

15 auf **Kiel** liegen
auf der **Reede** liegen

16 leicht/leichte/schwer/schwere **Schlagseite** haben *ugs*

17 in **Seenot** sein (Schiff)

18 ein Schiff ins **Schlepptau** nehmen

19 im **Kielwasser** eines Schiffs segeln/schwimmen/...

20 über **Bord** gehen
Mann über Bord!

21 auf **Sand** geraten
auf **Grund** laufen/geraten/gehen
auf eine **Sandbank** geraten, ...

22 (ein Schiff) in den **Grund** bohren

23 der **Strudel**/... reißt/... jn./etw. in die **Tiefe** *path*

24 mit **Mann** und Maus untergehen

25 an/ans **Land** geschwemmt werden

26 (wieder) flott **werden**
wieder **flott** sein

27 ans/an **Land** schwimmen

28 unter falscher **Flagge** segeln
unter fremder **Flagge** segeln

29 **Ebbe** und Flut

30 die blauen **Jungs** *selten*

31 an **Bord** gehen
jn. an **Bord** nehmen

32 ein blinder **Passagier**

33 auf trockenem **Land** ankommen/...

34 von **Bord** gehen
von **Bord** kommen

35 an **Land** gehen/steigen
den **Fuß** (wieder) ans Land setzen
noch/wieder/... **Grund** haben
(wieder) (festen/sicheren) **Boden** unter die Füße bekommen
wieder (festen/sicheren) **Boden** unter den Füßen haben
(wieder) festes **Land** unter den Füßen haben
auf festem **Boden** stehen
auf sicherem **Grund** stehen

Ab 7 abhauen: aufbrechen, fliehen; verdufte(t)!

1 das **Zeichen** zum Aufbruch geben
das **Signal** zum Aufbruch geben

2 (sich) zum **Aufbruch** rüsten
zum **Aufbruch** blasen *ugs*

3 (jetzt aber/dann aber/...) ab durch die **Mitte**! *ugs*
jetzt/nun aber/und er/und wir/... **nichts** wie ab/fort/weg/raus/los/...! *ugs*

4 js. **Blick(en)** entschwinden

5 (woanders/bei/in/...) sein **Glück** versuchen (wollen)
woanders/bei/in ... sein **Heil** versuchen

6 sich auf den **Weg** machen
sich auf die **Beine** machen
sich auf die **Socken** machen *ugs*
sich auf die **Strümpfe** machen *ugs, selten*

7 sich (eilends/...) **davonmachen**
sich in aller **Eile** davonmachen/aus dem Staub machen/...

8 sich auf dem **Absatz** umdrehen und gehen/...

9 **abschieben** *ugs*
sich **verdünnisieren** *ugs*
sich aus dem **Staub(e)** machen
sich **dünnemachen** *ugs*
sich dünn **machen** *ugs*
sich **verdrücken**
leise **weinend** abziehen/sich verdrücken/... *ugs*
sich **verkrümeln** *ugs*
sich **verflüchtigen**
die **Platte** putzen *ugs*
die **Kurve** kratzen *ugs*
das **Weite** suchen
sich **verziehen** *ugs*
sich **verpissen** *vulg*

10 sich auf französisch **empfehlen** *geh*
sich auf französisch **verabschieden** *selten*

11 **machen**, daß man fortkommt/wegkommt
zusehen, daß man **Land** gewinnt *ugs (oft Imp.)*
Leine ziehen *oft:* zieh Leine! *ugs*
Fliege machen *oft:* mach Fliege! *ugs*
Mücke machen *oft:* mach Mücke! *ugs*

12 auf **Nimmerwiedersehen** verschwinden/abhauen, ...

13 alles **stehen** und liegen lassen (und abhauen/...)

14 sich über alle **Berge** machen

15 auf und davon **laufen**

16 **auf** und davon sein
(schon/...) (weg/fort und) über alle **Berge** sein

17 die **Flucht** ergreifen
sein **Heil** in der Flucht suchen
Reißaus nehmen
das **Hasenpanier** ergreifen
stiften gehen

18 **Fersengeld** geben

19 sich aus dem **Haus**/dem Zimmer/... **schleichen**

sich aus dem Haus/dem Zimmer/... **stehlen**

20 bei **Nacht** und Nebel verschwinden/fliehen/den Ort verlassen/...

21 seine (sieben) **Sachen** zusammenpacken und abhauen/abschieben/gehen/...
seine **Siebensachen** zusammenpacken (und abhauen/abschieben/gehen/...)

22 sich mit **Sack** und Pack davonmachen/...
mit **Glanz** und Gloria ausziehen/...

23 alle/die **Brücken** hinter sich abbrechen/(abreißen)

24 außer **Landes** gehen

25 (schon/...) auf dem **Weg** sein

26 jn. in die **Flucht** jagen
jn. in die **Flucht** schlagen

27 jm. brennt der **Boden** unter den Füßen
jm. wird der **Boden** zu heiß
jm. wird es zu **heiß**
jm. wird das **Pflaster** zu heiß (unter den Füßen)

28 hier ist meines/deines/unseres/... **Bleibens** nicht länger *(oft iron.)*

29 nichts zu **suchen** haben (in .../bei .../...)
was **suchst** du/sucht er/... (in .../bei .../...)?
nichts **verloren** haben in .../bei .../...

30 geh' deiner/geht eurer **Wege**! *geh*

31 schieß'/schießt ... in den **Wind**! *ugs*
verdufte(t)! *ugs*
verblühe!/verblüht! *ugs*
pack' dich/packt euch! *ugs*

32 laß dich/laßt euch/... hier/... (bloß/nur/...) nicht (mehr) **sehen**!
laß dich/laßt euch/... hier/... (bloß/nur/...) nicht (mehr) **blicken**!

33 (so/jetzt/so jetzt/...) ab nach **Kassel**! *ugs*

34 du/der Wolters/diese Krankheit/... hast/hat/... mir/ihm/... gerade noch zu meinem/seinem/... **Glück** gefehlt! *ugs*

Ab 8 sich retten, davonkommen: jm. durch die Lappen gehen; sich aus der Affäre ziehen; mit einem blauen Auge davonkommen

---

1 es gelingt jm., das **Weite** zu gewinnen

2 sich im **Gedränge** verlieren
im **Strom** der Menge/Masse untergehen

3 in der **Masse** untertauchen
in der **Menge** untertauchen

4 (es gelingt jm. ...) seine **Verfolger** ab(zu)schütteln

5 jm. durch die **Lappen** gehen *ugs*
jm. durch die **Maschen** gehen
jm. durch die **Finger** gehen
(jm.) durch's **Netz** gehen/(schlüpfen)

6 (schon längst/...) außer **Reichweite** sein
(schon/...) in **Sicherheit** sein

7 sich aus der **Affäre** ziehen
sich aus der **Schlinge** ziehen
den Hals aus der Schlinge ziehen
den Kopf aus der Schlinge ziehen

8 seinen **Kopf** retten
seine **Haut** retten
(zunächst einmal/...) die/seine eigene **Haut** retten

9 nochmal/noch einmal/noch soeben/nochmal soeben/noch gerade/nochmal gerade/..., **davonkommen**
mit einem blauen **Auge** davonkommen
mit heiler **Haut** davonkommen
das **ging** nochmal gut
wenn das (mal/man/nur) gut **geht**!

10 (nicht/nicht ganz/nicht völlig/völlig/...) ungeschoren **davonkommen**
(nicht/nicht ganz/nicht völlig/völlig/...) ungestraft **davonkommen**

11 da gibt's nur **eins**:
ich kann/du kannst/... nur **eins** tun/machen:

da kann ich/kannst du/... nur **eins** tun/machen:
eins kann ich/kann er/... tun/machen:

12 **rette** sich wer kann!

13 außer **Gefahr** sein

Ab 9 folgen, verfolgen: js. Spuren folgen; auf der Lauer liegen; hinter jm. hersein; jn. auf die richtige, falsche Spur bringen

---

1 **Jagd** machen auf jn./etw.
jm. auf **Schritt** und Tritt nachstellen

2 die/js./... **Spuren** führen in .../nach .../...

3 den **Spuren** (von jm.) folgen
js. **Spuren** folgen
die **Spur** (von jm.) verfolgen
die **Spuren** (von jm.) verfolgen
die **Fährte** (von jm.) verfolgen
js. **Fährte** folgen

4 auf die **Spuren** von jm. stoßen
auf die **Fährte** von jm. stoßen

5 (jm./-e-r S.) auf der **Spur** sein
auf richtiger/der richtigen/falscher/der falschen **Fährte** sein

6 sich in einen **Hinterhalt** legen
sich auf die **Lauer** legen
in einem **Hinterhalt** liegen
auf der **Lauer** liegen

7 eine **Razzia** (in einem Viertel/...) machen/veranstalten

8 hinter jm./etw. **hersein** *ugs*
hinter jm. **her** sein
hinter jm. **hinterher** sein *ugs*

9 sich an js. **Fersen** heften
sich an js. **Sohlen** heften *selten*

10 jm. (dicht/hart) auf den **Fersen** sein/folgen
jm. im **Nacken** sitzen
jm. auf den **Hacken** sitzen *selten*

11 js. **Fährte** (wieder) aufnehmen
js./die **Spur** (wieder) aufnehmen

12 einen **Hund** auf js. Fährte/Spur setzen

13 js. **Spuren** verlieren

14 jn. auf die richtige/falsche **Spur** bringen
jn. auf die richtige/falsche **Fährte** bringen

15 jn. von der/einer **Spur** abbringen/ablenken

16 jn. auf die falsche **Fährte** locken

17 Verfolger/Feinde/... im **Nacken** haben

18 die Jagd **eröffnen**
in **Anschlag** gehen *(Jagd)*
in **Anschlag** sein/(liegen) *(Jagd)*

19 die wilde **Jagd** *geh*

Ab 10 verschwinden, weg

1 sich in einen **Winkel** verkriechen
sich in den hintersten **Winkel**
(des Zimmers/...) verkriechen

2 aus js. **Blickfeld** verschwinden
jm. ganz aus den **Augen** kommen

3 spurlos **verschwinden**
(plötzlich/...) von der **Bildfläche**
verschwinden

4 wie vom **Erdboden** verschluckt/
verschwunden sein
es ist, als hätte jn. der **Erdboden**
verschluckt
j. scheint (gleichsam/...) vom
Erdboden verschluckt/verschwunden zu sein

5 ..., und **weg** war er/sie/... *ugs*
und schon war er/sie/... **weg**
(und) **husch** war er/sie/... weg
ugs

6 wie **weggeblasen** sein *ugs*
wie **fortgeblasen** sein *ugs*
wie **weggezaubert** sein *ugs*

7 jn./etw. **verschwinden** lassen

8 **weg** sein
futschikato *ugs*

9 es fehlt jede **Spur** (von jm./etw.)

Ab 11 weg: verlorengehen;
verloren geben

1 **verlorengehen**
verloren **gehen**
flötengehen *ugs*
hops **gehen** *ugs*
heidi **gehen** *ugs*

2 verschütt **gehen** *ugs*

3 sich **verflüchtigen**
sich selbstständig **machen**
etw. hat sich (wohl/bestimmt/...) selbstständig **ge-**

macht!
etw. hat (wohl/bestimmt/...)
Beine bekommen

4 etw. hat sich in **Luft** aufgelöst

5 **hops** sein *ugs*

6 (es scheint) etw. ist **verhext** *ugs*

7 in **Verlust** geraten *form*

8 e-r S. verlustig **gehen** *form*

9 jn. e-r S. (für) verlustig **erklären**
form

10 jn./etw. **lossein**

11 jn./etw. **verloren** geben

12 jn./etw. **abschreiben** können
das Geld/... kannst du/kann
er/... **vergessen** *ugs*
vergiß es/vergeßt es/...
das Geld/... kannst du/kann
er/... **abhaken** *ugs*
das Geld/den Ring/... kannst
du/kann dein Bruder/... in den
Mond schreiben *ugs*
das Geld/den Ring/... kannst
du/kann dein Bruder/... in den
Schornstein schreiben *ugs*
das Geld/den Ring/... kannst
du/kann dein Bruder/... in den
Kamin schreiben *ugs*

13 die Tasche/... **sieht** er/... nie/
nicht wieder

14 **futsch** ist futsch *ugs*

Ab 12 Suche: Umschau halten; sich die Hacken ablaufen nach; das Unterste zuoberst kehren

---

1 auf der **Suche** sein nach jm./etw.
hinter etw. **her** sein

2 **Umschau** halten (in .../bei
.../...)
Ausschau halten nach jm./etw.

3 sich auf die **Suche** machen/begeben (nach jm./etw.)
(jetzt/...) auf die **Suche** gehen
(nach ...)

4 sich die **Hacken** nach etw. ablaufen/abrennen
sich die **Absätze** nach etw. ablaufen/abrennen/schieflaufen
sich die **Schuhsohlen** nach etw.
ablaufen/abrennen
sich die **Füße** nach etw. ablaufen/
wundlaufen

sich die **Beine** nach etw. ablaufen
sich die **Sohlen** wundlaufen (um
etw. zu bekommen/...)

5 von **Pontius** zu/(nach) Pilatus
laufen

6 alles/die ganze **Straße**/mehrere
Straßen abklappern (um etw. zu
finden/...) *ugs*
die ganze Stadt/... nach etw./
jm. **abklappern**/(ablaufen)

7 bis ans **Ende** der Welt laufen/
fahren/... (um etw. zu bekommen/...)

8 von einem **Ende** bis zum ander(e)n herumlaufen/herumfahren/... (um etw. zu kaufen/besorgen/...)

9 jn. auf die **Suche** schicken (nach
jm./etw.)

10 etw. wie eine **Stecknadel** suchen
etw. wie eine **Nadel** suchen

11 eine **Stecknadel** im Heuhaufen/
Heuschober suchen
alle **Kisten** und Kästen durchsuchen/... *selten*

12 das **Unterste** zuoberst kehr en
das **Oberste** zuunterst kehren

13 alles/die ganze Wohnung/... auf
den **Kopf** stellen

14 etw. (doch) nicht **herbeizaubern**
können *ugs*

15 du suchst/er sucht/... das **Pferd**
und reitest/reitet/... drauf
du suchst/er sucht/... das **Pferd**
und sitzt/... drauf

16 **Tomaten** auf den Augen haben
ugs

Ab 13 auf etw. stoßen: finden, jm. in die Hände fallen

---

1 fündig **werden** *(oft iron.)*

2 auf jn./etw. **stoßen**

3 jm. (direkt) in die **Arme** laufen
plötzlich/... vor jm./etw. **stehen**

4 jm. auf **Schritt** und Tritt begegnen/...

5 etw. unter die **Hände** kriegen/
(bekommen)

6 jm. in die **Hände** fallen/geraten
(Sachen)
jm. in die **Hand** fallen *(Sachen)*

25

7 jm. unter die **Hände** kommen
   jm. unter die **Finger** kommen

Ac 1 Wetter, Jahreszeiten; Gestirne

1 vor/gegen **Wind** und Wetter ge-
   schützt sein

2 **Wind** und Wetter ausgesetzt sein
   (bei) **Wind** und Wetter

3 heute/. . . ist (eine) gute/schlech-
   te/. . . **Sicht**

4 das ist/draußen ist/. . . eine rich-
   tige **Waschküche** ugs

5 es regnet/. . . in dicken/großen
   Tropfen

6 bei strömendem **Regen**

7 es regnet/gießt in **Strömen**
   es regnet **Bindfäden**
   es regnet junge **Hunde**
   es **schüttet**
   es gießt/schüttet wie aus **Eimern**
   es gießt/schüttet wie aus **Kannen**
   selten
   es regnet/schüttet wie mit **Schef-
   feln** vom Himmel *geh*
   es **schifft** *vulg*
   es **pißt** *vulg*

8 die **Schleusen** des Himmels öff-
   nen sich *geh*
   der **Himmel** öffnet seine Schleu-
   sen *geh*

9 es **stürmt** und regnet
   (durch) **Sturm** und Regen (lau-
   fen/. . .)

10 bei diesem Wetter/diesem Re-
    gen/. . . jagt man (doch) keinen
    Hund hinaus/vor die Tür

11 durch die **Ritzen** eines alten Hau-
    ses/einer undichten Wand/. . .
    pfeifen *(Wind)*
    es pfeift aus allen **Löchern** (in ei-
    nem Raum/. . .)
    es zieht durch alle **Ritzen**

12 es zieht wie **Hechtsuppe** ugs

13 im **Durchzug** sitzen/stehen
    im **Zug** sitzen/stehen

14 keinen **Durchzug** vertragen
    keinen **Zug** vertragen

15 im **Anzug** sein *(Unwetter)*

16 das **Toben** der Elemente

17 **schneidende(r)** Wind/Kälte/
    Frost/. . .
    es friert **Stein** und Bein

18 Frau **Holle** schüttelt die Betten/
    ihre Betten/ihr Bett/das Bett/die
    Federn/die Kissen *(Märchenspra-
    che)*
    Frau **Holle** macht ihr Bett *(Mär-
    chensprache)*

19 (bei) **Schnee** und Regen
    (bei) **Eis** und Schnee

20 im tiefen/mitten im **Winter**
    Winterschlaf halten

21 der **Wettergott** hat (endlich/
    doch/. . .) ein Einsehen (mit jm.)

22 endlich/heute/. . . lacht die **Son-
    ne** (mal wieder/. . .)

23 (das ist) ein **Wetter**/(Wetterchen)
    zum Eierlegen ugs

24 eine sengende/brütende/(lasten-
    de) **Hitze** (sein)
    eine brüllende **Hitze** (sein)
    eine **Affenhitze** (sein) ugs

25 die **Luft** ist zum Ersticken

26 mitten im **Sommer**

27 das **Barometer** steht hoch/tief
    das **Thermometer** steht auf . . .
    Grad (über Null/unter Null)/
    sinkt unter Null/steigt über
    Null/steht auf dem Null-
    punkt/. . .

28 die **Sonne** steht hoch am Himmel
    die **Sonne** steht im Zenit
    die **Sonne** steht im Mittag *selten*
    die **Sonne** steht im Scheitel ihrer
    Bahn *selten*

29 die Sonne/. . . im **Rücken** haben

30 einen **Hof** haben *Mond*

31 der **Mann** im Mond

32 hinter dem **Horizont** verschwin-
    den/. . . *(Sonne, Mond)*

33 im **Sternbild** des Großen Bä-
    ren/. . . stehen

34 im **Zeichen** der Venus/. . . gebo-
    ren sein

35 die **Schatten** werden länger *(im
    Herbst; gegen Abend)*

Ac 2 frieren – schwitzen

1 frieren wie ein **Schneider**
   frieren wie ein junger **Hund**
   sich zu **Tode** frieren *path*
   sich den **Arsch** abfrieren/zufrie-
   ren *vulg*

2 js. **Füße** sind wie/nur noch ein
   Klumpen Eis
   Füße haben wie ein Klumpen Eis
   Eisbeine kriegen/(bekommen)
   Eisbeine haben

3 sich die Finger/Zehen/. . . **abfrie-
   ren**

4 **Frostbeulen** haben/kriegen/(be-
   kommen)

5 eine **Gänsehaut** kriegen

6 an allen **Gliedern** zittern
   am ganzen **Leib** zittern
   vor **Kälte** schlottern
   vor **Kälte** schnattern

7 mit den **Zähnen** klappern
   frieren, daß einem die **Zähne**
   klappern *ugs*

8 (richtig/. . .) **blaugefroren** sein
   js. Hände/Finger/. . . sind blau
   vor **Kälte**

9 eine/die rote **Nase** (haben)

10 ins **Schwitzen** kommen

11 schwitzen wie ein **Bär**
    schwitzen wie die **Bären**

12 **Ströme** von Schweiß vergießen
    Ströme von Schweiß fließen jm.
    übers Gesicht
    schweißgebadet (sein)
    der **Schweiß** bricht jm. aus allen
    Poren
    jm. fließt/rinnt das **Wasser** (nur
    so/. . .) von der Stirn/übers Ge-
    sicht

Ac 3 naß: durchnäßt; unter Wasser; schwimmen

1 bis auf die **Knochen** durchnäßt/
   naß sein

2 keinen trockenen **Faden** mehr
   am Leib(e) haben
   keine trockene **Faser** mehr am
   Leib(e) haben
   wie aus dem **Wasser** gezogen da
   herumlaufen/. . .
   naß wie eine gebadete **Maus** sein

ugs
naß wie eine (ersäufte) **Katze** sein

3 (doch noch/. . .) trockenen **Fußes**
nach Hause kommen

4 mit dem **Wasser** Bekanntschaft
machen *iron*
ein unfreiwilliges **Bad** nehmen
ein kaltes **Bad** nehmen

5 unter **Wasser** stehen
ein Gebiet/. . . unter **Wasser** set-
zen

6 über die/seine **Ufer** treten *(Fluß)*

7 **Hochwasser** führen *form*

8 einen Sumpf/. . . **trockenlegen**

9 ins/in das kühle **Naß** springen/
sich stürzen/. . .

10 schwimmen wie eine bleierne
Ente

11 den toten **Mann** machen

Ac 4 hell – dunkel

1 im **Hellen**

2 **stockdunkel**
stockfinster
die **Hand** vor (den) Augen nicht
sehen (können)
keinen **Strich** sehen (können) *ugs*
draußen ist/war/. . . **stockfinste-
re**/(kohlpech)rabenschwarze
Nacht
es herrscht eine ägyptische **Fin-
sternis** *geh*

3 im **Dunkeln**
im **Finstern**

4 am hellichten **Tag(e)** etw. steh-
len/jn. überfallen/. . .
unter dem/im **Schutz** der Dun-
kelheit

5 **Licht** machen

Ac 5 Farben

1 klar wie (ein) **Kristall** (sein)

2 silbrig **glänzend**

3 von blauer/grüner/. . ./auffal-
lender/dezenter/. . . **Farbe**
in gedeckten/auffälligen/dezen-
ten/schreienden/. . . **Farben**

4 **blaßblau**/blaßgrün/. . .
zartblau/zartgrün/zartgelb/. . .

5 ganz in Blau/Grün/Rot/. . . ge-
halten sein/gekleidet sein/kom-
men/. . .
(in) Rot/Weiß/Schwarz/. . . **ge-
halten** *(Zimmer)*
in Weiß/Schwarz/. . . **gekleidet**
sein

6 **strahlend** blau/grün/gelb/. . .

7 **knallrot**/knallblau/knall-
grün/. . .
knallbunt
in **Papageienfarben**

8 in allen **Regenbogenfarben** schil-
lern

9 weiß wie **Schnee** (sein)
weiß wie die **Unschuld** (sein) *iron*

10 **pechschwarz**
schwarz wie **Pech** (sein)
schwarz wie **Kohle** (sein)
rabenschwarz
kohlrabenschwarz
schwarz wie **Ebenholz** (sein) *geh*
schwarz wie die **Nacht** (sein)
schwarz wie der **Teufel** (sein)

11 **weißblond**
semmelblond
weizenblond

12 **rosarot**
ziegelrot
purpurrot
rot wie **Blut** sein *geh*

13 **giftgrün**
lindgrün *geh*
jadegrün *geh*

14 **himmelblau**
kornblumenblau
preußischblau

15 einen **Stich** ins Rote/Bräunli-
che/. . . haben
ins Rote/Bräunliche/. . . **stechen**

Ac 6 sehen, (sich) (genau . . .)
ansehen: in js. Blickfeld ge-
raten; einen Blick werfen in,
auf; von allen Seiten mu-
stern, scharf ins Auge fassen;
nicht aus den Augen las-
sen; seine Augen anstrengen;
seine Augen überall haben;
gut, schlecht sehen; Tomaten
auf den Augen haben; jm. im
Licht stehen; mit seinen ei-
genen Augen sehen

1 (allmählich/. . .) in **Sicht** kom-
men
(schon/. . .) in **Sicht** sein

2 (plötzlich/. . .) auf der **Bildfläche**
erscheinen

3 in js. **Blickfeld** geraten/rücken

4 js. **Blick(en)** begegnen

5 (schon/. . .) außer **Sicht** sein
(schon/. . .) außer **Sichtweite** sein

6 den **Blick** auf jn./etw. richten
einen kurzen/flüchtigen **Blick**
werfen auf jn./etw.

7 jn./etw. (nur/. . .) mit einem
Blick streifen
jn./etw. (nur) mit einem halben
Blick sehen/wahrnehmen/. . .

8 einen **Blick** in ein Buch/einen
Text/. . . werfen

9 **Einsicht** nehmen in Unterlagen/
Briefe/. . . *form*

10 **Einsicht** in Unterlagen/Brie-
fe/. . . gewähren/erhalten *form*

11 einen **Blick** riskieren
ein **Auge** riskieren

12 jm. einen kurzen **Blick** (des Ein-
verständnisses/. . .) zuwerfen

13 jm. einen (verstohlenen/ver-
ständnisvollen/. . .) **Seitenblick**
zuwerfen
jm. einen (verstohlenen/ver-
ständnisvollen/. . .) **Blick** zuwer-
fen

14 jn./etw. aus den **Augenwinkeln**
beobachten/verfolgen/. . .

15 etw. mit einem **Seitenblick** auf
jn./(etw.) sagen/tun

16 (einige/wütende/strafende/fin-
stere/ein paar kurze/. . .) **Blicke**
werfen auf jn./in etw./. . .

17 jn. krumm **ansehen**

18 sein **Augenmerk** richten auf jn./
etw.

19 in **Augenschein** nehmen
sich durch (den) **Augenschein**
von etw. überzeugen

20 (sich) jn./etw. von allen **Seiten**
(genau) ansehen/betrachten
jn./etw. von allen **Seiten** mustern
sich etw. von **vorn** und hinten an-
schauen/. . .

21 jn. von oben bis unten **ansehen**

22 den **Blick** (fest) auf jn./etw. heften/richten

23 jm. scharf ins **Auge** sehen/ (schauen/gucken)
jn. scharf ins **Auge** fassen

24 jn./etw. mit **Basiliskenblicken** ansehen/(mustern) *selten*

25 jn. mit seinen **Blicken** durchbohren

26 jn./etw. mit **Argusaugen** beobachten/verfolgen/. . . *geh*

27 ein (scharfes/wachsames) **Auge** auf jn. haben

28 jn. nicht aus den **Augen** lassen
jn. immer unter den **Augen** haben
jn./etw. (scharf/genau) im **Auge** behalten
jn./etw. (immer/. . .) im **Auge** haben

29 jn./etw. (immer/. . .) unter **Kontrolle** haben/halten

30 jm. (genau/. . .) auf die **Finger** sehen

31 kaum hat man den **Rücken** gewendet/gewandt, da . . ./. . .

32 nach dem **Rechten** sehen/ schauen/gucken

33 sich nicht aufs **Hörensagen** verlassen

34 ein Unternehmen/jn. unter **Aufsicht** stellen

35 unter **Aufsicht** stehen

36 seine **Augen** (sehr/fürchterlich/. . .) anstrengen

37 etw. gegen das **Licht** halten

38 sich die **Nase** auf/an einer Scheibe/. . . plattdrücken

39 eine **Stichprobe** machen
Stichproben machen

40 jn./etw. mit den/seinen **Blicken** verschlingen

41 eine Frau/. . . mit den/seinen **Blicken** ausziehen

42 einen langen **Hals** machen

43 sich den **Hals** verrenken/verdrehen (um jn./etw.zu sehen)
sich den **Hals** nach jm./etw. ausrenken

44 **Argusaugen** haben *geh*
Augen wie ein Luchs haben

45 einen richtigen **Adlerblick** haben *selten*

46 seine **Augen** überall haben
(es scheint/. . .) j. hat hinten **Augen**
(es scheint/. . .) j. hat vorn und hinten **Augen**
scharfe **Augen** haben

47 mit bloßem **Auge** sehen/erkennen/. . . (können)
mit bloßen **Augen** sehen/erkennen/. . . (können)

48 nur/. . . mit bewaffnetem **Auge** sehen/erkennen/. . . (können) *selten*

49 **kurzsichtig** (sein)
weitsichtig (sein)

50 das **Augenlicht** verlieren *geh*

51 das **Augenlicht** wiedergewinnen/ wiedererlangen *geh*

52 wo hast du/wo hat er/. . . (denn/. . .) deine/seine/. . . **Augen**?

53 **Dreck** in den Augen haben *ugs*
Tomaten auf den Augen haben *ugs*
Knöpfe auf/vor den Augen haben *ugs*

54 hast du/hat er/. . . (denn) keine **Augen** im Kopf?

55 doch hinten keine **Augen** haben

56 jm. im **Licht** stehen

57 du bist/ihr seid/. . . (doch) nicht aus **Glas**! *ugs*
meinst du/meint ihr/. . ., du bist/ du wärst/ihr seid/ihr wäret/. . . aus **Glas**? *ugs*
meinst du, du wärst/meint ihr, ihr wärt/. . . durchsichtig?
ist/war dein/euer/. . . **Vater** Glaser? *ugs*
dein/euer/. . . **Vater** ist/war wohl Glaser? *ugs*

58 geh'/geht/. . . mir/ihr/der Klara/. . . (mal/. . .) aus der **Sonne**! *ugs selten*
geh'/geht/. . . mir/ihm/dem Herrn Baumann/. . . (mal/. . .) aus der **Laterne**! *ugs*

59 jm. aus dem **Licht** gehen/treten

60 sich selbst im **Licht** sein

61 jn./etw. zu **sehen** bekommen/ kriegen

62 jn./etw. zu **Gesicht** bekommen/ kriegen

63 jm. (noch) (nicht) zu **Gesicht** (ge)kommen (sein)

64 etw. mit seinen eigenen **Augen** sehen/beobachten/. . .

65 unter meinen/deinen/. . . **Augen** (spielt sich etw. ab/. . .)

66 jm./sich von **Angesicht** zu Angesicht gegenüberstehen
jm./sich **Auge** in Auge/Aug' in Aug' gegenüberstehen

67 jm. (offen/. . .) in die **Augen** schauen/(blicken/gucken)

68 von . . . hat man/j. eine hervorragende/. . . **Sicht**

69 es bietet sich (jm.) (irgendwo) ein buntes/farbenprächtiges/. . . **Bild**

Ac 7   Geruch

1 stinken wie die **Pest** *ugs*
zehn **Meter** gegen den Wind stinken *ugs*
drei/zehn **Meilen** gegen den Wind stinken *ugs*

2 jm. in die **Nase** steigen
jm. (so richtig/. . .) in die **Nase** gehen/fahren
jm. in die **Nase** stechen

3 js. **Nase** beleidigen

4 sich die **Nase** zuhalten
aus dem **Hals** stinken wie die/ eine Kuh aus dem Arsch *vulg*

5 **Winde** abgehen lassen
einen **Wind** streichen lassen *vulg*
einen **loslassen** *vulg*
einen **fahren** lassen *vulg*
einen **streichen** lassen *vulg*

6 sämtliche **Wohlgerüche** Arabiens

7 **Durchzug** machen

Ac 8 Notdurft

1 eine menschliche **Regung** füh-
len/(haben) *(euphemist.)*
ein menschlich' **Rühren** fühlen/
(haben) *(euphemist.)*
ein (menschliches) **Bedürfnis** ha-
ben/(empfinden.) *(euphemist)*

2 mal eben/. . . **austreten** (gehen)
müssen
mal (eben/. . .) raus **müssen**
mal (eben/. . .) irgendwohin **müs-
sen** *ugs*
mal (eben/. . .) **verschwinden**
müssen *ugs*
dahin gehen (müssen), wo der
Kaiser zu Fuß hingeht *ugs*
mal/mal eben/. . . **müssen** *ugs*
ein **Bedürfnis** befriedigen/ver-
richten müssen *ugs*
noch eben/. . . ein **Geschäft** ver-
richten müssen *ugs*
sich erst mal/. . . **erleichtern** müs-
sen *ugs*

3 wo **kann** man hier mal? *ugs*

4 mal eben/. . . **austreten** gehen

5 seine **Notdurft** verrichten
gerade/. . . ein **Geschäft** verrich-
ten *ugs*

6 klein **müssen** *ugs*
eine **Stange** Wasser irgendwo hin-
stellen (müssen) *vulg*

7 sein **Wasser** abschlagen *(veral-
tend)*
Wasser lassen
ein kleines **Geschäft** machen *ugs*
klein **machen** *ugs*
Pipi machen *(Kindersprache)*
mal/eben für **fünf** müssen *ugs*

8 groß **müssen** *ugs*

9 ein großes **Geschäft** machen *ugs*
einen **Kaktus** pflanzen (setzen/
drehen) *vulg*
mal eben/. . . ein **Ei** legen (müs-
sen) *vulg*
groß **machen** *ugs*

10 ein gewisser **Ort**
ein heimlicher/verschwiegener
Ort
ein gewisses/heimliches/ver-
schwiegenes/stilles **Örtchen**
eine gewisse **Örtlichkeit**

11 sich seitwärts in die **Büsche** schla-
gen

12 in die **Hose** machen *ugs*
(sich) die **Hose** vollmachen *ugs*

13 jm. ist etw. **Menschliches** pas-
siert/begegnet *(euphemist.)*

14 eine schwache **Blase** haben
das/sein **Wasser** nicht halten
können

15 das Bett/die Hose/. . . naß **ma-
chen**
alles unter sich **gehen** lassen
alles unter sich **lassen**

16 ein Kind/. . . auf den **Topf** setzen
ein Kind/. . . auf den **Pott** setzen
ein Kind/. . . aufs **Töpfchen** set-
zen

Ac 9 schmutzig – waschen, saubermachen

1 vor **Dreck** stehen *(Kleidungsstük-
ke)*
vor **Dreck** und Speck stehen
(Kleidungsstücke) ugs
dreckig und speckig sein *ugs*

2 (gerade/. . .) in der **Wäsche** sein
(große) **Wäsche** haben
(die) große/kleine **Wäsche**
etw. in die **Wäsche** geben

3 ein **Rand** bleibt zurück/einen
Rand hinterlassen/. . . *(nach der
Reinigung von Flecken)*

4 (Kleidung/. . .) an die (frische)
Luft hängen

5 in die **Wanne** steigen
eine **Dusche** nehmen/(mal
eben/. . .) unter die Dusche ge-
hen

6 **Katzenwäsche** machen

7 wie ein **Stall** aussehen *(Woh-
nung) ugs*
ein (regelrechter/. . .) **Stall** sein
ugs
wie ein **Schweinestall** aussehen
ugs
wie ein **Saustall** aussehen *ugs*
ein (regelrechter/. . .) **Schweine-
stall** sein *ugs*
ein (regelrechter/. . .) **Saustall**
sein *ugs*

8 den **Stall** (mal) ausmisten (müs-
sen) *ugs*

9 was ist denn das für eine **Wirt-
schaft**? *ugs*
das ist (ja) eine schöne/saubere
Wirtschaft *ugs*
es herrscht in/bei/. . . eine polni-
sche **Wirtschaft** *ugs*

10 **Staub** putzen
Staub saugen

11 den **Putzteufel** haben *ugs*

12 gegen den **Strich** bürsten/käm-
men/glätten/. . .

Ac 10 Ordnung – Unord-nung, Durcheinander

1 **Ordnung** halten

2 etw. (wieder) in **Ordnung** bringen

3 jn. zur **Ordnung** anhalten

4 hier/da/. . . herrscht **Ordnung**!
iron
hier/da/. . . herrscht **Zucht** und
Ordnung

5 etw. in **Unordnung** bringen
etw. durcheinander **bringen**

6 alles/die ganze Wohnung/. . . auf
den **Kopf** stellen
das **Unterste** zuoberst kehren
alles von oben nach unten **kehren**

7 in **Unordnung** sein/sich befin-
den/geraten

8 alles liegt/steht/. . . bunt/kunter-
bunt/(wirr) **durcheinander**
alles **steht** durcheinander (in/
bei/. . .)
alles **fliegt** durcheinander (in/
bei/. . .)
in/. . . liegt/fliegt/steht/. . . al-
les/. . . kreuz und quer **durchein-
ander**
in/. . . liegt/fliegt/geht/. . . alles
wie **Kraut** und Rüben durchein-
ander
irgendwo herrscht/. . . ein **Hei-
dendurcheinander**

9 ein babylonisches **Durcheinander**
ein **Durcheinander** wie Kraut
und Rüben
in js. Zimmer/. . . herrscht eine
derartige Unordnung/. . ., daß
man nicht weiß, wohin man **tre-
ten** soll
ein Durcheinander/eine Unord-
nung/. . ., daß man nicht mehr/
kaum noch/. . . weiß, wo **unten**
und oben ist
bei jm. liegt der **Kamm** auf/bei/
neben der Butter
ein Zimmer/. . . sieht aus wie
eine **Räuberhöhle**/in einem Zim-
mer/. . . sieht es aus wie in einer
Räuberhöhle *ugs*

10 (das sind) **Zustände** wie im alten Rom! *ugs*
wie die **Schweden** hausen *selten*

11 etw. so/einfach so/... in die **Gegend** werfen/spritzen/...
etw. so/einfach so/... in die **Landschaft** werfen/spritzen/...
da/... in der **Gegend** herumliegen/herumsitzen/...

12 alles/die ganzen Sachen/... auf einem **Haufen**
alles/die ganzen Sachen/... auf einen **Haufen** tun/legen/...

13 **krumm** und schief hängen/sitzen/...

14 in einem Raum/einem Schrank/... **Luft** machen
zwischen verschiedenen Gegenständen (etwas/...) **Luft** lassen
(Gegenstände/...) **überkreuz** legen/anordnen/...
viel/wenig/... **Raum** einnehmen
Platz schaffen (für jn./etw.)

15 ein (richtiger/...) **Hans** Liederlich sein *selten*

16 alter **Kram** *ugs*
alter **Krempel**

17 (sofort/...) ins Feuer/in den Papierkorb/in den Abfalleimer/... **wandern**

18 es geht hier/dort/in/bei/... zu wie in einem **Irrenhaus**
es geht hier/dort/in/bei/... zu wie in einem **Narrenhaus**
es geht hier/dort/in/bei/... zu wie in einem **Tollhaus**
es geht hier/dort/in/bei/... zu wie in der **Judenschule** *selten*

19 das/etw. ist ein wahrer/der reinste/... **Hexensabbat**

20 alles **geht** hier/dort/bei/... drunter und drüber
es **geht** alles durcheinander in/bei/...
ein Ort/Haus/Institut/..., wo/in dem/... alles (ständig/...) drunter und drüber **geht**

21 das/etw. ist ein regelrechter/der reinste/... **Zirkus** *ugs*

22 so ein **Zirkus**! *ugs*

23 heute/hier/... ist (aber auch/...) alles (wie) **verhext** *ugs*

24 die **Welt** gerät aus den Fugen
die **Welt** scheint aus den Angeln gehoben

25 eine babylonische **Verwirrung**

Ac 11   ganz – kaputt

1 etw. in **Ordnung** haben
etw. (gut/glänzend/...) in **Schuß** haben

2 etw. in **Ordnung** halten
etw. in **Schuß** halten

3 gut/schlecht im **Stand** sein

4 noch seinen **Dienst** tun

5 es nicht mehr lange **tun**
es nicht mehr lange **machen**
es nicht mehr lange **mitmachen**
in den letzten **Zügen** liegen

6 an allen **Ecken** und Enden/(Kanten) auseinanderfallen/auseinandergehen/...
an allen **Ecken** und Kanten auseinanderfallen/auseinandergehen/(entzweigehen)

7 in allen **Fugen** krachen

8 nur noch ein **Fetzen** sein *(Kleidung)*

9 **kaputtgehen**

10 in die **Brüche** gehen
in die **Binsen** gehen *ugs*
in die **Wicken** gehen *ugs*
zum **Teufel** gehen *ugs*
hops gehen *ugs*
zum **Kuckuck** gehen *ugs*

11 den/(seinen) **Geist** aufgeben
den **Weg** alles Irdischen gehen *geh*
sein **Leben** aushauchen *selten*

12 **zuschanden** werden

13 aus den **Fugen** gehen/geraten
aus dem **Leim** gehen

14 sich in seine **Bestandteile** auflösen
aus allen **Fugen** gehen/geraten

15 jm. unter den **Händen** zerbrechen *(Gläser)*
zu **Bruch** gehen
in **Scherben** gehen
in **Trümmer** gehen
in **Stücke** gehen
in **Stücke** fliegen
in 1000 **Stücke** zerspringen/zerplatzen/...

16 in/zu **Staub** zerfallen
zu **Staub** und Asche werden *geh*

17 (fast/...) zu **Mus** zerdrückt/gedrückt werden *ugs*

18 eine **Kartoffel** im Strumpf haben *ugs*

19 eine **Masche** läuft an js. Strumpf

20 dran/(daran) **glauben** müssen *ugs*

21 **hin** sein
hops sein *ugs*
im **Eimer** sein *vulg*
zum **Kuckuck** sein *ugs*
zum **Teufel** sein *ugs*
dahin sein
im **Arsch** sein *vulg*

22 das/den Besen/... kannst du/kann der Maier/... **wegwerfen**
das/den Besen/... kannst du/kann der Maier/... auf den **Mist** werfen *ugs*

23 etw. (wieder) instand **setzen**

24 etw. (wieder) in **Schuß** kriegen/(bekommen) *ugs*

25 etw. (wieder) in **Schuß** bringen *ugs*

Ac 12   zerstören: kaputtschlagen; in Schutt und Asche legen; in die Luft jagen; anzünden, brennen

1 etw./alles kurz und klein **schlagen**
etw./alles kurz und klein **hauen**
etw. zu **Kleinholz** machen/schlagen *ugs*
etw. in **Kleinholz** verwandeln *ugs*
etw. in **Stücke** schlagen
etw. in **Stücke** hauen
etw./alles in **Trümmer** schlagen
etw. in **Klumpen** schlagen/hauen

2 wo j. hinhaut/hinschlägt/hintritt/..., da wächst kein **Gras** mehr

3 in **Schutt** und Asche legen/verwandeln
in einen **Schutthaufen** verwandeln
keinen **Stein** auf dem ander(e)n lassen
(einen Ort) dem **Erdboden** gleichmachen
(einen Ort) vom **Erdboden** wegra-

sieren *ugs*
(einen Ort) in **Grund** und Boden
schießen
etw. bis auf den **Grund** zerstören
etw. bis auf die **Grundmauern**
zerstören/...

4 der ganze Ort/... sank in **Trüm-
mer** *path*
in **Schutt** und Asche versinken/
sinken
kein **Stein** bleibt auf dem an-
der(e)n
zu **Staub** und Asche werden *geh*

5 der ganze Ort/... liegt in **Trüm-
mern**
in **Schutt** und Asche liegen
nur noch ein (einziger) **Trümmer-
haufen** sein

6 etw. in die **Luft** jagen
etw. in die **Luft** sprengen

7 in die **Luft** fliegen
in die **Luft** gehen

8 die **Lunte** ans Pulverfaß legen

9 in seinen **Grundfesten** erzittern

10 etw. in **Brand** stecken
Feuer an etw. legen
etw. in **Flammen** setzen

11 jm. das **Haus** über dem Kopf an-
zünden
jm. den roten **Hahn** aufs Dach
setzen *(veraltet)*

12 dem **Feuer** überantworten *geh*
jn./etw. den **Flammen** übergeben
path

13 **sengen** und brennen

14 **Feuer** fangen
in **Flammen** aufgehen
in **Flammen** geraten
in **Rauch** aufgehen
in **Rauch** und Flammen aufgehen

15 in **Flammen** stehen

16 wie **Stroh** brennen
wie **Zunder** brennen
lichterloh **brennen**

17 ein **Raub** der Flammen werden

18 etw. in tausend **Stücke** reißen/
zerreißen
etw. in **Fetzen** reißen/(zerrei-
ßen)

19 jn. über den **Haufen** rennen/
fahren/reiten/...

20 etw. in seine/hundert/... **Teile**
zerlegen

21 den Flammen/Wellen/Bomben/
js. Zerstörungswut/... zum **Op-
fer** fallen

22 jetzt/nun/... hat die liebe **Seele**
(endlich) Ruh!

B

Leben - Tod

Ba   Geburt - Tod
Bb   (noch) jung - (schon) alt
Bc   gesund - krank

Ba 1   Geburt

1   js. **Zeit** ist gekommen
    in die **Wochen** kommen

2   ins **Kindbett** kommen *(veraltend)*
    im **Kindbett** liegen/sein *(veraltend)*
    im **Wochenbett** liegen/sein *(veraltend)*

3   in den **Wehen** liegen
    (die) **Wehen** haben

4   (ein Kind) zur **Welt** bringen
    (einem Kind) das **Leben** schenken *geh*
    (Kinder) in die **Welt** setzen

5   **Mutter** werden

6   ein freudiges/(frohes) **Ereignis**

7   **Mutter** und Kind (sind wohlauf/...)

8   ihre schwere **Stunde** *geh*

9   ein Baby/den Jungen/... trocken **legen**

10 auf die/in die/zur **Welt** kommen
    das **Licht** der Welt erblicken
    ins **Leben** treten *selten*

11 js. **Wiege** stand in ...

12 der **Storch** ist bei/zu jm. gekommen *ugs*
    der **Klapperstorch** ist bei/zu jm. gekommen *ugs*

13 **Vaterfreuden** entgegensehen

14 **Zuwachs** bekommen/kriegen *ugs*

15 reich mit **Kindern** gesegnet sein

16 sich wie die **Kaninchen** vermehren *ugs*
    sich wie die **Karnickel** vermehren *vulg*

17 (ein Kind) aus der **Taufe** heben/
    (über die Taufe halten)
    Pate werden (bei jm.)
    die **Patenschaft** (über jn./etw.) übernehmen

18 in ... zu **Hause** sein

19 an die (eigene) **Scholle** gebunden sein *path*
    sich an die (eigene) **Scholle** gebunden fühlen *path*

20 eine bleibende **Stätte** finden in .../...
    js. zweite **Heimat**

21 ubi bene, ibi **patria** *geh selten*
    das **Land** meiner/deiner/... Väter

Ba 2   sterben (müssen)

1   in **Lebensgefahr** schweben

2   es geht (mit jm./etw.) zu **Ende**
    sich dem/seinem **Ende** zuneigen
    js. **Zeit** ist gekommen
    dran sein *ugs*

3   jm./jedem/... schlägt seine/(die) **Stunde**
    js. letztes **Stündchen**/(Stündlein) hat geschlagen/ist gekommen *ugs*
    zum **Sterben** verurteilt sein
    ein **Kind** des Todes sein
    ein **Mann** des Todes sein
    des **Todes** sein *geh*
    den sicheren **Tod** vor Augen haben

4   wenn mir/ihm/dem Maier/... etwas **Menschliches** zustößt/passiert *(euphemist.)*

5   j. **gibt** jm. noch 2 Jahre/6 Wochen/...

6   dran-/(daran) **glauben** müssen *ugs*
    ins **Gras** beißen (müssen) *ugs*
    über die **Klinge** springen müssen *ugs*
    geliefert sein *ugs*

7   eingehen wie eine **Primel** *ugs*
    eingehen wie ein **Kaktus** *vulg*

8   den **Weg** gehen, den wir alle gehen müssen *geh*
    den letzten **Weg** gehen *geh*
    den **Weg** alles Irdischen gehen *geh*
    den **Weg** allen Fleisches gehen *geh*
    seinen letzten **Gang** tun
    die letzte **Fahrt** antreten (müssen) *(euphemist.)*
    die letzte **Reise** antreten (müssen) *(euphemist.)*
    auf die große **Reise** gehen (müssen) *(euphemist.)*
    einen schweren **Gang** tun (müssen) *(euphemist.)*

9   aus der **Welt** scheiden *form*
    aus der **Welt** gehen *selten*
    aus dem **Leben** scheiden *form*

10 in die **Ewigkeit** eingehen *(rel.)*
    in die ewige **Ruhe** eingehen *(rel.)*

in die ewigen **Frieden** eingehen *(rel.)*
in die ewige **Seligkeit** eingehen *(rel.)*

11 sich zu seinen **Vätern** versammeln *ugs iron.*

12 in die ewigen **Jagdgründe** eingehen *ugs*

13 aus dem **Leben** abberufen/(abgerufen) werden *(rel.)*
    Gott ruft jn. zu sich *(rel.)*
    Gott nimmt jn. zu sich *(rel.)*

14 den **Tod** erleiden

15 das **Zeitliche** segnen *ugs*
    seinen/den **Geist** aufgeben *ugs*

16 den **Löffel** weglegen *(euphemist.)*
    hops gehen *ugs*
    alle viere von sich **strecken** *ugs*
    den **Arsch** zukneifen *vulg*

17 seinen/den **Geist** aushauchen *selten*
    die/seine **Seele** aushauchen *selten*
    den letzten **Hauch** von sich geben *selten*
    sein **Leben** aushauchen *selten*
    den letzten **Atemzug** tun
    seinen **Atem** aushauchen *selten*
    den letzten **Seufzer** tun/(ausstoßen) *ugs selten*
    den letzten **Schnaufer** tun *ugs*

18 sanft/sanft und selig **entschlafen** *form*
    den letzten/ewigen **Schlaf** schlafen *geh*

19 jm. brechen die **Augen**
    die **Augen** für immer zutun
    die **Augen** für immer schließen/zutun

20 ins **Grab** sinken *selten*
    in die **Grube** fahren *geh selten*

21 zu **Staub** werden *geh*

22 ein gnädiges **Ende** haben

23 einen frühen/... **Tod** finden
    der **Tod** holt jn. früh/schon in jungen Jahren/plötzlich/...
    ein frühes **Grab** finden
    j. ist früh/jung/... **dahingegangen**

24 von der **Sense** des Todes dahingemäht werden *geh*
    der **Sensenmann** hält reiche Ernte *geh*

25 der Tod/der Krieg/die Revolution/... hält furchtbare/grausame/... **Ernte** *geh*
    zahlreiche/... **Todesopfer** for-

dern
wie (die) **Fliegen** sterben/(umfallen)

26 eines natürlichen **Todes** sterben
eines gewaltsamen/unnatürlichen **Todes** sterben *form*
ein jähes **Ende** finden
(bei einem Unfall/. . .) den **Tod** finden
zu **Tode** kommen (bei einem Unfall/. . .) *form*
ums **Leben** kommen
das **Leben** verlieren
ein tragisches **Ende** finden

27 **draufgehen** (für/bei etw.) *ugs*

28 jn. das **Leben** kosten

29 sein **Leben** für jn./etw. lassen
etw. mit dem/seinem **Leben** zahlen/bezahlen
etw. mit dem/seinem **Tod** zahlen/bezahlen
etw. mit seinem **Kopf** bezahlen

30 sein **Leben** für jn./etw. opfern
sein **Leben** für jn./etw. hingeben *path*
für jn./etw. in den **Tod** gehen

31 sein **Leben** auf dem Altar des Vaterlandes opfern *path*

32 (sich) etw. mit dem **Blut** der Soldaten erkaufen *path*
(sich) etw. mit seinem **Blut** erkaufen *path*

33 an gebrochenem **Herzen** sterben/. . .
gebrochenen **Herzens** sterben/. . .

34 zu **Tode** stürzen
zu **Tode** fallen *selten*
den/seinen **Verletzungen** erliegen *form*

35 an **Hunger** sterben
Hungers sterben

36 im **Kindbett** sterben *(veraltend)*
einem Arzt/. . . unter den **Händen** sterben
Operation gelungen, Patient tot *ugs*

37 im **Krieg** bleiben
auf dem **Feld(e)** der Ehre fallen *path*
auf dem **Kampfplatz** bleiben *selten*
auf dem **Platz** bleiben *(euphemist.) selten*
auf der **Kampfstatt** bleiben *geh selten*

38 sein **Grab** in den Wellen finden
den **Tod** in den Wellen finden
ein/(sein) **Seemannsgrab** finden

in den **Wellen** begraben werden
ein feuchtes **Grab** finden
mit **Mann** und Maus untergehen

39 unter den **Trümmern** (des Hauses/. . .) begraben werden

40 in den **Sielen** sterben *selten*

41 der **Tod** nimmt jm. die Feder aus der Hand
der **Tod** nimmt jm. den Pinsel aus der Hand

42 **Kopf** und Kragen verlieren
um **Kopf** und Kragen gebracht werden
jn. **Kopf** und Kragen kosten *ugs*

43 durch **Mörderhand** sterben

44 durch jn. **sterben**
durch js. **Hand** fallen/sterben/umkommen/. . .
durch **Henkershand** sterben

45 durch das **Schwert** sterben
durch das **Eisen** sterben *geh*

46 lebendigen **Leibes** verbrannt/begraben/. . . werden

47 auf dem **Schafott** enden
das **Schafott** besteigen

48 den **Tod** am Galgen sterben *geh*
des **Seilers** Tochter heiraten *(veraltet)*

49 den **Gnadenstoß** erhalten

50 gebrochenen **Auges**

51 jm. die **Augen** zudrücken

52 die letzte **Ölung** empfangen/bekommen *(rel.)*
jm. die letzte **Ölung** geben *(rel.)*
die **Sterbesakramente** empfangen/bekommen *(rel.)*
jm. die **Sterbesakramente** geben *(rel.)*
die letzte **Wegzehrung** empfangen/bekommen *(rel.)*
jm. die letzte **Wegzehrung** geben *(rel.)*

53 in den **Himmel** kommen *(Kindersprache)*
in den **Himmel** gehen *(Kindersprache)*
in die **Hölle** kommen *(Kindersprache)*
in die **Hölle** gehen *(Kindersprache)*
zur **Hölle** fahren *(veraltend)*

54 der letzte **Wille**
es ist js. letzter **Wille** (daß . . .)

55 sein **Haus** bestellen

56 das **Reich** der Toten *geh*
das **Reich** der Schatten *geh*

57 **Freund** Hein *geh*

58 der schwarze **Tod**
der weiße **Tod**

Ba 3 sich töten

1 **Schluß** machen *ugs*

2 sich **davonstehlen** *(euphemist.)*
sich **davonmachen** *(euphemist.)*
sich aus der **Welt** stehlen *(euphemist.)*

3 der **Welt** (freiwillig/. . .) Ade/(Valet) sagen
diesem **Jammertal** Ade/Valet sagen
aus der **Welt** gehen *selten*
aus der **Welt** scheiden *form*

4 seinem **Leben** ein Ende machen
sich das **Leben** nehmen
Selbstmord begehen

5 sich etw. **antun** *(euphemist.)*
sich ein **Leid** antun *(euphemist.)*
sich ein **Leids** antun *selten*
Hand an sich legen
sich **Gewalt** antun

6 den **Freitod** wählen *geh*

7 den **Gashahn** aufdrehen
Tabletten nehmen
Schlaftabletten nehmen
sich aus dem **Fenster** stürzen/aus dem Fenster springen
ins **Wasser** gehen
zum **Strick** greifen
sich eine **Kugel** durch/in den Kopf schießen/jagen
sich die **Pulsadern** aufschneiden/öffnen
sich vor den **Zug**/vor die Straßenbahn/in die Ruhr/. . . **werfen**/schmeißen
sich in sein **Schwert** stürzen
den **Giftbecher** nehmen/(trinken/leeren)
den **Becher** nehmen/(trinken/leeren) *(euphemist.)*
den **Schierlingsbecher** nehmen/(trinken/leeren) *geh*
sich von dem **Felsen**/. . . in die **Tiefe** stürzen *path*

8 durch **Selbstmord** enden

9 jm. (selbst) das **Messer** in die Hand geben

Ba 4 töten

1 jm. nach dem **Leben** trachten

2 einen **Anschlag** auf jn./js. Leben machen/verüben

3 jn. ums **Leben** bringen
jm. das **Leben** nehmen *(euphemist.)*

4 jn. vom **Leben** zum Tod(e) bringen/befördern *ugs*
jn. ins **Jenseits** befördern *ugs*
jm. das **Lebenslicht** ausblasen/auspusten *ugs*
jn. in die ewigen **Jagdgründe** befördern *ugs*

5 jn. **kaltmachen** *ugs*
jn. um die **Ecke** bringen *ugs*
jn. auf die **Seite** schaffen
jn./etw. zur **Strecke** bringen
jn. aus dem **Weg(e)** räumen
jn. unschädlich **machen**

6 jn. **verschwinden** lassen
jn. in der **Versenkung** verschwinden lassen *ugs*

7 jm. den **Garaus** machen

8 jn. über die **Klinge** springen lassen

9 eine Bevölkerung/... mit **Stumpf** und Stiel ausrotten/vernichten
mit **Feuer** und Schwert gegen jn./etw. vorgehen
mit **Feuer** und Schwert ausrotten/...

10 jn. an den **Rand** des Grabes bringen *geh path*
j. wird jn. noch unter die **Erde** bringen (mit etw.) *ugs*
jn. in den **Tod** treiben

11 jn. zu **Tode** quälen

12 jn. tödlich **verwunden**
jn. tödlich **verletzen**
jn. auf den **Tod** verwunden *geh selten*

13 jn. zu **Tode** prügeln
jn. zu **Tode** schlagen *selten*
jm. einen heftigen/tödlichen/... **Streich** versetzen *geh*

14 jm. ein **Messer** in den Leib stoßen/jagen, rennen
jm. ein Messer/den Degen/... zwischen die **Rippen** stoßen
jm. den blanken **Stahl** in/durch den Leib rennen/stoßen
jm. das **Schwert** in/(durch) den Leib bohren/stoßen/rennen
jm. den **Degen** durch den Leib rennen/stoßen

15 jm. den **Todesstoß** geben/versetzen

16 jm. ein **Stück** Blei in den Leib schicken *ugs*
jm. ein paar **Bleikugeln** in den Leib schicken *ugs*
jm. blaue **Bohnen** in den Leib schicken *ugs*
einem Tier/jm. eins auf den **Pelz** brennen/knallen

17 jn./eine Gruppe/... über den **Haufen** schießen

18 jm. die **Kehle** zuschnüren
jm. die **Gurgel** zudrücken/zuschnüren (abschnüren/abdrücken)

19 jm. die **Kehle** durchschneiden

20 einem Huhn/... das **Genick** umdrehen
einem Huhn/... den **Hals** umdrehen

21 jn. bei lebendigem **Leib(e)** verbrennen

22 jm. den **Kopf** abschlagen *ugs*
jn. einen **Kopf** kürzer machen *ugs*
jm. den **Kopf** vor die Füße legen *ugs*

23 jn. zur **Schlachtbank** führen *(veraltet)*
jn. aufs **Schafott** bringen

24 jn. standrechtlich **erschießen**
jn. an die **Wand** stellen

25 **Blut** vergießen
das **Blut** von ... Menschen/... vergießen *path*
ein **Blutbad** anrichten (unter einer Bevölkerung/...)

26 es fließt viel **Blut** (bei einem Kampf/in einem Krieg/...)
es fließen **Ströme** von Blut *path*

27 **morden** und brennen

28 in seinem **Blut** liegen
sich in seinem **Blut** wälzen *path*

29 bluten wie ein **Schwein** *vulg*
bluten wie eine gestochene/(angestochene) **Sau** *vulg*

30 im **Blut** der Getöteten/... waten *path*

31 der/dieser/... **Boden** ist mit Blut getränkt *path*

32 ein Tier/... zu **Tode** hetzen

33 jm./einem Tier den **Gnadenstoß** geben/versetzen
(einem Tier) den **Fangschuß** geben *form*

34 am **Leben** hängen

35 jm. **Tod** und Verderben bringen *path*

Ba 5 tot

1 tödlich **verletzt** (sein)
tödlich **verwundet** (sein)

2 jn. bis zur **Unkenntlichkeit** entstellen/...

3 wie ein **Sieb** durchlöchert sein

4 js. **Augen** sind gebrochen *geh*

5 eine Krankheit/ein Unfall/... mit tödlichem **Ausgang**

6 als der Rettungswagen kam/..., war es mit ihm/... schon **vorbei** *ugs*

7 **hinüber** sein *ugs*
hops sein *ugs*
keinen **Mucks** mehr von sich geben/machen *ugs*
keinen **Piep(s)** mehr von sich geben *ugs*
jm. tut kein **Zahn** mehr weh *ugs*
keinen **Hahn** mehr krähen hören *ugs*
sich nicht mehr **rühren** *ugs*

8 j. **ist** nicht mehr *path*
nicht mehr am **Leben** sein
nicht mehr unter den **Lebendigen**/Lebenden weilen *path*
j. **weilt** schon 3 Jahre/lange Zeit/... nicht mehr unter uns *form*
schon/... unter der **Erde** liegen
(schon/...) in **Gottes** Erdboden ruhen *path*
schon lange/... unter dem grünen **Rasen** liegen *ugs*
jn. deckt (schon/...) die kühle **Erde** *selten*
jn. deckt schon/... der grüne **Rasen** (zu) *path*
sich (schon/...) die **Radieschen** von unten ansehen/(besehen) *ugs*

9 in **Gott** ruhen *(rel.)*
js. **Seele** ist (schon/...) bei Gott *(rel.)*
in **Frieden** ruhen *geh*

10 (für immer) von uns **gegangen** sein *form*

11 von seinem/seinen **Leiden** erlöst sein

12 auf **See** geblieben sein *(Seeleute)*
in fremder **Erde** ruhen *form*
ein **Grab** in fremder Erde gefunden haben *form*

37

13　ein **Kreuz** hinter js. Namen set-
　　zen *selten*
　　ein **Kreuz** steht hinter js. Namen
　　selten

14　**Gott** hab' ihn/sie/. . . selig! *(rel.)*
　　er/sie ruhe in **Frieden**! *geh*
　　. . . seligen **Angedenkens** *geh*

15　die ewige/letzte **Ruhe**
　　der ewige **Schlaf**
　　die ewige **Heimat** *geh*

16　die sterblichen **Überreste**
　　die sterbliche/irdische **Hülle** *geh*
　　die sterblichen/irdischen **Reste**

17　die **Toten** soll man (in Frieden)
　　ruhen lassen
　　laß'/laßt die **Toten** (in Frieden)
　　ruhen!

Ba 6　noch lebendig

1　noch am **Leben** sein
　　mit dem **Leben** davonkommen

2　(nur/. . .) das nackte **Leben** retten

3　dem **Tod** (noch einmal/. . .) ein
　　Schnippchen schlagen
　　dem **Tod** (noch einmal/. . .) von
　　der Schippe/(Schaufel) springen
　　selten

4　jm. das **Leben** schenken
　　jn. am **Leben** lassen
　　jn. **leben** lassen

5　jn. wieder ins **Leben** zurückru-
　　fen/zurückbringen/zurückholen
　　jn. den **Klauen** des Todes entrei-
　　ßen *path*

6　jn. **totsagen**
　　(schon/. . .) **totgesagt** werden

7　einen **Schutzengel** gehabt haben

8　**Unkraut** vergeht nicht *ugs*

Ba 7　Beerdigung, Trauer

1　die **Totenwache** halten *form*

2　jm. die letzte **Ehre** erweisen/(ge-
　　ben) *geh*
　　jn. auf seinem letzten **Weg** be-
　　gleiten *(euphemist.)*
　　jn. auf seinem letzten **Gang** be-

gleiten *(euphemist.)*
jm. das letzte **Geleit** geben *(eu-
phemist.)*
jn. zu **Grabe** tragen
jn. zur letzten **Ruhe** betten *geh*
jn. unter die **Erde** bringen *ugs*

3　**Friede** seiner/ihrer Asche! *form*

4　die **Totenglocke** läuten

5　**Trauer** anlegen *form*
　　Trauer tragen
　　Trauerkleidung tragen
　　in **Schwarz** gehen/gekleidet sein
　　Schwarz tragen
　　in **Trauer** erscheinen/. . .

6　jm. seine (aufrichtige/. . .) **Teil-
nahme** aussprechen
　　jm. seine (aufrichtige/. . .) **An-
teilnahme** aussprechen
　　jm. sein (herzliches/aufrichti-
ges/. . .) **Beileid** aussprechen

7　den **Leichenschmaus** halten *sel-
ten*
　　das/js. **Fell** versaufen *vulg*

8　den **Totenschein** ausstellen

9　jm. einen **Grabstein** setzen
　　jm. einen **Stein** setzen

10　eine Fahne/Flagge auf **Halbmast**
　　setzen
　　auf **Halbmast** stehen *(Fahne)*

Bb 1　(noch) jung

1　das **Leben** noch vor sich haben

2　ein junger **Spund** *ugs*
　　ein junger **Hüpfer** *ugs selten*
　　ein junger **Dachs** *ugs*

3　noch jung an **Jahren** sein

4　**jung** und schön
　　jung und knusprig *ugs*

5　aussehen/wirken/. . ., als wäre
　　man kaum/gerade erst/. . . aus
　　dem **Ei** gekrochen *ugs*
　　j. ist gerade erst/. . . aus dem **Ei**
　　gekrochen *ugs*

6　kaum aus den **Windeln** (heraus)
　　sein *ugs*
　　noch ein halbes **Kind** sein

7　der **Benjamin** der Familie (sein)

8　junges **Volk** *ugs*
　　junges **Gemüse** *ugs*

9　(offensichtlich/. . .) aus den
　　Kinderschuhen nicht herauskom-
　　men

10　jüngere **Beine** haben

11　im **Stimmbruch** sein
　　in den **Stimmbruch** kommen

12　j. lag (damals/zu jener Zeit/. . .)
　　noch in den **Windeln** (als . . .) *ugs*

Bb 2　(schon) älter, alt

1　kein **Baby** mehr sein *ugs*
　　kein **Wickelkind** mehr sein *ugs*
　　kein **Kind** mehr sein

2　aus den **Kinderschuhen** heraus-
　　wachsen
　　den **Kinderschuhen** entwachsen
　　die **Kinderschuhe** ausgetreten ha-
　　ben

3　aus **Kindern** werden Leute!
　　zunehmen an **Alter** und Weisheit
　　iron

4　in der **Mitte** des Lebens stehen
　　im **Zenit** des/seines Lebens ste-
　　hen
　　im besten **Alter** sein/stehen
　　im besten **Mannesalter** stehen
　　in den/seinen besten **Jahren**
　　sein/stehen
　　in der **Blüte** seiner Jahre stehen
　　path
　　in der **Blüte** seines/des Lebens
　　stehen *path*

5　die reifere **Jugend** *iron*
　　die älteren **Jahrgänge**

6　in die **Jahre** kommen
　　nicht mehr der **Jüngste** sein
　　schon bei **Jahren** sein

7　in gereiften **Jahren** . . .

8　in gereiftem **Alter** . . .
　　ein gereifter **Mann** (sein)
　　im vorgerückten **Alter** sein/ste-
　　hen
　　(schon/. . .) ein älteres/höheres
　　Semester (sein) *iron*

9　die älteren **Herrschaften**
　　die alten **Herrschaften**

10　grau **werden**
　　alt und grau werden (in/bei etw./
　　über etw.)

11　schon/. . . . . . Jahre/Jahrzehn-
　　te/. . . auf dem **Buckel** haben
　　schon/. . . . . . Jahre/Jahrzehn-
　　te/. . . auf dem **Rücken** haben

12 im **Herbst** des Lebens stehen/
(sein) *geh*
im **Abend** des Lebens stehen *geh*

13 **steinalt** (sein)
so alt wie **Methusalem** sein/wer-
den/... *ugs*
ein bemoostes **Haupt** (sein) *iron*
ein greises/graues **Haupt** (sein)

14 (alt und schon/...) (sehr/...)
wackelig sein
ein (alter) **Tattergreis** (sein) *ugs*

15 ein alter **Knacker** (sein) *vulg*
ein alter **Sack** sein *vulg*
(schon/...) eine (richtige/...)
Ruine (sein) *ugs*
(schon/...) ein (richtiges/ziem-
liches) **Wrack** (sein) *ugs*

16 eine alte **Schachtel** (sein) *vulg*
eine alte **Wachtel** (sein) *ugs selten*
eine abgetakelte **Fregatte** (sein)
ugs

17 an der **Schwelle** des Grabes/zum
Grab/zum Grabe stehen *geh*
an der **Schwelle** zum Jenseits ste-
hen *geh*

18 js. Augen/Ohren/Beine/... **wol-
len** nicht mehr
verbraucht sein
alt und verbraucht sein

19 vom Alter/... gebeugte **Schul-
tern**

20 (ein) alter **Mann** ist doch kein
D-Zug (mehr)! *ugs*

21 bei jm. rieselt schon der **Kalk** *ugs*

22 ... **Lenze** zählen *iron*
an der **Schwelle** der 40/40er/50/
50er/.../40ger Jahre/50ger Jah-
re/... stehen
es auf 20/40/80/... **Jahre** brin-
gen
hoch in den Sechzigern/Siebzi-
gern/... sein

23 das **Leben** hinter sich haben

24 sein **Leben** als Rentner/... be-
schließen
seine **Tage** als Rentner/... be-
schließen

25 auf seine alten **Tage** noch etw.
tun/erleben/...
in seinen alten **Tagen** noch etw.
tun/erleben/...

26 bis an sein seliges **Ende** etw. tun
form

27 je **oller**, umso toller! *ugs*

28 **alt** und jung
jung und alt
groß und klein
klein und groß

Bc 1 gesund

1 **fit** sein
topfit sein

2 **kerngesund** sein
an **Leib** und Seele gesund sein
ein gesunder **Brocken** (sein) *ugs*
eine **Bärengesundheit** haben
eine **Gesundheit** wie ein Bär ha-
ben
vor **Gesundheit** strotzen

3 eine eiserne **Natur** haben
eine **Bärenkonstitution** haben
eine gute/eiserne/... **Konstitu-
tion** haben

4 (noch/...) lange **Zeit** zu leben
haben
noch/... lange zu **leben** haben

5 eine gute **Lunge** haben
(viel/allerhand/...) **Puste** haben
die reine Luft/die Bergluft/... in
kräftigen/vollen **Zügen** einatmen

6 einen guten/ausgezeichne-
ten/... **Magen** haben

7 gut auf den **Beinen** sein
gut zu **Fuß** sein

8 bei guter **Gesundheit** sein
es **geht** jm. gut/glänzend/...
gut **beieinander** sein
gesund und munter (sein)

9 (noch/wieder/...) bei **Kräften**
sein
(noch/...) im **Vollbesitz** seiner
Kräfte sein
(noch) voll auf der **Höhe** sein
(körperlich/geistig) noch sehr
rege sein

10 (ganz/...) (wieder) in **Schuß** sein
sich (wieder) (richtig/...) in
Schuß fühlen
(wieder) auf dem **Damm** sein
(ganz/...) wieder auf der **Höhe**
sein
wieder **obenauf** sein
(wieder) in **Ordnung** sein
(ganz/...) (wieder) auf dem **Po-
sten** sein
(wieder) in guter/... **Verfassung**
sein
(schon/...) wieder auf den **Bei-
nen** sein

11 auf dem **Weg** der Besserung/Hei-
lung/Gesundung/... sein

12 (wieder) zu **Kräften** kommen
wieder auf die **Beine** kommen
(wieder) in **Schuß** kommen *ugs*

13 **Farbe** bekommen

14 jm. **guttun**

15 jn. wieder auf den **Damm** brin-
gen
jn. wieder in die **Höhe** bringen
jn. wieder auf die **Beine** bringen

16 zur/in **Kur** fahren/gehen

17 sich **gesundschreiben** lassen

18 in alter **Frische** wieder zu arbei-
ten anfangen/...

19 in gesunden **Tagen**

20 aufpassen/..., daß man bei **Kräf-
ten** bleibt

21 **Raubbau** treiben mit seinen Kräf-
ten/seiner Gesundheit/...

Bc 2 krank, todkrank

1 die sitzende **Lebensweise**

2 eine **Lungenentzündung**/...
wirft jn. aufs **Krankenlager** *geh*
(beim Turnen/...) zu **Schaden**
kommen *form*

3 **Schaden** leiden an seiner Seele/
seiner Gesundheit
Schaden nehmen an seiner See-
le/seiner Gesundheit *path*

4 jm. in die **Knochen** gehen
jm. schon lange/drei Monate/...
in den **Knochen** liegen/stecken

5 sich irgendetwas/eine Erkäl-
tung/... **geholt** haben
mit jm. ist wenig/nichts/nichts
mehr/... **los**
mit jm. ist heute/in letzter Zeit/
gesundheitlich/... nicht viel/
wenig/... **los**
heute/gestern/... nichts **wert**
sein
sich hundeelend **fühlen** *ugs*

6 was/etwas/irgendetwas **weghaben**
ugs
es **geht** jm. schlecht/elend/be-
schissen/...
jm. ist schlecht/miserabel/ko-
misch/... **zumute**
nicht ganz **wohlauf** sein
mit jm. **stimmt** was/(etwas) nicht
nicht (ganz/...) in **Schuß** sein
sich nicht (richtig/...) in **Schuß**

fühlen
noch nicht/nicht/nicht richtig/... auf dem **Damm** sein
nicht (ganz/...) auf der **Höhe** sein
nicht (ganz/...) in **Ordnung** sein
nicht (ganz/...) auf dem **Posten** sein
noch keine **Bäume** ausreißen können
(noch) nicht (wieder) ganz **einsatzfähig** sein

7   auf der **Nase** liegen *ugs*

8   jm. **wehtun**

9   sich vor **Schmerzen** krümmen/winden
höllische **Qualen** erdulden/durchmachen/... (müssen) *path*
jm. tun alle **Knochen** im Leib(e) weh
die **Engel** (im Himmel) pfeifen/singen hören *ugs*
die lieben **Englein**/Engelchen (im Himmel) pfeifen/singen hören *ugs*

10 sich **wehtun**

11 (erhöhte) **Temperatur** haben

12 einen **Sonnenbrand** kriegen/bekommen/haben

13 einen **Schlick** haben *ugs*
einen **Schluckauf** haben

14 alle **Knochen** im Leib(e) fühlen

15 einen (ganz) heißen **Kopf** haben

16 **verschnupft** sein *ugs*
jm. läuft die/seine **Nase**
sich die **Nase** putzen
sich die **Seele** aus dem Leib husten

17 es im **Hals** haben

18 es auf/mit der **Lunge** haben
es auf der **Brust** haben
eine schwache **Lunge** haben
schwache **Lungen** haben
schwach auf der **Lunge** sein
schwach auf der **Brust** sein *selten*
wenig/... **Puste** haben
jm. geht schnell/... der **Atem** aus
einen kurzen **Atem** haben
keine **Luft** kriegen/bekommen
(erst einmal/...) tief **Luft** holen (müssen)

19 js. **Herz** hämmert/klopft/pocht/schlägt zum Zerspringen

20 jm. im **Magen** liegen
jm. auf den **Magen** schlagen
sich den **Magen** verderben
einen empfindlichen/schlechten, ... **Magen** haben

21 einen harten **Leib** haben *selten*
einen harten/weichen/blutigen **Stuhl** haben

22 jm. nicht **guttun**
es wird jm. **übel**
jm. ist/wird **schlecht**
jm. ist/wird (ganz) **flau**

23 die **Scheißerei** kriegen *vulg*
Durchfall haben
(einen) **Durchmarsch** haben *ugs*
Dünnpfiff haben *ugs*
Dünnschiß haben *vulg*
nichts bei sich **halten** können
nicht aus der **Hose** kommen/können
die **Scheißerei** haben *vulg*
die **Scheißeritis** haben *vulg*
die **Kackeritis** haben *vulg*
weiter **scheißen**, als man gucken kann *vulg*
scheißen wie ein **Reiher** *vulg*

24 die schnelle **Kathrin** haben *ugs selten*

25 etw. wieder von sich **geben**
das **Essen** fällt jm. aus dem Gesicht *ugs*
Kotzebues Werke studieren *ugs*
rückwärts **frühstücken** *ugs*
die **Fische** füttern *selten*
Neptun (reichlich) opfern *selten*
kotzen wie ein **Reiher** *vulg*

26 **Seitenstechen**/Seitenstiche haben

27 es sticht jm. (in den Beinen/...) wie mit **Nadeln**

28 einen **Hexenschuß** haben
es im **Kreuz** haben

29 sich einen **Wolf** laufen/reiten

30 den Arm/... in der **Binde** tragen/(haben)
das **Bein**/... in Gips legen
das **Bein**/... in Gips haben/tragen
in **Gips** liegen
den Arm/das **Bein**/... in der **Schiene** tragen/haben
sich den **Fuß** vertreten
einen falschen **Tritt** tun

31 die/js. Füße/Finger/Augen/... versagen den **Dienst**

32 sich ein **Horn** stoßen/holen

33 ein blaues **Auge** (haben)

34 du bist/er ist/... (wohl) auf der **Nase** gelaufen? *ugs*

35 einen **Schlaganfall** haben/kriegen
vom **Schlag** getroffen werden *selten*

auf einer **Seite** gelähmt sein
auf beiden **Seiten** gelähmt sein

36 am **Stock** gehen
an **Krücken** gehen

37 schlecht zu **Fuß** sein

38 (alt und schon/...) (sehr/...) **wackelig** sein
(alt und schon/...) (sehr/...) schwach auf den **Beinen** sein
(sehr/...) wack(e)lig auf den **Beinen** sein

39 die/die alten/js. alte **Knochen** wollen nicht mehr

40 (schwer) **angeschlagen** sein *ugs*
alt und tatterich sein *ugs*
einen/den **Tatterich** haben *ugs*

41 das große **Zittern** haben/kriegen/... *selten*

42 **Wasser** in den Beinen/im Leib/... haben

43 keinen **Handgriff** mehr tun/machen dürfen

44 js. Augen/Ohren/Beine/... **wollen** nicht mehr
sich die **Augen** verderben

45 bei jm. rieselt schon der **Kalk** *ugs*

46 den **Verstand** verlieren
dem **Wahnsinn** verfallen
verrückt **werden**
wahnsinnig **werden**

47 geistig **umnachtet** sein *form*
in geistiger **Umnachtung** sein Lebensende verbringen/sterben/... *form*

48 sich **krankmelden**
sich **krankschreiben** lassen

49 sich krank **stellen**

50 sich (oben/unten/oben herum/unten herum) frei **machen**

51 das **Bett** hüten *geh*
das **Zimmer** hüten *geh*
das **Haus** hüten *geh*
ans **Bett** gefesselt sein

52 **Visite** machen
jm. den **Puls** fühlen
gute **Besserung**!

53 jn. **hegen** und pflegen

54 **Wasser** treten

55 in/unter **Quarantäne** liegen/sein *form*
jn. in **Quarantäne** legen *form*

56 von der **Substanz** zehren/leben
    die **Substanz** angreifen

57 sich den **Tod** holen
    sich den **Rest** holen
    du holst dir/. . . noch den **Tod**

58 jm. den **Rest** geben

59 mit dem **Leben** abgeschlossen ha-
    ben

60 nur noch eine halbe **Portion** sein
    ugs
    nur noch ein halber **Mensch** sein
    ugs

61 nicht **leben** und nicht sterben
    können
    (schon) wissen/ahnen/. . ., wohin
    die **Reise** geht *ugs*
    es nicht mehr lange **tun**
    es nicht mehr lange **machen**
    es nicht mehr lange **mitmachen**
    nicht mehr lange/nur noch kurze
    Zeit zu leben haben
    nicht mehr lange zu **leben** haben

62 js. **Uhr** ist abgelaufen
    js. **Tage** sind gezählt
    js. **Stunden** sind gezählt
    an der **Schwelle** des Grabes/zum
    Grab/zum Grabe stehen *geh*
    an der **Schwelle** zum Jenseits ste-
    hen *geh*
    mit einem **Fuß** im Grab(e) stehen
    mit einem **Bein** im Grab(e) ste-
    hen
    am **Rand(e)** des Grabes stehen
    selten
    dem **Tod(e)** nahe sein
    kurz vor dem **Tod(e)** stehen/sein

63 in den letzten **Zügen** liegen
    auf/aus dem letzten **Loch** pfei-
    fen/(blasen) *ugs*

64 der **Schatten** des Todes liegt auf
    jm. *geh*
    (schon/. . .) vom **Tod(e)** gezeich-
    net sein

65 dem **Tod(e)** geweiht sein *path*

66 den **Tod** vor Augen sehen/haben

67 in **Lebensgefahr** schweben
    js. **Leben** hängt an einem seide-
    nen/dünnen Faden
    das Leben hängt (nur/. . .) an ei-
    nem dünnen/seidenen **Haar** *path*
    zwischen **Leben** und Tod schwe-
    ben
    js. **Leben** zählt nur noch nach Ta-
    gen

68 im **Sterben** liegen
    mit dem **Tod(e)** kämpfen/ringen

69 auf dem **Sterbebett** jm. anver-
    trauen/. . .
    auf dem **Totenbett** jm. anver-
    trauen/. . .

70 die/alle ärztliche **Kunst** ist ver-
    geblich

Bc 3   schwindlig (werden)

1 es erregt jm. **Übelkeit**, wenn
   . . ./. . . *path*
   es schwimmt jm. vor den **Augen**
   jm. wird (ganz) schwindlig vor
   den **Augen**
   jm. dreht sich alles vor den **Au-**
   gen
   bei jm. **dreht** sich alles
   jm. dreht sich alles im **Kreis(e)**
   (herum)
   jm. tanzt alles vor den **Augen**
   die **Sterne** tanzen jm. vor den
   Augen *selten*
   Sterne sehen *ugs*

2 jm. wird (ganz) schwarz vor den
   Augen
   es wird **Nacht** vor js. Augen *geh*

3 jm. wird grün und gelb vor den
   Augen

4 (alles/. . .) (nur noch) wie durch
   einen **Schleier** sehen

5 den **Drehwurm** kriegen/bekom-
   men *ugs*
   den **Drehwurm** haben *ugs*

6 sich (einen) **Halt** suchen/(ver-
   schaffen)

Bc 4   Ohnmacht – (volle) Be-
sinnung

1 jm. ist/wird (ganz) **flau**

2 jm. schwinden/vergehen die **Sin-**
   ne
   das **Bewußtsein** verlieren

3 die **Sinne** verlieren
   in **Ohnmacht** fallen/sinken

4 einen Augenblick/. . . (rich-
   tig/. . .) **weg** sein *ugs*

5 weiche **Knie** kriegen
   (langsam/. . .) zu **Boden** sinken
   aus den **Pantinen** kippen *ugs*

6 das **Bewußtsein** wiedererlangen
   (wieder) zur **Besinnung** kommen
   (wieder) zu sich **kommen**

7 jn. (wieder) zur **Besinnung** brin-
   gen
   jn. (wieder) zu sich **bringen**
   jn. wieder zu **Bewußtsein** bringen

8 nicht/schon wieder/. . . bei **sich**
   sein
   nicht/schon wieder/. . . bei **Be-**
   sinnung sein
   (nicht/schon wieder/. . .) bei **Be-**
   wußtsein sein

9 bei klarem/vollem **Verstand**
   sein/eine Operation mitma-
   chen/. . .
   bei voller **Besinnung** sein/etw.
   mitmachen/. . .
   bei vollem **Bewußtsein** sein/etw.
   mitmachen

10 bei **Besinnung** bleiben
    bei **Bewußtsein** bleiben

C

Physiognomie des Menschen

Ca 1 aussehen: schön, anziehend - häßlich, abstoßend; Einzelzüge; gut gekleidet, herausgeputzt - schlecht gekleidet, vernachlässigt

1 seine Herkunft/die Mutter/seinen Geiz/... nicht **verleugnen** können

2 nach nichts/etwas/viel/wenig/... **aussehen**
nichts/etwas/viel/wenig/... **vorstellen**

3 wie **gemalt** aussehen
ein **Bild** von einer Frau/einem Mädchen/(einem Mann) sein
schön wie ein **Bild** sein
schön wie ein **Engel** sein
schön wie der junge **Tag** aussehen

4 wie **Milch** und Blut aussehen

5 eine stolze **Erscheinung** sein

6 ideale **Maße** haben
gute **Proportionen** haben

7 im **Profil** gut/... aussehen/...
ein scharfes/scharf geschnittenes **Profil** haben

8 ein scharf geschnittenes **Gesicht** haben
ein markantes **Gesicht** haben

9 gerade (gewachsen) wie eine **Tanne** (sein) *selten*
rank und schlank (gewachsen) (sein) *selten*
schlank wie eine **Tanne** (sein) *selten*
schlank wie ein **Reh** (sein) *selten*

10 auf die schlanke **Linie** achten
etw. für die schlanke **Linie** tun

11 j. hat so etwas/was an **sich** (was ...)
(so) ein gewisses **Etwas** haben
einen starken/großen/... **Reiz** auf jn. ausüben
einen starken **Sog** auf jn. ausüben
jn./die Leute/... wie ein **Magnet** anziehen

12 **Feuer** im Leib haben *ugs*
Feuer im Hintern haben *ugs*

13 **Pfiff** haben *ugs*
j. mit (einem) **Pfiff** *ugs*

14 an einer Frau/einem Mädchen ist etwas **dran** *ugs*
(so richtig/...) zum **Reinbeißen**

sein *ugs*
(so richtig/...) zum **Anbeißen** sein *ugs*

15 (so richtig/...) zum **Fressen** sein *(kleine Kinder)*

16 eine fesche **Katze** sein *ugs*
ein netter/reizender/süßer/flotter/kesser/... **Käfer** (sein) *ugs*
eine kesse/flotte **Biene** (sein) *ugs*
eine **Sexbombe** (sein) *ugs*
ein blondes **Gift** (sein) *path*

17 wie aus dem **Ei** gepellt/geschält aussehen/herumlaufen/... *iron*
(so) frisch aussehen wie der junge **Morgen** *geh*
frisch wie ein **Apfel** im März sein/aussehen *iron selten*
wie das ewige/blühende **Leben** aussehen

18 gute **Ware** hält sich! *iron*

19 seinen **Reiz** verlieren
da/von jm. ist der **Lack** ab *ugs*

20 nichts **hermachen** *ugs*

21 nicht **vorzeigbar** sein *ugs*

22 das **Auge** beleidigen
eine **Beleidigung** für das Auge sein

23 von der **Natur** stiefmütterlich behandelt worden sein
die **Grazien** haben nicht an js. Wiege gestanden *iron*

24 häßlich wie die **Nacht** (sein)
potthäßlich (sein) *ugs*
häßlich wie die **Sünde** (sein) *geh*

25 die muß man (ja/...)/kann man nicht einmal mit der **Kneifzange** anfassen/anpacken (so häßlich ist die/...) *ugs*
die muß man (ja/...)/kann man nicht einmal mit der **Pinzette** anfassen/anpacken (so häßlich ist die/...) *ugs*
der/die/die Erna/... hat (ja/...) ein **Gesicht** – da braucht einer/man 'nen Waffenschein *vulg*

26 jn. hat **Gott** im Zorn erschaffen *path*

27 wie eine **Vogelscheuche** aussehen *ugs*
wie eine **Nachteule** aussehen *ugs*
wie des **Teufels** Großmutter aussehen *ugs*
wie der leibhaftige **Teufel** aussehen

28 an einer Frau/einem Mädchen ist nichts **dran** *ugs*
hinten und vorn(e) nichts haben *(Frau) ugs*
platt wie ein **Brett** sein *(Frau) ugs*

29 ein **Mauerblümchen** sein

30 wie **Buttermilch** und Spucke aussehen *ugs*
wie **Braunbier** und Spucke aussehen *ugs selten*

31 wie ausgekotzt **aussehen** *vulg*
wie ein **Gespenst** aussehen
wie eine lebende/wandelnde **Leiche** aussehen
wie ein lebendiger **Leichnam** aussehen
(bleich) wie der (leibhaftige) **Tod** aussehen
bleich wie ein **Lein(en)tuch** (sein) *geh selten*
bleich wie **Wachs** sein/werden
wie das heulende/leibhaftige/leibhafte **Elend** aussehen *path*
zum **Gotterbarmen** aussehen *path*
wie das **Leiden** Christi aussehen *path*
wie ein **Schatten** aussehen *geh*
(nur noch) ein **Schatten** seiner selbst sein *geh*

32 **Schatten** unter den/(um die) Augen haben
einen gläsernen **Blick** haben

33 ein **Gesicht** zum Reinhauen/Reinschlagen haben *vulg*
ein **Gesicht** wie ein Feuermelder haben (man könnte/möchte permanent reinschlagen) *vulg*
ein **Backpfeifengesicht** haben *vulg*

34 **krumm** und bucklig sein *ugs*
einen **Buckel** haben
einen **Ast** haben *ugs*

35 js. **Augen** funkeln/leuchten wie glühende Kohlen

36 js. Augen funkeln/leuchten wie (zwei) **Sterne**

37 um die **Ecke** gucken können *ugs*
eine **Brillenschlange** (sein) *ugs*

38 (so) einen schwermütigen/... **Zug** um den Mund/... haben

39 rot wie ein **Fuchs** sein *ugs*
Haare wie ein Fuchs haben
Haar (weich) wie Seide
Haar, (so) schwarz wie Ebenholz *geh*
Haare wie Stroh (haben)

40 einen **Scheitel** haben/tragen
einen **Scheitel** ziehen
den **Scheitel** rechts/links/in der
Mitte tragen

41 jm. **Treppen** (ins Haar) schneiden
jm. **Stufen** (ins Haar) schneiden
selten

42 er/der Maier/... kann sich mit
dem **Schwamm** kämmen/frisie-
ren *ugs*
der **Mond** geht auf *ugs*

43 sich einen **Vollbart** stehen lassen

44 **Zähne** (weiß/gleichmäßig/glän-
zend) wie Perlen

45 schwarz wie ein **Mohr** (sein)
braun/schwarz wie ein **Neger**
(sein)
braungebrannt wie ein **Mohr**
(sein)

46 wie ein **Schornsteinfeger** ausse-
hen *ugs*

47 etwas/viel/nichts/... auf sich
halten
etwas/viel/nichts/... aus sich
machen

48 sich fein **machen**
sich schön **machen**

49 sich (erstmal/...) wieder
menschlich **machen**
etwas für den/(seinen) äußeren
Menschen tun *ugs*
jetzt bin ich/bist du/... wieder
ein **Mensch**!

50 **Toilette** machen *geh*
(noch) bei der **Toilette** sein *geh*

51 in großer **Aufmachung** erschei-
nen/...
in großer **Toilette** erscheinen/...
geh
im **Sonntagsstaat** erscheinen/...
in seinem besten **Staat** erschei-
nen/... *selten*
sich in **Gala** werfen/schmeißen
sich in **Schale** werfen/schmei-
ßen
Gala tragen *form*
(ganz groß) in **Schale** sein
in **Samt** und Seide gekleidet
sein/... *geh selten*
in **Gala** erscheinen/kommen/...

52 mit allen **Orden** und Ehrenzei-
chen (erscheinen/...)
in voller **Kriegsbemalung** erschei-
nen/... *(Orden; Schminke) ugs*

53 **geschniegelt** und gebügelt her-
umlaufen/erscheinen/...
aufgedonnert wie ein **Pfau** *ugs*

(herausgeputzt sein/...) wie ein
Pfingstochse *ugs*
wie ein **Lackaffe** aussehen/her-
umlaufen/... *vulg*
aufgetakelt wie eine **Fregatte**
(sein) *ugs*
sich **schminken** und pudern
etwas **Rot** auflegen

54 **Kleider** machen Leute

55 halb **angezogen**

56 in **Räuberzivil** erscheinen/... *ugs*

57 verboten **aussehen** *ugs*
kriminell **aussehen** *ugs*
wie ein **Landstreicher** herumlau-
fen/... *ugs*

58 unrasiert und fern der **Heimat**
ugs

59 wie ein **Hampelmann** aussehen/
dahergehen/... *ugs*
wie eine **Schießbudenfigur** ausse-
hen/... *ugs*

60 der Anzug/das Kleid/... **hängt**
jm. nur so am Leib/Körper her-
unter
tritt dir nicht auf's **Hemd**! *ugs*
(die Hose) auf halb **acht** haben
ugs
Hochwasser haben *(Hose) ugs*

61 den **Stall** auf/offen haben/zu-
machen *vulg*
mit offenem **Stall** herumlau-
fen/... *vulg*

62 js. Haar/Kleidung/... aus der
Form bringen

63 Jacken/Hosen/... von innen
nach außen **kehren**
das **Innere** nach Außen kehren

64 den **Hut** auf halb acht/halb elf/
halb zwölf aufhaben/aufset-
zen/... *ugs*
den **Hut** tief in die Stirn zie-
hen/...
der Hut/... sitzt jm. schief/
keck/... auf dem rechten/lin-
ken **Ohr**

65 jn./sich von **Kopf** bis Fuß neu
einkleiden

66 (sich einen Anzug/ein Kleid/...)
nach **Maß** (anfertigen lassen/
machen lassen/...)
Maß nehmen

67 jm. gut/nicht gut/ausgezeich-
net/... **stehen**
wie angegossen **passen**
wie angegossen **sitzen**

68 auf **Taille** gearbeitet sein/...
hauteng sitzen/sein/...

69 von der **Stange** sein/kaufen/...

70 (ein) **Pfeffer**- und Salzmuster

71 sich von/vor einem dunklen/
hellen/blauen/grünen/...
Grund gut/schlecht/weithin
sichtbar/... abheben

72 sich **unten** herum warm anzie-
hen/... *ugs*

73 die Jacke/... über die **Schulter**
hängen

74 gut/schlecht/nicht/... **getroffen**
sein (auf einem Bild)

Ca 2 groß – klein

1 so groß wie das **Heidelberger** Faß
sein

2 ein **Kerl** wie ein Baum (sein)
ein Mann/Kerl wie ein **Kleider-
schrank**/ein richtiger Kleider-
schrank sein *ugs*
ein **Riese** von einem Mann

3 **Gardemaß(e)** haben

4 eine (richtige) **Bohnenstange** sein
(so) lang wie eine **Bohnenstange**
(sein)
ein langes **Elend** sein
ein langer **Laban** (sein) *ugs*
ein langes **Laster** sein *ugs*
eine lange **Latte** sein *ugs*
ein langes **Leiden** sein *selten*
ein langer **Lulatsch** (sein) *ugs*
ein langes **Gestell** sein *ugs selten*

5 **lang** und dürr sein

6 jm. auf den **Kopf** spucken kön-
nen *ugs*
jn. um **Haupteslänge** überragen
geh
einen/einen halben/einen gan-
zen/zwei **Kopf** größer/kleiner
sein als j.
zwei/drei/... **Köpfe** größer/klei-
ner sein als j.

7 er/sie/Peter/... **verschwindet** re-
gelrecht/richtig/direkt/... neben
jm. *ugs*

8 in die **Höhe** schießen
einen (richtigen/kräftigen/...)
Schuß kriegen/(machen/tun)

9 ein kleiner **Knopf** sein
   eine kleine **Kröte** sein
   ein abgebrochener **Riese** sein *iron*

10 ein **Drei-Käse-hoch** sein

Ca 3 stark, kräftig

1 **Saft** und Kraft haben
   vor **Kraft** strotzen

2 eine eiserne **Natur** haben
   Muskeln aus/von Eisen haben

3 eine **Bärennatur** haben

4 ein (richtiger/rechter) **Bär** sein
   ein **Kerl** wie ein **Bär** (sein)
   stark wie ein **Bär** sein
   Bärenkräfte haben
   Kräfte haben wie ein Bär haben
   Kraft haben wie ein Berserker
   Kräfte haben wie ein Berserker
   stark wie ein **Löwe** sein *path*

5 ein **Kraftprotz** (sein)
   ein **Muskelprotz** (sein)

6 vor **Kraft** nicht mehr laufen kön-
   nen
   (nur/. . .) aus **Muskelpaketen** be-
   stehen

7 **groß** und breit (dastehen/. . .)

8 einen **Stiernacken** haben

Ca 4 dick – dünn, mager

1 (ein bißchen/etwas/. . .) voller
   werden
   aus der **Form** geraten *iron*
   (ein bißchen/. . .) aus der **Fasson**
   geraten *iron*
   in die **Breite** gehen

2 **Fett** ansetzen
   Speck ansetzen *ugs*

3 sich einen **Bauch** zulegen *ugs*
   einen **Bauch** kriegen/bekommen

4 einen (regelrechten/. . .) **Speck-
   bauch** haben/kriegen/. . . *ugs*
   einen **Bierbauch** haben/krie-
   gen/. . . *ugs*

5 dick und rund **werden**
   kugelrund **werden**

6 **auseinandergehen** *ugs*
   aufgehen wie ein **Pfannkuchen**
   ugs

7 gut **gepolstert** sein *iron*
   Speck auf den Rippen haben *ugs*
   (anständig/. . .) **Speck** drauf/auf
   den Knochen haben *ugs*

8 ein dicker **Brocken** (sein) *ugs*

9 **dick** und fett (sein)
   aus allen **Nähten** platzen
   eine **Tonne** sein *ugs*
   so **breit** wie hoch (sein) *iron*
   breiter wie/als hoch (sein) *iron*
   (fast) **kugelrund** sein
   dick wie ein **Faß** (sein) *vulg*
   aussehen wie gemästet *path*

10 eine richtige/. . . **Dampfwalze**
    sein *ugs*

11 sich **Kummerspeck** angefressen
    haben

12 **dick** ist gemütlich *ugs*

13 ein schmales/halbes **Hemd** sein
    ugs

14 zum **Umblasen** dünn sein *ugs*
    dünn wie ein/nur noch ein **Faden**
    sein
    dünn wie ein **Zwirnsfaden** sein
    dünn wie ein **Strich** (sein/. . .)
    (nur/bloß noch) ein **Strich** (in
    der Landschaft) sein

15 dürr wie eine **Hopfenstange**
    (sein) *ugs*
    dürr wie eine **Bohnenstange**
    (sein) *ugs*

16 **spindeldürr** (sein)
    ein dürres **Gerippe** sein *ugs*
    ein wandelndes **Gerippe** sein *ugs*
    ein (richtiges/wandelndes) **Ske-
    lett** sein
    ein richtiges/. . . **Klappergestell**
    sein *ugs*

17 flach wie ein **Brett** sein *(Frauen)*
    ugs
    platt wie 'ne **Flunder** sein
    (Frauen) ugs

18 vom **Fleisch** gefallen sein *oft*: du
    fällst noch vom Fleisch! *selten*

19 nur noch eine halbe **Portion** sein
    ugs

20 nichts/zu wenig/. . . auf den **Rip-
    pen** haben
    bei jm. kann man (schon/. . .) die
    Rippen zählen
    bei jm. kann man die/alle **Rip-
    pen** im Leib(e)/unter der Haut
    zählen
    jm. kann man durch die **Rippen**
    blasen *ugs*
    jm. kann man ein **Vaterunser**
    durch die Rippen blasen *ugs*

21 bis auf die **Knochen** abgemagert
    sein
    nur/nur noch/nichts als/. . .
    Haut und Knochen sein

22 jm. nur so am **Leib** herunterhän-
    gen/hängen (Kleidung)

Ca 5 Haltung: steif, krumm

1 steif wie ein **Brett** (sein)
   steif wie ein **Besenstiel** (sein)

2 **starr** und steif dastehen/dasit-
   zen/. . .
   wie ein **Stock** dastehen/dasit-
   zen/. . .
   (so) dastehen/dasitzen/sich ver-
   beugen/. . ., als hätte man einen
   Stock verschluckt
   stocksteif dasitzen/dastehen/. . .
   (so) dastehen/dasitzen/sich ver-
   beugen/. . ., als hätte man einen
   Besen verschluckt
   (so) dastehen/dasitzen/sich ver-
   beugen/. . ., als hätte man ein **Li-
   neal** verschluckt
   dasitzen/. . . wie ein **Stück** Holz
   ugs selten

3 dastehen/marschieren/. . . wie
   ein **Bleisoldat**/die Bleisoldaten
   dastehen/marschieren/. . . wie
   ein **Zinnsoldat**/die Zinnsoldaten

4 wie eine **Säule** dastehen

5 wie ein **Fragezeichen** dasitzen/
   dastehen/. . . *ugs*
   wie ein krummgeschissenes **Fra-
   gezeichen** dasitzen/dastehen/. . .
   vulg

6 wie ein **Äffchen** auf dem Schleif-
   stein sitzen *ugs*
   wie ein **Affe** auf dem Schleifstein
   sitzen *ugs*

7 sich doch keine **Knoten** in die
   Beine machen können
   nicht wissen, wohin mit seinen
   Beinen
   mit seinen **Beinen** nicht wissen,
   wohin
   nicht wissen mit seinen **Beinen**,
   wohin

Cb 1 js. Art, Eigenart

1 sehen/erkennen/wissen/es stellt
   sich heraus/. . ., wes **Geistes** Kind
   j. ist

2 von **Natur** (aus) schüchtern/
   draufgängerisch/emsig/faul/. . .
   sein
   es ist js. **Art**, etw. zu tun
   jm. **eigen** sein
   es ist js. **Eigenart**, etw. zu tun
   es (so) an sich **haben**, zu . . .

47

3 so etwas Merkwürdiges/Natürli-
   ches/Nettes/. . . an sich **haben**

4 j. **hält** es so/anders/. . . (mit etw.)

5 (so) einen seltsamen/schwermü-
   tigen/. . . **Zug haben**
   das/etw. ist ein schöner/häßli-
   cher/. . . **Zug** (von jm.)

6 der beherrschende/. . . **Zug** an/
   bei jm. ist . . .

7 einen **Zug** von Größe haben

8 eine poetische/politische/. . .
   Ader haben

9 in seiner **Art** ist j. gut/. . .

10 ein Mensch/Übersetzer/. . . sei-
   nes **Schlages**

11 jeder in seiner **Art**

12 jeden nach seiner **Fasson** selig
   werden lassen
   jeder muß/soll nach seiner **Fas-
   son** selig werden
   jeder nach seiner **Fasson**! *selten*

Cb 2 Freude, Glück, Begei-
sterung, Jubel

1 **Schwung** haben
   seinem Auftreten/seinem
   Stil/. . . (mehr/. . .) **Schwung** ge-
   ben

2 das **Leben** pulst jm. in den/in js.
   Adern
   vor **Lebensfreude** strotzen
   sich seines **Lebens** freuen

3 etw./alles/das Leben von der
   angenehmen/heiteren **Seite** neh-
   men
   alle Sorgen/alle Vorsicht/. . . über
   Bord werfen

4 das **Herz** auf dem rechten/rich-
   tigen Fleck haben

5 jm. ist leicht ums **Herz**
   jm. ist warm ums **Herz**
   es wird jm. warm ums **Herz** (bei/
   wenn . . .)

6 sich zufrieden **geben** (mit jm./
   etw.)
   es **zufrieden** sein *geh selten*

7 sehr **erfreut** sein von etw./jm.
   sich vor **Freude** nicht halten/ein-
   kriegen können
   sich vor **Freude** (gar/überhaupt)
   nicht zu lassen wissen
   fast außer sich geraten vor **Freu-
   de**
   sich vor Freude/. . . förmlich/re-

gelrecht/. . . **überschlagen** *ugs*
ausflippen/ausrasten/verrückt
werden/. . . vor **Freude**
j. könnte die ganze **Welt** umar-
men (vor Glück/vor Freude/. . .)
path
sich freuen wie ein **Schneekönig**
ugs
sich freuen wie ein **Stint** *selten*

8 mit sich selbst im **Einklang** sein
   mit sich selbst **eins** sein

9 der Glücklichste/glücklichste
   Mensch/. . . unter der **Sonne** sein
   wie im **Himmel** sein *selten*
   sich wie im siebten/siebenten
   Himmel fühlen
   (wie) im **Himmel** schweben
   den **Himmel** voller Geigen sehen
   in **Seligkeit** schwimmen *path*
   in einem **Meer** von Seligkeit
   schwimmen *path*
   jm./den Verliebten/. . . hängt der
   Himmel voller Geigen
   wunschlos **glücklich** sein
   wenn . . ./. . ., dann/. . . **versinkt**
   alles um jn. her
   wenn . . . geschieht, (dann) hat j.
   keinen **Wunsch** mehr auf Erden

10 kein **Wölkchen** trübt js. Glück
   es war/ist alles eitel **Lust** und
   Freude

11 einen **Freudenschrei** ausstoßen

12 jauchzen vor **Freude**
   jubeln vor **Freude**

13 vor Freude/Begeisterung/. . . in
   die **Luft** springen
   einen **Luftsprung** machen vor
   Freude/Begeisterung/. . .
   Luftsprünge machen vor Freude/
   Begeisterung/. . .

14 j. könnte vor **Freude** an die Dek-
   ke springen *ugs*
   vor Freude/. . . bis an die **Decke**
   springen *ugs*

15 einen **Freudentanz** aufführen
   Freudentänze aufführen

16 einen **Purzelbaum** schlagen/
   schießen (vor Freude)

17 in die **Hände** klatschen (vor
   Freude)

18 sich vor Vergnügen/vor Freu-
   de/. . . auf die **Schenkel** schla-
   gen/klopfen

19 jm. um den **Hals** fallen (vor
   Freude/. . .)

20 jm. schwillt die **Brust** (vor Freu-
   de/Stolz/. . .) *path*

21 vor **Wonne** zergehen/zerfließen/
   vergehen

22 (förmlich/richtig/regel-
   recht/. . .) **strahlen** (vor Glück/
   Freude/. . .)
   wie ein **Vollmond** strahlen *ugs*
   übers/über das ganze **Gesicht**
   strahlen/grinsen/. . . *ugs*
   über beide **Backen** strahlen
   über alle vier **Backen** strahlen
   ugs
   strahlen wie ein **Honigkuchen-
   pferd** *ugs*

23 weinen vor **Freude**
   Tränen der Freude weinen/ver-
   gießen

24 jm. ist froh ums **Herz**
   das **Herz** hüpft jm. vor Freu-
   de/. . . *path*
   es lacht jm./einem das **Herz** im
   Leib(e) (bei etw./wenn . . .)

25 js. **Herz** schlägt höher (bei etw./
   wenn . . .)
   jm. geht das **Herz** über (bei etw./
   wenn . . .) *path*
   von ganzem **Herzen** frohlocken/
   jubeln/. . .
   das **Herz** im (Leib(e)) will jm./
   einem zerspringen (vor Leid/
   Freude/. . .) *path*
   meinen/. . ., das/sein **Herz** wür-
   de/müßte einem zerspringen (vor
   Leid/Freude/. . .) *path*

26 alle/die **Herzen**/(die Herzen al-
   ler) schlagen höher (bei . . ./
   wenn . . .)

27 (ganz) wie **berauscht** sein (von
   jm./etw.)

28 Gedanken/Pläne/. . . verleihen
   jm. **Flügel** *geh*

29 sprühen vor **Begeisterung**

30 ein **Sturm** der Begeisterung
   eine **Welle** der Begeisterung
   die **Wellen** der Begeisterung/Em-
   pörung/Aufregung/. . . schlagen
   immer höher/(. . .)
   die **Wogen** der Begeisterung/des
   Jubels/. . . gehen hoch/. . .
   die **Wellen** des Jubels/der Empö-
   rung/der Aufregung/. . . gehen
   hoch/. . .
   einen **Sturm** der Begeisterung
   entfachen/auslösen/. . .
   einen **Orkan** der Begeisterung
   entfesseln/auslösen/. . . *path*

31 ganz **weg** sein (von jm./etw./mit jm./etw.) *ugs*
rein **weg** sein (von jm./etw./mit jm./etw.) *ugs*

32 noch/... ganz **voll** sein von etw.

33 etw. mit **Feuer** erzählen/vortragen/...
mit dem **Feuer** der Begeisterung reden/etw. erzählen/...

34 dem **Glücklichen** schlägt keine Stunde *geh*

35 sich glücklich **schätzen** können (daß ...)
j. würde sich glücklich **schätzen**, wenn ... *form*
sich glücklich **preisen** können (daß ...) *path*
j. würde sich glücklich **preisen**, wenn ... *path*
sich **gratulieren** können (daß ...)

36 das **Höchste** der Gefühle wäre/ist (für jn.) (wenn .../...)
j. wäre **nur** zu froh/glücklich/... (wenn .../...)

37 mit tausend **Freuden** etw. annehmen/... *path*

38 jm. gehen (fast/beinahe/...) die **Augen** über (bei/als/...)

39 seine helle **Freude** haben an etw./an jm./daran, etw. zu tun
eine kindliche **Freude** haben an etw./daran, etw. zu tun
seinen **Spaß** daran haben, etw. zu tun

40 sich in der **Rolle** des ... gefallen
sich darin **gefallen**, etw. zu tun

41 eine/seine diebische **Freude** haben an etw./daran, etw. zu tun
sich diebisch **freuen** an etw./wenn j. etw. tun kann/...
ein/sein diebisches **Vergnügen** haben an etw./daran, etw. zu tun

42 grinsen wie ein **Honigkuchenpferd** *ugs*

43 sich eins **lachen**
sich (eins) ins **Fäustchen** lachen

44 sich vor Vergnügen/Schadenfreude/... die **Hände** reiben

45 **frisch**, fromm, froh und frei
frisch, fromm, fröhlich, frei

46 die **Freuden** und Leiden ...

47 himmelhoch jauchzend, zu **Tode** betrübt

48 im **Widerstreit** der Gefühle ...

49 mit einem lachenden und einem weinenden **Auge** (etw. tun)

50 (nur/...) ein **Strohfeuer** (sein)

Cb 3 Leid, Sorge; Klage

1 etw./viel/allerhand/viel Leid/... **mitmachen** (müssen)

2 einen schweren **Weg** gehen

3 eine harte **Schule** durchmachen
durch eine harte **Schule** gehen
eine schwere **Prüfung** durchmachen *form*

4 ein hartes **Los** haben
ein hartes **Los** sein *(Lebensumstände)*

5 sein **Kreuz** zu tragen haben
sein **Bündel** zu tragen haben (jeder hat ...)
eine schwere **Bürde** zu tragen haben *geh*
ein schweres **Joch** zu tragen haben *path*

6 die **Last** der Welt auf seinen/den Schultern tragen *path*

7 in **Kummer** und Not leben

8 jm. bleibt (aber auch) nichts **erspart**
etw. bis zum bitteren **Ende** durchstehen (müssen)
den (bitteren) **Kelch** bis zur Neige/bis auf den Grund leeren (müssen) *geh*

9 das/etw. ist ein bitterer **Kelch** (für jn.) *geh*
ein bitterer **Trank** (sein) *geh selten*
ein **Pfahl** im Fleisch(e) (sein) (für jn.) *path selten*

10 schwer an etw. zu **tragen** haben

11 (schwer) **angeschlagen** sein *ugs*

12 einen **Knacks** kriegen/bekommen *ugs*
einen **Knacks** weghaben/(haben) *ugs*

13 (nur noch) ein **Schatten** seiner selbst sein *geh*

14 jm. übel/arg/grausam/... **mitspielen**
ein übles/grausames **Spiel** mit jm. treiben/spielen

15 jm. das **Leben** schwer machen
jm. das **Leben** sauer machen
jm. das **Leben** zur Hölle machen

16 jm. das **Leben** verderben/(versauen)

17 jn. bis aufs **Blut** peinigen/quälen/reizen/ärgern/hassen/... *path*
jn. bis zum **letzten** ärgern/peinigen/quälen/reizen/hassen/...
(in/auf/.../bei jm.) die **Hölle** auf Erden haben *path*
(...) das ist (in/auf/.../bei jm.) die **Hölle** auf Erden *path*

18 **Tantalusqualen** ausstehen/erleiden/erdulden/... *geh*

19 den **Schwung** verlieren
keinen **Schwung** (mehr) haben
keine **Spannkraft** (mehr) haben
es fehlt jm. die (nötige) **Spannkraft** (um zu ...)

20 den **Kopf** hängen lassen
die **Nase** hängenlassen
sich **hängen** lassen *ugs*

21 in gedrückter **Stimmung** sein
ganz **geknickt** sein *ugs*
(sehr/völlig/ziemlich/...) **down** sein *ugs*

22 jm. ist **hundeelend** *ugs*

23 jm. ist schwer ums **Herz** *path*
das **Herz** ist jm. schwer *path*
js. **Herz** ist zentnerschwer *ugs iron*

24 das **Herz** bricht jm. vor Kummer *path*

25 seines **Lebens** nicht mehr froh sein/werden (können)
keinen guten **Tag** mehr haben (in .../bei .../...)

26 zu **Tode** betrübt sein *path*
betrübt bis in den **Tod** (sein) *path*
sich zu **Tode** grämen *path*

27 etw. beschwert jm. das **Herz**
jm. etw./alles/das Leben (sehr) schwer **machen**
etw. betrübt das **Herz**
jm. das **Herz** schwer machen

28 jm. schlägt/geht etw. aufs **Gemüt**

29 der **Kummer** nagt/frißt an js. Herzen *path*
(gar) nicht/nicht gerade/... **erbaut** sein von jm./etw.

30 sich (so) seine **Gedanken** machen
(über jn./etw.)

31 sich **Sorge(n)** machen (um jn./
etw.)
sich **Sorgen** machen (um jn./
etw.)
sich **Kopfschmerzen** machen we-
gen/über jn./etw.
besorgt sein um jn./etw.
in **Sorge** sein um jn./etw.

32 (viel) **Sorge** und Mühe (mit jm./
etw.) haben

33 das/etw. gibt zu denken **Anlaß**
jm. zu denken **geben**
jn. nachdenklich **stimmen**

34 jm. nicht gut **tun**

35 jm. **Sorge** machen
jm. **Kopfschmerzen** machen

36 jm. **Kummer** machen

37 jm. unter die **Haut** gehen
jm. an die **Nieren** gehen
(bekanntlich/...) nicht in die
Hose gehen *vulg*
(bekanntlich/...) nicht in den
Kleidern hängen/stecken bleiben
ugs

38 Sorgen/... sind an jm. nicht
spurlos **vorübergegangen**

39 **Unruhe** stiften
jn. in **Unruhe** versetzen

40 jm. (schwer/zentnerschwer) auf
der **Seele** liegen
jm. wie ein **Alpdruck** auf der See-
le lasten/liegen
wie ein **Alpdruck** auf jm. lasten

41 jn. zu **Boden** drücken

42 jn. in seinem **Lebensnerv** treffen

43 jn. befällt der große **Kater** *ugs*

44 beklommenen **Herzens** jn. erwar-
ten/...

45 etw. tragisch **nehmen**

46 in ein schwarzes **Loch** fallen

47 schwarzen/düsteren/... **Gedan-
ken** nachhängen
Trübsal blasen

48 mit sich selbst genug zu **schaffen**
haben
mit sich selbst genug zu **tun** ha-
ben

49 mit sich selbst nicht **einig** sein
mit sich selbst nicht **eins** sein

50 innerlich **zerrissen** (sein)

51 mit sich selbst **zerfallen** sein
mit sich und der **Welt** zerfallen
sein

52 mit sich und der **Welt** fertig sein
am **Leben** zerbrochen sein

53 zwei **Seelen** wohnen in js. Brust
geh
zwei **Seelen** in seiner Brust haben
geh

54 js. anderes/zweites **Ich**

55 jm. sein **Leid** klagen

56 **klagen** und stöhnen
ach und weh **schreien** *path*

57 jm. die **Ohren** volljammern

58 das **überlebe** ich/überlebt
Karl/... nicht! *ugs*

59 das werden wir/das werdet
ihr/... auch noch **überleben** *iron*
du wirst es/ihr werdet es/...
überleben! *iron*

60 ein **Schatten** fliegt/huscht/zieht
über js. Gesicht

61 ein gequältes **Gesicht** machen
ein ernstes/todernstes **Gesicht**
machen

62 (so) **klein** und häßlich da her-
umsitzen/da stehen/... *ugs*
wie ein verlorener **Sünder** daste-
hen/dasitzen/...
wie ein **Häufchen** Elend ausse-
hen/dasitzen/...
ein **Bild** des Elends bieten *path*
ein **Bild** des Jammers bieten *path*
(nur noch/...) ein **Häufchen**
Elend sein

63 mit hängenden **Schultern** daste-
hen/...
mit hängenden **Ohren** dastehen/
zurückkommen/... *ugs*

64 **dreinschauen**, als wären einem
alle/alle Leute/... was/etwas
schuldig
dreinschauen, als schuldeten ei-
nem alle/... was/etwas

65 dreinschauen/... wie drei-(sie-
ben/acht) **Tage** Regenwetter *ugs*
sauertöpfisch **dreinschauen**/
dreinblicken
aussehen/..., als wären einem
alle **Felle** weggeschwommen/da-
vongeschwommen *ugs*
aussehen/dreinschauen/..., als
wäre einem die **Petersilie** verha-
gelt *ugs*

66 wie **bestellt** und nicht abgeholt da
herumstehen/aussehen/... *ugs*
in/auf/... herumlaufen wie
falsch **Geld** *ugs*

67 was hast du/hat Erich/... (denn)
für **Kummer**?
was hast du/hat Erich/... (denn)
für **Schmerzen**? *ugs*
wo drückt dich/ihn/den Pe-
ter/... der **Schuh**?
(nicht) wissen/... wo jn. der
Schuh drückt

68 es ist **nichts**

69 (an) **Kummer** gewöhnt sein

70 ein bitterer **Tropfen** (in einem an
sich schönen Erlebnis/...) sein
path
ein bitterer **Tropfen** in dem Kelch
der Freude sein *geh*
ein **Tropfen** Wermut (in einem an
sich schönen Erlebnis/...) sein
path

71 jetzt **fehlt(e)** nur noch/es fehlt(e)
jetzt nur noch, daß ... noch/daß
... auch noch/...

72 es/das ist zum **Heulen**

73 das/etw. ist ein trauriges **Kapitel**
(mit jm.)
das/etw. ist eine traurige **Ge-
schichte** (mit jm.)

74 js. **Sorgenkind** sein

75 **Kummer** und Sorge
Kummer und Not

76 der **Ritter** von der traurigen Ge-
stalt

Cb 4   gut gelaunt

1 js. **Miene** hellt sich auf

2 in aufgeräumter **Stimmung** sein
ganz **aufgeräumt** sein
in (guter/...) **Stimmung** sein
guter **Dinge** sein
bei **Laune** sein

3 frohen **Mutes** (sein)
guten **Mutes** (sein)

4 gut/blendend/... **gelaunt** sein
gut/blendend/... **aufgelegt** sein
(in) guter/blendender/... **Laune**
sein

5 in **Stimmung** kommen/(geraten)

6 jn. in gute **Laune** versetzen

7 jn. bei **Laune** halten/(erhalten)

8 **heiter** und vergnügt (etw. tun)

9 es sich/sich etw. nicht **verdrießen** lassen

Cb 5 schlecht gelaunt; schmollen

1 in (schlechter/. . .) **Stimmung** sein

2 nicht bei **Laune** sein
(bei) schlechter/. . . **Laune** sein
schlechte **Laune** haben
schlecht/miserabel/. . . **aufgelegt** sein
schlecht/miserabel/. . . **gelaunt** sein

3 heute/in letzter Zeit/. . . nicht gut/schlecht zu **sprechen** sein
(heute/. . .) nicht zu **sprechen** sein (für jn.)
j. ist heute/in letzter Zeit/. . . **ungenießbar** *ugs*

4 mit jm. ist (heute/in letzter Zeit/. . .) (aber auch) (gar/überhaupt) nichts/nicht viel/. . . **anzufangen**

5 jm. ist eine **Laus** über die Leber gelaufen/gekrochen/(gehüpft) *ugs*

6 mit dem linken **Fuß** zuerst aufgestanden sein
mit dem linken **Fuß** zuerst aus dem Bett gestiegen sein
mit dem linken **Bein** zuerst aufgestanden sein
mit dem linken **Bein** zuerst aus dem Bett gestiegen sein

7 du hast/er hat/. . . wohl schlecht **gefrühstückt** (was/oder)? *ugs*
hast du/hat er/. . . schlecht **gefrühstückt** (oder/oder warum/. . .)? *ugs*

8 aussehen/ein Gesicht machen/. . ., als hätte einem j./als hätten sie einem in die **Suppe** gespuckt *ugs*
aussehen/. . ., als wäre einem die **Butter** vom Brot gefallen *ugs*
aussehen/. . ., als hätte man/hätten sie einem die **Butter** vom Brot genommen *ugs*
aussehen/. . ., als wäre einem seine **Frau** weggelaufen *ugs*
aussehen/ein Gesicht machen/. . ., als hätten einem die **Hühner** das Brot weggefressen *ugs*

9 wie **bestellt** und nicht abgeholt da herumstehen/aussehen/. . . *ugs*

10 aussehen/ein Gesicht machen/. . . wie drei/(sieben/acht) **Tage** Regenwetter

11 süßsauer/sauersüß **lächeln**

12 ein **Gesicht** machen, als ob . . ./. . .
eine **Miene** machen, als ob . . ./. . .
eine **Miene** aufsetzen, als wenn . . ./. . .
vielleicht ein **Gesicht** machen/ziehen

13 das/sein **Gesicht** verziehen

14 ein mißmutiges/unzufriedenes/. . . **Gesicht** machen

15 ein schiefes **Gesicht** machen/ziehen
ein saures **Gesicht** machen/ziehen *selten*
eine saure **Miene** machen/ziehen *selten*
ein sauertöpfisches **Gesicht** machen/ziehen

16 aussehen/ein Gesicht machen/. . ., als hätte man einen **Frosch** verschluckt *ugs*
ein **Gesicht** wie drei/sieben/acht/vierzehn Tage Regenwetter machen

17 eine **Leichenbittermiene** aufsetzen
mit einer wahren **Leichenbittermiene** etw. tun/herumlaufen/. . .

18 den **Mund** verziehen
einen schiefen **Mund** machen/ziehen
ein schiefes **Maul** machen/ziehen *vulg*

19 eine **Schnute** machen/ziehen *ugs*
eine **Schippe** machen/ziehen

20 das **Maul** hängen lassen *vulg*

21 ein **Schmollmündchen** machen/ziehen
einen **Schmollmund** machen/ziehen
ein schmollendes **Gesicht** machen/ziehen

22 im **Schmollwinkel** sitzen *ugs*
in der **Schmollecke** sitzen *ugs*

23 brummen wie ein **Bär**

24 die **Stirn** runzeln
die **Stirn** in Falten legen/ziehen
js. **Stirn** umwölkt sich *geh*
js. **Miene** verdüstert sich

25 jm. die **Stimmung** verderben (mit etw.)

26 die/js. Laune/Stimmung/die Atmosphäre/. . . sinkt auf/unter den **Nullpunkt**
die/js. Laune/Stimmung/die Atmosphäre/. . . sinkt auf/unter den **Gefrierpunkt**

27 jm. ist (gründlich) die **Petersilie** verhagelt *ugs*
jm. ist die (ganze) **Ernte** verhagelt *ugs*

Cb 6 (un-)zugänglich: leicht zu nehmen – eigenwillig, sonderbar – schwer zu nehmen

1 leicht zu **nehmen** sein

2 ein goldiges/goldenes **Gemüt** haben
ein sonniges **Gemüt** haben

3 ein goldiges/goldenes **Herz** haben
(die) **Sonne** im Herzen haben

4 ein kleiner/richtiger/. . . **Sonnenschein** sein

5 sehen/erkennen/wissen/es stellt sich heraus/. . ., wes **Geistes** Kind j. ist

6 eine **Art** haben, etw. zu tun

7 ein eigenwilliger **Kopf** sein
ein **Kopf** für sich sein

8 eine **Nummer** für sich sein *ugs*
eine **Marke** für sich sein *ugs*

9 eine (komische/seltsame) **Type** (sein) *ugs*
ein seltsamer **Zeitgenosse** (sein) *ugs*
ein komischer/seltsamer/seltener **Vogel** sein *ugs*
ein (komischer/wunderlicher/. . .) **Kauz** (sein) *ugs*
ein sonderbarer/komischer/ wunderlicher **Heiliger** sein
eine komische **Nummer** sein *ugs selten*
eine sonderbare/komische/ seltsame **Marke** sein *ugs*

10 j. kann sich für **Geld** sehen lassen *ugs*

11 (nichts als/. . .) **Schrullen** im Kopf haben
Grillen im Kopf haben *ugs*
(so) (seine) **Grillen** haben

51

12 **Grillen** fangen

13 so seine/zuweilen seltsame/. . .
    Anwandlungen haben
    (so) seine **Launen** haben
    launisch wie der **April** sein
    js. Launen sind (so) (veränder-
    lich) wie das **Wetter**

14 schwer/nicht leicht zu **nehmen**
    sein

15 mit jm. ist kein **Auskommen**

16 seine **Tücken** haben
    seine **Mucken** haben
    seine **Nücken** haben *selten*
    seine **Nücken** und Tücken haben
    selten

17 mit **Vorsicht** zu genießen sein *ugs*
    mit jm. ist nicht gut **Kirschen** es-
    sen
    mit jm. ist nicht zu **spaßen**

18 j. hat (mal wieder/. . .) seine **Tour**
    ugs
    j. hat (mal wieder/. . .) seine **Tou-
    ren** *ugs*

19 was ist (denn) (plötzlich/. . .) in
    jn. **gefahren**?
    was ist dir/ihr/dem Meier/. . .
    (denn/denn bloß/bloß/. . .) in die
    Krone gefahren? *ugs*

20 nicht wissen/. . ., was j. (plötz-
    lich/. . .) **hat**
    nicht wissen/. . ., was mit jm. **los**
    ist

21 **kriegst** du/kriegt Herbert/. . . das
    (eigentlich) öfter? *ugs*
    hast du/hat er/. . . das öfter? *ugs*

22 mit dem Herbert/mit dem Ver-
    kauf/. . ., das ist (so) eine **Sache**
    für sich
    mit jm./etw./(um jn./etw.), das
    ist (so) eine eigene **Sache**
    mit jm./mit etw./um jn./um
    etw., das ist (so) ein eigen(es)
    Ding *selten*

23 aber auch/. . . ein **Talent** haben,
    immer das Falsche zu tun/un-
    gewollt Streit zu entfachen/bei
    anderen anzuecken/. . .

Cb 7 lustiger Kerl

1 eine **Nummer** für sich sein *ugs*
   eine **Marke** für sich sein *ugs*
   ein (richtiges) **Original** sein

2 eine lustige **Haut** sein
   ein lustiger **Kerl** (sein)
   ein lustiger **Geselle** (sein)
   ein lustiger **Bruder** sein
   ein (richtiger) **Bruder** Lustig sein
   ein lustiger **Vogel** sein *ugs*
   ein fideles/lustiges **Haus** sein *ugs*

3 ein patenter **Kerl** (sein)

4 eine dufte **Nudel** sein *ugs selten*
   eine tolle **Marke** sein *ugs*
   eine tolle **Nummer** sein *ugs*
   ein toller **Hecht** sein *ugs*

5 der **Schalk** guckt/schaut jm. aus
   den Augen
   den **Schalk** in den Augen haben
   den **Schalk** im Nacken haben
   jm. sitzt der **Schalk** im Nacken
   der **Schelm** guckt/schaut jm. aus
   den Augen
   den **Schelm** in den Augen haben
   den **Schelm** im Nacken haben
   jm. sitzt der **Schelm** im Nacken

6 ein fideles/lustiges **Trio** bil-
   den/. . .

7 der dumme **August** *oft*: den dum-
   men August markieren/machen
   ugs

8 das **Kind** im Manne

9 unfreiwillige **Komik**

Cb 8 Unsinn machen

1 nur/nichts als/. . . **Unsinn** im
   Kopf haben
   nur/nichts als/. . . dummes **Zeug**
   im Kopf haben *ugs*
   nur/nichts als/. . . **Flausen** im
   Kopf haben *ugs*
   den **Kopf** voller Dummheiten/
   Unsinn/Blödsinn/. . .haben

2 **Unsinn** machen
   Unfug machen/treiben
   dummes **Zeug** machen

3 **Quatsch** machen

4 **Flachs** machen
   Faxen machen
   Flausen machen

5 **Possen** reißen

6 **Mätzchen** machen
   Firlefanz machen
   Ulk machen *selten*
   Schabernack treiben/machen

7 außer **Rand** und Band sein
   außer **Rand** und Band geraten

8 tolle/die tollsten/. . . **Sachen** ma-
   chen/anstellen/. . .

9 einen richtigen/. . . **Zirkus** veran-
   stalten *ugs*

10 (mal wieder/. . .) seine **Späßchen**
    machen

11 eine **Nummer** abziehen *ugs*

12 jn. reitet der **Teufel**

13 so ein **Zirkus**! *ugs*

14 je **oller**, umso toller! *ugs*

Cb 9 Spaß: seine Späße ma-
chen, foppen; aus Spaß (etw.
tun)

1 sich einen **Spaß** daraus machen,
   etw. zu tun/aus etw. machen
   sich den **Spaß** machen, etw. zu
   tun
   sich das **Vergnügen** machen, etw.
   zu tun
   sich einen/den **Jux** machen und
   etw. tun/. . . *ugs*

2 sich einen **Jux** mit jm. erlauben
   ugs

3 jm. einen **Streich** spielen
   jm. einen **Schabernack** spielen
   sich einen schlechten/üblen
   Scherz mit jm. erlauben/leisten
   sich einen schlechten/üblen **Witz**
   mit jm. erlauben *ugs*

4 jn. aufs **Glatteis** führen

5 jn. in den **April** schicken

6 jn. (gehörig/tüchtig/anstän-
   dig/. . .) **aufsitzen** lassen

7 jn. (tüchtig/anständig/so rich-
   tig/. . .) auf den **Arm** nehmen
   jn. aufs **Ärmchen** nehmen *iron*
   jn. zum **besten** haben/(halten)
   jn. durch den **Kakao** ziehen *ugs*
   jn. auf die **Nudel** schieben *ugs*
   jn. (tüchtig/anständig/so rich-
   tig/. . .) auf die **Schippe** nehmen
   ugs
   sich lustig **machen** über jn./etw.

8 jn. **nasführen**
   jn. an der **Nase** herumführen *ugs*

9 jn. zum **Narren** halten/(haben)

10 jn. am **Narrenseil** herumführen/
    (führen)

11 seinen **Spaß** mit jm./etw. treiben
seinen **Scherz** mit jm./etw. treiben
seine **Späßchen** mit jm./etw. treiben

12 mit jm. seine **Possen** treiben *selten*
Ulk mit jm. treiben *selten*

13 versuchen/alles tun/..., um die
Lacher auf seine Seite zu ziehen/
kriegen/bringen
die **Lacher** auf seiner Seite haben

14 aufs **Glatteis** geraten

15 j. ist jm. (tüchtig/anständig/ge-
hörig/...) **aufgesessen**

16 zum **Schaden** auch noch den
Spott haben
wer den **Schaden** hat, braucht für
den Spott nicht zu sorgen

17 eine **Grimasse** schneiden/ziehen
Grimassen schneiden/ziehen
eine **Fratze** schneiden
Fratzen schneiden
ein **Gesicht** schneiden
Gesichter schneiden

18 jm. die **Zunge** herausstrecken

19 jm. eine **Nase** drehen
jm. eine (lange) **Nase** machen

20 etw. (nur/...) aus/im **Scherz**
tun/sagen
etw. (nur/...) aus/zum **Spaß**
tun/sagen
(doch/...) (nur/bloß/...) **Spaß**
machen

21 etw. aus **Jux** tun *ugs*
aus (lauter) **Spaß** und Tollerei
etw. tun *ugs*

22 halb im **Scherz**, halb im Ernst
etw. sagen

23 ein übler **Scherz**

24 **Spaß** verstehen (in e-r S.)
Spaß vertragen (in e-r S.)

25 aus dem **Spaß** wird bitterer Ernst

26 das **Salz** der Ironie *geh*
das attische **Salz** *geh*

Cb 10 zum Lachen sein, lachen

1 ein **Bild** für (die) Götter sein
ein **Schauspiel** für die Götter sein
ein **Anblick** für die Götter sein

2 (jm.) ein lächerliches **Schauspiel**
bieten/geben/...

3 zum **Totlachen** sein
das/etw. ist (ja) zum **Totlachen**
ugs
zum **Kranklachen** sein
das ist (ja) zum **Kranklachen**

4 zum **Schreien** sein *ugs*
das ist (ja) zum **Schreien**! *ugs*
zum **Piepen** sein *ugs*
das ist (ja) zum **Piepen**! *ugs*
zum **Brüllen** sein *ugs*
das ist (ja) zum **Brüllen**! *ugs*
zum **Wiehern** sein *ugs*
das ist (ja) zum **Wiehern**! *ugs*

5 zum **Schießen** sein *ugs*
(das) ist (ja) zum **Schießen**! *ugs*
zum **Kugeln** sein *ugs*
das ist (ja) zum **Kugeln**! *ugs*
zum **Kringeln** sein *ugs*
das ist (ja) zum **Kringeln**! *ugs*
zum **Wälzen** sein *ugs*
das ist (ja) zum **Wälzen**! *ugs*
du **schreist** dich weg/da schreist
du ... *ugs*
du **lachst** dich krank/weg/da
lachst du ... *ugs*

6 ein **Lächeln**/... huscht um js.
Mundwinkel

7 sich des **Lachens** kaum/nicht er-
wehren können

8 lauthals **lachen**

9 in ein schallendes/tosendes/
brüllendes **Gelächter** ausbrechen

10 sich halbtot **lachen**
sich **totlachen**
sich **kaputtlachen**
sich **kranklachen**
sich **schieflachen**
sich krumm und schief **lachen**

11 sich die **Hucke** vollachen *ugs sel-
ten*
sich den **Buckel** vollachen *ugs
selten*
sich den **Frack** vollachen *ugs sel-
ten*
sich einen **Bruch** lachen *ugs sel-
ten*
sich einen **Ast** lachen *ugs*
sich eckig **lachen** *ugs selten*

12 sich biegen vor **Lachen**
sich krümmen vor **Lachen**
sich wälzen vor **Lachen** *ugs*
sich kugeln/kringeln vor **Lachen**

13 sich den **Bauch** halten vor La-
chen
sich die **Seiten** halten vor Lachen

14 (fast) platzen vor **Lachen**
sich schütteln vor **Lachen**

15 schreien vor **Lachen** *ugs*
brüllen vor **Lachen** *ugs*
wiehern vor **Lachen** *ugs*

16 sich ausschütten vor **Lachen**

17 sich (gar) nicht mehr/nicht hal-
ten können vor **Lachen**
sich (gar) nicht mehr/nicht ein-
kriegen können vor **Lachen**
lachen/..., daß die **Wände** wak-
keln *ugs*

18 sich vor **Lachen** in die Hose(n)
machen/pinkeln/scheißen *vulg*

19 **Tränen** lachen
vor **Lachen** weinen

20 unter **Tränen** lachen
zugleich/... lachen und weinen

21 übers/über das ganze **Gesicht** la-
chen

22 (sich) das **Lachen** verbeißen
(müssen)

23 es **geht** in .../bei .../auf .../...
bunt zu/her

24 da/dabei/bei etw./wenn .../...
bleibt kein **Auge** trocken

25 auf die **Lachmuskeln** wirken
aufs **Zwerchfell** wirken *ugs*

26 **Lachen** ist gesund

27 ein sardonisches **Gelächter** *geh*
ein sardonisches **Lachen** *geh*

28 ein **Photographiergesicht** ma-
chen

29 süßsauer/sauersüß **lächeln**

30 jeder/aller **Beschreibung** spotten
das ist (gar/überhaupt) nicht zu
fassen!
das ist (gar/überhaupt) nicht zu
sagen! *selten*

31 ist das nicht ein **Witz**?/das soll
wohl ein Witz sein!/mach keine
Witze *ugs*
da/(darüber) lachen ja die **Hüh-
ner**! *ugs*

Cb 11   weinen; Zeter und Mordio

1 jm. die **Tränen** in die Augen treiben

2 zu **Tränen** gerührt sein

3 die/seine **Tränen** hinunterwürgen/hinunterschlucken

4 einige/ein paar **Tränen** verdrücken/(zerdrücken)
(ganz) feuchte/nasse **Augen** bekommen
jm. treten/(steigen) **Tränen** in die Augen
jm. kommen die **Tränen**
das **Wasser** schießt/(steigt) jm. in die Augen *selten*
die **Tränen** stehen jm. in den Augen
js. **Augen** stehen voller Tränen

5 in **Tränen** ausbrechen
dicke/allerhand/... **Tränen** vergießen

6 die/dicke **Tränen** kullern jm. die Backen/(Wangen) herunter
(die/dicke) **Tränen** rollen jm. über die Backen/(Wangen)

7 **Ströme** von Tränen vergießen *path*
in **Tränen** aufgelöst/gebadet sein
in **Tränen** (geradezu/...) zerfließen
flennen wie ein **Wasserfall** *ugs*

8 heiße **Tränen** weinen *path*
bittere **Tränen** weinen
blutige **Tränen** weinen *path*

9 sich die **Augen** rot weinen

10 zum **Steinerweichen** heulen/weinen/schluchzen
zum **Steinerbarmen** heulen/weinen/schluchzen

11 heulen/weinen wie ein **Schloßhund** *ugs*
Rotz und Wasser heulen *ugs*

12 unter **Tränen** gestehen/sagen/...

13 sich die **Augen** nach jm. ausweinen
sich die **Augen** nach jm. (fast/beinahe) aus dem Kopf weinen

14 sich/jm. die **Tränen** abwischen
sich/jm. die **Tränen** aus dem Gesicht/aus den Augen wischen

15 die **Tränen** (immer/...) (sehr) locker sitzen haben

bei jm. sitzen die **Tränen** (immer/...) (sehr) locker/(lose)
nahe ans/am **Wasser** gebaut haben

16 ganz verweinte **Augen** haben
rote **Ränder** um die Augen haben

17 auf die **Tränendrüsen** wirken *ugs*

18 auf die **Tränendrüsen** drücken *ugs*

19 **Krokodilstränen** heulen/vergießen/weinen

20 mit einer **Träne** im Knopfloch ... *iron*

21 **seufzen** und klagen *path*

22 **Zeter** und Mordio schreien
ein lautes/großes/... **Zetergeschrei** anstimmen
wie **angestochen** schreien/brüllen/... *ugs*
brüllen/... wie eine gestochene/(angestochene) **Sau** *vulg*
schreien/brüllen/..., als ob man am **Spieß** steckte/stecken würde/stäke *ugs*
schreien/brüllen/..., als ob man am **Messer** stäke/stecken würde

23 das ganze Haus/die ganze Nachbarschaft/... **zusammenbrüllen** *ugs*

24 oh **weh**!

25 (und) was **nun**?
was soll nun **werden**?

Cb 12   empfindlich: keinen Spaß vertragen; jn. mit Glacéhandschuhen anfassen

1 zart **besaitet** sein
aus feinem **Holz** geschnitzt sein

2 eine empfindliche **Haut** sein
(empfindlich) wie eine **Mimose** sein

3 (empfindlich) wie eine alte **Jungfer** sein

4 ein (richtiges/...) **Kräutchenrühr-mich-nicht-an** sein *ugs*
eine **Prinzessin** auf der Erbse sein *ugs*

5 keinen **Spaß** verstehen (in e-r S.)
keinen **Spaß** vertragen (in e-r S.)
keinen **Scherz** verstehen
keinen **Scherz** vertragen

6 jn. mit **Glacéhandschuhen** anfassen
jn. mit **Samthandschuhen** anfassen
jn. mit seidenen **Handschuhen** anfassen

7 jn. wie ein rohes **Ei** behandeln/(anfassen) *ugs*
mit jm. wie mit einem rohen **Ei** umgehen *ugs*

8 jn. in **Watte** packen/(einpacken) *ugs*

9 das/etw. ist (gar/überhaupt) nicht **witzig**
ich finde/er findet/Peter findet/... das/etw. (gar/überhaupt) nicht **witzig**

10 sehr **witzig**! *iron*
sehr **komisch**! *iron*

Cb 13   Beleidigung: verletzen, beleidigen, wehtun; übelnehmen, beleidigt reagieren; in den falschen Hals kriegen; schwache Stellen haben; ein Hieb, eine Bemerkung ... sitzt

1 spitz **werden**

2 jm. einen **Hieb** verpassen/versetzen/geben
jm. einen **Seitenhieb** verpassen/versetzen/geben

3 jm. einen **Schlag** versetzen

4 nach allen Seiten/... **Schläge** austeilen

5 jm. (mit einer Bemerkung/...) einen **Stich** versetzen
jm. **Nadelstiche** versetzen

6 jm. eins **auswischen**
jm. eins **verpassen** *ugs*
jm. eins **versetzen**
jm. ein **Ding** verpassen *ugs*

7 jn. vor den **Kopf** stoßen
jn. auf den **Schlips** treten *ugs*
jm. auf die **Hühneraugen** treten *ugs*
jn. auf den dicken/großen **Zeh** treten *ugs*
jn. auf die dicke/große **Zehe** treten *ugs*
jn. auf die **Zehen** treten *ugs*
jm. auf die große **Fußzehe** treten *ugs*
jm. auf die **Füße** treten *ugs*
jn. auf den **Schwanz** treten *vulg*

8 jm. zu nahe **kommen**
  jm. zu nahe **treten**

9 persönlich **werden**

10 jm. ein **Tort** antun *geh*

11 js. **Gefühle** mit Füßen treten

12 jn. tödlich **beleidigen**
   jn. zu **Tode** beleidigen *path*
   jn. auf den **Tod** verletzen *geh*
   jn. tödlich **verletzen**
   jn. auf den **Tod** verwunden *geh
   selten*
   jn. tödlich **treffen**

13 eine empfindliche **Saite** (bei jm.)
   berühren
   eine wunde **Stelle** (bei jm.) be-
   rühren
   einen wunden **Punkt** (bei jm.) be-
   rühren
   eine wunde/empfindliche **Stelle**
   treffen
   jn. an (s)einer wunden **Stelle** tref-
   fen (mit etw.)
   einen wunden/empfindlichen
   Punkt treffen

14 in ein **Wespennest** stechen/(grei-
   fen)

15 den/die **Finger** auf eine Wunde/
   einen wunden Punkt/einen ent-
   scheidenden Punkt/. . . legen
   an js. **Wunde** rühren

16 eine alte **Wunde**/alte Wunden
   (wieder) aufreißen

17 jm. **wehtun** (mit etw.)
   jm. etwas/viel/. . . **zuleide** tun

18 tiefe **Wunden** schlagen in/
   bei/. . .

19 jm. einen **Stich** ins Herz geben
   (mit etw.) *path*
   jn. (wie) ins **Herz** treffen
   js. Worte/Bemerkungen/. . . boh-
   ren sich/gehen jm. wie **Pfeile** ins
   Herz *path*

20 jn. bis ins **Mark** treffen *path*

21 **Öl** ins/aufs Feuer gießen/(schüt-
   ten)
   das **Feuer** schüren

22 jm. den **Vogel** zeigen *ugs*
   jm. den **Autofahrergruß** bieten/
   (entbieten) *ugs*

23 viel/allerhand/. . . **schlucken**
   (müssen)

24 etw. persönlich **nehmen**

25 etw. übel **vermerken**
   etw. übel **auffassen**
   jm. etw. **übelnehmen**
   jm. etw. **krummnehmen** *ugs*

26 jm. etw. übel/dick/schwer **an-
   kreiden**

27 **verschnupft** sein *ugs*

28 jm. sauer **aufstoßen** *ugs*
   Öl auf die Wogen gießen

29 sich auf den **Schlips** getreten füh-
   len *ugs*
   sich auf den dicken **Zeh** getreten
   fühlen *ugs*
   sich auf die **Zehen** getreten füh-
   len *ugs*
   sich auf die **Hühneraugen** getre-
   ten fühlen *ugs*
   sich auf den **Schwanz** getreten
   fühlen *vulg*

30 sich tief **getroffen** fühlen

31 tödlich **beleidigt** sein/reagieren
   zu **Tode** beleidigt (sein) *path*
   tödlich **verletzt** (sein)

32 (gern/. . .) die gekränkte **Un-
   schuld** spielen

33 etw. in den falschen/(verkehr-
   ten) **Hals** kriegen/(bekommen)
   etw. in die falsche **Kehle** kriegen/
   (bekommen)
   etw. in den falschen/(verkehr-
   ten) **Rachen** kriegen/(bekom-
   men) *ugs selten*
   etw. in den falschen **Kanal** krie-
   gen/(bekommen) *ugs*

34 jm. in den falschen/(verkehrten)
   Hals geraten
   jm. in die falsche **Kehle** geraten

35 die beleidigte/gekränkte **Leber-
   wurst** spielen *ugs*

36 eine schwache **Stelle** haben
   schwache **Stellen** haben

37 etw. ist js. **Achillesferse**/die
   Achillesferse bei jm. *geh*
   js. schwache **Stelle** sein
   js. schwache **Seite** sein

38 ein wunder **Punkt**
   eine wunde/verwundbare/emp-
   findliche **Stelle** von/bei jm. sein

39 dem Gegner/. . . eine schwache
   Stelle bieten/(zeigen)
   dem Gegner/. . . eine **Blöße** bie-
   ten

40 sich die **Blöße** geben, etw. zu tun

41 ein hartes **Wort**
   das/eine Bemerkung/ein
   Hieb/. . . sitzt/saß/hat gesessen
   das **saß**!
   das hat **gesessen**

42 ein **Stachel** bleibt
   etw. brennt wie ätzendes **Gift** (in
   der Seele) *geh*

43 an etw. (lange/. . .) zu **schlucken**
   haben
   jm. im **Magen** liegen

44 ein **Schlag** ins Gesicht sein (für
   jn.)

45 das/was j. sagt/was j. tut/. . .,
   darfst du/braucht er/. . . nicht so
   genau **nehmen**

46 sei/. . . (nur/. . .) nicht **gram**
   (weil/wegen/. . .)

47 jm. etw. nicht **verdenken** können

48 nichts für **ungut** (aber/doch/. . .)

49 eine offene **Wunde**

50 eine **Wunde** muß noch/. . . ver-
   narben
   die **Zeit** heilt vieles/manches/. . .
   die **Zeit** heilt Wunden

Cb 14 Ärger: Anstoß erre-
gen; sauer sein (auf); jn. auf
dem Zug haben

1 es/das/etw. wird jm. zu **bunt**
  es/das/etw. ist jm. zu **bunt**
  es/das/etw. wird jm. zu **dumm**
  es/das/etw. ist jm. zu **dumm**

2 **Ärgernis** erregen (mit etw) (bei
  jm.) *geh*
  Anstoß erregen (mit etw.) (bei
  jm.)

3 ein/der **Stein** des Anstoßes sein
  (für jn.)

4 j./etw. ist jm. ein **Dorn** im Auge

5 sich an etw. **stoßen**/sich daran
  stoßen, daß
  Anstoß nehmen an etw.
  Ärgernis nehmen an etw. *geh sel-
  ten*

6 **böse** werden (auf jn.)
   sauer werden (auf jn.) *ugs*

7 sauer **reagieren** (auf etw.) *ugs*

8 das/etw. **kommt** jn. sauer an *ugs*
   das/etw. **stößt** jm. sauer auf *ugs*

9 das/etw. **stinkt** jm. (schon/all-
   mählich/...) *vulg*

10 **sauer** sein (auf jn.) *ugs*
    böse sein (auf jn.)

11 sich schwarz/(blau/grün und
    blau) **ärgern**
    sich zu **Tode** ärgern
    sich die **Schwindsucht** an den
    Hals ärgern *ugs*

12 den Kerl/den Mann/... werd'
    ich mir/wird er sich/... **merken!**
    ugs

13 jm. nicht **grün** sein *ugs*
    jn. auf dem **Zug** haben *ugs*
    jn./etw. **dick** haben *ugs*
    jn. dick **sitzen** haben *ugs*
    jn. auf dem **Strich** haben *ugs sel-*
    ten
    jn. auf dem **Kieker** haben *ugs*
    einen **Pik** auf jn. haben *ugs sel-*
    ten
    einen **Tick** auf jn. haben *ugs*

14 jm. gerade recht/(richtig) **kom-**
    men *(Personen) oft*: du
    kommst/... mir/... gerade
    recht!
    auf jn./etw. gerade noch **gewartet**
    haben *ugs*
    du/der Wolters/diese Krank-
    heit/... hast/hat/... mir/
    ihm/... gerade noch zu meinem/
    seinem/... **Glück** gefehlt! *ugs*

Cb 15 aufregen: jm. auf die Nerven gehen, jn. wahnsinnig machen, verrückt werden; js. Sargnagel sein

1 jm. auf die **Nerven** fallen/gehen
   (mit etw.)
   jm. auf den **Geist** gehen (mit
   etw.) *ugs*
   jm. auf den **Wecker** fallen/gehen
   (mit etw.) *ugs*
   jm. auf den **Keks** gehen (mit
   etw.) *ugs*

2 jn. an den **Rand** der Verzweif-
   lung bringen (mit etw.)
   jn. zur **Verzweiflung** bringen (mit
   etw.)

3 jn. verrückt **machen** (mit etw.)
   jn. wahnsinnig **machen** (mit etw.)

4 jn. (ganz) wild **machen** (mit etw.)
   ugs
   jn. (bis) zur **Weißglut** bringen/
   (reizen) (mit etw.)

5 j./etw. bringt mich/ihn/Pe-
   ter/... noch um den **Verstand** *ugs*
   j./etw. raubt mir/ihm/Peter/...
   noch den **Verstand** *ugs*
   j./etw. bringt jn. (noch/...) zur
   Raserei *path*
   jn. ganz/völlig/... aus dem **Häu-**
   schen bringen *ugs*

6 etw. nicht/nicht länger/nicht
   mehr ruhig/... mit **ansehen** kön-
   nen

7 verrückt **werden** (mit jm./etw./
   bei etw.)
   wahnsinnig **werden** (mit jm./
   etw./bei etw.)

8 wild **werden** *ugs*

9 ich/er/Peter/... könnte verrückt
   werden (wenn .../...)
   ich/er/Peter/... könnte
   wahnsinnig **werden** (wenn
   .../...)
   j. könnte/möchte aus der **Haut**
   fahren (bei .../wenn er
   sieht/...) *ugs*
   j. könnte rasend **werden** (vor Un-
   geduld/vor Ärger/...) *path*

10 ich/er/Peter/... könnte die **Wän-**
    de hochgehen (wenn .../...) *ugs*
    ich/er/der Peter/... könnte an
    den **Wänden** hochgehen/rauf-
    klettern (wenn ...) *ugs*
    ich/er/Peter/... kriege/
    kriegt/... **Zustände**, wenn
    .../... *ugs*

11 j. könnte sich schwarz **ärgern**
    j. könnte schwarz werden vor **Är-**
    ger
    j. könnte schwarz werden vor
    Wut
    in die **Luft** gehen *ugs*

12 **fuchsteufelswild** werden *ugs*
    ganz/völlig aus dem **Häuschen**
    geraten *ugs*

13 rot **sehen**, wenn ...

14 jm. kommt/geht die **Galle** hoch
    (wenn ...)
    jm. läuft/geht die **Galle** über
    (wenn ...)
    bei jm. regt sich die **Galle** (wenn
    ...) *selten*

15 über etw./wegen etw. (noch)
    graue **Haare** kriegen/(bekom-
    men)

16 das heulende/(große) **Elend** krie-
    gen *path*
    das heulende/(große) **Elend** ha-
    ben *path*

17 j./etw. macht jn. (noch/noch
    ganz/ganz) **krank**

18 j./etw. wird jn. noch ins **Grab**
    bringen

19 ein **Sargnagel** für jn. sein *path*
    js. **Sargnagel** sein *path*
    ein **Nagel** zu/an js. Sarg sein *sel-*
    ten

20 an **Gott** und den Menschen ver-
    zweifeln/zweifeln (können)

21 die **Hände** ringen *path*

22 es/das/etw. wird jm. zu **bunt**
    es/das/etw. wird jm. zu **dumm**
    es/das/etw. ist jm. zu **bunt**
    es/das/etw. ist jm. zu **dumm**

23 schon nicht mehr **feierlich** sein
    ugs

Cb 16 Zorn: in Wut geraten, zornig machen; Zeichen der Wut

1 ungemütlich **werden** *ugs*

2 jm. schwillt der **Kamm**

3 jm. platzt der **Kragen** *ugs*

4 js. **Blut** gerät in Wallung *iron*

5 jm. schwillt die **Zornesader** (an)

6 in **Wallung** geraten *selten*
   in **Harnisch** geraten

7 jn. packt die **Wut**
   jn. packt der **Zorn**
   jn. packt ein heiliger **Zorn** *path*

8 in **Wut** kommen
   auf achtzig/(neunzig/hundert)
   kommen *ugs*
   in **Rage** kommen

9 außer sich **geraten**
   außer sich geraten vor **Wut**
   außer sich geraten vor **Zorn**

10 in **Raserei** geraten/(verfallen)
    path

11 an die **Decke** gehen (vor
    Zorn/...) *ugs*

12 auf dem **Siedepunkt** ankommen/
    angelangt sein/... *(Erregung,*
    Wut) path

13 (vielleicht) in **Wut** sein
    (vielleicht) in **Rage** sein

14 in **Harnisch** sein
    auf **achtzig** sein *ugs*
    auf **neunzig** sein *ugs*
    auf **hundert** sein *ugs*
    auf **hundertzehn** sein *ugs*

15 (ganz oben) auf der **Palme** sein
    ugs

16 außer **sich** sein
    außer sich sein vor **Wut**
    außer sich sein vor **Zorn**

17 seiner (fünf) **Sinne** nicht/nicht
    mehr mächtig sein
    (vor Wut/. . .) (ganz) (wie) von
    Sinnen sein

18 ganz/völlig/. . . aus dem **Häuschen** sein *ugs*

19 fast platzen vor **Zorn**

20 **durchgehen** vor Wut/. . . *selten*

21 sich vor **Wut** nicht mehr kennen
    sich vor **Zorn** nicht mehr kennen
    wenn/. . ., dann **kennt** sich j.
    nicht mehr (vor **Wut**/. . .)

22 kochen vor **Wut**
    das **Blut** kocht jm. in den Adern
    path
    schäumen vor **Wut**
    vor **Wut** schnauben

23 sich gebärden/. . . wie **toll** *ugs*
    toben/sich gebärden/. . . wie ein
    Wilder *ugs*
    toben/. . . wie ein **Besessener**
    toben wie ein **Berserker**

24 **Gift** und Galle spucken/(speien)

25 wie ein wildgewordener **Handfeger** herumlaufen/durch die Gegend rennen/. . . *ugs*

26 (vielleicht) **geladen** sein (auf jn.)
    ugs
    stinkwütend sein (auf jn./über
    etw.) *ugs*
    (vielleicht) eine Wut/einen Zorn/
    einen Ärger/. . . im **Leib** haben
    (auf jn./über etw.) *path*
    eine Wut/einen Zorn/einen Ärger/. . . im **Bauch** haben (auf jn./
    über etw.) *ugs path*
    (vielleicht) einen **Rochus** auf jn.
    haben *ugs*

27 jn. zur **Hölle** wünschen/(verwünschen)
    jn. auf den **Blocksberg** wünschen
    ugs

28 j. wäre jm. (vor Wut/. . .) fast/
    beinahe/. . . ins **Gesicht** gesprungen *ugs*
    j. hätte jm. (vor Wut/. . .) ins **Gesicht** springen mögen *ugs*
    am liebsten hätte j. jm. die **Augen** ausgekratzt/(auskratzen mögen)
    am liebsten/fast/. . . wäre j. jm.
    an die **Gurgel** gefahren/gegangen
    (drauf und dran sein) jm. an die
    Gurgel (zu) fahren/gehen
    jn. bei der **Gurgel** fassen/packen
    j. könnte jn. in **Stücke** schlagen
    j. könnte jn. in der **Luft** zerrei
    ßen *ugs*
    am liebsten/fast/. . . wäre j. jm.
    mit dem (nackten) **Arsch** ins Gesicht gesprungen *vulg*

29 wenn . . ., dann drehe ich/dreht
    der Maier/. . . ihm/dem Schulze/. . . den **Hals** um! *ugs path*
    wenn . . ., dann drehe ich/dreht
    der Meier/. . . ihm/dem Schulze/. . . den **Kragen** um *ugs path
    selten*
    den/die Frau Schulze/. . . zerreiß'
    ich/zerreißt er/. . . in der **Luft**
    (wenn ich ihn sehe/wenn er ihn
    sieht/. . .) *ugs path*

30 jn. in **Fahrt** bringen
    jn. auf **Hochtouren** bringen

31 jn. böse **machen**
    jn. sauer **machen** *ugs*

32 jn. in **Wut** bringen
    jn. in **Harnisch** bringen
    jn. in **Rage** bringen
    jn. in **Wallung** bringen *selten*

33 jn. auf die **Palme** bringen *ugs*
    jn. auf **achtzig** bringen *ugs*
    jn. auf **neunzig** bringen *ugs*

34 jn. zur **Raserei** bringen *path*
    jn. (bis) zur **Weißglut** bringen/
    (reizen) (mit etw.)

35 das **Feuer** schüren

36 seinem Ärger/seinem Zorn/seinem Herzen/seiner Wut/. . . **Luft**
    machen
    j. muß mal **Dampf** ablassen *(oft
    Imp.) ugs*
    j. muß mal **Luft** ablassen *ugs*

37 seine **Wut** an jm. auslassen
    seinen **Zorn** an jm. auslassen

38 sein **Mütchen** an jm. kühlen

39 ein **Ventil** brauchen/suchen (für
    seinen Zorn/. . .)

40 sich heiß **reden**
    sich in **Wut** reden
    sich in **Rage** reden
    sich in **Hitze** reden *selten*
    sich in **Zorn** reden

41 **Schaum** vor dem Mund haben

42 rot vor **Wut** sein
    blind vor **Wut** sein

43 mit den **Zähnen** knirschen

44 die **Faust** in der Tasche ballen
    mit geballten **Fäusten** dabeistehen/zusehen (müssen)/. . .

45 auf den **Tisch** schlagen/hauen
    mit der **Faust** auf den Tisch schlagen/hauen

46 jm. finstere **Blicke** zuwerfen
    wütende/. . . **Blicke** schießen auf
    jn.
    Zornesblitze auf jn. schießen *geh*
    jn. ansehen/. . ., als wollte man
    ihn **fressen** *ugs*
    wenn **Blicke** töten könnten! *(oft
    iron.)*
    die **Augen** rollen (vor Wut/. . .)

47 jm. die **Faust** zeigen
    jm. eine **Faust** machen
    jm. die **Faust** unter die Nase halten

48 in die **Höhe** fahren
    in die **Höhe** schnellen *(Preise)*

49 den wilden **Mann** markieren/
    mimen *ugs*
    so tun, als ob/. . . es **brennt**

50 leicht/schnell/. . .in **Hitze** geraten/(kommen)
    heißes **Blut** haben
    feuriges **Blut** haben

51 ein heißblütiger/. . . **Menschenschlag**
    ein heißblütiger/. . . **Schlag** sein

Cb 17 Mangel an Beherrschung: die Fassung verlieren, sich gehen lassen; hohe Wellen schlagen – die Wogen wieder glätten

1 **Herzklopfen** haben

2 in **Hochspannung** sein

3 jm. reißt die **Geduld**
   jm. reißt der **Geduldsfaden** *ugs*

4 die **Geduld** verlieren

5 aus der **Fassung** geraten/(kom-
men)
den **Kopf** verlieren
die **Fassung** verlieren

6 die **Nerven** verlieren
die **Herrschaft** über sich (selbst)
verlieren
die **Haltung** verlieren

7 (ganz) außer **Fassung** sein

8 **durchdrehen**
die **Besinnung** verlieren

9 nicht mehr **Herr** über sich selbst/
seiner selbst sein
nicht mehr **Herr** über seine/sei-
ner Sinne sein
nicht mehr **wissen**, was oben und
(was) unten ist/was unten und
(was) oben ist *ugs*

10 jm./mit jm./bei jm. gehen die
Zügel durch
sein/das **Temperament** geht mit
jm. durch
die **Pferde** gehen mit jm. durch
ugs
bei jm. gehen die **Gäule** durch
ugs selten
bei jm. geht/brennt die **Siche-
rung** durch *ugs*
bei jm. gehen/brennen die **Si-
cherungen** durch *ugs*

11 einen **Kurzschluß** haben *ugs*
eine **Kurzschlußreaktion** sein

12 **Amok** laufen

13 vor lauter/reiner Wut/. . . **sieht** j.
(gar/überhaupt) nichts mehr

14 nur noch ein **Bündel** Nerven sein
nur noch ein **Nervenbündel** sein

15 seinen **Koller** kriegen *ugs*
j. hat/bekommt mal wieder seine
Anfälle *ugs*

16 jn. aus der **Fassung** bringen

17 jn. in **Aufruhr** versetzen *selten*
jn. in **Aufruhr** bringen *selten*

18 im **Affekt** handeln/etw. tun

19 sich **gehen** lassen
seinem Zorn/seinen Gefüh-
len/. . . die **Zügel** schießen lassen
seinem **Temperament** die Zügel
schießen lassen
sich keine **Schranken** auferlegen

20 keine **Schranken** kennen

21 sich vor Wut/Zorn/Erregung/
Leidenschaft/dazu **hinreißen** las-
sen, zu . . .

22 im **Eifer** des Gefechts
in der **Hitze** des Gefechts

23 es gibt/gab kein **Halten** (mehr)

24 die **Gemüter** erregen

25 **Wellen** schlagen *(Ereignisse)*
hohe **Wellen** schlagen
(viel/allerhand) **Staub** aufwir-
beln

26 die **Wellen** des Jubels/der Empö-
rung/der Aufregung/. . . gehen
hoch/. . .
die **Wellen** der Begeisterung/Em-
pörung/Aufregung/. . . schlagen
immer höher/(. . .)

27 die **Volksseele** kocht *ugs*
die kochende/empörte **Volkssee-
le** *ugs*

28 die **Wellen** wieder glätten
die **Wogen** (wieder) glätten
Öl auf die/in die/in js. Wunde
gießen
etw./das ist **Öl** auf js. Wunde

29 die **Geister** beruhigen

30 die **Wogen** glätten sich wieder
die **Wellen** glätten sich wieder

Cb 18 es gibt Theater

1 (ein) (großes) **Theater** machen
(um jn./etw.) *ugs*
(vielleicht/. . .) ein **Theater** ma-
chen *ugs*
(vielleicht/. . .) ein **Theater** auf-
führen *ugs*

2 (vielleicht/. . .) ein **Theater** ins-
zenieren *ugs*

3 ein richtiges **Affentheater** auffüh-
ren/aufstellen *ugs*
einen **Affenzirkus** veranstalten
ugs

4 einen wahren/regelrechten/rich-
tigen **Eiertanz** aufführen *ugs*
einen **Veitstanz** aufführen *ugs*

5 wenn . . ., dann ist (aber) was/
(etwas) **los**!

6 das/es gibt (mal wieder/viel-
leicht/. . .) (ein) **Theater** *ugs*
wenn . . ., dann gibt's **Theater** *ugs*

7 erst . . . und dann ist das **Theater**
groß *ugs*

8 es gibt/(setzt) ein **Donnerwetter**
ein **Donnerwetter** geht auf jn.
nieder

ein **Gewitter** geht/(bricht) auf jn.
los

9 wenn . . ., dann ist der **Teufel** los
wenn . . ., dann ist die **Hölle** los

10 das/es gibt **Spektakel** *ugs*
das/es gibt ein **Mordsspektakel**
ugs
das/es gibt einen großen **Wirbel**
ugs

11 wenn . . ., dann wackelt die **Wand**
ugs
wenn . . ., dann wackeln die **Wän-
de** *ugs*

12 sei vorsichtig/. . ., sonst gibt's
(noch/. . .) **Scherben**!

13 wenn . . ., dann **gibt's**/(gibt es)
was!
. . ., sonst **gibt's**/(gibt es) was!
wenn . . ., dann gibt's **Zunder**! *ugs
selten*
. . ., sonst gibt's **Zunder**! *ugs sel-
ten*

14 das **Barometer** steht auf Sturm
(bei jm./in . . ./. . .)

15 jn. so lange aufregen/. . ., bis/. . .
die **Puppen** tanzen *selten*

16 da/dort/. . . sind (aber) die **Pup-
pen** am Tanzen *ugs*
da/dort/. . . ist (aber) was/(et-
was) **los**
hier/bei/auf/. . . ist der **Teufel** los
hier/bei/auf/. . . ist die **Hölle** los

17 das kann ja heiter **werden**!
das kann ja nett **werden**!
das kann ja reizend **werden**!
das kann ja gut **werden**!
das sind ja/. . . (schöne/herrli-
che/. . .) **Aussichten**!

Cb 19 schimpfen, Schimpf-
worte

1 schimpfen wie ein **Rohrspatz**
fluchen/schimpfen wie ein **Fuhr-
mann**
fluchen/schimpfen wie ein
Landsknecht
fluchen/schimpfen wie ein **Dra-
goner**

2 schimpfen/fluchen/. . ., daß die
Wände wackeln *ugs*

3 den **Mond** anbellen *ugs*

4 **Menschenskind**!
so ein **Käse**! *ugs*

so/welch ein **Mist**! *ugs*
verdammter **Mist**! *ugs*
so ein **Elend**!

5 **Mensch** Meier! *ugs*
Mensch! *ugs*

6 jetzt **schlägt's** aber dreizehn!
verflixt (nochmal)!
verflixt und zugenäht!
verflucht (nochmal)! *ugs*
verdammt (nochmal)! *ugs*

7 da **soll** doch . . .!
da soll doch (gleich) das (heilige)
Donnerwetter dreinfahren/
dreinschlagen! *selten*
da soll doch der **Teufel** drein-
schlagen! *ugs*

8 potz **tausend**! *selten*
zum **Teufel** (nochmal/noch ein-
mal)!
zum **Kuckuck** (nochmal/noch
einmal)!
Tod und Teufel! *selten*

9 hol's der **Teufel**! *selten*
hol's der **Henker**! *selten*
hol's der **Geier**! *selten*
hol's der **Kuckuck**!

10 (ach) du lieber **Gott**!
Herr des Lebens!
Herrgott (nochmal)!
Gott nochmal/(noch einmal)!
Himmel (nochmal/noch einmal)!
selten
heiliger **Himmel**! *selten*

11 gerechter **Gott**! *selten*
Herr, du meine Güte! *selten*
Schwerenot nochmal/noch ein-
mal! *selten*
Herrgott sackerment! *ugs selten*

12 **Scheibenhonig**! *ugs*
Scheibenkleister *ugs*
(verdammte) **Scheiße**! *vulg*

13 leck' mich am/(im) **Arsch**! *vulg*

14 **Gott** verdamm' mich! *ugs selten*

15 **Himmel** Donnerwetter!
Himmel, Arsch und Wolken-
bruch! *vulg*
Himmel, Arsch und Zwirn! *vulg*

16 fahr/. . . zur **Hölle** *(veraltend)*
fahr/. . . zum **Teufel**! *selten*
hol' dich/ihn/sie/. . . der **Kuk-
kuck**! *ugs*
hol' dich/ihn/sie/. . . der **Henker**!
ugs selten
hol' dich/ihn/sie/. . . der **Teufel**!
ugs
der **Kuckuck** soll dich/ihn/
sie/. . . holen! *ugs*
der **Henker** soll dich/ihn/sie/. . .
holen! *ugs selten*
der **Teufel** soll dich/ihn/sie/. . .
holen! *ugs*
daß dich/ihn/. . . der **Henker**! *ugs*

selten
daß dich/ihn/. . . der **Teufel**!
dich/die/den Peter/. . . **soll** doch
. . .!
geh'/geht/. . . zum **Kuckuck**! *ugs*
scher' dich/schert euch/. . . zum
Kuckuck!
scher' dich/schert euch/. . . zum
Henker! *ugs selten*
scher' dich/schert euch/. . . zum
Teufel (mit jm./etw.)! *ugs*

17 zum **Kuckuck** mit dem Herbert/
der Anna/. . .! *ugs*
zum **Teufel** mit dem Herbert/der
Anna/. . .! *ugs*

18 j. kann/soll mich/uns **gernhaben**
(mit etw.) *ugs*
der/die Tante Emma/. . . **kann**
mir mal! *ugs*
du kannst mir/er kann mir/. . .
gestohlen bleiben! *ugs*
j. soll/kann mir/uns/ihm/. . .
(mit etw.) **gestohlen** bleiben! *ugs*
blas'/blast mir (doch) auf den
Kopf! *ugs*
j. kann/soll mir/uns auf den
Kopf blasen (mit etw.) *ugs*
rutsch/rutscht/. . . mir (doch)
den **Buckel** runter! *ugs*
j. kann/soll mir/uns/. . . den
Buckel (mit etw.) herunterrut-
schen/(heraufsteigen/entlan-
grutschen/rauf und runterrut-
schen) *ugs*
du kannst mir/er kann uns/. . .
den **Buckel** runterrutschen! *ugs*
j. kann mir/uns mal im/beim
Mondschein begegnen *ugs*
j. kann mir/uns mal am **Abend**
begegnen *ugs*

19 j. kann mich/uns mal am **Ärmel**
küssen/(lecken) *ugs*
leck' mich am **Ärmel**! *vulg*
der/die Tante Emma/. . . **kann**
mich mal (kreuzweise) (mit etw.)!
vulg
leck' mich am/(im) **Arsch**! *vulg*
j. soll/kann mich/uns am/(im)
Arsch lecken! *vulg*
l.m.a.A.! *vulg*

20 wenn . . ., dann/deshalb brauchst
du/braucht er/. . . mich/ihn/. . .
(doch) nicht gleich/sofort/. . .
krummer **Hund** zu schimpfen
ugs
sag doch nicht gleich krummer
Hund! *ugs*

21 der/js. **Ton** ist rauh, aber herzlich

22 **rauh**, aber herzlich

Cb 20 sich beherrschen

1 ruhig **bleiben**
die/seine **Ruhe** bewahren
ruhig/kaltes **Blut** bewahren
sich nicht aus der **Ruhe** bringen
lassen
die **Fassung** bewahren
die **Nerven** behalten
kühlen **Kopf** behalten/bewahren
klaren **Kopf** behalten/bewahren
den **Kopf** oben behalten

2 sich nicht **irremachen** lassen

3 die/seine **Fassung** wiedergewin-
nen
sich wieder **fangen**

4 sich **zusammennehmen** *(oft Imp.)*
sich **zusammenreißen** *(oft Imp.)*
sich am **Riemen** reißen *(oft Imp.)*
die **Zähne** zusammenbeißen
(und/. . .)

5 sich in der **Gewalt** haben
sich in der **Hand** haben

6 seinen Zorn/seinen Unmut/. . .
im **Zaume** halten
seiner Leidenschaft/seiner
Schwatzsucht/seiner Begier-
de/. . . **Zügel** anlegen

7 seine **Zunge** beherrschen
seine/die **Zunge** im Zaum(e) hal-
ten
seine **Zunge** hüten/(zügeln)

8 an sich **halten** müssen, um etw.
nicht zu sagen/nicht zu la-
chen/. . .
sich **bremsen** (müssen), um nicht
ausfallend zu werden/. . . *ugs*

9 sich **Schranken** auferlegen *selten*
sich in **Schranken** halten *selten*

10 ruhig **Blut**!
immer kalt **Blut** und warm ange-
zogen *ugs*

11 (etw.) sine **ira** et studio (tun) *geh*

Cb 21 unerschütterlich

1 j. ist die **Ruhe** selbst/in Person
die **Ruhe** weghaben *ugs*

2 ein **Gemüt** wie eine Brummfliege
haben *ugs*

3 stoische **Ruhe**

4 **Nerven** wie Drahtseile/Stahl/
Kruppstahl/(Stricke/Bindfäden)
haben *ugs*

5 aus hartem **Holz** geschnitzt sein

6 ein dickes **Fell** haben *ugs*
eine **Elefantenhaut** haben *ugs*

7 im **Sturm** erprobt sein *iron*

8 über den **Dingen** stehen
drüber **stehen**
über der **Sache** stehen

9 etw. mit **Anstand** (er)tragen
etw. mit **Würde** (er)tragen *(oft
Imp.) iron*

10 sich etw./das nicht **anfechten** las-
sen
etw./das **ficht** jn. nicht an

11 den **Kopf** oben behalten
sich nicht **unterkriegen** lassen
(von jm./etw.) *ugs*
sich nicht **runterkriegen** lassen
ugs

12 (tapfer/. . .) sein **Kreuz** tragen *ugs*

13 nicht **wanken** und nicht weichen
path
wie ein **Fels** (in der Brandung)
dastehen *path*

14 ohne mit der **Wimper** zu zucken
der ruhende **Pol** (in der Familie/
der Gruppe/. . .) sein

15 der ruhende **Pol** in der Erschei-
nungen Flucht sein *geh*

16 das/etw. kann doch einen **See-
mann** nicht erschüttern *ugs*

17 Kritik/. . . läuft/geht an jm. ab
wie **Wasser**

Cc 1 gute Seele, guter Kern:
eine Seele von Mensch; nie-
mandem etwas zuleide tun
können; einen guten Kern
haben

---

1 ein guter **Kerl** (sein)
ein herzensguter **Kerl** (sein)

2 eine gute **Seele** sein
eine **Seele** von Mensch/einem
Menschen sein
die wandelnde **Güte** sein

3 ein wahrer **Engel** sein

4 eine **Perle** sein

5 ein gutmütiges **Schaf** sein *ugs*

6 jm. nichts/niemandem etwas/. . .
zuleide tun (können)
niemandem etw. **Böses** tun/an-
tun (können)
keiner **Fliege** etw. zuleide tun
(können)
niemandem ein/keinem ein/jm.
nie ein/jm. kein **Härchen** krüm-
men
niemandem ein/keinem ein/jm.
nie ein/jm. kein **Haar** krümmen

7 eine rauhe **Schale** haben
rauhe **Schale**, weicher Kern

8 ein ungeleckter **Bär** sein

9 einen guten **Kern** haben

10 js. besseres **Ich**

11 ein **Ausbund** an Tugend (sein) *ugs*

Cc 2 Herz haben, ans Herz
gehen: ein (zu) weiches Herz
haben; es blutet einem das
Herz, wenn . . .; zum Herz-
zerbrechen sein; Nachsicht
haben; Balsam auf js. Wunde
sein

---

1 (auch) ein **Mensch** von/(aus)
Fleisch und Blut sein

2 nicht aus **Stein** sein
nicht aus **Eisen** sein

3 **Anteil** nehmen (an etw.)

4 ein weites **Herz** haben

5 (viel) **Herz** haben
ein gutes **Herz** haben

6 **warmherzig** sein
ein **warmherziger** Mensch/. . .
sein

7 ein weiches **Herz** haben
ein zu weiches **Herz** haben

8 leicht **gerührt** sein *(oft Apposi-
tion) ugs*

9 aus (lauter) **Gnade** und Barmher-
zigkeit

10 ich bin/er ist/der Peter ist/. . .
doch kein **Unmensch**! *ugs*

11 jm. **leidtun**

12 jm. (sehr) zu **Herzen** gehen
jm. (sehr) ans **Herz** gehen
jm. in der **Seele** wehtun
etw. greift ans **Herz** (es greift . . .,
wenn) *path*

13 es bricht jm./einem das **Herz**,
wenn . . . *path*
es zerreißt jm./einem (fast/
schier) das **Herz** (wenn . . .) *path*
es schneidet einem/(jm.) ins
Herz (wenn . . .) *path*
das **Herz** krampft/schnürt sich
(jm.) zusammen (bei etw./wenn
. . .)
es blutet jm./es blutet einem/
jm. blutet das **Herz** (bei etw./
wenn . . .) *path*
das **Herz** dreht sich (jm./einem)
im Leib(e) um (bei etw./wenn
. . .) *ugs*
es dreht sich (jm./einem) das
Herz im Leib(e) um (bei etw./
wenn . . .) *ugs*
es tut jm./einem das **Herz** im
Leib(e) weh (bei etw./wenn . . .)
ugs
das **Herz** tut einem/jm. im
Leib(e) weh (bei etw./wenn . . .)
ugs

14 jm./einem schnürt sich/es die
Kehle zusammen (bei etw./wenn
. . .) *path*

15 zum **Herzzerbrechen** sein *path*
zum **Steinerweichen** sein
es könnte einen **Stein** erbarmen/
erweichen, wenn . . . *path*
etw./das möchte einen **Heiden** er-
barmen *path selten*
etw./das kann einen **Hund** erbar-
men/jammern machen *path*
etw. ist zum **Gotterbarmen** *path*

16 js. **Herz** rühren
js. **Herz** erweichen
j. kann es nicht mit **ansehen**, wie
. . .

17 sein **Herz** sprechen lassen

18 mit jm. **Nachsicht** haben

19 **Gnade** vor/(für) Recht ergehen
lassen

20 **Böses** mit Gutem vergelten/(er-
widern)

21 das/etw. kann jedem (einmal/
mal) **passieren**

22 das kommt in den besten **Fami-
lien** vor *ugs*

23 jm. **Trost** spenden

24 jm. ein Geschenk/gutes
Wort/. . . als **Trostpflaster** geben

25 ein **Pflaster** auf js. Wunde/die
Wunde/js. Schmerzen/die

Schmerzen/. . . sein
Balsam auf js. Wunde(n) sein
Balsam auf/in die/js. Wunde(n)
gießen
js. **Worte** sind Balsam auf js.
Wunde/(auf js. wundes Herz)

26 jn. mit **Zuckerbrot** und Peitsche
behandeln/. . .

27 jm. eine/die bittere **Pille** versü-
ßen/(verzuckern)

Cc 3 hartherzig; rücksichts-los

1 ein enges **Herz** haben

2 kühl bis ans **Herz** hinan (sein/
bleiben)

3 kalt/kühl wie eine **Hundeschnau-
ze** sein *ugs*

4 kein/keinerlei **Mitgefühl** haben
kein **Mitleid** haben/kennen

5 kein **Herz** haben
kein **Herz** im Leib(e) haben *ugs*
bar jeden **Gefühls** sein *path*

6 kalt wie ein **Fisch** sein *ugs*
Fischblut (in den Adern) haben
Froschblut (in den Adern) haben

7 ein kaltes **Herz** haben
ein **Herz** wie Eis haben

8 ein hartes **Herz** haben
ein steinernes **Herz** haben
ein **Herz** aus Stein haben
einen **Stein** statt ein Herz/(des
Herzens) in der Brust haben *path*

9 kalt wie **Stein** sein
kalt wie **Marmor** sein *selten*

10 sich mit einem **Panzer** an Gleich-
gültigkeit/. . . umgeben

11 kein **Erbarmen** kennen

12 über **Leichen** gehen

13 kalt **bleiben** (bei einer Bitte/. . .)
ungerührt **bleiben** (bei einer Bit-
te/. . .)
jn. (ganz) **kaltlassen**

14 und wenn er/sie/. . . auf den
Knien gerutscht kommt/käme,
. . . *ugs*

15 mit eisiger **Kälte** etw. tun/jn. be-
handeln/. . .

16 ohne **Rücksicht** auf jn./etw.
ohne **Gnade** und Barmherzigkeit
ohne **Rücksicht** auf Verluste
(handeln) *ugs*

17 ein kalter **Hauch** weht jn. an *geh*

Cc 4 anständiger Mensch: eine ehrliche Haut sein; sei-nen Namen nicht hergeben für . . .

1 ganz in **Ordnung** sein
schwer in **Ordnung** sein *ugs*

2 ein anständiger **Kerl** (sein)

3 eine anständige **Haut** sein
eine ehrliche **Haut** sein
eine brave **Haut** sein

4 nicht zu der **Sorte** gehören (die
. . .) *ugs*
nicht von der **Sorte** sein, die . . .
ugs

5 etw. ist unter js. **Würde**/es ist un-
ter js. Würde, zu . . .

6 sich (mit etw.) die **Hände** nicht
schmutzig machen (wollen)

7 seinen **Namen** für etw. nicht her-
geben

8 auf der schmalen **Straße** des
Rechts gehen *path*

9 wenn/solange du/er da/bei. . .
keine silbernen **Löffel** stiehlst/
stiehlt/klaust/klaut, kannst du/
kann er da ewig arbeiten/. . .

10 etw. um der **Ehre** willen tun

11 kein **Heiliger** sein

Cc 5 Pflichtbewußtsein, Vor-bild: ohne Tadel sein; ein Mu-ster an Hingabe, Fleiß . . . ; jm. auf Schritt und Tritt folgen; von jm. kann sich manch einer eine Scheibe ab-schneiden; jm. als Richt-schnur dienen

1 seinem **Namen** alle Ehre machen
jm./e-r S. **Ehre** machen

2 an jm. ist kein **Mangel** *selten*
an jm. gibt es keinen **Mangel** *sel-
ten*
an jm. ist kein **Makel** *geh*
ohne **Tadel** sein

3 dem **Ruf** der Pflicht folgen *(oft
iron.)*
(immer/nur/. . .) seine **Pflicht**
tun
treu und brav seine **Pflicht** tun
vor **Gott** und den Menschen sei-
ne Pflicht tun *path*

4 sein **Soll** erfüllen
seine Verpflichtung(en)/Pflich-
ten/. . . bis auf den letzten
Buchstaben erfüllen

5 nicht vom rechten/(geraden)
Weg(e) weichen *path*
seinen geraden **Weg** gehen

6 den **Weg** der Tugend/. . . be-
schreiten *path*
den/auf dem **Pfad** der Tugend
wandeln *path*

7 etw. tun, (so) wie es **Gott** gefällt
path selten
ein gottgefälliges **Leben** führen

8 ein **Muster** an Hingabe/Fleiß/
Kollegialität/. . . sein
das **Muster** eines (guten/. . .)
Schülers/Ehemannes/. . . sein/
(abgeben)

9 mit gutem **Beispiel** vorangehen
(jm.) ein (gutes/. . .) **Beispiel** ge-
ben

10 vor Edelmut/Weisheit/Mildtä-
tigkeit/. . . **triefen** *iron*

11 ein **Ausbund** an Tugend (sein) *ugs*

12 jm. auf **Schritt** und Tritt folgen
jm. wie sein **Schatten** folgen
jm. nachlaufen wie ein **Hund**
wie eine **Klette** an jm. hängen
sich wie eine **Klette** an jn. hän-
gen
die reinste/eine richtige/. . . **Klet-
te** sein

13 sich ein **Beispiel** nehmen an jm./
dem Verhalten von jm.
sich jn./etw. zum **Vorbild** neh-
men

14 in/auf js. **Spuren** wandeln
(immer und überall/. . .) js. **Spu-
ren** folgen
in js. **Fußstapfen** treten

15 jm. jn. (dauernd/. . .) als **Muster**
vorhalten

16 von dem/der/dem Peter/. . .
könnte sich manch einer/könn-
ten sich viele/. . . eine **Scheibe**
abschneiden *ugs*
da könnte sich manch einer/
könnten sich viele/. . . eine **Schei-
be** von abschneiden *ugs*
da kannst du dir/kann er
sich/. . . eine **Scheibe** von ab-
schneiden *ugs*
da könnte sich manch einer/
könnten sich viele/. . . ein **Stück**
von abschneiden *ugs*
da kannst du dir/kann er
sich/. . . ein **Stück** von abschnei-
den *ugs*
da könnte sich manch einer/
könnten sich viele/. . . ein **Stück-
chen** von abschneiden *ugs*
da kannst du dir/kann er
sich/. . . ein **Stückchen** von ab-
schneiden *ugs*

17 jn./etw./so einen wie . . ./. . .
muß/kann man mit der **Laterne**
suchen *ugs*

18 jn. in die **Pflicht** nehmen

19 die **Pflicht** ruft! *iron*

20 es ist js. (verdammte) **Pflicht** und
Schuldigkeit, etw. zu tun *path*

21 den **Samen** des Guten in ein
Kinderherz/in die Herzen der
Kinder/. . . senken *path*

22 jm. als **Richtschnur** dienen (für
etw.)
jm. als **Richtlinie** dienen (für
etw.)

23 sich etw. zur **Richtschnur** (seines
Handelns) machen

24 sich nach einem **Schema** richten
sich an ein (festes) **Schema** hal-
ten

25 **Schule** machen *(Verhalten)*

26 ein **Schulbeispiel** sein für etw.

Cc 6 schlechte Gesellschaft,
Abwege: auf die schiefe Ebe-
ne geraten, krummen Wege
gehen; jn. aus der Bahn wer-
fen; schlechten Umgang ha-
ben; den Halt verlieren, su-
chen; jn. wieder auf den rich-
tigen Weg bringen; wieder
ins Gleis kommen

1 ein **Sklave** seiner Geliebten/sei-
ner Leidenschaften/. . . sein/
werden
sich zum **Sklaven** seiner Gelieb-
ten/seiner Leidenschaften/. . .
machen

2 jm./einem Laster/. . . **verfallen**
sein

3 dem **Laster** frönen *geh oder iron*

4 vom rechten/(geraden) **Weg** ab-
weichen/(weichen)
vom **Weg** der Pflicht/des Geset-
zes/der Moral/. . . abkommen/
abweichen *path*
vom (rechten) **Weg** abkommen
vom rechten **Pfad** abkommen *sel-
ten*

5 vom **Pfad** der Tugend abweichen
path
den **Pfad** der Tugend verlassen
path

6 aus der **Bahn** geraten
(ganz/. . .) aus dem **Gleis** gera-
ten/kommen
(ganz/. . .) aus dem **Geleise** gera-
ten/kommen

7 aufs falsche **Gleis** geraten

8 auf **Abwege** geraten
auf die schiefe/(abschüssige) **Ebe-
ne** geraten/(kommen)
auf die schiefe/(abschüssige)
Bahn geraten/(kommen)

9 unter die **Räder** kommen *ugs*
unter den **Schlitten** kommen *ugs*
selten

10 auf dem falschen/verkehr-
ten/. . . **Weg** sein

11 **Seitenwege** gehen *selten*

12 krumme **Wege** einschlagen *ugs*
krumme **Wege** gehen *ugs*
verbotene **Wege** gehen
auf krummen **Pfaden** wandeln/
(gehen) *selten*

13 auf der schiefen **Bahn** sein

14 jn. (ganz/. . .) aus dem **Gleis** brin-
gen
jn. (ganz/. . .) aus dem **Geleise**
bringen
jn. von seinem/vom rechten **Weg**
abbringen
jn. vom rechten **Pfad** abbringen

15 jn. aus der **Bahn** werfen/(schleu-
dern)

16 jn. auf **Abwege** führen

17 jn. dem Verbrechen/dem La-
ster/. . . in die **Arme** treiben

18 in schlechte **Gesellschaft** geraten

19 in den **Sog** einer schlechten Ge-
sellschaft/der Stadt/. . . geraten
sich mit jm. gemein **machen** *sel-
ten*

20 unter die **Räuber** fallen *iron*

21 in einen (regelrechten/. . .)
Sumpf geraten *path*
im **Sumpf** der Großstadt/von
Paris/. . . untergehen/versin-
ken/. . . *path*

22 schlechten **Umgang** haben
in schlechter **Gesellschaft** ver-
kehren

23 das/der Peter/. . . ist kein **Um-
gang** für dich/meine Toch-
ter/. . .!

24 in der **Gosse** landen/enden *path*
im **Rinnstein** landen/enden *path*
selten

25 sich in der **Gosse** wälzen *path sel-
ten*
in einem (richtigen/. . .) **Sünden-
pfuhl** leben *path*

26 **Schaden** nehmen/leiden an sei-
ner Seele *path*

27 j. hat sehr **verloren**

28 nicht/nicht ganz im **Lot** sein
etw. ist nicht im **Lot** mit jm.

29 aus dem **Trott** geraten/kommen

30 das (innere) **Gleichgewicht** verlie-
ren
den **Halt** verlieren
aus dem **Gleichgewicht** kommen
sich dem Laster/dem Vergnügen
in die **Arme** werfen

31 moralisch **sinken**
von **Stufe** zu Stufe sinken
tief **sinken**

32 zum **Tier** herabsinken *path*

33 vor die **Hunde** gehen *ugs*
(nervlich/mit den Nerven/mo-
ralisch/. . .) auf den **Hund** kom-
men *ugs*

34 (nur noch/. . .) ein (menschli-
ches) **Wrack** sein

35 so weit ist es also/es ist ja
weit/. . . **gekommen** (mit jm./
etw.)!

36 etw. für unter seiner **Würde** hal-
ten

37 (jm.) ein warnendes **Beispiel** geben/sein

38 **Halt** suchen (in/bei jm.)
   Halt finden (in/bei jm.)

39 jn. auf den rechten/(richtigen)
   Weg bringen
   jn. auf die richtige/(rechte) **Bahn**
   bringen
   jn. auf den rechten **Pfad** zurückführen *path*
   jn./etw. auf **Vordermann** bringen
   ugs
   jn. (wieder) ins **Gleichgewicht**
   bringen

40 zu sich selbst **zurückfinden**

41 sich sein (inneres) **Gleichgewicht**
   bewahren
   sich (so leicht/...) nicht aus dem
   Gleichgewicht bringen lassen

42 sich wieder **fangen**
   wieder ins **Gleis** kommen
   wieder auf die richtige **Bahn**
   kommen
   wieder **Tritt** fassen

43 auf dem richtigen/rechten/...
   Weg sein
   auf der rechten **Bahn** sein

44 auf gutem **Weg(e)** sein

Cc 7 Unehrenhaftigkeit, Schande: keinen Funken Ehre im Leib haben; ein übler Kunde sein; ein verirrtes Schaf

1 ein weites **Gewissen** haben

2 zwischen Recht und Unrecht/...
   nicht **unterscheiden** können

3 keinen **Funken** Anstand/
   Ehre/... im Bauch/im Leib haben *path ugs*
   keine **Ehre** im Leib(e) haben *path*

4 jm. ist nichts **heilig**
   vor nichts/niemandem/... **Halt**
   machen

5 so schlecht sein/handeln, daß es
   eine **Schande** ist

6 ein lockerer/loser **Vogel** sein *ugs*
   ein übler/... **Patron** sein *ugs*
   ein übler **Kunde** sein
   ein übles **Element** sein
   üble **Elemente**

7 ein Schurke/... ersten **Ranges**
   (sein)
   ein Schelm/ein Schurke/ein Verbrecher/ein gerissener Hund/ein
   gerissener Lügner/... **sondergleichen** sein
   ein Gauner/Lügner/Angeber/... der übelsten **Sorte** *ugs*
   ein Gauner/Lügner/Angeber/... der übelsten **Art** *ugs*

8 ein **Schwein** sein *ugs*
   ein (mieser/gemeiner) **Hund** sein
   ugs
   eine miese/elende **Ratte** sein *vulg*

9 der letzte **Dreck** sein *vulg*

10 zum **Abschaum** der Menschheit
   gehören *vulg*
   das lichtscheue **Gesindel** *path*

11 ein schwerer **Junge**

12 jn. nur/... im **Bösen** gewinnen/
   kriegen/... können

13 das **Licht** scheuen
   das **Licht** des Tages scheuen *path*
   das **Tageslicht** scheuen

14 (jm.) ein schlechtes/... **Beispiel**
   geben

15 ein Mädchen/eine Frau in **Schande** bringen *path selten*

16 **Schande** über eine Familie/...
   bringen *path*

17 das schwarze **Schaf**(in) der Familie sein
   ein verirrtes **Schaf** sein
   ein verlorenes **Schaf** sein

18 jn. mit **Schimpf** und Schande davonjagen/...
   jn. mit **Schmach** und Schande davonjagen/...

19 von jm. nimmt kein **Hund**
   (mehr) ein Stück Brot/einen Bissen Brot/(einen Bissen) *ugs*

20 **Schmach** und Schande über jn.!
   path
   es ist eine **Schande**, daß .../wie
   ...

21 um sich **greifen** (Unsitten/...)
   Platz greifen (Unsitten/...)
   Überhand nehmen (Unsitten/...)

22 seinen **Namen** für etw. hergeben

23 **Sodoma** und Gomorra *geh*

24 eine **Moral** mit doppeltem Boden

25 mach'/macht/... mir/uns/deinem Vater/... keine **Schande**!

26 sich etw. nicht **nachsagen** lassen
   zu meiner/deiner/ihrer/...
   Schande sei gesagt:.../sei es gesagt:...

27 ich muß zu meiner **Schande** gestehen, daß ...

Cc 8 boshaft, gemein: ein wahrer Teufel, eine richtige Hexe sein; mit den bösen Mächten im Bunde stehen

1 ein **Hund** sein *vulg*
   ein gemeiner/unverschämter/
   sauberer/... **Patron** sein *ugs*
   ein gemeines **Stück** sein *vulg*
   ein (gemeines) **Aas** sein *vulg*
   ein (gemeines) **Luder** sein *ugs*

2 eine **Giftnudel** sein *ugs*

3 eine schwarze **Seele** haben *path*
   eine schwarze **Seele** verraten *selten*

4 ein (wahrer/leibhaftiger) **Teufel**
   sein
   der reine/reinste **Teufel** sein
   ein **Teufel** in Menschengestalt
   sein
   ein **Satan** in Menschengestalt
   sein

5 eine **Bestie** sein *path*

6 ein unmögliches/elendes/verfluchtes/... **Weibsbild** *ugs*

7 eine kleine **Kröte** sein

8 eine giftige **Kröte** sein

9 eine (wahre/...) **Furie** sein
   (Frauen)
   eine (richtige/ausgemachte)
   Hexe sein
   eine böse **Sieben** sein *selten*
   ein böses **Weib** *selten*

10 mit dem **Teufel** im Bunde stehen/
   sein *geh*
   es scheint/..., j. steht/ist mit
   dem **Teufel** im Bunde *geh*
   mit den bösen **Mächten** im Bunde stehen *geh*
   mit den **Mächten** des Bösen im
   Bunde stehen *geh*

11   seine **Seele** dem Teufel verschrei-
ben *geh*
seine **Seele** dem Bösen verschrei-
ben *geh*

12   vom **Teufel** besessen sein *path*

13   den bösen **Blick** haben *selten*

14   bei jm. zeigt sich/... der innere
Schweinehund *ugs*

15   mit konstanter **Bosheit** etw. tun

16   **Gutes** mit Bösem vergelten/er-
widern *geh*

17   der **Wolf** in der Fabel *geh*
lupus in fabula *geh*

18   die schwarze **Magie** *geh*
die schwarze **Kunst**

19   die weiße **Magie** *geh*

Cc 9   frech, unverschämt; sich allerhand herausneh-men

1   ein (richtiger/regelrechter) (klei-
ner) **Teufel** sein
ein (richtiger/regelrechter) **Deu-
bel** sein *ugs*
ein **Teufelchen** sein *ugs*

2   ein **Engel** mit dem B davor sein
ugs

3   ein frecher **Dachs** sein *ugs*
ein frecher **Hund** sein *ugs*
eine freche **Rübe** *ugs*
eine freche **Kröte** sein *ugs*
ein freches/dreistes **Stück** sein
ugs

4   ein freches **Ding** sein *ugs*

5   frech wie **Dreck** sein *vulg*
frech wie ein **Rohrspatz** sein *ugs*
frech wie **Straßendreck** sein *vulg*
frech wie **Rotz** am Ärmel *vulg*
frech wie **Oskar** sein *ugs*

6   den **Teufel** im Leib haben
den **Teufel** im Balg haben *ugs*
in den/die Karin/... ist wohl der
Teufel gefahren? *ugs*

7   sich über alle Konventionen/
Normen/Formen **hinwegsetzen**
sich die **Freiheit** nehmen, zu ...

8   sich (einfach/...) **herausnehmen**,
etw. zu tun

9   sich viel/allerhand/zu viel/...
herausnehmen
sich allerhand/zu viele/... **Frei-
heiten** (gegen jn.) erlauben/her-
ausnehmen

10   die **Stirn** haben, etw. zu tun
die **Frechheit** haben, etw. zu tun
die **Unverschämtheit** haben, etw.
zu tun

11   sich mal wieder/vielleicht/...
ein **Stückchen** leisten *ugs*
j. hat sich (da/ja) (vielleicht)
was/(etwas) **geleistet**

12   sich mausig **machen** *ugs*

13   die **Sau** rauslassen *vulg*

14   jm. dumm **kommen**/wenn du
mir dumm kommst, .../komm'
mir nicht dumm! *ugs*

15   eine Auseinandersetzung/...
nimmt unangenehme/schar-
fe/... **Formen** an

16   **dumm**, dreist und gottesfürchtig
(sein) *iron*

Cc 10   schlechter Ruf: keinen guten Ruf haben; ins Gerede kommen, bringen

1   in dem **Ruf** eines ... stehen
in dem/im **Geruch** eines ... ste-
hen *selten*

2   keinen guten/einen schlech-
ten/... **Ruf** haben/(genießen)
in keinem guten/einem schlech-
ten **Ruf** stehen

3   keinen guten **Leumund** haben
geh
in keinem guten **Geruch** stehen
selten

4   sein/das **Gesicht** verlieren

5   ins **Gerede** kommen
in üble **Nachrede** kommen/ge-
raten *selten*
in einen schlechten **Geruch** kom-
men *selten*
in **Mißkredit** geraten
in **Verruf** geraten/kommen

6   in **Schande** geraten *path*

7   ein **Gerücht** in Umlauf setzen
Gerüchte in Umlauf setzen

8   jn. in ein falsches/ins falsche
Licht rücken/setzen/(stellen)
(bei jm.)

9   jn./etw. in den **Augen** anderer/
der anderen/... herabsetzen

10   jn. ins **Gerede** bringen
jn. in üble **Nachrede** bringen *sel-
ten*
jn./etw. in **Mißkredit** bringen
jn./etw. in einen schlechten/üb-
len/... **Ruf** bringen
jn. in **Verruf** bringen (bei jm.)
js. (guten) **Namen** in Verruf brin-
gen/kaputtmachen/...

11   jn. **bloßstellen**

12   jm. die **Ehre** abschneiden/(be-
sudeln) *path*

13   es bleibt (immer/...) etw. **hängen**
(von übler Nachrede/...)

14   wer einmal aus dem **Blechnapf**
frißt ...

Cc 11   Selbstwert: von sich selbst überzeugt sein; ange-ben; andere von oben herab behandeln; große Töne spuk-ken; Eindruck schinden; im-mer eine Extrawurst gebra-ten haben wollen; jm. in den Kopf steigen; jm. fällt kein Stein aus der Krone, wenn

1   j. braucht sich nicht zu **verstek-
ken** (mit etw.)

2   sein **Licht** leuchten lassen
sein **Licht** nicht unter den Schef-
fel stellen

3   sich in ein vorteilhaftes/in ein
günstiges/ins rechte/(ins richti-
ge) **Licht** zu setzen/(stellen/rük-
ken) wissen/... (bei jm.)

4   (zu) sehr/stark von sich (selbst)
überzeugt sein
etw. auf sich **geben**
etwas/viel/nichts/... auf sich
halten
wer etwas auf sich **gibt**, der ...

5   sich etwas/allerhand/viel/... **zu-
gutehalten** auf etw.
sich etwas/allerhand/viel/... **zu-
gutetun** auf etw.

6   im **Vollgefühl** seiner Überlegen-
heit/Würde/...

7   etw. für unter seiner **Würde** hal-
ten

8   sich viel/allerhand/eine Menge/
allerlei/etwas/... **einbilden** (auf
etw.) *ugs*

9 groß **tun** mit etw. *ugs*
sich wichtig **machen** (mit etw.)
ugs
sich wichtig **tun** mit etw. *ugs sel-
ten*
sich dick **machen** mit etw. *ugs
selten*
dick **tun** mit etw. *ugs selten*
(vielleicht) einen/viel **Wind** (um
jn./etw.) machen *ugs*

10 (immer/wieder einmal/. . .) et-
was **Besonderes** sein wollen
(immer/wieder einmal/. . .) mei-
nen, man wäre etwas **Besonderes**
(immer/wieder einmal/. . .) et-
was **Besseres** sein wollen
(immer/wieder einmal/. . .) mei-
nen, man wäre etwas **Besseres**

11 der/die/. . . **fühlt** sich aber/viel-
leicht/aber vielleicht *ugs*

12 meinen/glauben/. . ., man wäre
wer **weiß** wer/was
meinen/glauben/. . ., man
wäre/. . . **wunders** was/wie
. . ./. . .
sich **wunders** was einbilden/. . .
j. meint/. . ., er hätte das **Pulver**
erfunden
j. meint/. . ., er hätte das **Schieß-
pulver** erfunden
meinen/sich einbilden/. . ., man
könnte den anderen/allen Leu-
ten/. . . auf den **Hut** spucken *ugs*
j. meint, er hört/(höre) das **Gras**
wachsen/könnte/(könne) das
Gras wachsen hören *ugs*
j. tut so, als hörte er das **Gras**
wachsen/als könnte er das Gras
wachsen hören *ugs*

13 der/. . . meint, er hätte ein **Patent**
darauf/auf etw. *ugs*

14 du/das/der/der Peter/. . . bist/ist
(mir) ein ganz **Schlauer** *ugs*

15 das **Ei** will (wohl/wieder ein-
mal/. . .) klüger sein als die Hen-
ne
deine/seine/. . . **Weisheit(en)**
kannst du/kann er/. . . für dich/
sich/. . . behalten
deine/seine/. . . **Weisheiten**
kannst du/kann er/. . . für dich/
sich/. . . behalten

16 (immer/. . .) (so) viel **Wind** ma-
chen *ugs*

17 ein kleiner **Gernegroß** sein

18 eine (ganz) schöne/vielleicht eine
Stange angeben *ugs*
angeben wie eine **Tüte** Mücken
ugs

angeben wie ein **Sack** Seife *ugs*
angeben wie Graf Rotz *vulg sel-
ten*

19 ein **aufgeblasener** Kerl/Narr/
Geselle/. . . (sein)
sich aufblasen wie ein **Frosch** *ugs*
ein aufgeblasener **Frosch** sein *ugs*
ein eitler/eingebildeter/. . . **Affe**
sein *ugs*
sich gebärden/aufblasen wie ein
Truthahn *ugs*
ein eingebildeter **Fatzke** sein *vulg*
ein eingebildeter/. . . **Pinkel** sein
vulg

20 ein **Esel** in der Löwenhaut sein
selten
ein **Esel** im Wolfspelz sein *selten*

21 einen **Nagel** im Kopf haben

22 den großen Interpreten/den Be-
leidigten, . . . **spielen**

23 auf **Kothurnen** schreiten *geh*
auf hohem **Kothurn** einherschrei-
ten *geh*

24 sich ein **Ansehen** geben
viel **Aufhebens** von sich machen

25 sich mit dem **Nimbus** des Künst-
lers/großen Wissenschaftlers/. . .
umgeben

26 sich die **Miene** eines/einer . . . ge-
ben
sich das **Air** eines Mannes von
Welt geben/zu geben suchen *geh*

27 groß **auftreten** (als/wie ein/. . .)
großartig **auftreten** (als/wie ein/. . .)

28 mit überlegener **Miene** tun/be-
trachten/. . .

29 den großen **Herrn** spielen/mar-
kieren/mimen
den großen **Mann** spielen/mar-
kieren/mimen
den großen/feinen/reichen/. . .
Herrn herauskehren
den großen/feinen/reichen/. . .
Mann herauskehren
den feinen **Herrn** spielen/mar-
kieren/mimen
den starken **Mann** spielen/mar-
kieren/mimen

30 die feine **Dame** spielen/markie-
ren/mimen

31 den **Kopf** hoch tragen
die **Nase** hochtragen

32 auf dem hohen **Roß** sitzen
sich aufs hohe **Roß** setzen
sich aufs hohe **Pferd** setzen *selten*

33 sich über etw./jn. **erhaben** fühlen
sich gern über andere **erheben**
selten

34 jn. von **oben** herab behan-
deln/. . .
mit jm. von **oben** herab spre-
chen/umgehen/. . .

35 jn. wie einen dummen **Jungen**
behandeln *ugs*

36 sich jm. (immer/unbedingt/. . .)
an die **Seite** stellen wollen

37 allein/immer das große **Wort**
führen (wollen/müssen)

38 den **Mund** (mal wieder/. . .) (so/
zu/reichlich) vollnehmen *ugs*
das **Maul** (mal wieder/. . .) (so/
zu/reichlich) vollnehmen *vulg*

39 groß **daherreden** *ugs*
große **Reden** führen/halten/
schwingen

40 eine große **Lippe** riskieren
ein großes **Mundwerk** haben *ugs*
eine große **Klappe** riskieren/ha-
ben *ugs*

41 den **Mund** (immer/. . .) zu sehr/
so weit/. . . aufreißen *ugs*
den **Rand** (immer/. . .) zu sehr/
so weit/. . . aufreißen *ugs*
den **Schnabel** (immer/. . .) so
sehr/so weit/. . . aufreißen *ugs*
die **Klappe** (immer/. . .) so sehr/
so weit/. . . aufreißen *ugs*
das **Maul** (immer/. . .) zu sehr/
so weit/. . . aufreißen *vulg*
die **Schnauze** (immer/. . .) zu
sehr/so weit/. . . aufreißen *vulg*

42 große **Töne** spucken/(reden) *ugs*
große **Bögen** spucken *ugs selten*

43 einen großen **Mund** haben
ein großes **Mundwerk** haben *ugs*
ein großes **Maulwerk** haben *ugs*
eine große **Klappe** haben *ugs*
ein großes **Maul** haben *vulg*
eine große **Schnauze** haben *vulg*

44 (ständig/. . .) große **Worte** im
Mund(e) führen

45 **Schaum** schlagen *ugs*
ein **Schaumschläger** sein

46 mit seinem Geld/seinen Kennt-
nissen/gelehrten Brocken/. . .
(nur so) um sich **werfen**

47 sich (mit etw.) (nur/. . .) interes-
sant **machen** (wollen)
(mit etw.) **Eindruck** schinden
wollen (bei jm./in . . ./. . .)

48 mit einer Geschichte/Leistungen/... **hausieren** gehen *ugs*

49 sich mit fremden **Federn** schmükken

50 ein Ausdruck/Vergleich/... ist sehr/zu/... **gesucht**

51 so **kariert** daherreden/... *oft*: quatsch nicht so kariert! *ugs*

52 nicht auf js. **Mist** gewachsen sein *ugs*

53 erhobenen **Hauptes** dahergehen/... *geh*
mit erhobenem **Haupt** dahergehen/... *geh*

54 sich in die **Brust** werfen
den **Kopf** (stolz) in den Nacken werfen

55 auf **Stelzen** gehen *selten*

56 sich in **Positur** werfen/schmeißen

57 sich in **Positur** setzen
sich in **Positur** stellen

58 stolz wie **Oskar** auftreten/... *ugs*
herumstolzieren/... wie ein **Truthahn**
herumstolzieren/... wie der/ein **Hahn** auf dem Mist *ugs*

59 eitel sein/sich spreizen/einherstolzieren wie ein **Pfau**

60 einen regelrechten/richtigen/ganzen **Klempnerladen** an der Brust tragen/haben *ugs*

61 sich in den **Vordergrund** drängen
sich in den **Vordergrund** spielen

62 es verstehen/..., sich in **Szene** zu setzen

63 nur mit **seinesgleichen** umgehen/verkehren/...

64 auf **Schau** machen *ugs*
eine **Schau**/(Show) abziehen *ugs*
eine **Nummer** abziehen *ugs*

65 jm. die **Schau** stehlen

66 (immer/...) eine **Extrawurst** gebraten haben wollen *ugs*
meinen/glauben/..., es würde einem eine **Extrawurst** gebraten *ugs*

67 jm. keine/nicht immer eine/... **Extrawurst** braten (können) *ugs*

68 jm. in den **Kopf** steigen
jm. zu **Kopf(e)** steigen
jm. in die **Krone** steigen *ugs*

69 jm. fällt keine **Perle** aus der Krone, wenn ...
jm. fällt kein **Stein** aus der Krone, wenn ...
jm. bricht/fällt kein(e) **Zacke(n)** aus der Krone, wenn ... *ugs*
sich nichts **vergeben**, wenn ...

70 **hab'** dich/habt euch/... doch nicht so!

71 die große **Nummer**

72 große **Klappe**, nichts dahinter *ugs*

73 **Einbildung** ist auch eine Bildung *ugs*

Cc 12 (sich) bescheiden (müssen)

1 sein **Licht** unter den Scheffel stellen

2 j. blüht wie ein **Veilchen** (im Moose) *selten*

3 ein stilles **Wasser** sein
stille **Wasser** sind tief

4 mit jm./etw. **vorliebnehmen** (müssen)
(etwas/ein wenig/...) **zurückstecken** (müssen)
einen **Pflock** zurückstecken (müssen) *selten*

5 **kurztreten** müssen (mit etw.)

6 in **Ermangelung** eines Besseren sich mit ... begnügen müssen/...
faute de **mieux** (etw. tun müssen)

7 **unsereiner** ist ja schon mit wenigem zufrieden/kann sich so etw. nicht leisten/...

8 (in/bei/...) (auch) keine **Bäume** ausreißen können

9 die **Bäume** wachsen nicht in den Himmel (für jn.)
es ist dafür gesorgt/es ist nun einmal so/..., daß die **Bäume** (für jn.) nicht in den Himmel wachsen

Cc 13 nicht falsch: wahrhaftig, wahr; (genau) richtig; im Ernst

1 an jm. ist kein **Falsch**
ohne **Falsch** sein
es ist kein **Arg** an jm. *path*
ohne **Arg** sein

2 die **Tatsachen** sprechen lassen

3 sich auf den **Boden** der Tatsachen/der Wirklichkeit stellen
auf dem **Boden** der Tatsachen stehen
auf dem **Boden** der Tatsachen bleiben

4 (das sind/...) die nackten **Tatsachen**

5 bei der **Wahrheit** bleiben
nicht umhin können/..., der **Wahrheit** die Ehre zu geben
um der **Wahrheit** die Ehre zu geben
der **Wahrheit** zuliebe (muß man sagen/muß man zugeben/...)
j. müßte **lügen**, wollte er sagen/wenn er sagen sollte, daß .../...

6 nach bestem **Wissen** und Gewissen aussagen/handeln/...
mit gutem **Gewissen** zu etw. raten können/etw. sagen können/...
guten **Gewissens** zu etw. raten können/etw. tun können/...

7 (aber) **ehrlich**! *ugs*
ehrlich währt am längsten

8 **arm**, aber ehrlich sein *ugs*

9 (mit einer Bemerkung/...) (genau/...) die **Wahrheit** treffen
(genau) das **Richtige** treffen (mit etw.)
(genau/mitten) ins **Ziel** treffen (mit etw.)
(mitten/genau) ins **Schwarze** treffen (mit etw.)
(mit einer Bemerkung/einem Urteil/...) den **Nagel** auf den Kopf treffen
(mitten/genau) ins **Volle** treffen (mit etw.)
einen **Volltreffer** erzielen (mit etw.)

10 etw. ist ein **Schuß** ins Schwarze

11 aufs **Haar** stimmen

12 etw. **richtigstellen**

13 umgekehrt wird ein **Schuh** draus!

14 die nackte **Wahrheit**
so wahr sein wie das **Amen** in der Kirche

15 das/etw. ist ein wahres **Wort**!
da hast du/hat er/hat Peter/...
ein wahres **Wort** gesprochen!

16 es ist eine alte/traurige/bittere/... **Wahrheit**, daß...
(das ist/es ist) **traurig**, aber wahr *ugs*

17 es ist etwas **Wahres** an einer Behauptung/...
da/(es) ist etwas **Wahres** dran/daran
an Gerüchten/Behauptungen/... ist etwas **dran**
ein **Körnchen** Wahrheit steckt in etw.

18 das einzig **Wahre** an der Geschichte/an dem was j. sagt/...
ist...

19 an dem **sein**, was j. sagt/was j. behauptet/... *selten*

20 etw. ehrlich **meinen**/es ehrlich meinen (mit jm./etw.)

21 etw. ernst **meinen**/es ernst meinen (mit jm./etw.)

22 im **Ernst**
(jetzt/...) **Spaß** beiseite!
(jetzt/...) **Scherz** beiseite!
das ist mein/dein/... **Ernst**
das/etw. ist mein/dein/... heiliger **Ernst** *path*
das/etw. ist mein/ihr/... blutiger **Ernst** *path*

23 es ist jm. (mit etw.) **ernst**

24 für jn. (gar/überhaupt) nicht **witzig** sein/etw. nicht witzig finden *ugs*
dabei gibt's/ist nichts zu **lachen**
was gibt's/ist (denn) da/dabei zu **lachen**?

25 das **Lachen** wird dir/ihm/der Frau Schulze/... schon/noch/schon noch vergehen

26 tierischer **Ernst**

27 halb im **Scherz**, halb im Ernst etw. sagen

Cc 14 falsch: unwahrhaftig, unwahr; Ausrede; mit gespaltener Zunge reden; sich etw. aus den Fingern saugen; lügen wie gedruckt; von vorn bis hinten falsch, erlogen... sein; Vortäuschung falscher Tatsachen; eine faule Ausrede; sich krümmen wie ein Aal; jm. steht die Lüge im Gesicht geschrieben; das Gespinst von Lügen zerreißen

---

1 ein falscher **Zungenschlag** ist bei dem, was j. sagt/...
mit einem falschen **Zungenschlag** reden/...

2 mit gespaltener **Zunge** reden

3 eine falsche **Zunge** haben

4 nicht auf dem **Boden** der Tatsachen stehen

5 sich etw. aus den **Fingern** saugen *ugs*

6 wider besseres **Wissen** aussagen/etw. erklären/etw. tun

7 (ein) falsches/(falsch) **Zeugnis** ablegen (wider/gegen jn.) *geh*

8 jm. das **Wort** im Mund herumdrehen *ugs*
jm. die **Worte** im Mund herumdrehen *ugs*

9 jm. etw. in den **Mund** legen

10 es mit der **Wahrheit** nicht so genau nehmen

11 nach **Strich** und Faden lügen *ugs*
lügen wie gedruckt
das **Blaue** vom Himmel herunterlügen *ugs*
lügen, daß sich die **Balken** biegen *ugs*
lügen wie ein **Bürstenbinder** *ugs*

12 mit frecher/(eiserner) **Stirn** lügen

13 ein **Netz** von Lügen spinnen

14 **Lügenmärchen** erzählen/...
Greuelmärchen erzählen/...

15 jm. den **Buckel** vollügen *ugs*
jm. die **Hucke** vollügen *ugs selten*
jm. die **Jacke** vollügen *ugs selten*
jm. einen **Sack** voller Lügen aufbinden *ugs*

16 jeder **Grundlage** entbehren
aus der **Luft** gegriffen sein

17 etw. gehört ins **Reich** der Fabel
das/etw. hat sich j. aus den **Fingern** gesogen *ugs*

18 an Gerüchten/Behauptungen/... ist nichts **dran**
an dem, was j. sagt/..., ist kein wahres **Wort** (dran)
an dem was j. sagt/..., ist kein **Wort** wahr

19 von **vorne** bis hinten falsch/Unsinn/gelogen/... sein
vorne und hinten falsch/Unsinn/gelogen/... sein
hinten und vorn(e)/vorn(e) und hinten/von vorn(e) bis hinten nicht **stimmen**
von **A** bis Z erlogen/erfunden/... sein

20 der **Wahrheit** (geradezu/direkt/...) ins Gesicht schlagen
e-r S. (geradezu/direkt/...) ins **Gesicht** schlagen

21 eine faustdicke **Lüge**
erlogen und erstunken sein *ugs*
erstunken und erlogen sein *ugs*

22 (alles) (nur/...) **Lug** und Trug (sein)

23 die/eine verkehrte **Welt** *geh*

24 e-r S. **hohnsprechen**

25 **Vorspiegelung** falscher Tatsachen
unter **Vorspiegelung** falscher Tatsachen/von falschen Tatsachen (versuchen/...)
Vortäuschung falscher Tatsachen
unter **Vortäuschung** falscher Tatsachen/von falschen Tatsachen (versuchen/...)

26 etw. zum/als **Vorwand** nehmen

27 eine **Ente** sein *(Meldung, Nachricht) ugs*

28 eine fromme **Lüge**

29 **schönfärben** *ugs*

30 eine faule **Ausrede** (sein) *ugs*
eine windige **Ausrede** (sein) *ugs*

31 um **Ausreden** nicht verlegen sein

32 sich krümmen/winden wie ein **Aal** *geh*
sich winden wie ein (getretener) **Wurm** *geh*
sich **krümmen** und winden *geh*

sich **drehen** und winden/(wen-
den)

33   jm. etw. (gleichsam/schon/...)
an der **Nasenspitze** ansehen *ugs*
jm. etw. (gleichsam/schon/...)
an der **Nase** ansehen *ugs*

34   jm. steht etw. im **Gesicht** ge-
schrieben
die **Lüge**/die Unwahrheit/...
steht jm. auf der **Stirn** geschrie-
ben
etw. ist jm. auf die **Stirn** gebrannt

35   das **Kainsmal** auf der Stirn tra-
gen/(auf die Stirn gebrannt ha-
ben) *geh*

36   niemandem/keinem/... (klar/
direkt/...) ins **Gesicht** sehen/
schauen/gucken (können)
jm. nicht mehr (offen/gerade)
ins **Gesicht** sehen/schauen/guk-
ken können

37   ein/js. **Netz** von Lügen/Heuche-
lei/... zerreißen
das **Gespinst** von (js.) Lügen/
Ausreden/... zerreißen
das **Gewebe** von (js.) Lügen/Aus-
reden/... zerreißen

38   jn. **Lügen** strafen

39   **Lügen** haben kurze Beine

Cc 15   Schein: nur so tun, den Schein wahren, Masche, Theater

1   es hat den **Anschein** (daß ...)

2   (nur) so **tun**
(nur) so **tun**, als ob
sich (nur) so **stellen**, als ob

3   so **tun**, als ob/wenn man etw. tä-
te/wäre/...
sich so **stellen**, als ob/wenn man
etw. täte/wäre

4   sich den **Anschein** geben, zu .../
eines ...

5   sich das **Ansehen** geben eines ...
selten

6   (nur/...) zum **Schein** etw. tun/
sagen

7   tu/tut/... (nur/bloß/doch/...)
nicht so! *ugs*

8   Gelassenheit/eine freundliche
Miene/... zur **Schau** tragen

9   den (äußeren) **Schein** wahren/
(aufrechterhalten)
das **Dekorum** wahren *geh*
(nach außen/nach außen
hin/...) das/sein **Gesicht** wahren
den (äußeren) **Schein** retten

10   (so) (ganz) **nebenbei** etw. sagen/
tun
so (ganz) am **Rande** etw. tun/sa-
gen
so ganz **harmlos** etw. sagen/(tun)
ugs

11   sich nichts **anmerken** lassen

12   das/so etwas/... darf man gar
nicht laut **sagen**

13   nichts/nicht viel/wenig/viel/...
dahinter sein *ugs*
es **steckt** nichts/nicht viel/we-
nig/viel/allerhand/... dahinter

14   js. Liebe/Freundschaft/Hilfs-
bereitschaft/Eifer/... ist nur ge-
spielt
das/etw. ist (doch alles nur/...)
Theater *ugs*
das/etw. ist (doch/doch alles/
doch alles nur/...) fauler **Zauber**
ugs
mach'/macht/... keinen faulen
Zauber *ugs*
das/etw. ist (alles) (nur/...)(rei-
ne) **Mache** *ugs*
das/etw. ist (alles) (nur/...) **Fas-
sade**

15   jn./sich mit einem **Heiligen-
schein** umgeben

16   außen **hui**, inne pfui *ugs*

17   etw. sind Potemkinsche **Dörfer**

18   einen **Türken** bauen *selten*

19   der **Schein** trügt

20   es ist nicht alles **Gold**, was glänzt

21   bei jm. hat alles einen feinen/
seltsamen/... **Anstrich**
e-r S. einen vornehmen/gelehr-
ten/feinen/... **Anstrich** geben
e-r S. ein vornehmes/nettes/fri-
sches/... **Aussehen** geben/(ver-
leihen)

22   man kann niemandem/man
kann keinem/niemand kann
jm./niemand kann den anderen

ins **Herz** gucken/schauen/sehen
keiner kann jm./keiner kann den
anderen/... ins **Herz** gucken/
schauen/sehen

Cc 16   Täuschung: jm. was vormachen; jn. irreführen, zu fangen suchen, reinlegen, übers Ohr hauen; krumme Touren reiten; ein Doppel-spiel spielen, falsch sein; reinfallen, der Gelackmeier-te sein; sich im eigenen Netz verstricken – sich nichts vor-machen

1   jm. in dem **Glauben** lassen, daß
...

2   (vielleicht/aber auch/...) (einen)
Schmus machen/erzählen/...
ugs
(nur/mal wieder/...) **Theater**
spielen *ugs*

3   jm. **Theater** vormachen/vorspie-
len *ugs*
jm. eine **Komödie** vorspielen/
vormachen

4   **Spiegelfechtereien** treiben

5   er/Peter/... will jn. **glauben** ma-
chen, daß ...

6   jm. (mal wieder/...) blauen
Dunst vormachen *ugs*
jm. (mal wieder/...) **Wind** vor-
machen *ugs*

7   (jm.) **Märchen** erzählen wollen
ugs

8   jm. einen **Bären** aufbinden

9   **Seemannsgarn** spinnen *selten*
jm. **Jägerlatein** auftischen *selten*

10   du kannst/er kann/... mir/
uns/... viel **vormachen**! *ugs*

11   j. will/... jm. ein **X** für ein U
vormachen
aus schwarz weiß **machen**

12   jm. **Sand** in die Augen streuen
(wollen)

13   jn. **irreführen**
jn. hinters **Licht** führen

14   jn. in die **Irre** führen

15 jn. auf eine/die falsche **Spur** füh-
    ren
    jn. auf eine/die falsche **Fährte**
    führen

16 jn. auf die falsche **Fährte** locken
    außen **hui**, innen pfui *ugs*

17 meinen/. . . man könnte jn. für
    dumm **verkaufen** *ugs*
    jn. für dumm **verkaufen** wollen
    ugs
    auf **Dummenfang** ausgehen *ugs*
    auf **Bauernfang** ausgehen *ugs*
    einen **Dummen** suchen *ugs*

18 jn. **einzuwickeln** suchen/. . . *ugs*

19 jn. zu **fangen** suchen/. . .

20 jn. auf den **Leim** führen

21 jn. in eine **Falle** locken
    jn. ins **Garn** locken
    jn. ins **Netz** locken

22 jm. eine **Falle** stellen
    jm. **Fallstricke** legen *selten*
    jm. **Fußangeln** stellen/legen *sel-
    ten*
    jm. eine **Grube** graben *selten*

23 jn. **reinlegen**

24 jn. **drankriegen** *ugs*

25 jn. **hineinreiten** *ugs*
    jn. **reinreiten** *ugs*
    jm. ein **Schnippchen** schlagen

26 jm. ein **Ei** ins Nest legen *ugs*
    jm. ein **Kuckucksei** ins Nest le-
    gen *ugs*
    jm. ein **Windei** ins Nest legen *ugs*

27 jn. aufs **Kreuz** legen *ugs*
    jn. auf den **Rücken** legen *ugs sel-
    ten*

28 jn. auf den **Sand** setzen *ugs selten*

29 jn. (ganz schön/mächtig/anstän-
    dig) übers **Ohr** hauen
    jn. (ganz schön/mächtig/anstän-
    dig) über die **Ohren** hauen
    jm. das **Fell** über die Ohren zie-
    hen
    jn. über den **Löffel** barbieren/
    balbieren

30 alle möglichen/die unglaub-
    lichsten/. . . **Schliche** anwen-
    den/. . .

31 seine **Netze** (überall/in . . ./. . .)
    auswerfen/(auslegen) *path*

32 e-r S. ein **Mäntelchen** umhängen

33 etw. mit dem **Schleier** der
    Nächstenliebe/der Freund-
    schaft/. . . verhüllen/umkleiden

etw. mit dem **Mantel** der Barm-
herzigkeit/der Nächstenliebe/. . .
zudecken/bedecken/verhül-
len/. . .

34 mit verdeckten **Karten** spielen

35 im **trüben** fischen

36 auf krummen **Wegen** etw. tun/
    versuchen/. . .
    auf eine krumme **Tour** etw. errei-
    chen wollen/. . . *ugs*
    auf krummen **Touren** etw. tun/
    versuchen/. . . *ugs*
    krumme **Touren** reiten *ugs*

37 eine krumme **Tour** *ugs*
    eine krumme **Sache**

38 eine krumme **Sache** machen
    ein **Ding** drehen *ugs*

39 hinter js. **Rücken** etw. tun/ge-
    schehen

40 eine zweideutige/zwielichtige/
    doppelte/. . . **Rolle** spielen
    ein doppeltes **Spiel** (mit jm.) spie-
    len/treiben

41 ein falsches **Spiel** (mit jm.) spie-
    len
    ein falsches **Spiel** (mit jm.) trei-
    ben

42 zwei **Herren** dienen

43 jm. in den **Rücken** fallen

44 jm. einen (richtigen/regelrech-
    ten) **Dolchstoß** versetzen (mit
    etw.)

45 **Ränke** schmieden/spinnen (ge-
    gen jn.) *geh*

46 sein **Spiel** mit jm. treiben
    sein **Spielchen** mit jm. treiben
    ein übles **Spiel** mit jm. spielen/
    treiben

47 seinen **Spott** mit jm. treiben

48 mit jm. ein/sein **Versteckspiel**
    treiben
    er/Peter/. . . meint, er könnte/. . .
    mit jm. **Verstecken** spielen *selten*
    blinde **Kuh** mit jm. spielen *ugs*

49 zwei **Gesichter** haben

50 ein **Wolf** im Schafspelz sein
    ein falscher **Fuffziger** sein *ugs*
    ein falscher **Fünfziger** sein *ugs*
    ein falscher **Hund** sein *vulg*
    eine falsche **Katze** sein *(Frau) ugs*

falsch wie eine **Katze** sein *(Frau)*
falsch wie **Judas** sein

51 aussehen/. . ., als ob man kein
    Wässerchen/(Wässerlein) trüben
    könnte (aber . . ./. . .) *ugs*
    so tun/sich anstellen/. . ., als
    könnte man nicht bis drei **zählen**

52 eine **Unschuldsmiene** aufsetzen

53 sich blöd **stellen** *ugs*
    sich dumm **stellen**

54 (sich) eine **Schlange** am Busen
    nähren/großziehen *geh*
    eine **Natter** am Busen nähren/
    (sich großziehen) *geh*

55 einen **Dummen** finden

56 in die **Irre** gehen
    auf der falschen **Spur** sein

57 sich einen **Bären** aufbinden las-
    sen

58 sich von jm. **einwickeln** lassen
    ugs
    sich von jm. **fangen** lassen

59 sich **drankriegen** lassen (von jm./
    etw.) *ugs*

60 auf den **Schmus** (den j. er-
    zählt/. . .) eingehen/hereinfal-
    len/. . . *ugs*
    auf etw. **hereinfallen**
    auf etw. **reinfallen**

61 aufs **Kreuz** fallen *ugs*
    jm. auf den **Leim** gehen/(krie-
    chen)
    jm. ins **Netz** gehen/(geraten)
    jm. ins **Garn** gehen
    jm. in die **Falle** gehen
    jm. in die **Schlinge** gehen
    jm. in die **Maschen** gehen

62 wie ein **Fisch** an der Angel zap-
    peln

63 der **Fisch** hat angebissen
    der **Vogel** ist ins Garn/auf den
    Leim gegangen

64 die **Katze** im Sack kaufen

65 der **Lackierte** sein *ugs*
    (aber) **gelackmeiert**/der Gelack-
    meierte sein *ugs*

66 in den **Arsch** gekniffen sein *vulg*

67 sich in der eigenen **Schlinge** fangen/(verfangen)
sich in den eigenen **Schlingen** fangen/(verfangen)
sich im eigenen **Netz** verstricken/(verfangen)
sich im **Netz** der eigenen Lügen/Heucheleien/Intrigen/... verstricken/(verfangen)

68 den **Schwindel** (aus eigener Erfahrung/...) kennen/... *ugs*
von dem (ganzen) **Schwindel** nichts wissen wollen/nichts hören wollen/die Nase voll haben/... *ugs*

69 sich nichts **vormachen**
sich selbst nichts **vormachen**
einen klaren **Blick** behalten
sich nichts **erzählen** lassen

70 jm. nichts **vormachen** können
jm. keine **Märchen** erzählen können *ugs*

71 auf die billige **Tour** *ugs*
mit **Speck** fängt man Mäuse

72 gute **Miene** zum bösen Spiel machen

73 ein abgekartetes **Spiel** sein
eine abgekartete **Sache** sein

74 sich in js. **Vertrauen** einschleichen/schleichen

75 unter der **Maske** der Freundschaft/des Vertrauens/...
unter dem **Deckmantel** der Freundschaft/Liebe/...

76 Verräter/Anstifter/... in den eigenen **Reihen** haben

77 ein/der **Strohmann** sein
den **Strohmann** abgeben/machen (für jn./etw.)
einen **Strohmann** vorschieben

78 das trojanische **Pferd** *geh*

79 mehr **Schein** als Sein

80 **Schein** und Wirklichkeit
Schein und Sein
Sein und Schein
mit **List** und Tücke etw. versuchen/anstreben/hinkriegen/... *ugs*

81 wer ander(e)n eine **Grube** gräbt, fällt selbst hinein

Cc 17 heimlich, hintenherum

1 jn. auf die **Seite** ziehen (um ihm vertraulich ...)

2 hinter vorgehaltener **Hand** sagen/bemerken/...

3 jm. etw. ins **Ohr** sagen/flüstern/blasen

4 im **Verborgenen** geschehen/etw. tun
sich hinter den **Kulissen** abspielen/...

5 hinter/bei verschlossenen **Türen** tagen/etw. entscheiden/...

6 unter **Ausschluß** der Öffentlichkeit stattfinden/...

7 **unterderhand**

8 im **geheimen** tun/geschehen

9 **hintenherum** tun/geschehen

10 etw. durch die **Hintertür** bekommen/besorgen/... *selten*
etw. durch ein **Hintertürchen** bekommen/besorgen/... *selten*

11 auf **Umwegen** ...

12 geheime/heimliche/dunkle/finstere/... **Wege** gehen

13 **still** und heimlich weggehen/etw. wegnehmen/...

14 auf leisen **Sohlen** herangeschlichen kommen/sich davonschleichen/...
sich (aus einer Runde/...) **wegstehlen**
heimlich, still und leise verschwinden/sich heranschleichen/... *ugs*

15 in aller **Stille** jn. beerdigen/heiraten/...

16 **hintenherum** kommen/hereinkommen/...
durch die **Hintertür** kommen/hereinkommen/...

17 sein **Inkognito** wahren

Cc 18 Verdacht, verdächtig: Verdacht schöpfen; da stimmt etwas nicht, jm. spanisch vorkommen; im Verdacht; ein windiger Bursche sein; jn. schief ansehen

1 mit jm./mit etw./um jn./um etw., das ist (so) ein eigen(es) **Ding** *selten*

2 mit jm./etw./(um jn./etw.), das ist (so) eine eigene **Sache**
das ist so 'ne/eine **Sache** *ugs*

3 da/es **steckt** etwas dahinter

4 etw. ist nicht in **Ordnung** (an etw.)
etw. ist nicht ganz **richtig** (bei/an)

5 nicht ganz **katholisch** sein/scheinen/...
nicht (ganz) **astrein** sein/scheinen/... *ugs*
nicht ganz **koscher** sein *ugs*

6 etwas ist **faul** an etw. *ugs*
etwas **riecht** faul (an etw.) *ugs*

7 hier/bei etw./... **stimmt** was/(etwas) nicht

8 eine (ziemlich) faule **Sache** *ugs*
eine faule **Kiste** sein *ugs*

9 etwas ist faul im **Staate** Dänemark *ugs*

10 sich da/vielleicht/... in **Dinge** einlassen

11 undurchsichtige **Machenschaften**

12 ein undurchdringlicher **Nebel** liegt über etw.

13 jm./e-r S. nicht (recht/so richtig) **trauen**

14 jm. nicht über den **Weg** trauen

15 jm. nicht (ganz) **geheuer** sein
jm. nicht (ganz) geheuer **vorkommen**
jm. verdächtig **vorkommen**
jm. spanisch **vorkommen** *ugs*

16 dem **Braten** nicht (recht) trauen *ugs*
dem **Frieden** nicht (recht) trauen

17 den **Braten** (schon) riechen *ugs*

18 in einem schiefen/im schiefen **Licht** erscheinen

19 ein schiefes **Licht** auf jn./etw. werfen

20 in ein schiefes **Licht** geraten (bei jm.)

21 in **Verdacht** geraten/kommen
in den **Verdacht** geraten/kommen, zu ...

22 in dem/im **Verdacht** stehen, etw. getan zu haben
in dem/im **Verdacht** des Diebstahls/... stehen
jn. in den **Verdacht** des Diebstahls/... bringen
jn. im/in **Verdacht** haben (etw. getan zu haben)

23 auf die schwarze **Liste** kommen

24 auf der schwarzen **Liste** stehen (bei jm.)

25 ein Buch/jn. auf die schwarze **Liste** setzen

26 ein sauberes/faules **Früchtchen** sein *ugs*

27 ein windiger **Bursche** sein *ugs*
ein fauler **Kunde** sein *ugs*
ein linker **Vogel** sein *ugs*
niemandem/keinem/... (klar/direkt/...) ins **Gesicht** sehen/schauen/gucken (können)

28 ein hergelaufener **Kerl** sein

29 Mißtrauen/... schleicht sich in js. **Herz** *path*

30 **Argwohn** schöpfen/(fassen) *geh*
Verdacht schöpfen
Unrat wittern

31 jn. von der **Seite** ansehen/anschauen/angucken
jm. einen schiefen **Blick** zuwerfen
jn. schief **anschauen** *ugs*
jn. schief **ansehen** *ugs*

32 jn. auf die **Probe** stellen

33 die **Probe** aufs Exempel machen

34 in allem etwas **wittern**
in allem etwas **suchen**

35 das **Gras** wachsen hören

36 aus trüben **Quellen** schöpfen
aus dunklen **Quellen** sein/kommen/stammen/...

37 in dunkle **Kanäle** fließen

Cc 19 Diebstahl

1 mein und dein nicht **unterscheiden** können *ugs*
mein und dein **verwechseln** *ugs*

2 klebrige/krumme **Finger** haben
die **Finger** nicht bei sich behalten können

3 eine diebische **Elster** sein
stehlen/klauen wie ein **Rabe**

4 lange/krumme **Finger** machen

5 etw. beiseite **schaffen**
jn./etw. **verschwinden** lassen
etw. **mitgehen** lassen/(heißen) *ugs*
etw. mit sich **gehen** lassen *selten*
etw. **mitlaufen** lassen/(heißen) *ugs*

6 **Schmu** machen
jm. in die **Tasche**/in die Tasche seines Freundes/... arbeiten

7 einen **Griff** in die Kasse tun

8 jn. um ein paar Mark/... leichter **machen**/erleichtern *ugs*

9 alles, was nicht **niet**- und nagelfest ist, mitnehmen/plündern/...

10 unter die **Räuber** fallen *iron*

11 gründliche **Arbeit** leisten *iron*
hier/da/... herrscht **Ordnung**! *iron*

12 eine **Beute** der Diebe/Einbrecher/... werden

13 vor **Taschendieben** wird gewarnt! *form*
Gelegenheit macht Diebe *form*

14 ein **Hufeisen** mit einem Pferd dran/(daran) finden *ugs*

15 der **Hehler** ist so schlimm wie der Stehler

16 **rauben** und morden *path*

17 die **Luft** ist rein

18 haltet den **Dieb**!

Cc 20 Justiz: mit dem Gesetz in Konflikt kommen; vor Gericht bringen, verhandeln, verantworten; (ver-)urteilen; im Gefängnis – auf freiem Fuß

---

1 etw. unter **Strafe** stellen *form*

2 etw. ist bei **Strafe** verboten/untersagt *form*
gegen alles **Recht** und Gesetz sein *path*

3 auf etw. steht (die) **Todesstrafe**
darauf/auf etw. steht **Gefängnis**

4 (nicht) auf dem **Boden** des Gesetzes/der Verfassung/... stehen *form*

5 mit dem Gesetz/der Verfassung/... in **Konflikt** kommen/geraten
mit dem **Strafgesetz** in Konflikt kommen/geraten

6 das **Recht** mit Füßen treten *path*

7 etwas **ausgefressen** haben *ugs*

8 die Gegend/... unsicher **machen** *ugs*
sein **Wesen** treiben in .../bei .../...
sein **Unwesen** treiben in .../bei .../...

9 ein **Ding** drehen *ugs*

10 sich strafbar **machen** *form*
straffällig **werden** *form*

11 Vergehen/... bringen jn. noch an den **Galgen**
j. endet (noch/nochmal/...) am **Galgen** (wenn ...)

12 jn. steckbrieflich **suchen**/(verfolgen) *form*

13 gegen jn. **liegt** nichts/der Verdacht/... vor

14 eine Belohnung/einen Preis/... auf js. **Kopf** aussetzen

15 sich **stellen**

16 jn. dingfest **machen** *form*

17 jn. auf frischer **Tat** ertappen/erwischen/schnappen
jn. in flagranti **ertappen**/erwischen/schnappen *geh*

18 jn. mit der **Waffe** in der Hand an-
    treffen/... *form*

19 jm. das **Handwerk** legen
    jn. unschädlich **machen**

20 ein **Nest** von Räubern/... aus-
    nehmen/ausheben/ausräuchern

21 jn. mit auf die **Wache** nehmen
    (Polizei)

22 sich sein **Recht** verschaffen
    zu seinem **Recht** kommen

23 jm. zu seinem **Recht** verhelfen
    jm. sein **Recht** verschaffen

24 sich das **Recht** vorbehalten zu ...

25 einen **Vergleich** schließen *form*
    sich durch einen **Vergleich** eini-
    gen

26 die vertragschließenden **Parteien**
    form

27 unter **Ausschluß** des Rechtsweges
    form
    der **Rechtsweg** ist ausgeschlossen

28 wegen **Erregung** öffentlichen Är-
    gernisses bestraft werden/...
    form

29 ein Verfahren/... gegen **Unbe-
    kannt** einleiten/... *form*

30 etw. auf dem **Rechtsweg** klären/
    entscheiden/(...) (lassen) *form*

31 den **Rechtsweg** beschreiten/(ein-
    schlagen/gehen) *form*

32 gegen jn./etw. gerichtlich **vorge-
    hen**

33 **vorstellig** werden bei einer Be-
    hörde/dem Gericht/... (wegen
    e-r S.) *form*

34 vor(s) **Gericht** gehen *form*
    zum **Kadi** laufen *ugs*
    jn./etw. vor den **Richter** bringen
    jn./etw. vors/vor **Gericht** brin-
    gen *form*
    jn. vors **Gericht** schleppen *ugs*
    eine **Klage**/... (vor Gericht) an-
    hängig **machen** *form*
    Klage gegen (jn./etw.) führen
    form
    Anzeige erstatten (gegen jn.)
    form
    gegen jn. einen **Prozeß** anstren-
    gen
    Anklage erheben *form*
    jm. den/einen **Prozeß** machen
    jm. einen **Prozeß** anhängen/an
    den Hals hängen *ugs*
    einen **Prozeß** gegen jn. führen
    jn. vor den **Kadi** schleppen *ugs*
    jn. vor **Gericht** stellen *form*

jn. vor die **Schranken** des Ge-
richts zitieren *path*

35 jn. der irdischen **Gerechtigkeit**
    überantworten *path*

36 ein schwebendes **Verfahren** *form*

37 ein **Protokoll** aufnehmen *(Poli-
    zei, Gericht) form*
    Protokoll führen *form*

38 etw. zu **Protokoll** geben *(Gericht,
    Polizei) form*

39 etw. zu **Protokoll** nehmen *(Ge-
    richt, Polizei) form*

40 den **Tatbestand** aufnehmen *form*

41 sich vor den **Schranken** des Ge-
    richts verantworten *path*

42 auf der **Anklagebank** sitzen *form*

43 eine/keine **Aussage** machen
    nach bestem **Wissen** und Gewis-
    sen aussagen/handeln/...
    wider besseres **Wissen** aussagen/
    etw. erklären/etw. tun
    Aussage steht gegen Aussage

44 das **Recht** ist auf js. Seite

45 nach **Recht** und Gewissen han-
    deln/etw. entscheiden/...

46 etw. mit seinem **Gewissen** nicht
    vereinbaren können

47 die **Last** des Beweises tragen

48 unter der **Last** der Beweise zu-
    sammenbrechen

49 ein **Geständnis** ablegen *form*

50 die ganze **Härte** des Gesetzes zu
    spüren bekommen *path*
    die ganze **Schwere** des Gesetzes
    zu spüren bekommen
    die ganze **Schärfe** des Gesetzes
    zu spüren bekommen

51 auf dem **Richterstuhl** sitzen *path*
    Recht sprechen

52 jn. einem **Verhör** unterziehen
    form
    jn. ins **Kreuzverhör** nehmen

53 den **Beweis** führen/liefern, daß
    ...
    etw. unter **Beweis** stellen

54 jm. einen **Beweis** schuldig blei-
    ben

55 das fehlende **Glied** in der Kette
    sein/bilden

56 der **nervus** probandi *form*

57 ein salomonisches **Urteil** fällen/
    sprechen
    jn. nach **Recht** und Gesetz ver-
    urteilen *path*

58 nach **Recht** und Billigkeit ent-
    scheiden/...

59 jn. (nur/...) nach den (toten)
    Buchstaben verurteilen *selten*

60 jm. mildernde **Umstände** zubilli-
    gen *(Gericht)*

61 jn. in **Abwesenheit** verurteilen
    form

62 jn. zum **Tod(e)** verurteilen
    jn. zum **Tod** durch Erschießen/
    den Strang/das Beil/das
    Schwert/das Eisen/... verurtei-
    len

63 jn. ans **Messer** liefern *ugs*

64 **Berufung** einlegen/in die Beru-
    fung gehen *form*

65 **Einspruch** erheben *form*
    Beschwerde einlegen/erheben

66 **Beschwerde** führen

67 ein **Gnadengesuch** an jn. richten
    form

68 eine **Lücke**/Lücken im Gesetz
    entdecken/...

69 mildernde **Umstände** bekommen
    (Gericht)

70 frei **ausgehen**

71 jm. nichts **tun** *ugs*

72 **rückfällig** werden *form*

73 etw. für **null** und nichtig erklären
    path

74 eine einstweilige **Verfügung** erlas-
    sen/erwirken/... *form*

75 durch die **Maschen** des Gesetzes
    schlüpfen

76 mit einem **Fuß** im Gefängnis ste-
    hen
    mit einem **Bein** im Gefängnis ste-
    hen

77 im **Namen** des Gesetzes jn. ver-
    haften/(im Namen des Gesetzes:
    Sie sind verhaftet) *form*

78 jn. wegen **Verdunk(e)lungsgefahr**
    in Haft nehmen/... *form*

79 jn./etw. in **Gewahrsam** nehmen
    form

80 jn. in **Haft** nehmen *form*

81 jm. **Handschellen** anlegen
    jm. **Schellen** anlegen
    jm. **Ketten** anlegen *path selten*
    jm. **Fesseln** anlegen *path*
    jn. in **Fesseln** legen

jn. in **Ketten** legen
jn. in **Eisen** legen *selten*

82 jn. auf **Brot** und Wasser setzen

83 jn. ins **Gefängnis** stecken/(werfen) *ugs*
jn. hinter **Schloß** und Riegel setzen/bringen
jn. hinter **Gitter** bringen/stecken *ugs selten*
jn. auf **Nummer** sicher bringen/setzen *ugs selten*
jn. ins **Loch** stecken *ugs*
jn. ins **Kittchen** stecken *ugs*
jn. in den **Turm** werfen *(veraltet)*

84 hinter **Schloß** und Riegel kommen/(gesetzt werden)
hinter schwedische **Gardinen** kommen *ugs*
in den **Kasten** kommen *ugs*
in den **Bau** (gehen) müssen *ugs*
in den **Knast** (gehen) müssen *ugs*
ins **Kittchen** kommen *ugs*
ins **Loch** kommen/(fliegen) *ugs*
in den **Kerker** kommen *(veraltet)*

85 **sitzen**
brummen müssen *ugs*
hinter **Schloß** und Riegel sein/sitzen
hinter schwedischen **Gardinen** sitzen
hinter **Gittern** sitzen *ugs selten*
auf **Nummer** sicher sein/sitzen *ugs*
im **Kasten** sitzen *ugs*
im **Kittchen** sein/sitzen *ugs*
Knast schieben *ugs*
im **Kerker** sein *(veraltet)*

86 seine Strafe/Zeit **absitzen** (müssen)

87 bei **Wasser** und Brot sitzen

88 **Tüten** kleben/(drehen)

89 jn. auf freien **Fuß** setzen
jn. in **Freiheit** setzen
jm. die **Freiheit** geben/schenken/zurückgeben

90 auf freiem **Fuß** sein
auf freiem **Fuß** leben
frei **herumlaufen**

91 jn. auf freien **Fuß** lassen
jn. frei **herumlaufen** lassen
straffrei **ausgehen** *form*

92 jn. mit dem **Bann** belegen *(veraltet)*
jn. in **Acht** und Bann tun *(veraltet)*

93 das **Auge** des Gesetzes (wacht/. . .) *(oft iron.) path*

94 (ein Überfall/. . .) auf offener **Straße**

95 die weißen **Mäuse** *ugs*

96 in der **Hauptsache** *form*

97 auf dem **Gnadenweg** *form*

98 **persona** non grata/ingrata *form*

99 **Unkenntnis** schützt vor Strafe nicht

Cc 21 unschuldig

1 ohne (eigenes) **Verschulden** (in einer bestimmten Lage stecken/. . .)

2 nicht **schuld** sein (an etw.)
keine **Schuld** haben (an etw.)
nichts/. . . dafür **können**, daß . . ./wenn . . .
nichts/. . . dazu **können**, daß . . ./wenn . . .
keine **Schuld** tragen (an etw.) *geh*

3 eine reine/saubere/weiße/blütenweiße **Weste** haben
saubere **Hände** haben *selten*

4 sich nichts/. . . zuschulden **kommen** lassen

5 sich nichts **vorzuwerfen** haben
seine **Hände** in Unschuld waschen

6 sich über etw. keine **Gewissensbisse** zu machen brauchen

7 ein reines **Gewissen** haben

8 mit gutem **Gewissen** etw. tun können
guten **Gewissens** etw. tun können

9 aus etw. mit blankem **Schild** hervorgehen *(veraltend)*

10 jn. trifft keine **Schuld**
jn. trifft kein **Tadel** *geh*

11 jm. wenig/nichts/. . . **anhaben** können
jm. nichts **nachsagen** können

12 mir/ihm/der Ulrike/. . . kann **keiner** *ugs*

13 **eins** kann man jm. nicht vorwerfen/zum Vorwurf machen/ankreiden/. . .
eins muß man/mußt du/müßt ihr/. . . ihm/den . . ./. . . lassen:
eins muß ich ihm/den . . ./. . . nachsagen:

14 jm. **Genugtuung** geben

15 den **Knüppel** schlägt man und den Esel meint man

den **Sack** schlägt man und den Esel meint man

16 auf der schmalen **Straße** des Rechts gehen *path*

Cc 22 schuldig: etwas ausgefressen haben; Dreck am Stecken haben; die Schuld abwälzen

1 in **Versuchung** fallen

2 etwas **ausgefressen** haben *ugs*
sich etwas/Nachlässigkeiten/. . . zuschulden **kommen** lassen
sich e-r S. schuldig **machen**

3 sich ins **Unrecht** setzen

4 **schuld** sein (an etw.)
Schuld haben (an etw.)
die **Schuld** tragen (an etw.) *geh*
etwas/viel/. . . dafür **können**, daß . . ./wenn . . .

5 gegen **Recht** und Gewissen handeln/etw. entscheiden/. . . *path*

6 jn./etw. auf dem **Gewissen** haben
etwas/allerhand/. . . auf dem **Kerbholz** haben

7 einen **Fleck(en)** auf der weißen **Weste** haben
Dreck am Stecken haben

8 in js. **Leben** gibt es einen dunklen Punkt
ein dunkler **Punkt** (in js. Leben/. . .)

9 einen **Schandfleck** auf seiner Ehre haben *path*

10 eine schwere **Schuld** auf sich laden

11 schmutzige **Hände** haben

12 an js. **Fingern** klebt Blut *path*
an js. **Händen** klebt Blut *path*
Blut klebt an js. Händen/(Fingern) *path*
js. **Hände** sind mit Blut befleckt/besudelt *path*

13 den **Schuldigen** nicht weit zu suchen brauchen

14 jm. etwas/viel/. . . **anhaben** können

15 jm. die **Schuld** (an etw.) geben/(beimessen)

16 die **Schuld** auf jn./etw. schieben *ugs*

die **Schuld** auf jn./etw. abwälzen

jm. die **Schuld** zuschieben *ugs selten*

17 jm. etw./die Schuld/die Verantwortung/... in die **Schuhe** schieben *ugs*

18 wie ein ertappter **Sünder** dastehen/... *ugs*

19 sich schuldig **bekennen**
ein **Geständnis** ablegen *form*

20 etw. schlecht **zugeben** können

21 etw. in **Abrede** stellen *form*

22 jm. etw. **zugutehalten** (müssen)

23 jn. **weißwaschen**
jm. einen **Persilschein** ausstellen *ugs*

24 wer ohne **Schuld** ist, der werfe den ersten Stein *path*

Cc 23 loben, js. Lobpreis singen

1 auf jn./etw. nichts **kommen** lassen

2 des **Lobes** voll sein über jn./js. Fähigkeiten/...
deines/seines/... **Ruhmes** voll sein *path*

3 sich in **Lobreden** über jn./etw. ergehen
viel(e)/... **Lobsprüche** machen über jn./etw. *ugs*
js. **Loblied** singen *path*
js. **Lobgesang** singen *path selten*
js. **Lob** singen *path selten*

4 ein **Loblied** auf jn./etw. anstimmen *ugs*
einen **Lobgesang** auf jn./etw. anstimmen *iron*

5 eine **Lobrede** auf jn./etw. halten

6 jn./etw. in den höchsten **Tönen** loben/preisen
jn./etw. in den **Himmel** heben *path*
(jm.) etw./jn. in den höchsten **Tönen** anpreisen/...

7 (nur/...) in (lauter) **Superlativen** reden (von jn./etw.) *ugs*
(jm.) etw./jn. in **Superlativen** anpreisen/... *ugs*

8 jn. auf den **Thron** heben *path selten*

---

9 jm. **Weihrauch** streuen *path selten*
jm. **Blumen** auf den Weg streuen *geh selten*

10 jn./etw. über den grünen **Klee** loben *ugs*

11 einen **Fackelzug** veranstalten/organisieren/... (für jn.)
jm. einen **Fackelzug** bereiten/(machen)

12 **Lob** und Preis ...
Preis und Dank ...

Cc 24 tadeln, zurechtweisen: jm. eins draufgeben; mit jm. ein ernstes Wörtchen zu reden haben, jm. eine Moralpredigt halten, jn. zusammenstauchen; jn. zur Rede stellen; jm. etw. unter die Nase reiben; jm. an den Karren fahren; eins draufkriegen; seinen Lohn kriegen

1 jn. zur **Ordnung** rufen

2 laß dir/laßt euch/... das **gesagt** sein!
jm. etw. ins **Stammbuch** schreiben (schreib dir das ...!) *ugs*
steck' dir/steckt euch/... das/... hinter den **Spiegel**! *ugs*
schreib' dir/schreibt euch/... das hinter die **Ohren**! *ugs*

3 bei jm./da (mal) auf den **Busch** klopfen (müssen) *ugs*
jm. auf den **Leib** rücken *ugs*
jm. aufs **Dach** steigen *ugs*

4 jm. einen **Schuß** vor den Bug geben/knallen/(setzen)

5 jm. auf die **Füße** treten (müssen) *ugs*

6 jn. (sanft/...) vor das/vors **Schienbein** treten (müssen) *ugs*

7 jm. einen **Nasenstüber** versetzen/geben/verpassen
du mußt ihm/ihr mußt/... ihm/dem Paul/... einmal/von Zeit zu Zeit/... auf die **Finger** klopfen
jn. bei den **Ohren** nehmen
jn. bei/an den **Ohren** ziehen

8 jm. eins aufs **Dach** geben *ugs*
jm. eins/einen auf den **Deckel** geben *ugs*
jm. eins drauf **geben**

---

jm. eins drüber **geben**
jm. eins auf die **Haube** geben *ugs*
jm. eins aufs **Haupt** geben *iron*
jm. eins auf den **Hut** geben *ugs*
dem/der/... mußt du/müßt ihr/... mal/... auf den **Hut** spucken *ugs*

9 jm. eins auf die **Nase** geben *ugs*

10 jm. den **Kopf** zwischen die Ohren setzen *ugs*
jm. den **Kopf** zurechtrücken/(zurechtsetzen) *ugs*

11 jm. die **Flausen** austreiben *ugs*
jm. die **Grillen** austreiben
jm. die **Grillen** verjagen

12 jm. einen **Dämpfer** aufsetzen

13 jm. die **Flügel** stutzen/(beschneiden)

14 jn. in seine **Schranken** verweisen/weisen/zurückweisen
jn. in seine **Grenzen** verweisen/weisen

15 jm. übers **Maul** fahren *vulg*
jm. über den **Mund** fahren
jm. den **Mund** stopfen *ugs*
jm. den **Schnabel** stopfen *ugs*
jm. das **Maul** stopfen *vulg*

16 jm. den **Mund** verbieten

17 jm. die **Giftzähne** ausbrechen/ausziehen *path*

18 jn. in die **Kur** nehmen *iron*

19 sich jn. **vorknöpfen** *ugs iron*
sich jn. **vornehmen**

20 die/den Burschen/... werd' ich mir/müßt ihr euch mal/... **kaufen** *ugs*
die/den Maier/... werde ich mir/wird er sich/... aber/schon/schon noch/... **langen**! *ugs*

21 es jm. aber (gründlich/tüchtig/anständig) **geben** *ugs*
dem/der Christa/... werd' ich/wird er/... es (aber) **stecken** *ugs*

22 ein ernstes **Wort** mit jm. sprechen (müssen)
mit jm. noch ein **Wörtchen** zu reden/(sprechen) haben *ugs*

23 mit jm. noch ein **Hühnchen** zu rupfen haben *ugs*
noch eine (alte) **Rechnung** mit jm. zu begleichen haben/(begleichen müssen)

24 mit jm. **abrechnen**

25 eine deutliche **Sprache** sprechen/
reden (mit jm.)
mit jm. (mal) **deutsch** reden müs-
sen *ugs*
mit jm. (mal) **Fraktur** reden
(müssen)
jm. (mal) ordentlich die **Wahr-
heit** sagen (müssen)
jm. (mal) ein paar/einige unan-
genehme **Wahrheiten** sagen (müs-
sen)
jm. (mal) seinen **Standpunkt**
klarmachen (müssen)

26 jm. klarmachen/..., was die
Stunde geschlagen hat
jm. klarmachen/..., was die
Glocke geschlagen hat

27 jm. etw. (eindringlich/...) vor
Augen halten
jm. die Folgen seines Verhal-
tens/... vor **Augen** führen

28 mit jm. hart/streng/scharf ins
Gericht gehen

29 ein **Machtwort** (mit jm.) spre-
chen (müssen)

30 jm. eine **Lektion** erteilen

31 jm. harte **Brocken** zu schlucken
geben

32 jn. **zurechtweisen**

33 jn. scharf/eindringlich/... ins
Gebet nehmen *ugs*

34 jm. einen **Rüffel** verpassen/ge-
ben *ugs*
jm. eine **Zigarre** verpassen *ugs*

35 jm. die **Leviten** lesen *ugs*
jm. eine **Predigt** halten *iron*
jm. eine **Standpredigt** halten *iron*
jm. eine **Standpauke** halten *ugs*

36 jm. eine **Moralpredigt** halten *iron*
jm. eine **Moralpauke** halten *ugs*
jm. eine **Strafpredigt** halten *iron*

37 jm. eine **Gardinenpredigt** halten
iron

38 jm. (mal) (gehörig/anständig/
ordentlich) die **Meinung** sagen
jm. (mal) (gehörig/anständig/
ordentlich) die **Meinung** blasen/
geigen/flüstern *ugs*
jm. (mal) (gehörig/anständig/
ordentlich) **Bescheid** stoßen/(sa-
gen) *ugs*

39 jn. tüchtig/... **anblasen** *ugs*
jm. gehörig/tüchtig/... **einhei-
zen** *ugs*

40 jm. den **Marsch** blasen *ugs*
jm. die (richtigen) **Flötentöne**
beibringen *ugs*

41 jn. **Mores** lehren *geh*
jm. anständig/tüchtig/ordent-
lich/... den **Kopf** waschen *ugs*
jm. anständig/tüchtig/ordent-
lich/... **heimleuchten** *ugs*

42 jm. böse **Worte** geben *geh*

43 jn. wie einen (dummen) **Schul-
jungen** abkanzeln *ugs*

44 im **Ton** eines Schulmeisters re-
den/...

45 jn. anständig/... **dazwischen** ha-
ben *ugs*
jn. anständig/nach Strich und
Faden/... dazwischen **nehmen**
ugs
jm. eine **Wucht** geben/verpassen
ugs

46 jm. die Meinung sagen/jn. aus-
schimpfen/..., daß es nur so sei-
ne **Art** hat
jm. (aber auch/wirklich/...) das
Letzte sagen *ugs*
jn. (anständig/ordentlich/...) **zu-
rechtstauchen** *ugs*
jn. **zusammenstauchen** *ugs*
jm. die **Meinung** sagen/geigen,
daß es nur so kracht *ugs*

47 jn. in die **Pfanne** hauen *ugs*
jn. **zusammenscheißen** *vulg*

48 ein **Donnerwetter** auf jn. loslas-
sen

49 jm. einen **Denkzettel** geben/ver-
passen

50 jm. (anständig/...) eine/einen
reinwürgen *ugs*

51 jn. (ordentlich/anständig/...) in
die **Mangel** nehmen *ugs*
etw./jn. **fertigmachen** *ugs*
jn./etw. zur **Schnecke** machen
ugs
jn./etw. zur **Minna** machen *ugs*
jn./etw. zur **Sau** machen *vulg*

52 mit jm. **Schlitten** fahren *ugs*
mit jm. **Karussel** fahren *ugs sel-
ten*

53 mit jm. noch/schon **fertigwerden**
ugs
mit jm. schnell **fertigwerden** *ugs*
mit jm. schnell **fertigsein** *ugs*

54 an js. **Gewissen** appellieren
jm.(ernsthaft/gründlich/anstän-
dig/...) ins **Gewissen** reden

55 jn. bei seiner **Ehre** packen/fas-
sen

56 jn. zur **Verantwortung** ziehen
(wegen)

57 jn. zur **Rede** stellen (wegen)

58 jm. **Vorhaltungen** machen

59 jm. einen **Vorwurf** machen
jm. **Vorwürfe** machen

60 ein schweres/grobes **Geschütz**
auffahren (gegen jn.) *ugs*

61 jm. eine **Szene** machen

62 jm. sein **Sündenregister** vorhal-
ten *iron*
jm. einen/den **Spiegel** vorhalten/
vors Gesicht halten *path*

63 jm. sein **Fett** geben *ugs*

64 jm. etw. unter die **Nase** reiben
ugs
jm. etw. unter die **Weste** drük-
ken/(schieben) *ugs*
jm. aufs **Butterbrot** schmieren,
daß ... *ugs*

65 jm. aus etw. einen **Strick** (zu)
drehen (versuchen)

66 jm. an den **Wagen** fahren *ugs*
jm. an den **Karren** fahren/pin-
keln/pissen *ugs vulg*

67 was/etwas/einiges/... zu **hören**
bekommen

68 sich **sagen** lassen müssen, daß

69 einen **Tadel** einstecken müssen

70 eins **draufkriegen**
eins/einen aufs **Haupt** kriegen
iron
eins aufs **Dach** kriegen *ugs*
eins auf den **Hut** kriegen *ugs*
eins/einen auf den **Deckel** krie-
gen *ugs*

71 eine **Zigarre** verpaßt kriegen *ugs*
einen (anständigen/tüchti-
gen/...) **Rüffel** kriegen *ugs*
einen **Rüffel** einstecken müssen
ugs
eine tüchtige **Nase** einstecken
müssen *ugs selten*

72 jm. wird sein **Lohn** zuteil
seinen **Lohn** kriegen
sein/seinen **Teil** abkriegen
sein **Fett** kriegen *ugs*

73 einen **Denkzettel** kriegen

75

74 (anständig/...) einen **reinge-
würgt** kriegen *ugs*

75 jetzt/dann/wenn ... dann/... ist
j. **dran** *ugs*
jetzt/dann/wenn ... dann/... ist
j. am **dransten** *ugs*

76 seinen **Lohn** haben
seinen **Lohn** weghaben
sein/seinen **Teil** weghaben/(be-
kommen haben)
sein **Fett** weghaben *ugs*

77 sich einen **Vorwurf** machen
sich **Vorwürfe** machen

Cc 25 Ausdrücke des Unwillens

1 das **hast** du/hat er/... von .../
davon! *ugs*

2 das **geschieht** jm. recht/es ge-
schieht jm. recht, wenn .../zu
...
nichts **Besseres** verdient haben
j. **verdient** es/etw. nicht anders/
besser
etw. ist die gerechte **Strafe**

3 j. **verdient**, für etw. gehängt zu
werden

4 das/etw. ist für jn. ganz **gesund**
ugs

5 **komm'**, komm'! *ugs*
kommt, kommt! *ugs*

6 **Herrschaften!**
(aber) liebe **Leute!** *ugs*

7 mein lieber **Mann!** *ugs*
mein lieber **Freund!** *ugs*
mein lieber **Freund** und Kupfer-
stecher! *ugs*

8 **Bürschchen**, Bürschchen! *ugs*

9 du bist/er ist/... mir (vielleicht)
ein nettes **Früchtchen!** *ugs*
du bist/er ist/... mir (vielleicht)
ein **sauberer/netter Bursche** *ugs*
du bist/er ist/... mir (vielleicht)
ein **sauberes/nettes Bürschchen**
ugs

10 **laß'** dich/laßt euch/... (bloß/
nur) nicht vom lieben **Gott** erwi-
schen! *ugs*
j. soll sich (bloß/nur) nicht vom
lieben **Gott** erwischen lassen! *ugs*

11 was **denkst** du dir/denkt er
sich/... eigentlich?!

12 wir **sprechen** uns noch!
na, **warte!**/na wartet!

13 (Freundchen, ...) dir werd' ich
helfen! *ugs*
(Freundchen,/...) dir werd' ich
heimleuchten! *ugs*

14 **wehe** dem, der ...!

15 wenn ..., dann kann j. was/et-
was **erleben!**
wenn ..., dann kann sich j. auf
was/etwas **gefaßt** machen!
wenn ..., dann hört aber der
Spaß auf!

16 der/die/... wird/werden/soll/
sollen/... nochmal an mich/
sie/... **denken!**
das/... soll er/der Peter/...
nicht **umsonst** gesagt/getan/...
haben *ugs*
der/die/der Richard/... soll/
wird mich (noch) **kennenlernen!**
dem/der/dem Richard/... werd'
ich's (noch) **zeigen!**
der/die/... wird/kann (von
mir/...) was zu **hören** kriegen!

17 dem/der/... werde ich/werden
wir/... (aber) was **flüstern!** *ugs*
jm. wird j. (aber) was/etwas **er-
zählen**
jm. würde j. (aber) (an js. Stel-
le/...) etwas ganz anderes **erzäh-
len** *ugs*

18 ..., da kannst du/könnt ihr/...
sicher sein! *ugs*
verlaß' dich/... drauf!
..., darauf kannst du dich/kann
er sich/... **verlassen!**
..., das kann ich dir/euch/
ihm/... schriftlich **geben!** *ugs*
..., darauf kannst du/kann
er/... **Gift** nehmen!
..., das kann ich dir/euch/
ihm/... **sagen!**
..., das kann ich dir/euch/
ihm/... **flüstern!** *ugs*

19 du verstehst wohl/er versteht
wohl/... kein **deutsch**?! *ugs*

20 ich werde/sie werden/... euch/
ihnen/... die **Hammelbeine** lang-
ziehen! *ugs*
ich werde/sie werden/... euch/
ihnen/... die **Ohren** langziehen!
ugs
wenn du noch lange **machst**/er
noch lange macht/..., dann gibt's
was/setzt es was/... *ugs*

21 entweder .../... oder es **gibt** was!
entweder .../... oder es **setzt**
was!

22 **gib's** ihm/ihr/ihnen! *ugs*
gib/gebt ihm/gebt ihr/... **Sau-
res!** *ugs*

dem/der/dem Baumann/...
werd' ich's (aber) **geben!** *ugs*

23 wenn ..., dann/sonst setzt's
Schläge! *selten*
wenn ..., dann/sonst/... setzt's
Hiebe *selten*

24 wenn ..., dann ist (aber) was/
(etwas) **los!**

25 wenn .../..., dann ist (aber) **zap-
penduster!** *ugs*
wenn .../..., dann .../... gnade
dir/ihm/... **Gott!** *path*

26 wenn ..., dann/... mache ich/
macht der Kurt/... **Kleinholz** aus
jm. *vulg*
wenn ..., dann/sonst/... kannst
du dir/kann der Peter sich/...
die **Knochen** (einzeln) numerie-
ren lassen *vulg*
aus dem/dem Fritz/... mach
ich/macht er/... **Hackfleisch!**
vulg
wenn ..., dann/sonst/... schlag'
ich dir die **Zähne** ein! *vulg*
laß/... das/..., oder ich **mach'**
dich/... kalt! *vulg*
wenn ..., dann/sonst/... bist
du/seid ihr (aber) bald einen
Kopf kleiner/kürzer *iron*
du kannst dir/der soll sich/...
schon mal einen **Sarg** machen
lassen *iron*

27 wenn/... j. jm. nochmal/wie-
der/... vor die **Augen** kommt
(dann .../...)
wenn/... j. jn. zu **fassen** kriegt
(dann .../...)
wenn/... j. jn./etw. in die **Finger**
kriegt, dann .../...
wenn/... j. jn. am **Wickel** kriegt,
dann .../... *ugs*
wenn/... j. jm. vor die **Flinte**
kommt (dann .../...) *ugs*

28 das möchte ich/... dir/ihm/dem
Peter/... (aber) auch **geraten** ha-
ben! *ugs*

29 da möchte ich doch (sehr) drum
gebeten haben! *iron*
darum möchte ich doch (sehr) **ge-
beten** haben! *iron*

30 laß dir/laßt euch/... das eine
Lehre sein!/das zur Lehre die-
nen!

31 **merk'** dir/merkt euch/... das
(gefälligst)
schreib' dir/schreibt euch/... das
hinter die **Ohren!** *ugs*
schreib' dir/schreibt euch/... das
hinter die **Löffel!** *ugs*

32 ..., daß du es nur **weißt**/daß ihr es nur wißt/...!

33 das hättest du dir/hätte er sich/... vorher **überlegen** müssen!

34 (nun/...) (für immer/...) (von etw.) **geheilt** sein

35 laß (es) dir/laßt (es) euch/... **gesagt** sein, daß ...
laß dir/laßt euch/... das **gesagt** sein!

36 jm. zeigen, was **Sache** ist/ (dem/... mußt du/... mal ...!) *ugs*
jm. zeigen, was eine **Harke** ist *ugs*

37 dem/der/dem Herrn Schulze/... habe ich/hat er/... es aber **gezeigt**! *ugs*

38 (na) **erlaube**/erlauben Sie/... mal!
(na) **hör'**/hört/... mal!
(na) **sag'**/sagen Sie/... mal!

39 (aber) ich **bitte** dich/Sie/...!

40 das/so eine **Äußerung**/... ist (doch) kein **Standpunkt**!

41 haben wir etwa/wir haben doch nicht zusammen **gekegelt**?! *ugs*
wir haben nicht zusammen **gekegelt**, oder?/oder irre ich mich? *ugs*
haben wir etwa/wir haben doch nicht zusammen **Schweine** gehütet?! *ugs*
wir haben (doch) nicht zusammen **Schweine** gehütet, oder?/ oder irre ich mich? *ugs*
haben wir etwa zusammen **Säue** gehütet? *vulg*
wir haben (doch) nicht zusammen **Säue** gehütet, oder?/oder irre ich mich? *vulg*

42 gerade du **mußt**/die Vera muß/... das sagen/tun

43 j. soll sich an seine eigene **Nase** packen/fassen *(oft Imp.) ugs*
pack'/faß' dich an deine eigene **Nase**! *ugs*
packt/faßt euch an eure eigene **Nase**! *ugs*
schau' dich/schaut euch/... (selbst/selber) mal im **Spiegel** an! *ugs*
guck'/guckt/sieh'/seht/... (selbst/selber) mal in den **Spiegel**! *ugs*

44 es würde jm. besser zu **Gesicht** stehen zu .../wenn ..., als zu

.../statt zu ...
es würde jm. besser/gut **stehen** zu .../wenn ...

45 eine moralische **Ohrfeige** sein (für jn.)

46 **Ruhe** (da/da hinten/...) auf den billigen Plätzen!/auf den hinteren Rängen! *ugs*

Cc 26 schlagen: verprügeln, ohrfeigen

1 es juckt/kribbelt jm. in den **Fingerspitzen**, etw. zu tun *ugs*

2 den/einen/seinen **Streit** mit den Fäusten austragen

3 jn. mit **Fäusten** bearbeiten *ugs*

4 zu einem **Schlag** ausholen

5 nach allen Seiten/... **Schläge** austeilen

6 jm. einen **Schlag** versetzen
jm. einen **Hieb** verpassen/versetzen/geben
jm./einem Tier eins/ein paar **überziehen**
jm. einen heftigen/tödlichen/... **Streich** versetzen *geh*

7 jm. eine **Abreibung** geben/verpassen *ugs*
es jm. aber (gründlich/tüchtig/ anständig) **geben** *ugs*

8 jm. **Zunder** geben *ugs selten*

9 jm. das **Fell** gerben/versohlen/ vollhauen *(veraltend) ugs*
jm. die **Schwarte** gerben/klopfen *ugs*
jm. den **Buckel** vollhauen/vollschlagen *ugs*
jm. die **Jacke** vollhauen/vollschlagen *ugs selten*
jm. die **Hucke** vollhauen/vollschlagen *ugs selten*
jm. den **Frack** vollhauen/vollschlagen *ugs selten*
jm. das **Leder** gerben *(veraltend) ugs*

10 jn. übel/anständig/ganz schön/... **zurichten**

11 jm. die **Fresse** polieren *vulg*
jn. aus dem **Anzug** hauen/schlagen/boxen *ugs*
jn. verprügeln/schlagen/..., daß die **Fetzen** fliegen
jn. schlagen/verhauen/..., daß er den **Himmel** für eine Baßgeige ansieht *ugs*

12 jn. grün und blau/krumm und lahm/windelweich **schlagen**
jn. windelweich/grün und blau/ krumm und lahm **hauen**
jn. windelweich **dreschen** *ugs*

13 jm. den **Schädel** einschlagen *vulg*

14 jm. die **Knochen** (im Leib) zusammenschlagen *vulg*

15 jn. zu **Brei** schlagen *vulg*
jn. zu **Frikassee** verarbeiten *vulg*

16 jn. **krumm** und lahm schießen/schlagen/...
jn. zum **Krüppel** schlagen
jn. krankenhausreif **schlagen** *ugs*

17 jm. eins drauf **geben**
jm. eins drüber **geben**
jm. eins auf/über den **Kopf** geben
jm. eins aufs **Haupt** geben *iron*
jm. eins auf die **Haube** geben *ugs*
jm. eins auf die **Nuß** geben *ugs*
jm. eins auf die **Birne** geben *ugs*
jm. eins/einen auf die **Rübe** geben *ugs*
jm. eins/einen auf den **Ballon** geben *ugs*

18 jm. **Prügel** geben/verabreichen/ verpassen
jm. eine (gehörige/anständige/...) **Tracht** Prügel geben/verabreichen/verpassen

19 jm./einem Jungen den **Hosenboden** strammziehen/versohlen
jm./einem Jungen die **Hosen** strammziehen

20 jn. übers **Knie** spannen/legen

21 jm. was/etwas auf den **Balg** geben *ugs*

22 jm. (anständig/...) was/welche/ ein paar/... auf den (blanken) **Hintern** geben *ugs*
jm. den **Hintern** versohlen *ugs*

23 jm. eins auf die **Finger** geben/hauen
jm. eins auf die **Pfoten** geben/hauen *ugs*

24 jm. eins/eine auf den **Mund** geben
jm. eins/eine auf den **Schnabel** geben *ugs*
jm. eins/eine auf die **Klappe** geben *ugs*
jm. eins/eine aufs **Maul** geben *vulg*
jm. eins/eine auf die **Schnauze** geben *vulg*

25 jm. eins/einen auf/über den **Schädel** geben/hauen *ugs*

jm. eins/einen auf/über/vor den **Dez** geben *ugs*

26 jm. **Stockhiebe** versetzen/verpassen
jm. die **Rute** zu kosten geben *iron selten*
jm. die **Peitsche** zu kosten geben *iron selten*

27 eine kräftige/gute **Handschrift** haben/schreiben

28 jm. rutscht die **Hand** aus

29 jm. eine **Ohrfeige** geben
jm. ein paar **Ohrfeigen** geben
jm. eine **herunterhauen**
jm. ein paar **herunterhauen**
jm. eine **langen** *ugs*
jm. ein paar **langen** *ugs*
jm. eine **knallen** *ugs*
jm. ein paar **knallen** *ugs*
jm. eine **kleben** *ugs*
jm. ein paar **kleben** *ugs*
jm. eine **kleistern** *ugs*
jm. ein paar **kleistern** *ugs*
jm. eine **zischen** *ugs*
jm. ein paar **zischen** *ugs*
jm. eine **feuern** *ugs*
jm. ein paar **feuern** *ugs*
jm. eine **pfeffern** *ugs*
jm. ein paar **pfeffern** *ugs*
jm. eine **zwitschern** *ugs*
jm. ein paar **zwitschern** *ugs*
jm. eine **wischen** *ugs*
jm. ein paar **wischen** *ugs*
jm. eine **watschen** *ugs*
jm. ein paar **watschen** *ugs*
jm. eine **schmieren** *vulg*
jm. ein paar **schmieren** *vulg*
jm. eine **scheuern** *vulg*
jm. ein paar **scheuern** *vulg*

30 jm. eins/eine hinter die **Ohren** geben/hauen *ugs*
jm. ein paar hinter die **Ohren** geben/hauen *ugs*
jm. eins/eine hinter die **Löffel** geben/hauen *ugs*
jm. ein paar hinter die **Löffel** geben/hauen *ugs*

31 jm. eine vor den **Latz** knallen/hauen/donnern *vulg*

32 jm. eine knallen/. . ., daß ihm **Hören** und Sehen vergeht
jm. die zehn **Gebote** ins Gesicht schreiben *iron*

33 eine gesalzene/schallende **Ohrfeige**

34 **Zunder** kriegen *iron selten*

35 den **Buckel** vollkriegen *ugs*
die **Hucke** vollkriegen *ugs selten*
die **Jacke** vollkriegen *ugs selten*

36 was/ein paar vor den **Latz** (geknallt) kriegen *vulg*

37 eins **drüberkriegen** *ugs*

38 eins/einen auf/über den **Kopf** kriegen
eins/einen auf/über den **Schädel** kriegen *ugs*
eins/einen aufs **Haupt** kriegen *iron*
eins/einen auf/über die **Rübe** kriegen *ugs*
eins/einen auf den **Ballon** kriegen *ugs*

39 **Prügel** kriegen/beziehen
eine (gehörige/anständige/. . .) **Tracht** Prügel kriegen/beziehen
Schläge kriegen/beziehen
Dresche beziehen *ugs*

40 was/etwas auf den **Balg** kriegen *ugs*

41 den **Hosenboden** vollkriegen
den **Hintern** vollkriegen *ugs*
was/etwas auf den blanken **Hintern** kriegen *ugs*

42 eine/eins auf den **Mund** kriegen
eine/eins aufs **Maul** kriegen *vulg*

43 den **Stock** zu schmecken/spüren kriegen *iron selten*
die **Rute** zu spüren kriegen *iron selten*

44 eine **Ohrfeige** kriegen
ein paar **Ohrfeigen** kriegen

45 sich eine/einen **fangen** *ugs*
sich ein paar **fangen** *ugs*
eine **gelangt** kriegen *ugs*
ein paar **gelangt** kriegen *ugs*
eine **geknallt** kriegen *ugs*
ein paar **geknallt** kriegen *ugs*
eine **gefeuert** kriegen *ugs*
ein paar **gefeuert** kriegen *ugs*

46 eins/eine hinter die **Ohren** kriegen *ugs*
ein paar hinter die **Ohren** kriegen *ugs*
eine/eins hinter die **Löffel** kriegen *ugs*
ein paar hinter die **Löffel** kriegen *ugs*

47 eins/ein paar auf die **Finger** kriegen

48 **Klassenkeile** kriegen/beziehen
Klassenhiebe kriegen/beziehen

49 jm. den Heiligen **Geist** schicken/(einjagen) *ugs selten*
bei jm. erscheint der Heilige **Geist** *ugs selten*

50 sich zu **Tätlichkeiten** hinreißen lassen *form*

51 handgemein **werden** *form*
handgreiflich **werden**

52 die **Hand** gegen jn. erheben *geh*

53 jm. an die **Kehle** fahren *ugs*

54 jn. zu **Boden** werfen
jn. zu **Boden** schlagen

55 jn. zu **Boden** strecken

56 zu **Boden** gehen

57 eine lockere **Hand** haben
eine lose **Hand** haben
ein lockeres/loses **Handgelenk** haben

58 eine Tracht Prügel/eine Prüfung/. . ., die sich **gewaschen** hat
nicht von schlechten **Eltern** sein *(Schläge, Ohrfeigen, Rüffel) ugs*
nicht von **Pappe** sein *(Schläge) ugs*

59 dir/euch/ihm/. . . juckt wohl das **Fell**? *ugs*
dir/euch/ihm/. . . juckt wohl der **Rücken**? *ugs selten*

60 immer feste **drauf**! *ugs*
immer feste **druff**! *ugs*

61 **Mädchen** schlägt man nicht! *(auch Kindersprache) iron*

62 ein blauer **Fleck(en)**

63 ein blaues **Auge** (haben)

64 dazu gehören **zwei**!

Cc 27 ein Auge zudrücken

1 ein **Auge** zudrücken (bei jm./etw.)
die **Augen** zudrücken (bei jm./etw.)
beide **Augen** zudrücken (bei jm./etw.)

2 **fünf** gerade sein lassen
fünf eine gerade **Zahl** sein lassen
alle **Fünfe** gerade sein lassen

3 etw./es (jm.) (nochmal) **durchgehen** lassen

4 es jm. durch die **Finger** sehen, daß . . .

5   jn. ungeschoren **lassen**

6   ich will/wir wollen es gnädig **ma-
    chen** *ugs*
    Gnade vor/(für) Recht ergehen
    lassen

7   ein **Engel** ist keiner/niemand!

Cc 28   büßen

1   seinem **Schicksal** nicht entgehen
    können

2   für seine **Sünden** büßen müssen
    (ganz schön/schön/...) **büßen**
    müssen (für etw.)
    etw. teuer **bezahlen** müssen
    doppelt und dreifach **büßen**
    (müssen) (für etw.)

3   bis ans **Ende** seiner Tage büßen/
    leiden/... (müssen) *path*
    bis an sein **Lebensende** büßen/
    leiden/... (müssen)

4   jn. teuer zu **stehen** kommen

5   das wird er/sie/... mir **büßen!**
    ugs

6   **Strafe** muß sein! *ugs*

7   **mitgefangen**, mitgehangen! *ugs*

Cc 29   Scham, Scheu: rot werden; j. wäre (vor Scham) am liebsten in den Boden versunken; anderen nicht mehr in die Augen sehen können; so etwas kommt nicht über js. Lippen

1   die **Farbe** wechseln

2   **rot** werden/anlaufen
    die **Röte** steigt jm. ins Gesicht
    geh
    die **Schamröte** steigt jm. ins Ge-
    sicht *geh*
    über und über rot **anlaufen**
    puterrot werden
    bis über beide/die **Ohren** rot wer-
    den *ugs*
    einen (ganz) roten **Kopf** bekom-
    men/kriegen
    einen hochroten/roten **Ballon**
    kriegen *ugs*

3   rot wie eine **Tomate** werden *ugs*

4   etw. treibt jm. die **Röte** ins Ge-
    sicht *geh*

5   jm. schießt das **Blut** schnell/
    leicht ins Gesicht/in die Wangen

6   wie mit **Blut** übergossen daste-
    hen/... *path*

7   beschämt/verlegen/... zu **Boden**
    sehen/schauen/...
    die **Augen** zu Boden schlagen

8   mit gesenktem **Haupt** wegge-
    hen/... *geh*
    gesenkten **Hauptes** weggehen/...
    geh

9   sich in **Grund** und Boden schä-
    men
    sich zu **Tode** schämen *path*
    j. möchte vor **Scham** vergehen
    j. hätte vor **Scham** vergehen mö-
    gen/können
    j. möchte vor **Scham** versinken
    j. hätte vor **Scham** versinken mö-
    gen/können
    j. möchte/würde vor **Scham** (am
    liebsten) in die Erde sinken/ver-
    sinken
    j. hätte vor **Scham** in die Erde
    sinken/versinken mögen/kön-
    nen
    j. wäre vor **Scham** am liebsten in
    die Erde gesunken/versunken
    j. hätte in die **Erde** versinken mö-
    gen
    j. wäre am liebsten in den **Boden**
    versunken
    j. hätte in den **Boden** versinken
    mögen/können
    j. hätte in den **Erdboden** versin-
    ken mögen/können
    j. wäre am liebsten in den **Erd-
    boden** versunken
    j. hätte sich vor Verlegenheit/vor
    Scham/... am liebsten irgendwo
    verkrochen
    j. wäre am liebsten in ein **Mau-
    seloch** gekrochen *ugs*
    j. möchte sich vor **Scham** in ein
    Mauseloch verkriechen *ugs*
    j. hätte sich vor **Scham** in ein
    Mauseloch verkriechen mögen
    ugs
    j. würde sich vor **Scham** am lieb-
    sten in ein Mauseloch verkrie-
    chen *ugs*
    j. hätte sich vor **Scham** am lieb-
    sten in ein Mauseloch verkro-
    chen *ugs*

10 jm./anderen/... nicht/nicht
    mehr ... (klar) in die **Augen** guk-
    ken/(sehen/blicken) können
    jm. nicht mehr unter die **Augen**
    treten können
    es nicht (mehr) wagen, jm. unter
    die **Augen** zu treten
    glühende/feurige **Kohlen** auf js.
    Haupt sammeln/(versammeln)
    geh

11 falsche **Scham**
    nur keine falsche **Scham!** *ugs*

12 seine **Blöße** bedecken

13 scheu wie ein **Reh** (sein) *path*

14 **Lampenfieber** haben

15 vor Schreck/Scheu/... kein (ein-
    ziges) **Wort** herausbringen/her-
    vorbringen (können)
    vor Scheu/... kein **Wort** zu spre-
    chen wagen

16 so etwas/... kommt nicht über
    js. **Lippen**
    etw. nicht über die **Lippen** brin-
    gen

17 sich vor Verlegenheit/... am
    Kopf kratzen
    sich vor Verlegenheit/... hin-
    term **Ohr** kratzen

Cc 30   Reue: Gewissensbisse haben, in sich gehen, bereuen; ins reine kommen; um Verzeihung bitten

1   **Gewissensbisse** haben

2   das/js. **Gewissen** beschweren/be-
    lasten
    jm. auf dem **Gewissen** liegen
    (schwer) auf js. **Gewissen** lasten

3   keinen **Frieden** finden können

4   j. würde etw. gern ungeschehen
    machen

5   den/einen **Moralischen** kriegen
    ugs
    den/einen **Moralischen** haben
    ugs
    den großen **Katzenjammer** haben
    ugs

6   in sich **gehen**

7   sich (selbst) (gegenüber) **Rechen-
    schaft** ablegen/geben (über etw.)

8   mit sich (selbst/selber) (hart/
    streng/scharf) ins/zu **Gericht** ge-
    hen

9   sich bittere **Vorwürfe** machen

10 **Gerichtstag** über sich halten *path*
    pater peccavi machen/sagen *geh*
    selten

11 sich **Asche** aufs Haupt streuen
    geh
    in **Sack** und Asche gehen *path*
    iron

12 sich reuevoll/schuldbewußt/... an/vor die **Brust** schlagen

13 sein **Gewissen** erleichtern
seine **Schuld** eingestehen

14 mit hängenden **Ohren** gestehen *ugs*

15 zu sich selbst **kommen**
mit sich (selbst) ins **reine** kommen

16 mit sich selber/selbst **Frieden** machen

17 mit jm./etw. (wieder) im **reinen** sein
mit sich selbst im **reinen** sein

18 jn. um **Entschuldigung** bitten
jn. um **Verzeihung** bitten

19 jn. um **Vergebung** bitten *geh*

20 jm. **Abbitte** leisten (für etw.) *form*

21 sich jm. (weinend/zerknirscht/...) an die **Brust** werfen

22 in die **Knie** gehen/sinken/brechen (vor jm.) *path*

23 ein/kein **Einsehen** haben

24 wenn du/der Peter/... einsiehst/einsieht/... was falsch war/..., dann ist das/... der erste **Schritt** zur Besserung

25 das/etw. soll (alles) **vergeben** und vergessen sein

26 den **Weg** der Tugend/... beschreiten *path*

27 in **Ruhe** und Frieden leben

28 eine/js./die innere **Stimme** sagt jm. .../warnt jn., etw. zu tun

29 das/etw. muß j. mit sich selbst **ausmachen**

30 ein reumütiger **Sünder** sein
die **Stimme** des Gewissens
der nagende **Wurm** des Gewissens

31 ein enges **Gewissen** haben

Cc 31 selbstgerecht: nicht bereuen; (immer) andern die Schuld geben

---

1 einen Vorwurf/... (weit) von sich **weisen**

2 sich keiner **Schuld** bewußt sein
die/jede/jegliche/... **Schuld** von sich weisen/(schieben)

3 sich die **Hände** in Unschuld waschen

4 sich von jeder Schuld/allem Verdacht/... **reinwaschen** (wollen) *ugs*

5 immer/... ander(e)n die **Schuld** geben
(immer/...) alles (von sich) auf andere **schieben** *ugs*

6 den **Splitter** im Auge/(in den Augen) des/der ander(e)n sehen, aber nicht den Balken im eigenen/(in den eigenen) *geh*
den **Balken** im eigenen Auge nicht sehen, aber den Splitter im fremden *geh*

7 (und) dann/jetzt/... will es keiner/(niemand) **gewesen** sein! *ugs*

8 sein/js. **Gewissen** einschläfern
sein/js. **Gewissen** zum Schweigen bringen

Cc 32 Abscheu empfinden: etw. ist zum Kotzen

---

1 jm. wird **schlecht**, wenn/bei/...
es vergeht einem/jm. der **Appetit** bei etw./wenn ...
es wird jm. **übel** bei etw./wenn ...
es dreht sich einem/jm. der **Magen** um, bei etw./wenn ... *ugs*
es wird jm. **speiübel** bei etw./wenn ... *path*

2 j. findet etw. zum **Kotzen** *vulg*

3 zum **Kotzen** sein *vulg*

4 das große **Kotzen** kriegen *vulg*

5 pfui **Teufel!** *ugs*

Cc 33 unglaublich!: das gibt eine schöne Bescherung; das schreit zum Himmel; das ist doch ein starkes Stück; das ist doch die Höhe

---

1 da haben wir/habt ihr/... die **Bescherung!** *ugs*

2 da haben wir/habt ihr/... den **Salat!** *ugs*
da haben wir/habt ihr/... die **Geschichte!** *ugs*
das ist (ja) eine schöne **Bescherung!**
das gibt eine schöne **Bescherung!**
das **gibt** was!

3 **mach'**/machen Sie/... mich nicht schwach! *ugs*

4 das/so eine Bemerkung/... möchte/will ich (aber/lieber) **überhört** haben *ugs*
so eine Bemerkung/das/... durfte nicht **kommen!**
das/so eine Bemerkung/... hätte nicht **kommen** dürfen

5 da muß ich (aber) doch sehr **bitten!** *(oft iron.)*
was **fällt** dir/ihm/... ein?!

6 so **was** von ...
so **etwas** von ...
etw./so was/... ist ein **Unding** *ugs*
es ist ein **Unding**, zu .../daß .../... *ugs*

7 das/so was/... ist doch kein **Zustand!** *ugs*
das/so was/... sind doch keine **Zustände!** *ugs*
es ist doch kein **Zustand**, wenn .../daß ... *ugs*

8 das sind **Zustände!** *ugs*

9 (das sind) unhaltbare **Zustände** schon nicht mehr **feierlich** sein *ugs*
haarsträubend sein

10 das/etw. schreit zum **Himmel**
das/etw. stinkt zum **Himmel** *ugs*
das/etw. ist **himmelschreiend** *path*

11 (das sind) **Zustände** wie im alten Rom! *ugs*

12 es ist eine (himmelschreiende) **Sünde**, daß ... *path*

13 eine **Affenschande** sein *ugs*

14 wenn das/so etwas/... am grünen **Holz** geschieht, was soll (dann) am dürren geschehen? *geh*

15 das/etw. ist der reinste/reine **Hohn** *ugs*

16 jm. sträuben sich die **Haare**
jm. stehen die **Haare** zu Berge

17 wenn man sieht/..., (dann/
da/...) geht einem/jm. (ja) der
Hut hoch *ugs*

18 wenn j. ... wüßte/hörte/sä-
he/..., (dann) würde er sich
(noch) im **Grab** umdrehen *path*

19 was sich j. (da) leistet/heraus-
nimmt/..., das ist starker **Tabak**
ugs
was sich j. (da) leistet/heraus-
nimmt/..., das ist starker **Tobak**
ugs

20 das/etw. ist ein starkes **Stück**!
das/etw. ist ein dicker **Hund**! *ugs*
das/etw. ist ein dickes **Ding**! *sel-
ten*
das ist (aber) **allerhand**!
das ist (doch/vielleicht) ein **Ham-
mer**! *ugs (Neol.)*

21 (schon/...) mehr sein/mehr tun/
frecher sein/weniger tun/..., als
die **Polizei** erlaubt *ugs*

22 das/etw. schlägt dem **Faß** den Bo-
den aus
das/etw. setzt der **Sache** die Kro-
ne auf
das setzt doch allem die **Krone**
auf!

23 das ist (denn) doch zu **arg**!

24 (das/etw. ist) nicht/kaum zu **fas-
sen**
(das/etw. ist) nicht/kaum zu
glauben

25 ist das die **Möglichkeit**?
das **kann** doch nicht sein!
das darf/kann (doch) nicht **wahr**
sein!

26 das ist doch die **Höhe**!
das ist ein **Höhepunkt**!

27 da hört (sich) (aber/doch) die **Ge-
mütlichkeit** auf! *ugs*
da **hört** (sich) doch alles auf! *ugs*
da hört sich doch die **Weltge-
schichte** auf! *ugs*

28 das/so etwas/... ist (doch) der
Gipfel der Unverschämtheit/
Frechheit/...
eine bodenlose **Unverschämtheit**
sein

29 was j. sich leistet/..., das geht
auf keine **Kuhhaut**! *ugs*

30 da **legste**/legst du dich hin/nie-
der! *ugs*

31 die **Krone** des Ganzen ist:...

Cc 34   verachten

1 die **Nase** rümpfen (über jn./
etw.)

2 jn. über die **Schulter** ansehen
jn. über die **Achsel** ansehen *sel-
ten*

3 jn. von oben (herab) **ansehen**
jn. von oben (herab) **behandeln**

4 jn. mit **Verachtung** strafen
jn. der (allgemeinen) **Verachtung**
preisgeben/anheimgeben

5 jn. keines **Blickes** würdigen *geh*
j. ist **Luft** für jn.

Cc 35   Religion

1 unser himmlischer **Vater** *(rel.)*
der höchste **Richter**

2 der **Menschensohn** *geh*
des **Menschen** Sohn *geh*

3 **Fleisch** werden *geh*
am **Kreuz** sterben
den **Kreuzestod** erleiden *form*
den **Kreuzestod** sterben *form*

4 jn. ans **Kreuz** schlagen

5 zum **Himmel** emporsteigen

6 der Jüngste **Tag**
das Jüngste **Gericht**

7 die letzten **Dinge**

8 die ewige **Pein** *(rel.) geh*

9 die armen **Seelen**

10 die himmlichen **Heerscharen**

11 die sichtbare **Kirche**
die unsichtbare **Kirche**

12 **Brüder** und Schwestern im Herrn
path

13 das **Haus** des Herrn
ein geistlicher **Herr**
Hirt und Herde

14 der **Tag** des Herrn

15 ex **Kathedra** sprechen *form*
den Segen **urbi** et orbi ertei-
len/... *form*

16 das **Patrimonium** Petri *selten*

17 jm. den/einen **Ablaß** gewähren/
erteilen
das **Kreuz** predigen
zum/zu einem **Kreuzzug** aufru-
fen
das **Kreuz** nehmen

18 das Gelobte **Land**
das Heilige **Land**
das **Land** der Verheißung

19 im stillen **Kämmerlein** beten
die **Hände** (zum Gebet) falten
das **Zeichen** des Kreuzes ma-
chen/(schlagen)
das **Kreuzzeichen** machen
das **Kreuz** schlagen

20 zur **Beichte** gehen
jm. die **Absolution** erteilen

21 das **Brot** brechen
zum **Tisch** des Herrn gehen *geh*

22 Gott/... um **Verzeihung** bitten
Gott/... um **Vergebung** bitten
(rel.)

23 in den **Schoß** der Kirche zurück-
kehren

24 in dieser und in jener **Welt** *geh*

25 die **Insel** der Seligen *geh*

26 das **Wort** Gottes
das **Buch** der Bücher *geh*

27 jm. die **Hand** auflegen
jm. die **Hände** auflegen

28 die **Kutte** nehmen *geh*
den **Schleier** nehmen *geh*

29 der **Fürst** der Finsternis *geh*
der **Geist** der Finsternis *path*
ein gefallener **Engel**

30 die **Trennung** von Kirche und
Staat/Staat und Kirche

**Cd 1   verstehen: allerhand,
viel ... verstehen von; sich
klar werden über; jm. geht
ein Licht auf; merken, wis-
sen ... wo der Hase liegt, wo-
her der Wind weht; jm. etw.
verständlich machen**

1 mit jm. ist (heute/in letzter Zeit/
sprachlich/...) viel/aller-
hand/... **los**

2 etwas/viel/allerhand/... **verste-
hen** von etw.
(viel/...) **Sinn** für jn./etw. haben

3 ein **Verhältnis** haben zu etw./jm.

4 (ein) **Gefühl** für etw. haben

5 eine **Ader** für etw. haben

6 einen sechsten **Sinn** für etw. ha-
ben
(ein gewisses/viel/...) **Finger-
spitzengefühl** für etw. haben

7 sich eine **Vorstellung** machen,
wie etw. ist/von etw./von jm.

eine **Vorstellung** haben, wie etw.
ist/von jm./etw.
einen **Begriff** haben, wie etw.
ist/...

8   j./etw. ist jm. ein **Begriff**

9   (viel/allerhand) **Ahnung** haben
    von etw.

10 **Bescheid** wissen in etw.

11 in etw. (sehr/äußerst/...) **bewan-
    dert** sein
    in diesem Fach/Gebiet/... zu
    Hause sein

12 jn./etw. in- und auswendig **ken-
    nen**
    etw. wie seine **Westentasche** ken-
    nen *ugs*
    etw. bis zum/(ins) **Tezet** ken-
    nen/... *ugs*

13 ein gutes/... **Urteil** haben (über
    jn./etw./in etw.)

14 etw. zu **würdigen** wissen

15 einen guten/sicheren/... **Blick**
    (für jn./etw.) haben
    den richtigen **Blick** für jn./etw.
    haben
    mit sicherem **Blick** erkennen/er-
    fassen/...

16 seinen/den **Blick** für etw. schär-
    fen

17 ein **Ohr** haben für etw.

18 e-r S. auf den **Grund** gehen

19 e-r S. auf den **Grund** kommen

20 es/das/etw. (endlich/...) **gefres-
    sen** haben *ugs*
    es/das/etw. **intus** haben *ugs*

21 (endlich/...) ein **Verhältnis** ge-
    winnen zu jm./etw.

22 eine (ganz) neue **Welt** geht jm./
    (für jn.) auf/eröffnet sich jm. *geh*
    eine (ganz) neue **Welt** eröffnet
    sich jm. *geh*

23 jm. **dämmert** es/dämmert's (so
    langsam)

24 jm. (erst spät/...) zu **Bewußtsein**
    kommen

25 jm. (endlich/plötzlich/...) klar
    werden

26 sich (über jn./etw.) **klarwerden**
    sich (über jn./etw.) **schlüssig**
    werden
    mit etw. ins **reine** kommen

27 dahinter **kommen**

28 auf den (richtigen) **Trichter** kom-
    men *ugs*

29 bei jm. fällt der **Groschen** (end-
    lich) *ugs*
    bei jm. **läutet** es *ugs selten*
    bei jm. **klingelt** es *ugs selten*
    bei jm. **funkt** es *ugs*
    bei jm. hat's **gezündet** *ugs*
    bei jm. ist der **Funke(n)** überge-
    sprungen
    bei jm. hat es **geschnackelt** *ugs*

30 jm. geht ein **Licht** auf
    jm. geht ein **Kronleuchter** auf *ugs*
    jm. geht eine **Laterne** auf *ugs*
    jm. geht ein **Seifensieder** auf *ugs
    selten*

31 jm. gehen die **Augen** auf

32 es fällt jm. (plötzlich/...) der
    Schleier von den Augen
    es fällt jm. (plötzlich/...) die
    Binde von den Augen
    es fallen jm. (plötzlich/...) die
    Schuppen von den Augen
    es fällt jm. (plötzlich/...) wie
    Schuppen von den Augen

33 jetzt wird's **Tag**!

34 sich vor die **Stirn** schlagen
    sich an die **Stirn** tippen

35 jm. ist etw. **klar**

36 sich (über jn./etw.) **klar** sein
    sich (über jn./etw.) im **klaren**
    sein

37 mit etw. **klar** sein

38 **klarsehen**

39 sich (durch jn./etw./von jm./
    etw.) den **Blick** nicht trüben las-
    sen

40 wissen/verstanden haben/...,
    was die **Stunde** geschlagen hat
    wissen/verstanden haben/...,
    was die **Glocke** geschlagen hat

41 wissen/verstehen/..., wo man
    (mit/bei jm./etw.) **dran** ist

42 merken/spüren/..., wo der **Hase**
    im Pfeffer liegt *ugs*
    wissen, wo der **Hund** begraben
    liegt *ugs*
    (schon/...) sehen/merken/ver-
    stehen/wissen, wie der **Hase** läuft
    ugs
    sich fragen/merken/wissen/...,
    woher der **Wind** weht/(pfeift)
    (ah/ach so/...,) daher bläst/
    pfeift/weht (also) der **Wind**

nicht wissen/sich fragen/..., aus
welchem **Loch** der Wind pfeift/
weht
wissen/verstehen/..., was (in
.../...) **gespielt** wird

43 jm. etw. verständlich **machen**

44 jm. zeigen/erläutern/..., wie die
    Dinge liegen
    jm. zeigen/erläutern/..., wie die
    Sache liegt

45 **Licht** in etw. bringen
    Licht ins Dunkel bringen

46 jn. auf den (richtigen) **Trichter**
    bringen *ugs*

47 jm. den/js. **Blick** für etw. schär-
    fen

48 sich in js. **Lage** versetzen
    sich in js. **Situation** versetzen
    sich an js. **Stelle** versetzen
    sich in js. **Rolle** versetzen

49 sich (jm./jm. gegenüber) ver-
    ständlich **machen**

50 **versteh'**/verstehen Sie/... mich/
    ihn/den Peter/... recht!/nicht
    falsch!

51 ach/ah **so**!

52 daran/an etw. erkenn' ich/er-
    kennt Herbert meine/seine/...
    Pappenheimer *ugs*

Cd 2 nicht verstehen: wenig,
keine Ahnung haben von;
nicht schlau werden aus;
nicht schlauer sein als vor-
her; nicht schalten; schwer
von Begriff sein; für jn. zu
hoch sein; keinen Sinn ha-
ben für; jm. unfaßlich sein

---

1   mit jm. ist (heute/in letzter Zeit/
    sprachlich/...) nicht viel/we-
    nig/herzlich wenig/... los

2   es nicht **verstehen**, etw. zu tun
    mit etw. nicht ins **reine** kommen

3   nichts/... **fertigbringen**
    nichts/... zuwege **bringen**
    nichts/... zustande **bringen**

4   wenig **Ahnung** haben von etw.

5   von keiner **Sachkenntnis** getrübt
    sein *ugs*
    von jeder/jeglicher **Sachkenntnis**
    ungetrübt sein *ugs*
    von etw. (völlig) **unbeleckt** sein
    ugs

6   ein/ein reiner/der reinste **Wai-
    senknabe** sein in etw./auf einem
    Gebiet/. . . (gegen jn./gegenüber
    jm.) *ugs*
    ein (völliger/blutiger) **Laie** sein
    in etw./auf einem Gebiet/. . . *ugs*

7   böhmische **Dörfer** für jn. sein
    (wie) ein **Buch** mit sieben Siegeln
    für jn. sein
    das/. . . ist für jn. **chinesisch** *ugs*

8   keinen/nicht einen **Deut** verste-
    hen von etw.
    nicht die **Bohne** von etw. verste-
    hen/begreifen/. . . *ugs*

9   keine blasse/nicht die leiseste/
    nicht die mindeste **Ahnung** haben
    von etw.
    keine blauen/blassen **Dunst** ha-
    ben von etw. *ugs*
    keinen/keinen blassen/nicht den
    leisesten **Schimmer** haben von
    etw. *ugs*
    keine **Spur** von einer Ahnung ha-
    ben (von etw.) *ugs*

10 einen **Quark** von etw. verstehen
    vulg
    einen **Dreck** von etw. verstehen
    vulg
    von etw. so viel verstehen wie die
    Kuh vom Sonntag *vulg*
    von etw. so viel verstehen wie der
    Ochs vom Klavierspielen *vulg*
    von etw. so viel verstehen wie der
    Esel vom Lautenschlagen *vulg*
    von etw. so viel verstehen wie der
    Hahn vom Eierlegen *vulg*

11 von **Tuten** und Blasen keine Ah-
    nung haben *ugs*
    keine **Ahnung** von Tuten und Bla-
    sen haben *ugs*
    keine **Ahnung** von Ackerbau und
    Viehzucht haben *ugs*

12 wie der **Blinde**/ein Blinder von
    der Farbe (von etw./über etw.)
    reden *ugs*

13 keinen **Blick** für etw. haben
    blind sein für jn./etw.

14 bist du/ist er/. . . **blind** oder was
    ist los? *ugs*

15 kein **Ohr** haben für etw.

16 in etw. nicht **drinstecken**

17 aus jm./etw. nicht schlau **werden**
    ugs
    aus jm./etw. nicht klug **werden**
    ugs
    aus jm./etw. nicht gescheit **wer-
    den** *selten*

18 kein **Wort** verstehen von dem,
    was j. sagt/. . .
    keine **Silbe** verstehen von etw.

19 (immer) nur **Bahnhof** verstehen
    ugs

20 daraus/aus diesem Text/. . . soll
    einer klug **werden**! *ugs*
    daraus/aus diesem Text/. . . **wer-
    de** einer klug!
    daraus/aus diesem Text/. . . wer-
    de der **Henker** klug! *ugs*
    das/diesen Text/die Pläne/. . .
    soll der **Teufel** verstehen! *ugs*

21 vor einem **Rätsel** stehen

22 sich keinen **Vers** (mehr) auf etw.
    machen können *ugs*
    sich keinen **Reim** (mehr) auf etw.
    machen können
    auf etw. keinen **Reim** (mehr) fin-
    den können *selten*
    sich etw. (auch) nicht (mehr) **zu-
    sammenreimen** können *ugs*

23 es ist jm. ein **Rätsel**, wie/was/. . .
    es ist jm. **unerfindlich**, wie/wie-
    so/wie j. . . . konnte/. . .
    jm. ist etw. (völlig) **schleierhaft**

24 das/etw. **reimt** sich nicht (für jn.)

25 nicht/nicht mehr/. . . wissen/
    verstehen/. . ., woran man (mit/
    bei jm./etw.) **ist**
    nicht wissen/nicht mehr verste-
    hen/. . ., wo man (mit/bei jm./
    etw.) **dran** ist

26 die **Glocke** läuten hören, aber
    nicht wissen/ohne zu wissen, wo
    sie hängt *ugs*

27 an jm./js. Verhalten/. . . irre **wer-
    den**

28 nicht **schlauer** sein (als vorher/
    zuvor) *ugs*
    nicht **schlauer** aus etw. geworden
    sein *ugs*
    so **schlau** sein wie zuvor/(als wie
    zuvor) *ugs*
    nicht **klüger** sein (als vorher/zu-
    vor) *ugs*
    nicht **klüger** aus etw. geworden
    sein *ugs*
    so **klug** sein wie zuvor/(als wie
    zuvor) *ugs*

29 langsam/spät/nicht richtig/. . .
    schalten
    eine lange **Leitung** haben *ugs*
    schwer/langsam von **Begriff** sein
    schwer von **Kapee** sein *ugs*
    bei jm. fällt der **Groschen**
    langsam/pfennigweise *ugs*

30 er/sie/Peter/. . . sitzt auf der **Lei-
    tung** *ugs*
    bei jm./da steht j./einer auf der
    Leitung *ugs*

31 **l.L.**! *(lange Leitung) ugs*
    l.l.L.! *(lausig lange Leitung) ugs*

32 ein **Brett** vor dem Kopf haben
    Mattscheibe haben *ugs*

33 jm./für jn. zu **hoch** sein
    über js. **Horizont** gehen *ugs*
    js. **Horizont** übersteigen *ugs*
    über js. **Verstand** gehen *ugs*
    über js. **Verstandskasten** gehen
    ugs

34 etw. ist höhere **Mathematik** für
    jn.

35 jm./e-r S. nicht **folgen** können
    (da) nicht (mehr) **mitkommen**
    (da) nicht (mehr) **mitkönnen**

36 (da/in etw.) nicht **durchsteigen**

37 (da/in einer Sache) (ziemlich/
    (ganz)) schön alt **aussehen** *ugs*

38 jm. nicht in den **Kopf** wollen
    jm. nicht in den **Sinn** wollen

39 keinen **Zugang** finden zu etw./
    jm.
    kein **Verhältnis** gewinnen (kön-
    nen) zu jm./etw.

40 kein/. . . **Verhältnis** haben zu
    etw./jm.
    wenig/keinen/. . . **Sinn** für jn./
    etw. haben
    viel/wenig/kein/. . . **Verständnis**
    für jn./etw. haben

41 auf **Unverständnis** stoßen (bei
    jm./mit etw.)

42 kein **Urteil** haben (über jn./
    etw./in etw.)

43 nicht **mitreden** können (bei etw./
    jm.)

44 hier/da/in der Sache/in der Ma-
    terie/. . . hat j. keine **Stimme**

45 eine andere **Sprache** sprechen
    (als j.)

46 niemand/kein Mensch/. . . weiß,
    was hinter js. **Stirn** vorgeht

in den **Kopf** gucken/schauen/se-
hen kann man keinem/nieman-
dem/keinem Menschen

47 sich an den **Kopf** fassen/greifen
man faßt sich an den **Kopf**!
(wenn man so etwas sieht/
hört/...)
da/wenn man so etwas hört/...,
kann man sich nur an die **Stirn**
greifen/packen *selten*
über so einen Unsinn/... kann
ich/er/der Peter/man/... (doch)
nur/bloß den **Kopf** schütteln

48 falls in der Tat/..., dann zweifle
ich/... an seinem/... **Verstand**
ugs
falls in der Tat/..., dann muß
ich/... an seinem/... **Verstand**
zweifeln *ugs*
falls in der Tat/..., dann zweifle
ich/... an seinem/... **Verstands-
kasten** *ugs*
falls in der Tat/..., dann muß
ich/... an seinem/... **Verstands-
kasten** zweifeln *ugs*

49 j. könnte sich vor den **Kopf** schla-
gen (daß er etw. nicht gewußt/...
hat) *ugs*

50 j. versteht die **Welt** nicht mehr

51 (und) wo steckt/liegt (da) der
Witz?
(und) was ist der **Witz** dabei?

52 darf man **mitlachen**?

53 die handgreiflichsten **Sachen**
nicht sehen/...

54 mancher **lernt's** nie (und man-
cher noch später) *ugs*

Cd 3 fähig: sich verstehen
auf; das nötige Rüstzeug ha-
ben; wie geschaffen sein für;
viel loshaben in; js. Stärke
sein; sich gut machen; in
Form sein; (in der Tat) im-
stande sein, zu ...

---

1 wissen, wie man mit dem **Leben**
fertig wird

2 immer/für alles/... **Rat** wissen
geh

3 in allen **Sätteln** gerecht sein

4 eine **Sache** gut/prima/ordent-
lich/... machen

5 sich **zurechtfinden** (in .../...)
(gut/...) **zurechtkommen** in/
bei/mit/...

6 seine **Sache(n)** verstehen
sein **Handwerk** verstehen

7 vom **Fach** sein

8 die **Klaviatur** beherrschen
das **ABC** e-r S. lernen/beherr-
schen

9 sehr **beschlagen** sein (in etw.)

10 **drin** sein in etw./(bei etw.)

11 sich auf etw. **verstehen**
sich darauf **verstehen**, etw. zu tun

12 allerhand/viel/... **fertigbringen**
etw. zustande **bringen**
etw. zuwege **bringen**

13 einer Aufgabe/jm. **gewachsen**
sein

14 das (nötige) **Rüstzeug** haben/
mitbringen/besitzen für einen
Posten/...
das **Zeug** zu etw. haben/dazu ha-
ben, zu ...

15 aus dem **Holz** geschnitzt sein, aus
dem man Minister/Generaldi-
rektoren/... macht

16 an jm. ist ein Maler/Musiker/
Politiker/... **verloren** gegangen
(oft iron.)

17 etw. ist jm. (schon) (gleich) in die
Wiege gelegt worden
eine Veranlagung/Talente/...
mit auf die **Welt** bringen
etw. ist jm. **angeboren**

18 in jm. **steckt** etwas/eine ganze
Menge/noch allerhand/...

19 etw. steckt jm./bei jm. im **Blut**
etw. liegt jm./bei jm. im **Blut**

20 für etw. wie **geschaffen** sein
von der **Natur** wie geschaffen
sein zu/für ...

21 einen sechsten **Sinn** für etw. ha-
ben
das/etw. in den **Fingerspitzen** ha-
ben *ugs*
etw./es im kleinen **Finger** haben
ugs

22 etw. mit der **Muttermilch** einsau-
gen

23 jm. zur zweiten **Natur** werden
jm. in **Fleisch** und Blut überge-
hen

24 auf etw. **geeicht** sein
mit nachtwandlerischer/schlaf-
wandlerischer **Sicherheit** etw. tun
(können)/...

25 **gelernt** ist gelernt!

26 ein hohes/... **Niveau** haben

27 viel/allerhand/etwas/... **drauf-
haben** *ugs*
etwas/viel/allerhand/einiges/
eine Menge/... **loshaben** (in
etw.) *ugs*

28 (in seinem Beruf/...) etwas/
viel/... **leisten**

29 ein **Höhenflieger** sein

30 ganz **groß** sein im Eiskunstlau-
fen/... *ugs*

31 in seinem Fach/... auf der **Höhe**
sein/stehen
auf der **Höhe** seines Fachs sein/
stehen

32 keine schwache **Stelle** haben

33 etw. im **Griff** haben

34 etw. ist **gekonnt**
wie j. etw. macht – das ist ge-
konnt

35 es ist eine **Pracht**, wie j. etw.
macht
etw. tun, daß es eine (wahre)
Pracht ist

36 etw. aus dem **Ärmel** schütteln
(können)
etw. aus dem **Handgelenk** schüt-
teln (können)

37 etw. in den **Griff** kriegen/be-
kommen

38 js. starke **Seite** sein
js. **Stärke** sein
js. **Stärke** liegt im Schwimmen/
Verhandeln/...

39 sich **machen**
sich gut **machen**
sich gut **herausmachen**

40 **Schritt** halten können/wol-
len/... (mit jm./etw.)

41 j. macht seine **Sache** schon
j. wird seine **Sache** schon machen

42 sich gut/... **halten**

43 seinen **Mann** stehen

44 so wie du/er/. . . **gebaut** bist/ ist/. . ., wirst du/wird er/wird sie/. . . es/das schon schaffen/ hinkriegen/. . . *ugs*

45 (gut/glänzend/blendend/. . .) in **Form** sein
sich (gut/glänzend/blendend/. . .) in **Form** fühlen
in **Hochform** sein

46 in **Form** kommen

47 auf der **Höhe** seiner Schaffenskraft stehen

48 es **fertigbringen**, etw. zu tun
imstande sein, etw. zu tun
in der **Lage** sein, etw. zu tun

49 ganz der **Mann** (dafür/danach/ dazu) sein, (um) etw. zu tun

50 jn. in den **Stand** setzen, etw. zu tun
jn. in die **Lage** versetzen, etw. zu tun
jm. die **Mittel** an/in die Hand geben, so daß er etw. tun kann/. . . *geh*

51 eine **Probe** seines Könnens/seiner Kunst/. . . zeigen, ablegen/. . .

52 sein **Glanzstück** liefern (mit etw.)

53 eine (große) **Tat** vollbringen

54 der richtige/(rechte) **Mann** am richtigen/(rechten) Platz/(Ort) sein

55 (eine Sprache) in **Wort** und Schrift beherrschen

Cd 4 unfähig: außerstande sein zu; nicht geschaffen sein für; nicht das nötige Rüstzeug haben; eine Flasche sein, sich begraben lassen können mit; js. Schwäche sein; nicht in Form sein

---

1 j. ist (heute/. . .) nicht in der **Verfassung**, etw. zu tun
sich (heute/. . .) **außerstande** fühlen/sehen, etw. zu tun

2 **außerstande** sein, etw. zu tun

3 auf den **Dreh** wäre j. nicht gekommen *ugs*

4 nicht der **Mann** sein,(um) etw. zu tun
nicht der/kein **Mann** danach/ dafür/dazu sein, (um) etw. zu tun

5 nicht dazu **geboren** sein, etw. zu tun
nicht dazu **geschaffen** sein, etw. zu tun

6 es ist jm. nicht **gegeben**, etw. zu tun
etw. ist nicht js. **Sache**

7 zu etw. passen wie der **Esel** zum Lautenschlagen *vulg*
zu etw. taugen wie die **Kuh** zum Seiltanzen *vulg*
zu etw. taugen/für etw. geeignet sein/. . . wie der **Ochse** zum Seilchenspringen/Seilspringen/ Seiltanzen *vulg*

8 den **Bock** zum Gärtner machen

9 sich schlecht (zu etw.) **machen**
sich schlecht/. . . **halten**

10 noch nicht/nicht ganz/voll und ganz/. . . **drin** sein (in etw.)

11 nicht das (nötige) **Rüstzeug** haben/mitbringen/besitzen für einen Posten/. . .

12 nichts **Richtiges** lernen/gelernt haben/können

13 in einer Materie/einem Fach/. . . (große) **Lücken** haben
js. Wissen/. . . hat (große) **Lücken**

14 nichts zu **vermelden** haben in . . ./. . . *ugs*

15 eine trübe **Tasse** sein *ugs*
eine **Pfeife** sein *ugs*
eine **Flasche** sein *ugs*
eine **Niete** sein *ugs*
eine (richtige/absolute/reine/ glatte) **Null** sein (in etw.)

16 ein (richtiger/. . .) **Schuster** sein *ugs*
ein (richtiger/. . .) **Flickschuster** sein *ugs*

17 das ist/etw. ist ein **Witz** von einem Wissenschaftler/einer Doktorarbeit/. . . *ugs*
und so was **nennt** sich Arzt/Wissenschaftler/. . .!
und so etwas/jn. läßt man auf die **Menschheit** los! *ugs*

18 kein **Gefühl** haben für etw.

19 kein **Auge** für etw./jn. haben

20 j. soll/kann sich sein **Lehrgeld** wiedergeben/zurückgeben lassen! *ugs*
j. soll/kann sich sein **Schulgeld** wiedergeben/zurückgeben lassen! *ugs*

21 du kannst dich/er kann sich/. . . **begraben** lassen (mit etw.) *ugs*
du kannst/die können/. . . **einpacken** (mit etw.) *ugs*
du kannst dich/er kann sich/. . . **einsalzen** lassen (mit etw.) *ugs*
du kannst dich/er kann sich/. . . **einbalsamieren** lassen (mit etw.) *ugs*
du kannst dich/er kann sich/. . . **einsargen** lassen (mit etw.) *ugs*

22 sich ein **Armutszeugnis** ausstellen (mit etw.)
die ganze **Innung** blamieren *ugs*

23 es liegt mit etw. (bei jm./in . . .) im **argen**

24 (auch) seine **Schwächen** haben

25 js. **Schwäche** sein
js. schwache **Seite** sein

26 auf **Kriegsfuß** mit etw. stehen *ugs*

27 nicht/schlecht/miserabel/. . . in **Form** sein
sich schlecht/. . . in **Form** fühlen

28 da/bei/an jm. ist **Hopfen** und Malz verloren

29 **gewogen** und zu leicht befunden

30 das schwächste **Glied** in der Kette sein

Cd 5 geschickt: den Dreh heraushaben; die Dinge richtig anpacken; ein Näschen haben für; ein Auge, feines Ohr, Händchen haben für

---

1 mit jm. ist einiges/allerhand/ viel/. . . **anzufangen**

2 sich zu **helfen** wissen

3 sein **Schiffchen** zu steuern wissen

4 was/allerhand/. . . **weghaben** *ugs*

5 (fein/...) **heraus** haben, wie man
   etw. macht/... *ugs*
   es **raushaben**, wie man etw.
   macht/... *ugs*

6 den (richtigen) **Dreh** herausha-
   ben (wie man etw. macht) *ugs*
   den **Dreh** (fein) herausheben (wie
   man etw. macht) *ugs*
   die **Masche** heraushaben (wie
   man etw. macht) *ugs*
   den **Bogen** (fein/...) herausha-
   ben/(spitz haben) (wie man etw.
   macht) *ugs*
   die **Kurve** heraushaben (wie man
   etw. macht) *ugs selten*
   den **Pfiff** heraushaben (wie man
   etw. macht) *ugs selten*

7 ein **Hans** Dampf in allen Gassen
   sein

8 alles/die Dinge/etw. richtig **an-
   packen**
   alles/die Dinge/etw. richtig **an-
   fangen**
   alles/die Dinge/die Proble-
   me/... am/beim richtigen **Ende**
   anpacken/anfassen

9 den **Hebel** an etw./an einem be-
   stimmten Punkt/... ansetzen
   (um etw. zu erreichen/...)

10 den **Hebel** an der richtigen Stelle
   ansetzen

11 das **Brett** bohren, wo es am dünn-
   sten ist

12 das/etw. ist die (richtige) **Masche**
   ugs

13 e-r S. einen **Dreh** geben *ugs*

14 e-r S. den richtigen **Pfiff** geben/
   zu geben verstehen/zu geben wis-
   sen *ugs*
   e-r S. das richtige **Gesicht** zu ge-
   ben verstehen/wissen *selten*

15 den **Dreh** finden *ugs*
   den (richtigen) **Dreh** finden/
   rauskriegen/herausbekom-
   men/... *ugs*
   auf/hinter den (richtigen) **Dreh**
   kommen *ugs*

16 eine glückliche **Hand** bei/in etw.
   haben /beweisen

17 eine **Nase** für etw. haben
   eine gute **Nase** (für etw.) haben
   die richtige **Nase** (für etw.) haben
   ein **Näschen** für etw. haben *ugs*
   einen (guten/feinen/ausgezeich-
   neten/...) **Riecher** für etw. ha-
   ben *ugs*

   den richtigen **Riecher** für etw. ha-
   ben *ugs*

18 ein **Auge** für etw. haben
   ein sicheres **Auge** für etw. haben

19 ein feines **Ohr** haben
   ein scharfes **Ohr** haben

20 eine feine **Nase** haben

21 eine geschickte **Hand** (für/in/bei
   etw.) haben/beweisen
   ein **Händchen** für etw. haben *ugs*
   ein **Fingerchen** für etw. haben/
   dafür haben, etw. zu tun *ugs*
   es im kleinen **Finger** haben (wie
   man etw. macht) *ugs*
   etw. mit **links** machen *ugs*
   jm. leicht von der **Hand** gehen
   jm. flott/gut von der **Hand** gehen

22 das Geigespielen/... in den **Fin-
   gern** haben

23 eine leichte **Hand** haben

24 eine ruhige **Hand** haben

25 klettern (können) wie ein **Affe**

26 (ja) **gewußt** wie!
   (ja) **gewußt** wo!

Cd 6 ungeschickt: die Dinge
falsch anpacken; ungeschick-
te Hände haben

---

1 mit jm. ist (heute/in letzter
   Zeit/...) (aber auch) (gar/über-
   haupt) nichts/nicht viel/...
   anzufangen

2 die Dinge/alles/etw. falsch **an-
   fangen**
   die Dinge/alles/etw. falsch **an-
   packen**
   alles/die Dinge/die Proble-
   me/... am/beim falschen/ver-
   kehrten **Ende** anpacken/anfas-
   sen
   das **Pferd** beim/am Schwanz auf-
   zäumen

3 sich nicht zu **helfen** wissen

4 sich (verlegen/...) hinter den
   Ohren kratzen
   mit dem **Finger** im Mund daste-
   hen/in der Gegend stehen/da
   herumstehen/... *ugs*

5 jm. schwer von der **Hand** gehen

6 ungeschickte **Hände** haben
   zwei linke **Hände** haben
   ungeschickte **Finger** haben

7 mit dem **Hintern** umwerfen/um-
   schmeißen, was man mit den
   Händen aufbaut *ugs*

8 der/die/... bricht sich den **Fin-
   ger** noch in der Nase (ab) *ugs*
   der/die/... bricht sich den **Fin-
   ger** noch im Arsch (ab/...) *vulg*

9 Ungeschickt läßt **grüßen**! *ugs*

10 über seine eigenen **Füße** stolpern
   über seine eigenen **Beine** fallen

11 wie der/ein **Storch** im Salat da
   herumspazieren/sich beneh-
   men/... *ugs*

12 die **Kirche** ums Dorf tragen *selten*

Cd 7 klug, helle, weitsichtig

---

1 ein gescheites **Haus** sein *ugs*
   viel/allerhand/etwas auf dem
   Kasten haben *ugs*

2 im kleinen **Finger** haben, was and-
   ere/die ander(e)n nicht im Kopf
   haben *ugs*
   mehr **Verstand** im kleinen Finger
   haben als die ander(e)n/andere/
   er/Karl/du/... im Kopf haben/
   hat/hast/... *ugs*

3 nicht auf den **Kopf** gefallen sein
   ugs

4 ein kluger **Kopf** sein
   ein kluges **Köpfchen** sein *ugs*

5 (heute/gestern/gerade/...) auf
   Draht sein *ugs*
   auf **Zack** sein *ugs*

6 **Grütze** im Kopf haben *ugs*

7 **Köpfchen** haben
   ein heller **Kopf** sein
   helle sein
   ein helles **Köpfchen** sein *ugs*
   ein ausgeschlafenes **Bürschchen**
   sein *ugs*

8 einen hellen/klaren **Verstand** ha-
   ben
   einen klaren **Kopf** haben
   einen klaren **Verstandskasten** ha-
   ben *ugs*

9 einen scharfen **Verstand** haben

10 ein gelehrtes **Haus** sein *ugs*

11 eine (große) **Leuchte** sein *ugs*
   ein großes **Licht** sein *selten*

12 eine **Leuchte** der Wissenschaft sein *(oft iron.)*

13 ein großer **Geist** sein

14 weit **denken**

15 einen weiten/großen **Horizont** haben
einen weiten/großen **Gesichtskreis** haben

16 einen **Hauch** von js. Geist/Genie/... spüren/verspüren *geh*

17 ein verkanntes **Genie** sein

18 **Köpfchen!** Köpfchen! *ugs*
immer **Köpfchen!** *ugs*
Köpfchen muß man haben! *ugs*

19 (etw. mit) **Geist** und Witz (erzählen/...)

20 ein weiser **Spruch!**

21 das **Salz** der Weisheit *geh*

Cd 8 schlau, gerissen

1 nicht aus **Dummsdorf** sein *ugs*
nicht aus **Dummbach** sein *ugs*

2 du bist/... gar nicht so dumm, wie du **aussiehst/...** *ugs*

3 auf **Draht** sein *ugs*

4 ein gerissener **Kopf** sein
mit allen **Wassern** gewaschen sein
mit allen **Hunden** gehetzt sein
es faustdick/dick/knüppeldick hinter den **Ohren** haben

5 ein alter **Hase** sein *ugs*

6 ein (alter) **Fuchs** sein
schlau/listig wie ein **Fuchs** sein
wissen, wo es lang geht *ugs*
wissen, wo **Barthel** den Most holt

7 ein geriebener/ausgekochter **Bursche** sein *ugs*
ein ausgekochtes **Bürschchen** sein *ugs*
ein **Schlitzohr** sein *ugs*

8 ein gerissener **Hund** sein *vulg*
ein gerissenes **Luder** sein *vulg*

9 glatt wie ein **Aal** sein

10 alle möglichen **Griffe** und Kniffe kennen/...

Cd 9 durchschauen: hinter js. Schliche kommen; da mußt du dir einen Dummeren suchen

1 hinter js. Absichten/Pläne/etw. **kommen**
hinter js. Absichten/Pläne/etw. **steigen** *ugs*

2 js. **Spiel** durchschauen
js. **Spielchen** durchschauen *ugs*

3 hinter js. **Schliche** kommen
jm. auf die **Schliche** kommen
jm. auf die **Sprünge** kommen

4 jm./e-r S. auf die **Spur** kommen

5 jm. in die/seine **Karten** gucken/schauen/sehen

6 hinter die **Kulissen** gucken/schauen/sehen
einen **Blick** hinter die Kulissen tun

7 zwischen den **Zeilen** lesen/zu lesen verstehen/merken/...

8 den **Trick** kennt j.! *ugs*

9 (ah) dich/den/die Gisela/... **kenn'** ich! *ugs*
das **kenn'** ich! *ugs*

10 **nicht** mit mir/dem/meinem Vater/...! *ugs*
bei mir/dem/meinem Vater/... **nicht!** *ugs*
die **Masche** zieht bei jm. nicht! *ugs*

11 da/... mußt du dir/... einen **Dummeren** suchen (als ...) *ugs*

12 wenn du/... willst/..., mußt du/... (schon) früher **aufstehen** *ugs*

Cd 10 dumm: keine Leuchte sein; geistig minderbemittelt sein; ein Strohkopf sein; ein ausgemachter Esel sein; eine dumme Gans sein

1 (heute/gestern/gerade/...) nicht auf **Draht** sein *ugs*

2 ein einfältiges **Gemüt** haben
ein armer **Irrer** sein *ugs*

3 keine (große) **Leuchte** sein
kein großes **Licht** sein
kein (großes) **Kirchenlicht** sein
kein **Lumen** sein *geh*
das **Pulver** (auch) nicht (gerade) erfunden haben *ugs*
das **Schießpulver** (auch) nicht (gerade) erfunden haben *ugs*
die **Weisheit** (aber auch) nicht (gerade) mit Löffeln/Schaumlöffeln gefressen haben *ugs*
die **Intelligenz** (aber auch) nicht (gerade) mit Schaumlöffeln/Löffeln gefressen haben *ugs*
keine **Leuchte** der Wissenschaft sein *iron*

4 geistig zu kurz **gekommen** sein *ugs*
(aber wirklich/...) kurz von **Verstand** sein *ugs*
geistig **minderbemittelt** sein *ugs*
ein **Geleerter** mit zwei e sein *ugs*
keine/wenig **Grütze** im Kopf haben *ugs*

5 nicht im **Besitz** seiner fünf Sinne sein

6 aus **Dummsdorf** sein *ugs*
aus **Dummbach** sein *ugs*

7 eine dumme **Nuß** sein *ugs*
eine dumme/doofe/hohle/taube **Nuß** sein *ugs*
ein **Strohkopf** sein
Stroh im Kopf haben *ugs*
ein **Hohlkopf** sein

8 (mir scheint/...) j. kann nicht bis drei/fünf/zehn **zählen** *ugs*
für keine zwei **Pfennige** Verstand haben/nachdenken/... *ugs*
nicht für einen/für keinen **Sechser** Verstand haben *ugs*
für keine drei/nicht für drei **Groschen** Verstand haben *ugs*
stockdumm sein

9 nichts im **Kopf** haben *ugs*
einen hohlen **Schädel** haben *vulg*

10 mit **Dummheit** geschlagen sein
dumm **geboren** sein und nichts dazugelernt haben *ugs*
dumm **geboren** und dumm geblieben sein *ugs selten*
(so) dumm wie **Bohnenstroh** sein *ugs*
er/sie/der Peter/... **denkt** (auch/...) nicht von hier bis an die **Wand** *ugs*

11 ein (ausgemachter/...) **Esel** sein *ugs*
ein (ausgemachtes/...) **Schaf** sein *ugs*
ein (ausgemachter/...) **Schafskopf** sein *ugs*

ein (ausgemachter/...) **Hornochse** sein *vulg*
ein (ausgemachtes/...) **Rindvieh** sein *vulg*
ein (altes) **Kamel** sein *vulg*

12　auf seinem **Verstand** sitzen *vulg*
auf seinem **Verstandskasten** sitzen *vulg*
sein **Fach** verstehen

13　(aber auch) ein **Hirn** wie ein Spatz haben *ugs*
(aber auch) ein **Spatzenhirn/** Spatzengehirn haben *ugs*

14　dümmer sein als die **Polizei** erlaubt *ugs*
(so) dumm wie ein **Bock** sein *vulg*
dümmer als dumm sein *ugs selten*
dumm wie die **Nacht** finster sein *ugs selten*
zu dumm sein, um ein **Loch** in den Schnee zu pinkeln *vulg selten*
so dumm wie das hinterste **Ende** vom Schwein sein *vulg selten*
dümmer sein als das **Hinterviertel** vom Schaf/Schwein *vulg selten*

15　nur/nichts als/... **Hühnerscheiße** im Kopf haben *vulg selten*
(so) dumm sein wie **Schifferscheiße** *vulg selten*

16　wenn **Dummheit** weh täte, würde j. den ganzen Tag schreien *ugs*
wenn **Dummheit** Warzen gäbe, sähe j. aus wie (ein) Streuselkuchen *ugs*

17　jn. hat der **Esel** im Galopp verloren *ugs selten*
zum **Esel** fehlen jm. nur die Ohren, den Kopf hat er *ugs selten*
einen **Esel** im Wappen führen *ugs selten*
bei den **Eseln** in die Schule gegangen sein *ugs selten*
einen **Esel** nicht von einem Ochsen unterscheiden können *ugs selten*

18　das größte **Kamel** auf Gottes Erdboden sein *vulg*
ein **Riesenroß** sein *vulg*
das größte **Roß** auf Gottes Erdboden sein *vulg*
das größte **Rhinozeros** auf Gottes Erdboden sein *vulg*
das größte **Rindvieh** auf Gottes Erdboden sein *vulg*

19　ein **Vollidiot** sein *vulg*
ein blöder/dämlicher/dummer/... **Affe** sein *vulg*
ein blöder **Sack** sein *vulg*
ein **Blödmann** sein *vulg*

20　ein alberner **Pinsel** sein *vulg*

21　ein dummes/blödes/albernes **Huhn** sein *(Frau) ugs*
eine dumme/blöde/alberne **Gans** sein *ugs*
eine alberne/eingebildete/... **Pute** sein *ugs*
ein dummes **Luder** sein *ugs*
eine dumme/blöde/alberne **Ziege** sein *ugs*

22　lange **Haare**, kurzer Verstand *ugs*
gegen **Dummheit** ist kein Kraut gewachsen

23　gegen **Dummheit** kämpfen Götter selbst vergebens *geh*

24　so was/so etwas lebt und **Schiller** mußte sterben! *ugs*

Cd 11 kurzsichtig, eng(stirnig)

1　**kurzsichtig** (sein)

2　einen engen/beschränkten/begrenzten/kleinen **Gesichtskreis** haben
einen engen/beschränkten/begrenzten/kleinen **Horizont** haben

3　ein enges **Blickfeld** haben

4　nicht weiter sehen als seine **Nase** reicht *ugs*
js. Gesichtskreis/Verständnis/Horizont/Begriffsvermögen/... geht nicht über seine/die eigene **Nase** hinaus *ugs*
nicht über den **Tellerrand** hinausgucken (können) *ugs*

5　**Scheuklappen** vor den Augen haben
mit **Scheuklappen** herumlaufen/durchs Leben gehen/...

Cd 12 spinnen, geistig weggetreten: (wohl) nicht bei Sinnen sein; nicht alle zusammen haben; mit jm. stimmt was nicht; einen Spleen haben; seine fünf Sinne nicht mehr so recht beisammen haben; lichte Augenblicke haben; Augen machen wie ein gestochenes Kalb

1　**spinnen** *ugs*
nicht (ganz) bei **Trost** sein *ugs*

du bist/er ist/... (wohl) nicht (ganz) **gescheit!** *ugs*
du bist/er ist/... (wohl/ja) **verrückt!** *ugs*
(wohl) nicht (ganz) bei **Sinnen** sein

2　nicht (so) (richtig/recht/ganz) bei **Verstand** sein *ugs*
seinen **Verstandskasten** nicht (so) recht/richtig beisammen haben *ugs*

3　(ja) bist du/ist der Peter/... noch zu **retten?** *ugs*
(ja,) hast du/hat der Peter/... denn gar keinen **Verstand?** *ugs*

4　jm. ist nicht zu **helfen** *ugs*
dem/der Tante Marlies/... haben sie (wohl/bestimmt) was/etwas in den **Kaffee** getan *ugs*

5　du hast/die Marlies hat/... wohl einen **Sonnenstich?!** *ugs*

6　einen **Knall** haben *ugs*
nicht ganz **dicht** sein *ugs*
einen **Stich** in der Birne haben *ugs*
du hast/er hat/die Petra hat/... wohl einen **Stich?** *ugs*
nicht alle **Tassen** im Schrank haben *ugs*
(sie) nicht alle auf dem **Christbaum** haben *ugs*
einen (kleinen) **Dachschaden** haben *ugs*
(sie) nicht alle **zusammen** haben *ugs*
(sie) nicht alle **beisammen** haben *ugs*
(sie) nicht alle auf der **Latte** haben *ugs*
bei jm. ist ein **Schräubchen** locker/los *ugs*
bei jm. ist eine **Schraube** locker/los *ugs*
bei jm. ist ein **Rädchen** locker *ugs*
einen **Sparren** zuviel im Kopf haben *ugs*

7　einen **weghaben** *ugs*
einen **Schlag** haben/weghaben *ugs*
einen **Schuß** weghaben *ugs selten*
einen **Schlag** mit der Wichsbürste weghaben/(haben) *vulg*
bei dir/der Klara/... spukt's wohl im **Kopf?** *ugs*
bei dir/ihm/... **fehlt** oben etwas *ugs*
bei jm. klappt etwas nicht/ist etwas/es nicht (ganz) richtig im **Oberstübchen** *ugs*
im **Oberstübchen** nicht ganz richtig sein *ugs*

8　einen **Klaps** haben *ugs*
einen **Piep** haben *ugs*
einen kleinen **Mann** im Ohr ha-

ben *ugs*
eine **Meise** haben *ugs*

9 eine weiche **Birne** haben *vulg*
ein weiches **Hirn** haben *vulg*
balla balla sein *vulg*

10 **Raupen** im Kopf haben *ugs*

11 hast du/hat er/hat die Mar-
lies/. . . sonst noch **Schmerzen?**
ugs
sonst/(. . .) hast du/. . . keine
Schmerzen? *ugs*
aber sonst/ansonsten/im übrigen
bist du/ist er/. . . **gesund** (was/
oder/ja)? *ugs*
du bist/der Meier ist/. . . wohl
krank! *ugs*
(aber/doch) sonst geht's dir/
euch/. . . gut/danke? *ugs*

12 du hast/er hat/der Heinz hat/. . .
wohl seine fünf **Sinne** nicht/
nicht recht beisammen/zusam-
men?

13 bei dir/ihm/dem Heinz **stimmt**
es wohl nicht so ganz? *ugs*
du bist/er ist/. . . wohl nicht
(ganz) von **hier?** *ugs*
bei dir/ihm/. . . **fehlt's** wohl im
Kopf? *ugs*
bei dir/ihm/der Else/. . . **piept's**
wohl? *ugs*
bei dir/. . . **rappelt's** wohl? *ugs
selten*
du hast/er hat/. . . wohl einen
Hieb? *ugs*
du hast/er hat/. . . wohl einen
Rappel? *ugs selten*

14 du hast/. . . wohl (völlig) den/
deinen **Verstand** verloren? *ugs*
du hast/. . . wohl (völlig) den/
deinen **Verstandskasten** verlo-
ren? *ugs*
du hast/er hat/. . . wohl **Kurz-
schluß** im Gehirn? *ugs selten*

15 du hast/er hat/. . . wohl eins mit
dem **Holzhammer** abgekriegt/ge-
kriegt/abbekommen? *ugs*
du hast/er hat/. . . wohl eins mit
dem **Holzhammer** auf den Kopf/
Wirsing/Dez/Schädel gekriegt/
bekommen? *ugs*
dich/den/den Maier/. . . haben
sie wohl zu heiß **gebadet?** *ugs*
dich/den/den Braun/. . . haben
sie wohl als **Kind** zu heiß geba-
det? *ugs*

16 den/die/. . . sticht wohl der **Ha-
fer?** *ugs*
du bist/der ist/. . . wohl vom
blauen **Affen** gebissen? *ugs*

17 du/der/. . . hast/hat/. . . (ja) ei-
nen **Vogel!** *vulg*

18 wie **kommt** ihr/. . . mir denn vor?

19 du bist wohl/die Ursel ist wohl/
bist du/ist er/. . . von allen guten
Geistern verlassen?
du bist/er ist/Onkel Bernd
ist/. . . wohl ganz/ganz und gar
von **Gott** verlassen? *ugs*
du bist/er ist/Onkel Bernd
ist/. . . wohl von allen **Göttern**
verlassen? *ugs selten*

20 bist du/ist er/. . . wohl des **Teu-
fels?** *ugs*

21 mit jm./etw. **stimmt** was/(etwas)
nicht
mit jm./etw. ist irgendetwas **los**
nicht wissen/. . ., was mit jm. **los**
ist
nicht wissen/. . ., was j. (plötz-
lich/. . .) **hat**
was ist (denn) (plötzlich/. . .) in
jn. **gefahren?**
was ist dir/ihr/dem Meier/. . .
(denn/denn bloß/bloß/. . .) in die
Krone gefahren? *ugs*

22 in den/die Karin/. . . ist wohl der
Teufel gefahren? *ugs*

23 **kriegst** du/kriegt Herbert/. . . das
(eigentlich) öfter? *ugs*
hast du/hat er/. . . das öfter? *ugs*

24 **Einfälle** haben wie ein altes Haus
ugs
Einfälle haben wie eine Kuh
Ausfälle *vulg*

25 ein verrücktes **Huhn** sein *(Frau)*
ugs

26 (etwas) **überspannt** sein

27 j. ist **übergeschnappt** *ugs*

28 einen kleinen **Spleen** haben
du hast/er hat/der Peter hat/. . .
ja einen **Spleen!** *ugs*

29 einen **Fimmel** haben *ugs*

30 einen **Tick** haben *ugs*

31 wieder einmal/. . . seinen **Rappel**
haben/kriegen *ugs*

32 etw. bringt jn. noch in die **Klaps-
mühle** *ugs*

33 nicht mehr/. . . (ganz) **klar** sein
nicht (so) ganz **beieinander** sein
ugs
nicht (so) ganz **beisammen** sein
ugs selten
nicht ganz klar im **Kopf** sein
nicht ganz richtig im **Kopf** sein
ugs
nicht mehr (so) (recht/richtig)

bei **Verstand** sein
seinen **Verstand** nicht (so) recht
beisammen haben *ugs*
seiner (fünf) **Sinne** nicht/nicht
mehr mächtig sein
(sie) nicht mehr alle **zusammen**
haben *ugs*
(sie) nicht mehr alle **beisammen**
haben *ugs*
(sie) nicht mehr alle auf der **Latte**
haben *ugs*
(sie) nicht mehr alle auf dem
Christbaum haben *ugs*
nicht mehr alle **Tassen** im
Schrank haben *ugs*
einen **Schlag** haben/weghaben
vulg

34 (schon ganz) **verkalkt** sein *ugs*
bei jm. rieselt schon der **Kalk** *ugs*

35 geistig **weggetreten** sein *ugs*
(ganz/völlig/ziemlich/. . .) **dane-
ben** sein *ugs*

36 nicht ganz **normal** sein

37 reif fürs **Irrenhaus** sein *ugs*
reif fürs **Tollhaus** sein *ugs*

38 (ganz/vielleicht) blöd/stumpf-
sinnig/dumm/. . . aus der **Wä-
sche** gucken *vulg*

39 **Augen** machen wie ein gestoche-
nes Kalb *vulg*
dreinschauen/dreinsehen/glot-
zen/stieren/gucken wie wie ein
gestochenes **Kalb** *vulg*

40 dastehen/ein Gesicht machen/
dreinschauen/. . . wie eine **Gans,**
wenn's blitzt *ugs*
dastehen/ein Gesicht ma-
chen/. . . wie eine **Kuh,** wenn's
donnert *ugs*
gucken/dreinschauen/jn. anguk-
ken/jn. anstarren/. . . wie ein
Auto *ugs*

41 **Augen** haben wie ein gestochenes
Kalb *vulg*

42 (so ein) blödes **Volk** *ugs*

43 einen lichten **Augenblick** haben
lichte **Augenblicke** haben
(hin und wieder/. . .) einen **Licht-
blick** haben
(hin und wieder/. . .) **Lichtblicke**
haben
einen lichten **Moment** haben
lichte **Momente** haben

Cd 13 Fehler, Murks: einen Bock schießen; Mist bauen; j. hat sich (da) was Nettes geleistet; das Pferd am Schwanz aufzäumen

1 eine **Dummheit** machen/begehen
einen (groben) **Bock** schießen

2 **Murks** machen *ugs*
Stuß machen *ugs*
(vielleicht/...) einen **Käse** machen *ugs*

3 **Mist** machen/(bauen) *ugs*
Bockmist machen/(bauen) *ugs*

4 **Scheiß** bauen/machen *vulg*

5 ein (böser) **Patzer**
ein (dicker) **Fehler**
ein (dicker) **Schnitzer**

6 **Murks'** gesammelte Werke *iron*

7 das/etw. ist eine dumme/unangenehme/blöde **Geschichte**

8 mach/macht/... (nur/bloß/ja) keine **Sachen**!
mach/... (nur/bloß/ja) keine **Geschichten**! *ugs*

9 das sind ja nette/schöne **Sachen** (die ich da höre/die wir da lesen/die der ... da erzählt/...)
das sind ja nette/schöne **Sächelchen** (die ich da höre/die wir da lesen/die der ... da erzählt/...) *ugs*
das sind ja nette/schöne **Geschichten** (die er/die ihr/... mir/uns/... da erzählt/...) *ugs*

10 was sind denn das für **Sachen**?
was sind denn das für **Sächelchen**? *ugs*

11 j. hat (da) etwas/was **Nettes** angerichtet/angestellt/angestiftet
j. hat (da) etwas/was **Schönes** angerichtet/angestellt/angestiftet
j. hat sich (da) etwas/was **Nettes** geleistet
j. hat sich (da) etwas/was **Schönes** geleistet

12 sich (mit etw.) (ganz) schön in die **Tinte** setzen *ugs*
sich (mit etw.) (bei jm.) (aber) (ganz) schön in die **Nesseln** setzen *ugs*

13 da haben wir/habt ihr/... das falsche **Schwein** geschlachtet *ugs*

14 etw./alles verkehrt herum **machen**

15 den zweiten **Schritt** vor dem ersten tun

16 das **Pferd** beim/am Schwanz aufzäumen
den **Gaul** beim/am Schwanz aufzäumen
das **Pferd** vor den falschen/verkehrten Wagen/Karren spannen *selten*

17 etw. **verkehrt** herum anhaben/anziehen/halten/...

18 wie man's (auch) **macht**, macht man's falsch/macht man's verkehrt/ist es falsch/ist es verkehrt
wie man's **anpackt**, macht man's falsch

19 auch nur ein **Mensch** sein

20 eine **Scharte** (wieder) auswetzen

Cd 14 nichts Gutes, (schon) etwas ahnen; in der Luft liegen

1 so eine (dunkle/unbestimmte/undeutliche) **Ahnung** haben
das dunkle **Gefühl** haben, daß ...

2 (schon) (so) etwas im **Gefühl** haben

3 der/mein/... kleine(r) **Finger** sagt mir/... *ugs*

4 das hab ich/hat Karl/... im kleinen **Finger** *ugs*

5 etwas (so) im **Urin** haben *vulg*

6 so ein (komisches/seltsames) **Gefühl** (im Magen haben) haben (daß ...) *ugs*

7 nichts **Gutes** ahnen
jm. schwant nichts **Gutes**
jn. beschleicht/überkommt so ein (beängstigendes) **Gefühl** (daß/als ...)

8 das/das Theater/... schon **kommen** sehen

9 (schon) wissen/ahnen/..., wohin die **Reise** geht *ugs*
auf etwas **gefaßt** sein

10 den **Braten** (schon) riechen *ugs*

11 **Lunte** riechen
kannst du/kann er/... **Gedanken** lesen? *ugs*

12 jm. etw. an den **Augen** ablesen/(absehen) (können)
jm. seine/die Gedanken/... vom/am **Gesicht** ablesen (können)
jm. seine Gedanken von der **Stirn** ablesen (können)
jm. seine Gedanken/... (doch nicht) an der **Nase** ablesen (können) *ugs*

13 in der **Luft** liegen

14 seine **Schatten** vorauswerfen *(Ereignis) geh*

15 jm. einen **Vorgeschmack** von etw. geben

16 hab' ich's nicht **geahnt**?/das hab' ich (doch) gleich geahnt!
das/etw. mußte ja **kommen**!

17 wenn nicht alle **Zeichen** trügen, ...

Cd 15 wissen, informieren, kennen: auf dem laufenden sein; jm. zu Ohren kommen; aus erster Quelle erfahren; berichten; den Zauber, seine Leute kennen; etw. wie im Schlaf können; ein wandelndes Lexikon sein

1 wissen müssen/..., was in der **Welt** vor sich geht
sich auf dem **laufenden** halten (über jn./etw.)
auf dem **laufenden** sein (über jn./etw./was jn. betrifft)
über jn./etw. im **Bild(e)** sein

2 damit du/ihr/im **Bild(e)** bist/seit/...

3 **Bescheid** wissen über etw.

4 ich habe mir **sagen** lassen, daß/: ...
(so) (davon) **gehört** haben
jm. zu **Ohren** kommen
jm. zu Gehör kommen

5 j. hat von etw. **läuten** hören *ugs*

6 **Wind** von e-r S. kriegen/bekommen *ugs*

7 etw. gewahr **werden**
etw./alles **mitkriegen** (wollen/
müssen) *ugs*

8 etw. **spitzkriegen** *ugs*

9 da/bei jm./. . . haben die **Wände**
Ohren

10 etw. in **Erfahrung** bringen

11 etw. aus erster **Quelle** haben/
wissen/. . .
etw. aus erster **Hand** haben/wis-
sen/. . .

12 etw. aus sicherer/zuverlässiger
Quelle haben/wissen/. . . *form*

13 aus gut unterrichteten **Kreisen** er-
fahren/. . . *form*
von gut/wohl unterrichteter **Seite**
hören/erfahren/. . . *form*

14 von anderer **Seite** hört j./wird
jm. erzählt/. . .
von dritter **Seite** hört j./wird jm.
erzählt/. . .
von verschiedenen **Seiten** auf
etw. angesprochen werden

15 an der **Quelle** sitzen

16 etw. zur **Kenntnis** nehmen
Notiz nehmen von jm./etw.

17 das **Gelände** sondieren/(abta-
sten)
das **Terrain** sondieren/(erkun-
den)
die **Lage** sondieren

18 einen **Versuchsballon** loslassen/
(steigen lassen) *ugs*

19 jn. auf dem **laufenden** halten
(über jn./etw.)

20 jm. **Bescheid** geben (von etw.)
jm. **Bescheid** sagen

21 jn. von etw. in **Kenntnis** setzen
form
jn. ins **Bild** setzen (über etw.)

22 jm. etw. zur **Kenntnis** bringen
form

23 **Bericht** erstatten

24 jm. eine (kurze/knappe) **Über-
sicht** über etw. geben
jm. **Einblick** gewähren in Ak-
ten/. . .

25 das habe ich mir/das hat er
sich/. . . (gleich) **gedacht!**

26 wem **sagen** Sie/sagst du/sagt ihr
das?

27 (genau/. . .) wissen/sehen/. . .,
wo's **langgeht** *ugs*

28 das/etw. ist nichts **Neues**

29 den **Rummel** kennen *ugs*

30 den **Zauber** kennen *ugs*
davon kann ich/. . . dir/ihm/. . .
was/etwas **erzählen** *ugs*
davon kann ich/. . . dir/ihm/. . .
ein **Lied** singen *ugs*
davon weiß ich/. . . ein **Lied** zu
singen *ugs*

31 seine **Leute** kennen
ich kenne/du kennst/. . . (doch)
meinen/deinen/. . . **Mann**
ich kenne/du kennst/. . . (doch)
meine/deine/. . . **Pappenheimer**
ugs

32 jn./etw. in- und auswendig **ken-
nen**
jn. von innen und von außen
kennen *selten*

33 vom **Fach** sein
ein **Mann** vom Fach sein

34 etw. **präsent** haben

35 etw. auswendig **können**
etw. aus dem **Kopf** sagen/vor-
tragen/. . .

36 etw. wie am **Schnürchen** hersa-
gen/aufsagen/. . . können *ugs*
etw. (wie) im **Schlaf** hersagen
können/wissen/. . . *ugs*
etw. (nur so) **herunterschnurren**
können *ugs*
etw. (jederzeit/. . .) **herunterbe-
ten** können *ugs*

37 j. kann einen Text/. . . schon **sin-
gen** *ugs*
etw. (schon/. . .) in allen **Tonar-
ten** singen können *ugs*

38 einen großen/. . . **Wissensschatz**
haben

39 ein wandelndes **Wörterbuch** sein
ein wandelndes **Konversationsle-
xikon** sein
ein wandelndes **Lexikon** sein

40 jm. **vertraut** sein *(Argumente, Ge-
gebenheiten)*
mit jm./etw. **vertraut** sein

41 mit js. **Wissen** und Willen etw.
tun
etw. geschieht/. . . mit js. **Wissen**

42 soviel ich **weiß**
meines/seines/. . . **Wissens**

43 aller **Voraussicht** nach . . .
nach menschlicher **Voraussicht**
. . .

44 eine **Auskunft** (über jn.) einholen

Cd 16   nicht wissen, im un-
klaren sein: keine Ahnung
haben; sich keine Vorstel-
lung machen; im dunkeln
tappen

1 keine/. . . **Ahnung** haben (von
etw.)

2 es entzieht sich meiner/dei-
ner/. . . **Kenntnis** ob . . .
in das **Geheimnis** der Götter
nicht eingeweiht (worden) sein
ugs

3 in etw. nicht **drinstecken**

4 da/in dieser Sache/. . . bin ich/
ist er/ist der Peter/. . . **überfragt**
da **fragst** du/fragen Sie/mich/
uns zuviel! *ugs*

5 wie/woher soll ich/er/der Pe-
ter/. . . das/etw. (denn) **wissen**?

6 ich/der Peter/. . . kann das/etw.
doch nicht **riechen** *ugs*
das konnte ich/konntest du/. . .
nicht **ahnen!**
ich kann/er kann/. . . dir/
ihm/. . . das (doch/. . .) nicht an
der **Nase** ansehen *ugs*

7 keine **Ahnung!**
keine **Idee!** *selten*
keine **Vorstellung** (von e-r S.) ha-
ben

8 nicht, daß ich **wüßte**

9 (ja/tja) wenn ich/er/Peter/. . .
das **wüßte!**

10 was **weiß** ich! *ugs*
weiß ich! *ugs*

11 (das) weiß der (liebe) **Himmel** *ugs*
weiß **Gott,** wann/warum/was/
wie/. . . etw. geschieht/j. etw.
tut/. . .! *ugs*

12 wer **weiß?**
wer **weiß,** ob/wann/wie/wer/. . .

13 »mein **Name** ist Hase, ich weiß
von nichts« *ugs*

14 »und da **verließen** sie ihn« *ugs*

15 frag mich/fragen Sie ihn/. . . was
Leichteres! *ugs*

16 sich (gar/überhaupt/ein-
fach/. . .) nicht **vorstellen** kön-
nen, daß . . .
du hast/er hat/. . . (ja) keine **Ah-
nung**, wie/was/. . .
du glaubst (ja) gar nicht, wie/
welch ein . . ./. . .
keine **Vorstellung** haben, wie etw.
ist/von jm./etw.
sich keine **Vorstellung** machen,
wie etw. ist/von jm./etw.
sich kein **Bild** machen von jm./
etw./wie etw. ist
sich keinen **Begriff** machen von
jm./etw./wie etw. ist/. . .

17 sich eine keine genaue/eine fal-
sche/. . . **Vorstellung** machen
von/wie/wann/. . .
sich keine genauen/falschen/. . .
Vorstellungen machen von/wie/
wann/. . .

18 nicht wissen/sehen/. . ., wo's
langgeht ugs

19 j. hat es/hat's **läuten** hören, aber
nicht zusammen schlagen ugs

20 nicht wissen/sich fragen/. . ., wo-
her der **Wind** weht/(pfeift) ugs
nicht wissen/sich fragen/. . ., aus
welchem **Loch** der Wind pfeift/
weht ugs
nicht wissen/sich fragen/. . ., aus
welcher **Ecke** der Wind weht/
pfeift ugs

21 sich im **Zweifel** sein, ob . . .

22 sich über jn./etw. im **unklaren**
sein
im **ungewissen** sein

23 im **dunkeln** tappen
im **finstern** tappen selten

24 wie ein **Blinder** (in e-r S.) im dun-
keln tappen
mit **Blindheit** geschlagen sein

25 ich laß mich/er läßt sich/. . .
überraschen!
lassen wir uns **überraschen**!

26 es ist mir/ihm/dem Peter/. . .
neu, daß . . .
das/etw. ist mir/ihm/dem Pe-
ter/. . . **neu** an jm./etw.

27 das ist das erste **Wort** davon/. . .,
das ich höre/(. . .)
das ist das **erste**, was ich höre

28 von etw. weiß j. kein **Wort**

29 ohne js. **Wissen** (und Willen) etw.
tun

etw. geschieht/. . . ohne js. **Wis-
sen**

30 **fragen** kostet nichts! ugs

31 nicht auf js. **Mist** gewachsen sein
ugs

Cd 17 Bekanntheitsgrad: (un-)bekannt; Ruf – Gerücht – Tagesgespräch

1 (viel/allerhand/noch/wie-
der/. . .) von sich **reden** machen

2 (bekannt wie) ein bunter/(schek-
kiger) **Hund** sein ugs

3 der größte/bekannteste/berühm-
teste/. . . **Sohn** der Stadt/seiner
Heimatstadt/. . . path

4 das/den/die Frau Semmler/. . .
kennt (doch) jedes **Kind** ugs
jedes **Kind** weiß (doch), daß . . .
ugs

5 jn./sich (nur/. . .) von **Ansehen**
(her) kennen
jn./sich (nur/. . .) vom **Sehen**
(her) kennen
jn. von **Angesicht** (zu Angesicht)
kennen selten

6 jn. (nur/bloß) dem **Namen** nach
kennen
jn./etw. (nur/bloß) vom **Hö-
rensagen** kennen

7 noch keine drei **Worte** mit jm. ge-
wechselt haben ugs

8 im **Rampenlicht** (der Öffentlich-
keit) stehen

9 im öffentlichen **Leben** stehen
ein **Mann** des öffentlichen Le-
bens sein

10 einen **Namen** haben (als . . .)

11 sich einen **Namen** machen (als
. . .)

12 sich (mit etw.) **Geltung** verschaf-
fen (in/bei/. . .)

13 sich ins **Buch** der Geschichte ein-
tragen (mit etw.) path

14 ein Mann/Wissenschaftler/
Übersetzer/. . . von **Rang** und
Namen

15 js. Name/. . . hat **Weltgeltung**
js. Name/. . . genießt **Weltruf** geh

16 einen guten/ausgezeichne-
ten/. . . **Ruf** haben/genießen

17 in hohem **Ansehen** stehen (bei
. . .)

18 in dem/(im) **Ruf** stehen, etw. zu
tun/zu sein
in dem **Ruf** eines . . . stehen

19 gut/glänzend/schlecht/lächer-
lich/. . . (vor den Leuten/. . .) **da-
stehen** ugs

20 den **Nimbus** der Unfehlbarkeit/
eines ausgezeichneten Chirur-
gen/. . . haben/(tragen)

21 in den **Ruf** kommen, etw. zu tun/
zu sein

22 in einen schlechten **Ruf** kommen

23 keinen guten/einen schlech-
ten/. . . **Ruf** haben/(genießen)
im **Gerede** sein
verschrien sein als Säufer/Rauf-
bold/sehr unehrlich/. . . ugs
im **Ruch** eines . . . stehen selten
in dem/im **Geruch** eines . . . ste-
hen selten

24 jn./etw. in einen schlechten/üb-
len/. . . **Ruf** bringen
jn. in **Verruf** bringen (bei jm.)

25 **berühmt** und berüchtigt sein (we-
gen . . .)

26 besser sein als sein **Ruf**

27 es werden **Stimmen** laut, die . . ./
daß . . ./. . .

28 die negativen/. . . **Stimmen** meh-
ren sich
die **Stimmen** mehren sich, daß
. . ./. . .

29 es geht die **Rede**, daß . . .
es geht das **Gerücht**, daß . . .
es **heißt** . . .
dem **Vernehmen** nach soll j. etw.
getan haben/. . . form
wie ich **höre**/wir hören

30 an/(in) die **Öffentlichkeit** drin-
gen

31 in die **Öffentlichkeit** flüchten
(mit etw.)

32 an die große **Glocke** kommen

33 sich wie ein **Lauffeuer** verbreiten
sich wie der **Wind** verbreiten sel-
ten

34 von **Mund** zu Mund/(Munde) ge-
hen/(laufen)

35 die **Runde** machen

36 Gerüchte/... in die **Welt** setzen

37 etw. an die **Öffentlichkeit** tragen
etw. an die große **Glocke** hängcn/
(bringen)

38 durch alle **Zeitungen** gehen
Schlagzeilen machen

39 alle **Welt** spricht/redet von jm./
etw.
in aller **Munde** sein
alle **Mäuler** sind voll von jm./
etw. *vulg*

,40 **Stadtgespräch** sein
die ganze **Stadt** spricht von jm./
etw.

41 ein offenes **Geheimnis** sein
das/etw. pfeifen die **Spatzen**
(doch schon/...) von den Dä-
chern/von allen Dächern/(vom
Dach) *ugs*

42 einen ganzen **Sack** voll Neuigkei-
ten mitbringen/auftischen/...
ugs

43 mit einem Buch/einem Werk/...
an die **Öffentlichkeit** treten *form*

44 sich an ein weiteres/größe-
res/... **Publikum** wenden

45 das **Kind** muß (schließlich) einen
Namen haben *ugs*
dem **Kind** einen Namen geben
ugs

46 auf den **Namen** ... lauten *form*
(jetzt/...) den **Namen** ... führen
form
auf den **Namen** ihres Mannes/...
laufen/gehen/lauten... *(Ge-
schäft, Dokument)*
in js. **Namen** auftreten/kom-
men/sprechen/...

47 für/zu etw. (nur/...) seinen **Na-
men** zur Verfügung stellen/her-
geben/...

48 nur dem **Namen** nach etw. sein/
kennen/...

49 ein **Mann** mit Namen Müller/...
iron

50 die **Stimme** des Volkes
im **Volksmund** sagt man/heißt
es/...

51 das ist/dahinter steckt/dahinter
verbirgt sich/... **niemand** anders
als ...

52 **Name** ist/Namen sind Schall und
Rauch

53 das **Neueste** vom Tage

54 weißt du/... schon das **Neueste**?

55 **sagt** dir/euch/Ihnen/... das/der
Name/... etwas?

56 ein Mann/... ohne **Rang** und
Namen

57 eine unbekannte **Größe** sein *ugs*

58 ein unbeschriebenes **Blatt** sein
(für jn.)

Cd 18 sattsam bekannt: üb-
licher Kram, alter Hut

1 das/etw. ist eine alte **Weisheit**

2 das/es ist die alte **Geschichte** *ugs*
das alte **Gerede**
der übliche **Kram** *ugs*
der übliche **Zinnober** *ugs*
alter **Kram** *ugs*

3 das/etw. ist ein alter/ganz alter/
uralter **Hut** *ugs*
das/etw. ist eine alte **Jacke** *ugs*
selten
das/etw. sind alte/olle **Kamellen**
ugs
das/etw. ist eine alte **Platte** *ugs*

4 das/etw. ist aufgewärmter **Kohl**
ugs

5 das/etw. ist **Schnee** von gestern

6 (schon) einen langen/(endlosen)
Bart haben *ugs*

7 einen **Bart** mit Dauerwellen ha-
ben *ugs*
das **Ende** des Bartes ist im Keller
ugs
und im **Keller** surrt die Bartwik-
kelmaschine *ugs*
das **Ende** des Bartes ist auf der 16.
Sohle zu besichtigen *ugs selten*
(und) von ferne hört man das ein-
tönige **Summen** der Bartwickel-
maschine! *ugs selten*

8 so'n **Bart**! *ugs*

9 das/etw. kostet jn. nur ein müdes
Lächeln

10 aus der **Mottenkiste** stammen *ugs*
einen Witz/... aus der **Mottenki-
ste** erzählen/zum besten ge-
ben/... *ugs*

Cd 19 Unterricht: lernen,
lehren; Schule, Lehre, Uni-
versität

1 sich das (nötige) **Rüstzeug** aneig-
nen für einen Posten/...

2 endlich etwas **Richtiges** lernen
(müssen)

3 etw. **spielend** lernen
sich etw. **spielend** aneignen/...

4 jm. die **Grundbegriffe** des/
der/... beibringen
jm. die **Anfangsgründe** des/
der/... beibringen
jm. das **ABC** e-r S. beibringen

5 jm. **Kunststücke** beibringen/zei-
gen/...
seinen **Wissensdurst** stillen *path*
seinen **Durst** stillen nach Neuig-
keiten/... *path*

6 seinen **Horizont** erweitern *ugs*
seinen **Gesichtskreis** erweitern

7 eine (ganz) neue **Welt** geht jm./
(für jn.) auf/eröffnet sich jm. *geh*

8 sich seine eigene **Welt** bauen

9 jm. etw. **vorkauen** *ugs*

10 jn. mit dem **Holzhammer** be-
arbeiten *ugs*
jm. etw. mit dem **Holzhammer**
beibringen/eintrichtern/ein-
bläuen... *ugs*
jm. etw. mit dem **Nürnberger**
Trichter beibringen/einpau-
ken/... *ugs*

11 die **Holzhammermethode** anwen-
den (müssen) *ugs*

12 ein Buch/... zur **Hand** nehmen
seine **Nase** ins Buch/in die Bü-
cher/ins Mathematikbuch/...
stecken *ugs*

13 über den/seinen **Büchern** hok-
ken/sitzen *ugs*

14 sich in/hinter seinen **Büchern**
vergraben

15 ein Lexikon/ein Wörterbuch/...
zu **Rate** ziehen
kurz/rasch/noch eben/... einen
Blick in ein Buch/eine Abhand-
lung/... werfen/(tun)

16 jn. in die/eine **Schule** aufneh-
men

17 jn. auf eine Schule/auf eine an-
dere Schule/aufs Gymna-
sium/. . . **tun**

18 in die **Schule** gehen
zur **Schule** gehen
noch/noch immer/. . . die **Schul-
bank** drücken *ugs*

19 wo waren wir/. . . **stehen** geblie-
ben? *(Schulsprache)*

20 etw. an die/auf die **Tafel** schrei-
ben

21 die **Finger** (in die Höhe) strecken
die **Hand** (in die Höhe) strecken
den **Arm** (in die Höhe) strecken

22 gute/schlechte/. . . Noten/
Zensuren/nach **Hause** bringen

23 eine Klassenarbeit/. . . daneben
schreiben
eine Klassenarbeit/. . . in den
Sand setzen *ugs*

24 einen blauen **Brief** bekommen/
erhalten/schreiben/schicken

25 das **Klassenziel** nicht erreichen
form
sitzen bleiben
hängen bleiben *ugs*
pappen bleiben *ugs*
kleben bleiben *ugs*
eine **Ehrenrunde** drehen *iron*

26 etw. am schwarzen **Brett** anschla-
gen/. . .

27 die **Schule** schwänzen
hinter/neben die **Schule** gehen
ugs selten

28 von der **Schule** abgehen

29 jn. aus der **Schule** entlassen

30 mit jm. zusammen/gemeinsam/
miteinander/. . . auf einer **Schul-
bank** gesessen haben/sitzen *ugs*
mit jm. zusammen/gemeinsam/
miteinander/. . . die **Schulbank**
gedrückt haben/drücken *ugs*

31 den **Schulmeister** herauskehren

32 **Privatstunden** geben/kriegen/
nehmen/brauchen/. . .
Privatunterricht geben/kriegen/
nehmen/brauchen/. . .
Nachhilfestunden geben/krie-
gen/nehmen/brauchen/. . .
Nachhilfeunterricht geben/krie-
gen/nehmen/brauchen/. . .
Stunden geben/kriegen/neh-
men/brauchen/. . .

33 ein **ABC-Schütze** *ugs*
ein **I-Männchen** *ugs*

34 eine gute/ausgezeichnete/
schlechte/. . . **Schulbildung** ge-
nossen haben/. . . *geh*

35 keine **Silbe** Englisch/
Deutsch/. . . sprechen/verste-
hen/. . .
ein paar **Brocken** Russisch/. . .
können/sprechen

36 man **lernt** nie aus

37 die **Summe** allen Wissens/aller
Kenntnisse/Erkenntnisse/. . .

38 die **Schule** des Lebens
non **scholae**, sed vitae discimus
geh

39 am lebenden **Material** etw. stu-
dieren/. . . *form*
am lebenden **Objekt** Untersu-
chungen anstellen/. . . *form*

40 im **Buch** der Natur lesen *geh*
im **Buch** der Geschichte blättern
geh

41 jn. in die **Lehre** geben/schicken/
tun (zu jm.)

42 in die **Lehre** gehen (bei jm.)
in der **Lehre** sein (bei jm.)

43 mit jm./etw. eine **Probe** machen

44 jn. auf **Probe** einstellen/neh-
men/. . .

45 etw. auf **Probe** machen

46 seinen **Meister** machen

47 (nicht) in js. **Fach** schlagen

48 auf die/zur **Universität** gehen
an den **Brüsten** der Weisheit sau-
gen *geh iron*

49 ins **Examen** gehen/steigen
im **Examen** stehen/sein

50 eine **Prüfung** bestehen

51 das/sein **Examen** bestehen

52 einen **Schwanz** machen *ugs*

53 ein Examen/. . . mit **Glanz** beste-
hen

54 in einer **Prüfung** durchfallen
durchs **Examen** fallen/rauschen
ugs
(im/beim Examen) **durchfallen**
durchs Examen/durch die Prü-
fung **segeln** *ugs*
(im/beim Examen) **durchrau-
schen** *ugs*

55 eine/js. **Prüfung** steigt um . . .
Uhr *ugs*

56 gut/. . . durch die Schule/durch
die Universität/durchs Exa-
men/. . . **kommen**

57 sein **Staatsexamen** machen
sein **Diplom** machen
seinen **Doktor** machen/bauen
(an einer Universität/bei einem
Professor/in/. . .)
seinen/den **Doktorhut** erwerben
(an einer Universität/in/. . .) *iron*

58 ein studierter **Mann** (sein)

59 jm. zu **Füßen** sitzen
bei jm. in die **Schule** gehen

60 aus js. **Schule** sein/kommen

61 mit den **Füßen** scharren

62 einen **Kurs** über etw. geben/hal-
ten/abhalten
(über) etw. **lesen** *(Universität)*

63 auf dem **Programm** stehen
auf dem **Plan** stehen
auf dem **Lehrplan** stehen

64 eine **Freistunde** haben
eine **Hohlstunde** haben *(Schul-
sprache)*

65 einen **Ruf** (an eine Universität)
bekommen/(erhalten)

66 die sieben freien **Künste**

67 js. **alma** mater *geh*

68 Alter **Herr** *(Studentensprache)*

Cd 20 schreiben: Hand-
schrift; Schriftwechsel; Tech-
nik des Schreibens; Schrift-
stellerei; Druck

---

1 eine gute/. . . **Handschrift** haben
eine gute/schöne **Hand** schreiben
wie gestochen **schreiben**

2 eine unleserliche **Schrift** haben
eine fürchterliche/entsetzliche/
miserable/. . . **Klaue** haben *ugs*
eine **Stinkklaue** haben *vulg*
eine **Sauklaue** haben *vulg*
schreiben/schmieren/eine
Schrift haben/. . . wie eine ge-
sengte **Sau** *vulg*

3   etw. mit der **Hand** schreiben

4   mit eigener **Hand** unterschreiben/...
    seinen **Namen** unter etw. setzen/ (schreiben/...)
    seinen **Friedrich-Wilhelm** unter etw. setzen/(druntersetzen) *ugs*
    seinen **Kaiser-Wilhelm** unter etw. setzen/(druntersetzen) *ugs*

5   seine **Unterschrift** geben für etw.

6   drei **Kreuze** unter ein Schriftstück/... machen/setzen *selten*

7   jm. die Korrespondenz/... zur **Unterschrift** vorlegen *form*

8   jm. einen **Brief** in die Feder/Maschine diktieren

9   in/(im) **Briefwechsel** mit jm. stehen

10 ein paar **Zeilen** (an jn.) schreiben/...

11 etw. auf schriftlichem **Weg** lösen/ regeln/...

12 Bewerbung/... mit den üblichen **Unterlagen** ... *form*

13 **Unzutreffendes** bitte streichen! *form*

14 einer Urkunde/... das **Siegel** aufdrücken

15 sich **Notizen** machen (über jn./ etw./zu jm./e-r S.)

16 **Tagebuch** führen

17 über etw. **Buch** führen

18 zur **Feder** greifen *path*

19 Gedanken/... zu **Papier** bringen

20 einen Eindruck/... auf dem **Papier** festhalten *path*

21 über etw. könnte j. **Bände** schreiben
    etw. gäbe den **Stoff** zu einem Roman/...

22 etw. ins **Konzept** schreiben
    ins **unreine** schreiben
    einen Aufsatz/... ins **reine** schreiben

23 einen **Rand** lassen

24 einen **Strich** durch etw. machen

25 ohne **Absatz** schreiben
    einen **Absatz** machen

26 etw. in runde/eckige/geschweifte **Klammern** setzen
    in runden/eckigen/geschweiften **Klammern** stehen

27 einen Text/... mit einfachem/ doppeltem/... **Zeilenabstand** schreiben/tippen

28 **Zeilen** schinden

29 mit ein paar **Federstrichen** skizzieren/...

30 schreiben/..., wie es einem in die **Feder** kommt
    seiner **Feder** freien Lauf lassen

31 die/js. **Feder** sträubt sich, etw. niederzuschreiben/... *path*

32 allerhand/viel/... rote **Tinte** verbrauchen bei etw. *ugs*
    über etw. ist (schon/bereits/...) allerhand/viel/... **Tinte** verspritzt worden *ugs*

33 sich die **Finger** wund schreiben

34 einer Darstellung/... mehr **Farbe** geben
    einem Text/einer Rede/... (noch) ein paar/... **Glanzlichter** aufsetzen

35 die **Worte** fließen jm. leicht aus der Feder

36 ein **Mann** der Feder sein *path*

37 über einem Roman/... **sitzen**
    etw. unter der **Feder** haben *geh*

38 die **Feder** zu führen wissen *geh*
    die Reime/... fließen jm. leicht aus der **Feder**

39 eine kluge **Feder** führen *geh*

40 eine scharfe **Feder** führen *geh*
    eine spitze **Feder** führen *geh*

41 etw. ist mit fliegender **Feder** geschrieben/... *selten*

42 jm. geht der **Stoff** aus

43 etw. ist nur für den **Tag** geschrieben/bestimmt/...
    über den **Tag** hinausweisen/(hinausgehen) *(Gedanken)*
    ein Werk/... aus einem **Guß**

44 aus js. **Feder** stammen/sein
    js. (eigenes) geistiges **Kind** sein
    bei einem (früheren/...) Dichter/Komponisten/... ein paar **Anleihen** machen *iron*

45 von der **Feder** leben (können) *geh*

46 (mitten) aus dem **Leben** gegriffen sein
    dieses Buch/... atmet den **Geist** des Fortschritts/... *path*
    dieses Buch/... ist aus dem/im **Geist** der Aufklärung/... geschrieben *path*

47 die **Fäden** der Handlung sind kunstvoll/... (miteinander) verschlungen
    die **Fäden** der Handlung entwirren

48 jn. hat die **Muse** geküßt *iron*

49 den **Pegasus** besteigen/(satteln) *geh selten*

50 **Verse** machen
    Verse schmieden *ugs*
    Verse drechseln *ugs*
    Reime machen
    Reime schmieden *ugs*
    Reime drechseln *ugs*

51 etw. in **Verse** bringen

52 in gebundener/ungebundener **Rede** etw. vortragen/...

53 direkte/indirekte **Rede**

54 etw. unter anderem **Namen**/dem Namen ... veröffentlichen/...
    sich (als Schauspieler/...) einen **Künstlernamen** zulegen
    einen Artikel/... mit seinem (vollen) **Namen** zeichnen

55 sich an ein weiteres/größeres/... **Publikum** wenden

56 mit einem Buch/einem Werk/... an die **Öffentlichkeit** treten *form*

57 etw. in die **Zeitung** setzen

58 bei der **Presse** sein
    von der **Presse** sein

59 in **Satz** gehen
    in den/(zum) **Satz** geben

60 in **Druck** gehen
    in/(zum) **Druck** geben
    im **Druck** sein

61 **Fahnen** lesen *(Druck)*
    Korrektur lesen *(Druck)*

62 den **Umbruch** machen *(Druck)*

63 ein Buch/... ist 400/... **Seiten** stark/dick

64 in **Wort** und Bild über etw. berichten/... *form*

65 (nur/zwar/...) auf dem **Papier** stehen *ugs*
    Papier ist geduldig *ugs*

66 **Schmutz** und Schund (-literatur)

67 ein (alter) **Schinken** *ugs*
    eine alte/dicke/... **Schwarte** *ugs*

68 (eine) **Ausgabe** letzter Hand

69 fliegende **Blätter**

70 recto **folio** *form*
    verso **folio** *form*

71 am angegebenen **Ort** (a.a.O.)
    form

72 zu **Händen** von Herrn/Frau/...
    form
    nach **Rücksprache** mit jm. *form*
    zur besonderen **Verwendung** *form*

73 Unterlagen/... auf den
    neu(e)sten **Stand** bringen

74 **Rücksprache** nehmen mit jm.
    form

75 ... in alter **Treue**, Dein/Deine ...
    (Briefschluß) ugs
    (mit) **Gruß** und Kuß, Dein ... *ugs*
    Hochachtungsvoll *form*
    mit freundlichen **Grüßen** Ihr/...
    Ihr sehr **ergebener** *geh*

Cd 21 rechnen, Mathematik

1 etw. im **Kopf** rechnen/ausrech-
   nen/überschlagen/...

2 das macht nach **Adam** Riese ...
   ugs

3 eine Rechenaufgabe/... **heraus**
   haben

4 eine Zahl zum **Quadrat** nehmen/
   ins Quadrat erheben
   eine Zahl in die 1., 2., 3./... **Po-
   tenz** setzen/erheben
   die erste/zweite/... **Wurzel** aus
   9/100/... ziehen *(Math.)*

5 eine Zahl/... mit ein/zwei/
   drei/... **Stellen**
   eine einstellige/zweistellige/
   dreistellige/... **Zahl**

6 die erste/zweite/... **Stelle** nach/
   vor dem Komma

7 führende **Nullen** *(Math.)*

8 zwei/... Geraden schneiden sich
   in einem **Punkt**

Cd 22 malen, zeichnen

1 jn./etw. im **Bild** festhalten *form*

2 mit wenigen/knappen/... **Stri-
   chen** andeuten/skizzieren
   eine Skizze/... rasch/... aufs **Pa-
   pier** werfen *ugs*

3 etw. aus freier **Hand** zeichnen/
   skizzieren/...

4 jn. im **Profil** malen/zeichnen/
   skizzieren/...

5 einen **Akt** zeichnen
   (jm.) **Modell** sitzen/(stehen)

6 kühn geschwungene **Linien**

7 technisches **Zeichnen**

Cd 23 Lebenserfahrung

1 das **Leben** kennen
   die **Welt** kennen
   wissen/..., wie es im Leben/in
   der Welt/... **zugeht**
   alle **Höhen** und Tiefen/(Tiefen
   und Höhen) des Lebens kennen/
   durchgemacht haben/... *path*

2 ein alter **Hase** sein *ugs*

3 aus dem **Born** seiner Erfahrung
   schöpfen *path*
   aus dem (reichen) **Schatz** seiner
   Erfahrung(en) schöpfen *path*

4 wissende **Augen** haben *path*
   nichts **Menschliches** ist mir/
   ihm/... fremd *(oft iron.)*

5 über den/diesen/solchen/...
   Dingen stehen
   über diese/solche/... **Dinge** er-
   haben sein
   jn. kann nichts mehr **erschüttern**
   ugs

6 es gibt/... nichts **Neues** unter der
   Sonne
   (das ist) alles schon mal **dagewe-
   sen**

Cd 24 unerfahren: noch sehr grün sein; sich die Hörner noch abstoßen müssen; eine heilsame Lehre sein

1 ein (junger) **Springinsfeld** *ugs*
   ein junger **Spund** *ugs*

2 noch sehr **grün** sein *ugs*
   noch (sehr/ganz) grün/(feucht)
   hinter den **Ohren** sein *ugs*
   noch nicht trocken hinter den
   Ohren sein *ugs*
   noch die **Eierschalen** hinter den
   Ohren haben *ugs*

3 noch zu **grün** sein für etw. *ugs*

4 sich (erstmal/...) (ein bißchen)
   den **Wind** um die Nase/Ohren
   wehen/(pfeifen) lassen (müssen)
   ugs

5 seine eigenen **Erfahrungen** ma-
   chen (müssen)

6 durch die **Schule** des Lebens ge-
   hen (müssen) *path*
   den **Ernst** des Lebens kennenler-
   nen (müssen) *path*

7 sich (erst einmal/...) die **Sporen**
   verdienen (müssen) (in/bei ...)
   path

8 sich (noch/erstmal/...) die **Hör-
   ner** abstoßen/(ablaufen) müssen
   ugs

9 etw. am eigenen **Leib** erfahren/
   erleben (müssen)
   am eigenen **Leib** erfahren/erle-
   ben/(ver)spüren/(müssen), was
   es heißt, .../...

10 etw. am eigenen **Leib** zu spüren
    bekommen

11 (viel/...) **Lehrgeld** zahlen/(ge-
    ben) (müssen)

12 eine (heilsame/gute) **Lehre** sein
    (für jn.)
    eine bittere **Lehre** sein (für jn.)

13 (nun/...) (für immer/...) (von
    etw.) **geheilt** sein

14 jn. ins **Leben** einführen

15 ein **frischgebackener** Diplom-
    ingenieur/Malermeister/Assi-
    stenzarzt/... *ugs*

16 das/etw. ist nichts für kleine **Kin-
    der** *ugs*

17 (noch/...) eine leitende **Hand**
    brauchen

D

Stellung zur Welt

Da 1 sachlich: realistisch, illusionslos, objektiv: die Dinge sehen, wie sie sind; sich die Grillen aus dem Kopf schlagen; die Sache von der Person trennen

1 im **Leben** stehen
   mit beiden **Beinen** im Leben stehen
   mit beiden **Beinen** (fest) auf der Erde stehen
   mit beiden/den **Füßen** (fest) auf der Erde stehen
   mit den/beiden **Beinen** auf der Erde bleiben

2 die **Dinge** sehen, wie sie sind
   die **Sachen** sehen, wie sie sind
   sich keine/keinerlei **Illusionen** machen
   sich nichts **vormachen**

3 jn./etw. **nehmen**, wie er/es ist
   die **Menschen** nehmen, wie sie sind

4 wir leben/ihr lebt/... (doch) schließlich nicht auf dem **Mond**! *ugs*

5 sich (da) keine falschen **Hoffnungen** machen

6 einer Gefahr/den Tatsachen/... (offen/...) ins **Gesicht** sehen/schauen/blicken
   einer Gefahr/... ins **Auge** sehen/(schauen/blicken)

7 sich die **Grillen** aus dem Kopf schlagen *ugs*
   sich die **Rosinen** aus dem Kopf schlagen (müssen) *ugs*

8 **komm'**/kommt/... runter! *ugs*

9 wie ein **Traum** zerrinnen *path*
   den/diesen/... **Traum** ausgeträumt haben

10 seinen **Kinderglauben** verlieren

11 sein **Idol** muß man sich backen lassen! *ugs*

12 jn. aus seinen **Träumen** reißen/wachrütteln/...

13 die **Sache** von der Person trennen

14 etw. um der **Sache** willen tun
    etw. (nur/...) um seiner **selbst** willen tun
    um der **Sache** willen

15 aus **Liebe** zur Sache tun
    im **Interesse** der Sache

16 e-e S. als **solche**

Da 2 naiv, gutgläubig

1 in aller **Unschuld** etw. sagen/bemerken/tun *ugs*

2 nichts **ahnend** etw. tun

3 in gutem/im guten **Glauben** etw. tun
   guten **Glaubens** etw. tun

4 ein kindliches **Gemüt** sein/haben *ugs*

5 eine **Unschuld** vom Lande sein *ugs*

6 (noch/auch) an (js.) **Märchen** glauben *ugs*
   j. glaubt (in der Tat/...) noch an **Zeichen** und Wunder

7 noch/... an den **Storch** glauben *ugs*
   noch/... an den **Klapperstorch** glauben *ugs*
   noch/... an den **Weihnachtsmann** glauben *ugs*

8 der/die/der **Peter**/... ist aber/ja **treu**! *ugs*
   du hast/der Onkel Peter hat/... vielleicht ein sonniges **Gemüt**! *ugs*

9 das/es gibt/gab ein schreckliches **Erwachen** *path*

10 dem **Hasen** Salz auf den Schwanz streuen/den Hasen fangen, indem man ihm ... *ugs*

Da 3 Romantik, Einbildung, Theorie: in einer anderen Welt leben; js. Phantasie treibt wundersame Blüten; Luftschlösser bauen; nach den Sternen greifen; nichts als Schrullen im Kopf haben; jm. einen Floh ins Ohr setzen; in einem Elfenbeinturm sitzen

1 (immer/gern/...) in höheren **Regionen** schweben
   (immer/nur/...) in höheren **Sphären** schweben

2 auf den **Flügeln** des Geistes/der Phantasie/des Traumes/... getragen werden/dahineilen/... *geh*

3 in einer anderen **Welt** leben
   in einer **Welt** für sich leben

4 sich seine eigene **Welt** bauen

5 sich in eine **Traumwelt** flüchten

6 es scheint/..., j./etw. ist nicht von dieser **Welt** *path*

7 das **Land** meiner/seiner/... Träume/(Sehnsucht)

8 eine blühende **Phantasie** haben

9 der Einbildungskraft/Phantasie die **Zügel** schießen lassen

10 seltsame/wunderliche/wundersame **Blüten** treiben *(Phantasien)*

11 ..., das ist wie im/ein **Märchen**

12 das **Land**, wo Milch und Honig fließt *geh*

13 die **Füße** nicht auf dem Boden haben

14 seine Hoffnungen/Erwartungen sehr hoch/zu hoch **spannen**

15 sich **Illusionen** machen

16 sich im **Geiste** schon in/bei/... sehen

17 **Luftschlösser** bauen
    Kartenhäuser bauen *selten*
    Schatten nachjagen

18 nach den **Sternen** greifen
    nach dem **Mond** greifen *selten*
    die **Sterne** vom Himmel holen wollen (für jn.) *selten*
    meinen/..., man könnte/... die **Sterne** (für jn.) vom Himmel holen *selten*
    Berge versetzen wollen/können
    die (ganze) **Welt** aus den Angeln heben wollen

19 da/bei .../... ist der **Wunsch** der Vater des Gedankens *ugs*

20 j./etw. ist der **Traum** meiner/deiner/... schlaflosen Nächte *iron*

21 in den **Wolken** schweben/(sein)
    im **Wolkenkuckucksheim** leben/(sein) *ugs*
    ein (richtiger) **Hans-guck-in-die-Luft** sein *ugs*

22 nur/nichts als/. . . **Flausen** im
Kopf haben *ugs*
Schrullen im Kopf haben *ugs*
Grillen im Kopf haben *ugs*
Rosinen im Kopf haben *ugs*
den **Kopf** voller Rosinen/Schrul-
len/Grillen haben *ugs*

23 die **Flöhe** husten hören *ugs*

24 an **Gespenster** glauben *ugs*
(am hellichten Tag) **Gespenster**
sehen *ugs*

25 sich **Grillen** in den Kopf setzen

26 jm. einen **Floh** ins Ohr setzen *ugs*
jm. **Flöhe** ins Ohr setzen *ugs*
jm. den **Floh** ins Ohr setzen, daß
. . . *ugs*
jm. **Raupen** in den Kopf setzen
ugs
jm. **Flausen** in den Kopf setzen
ugs

27 wie ein **Spuk** verflogen sein
der (ganze) **Spuk** ist wie verflo-
gen

28 in einem **Elfenbeinturm** sitzen/
(leben)
in einem elfenbeinernen **Turm**
sitzen/(leben)

29 das/etw. ist (reine/pure) **Theorie**
das/etw. ist graue **Theorie**
grau ist alle **Theorie** *(oft iron.)*

30 etw. am grünen **Tisch** entschei-
den/festlegen/verhandeln/. . .
etw. vom grünen **Tisch** aus re-
geln/festlegen/erledigen/. . .

31 das Zweite **Gesicht** haben
Gesichte haben

Da 4 Erstaunen: baß er-
staunt sein; Mund und Nase
aufsperren; etw. grenzt an
ein Wunder

---

1 ich muß mich doch sehr **wundern**
(daß . . .)
es nimmt mich/. . . **wunder**, daß
. . .

2 nicht schlecht **staunen**

3 baß **erstaunt** sein (über jn./etw.)
von den/(allen) **Socken** sein *ugs*

4 **Bauklötze** staunen *ugs*
aus dem **Staunen** (gar/über-
haupt) nicht (wieder) herauskom-
men

---

5 vielleicht ein **Gesicht** machen/
ziehen

6 jn. groß **ansehen**

7 große **Augen** machen
die **Augen** (weit) aufsperren

8 **Glotzaugen** machen *ugs*

9 mit offenem **Mund** dastehen und
. . . *ugs*
den **Mund** aufsperren
das **Maul** aufsperren *vulg*
jm. bleibt der **Mund** offenstehen
die **Maulsperre** kriegen (vor
Staunen/Verblüffung) *ugs*
den **Mund** nicht/gar nicht/. . .
wieder zukriegen/zubringen
Mund und Nase aufsperren/auf-
reißen *ugs*
Maul und Nase aufsperren/auf-
reißen *vulg*
Mund und Ohren aufsperren/
aufreißen *ugs*
Maul und Ohren aufsperren/
aufreißen *vulg*
den **Mund** bis zu den Ohren auf-
sperren/aufreißen *ugs*
Mund, Nase und Ohren aufsper-
ren/aufreißen *ugs*

10 er/die Frau Mittner/. . . wird
schön **gucken**, wenn . . .

11 du wirst dich/er wird sich/Peter
wird sich/. . . noch **wundern**
du wirst dich/er wird sich/der
Peter wird sich/. . . noch **umguk-
ken** *ugs*

12 mit jm./e-r S. wirst du/wird Pe-
ter/. . . noch dein/sein/. . . blaues
Wunder erleben *ugs*

13 das **Lachen** wird dir/ihm/der
Frau Schulze/. . . schon/noch/
schon noch vergehen

14 wider **Erwarten** gut ausgehen/. . .

15 es grenzt an ein **Wunder**, daß . . .
etw. grenzt an ein **Wunder**
etw. grenzt ans **Wunderbare**
etw. ist ein reines **Wunder**

16 es geschehen (noch/doch
noch/. . .) **Zeichen** und Wunder

Da 5 überrascht, verblüfft:
aus den Wolken fallen; etw.
verschlägt jm. die Stimme; j.
hätte sich fast auf den Arsch
gesetzt, als . . .

---

1 das/etw. hätte j. (von jm.) im **Le-
ben** nicht/nie gedacht/angenom-
men/erwartet/. . .

---

2 aus allen **Wolken** fallen

3 einen **Schlag** kriegen *ugs*

4 jm. bleibt die **Luft** weg
etw. benimmt jm. den **Atem**

5 (ganz einfach) **wegsein** *ugs*
(ganz einfach) **platt** sein *ugs*
(ganz einfach) **baff** sein *ugs*
(ganz einfach) **paff** sein *ugs*

6 vor **Schreck** verstummen
etw. verschlägt jm. die **Sprache**
etw. verschlägt jm. die **Rede**
etw. verschlägt jm. die **Stimme**
etw. lähmt jm. die **Zunge**
jm. bleibt die **Spucke** weg *ugs*
jm. bleibt die **Sprache** weg *selten*
(ganz einfach/völlig/. . .) **sprach-
los** sein
keinen **Ton** hervorbringen (kön-
nen)

7 jm. bleibt der **Verstand** stehen
ugs
wenn . . ./. . ., (dann/. . .) steht ei-
nem/jm. der **Verstand** still
jm. bleibt der **Verstandskasten**
stehen *ugs*
wenn . . ./. . ., (dann/. . .) steht ei-
nem/jm. der **Verstandskasten**
still *ugs*

8 nicht wissen/(verstehen), wie ei-
nem **geschieht**

9 wie vor den **Kopf** gestoßen/ge-
schlagen sein

10 wie vom **Schlag** gerührt/getrof-
fen sein/dastehen/. . .

11 (wie) **erschlagen** sein

12 den/die/die Petra/. . . trifft der
Schlag, wenn . . . *ugs*
ich/er/die Petra/. . . dachte . . .,
mich/ihn/sie/. . . trifft/rührt der
Schlag *ugs*

13 j. wäre/ist fast/beinahe vom
Stuhl gefallen, als . . ./vor
Schreck/vor Überraschung/. . .
ugs
eine Nachricht/eine Mitteil-
lung/. . . hätte/hat jn. fast/bei-
nahe vom **Stuhl** gehauen (so
überrascht ist er/so erschreckt ist
er/. . .) *ugs*
j. wäre/ist fast/beinahe vom
Stengel gefallen, als . . ./vor
Schreck/vor Überraschung/. . .
ugs
j. wäre/ist fast/beinahe auf den
Rücken gefallen, als . . ./vor
Schreck/vor Überraschung/. . .
ugs
j. wäre/ist fast/beinahe aus den
Pantinen gekippt, als . . ./vor
Schreck/vor Überraschung/. . .

ugs

j. wäre/ist fast/beinahe aus den **Latschen** gekippt, als . . ./vor Schreck/vor Überraschung/. . . *vulg*

j. wäre/ist fast/beinahe auf den **Hintern** gefallen, als . . ./vor Schreck/vor Überraschung/. . . *vulg*

j. hätte sich/hat sich fast/beinahe auf den **Hintern** gesetzt, als . . ./vor Schreck/vor Überraschung/. . . *vulg*

j. wäre/ist fast/beinahe auf den **Arsch** gefallen, als . . ./vor Schreck/vor Überraschung/. . . *vulg*

j. hätte sich/hat sich fast/beinahe auf den **Arsch** gesetzt, als . . ./vor Schreck/vor Überraschung/. . . *vulg*

14 dastehen/ein Gesicht machen/dreinschauen/. . . wie eine **Gans**, wenn's blitzt
dastehen/ein Gesicht machen/. . . wie eine **Kuh**, wenn's donnert *ugs*

15 es scheint, ihm/ihr/dem Maier/. . . ist der **Leibhaftige** begegnet! *selten*

16 die **Hände** über dem Kopf zusammenschlagen

17 j. muß erstmal/erst dreimal **schlucken**, ehe/bevor er antworten/etw. sagen/. . . kann (vor Überraschung/. . .)

18 j. **weiß** nicht, ob er lachen oder weinen soll *ugs*

Da 6 Schrecken, Grausen:
jm. durch und durch gehen; kreideweiß werden; wie vom Blitz gerührt dastehen; jm. stockt das Herz vor Schreck; jm. noch in den Knochen sitzen; jm. schnürt sich die Kehle zusammen

---

1 (erst einmal/. . .) tief **Luft** holen (müssen)
vor Überraschung/Schreck/. . .
nach **Luft** schnappen

2 etw. benimmt jm. den **Atem**

3 jm. vergeht **Hören** und Sehen bei etw. *ugs*
so gewaltig/laut/schnell/. . ., daß einem **Hören** und Sehen vergeht *ugs*

4 zu **Tode** erschrecken/erschrokken/erschrocken sein

5 jm. **durch-** und durchgehen
jm. durch **Mark** und Bein gehen
jm. durch **Mark** und Pfennig gehen *ugs*

6 der **Schreck(en)** fährt jm. in die Glieder
jm. in/durch die/alle **Glieder** fahren *(Schreck)*
jm. in die **Knochen** fahren *(Schreck)*

7 jm. in die **Beine** fahren *(Schreck)*
es/etw. geht jm. kalt durch den **Magen**

8 ein kalter **Hauch** weht jn. an *geh*

9 jn. packt das kalte **Grausen** *path*

10 es läuft/rieselt jm. kalt/eiskalt/heiß und kalt über den **Rücken**/den Rücken hinunter
es **überläuft** jn. heiß/kalt/heiß und kalt/siedend heiß

11 die **Augen** (weit) aufreißen

12 jm. weicht die **Farbe** aus dem Gesicht

13 ganz weiß **werden**
kreideweiß/kreidebleich **werden**
bleich wie **Kreide** sein/werden
weiß wie **Kalk** sein/werden
bleich wie **Wachs** sein/werden
weiß/bleich wie die **Wand** sein/werden

14 jm. weicht das **Blut** aus den Adern
das **Blut** erstarrt/gefriert/stockt/gerinnt jm. in den Adern

15 wie **angewurzelt** dastehen/. . .
wie **festgenagelt** dastehen/. . .
wie **angewurzelt** stehenbleiben (vor Schrecken/. . .)
wie vom **Schlag** gerührt/getroffen sein/dastehen/. . .
wie vom **Blitz** getroffen/(gerührt) sein/dastehen/dasitzen/. . .
wie vom **Donner** gerührt dastehen/dasitzen/sein/. . .

16 jm. bleibt das **Herz** stehen vor Schreck/. . .
jm. stockt das **Herz** vor Schreck/. . . *selten*
der **Herzschlag** stockt jm. vor Schreck/. . .
das **Herz** steht jm. still vor Schreck/. . .

17 vor **Schreck(en)** wie gelähmt sein
starr vor **Schreck** sein

18 j. dachte, er würde, zu **Stein** erstarren/werden *path*
wie zu **Stein** erstarrt dastehen/. . . *path*
wie **versteinert** sein/dasitzen/dastehen/. . .

19 zur **Salzsäule** erstarren/erstarrt sein *path*

20 der **Schreck(en)** sitzt/steckt jm. (noch) in allen/den Gliedern
der **Schreck(en)** sitzt/steckt jm. (noch) in allen/den Knochen
jm. (noch) in den/allen **Gliedern** sitzen/stecken *(Schreck)*
jm. (noch/. . .) in den **Knochen** sitzen/stecken *(Schreck)*
jm. steht das Entsetzen/der **Schrecken**/. . . im **Gesicht** geschrieben

21 jm. schnürt sich die **Kehle** zusammen vor Angst/Aufregung/Erschütterung/. . .
Angst/. . . schnürt jm. die **Kehle** zusammen
jm. ist die **Kehle** zugeschnürt vor Angst/. . .

22 aus dem (tiefsten/. . .) **Schlaf** emporfahren

23 erschreckt/. . . aus dem **Bett** fahren

24 etw. kann einem/jm. **Mark** und Bein erweichen

25 j. muß zu seinem **Schrecken** feststellen, daß . . .

26 der Gedanke an/. . . hat nichts von seinem **Schrecken** verloren

27 mit dem (bloßen) **Schrecken** davonkommen

28 lieber ein **Ende** mit Schrecken als ein Schrecken ohne Ende *ugs*

29 eine kurze/lange **Schrecksekunde** haben

30 jm. bleibt das **Wort** im Hals(e) stecken
jm. bleiben die **Worte** im Hals(e) stecken
der **Bissen** bleibt jm. im Hals(e) stecken
der **Bissen**/. . . bleibt jm. in der **Kehle** stecken

Da 7 Ausdrücke des Erstaunens: sieh mal einer an! ach du ahnst es nicht! jetzt bin ich aber fertig! jn. trifft der Schlag, wenn . . .

1 (man) **höre** und staune!
hört und staunt!

2 mein lieber **Mann**! *ugs*

3 das ist/war (aber) 'ne/(eine) **Sache**!
das ist/war (aber) ein **Ding**! *ugs*

4 da legst du/legste die **Ohren** an! *ugs*

5 au, **Backe**! *ugs*
au, **Backe**, mein Zahn! *ugs*

6 **Donner** und Doria! *(veraltend)*
Donnerwetter (nochmal)!
wer hätte das (von dem/. . .) **gedacht**?
sieh mal (einer) an!
sieh mal einer guck! *ugs*

7 hat man so was/etwas schon **gesehen**?
hat man/haben Sie/hast du/. . .
so was/etwas schon mal/einmal **erlebt**?!

8 na, **so** was/(etwas)!
nein, **so** was/(etwas)!
so was/(etwas) hat die **Welt** noch nicht gesehen

9 hast du **Töne**!
hast du **Worte**!
hat der **Mensch** Worte!

10 was du nicht **sagst**!/was ihr nicht sagt!/. . .

11 was **sagst** du/sagt ihr/. . . jetzt/nun?

12 ach, du **ahnst** es nicht!
ach du kriegst die **Tür** nicht zu! *ugs*
ach du kriegst die **Motten**! *ugs*

13 ich denk'/dacht', ich krieg' die **Motten**! *ugs*
ich denk'/dacht', mich laust der **Affe** *ugs*

14 jetzt/nun/da brat'/(brate) mir (doch/aber) einer 'nen/(einen) **Storch**! *ugs*

15 und das auf nüchternen **Magen**! *ugs*

16 . . ., das **gibt's**/(gibt es) doch nicht!
Sachen gibt's (die gibt's gar nicht) *ugs*

17 da staunt der **Laie** und der Fachmann wundert sich *ugs*

18 jetzt/da bin ich (aber) **fertig** *ugs*
jetzt/da bist du/seid ihr/. . . aber **fertig**, was? *ugs*
jetzt/da bist du/seid ihr/. . . **platt**, was? *ugs*
das/etw. ist (ja) der totale **Hammer**/ein Hammer *ugs (Neol.)*

19 mich trifft der **Schlag**

20 den/die/die Petra/. . . trifft der **Schlag**, wenn . . . *ugs*
ich/er/die Petra/. . . dachte/. . ., mich/ihn/sie/. . . trifft/rührt der **Schlag** *ugs*
jetzt **haut** es mich/jn. (aber) um/(hin)! *ugs*
das/etw. **haut** einen/jn. um/(hin) *ugs*
da **legste**/legst du dich hin/nieder! *ugs*

21 das/etw. wirft/haut den stärksten **Seemann** um *ugs*
der/das/. . . wirft/haut den stärksten **Neger** um/(von der Palme) *ugs*

Da 8 Ausdrücke der Verblüffung: ach, du liebes bißchen! großer Gott! Herrgott (nochmal)!

1 meine **Güte**!

2 ach, du liebes **bißchen**!
ach, du (lieber) **Schreck**!
ach, du meine/liebe **Güte**!
ach, du liebe **Zeit**!
(ach) du lieber **Gott**!
ach, du lieber **Himmel**!
ach, du grüne **Neune**! *ugs*

3 o **Schreck**, laß nach! *ugs*
o **Schmerz**, laß nach! *ugs*

4 ach, du heiliger **Bimbam**! *ugs*
ach, du heiliger/gerechter **Strohsack**! *ugs*
ach, du heiliges **Kanonenrohr**! *ugs*

5 ach **je**!

6 **mach'**/machen Sie/. . . mich nicht schwach! *ugs*

7 mein **Gott**!
großer **Gott**!
gerechter **Gott**! *selten*
gerechter **Himmel**! *selten*
allmächtiger **Gott**!
Gott im Himmel!
heiliger **Himmel**! *selten*

8 ach, du barmherziger **Himmel**! *selten*

9 **Mensch**! *ugs*

10 **Mensch** Meier! *ugs*

11 **Gott** nochmal/(noch einmal)!
Himmel (nochmal/noch einmal)! *selten*

12 **Herr** des Lebens!
Herr, du meine Güte! *selten*
Herrgott (nochmal)!

13 **Herrgott** sackerment! *ugs selten*

Da 9 Glück, (gütiges) Schicksal: mehr Glück als Verstand haben; unter einem Glücksstern geboren sein; ein gutes Vorzeichen sein; die Sterne befragen; jm. Glück wünschen

1 mit seinem **Los** zufrieden/nicht unzufrieden/. . . sein (können)

2 **Glück** haben (bei jm.) (mit etw.)

3 (vielleicht ein) **Schwein** haben *ugs*
mehr **Glück** als sonst was haben *ugs*
ein unverschämtes **Glück** haben *ugs*
mehr **Glück** als Verstand haben *ugs*

4 (noch) von **Glück** reden können (daß)

5 sich **gratulieren** können (daß . . .)

6 das ist/war mein/dein/. . . **Glück**

7 es ist ein (wahres) **Glück**, daß . . .
es ist ein (wahrer) **Segen**, daß . . .
es ist ein **Segen** Gottes, daß . . . *path*

8 auf sein **Glück** bauen

9 das **Glück** ist jm. hold
ein **Glückskind** sein
jm. lächelt das **Glück** (zu)
Fortuna lächelt jm. *geh*
jm. lacht das **Glück**
jm. lacht die **Sonne**

10 auf dem **Glückspfad** wandeln *path selten*

11 ein glücklicher **Wurf** sein

12 das große **Los** gezogen haben mit jm./etw.

13 unter einem glücklichen/günsti-
gen/guten **Stern** geboren sein
unter einem **Glücksstern** geboren
sein

14 das **Glück** gepachtet haben *ugs*
ein (wahrer) **Glückspilz** sein *ugs*
ein **Kind** des Glück(e)s sein
ein **Hans** im Glück sein *selten*

15 auf der **Sonnenseite** des Lebens
stehen

16 unter einem glücklichen/günsti-
gen/guten **Stern** stehen
unter einem glücklichen/günsti-
gen/guten **Zeichen** stehen

17 ein gutes **Vorzeichen** sein (für
etw.)
ein gutes **Omen** sein (für etw.)
geh

18 **nomen** est omen *geh*

19 eine **Fügung** des Himmels sein
path

20 ein/js. guter **Stern** bewahrt jn.
vor etwas/davor zu . . .
ein gütiges/. . . **Schicksal** bewahrt
jn. vor etw./davor zu . . .

21 einen **Schutzengel** gehabt haben
da/. . . stand **Petrus** Pate *ugs*

22 die **Sterne** befragen
in den **Sternen** lesen wollen/
können/. . .

23 jm. das Glück/. . . aus der **Hand**
lesen

24 jm. die **Karten** legen/(schlagen)

25 jm. das Glück/die Zukunft/. . .
aus dem **Kaffeesatz** wahrsagen

26 jm. alles **Gute** wünschen (zu/
für/. . .)

27 jm. **Glück** wünschen zu/bei etw.
jm. **Glück** und Segen wünschen
path

28 jm. einen guten **Rutsch** (ins neue
Jahr) wünschen *ugs*

29 jm. den/(die) **Daumen** drücken/
halten
jm. beide/alle verfügbaren **Dau-
men** drücken/halten *ugs*

30 alles **Gute**!

31 viel **Glück** (bei/mit etw./in
. . ./. . .)
Hals- und Beinbruch! *ugs*

32 **toi,** toi, toi!

33 **unberufen** (unberufen)!

34 **Gott** behüte/bewahre jn. vor
etw./davor, zu . . .
der **Himmel** behüte/bewahre jn.
vor etw./davor, zu . . . *path*
das möge der **Himmel** verhüten
path

35 das/etw. sei **Gott** befohlen! *path
selten*

36 (einen) guten **Rutsch**! *ugs*

37 darf man (schon) **gratulieren**?

38 kann man **Weidmannsheil** wün-
schen? *(Jägersprache)*

39 herzliche **Glück-** und Segenswün-
sche (zu . . .)! *path*

40 das/etw. ist **Glückssache**

41 man soll/. . . den **Tag** nicht vor
dem Abend loben

42 sein **Glück** versuchen (wollen)

43 j. wird sein **Glück** (schon/. . .)
machen

44 meinst du/. . . es **geht** gut?

45 sein **Glück** verscherzen

46 sein **Glück** mit Füßen treten

47 (noch) **Glück** im Unglück ha-
ben/. . .

48 wie durch ein **Wunder** gerettet
werden/heil davonkommen/. . .

49 **Glück** muß man/der Mensch ha-
ben!

50 die/eine **Ironie** des Schicksals

51 der lachende **Dritte** sein

52 js. guter **Stern** sein

53 im **Zeichen** des Krebses/des Wid-
ders/. . . stehen

54 **wohl** dem, der . . .!

55 zum **Glück** . . .

56 im besten **Fall**

Da 10 Unglück, Unstern:
Pech haben; ein Pechvogel
sein; unter einem ungünsti-
gen Stern stehen; bei etw. hat
der Teufel seine Hand im
Spiel; es kommt noch schlim-
mer; mit offenen Augen in
sein Unglück rennen

---

1 mit seinem **Los** nicht unzufrie-
den/. . . sein

2 schlechte **Karten** haben *ugs*

3 **Pech** haben

4 das **Glück** ist jm. nicht hold
Pech auf der ganzen Linie haben
vom **Pech** verfolgt sein
eine **Pechsträhne** haben

5 auf die **Schnauze** fallen (mit etw.)
vulg
aufs **Maul** fallen (mit etw.) *vulg*

6 etw./das ist ein (schwerer/har-
ter) **Schlag** (für jn.)
ein **Schlag** ins Kontor sein *ugs*

7 das/dies/. . . ist ein schwarzer
Tag (für jn.)

8 ein **Pechvogel** sein
ein **Unglücksrabe** sein *ugs*
ein **Unglückswurm** sein *ugs*

9 unter einem **Unstern** geboren
sein
ein (richtiges/. . .) **Stiefkind** des
Glücks sein

10 in seinem Leben/. . . wenig gute
Tage gesehen haben

11 unter keinem glücklichen/gün-
stigen/guten **Stern** stehen
unter keinem glücklichen/gün-
stigen/guten **Zeichen** stehen
unter einem **Unstern** stehen
ein **Unstern** waltet über etw. *path*

12 das **Schicksal** will/wollte es, daß
. . .
das **Unglück** will/wollte es, daß
. . .

13 bei etw./in etw./da/. . . hat der
Teufel seine Hand im Spiel
bei etw./in etw./da/. . . muß der
Teufel seine Hand im Spiel haben
bei etw./in etw./da/. . . ist der
Teufel im Spiel
bei etw./in etw./da/. . . muß der
Teufel im Spiel sein

14 . . ., es sei denn, es geht/ginge
nicht mit rechten **Dingen** zu
es müßte nicht mit rechten **Din-
gen** zugehen, wenn/. . .
es müßte (schon) mit dem **Teufel**
zugehen (wenn ein. nicht gutge-
hen sollte/wenn etw. nicht klap-
pen sollte/. . .) *ugs*

15 ein schlechtes **Vorzeichen** sein
(für etw.)
ein schlechtes **Omen** sein (für
etw.) *geh*
das/etw. **sieht** ja finster aus *ugs*

16 seinem **Schicksal** nicht entgehen können

17 jm. wird etw. zum **Verhängnis**

18 es hat sich (aber auch/wirklich/...) alles gegen jn. **verschworen**
wie eine/(gleich einer) **Lawine** brach das Unglück über sie herein/... *path*

19 (es ist) (schon) **traurig** genug, daß ...
(es ist) (schon) **schlimm** genug, daß ...

20 es/das **kommt** noch schlimmer!
das/etw. ist noch (lange/...) nicht das **Schlimmste**
das/etw. ist noch (lange/...) nicht das **Ärgste**
das dicke **Ende** kommt noch!
das dicke **Ende** kommt zum Schluß/nach

21 der hinkende **Bote** kommt nach *geh*

22 ..., und dann (plötzlich) knüppeldick **kommen**

23 ins/in sein **Verderben** rennen

24 ins offene **Messer** rennen *ugs*

25 mit offenen/(sehenden) **Augen** in sein Unglück/Verderben/... rennen/(laufen)
mit sehendem **Auge** in sein Unglück/Verderben/... rennen/(laufen)
sehenden **Auges** in sein Unglück/Verderben/... rennen/(laufen) *geh*

26 leider **Gottes** etw. nicht tun können/tun müssen/...

27 ein **Schatten** fällt auf js. Glück/Freude/...

28 (von jm.) eine **Hiobsbotschaft** bekommen/...
jm. eine **Hiobsbotschaft** bringen/...

29 jn. ins **Verderben** stürzen
jm. **Tod** und Verderben bringen *path*

30 sich ins **Unvermeidliche** fügen (müssen)

31 sich von dem **Schlag** noch erholen müssen/nicht erholt haben/...

32 es/etw. hat nicht **sein** sollen/sollen sein

33 das/etw. kann einem/dir alle **Tage** passieren
heute mir, morgen dir

34 ein **Unglück** kommt selten allein

35 im schlimmsten **Fall**

36 eine **Niete** ziehen

Db 1 Erinnerung: sich vergegenwärtigen; noch im Kopf haben, nicht vergessen (wollen)

---

1 sich jn./etw. ins **Gedächtnis** zurückrufen

2 **Rückschau** halten (auf etw.)

3 etw. (in Gedanken) an sich **vorüberziehen** lassen
etw. vor seinem inneren **Auge** vorbeiziehen lassen
etw. **Revue** passieren lassen

4 **Gedanken** ziehen jm. durch den Sinn

5 jm. (immer wieder/...) durch den **Sinn** gehen
jm. (immer wieder/...) durch den **Kopf** gehen

6 jm. nicht aus dem **Sinn** gehen/kommen
jm. nicht aus dem **Kopf** wollen
jm. nicht aus dem **Sinn** wollen

7 etw. noch/... im **Kopf** haben

8 es geht jm. alles/alles mögliche/das wirrste Zeug/... im **Kopf** herum

9 jm. immer vor **Augen** stehen
jn./etw. noch (deutlich/genau/...) vor sich **sehen**
vor meinem/deinem/... inneren **Auge** steht etw.
ich **seh'** es noch wie heute

10 js. **Worte** noch im Ohr haben
etw. noch im **Ohr** haben
es klingt jm. noch in den **Ohren**
etw. schallt jm. noch in den **Ohren**
etw. gellt jm. noch in den **Ohren**

11 einen **Kopf** wie ein Rathaus haben *ugs*

12 etw. genau/... im **Kopf** behalten

13 ein Wort/ein Name/... liegt jm. auf der **Zunge**
ein Wort/einen Namen/... auf der **Zunge** haben

14 sich ein **Zeichen** machen an einer Stelle/in einem Buch/...

15 ein Ereignis/einen Tag/... rot im **Kalender**/im Kalender rot anstreichen *ugs*

16 mach' dir/macht euch/... einen **Knoten** ins Taschentuch *ugs*
du mußt dir/... einen **Knoten** ins Taschentuch machen *ugs*
näh' dir/näht euch/mach' dir/macht euch/... einen **Knopf** an die Nase! *ugs*
du mußt dir/... einen **Knopf** an die Nase nähen/machen *ugs*

17 steck' dir/steckt euch/... das/... hinter den **Spiegel**! *ugs*

18 jn. mit dem **Kopf** auf etw. stoßen

Db 2 Vergessen: in Vergessenheit geraten; sich etw. aus dem Kopf schlagen (können); vergeßlich sein

---

1 jm. ganz aus dem **Sinn** kommen
jn./etw. ganz/gänzlich/völlig/... aus dem **Gedächtnis** verlieren

2 es wird **still** um jn.

3 in **Vergessenheit** geraten
dem **Vergessen** anheimfallen
in den **Strom** der Vergessenheit geraten/sinken/versinken *path*

4 in der **Versenkung** verschwinden *ugs*

5 danach/nach jm./etw. kräht kein **Hahn** mehr *ugs*
danach/nach jm./etw. kräht kein **Huhn** und kein Hahn mehr *ugs*

6 über etw. ist (längst/...) **Gras** gewachsen

7 längst/... im **Schoß(e)** der Vergessenheit ruhen *path*

8 aus den **Augen**, aus dem Sinn

9 über etw. **Gras** wachsen lassen

10 **Schwamm** drüber! *ugs*

11 jn./einen Gedanken/... aus seinem **Herzen** verbannen *path*

12 sich etw. aus dem **Kopf** schlagen
    können/müssen/...
    sich etw. aus dem **Sinn** schlagen
    können/müssen/...
    sich etw. aus dem **Schädel** schla-
    gen können/müssen/... *ugs*

13 ein kurzes **Gedächtnis** haben
    (aber auch/...) ein **Gedächtnis**
    haben wie ein Sieb *ugs*
    (aber auch/...) einen **Kopf** haben
    wie ein Sieb *ugs*
    ein vergeßliches **Huhn** sein
    (Frau) ugs

14 du/der Peter/... vergißt/...
    (aber/aber auch/...) noch dei-
    nen/seinen/... **Kopf**! *ugs*

15 ein (richtiger/...) zerstreuter
    Professor sein *ugs*

16 einen **Blackout** haben
    bei jm. ist der **Film** gerissen *ugs*

17 »was man nicht im **Kopf** hat,
    muß man in den Beinen haben«
    ugs

Db 3   Einfall: auf die Idee kommen, zu ...; laß es dir bloß nicht einfallen, zu ...! so eine gute, tolle, ... Idee!

1   auf den **Gedanken** kommen, etw.
    zu tun
    auf den **Einfall** kommen, etw. zu
    tun
    auf die **Idee** kommen etw. zu tun

2   (plötzlich/...) **fällt** jm. ein, etw.
    zu tun
    plötzlich/... kommt es jm. in
    den **Kopf**, etw. zu tun
    (plötzlich/...) kommt es jm. in
    den **Sinn**, etw. zu tun

3   es schießt/**Gedanken** schießen
    jm. blitzartig/plötzlich/... durch
    den **Kopf**

4   sich **einfallen** lassen, etw. zu tun

5   auf andere **Gedanken** kommen

6   jn. auf andere **Gedanken** bringen

7   jm. **fällt** schon/gar/... nicht ein,
    etw. zu tun

8   laß (es) dir/laßt (es) euch/... (ja/
    nur/bloß) nicht **einfallen**, etw. zu
    tun
    laß (es) dir/laßt (es) euch/... (ja/
    nur/bloß) nicht in den **Sinn** kom-
    men, etw. zu tun

9   das/so eine **Idee**/... käme ihr/
    dem Peter/... nicht/nie/... in
    den **Kopf**
    das/so eine **Idee**/... käme ihr/
    dem Peter/... nicht/nie/... in
    den **Sinn**

10 so eine **Idee** überhaupt!

11 du hast/er hat/... (aber auch/
    vielleicht) **Ideen**!

12 etw. ist eine **Schnapsidee** *ugs*

13 goldige/herrliche/köstliche/...
    Einfälle haben

14 das ist/wäre eine **Idee**!

15 gute/tolle **Idee**!

16 plötzlich/... kommt es wie eine
    Offenbarung über jn. *path*

Db 4   Stellungnahmen; Perspektiven: seine Meinung zum besten geben; Bilanz ziehen; Stellung beziehen; von allen Seiten betrachten; das Für und Wider abwägen; mit anderen Augen sehen; auf eine treffende Formel bringen; (un-)parteiisch, (un-)sachgemäß; schwarzsehen; in rosarotem Licht sehen; rechts, links, abseits ... stehen

1   zum **Ausdruck** kommen

2   seiner Meinung/Erwartung/sei-
    nem Dank/... **Ausdruck** geben
    form
    seinen Dank/seine Enttäu-
    schung/... zum **Ausdruck** brin-
    gen

3   seine **Meinung** mit jm. austau-
    schen (über etw.)

4   eine **Bemerkung** über jn./etw.
    fallen lassen

5   sich eine **Meinung** bilden (über
    jn./etw.)

6   **Bilanz** ziehen
    das **Fazit** ziehen (aus etw.)

7   **Stellung** nehmen (zu etw.)
    Stellung nehmen/beziehen (für
    jn./für Argumente/gegen jn./ge-
    gen Argumente/...)

8   sich **festlegen**

9   unter dem/unterm **Strich** einen
    positiven/negativen Saldo erge-
    ben

10 etw. von der hohen/einer hohen/
    einer höheren/... **Warte** aus be-
    trachten/beurteilen/...

11 das große **Ganze** im Auge behal-
    ten/beachten/... *path*
    sub **specie** aeternitatis *geh*

12 etw. aus der **Vogelperspektive** se-
    hen/betrachten/... *ugs*

13 etw. aus der **Froschperspektive** se-
    hen/betrachten/... *ugs*

14 sich jn./etw. von allen **Seiten** be-
    trachten/...
    etw. von allen **Seiten** sehen/...
    (müssen)

15 nach allen **Seiten** (hin) vorsor-
    gen/...

16 die Zeitungen/... aller **Schattie-
    rungen**

17 die juristische/technische/...
    Seite einer Sache/einer Angele-
    genheit/...

18 das **Für** und Wider e-r S. abwä-
    gen/...
    die **Vor-** und Nachteile e-r S. ab-
    wägen/...
    das **Pro** und Contra/Kontra e-r S.
    abwägen/... *geh*
    die **Gründe** und Gegengründe
    (für etw.) (gegeneinander) abwä-
    gen/anführen/...

19 seine **Vor-** und Nachteile haben
    seine **Vorzüge** und Nachteile ha-
    ben
    seine **Licht-** und Schattenseiten
    haben
    seine zwei **Seiten** haben
    seine guten und seine schlechten
    Seiten haben

20 eine **Parallele** ziehen zu .../zwi-
    schen ... und ...

21 etw. mit einem **Seitenblick** auf
    jn./(etw.) sagen/tun

22 etw. von **innen** heraus interpretie-
    ren/gestalten/...

23 vom **Kleinen** auf das/aufs Große
    schließen

24 mit anderen **Augen** sehen/
    beurteilen/...

25 jn./etw. (wieder/...) mit fri-
    schen/neuen **Augen** sehen
    etw. von einer neuen **Seite** (aus)
    betrachten/...

26 ein neues **Licht** auf etw. werfen
etw. in einem anderen/neuen
Licht erscheinen (lassen)

27 etw. cum **grano** salis verstehen/
auffassen/nehmen/... (müssen)
geh
etw. mit einem **Körnchen** Salz
verstehen/auffassen/nehmen
(müssen) *geh*

28 einen strengen/milden/... **Maß-
stab** anlegen

29 von seinem/ihren/... **Stand-
punkt** aus Recht haben/...

30 Rechte/Vorteile/... auf js. **Seite**
sehen

31 das ist (auch) ein **Gesichtspunkt**!
ugs

32 (auch) seine gute(n) **Seite(n)** ha-
ben
(auch) sein **Gutes** haben
etw. **Gutes** ist an der Sache/...
dran

33 e-r S. eine neue **Seite** abgewinnen

34 e-r S. die beste **Seite** abgewinnen
etw./die Dinge/... von der be-
sten **Seite** sehen

35 einen klaren **Blick** haben
sich (von etw.) den **Blick** nicht
verstellen lassen (für etw.)

36 etw. ins richtige/(rechte) **Licht**
rücken/setzen/(stellen)

37 (etw.) im hellsten **Licht** erschei-
nen (lassen)

38 etw. auf eine treffende **Formel**
bringen
etw. auf einen einfachen/kur-
zen/lapidaren/... **Nenner** brin-
gen

39 eine **Plattform** sein/abgeben/...
für etw.

40 über den **Parteien** stehen

41 ohne **Ansehen** der Person etw.
tun

42 **Partei** ergreifen/nehmen (für
jn./gegen jn./für Argumente/ge-
gen Argumente/...)
sich auf js. **Seite** schlagen/stellen
auf js. **Seite** treten

43 **Partei** sein (in etw.)
pro **domo** sprechen *geh*

44 auf js. **Seite** stehen
auf **Seiten** der Münchner/der
Gegenpartei/... stehen

45 zur stärkeren/schwächeren/...
Seite halten
die stärkere/schwächere/... **Sei-
te** unterstützen/...
(immer/...) auf der **Seite** des
Stärkeren/Schwächeren sein/ste-
hen

46 jn. auf seiner **Seite** haben

47 jn. auf seine **Seite** bringen
jn. auf seine **Seite** ziehen

48 etw. durch eine andere/fremde/
seltsame/... **Brille** sehen/... *ugs*

49 alles/etw. nach seiner **Elle** mes-
sen

50 alles/etw. durch eine gefärbte
Brille sehen/... *ugs*

51 mit zweierlei **Maß** messen

52 alles/verschiedene Dinge/... mit
der gleichen **Elle** messen
alles/verschiedene Dinge/... mit
demselben **Maß** messen

53 alles/verschiedene Dinge/...
über einen **Kamm** scheren
alles/verschiedene Dinge/...
über einen **Leisten** schlagen
alles/verschiedene Dinge/... in
einen **Topf** werfen *ugs*
alles/verschiedene Dinge/... in
einen **Pott** werfen *ugs*

54 etw. in ein **Schema** pressen
etw. in ein **Prokrustesbett** zwän-
gen/pressen *geh*

55 etw. nach **Schema** F organisie-
ren/erledigen/... *ugs*

56 nach der **Schablone** handeln/ar-
beiten/... *selten*

57 etw. in den **Rang** einer heiligen
Kuh erheben *ugs*

58 eine **Haupt-** und Staatsaktion aus
etw. machen *ugs*

59 weit **hergeholt** sein/scheinen
an den **Haaren** herbeigezogen
sein

60 vor lauter **Bäumen** den Wald
nicht (mehr) sehen

61 jm. die **Schattenseiten** e-r S. vor
Augen führen/...

62 kein gutes **Licht** auf etw. werfen

63 alles/etw. grau in grau **malen**
alles/etw. zu (sehr) schwarz **ma-
len**
(jm.) etw. in den schwärzesten/
den dunkelsten/schwarzen/dü-
steren **Farben** malen/ausmalen/
schildern/...

64 **schwarzsehen** für jn./etw.
alles/nur noch schwarz **sehen**
alles grau in grau **sehen**
alles durch eine/die schwarze/
(düstere) **Brille** sehen/... *ugs*

65 das **Schreckgespenst** des Krieges/
der Hungersnot/... herauf-
schwören/an die Wand malen
das **Gespenst** des Krieges/der
Hungersnot/... heraufbeschwö-
ren/an die Wand malen/...

66 (mal wieder/...) den **Teufel** an
die Wand malen *ugs*

67 etw. in einem günstigen/vorteil-
haften **Licht** erscheinen lassen
ein gutes/merkwürdiges/be-
denkliches/... **Licht** auf jn./etw.
werfen

68 alles/etw. zu (sehr) rosig **malen**
ugs
(jm.) etw. in rosigen/rosaroten
Farben malen/ausmalen/schil-
dern/... *ugs*
(jm.) etw. in den leuchtendsten/
in rosaroten/in den schönsten/in
den goldigsten/... **Farben** ma-
len/ausmalen/schildern/...

69 alles/etw. in rosarotem/rosigem
Licht sehen/(...)
alles durch eine/die rosa/rosa-
rote/rosige **Brille** sehen/... *ugs*

70 etw. ist wie im **Traum**
es ist jm. alles/... wie ein/im
Traum
es kommt jm. alles/... (so)
vor/... wie ein/im **Traum**

71 ... im **Spiegel** der Presse/der
jüngsten Veröffentlichungen/...

72 eine radikale/gemäßigte/...
Richtung vertreten

73 einen **Rechtsdrall** haben *ugs*
einen **Linksdrall** haben *ugs*
(politisch) links/rechts/in der
Mitte **stehen**

74 abseits **stehen**

75 positiv/negativ zu etw./jm. **ste-
hen**
positiv/negativ zu etw./jm.
eingestellt sein

76 sich jn./etw. unter die **Lupe** neh-
men *ugs*

77 etw. (nur/...) von **fern** verfol-
gen/miterleben
(..., aber/...) das/(etw.) ist ein
weites **Feld**

78 an deiner/seiner/... **Stelle**
an **Stelle** von jm.

79 in js. **Augen**

80 für meine/deine/... **Begriffe**
ich für meine **Person**
ich für meinen **Teil**

81 auf dem **Standpunkt** stehen, daß
...

82 ich muß (schon) **sagen**:...

83 nach meiner/deiner/... **Mei-
nung**
meiner/deiner/... **Meinung**
nach

84 zum **einen** ... und zum andern
...
auf der einen **Seite** ... auf der an-
deren Seite ...

85 in einer **Art** hat j. Recht/...

86 je **nachdem**
das/es **kommt** darauf an
wie man es/man's **nimmt**

87 ich möchte/sie möchten/... etw.
tun, ... und möchte/möch-
ten/... es auch wieder **nicht**

88 genau(er)/recht **besehen**
bei **Licht(e)** betrachtet/besehen

89 von nahem **betrachtet**

90 genau **genommen**

91 **strenggenommen**
im strengen **Sinn**

92 in **Wirklichkeit** ...

93 im **Grunde**
an **sich** ...
an und für **sich** ...

94 **alles** in allem
im **großen** und ganzen
im **ganzen** (genommen)

95 ... und **überhaupt**: (warum?
.../...) *ugs*

96 als da **sind**?

97 im **einzelnen**:

98 im **Zeichen** der .../des .../von
... stehen

99 in diesem **Sinn** (weitermachen/
etw. vorantreiben/...)

100 etw. in die/in diese **Richtung** un-
ternehmen/versuchen/... (müs-
sen)

101 sich **dahingehend** einigen/ver-
ständigen/..., daß

unsere Ansichten/Meinungen/
Vereinbarungen/... **gehen** dahin,
daß ...

102 im engen **Sinn**
sensu strictu *geh*

103 im weiten **Sinn**
sensu lato *geh*

104 im eigentlichen **Sinn**
im wörtlichen **Sinn**

105 im übertragenen **Sinn**
im bildlichen **Sinn**

106 ein ... im besten **Sinn** sein

107 (ein ...) im besten **Sinn** des Wor-
tes (sein)

108 (einen Terminus/ein Wort/...) in
gutem **Sinn** (meinen/gebrau-
chen/...)

109 das/etw. ist nicht der **Sinn** der Sa-
che
das/etw. ist nicht der **Zweck** der
Übung *ugs*

110 nach dem **Sinn** des Vertrages/...
dem **Sinn** des Vertrages/... nach

111 etw. dem **Sinn** nach erfüllen

112 den **Sinn** des Gesetzes erfüllen
sich (nur/zu sehr/...) an den
Buchstaben des Gesetzes halten

Db 5 glauben: annehmen, überzeugt sein; Glauben schenken

1 nahe **liegen**
es **liegt** nahe anzunehmen/zu
meinen/etw. zu tun (bei etw.)

2 die **Vermutung** nahelegen, daß

3 jm. (so) **vorkommen**, als ob/
wenn ...
mir/ihm/dem Herbert/... **ist**
(so), als wenn/als ob/als ...

4 sich des **Eindrucks** nicht erweh-
ren können, daß ...
den **Verdacht** haben, daß ...

5 die **Überzeugung** vertreten, daß
...
(fest/felsenfest) **überzeugt** sein
von etw.
ich möchte **wetten**/wette, daß ...
ugs

6 jede **Wette** eingehen/(machen),
daß ... *ugs*
eins gegen 10/100/... **wetten**, daß
.../wetten, daß? *ugs*
was gilt die **Wette**? *ugs*

7 sich steif und fest **einbilden**, daß
... *ugs*

8 im **Brustton** der Überzeugung
von etw. reden/etw. von sich ge-
ben/... *ugs*

9 (für jn.) ein **Evangelium** sein, was
j. sagt/was irgendwo steht/...
ugs
js. **Bibel** sein

10 js. **Credo** sein *selten*

11 jm./einer Erklärung/... **Glau-
ben** schenken

12 etw., was j. sagt/... für bare
Münze nehmen

13 jm. aufs **Wort** glauben

14 auf des **Meisters** Worte schwören
iron

15 in gutem/im guten **Glauben** etw.
tun
guten **Glaubens** etw. tun

16 auf **Treu** und Glauben etw. tun

17 bis zum **Beweis** des Gegenteils

18 der **Glaube** kann Berge verset-
zen/versetzt Berge

Db 6 nicht glauben: in Zweifel ziehen; Ausdrücke des Zweifels: daß ich nicht lache! das kannst du einem andern erzählen; ich freß einen Besen, wenn ...; seinen eigenen Augen, Ohren nicht trauen

1 jm./js. Worten/... keinen (rech-
ten) **Glauben** schenken
etw. in **Frage** stellen

2 js. Worte/... in **Zweifel** ziehen

3 hinter das, was j. sagt/..., muß
man/... ein großes **Fragezeichen**
setzen

4 da mußt du/da muß man/...
einiges/allerhand/... **abziehen**
ugs

5 kein **Wort** glauben von dem, was
j. sagt/...

6 (für jn.) kein **Evangelium** sein,
was j. sagt/was irgendwo
steht/... *ugs*
auf ... darfst du/kann er/...
nichts/wenig/... **geben**!

7 sich (doch) kein/nicht ein **X** für
ein **U** vormachen lassen *ugs*

8 das/etw. ist (doch) (wohl)
(nur/...) ein fauler/schlechter
Witz! *ugs*

9 mach'/macht/... keine/laß dei-
ne/laßt eure/... faulen/schlech-
ten **Witze!** *ugs*
(und) das soll (mir/uns) einer
glauben!

10 (und) das **glaubst** du?/glaubt
ihr?/...
das **glaubst** du doch selbst nicht!

11 wer/wer's **glaubt**, wird selig! *ugs*

12 daß ich nicht **lache!** *ugs*
laß' mich/laßt mich/laßt uns
(nicht) **lachen!** *ugs*
das/etw. ist (ja/doch) zum **La-
chen** *ugs*
das/etw. ist (ja) zum **Totlachen**
ugs

13 laß dich/laßt euch/... nicht **aus-
lachen** *ugs*

14 da kriege ich/kriegt der
Maier/... ja einen **Lachkrampf!**
ugs

15 das/so etwas/... kannst du/
kann er/... mir/ihm/... (doch)
nicht **erzählen**
das/so etwas/... kann j. einem
ander(e)n **erzählen**, (aber/doch/
aber doch mir/uns/... nicht)
das/so etwas/... kannst du/
kann er/... mir/ihm/... (doch)
nicht **weismachen**
das/so etwas/... kannst du/
kann er/... jm. anders/j. an-
der(e)m/einem anderen **weisma-
chen** (aber nicht mir/ihm/...)

16 das/so etwas kann/soll j. seiner
Großmutter/(Großmama) erzäh-
len/weismachen
das/so etwas/... kannst du/
kann er/... jm./einem/Leu-
ten/... erzählen/weisma-
chen/..., der/die die **Hose** mit
der Kneifzange zumacht/an-
zieht/zumachen/anziehen *vulg*

17 ich freß einen **Besen**, wenn ...
ugs
ich **heiße** Emil/Hans/..., wenn
... *ugs*
wenn ..., (dann) laß ich mich/
läßt der Peter sich/... **umtaufen**
ugs
ich will **Meier** heißen, wenn ...
ugs

18 ich will des **Todes** sein, wenn ...
path

19 ich/j. möchte doch (mal) **sehen**,
ob j. es wagt, zu .../... *ugs*

20 das/etw. ist/wäre zu **schön**, um
wahr zu sein *ugs*

21 seinen (eigenen) **Augen** nicht/
kaum trauen (wollen)

22 seinen (eigenen) **Ohren** nicht/
kaum trauen (wollen)

23 j. hätte sich etw. nicht **träumen**
lassen
etw. in seinen kühnsten **Träumen**
nicht zu hoffen wagen

24 eher hätte ich/er/... gedacht, der
Himmel stürzt ein/würde ein-
stürzen *path*

25 erst **sehen**, dann glauben! *ugs*

26 dein **Wort**/sein Wort/das Wort
deines Vaters/... in Ehren (aber
...)

Db 7 hoffen: Hoffnungen machen; Ausdrücke des Hoffens

1 es **steht** zu hoffen, daß ... *form*

2 sich etwas/einiges/viel/aller-
hand/... von jm./etw. **verspre-
chen**

3 sich (berechtigte/begründete)
Hoffnungen machen
die **Hoffnung(en)** hegen, daß ...
path

4 **hoffen** und harren *path*

5 auf **Zeichen** und Wunder hoffen

6 einen **Silberstreifen** am Horizont
sehen/...

7 **Morgenluft** wittern

8 jm. **Hoffnungen** machen

9 das/etw. ist ein **Lichtblick**

10 was nicht **ist**, kann noch werden
noch ist **Polen** nicht verloren *ugs*

11 **Gott** gebe/möge geben, daß ...
der **Himmel** gebe, daß ... *path*

12 da kann man nur **hoffen!**

13 das wolle **Gott!** *path*
das/etw. sei **Gott** befohlen! *path*
selten
dein/euer/... **Wort** in Gottes
Ohr!
deine/eure/... **Worte** in Gottes
Ohr!

14 das walte **Hugo!** *ugs selten*

15 zwischen **Furcht** und Hoffnung
schweben

Db 8 wünschen

1 j. **gäbe** was/einiges/viel/...
drum, wenn ...

2 den (stillen) **Wunsch** hegen, zu
...
etw. ist js. **Wunschtraum**
es war/... (schon immer/...) js.
Wunsch, zu .../daß ...

3 von dem **Wunsch** beseelt sein,
etw. zu tun

4 einen **Wunsch** im Busen hegen
(path. oder iron.)

5 nur/bloß den einen **Wunsch** ha-
ben, zu .../daß ...
js. erster und letzter **Gedanke** ist:
...

6 jm. wäre es nur zu **lieb**, wenn ...

7 (immer) noch/... den **Wunsch-
traum** hegen, zu ... *path*
(immer) noch/... den (alten)
Traum träumen, zu ...

8 jm. jeden **Wunsch** von/an den
Augen ablesen
du hast/ihr habt/... einen
Wunsch frei *ugs*

9 Ihr/dein/... **Wunsch** ist/sei mir
Befehl *(oft iron.)*

10 in **Erfüllung** gehen *(Wünsche,
Träume)*

11 es geht/läuft/verläuft/... alles
nach **Wunsch**

12 am **Ziel** seiner Wünsche (ange-
langt) scin

Db 9 keine Hoffnungen mehr

1 sich keine **Hoffnungen** machen
keine **Hoffnungen** hegen *path*

2 alle Hoffnung/Hoffnungen/...
fahren lassen/aufgeben (müssen)

3 Hoffnungen/Pläne/... **begraben**
(müssen)
Hoffnungen/Pläne/... zu **Grabe**
tragen (müssen) *path*

4 den **Zahn** mußt du dir/muß sich
der Peter/... ziehen lassen *ugs*

den **Zahn** werden wir/...
ihm/... ziehen *ugs*

5   das mußt/kannst du dir/muß/
kann er sich **abschminken** *ugs*

6   ein hoffnungsloser/aussichtslo-
ser/... **Fall** sein *ugs*

7   nicht alle **Blütenträume** reifen
(für jn.) *geh*

Db 10   versichern: beteuern,
schwören; Ausdrücke der
Versicherung; steif und fest
behaupten; Stein und Bein
schwören; beeiden; so wahr
ich lebe!; ich will des Todes
sein, wenn ...

---

1   sich anheischig **machen**, etw. zu
beweisen/... *form*

2   ich/der Peter/... könnte **schwö-
ren**, daß ...

3   steif und fest/(felsenfest) **behaup-
ten**

4   hoch und heilig **versichern**, daß
...
hoch und heilig **beteuern**

5   **Stein** und Bein schwören
bei allen **Heiligen** schwören/
(versichern/beteuern)
bei **Gott** und allen Heiligen
schwören/(versichern/beteuern)
bei allen **Engeln** und Heiligen
schwören/(versichern/beteuern)
beim **Bart(e)** des Propheten
schwören *iron*
bei allem, was einem heilig/
teuer ist, **schwören**

6   bei dem **Leben** seiner Mutter/...
schwören *path*

7   mit tausend **Eiden** schwören *path*
tausend (feierliche/heilige) **Eide**
schwören *path*

8   er/sie/Peter/... kann **versichert**
sein, daß ...

9   jm. **Brief** und Siegel geben auf
etw./daß ...

10   jm. ehrenwörtlich **versichern**,
daß ...

11   jm. etw. auf **Ehre** und Gewissen
erklären/versichern/... *path*

12   bei seiner **Ehre** schwören

13   mit erhobener **Hand** schwören

14   etw. unter **Eid** aussagen/bezeu-
gen/... *form*
Aussagen/Erklärungen/... unter
Eid machen *form*
etw. an **Eides** Statt erklären/ver-
sichern/... *form*

15   einen **Eid** auf etw. ablegen

16   etw. auf seinen **Eid** nehmen

17   etw. auf seinen **Diensteid** neh-
men

18   die **Hand** zum Schwur erheben

19   jm. den **Eid** abnehmen *form*

20   den **Eid** ableiten *ugs*

21   jn. zum **Zeugen** anrufen (daß
...)

22   dabei **bleiben**, daß

23   ..., das kannst du/können
Sie/... (mir/uns) **glauben**!

24   so wahr ich hier **sitze**! *path*
so wahr ich hier **stehe**! *path*
so **wahr** ich hier vor dir stehe/
den Apfel hier esse/... *ugs*
so wahr ich **lebe**! *path*
so wahr mir **Gott** helfe! *path*

25   bei meiner ewigen **Seligkeit**! *path*

26   der **Himmel** ist/sei mein Zeuge
(daß) ... *path*

27   auf **Ehre**! *selten*
bei meiner **Ehre**!
(auf mein) **Ehrenwort**!

28   großes **Ehrenwort**! *ugs*
beim **Bart(e)** des Propheten! *iron*

29   ich will ein **Lump** sein, wenn ...
selten

30   dafür (daß etw. geschieht/j. etw.
tut) lege ich/legt Karl/... die
Hand ins Feuer
dafür verwette ich meinen **Kopf**
ugs

31   ... und koste es mein **Leben**!
path

32   ich will des **Todes** sein, wenn ...
path
ich will (auf der Stelle) tot **umfal-
len**, wenn ... *path*
dafür/wenn das nicht
stimmt,/... laß ich mir die **Hand**
abhacken *path*
dafür/wenn das nicht
stimmt/..., laß ich mir den **Kopf**
abhacken *path*
dafür/wenn etw. nicht
stimmt/... laß ich mich auf der
Stelle totschlagen *path*

33   o **doch**!
gewiß **doch**!

Db 11   Sinneswandel: seine
Meinung ändern; in ein an-
deres Lager übergehen

---

1   sich eines **ander(e)n** besinnen/
belehren lassen (müssen)
sich eines **Besseren** besinnen/be-
lehren lassen (müssen)
einen **Sinneswandel** vollziehen
geh

2   es sich (wieder/nochmal) anders
überlegen
ander(e)n **Sinnes** werden *geh*

3   einen **Frontwechsel** vornehmen

4   in ein anderes/ins gegnerische/
ins feindliche **Lager** überwech-
seln/übergehen
von einem **Lager** ins andere
wechseln

5   mit fliegenden/wehenden **Fah-
nen** zu jm./zum Feind/... über-
gehen *geh*

6   eine **Wendung** um/von 180/
hundertachtzig Grad vollziehen
sich um 180 **Grad** drehen *selten*

7   ganz neue/ungewohnte/... **Töne**
von sich geben *ugs*

8   das sind ja ganz neue **Töne**! *ugs*
das ist ja das **Allerneueste**! *ugs*

9   vor **Tische** hörte man's anders!
(oft iron.)

10   jn. eines **Besseren** belehren
jn. eines **ander(e)n** belehren

Db 12   unbeständig: es allen
recht machen wollen; sein
Fähnchen nach dem Wind
hängen; mal so mal anders

---

1   es **allen** recht machen (wollen)
allen zu **Gefallen** sein (wollen)
form
es **jedermann** recht machen (wol-
len)
es allen **Leuten** recht machen
(wollen)
es mit niemandem **verderben**
(wollen)

2   zu allem **ja** und amen sagen (bei
jm.) *ugs*

3   ins **Wanken** geraten/kommen

4   jn./js. Überzeugung/... ins **Wanken** bringen

5   j. möchte/will/... etw. und möchte/will/... es auch **wieder** nicht

6   (ein-)mal hü und (ein-)mal hott **sagen** *ugs*

7   sich drehen wie eine **Wetterfahne** *ugs*
sich drehen wie ein **Wetterhahn** *ugs*
(so beständig)/(unbeständig) wie ein **Wetterhahn** sein *ugs*
eine (richtige/regelrechte/...) **Wetterfahne** sein *ugs*
(so beständig)/(unbeständig) wie eine **Wetterfahne** sein *ugs*

8   schwanken wie das **Blatt** im Wind(e) *path*

9   ein unsicherer **Kantonist** sein *ugs*

10   mit dem **Strom** schwimmen

11   mit den **Wölfen** heulen (müssen)
die **Farbe** wechseln (wie ein Chamäleon)
ein wahres **Chamäleon** sein

12   seine **Gesinnung** wie sein/das Hemd wechseln *ugs*
seine **Meinung(en)** wie sein/das Hemd wechseln *ugs*

13   sein **Fähnchen** nach dem Wind hängen/drehen/richten
die **Fahne** nach dem Wind drehen/hängen/richten
sein/das **Mäntelchen** nach dem Wind hängen
den/seinen **Mantel** nach dem Wind hängen *selten*

14   sich von einer/der allgemeinen ... **Strömung** (nach oben) tragen/treiben lassen
von der allgemeinen **Strömung** erfaßt/nach oben/... getragen/gespült werden

15   es mit mehreren/allen/beiden/... **Parteien** halten

16   bei der richtigen **Partei** sein
das richtige **Parteibuch** (in der Tasche) haben *ugs*
das richtige **Gesangbuch** haben *ugs*

17   bei der falschen/verkehrten **Partei** sein
das falsche/verkehrte **Parteibuch** (in der Tasche) haben *ugs*

18   bald **so**, bald anders/so
(ein)mal **so** (und) (ein)mal anders/so
mal **so**, mal anders/so
heute **so** und morgen anders/so

19   rin in die **Kartoffeln**, raus aus den/die Kartoffeln *ugs*

20   heute heißt es **Hosianna**, morgen kreuzige ihn *geh*

21   wes **Brot** ich eß/esse, des Lied ich sing(e)

Db 13   Zustimmung: Entgegenkommen, Beifall; Ausdrücke des Einverständnisses; dafür sein; ganz nach js. Sinn sein; sich dazu verstehen, etw. zu tun; etwas für sich haben; Beifall spenden; ganz richtig! das hört man gern! nun denn!

1   mit sich **reden** lassen

2   etw. **gelten** lassen

3   jn./etw. (ganz) in **Ordnung** finden

4   im **Prinzip** für jn./etw. sein/...

5   etw. für geraten **halten**

6   **dafür** sein (daß ...)

7   es gern **sehen**, wenn .../daß ...

8   e-r S. das **Wort** reden

9   etw. aus **Prinzip** tun

10   mit js. **Wissen** und Willen etw. tun

11   jm. etw. recht **machen**

12   jm. **recht** sein

13   (ganz) im **Sinn(e)** einer Person/e-r S. sein
(ganz/...) nach js. **Sinn** sein
in js. **Sinn** handeln/reden/...

14   (ganz) im **Geist(e)** Luthers/unseres Vaters/... handeln/...

15   (ganz/genau) nach js. **Geschmack** sein

16   jm. (jederzeit/...) **willkommen** sein

17   **Wohlgefallen** empfinden bei etw./wenn ... *path*

18   etw. ist jm. (so richtig/so recht/...) aus dem **Herzen** gesprochen
etw. ist jm. so richtig/so recht/... aus der **Seele** gesprochen

19   das/... kann ich/er/der Peter/... nur **unterschreiben**
das/... kann ich/er/der Peter/... nur **unterstreichen**

20   jm. **voll** und ganz recht geben/zustimmen/...
jm./js. Worten/... aus voller **Seele** zustimmen

21   jm. das **Wort** aus dem Mund nehmen

22   jm. auf halbem **Weg** entgegenkommen
sich/einander auf halbem **Weg(e)** entgegenkommen
sich auf halbem **Weg(e)** treffen

23   ein ehrlicher **Makler** sein *geh*

24   sich dazu **verstehen**, etw. zu tun

25   zu etw. ja **sagen**

26   (jm.) sein **Plazet** (zu etw.) geben *geh*
(jm.) seinen **Segen** (zu etw.) geben *ugs*

27   meinen/deinen/... **Segen** hat er/sie/der Peter/...! *ugs*

28   für etw. **sprechen**
etw./alles/vieles/einiges/... **spricht** für etw./dafür, daß ...
etwas/einiges/manches/viel/... für sich **haben**

29   es läßt sich nicht von der **Hand** weisen, daß ...

30   das/etw. ist/wäre gar nicht so **verkehrt**

31   jm. (seinen) **Beifall** zollen (für etw.) *geh*

32   **Beifall** spenden
Applaus spenden

33   mit dem **Kopf** nicken

34   **Bravo** rufen
es gibt ein großes **Hallo**

35   unter rauschendem **Beifall** ...

36   **ja** ja!

37   (sehr) **richtig**!
ganz **richtig**!
recht so!

ganz **recht**!
genau!

38 das kann man wohl/(laut) **sagen**! *(oft iron.)*

39 (na) und **ob**!
(na) und **ob** j. das will/tut/ kann/...!

40 das **lob'** ich mir! *ugs*
das **sieht** man gern! *ugs*
das **hört** man gern! *ugs*
das/etw. läßt sich **hören**

41 um so **besser**!

42 ich **sag'**/sag's ja!

43 (und) da soll (mir/uns) noch einer **sagen**, daß/:... *ugs*

44 aber **ja**!
oh **ja**!

45 (genau) das **ist's**/ist es (ja) (gerade)!

46 von mir **aus**!
mir soll's **recht** sein!

47 nun **gut**
na **gut**
na **ja**
nun **ja**!
nun **wohl**! *selten*
nun **denn**! *ugs*

48 **gut** denn

49 **Gott**, ja, ...!

50 **laß**/laßt ihn/sie/...!

51 du bist/... aber **gnädig**! *ugs*

Db 14 Ablehnung, Distanzierung: die Finger davon lassen; dagegen sein; nichts für sich haben; jm. fernliegen; von der Hand weisen

1 sich nicht zu etw. **bereitfinden**

2 keine/keinerlei/nicht die geringsten/... **Anstalten** machen, etw. zu tun *ugs*
keine **Miene** machen, etw. zu tun *ugs*

3 es nicht/nicht einmal/... für **wert** halten/erachten etw. zu tun

4 **Abstand** nehmen von etw./davon, etw. zu tun

5 etw. **sein** lassen *ugs*
es (dann doch/...) **sein** lassen *ugs*

es **bleiben** lassen *(oft Imp.) ugs*
das wirst du/... (ganz) schön **bleiben** lassen *ugs*

6 nicht für **Geld** und gute Worte zu bewegen sein, etw. zu tun

7 sich zu **schade** sein für etw./dafür, etw. zu tun/um etw. zu tun

8 (es ist besser/...) die **Finger** davon (zu) lassen
(es ist besser/...) die **Hände** davon (zu) lassen

9 tu'/tut/... das nicht, wenn dir dein/euch euer/... **Leben** lieb ist! *ugs*

10 ohne js. **Wissen** (und Willen) etw. tun

11 **ohne** mich/ihn/meinen Vater/...!

12 gar nicht/überhaupt nicht/... im **Sinn(e)** einer Person/e-r S. sein
gar nicht/überhaupt nicht/... nach js. **Sinn** sein

13 nicht nach js. **Geschmack** sein
nicht nach js. **Nase** sein/ablaufen/... *ugs*

14 etw. nicht gern **sehen**

15 im **Prinzip** gegen jn./etw. sein/...

16 **dagegen** sein, daß...

17 etw. nicht für geraten **halten**

18 zu **bedenken** geben, daß...

19 etw. aus **Prinzip** nicht tun
etw. in **Bausch** und Bogen verdammen

20 schon **gut**!
laß/laßt/... **gut** sein!

21 den **Kopf** schütteln

22 nichts/... **spricht** für/dafür daß...
wenig/nichts/... für sich **haben**

23 etw./alles/vieles/einiges/... **spricht** gegen/dagegen, daß...

24 e-r S. **hohnsprechen**

25 weit/meilenweit davon **entfernt** sein, etw. zu glauben/jm. übel zu wollen/...

26 nicht von **ferne** etw. beabsichtigen/...
der **Gedanke** liegt jm. fern, etw.

anzunehmen/...
es **liegt** jm. (völlig) fern, etw. zu tun
nicht/nicht im geringsten/... daran **denken**, etw. zu tun

27 nicht im **Traum(e)** daran denken, etw. zu tun *ugs*
es fällt mir/ihm/dem Peter/... nicht im **Traum(e)** ein, etw. zu tun *ugs*
es fällt mir/ihm/dem Peter/... nicht im **Schlaf(e)** ein, etw. zu tun *ugs selten*

28 sich mit **Händen** und Füßen gegen etw. sträuben/wehren
keine zehn **Pferde** bringen/brächten jn. dazu, etw. zu tun *ugs*
bevor j. etw. tut, springt er lieber aus dem **Fenster** *ugs*

29 nicht die **Absicht** haben, sich etw. bieten zu lassen/...
nicht **gesonnen** sein, sich etw. bieten zu lassen/...

30 Einwände/... nicht von der **Hand** weisen (können)

31 etw. in **Bausch** und Bogen ablehnen/zurückweisen/...

32 Argumente/Vorschläge/... (einfach/...) vom **Tisch** wischen *ugs*
Argumente/Vorschläge/... mit einer nachlässigen/... **Handbewegung** vom Tisch wischen *ugs*

33 einen Vorwurf/... (weit) von sich **weisen**

Db 15 Ausdrücke der Zurückweisung: der Teufel soll mich holen! lieber laß ich mich hängen, als ...! auf dem Ohr ist er taub; jm. was husten; da kann er warten, bis er schwarz wird! wie käme ich dazu, zu ...! so darfst du mir nicht kommen! untersteh' dich und ...! laß das man meine Sorge sein! auf gar keinen Fall! du bist (mir) gerade der Richtige! ganz zu schweigen von; j. soll sich an seine eigene Nase packen! bleib mir weg mit ...! j. soll sich zum Teufel scheren!; das ist alles gut und schön, aber ...

1 hol' mich der **Teufel**, wenn ...!
der **Teufel** soll mich holen, wenn
...! *ugs*
der **Kuckuck** soll mich holen,
wenn ...! *ugs*
hol' mich der **Henker**, wenn ...
ugs
der **Henker** soll mich holen,
wenn ...! *ugs*
ich will des **Teufels** sein, wenn
...! *ugs*

2 lieber/eher laß ich mir/läßt er
sich/... die **Hand** abhacken/ab-
schlagen, als daß ich/er ... *path*
ugs
lieber/eher **sterb'** ich/stirbt
er/... als daß er ... *path*
j. läßt sich lieber/eher **begraben**,
als daß er ... *ugs*
lieber/eher läßt sich j. **hängen**,
als daß er ... *ugs*
und wenn sie mich/ihn/... **hän-
gen**, ... *ugs*

3 j. macht sich eher in die **Hose**, als
daß er ... *vulg*
j. scheißt sich eher in die **Hose**,
als daß er ... *vulg*

4 da kannst du/da kann er/... **bit-
ten** und betteln, soviel du willst/
soviel er will/...

5 und wenn du mich **totschlägst**,
ich weiß es nicht/tu es nicht/...
ugs
und wenn der Peter sie/ihn/...
totschlägt, sie/der Albert/...
weiß es nicht/tut es nicht/... *ugs*

6 und wenn sich j. auf den **Kopf**
stellt, es geht nicht/ich mach es
nicht/... *ugs*
und wenn er/sie/der Peter/...
sich ein **Monogramm** in den
Bauch beißt, das wird nicht ge-
macht/... *ugs*
er/sie/der Peter/... kann
sich/... ein **Monogramm** in den
Bauch beißen, das wird nicht ge-
macht/... *ugs*

7 lieber **Flöhe** hüten als etw. tun
ugs
lieber einen **Sack** Flöhe hüten als
etw. tun *ugs*

8 ich/er/Peter/... **wüßte**, was ich/
er ... lieber täte/... *ugs*
j. **weiß**, was er lieber tut *ugs*

9 auf dem/diesem **Ohr** höre ich/
hört sie/hört der Schulze/...
schlecht/schwer *ugs*
auf dem/diesem **Ohr** bin ich/ist
sie/ist der Schulze/... taub/
(schwerhörig) *ugs*

10 j. wäre der **letzte**, dem man etw.
sagen würde/für den man etw.
tun würde/...

11 j. wird sich **bedanken**!

12 j. wird sich **hüten**, zu ...

13 jm. was/(etwas) **pfeifen** *ugs*
jm. was/eins/(etwas) **husten** *ugs*
jm. was/eins/(etwas) **blasen** *ugs*

14 j. wird den **Teufel** tun und ... *ugs*

15 bestens **danken** *iron*
(na) ich **danke**! *iron*
nein **danke**! *iron*

16 wo **werd'** ich denn jm. etw. erzäh-
len/so dumm sein und zustim-
men/... *ugs*
wo **werd'** ich denn? *ugs*

17 ich kann mich **bremsen** *ugs*
ich kann mich **beherrschen** *ugs*

18 (ich) danke für **Obst** und Süd-
früchte! *ugs*

19 der/die/der Alfred/... **und** arbei-
ten/kochen/...! *ugs*

20 da/... kannst du/kann er/...
lange **warten**! *ugs*
da/... kannst du/kann er/...
warten, bis du/er/... schwarz
wirst/wird/... *ugs*

21 da/dafür/für etw. mußt/kannst
du dir/kann er sich/... einen an-
deren **suchen** *ugs*

22 das würde/möchte ich nicht **sa-
gen**

23 wo **denkst** du/denkt er/... hin?

24 wie **käme** ich/kämen wir/...
(denn) (eigentlich) dazu (etw. zu
tun)?
wie **komme** ich/kommen wir/...
(denn) (eigentlich) dazu (etw. zu
tun)?
(ja) wohin **käme** ich/kämen
wir/... denn (wenn ...)!

25 (nein) **so** nicht!
da/so **mach'** ich/macht er/...
nicht mit
da/so **spiel'** ich/spielt er/...
nicht mit *ugs*

26 so darfst du/darf er/... mir/
ihm/... nicht **kommen**!
auf d i e **Tour** darf man jm. nicht
kommen/... *ugs*

27 damit/mit solchen Sachen/...
kannst du/kann der Emil/...
mir/ihm/... nicht **kommen**

so/damit/mit etw. darfst du/darf
er/... mir/ihm/... nicht **kom-
men**!
wenn du/er/... mir/... so
kommst/kommt/..., dann ...

28 ich **pfeif'**/er pfeift/... drauf/auf
etw. *ugs*
ich **spuck(e)**/er spuckt/... auf
etw. *ugs*
ich **scheiß'** drauf *vulg*

29 das/den Besuch/etw. zu tun/...
kann sich/sollte sich j. **schenken**
ugs
das/den Besuch/etw. zu tun/...
kann/sollte sich j. **sparen** *ugs*

30 auch **das** noch!

31 möge dieser/der **Kelch** an mir
vorübergehen *path*

32 um **Gottes** willen (nicht) ...!
um **Himmels** willen (nicht)!

33 wenn du dich **unterstehst** ... *ugs*
untersteh' dich/untersteht
euch/... (nur/bloß) nicht, zu ...
ugs
untersteh' dich/untersteht
euch/... und ...! *ugs*
wenn du dich **unterfängst**, zu ...,
dann ...! *ugs*
unterfang' dich/unterfangt
euch/... (nur/bloß) nicht, zu ...!
ugs

34 etw. ist meine/deine/... **Sache**
etw. ist **Sache** des Ministers/...
wie/ob/..., das laß'/laßt/...
(mal/man/nur) meine/seine/ih-
re/... **Sorge** sein!
das/was. laß'/laßt/... (mal/
man/nur) meine/seine/ihre/...
Sorge sein!
wie/ob/..., das soll nicht js. **Sor-
ge** sein
das/etw. soll/(braucht) nicht js.
Sorge sein

35 etw. geht jn. einen feuchten
Kehrricht an *ugs*
etw. geht jn. einen feuchten
Lehm an *ugs*
etw. geht jn. einen **Quark** an *vulg*
etw. geht jn. einen **Dreck** an *vulg*
j. soll sich um seinen eigenen
Dreck kümmern *vulg*

36 **kümmer'** dich/kümmert
euch/... um deinen/um eu-
ren/... eigenen **Dreck**! *vulg*
kümmer' dich/kümmert
euch/... um deinen/euren/...
eigenen **Kram**! *ugs*

37 na, **und**?

38 keine **Sorge**! (das geht schon in Ordnung/das erledigt j. schon/. . .)

39 du/der Fritz/. . . hast/hat/. . . (hier/da/. . .) gar/überhaupt nichts/nicht das mindeste/. . . zu **wollen** *ugs*

40 **frag** mich/ihn/. . . (lieber) nicht! **fragen** Sie mich/ihn/. . . (lieber) nicht!

41 **nicht** doch! muß das **sein**?

42 ach, **gehen** Sie weg! *ugs*

43 ach, was! ach, wo! **I-wo**! *ugs* **i-bewahre**! *path ugs* ach, woher!

44 hast du/hat er/. . . den Film gesehen/den Text übersetzt/. . .? – nichts hab' ich!/hat er!/. . . *ugs*

45 von **wegen**! **Pustekuchen**! *ugs*

46 das/etw. kommt gar/überhaupt nicht in **Frage** das/etw. kommt gar/überhaupt nicht auf die **Platte** *ugs* das/etw. kommt gar/überhaupt nicht in die **Tüte** *ugs* sich von selbst **verbieten**

47 du kannst dich/er kann sich/. . . **einsalzen** lassen (mit etw.) *ugs* laß dich **einsalzen** (mit . . .)! *ugs* du kannst dir/er kann sich/. . . etw. an den **Hut** stecken! *ugs*

48 das ist aber **gut**! das ist ja **heiter**! *ugs*

49 das wäre ja noch **schöner**! das wäre ja noch **besser**!

50 das **fehlte** (jm.) (gerade) noch (daß . . .) das hat jm. (gerade) noch **gefehlt**!

51 (jetzt) **fehlt** nur noch, daß . . .

52 so weit/soweit **kommt** es (noch)!

53 **nichts** da!

54 das hast du dir/das habt ihr euch/. . . (so) **gedacht**!

55 das **hättest** du/das hätte er/. . . (wohl) gern(e) (was)? *ugs*

56 **denkste**! *ugs*

57 so haben wir nicht **gewettet**! *ugs*

58 das könnte dir/ihm/dem Peter/. . . so **passen**! *ugs* der/die/der Karl/. . . hat **Nerven**! *ugs* so **siehst** du/sieht er/(der Peter)/. . . aus! *ugs*

59 . . . das hab' ich/haben wir **gern**! *ugs* das hast du/habt ihr/. . . **gern**, was? *ugs*

60 jetzt/dann wird's (aber) **heiter**! *ugs*

61 das kann ja **nett** werden!

62 das/etw. sei **fern** von mir/uns/. . .! *path*

63 **durchaus** nicht **ganz** und gar nicht

64 **nein** und abermals/(nochmals) nein!

65 **nichts** mehr von . . ./davon! kein **Wort** mehr/weiter (von etw./davon)!

66 nur über meine/seine/. . . **Leiche**! *path*

67 nicht im **mindesten** nicht im **geringsten** nicht im **entferntesten**

68 keine **Spur** davon ist wahr/. . .!

69 nicht um alles in der **Welt** um/für nichts in der **Welt** nicht um die **Welt** *path*

70 etw. in alle **Ewigkeit** nicht tun *path*

71 nicht für einen **Wald** von/voll Affen *ugs*

72 auf keinen **Fall** in keinem **Fall**

73 nie im **Leben** **nie** und nimmer

74 um keinen **Preis**

75 unter (gar) keinen **Umständen**

76 (gar/überhaupt) kein **Gedanke** dran/daran! (gar/überhaupt) kein **Denken** dran/daran!

77 j. würde etw. nicht für alle **Schätze** der Welt hergeben *path*

78 etw. beim besten **Willen** nicht tun können/. . .

79 gerade/genau der **Rechte** sein, etw. zu tun/der etw. tun muß/dazu/dafür/für etw. *iron* gerade/genau der **Richtige** sein, etw. zu tun/der etw. tun muß/dazu/dafür/für etw. *iron* du bist/der ist/. . . mir der **Rechte**! *iron* du bist/der ist/. . . mir der **Richtige**! *iron*

80 du/er/die Margret/. . . **siehst**/ sieht/. . . mir gerade danach aus (daß . . .)! *iron*

81 **gerade** du/der/die Vera/. . . mußt/muß/. . . das sagen/tun! *ugs* das mußt du/muß der/die Vera/. . . gerade **sagen**! *ugs* **ausgerechnet** du/der/die Vera mußt/muß das sagen! *ugs*

82 ausgerechnet **Bananen**! *ugs*

83 etw. ist (aber/doch/wirklich/. . .) das **Letzte**! (wenn . . ./. . .) das wäre (noch) das Letzte!

84 erst gar **nicht** etw. tun

85 . . . (und) erst recht **nicht** . . . jetzt/nun/dann/. . . erst **recht** nicht (etw. tun) jetzt/nun/dann/. . . gerade nicht (etw. tun)

86 **geschweige** denn, . . . ganz zu **schweigen** von/davon, daß . . . . . . (und) schon gar **nicht** . . . nicht zu **reden** von/davon, daß . . .

87 . . . (und) noch **weniger**

88 j. soll sich an seine eigene **Nase** packen/fassen *(oft Imp.) ugs* schau' dich/schaut euch/. . . (selbst/selber) mal im **Spiegel** an! *ugs* guck'/guckt/sieh'/seht/. . . (selbst/selber) mal in den **Spiegel**! *ugs*

89 j. sollte/. . . vor seiner eigenen **Tür** kehren *ugs*

90 wer ohne **Schuld** ist, der werfe den ersten Stein *path*

91 dein/sein/. . . **Typ** wird hier nicht verlangt! *ugs*

92 bei . . ./da/. . . (gar/überhaupt) nicht **vermißt** werden *ugs*

93 bleib'/bleibt/. . . mir/ihm/. . .
(bloß) drei **Schritte** vom Leib(e)!
ugs

94 laß dich/laßt euch/. . . hier/. . .
(bloß/nur/. . .) nicht (mehr) **se-
hen**!

95 jn. **zufriedenlassen** *(oft Imp.)*
jn. in **Ruhe** lassen (mit jm./etw.)
(oft Imp.)
jn. in **Frieden** lassen (mit jm./
etw.) *(oft Imp.)*

96 **weg** mit . . .
fort mit . . .!

97 geh'/geht/. . . mir (nur/bloß) weg
mit jm./etw.! *ugs*

98 bleib'/bleibt/. . . mir/uns/
ihm/. . . (bloß) vom **Hals** mit
jm./etw.! *ugs*
bleib'/bleibt/. . . mir/uns/
ihm/. . . (bloß) vom **Leib** mit
jm./etw.! *ugs selten*

99 zum **Teufel** mit dem Herbert/der
Anna/. . .! *ugs*

100 geh' zum **Teufel** (mit jm./etw.)!
ugs
scher' dich/schert euch/. . . zum
Teufel (mit jm./etw.)! *ugs*
j. soll sich zum **Teufel** scheren
(mit jm./etw.) *ugs*

101 j. stiehlt mir/ihm/dem Peter/. . .
nur/auch noch/. . . den **Tag** *ugs*

102 du bist/der ist/der Schmidt
ist/. . . mir vielleicht **einer**! *ugs*

103 ich kann mir nicht **helfen**, aber/
doch/. . .
nichts für **ungut** (aber/doch/. . .)

104 was **willst** du/will er/. . .? (es ist
doch/. . .)

105 (das ist) ja alles **gut** und schön,
aber/doch/. . .
(das ist alles/na/. . .) **schön** und
gut, aber/doch/. . .

106 was **willst** du/will er/. . . denn
noch (mehr)? *ugs*

Db 16 Übereinstimmung: ei-
ner Meinung sein; sich einig
werden; einen gemeinsamen
Nenner finden; am gleichen
Strang ziehen; in dasselbe
Horn tuten; im gleichen Boot
sitzen

---

1 derselben/der gleichen **Meinung**
sein (wie j.)
einer **Meinung** sein (mit jm.)
derselben/der gleichen **Ansicht**
sein (wie j.)
derselben/der gleichen **Auffas-
sung** sein (wie j.)

2 gleichen **Sinnes** sein (wie j.) *geh*
eines **Sinnes** sein (mit jm.) (in e-r
S.) *geh*

3 **eins** sein mit jm. (über jn./in
etw.)

4 sich **eins** sein

5 (ganz) **einig** sein mit jm. (in/
über jn./etw.)

6 das sollte man **meinen**!

7 das will ich **meinen**!

8 ganz meiner **Meinung**!

9 das ist/war (doch) schon immer/
lange/. . . meine/seine/. . . **Rede**
ugs
das ist/war (doch) schon immer/
lange/. . . mein/sein/. . . **Reden**/
(meine/seine/. . . Rede) *ugs*
das ist mein/sein/. . . **Reden** seit
Dreiunddreißig/33 *ugs*

10 sich mit jm. ins **Einvernehmen**
setzen *form*
sich mit jm. ins **Benehmen** setzen
form

11 (sich) **einig** werden (mit jm.)

12 **eins** werden mit jm.

13 (wieder) ins reine **kommen** mit
jm. (über/mit etw.)

14 mit jm./etw. **klar** sein

15 sich **einig** sein

16 in den **Punkten**, die behandelt
wurden, einer Meinung sein/
Übereinkunft erzielen/. . .
in allen/vielen/manchen/. . .
Stücken übereinstimmen/. . .
(mit jm.)

17 in brüderlicher/schwesterlicher
Eintracht leben/handeln/etw.
tun *path*

18 die **Fronten** klären

19 eine **Kluft** zwischen Menschen/
Anschauungen/. . . überbrücken

20 einen gemeinsamen **Nenner** für
etw. finden
eine gemeinsame **Formel** für etw.
finden

eine gemeinsame **Plattform** für
etw. finden

21 etw. auf einen (gemeinsamen)
Nenner bringen

22 verschiedene Leute/verschiede-
ne Meinungen/alle/. . . unter ei-
nen (gemeinsamen) **Hut** bringen
ugs

23 etw. in ein **System** bringen

24 unter einen **Hut** kommen *ugs*

25 mit vereinten **Kräften** vorgehen/
etw. versuchen/. . .

26 im **Verein** mit jm. vorgehen/. . .

27 sich nicht **auseinanderdividieren**
lassen *ugs*

28 am gleichen/selben/an einem
Strang ziehen
am gleichen/selben/an einem
Strick ziehen

29 gemeinsame **Sache** machen (mit
jm.)

30 wie aus einem **Mund** antworten/
schreien/. . .

31 wie e i n **Mann** sich erheben/den
Saal verlassen/. . .

32 mit jm. (immer/. . .) in dasselbe/
ins gleiche **Horn** tuten/blasen/
stoßen *ugs*
(immer/. . .) in dasselbe/ins glei-
che **Horn** tuten/blasen/stoßen
wie j. *ugs*

33 in dieselbe/die gleiche **Kerbe**
hauen/(schlagen) wie j.

34 js. **Sprachrohr** sein

35 sich zu js. **Sprachrohr** machen

36 sich zum **Wortführer** einer Grup-
pe/e-r S. machen

37 was j. sagt/. . ., ist (noch) **Wasser**
auf meine/deine/. . . Mühle/
die Mühle dieser Leute/. . .

38 mit jm./ander(e)n/. . . im selben/
im gleichen/in einem **Boot** sitzen
alle/. . . sitzen in einem/im glei-
chen/im selben **Boot**

39 mit jm. im **Bunde** sein *path*

40 zur selben **Clique** gehören

41 unter einer **Decke** stecken (mit
jm.)

42 js. **Spiel** spielen

43 sich zu einem **Ring** zusam-
menschließen
einen **Bund** schließen *path*

44 da sind die beiden/drei/... **Rich-
tigen** zusammengekommen *iron*
da haben sich die beiden/
drei/... **Richtigen** (zusam-
men)gefunden *iron*

45 einer geschlossenen **Front** (von
...) gegenüberstehen
sich einer geschlossenen **Front**
(von ...) gegenübersehen

46 jn. bei der **Stange** halten

47 alle/mehrere/... vor denselben/
den gleichen **Karren** spannen *ugs*

48 eine **Abmachung** treffen (mit
jm.)
eine **Übereinkunft** treffen (mit
jm.)
eine **Vereinbarung** treffen (mit
jm.)

49 in stillschweigendem **Einver-
ständnis** etw. regeln/...

50 in beiderseitiger **Übereinstim-
mung** wurden einige Klauseln
geändert/... *form*

51 Sprechstunde/... nach (vorheri-
ger) **Vereinbarung**

52 ein fauler **Kompromiß**

53 na, **also**!

54 **dacht'** ich mir's doch! *ugs*

55 das rechte **Wort** zur rechten Zeit

Db 17 Uneinigkeit: unter-
schiedliche Meinungen ver-
treten; in verschiedene Lager
gespalten sein

1 anderer **Meinung** sein (als j.)
anderer **Ansicht** sein (als j.)
anderer **Auffassung** sein (als j.)
auf einem anderen **Standpunkt**
stehen (als j.)
einen anderen/seltsamen/...
Standpunkt vertreten/einneh-
men

2 unterschiedlicher/verschiedener
Meinung sein

3 **uneins** sein

4 die Ansichten/Meinungen/...
(über etw./in e-r S.) sind **geteilt**
auseinandergehen *(Meinungen)*

---

nicht in/im **Einklang** miteinan-
der stehen *(Auffassungen)* *form*

5 sich in einem **Punkt** noch nicht
einig sein/...

6 ein tiefer **Riß** klafft zwischen
Menschen/Anschauungen/...
path

7 einen **Riß** bekommen

8 sich in zwei/mehrere/verschie-
dene/... **Lager** spalten
eine Gruppe/eine Partei/... ist
in zwei/mehrere/verschiede-
ne/... **Lager** gespalten

9 einen **Keil** zwischen zwei/meh-
rere Menschen treiben

10 im **Gegensatz** stehen/sich befin-
den zu jm.

11 sich in **Gegensatz** setzen zu jm.

12 es jm. nicht/nie recht **machen**
(können)

13 darüber/über etw. sind sich die
Gelehrten nicht einig/(uneins)
die **Gelehrten** sind sich nicht ei-
nig/(uneins), ob ...
die **Geister** scheiden sich in die-
ser Frage/... *ugs*
darüber/über etw. streiten sich
die **Götter** *ugs*

14 tausend **Köpfe**, tausend Meinun-
gen

15 etw. mit etw. nicht in **Einklang**
bringen

16 gegen den **Strom** schwimmen

17 ganz im **Gegenteil**

18 jn./etw. in **Ehren**, aber/doch/...

Db 18 Wertschätzung: Aner-
kennung, Achtung; Ausdrük-
ke des Anerkennens; eine
hohe Meinung von jm. ha-
ben; jm. Respekt zollen; jm.
etw. hoch anrechnen; das
will schon was heißen! alle
Achtung!

1 viel/... **halten** von jm./etw.
nicht gering/... **denken** von jm./
js. Arbeit/...
eine gute **Meinung** von jm./etw.
haben
eine hohe **Meinung** von jm./etw.
haben

---

2 große **Stücke** auf jn. halten

3 j./etw. kann jm. nur das beste
Zeugnis ausstellen
von jm. nur das **Beste** sagen kön-
nen

4 auf jn./etw. **schwören**

5 jm. ein **Denkmal** setzen

6 jn. für voll **nehmen**

7 jm. **Achtung** erweisen *form*
jm. **Respekt** zollen *form*
jm./e-r S. den schuldigen **Tribut**
zollen
jm. seine **Reverenz** erweisen *(oft
iron.)*

8 jn. besser **machen**, als er ist (bei
jm.)

9 in js. **Meinung** steigen

10 bei/von **Freund** und Feind geach-
tet sein/...
(allgemeine) **Anerkennung** genie-
ßen

11 es zu **schätzen** wissen, daß .../
wenn ...

12 jm. etw. hoch **anrechnen**
jm. etw. als **Verdienst** anrechnen
sich etw. zum **Verdienst** anrech-
nen

13 einen **Preis** für die beste Arbeit/
das beste Stück/... aussetzen

14 das will schon was/etwas **heißen**!
das will schon was/etwas **sagen**!
das **heißt** schon was/etwas!
das ist doch wenigstens/schon
was! *ugs*
das ist doch wenigstens/schon **et-
was**! *ugs*

15 ist das **vielleicht** nichts? *ugs*

16 besser als in die hohle **Hand** ge-
schissen *vulg*

17 ..., das muß ihm/ihr/... der
Neid lassen *ugs*

18 ich muß (schon) **sagen**: ...
..., das muß man (schon) **sagen**
was man auch dagegen/gegen
jn./etw. **sagen** mag, ...
..., da kann einer **sagen**, was er
will *ugs*
mir/dem Paul/... soll noch/
nochmal einer **kommen** und sa-
gen, ...

19 da/jetzt/. . . soll noch einer **kommen** und sagen, . . .

20 jetzt/nun **sagen** Sie/sag'/sagt bloß/nur/nur noch, daß . . .

21 da/nun/. . . **sage** noch einer, . . .

22 alle **Achtung** (vor jm./etw.)!
Hut ab (vor jm./etw.)! *ugs*
vor dem Mann/der Frau/dieser Leistung/. . . muß man/kann man/. . . nur den **Hut** abnehmen/ziehen *ugs*

23 **Donnerwetter** (nochmal)!

24 alle **Wetter**!

25 so etwas/das/. . . **bringst**/bringt/. . . nur/bloß/. . . du/er/. . . fertig! *ugs*

Db 19 Kritik, Mißachtung, Schmähung: Haare in der Suppe finden, suchen; in den Dreck ziehen; sich die Mäuler zerreißen; lächerlich machen; sich zum Richter aufwerfen; wie den letzten Dreck behandeln; nichts als Spott und Hohn ernten

1 in js. **Meinung** sinken

2 keine hohe **Meinung** von jm./etw. haben
eine schlechte **Meinung** von jm./etw. haben

3 wenig/etwas/allerhand/. . . **auszusetzen** sein an jm./etw.
wenig/etwas/allerhand/. . . **auszusetzen** haben an jm./etw.

4 ein **Haar** in der Suppe finden *ugs*
ein **Haar** in der Sache finden *ugs*
Haare in der Suppe finden *ugs*
Haare in der Sache finden *ugs*

5 da ist/es gibt ein **Haar** in der Suppe *ugs*
die Sache/(etw.) hat einen **Haken** *ugs*

6 ein (das) **Haar** in der Suppe suchen *ugs*
Haare in der Suppe suchen *ugs*

7 in allem etwas **suchen**

8 von jm. nichts **gelten** lassen

9 über jn./etw. **herziehen**
jn./etw. **schlechtmachen**
jn. verächtlich **machen**

jn./etw. **miesmachen** *ugs*
(jm.) jn./etw. **madig machen** *ugs*

10 jn./etw. in den **Staub** ziehen/(zerren) *selten*
jn. in/durch den **Schmutz** ziehen/(zerren)
jn. mit **Schmutz** bewerfen/(besudeln) *selten*
jn./etw. in/durch den **Dreck** ziehen/(zerren) *vulg*
jn. mit **Dreck** bewerfen *ugs selten*

11 jn. durch die **Gosse** ziehen *ugs selten*

12 jn./etw. durch die **Scheiße** ziehen *vulg*

13 **Kübel** voll Schmutz über jn. ausgießen *path*

14 jn. schlechter **machen**, als er ist (bei jm.)

15 jm. etwas am **Zeug** flicken
jm. allerhand/einiges/. . . **anhängen**/jm. (immer/. . .) etwas anhängen wollen *ugs*

16 kein gutes **Haar** lassen an jm./etw.
keinen guten **Faden** lassen an jm./etw. *selten*

17 jn./etw. in **Grund** und Boden kritisieren/verdammen/. . .
jn./etw. in **Grund** und Boden kritisieren/verdammen/. . .

18 jn. durch den **Fleischwolf** drehen *ugs*

19 den **Schnabel** wetzen
seinen **Schnabel** (gern/. . .) an ander(e)n Leuten/. . . wetzen

20 mal wieder/. . . das **Maul** über jn. aufreißen *vulg*
sich das **Maul** über jn. zerreißen *vulg*

21 sich die **Mäuler** über jn. zerreißen *vulg*

22 vergiftete **Pfeile** gegen jn. schießen/abschießen *path*

23 **Schmähreden** führen/halten
jn. mit **Schmähreden** überhäufen

24 (seine) schmutzige **Wäsche** waschen *ugs*

25 im **Schmutz** wühlen
in der **Scheiße** wühlen *vulg*

26 eine giftige **Zunge** haben

27 böse **Zungen** behaupten. . .
die bösen **Mäuler** (der Leute) *ugs*

28 seine **Glossen** machen (über jn./etw.)

29 jn./etw. lächerlich **machen**
etw. ins **Lächerliche** ziehen

30 jn./etw. der **Lächerlichkeit** preisgeben

31 seinen **Spott** über jn./etw. ausgießen *path*
seinen **Hohn** über jn./etw. ausgießen *path selten*

32 jn./etw. dem **Spott** der Leute/. . . preisgeben
jn./etw. zum **Gespött** der Leute/der Öffentlichkeit machen

33 über jn./etw. **Witze** machen
j. muß über jn./etw. (mal wieder/. . .) seine **Witze** machen

34 eine Bemerkung/. . . ist eine **Spitze** gegen jn./etw.

35 seinen **Spott** mit jm. treiben

36 **Schindluder** treiben mit jm./etw.

37 über jn. **Gericht** halten *path*
über jn./etw. zu **Gericht** sitzen

38 ein **Strafgericht** über jn. abhalten *path*
ein **Scherbengericht** über jn. abhalten *geh path*

39 jn. an den **Pranger** stellen

40 den **Stab** über jn. brechen

41 sich zum **Richter** aufwerfen über jn./etw.
sich über jn. zum **Sittenrichter** aufwerfen/machen

42 mit den **Fingern** auf jn. zeigen/(weisen)

43 js. **Ehre**/. . . mit **Füßen** treten *path*

44 jn. wie den letzten **Dreck** behandeln *vulg*
jn. wie ein **Stück** Dreck behandeln *vulg selten*
jn. wie **Dreck** am Schuh behandeln *vulg*
jn. wie **Dreck** am Stiefel behandeln *vulg*

45 jn. wie einen (räudigen) **Hund** behandeln *vulg*
jn. wie **Rotz** am Ärmel behandeln *vulg*

46 jn. wie einen dummen **Jungen** behandeln *ugs*
jn. wie einen (dummen) **Schuljungen** behandeln *ugs*

47 (allerhand/viel/...) **Anlaß** zu re-
   den geben
   allerhand/viel/noch/... zu **reden**
   geben

48 **Zielscheibe** der Kritik/des
   Spotts/... sein

49 sich lächerlich **machen**

50 nur/bloß/nichts als **Spott** ernten
   nur/bloß/nichts als **Spott** und
   Hohn ernten
   nur/bloß/nichts als **Hohn** und
   Spott ernten

51 bei jm./in js. Augen keine **Gnade**
   finden (mit etw.)
   keine **Gnade** vor js. Augen fin-
   den (mit etw.)

52 **Federn** lassen müssen
   Haare lassen müssen

53 jm. zum **Spott** dienen

54 auf der **Anklagebank** sitzen *ugs*

55 auf jn. **gemünzt** sein

56 so etwas/das/... **bringst**/
   bringt/... nur/bloß/... du/
   er/... fertig! *ugs*

57 meckere/meckert/... nicht, **Zie-
   genfutter** ist knapp *ugs*

58 das **ist** nichts

Db 20 im Recht sein; be-
rechtigt: (mehr als) Recht ha-
ben; es ist nichts dabei, wenn
...

1 **Ansprüche** stellen (an jn.)
  den **Anspruch** erheben auf etw./
  etw. zu dürfen/...

2 für sich in **Anspruch** nehmen,
  richtig gehandelt zu haben/...

3 sich das **Recht** nehmen, etw. zu
  tun

4 (völlig/vollkommen/mehr als)
  Recht haben (etw. zu tun)

5 (da/mit etw./...) nicht (so) ganz
  Unrecht haben

6 im **Recht** sein

7 auf der richtigen **Spur** sein

8 mit einer Meinung/einer Annah-
  me/... (völlig/...) richtig **liegen**
  ugs

9 mit **Recht** etw. tun

10 mit (vollem) **Recht** etw. tun
   mit **Fug** und Recht etw. tun

11 das einzig **Richtige** tun und ...
   das einzig **Senkrechte** sein/tun
   ugs

12 gut daran **tun**, zu .../wenn ...
   j. ist gut/schlecht/... **beraten**
   bei/wenn/...

13 **Recht** behalten

14 jm. **Recht** geben

15 jm. das **Recht** geben, etw. zu tun

16 seine **Berechtigung** haben

17 etw. ist nicht mehr als/nur **recht**
   und billig

18 etw. zu tun ist js. gutes **Recht**

19 es **ist** nichts dabei/(daran), wenn
   .../daß ...
   was **ist** denn (schon) dabei/(dar-
   an), wenn .../daß ... ?
   nichts **Schlimmes** dabei/daran
   finden, wenn .../daß ...
   was ist (denn) schon **Schlimmes**
   dabei/daran, wenn .../daß ...?
   es ist nichts **Schlimmes** dabei/
   daran, wenn .../daß ...
   nichts/etwas dabei/daran **finden**,
   etw. zu tun/wenn ...

20 sich gar/überhaupt/absolut
   nichts **denken** bei etw./dabei daß
   .../wenn ...

21 halb so **schlimm** sein *ugs*
   halb so **wild** sein *ugs*
   (schon) nicht so **wild** sein *ugs*

22 jm./e-r S. **Gerechtigkeit** wider-
   fahren lassen

23 jm./e-r S. **gerecht** werden

24 da muß man/... beide **Teile** hö-
   ren

25 jm. **unrecht** tun
   es geschieht jm. **Unrecht**

26 es nicht um jn. **verdient** haben,
   daß er einen so hart behan-
   delt/... *form*

27 dem **ist** so *ugs*

28 **genau!**
   ganz **genau** (das ist es)!
   (genau) so/das **ist's**/ist es!
   genau das!

29 es hat (alles) seine **Richtigkeit**
   (mit etw.)
   es ist alles beim **Rechten** *selten*

30 **eins** muß man/müssen wir/...
   ihm/ihnen/... zugutehalten/
   einräumen/...
   eins muß man/müssen wir/...
   bei ihm/ihnen/... verstehen/
   einsehen/...

31 soviel ist **richtig**, daß ...

32 was dem einen **recht** ist, ist dem
   andern billig

33 gleiche **Rechte**, gleiche Pflichten

34 über die **Rechte** die Pflichten
   nicht vergessen

35 jedem das **Seine**
   suum cuique *geh*

36 von **Rechts** wegen
   de **jure** *geh*
   ipso **jure** *geh*

37 das **Recht** des Stärkeren (sein)

38 **Recht** haben und Recht bekom-
   men sind zweierlei

39 die **Zukunft** wird es lehren/zei-
   gen, wer Recht hat/ob/...

Db 21 Selbsttäuschung, Irr-
tum: sich was vormachen;
mit etw. schiefliegen; das
sagst du so!, sich einer Täu-
schung hingeben; einen
Schleier vor den Augen ha-
ben

1 jm. **unrecht** geben

2 jn. ins **Unrecht** setzen
  im **Unrecht** sein
  sich im **Unrecht** befinden

3 (sehr/schwer) im **Irrtum** sein
  mit etw. **schiefliegen** (bei jm.) *ugs*
  mit einer Meinung/einer Annah-
  me/... völlig/... falsch **liegen**
  ugs
  (weit/...) daneben **greifen** (mit
  einer Annahme/...) *ugs selten*
  (weit/...) daneben **hauen** (mit ei-
  ner Annahme/...) *ugs selten*
  (weit/...) daneben **schießen** mit
  einer Annahme/... *ugs selten*

4 der **gute** Mann/die gute Frau/...
  irrt sich/ist auf dem Holzweg/...
  ugs

5 nicht an dem **sein**, was j. sagt/
  was j. behauptet/

6   auf einem **Trugschluß** beruhen

7   auf dem falschen **Dampfer** sitzen/sein *ugs*

8   du hast/der hat/... vielleicht **Ideen!**
    hast du/hat der/... eine/'ne **Ahnung!**

9   das **sagen** Sie/sagst du/... so!
    das **sagen** Sie/sagst du/sagt ihr!

10 von etw./davon, daß ... kann (gar/überhaupt) nicht die/keine **Rede** sein

11 umgekehrt wird ein **Schuh** draus!

12 weit **gefehlt!**

13 (ein) typischer **Fall** von denkste! *ugs*

14 du/er/mein Onkel/... sollst/soll/... nicht so viel **denken!** *ugs*
    das **Denken** mußt du/muß er/... den Pferden überlassen, die haben dickere/größere Köpfe! *ugs*

15 fehl am **Platz** sein *(Ton, Bemerkungen)*
    hier/da/... am falschen **Platz** sein *(Person, Bemerkungen)*
    hier/da/... am falschen/(unrechten) **Ort** sein *(Person)* *selten*

16 es ist hier nicht am **Platz**, zu ...

17 ein schiefes **Bild** von jm./etw. haben
    sich ein schiefes **Bild** von jm./etw. machen

18 etw. nicht **wahrhaben** wollen
    etw. nicht **Wort** haben wollen *form*

19 die/seine **Augen** vor etw. verschließen

20 eine **Binde** vor/(über) den Augen haben
    einen **Schleier** vor den Augen haben

21 den **Kopf** in den Sand stecken *ugs*
    eine **Vogelstraußpolitik** machen/betreiben/... *ugs*

22 sich etwas/allerhand/... in die **Tasche** lügen *ugs*

23 sich mit einer **Mauer** von Vorurteilen/Ablehnung/... umgeben *path*

24 sich einer **Selbsttäuschung** hingeben

    sich (da) allerhand/... **Täuschungen** hingeben

25 das brauchst du dir/brauchen Sie sich/... (gar/überhaupt) nicht **einzubilden!** *ugs*

26 bilde dir/bildet euch/... (ja/bloß/nur) keine **Schwachheiten** ein! *ugs*
    er/die Ursel/... soll sich ja/bloß/nur keine **Schwachheiten** einbilden! *ugs*

27 auf dem **Holzweg** sein (wenn man glaubt/...) *ugs*
    wenn du glaubst/....., (dann) **täuschst** du dich/... (gewaltig)
    wenn du glaubst/....., (dann) hast du dich/... **verrechnet** *ugs*
    wenn du glaubst ...../er meint ..../..., (dann) bist du/ist er/... schief **gewickelt!** *ugs*
    wenn/..., dann hast du dich/dir/habt ihr euch/... aber (gewaltig) in den **Finger** geschnitten *ugs*

28 (aber) da **kennst** du/kennt er/... mich/ihn/den Kroll/... schlecht!

29 eine/js. **Gleichung** geht nicht auf
    eine/js. **Rechnung** geht nicht auf

30 die **Rechnung** ohne den Wirt machen *ugs*

31 wenn der **Hund** nicht geschissen hätte (hätte er einen Hasen gefangen) *vulg*

32 ..., oder was **glaubst** du?/glaubt ihr?/...

Dc 1 reden: das Schweigen brechen; sich nicht lange bei der Vorrede aufhalten; kurz und bündig erklären; mach's kurz!; jn. mit nichtssagenden Sprüchen abfertigen; lang und breit darlegen; in einer Tour reden; telefonieren; leeres Stroh dreschen; große Worte machen; dummes Zeug reden; mit Händen und Füßen auf jn. einreden; in den Wind reden; freche, lose, scharfe ... Reden führen; eine spitze, scharfe Zunge haben; eine Lästerzunge sein; sich das Maul verbrennen; in sich hineinbrummen; keine

Worte finden; in wohlgesetzten Worten darlegen; den Mund am richtigen Fleck haben; eine Rede halten; Witze (zum besten geben); Konversation (machen)

1   plötzlich/... **bricht**/brach es aus jm. heraus

2   mit lauter/leiser/gepreßter/... **Stimme** etw. sagen

3   das **Schweigen** (endlich/...) brechen

4   den/seinen **Mund** aufmachen/(auftun)
    den/seinen **Schnabel** aufmachen *ugs*
    die/seine **Klappe** aufmachen *ugs*
    das/sein **Maul** aufmachen *vulg*

5   **loslegen**

6   sein **Sprüchlein** hersagen/herunterleiern/... *iron*

7   mit der selbstverständlichsten **Miene** der Welt erklären/...
    (so) als wenn nichts **wäre**, erklären/...

8   sich nicht/nicht lange/lange/... bei der **Vorrede** aufhalten *ugs*
    sich nicht/nicht lange/lange/... bei den **Präliminarien** aufhalten *iron*
    keine große **Einleitung** machen *ugs*

9   (immer gleich/...) mit der **Tür** ins Haus fallen
    sofort/... medias in **res**/(in medias res) gehen *geh*

10 zur **Sache** reden

11 nicht viel **Floskeln** machen
    kurz **angebunden** sein

12 **kurz** und bündig erklären/...

13 **kurz** und knapp formulieren/...
    kurz und klar zusammenfassen/...
    kurz und treffend kennzeichnen/...

14 sich kurz **fassen**
    etw. mit wenigen **Worten** schildern/erklären/...
    etw. in kurzen/knappen **Zügen** schildern/...
    (jm.) etw. in drei **Worten** erklären (können/...)
    (jm.) in (ein paar/...) kurzen **Worten** mitteilen/...

15 j. will/. . . nicht viele **Worte** machen

16 ein Mann/Mensch/. . . von wenig **Worten** sein
kein **Mann** von großen Worten sein

17 keine drei **Sätze** zusammenbringen/zusammenkriegen *ugs*

18 etw. in großen/groben **Zügen** schildern/. . .
etw. (nur) in groben **Umrissen** andeuten/schildern/. . .
mit wenigen/knappen/. . . **Strichen** andeuten/skizzieren

19 etw. mit (ein paar/. . .) dürren **Worten** erklären/skizzieren/. . .

20 um es kurz zu **machen**:
kurz **gesagt**:
kurz:
kurz und gut:
mit einem **Wort**:
der langen **Rede** kurzer Sinn: *ugs*

21 in **summa**: *geh selten*
summa summarum: *geh*

22 mit anderen **Worten**

23 **mach's**/macht's/. . . kurz!

24 erzähl/erzählt/. . . (jm.) keine langen **Geschichten**! *ugs*
keine langen **Geschichten** hören wollen
erzähl'/. . . (jm.) keinen langen **Roman** *ugs*
keinen langen **Roman** hören wollen *ugs*
mach/macht/. . . keinen langen **Senf**! *vulg selten*

25 halt'/haltet/. . . keine (langen/großen) **Volksreden**! *ugs*

26 mach'/macht/. . . keine **Späne**! *ugs selten*
mach'/macht/. . . keinen **Spuk**! *ugs selten*
mach'/macht/. . . nicht soviel **Spuk** (darum)! *ugs selten*

27 in der **Kürze** liegt die Würze

28 jn. kurz **abfertigen**
jn. mit (ein paar) leeren/nichtssagenden/. . . **Worten** abspeisen *ugs*
jn. mit leeren/nichtssagenden/. . . **Redensarten** abspeisen *ugs*
jn. mit leeren/nichtssagenden/. . . **Sprüchen** abspeisen *ugs*
jn. mit ein paar/einigen **Brocken** abspeisen *ugs*
jm. ein paar **Brocken** hinwerfen

jn. mit leeren/nichtssagenden/. . . **Worten** hinhalten
jn. mit leeren/nichtssagenden/. . . **Versprechen** abspeisen *ugs*

29 in aller **Ausführlichkeit** (berichten/. . .)
(jm.) **lang** und breit (etw.) erzählen/auseinandersetzen/darlegen/. . .
(jm.) (etw.) des **langen** und breiten/längeren und breiteren erzählen/auseinandersetzen/darlegen/. . . *form*
jm. (etw.) des **näheren** auseinanderlegen/erklären/. . . *form*

30 bei **Adam** und Eva anfangen *ugs*
in epischer/behaglicher/großer/. . . **Breite** erzählen/. . .

31 einen langen **Sermon** machen *ugs*
einen langen **Salm** machen *ugs selten*

32 das/etw. ist (ja) ein ganzer/der reinste/. . . **Roman** *ugs*

33 (mal wieder/. . .) lange/große **Volksreden** halten/schwingen *ugs*

34 über etw. könnte j. (jm.) **Bände** erzählen

35 ein **Strom** von Worten

36 j. wird (doch/schon/. . .) nicht an **Herzdrücken** sterben *iron*

37 den/seinen **Mund** nicht halten können
js. **Mund** steht nicht still
bei jm. steht der **Mund** nicht still
js. **Mühle** steht nicht still *ugs*
bei jm. steht der **Schnabel** nicht/keine Minute/keinen Augenblick/. . . still *ugs*

38 in einer **Tour** reden

39 reden/schwatzen/plappern/. . . wie ein **Papagei** *ugs*
reden/. . . wie eine **Schallplatte** *ugs*
reden wie ein **Wasserfall**

40 j. redet wie am **Schnürchen**
ohne **Punkt** und Komma reden

41 reden wie ein **Buch**

42 das **Blaue** vom Himmel herunterreden/herunterschwätzen *ugs*

43 schnattern wie eine **Ente** *ugs*
schnattern wie eine **Gans** *ugs*

44 ein (altes/richtiges/. . .) **Waschweib** sein *ugs*

45 j. redet/erzählt/. . . viel, wenn der **Tag** lang ist *ugs*

einen tüchtigen **Stiefel** zusammenreden/(. . .)

46 (jm.) etw./alles nachplappern/nachschwätzen/. . . wie ein **Papagei** *ugs*

47 js. **Echo** sein

48 jedes dritte **Wort** von jm. ist »Emanzipation«/»Manipulation«/. . .

49 sich ins **Uferlose** verlieren

50 vom **Hundertsten** ins Tausendste kommen
von/(vom) **Hölzchen** auf/(aufs) Stöckchen kommen *ugs*

51 sich selbst gern **reden** hören

52 mehr reden/schwätzen/versprechen/. . ., als man **verantworten** kann *ugs*

53 dauernd/schon wieder/. . . am **Telefon** hängen *ugs*
sich (sofort/. . .) ans **Telefon** hängen (und . . .) *ugs*
dauernd/schon wieder/. . . an der **Strippe** hängen *ugs*
sich (gleich/. . .) an die **Strippe** hängen (und . . .) *ugs*
dauernd/schon wieder/. . . an der **Quasselstrippe** hängen *ugs*

54 keine **Verbindung** bekommen
es ist j. in der **Leitung**

55 falsch **verbunden** sein *(Telefon)*

56 sich **verleugnen** lassen

57 das/etw. sind (nur/bloß/. . .) hohle/leere/schöne **Worte**
(nichts als/. . .) **Schall** und Rauch sein *geh*
leerer **Schall** sein *selten*

58 ins **unreine** reden

59 nicht zur **Sache** reden

60 j. **redet**, wie er's/er es versteht
(nur/bloß) so daher **reden**
(mal wieder/. . .) nur so/. . . in die **Gegend** reden *ugs*
dummes **Zeug**/Unsinn/. . . in die **Gegend** reden *ugs*

61 (so/. . .) in den **Tag** hineinreden/hineinschwätzen/. . . *ugs*

62 (nur/bloß/. . .) dumme/leere/nichtssagende/. . . **Sprüche** sein
(nichts als/nur/bloß) dumme/nichtssagende/leere/. . . **Redensarten** sein
jm. mit dummen/nichtssagenden/. . . **Sprüchen** kommen/(. . .)

jm. mit dummen/nichtssagen-
den/... **Redensarten** kom-
men/...

63 leeres **Stroh** dreschen
Phrasen dreschen
(mal wieder/...) **Sprüche** klop-
fen
abgedroschenes **Zeug** reden/...
ugs

64 (lauter/...) unverdautes **Zeug**
von sich geben *ugs*

65 dem **Gehege** der Zähne entfleu-
chen/entfliehen *ugs selten*

66 **reden** kostet nichts/kann jeder
ugs

67 große **Worte** machen
schöne **Worte** machen

68 etw. in schöne/wohlklingen-
de/... **Worte** kleiden

69 weise **daherreden**
klugreden

70 ein **Klugscheißer** sein *vulg*

71 hochtrabend/hochgestochen **da-
herreden** *ugs*
mit gelehrten **Brocken** um sich
werfen

72 **Tiefsinn** stapeln *ugs*

73 **Unsinn** verzapfen *ugs*
dummes **Zeug** reden/... *ugs*
Stuß reden/... *ugs*
Blech reden/verzapfen/... *ugs*
Kohl verzapfen/erzählen *ugs*
(mal wieder/vielleicht einen/...)
Käse reden/erzählen/(...) *ugs*

74 das/was j. sagt ist (doch) (alles)
Quark *vulg*
das/was j. sagt ist (doch) (alles)
kalter **Kaffee** *ugs*

75 kein (einziges) vernünftiges **Wort**
reden
so einen/allerhand/viel/... **Mist**
reden *ugs*

76 **Makulatur** reden *ugs selten*
(vielleicht) ein **Kauderwelsch** re-
den *ugs*
zusammenhangloses/wirres **Zeug**
reden/...

77 jm. gut **zureden**
jm. gute **Worte** geben (damit er
etw. tut/...)

78 jm. goldene **Worte** mit auf den
Weg geben

79 mit tausend **Zungen** reden *selten*
mit **Engelszungen** reden/auf jn.
einreden

80 mit **Händen** und Füßen auf jn.
einreden
sich die **Seele** aus dem Leib reden
ugs

81 jm. ein **Loch** in den Bauch reden
ugs
jm. **Löcher** in den Bauch reden
ugs

82 red/... mir doch kein **Kind** in
den Bauch *ugs selten*

83 Bemerkungen/... **loslassen** *ugs*

84 jn. in **Grund** und Boden reden/
diskutieren/...
jn. dumm und dämlich **reden** *ugs*
jn. **totreden**
jn. **totquatschen** *ugs*

85 ein **Trommelfeuer** auf jn. loslas-
sen *ugs*

86 jm. die **Ohren** vollschreien

87 sich heiser **reden**

88 sich die **Köpfe** heiß reden

89 da kannst du/da kann er/... mit
Engelszungen reden – ich werde/
er wird/... (doch) ...
sich den **Mund** fusselig reden
(können) (bei jm.) *ugs*
sich den **Mund** fransig reden
(können) (bei jm.) *ugs selten*

90 für die **Katz'** reden
in den **Wind** reden
bei jm. ist jedes Wort/jede Er-
mahnung/alles/... in den **Wind**
geredet
in die **Luft** reden *selten*
sich vorkommen/..., als redete/
(spräche) man zum **Fenster** hin-
aus/(aus dem Fenster)
sich vorkommen/..., als hielte
man **Reden** zum Fenster hinaus
ein Politiker/... hält eine **Rede**
zum Fenster hinaus

91 in der **Wüste** predigen
ein **Rufer** in der Wüste sein
den **Steinen** predigen *selten*
(vor) tauben **Ohren** predigen
vor leeren **Bänken** predigen
zu den **Wänden** reden

92 bei jm. (wie) gegen eine **Wand** re-
den

93 solche Worte/Ausdrücke/...
nicht in den **Mund** nehmen
etw. nicht über die **Lippen** brin-
gen

94 freche/unverschämte/... **Reden**
führen
lose **Reden** führen *ugs*

95 grobe **Reden** führen

96 ein grobes/ungewaschenes/
schandbares/gottloses **Mundwerk**
haben *ugs*
ein grobes/ungewaschenes/
schandbares/gottloses **Maul** ha-
ben *vulg*
eine **Schandmaul** haben *vulg*
eine freche **Zunge** haben
eine böse/boshafte **Zunge** haben

97 mit frecher **Stirn** behaupten/er-
klären/lügen/...

98 jm. etw. (frech/...) ins **Gesicht**
sagen

99 eine kühne **Sprache** führen

100 scharf **schießen** *ugs*

101 eine scharfe **Zunge** haben

102 eine spitze **Zunge** haben

103 eine lose **Zunge** haben *ugs*
einen losen/lockeren **Mund** ha-
ben *selten*
ein loses/lockeres **Mundwerk** ha-
ben *ugs*
ein loses/lockeres **Maul** haben
vulg

104 einen großen **Hals** haben *ugs*
eine große **Klappe** haben *ugs*
eine große **Schnauze** haben *vulg*
eine **Großschnauze** sein *vulg*
ein **Großmaul** sein *vulg*
eine große **Fresse** haben *vulg*

105 **Haare** auf den Zähnen haben *ugs*
Haare auf der Zunge haben *sel-
ten*

106 eine **Lästerzunge** sein
ein **Lästermaul** sein *ugs*

107 eine **Dreckschleuder** sein *vulg*

108 (wieder einmal/...) sein **Gift** ver-
spritzen
seine **Giftpfeile** abschießen gegen
jn.
seine **Pfeile** abschießen gegen jn.

109 das/etw. ist jm. (nur) so **heraus-
gerutscht**
das/etw. ist jm. (nur) so **heraus-
gefallen**
das/etw. ist jm. (nur) so **heraus-
gefahren**

110 j. hätte sich auf die **Zunge** beißen
mögen (sobald er etw. gesagt hat-
te/...)

111 sich das **Maul** verbrennen *vulg*
sich den **Mund** verbrennen
sich die **Zunge** verbrennen
sich den **Schnabel** verbrennen
ugs

sich die **Schnauze** verbrennen
vulg

112 jm. immer/dauernd/. . . dazwi-
schen **reden** (müssen)
die anderen nicht/nieman-
den/. . . zu **Wort** kommen lassen

113 jn. zum **Schweigen** bringen

114 vor sich hin **sprechen**
vor sich hin **reden**
etw. vor **sich** hin reden/sagen/
sprechen/. . .

115 (so) halb für **sich** (etw.) sagen/
murmeln/. . .
zu sich selbst **sagen**

116 sich selbst **sagen**, daß/: . . .

117 etw. zwischen den **Zähnen** knur-
ren
etw. zwischen den **Zähnen** sagen
selten

118 etw. in sich **hineinbrummen**
(sich) etw. in den/seinen **Bart**
knurren/brummen/murmeln *ugs*

119 mit gedämpfter/halber **Stimme**
sprechen/etw. sagen

120 zwischen den **Zähnen** sprechen

121 reden/. . ., als ob man einen **Kloß**
im Mund hätte *ugs*

122 durch die **Nase** reden

123 jm. fehlen die **Worte**, um jm. zu
schildern/. . .
(gar) keine **Worte** haben/finden
für . . ./um zu . . .

124 nach **Worten** ringen

125 j. kann seine Eindrücke/. . .
kaum in **Worte** fassen

126 vor Verlegenheit/Erregung/. . .
kaum ein **Wort** herausbringen/
hervorbringen (können)

127 einen **Kloß** im Hals/in der Keh-
le/im Mund (stecken) haben *ugs*
jm. ist zumute/. . ., als ob er ei-
nen **Kloß** im Hals/in der Kehle/
im Mund (stecken) hätte *ugs*

128 jm. die **Zunge** lösen

129 die **Sprache** wiederfinden

130 jm. mit warmen **Worten** dan-
ken/. . .
(zu jm.) (einige) zu **Herzen** ge-
hende Worte sprechen *path*

131 in wohlgesetzten **Worten** etw.
darlegen/jm. danken/. . . *(oft

iron.)
seine **Worte** geschickt wählen/zu
wählen verstehen/. . .

132 nur/bloß den **Mund** aufzuma-
chen brauchen, um etw. zu errei-
chen/um etw. zu bekommen/. . .
ugs

133 die **Gabe** der Rede besitzen

134 nicht auf den **Mund** gefallen sein
ugs
nicht aufs **Maul** gefallen sein *vulg*

135 die **Worte** fließen jm. leicht von
den Lippen
mit beredter/feuriger **Zunge** ver-
teidigen/. . .

136 eine feurige **Zunge** haben

137 den **Mund** am richtigen Fleck ha-
ben
das **Maul** am richtigen Fleck ha-
ben *vulg*

138 ein flinkes/(gut geschmiertes)
Mundwerk haben *ugs*

139 ein großer **Redner** vor dem Herrn
sein *ugs*

140 immer/. . . mit dem **Mund** vor-
neweg sein *ugs*

141 (sehr/ungemein/. . .) **schlagfertig**
sein

142 eine glatte **Zunge** haben

143 ein **Feuerwerk** geistreicher Ein-
fälle/blendender Bemerkun-
gen/. . . abbrennen *path*

144 eine **Rede** halten
eine Rede/. . . vom **Stapel** lassen
ugs

145 eine **Rede** frei halten
frei **sprechen**

146 Geschichten/Anekdoten/Witze/
Vorschläge/Ideen/. . . auf **Lager**
haben *ugs*
Witze erzählen/(reißen)
Gemeinplätze/Bemerkungen/
Witze/. . . zum **besten** geben

147 **Zoten** reißen

148 jetzt wird's/dann wurde es **ge-
mischt** *ugs*

149 unter die **Gürtellinie** gehen *ugs*

150 eine gesalzene (und gepfefferte)
Geschichte (sein)

151 jm. eine unglaubliche/. . . **Ge-
schichte** auftischen *ugs*

152 am runden **Tisch** zusammensit-
zen/diskutieren/. . .
sich am runden **Tisch** zusam-
mensetzen/. . .

153 jm. etw. ins **Ohr** blasen *ugs*
jm. etw. ins **Ohr** flüstern

154 jm. klingen die **Ohren**
gestern/. . . haben dir/. . . doch
bestimmt/. . . die **Ohren** geklun-
gen?

155 **Konversation** machen

156 einen kleinen **Schwatz** halten *ugs*
ein (kleines) **Schwätzchen** halten
ugs

157 die **Köpfe** zusammenstecken

158 **Klatsch** und Tratsch

159 bei einem Wort/. . . bricht man/
j. sich (fast) die **Zunge** ab
bei einem Wort/. . . verrenkt man
sich die **Zunge**

160 ein geflügeltes **Wort**

161 den **Ton** treffen

162 eine andere/härtere/umgäng-
lichere/. . . **Tonart** anschlagen
einen anderen/härteren/um-
gänglicheren/. . . **Ton** anschlagen

163 ich habe mir **sagen** lassen, daß/:
. . .

164 (nur) mit **Worten** spielen

165 alle Völker/. . . portugiesischer/
deutscher/. . . **Zunge** *geh*

166 (rechtzeitig/hoffentlich/. . .)
Laut geben *(Jägersprache)*

Dc 2 schweigen, verschwie-
gen: Totenstille; keinen Laut
von sich geben; den Mund
halten; über etw. kein Wort
verlieren; (jn.) nicht reden
(lassen)

1 **Schaltpause** haben *ugs*
Sendepause haben *ugs*

2 eine **Kunstpause** machen

3 ein **Engel** fliegt/(geht) durch die
Stube/durchs Zimmer/(durch
den Raum)

4 es herrscht/. . . **Totenstille**
nichts **rührt** sich (in/auf/. . .)

5 **zugeknöpft** sein *ugs*

6 keinen **Ton** von sich geben/sagen
keinen **Laut** von sich geben
keinen **Laut** sprechen
keinen **Mucks** von sich geben/
sagen/machen *ugs*

7 still wie ein **Mäuschen** sein *ugs*
sich mucksmäuschenstill **verhalten**/(halten) *ugs*

8 keinen **Piep(s)** (mehr) von sich
geben *ugs*

9 kein **Wort**/... kommt über js.
Lippen

10 stumm wie ein **Stock** sein *ugs*
stumm wie ein **Fisch** sein *ugs*

11 die **Sprache** verlieren

12 hast du/hat sie/hat der Maier/...
den **Mund** verloren/(zu Hause
gelassen)? *ugs*
j. kann wohl/... seinen **Mund**
nicht aufkriegen? *ugs*
j. kann wohl/... sein **Maul** nicht
aufkriegen? *vulg*

13 ein **Schloß** vor dem Mund haben

14 den/seinen **Mund** halten
den/seinen **Schnabel** halten *ugs*
die/seine **Klappe** halten *ugs*
den/seinen **Rand** halten *ugs*
das/sein **Maul** halten *vulg*
die/seine **Schnauze** halten *vulg*
die/seine **Fresse** halten *vulg*

15 etw. vertraulich **behandeln**

16 in sieben **Sprachen** schweigen
(oft iron.)
eisern **schweigen**

17 etw. mit keiner (einzigen) **Silbe**
erwähnen/andeuten/...
etw. mit keinem **Wort** erwähnen

18 nichts **verlauten** lassen von etw.
über etw. kein **Wort** verlauten/
fallen lassen
jm. keine (einzige) **Silbe** von etw.
verraten/...
über etw. kein **Wort** verlieren
mit keinem **Wort** auf e-e S. eingehen

19 (jm.) nichts **sagen**
(jm.) kein **Sterbenswörtchen** (von
etw.) sagen/erzählen/verraten

20 darüber/da schweigt des **Sängers**
Höflichkeit *(oft iron.)*

21 in **Stillschweigen** verharren
sich in **Schweigen** hüllen
sich in **Stillschweigen** hüllen

22 über etw. ist kein/noch kein/...
Wort gefallen
niemals/... ist darüber/über etw.
das leiseste **Wort** gefallen

23 sich auf die **Zunge** beißen (um
etw. nicht zu sagen)
sich auf die **Lippe(n)** beißen (um
etw. nicht zu sagen)

24 j. würde sich lieber/eher die **Zunge** abbeißen (als etw. zu sagen/...) *ugs*

25 etw. für sich **behalten**
dicht **halten** (können) *ugs*
reinen **Mund** halten (können)

26 ein **Geheimnis** (gut/...) wahren/
zu wahren wissen/...

27 verschwiegen sein/schweigen/
stumm sein/still sein wie das/ein
Grab

28 ein Geheimnis/... in seinem **Busen** bewahren/verschließen *path*

29 ein Geheimnis/... mit ins **Grab**
nehmen

30 (nicht) an die **Öffentlichkeit**
dringen (dürfen)
(nicht) nach draußen **dringen**
(dürfen)

31 jm. den **Mund** verbieten
jm. das **Maul** verbieten *vulg*

32 jm. ein **Schloß** vor den Mund
hängen/legen *selten*

33 jm. einen **Maulkorb** anlegen/
umbinden

34 jn. mundtot **machen**

35 jm. den **Mund** stopfen *ugs*
jm. den **Schnabel** stopfen *ugs*
jm. das **Maul** stopfen *vulg*

36 jm. den **Mund** versiegeln *selten*

37 jm./sich den **Mund** zuhalten

38 den/die **Finger** auf den Mund legen

39 jm. die **Hand** vor den Mund legen
die **Hand** vor den Mund legen

40 ein Geheimnis/eine Frage/...
brennt jm. auf der **Zunge**

41 seine **Gedanken** für sich behalten
sich sein/(seinen) **Teil** denken

42 im stillen **Kämmerlein** über etw.
nachdenken/...

43 **stillschweigend** etw. tun

44 ein großer **Schweiger** sein

45 ein beredtes/vielsagendes **Schweigen**

46 wenn diese/... **Wände** reden
könnten!

47 eisiges **Schweigen** herrscht/...
jn. mit eisigem **Schweigen** empfangen/...

48 kein **Wort** mehr/weiter (von
etw./davon)!

49 noch ein **Wort**, und ... (es gibt
was/...) *ugs*

50 ohne ein **Wort** zu sagen ...

51 **Schotten** dicht! *ugs*

52 der **Rest** ist Schweigen

53 **Reden** ist Silber, Schweigen ist
Gold

Dc 3 offenlegen, offenliegen: sich anvertrauen; zur
Sprache bringen; (jm.) sein
Herz öffnen; frank und frei
reden; das Herz auf der Zunge haben; im Klartext reden;
zu verstehen geben; das Geheimnis lüften; mit offenen
Karten spielen; jm. auf die
Nase binden, in alle Welt ausposaunen, an die Öffentlichkeit bringen; aus jm. herausholen; jm. den Schleier vom
Gesicht reißen; zutage fördern; jm. die Augen öffnen;
zutage treten; unter uns; heraus mit der Sprache!

1 seinen Gefühlen/Empfindungen/... keinen **Zwang** antun/anzutun brauchen *ugs*
seinen **Gefühlen** keine Gewalt
antun/anzutun brauchen *ugs*
seinen **Gefühlen** kein Korsett anlegen/anzulegen brauchen *ugs*

2 seinen **Gefühlen** freien Lauf lassen (können)

3 jn. auf etw. aufmerksam **machen**

4 (jm.) etw. **kund** und zu wissen
tun *form iron*

5 auf jn./etw. zu **sprechen** kommen
etw. zur **Sprache** bringen
die **Sprache** auf etw. bringen
etw. aufs **Tapet** bringen *ugs*

6 etw./eins/... möchte/... j. (noch/...) **klarstellen**

7 aus sich **herausgehen**

8 etw. auf dem **Herzen** haben

9 aussprechen/sagen/jm. erzählen/..., was man auf dem **Herzen** hat

10 jm. sein **Herz** öffnen/(eröffnen/aufschließen)

11 seinem **Herzen** Luft machen

12 jm. sein **Herz** ausschütten
sein **Herz** erleichtern *ugs*

13 sich etw. von der **Leber** reden (müssen) *ugs*
sich etw. vom **Herzen** reden (müssen) *selten*

14 sich sein Leid/seinen Kummer/... von der **Seele** reden/weinen/...

15 sprechen/reden/..., wie es einem ums **Herz** ist

16 jm. etw. unter dem **Siegel** der Verschwiegenheit erzählen/...

17 jm. etw. im **Vertrauen** sagen/erzählen/...
jn. auf die **Seite** nehmen (um mit ihm vertraulich zu sprechen/...)
unter vier **Augen** (jm. etw. anvertrauen/...)

18 jn. ins **Vertrauen** ziehen

19 (schon mal/...) ein (offenes) **Wort** riskieren/sagen/wagen (können)
ein offenes **Wort** mit jm. reden (können/müssen/...)

20 eine **Frage** offen anfassen/anpacken
etw. ganz **offen** tun/sagen/erklären/aussprechen/...
offen und ehrlich sagen/handeln/vorgehen/...
(jm.) etw. klar und offen **sagen**

21 nicht/nicht lange/... drum/(darum) **herumreden**

22 mit jm. **frei** und offen reden/sprechen/...
frank und frei sagen, was man denkt/fühlt/...
aus seinem **Herzen** keine Mördergrube machen

23 kein **Hehl** aus etw. machen
mit etw. nicht hinter dem **Berg** halten/(zurückhalten) *ugs*

24 (jm.) etw. ohne **Umschweife** sagen/klarmachen/...
(jm.) klar/ohne Umschweife/klar und ohne Umschweife/...
seine/die **Meinung** sagen
keine **Umschweife** machen
kein **Blatt** vor den Mund nehmen

25 jm. ungeschminkt die **Wahrheit** sagen

26 jm. klaren/reinen **Wein** einschenken

27 etw. ist, milde **gesprochen**, eine Unverfrorenheit/...

28 jm. die **Wahrheit** ins Gesicht schleudern
jm. etw. auf den **Kopf** zu sagen
jm. etw. glatt ins **Gesicht** sagen
jm. etw. (offen) ins **Gesicht** sagen
jm. etw. ins **Gesicht** schleudern

29 jm. Beleidigungen/... ins **Gesicht** schleudern
jm. Beleidigungen/Grobheiten/Vorwürfe/... an den **Kopf** werfen *ugs*

30 seiner/der **Zunge** freien Lauf lassen

31 reden/sprechen, wie einem der **Schnabel** gewachsen ist *ugs*
geradeheraus sein/jm. etw. sagen

32 das **Herz** auf der Zunge haben/tragen
das **Herz** in der Hand tragen

33 das **Herz** auf dem rechten/richtigen Fleck haben

34 frei/frisch von der **Leber** weg sagen/erzählen/... *ugs*

35 ein offenes/(aufgeschlagenes) **Buch** sein für jn./in dem jeder lesen kann/... *geh*

36 in js. **Seele** wie in einem offenen Buch lesen (können) *geh*
js. ganzes **Herz** liegt offen vor jm. *path*
js. ganze **Seele** liegt offen vor jm. *path*

37 **Zeugnis** ablegen von etw.

38 **klipp** und klar etw. sagen/zu etw. Stellung nehmen/etw. leugnen/...
(jm.) etw. klipp und klar **sagen**
(jm.) etw. klar und deutlich **sagen**

39 sehr/ziemlich/... **deutlich** werden
eine deutliche **Sprache** sprechen/reden (mit jm.)

40 (jm.) etw. mit/in aller **Deutlichkeit** sagen/zu verstehen geben/...

41 im **Klartext** sprechen/reden *ugs*
mit jm. deutsch **reden** (müssen)
Tacheles reden *ugs*
Fraktur reden

42 nichts an **Deutlichkeit** zu wünschen übriglassen

43 kräftig/ordentlich/... **auspacken** *ugs*

44 ohne viel **Federlesens** jm. die Meinung sagen/...

45 ordentlich vom **Leder** ziehen

46 die **Dinge** beim/bei ihrem Namen nennen
das **Kind** beim Namen nennen *ugs*

47 jm. etw. zu **verstehen** geben
etw. **durchblicken** lassen

48 jm. etw. durch die **Blume** sagen/beibringen/...

49 ein Vorwurf/eine Kritik/... **schwingt** in den Worten/der Bemerkung/... (unüberhörbar) mit

50 etw. ist ein **Wink** mit dem Zaunpfahl

51 den **Knüppel** schlägt man und den Esel meint man

52 jm. etw. vorsichtig/schonend/sachte/... **beibringen**

53 jm. etw. in aller **Güte** sagen/klarmachen/...

54 **Farbe** bekennen (müssen)
(jetzt/endlich/...) mit der **Wahrheit** herausrücken

55 den **Schleier** (des Geheimnisses) lüften *path*
das **Visier** lüften *geh*

56 die **Katze** aus dem Sack lassen

57 sein **Inkognito** fallen lassen/lüften/... *geh*

58 sich in die **Karten** gucken/schauen/sehen lassen

59 die/seine **Karten** (offen) auf den Tisch legen
(jm./jm. gegenüber) seine/die **Karten** aufdecken/offenlegen

60 die **Karten** offen ausspielen
mit offenen/(aufgedeckten) **Karten** spielen
ein offenes/ehrliches **Spiel** spielen

61 mit offenem **Visier** kämpfen/... *geh*

62 sein wahres **Gesicht** (offen) zeigen
sich in seiner wahren **Gestalt** zeigen

63 die **Larve** fallen lassen/(ablegen)
die **Maske** fallen lassen/(ablegen/abwerfen/lüften/von sich werfen)

64 ein **Selbstbekenntnis** ablegen

65 von **Mensch** zu Mensch mit jm. sprechen/...
von **Mann** zu Mann sprechen/...

66 mit jm. **Zwiesprache** halten/führen

67 jm. eine Neuigkeit/... **stecken** *ugs*

68 jm. etw. auf die **Nase** binden *ugs*
jm. etw. auf die **Seele** binden *ugs selten*

69 aus der **Schule** plaudern/schwatzen

70 nicht dicht **halten** (können) *ugs*

71 etw. in alle **Welt** hinausposaunen/ausposaunen/posaunen *ugs*
etw. in alle (vier) **Himmelsrichtungen** schreien/hinausposaunen/...

72 vor aller **Augen** etw. tun
vor aller **Welt** etw. tun

73 etw. in aller **Öffentlichkeit** sagen/tun/...

74 seinen **Kram** vor allen/allen möglichen Leuten/aller Welt/... ausbreiten *ugs*

75 sich an die **Öffentlichkeit** wenden
etw. an/vor die **Öffentlichkeit** bringen
etw. vor das **Forum** der Öffentlichkeit bringen *form*

76 etw. in die **Öffentlichkeit** ziehen

77 in die **Öffentlichkeit** flüchten (mit etw.)

78 aus/bei jm. etw. **herauszuholen** suchen

aus/bei jm. etw. **herauszubringen** suchen

79 aus/bei jm. etw. **herausholen**
aus/bei jm. etw. **herausbringen**

80 jm. etw. aus der **Nase** ziehen *ugs*

81 jn. zum **Sprechen** bringen

82 jm. den **Schleier** vom Gesicht reißen/(herunterreißen) *path*
jm. die **Maske** vom Gesicht reißen/herunterreißen *path*
jm. die **Larve** vom Gesicht reißen/herunterreißen *path*

83 etw. zum **Vorschein** bringen
etw. zutage **fördern**
etw. ans **Licht** bringen
etw. an den **Tag** bringen *geh*
etw. ans **Tageslicht** bringen/ziehen

84 etw. ans **Licht** zerren/(ziehen)

85 jn. **wachrütteln**

86 jm. die **Augen** (über etw./für etw.) öffnen
jm. den **Blick** (für etw.) öffnen

87 jm. die **Binde** von den Augen reißen
jm. den **Schleier** von den Augen reißen/(herunterreißen) *path*

88 jm. ein **Licht** aufstecken *ugs*

89 jm. den **Star** stechen *ugs*

90 Kenntnisse/Fleiß/Zynismus/... an den **Tag** legen

91 zum **Vorschein** kommen
zutage **treten**

92 in **Erscheinung** treten

93 an die **Oberfläche** kommen

94 an den **Tag** kommen *geh*
ans **Licht** kommen
ans **Tageslicht** kommen

95 zur **Sprache** kommen

96 die Tatsachen/... sprechen eine deutliche/harte/... **Sprache**

97 ein **Streiflicht** werfen auf etw.
ein **Schlaglicht** werfen auf jn./etw.

98 tief **blicken** lassen
das spricht **Bände**

99 für sich (selbst) **sprechen**

100 im **Vertrauen** (gesagt)
unter uns **gesagt**
hier/... sind wir unter **uns**
unter uns **Pastorentöchtern** *ugs selten*
unter uns **Pfarrerstöchtern** *ugs selten*

101 das/etw. **bleibt** unter uns
das/etw. bleibt in der **Familie** *ugs*

102 **Hand** aufs Herz!
nur keine **Hemmungen!** *ugs*

103 mal **ehrlich**:...
nun/... (mal/...) heraus mit der **Sprache!**
nun/... (mal/...) **Butter** bei die Fische! *ugs*
(nun/nun mal) **los!** *ugs*
los, (ab/weg/heraus/heraus mit der Sprache/...)!
mach's/macht's/... nicht so spannend! *ugs*

104 **eins** muß ich (dir/euch/...) (ehrlich/...) sagen:
offen/ehrlich/frei heraus **gesagt**:
offen **gestanden**:

105 auf gut **deutsch**:
das/etw. **heißt** auf gut deutsch:
im **Klartext** heißt das/bedeutet das/...: *ugs*

106 wie sag' ich's meinem **Kinde?** *ugs*

107 zum **Zeichen**, daß...

108 im **Vertrauen** darauf, daß .../auf ...

109 ..., das ist/war das ganze **Geheimnis**

110 die **Sonne** bringt es/etw. an den Tag

111 ein offener **Brief**

112 (mit etw.) eine **Eiterbeule** aufstechen *ugs*

Dc 4 nicht offenlegen: nicht mit der Sprache herausrücken; (jn.) im Ungewissen lassen; jn. auf die Folter spannen

---

1 nicht mit der **Sprache** herausrücken/herausrücken wollen/herauswollen
mit etw. hinter dem/hinterm **Berg** halten/(zurückhalten)

mit etw. hinter dem/hinterm **Busch** halten/(zurückhalten) *ugs selten*

2 die **Katze** nicht aus dem Sack lassen

3 (dauernd/...) drum/(darum) **herumreden**
um den heißen **Brei** herumreden *ugs*
(um etw./bei .../...) wie die **Katze** um den heißen Brei herumgehen *ugs*

4 in **Rätseln** sprechen

5 sich nicht in die **Karten** gucken/sehen/schauen lassen
(jm./jm. gegenüber) seine/die **Karten** nicht aufdecken/offenlegen

6 nicht mit offenem **Visier** kämpfen/... *geh*

7 jn. über etw. im **Zweifel** lassen
jn. über etw. im **ungewissen** lassen
jn. über etw. im **unklaren** lassen

8 jn. über etw. in **Unkenntnis** lassen

9 jn. auf die **Folter** spannen
jn. **schmoren** lassen *ugs*
jn. **zappeln** lassen *ugs*

10 etw. **totschweigen**

11 etw. mit dem **Mantel** der Vergessenheit zudecken/bedecken/einhüllen/... *geh*

12 ein **Geheimnis** aus etw. machen

13 ein **Geheimniskrämer** sein *ugs*

14 die **Öffentlichkeit** scheuen

Dc 5 Gespräch: Diskussion; Gesprächsstrategien, Gesprächsfloskeln

1 (in/bei ...) (es) (immer/...) mit Herrn X/Frau Y/... zu **tun** haben

2 das **Eis** brechen
das **Eis** ist gebrochen
den **Bann** brechen
der **Bann** ist gebrochen

3 jn. aus seiner **Reserve** herauslocken/...

4 nicht/nur schwer/... in **Worte** fassen können, was einen bewegt/...

5 das **Wort** an jn. richten

6 eine **Frage** an jn. stellen/richten

7 jn. (dumm/blöd) von der **Seite** anreden/anquatschen/(...)
jm. dumm/blöd von der **Seite** kommen *ugs*

8 mit jm. ins **Gespräch** kommen

9 ein paar/einige/... **Worte** mit jm. wechseln

10 im **Gespräch** sein

11 (in) **Rede** und Gegenrede

12 die **Unterhaltung** auf etw./das Thema »...« bringen
das **Gespräch** auf etw./das Thema »...« bringen
die **Rede** auf etw. bringen

13 die **Rede** kommt auf etw.

14 zur **Sache** kommen

15 die **Sache** ist die:/die, daß ...

16 einen **Punkt** (nicht) berühren/(besprechen/...)

17 einen **Punkt** noch klären

18 Worte/... (im Raum) **stehen** lassen

19 über etw./darüber läßt sich/darüber kann man **streiten** (aber .../...)

20 zu etw./dazu/... wäre noch allerhand zu **sagen**

21 es führt zu weit/würde zu weit führen, zu erklären/...

22 e-r S. (mehr/weniger) **Raum** geben

23 es fallen harte/laute/scharfe/beleidigende/... **Worte**
es **geht** stürmisch/... zu (bei einer Diskussion/...)

24 dazwischen **fahren** (in etw.)

25 jn. nicht **ausreden** lassen

26 jm. ins **Wort** fallen
jm. in die **Rede** fallen
jm. in die **Parade** fahren *ugs*

27 ein schweres/grobes **Geschütz** auffahren (gegen jn.) *ugs*

28 jn. mit einem (wahren) **Wortschwall** überschütten/empfangen/...
ein **Sturzbach** von Worten/Flü-

chen/... (prasselt auf jn. herab/...)

29 jn. **durcheinanderbringen**
jn. (ganz) in **Verwirrung** bringen
jn. (ganz) aus dem **Konzept** bringen
jn. (ganz) aus dem **Text** bringen *ugs selten*

30 die **Unterhaltung** an sich reißen
das **Gespräch** an sich reißen

31 (allein) das große **Wort** führen

32 lauthals **verkünden**, daß ... *ugs*

33 keine **Widerrede** dulden

34 eine Entwicklung/ein Gespräch/... in seine **Richtung** steuern
(jm.) das **Stichwort** geben/liefern (zu etw.) (mit etw.)

35 das **Thema** wechseln
ein neues/anderes/... **Thema** anschneiden

36 (endlich/...) (mal/...) eine neue **Platte** auflegen *(oft Imp.) ugs*

37 vom **Thema** abschweifen

38 js. Gedanken machen einen **Sprung**

39 (nicht) zur **Sache** gehören
(hier/da/...) wenig/nichts/... zur **Sache** tun

40 den **Faden** (eines Gesprächs/...) wiederaufnehmen

41 immer wieder auf diesen/denselben/... **Punkt** zurückkommen/zu sprechen kommen/...
..., um (wieder) auf (den) besagten **Hammel** zurückzukommen/... *ugs*

42 den **Faden** (eines Gesprächs/...) fortspinnen/weiterführen
die **Fäden** (eines Gesprächs/...) fortspinnen/weiterführen

43 den **Kreis** schließen
den **Ring** schließen
damit/mit etw. schließt sich der **Ring** (der Erzählung/einer Geschichte/eines Beweises/...)

44 sich wie ein roter **Faden** durch etw. hindurchziehen/ziehen
der rote **Faden** (in/von etw.) sein

45 beim **Thema** bleiben
bei der **Sache** bleiben

46 jm. eine/keine Antwort/ein/ kein Gegenargument/... schuldig **bleiben**

47 wie aus der **Pistole** geschossen antworten/erwidern/...
wie aus der **Pistole** geschossen kommen *(Antwort)*

48 Argumente/... in die **Diskussion** werfen
Argumente/... in die **Debatte** werfen

49 Argumente/... gegen jn./etw. ins **Feld** führen
Argumente/... gegen jn./etw. ins **Gefecht** führen
Argumente/... gegen jn./etw. ins **Treffen** führen

50 **Einwände** gegen etw./jn. erheben/vorbringen/haben/...

51 etw. geltend **machen**

52 jm. etw. vor **Augen** führen

53 jm. Argumente/... an die **Hand** geben *form*

54 jm. ein Argument/... aus der **Hand** schlagen

55 jn. mit seinen eigenen **Waffen** schlagen
jn. mit seinen eigenen **Worten** schlagen/widerlegen

56 das/etw. läßt sich **hören**
gut gebrüllt, **Löwe**! *ugs*

57 jm. das **Wort** aus dem Mund nehmen
jm. die **Worte** aus dem Mund nehmen

58 jm. den **Wind** aus den Segeln nehmen mit einem Argument/mit Entgegenkommen/...

59 etw. aus den **Angeln** heben *(Theorien, Strategien)*
etw. ad **absurdum** führen

60 Einwände/... nicht von der **Hand** weisen (können)

61 jm. geht die **Luft** aus

62 seinen **Ausführungen** nichts mehr hinzuzufügen haben

63 das letzte **Wort** behalten

64 der **Faden** (eines Gesprächs/...) reißt (plötzlich/...) ab

65 den **advocatus** diaboli spielen *geh*

66 im **Kreis** gehen/sich im Kreis drehen/bewegen

67 sich in **Widersprüche** verstricken

68 da beißt sich die **Katze** in den Schwanz *ugs*

69 etw. auf eine verständliche/ leichte/gemeinsame/... **Formel** bringen
etw. auf eine feste **Formel** bringen

70 zur **Diskussion** stellen

71 etw. zur **Debatte** stellen

72 zur **Diskussion** stehen
zur **Debatte** stehen

73 die **Fäden** (einer Diskussion/...) in der Hand haben/halten
die **Fäden** (der Diskussion/...) in der Hand behalten

74 den **Faden** verlieren (in einer Diskussion/...)
die **Fäden** (einer Diskussion/...) entgleiten jm.

75 etw. ohne **Manuskript** erläutern/ vortragen/...
etw. in freier **Rede** erläutern/ vortragen/...

76 **Protokoll** führen *form*

77 etw. auf die **Tagesordnung** setzen

78 auf der **Tagesordnung** stehen

79 etw. von der **Tagesordnung** absetzen
etw. von der **Tagesordnung** streichen

80 ums **Wort** bitten

81 sich zu/(zum) **Wort**(e) melden
(einen) **Antrag** zur Geschäftsordnung (stellen) *form*

82 das **Wort** haben
das erste **Wort** haben

83 das **Wort** ergreifen/nehmen
das **Wort** vom ».. .« (noch einmal) aufgreifen/aufnehmen
das/ein **Wort** (von vorhin) aufgreifen/aufnehmen

84 jm. das **Wort** erteilen/geben

85 jm. das **Wort** entziehen

86 jm. das **Wort** abschneiden

87 jm. das **Wort** verbieten

88 nicht zu **Wort**(e) kommen

89 sich (von jm.) (doch/...) das **Wort** nicht verbieten lassen

90 sich der **Stimme** enthalten

91 die **Vertrauensfrage** stellen

92 alle/die Mehrheit der/... **Stimmen** auf sich vereinigen

93 auf ein **Wort**!

94 **weißt** du was?:/wißt ihr was?:

95 weißt du/... schon das **Neueste**?

96 es ist die **Rede** von etw./jm./davon, daß...
von etw./jm. ist (gar/überhaupt) nicht die **Rede**

97 der in **Rede** stehende Text/...
form
das in **Rede** stehende Projekt/...
form

98 ein schwacher **Punkt**

99 ein strittiger **Punkt**

100 mit **Verlaub** ... *geh*
mit **Verlaub** zu sagen *geh selten*

101 über etw./darüber läßt sich (schon eher/...) **reden**

102 man möchte/sollte (doch) **meinen**, daß...

103 **versteh'**/verstehen Sie/... mich/ ihn/den Peter/... recht!/nicht falsch!

104 nach menschlichem **Ermessen** ...

105 **hört**, hört!

106 **Moment** (mal)!
eine **Sekunde** (bitte)!

107 das sollte (wohl/...) so viel **heißen** wie ...

108 **sag'**/sagt/... bloß/nur, es gibt jetzt Regen/...

109 soviel ist **ausgemacht**, ...

110 eins muß man (ja) **sagen**:
ich will dir/euch/Ihnen mal/ einmal was/etwas **sagen**:
eins muß ich (dir/euch/...) (ehrlich/...) sagen:
nur **eins**:
(nur schnell/...) noch **eins**:
dann noch **eins**:
(übrigens/...) was ich noch **sagen** wollte

111 ich habe mir **sagen** lassen, daß/: ...

112 **sagen** wir ...!

113 wie **gesagt**

114 (oder) richtiger **gesagt**

115 weiter **nichts**?/nichts weiter?
nichts weiter?

116 . . ., oder was **glaubst** du?/glaubt ihr?/. . .

117 das kann ich nicht **sagen**

118 was **willst** du/will er/. . .? (es ist doch/. . .)

119 wenn's/wenn es weiter **nichts** ist . . .

120 du wirst/ihr werdet/. . . **lachen**!

121 wie **dumm**!

122 es **kommt** noch besser . . .

123 mit anderen **Worten**

124 200/. . ., was **sag'** ich? 3 oder 400/. . .

125 ich sage das in **Anführungszeichen** ugs

126 wie **wäre** es, wenn . . .

127 wenn ich/man so **sagen** darf

128 nur so. ugs
ich **meine** nur. ugs

129 es/das nicht so **meinen**

130 nicht **etwa**, daß . . .

131 das möchte ich mir auch sehr **verbeten** haben form iron

132 es ist nicht zuviel **gesagt**, wenn man feststellt, daß/. . .

133 **mach's**/macht's/. . . nicht so spannend! ugs
du **machst's**/er macht's/. . . aber spannend! ugs

134 das kann ich/er/. . . schlecht (genau/. . .) **sagen**

135 dich/ihn/den Maier/. . . hat keiner/niemand nach deiner/seiner/. . . **Meinung** gefragt ugs

136 deine/seine/. . . **Weisheit(en)** kannst du/kann er/. . . für dich/sich/. . . behalten ugs

137 dann will ich/wollen wir (lieber) nichts **gesagt** haben!

138 das ist leicht **gesagt**!
j. hat gut/leicht **reden**
j. kann das leicht **sagen**

139 du sprichst/er spricht/Peter spricht/. . . ein großes **Wort** gelassen aus iron

140 das ist leichter **gesagt** als getan

141 du bist/Peter ist/. . . (aber) **gut**!

142 zur **Sache**!

143 . . ., (da gibt's) keine **Widerrede**! ugs
. . ., ohne **Widerrede**! ugs

144 wenn der **Hund** nicht geschissen hätte (hätte er einen Hasen gefangen) vulg

145 das ist/war aber **billig**! ugs

146 sei/seid/. . . so **gut** und . . .!
bist du/seid ihr/. . . so **gut** und . . .?
hätten Sie/. . . die **Güte**, zu/und . . . geh

147 es war angekündigt worden, um 20.00 Uhr käme der Kanzler persönlich/. . . und **richtig**, als es 20.00 Uhr schlug, traf . . ./. . . . . . und **siehe** da, . . .

148 das **frag** ich dich/euch/Sie!

Dc 6 zuhören; Gehör finden

1 die **Ohren** aufsperren
die **Ohren** aufknöpfen ugs
die **Ohren** auf Empfang stellen ugs

2 auf **Empfang** gehen ugs
seine **Antenne** ausfahren ugs

3 ganz **Ohr** sein

4 an js. **Lippen** hängen
an js. **Mund** hängen

5 jm. gebannt **lauschen**
jm. gebannt/gefesselt **zuhören**

6 jm. stundenlang **zuhören** können

7 js. Worten/. . . lauschen wie dem **Evangelium** path

8 um **Gehör** bitten (bei jm.)
darf ich/. . . um dein/Ihr/. . . geneigtes **Ohr** bitten? iron

9 **Gehör** finden bei jm.

10 ein aufmerksames **Ohr** bei jm. (für etw.) finden
ein offenes **Ohr** bei jm. (mit etw.) finden
ein geneigtes **Ohr** bei jm. (mit etw.) finden iron

11 js. **Ohr** haben

12 ein offenes **Ohr** haben für etw.

13 jm. **Gehör** schenken

14 jm. sein (geneigtes) **Ohr** schenken/leihen (oft iron.)

15 die **Ohren** spitzen
spitze **Ohren** machen

16 nicht für fremde **Ohren** bestimmt sein

17 da/bei/. . . möchte ich/möchte er/. . . (gern) einmal (das) **Mäuschen** spielen ugs
lange **Ohren** machen

18 vor unerwünschten **Ohren** etw. darlegen/. . .

19 sich **Gehör** verschaffen/zu verschaffen wissen

Dc 7 nicht hören (wollen): überhören; wasch dir die Ohren!; allen Ratschlägen, Warnungen . . . gegenüber taub sein

1 sich nicht **angesprochen** fühlen

2 etw. **überhören**
nicht **hören** (wollen)

3 **weghören**
sich taub **stellen**

4 die **Schotten** dichtmachen ugs

5 sich die **Ohren** zuhalten

6 seine **Ohren** vor jm./etw. verschließen
sich die **Ohren** (mit Watte) zustopfen/verstopfen ugs
sich **Watte** in die Ohren stecken/stopfen ugs

7 **Knöpfe** auf/(in) den Ohren haben ugs
Watte in den Ohren haben ugs
Bohnen in den Ohren haben ugs

8 hast du/habt ihr/hat er/. . . denn keine **Ohren**? ugs
mach'/macht/. . . (doch) die **Ohren** auf! ugs
du/er/. . . sitzt/. . . wohl auf den/deinen/seinen/. . . **Ohren** (was)? ugs
auf den/seinen **Ohren** sitzen ugs
wasch' dir/wascht euch/. . . (gefälligst) die **Ohren**! ugs
du mußt dir/er muß sich/. . . die **Ohren** besser/gründlicher waschen ugs
du hast wohl/er hat wohl/. . . **Dreck** in den Ohren? vulg

9 taube **Ohren** finden
auf taube **Ohren** stoßen

10 sich (von jm.) nichts **sagen** lassen
gegen alle Bitten/Ratschläge/allen Bitten/Ratschlägen gegenüber/. . . **taub** sein/bleiben
keinen **Rat** annehmen
Warnungen/Mahnungen/Ratschläge/. . . in den **Wind** schlagen
Ratschläge/Mahnungen/Warnungen/. . . auf die leichte **Schulter** nehmen

etw. geht bei jm. zum einen **Ohr** hinein/rein (und) zum/aus dem andern (wieder) raus *ugs*

11 jm./js. Anweisungen/. . . zum **Hohn** etw. tun
    jm./js. Anweisungen/. . . zum **Trotz** etw. tun

Dc 8 Gestik, Mimik, Körpersprache

1 jm. tief in die **Augen** schauen/blicken *path*

2 mit **Händen** und Füßen reden

3 mit den **Händen** reden

4 fahrige **Handbewegungen** machen

5 seine Ausführungen/. . . mit einer **Handbewegung** begleiten

6 etw. mit einer **Geste** unterstreichen

7 mit großer **Geste** erklären/. . . *path*
   eine weit ausholende **Geste**

8 sich (zufrieden/. . .) die **Hände** reiben
   sich zufrieden/. . . (durch) den **Bart** streichen

9 übers/über das ganze **Gesicht** strahlen/grinsen/. . . *ugs*

10 sich nachdenklich/. . . (durch) den **Bart** streichen
    den **Kopf** in die Hand/Hände stützen
    das **Kinn** in/(auf) die Hand/Hände stützen

11 sich an die **Stirn** tippen
    sich vor die **Stirn** schlagen

12 die Stirn/das Gesicht in **Falten** ziehen/(legen)

13 die **Nase** rümpfen (über jn./etw.)
    den **Mund** verziehen

14 eine **Amtsmiene** aufsetzen

15 die **Zähne** fletschen *ugs*

16 jm. den **Rücken** zudrehen/zukehren/zuwenden

17 jn. über die **Schulter** ansehen

18 jm. die **Hand** auf die Schulter legen
    jm. freundschaftlich/vertraulich/anerkennend/. . . auf die **Schulter** klopfen

19 die **Hände** in die Hüften stemmen
    die **Hände** in die Seiten stemmen

20 jn. am **Ärmel** zupfen
    jn. in die **Seite** stoßen
    jn. in die **Rippen** stoßen *ugs*
    auf die **Erde** stampfen *ugs*
    auf den **Boden** stampfen *ugs*

21 zum **Zeichen** der Ablehnung/der Zustimmung/. . . mit den Füßen scharren/den Kopf schütteln/. . .

22 (ungeduldig/nervös) mit den **Fingern** auf die Tischplatte trommeln

23 jm. die **Tür** vor der Nase zuschlagen/zuschmeißen/. . . *ugs*

24 jm. einen freundschaftlichen/. . . **Rippenstoß** geben/versetzen *ugs*
    sich am **Ohrläppchen** zupfen

25 jn. am **Ohrläppchen** ziehen

26 jm. mit dem **Finger** drohen

27 bittend/flehend/. . . die **Hände** heben *path*

28 mit den **Händen** in der Luft herumfahren/herumfuchteln

29 ins **Leere** greifen/schlagen/fallen/. . .
    in die **Luft** greifen

30 js. **Hände** greifen ins Leere/in die Luft

31 wie aus **Erz** gegossen dastehen/. . . *path*

32 wie ein **Ölgötze** dasitzen *ugs*

33 wie **versteinert** sein/dasitzen/dastehen/. . .
    wie angewurzelt **stehen** bleiben

34 mit gekreuzten/übergeschlagenen/untergeschlagenen **Beinen** da/. . . sitzen
    mit den **Beinen** baumeln

35 die **Beine** (behaglich) unter den Tisch strecken

36 mit dem **Rücken** zur Tür/Wand/. . . stehen/sitzen/. . .

37 von einem **Fuß** auf den anderen treten
    von einem **Bein** aufs andere treten
    das **Standbein** wechseln
    Standbein, Spielbein, Standbein, Spielbein *ugs*

38 sich die **Beine** in den Bauch/Leib stehen *ugs*

39 mit der **Zunge** schnalzen

40 mit den **Zähnen** knirschen
    durch die **Zähne** pfeifen

41 leichten **Fußes** daher gehen/. . . *geh*

42 auf den **Händen** laufen können
    auf **Händen** und Füßen laufen (können)

43 (gedankenverloren/. . .) in der **Nase** bohren *ugs*

44 sich wie ein **Igel** zusammenrollen

45 sich auf die **Zehen(spitzen)** stellen

46 sich **recken** und strecken/(dehnen)

47 sich in den **Hüften** wiegen

48 den **Kopf** in den Nacken legen

49 mit den **Armen** schlenkern

50 die **Hände** in die Tasche stecken

51 sich mit dem **Rücken** anlehnen an/lehnen gegen/. . .

52 jm. den **Stuhl** unter dem Arsch wegziehen *vulg*
    jm. den **Stuhl** unter dem Hintern wegziehen *ugs*

53 etw. auf der flachen **Hand** halten/(haben)
    mit der flachen **Hand** etw. tun

54 etw. mit der bloßen **Hand** anfassen/anpacken
    etw. mit bloßen **Händen** anfassen/anpacken

55 etw. aus der **Hand** legen

56 die **Hände** voll haben (mit etw.)
    keine **Hand** frei haben

57 beladen/vollbepackt/. . . wie ein **Packesel** sein/ankommen/. . . *ugs*

58 etw. auf den **Tisch** des Hauses legen/blättern/knallen/. . . *ugs*

59 jn. unter den **Arm** nehmen
    ein Kind/. . . bei der **Hand** fassen/nehmen
    ein Kind/. . . bei den **Händen** nehmen

60 **Arm** in Arm mit jm. gehen/. . .
    Händchen halten

61 seinen/den **Kopf** an js. Schulter legen

62 ein Kind/... auf dem **Schoß** haben/(halten)

63 an den **Hut** tippen
    den Hut/... ins **Gesicht** ziehen

64 an den **Nägeln** kauen

Dc 9 laut – leise: brüllen wie ein Stier; Krach machen; aus voller Kehle; man hätte eine Nadel zu Boden fallen hören

1 aus **Leibeskräften** schreien/brüllen/...

2 schreien/brüllen/... wie ein **Wahnsinniger**
    schreien/brüllen/... wie am **Spieß**/als ob man am Spieß steckte/stecken würde/stäke *ugs*
    brüllen/... wie ein **Wilder** *ugs*
    brüllen/... wie ein **Stier** *ugs*
    brüllen wie ein **Löwe** *ugs*

3 schreien/brüllen/..., daß die **Wände** wackeln *ugs*

4 sich (fast) die **Kehle** (nach jm.) aus dem Hals schreien *ugs*
    sich (fast) die **Lunge** (nach jm.) aus dem Hals schreien *ugs*

5 sich die **Seele** aus dem Leib schreien *ugs selten*

6 **Krach** machen
    Lärm machen
    einen **Höllenlärm** machen
    Spektakel machen *ugs*
    Radau machen *ugs*

7 ein ohrenbetäubender **Lärm** (sein)
    ein **Lärm**, um einen Toten/Tote aufzuwecken

8 in .../bei .../... versteht man (ja) sein eigenes **Wort** nicht mehr

9 **lauthals** lachen/sich unterhalten/...
    aus vollem **Hals(e)** lachen/schreien/singen/...
    aus voller **Kehle** schreien/singen/...
    aus voller **Lunge** schreien/singen/...

10 mit **Sang** und Klang irgendwo einziehen/...

11 **singen** und klingen

---

12 ein Knall/Schuß/... zerreißt die **Stille**

13 man hätte eine **Stecknadel** zu Boden/auf die Erde fallen hören können (so still war es/...)
    man hätte eine **Nadel** zu Boden/auf die Erde fallen hören können (so still war es/...)

14 eine tiefe **Stille** liegt über einer Gegend/einem See/...

Dc 10 Musik

1 **Gold** in der Kehle haben *ugs*

2 mit (viel/...) **Schmalz** singen *ugs*

3 (etw.) vor **sich** hin singen/...

4 vom **Blatt** singen

5 1./2./... **Stimme** singen

6 ein absolutes/das absolute **Gehör** haben

7 den **Ton** treffen
    den **Ton** (nicht) halten (können)

8 singen wie eine **Nachtigall** *ugs*

9 so (falsch/...) singen/..., daß einem die **Ohren** wehtun *ugs*

10 sich anhören wie **Katzenmusik**/Katzengejammer *ugs*

11 jm. ist/j. spricht/singt, als hätte er einen **Frosch** im Hals *ugs*

12 krächzen wie ein **Rabe** *ugs*

13 in die **Tasten** greifen *path*

14 in die **Saiten** greifen *path*

15 einen weichen/harten/... **Anschlag** haben *(Klavier)*

16 etw. vom **Blatt** spielen
    etw. prima **vista** spielen *geh*

17 einen harten/weichen/... **Strich** haben

18 js. Gesang/Spiel/... hat keine **Seele**/fehlt die Seele

19 aus dem **Takt** kommen

20 im **Takt** bleiben
    den **Takt** halten

21 den **Takt** schlagen

22 das **A** anschlagen/angeben

23 eine **Platte** auflegen

---

24 **Platten** hören

25 einen Apparat/... auf **Zimmerlautstärke** stellen

26 auf **Band** (auf)nehmen/sprechen/spielen/...

27 im **Reich** der Töne ein großer Meister sein/... *path*

28 einen guten **Klang** haben

29 leicht ins **Ohr** gehen

30 für norddeutsche/spanische/... **Ohren** klingt etw. seltsam/...

---

1 jm. etw. in **Aussicht** stellen

2 jm. ein **Versprechen** geben

3 jm. sein **Wort** geben

4 jm. hoch und heilig **versprechen**, daß ... *path*

5 jm. in die **Hand** versprechen, daß ...
    jm. mit **Handschlag** versprechen, daß ...

6 die **Hand** darauf/auf ein Versprechen/... geben

7 er/sie/Peter/... kann **versichert** sein, daß ...

8 jm. sein **Ehrenwort** geben

9 bei jm. im **Wort** sein

10 sein **Versprechen** halten
    sein **Wort** halten
    sein **Versprechen** einlösen/erfüllen *form*

11 jm. das **Versprechen** abnehmen, etw. zu tun
    jm. das **Wort** abnehmen, etw. zu tun/zu schweigen/dafür zu stimmen/...

12 js. **Wort** haben

13 jn. durch **Handschlag** verpflichten
    eine Abmachung/... mit **Handschlag** besiegeln/bekräftigen

14 etw. in **Aussicht** haben

15 in **Aussicht** stehen

16 auf **Treu** und Glauben etw. tun

17   auf js. **Wort** vertrauen

18   jm. blind **vertrauen** (können)

19   mit jm. (immer) **rechnen** können
auf jn. (immer) **zählen** können
sich auf jn. **verlassen** können
auf jn. ist **Verlaß**

20   ein **Mann** von Wort sein
zu seinem **Wort** stehen

21   auf die/den Karl/. . . kannst du/
kann man/. . . **Häuser** bauen *ugs*

22   auf jn./etw. **schwören**

23   für jn. durchs **Feuer** gehen
sich für jn. die **Hand** abhacken/
abschlagen lassen

24   für jn. lege ich/legt Karl/. . . die
Hand ins Feuer
für jn. lege ich/legt Karl/. . . die
Hände ins Feuer

25   jn. beim **Wort** nehmen

26   **Hand** drauf? *ugs*

27   (auf) mein **Wort**!

28   ein **Mann**, ein Wort *ugs*

29   so wahr mir **Gott** helfe! *path*
so wahr ich **lebe**! *path*
. . . und koste es mein **Leben**!
path

30   ein stiller **Vorbehalt**

31   mit/unter dem **Vorbehalt**, daß . . .

32   jm. sein **Wort** zurückgeben

Dd 2 wortbrüchig; unzuver-lässig

1   etw. **zurücknehmen**

2   sein **Wort** zurücknehmen
einen **Rückzieher** machen *ugs*

3   sein **Wort** brechen
wortbrüchig **werden** *form*

4   jn. **draufsetzen** (mit etw.) *ugs*
jn. **hängen** lassen (mit etw.) *ugs*
jn. **aufsitzen** lassen *ugs selten*

5   jn. im **Regen** stehen lassen *ugs*

6   jn. im **Stich** lassen

7   jn. seinem **Schicksal** überlassen

8   jm. **Steine** statt Brot geben *geh
selten*

9   du kannst deinen/er kann sei-
nen/. . . **Dreck** allein(e) machen
(oft Imp.) vulg

10   das in ihn/sie/. . . gesetzte **Ver-**
trauen nicht halten/. . . *form*

11   auf js. **Worte** nicht viel geben
können

12   auf jn. ist kein/nicht viel/we-
nig/. . . **Verlaß**

13   eine treulose **Tomate** sein *ugs*

14   dann/. . . (da) im **Regen** stehen
ugs

15   **versprechen** und halten ist/sind
zweierlei

16   mehr **versprechen**, als man halten
kann

17   jm. goldene **Berge** versprechen
jm. **Himmel** und Hölle verspre-
chen *selten*
jm. das **Blaue** vom Himmel ver-
sprechen *selten*
jm. ein **Schloß** im Mond ver-
sprechen *selten*

18   **Undank** ist der Welt(en) Lohn
path

Dd 3 Absicht, Ziel, Planung: die Absicht haben; sich zum Ziel setzen; Vorbereitungen treffen; feste Formen anneh-men; darauf aussein zu, im Sinn haben, im Schilde füh-ren; Mittel zum Zweck sein; nahe daran, im Begriff, dabei sein, etw. zu tun

1   sich mit einem **Gedanken** an-
freunden (müssen/können/. . .)

2   sich mit der **Absicht** tragen, zu
. . .
mit dem **Gedanken** spielen/um-
gehen, zu . . .
sich mit dem **Gedanken** tragen,
zu . . .
sich mit dem **Plan** tragen, zu . . .

3   etw. im **Sinn** haben

4   etw. ins **Auge** fassen
etw. in **Aussicht** nehmen *form*

5   sich viel/wenig/nichts/zu
viel/. . . **vornehmen**
etwas/viel/allerhand/nicht
viel/. . . **vorhaben** (mit jm./etw.)

6   den **Willen** haben, etw. zu tun
die ernste **Absicht** haben, etw. zu
tun

7   jm./sich ein **Ziel** setzen/(stek-
ken)
sich etw. zum **Ziel** setzen

8   (sich) etw. aufs **Korn** nehmen *ugs*

9   ein (bestimmtes/. . .) **Ziel** verfol-
gen (mit etw.)

10   ein **Ziel** vor Augen haben
ein festes Ziel/. . . im **Visier** ha-
ben *geh selten*

11   js. ganzes **Sinnen** und Trachten
richtet sich/war gerichtet auf/
geht auf/richtet sich darauf, etw.
zu tun *path*
js./js. ganzes/all mein/all
dein/. . . **Trachten** ist auf etw. ge-
richtet/geht auf/geht darauf aus,
etw. zu tun/. . . *path*
js. ganzes **Dichten** und Trachten
ist/war es, zu . . ./ist/war darauf
gerichtet, zu . . . *path*

12   das Examen/den Chefposten/. . .
vor **Augen** haben (und . . .)
den **Blick** (eisern/. . .) aufs Ziel
gerichtet etw. tun

13   ein (erstrebenswertes/gutes/. . .)
Ziel abgeben (für jn.)
ein ehrgeiziges **Vorhaben** sein

14   **Pläne** schmieden *ugs*

15   etw. von langer **Hand** planen/
vorbereiten

16   **Vorbereitungen** treffen (für etw.)
Vorkehrungen treffen (für etw.)

17   in weiser **Voraussicht** etw. tun
ugs

18   einen **Schlachtplan** entwerfen

19   ein **Komplott** schmieden

20   auf dem **Programm** stehen
auf dem **Plan** stehen

21   etw. aufs **Programm** setzen

22   (feste) **Form(en)** annehmen
(feste) **Gestalt** annehmen

23   e-r S. **Gestalt** geben

24   etw. brennt jm. auf der **Seele** *ugs*
es brennt jm. auf der **Seele**, etw.
zu tun *ugs*

25   auf etw. **hinauswollen**

26   darauf **ausgehen**, zu . . .
es darauf **angelegt** haben, zu . . .
es darauf **anlegen**, zu . . .
auf jn./etw. **aussein**

27 es **abgesehen** haben auf jn./etw.

28 (immer nur/. . .) seinen Vorteil/
Ruf/. . . im **Auge** haben
(immer nur/. . .) auf seinen Vor-
teil/Ruf/auf sich selbst/. . . **be-
dacht** sein

29 sich etw. in den **Kopf** setzen
sich etw. in den **Schädel** setzen
ugs

30 etw. mit (vollem) **Bewußtsein** tun
etw. mit (voller) **Absicht** tun

31 etw. nicht ohne/mit/mit viel **Be-
dacht** tun

32 (nicht) in js. **Absicht** liegen, zu
. . .

33 etw. in guter/bester/böser/. . .
Absicht tun

34 etwas/nichts Gutes/Böses/. . . im
Sinn haben
etwas/nichts Gutes/Böses/. . . im
Schilde führen

35 etw. mit **Vorbedacht** tun

36 etw./nichts ohne **Hintergedanken**
tun

37 etw. hat **Methode** *ugs*
in js. Vorgehen/. . . liegt **System**
ugs
wie j. vorgeht/. . ., das hat/(ist)
System *ugs*

38 **Sinn** und Zweck e-r S. ist . . ./ist
es, . . .
Ziel und Zweck seiner Reise/. . .
ist es, . . ./. . .

39 darauf **angelegt** sein, etw. zu be-
wirken/. . . *(Pläne)*

40 (nur) **Mittel** zum Zweck sein (für
jn.)
(jm.) als **Mittel** zum Zweck die-
nen
jn./etw. als **Mittel** zum Zweck
benutzen

41 der **Zweck** heiligt die Mittel

42 (noch/. . .) in **Versuchung** kom-
men/geraten, etw. zu tun

43 **versucht** sein, zu . . .
sich **versucht** fühlen, zu . . .

44 nahe **daran** sein, etw. zu tun
drauf und dran sein, etw. zu tun

45 (gerade/eben) im **Begriff** sein/
stehen, etw. zu tun

46 **dabei** sein, etw. zu tun

47 **Miene** machen, etw. zu tun

48 nicht von **ungefähr** . . .

49 aller **Voraussicht** nach . . .
nach menschlicher **Voraussicht**
. . .

50 **Wollen** und Können sind zweier-
lei

51 am **Ziel** seiner Wünsche (ange-
langt) sein

.

Dd 4 (noch) unentschlossen: hin- und hergerissen; nicht das Herz haben zu; in der Schwebe; weder kalt noch warm, weder hü noch hott

1 sich nicht/noch nicht/. . . **schlüs-
sig** sein (ob . . .)

2 etw. nochmal **überschlafen** wol-
len/müssen

3 (schwer) mit sich **ringen**
(noch/. . .) mit einem **Entschluß**
ringen

4 (innerlich) **hin-** und hergerissen
werden zwischen mehreren Plä-
nen/Wünschen/Gefühlen/. . .
ugs

5 nicht zu einem/zu keinem
Schluß kommen

6 **hin** und her gehen/laufen/über-
legen/raten/reden/werfen/. . .

7 es (nicht) über sich **bringen**, etw.
zu tun
es nicht über sich **gewinnen** (kön-
nen), etw. zu tun *selten*
(einfach) nicht das **Herz** haben,
etw. zu tun

8 eine Entscheidung/. . . in der
Schwebe halten
eine Entscheidung/. . . in der
Schwebe lassen

9 sich weitere **Schritte** vorbehalten
form

10 noch nicht **entscheidungsreif** sein

11 darüber/über etw. sind die **Akten**
noch nicht geschlossen

12 es/das/etw. ist (noch) in der
Schwebe

13 es/das/etw. bleibt in der **Schwebe**
sich in der **Schwebe** halten

14 über diese/in dieser Angelegen-
heit/darüber/. . . ist das letzte
Wort noch nicht gesprochen/(ge-
sagt)

15 in seinem Entschluß/seiner Ent-
scheidung . . . wankend **werden**

16 ins **Wanken** geraten *(Entschei-
dungen)*

17 jn. an/in seinem Entschluß/. . .
wankend **machen**

18 wir wollen/werden **sehen**

19 weder **kalt** noch warm sein *ugs*
nicht **kalt** und nicht warm sein
ugs
nicht **wissen**, ob man kalt oder
warm ist *ugs*
nicht **heiß** und nicht kalt sein *ugs*
weder **heiß** noch kalt sein *ugs*

20 zwar nicht **wissen**, was man will,
aber das ganz genau *ugs*

21 weder **hü** noch hott *ugs*
nicht **hü** und nicht hott *ugs*

22 der eine **schreit** hü, der andere
hott *ugs*
der eine **sagt** hü, der andere hott
ugs

23 es ist/gibt/. . . ein dauerndes/
ewiges/langes/. . . **Hin** und Her
(bis . . .)

24 nach langem/vielem/. . . **Hin** und
Her

25 **ja** und nein

Dd 5 Lösung (suchen), Rat (geben): Mittel und Wege suchen, finden; Ratschläge erbitten, geben, befolgen; einen anderen Weg gehen

1 sich die/eine **Tür** offenhalten
(für etw.)
die/eine **Tür** für etw. offenlassen
Türen für etw. offenlassen

2 **Mittel** und Wege finden/su-
chen/. . .
auf **Mittel** und Wege sinnen
nach **Mitteln** und Wegen su-
chen/. . .

3 es muß doch einen **Weg** geben,
wie . . ./. . .

4 einen **Punkt** noch klären

5 jn. um **Rat** fragen

6 sich bei jm. (einen) **Rat** holen

7 bei jm. **Rat** suchen

8 **Kriegsrat** halten *ugs*

9 j. wird (schon/...) **Rat** schaffen
   geh

10 immer/für alles/... **Rat** wissen
   geh

11 das erlösende **Wort** sprechen/fin-
   den/...
   auf den erlösenden **Einfall** kom-
   men

12 jn./einen Arzt/einen Rechtsan-
   walt/ein Lexikon/... zu **Rate** zie-
   hen

13 auf js. **Worte** hören

14 auf des **Meisters** Worte hören
   iron

15 auf js. **Rat** hin etw. tun

16 **Folge** leisten *(Anordnungen)*
   form

17 geschickt/... in der **Wahl** seiner
   Mittel sein

18 den **Hebel** an etw./an einem be-
   stimmten Punkt/... ansetzen
   (um etw. zu erreichen/...)

19 einen anderen/... (über einen
   anderen/...) **Weg** gehen

20 andere **Methoden** einschlagen
   neue **Wege** weisen

21 den **Knoten** auflösen/lösen/ent-
   wirren
   den gordischen **Knoten** (einfach)
   durchhauen/durchschlagen/zer-
   hauen *geh*

22 ich **hab's**!/er hat's!/... *ugs*

23 des **Rätsels** Lösung ist ...

24 das ist des **Rätsels** Lösung!
   das ist d i e **Lösung**!

25 das **Ei** des Kolumbus finden
   etw. ist das **Ei** des Kolumbus
   (j. meint/...) etw. ist der **Stein**
   der Weisen

26 (das/etw. ist) eine **Idee** von Schil-
   ler!

Dd 6 Wahl, Entschluß, Ent-
scheidung: zur Wahl stehen,
vor die Wahl stellen; sich
dazu durchringen zu ...;
eine Entscheidung treffen,
herbeiführen; (nicht gerade)
ein Mann von raschen Ent-
schlüssen sein; entweder ...
oder; in, außer Kraft

---

1 ein Buch/... seiner/nach freier
   Wahl (bekommen/...)
   jm. steht die **Wahl** frei, zu ...
   oder zu .../ob ... oder ...
   zur **Wahl** stehen
   zur **Auswahl** stehen

2 vor der **Wahl** stehen, (entweder)
   zu ... oder zu ...
   vor der **Entscheidung** stehen
   (entweder) zu ... oder zu ...

3 an einem/am **Scheideweg** stehen

4 jm. etw. zur **Wahl** stellen
   jm. etw. zur **Auswahl** stellen
   jn. vor die **Wahl** stellen, (entwe-
   der) zu ... oder zu ...

5 die **Gretchenfrage** stellen

6 in die engere/engste **Wahl** kom-
   men

7 der Kandidat/der Mann/die
   Frau/... meiner/ihrer/... **Wahl**

8 die **Waage** neigt sich (eher/...)
   zu dieser/... Seite *geh*
   das **Zünglein** an der Waage sein/
   bilden
   wenn es nach mir/ihm/Tante
   Hanna/... **ging(e)**, dann ...

9 sich einen **Stoß** geben
   sich einen **Ruck** geben *ugs*
   seinem **Herz(en)** einen Stoß ge-
   ben

10 sich dazu **durchringen**, etw. zu
   tun

11 seinen inneren **Schweinehund** be-
   kämpfen/überwinden *ugs*

12 sein **Herz** über die Hürde werfen

13 den **Rubikon** überschreiten *geh*

14 einen **Entschluß** fassen

15 einen **Beschluß** fassen

16 eine/die **Wahl** treffen

17 die/js. **Wahl** fällt auf jn./etw.

---

18 eine **Entscheidung** fällen/treffen

19 über js. **Kopf** hinweg entschei-
   den/...

20 jn. vor vollendete **Tatsachen** stel-
   len

21 das/etw. ist js. letztes **Wort**
   die **Würfel** sind gefallen

22 (schon/...) (längst/...) beschlos-
   sene **Sache** sein

23 vor vollendete **Tatsachen** gestellt
   werden
   vor vollendeten **Tatsachen** stehen

24 es kommt zum **Schwur**

25 den **Ausschlag** geben

26 ein/kein **Mann** von raschen Ent-
   schlüssen sein

27 mit Ja/Nein **stimmen**

28 etw. von **Fall** zu Fall entschei-
   den/regeln/...

29 **eins** tun und das andere nicht las-
   sen
   beides tun

30 (und/aber/...) wenn es zum
   Schwur kommt
   im entscheidenden **Moment** ...

31 wer die **Wahl** hat, hat die Qual
   ugs

32 da gibt's (doch/...) kein langes
   Hin und Her!
   da/dann/jetzt/... **heißt** es ent-
   weder – oder!
   entweder ... oder!
   ent oder weder! *ugs*
   hü oder hott! *ugs*

33 (nun/jetzt) **komm'** (schon)! *ugs*

34 **Vogel**, friß oder stirb! *ugs*

35 »**Kopf** oder Schrift?« *ugs*

36 (das macht/...) der eine **so** (und)
   der andere so

37 entweder **so** oder so!

38 etw. in **Kraft** setzen

39 in **Kraft** treten
   in **Kraft** sein

40 in **Kraft** bleiben

41 außer **Kraft** treten

42 etw. außer **Kraft** setzen

43 etw. außer **Kurs** setzen

44 etw. vom **Programm** absetzen/
   streichen

45 bis auf **Widerruf** gültig sein/... *form*

46 etw. am grünen **Tisch**/vom grünen Tisch aus festlegen/regeln/erledigen/...

47 in einer Organisation/... **Sitz** und Stimme (nur/bloß) (eine) beratende **Stimme** haben (in .../bei .../...) (nur/bloß) (eine) beratende **Funktion** haben (in .../bei .../...)

48 viele **Wege** führen nach Rom

Dd 7 zur Tat schreiten, handeln: Maßnahmen ergreifen; Ernst machen; nicht lange fackeln

1 **Maßnahmen** ergreifen (für/gegen jn./etw.)

2 die nötigen/einschlägigen/... **Schritte** veranlassen (damit etw. geregelt wird/...)

3 die nötigen/einschlägigen/... **Schritte** tun/unternehmen/einleiten (um etw. zu erreichen/damit etw. geregelt wird/...)

4 diplomatische **Schritte** einleiten (um/...) *form*

5 **Ernst** machen (mit etw.) jetzt wird's/dann wird's **ernst** *ugs*

6 zur **Tat** schreiten seine Drohungen/... **wahrmachen** Gedanken/Pläne/... in die **Tat** umsetzen Gedanken/Pläne/... in die **Wirklichkeit** umsetzen

7 **Nägel** mit Köpfen machen

8 seinen **Worten** Taten folgen lassen seine Worte/... durch die **Tat** beweisen seine Worte/... durch **Taten** beweisen

9 seines **Amtes** walten *iron*

10 vorsichtig/behutsam/... zu **Werke** gehen

11 (nicht) zum **Zug(e)** kommen

12 wahr **werden**

13 ohne viel **Gerede** etw. tun *ugs*

14 (keine langen/nicht viel/...) **Umstände** machen (mit jm.) (bei etw.) nicht (erst) lange **fackeln** (mit jm.) (bei/mit etw.) *ugs*

15 kurz **entschlossen** etw. tun

16 etw./die Sache/die Leitung/... (selbst) in die **Hand** nehmen

17 das **Gesetz** des Handelns an sich reißen

18 zur **Selbsthilfe** greifen

19 (nicht) zum **Zug(e)** kommen

20 (all) js. **Tun** und Lassen (all) js. **Tun** und Treiben

21 (nun/jetzt) laßt/... mal endlich **Taten** sehen *ugs* genug der **Worte**! (jetzt wollen wir/... Taten sehen/...) *path iron*

22 das/etw. wird **so** und nicht anders gemacht/...

23 das/etw. wird nun einmal/mal **so** gemacht/... (und nicht anders)

24 **gesagt**, getan

25 das **Werk** meiner/deiner/... Hände *path*

26 ein **Mann** der Tat sein

27 **reden** und tun ist zweierlei

Dd 8 ungeplant: auf's Geratewohl, aus Zufall, nach Gutdünken, aus Versehen

1 aus dem **Stegreif** eine Rede halten/singen/etw. vortragen/...

2 aufs **Geratewohl** etw. tun auf gut **Glück** etw. tun (einfach) **drauflos** reden/schreiben/fahren/handeln/...

3 etw. (nur so/...) auf **Verdacht** tun *ugs*

4 ins **Blaue** hinein handeln/planen/reden/...

5 ins **Blaue** hinein schießen **Löcher** in die Luft knallen *ugs* **Löcher** in die Luft schießen *ugs*

6 etw. dem **Zufall** überlassen es drauf/darauf/auf etw. **ankommen** lassen

7 (dann müssen wir/...) an den **Knöpfen** abzählen/(zählen) *ugs*

8 aus **Zufall** an etw. kommen/...

9 der **Zufall** wollte es, daß ... (und) wie es der **Zufall** (manchmal) (so) will (und) wie das **Schicksal** so spielt (und) wie das **Leben** so spielt da hat der **Zufall** seine Hand im Spiel (gehabt)

10 aus einer **Laune** des Schicksals heraus (kam es dann dahin/...)

11 etw. regeln/..., wie es gerade **kommt**

12 auf gut **Glück** geraten

13 etw. ist mir/ihm/dem Peter/... (auch/schließlich/...) nicht an der **Wiege** gesungen worden *iron*

14 zu etw. kommen wie die **Jungfrau** zum Kind *ugs*

15 **ernten**, ohne gesät zu haben

16 in sein **Glück** hineinstolpern

17 ein blindes **Huhn** findet auch mal ein Korn *ugs*

18 wie's **kommt**, so kommt's/(es)

19 anders **kommen** (als man will/als man meint/...)

20 erstens **kommt** es anders, zweitens als man denkt *ugs* erstens **kommt** es, zweitens anders, drittens als man denkt *ugs*

21 die **Launen** des Glücks/Zufalls

22 ein **Spiel** der Natur eine **Laune** der Natur

23 der/die/das **erstbeste**/erste beste der/die/das **nächstbeste**/nächste beste

24 etw. nach **Gefühl** tun

25 seinem ersten **Gefühl** folgen

26 tun, was jm. (gerade) in den **Sinn** kommt etw. sagen/reagieren/..., wie es einem (gerade) in den **Sinn** kommt tun, was jm. (gerade) in den **Kopf** kommt etw. sagen/reagieren/..., wie es einem (gerade) in den **Kopf** kommt

27 nach **Gutdünken** (die Dinge regeln/...)

28 (ganz) aus **Versehen** etw. tun/ge-
schehen
ohne es zu **wollen**, etw. tun/ge-
schehen

29 ohne **Bedacht** etw. tun *selten*

30 **gewollt** oder ungewollt

Dd 9 Anlaß, Grund

1 **Anlaß** (dazu) geben, zu . . ./daß
. . .
Veranlassung (dazu) geben, zu
. . ./daß . . .

2 jm. eine **Handhabe** bieten/(ge-
ben), (um) etw. zu tun

3 jm. als **Handhabe** dienen für
etw./(um) etw. zu tun

4 dem Verdacht/der Kritik/. . .
(neue) **Nahrung** geben

5 viel **Stoff** zum Witzeln/Lachen/
Reden/Überlegen/. . . geben

6 (jm.) das **Stichwort** geben/lie-
fern (zu etw.) (mit etw.)

7 etw. zum **Anlaß** nehmen, etw. zu
tun

8 sich veranlaßt **sehen**, etw. zu tun

9 sich bemüßigt **sehen**, etw. zu tun

10 das/etw. ist **Anlaß** genug (für jn.),
(um) zu . . .
nicht ohne **Grund** etw. tun
das/etw. ist **Grund** genug (für
jn.), (um) zu . . .

11 seine **Gründe** für etw. haben

12 allen **Grund** haben, etw. zu tun
seinen guten **Grund** haben, etw.
zu tun
aus gutem **Grund** etw. tun
aus guten **Gründen** etw. tun
allen **Anlaß** haben, etw. zu tun
berechtigte **Gründe** haben, anzu-
nehmen/. . .

13 zwingende **Gründe** halten jn. von
etw. ab/verbieten es, etw. zu
tun/. . .

14 eine Theorie/. . . findet (in der
Praxis/. . .) keine/ihre/eine **Stüt-
ze**

15 keinen **Grund** zum Klagen/Wei-
nen/. . . haben

16 keine **Handhabe** haben für etw./
(um) etw. zu tun

17 aus dem einfachen **Grund** etw.
tun, weil/daß . . .
aus dem einfachen und schlich-
ten **Grund** etw. tun, weil/daß . . .
ugs
aus dem kühlen **Grund** etw. tun,
weil/daß . . . *ugs*

18 es **liegt** an jm./etw./daran, daß
. . .
es/das **kommt** daher/davon, daß
. . .

19 ipso **facto** *geh*

20 e-r S. **zugrundeliegen**

21 etw. e-r S. **zugrundelegen**

22 nach dem **Warum** und Wieso/
Weshalb fragen

23 **warum** und wieso/weshalb
wie **kommt** es/das, daß . . .?
wie **kommt** er/der Peter/. . .
(denn) dazu, zu behaupten/zu
der Behauptung/. . .?

24 die **Quelle** allen Übels sein
der **Grund** allen Übels ist/. . .
die **Wurzel** allen Übels ist/. . .

25 das/etw. hat so seine **Gründe**

26 aus **Gründen** der Vorsicht/Klug-
heit/Sparsamkeit/. . .

27 das **macht** das Wetter/die Hit-
ze/. . .

28 das **kommt** davon! *ugs*

29 wenn dem so **ist**, dann . . ./. . . *ugs*
(ah/. . .) wenn das so **ist**, dann
. . ./. . .

30 es **sei** denn, daß . . .

31 . . .(und) **sei** es auch nur, um/
weil/wegen/. . .

32 **Ursache** und Wirkung ausein-
anderhalten/verwechseln/. . .

Dd 10 Wirkung, Folge; Fol-
gerung

1 **Eindruck** machen (auf jn.) (mit
etw.)

2 etw./(j.) ist nicht/ganz dazu
angetan, zu . . ./jn. zu veranlas-
sen/etw. zu bewirken/. . .

3 nicht ohne **Folgen** bleiben

4 seine **Wirkung** tun
seine **Wirkung** nicht verfehlen
eine unerwartete/. . . **Wirkung**
haben/zeitigen/(zeigen/. . .)

5 etw. zur **Folge** haben
Konsequenzen haben
etw. mit sich **bringen**

6 Folgen/. . . nach sich **ziehen**
etw. im **Gefolge** haben *form*

7 seinen **Niederschlag** finden in
etw.

8 nicht lange auf sich **warten** lassen
(Nachwirkungen)

9 (nicht) zum **Tragen** kommen *(Fä-
higkeiten, Aufwand, Energie) ugs*

10 seine **Früchte** tragen *(Fleiß)*

11 die **Früchte** seiner Arbeit/An-
strengungen/. . . ernten *path*

12 die **Saat** geht auf/ist aufgegangen
geh

13 jm. wie eine reife **Frucht** in den
Schoß fallen

14 (seine) **Kreise** ziehen
weite **Kreise** ziehen

15 ein (gerichtliches/trauriges/üb-
les/. . .) **Nachspiel** haben
etw. wird (noch) ein (gerichtli-
ches/trauriges/übles/. . .) **Nach-
spiel** geben

16 j. wird etw./etw. Unangenehmes/
die Folgen seines Leichtsinns/. . .
(schon) noch zu **spüren** bekom-
men *ugs*

17 **Wunder** wirken (bei jm.)

18 das/etw. **zieht** (bei jm.) *(Drohun-
gen) ugs*

19 der **Knalleffekt** (bei e-r S.) ist der,
daß . . . *ugs*

20 etw. zum **Tragen** bringen *ugs*

21 keine/keinerlei/. . . **Wirkung** ha-
ben/zeitigen/(zeigen/. . .)
zu nichts **führen**

22 ohne **Wirkung** bleiben

23 nicht zum **Ziel** führen *(Metho-
den)*

24 diese **Karte** sticht heute/hier/in/
bei/. . . nicht (mehr)

25 einen **Schluß** aus etw. ziehen

26 **Folgerungen** ziehen (aus etw.)

27 die **Konsequenzen** ziehen (aus
etw.)

134

28 ist das der ganze **Segen**? *ugs*

29 wohin soll das **führen**?

30 eins **führt** zum andern

31 kleine **Ursache**, große Wirkung

32 der **Weisheit** letzter Schluß ist, daß . . ./»(und) der Weisheit letzter Schluß: daß der Mensch was lernen muß« *iron*

33 (und) die **Moral** von der Geschichte ist: . . .
und die **Moral** von der Geschicht': . . . *(auf Reim endend)*

Dd 11 Verantwortung, Sorge, Last: die Folgen tragen; geradestehen (müssen) für; jm. die Schuld in die Schuhe schieben; Verantwortung auf sich laden, am Hals haben, zur Last fallen, auf js. Schultern laden

---

1 es/das/etw. ist js. freier **Wille** (daß . . .)

2 auf eigene **Faust** handeln/etw. tun
auf eigene **Kappe** handeln/etw. tun *ugs*

3 auf eigenes **Risiko** handeln/etw. tun

4 die **Konsequenzen** ziehen (müssen)

5 die **Folgen** tragen (für etw.)
die **Konsequenzen** tragen (für etw.)

6 etw. (vertrauensvoll/. . .) in js. **Hände** legen *form*

7 die **Verantwortung** für (jn./etw.) übernehmen
die **Verantwortung** für jn./etw. haben/tragen
für etw. verantwortlich **zeichnen** *form*

8 für etw. **gradestehen**/geradestehen (müssen)

9 etw. auf seine (eigene) **Kappe** nehmen *ugs*
etw. auf seinen **Buckel** nehmen *ugs selten*

10 auf js. **Rechnung** gehen
auf js. **Kappe** gehen *ugs*
auf js. **Kappe** kommen *ugs*
auf js. **Konto** gehen *ugs*

11 jn. verantwortlich **machen** (für etw.)

12 jm. etw. (nicht) zur **Last** legen (können)

13 jn. zur **Rechenschaft** ziehen von jm. **Rechenschaft** fordern/verlangen

14 jn. (mal ernsthaft/. . .) ins **Verhör** nehmen *iron*
ein **Verhör** mit jm. anstellen *(oft iron.)*

15 (jm.) (gegenüber) **Rechenschaft** ablegen/geben über etw.

16 die **Schuld** auf jn./etw. abwälzen
die **Schuld** auf jn./etw. schieben *ugs*
jm. die **Schuld** zuschieben *ugs selten*

17 jm. etw./die Schuld/die Verantwortung/. . . in die **Schuhe** schieben *ugs*

18 sich hinter jm./etw. **verstecken** *ugs*

19 jm. (keine) **Rechenschaft** schuldig sein (über etw.)

20 ich **stehe**/er steht/. . . für nichts

21 (und) dann/jetzt/. . . will es keiner/(niemand) **gewesen** sein! *ugs*

22 für etw. **Sorge** tragen

23 eine **Last** auf sich nehmen
sich Mühe/Unannehmlichkeiten/. . . auf den **Hals** laden *ugs*

24 (eine) schwere **Verantwortung** auf sich laden (mit etw.)

25 sich (doch nicht/. . .) einen **Klotz** ans Bein binden *ugs*

26 auf js. **Schultern** lasten/liegen/ruhen *(Verantwortung) path*

27 die ganze **Schwere** der Verantwortung lastet auf jm./js. Schultern
schon genug/. . . auf dem/seinem **Buckel** haben *ugs*
jn./etw. am **Hals** haben *ugs*
jn. auf dem **Hals** haben *ugs*
schon genug am **Hals** haben *ugs*

28 an etw. schon **genug** haben
mit etw. schon **genug** zu tun/kämpfen/. . . haben

29 jn. am **Bein** haben

30 einen **Klotz** am Bein haben *ugs*

31 etw. auf dem **Buckel** haben

32 jm. zur **Last** fallen
jm. zur **Last** werden *selten*

33 sich und ander(e)n eine **Last** sein

34 für jn. (wie) ein **Klotz** am Bein sein *ugs*

35 jm. eine schwere **Last** auf die Schultern laden *path*
jm. Mühe/Unannehmlichkeiten/. . . auf den **Hals** laden *ugs*
ein **Joch** auf js. Schultern legen *path*

36 jn./etw. auf den **Hals** kriegen

37 jm. (nicht) zur **Last** fallen (wollen)

De 1 aufmerksam, bei der Sache

---

1 bei der **Sache** sein

2 ganz **Auge** sein

3 ganz **Auge** und ganz Ohr sein

4 ganz **Ohr** sein

De 2 unaufmerksam, zerstreut

---

1 die/seine **Gedanken** nicht zusammen/beisammen haben *ugs*
die/seine **Gedanken** nicht zusammenhalten (können) *ugs*
mit seinen **Gedanken** (immer/ganz) woanders sein/seine . . . haben

2 ein (richtiger/. . .) zerstreuter **Professor** sein *ugs*

3 nicht bei der **Sache** sein

4 nur mit halbem **Herzen** dabei sein/bei der Sache sein

5 geistig **weggetreten** sein *ugs*
weit **wegsein** *ugs*

6 (ganz) in **Gedanken** sein/etw. tun
(ganz) in **Gedanken** versinken
ganz in **Gedanken** verloren sein
ganz in **Gedanken** versunken sein
ganz im **Tran** etw. tun *ugs*

7 vor sich **hindösen** *ugs*

8 mit offenen **Augen** träumen/schlafen *ugs*

9 j. **träumt** zuviel *ugs*

10 wo du/sie/der Emil/... nur (immer) deinen/ihren/seinen/... **Kopf** hast/hat/...! *ugs*

11 (na,) **ausgeschlafen**? *ugs*
    guten **Morgen**! *ugs*

12 kein **Augenmerk** geben *geh*

13 nur/bloß mit halbem/(einem halben) **Ohr** dabei sein/zuhören

14 ein **Loch** in die Luft gucken/starren/stieren *ugs*
    Löcher in die Luft gucken/starren/stieren *ugs*
    da herumstehen und/herumsitzen und/... in die **Luft** starren/stieren/gucken *ugs*
    den **Mond** anstarren/anstieren *ugs*

15 bei dem Krach/... kann man/... keinen **Gedanken** fassen

De 3 Wille, Ausdauer

1 einen eigenen **Willen** haben

2 ein eiserner **Wille**

3 **Zug** haben *ugs*

4 **Stehvermögen** haben

5 einen langen **Atem** haben

6 (viel/...) (innere) **Reserven** haben

7 **Wollen** und Können sind zweierlei

De 4 disziplinlos, ohne Ausdauer

1 (gar/überhaupt) keinen eigenen **Willen** haben

2 nicht genug/... **Zug** haben *ugs*

3 keine/... **Disziplin** in den Knochen haben *ugs*

4 ein Mensch/... ohne **Saft** und Kraft sein
   ein **saft**- und kraftloser Mensch/...
   kein **Mark** in den Knochen haben
   keinen (rechten) **Mumm** (in den Knochen) haben *ugs*

5 sich **treiben** lassen

6 so **dahinleben**

7 nur/... für den **Tag** leben

8 einen kurzen **Atem** haben

9 jm. geht der **Atem** aus
   jm. geht die **Luft** aus
   jm. geht die **Puste** aus *ugs*

10 der **Geist** ist willig (aber das Fleisch ist schwach)

11 reiß deine/die **Knochen** zusammen! *ugs*

De 5 Linie, Konsequenz

1 **Rückgrat** haben
   ein Mensch/eine Frau/... mit **Rückgrat** sein

2 **Linie** haben

3 eine **Linie** haben/verfolgen

4 nicht für halbe/halbherzige **Lösungen** sein
   keine halben **Sachen** machen

5 wer A sagt, muß auch B sagen

De 6 zielstrebig, unbeirrbar

1 dem **Ruf(e)** seines Herzens folgen *path*

2 seinen **Weg** (genau/klar/...) vor sich sehen

3 (genau/...) **wissen**, was man will

4 (unbeirrt/...) seinen **Weg**/(seines Weges) gehen

5 seinen **Weg** machen

6 sich nicht von seinem **Weg** abbringen lassen
   sich in seinem Entschluß/Vorsatz/... nicht **irremachen** lassen
   an seinem Entschluß/Vorsatz nicht irre **werden**

7 nicht (nach) links und nicht (nach) rechts/nicht (nach) rechts und nicht (nach) links/weder (nach) rechts noch (nach) links **schauen**/sehen/gucken/blicken
   ohne Umwege/... auf sein **Ziel** zusteuern

8 mit vollen **Segeln** auf ein/sein Ziel lossteuern/zusteuern/losgehen/... *ugs*

9 j. wird seinen **Weg** (schon) machen

10 es dahin **bringen**, daß ...
    es so weit **bringen**, daß ...

11 sein **Ziel** erreichen
    (endlich/...) am **Ziel** angelangt sein

De 7 ehrgeizig

1 der **Stachel** des Ehrgeizes treibt jn. (etw. zu tun) *(oft iron.)*

2 hoch hinaus/(obenhinaus) **wollen**

3 hochfliegende **Pläne** haben

4 js. **Sinn** steht nach Höherem *(oft iron.)*

5 zu **Höherem** geboren sein *(oft iron.)*

De 8 hartnäckig; auf jeden Fall

1 nicht müde **werden**, etw. zu tun
   nicht **ruhen** und nicht rasten, bis man etw. erreicht/...

2 nicht **lockerlassen**

3 am **Ball** bleiben *ugs*

4 js. Geduld/Widerstandskraft/... auf die/auf eine harte/... **Probe** stellen

5 in jedem **Fall**
   auf jeden **Fall**
   da kann **kommen**, was will
   ganz gleich/egal, was **kommt**
   da kann **passieren**, was will
   ganz gleich/egal, was **passiert**
   komme/geschehe, was da **wolle** *geh*
   unter allen **Umständen**
   koste es, was es wolle
   um jeden **Preis**
   um alles in der **Welt**

6 (viel/...) (innere) **Reserven** haben
   ... und wenn die **Welt** dabei untergeht *ugs*
   und wenn der ganze **Schnee** verbrennt: *ugs*

7 aber **eisern**! *ugs*

8 wie's **kommt**, so kommt's/(es)

De 9 eigensinnig, stur, rechthaberisch

1 sich von jm. (doch) keine **Vorschriften** machen lassen

2 sich (von jm.) nichts **sagen** lassen
sich von niemandem/keinem/... etwas **sagen** lassen

3 immer/... **Recht** behalten/haben wollen

4 immer/... das letzte **Wort** haben/behalten wollen/müssen
j. muß immer/... seinen **Willen** haben/kriegen

5 (immer/...) seinen **Willen** durchsetzen/(durchkriegen) (wollen/müssen)
(immer/...) auf seinem **Willen** beharren/bestehen
(immer/...) auf seinem **Kopf** beharren/bestehen
(immer/...) seinen **Kopf** durchsetzen wollen/müssen/...

6 einen starren/unbeugsamen/störrischen **Nacken** haben ugs

7 nach seinem (eigenen) **Kopf** handeln/...
nach seinem (eigenen) **Schädel** handeln/... ugs
(nur/immer/...) nach seiner eigenen **Nase** handeln ugs

8 es/etw. muß (immer/...) nach js. **Willen** gehen
es/etw. muß (immer/...) nach js. **Kopf** gehen

9 (immer/mal wieder/...) seinen **Dickkopf** durchsetzen (müssen/wollen) ugs

10 seinen **Dickkopf** aufsetzen ugs
seinen **Trotzkopf** aufsetzen ugs

11 einen dicken **Kopf** haben
einen dicken **Schädel** haben ugs
einen harten **Schädel** haben ugs

12 einen **Dickkopf** haben ugs
ein **Dickkopf** sein ugs
einen **Dickschädel** haben ugs
ein **Dickschädel** sein ugs

13 stur wie ein **Bock** sein ugs
ein sturer **Bock** sein ugs
stur wie ein **Esel** sein ugs
störrisch wie ein **Esel** sein ugs
störrisch wie ein **Maulesel** sein ugs
stur wie ein **Panzer** sein ugs
(immer/...) mit dem **Kopf** durch die Wand müssen/gehen/wollen

ugs
(immer/...) mit dem **Schädel** durch die Wand müssen/gehen/wollen *ugs*

14 **verbohrt** sein *ugs*

15 du wirst dir/der Walter wird sich/... noch den **Schädel** einrennen *ugs*

16 sich (vergeblich) den **Schädel** einrennen (bei jm.) *ugs*

17 (immer/...) gegen die **Vernunft** anrennen (wollen) *ugs*

18 kein **Einsehen** haben

19 bei seiner **Meinung** bleiben
nicht von seiner **Meinung** abzubringen sein

20 (felsenfest/steif und fest) auf seiner **Meinung** beharren
auf seinem/einem **Standpunkt** bestehen
auf seinem/einem **Standpunkt** beharren/verharren

21 sich auf etw. **versteifen**

22 sich in etw. **verbohren** *ugs*

23 nicht um (eine) **Haaresbreite** zurückweichen/von der Stelle weichen/...
keinen **Fußbreit** zurückweichen/von der Stelle weichen

24 keine zehn **Pferde** bringen jn. von der Stelle/da weg/... *ugs*

25 auf sein **Recht** pochen

26 auf einem **Prinzip** herumreiten *ugs*
auf **Prinzipien** herumreiten *ugs*
(immer wieder/...) **Prinzipien** reiten *ugs*
ein **Prinzipienreiter** sein *ugs*

27 mit jm. ist (einfach/...) nicht zu **reden**

28 eine fixe **Idee**

29 des **Menschen** Wille ist sein Himmelreich *ugs*

De 10 Vernunft annehmen

1 (wieder) zur **Besinnung** kommen
(wieder) zu sich **kommen**
Vernunft annehmen
zur **Vernunft** kommen
zur **Einsicht** kommen

2 ein **Einsehen** haben

3 endlich/... seine fünf **Sinne** zusammennehmen und ... *ugs selten*

4 jn. (wieder) zur **Besinnung** bringen
jn. (wieder) zur **Vernunft** bringen
jn. (wieder) zur **Räson** bringen *geh*
jn. (wieder) zu sich **bringen**

5 etw. mit **Verstand** tun
etw. mit **Sinn** und Verstand tun

6 das hat dir/das hat ihm/... dein/sein/... guter **Engel** eingegeben *ugs*

7 ich bin doch nicht/der ist doch nicht/... von **Sinnen**!
ich bin doch nicht/der ist doch nicht/... **verrückt**! *ugs*

8 der gesunde **Menschenverstand**

De 11 alle Hände voll zu tun haben

1 (viel/...) (in/bei/...) zu **tun** haben (mit jm./etw.)

2 (feste/anständig/...) ran **müssen** *ugs*

3 sehr **angespannt** sein

4 alle **Hände** voll zu tun haben (mit etw.)

5 bis über beide **Ohren** in Arbeit stecken *ugs*

6 nicht mehr **wissen**, was oben und (was) unten ist/was unten und (was) oben ist *ugs*
nicht mehr **wissen**, was/wo rechts und (was/wo) links ist/was/wo links und (was/wo) rechts ist *ugs*

7 jm. über den **Kopf** wachsen *(Arbeit, Probleme)*

8 immer/ständig/... auf (dem) **Trab** sein *ugs*

9 von früh auf/den ganzen Tag/... auf den **Beinen** sein

10 (immer/schon/...) auf dem **Sprung** stehen/sein (müssen)

11 jn. (immer/...) in **Atem** halten
jn. (dauernd/...) in/auf **Trab** halten *ugs*

12 sich um jeden **Kram** (selbst)
kümmern (müssen) *ugs*
sich um jeden **Dreck** (selbst)
kümmern (müssen) *vulg*
sich um jeden **Scheißdreck**
(selbst) kümmern (müssen) *vulg*

13 j. hat den **Kopf** mit seinen eige-
nen/... Dingen/Problemen/...
voll (so daß er nicht helfen/...
kann/...)

14 der/mein **Tag** hat (auch) nur 24
Stunden

De 12 Arbeit und Beruf: sich hinter eine Arbeit machen; sich dumm und dämlich arbeiten; etw. ist die reinste Schinderei; in der Mühle; sich sein Brot (sauer) verdienen (müssen); ein Rädchen im Getriebe sein

1 etw. zur **Hand** nehmen

2 sich an etw. zu **schaffen** machen
sich mit etw. zu **schaffen** machen
sich zu **schaffen** machen in/bei/
als/...

3 sich hinter eine/seine Arbeit/
Aufgabe/Übersetzung/... **ma-
chen**

4 etw. (gerade) in der **Mache** haben
ugs
eine Arbeit/... unter den **Hän-
den** haben
eine Arbeit/... unter der **Hand**
haben
etw. in **Arbeit** haben

5 in **Arbeit** sein

6 seine **Arbeit** machen

7 gründliche **Arbeit** leisten

8 **Tag** und Nacht arbeiten/
üben/...

9 arbeiten/schuften/... was das
Zeug hält
arbeiten/schuften/... daß es nur
so **kracht** *ugs*
arbeiten/rangehen/... daß die
Späne (nur so) fliegen *ugs*
arbeiten/schuften/... daß/bis
die **Schwarte** kracht *ugs*
rangehen wie **Blücher** *ugs*

10 für drei/fünf/zehn **arbeiten**

11 sich krumm und bucklig **arbeiten**
ugs

sich krumm und bucklig **schaffen**
ugs
sich dumm und dämlich **arbeiten**
ugs
sich **kaputtarbeiten** *ugs*
sich zu **Tode** arbeiten/schuf-
ten/...

12 arbeiten/schuften/... wie ein
Berserker *ugs*
arbeiten/schuften/... wie ein
Pferd *ugs*
arbeiten/schuften/... wie ein
Ochs(e) *ugs*
arbeiten/schuften/... wie ein
Galeerensklave *ugs selten*

13 arbeiten/..., bis jm. der **Kopf**
raucht
arbeiten/..., bis jm. die **Köpfe**
rauchen

14 emsig/fleißig wie eine **Biene** sein
ugs

15 jm. wird (aber/auch) (gar) nichts
geschenkt!

16 das/etw. hält kein **Pferd** aus *ugs*
das/etw. ist reine/reinste
Schinderei
das/etw. ist reine/reinste **Men-
schenschinderei**
das/etw. ist (ja) der reinste
Selbstmord! *ugs*
das/etw. ist (ja) die reinste
Knochenarbeit! *ugs*
das/etw. ist (ja) die reinste
Knochenmühle! *ugs*

17 (sich) seinen **Lebensunterhalt**
selbst verdienen (müssen)
(sich) sein **Brot** selbst verdienen
(müssen) *geh*
von seiner **Hände** Arbeit leben
form

18 j. findet sein/das **Geld** (ja/doch/
auch/...) nicht auf der Straße
ugs

19 sich seinen **Lebensunterhalt**
sauer verdienen (müssen)
(sich) sein **Geld** sauer verdienen
müssen
(sich) seine **Pfennige** sauer ver-
dienen müssen *ugs*
(sich) seine **Kröten** sauer verdie-
nen müssen *ugs*
(sich) sein **Brot** sauer/(bitter) ver-
dienen müssen
ein hartes/saures/schweres **Brot**
(für jn.) sein/(etw. zu tun/etw. zu
sein) *path*

20 (sich) sein **Brot** im Schweiße sei-
nes Angesichts verdienen *geh*

21 gerade/nur/... sein täglich(es)
Brot verdienen *geh*

22 nicht seinen **Mann** (er)nähren
(Beschäftigung, Arbeit) form

23 der **Boden** ist mit dem Schweiße
ganzer Generationen/zahlrei-
cher Geschlechter/unzähliger
Menschen/... getränkt *path*
die **Erde** ist mit dem Schweiße
ganzer Generationen/zahlrei-
cher Geschlechter/unzähliger
Menschen/... getränkt *path*

24 bleib(e) im **Land** und nähre dich
redlich *(oft iron.)*

25 in die **Mühle** (der Verwaltung/
der Ämter/...) geraten/kom-
men

26 sehr **eingespannt** sein
in der **Mühle** stecken/sein *ugs*
in der **Tretmühle** stecken/ste-
hen/sein *ugs*

27 jn. (regelrecht/...) durch die
Mühle drehen *ugs*

28 (nur/...) ein **Rad** im Getriebe
sein
(nur/...) ein **Rädchen** im Getrie-
be sein

29 die tägliche **Tretmühle**

30 immer/... im gleichen **Schritt**
und Tritt gehen/arbeiten/...

De 13 sich anstrengen: einen Versuch machen; sich ordentlich ins Zeug legen, alles dransetzen, sein Letztes geben; auf Hochtouren sein; mit aller Macht; es geht hart auf hart; es geht ums Ganze

1 es/etw. auf einen/den **Versuch**
ankommen lassen
(wenigstens/...) einen **Versuch**
machen

2 sich an Bachs Sonaten/... **versu-
chen** *(oft iron.)*

3 er/sie/der Peter/... will/
kann/... es (mal/...) mit jm.
versuchen

4 mit jm./etw. eine **Probe** machen
etw. (noch/...) zur **Probe** ma-
chen
etw. auf **Probe** machen

5 es/etw. kommt auf einen/den
Versuch an

6 (ein) **Versuchskaninchen** sein (für jn.) *ugs*
(ein) **Versuchskarnickel** sein (für jn.) *ugs*

7 du solltest dich/er sollte sich/du mußt dich/er muß sich/... (schon/...) (ein bißchen/...) **rühren** *ugs*

8 ein bißchen/... guter **Wille** gehört (schon/natürlich/...) dazu (etw. zu tun)

9 seinen inneren **Schweinehund** bekämpfen/überwinden *ugs*

10 einen **Anlauf** nehmen

11 etwas/... dafür/für die Sache/... **tun**

12 sich etw. **angelegen** sein lassen *form*

13 sich die **Mühe** machen, etw. zu tun/und etw. tun
sich **Mühe** geben/machen (mit jm./etw.)

14 sich **dahintersetzen** *ugs*
sich **dahinterklemmen** *ugs*
sich **dahintermachen** *ugs*

15 sich (ordentlich/anständig/...) ins **Zeug** legen (für jn./etw.)
sich (ordentlich/anständig/...) ins **Mittel** legen (für jn./etw.) *selten*
sich (kräftig/...) in die **Riemen** legen (für jn./etw.) *ugs*
sich (kräftig/...) in die/ins **Ruder** legen (für jn./etw.) *ugs selten*
sich (ordentlich/anständig/...) ins **Geschirr** legen (für jn./etw.) *ugs selten*

16 **Schwung** hinter die Arbeit/... setzen

17 sich (anständig/...) auf den/seinen **Hosenboden** setzen *ugs*

18 das **Äußerste** aus sich herausholen
das **Letzte** aus sich herausholen

19 nichts unversucht **lassen**
sein **Möglichstes** tun
sein **Menschenmögliches** tun
das/alles **Menschenmögliche** tun

20 das **Äußerste** versuchen
alles versuchen
alles tun/versuchen/dransetzen/..., was in seiner **Macht** steht

21 sein **Äußerstes** tun

22 alles **daransetzen**
alles **dransetzen**

23 aufs **Ganze** gehen

24 alle **Hebel** in Bewegung setzen

25 **Himmel** und Hölle in Bewegung setzen
Himmel und Erde in Bewegung setzen

26 sich förmlich **verrenken**, um etw. zu erreichen/... *ugs*
sich die/sämtliche **Beine** ausreißen (für jn./wegen etw.) *ugs*
sich (fast) **umbringen** für jn./wegen etw. *ugs*

27 für etw. ist jm. nichts zu **schade**

28 sich eine Arbeit/... sauer **werden** lassen

29 seinen ganzen **Ehrgeiz** daran-/dransetzen, etw. zu tun

30 weder **Kosten** noch Mühen scheuen (um etw. zu lösen/...)

31 eine verzweifelte **Anstrengung** machen, zu ...
einen verzweifelten **Versuch** machen, zu ...
sich verzweifelte **Mühe** geben, zu ...
verzweifelte **Anstrengungen** machen, zu ...

32 mit dem **Mut** der Verzweiflung etw. nochmal versuchen/...

33 eine fieberhafte/fiebrige **Tätigkeit** entfalten

34 alle **Mittel** anwenden, um etw. zu erreichen/...

35 alle **Künste** aufbieten

36 mit allerlei/... **Mittelchen** versuchen/... *ugs*

37 sich in geistige **Unkosten** stürzen *ugs*

38 (geistige) **Klimmzüge** machen (müssen) *ugs*

39 alle **Minen** springen lassen

40 etw. so gut/... wie möglich **machen**
etw. so **gut** machen, wie man kann/wie es einem möglich ist/...

41 nach besten **Kräften** etw. tun/versuchen/...

42 sich krampfhaft/... **bemühen**, etw. zu erreichen/... *ugs*

43 alles tun/..., was in seinen **Kräften** steht

44 sein **Bestes** versuchen
sein **Bestes** tun

45 sein **Bestes** geben

46 sein **Letztes** geben
das **Letzte** geben

47 sein/das **Leben** für jn./für etw. dransetzen
sein **Leben** für jn./für etw. einsetzen
sein **Leben** für jn./etw. in die Schanze schlagen *path*

48 jm. fällt etw. (doch) nicht in den **Schoß**
das/etw. fällt (doch) nicht vom **Himmel**

49 hier/bei/... fliegen einem die gebratenen **Tauben** nicht in den Mund

50 so tun, als ob das/etw. vom **Himmel** fiele

51 bei/wenn ... dann gehst du/geht man/geht der/... am **Stock**! *ugs*
bei/wenn ... dann gehst du/läufst du/kriechst du/geht man/geht der/... auf dem **Zahnfleisch** *ugs*

52 brich dir/brecht euch/... (man) (nur/bloß) keine **Verzierungen** ab/aus der Krone *ugs*
brich dir/brecht euch/... (man) (nur/bloß) keinen/nichts ab! *ugs*

53 mit **Volldampf** an etw. herangehen/... *ugs*

54 (anständig/...) auf die **Tube** drücken *ugs*

55 in die **Vollen** gehen *ugs*

56 auf **Hochtouren** kommen

57 (so) (richtig/...) in **Fahrt** sein (mit/bei etw.)
auf **Touren** sein

58 auf vollen **Touren** laufen/arbeiten/...
auf **Hochtouren** sein
auf **Hochtouren** laufen

59 **unbedingt** etw. tun wollen/versuchen/...
mit (aller) **Gewalt** etw. tun wollen/versuchen/...
mit aller **Kraft** etw. tun/versuchen/...

mit aller **Macht** etw. tun/versu-
chen/...
unter **Aufbietung** aller Kräfte
versuchen/... *path*
unter **Einsatz** aller Kräfte versu-
chen/...

60   auf **Biegen** und Brechen etw.
durchsetzen wollen/...

61   die **Zähne** zusammenbeißen
(und/...)
es geht auf **Biegen** oder Brechen
es **geht** hart auf hart (zu) (in/
bei/...)

62   wenn es hart auf hart **kommt**

63   (und/aber/...) wenn es zum
Schwur kommt
es kommt zum **Schwur**

64   es geht ums **Ganze**
es geht ums **Letzte**

65   es/heute/... steht alles/... auf
dem **Spiel**

66   es geht um die **Wurst** *ugs*
diesmal/heute/jetzt/... geht's
um die **Wurst** *ugs*

67   es geht/... um unser/... **Wohl**
oder Wehe *path*

68   (noch) ein **übriges** tun und ...

69   wo ein **Wille** ist, ist auch ein Weg

70   hau ruck! *ugs*

71   ran wie **Blücher**! *ugs*

72   **jetzt** oder nie!

73   (nur/bloß) keine **Müdigkeit** vor-
täuschen/vorschützen! *ugs*

74   die treibende **Kraft** sein (bei/in
etw.)

75   ultra **posse** nemo obligatur *geh*

76   freie **Bahn** dem Tüchtigen!

De 14   nichts tun: faul sein; eine ruhige Kugel schieben; keinen Finger rühren; sich die Finger nicht schmutzig machen; dastehen und Maul-affen feilhalten; seinen Leib pflegen

1   j. möchte seine **Ruhe** haben

2   sich etw./eine Arbeit/das Leben
leicht **machen**

3   die **Arbeit** (auch) nicht erfunden
haben *ugs*
Müh' und Arbeit scheuen

4   jm. ist etw./alles **zuviel**

5   ein müder **Knochen** sein *ugs*
ein müder **Krieger** sein *ugs*

6   ein fauler **Kunde** sein *ugs*

7   ein fauler **Knochen** sein *ugs*
ein fauler **Strick** sein *ugs*
ein faules **Stück** sein *ugs*
ein fauler **Hund** sein *vulg*
ein faules **Schwein** sein *vulg*
ein faules **Luder** sein *ugs*
ein faules **Aas** sein *vulg*
ein fauler **Sack** sein *vulg*
ein müder **Sack** sein *vulg*
ein lahmer **Sack** sein *vulg*

8   vor **Faulheit** stinken *vulg*
so faul sein, daß man **stinkt** *vulg*
selten

9   dem **Herrgott** den Tag/die Tage/
die Zeit stehlen
dem lieben **Gott** den Tag/die Ta-
ge/die Zeit stehlen
den lieben **Gott** einen guten
Mann sein lassen *ugs*

10   die **Zeit** totschlagen
den (ganzen) **Tag** totschlagen

11   keinen **Schlag** tun *ugs*
keinen **Strich** tun *ugs*
die **Hände** in den Schoß legen

12   es langsam **gehen** lassen
sich kein **Bein** ausreißen
sich nicht **wehtun** *ugs*

13   eine ruhige **Kugel** schieben *ugs*
sich einen feinen/faulen **Lenz**
machen *ugs*

14   sich auf die faule **Haut** legen
auf der faulen **Haut** liegen
sich auf die **Bärenhaut** legen

15   ein faules **Leben** führen

16   sich nicht **rühren** und (nicht) re-
gen *path selten*

17   keine **Hand** rühren
keinen **Finger** rühren (für jn./
etw.)
keinen **Finger** krümmen/
krumm machen (für jn./etw.)

18   sich hinten und vorne **bedienen**
lassen *ugs*

19   warten, bis/daß einem die gebra-
tenen **Tauben** in den Mund/ins
Maul fliegen
warten, bis einem die gebratenen
Enten in den Mund/ins Maul
fliegen

20   sich nicht gern schmutzig **ma-
chen**
sich nicht gern dreckig **machen**

21   sich die **Finger** nicht (gern)
schmutzig/dreckig machen/be-
schmutzen
sich die **Hand** nicht schmutzig/
dreckig machen
sich die zarten **Fingerchen** nicht
schmutzig machen/dreckig ma-
chen/beschmutzen *ugs*

22   etw. (nur) mit spitzen **Fingern** an-
fassen/anpacken
etw. nur mit **Fingerspitzen** anfas-
sen/anpacken

23   nichts zu **tun** haben

24   nichts **tun**

25   dastehen/dasitzen/... und
Däumchen drehen

26   da (dumm/blöd/...) in der **Ge-
gend** herumstehen/herumsit-
zen/... *ugs*
faul/untätig/... in der **Gegend**
herumschauen/herumguk-
ken/... *ugs*
faul/untätig/... in die **Gegend**
gucken/schauen/... *ugs*
faul/untätig/... in der **Land-
schaft** herumschauen/herum-
gucken/... *ugs*
faul/untätig/... in die **Land-
schaft** gucken/schauen/... *ugs*
(da) (dumm/blöd/...) in der
Landschaft herumsitzen/herum-
stehen/... *ugs*

27   mit verschränkten/gekreuzten
Armen dastehen/herumste-
hen/...

28   **Löcher** in die Luft gucken/star-
ren/stieren *ugs*
ein **Loch** in die Luft gucken/star-
ren/stieren *ugs*
da herumstehen und/herumsit-
zen und/... in die **Luft** starren/
stieren/gucken *ugs*
dastehen und/... **Maulaffen** feil-
halten *ugs*
den **Mond** anstarren/anstieren
ugs

29   vor **Langeweile** einen Gähn-
krampf/die Maulsperre kriegen
ugs selten

30   (dauernd/...) auf der **Straße** her-
umlungern *ugs*

31   an der **Ecke**/den Ecken stehen/
herumstehen *ugs*

32   seinen **Leib** pflegen *path selten*

33   ein unnützer **Esser** sein
ein unnützer **Fresser** sein *ugs*

34 sich **dehnen** und recken
alle **viere** von sich strecken *ugs*

35 ein **Sonnenbad** nehmen
(dasitzen/daliegen/... und) sich
die **Sonne** aufs Fell/auf den Panz
brennen lassen *ugs*
sich von der **Sonne** braten lassen
ugs

36 auf dem **Lotterbett** liegen *selten*

37 den **Weg** des geringsten Wider-
stands gehen/wählen

38 bei jm. zeigt sich/... der innere
Schweinehund *ugs*

39 sich auf seinen **Lorbeeren** ausru-
hen/...

40 (auf) die gemütliche **Tour** *ugs*
(auf) die angenehme **Tour** *ugs*

41 das süße **Nichtstun**
il dolce **far** niente

De 15 Beruf, Berufsleben: ei-
nen Beruf, ein Amt haben,
übernehmen; von Beruf ...
sein; aus dem Beruf schei-
den; jm. kündigen; ohne Ar-
beit; den Laden dichtmachen
(können)

---

1 im **Dienst** einer Firma/... stehen

2 jn. in **Dienst** nehmen/stellen

3 (in/bei ...) eine/seine **Stelle** an-
treten (als ...)
den **Dienst** antreten (in/bei ...)
(am/zum 1. Juni/...)
ein **Amt** (in/bei ...) (am/zum 1.
Juni/...) übernehmen

4 in js. **Dienst** treten *form*

5 in js. **Dienst(en)** stehen *form*
in **Lohn** und Brot (bei jm.) ste-
hen/sein *selten*
im **Tagelohn** stehen/arbeiten
(bei einer Firma/...)

6 j. möchte sich **verändern**

7 j. möchte sich **verbessern**

8 im **Beruf** stehen

9 in der **Praxis** stehen

10 im **Geschirr** sein *ugs selten*

11 seinen **Platz** gut ausfüllen
seine **Stelle** gut ausfüllen

12 (in/bei ...) (nicht) an der richti-
gen **Stelle** sein

13 klein **anfangen**
von **unten** auf dienen/seine Kar-
riere beginnen/...
von der **Pike** auf als Soldat die-
nen/einen Beruf erlernen/in ei-
nem Fach arbeiten/...

14 sich (erst einmal/...) die **Sporen**
verdienen (müssen) (in/bei ...)
path

15 **Stufe** für Stufe hochklettern/...

16 in ein gemachtes/ins gemachte
Bett kommen
sich ins gemachte **Bett** legen *sel-
ten*
sich weich **betten** *selten*
sich ins warme **Nest** setzen *selten*

17 in einem/im warmen **Nest** sitzen
ugs

18 eine **Praxis** (als Arzt/als Rechts-
anwalt/...) haben/aufmachen/
eröffnen/...

19 von **Haus** aus Ingenieur/Kauf-
mann/... sein

20 seines **Zeichens** Uhrmacher/
Universitätsprofessor/... sein
form selten

21 ein **Mann** der Wissenschaft/der
Kunst/... (sein)

22 in Kultur/Kunst/Möbeln/...
machen *ugs*

23 in den **Staatsdienst** (ein)treten
form

24 beim **Staat** angestellt sein/arbei-
ten/(...)
im **Staatsdienst** stehen *form*

25 bei der **Stadt** angestellt sein/ar-
beiten

26 über **Tage** arbeiten/...

27 unter **Tage** arbeiten/...
vor **Ort** arbeiten/...

28 auf dem **Bau** sein/arbeiten

29 auf den **Bau** gehen

30 den **Haushalt** machen
jm. den **Haushalt** führen
jm. das **Haus** führen

31 das **Aschenbrödel** sein/spielen/
machen/... (in)

32 ein **Aschenbrödeldasein** führen

33 in einem Haus/in einem Unter-
nehmen/... **Mädchen** für alles
sein *ugs*

34 zur/auf **Arbeit** gehen

35 auf der **Arbeit** sein

36 zur **Schicht** gehen *ugs*

37 (in) 2/3/... **Schichten** arbeiten
2/3/... **Schichten** machen *ugs*

38 **Schicht** machen (arbeiten) *ugs*

39 von der **Schicht** kommen *ugs*

40 eine **Schicht** fahren *(Bergbau)*

41 (heute/einen Tag/drei Mona-
te/...) **frei** haben
(heute/...) **Ausgang** haben

42 jm. **frei** geben

43 blau **machen** *ugs*
blauen **Montag** machen *ugs*

44 krank **feiern**

45 in **Urlaub** gehen
in **Ferien** gehen/fahren

46 in/(auf) **Urlaub** sein
in **Ferien** sein

47 jn. aus dem **Urlaub** zurückrufen
(lassen) *form*

48 eine **Pause** (von ... Minuten/...)
einlegen

49 **Mittag** machen

50 der schönste **Abend** ist der Feier-
abend *ugs*
nach des Tages/nach des Le-
bens/... **Müh'** und Arbeit *path*

51 zum **Streik** aufrufen

52 in (den) **Streik** treten *form*
»dieser **Betrieb** wird bestreikt«
form

53 etw. auf dem **Dienstweg** erledi-
gen/... *form*

54 den **Dienstweg** einhalten *form*

55 aus dem **Beruf** scheiden *geh*

56 in **Pension** gehen
sich **pensionieren** lassen
in den **Ruhestand** treten/gehen
geh
sich zur **Ruhe** setzen
sich aufs **Altenteil** zurückziehen/
(setzen)

57 von der **Bühne** abtreten

58 seinen **Platz** aufgeben
seinen **Platz** (einem) Jünge-
ren/... überlassen/(freimachen)

59 seine/die **Kündigung** einreichen

60 seinen **Rücktritt** einreichen *form*

61 sein/das **Amt** niederlegen

62 seine Arbeit/seinen Beruf/sein Studium/... an den **Nagel** hängen *ugs*

63 seinen **Abschied** nehmen
seinen **Hut** nehmen (müssen) *ugs*

64 sein **Bündel** schnüren (wir müssen ...) *ugs selten*

65 die **Koffer** packen (können/müssen) *ugs*

66 in den **Sack** hauen *vulg*
den (ganzen) **Krempel** hinschmeißen/hinwerfen *ugs*
den (ganzen) **Kram** hinschmeißen/hinwerfen *ugs*
die **Fleppen** hinschmeißen/hinwerfen *ugs*
den **Laden** hinschmeißen *ugs*
jm. den (ganzen) **Kram** vor die Füße schmeißen/werfen *vulg*
jm. den (ganzen) **Krempel** vor die Füße schmeißen/werfen *vulg*

67 j. soll (doch) seinen **Kram** allein(e) machen! *ugs*
mach'/macht/... (doch) deinen/euren/... **Kram** allein(e)! *ugs*
du kannst deinen/er kann seinen/... **Scheißdreck** allein(e) machen *vulg*

68 einen guten/schlechten **Abgang** haben
sich einen guten **Abgang** verschaffen

69 die **Krone** niederlegen *geh*
das **Zepter** niederlegen *geh*
dem **Thron** entsagen *geh*

70 jn. aufs **Altenteil** setzen

71 jm. den **Dienst** kündigen
jn. (gewaltsam/...) in den **Ruhestand** versetzen *geh*
jn. seines **Amtes** entheben *form*

72 jm. den **Laufpaß** geben *ugs*
jn. in die **Wüste** schicken *ugs*

73 jm. einen **Tritt** in den Hintern geben *vulg*
jm. einen **Tritt** in den Arsch geben *vulg*

74 seine **Papiere** kriegen/bekommen
gegangen werden *ugs*
j. kann sich seine **Papiere** abholen
einen **Tritt** kriegen *ugs*
einen **Tritt** in den Hintern kriegen *vulg*

einen **Tritt** in den Arsch kriegen *vulg*

75 jn. aufs/auf ein **Abstellgleis** schieben/abschieben/stellen
jn. auf ein/aufs **Nebengleis** abschieben/stellen

76 jn. ins **Abseits** drängen

77 jn. **brotlos** machen

78 z.Zt. ohne **Beruf** (sein) *form*
keine **Arbeit** haben
ohne **Arbeit** sein
ohne **Stelle** sein *form*
ohne **Stellung** sein *form selten*
ohne **Beschäftigung** sein

79 auf der **Straße** liegen/sitzen *ugs*
stempeln gehen *ugs*

80 eine **Stelle** suchen
auf **Stellensuche** sein/gehen *form*

81 eine **Stelle** finden

82 den **Laden** zumachen (können) *ugs*
den **Laden** dicht machen (können) *ugs*
dicht **machen** (können) *ugs*
die **Bude** zumachen (können) *ugs*
die **Schotten** dichtmachen (können) *ugs selten*

83 **Schwarzarbeit** machen

84 **Arbeit** und Brot (für viele) schaffen/...

85 im **Dienst** sein

86 ein Minister/... außer **Dienst** (a. D.)

87 ein toter **Mann** sein *ugs*

88 ... und **solche**, die es (einmal) werden wollen

89 der rote **Meister** *geh selten*

90 **Meister** Knieriem *geh selten*

91 **Meister** Pfriem *geh selten*

92 **Meister** Zwirn *geh selten*

De 16 erledigen, abschließen: den letzten Schliff geben; unter Dach und Fach

---

1 jm. auf den **Nägeln** brennen *(Arbeit, Verpflichtung)*

2 vom **Tisch** müssen *ugs*

3 (noch) letzte **Hand** anlegen (müssen)
e-r S. den letzten **Schliff** geben

4 e-r S. **Glanz** geben
etw. auf **Hochglanz** polieren *ugs*

5 einem Text/einer Rede/... (noch) ein paar/... **Glanzlichter** aufsetzen

6 den letzten **Schliff** erhalten

7 Verpflichtungen/Arbeit/Aufgaben/... hinter sich **bringen**

8 etw. unter **Dach** und Fach bringen

9 reinen **Tisch** (mit etw.) machen
tabula rasa (mit etw.) machen *geh*

10 etw. unter **Dach** und Fach haben
unter **Dach** und Fach sein
vom **Tisch** sein *ugs*

11 über jn./etw. das **Kreuz** machen können *selten*

12 so/jetzt/... hat die Sache/... ein **Gesicht**! *selten*

13 zu etwas/viel/allerhand/... **kommen**

De 17 sich (nicht) beteiligen: mit von der Partie sein – aus dem Spiel bleiben; Seite an Seite mit

---

1 auf den **Plan** treten

2 jn. auf den **Plan** rufen

3 (immer/...) mit von der **Partie** sein *ugs*
ich bin/du bist/... **dabei**! *ugs*
immer/sofort/mit Sicherheit/... **dabei** sein (wenn ...) *ugs*

4 mit jm. (immer) **rechnen** können

5 jn./etw. ins **Spiel** bringen

6 ins **Spiel** kommen

7 mit im **Spiel** sein

8 **Pate** stehen bei jm./etw.

9 aus dem **Spiel** bleiben

10 jn./etw. aus dem **Spiel** lassen

11 jn./etw. von der **Liste** streichen

12 mit jm. im **Bunde** sein *path*

13 **Hand** in Hand mit jm. arbeiten/...

14 **Seite** an Seite mit jm. stehen/arbeiten/kämpfen/...
Schulter an Schulter mit jm. stehen/arbeiten/kämpfen/...

15 im **Team** arbeiten
ein **Team** bilden

16 einer/j./... aus unserer/eurer/... **Mitte**

17 in die **Reihen** der Terroristen/... eintreten *form*

18 ein **Glied** in einer Kette sein

19 seinen **Mann** gefunden haben
du bist/das ist/der Schmidt ist/... mein/sein/... **Mann** *ugs*

20 der **Dritte** im Bunde sein

21 mit verteilten **Rollen** vorgehen/lesen/...

22 auf zwei/allen/... **Hochzeiten** (gleichzeitig) tanzen (wollen/...) *ugs*

De 18 eine Lücke reißen – einspringen

1 eine **Lücke** reißen
eine **Lücke** hinterlassen
Lücken reißen
Lücken hinterlassen

2 eine **Lücke** (aus)füllen (für jn.)
eine **Lücke** schließen

3 an js. **Stelle** treten

4 für jn. in die **Bresche** springen

5 als **Lückenbüßer** dienen (müssen)

6 an js. **Stelle** rücken

7 den Dolmetscher/den Übersetzer/den Anwalt/... **machen** *ugs*

De 19 leicht: keine Kunst sein für jn.; wie geölt gehen; ganz einfach

1 es **liegt** jm., etw. zu tun

2 jm. **leichtfallen**, etw. zu tun
sich mit jm./in/bei/... **leichttun**

3 es **leicht** haben (mit/bei jm./etw./in/bei/...)

4 das/etw. (zu tun) ist keine große **Sache** *ugs*
es **gehört** wenig/nichts/... zu etw./dazu, etw. zu tun

5 es ist/wäre ein **leichtes** für jn., etw. zu tun *geh*
etw. ist/wäre für jn. ein **leichtes** *geh*
etw. ist/wäre für jn. eine **Kleinigkeit**
es ist/wäre ein **kleines** für jn., etw. zu tun *selten*
etw. ist/wäre für jn. ein **kleines** *selten*

6 das/etw. zu tun ist keine **Kunst** *ugs*
das/etw. zu tun ist kein **Kunststück**

7 etw. zu machen/... (das) ist (doch) keine **Hexerei** *ugs*

8 ein **Spiel** sein (für jn.) *selten*
ein **Kinderspiel** sein (für jn.) *ugs*
das/etw. ist **kinderleicht** *ugs*
etw. mit **links** machen *ugs*
etw. mit der linken **Hand** machen *ugs*
etw. mit dem kleinen **Finger** machen *ugs*
sich etw. **spielend** aneignen/...
etw. (so) aus der kalten/freien **Lamäng** machen *ugs*
das/(etw.) sind kleine **Fische** (für jn.) *ugs*
(nur) ein **Klacks** sein (für jn.) *ugs*

9 etw. aus dem **Ärmel** schütteln (können)

10 das/etw. ist nur ein **Handgriff** (für jn.)
etw. mit einem **Handgriff** erledigen

11 wie von **selbst** laufen/gehen/funktionieren/...

12 etw./eine Arbeit/... geht/läuft wie am **Schnürchen**
etw. klappt wie am **Schnürchen**

13 das/es/etw. **geht** wie geölt *ugs*
das/es/etw. **läuft** wie geölt *ugs*
das/es/etw. **geht** wie geschmiert *ugs*
das/es/etw. **läuft** wie geschmiert *ugs*

14 etw. geht wie's/wie das **Heftelmachen** *ugs*
etw. geht wie's/wie das **Brezelbacken** *ugs*

15 **einfach**
so **einfach**
ganz **einfach**

schlicht und einfach
schlicht und ergreifend *ugs*

16 kein **Problem**!

17 der **Einfachheit** halber

18 den **Seinen** gibt's der Herr im Schlaf *ugs*

19 jm. etw./eine Arbeit/eine Entscheidung/... leicht **machen**

20 das/etw./etw. zu tun ist (doch) nicht zuviel **verlangt**

21 (eine) leichte **Kost**

De 20 schwer: alle Mühe haben; an etw. zu knacken haben; jm. schwerfallen; nicht jedermanns Sache sein; es in sich haben; eine Last, schwere Geburt sein; einen Haken haben

1 sich mit jm./etw. **schwertun**

2 **Mühe** haben, etw. zu tun

3 alle **Mühe** haben, etw. zu tun
seine (liebe) **Mühe** mit jm./etw. haben
seine (liebe) **Last** mit jm./etw. haben
seine liebe **Not** mit jm./etw. haben
sein (liebes) **Kreuz** mit jm. haben *path selten*

4 manche schwere **Stunde** mit jm. durchgemacht haben/...

5 an etw. zu **knacken** haben *ugs*
an etw. zu **beißen** haben *ugs*
an etw. zu **kauen** haben *ugs*
an etw. zu **knabbern** haben *ugs*
an etw. zu **würgen** haben *ugs selten*

6 an einem harten **Brocken** zu würgen/kauen/knacken haben *ugs*

7 (noch/wieder/...) eine (harte) **Nuß** zu knacken haben *ugs*

8 sich an etw. die **Zähne** ausbeißen *ugs*

9 jm. eine (harte) **Nuß** zu knacken geben *ugs*

10 allerhand/viel/... **schlucken** müssen

11 (jm.) **Schwierigkeiten** machen

12 es **fällt** schwer, etw. zu tun
jm. **schwerfallen**
jm. (viel/allerhand/schwer/...)
zu **schaffen** machen
jm. viel **Mühe** machen
jn. viel **Mühe** kosten

13 jm. etw./eine Arbeit/eine Ent-
scheidung/... **schwermachen**

14 mit jm./etw. zu **tun** haben
mit jm./etw. zu **schaffen** haben

15 jm. (sehr) sauer **werden** *ugs*

16 so **einfach** ist es nicht, etw. zu tun
(gar/überhaupt) nicht so einfach
gehen
das/etw. ist (gar/überhaupt)
nicht so **einfach**, wie j. denkt/
meint/...

17 das/etw. ist nicht so einfach aus
dem **Handgelenk** zu machen *ugs*
so einfach aus dem **Handgelenk**
geht das nicht *ugs*

18 das/etw. zu tun ist keine **Kleinig-
keit**
das/etw. zu tun ist kein **Pappen-
stiel** *ugs*

19 ein schönes **Stück** Arbeit sein/
kosten

20 nicht jedermanns **Sache** sein

21 das/etw. **will** gelernt/durchgear-
beitet/verstanden/... sein
... zu ..., das ist kein **Spaß**
das/etw. ist kein **Zuckerlecken**/
Zuckerschlecken *ugs*
das/etw. ist kein **Honiglecken**/
Honigschlecken *ugs*

22 mit dem Herbert/mit dem Ver-
kauf/..., das ist (so) eine **Sache**
für sich

23 das/etw. ist eine **Wissenschaft** für
sich *ugs*
(gar) nicht (so/ganz) **ohne** sein
ugs
es in **sich** haben

24 ein harter **Brocken** sein *ugs*
eine harte **Nuß** sein *ugs*
ein harter **Bissen** sein *ugs selten*
ein harter **Knochen** sein *ugs sel-
ten*

25 eine schwere **Kost** *path selten*

26 es ist eine **Last** mit jm./etw.
es ist ein **Kreuz** mit jm./etw. *path*

27 etw. zu tun ist eine (wahre) **Tor-
tur** *path*

28 etw. ist eine **Sisyphusarbeit** *geh*

29 lieber **Steine** klopfen/(karren)!
ugs

30 es ist leichter/..., einen **Sack**
Flöhe zu hüten, als auf diese
Gruppe aufzupassen/... *ugs*

31 eine schwere **Geburt** sein *ugs*

32 etw. ist ein dorniger/steini-
ger/... **Weg** *path*

33 ein dorniger **Pfad** sein *path selten*
der **Weg** zum Ziel ist dornig/stei-
nig/... *path*

34 etw. zu tun/das/etw. ist ein
Schlauch *ugs*

35 es/das ist (immer/immer noch/
immer wieder) das alte **Leiden**
mit jm./etw. *ugs*

36 an etw. hängt viel **Schweiß** *path*
etw./etw. zu tun kostet viel
Schweiß *path*

37 etw. verlangt den ganzen **Mann**
etw. verlangt den ganzen **Men-
schen**

38 für etw. ein/viele/... **Opfer** brin-
gen (müssen)

39 über js. **Kräfte** gehen
über js. **Vermögen** gehen

40 keine zehn **Pferde** bringen/
brächten das/die Arbeit/... fer-
tig *ugs*

41 (nur/...) einen **Haken** haben
einen **Pferdefuß** haben *ugs*
die Sache/... hat ihr/ein **Aber**
selten
es ist ein **Aber** dabei/bei der Sa-
che/... *selten*
die **Crux** bei der Sache ist:/(daß)
ugs
der **Haken** bei der Sache/... ist:/
(daß)
das **Dumme** bei der Sache ist:/
(daß)

42 darin liegt/lag/... (ja) (eben/...)
die **Schwierigkeit**

43 das ist/war/... (ja) (eben/...)
der **Haken** bei e-r S.
da/in ... steckt der **Haken**
das ist/war/... (ja) (eben/...) die
Crux *ugs*
das ist/war/... (ja) (eben/...)
das **Leiden** *ugs*

44 das ist/... die **Tücke** des Objekts
ugs

45 da/in dieser Sache/... steckt/ist
der **Wurm** (drin) *ugs*
etw. hat einen **Wurm** *ugs*

46 der schwierigste **Punkt**
ein kitzliger **Punkt**

47 das ist leicht **gesagt**!
das ist leichter **gesagt** als getan

De 21 so eben; mit Müh' und Not

1 (noch) so **eben**
(noch) so **gerade**
so **gerade** (noch)

2 **gerade** noch (so) auf den letzten
Drücker *ugs*

3 mit großer **Mühe**
mit **Müh'**/(Mühe) und Not

4 mit knapper **Not** entkommen/...

5 mit **Ach** und Krach etw. schaf-
fen/... *ugs*
mit **Hangen** und Bangen *selten*
mit **Hängen** und Würgen

6 e-r S. um **Haaresbreite** entge-
hen/...
das/etw. ist noch einmal/gerade
noch/... **gutgegangen**

7 um ein **Haar** wäre etw. schiefge-
gangen/(nicht) geschehen/...

8 es geht/(ist) auf **Biegen** und Bre-
chen

De 22 gut schlafen – schlaf-los

1 die nötige **Bettschwere** haben *ugs*

2 **schlafen** gehen
sich **schlafen** legen
sich zur **Ruhe** begeben *geh*
in die **Federn** kriechen *ugs*
in die **Falle** gehen *ugs*
sich in die **Falle** legen *ugs*
in die **Klappe** gehen *ugs*
sich in die **Klappe** hauen *ugs*

3 in **Morpheus'** Arme sinken/fal-
len *geh selten*
in tiefen **Schlaf** fallen/sinken

4 dem **Herrn** enthüpft sein *ugs sel-
ten*

5 in **Morpheus'** Armen ruhen *geh
selten*

den **Schlaf** des Gerechten schlafen

sanft und selig **schlafen**

6 (noch/...) in tiefstem/tiefem **Schlaf** liegen/sein

schlafen wie ein **Stein** ugs

schlafen wie ein **Bär** ugs

schlafen wie ein **Murmeltier** ugs

schlafen wie ein **Sack** selten

schlafen wie ein **Ratz** selten

7 jm. gute **Nacht** sagen

8 **Nacht**!

gute **Nacht**!

angenehme **Ruhe**!

angenehmes **Flohbeißen**! ugs

schlafen Sie/schlaft/... gut!

schlaf gut und träume süß ugs

9 einen **Ast** durchsägen ugs

10 noch/... in den **Federn** stecken/liegen

11 ein **Langschläfer** (sein)

12 sich eine Zeitlang/ein Stündchen/... aufs **Ohr** hauen/legen ugs

(noch) eine **Mütze** voll Schlaf nehmen ugs

ein **Nickerchen** halten/machen ugs

ein **Schläfchen** machen selten

13 **Siesta** halten

14 (ab/los) in die **Falle**! ugs

(ab/los/marsch) in die **Klappe**! ugs

(ab) in die **Heia**! (Kindersprache)

(ab/los/husch husch) ins **Körbchen**! (Kindersprache)

15 der **Sandmann** kommt (Kindersprache)

das **Sandmännchen** kommt (Kindersprache)

16 der **Sandmann** streut den Kindern Sand in die Augen (Kindersprache)

das **Sandmännchen** streut den Kindern Sand in die Augen (Kindersprache)

17 jn. in den **Schlaf** wiegen

jn. in den **Schlaf** singen

18 keinen **Schlaf** finden (können)

kein **Auge** zumachen/zutun

19 jn. um den/seinen **Schlaf** bringen

20 jn. aus den **Federn** holen

jn. aus dem **Schlaf** reißen

jn. aus dem **Schlaf** trommeln ugs

21 sich die/eine/die ganze/die halbe **Nacht** um die Ohren schlagen ugs

sich drei/... **Nächte** um die Ohren schlagen ugs

den **Tag** zur Nacht und die Nacht zum Tag machen

die **Nacht** zum Tag und den Tag zur Nacht machen

22 am **Kopfende** eines Bettes/einer Bahre/...

am **Fuß(e)** des Bettes

am **Fußende** des Bettes

De 23 am Ende seiner Kräfte: fertig sein; todmüde sein; wie zerschlagen; keine Puste mehr haben; jm. dröhnt der Kopf; nicht mehr wissen, was oben und unten ist; mit seinen Nerven am Ende sein

1 jn. **fertigmachen** ugs

2 jn. (völlig/...) k.o. **machen** ugs

3 jn. nervlich/gesundheitlich/mit den Nerven/... auf den **Hund** bringen ugs

4 einer langen Anstrengung/... seinen **Tribut** zollen/(zahlen) geh

5 (schwer) **angeschlagen** sein ugs

6 am **Ende** seiner Kraft/Kräfte sein

nicht mehr **können**

7 **schlappmachen** ugs

8 **erledigt** sein

fertig sein

9 **fix** und fertig sein ugs

10 (völlig/restlos) **k.o.** sein ugs

(restlos/völlig/...) am **Boden** zerstört sein ugs

11 mehr **tot** als lebendig sein/ankommen/... (vor Erschöpfung/Angst)

12 (nur noch) auf dem **Zahnfleisch** gehen/laufen/kriechen ugs

13 am **Stock** gehen ugs

14 wie ein **Taschenmesser** zusammenklappen ugs

15 **todmüde** sein

hundemüde sein ugs

zum **Umfallen** müde/kaputt/erschöpft/... sein

(fast) umfallen vor **Müdigkeit**

erschossen sein ugs

16 sich nicht/kaum noch/... auf den **Beinen** halten können

so müde sein, daß man im **Stehen** schlafen könnte

17 matt wie die **Fliegen** sein ugs

18 der **Körper** verlangt sein Recht

19 **gähnen**, als ob man jn. verschlingen/auffressen wollte

sich die **Seele** aus dem Leib gähnen

das/sein **Maul** aufreißen wie ein Scheunentor vulg

20 schwere **Augen** haben

21 sich die **Augen** reiben

22 jm. fallen schon/bereits die **Augen** zu

die **Augen** (schon/bereits) nicht mehr aufkriegen/aufhalten können

kaum noch/nicht/... aus den **Augen** sehen/(schauen) können

(schon/...) nach dem **Bettzipfel** schielen iron

23 sich nach dem **Bettzipfel** sehnen iron

24 dunkle **Ränder** um die Augen haben

rote **Ränder** um die Augen haben

(dunkle) **Ringe** um die Augen haben

25 heute/... (auch) nicht mehr **alt** werden ugs

26 (ganz/wie) **zerschlagen** sein

(wie) **erschlagen** sein

sich (wie) **erschlagen** fühlen (von etw.)

27 wie **gerädert** sein/aufwachen/...

28 wie durch den **Wolf** gedreht sein ugs

29 js. **Glieder** sind (schwer) wie Blei heute/gestern/... **Blei** in den Füßen/Gliedern/Knochen haben/gehabt haben

30 **Füße** wie Blei haben

js. **Füße** sind (schwer) wie Blei mir scheint/ihm scheint/..., ich habe/er hat/... (heute/...) **Blei** in den Füßen/...

31 kein **Glied** mehr rühren können

32 umfallen wie ein **Sack** ugs

33 jm. geht die **Luft** aus
    jm. geht die **Puste** aus *ugs*
    keine **Luft** (mehr) haben
    keine **Puste** mehr haben *ugs*

34 (ganz) außer **Atem** sein/ankom-
    men/. . .
    (ganz) außer/aus der **Puste** sein/
    ankommen/. . . *ugs*

35 die **Zunge** hängt jm. aus dem
    Hals/zum Hals heraus *ugs*
    die **Lunge** hängt jm. aus dem
    Hals/(zum Hals) heraus *ugs*

36 tief **Luft** holen

37 in js. **Kopf** geht nichts/nichts
    mehr/. . . herein
    aus js. **Kopf** kommt (heute/. . .)
    nichts mehr/. . . heraus

38 der **Kopf** wird/ist jm. schwer
    jm. schwirrt der **Kopf**
    jm. ist ganz dumm im **Kopf** *ugs*
    selten

39 jm. brummt der **Kopf**
    jm. brummt der **Schädel** *ugs*
    jm. raucht der **Kopf**
    jm. raucht der **Schädel** *ugs*

40 jm. platzt (noch/schon/. . .) der
    Kopf
    jm. platzt (noch/schon/. . .) der
    Schädel *ugs*

41 jm. dröhnt der **Kopf**
    jm. dröhnt der **Schädel** *ugs*

42 einen **Kopf** wie eine Trommel ha-
    ben *ugs*

43 mit einem dicken **Kopf** dasitzen
    ugs

44 jm. dreht sich alles im **Kopf** (her-
    um)

45 es geht jm. (wie) ein **Mühlrad** im
    Kopf herum *path*

46 nicht mehr **wissen**, was oben und
    (was) unten ist/was unten und
    (was) oben ist *ugs*
    nicht mehr **wissen**, was rechts
    und (was) links ist/was links und
    (was) rechts ist/wo rechts und
    (wo) links ist/wo links und (wo)
    rechts ist *ugs*

47 total daneben **liegen** *ugs*

48 jn./js. Gesundheit/js. Ner-
    ven/. . . arg/anständig/böse/
    hart/. . . **mitnehmen**

49 js. **Nerven** sind zum Zerreißen ge-
    spannt

50 mit den/seinen **Nerven** (arg) her-
    untersein
    mit den/seinen **Nerven** (völlig)
    am Ende sein
    (völlig) fertig mit den/seinen
    Nerven sein

51 nur noch ein **Nervenbündel** sein
    nur noch ein **Bündel** Nerven sein

De 24 Erfolg, Ehre, Ruhm:
etwas werden; (allmählich)
zu Ehren kommen; wer sein;
im Zenit seines Ruhmes ste-
hen; aus etw. wird was; es
geht aufwärts; gut abschnei-
den; einen guten Tag haben;
Echo finden

---

1 was willst du/will er/will Pe-
   ter/. . . (einmal/. . .) **werden**?
   was ist aus jm. **geworden**?

2 aus jm. **wird** (nochmal) was/al-
   lerhand/viel/. . .

3 aus jm. **wird** (nochmal/. . .) ein
   Techniker/ein guter Verhand-
   lungsführer/. . .
   und was **wird** mit dir/ihm/Her-
   bert/. . .?

4 etwas/was **werden**
   es zu etwas/allerhand/viel/. . .
   bringen
   es zum Minister/. . . **bringen**
   es zu etwas/allerhand/viel/. . .
   bringen im **Leben**

5 es weit **bringen**
   es weit bringen im **Leben**
   weit **kommen** (im Leben) (mit
   etw.)

6 mein/dein/. . . **Weizen** blüht *sel-
   ten*

7 **Karriere** machen

8 **Großes** leisten

9 es zu **Ehren** bringen
   zu **Ehren** kommen/gelangen
   zu **Ruhm** und Ehren kommen/
   gelangen

10 (viel/. . .) **Ruhm** ernten (mit etw.)

11 **Lorbeeren** ernten

12 jn. nach **Verdienst** und Würdig-
    keit belohnen/. . . *form*

13 einen guten/glänzenden/. . .
    Start haben (in/bei/. . .)

14 js. **Stern** ist im Aufgehen

15 jm. stehen alle **Türen** offen

16 der kommende **Mann** sein (in/
    bei/. . .)

17 ein kometenhafter **Aufstieg** *path*

18 von **Stufe** zu Stufe aufsteigen/. . .
    die/auf der **Leiter** des Erfolgs
    von Stufe zu Stufe/Stufe um Stu-
    fe hinaufsteigen/emporstei-
    gen/. . .

19 etw./eine Stellung/. . . als
    Sprungbrett (für eine andere Stel-
    lung/. . .) benutzen/. . .

20 die oberste(n) **Stufe(n)** errei-
    chen/. . .
    die oberste(n) **Sprossen** errei-
    chen/. . .

21 (sich) einen **Platz** an der Sonne
    erobern/erkämpfen/. . .

22 schon **was** sein *ugs*
    schon **etwas** sein
    (schließlich/. . .) **wer** sein *ugs*

23 ein gemachter **Mann** sein

24 fein/(schön) **heraussein** *ugs*

25 (schon/. . .) in **Amt** und Würden
    sein/stehen *form*

26 ein neuer **Stern** am Theaterhim-
    mel/Filmhimmel sein *path*

27 auf der **Höhe** seines Ruhmes ste-
    hen/sein
    im **Zenit** seines Ruhmes stehen
    auf dem **Gipfel** des Ruhms/sei-
    ner Macht/. . . stehen/angelangt
    sein

28 der (ganze) **Stolz** der Familie/
    seiner Vaterstadt/des Vereins/. . .
    sein

29 sich in seinem **Ruhm** sonnen

30 auf einer **Welle** des Erfolges
    schwimmen

31 in **Ordnung** gehen

32 was **werden** *ugs*
    aus etw./daraus **wird** etwas/eine
    große Sache/allerhand/viel/. . .

33 bei etw. **kommt** etwas/viel/aller-
    hand/. . . heraus

34 fragen/nicht wissen/. . ., wie die
    Dinge stehen
    die **Dinge** stehen gut/günstig/. . .

35 gut/. . . **dran** sein *ugs*

36 die **Aktien** stehen gut/... (für jn./etw.) *ugs*

37 jm./einem Unternehmen/... ist viel/... **Glück** beschieden *geh*

38 von **Erfolg** gekrönt werden
ein voller **Erfolg** sein

39 ein großer **Wurf** sein

40 aus dem **Tal** (wieder) heraussein
aus der **Talsohle** (wieder) heraussein

41 aus der **Patsche** (wieder) heraussein *ugs*

42 es **geht** aufwärts (mit jm./etw.)
es geht **bergauf** (mit jm./etw.)

43 (an) **Boden** gewinnen
an **Terrain** gewinnen

44 einen gewaltigen/... **Aufschwung** nehmen

45 js./die **Aktien** steigen *ugs*

45 in **Blüte** stehen

46 gut/günstig/... **abschneiden** (bei/in etw.)
gut/... bei etw. **herauskommen**
groß **herauskommen** (mit etw./bei jm.)

47 einen **Erfolg**/... zu **verzeichnen** haben *form*
einen (persönlichen) **Erfolg**/... für sich **verbuchen** können *ugs*

48 **Furore** machen

49 einen (großen/...) **Coup** landen (gegen jn.) *ugs*

50 das **Wunder** vollbringen, zu ... *(path. oder iron.)*

51 sich mit etw. ein **Denkmal** setzen

52 (ganz/völlig) anders **dastehen** *ugs*

53 (heute/...) einen guten **Tag** haben

54 (heute/...) seinen guten **Tag** (erwischt) haben
(heute/...) seinen großen **Tag** haben

55 starken/... **Widerhall** finden (in/bei/...)
großen/starken/keinen/... **Anklang** finden (bei jm./in/...)
ein starkes/lebhaftes/... **Echo** finden (in/bei .../...)
starke/... **Resonanz** finden (in/bei/...)

56 eine gute/blendende/glänzende/... **Presse** haben

57 großen/starken/... **Zulauf** haben

58 (immer/...) ein **Publikum** brauchen/...

59 alle **Register** ziehen/spielen lassen *ugs*
alle **Register** seines Könnens ziehen *ugs*

60 zwei **Fliegen** mit einer Klappe schlagen
zwei **Fliegen** auf einen Schlag/mit einem Schlag treffen/schlagen

61 die **Treppe** hinauffallen/herauffallen *ugs*
die **Stufen** herauffallen/hinauffallen *ugs selten*

62 ... und **solche**, die es (einmal) werden wollen

63 er **kam**, sah und siegte

De 25 Mißerfolg, Ruin, Bankrott: aus jm. wird nichts; keine Zukunft haben; js. Schicksal ist besiegelt; zugrunderichten, jm. das Wasser abgraben, am Rand des Abgrunds stehen, Bankrott machen; sich, jm. das Genick brechen; es geht bergab; Schiffbruch erleiden; aus etw. wird nichts, zunichte werden, ein Schlag ins Wasser sein; ein Schuß nach hinten; kein Echo finden; wie die Dinge nun einmal liegen

1 einen schlechten/miserablen/... **Start** haben (in/bei/...)
aus jm. **wird** nichts/...
es zu nichts/... **bringen**
es zu nichts/... bringen im **Leben**

2 es nicht weit bringen im **Leben**
es zu nichts **Rechtem** bringen (im Leben/im Beruf/...)

3 (noch/...) **nichts** sein

4 nichts **Vernünftiges** sein/werden/... *ugs*

nichts **Gescheites** sein/werden/... *ugs*

5 keine guten **Karten** haben *ugs*

6 an **Terrain** verlieren

7 js. **Stern** ist im Sinken
js. **Stern** ist gesunken

8 den **Anschluß** verpassen *ugs*
auf halbem **Weg** steckenbleiben (mit etw.)

9 auf der **Strecke** bleiben

10 keine **Zukunft** haben
ein **Mensch** ohne Zukunft sein

11 (von vornherein/...) zum **Scheitern** verurteilt sein
ein totgeborenes **Kind** sein *(Projekt, Plan) ugs*

12 e-r S. zum **Opfer** fallen

13 dem **Untergang** geweiht sein/preisgegeben sein/verfallen *path*

14 das **Wasser** steht/geht/reicht jm. (schon/...) bis zum/(an den) Hals/bis hier (hin) *(mit einer Geste: Hand quer zum Kinn bzw. unter der Nase)*

15 auf verlorenem **Posten** sein/stehen/kämpfen/operieren/...
für eine verlorene **Sache** kämpfen

16 vor dem **Nichts** stehen

17 bei jm. ist **Matthäus**/Matthäi am letzten *selten*
(völlig/...) am **Ende** sein

18 js. **Tage** sind gezählt
js. **Stunden** sind gezählt
js. **Uhr** ist abgelaufen
es ist **aus** (mit jm./e-r S.)
js. **Schicksal** ist besiegelt *geh*
es ist um jn./js. Ruhe/... **geschehen** *geh*
es ist um jn. **getan** *geh selten*

19 dran/(daran) **glauben** müssen *ugs*
jetzt/dann/wenn ... dann/... ist j. **dran** *ugs*
jetzt/dann/wenn ... dann/... ist j. am **dransten** *ugs*

20 **verraten** und verkauft sein *ugs*
verratzt (und verkauft) sein *ugs*

21 ein geschlagener **Mann** sein
ein toter **Mann** sein *ugs*

22 jn./etw. zu **Fall** bringen

23 jn./etw. **kaputtmachen**

24 jn./etw. zugrunde **richten**

25 eine Fabrik/ein Gut/... in
Grund und Boden wirtschaften

26 jn./etw. zur **Strecke** bringen

27 jn. (restlos/völlig/...) am **Boden**
zerstören *ugs*

28 jn. nervlich/gesundheitlich/mit
den Nerven/... auf den **Hund**
bringen *ugs*

29 die **Karre** in den Dreck fahren
ugs

30 jm. das **Gas** abdrehen *ugs*
jm. den **Hahn** zudrehen *ugs*
jm. den **Gashahn** abdrehen *ugs*

31 jm. die **Luft** abschnüren
jm. das **Wasser** abgraben

32 jm./e-r S. den **Boden** (für etw.)
entziehen

33 jm. den **Boden** unter den Füßen
wegziehen

34 jm. das **Messer** an die Kehle set-
zen *ugs*

35 die **Schlinge** zuziehen
jn. an den **Rand** des Abgrunds/
Ruins/... bringen/treiben

36 jn. an den **Rand** des Grabes brin-
gen *geh path*

37 jn. um **Lohn** und Brot bringen
path selten

38 in einer (sehr unangeneh-
men/...) **Notlage** sein
an den **Rand** des Abgrunds/
Ruins/... geraten

39 am **Rand(e)** des Abgrunds/
Ruins/Verderbens/... stehen/
sein/...
kurz vor dem **Ruin** stehen

40 was soll (nur/bloß) aus jm. **wer-
den**?

41 der **Pleitegeier** schwebt über jm.
path iron

42 **Bankrott** machen
Pleite machen/gehen *ugs*
Konkurs machen

43 (den) **Konkurs** anmelden *form*

44 der **Ausverkauf** hat begonnen *ugs*

45 **pleite** sein *ugs*

46 sich (für jn./etw.) **kaputtmachen**
ugs

47 sich das **Genick** brechen *ugs*
sich den **Hals** brechen *ugs*

48 sich das eigene/sein eigenes **Grab**
graben/schaufeln

49 (zuletzt noch/...) über einen
Strohhalm stolpern *ugs*
über einen **Zwirnsfaden** stolpern
ugs

50 den **Karren** in den Dreck fahren
ugs

51 jn. den **Hals** kosten *ugs*
jn. den **Kragen** kosten *ugs selten*
jn. **Kopf** und Kragen kosten *ugs*

52 jm. das **Genick** brechen *ugs*
jm. den **Hals** brechen *ugs*

53 jm. den letzten **Stoß** geben
jm. den **Rest** geben

54 da/dann/... kannst du/kann
er/... gleich/sofort/... dein/
sein/... **Testament** machen *ugs*

55 fragen/nicht wissen/..., wie die
Dinge stehen

56 die **Dinge** stehen schlecht/un-
günstig/...
die **Aktien** stehen schlecht/...
(für jn./etw.) *ugs*
schlecht/... **dran** sein *ugs*

57 sich auf dem absteigenden **Ast**
befinden
es **geht** abwärts (mit jm./etw.)
es **geht** bergab (mit jm./etw.)

58 mit jm. ist wenig/nichts/nichts
mehr/... **los**

59 die **Aktien** fallen *ugs*

60 in **Verfall** geraten *form*

61 von **Stufe** zu Stufe sinken

62 der **Ofen** ist aus (für jn.) *ugs*
jetzt ist/dann ist/dann war/...
der **Ofen** aus *ugs*
wenn... dann/... ist der **Ofen**
aus (für jn.) *ugs*

63 ein hoffnungsloser/aussichtslo-
ser/... **Fall** sein *ugs*
kein **Glück** haben (bei jm.) (mit
etw.)

64 schlecht/ungünstig/... **abschnei-
den** (bei/in etw.)
schlecht/... **wegkommen** bei etw.
schlecht/... bei etw. **herauskom-
men**

65 auf diesem **Weg** nicht weiterkom-
men/nichts erreichen/...

66 nicht weit **kommen** mit etw. (bei
jm.)

bei jm. nicht **landen** können (mit
etw.) *ugs*

67 auf keinen/nicht auf einen/nie
auf einen grünen **Zweig** kommen
bei jm./in/...

68 sein **Ziel** verfehlen

69 zu nichts **kommen**

70 jm. schwimmen die/alle **Felle** da-
von/weg *ugs*
seine **Felle** davonschwimmen/
wegschwimmen sehen *ugs*

71 **Schiffbruch** erleiden (bei jm./
mit etw.)
auf die **Nase** fallen (mit etw.) *ugs*
baden gehen (mit etw.) *ugs*

72 eingehen wie ein **Kaktus** *vulg*
sang- und klanglos eingehen/...
ugs
mit **Sang** und Klang einge-
hen/... *ugs selten*
eingehen wie eine **Primel** *ugs*
mit **Glanz** und Gloria eingehen/
verlieren *ugs*

73 sich nicht gerade mit **Ruhm** be-
kleckern/bedecken *ugs*
kein **Ruhmesblatt** für jn. sein *ugs*

74 (heute/...) keinen guten **Tag** ha-
ben
(heute/...) einen schlechten/
schwarzen/rabenschwarzen **Tag**
(erwischt) haben

75 es will nicht **werden**

76 aus etw. **wird** nichts/...

77 mit ..., das ist **nichts**
mit... ist **nichts** *ugs*

78 (noch/...) **nichts** sein

79 ins **Wasser** fallen
flachfallen *ugs*

80 wegen **Nebel** ausfallen *ugs*

81 bei etw./dabei **kommt** wenig/
nichts/... heraus

82 keinerlei/keine **Ergebnisse** zeiti-
gen *geh*
die Ergebnisse/Resultate/Fort-
schritte/... sind gleich **Null** *ugs*

83 e-r S. ist kein **Erfolg** beschieden
geh
von keinem **Erfolg** gekrönt wer-
den *ugs*

84 jm./einem Unternehmen/... ist
kein/wenig/... **Glück** beschie-
den *geh*
auf etw. ruht kein **Segen** *selten*
der **Erfolg** bleibt jm. versagt/will
sich nicht einstellen

85 die ganze Sache/... war/... eine (einzige) **Pleite** *ugs*

86 in sich **zusammenfallen** *(Argumente, Pläne)*
wie ein **Kartenhaus** zusammenstürzen/zusammenfallen *(Pläne, Träume)*
jm. **läuft** alles quer *ugs*
jm. **geht** alles quer

87 **schiefgehen**
daneben **gehen**
in die **Hose** gehen *(Pläne, Vorhaben)* *vulg*
den **Bach** runtergehen *ugs*
über den **Jordan** gehen *ugs*

88 zunichte **werden** *(Pläne, Hoffnungen)*
zuschanden **werden**
zu nichts **zerrinnen**
wie **Seifenblasen** zerplatzen *(Hoffnungen)*

89 sich in **Wohlgefallen** auflösen
sich in **Rauch** auflösen *selten*
in **Dunst** und Rauch aufgehen *selten*
sich in **Luft** auflösen *ugs*
sich in (ein) **Nichts** auflösen/verwandeln *selten*

90 mit e-r S. - das ist **Essig**/ist es Essig *ugs*

91 im **Eimer** sein *vulg*
im **Arsch** sein *vulg*

92 wie **gewonnen**, so zerronnen
Träume sind Schäume

93 ein **Schlag** ins Wasser sein
ein **Schuß** in den Ofen sein *ugs*

94 ausgehen wie das **Hornberger** Schießen *ugs*

95 im **Sand(e)** verlaufen

96 es/etw. hat nicht **sein** sollen/sollen sein

97 das/die Angelegenheit/... kannst du/kann er/... **vergessen** *ugs*
das/die Angelegenheit/... kannst du/kann er/... **abhaken** *ugs*

98 etw. ist ein **Schuß** nach hinten *ugs*
ein **Schuß** geht nach hinten los *ugs*

99 etw. könnte ins **Auge** gehen
etw. hätte ins **Auge** gehen können
etw. wäre fast/beinahe ins **Auge** gegangen

100 (wenn .../...) das wäre mein/dein/... **Tod** *path*

101 kein **Echo** finden
ein schwaches/klägliches/... **Echo** finden (in/bei/...)
keine/keine starke/schwache/... **Resonanz** finden (in/bei/...)
keinen/nur geringen/nur schwachen/nur kläglichen/... **Widerhall** finden (in/bei/...)
eine schlechte/miserable/... **Presse** haben

102 (so) wie die **Dinge** (nun einmal) liegen
(so) wie die **Sache** (nun einmal) liegt
unter den gegebenen **Umständen**
rebus in stantibus *geh selten*

103 wie **stehe** ich/stehst du/... nun/jetzt/... da?

104 mit **Glanz** und Gloria durchfallen/durchrauschen *ugs*
mit **Pauken** und Trompeten durchfallen/durchrauschen *ugs*
mit **Bomben** und Granaten durchfallen/durchrauschen *ugs*

105 im **Strudel** der Ereignisse untergehen
im **Wirbel** der Ereignisse untergehen

106 für jn. stürzt die/eine **Welt** ein
für jn. stürzt/fällt/bricht die/eine **Welt** zusammen

107 vom **Regen** in die Traufe kommen
keine **Ehre** einlegen können mit etw. (bei jm.)
mit etw. kannst du dir/kann er sich/... keine **Medaillen** erringen *ugs*

108 ein **verkrachter** Möbelfabrikant/Versicherungsfachmann/Student/... *ugs*
eine verkrachte **Existenz** sein *ugs*

De 26 Enttäuschung, langes Gesicht: um eine Illusion ärmer; klein und häßlich werden; sang- und klanglos wieder abziehen

1 **Wasser** in js. Wein gießen
jm. **Wasser** in den/seinen Wein gießen

2 (wieder) um eine **Illusion** ärmer sein

3 eine bittere **Pille** sein (für jn.)

4 etw. ist eine kalte/eiskalte **Dusche** (für jn.)
etw. ist für jn./wirkt auf jn./... wie ein kalter/eiskalter **Wasserstrahl**

5 die (bittere) **Pille** schlucken (müssen)

6 eine kalte **Dusche** kriegen

7 jm. eine/die bittere **Pille** versüßen/(verzuckern)

8 (ganz) **kleinlaut** werden
(ganz) klein **werden** *ugs*
(ganz) klein und häßlich **werden** *ugs*

9 sich klein und häßlich **vorkommen** *ugs*

10 (so) **klein** und häßlich da herumsitzen/da stehen/... *ugs*

11 wie ein verlorener **Sünder** dastehen/dasitzen/...
wie ein geprügelter/verprügelter **Hund** dastehen/... *ugs*
wie ein begossener/nasser **Pudel** dastehen/... *ugs*

12 kleine/kleinere **Brötchen** backen (müssen) *ugs*

13 **sang-** und klanglos wieder abziehen/verschwinden/... *ugs*
mit leeren **Händen** wieder abziehen/gehen/...

14 mit einem langen **Gesicht** (wieder) abziehen/... *ugs*
mit langer **Nase** (wieder) abziehen/(gehen/...) *ugs*

15 den **Schwanz** zwischen die Beine nehmen und abziehen/... *vulg*
den **Schwanz** einziehen und abhauen/... *vulg*

16 mit hängendem/eingezogenem **Schwanz** wieder abziehen/... *vulg*
wie ein begossener/nasser **Pudel** (wieder) abziehen/... *ugs*
wie ein geprügelter/verprügelter **Hund** (wieder) abziehen/... *ugs*

17 **unverrichteterdinge** wieder umkehren/zurückkommen/...
unverrichteter **Dinge** wieder umkehren/zurückkommen/...
unverrichteter **Sache** wieder umkehren/zurückkommen/... *selten*
mit leeren **Händen** zurückkommen/wiederkommen/zurückkehren/...

18 in die **Röhre** gucken/(schauen) *ugs*

19 ein langes **Gesicht** machen
ein langes **Gesicht** ziehen

20 wie ist/war sowas **möglich**!

21 das/etw. ist ein schwacher **Trost** *ugs*
das/etw. ist ein schöner/herrlicher/... **Trost** *iron*

De 27 der Mühe wert, ein fetter Brocken

1 der **Mühe** wert sein
es/etw. lohnt die **Mühe**
sich bezahlt **machen**

2 es **springt** da/bei etw. allerhand/viel/... (für jn.) raus/heraus *ugs*
da/bei etw. **kommt** was/viel/allerhand/... raus/heraus

3 etw./viel **abwerfen** *(Geschäft)*

4 ein fetter **Braten** sein *ugs*
ein fetter **Brocken** (sein) *ugs*
ein fetter **Bissen** sein *ugs selten*
ein fetter **Happen** (sein) *ugs*

5 mit jm./etw. einen guten **Griff** tun/(machen)
mit jm./etw. einen guten **Fang** machen
einen dicken **Fisch** an Land ziehen *ugs*

6 einen/seinen **Schnitt** (bei etw.) machen

De 28 vergebliche Liebesmüh'

1 nicht der **Mühe** wert sein
es/etw. lohnt nicht die **Mühe**

2 das/etw. ist verlorene/vergebliche **Liebesmüh'**/Liebesmühe *ugs*
das/etw. ist verlorene/vergebliche **Müh'**/Mühe
es nicht/nicht einmal/... (für) der **Mühe** wert halten, etw. zu tun

3 (etw. ist) für die **Katz** *ugs*
(etw. ist) für **nichts**
(etw. ist) für **nichts** und wieder nichts *ugs*

4 etw. zu kaufen/... (das) ist weggeworfenes/rausgeschmissenes **Geld**

5 einen **Metzgersgang** machen

6 j. kann (aber auch) **machen**, was er will (es ist immer falsch/es gibt nie ein vernünftiges Ergebnis/es gibt immer Kritik/...)

7 j. kann **tun**, was er will (es klappt nicht/...)

8 wie man's **macht**, ist's falsch/verkehrt

9 und wenn du/sie/der Peter/... **noch** so ..., es wird nicht gehen/er wird es nicht schaffen/...
und wenn sich j. auf den **Kopf** stellt, es geht nicht/ich mach es nicht/... *ugs*

10 gegen **Windmühlen** kämpfen

11 etw. (zu) tun ist dasselbe wie/ist das gleiche wie/das nenne ich/... **Wasser** in ein Sieb schöpfen *geh*
etw. (zu) tun ist dasselbe/das gleiche wie mit dem/einem **Sieb** Wasser schöpfen *geh*
ins **Danaidenfaß** schöpfen *geh*
das **Faß** der Danaiden füllen wollen *geh selten*
etw. (zu) tun heißt/bedeutet/ist dasselbe wie/... **Wasser** in den Rhein/in die Elbe/ins Meer tragen

12 etw. (zu) tun heißt/bedeutet/ist dasselbe wie/... **Eulen** nach Athen tragen

13 etw. ist eine **Sisyphusarbeit** *geh*

14 einen **Mohr** weiß waschen wollen *selten*

15 da/bei dem Karl/... **spielt** sich nichts ab *ugs*

16 nichts zu **machen**!
bei jm./da/hier/... ist nichts zu **machen**

17 da/in/bei/... ist nichts zu **wollen** *ugs*

18 was **hilft's**?/hilft es?

19 es ist (jetzt/...) **müßig**, darüber nachzudenken/sich darüber zu streiten/... (ob ...)

20 etw. (zu) tun heißt/... **Perlen** vor die Säue werfen *vulg*
die schönsten/... Gedanken/Gedichte/... vor die **Hunde** werfen *ugs selten*

150

E

Haltung zu den Mitmenschen

Ea 1 Unterkunft; Wohnung

1 (nur/...) eine **Schlafstelle** bei jm./einer Familie/... haben/finden/... *form*

2 eine/keine bleibende **Stätte** haben *form*
ein/kein **Dach** über dem Kopf haben *ugs*

3 **Quartier** nehmen bei jm. *form selten*

4 sich ein **Quartier** suchen/bestellen/...

5 in einem Hotel/... **Wohnung** nehmen *form*

6 in seinen (eigenen) vier **Wänden** sein/leben/wohnen/... *ugs*

7 zur **Untermiete** wohnen (bei/...)
ein möblierter **Herr** *(veraltend, iron.)*

8 eine Wohnung/ein Zimmer/ein Fenster/... nach der **Straße**
eine Wohnung/ein Zimmer/ein Fenster/... zur/nach der **Straßenseite**

9 ein Zimmer/... mit **Blick** auf ...

10 **Haus** an Haus wohnen (mit jm.)

11 unter einem/demselben **Dach** leben/wohnen mit jm. *ugs*

12 eine **Treppe** höher/tiefer wohnen/...
auf halber **Treppe** wohnen/...

13 **Tür** an Tür wohnen (mit jm.)
Wand an Wand mit jm. wohnen

14 ein Haus mit acht/... **Parteien**

15 den/die **Schlüssel** des Hauses übergeben/bekommen *form*

16 die gute **Stube** *(veraltend)*

17 unterm **Dach** juchhe *ugs*

18 ein **Berliner** Zimmer *(veraltend)*

19 (nicht) im **Haus(e)** sein

20 außer **Haus** sein/zu tun haben/...

21 unter sich **bleiben**

22 endlich/... die **Tür** hinter sich zumachen können

Ea 2 gesellig: unter die Leute kommen (wollen); warmwerden mit; Wurzeln schlagen

1 gern unter **Menschen** sein

2 (endlich mal/...) ein bekanntes **Gesicht** sehen (wollen)
mal wieder unter (die) **Leute** müssen

3 jm. fällt die **Bude** auf den Kopf *ugs*
jm. fällt die **Decke** auf den Kopf *ugs*

4 viel/wieder/... unter (die) **Leute** kommen
unter (die) **Menschen** müssen/kommen

5 (in/...) mit jm. **warmwerden**

6 **Anschluß** haben/suchen/finden/...

7 **Kontakt** haben zu/mit jm.

8 viele **Kontakte** haben
eine große/... **Bekanntschaft** haben
einen großen **Bekanntenkreis** haben

9 in .../... **Wurzeln** schlagen

10 **Fuß** fassen

Ea 3 ungesellig: einsam und allein leben (wollen); nicht warmwerden mit; nicht aus dem Haus kommen

1 sich selbst **genug** sein *path*

2 seinen **Kohl** bauen/pflanzen *ugs*

3 für **sich** (allein) sein (wollen)
die **Menschen** meiden

4 abseits **stehen**
sich abseits **halten**

5 im eigenen/in seinem eigenen **Saft** schmoren

6 **einsam** und allein sein/leben/...
(so) (ganz) (allein) für **sich** dahinleben/leben/arbeiten/...
ein zurückgezogenes **Leben** führen

7 ein **Einsiedlerdasein** führen
ein **Kartäuserleben** führen *geh*

8 abseits von der großen **Welt** (leben/...)

9 der **Welt** entsagen *path*
sich von der **Welt** zurückziehen

10 wenig **Kontakt(e)** haben

11 keinen **Kontakt** bekommen (zu/mit jm.)

12 nur schwer/... an jn. **herankommen** (können)

13 (nur) schwer/keinen/... **Zugang** finden zu jm./einer Gruppe/...

14 wenig/nicht/... unter die **Leute** kommen

15 sich nicht unter die **Leute** wagen/trauen

16 sich in seine(n) vier **Wände(n)** verkriechen/... *ugs*
sich in seine **Klause** zurückziehen/verkriechen *iron*

17 immer in seinen vier **Wänden** hocken/... *ugs*

18 (immer/...) zu **Hause** stecken *ugs*
(immer/...) in der **Wohnung** sitzen/hocken *ugs*
(immer/...) in der **Stube** sitzen/hocken *ugs*
nur/am liebsten/... in seiner **Klause** hocken *iron*
sich (nur) in seinen (eigenen) vier **Wänden** wohlfühlen/... *ugs*

19 ganz **solo** sein *ugs*

20 keinen **Schritt** aus dem Haus tun/(machen)
keinen **Schritt** vor die Tür tun/(machen)
nicht aus seinen vier **Wänden** herauskommen *ugs*
keinen **Fuß**/den Fuß nicht vors/vor das Haus setzen
keinen **Fuß** vor die Tür setzen
den **Fuß** nicht vor die Tür setzen
nicht aus dem **Haus** herauskommen/kommen
nicht aus der **Bude** herauskommen/kommen *ugs*

21 immer/... hinter dem/hinterm **Ofen** sitzen/hocken *ugs*
nie/... hinter dem **Ofen** hervorkommen *ugs*

22 viel/wenig/nicht/... an die (frische) **Luft** kommen

Ea 4 Kontakte: Beziehungen zu jm., einem Land ... aufnehmen, unterhalten, abbrechen, wiederaufnehmen; geschäftliche, politische ... Beziehungen

1 jn. näher **kennen**

2 nichts/wenig/viel/allerhand/... mit jm. zu **tun** haben

3 seine **Fühler** ausstrecken

4 mit jm. **Fühlung** aufnehmen

5 **Kontakt** aufnehmen zu/mit jm.
   Verbindung aufnehmen zu/mit jm.
   in **Verbindung** mit jm. treten

6 **Beziehungen** zu jm. anknüpfen
   Verbindungen zu jm. anknüpfen

7 eine **Brücke** zu jm. schlagen (über etw.)

8 in **Berührung** mit jm./etw. kommen
   mit jm. **Fühlung** bekommen/(in Fühlung kommen) *ugs selten*

9 in **Tuchfühlung** mit jm. kommen *ugs*

10 **Bekanntschaft** machen mit jm./etw.

11 jn. näher **kennenlernen**

12 mit jm. intim **werden** *ugs*

13 mit jm. in **Fühlung** sein *ugs selten*
   Tuchfühlung mit jm. halten/haben *ugs*

14 mit jm. **Verkehr** pflegen *form*
   mit jm. **Umgang** haben/pflegen *form*

15 gute **Beziehungen** zu jm./einem Land/einer Organisation/... haben/unterhalten
   enge **Beziehungen** zu jm. haben/unterhalten

16 bei jm. gern **gesehen** sein
   ein gern gesehener **Gast** sein (bei jm.)

17 **ein-** und ausgehen bei jm.
   aus- und eingehen bei jm.

18 (schon/...) zur **Familie** gehören
   Kind im Hause sein bei jm. *ugs*

19 in engen/freundschaftlichen/kameradschaftlichen/... **Beziehungen** zu jm. stehen

20 jm./e-r S. durch langjährige Freundschaft/durch jahrelange Arbeit/... **verbunden** sein *path*
   sich jm./e-r S. durch langjährige Freundschaft/durch jahrelange Arbeit/... **verbunden** fühlen *path*

21 mit jm. (sehr) **intim** sein *ugs*

22 die **Verbindung(en)** zu jm./dahin/... nicht abreißen lassen
   die **Verbindung(en)** zu/mit jm. aufrechterhalten

23 mit jm. in **Verbindung** bleiben
   mit jm. in **Fühlung** bleiben *ugs*

24 jn./etw. (ganz) aus den **Augen** verlieren
   jn. (ganz) aus dem **Gesichtskreis** verlieren

25 die **Beziehungen** zu jm. abbrechen
   die **Verbindungen** zu jm. abbrechen
   die diplomatischen/geschäftlichen/... **Beziehungen** zu jm./einem Land/... abbrechen

26 die diplomatischen/geschäftlichen/... **Beziehungen** zu jm./einem Land/... wiederaufnehmen
   die **Beziehungen** zu jm. wieder anknüpfen
   die **Fäden** zu jm. (wieder) anknüpfen
   js. **Weg** kreuzen
   unsere/ihre **Wege** kreuzen sich

27 sich mit jm./einer Firma/... in **Verbindung** setzen
   sich mit jm. ins **Benehmen** setzen *form*

28 **Verhandlungen** aufnehmen (mit jm.) (über etw.)
   in **Verhandlungen** eintreten (mit jm.) (über etw.)

29 (mit jm.) in **Verhandlungen** stehen (über etw.)

30 in ständigem/permanentem/... **Kontakt** stehen mit jm.
   in ständiger/permanenter/... **Verbindung** stehen mit jm.

31 ein heißer **Draht** zwischen Regierungen/...

32 (in/bei ...) (es) (immer/...) mit Herrn X/Frau Y/... zu **tun** haben

33 im engsten **Kreis** (der Familie/seiner Freunde/...)

34 in kleinem/kleinstem **Kreis** (stattfinden/...)

35 in den **Kreisen**, in denen/wo j. verkehrt/...
   in meinen/deinen/... **Kreisen** *(oft iron.)*

36 in ihrer **Runde** geht es sehr lebhaft zu/...

37 im trauten/in trautem **Verein** mit jm. dasitzen/... *ugs*

38 jm. **Gesellschaft** leisten

39 der **Tag** der offenen Tür

Ea 5 (nicht) besuchen

1 **Station** machen in/bei/...

2 jm. einen **Besuch** machen/abstatten

3 bei jm. (kurz) **vorbeigehen**
   bei jm./etw. **vorbeikommen**
   bei jm. (kurz/mal eben/...) **anklopfen** *ugs*

4 auf einen **Rutsch** bei jm. vorbeikommen/vorbeigehen/... *ugs*
   (nur/...) eine **Stippvisite** sein/machen (in/bei/...) *ugs*

5 nur/... ein kurzes **Gastspiel** geben in/bei/... *ugs*
   nur/... eine (kurze) **Gastrolle** geben/spielen in/bei/... *ugs*

6 es/das geht hier ja zu wie in einem/(im) **Taubenschlag** *ugs*
   etw./das ist hier (ja) der reinste **Taubenschlag** *ugs*

7 sich mal wieder **blicken** lassen (in/bei/...)
   sich mal wieder **sehen** lassen (in/bei/...)
   sich nicht/nicht mehr/... **sehen** lassen (in/bei/...)

8 jm. (unverhofft/...) ins **Haus** platzen
   jm. (unverhofft/...) ins **Haus** geschneit kommen *ugs*
   jm. (unverhofft/...) in die **Bude** geschneit kommen *ugs*

9 jm. (nicht) zur **Last** fallen (wollen)

10 sich (nicht) selbst **einladen** (wollen)

11 jm. auf die **Bude** rücken *ugs*

12 den **Kopf** zur Tür hereinstecken

13 nicht **alt** werden in/bei/... *ugs*

14 ein (richtiges/regelrechtes/...) **Klebpflaster** sein *ugs*

15 über **Nacht**/die Nacht über bleiben/...

16 mit leeren **Händen** erscheinen
mit leeren **Händen** kommen

17 vor verschlossene **Türen** kommen
in .../überall/... verschlossene **Türen** finden (mit etw.)

18 das **Nest** ist/... leer *ugs*

19 der **Vogel** ist ausgeflogen *ugs*

20 seinen/den **Fuß** nicht/nicht mehr/... in js. Haus setzen *path*
seinen/den **Fuß** nicht/nicht mehr/... über js. Schwelle setzen *path*

21 jm. das/(sein) **Haus** verbieten

22 js. **Schwelle** nicht/nie wieder/ nie mehr betreten (dürfen) *path*

23 **Besuch** haben
jn. zu **Besuch** haben

24 zu **Besuch** sein (bei/in/...)
zu **Gast** sein (bei/in/...)

Ea 6 begrüßen

1 jm. guten **Tag** sagen
jm. einen guten **Tag** wünschen
path

2 jn. mit **Handschlag** begrüßen

3 jm. die **Hand** geben/reichen
jm. die **Hand** drücken
jm. die **Hand** schütteln

4 jm. die **Hände** drücken
jm. die **Hände** schütteln

5 jm. die **Pfote** geben/reichen *vulg*
jm. die **Flosse** geben/reichen *vulg*

6 jm. das schöne **Händchen** geben
(Kindersprache)
die schöne **Hand** *(Kindersprache)*
das schöne **Händchen** *(Kindersprache)*

7 die **Linke** kommt von Herzen

8 sich die **Hand** schütteln
sich die **Hände** schütteln

9 den **Hut** ziehen/lüften

10 einen **Knicks** machen

11 einen **Diener** machen *form iron*

12 einen **Bückling** (vor jm.) machen *selten*

13 einen **Kratzfuß** machen *selten*

14 die **Hacken** zusammenschlagen
(Militärsprache)

15 einen **Kniefall** machen *selten*

16 jm. die **Hand** zum Kuß reichen

Ea 7 Gastfreundschaft: ein offenes, volles Haus haben; es gut treffen; jn. in seine Arme schließen; mit Pauken und Trompeten empfangen; welch ein Glanz in unserer Hütte!

1 ein großes/glänzendes **Haus** führen

2 ein offenes **Haus** haben
ein offenes **Haus** führen
(immer/meist/...) ein volles **Haus** haben
das/(sein) **Haus** voll haben

3 jm. (jederzeit/...) **willkommen** sein

4 (keine) **Umstände** machen

5 es gut/... **treffen** in/bei/...
es schlecht/... **treffen** in/bei/...

6 tu/tut/... (so), als ob du/als ob ihr/als wenn du/als wenn ihr zu **Hause** wärst/wärt/wäret/...!

7 sich bei jm. häuslich **niederlassen**
sich's/es sich bequem **machen**

8 sich (so richtig/...) zu **Hause** fühlen in/bei/...
sich wie bei **Muttern** fühlen *ugs*

9 hier ist gut **sein** *ugs*

10 jn. mit offenen **Armen** empfangen/aufnehmen
ein gern gesehener **Gast** sein (bei jm.)

11 du bist/Sie sind/... (heute/...) mein/unser **Gast**

12 jn. in seine/die **Arme** schließen/ (nehmen)
jn. an seine/die **Brust** drücken
path
jn. an sein/ans **Herz** drücken
path

13 die **Arme** um js. Hals schlingen

14 jm. in die **Arme** fallen
jm. in die **Arme** fliegen *path*

15 jn. wie einen (verlorenen) **Sohn** aufnehmen/...
sich um jn. wie um den eigenen **Sohn** kümmern/...

16 jn. behandeln/bewirten/... wie einen **Fürst(en)**

17 jm. einen großen **Bahnhof** bereiten *ugs*
jn. mit großem **Hallo** begrüßen

18 den roten **Teppich** ausrollen (für jn.) *selten*

19 jn. mit **Pauken** und Trompeten empfangen *ugs*

20 mit großem **Bahnhof** empfangen werden *ugs*

21 die **Honneurs** machen *(geh. oder iron.)*

22 jn. am Flugplatz/... in **Empfang** nehmen
jn. willkommen **heißen** *(oft dir. Rede)*
jm. ein **Willkommen** bieten (in einer Stadt/...) *form*
ich/wir/... heiße/heißen dich/ ihn/... in unserer/... **Mitte** willkommen *form*

23 **Spalier** stehen/(bilden)
eine **Gasse** bilden

24 etwas/nichts/... von sich **hören** lassen
ein/kein **Lebenszeichen** von sich geben

25 eine (große/...) **Wiedersehens-feier** veranstalten

26 **Sturm** läuten *ugs*

27 welch ein/was für ein **Glanz** in meiner/unserer (armen) Hütte!
ugs

28 (immer) rein/rin in die gute **Stube**! *ugs*
heraus oder herein!
raus oder rein! *ugs*
herein, wenn's kein **Schneider** ist!
ugs

29 hast du/habt ihr/... (zu Hause) **Säcke** vor/an den Türen? *vulg*

30 Tür/Fenster/... zu!
    etw. zu lassen/machen/knal-
    len/...
    die Tür ins Schloß werfen/fallen
    lassen/...

31 wenn ich bitten darf!

32 Herr.../der Minister/... läßt bit-
    ten geh

33 eine geschlossene Gesellschaft/
    (Gruppe/...)

34 Zutritt haben zu jm./bei Ho-
    fe/...
    freien Zutritt haben zu etw.

35 (heute/...) nicht zu sprechen
    sein (für jn.)

36 (keinen) Zugang haben zu be-
    stimmten Leuten/Kreisen/...

37 einen Empfang geben

38 Herr Dr. Willi Hauff/... gibt sich
    die Ehre, Herrn Minister .../...
    einzuladen form
    jn. auf einer Gesellschaft tref-
    fen/...

39 eine bunt zusammengewürfelte
    Gesellschaft
    eine bunt zusammengewürfelte
    Gruppe

Ea 8 (sich) verabschieden

1 jm. auf Wiedersehen sagen

2 jm. Lebewohl sagen ugs
   jm. Valet sagen (veraltend)

3 Abschied nehmen (von jm.)

4 jm. eine Kußhand zuwerfen
   jm. Kußhände zuwerfen

5 zieh'/ziehen Sie/geh'/gehen Sie
   (hin) in Frieden ugs

6 jn. (einfach/...) stehen lassen
   sich auf dem Absatz umdrehen
   und gehen/...

Ea 9 Grußformeln

1 guten Tag!
   einen schönen guten Tag! path
   grüß Gott!
   sei/seid mir gegrüßt! ugs
   grüß dich/(Sie) (Gott)! ugs

2 guten Morgen!
   guten Abend!

3 gut Holz! (beim Kegeln)
   Weidmannsheil! (Jägersprache)

4 Pfötchen! (zu Hunden)

5 küß' die Hand (gnädige Frau)!
   (geh. oder iron.)

6 wie geht's?
   was macht die Kunst? ugs
   was gibt's Neues?
   wie steht's? ugs
   wie geht's, wie steht's? ugs
   lange nicht gesehn!
   (ja) gibt's/(gibt es) dich/Sie auch
   noch! ugs

7 was macht Karl/Gisela/Onkel
   Herbert/...?

8 mir/ihm/... geht's danke ugs
   man lebt
   (wie geht's deinem Jungen/dei-
   ner Tochter/...?) er/sie/...
   wächst und gedeiht ugs

9 woher des Weges? (geh. oder
   iron.)
   wohin des Weges? (geh. oder
   iron.)

10 auf Wiedersehen!
    Tschüß! ugs
    ade! ugs
    adieu! ugs
    ciao! ugs
    adios! ugs

11 mach's/macht's/... gut! ugs
    laß es dir/laßt es euch/...gut/
    (wohl) gehen!
    laß es dir/laßt es euch/... gut/
    (wohl) ergehen! path
    gehab' dich/... wohl! selten
    leb'/lebt/... wohl!
    behüt' dich/behüt' euch/behüt'
    Sie Gott! selten

12 bis bald!
    (also dann/...) bis später!
    (also dann/...) auf später! selten

13 bis zum nächsten Mal!
    morgen/nächste Woche/... in al-
    ter Frische! ugs

14 geh mit Gott, aber geh! ugs

15 beste Grüße von Haus zu Haus
    ugs

Ea 10 Distanz; Abfuhr: den nötigen Abstand wahren; jn. schneiden; jn. zum Teufel jagen; jn. an die frische Luft setzen; an die falsche Adresse kommen

1 (den nötigen) Abstand wahren
   auf Distanz gehen (jm. gegen-
   über/bei jm.)

2 sich jn. vom Leib(e) halten
   sich jn. drei Schritt(e) vom
   Leib(e) halten ugs

3 jm./sich jn./etw. vom Hals hal-
   ten ugs

4 jm. einen Korb geben

5 einen Korb kriegen/bekommen
   sich einen Korb holen

6 jm./e-r S. aus dem Weg gehen

7 einen (großen) Bogen um jn. ma-
   chen/(schlagen)

8 jn. schneiden

9 jn. links liegenlassen

10 jn. wie Luft behandeln ugs

11 jm. die kalte Schulter zeigen ugs
    für jn. Luft sein ugs

12 jm. keinen Blick schenken
    jn. keines Blickes würdigen geh

13 jn. wie einen Aussätzigen behan-
    deln ugs
    jn./etw. meiden wie die Pest ugs

14 jn. abblitzen lassen ugs

15 jm. eine (geharnischte) Abfuhr
    erteilen

16 jn. seiner Wege schicken iron sel-
    ten

17 jn. zum Teufel jagen ugs
    jn. zum Kuckuck jagen ugs
    jn. zum Tempel hinausjagen/
    hinauswerfen ugs

18 jm. zeigen, wo die Tür ist ugs
    jm. zeigen, wo der Zimmermann
    das Loch gelassen hat ugs
    jm. die Tür weisen geh
    jn. von der Schwelle weisen geh
    selten

19 jn. vor die Tür setzen ugs
    jm. den Stuhl vor die Tür setzen
    ugs
    jn. an die (frische) Luft setzen/
    befördern ugs

20 jn. auf die **Straße** setzen/werfen *ugs*
    jn. aus dem **Haus** werfen

21 jm. das/(sein) **Haus** verbieten

22 jn. in hohem **Bogen** hinauswerfen *ugs*
    jn. achtkantig **hinauswerfen** *ugs*

23 jn. am/beim **Kragen** packen/fassen/nehmen und . . . *ugs*
    jn. am/beim **Kanthaken** packen/nehmen/fassen und . . . *vulg*
    jn. am **Schlafittchen** packen/fassen/nehmen und . . . *vulg*
    jn. am/beim **Arsch** und Kragen packen/fassen/nehmen und . . . *vulg*

24 geh'/geht/. . . hin/. . . wo der **Pfeffer** wächst *vulg*

25 jn./etw. **loswerden**

26 jn./etw. **lossein**
    jn./etw. **los** und ledig sein *selten*

27 jm. keine **Tränen** nachweinen

28 sich eine (geharnischte) **Abfuhr** holen

29 in hohem **Bogen** hinausfliegen/herausfliegen/. . . *ugs*
    mit **Glanz** und Gloria hinausfliegen/hinausgeworfen werden/. . . *ugs*
    ein **Rausschmiß** erster Klasse *ugs*

30 (mit etw.) (bei jm./da) an die falsche/verkehrte/(unrichtige/unrechte) **Adresse** kommen/geraten
    (mit etw.) (bei jm./da) an den **Falschen** kommen/geraten
    (mit etw.) (bei jm./da) an den **Verkehrten** kommen/geraten
    (mit etw.) (bei jm./da) an den **Unrechten** kommen/geraten
    (mit etw.) (bei jm./da) an den falschen/verkehrten/(unrichtigen/unrechten) **Mann** kommen/geraten

31 (mit etw.) (bei jm./da) (aber) an den **Rechten** kommen/geraten *ugs*
    (mit etw.) (bei jm./da) (aber) an den **Richtigen** kommen/geraten *ugs*
    (mit etw.) (bei jm./da) (aber) an die richtige **Stelle** kommen/geraten *ugs*
    (mit etw.) (bei jm./da) (aber) an die richtige/(rechte) **Adresse** kommen/geraten *ugs (meist iron.)*

32 (mit etw.) bei jm./da übel/schön/. . . **ankommen** *ugs*
    (mit etw.) bei jm./da übel **anlaufen** *ugs selten*

Ea 11 gutes Benehmen, Form

1 **wissen**, was sich gehört

2 eine gute **Kinderstube** gehabt/genossen haben

3 (gute) **Manieren** haben
   sich in der **Gesellschaft** zu benehmen wissen/(. . .)
   sich auf dem gesellschaftlichen/politischen/. . . **Parkett** bewegen können/zu bewegen wissen/. . .

4 **Benimm** haben *ugs*

5 den **Ton** treffen

6 (viel/. . .) **Takt** haben

7 **Form** haben
   Schliff haben
   Schmiß haben *path selten*

8 **Schliff** kriegen/bekommen *path*

9 jm. **Schliff** beibringen *path*

10 die **Ecken** und Kanten (seines Wesens) abschleifen

11 zum guten **Ton** gehören
    es herrscht ein guter **Ton** in/bei/. . .

12 der **Ton** macht die Musik *ugs*
    wie man in den **Wald** hineinruft, so schallt es heraus

13 eine Kritik/. . . in eine höfliche/. . . **Form** kleiden

14 die **Form**/Formen wahren

15 in aller **Form** sich entschuldigen/ablehnen/. . .

16 (nur/. . .) der **Form** halber
    (nur/. . .) pro **forma** *geh*
    (nur/. . .) der **Ordnung** halber

17 (nur/. . .) (eine) **Formsache** sein

18 ich bitte/er bittet/. . . um **Nachsicht** (wenn/wegen/. . .)

19 **verfügen** Sie/. . . über mich/. . .

Ea 12 schlechtes Benehmen

1 ein grober **Klotz** sein *ugs*

2 seine rauhe Seite/Schroffheit/. . . nach außen **kehren**

3 nicht **wissen**, was sich gehört

4 keine gute **Kinderstube** gehabt/genossen haben

5 keine rechte **Art** haben

6 wenig/keinen/. . . **Takt** haben

7 keine **Form** haben

8 keine **Manieren** haben
   keinen **Benimm** haben

9 nicht **gesellschaftsfähig** sein
   nicht **vorzeigbar** sein *ugs*

10 sich benehmen/ein Benehmen haben/. . . wie der erste **Mensch** *ugs*
    sich benehmen/ein Benehmen haben/. . . wie ein **Bauer** *ugs*
    sich benehmen/ein Benehmen haben/. . . wie ein **Schuster** *ugs*
    sich benehmen/ein Benehmen haben/. . . wie eine offene **Hose** *vulg*
    sich benehmen/ein Benehmen haben/. . . wie die **Axt** im Walde *ugs*

11 seine **Ecken** und Kanten noch abschleifen müssen

12 sich wie ein dummer **Junge** benehmen

13 seine gute **Kinderstube** verleugnen

14 einen faux **pas** machen/begehen *geh*
    sich daneben **benehmen**

15 unangenehm **auffallen**

16 aus der **Rolle** fallen

17 die ganze **Innung** blamieren *ugs*
    sich unmöglich **machen** (durch/mit etw.)
    sich benehmen/verhalten/. . . wie ein **Elefant** im Porzellanladen *ugs*

18 viel/allerhand/. . . **Porzellan** zerschlagen/kaputt machen

19 ins **Fettnäpfchen** treten (bei jm.)

20 sich im **Ton** vergreifen

21 gegen die guten **Sitten** verstoßen
    Anstand und Sitte verletzen

22 sich (mit jm./etw.) nicht/nicht
    mehr/... **sehen** lassen können
    (in/bei/...)

23 alle **Rücksichten** fahren lassen

24 ohne **Rücksicht** auf Verluste
    (handeln) *ugs*

25 jn. wie ein **Stück** Vieh behandeln
    vulg

26 es **gehört** sich nicht (für jn.), etw.
    zu tun

27 es ist keine **Art**, etw. zu tun
    etw. zu tun, ist keine **Manier**

28 das ist (doch) kein **Benehmen**!
    was sind denn das für **Manieren**?

29 j. verbittet sich den/diesen/...
    Ton *form*

30 er/der Herbert/... hat wohl/be-
    stimmt/... **Spatzen** unter dem
    Hut! *ugs selten*
    er/der Herbert/... hat wohl/be-
    stimmt/... einen **Sperling** unter
    dem Hut! *ugs selten*

Eb 1 Zuneigung: viel für jn.
übrig haben; hoch im Kurs
stehen bei; jm. von Herzen
zugetan sein; in js. Gunst ste-
hen; jn. für sich einnehmen;
auf der gleichen Wellenlänge
liegen

---

1 eine (ganz) neue **Seite** an jm./
   etw. entdecken
   (ganz) neue **Seiten** an jm./etw.
   entdecken

2 nichts/... gegen jn./etw. **haben**

3 jn./etw. (ganz) in **Ordnung** fin-
   den
   etwas/viel/... für jn./etw. **über**
   haben
   etwas/viel/... für jn./etw. **übrig**
   haben
   jn./etw. gut/... **leiden** können

4 gut/... auf jn./etw. zu **sprechen**
   sein

5 es mit jm./etw. **halten**

6 jm. (gut/sehr/besonders/...) **ge-**
   wogen sein *geh*

jm. sehr/herzlich/... **zugeneigt**
sein *geh*

7 jm. **liegen**
   js. **Typ** sein *ugs*

8 hoch im **Kurs** stehen (bei jm./
   in/...)
   gut **angeschrieben** sein bei jm.
   ugs
   eine gute **Nummer** bei jm. haben
   ugs
   gute **Karten** bei jm. haben *ugs*

9 bei jm. **Kredit** haben

10 bei jm. einen **Stein** im Brett ha-
   ben

11 jm. **zugetan** sein *geh*

12 sein **Herz** für jn./etw. entdecken
   jm. von **Herzen** zugetan sein *path*
   jn. in sein **Herz** geschlossen ha-
   ben

13 js. **Herz** hängt (nun einmal/...)
   an jm./etw.

14 jm. **lieb** und wert sein
   jm. **lieb** und teuer sein
   jm. ans **Herz** gewachsen sein

15 js. **Herzen** nahestehen *path*

16 eine **Schwäche** für jn./etw. haben
   einen **Narren** an jm./etw. gefres-
   sen haben *ugs*

17 mit **Leib** und Seele an etw. hän-
   gen
   js. (ganzes) **Herz** gehört jm./e-r
   S.

18 ein Kind/... zum **Fressen** gern
   haben *ugs*

19 jn. auf (den) **Händen** tragen *path*
   jn. wie einen/seinen **Sohn** behan-
   deln/lieben/...

20 jm. von **Herzen** gut sein *path*

21 in **Gunst** bei jm. stehen
   js. **Gunst** genießen *geh*

22 bei jm./einem Vorgesetzten/...
   einen guten **Stand** haben

23 einen leichten **Stand** haben bei
   jm./in/...

24 **Nummer** 1 sein bei jm. *ugs*

25 sich (bei jm.) beliebt **machen**

26 jn. (gleich/...) für sich **einneh-**
   men

27 die Leute/... **gewinnen**
   alle/die **Herzen** (im Sturm) ge-

winnen/erobern
alle/die **Herzen** fliegen jm. (nur
so) zu
alle **Herzen** schlagen jm. entge-
gen *path*
ein einnehmendes **Wesen** haben

28 auf der gleichen **Linie** liegen wie
   j./etw./mit jm./etw.
   auf der gleichen **Wellenlänge** lie-
   gen wie j. *ugs*
   die gleiche **Wellenlänge** haben
   wie j. *ugs*

29 dieselbe/die gleiche **Sprache**
   sprechen wie j.

30 (viele/...) gleichgestimmte **Sai-**
   ten haben/entdecken/...

31 jm./js. Worten/... von ganzem
   Herzen zustimmen

32 zwei **Seelen** (und) ein Gedanke

Eb 2 Abneigung: kein
Freund sein von; jm. gegen
den Strich gehen; jn. jagen
können mit; nichts (mehr)
übrig haben für; jm. zuwider
sein; eine schlechte Nummer
haben bei jm.; jn. gefressen
haben; bei jm. unten durch
sein; es gibt eine Wand zwi-
schen ...; sich jn. vom Hals
halten

---

1 e-r S. nichts/wenig/... **abgewin-**
   nen können
   e-r S. keinen **Geschmack** abge-
   winnen können

2 es ist nicht js. **Art**, etw. zu tun
   es **liegt** jm. nicht/..., etw. zu tun

3 gegen js. **Natur** sein/gehen
   etw. geht jm. wider die **Natur**
   path

4 kein/nicht gerade ein **Freund**
   sein von etw./davon, etw. zu tun
   kein großer **Freund** sein von
   etw./davon, etw. zu tun

5 damit/mit etw. kannst du/kann
   der Paul/... zu **Hause** bleiben
   ugs

6 es nicht **leiden** können, etw. zu
   tun/daß etw. getan wird/wenn
   ...

7 jm. gegen den **Strich** gehen *ugs*

8 es auf/(für) den **Tod** nicht aus-
stehen können, wenn/... *path*
etw. ist jm. in tiefster **Seele** ver-
haßt *path*
ich/der Willy/... wüßte (auch),
was ich/er/... lieber **täte** *ugs*

9 etw. zu tun, das ist kein/alles an-
dere als ein **Vergnügen**
etw. ist ein (sehr) zweifelhaftes
Vergnügen *ugs*

10 bei jm. mit etw. nicht auf/auf
keine **Gegenliebe** stoßen
bei jm. mit etw. keine **Gegenliebe**
finden

11 mit etw. (bei jm.) keinen **Blumen-
topf** gewinnen können *ugs*

12 mit etw. kannst du/kann er/...
mich/ihn/den Herbert/... **jagen**!
ugs
jn./etw. meiden wie die **Pest** *ugs*
etw. meiden wie die **Sünde** *path*
selten

13 mit Blumenkohl/Bratkartof-
feln/... kann man/kannst
du/... sie/den Herrn Mei-
nert/... zum **Teufel** jagen! *ugs*
mit Blumenkohl/Bratkartof-
feln/... kann man/kannst
du/... sie/... zum **Kuckuck** ja-
gen *ugs*

14 bei etw./wenn/..., kann es ei-
nem **schlecht** werden *ugs*
es wird einem/mir/ihm/...
schlecht bei etw./wenn ... *ugs*

15 (zwei) verschiedene **Sprachen**
sprechen

16 jm. **fern** sein
jm. fern **stehen**

17 nichts **anfangen** können mit jm./
etw.

18 jm. nicht/... **liegen**
nicht js. **Typ** sein *ugs*
nicht js. **Kragenweite** sein *ugs*

19 js. **Nase** gefällt/paßt jm. nicht
ugs

20 nichts/wenig/nicht das Gering-
ste/... für jn./etw. **über** haben
nichts/wenig/nicht das Gering-
ste/... für jn./etw. **übrig** haben

21 etwas/viel/allerhand/... gegen
jn./etw. **haben**
schlecht/... auf jn./etw. zu **spre-
chen** sein

22 jn./etw. nicht/nicht gut/
schlecht/... **leiden** können

23 jn./etw. nicht **ausstehen** können
jn./etw. nicht **sehen** können
jn. lieber von hinten **sehen** *ugs*

24 jn. nicht **riechen** können *ugs*
jn./etw. auf/(für) den **Tod** nicht
leiden können *path*
jn./etw. auf/(für) den **Tod** nicht
ausstehen können *path*

25 jn. nicht **verknusen** können *ugs*

26 die **Nase** von jm./etw. (gestri-
chen) voll haben *ugs*

27 jn./etw. **über** haben *selten*

28 j./etw. wirkt auf jn. wie ein rotes
Tuch
j./etw. ist für jn. ein rotes **Tuch**

29 jm. **zuwider** sein
für jn. ein **Brechmittel** sein *ugs*

30 schlecht **angeschrieben** sein bei
jm. *ugs*

31 bei jm./einem Vorgesetzten/...
keinen guten **Stand** haben

32 jn. zum **Teufel** wünschen *ugs*
jn. zum **Kuckuck** wünschen *ugs*
jn. dahin wünschen, wo der **Pfef-
fer** wächst *ugs*
j. soll bleiben/hingehen/..., wo
der **Pfeffer** wächst *ugs*
die/den/den Peter/... wünsche
ich/wünscht der Karl/... zum
Mond *vulg*

33 j. könnte jn. auf den **Mond** schie-
ßen *vulg*
j. möchte jn. am liebsten auf den
Mond schießen *vulg*
wenn j. könnte, wie er wollte,
würde er jn. auf den **Mond** schie-
ßen *vulg*

34 jn. **gefressen** haben *ugs*

35 jm. die **Pest** an den Hals wün-
schen *vulg*

36 jn. hassen wie die **Pest** *ugs*
jn. hassen wie die **Sünde** *path sel-
ten*

37 jn. bis in den **Tod** hassen *path*

38 in **Ungnade** fallen (bei jm.)
(form. oder iron.)

39 den/seinen **Kredit** bei jm. verlie-
ren *ugs*

40 bei jm. nichts mehr **werden** kön-
nen *ugs*

41 nichts (mehr) **wissen** wollen von
jm./etw. *ugs*

nichts (mehr) für jn./etw. **über**
haben
nichts (mehr) für jn./etw. **übrig**
haben

42 **erledigt** sein (für jn.) (mit etw.)
ugs
bei jm. unten/(drunten) **durch**
sein *ugs*
bei jm. **ausgespielt** haben *ugs*
bei jm. **verspielt** haben *ugs*
mit etw. (bei jm.) keinen **Blumen-
topf** mehr gewinnen können *ugs*
mit etw./jm. **fertigsein** *ugs*

43 jn./etw. nicht mehr **riechen** kön-
nen *ugs*

44 bei jm. **ausgeschissen** haben *vulg*
bei jm. **verschissen** haben *vulg*

45 Lüge/Betrug/Untreue/... wirft
einen **Schatten** auf die Beziehun-
gen zwischen zwei Menschen/
das gute Verhältnis/...

46 etw. errichtet eine **Mauer** zwi-
schen zwei Menschen/... *path*
etw. errichtet eine **Wand** zwi-
schen zwei Menschen/... *path*
die/eine **Scheidewand** zwischen
Menschen/... errichten/nieder-
reißen/... *path*
zwischen ... und ... gibt es/
steht eine **Wand** *path*

47 js. Gefühle/Sympathien/... für
jn. sinken auf/erreichen den **Ge-
frierpunkt** *ugs*

48 sich js. Zorn/Unwillen/... **zuzie-
hen**
sich js. Zorn/Unwillen/... auf
den **Hals** ziehen *ugs*
sich bei jm. **verhaßt** machen (mit
etw.)

49 (bei jm.) auf der **Abschußliste** ste-
hen *ugs*

50 von/mit einer **Mauer** von Vor-
urteilen/Ablehnung/... umge-
ben sein *path*

51 nichts/nichts mehr/... zu **tun**
haben wollen/(mögen) mit jm./
etw.

52 sich mit jm. nicht (mehr) an ei-
nen **Tisch** setzen

53 sich jn./etw. vom **Hals** halten *ugs*

54 den/die Klara/... **guck** ich/guk-
ken die/... nicht mehr an *ugs*

55 geh mir/geht uns/... (bloß/nur)
aus den **Augen**!
komm/kommt/... mir/uns/...

(bloß/nur) nicht mehr vor/unter die **Augen**!

56 **geh'**/geht/... mir weg mit dem Karl/der Klara/dem Kerl/dem Typ/...! *ugs*
    hau/haut/... mir ab mit dem Karl/der Klara/dem Kerl/dem Typ/...! *ugs*

57 wenn ich den/die/den **Ernst**/... **sehe**, dann ...

58 der **Teufel** soll dich/ihn/sie/... holen! *ugs*
    daß dich/ihn/... der **Geier**! *vulg selten*

59 dieser Schuft/dieser Kerl/... ist nicht den **Strick** zum Aufhängen wert! *ugs*

60 **pfui** über ihn/den Emil/...! *path*

61 jm. schaut/sieht der Haß aus den **Augen**

62 aus der **Saat** des Hasses kann/ konnte/... nichts Gutes gedeihen *geh*

Ec 1 gutes Verhältnis, Freundschaft: auf du und du; mit jm. vertraut werden; auf gutem Fuß stehen; befreundet sein; durch dick und dünn gehen mit, ein unzertrennliches Kleeblatt bilden

1   jm. das **Du** anbieten
    jm. (die) **Bruderschaft** anbieten *form*
    mit jm. **Bruderschaft** schließen *form*

2   zu jm. 'du'/'du' zueinander **sagen**
    mit jm. auf du und du **stehen**
    mit jm. auf **Duzfuß** stehen

3   jn. mit **Sie** anreden

4   plump **vertraulich** sein/jn. ansprechen/... *ugs*

5   (nicht) leicht/... **warmwerden** mit jm./etw.

6   zu jm. **Vertrauen** fassen

7   mit jm. vertraut **werden**

8   sich mit jm. gut **stellen**

9   gut **Freund** werden mit jm. *path*

10 einen guten **Faden** miteinander spinnen *selten*
    eine gute **Seide** miteinander spinnen *selten*

11 sich gut/glänzend/... mit jm. **stehen**
    (es) miteinander gut **können** *ugs*

12 in gutem/bestem/... **Einvernehmen** mit jm. leben/stehen/etw. regeln/... *form*

13 (es) mit jm. gut **können** *ugs*
    sich gut/blendend/... **verstehen**
    ein gutes **Verhältnis** zu jm. haben
    auf gutem **Fuß** mit jm. stehen

14 mit jm. auf vertrautem **Fuß** stehen
    jm./sich nahe **stehen**

15 mit jm. **Freundschaft** schließen

16 in freundschaftlichem **Verhältnis** zu jm. stehen
    mit jm./miteinander auf freundschaftlichem **Fuß** stehen

17 mit jm. in **Frieden** und Freundschaft leben

18 (die) **Bande** der Freundschaft (enger) knüpfen/... *path*
    mit jm. (aufs engste) **befreundet** sein

19 ein **Freund** auf Leben und Tod *path*
    Freunde fürs Leben sein
    dicke **Freunde** sein *ugs*

20 durch dick und dünn mit jm. **gehen** *ugs*
    in **Glück** und Unglück zusammenhalten *path*
    wie **Pech** und Schwefel zusammenhalten *ugs*
    wie die **Kletten** zusammenhalten/aneinanderhängen/zusammenhängen *ugs*

21 nichts als/nur der **Tod** kann uns/ sie/... trennen *path*

22 in **Schutz** und Trutz zusammenstehen/zusammenhalten *(veraltend) path*

23 ein **Herz** und eine Seele sein

24 ein gutes/unzertrennliches/... **Gespann** sein/bilden
    sich **gesucht** und gefunden haben *ugs*
    da haben sich zwei/die beiden haben sich **gesucht** und gefunden *ugs*

25 ein unzertrennliches **Kleeblatt** sein/bilden

26 die letzten/auch diese/... **Schranken** fallen zwischen zwei/ mehreren Menschen

27 unter **sich** sein/bleiben/... intra **muros** *geh selten*

28 zwischen ihm/... und mir/... ist noch kein hartes/böses **Wort** gefallen

29 jn. (richtig) zu **nehmen** wissen/ (verstehen)

30 (du) alter **Junge** *ugs*
    (du) alter **Knabe** *ugs*
    (du) altes **Haus** *ugs*
    (du) alter **Schwede** *selten*

Ec 2 schlechtes Verhältnis, Feindschaft: schlecht miteinander umgehen; auf Kriegsfuß stehen; es kommt zum Bruch

1   es mit jm. **verderben** (mit/durch etw.)

2   keinen guten **Faden** miteinander spinnen *selten*
    keine gute **Seide** miteinander spinnen *selten*

3   sich nicht gut/schlecht/miserabel/... **verstehen**

4   sich nicht gut/schlecht/miserabel/... mit jm. **stehen**

5   nicht auf gutem/auf schlechtem **Fuß** mit jm. stehen

6   wie **Hund** und Katze sein/miteinander stehen/miteinander umgehen/...
    wie **Katze** und Hund sein/miteinander stehen/miteinander umgehen/...

7   wie die feindlichen **Brüder** sein/ miteinander stehen/miteinander umgehen/... *selten*

8   ein gespanntes **Verhältnis** zu jm. haben
    mit jm. in einem gespannten/in gespanntem **Verhältnis** leben
    mit jm. auf gespanntem **Fuß** stehen

9   mit jm. über/(übers) **Kreuz** sein *ugs*

10 auf **Hauen** und Stechen mit jm./ miteinander stehen

11 auf **Kriegsfuß** mit jm./etw. stehen *ugs*

12 (dauernd/ . . .) in **Feindschaft** mit jm. liegen/leben *path*

13 jn. bis zum **letzten** bekämpfen *path*
eine **Feindschaft** auf Leben und Tod

14 jn. nicht mehr **kennen** (wollen) *ugs*

15 es kommt zum/zu einem **Bruch** (zwischen zwei oder mehreren Personen)
den **Verkehr** mit jm. abbrechen

16 mit jm. **zerfallen** sein

17 das letzte **Band** zwischen A und B ist zerrissen *path*
die letzten **Bande** zwischen A und B sind zerrissen *path*

18 vor jm. nie/niemals/. . . **Frieden** haben *selten*

19 wenn du/ihr/sie/. . . das tust/ tut/. . ., (dann) sind wir geschiedene **Leute**! *ugs*

20 einen **Keil** zwischen zwei/mehrere Menschen treiben

Ed 1 Liebe, Liebesbeziehung

1 die kleinen **Mädchen** (so) gern haben *ugs*

2 jeder **Schürze** nachlaufen *(veraltend)*
hinter jeder **Schürze** hersein *(veraltend)*
jedem **Unterrock** nachlaufen *ugs (veraltend)*
ein (richtiger/. . .) **Schürzenjäger** sein *(veraltend)*

3 auf **Abenteuer** ausziehen *iron*

4 sich eine Frau/ein Mädchen **angeln** (wollen) *ugs*

5 auf **Brautschau** gehen *iron*
auf **Freiersfüßen** gehen *selten*
auf die **Freite** gehen *(veraltend)*

6 hinter jm. **hersein** *ugs*

7 **scharf** sein auf jn. *ugs*

8 vor **Sehnsucht** nach jm. vergehen/sich verzehren *path*

9 sich ein **Stelldichein** geben *selten*

10 einer Frau den **Hof** machen *geh*

11 jm. schöne **Augen** machen

12 ein verliebtes **Auge** auf jn. werfen *path*
jm. verliebte **Blicke** zuwerfen
jm. verliebte **Augen** machen

13 jn. mit seinen **Blicken** verzehren

14 jm. schmachtende **Blicke** zuwerfen *(oft iron.)*
Schlafzimmeraugen machen *ugs*
seine (üblichen/. . .) **Augenaufschläge** machen *ugs*
mit den **Augen** klappern *ugs*
mit den **Wimpern** klimpern *ugs selten*

15 das **Mäulchen** spitzen *(veraltend)*
den **Mund** zum Kuß/Pfeifen/. . . spitzen

16 ihre **Reize** spielen lassen

17 mit jm. nähere **Bekanntschaft** machen

18 **Liebesbeziehungen** zu jm. anknüpfen

19 sich jm. an den **Hals** werfen/ schmeißen *ugs*
sich jm. in die **Arme** werfen/ schmeißen *ugs*

20 was/etwas/nichts miteinander **haben** *ugs*

21 auf **Tuchfühlung** gehen *ugs*
in **Tuchfühlung** mit jm. kommen *ugs*

22 **Tuchfühlung** mit jm. halten/haben *ugs*
in **Tuchfühlung** (mit jm.) stehen *ugs*

23 jn. in **Versuchung** führen *(oft iron.)*

24 einem Mädchen die **Unschuld** rauben *(veraltet oder iron.)*
einer Frau/. . . **Gewalt** antun

25 seine **Unschuld** verlieren *(veraltet oder iron.)*

26 die letzten/auch diese/. . . **Schranken** fallen zwischen zwei/ mehreren Menschen
Verkehr haben mit jm. *form*
mit jm. **schlafen** *ugs*
es mit jm./miteinander **treiben** *(path. oder iron.)*

27 mit jm. ein **Verhältnis** eingehen *form*

28 ein **Verhältnis** mit jm. haben
mit jm. **gehen**
ein festes **Verhältnis** mit jm. haben

29 ein **Techtelmechtel** mit jm. haben *ugs*
ein **Bratkartoffelverhältnis** mit jm. haben *(veraltend) ugs*

30 eine **Ehe** zur linken Hand führen *(veraltend)*

31 miteinander **gehen**
zusammenleben

32 in wilder **Ehe** leben/zusammenleben *(veraltend)*

33 in festen **Händen** sein

34 **Liebe** auf den ersten Blick

35 zarte **Bande** knüpfen *(oft iron.)*

36 den **Keim** der Liebe in js. Herz senken *(veraltend)*
jm. sein **Herz** stehlen *(veraltend oder iron.)*
js. **Herz** erobern *(veraltend oder iron.)*

37 bei einem Mädchen/. . . (endlich) **gelandet** sein *ugs*

38 js. **Herz** im Sturm erobern *(oft iron.)*

39 jm. den **Kopf** verdrehen

40 ein **Funke** springt über (zwischen zwei/mehreren Menschen)

41 jn. **erwischt's**/hat's erwischt *ugs*
bei jm. hat's **gezündet** *ugs*
Feuer gefangen haben
jm. zu tief ins **Auge** gesehen/(geblickt) haben *(oft iron.)*
jm. zu tief in die **Augen** gesehen/ (geblickt) haben *(oft iron.)*
von **Amors** Pfeil getroffen sein/ werden *iron selten*

42 sich in jn. **verlieben**
sich in jn. **vernarren**
sich in jn. **verschießen** *ugs selten*
sich in jn. **verknallen** *ugs*

43 in jn. **verliebt** sein
(ganz) in jn. **vernarrt** sein
(ganz) in jn. **verschossen** sein *ugs*
(ganz) in jn. **verknallt** sein *ugs*

44 ganz/geradezu/. . . **verrückt** sein nach jm.
bis über beide/die **Ohren** verliebt sein (in jn.)
verliebt sein wie die **Turteltauben** *iron selten*

45 eine **Liebe** im Herzen tragen *path*

46 sein **Herz** an jn./etw. hängen *selten*
sein **Herz** an jn. verlieren *(oft iron.)*
sein **Herz** in ... verlieren *(oft iron.)*

47 jm. sein **Herz** schenken *path*
jm. sein **Herz** zu Füßen legen *(oft iron.)*
jm. zu **Füßen** liegen *(oft iron.)*

48 sich jm./e-r S. mit **Herz** und Seele verschreiben
js. (ganzes) **Herz** gehört jm./e-r S.

49 der **Stimme** seines Herzens folgen *path*

50 jm. mit **Leib** und Seele gehören

51 mit allen **Fasern** seines Herzens/ (Wesens) an jn./etw. hängen
mit jeder **Faser** seines Herzens/ Wesens an jn./etw. hängen *path*
jm. mit **Leib** und Seele ergeben sein *path*

52 nicht ohne jn. **leben** können

53 jm. mit **Haut** und Haaren verfallen sein
jm. mit **Leib** und Seele verfallen sein

54 mein/dein/... **ein** und alles (sein)
j. könnte jn. vor **Liebe** fressen *ugs*
j. könnte jn. mit **Haut** und Haaren fressen *path selten*

55 jn. im **Herzen** tragen *path selten*
jn. im **Schrein** seines Herzens/ seiner Seele bewahren *(veraltet oder path.)*

56 die/js. **Liebe** geht/reicht/ währt/... bis in den Tod (hinein) *path*
die/js. **Liebe** geht/reicht/ währt/... über den Tod hinaus *path*

57 js. (großer) **Schwarm** sein *ugs*
js. große **Liebe** sein

58 die **Dame** seines Herzens *(oft iron.)*

59 der Mann/die Frau/... ihrer/ seiner **Träume** sein *(oft iron.)*

60 manche/viele/... **Herzen** brechen *(oft iron.)*

61 von einer **Blume** zur anderen flattern *iron selten*
von einer **Blüte** zur anderen flattern *iron selten*
wie ein **Schmetterling** hin- und

herflattern/von einer Blüte zur anderen flattern *iron selten*

62 seine Freunde/Geliebten/Meinungen/... wie das **Hemd** wechseln

63 an jedem **Finger** eine haben

64 jn. glücklich **machen** (wollen/...)

65 seine alte **Flamme** wiedersehen/... *ugs*

66 jn. jm. in die **Arme** treiben

67 etw. tut der **Liebe** keinen Abbruch *ugs*

68 alte **Liebe** rostet nicht *ugs*

69 **Arm** in Arm gehen
eingehakt gehen
eingehängt gehen

70 (die) **Liebe** geht durch den Magen

Ed 2 schwanger

1 jm. ein **Kind** machen *ugs*
jn. dick **machen** *vulg*

2 eine Frau hat der **Storch** ins Bein gebissen *iron selten*

3 sich etwas **Kleines** bestellt haben *ugs*

4 bei einer Frau ist etwas **Kleines** unterwegs *ugs*
bei einer Frau ist ein **Kind** unterwegs

5 etwas **Kleines** erwarten *ugs*
ein **Kind** erwarten
Nachwuchs erwarten *ugs*

6 in anderen **Umständen** sein *form*
in gesegneten **Umständen** sein *path*
guter **Hoffnung** sein *(veraltet)*
ein **Kind** unter dem Herzen tragen/haben *path*
gesegneten **Leibes** sein *(religiös)*
mit einem **Kind** gehen *selten*
ein **Kind** im Leib haben *selten*

7 im 3./4./5./... **Monat** sein

8 **hochschwanger** sein

9 (schon) einen **Bauch** bekommen

Ed 3 heiraten

1 noch auf den **Richtigen**/die Richtige warten *ugs*

2 noch zu **haben** sein *ugs*
noch **frei** sein *ugs*

3 meine/deine/... **Zukünftige** *(oft iron.)*
mein/dein/... **Zukünftiger** *(oft iron.)*

4 ernste **Absichten** haben (bei jm.)

5 sich eine **Frau** suchen
sich ein **Weib** suchen *iron*
sich einen **Mann** suchen

6 seinen **Stand** verändern *iron*
in den **Stand** der Ehe treten *(form. oder iron.)*

7 in den **Hafen** der Ehe einlaufen *iron*
im **Hafen** der Ehe landen *iron*
sich ins/in das **Joch** der Ehe spannen lassen *(path. oder iron.)*
sich ins **Ehejoch** spannen lassen *(path. oder iron.)*

8 eine **Verbindung** eingehen (mit jm.)

9 die **Ehe** mit jm. schließen *form*
eine eheliche **Verbindung** mit jm. eingehen *form*

10 jm. die **Hand** fürs Leben reichen *(form. oder path.)*
jm. die **Hand** zum Bund(e) reichen *(form. oder path.)*

11 jn. zur **Frau** begehren *path*
jn. zum **Weib(e)** begehren *(veraltet oder iron.)*

12 (einer Frau) einen **Antrag** machen *form*
um js. **Hand** anhalten *form*
um js. **Hand** bitten *form*
(einer Frau) die **Ehe** antragen *form*
jm. seine **Hand** antragen *form*

13 ein **Weib** nehmen *(veraltet oder iron.)*
jn. zum **Weib(e)** nehmen *(veraltet oder iron.)*
eine Frau zu der **Seinen** machen *(path. oder iron.)*
(ein Mädchen) zum **Altar** führen *(path. oder iron.)*
ein Mädchen/... zum **Traualtar** führen *(path. oder iron.)*

14 unter die **Haube** kommen *iron*
die **Seine** werden *(path. oder*

162

iron.)
sein **Jawort** geben

15 sich ehelich **verbinden** *(form.
oder path.)*
sich die **Hand** fürs Leben reichen
(form. oder path.)
den **Bund** fürs/für das Leben
schließen *(form. oder path.)*
sich die **Hand** zum Bund(e) rei-
chen *(form. oder path.)*

16 vor den **Traualtar** treten *(form.
oder path.)*

17 jn. um die **Hand** seiner Tochter
bitten *form*

18 jn. unter die **Haube** bringen *iron*
jn. unter die **Haube** kriegen *iron*

19 meinen **Segen** habt ihr *iron*

20 die **Ringe** wechseln/tauschen
. . ., bis daß der **Tod** euch scheide
(form. oder path.)

21 über/unter seinem **Stand** heira-
ten
eine **Mesalliance** eingehen *geh*

22 eine gute/blendende/. . . **Partie**
machen (mit der Heirat von/. . .)
eine gute/blendende/. . . **Partie**
sein

23 jn. aus **Liebe** heiraten

24 sie haben sich **gekriegt** *ugs*

25 sich nicht ins/in das **Joch** der
Ehe spannen lassen

26 eine alte **Jungfer** sein
ein spätes **Mädchen** (sein) *iron*

27 ein eingefleischter **Junggeselle**
sein
ein alter/unverbesserlicher **Ha-
gestolz** sein *(veraltend)*

Ed 4 Eheleute; fremdgehen; sich trennen

1 meine/deine/. . . bessere **Hälfte**
iron

2 mein/dein/. . . **Herr** und Gebie-
ter/Meister *iron*

3 jm. **treu** sein/bleiben
jm./e-r S. die **Treue** halten

4 heute/. . . silberne/goldene/dia-
mantene/eiserne **Hochzeit** haben
die silberne/goldene/diamante-
ne/eiserne **Hochzeit** feiern
das bronzene/silberne/goldene/
eiserne/diamantene **Jubiläum**
feiern/haben

5 seine ehelichen **Pflichten** erfül-
len *form*

6 die **Ehe** brechen *form*
Ehebruch begehen *form*
jm. die **Treue** brechen *form*
fremdgehen
einen **Seitensprung** machen
sich einen **Seitensprung** erlau-
ben/leisten
Seitensprünge machen
sich **Seitensprünge** erlauben/lei-
sten

7 jm. ein **Horn** aufsetzen/(auf-
pflanzen) *(veraltend) vulg*
jm. **Hörner** aufsetzen/(aufpflan-
zen) *(veraltend) vulg*
jn. mit **Hörnern** krönen *(veral-
tend) vulg*
jn. zum **Hahnrei** machen *(veral-
tend) vulg*
jm. die **Hahnenfedern** aufsetzen
(veraltend) vulg

8 eine zerrüttete **Ehe**
(in) zerrüttete(n) **Verhältnisse(n)**
(leben/. . .)

9 unsere/ihre/. . . **Wege** trennen
sich
getrennte **Wege** gehen

10 wir/die haben/. . . das **Tischtuch**
zwischen uns/sich/. . . zerschnit-
ten/entzweigeschnitten *path*
das **Tischtuch** zwischen uns/mir
und ihm/. . . ist zerschnitten/
entzweigeschnitten *path*

11 von **Tisch** und Bett getrennt leben
form
die **Trennung** von Tisch und Bett
form

12 zwei Menschen geben sich ihr
Wort zurück *form*

13 **auseinandergehen**

14 im **Guten** auseinandergehen
sich gütlich **trennen**
sich im **Guten** trennen

15 jn. **sitzen** lassen *ugs*

16 in **Scheidung** leben

Ed 5 Mensch – Vater – Mut-ter – Kind – . . .

1 **Mensch** und Tier

2 die **Krone** der Schöpfung *(oft
iron.)*

3 ein **Er** *iron*

4 das starke **Geschlecht** *iron*
die **Herren** der Schöpfung *iron*

5 eine **Sie** *iron*
das zarte **Geschlecht** *iron*
ein weibliches **Wesen** (im Haus
. . .) *iron*
die **Töchter** Evas *iron*

6 die **Tochter** des Hauses
der **Sohn** des Hauses

7 **Mann** und Frau
Männlein und Weiblein *iron*

8 **Vater** und Mutter

9 **Väter** und Söhne

10 **Frau** und Kind(er) (verloren ha-
ben/. . .)
Weib und Kind(er) (verloren ha-
ben/. . .) *(veraltet)*

11 mein/dein/. . . alter **Herr** *ugs*

12 ein armes **Würmchen** *path*
ein armer **Wurm** sein *path*
so ein kleines **Wesen** *path*

13 ein **Kind** der Liebe sein *(veraltet)*
eine **Frucht** der Liebe sein *(veral-
tet)*

14 js. leibliches **Kind** sein *form*

15 js. leibliche **Mutter** sein
js. leiblicher **Vater** sein

16 jm. die **Mutter** ersetzen
bei einem Kind die **Mutterstelle**
vertreten *form*

17 bei einem Kind die **Vaterstelle**
vertreten *form*

18 an **Kindes** Statt annehmen *form*

19 über jn. die **Vormundschaft** ha-
ben *form*
für jn. die **Vormundschaft** führen
form
unter **Vormundschaft** stehen
form
jn. unter **Vormundschaft** stellen
form

20 ein Kind/. . . auf dem **Schoß** ha-
ben/(halten)
auf js. **Schoß** sitzen

21 ein Kind auf den **Arm** nehmen

22 ein Säugling an die **Brust** legen
form
einem Säugling die **Brust** geben/
(reichen)

23 einem Kind die **Flasche** geben

24 die **Brust** nehmen *(Säugling)*

25 wie die **Orgelpfeifen** dastehen *ugs*

26 ein verwöhntes/das verwöhnte
Nesthäkchen sein *ugs*

27 an js. **Rockschößen** hängen
    an js. **Rockzipfeln** hängen
    der **Mutter** (noch) an der Schürze
    hängen *(veraltend)*
    (noch) an **Mutters** Rockschößen/
    Rockzipfel/Rock/Schürzenband
    hängen

28 sich an js./jm. an die **Rockschö-
    ße** hängen
    sich an js./jm. an die **Rockzipfel**
    hängen

29 im **Schoß(e)** der/seiner Familie
    path

30 im engsten **Kreis** (der Familie/
    seiner Freunde/. . .)
    im engsten **Familienkreis**
    im engsten **Freundeskreis**

Ed 6 Verwandtschaftsbezie-hungen

1 die **Stimme** der Natur
   die **Stimme** des Blut(e)s *path*

2 die **Bande** des Blut(e)s *path*

3 js. eigen **Fleisch** und Blut *path*

4 er und die **Seinen**

5 er/sie und seine/ihre/die ganze
   Sippe *vulg*
   er/sie und seine/ihre/die ganze
   Sippschaft *vulg*
   er/sie und seine/ihre/die ganze
   Blase *vulg*

6 in einem verwandtschaftlichen
   Verhältnis zu jm. stehen *form*

7 entfernt **verwandt** sein mit jm.

8 **versippt** (und verschwägert) sein
   mit jm.

9 im 3./4./. . . **Grad** mit jm. ver-
   wandt sein

um ein paar/6/16/. . . **Ecken**
(herum) mit jm. verwandt sein
ugs

10 in gerader **Linie** abstammen von

11 in aufsteigender/absteigender **Li-
    nie**

12 von der mütterlichen/väterli-
    chen **Seite** (her)
    von **Mutters** Seite
    von **Vaters** Seite

13 bis ins 5./6./. . . **Glied** (seinen
    Stammbaum zurückverfol-
    gen/. . .)

14 er/sie/der Peter/. . . ist in der
    Wahl seiner Eltern (nicht) (sehr)
    vorsichtig gewesen *ugs*

15 etw. liegt in der **Familie**

16 erblich **belastet** sein *ugs iron*

17 **Verwandte** sind auch Menschen
    ugs

Ed 7 Prostitution

1 auf den **Strich** gehen *ugs*

2 das horizontale **Gewerbe** *iron*
   das älteste **Gewerbe** der Welt *iron*

3 ein leichtes **Mädchen** *ugs*
   ein **Mädchen** von der Straße *(ver-
   altend)*

4 ein öffentliches **Haus** (sein)

Ed 8 Treue

1 eine treue **Seele** sein
   treu wie **Gold** sein
   treu wie ein **Hund** sein *ugs*

2 jm./sich treu bis in den **Tod**
   (sein) *path*
   jm./sich treu sein bis zum **letzten**
   selten

3 jm./e-r S. die **Treue** halten
   jm./seinen Vorsätzen/seinen Ver-
   sprechen/Prinzipien/. . . treu
   bleiben

4 etw. in **Ehren** halten
   etw. heilig **halten** *path*

5 das **Hohelied** der Treue singen/
   anstimmen *path*
   das hohe **Lied** der Treue singen/
   anstimmen *path*

6 j. würde sich für jn. in **Stücke**
   reißen lassen *ugs*
   j. läßt sich für jn. in **Stücke** rei-
   ßen *ugs*

7 ein treuer **Diener** seines Herrn
   sein *(oft iron.)*

8 **treu** und bieder sein

Ed 9 nackt

1 **splitternackt**
   splitterfasernackt *ugs*
   barfuß bis zum/an den **Hals** *iron*
   so wie ihn/. . . **Gott** geschaffen
   hat *(oft iron.)*
   so wie ihn/. . . der **Herr** geschaf-
   fen hat *(oft iron.)*
   so wie ihn/. . . **Gott** der Herr ge-
   schaffen hat *(oft iron.)*
   im **Evaskostüm** *iron*
   im **Adamskostüm** *iron*

2 oben **ohne** *ugs*

3 mit **ohne** *iron*

F

Einfluß · Macht · Verfügung · Besitz

Fa   Einfluß, Macht, Druck
Fb   Verfügung, Besitz

Fa 1 (zentrale) Rolle, Mittelpunkt: seine Rolle gut spielen; mit jm. steht und fällt alles; im Brennpunkt stehen

1 sich (erst noch/. . .) in seine **Rolle** finden (müssen)

2 die **Figur** eines . . . abgeben
eine gute/schlechte/glänzende/klägliche/glückliche/. . . **Figur** abgeben/machen als . . .

3 seine **Rolle** gut/ausgezeichnet/schlecht/. . . spielen
eine glänzende/klägliche/jämmerliche/nicht gerade rühmliche/. . . **Rolle** spielen

4 eine dankbare/undankbare/. . . **Rolle** haben/sein/spielen müssen/. . .

5 angenehm **auffallen**

6 sich in einem günstigen/ungünstigen/vorteilhaften/. . . **Licht** zeigen

7 sich von seiner/der besten/schlechtesten/. . . **Seite** zeigen

8 eine **Rolle**/die Rolle des . . ./der . . . ist jm. (wie) auf den Leib geschnitten/genau auf jn. zugeschnitten

9 jn. von seiner schlechtesten/besten/. . . **Seite** kennenlernen

10 die **Seele** von . . ./des/der . . . sein *path*
die **Seele** des Ganzen sein

11 mit jm. **steht** und fällt alles

12 der gute **Geist** in einem Haus/eines Hauses/. . . sein

13 es **geht** um jn./etw.

14 alles **dreht** sich um jn./etw.
an jm. **kommt** keiner/. . . vorbei

15 im **Brennpunkt** stehen
im **Mittelpunkt** (des Interesses/. . .) stehen
im **Zentrum** (des Interesses/der Aufmerksamkeit/. . .) stehen
im **Blickpunkt** (des Interesses/der Aufmerksamkeit/. . .) stehen
aller **Augen** sind (erwartungsvoll) auf jn. gerichtet *path*

16 das **Tagesgespräch** sein/bilden
das **Gespräch** des Tages sein/bilden

17 der **Mann** des Tages sein
der **Held** des Tages sein

18 der **Löwe** des Tages sein *(veraltend)*
der **Löwe** des Abends sein *(veraltend)*

19 (wie) auf dem/einem **Präsentierteller** sitzen/stehen ugs

20 **Hahn** im Korb(e) sein ugs

21 **Hecht** im Karpfenteich sein ugs

22 ein dankbares **Publikum** haben/sein

Fa 2 alle Blicke auf sich ziehen

1 als **Blickfang** dienen
der/ein **Blickfang** sein

2 die Aufmerksamkeit/**Blicke**/. . . auf sich **ziehen**

3 alle **Blicke** auf sich ziehen

4 alle **Blicke** auf sich lenken

5 jm. in die **Augen** springen/(fallen)

6 in die **Augen** stechen

7 jn. anstarren/. . . wie ein **Wundertier** ugs

8 **Aufsehen** erregen

9 sich da/in/. . . am falschen/(unrechten) **Platz** fühlen

Fa 3 gespannt, neugierig

1 den prickelnden **Reiz** des Ungewohnten/der Gefahr/der Neuheit/. . . fühlen/empfinden/. . .

2 **gespannt** sein auf etw./wie/ob/was/. . .
gespannt sein wie ein **Flitzebogen** ugs
gespannt sein wie ein **Fiedelbogen** ugs
gespannt sein wie ein **Regenschirm** ugs
den **Atem** anhalten

3 jn./etw. mit **Schmerzen** erwarten ugs

4 jm. auf den **Zahn** fühlen ugs
jm. (auf) den **Puls** fühlen ugs

5 (bei jm.) auf den **Busch** klopfen ugs

6 die **Gretchenfrage** stellen

7 vor **Neugier** brennen zu erfahren, ob . . .
(fast/bald) platzen vor **Neugier** ugs

8 jm. ein **Loch** in den Bauch fragen ugs
jm. **Löcher** in den Bauch fragen ugs
jn. (mit Fragen) **löchern** ugs

9 jm. die **Würmer** aus der Nase ziehen ugs

10 wie kommt **Spinat** aufs Dach? ugs selten
wie kommt **Kuhscheiße** aufs Dach? vulg

Fa 4 soziale Position: eine Vorzugsstellung einnehmen; jn. in den Hintergrund drängen; über, unter jm. stehen; in einer starken, schwachen Position; an höherer Stelle vorsprechen

1 eine/keine (bedeutende/wichtige/. . .) **Rolle** spielen
die erste/zweite/. . . **Rolle** spielen in/bei/. . .
die erste/zweite/. . . **Geige** spielen in/bei/. . . ugs

2 an vorderster **Stelle** stehen
in vorderster **Linie** stehen
an vorderster **Front** stehen (im Kampf gegen/. . .)

3 den ersten **Rang** behaupten (unter . . .)

4 die besten **Köpfe** des Landes/Unternehmens/. . .

5 der **Kopf** sein (von) einer Gruppe/. . .

6 eine **Vorrangstellung** einnehmen/innehaben

7 eine **Sonderstellung** einnehmen in/bei/. . . .

8 an führender **Stelle** (in der Industrie/in der Wirtschaft/bei/. . .) sein/stehen/mitwirken/arbeiten/. . .
eine führende **Stelle** (in der Industrie/in der Wirtschaft/bei . . .) haben

9 **primus** inter pares sein *geh*
   ein ungekrönter/der ungekrönte
   König des/in/... *path*

10 am **Tisch** der Großen sitzen *path*
   ein hohes/großes **Tier** *ugs*

11 in einer guten/schlechten/ge-
   sicherten/... **Position** sein
   in guter/... **Position** sein
   ein **Platz** an der Sonne

12 **obenauf** sein *(selten)*

13 die da **oben**

14 jn./etw. aus dem **Vordergrund**
   verdrängen
   jn./etw. in den **Hintergrund**
   drängen

15 jn. an die **Wand** drücken/drän-
   gen *ugs*

16 etw./jn. in den **Hintergrund** tre-
   ten lassen

17 sich (meist/etwas/vorwie-
   gend/...) im **Hintergrund** halten

18 jm. den **Rang** (nicht) streitig ma-
   chen (wollen/können/...)

19 über jm. **stehen**

20 jn./eine Abteilung/... unter sich
   haben

21 jn. über sich **haben**
   unter jm. **stehen**

22 auf einer der unteren/... **Spros-
   sen** (auf) der Leiter (zum Er-
   folg/...) stehen *form*

23 jn. über etw. **setzen**
   jm. jn. vor die **Nase** setzen *ugs*

24 e-e S. über eine andere **stellen**

25 jn. zu etw. **machen**

26 sich jm. gegenüber in einer star-
   ken/schwachen/... **Position** be-
   finden

27 mit jm. von einer starken/
   schwachen/... **Position** aus ver-
   handeln/...
   mit jm. aus einer **Position** der
   Stärke (heraus) verhandeln/...

28 Vorsitzende/... **gibt's** (gibt es)
   viele/viel, (aber/doch/...)

29 die erste/zweite/... **Garnitur**
   (sein) *ugs*
   zur ersten/zweiten/... **Garnitur**
   gehören *ugs*

---

30 unter (den) **Blinden** ist der Einäu-
   gige König

31 sich an die richtige **Stelle** wenden
   (mit etw.)
   (mit etw.) an die richtige **Stelle**
   gehen/kommen
   am richtigen/rechten/geeigne-
   ten/... **Ort** vorsprechen/... *form*

32 sich an höherer **Stelle** erkundi-
   gen/... *form*
   an höherer **Stelle** vorspre-
   chen/... *form*

33 höheren **Ortes** entscheiden/...
   form

34 an höchster/... **Stelle** vorspre-
   chen *form*

35 von **oben** kommt eine Anord-
   nung/...

36 seinen **Sitz** in ... haben

Fa 5 »bessere Kreise« –
»kleine Leute«

1 die vornehme **Welt**

2 die oberen **Zehntausend**
   die besseren/höheren **Kreise** *(oft
   iron.)*
   in unseren/... **Kreisen** *(oft iron.)*
   die **Hautevolee** *(oft iron.)*
   die high **society** *(oft iron.)*
   zur guten/besten **Gesellschaft** ge-
   hören
   die **crème** de la crème

3 jn. in die **Gesellschaft** einführen

4 die höhere **Tochter** *(oft iron.)*

5 der junge **Herr**
   der hohe **Herr** *(veraltend)*

6 eine **Dame** der Gesellschaft

7 aus der **Masse** hervorstechen
   sich von der Masse **abheben**
   (durch etw.)

8 ein Mann/... von hohem **Rang**
   ein Mann/Wissenschaftler/
   Übersetzer/... von **Rang** und
   Namen
   ein feiner/vornehmer **Pinkel** sein
   vulg

9 ein **Mann** von Welt sein
   eine **Dame** von Welt sein

10 sich 'von' **schreiben** (können) *(oft
   iron.)*
   blaues **Blut** in den Adern haben
   geh
   ein **Herr** von und zu *ugs*
   von **Geblüt** sein *selten*

---

11 ein gekröntes **Haupt** (sein) *(oft
   iron.)*
   Kaiser und Könige haben hier
   schon .../...

12 **Adel** verpflichtet
   noblesse oblige *geh*

13 der kleine **Mann**
   der **Mann** aus dem Volk
   der **Mann** auf der Straße
   der gemeine **Mann**
   Lieschen Müller *ugs*

14 die kleinen **Leute** *ugs*
   die breite/große **Masse**

15 in kleinen **Verhältnissen** leben/
   aufwachsen/...
   aus kleinen **Verhältnissen** kom-
   men/stammen/...

16 das erste **Haus** am Ort/Platz
   sein/(sein)

Fa 6 Beziehungen, Einfluß:
gute Verbindungen haben;
seine Finger in etw. drinha-
ben, nachhelfen; alle Fäden
in der Hand haben; unter js.
Einfluß stehen; sich zwi-
schen alle Stühle setzen

1 (gute) **Verbindungen** haben
   (gute) **Beziehungen** haben

2 gute **Beziehungen** im Rücken ha-
   ben
   einflußreiche Leute/... im **Rük-
   ken** haben

3 (mächtige/...) **Hintermänner** ha-
   ben

4 einen langen **Arm** haben *selten*

5 jn. an der **Hand** haben

6 zu jm. einen **Draht** haben

7 ihn/sie/den Peter/... muß/soll-
   te/... man/j. sich **warmhalten**
   ugs

8 (bei jm.) (die) **Klinken** putzen *ugs*
   (bei jm.) (die) **Türklinken** putzen
   ugs

9 **Klinkenputzer** spielen (bei jm.)
   ugs

10 sich die **Klinke** bei jm. (gerade-
   zu/...) in die Hand geben *ugs*

11   in dieser Sache/hierin/... hat j.
     (auch noch) ein **Wort** mitzureden
     in dieser Sache/hierin/über diese
     Sache/hierüber/... hat j. (auch
     noch) ein **Wörtchen** mitzureden
     ugs

12   bei etw./jm. (unbedingt/...) **mit-
     reden** wollen/...

13   seine **Finger** in etw. stecken *ugs*

14   das letzte **Wort** haben in e-r S.

15   bei etw. die/seine **Finger** im
     Spiel/dazwischen/drin haben
     bei etw. seine/die **Hand** im Spiel
     haben
     bei etw. seine/die **Hände** im Spiel
     haben
     bei etw. seine/die **Pfoten** im Spiel
     haben *ugs selten*

16   jm. Vergünstigungen/... **zukom-
     men** lassen

17   die **Karten** mischen *ugs selten*
     die **Karten** gut/in seinem
     Sinn/... mischen/(mengen) *ugs*

18   (mal/...) den lieben **Gott** spielen
     ugs
     (mal ein wenig/...) **Vorsehung**
     spielen *ugs*
     (so) ein bißchen **nachhelfen** *ugs*

19   sein Geld/seine Beziehungen/
     seinen Einfluß **spielen** lassen

20   seinen ganzen Einfluß/sein per-
     sönliches Ansehen/... in die
     Waagschale werfen (damit etw.
     erreicht wird/...)

21   jn. so weit **bringen**, zu/..., daß
     ...
     jn. dahin **bringen**, zu .../daß ...

22   jn. (endlich/...) da haben, wo
     man ihn **hinhaben** will *ugs*

23   jm. die **Bälle** zuspielen
     jm. in die **Hände** arbeiten

24   da muß (doch) einer/j. dran **ge-
     dreht** haben *ugs*

25   sich die **Bälle** zuspielen

26   eine **Hand** wäscht die andere

27   eine/die führende/entscheiden-
     de/verhängnisvolle/... **Rolle**
     spielen

28   (großes) **Gewicht** haben

29   am längeren **Hebel** sitzen

30   die/alle **Fäden** (fest) in der Hand
     haben/halten
     alle/die **Fäden** laufen in js.

Hand/Händen zusammen
alle/die **Fäden** laufen in/bei/...
zusammen

31   js. Einfluß/... kann (gar/über-
     haupt) nicht hoch/... genug **ver-
     anschlagt** werden

32   dick **drinsitzen**

33   die/alle **Fäden** im Verborgenen
     spinnen
     der **Drahtzieher** sein

34   jm. eine **Spritze** (in Höhe von ...
     Mark) geben/verpassen *ugs*

35   jn. ins **Schlepptau** nehmen *ugs*

36   unter dem **Einfluß** von jm./etw.
     stehen

37   eine **Spritze** kriegen/bekommen
     ugs

38   (ganz) im **Fahrwasser** sein von
     jm./etw./der/des/...
     (ganz) in js. **Kielwasser** schwim-
     men *ugs*
     in js. **Kielwasser** segeln *ugs*
     in js. **Windschatten** fahren/se-
     geln *ugs*

39   etw. mit (Hilfe von) **Vitamin** B
     schaffen *ugs*
     wer den **Papst** zum Vetter hat ...

40   auf die falsche **Karte** setzen
     auf das/aufs falsche/aufs ver-
     kehrte **Pferd** setzen

41   **danebenhauen** *ugs*

42   sich zwischen zwei **Stühle** setzen
     sich zwischen alle (verfügbaren)
     Stühle setzen

43   zwischen allen **Stühlen** sitzen

44   seine **Rolle** ausgespielt haben (in/
     bei/...)

45   die graue **Eminenz** *geh*

46   die fünfte **Kolonne**

47   das richtige **Gesangbuch** haben
     ugs
     das falsche/verkehrte **Gesang-
     buch** haben *ugs*

48   js. rechter **Arm** sein
     js. rechte **Hand** sein

Fa 7 sich einmischen: (nicht)
js. Sache sein; seine Nase in
alles stecken; andern hinein-
reden; jn. (nichts) angehen

1   laß'/laßt/... mich/ihn/... nur/
    man **machen**!

2   sich um jeden **Kram** kümmern
    ugs
    sich um jeden **Dreck** (selbst)
    kümmern (müssen) *vulg*
    sich um jeden **Scheißdreck** küm-
    mern *vulg*

3   (immer/gern/...) andern/an-
    dern Leuten/... in die **Töpfe** guk-
    ken (müssen) *ugs*
    (immer/...) andern/andern Leu-
    ten/... in den **Kochtopf**/Koch-
    pott gucken (müssen) *ugs*

4   seine **Nase** in etw./in etw., was
    einen nichts angeht/in etw., wo
    man nichts zu suchen hat/in an-
    derleuts Dinge/... stecken *ugs*

5   seine **Nase** in alles stecken *ugs*
    seine **Nase** in jeden Kram stek-
    ken *ugs*
    seine **Nase** in jeden Dreck stek-
    ken *vulg*
    seine **Nase** in jeden Scheißdreck
    stecken *vulg*

6   seine **Schaulust** befriedigen (bei
    einem Unfall/...) *form*

7   j. muß (immer/unbedingt/...)
    seinen **Senf** dazutun/(dazuge-
    ben) *ugs*

8   (dauernd/...) andern/anderen
    Leuten/... in ihren **Kram** hinein-
    reden/(he)reinreden *ugs*

9   (dauernd/...) **dazwischenfunken**
    ugs

10   jn. (nicht) **betreffen**

11   jn. nichts/viel/einiges/... **ange-
     hen**

12   mit jm./etw. nichts zu **tun** haben

13   nicht js. **Sache** sein (zu ...)
     das ist nicht mein/dein/... **Bier**
     ugs

14   es ist nicht meines/seines/...
     Amtes, zu ... *form*

15   etw. ist meine/deine/... **Sache**
     etw. ist **Sache** des Ministers/...
     es steht (allein) bei jm., ob ...

es **liegt** (ganz/allein/. . .) bei jm.,
ob . . .

16 etw. geht jn. einen feuchten
Kehrricht an *ugs*
etw. geht jn. einen **Dreck** an *vulg*
etw. geht jn. einen **Käse** an *vulg*
etw. geht jn. einen **Schmarren** an
ugs (süddt.)
etw. geht jn. einen **Quark** an *vulg*
etw. geht jn. einen feuchten
Lehm an *ugs*
etw. geht jn. einen **Scheißdreck**
an *vulg*

17 wie/ob/. . ., das soll nicht js. **Sor-
ge** sein
das/etw. soll/(braucht) nicht js.
Sorge sein
wie/ob/. . ., das laß'/laßt/. . .
(mal/man/nur) meine/seine/ih-
re/. . . **Sorge** sein!
das/etw. laß'/laßt/. . . (mal/
man/nur) meine/seine/ihre/. . .
Sorge sein!

18 j. soll sich da/aus etw. schön/. . .
raushalten *ugs*

19 j. soll sich um seine eigenen
Angelegenheiten kümmern *(oft
Imp.)*
j. soll sich um seine eigenen **Sa-
chen** kümmern *(oft Imp.)*
j. soll sich um seinen eigenen
Dreck kümmern *vulg*
kümmer' dich/kümmert
euch/. . . um deinen/um eu-
ren/. . . eigenen **Dreck**! *vulg*
j. soll sich um seinen eigenen
Kram kümmern *ugs*
kümmer' dich/kümmert
euch/. . . um deinen/euren/. . .
eigenen **Kram**! *ugs*

Fa 8 nicht eingreifen: jn. ge-
währen lassen; die Dinge lau-
fen lassen; jn. sich selbst
überlassen

---

1 jn. **gewähren** lassen
jn. **tun** und gewähren lassen *path
selten*
jn. **machen** lassen
laß'/laßt/. . . mich/ihn/. . . nur/
man **machen**!

2 jn. frei/nach Belieben/. . . **schal-
ten** und walten lassen

3 den **Dingen** ihren (freien) Lauf
lassen
dem **Gang** der Dinge seinen
(freien) Lauf lassen
den Ereignissen/den Verhand-

lungen/der Entwicklung/. . . ih-
ren (freien) **Lauf** lassen

4 die **Dinge** (einfach) laufen/trei-
ben/(gehen) lassen
etw. (einfach) **laufen** lassen

5 die **Karre** (einfach) laufen lassen
ugs
den **Karren** (einfach) laufen las-
sen *ugs*

6 nichts/. . . dafür/für die Sa-
che/. . . **tun**
keinen **Finger** krümmen/
krumm machen (für jn./etw.)
keinen **Finger** rühren (für jn./
etw.)
keine **Hand** rühren (für jn./etw.)

7 keinen **Handgriff** tun (für jn.)
ugs

8 tatenlos **zusehen**, wie . . .

9 j. wird den **Teufel** tun und . . . *ugs*

10 kannst du/kann er/kann der Pe-
ter/. . . ruhig **zusehen**, wie . . .?

11 jn./etw. sich selbst **überlassen**

12 laß/. . . ihn/. . . allein **fertigwer-
den**!
soll der/die Klara/. . . doch allei-
ne **sehen**, wie er/sie mit etw.
fertigwird/. . .

13 jn. in seinem eignen/im eignen
Saft schmoren lassen *ugs*
jn. in seinem eigenen/im eigenen
Fett schmoren lassen *ugs*

14 in **Gottes** Namen kann/soll/. . . j.
etw. tun *ugs*
in (drei) **Teufels** Namen kann/
soll/. . . j. etw. tun *ugs*
in drei **Kuckucks** Namen kann/
soll/. . . j. etw. tun *ugs*
tun, was man nicht lassen kann
(tu, was du nicht lassen kannst)
ugs

15 **meinetwegen**
von **mir** aus

16 **Gott**, ja, . . .!

17 das ist der **Lauf** der Welt!

Fa 9 jn., eine Epoche prägen

---

1 e-r S. den **Stempel** des . . ./der . . .
aufdrücken *path*
e-r S. seinen **Stempel**/den Stem-
pel seiner Persönlichkeit aufdrük-
ken *path*
e-r S. das **Siegel** aufdrücken *path
selten*

2 e-r S./einer Zeit/. . . das **Gepräge**
geben

3 das **Gesicht** seiner Zeit prägen

4 **Spuren** hinterlassen (bei jm.)

5 den **Stempel** tragen (+ *Gen.*) *path*

6 tief **sitzen** (bei jm.) *(ein Übel, Ge-
fühl)*

7 keine **Spuren** hinterlassen (bei
jm.)

8 ein (typisches/. . .) **Kind** seiner
Zeit sein

Fa 10 Machtposition: den
Ton angeben; das Heft in der
Hand haben; jn. unter der
Knute haben; mit jm. ma-
chen (können), was man will;
jn. zu seinem Handlanger
machen; die Hosen anhaben

---

1 den **Ton** angeben
das **Sagen** haben *ugs*
die erste **Geige** spielen in/bei/. . .
ugs

2 etwas/allerhand/. . . zu **sagen** ha-
ben (in/bei/. . .)

3 (hier/in/. . .) **Herr** im Haus(e)
sein
das **Regiment** im Haus führen
ugs

4 (doch wohl noch/. . .) **Herr** im ei-
genen Haus(e) sein
Herr sein über etw.

5 das **Regiment** führen (in/
bei/. . .) *ugs*
ein strenges/mildes/. . . **Regi-
ment** führen *ugs*
das **Zepter** schwingen/(führen)
iron
(die) **Regie** führen

6 derjenige, **welcher** sein (in/
bei/. . .) *ugs*

7 **Herr** der Lage sein

8 (jetzt/. . .) am **Zug** sein *ugs*

9 Minister/. . . von js. **Gnaden** sein

10 das **Heft** (fest) in der Hand ha-
ben/halten
die **Zügel** (fest) in der Hand ha-
ben/halten
alle **Trümpfe** in der Hand/den
Händen haben/halten

alle **Karten** in der Hand haben/
halten *selten*

11 das **Heft** nicht aus der Hand ge-
ben

12 alle **Karten** in der Hand behalten
selten

13 (versuchen/. . .) die **Zügel** an sich
(zu) reißen

14 die **Zügel** ergreifen
das **Steuer** in die Hand nehmen

15 **Macht** über jn. haben

16 jn./js. Schicksal/etw. (fest) in der
Hand haben

17 jn./etw. in seiner **Gewalt** haben
jn./etw. (fest/. . .) in seinen **Kral-
len** haben *ugs*
jn./etw. in seinen **Klauen** haben
ugs

18 jn. unter der **Fuchtel** haben/hal-
ten *ugs*
jn. an der **Kandare** haben/halten
ugs
jn. unter der **Knute** haben/hal-
ten *ugs*

19 jn. am **Bändel** haben *ugs*

20 jn. am **Gängelband** führen *ugs*
jn. an der **Leine** haben *ugs*

21 frei über etw. **schalten** (und wal-
ten) können

22 sich zum **Herrn** aufwerfen über
jn./etw. *geh*
mit jm. **machen**, was man will

23 mit jm. rücksichtslos/. . . **um-
springen**
jn. nur für sich/für seine persön-
lichen Angelegenheiten/. . .
springen lassen *ugs*

24 jm. auf dem **Kopf** herumtanzen
ugs
jm. auf der **Nase** herumtanzen
ugs

25 **Katz(e)** und Maus mit jm. spielen
ugs

26 (ein) leichtes **Spiel** (mit/bei jm./
bei etw.) haben

27 jn. in der **Tasche** haben *ugs*

28 über **Leben** und Tod entscheiden
path

29 jn. unter die **Fuchtel** nehmen *ugs*

30 jn. unter seine **Knute** bringen *ugs*

31 jm. auf dem **Nacken** sitzen *ugs*
jm. den **Fuß** in/auf den Nacken
setzen *ugs*

32 jn. zu seinem **Geschöpf** machen
selten
jn. zu seinem **Handlanger** ma-
chen *ugs*
jn. zu seiner **Kreatur** machen *ugs*
jn. zu seinem **Vasallen** machen
selten

33 die **Hose(n)** anhaben *ugs*
seinen Mann/Liebhaber/. . . un-
ter dem **Pantoffel** haben *ugs*

34 bei einer/seiner Frau unter den
Pantoffel kommen/(geraten) *ugs*
(bei einer Frau) unter dem **Pan-
toffel** stehen *ugs*

35 ein **Pantoffelheld** sein *ugs*

Fa 11 politische Macht: un-
ter seine Herrschaft bringen;
an der Macht; mit harter,
weicher Hand regieren;
Wahl

---

1 sich zum **Herrn** machen/auf-
schwingen über etw.
jn./etw. unter seine **Herrschaft**
bringen

2 die/seine **Hand** nach dem
Thron/einem Gebiet/. . . aus-
strecken *form*
die/seine **Hände** nach dem
Thron/einem Gebiet/. . . aus-
strecken *form*

3 **Hand** auf Besitz/. . . legen *form*
e-r S. **Herr** werden/(sein) *form*

4 an die **Macht** kommen/gelangen
ans **Ruder** kommen/gelangen

5 die **Macht** übernehmen

6 das **Staatsruder** ergreifen *path*

7 auf den **Thron** kommen
den **Thron** besteigen *form*

8 jm./sich die **Krone** aufsetzen/
aufs Haupt setzen *(oft iron.)*

9 die **Hand** (schon/. . .) am Drük-
ker haben *ugs*
am **Drücker** sein/sitzen *ugs*

10 am **Ruder** sein/sitzen
an der **Macht** sein

11 die **Herrschaft** innehaben *form*

12 das **Ruder** in der Hand halten/
haben
das **Steuer** (der Regierung)
(fest/. . .) in der Hand haben/
halten *path*

13 das **Staatsruder** (fest/. . .) in der
Hand haben *path*

14 das **Szepter** (fest/. . .) in der
Hand halten/haben *path selten*

15 fest im **Sattel** sitzen/(sein)

16 auf dem **Thron** sitzen *(oft iron.)*

17 auf dem päpstlichen **Stuhl** sitzen

18 jn. an die **Macht** bringen
jn. ans **Ruder** bringen

19 jn. in den **Sattel** heben

20 jn. auf den **Schild** erheben/(he-
ben) *path*

21 jn. auf den **Thron** erheben *path*

22 mit harter **Hand** durchgrei-
fen/. . .
mit fester **Hand** regieren/. . .
mit eiserner **Hand** regieren/. . .

23 mit eiserner/der eisernen **Rute**
regieren *ugs*

24 eine **Politik** der starken Hand be-
treiben/. . . *form*

25 einen harten **Kurs** steuern/. . .
ein harter **Kurs**

26 mit sanfter **Hand** regieren/. . .
ein weicher **Kurs**

27 den **Kurs** ändern
einen **Kurswechsel** vornehmen
form
einen anderen/neuen/entgegen-
gesetzten/. . . **Kurs** einschlagen

28 eine **Kehrtwendung** machen
das **Steuer** herumwerfen

29 (plötzlich/. . .) eine **Schwenkung**
(nach links/. . .) machen
es gibt/. . . einen **Ruck** nach
links/nach rechts/zur Mitte/. . .

30 der **Kurs** ändert sich

31 zur **Wahl** gehen
wählen gehen

32 im ersten/zweiten/. . . **Wahlgang**
gewählt werden/. . .
mit **Sitz** und Stimme vertreten
sein/. . .
in einer Organisation/. . . **Sitz**
und Stimme haben

33 ein/zwei/... **Ministersessel** steht/stehen noch leer/sind noch zu besetzen

34 welche **Linie** verfolgt ...? eine bestimmte **Linie** verfolgen die **Linie** verfolgen, daß ...

35 durch die **Zensur** gehen *(Post, Theaterstücke, Filme, Bücher, ...)*

36 dem **Kaiser** geben, was des Kaisers ist

37 das **Recht** des Stärkeren (sein)

38 **Vater** Staat *(oft iron.)*

39 eine/die **Politik** der offenen Tür

40 die öffentliche **Hand**

41 der eiserne **Kanzler**

42 die **Straße** beherrschen die **Herrschaft** der Straße

43 der eiserne **Vorhang**

44 (einen großen) **Hof** halten in ... *(oft iron.)*

45 **teile** und herrsche

Fa 12 eingeschränkte Macht: Grenzen setzen

1 **Schranken** errichten

2 jm./e-r S. **Grenzen** setzen jm./e-r S. **Schranken** setzen *selten*

3 jn./etw. in **Schranken** halten

4 js. Möglichkeiten/js. Entfaltung/ den Entwicklungsmöglichkeiten/... sind enge **Grenzen** gesetzt/(gezogen) (durch jn./etw.) js. Möglichkeiten/js. Entfaltung/ den Entwicklungsmöglichkeiten/... sind enge **Schranken** gesetzt/(gezogen) *selten*

5 die **Notbremse** ziehen *ugs*

6 mit jm./etw. **vorliebnehmen** (müssen)

Fa 13 Machtlosigkeit, Einflußlosigkeit: jn. fallen lassen; nichts mehr zu sagen haben; in js. Klauen stecken; unter js. Knute kommen

1 seine/die (schützende) **Hand** von jm. zurückziehen/(abziehen/ wenden) *form*

2 jn. **fallen** lassen

3 jn. fallen lassen wie eine heiße **Kartoffel** *ugs*

4 jm. das **Heft** aus der Hand nehmen jm. etw./die Leitung/... aus der **Hand** nehmen

5 jn. aus dem **Sattel** heben

6 jn. **kaltstellen** *ugs*

7 **abgeschrieben** sein *ugs* weg vom **Fenster** sein *ugs*

8 in js. **Hand** sein in js. **Gewalt** sein in js. **Klauen** sein/stecken *ugs*

9 unter js. **Fuchtel** stehen/sein *ugs* unter js. **Knute** sein/stehen *ugs*

10 unter js. **Zuchtrute** stehen/sein

11 unter **Kuratel** stehen

12 jm. **ausgeliefert** sein

13 ein **Spielball** in js. Hand/Händen sein

14 auf **Gedeih** und Verderb von jm. abhängig sein/... jm. auf **Gedeih** und Verderb ausgeliefert sein jm. auf **Gnade** und Ungnade ausgeliefert sein jm. auf **Wohl** und Wehe ausgeliefert sein *path*

15 js. ganzes **Wohl** und Wehe hängt ab von jm./etw. *path*

16 an der **Kette** liegen/hängen *path selten*

17 sich unter js. **Joch** beugen (müssen) *path* sich unter js. **Rute** beugen (müssen) *path selten*

18 unter js. **Knute** seufzen/stöhnen/(...)

19 unter dem **Joch** der Fremdherrschaft/... stehen/... *path*

20 in einem/im goldenen **Käfig** sitzen

21 jm. in die **Fänge** geraten in js. **Klauen** geraten *ugs*

22 unter js. **Fuchtel** kommen *ugs*

23 sich jm. auf **Gnade** und Ungnade ausliefern

24 sich (jm.) auf **Gnade** und Ungnade ergeben

Fa 14 Unterdrückung: jn. in die Knie zwingen; jm. Fesseln anlegen; Exil; gegen jn. nicht ankommen können

1 jm. **Schach** bieten

2 js. **Widerstand** brechen

3 jn. in/(im) **Schach** halten *ugs*

4 js. **Willen** brechen jm. das **Rückgrat** brechen/(beugen)

5 jm. den **Nacken** beugen *path*

6 jn. in die **Knie** zwingen

7 jn. mit eiserner **Faust** unterdrücken

8 jn. unter **Kuratel** stellen *ugs*

9 jn. an die **Kette** legen *path* jm. **Ketten** anlegen *path selten*

10 jm. **Fesseln** anlegen *path* jn. in **Fesseln** legen

11 jn. des **Landes** verweisen *form* jn. ins **Exil** schicken jn. in die **Verbannung** schicken *(veraltend)*

12 ins **Exil** gehen in die **Verbannung** gehen *(veraltend)*

13 im **Exil** sein/leben in der **Verbannung** leben *(veraltend)*

14 jm./einem Volk/... ein **Diktat** auferlegen *geh*

15 jm./einem Volk/... einen **Tribut** auferlegen *geh*

16 (einen) **Tribut** zahlen *form*

17 (ein) **Opfer** der Politik/der Pest/ der Rücksichtslosigkeit/... sein/ werden

18 gegen jn./etw. nicht **ankommen** (in etw.) gegen jn./etw. nicht **ankönnen** (in etw.) gegen jn. nicht **aufkommen** (können)

19 gegen etw./jn./dagegen gibt's/
    gibt es kein/... **Mittel**
    gegen etw./dagegen kann man
    nichts **tun**

20 kein **Aufkommen** sein gegen jn.

21 gegen jn./etw. ist kein **Kraut** ge-
    wachsen *ugs*

22 da **stehst** du/steht man/...
    machtlos vis-à-vis/(davor) *ugs*

Fa 15 gefügig, unterwürfig;
anflehen: jm. aufs Wort ge-
horchen, alles mit sich an-
stellen lassen, nach js. Pfeife
tanzen; vor jm. im Staub
kriechen; sich jm. zu Füßen
werfen

---

1 jm. aufs **Wort** gehorchen
   Haltung annehmen (vor jm.) *(oft
   iron.)*
   vor jm./wenn j. etw. sagt/be-
   fiehlt/..., **strammstehen** *ugs*

2 jm. jeden/allen **Willen** tun
   jm. (immer/dauernd/zu
   sehr/...) zu **Willen** sein *path*

3 **stillhalten** *ugs*

4 sich etw. **gefallen** lassen (von jm.)
   ugs
   sich von jm. alles/... **gefallen**
   lassen *ugs*
   alles/... mit sich **anstellen** lassen
   ugs
   alles/... mit sich **geschehen** las-
   sen *ugs*
   alles/... über sich **ergehen** lassen
   ugs

5 sich von jm. (immer/...) um den
   kleinen **Finger** wickeln lassen *ugs*

6 nach js. **Pfeife** tanzen *ugs*
   bei der kleinsten Andeutung/
   wenn j. mit dem kleinen Finger
   winkt/... (dann/da) **springt** j.
   (schon) *ugs*

7 ein willenloses **Werkzeug** in js.
   Händen sein
   eine (willenlose) **Puppe** in js.
   Händen sein

8 weich wie **Wachs** sein *ugs*
   (so) (weich wie) **Wachs** in js.
   Händen sein *ugs*

9 jm. (regelrecht/sozusagen/...)
   aus der **Hand** fressen *ugs*

10 weich wie **Wachs** werden *ugs*

11 **Männchen** machen vor jm. *ugs*
    einen **Bückling** (vor jm.) machen
    selten
    vor jm. auf dem **Bauch** kriechen/
    (liegen) *path ugs*
    vor jm. im **Staub(e)** kriechen
    path
    vor jm. wie ein **Wurm** im
    Staub(e) kriechen *path*

12 bittend/flehend/... die **Hände**
    heben *path*
    jn. auf **Knien** bitten (um etw.)
    path

13 in die **Knie** gehen (vor jm.) *ugs*
    in die **Knie** sinken/(brechen)
    path

14 jm. zu **Füßen** fallen
    vor jm. aufs **Knie**/auf die Knie
    fallen *path*

15 sich vor jm. auf die **Knie** werfen
    path
    sich jm. zu **Füßen** werfen

16 einen **Kniefall** vor jm. machen/
    (tun) *path*
    einen **Fußfall** vor jm. machen/
    (tun) *path selten*

17 zum **Gespött** der Leute werden

18 **Spießruten** laufen

19 mit mir/dem/... kannst du's/
    könnt ihr's/... ja **machen!** *ugs*

Fa 16 Befreiung: sich
freischwimmen; die Fesseln
sprengen

---

1 (allen/...) **Ballast** über Bord wer-
   fen/abwerfen

2 mal wieder/... sein eigener **Herr**
   werden (müssen)

3 sich **freischwimmen** *ugs*

4 sich aus der **Umklammerung** lö-
   sen/befreien

5 an seinen **Ketten** rütteln *path*

6 sich von seinen/js. **Fesseln** be-
   freien/lösen *path*
   seine **Fesseln** sprengen/(able-
   gen) *path*

7 seine/die **Ketten** sprengen/(zer-
   reißen/ablegen) *path*

8 sein **Joch** abschütteln/(abwer-
   fen) *path*

9 jm./sich jn./etw. vom **Hals(e)**
   schaffen *ugs*

10 kein **Mensch** muß müssen *ugs*

Fa 17 schmeicheln: ein Rad-
fahrer sein; sich lieb Kind
machen; jm. in den Arsch
kriechen; jm. Honig ums
Maul schmieren

---

1 ein **Radfahrer** sein *ugs*
   eine **Radfahrernatur** sein: (nach)
   oben buckeln, (nach) unten tre-
   ten *ugs*
   ganz schön **radfahren** *ugs*

2 ein **Schleimscheißer** sein *vulg*

3 gut' **Wetter** (für jn./etw.) machen
   (wollen) (bei jm./in .../...) *ugs*

4 um gut'/gutes **Wetter** bitten/(an-
   halten) *ugs*

5 jm. auf die schmeichlerische
   Tour kommen/... *ugs*

6 sich lieb **Kind** machen (bei jm.)
   ugs
   schmeicheln wie eine **Katze** *ugs*

7 **katzbuckeln** *ugs*
   einen **Katz(en)buckel** machen *sel-
   ten*
   einen **Buckel** (vor jm.) machen
   selten
   einen krummen **Rücken** machen
   selten

8 vor jm. einen **Kotau** machen *geh
   selten*

9 vor jm. einen **Kratzfuß** machen
   selten

10 jm. hinten **hereinkriechen** *vulg*
    jm. hinten **hineinkriechen** *vulg*
    jm. in den **Hintern** kriechen *vulg*
    jm. in den **Arsch** kriechen *vulg*

11 schmeichelhafte **Reden** führen

12 **schönreden** *ugs*
    Süßholz raspeln *ugs*

13 jm. zu **Gefallen** reden

14 jm. (immer/...) nach dem **Mund**
    reden/(sprechen)

15 jm. **Honig** um den Bart schmie-
    ren/(streichen) *ugs*
    jm. **Honig** um den Mund schmie-
    ren/(streichen) *ugs*

jm. **Honig** ums/um das Maul
schmieren/(streichen) *vulg*
jm. **Brei** um den Bart schmieren/
(streichen) *ugs*
jm. **Brei** um den Mund schmie-
ren/(streichen) *ugs*
jm. **Brei** ums/um das Maul
schmieren/(streichen) *vulg*

16 jm. um den **Bart** gehen *ugs*
jm. (ganz) (schön) um den **Schna-
bel** gehen *ugs*
jm. ums **Maul** gehen *vulg*

17 jm. **schöntun** *selten*

18 jm. **Weihrauch** streuen *path sel-
ten*

19 js. **Eitelkeit** kitzeln *ugs*

20 jm. **Avancen** machen

21 jm. wie **Honig** eingehen *(Worte,
schöne Reden)*
jm. wie **Milch** und Honig einge-
hen *(Worte, schöne Reden)*

Fa 18 antreiben, aufmöbeln:
jm. einen Tritt geben; jn. auf
Trab bringen; Leben in etw.
bringen

1 jm. wie einem kranken/lahmen
Gaul zureden *ugs*

2 jm. einen (kleinen/kräfti-
gen/. . .) **Schubs** geben *ugs*
jm. einen (kleinen/kräfti-
gen/. . .) **Schups** geben *ugs*
jm. einen (kleinen/kräfti-
gen/. . .) **Schupp** geben *ugs*
jm. einen **Stoß** geben

3 jm. einen **Tritt** geben *ugs*

4 jm. einen **Tritt** in den Hintern ge-
ben *vulg*
jm. einen **Tritt** in den Arsch ge-
ben *vulg*

5 jn./etw. in **Schwung** bringen
(sehr) dahinter **hersein**, daß etw.
geschieht/j. etw. macht
jn./etw. auf/in **Trab** bringen *ugs*

6 jm. **Dampf** machen *ugs*
jm. gehörig/tüchtig/. . . **einhei-
zen** *ugs*
jm. **Feuer** unter dem/unterm
Hintern machen *vulg*

7 j. wird jm. **Beine** machen *ugs*

8 soll ich/er/. . . dir/euch/. . . **Bei-
ne** machen? *ugs*
na, **wird's** bald? *ugs*
aber/mal/. . . ein bißchen **plötz-
lich**! *ugs*

9 einen **Tritt** in den Hintern krie-
gen *vulg*
einen **Tritt** in den Arsch kriegen
vulg

10 in etw. **Leben** bringen

11 frischen **Wind** (in e-e S.) hinein-
bringen
frische **Luft** in etw. bringen

12 **Leben** in die Bude bringen *ugs*
Zug in etw. bringen *ugs*

13 jn./etw. auf **Vordermann** bringen
ugs

14 **Tempo** dahinter machen *ugs*
da **Tempo** hinter machen *ugs*
Dampf dahinter machen/setzen
ugs
Druck machen/(dahinter setzen)
ugs

15 nun/jetzt **mach'**/macht/. . .
schon! *ugs*
(nun mal/. . .) ein bißchen **Tem-
po**! *ugs*
(nun mal/. . .) ein bißchen **Trab**!
ugs

16 jn. muß man/ich/. . .
(dauernd/. . .) **treten** *ugs*

17 die treibende **Kraft** sein (bei/in
etw.)

Fa 19 streng, scharf: nicht
mit sich spaßen lassen; jn.
hart anfassen; mit drakoni-
scher Strenge vorgehen, mit
eisernem Besen kehren; jetzt
pfeift's aus einem anderen
Loch; jn. kurzhalten; in fe-
ster Hand sein; kurzen Pro-
zeß machen

1 sich nicht viel/wenig/nichts/. . .
leisten können (bei jm./etw.)

2 **eisern** sein (in etw./da/. . .) *ugs*

3 keine **Nachsicht** kennen

4 nicht mit sich **spaßen** lassen
mit jm. ist nicht zu **spaßen**

5 nichts zu **lachen** haben bei jm./
in/auf/. . .

6 ein scharfer **Hund** sein *ugs*

7 keinen **Spaß** verstehen (in e-r S.)

8 da **kenn'** ich nichts! *ugs*
da **kennt** der Schmidt/. . . nichts!
ugs

9 jn. (sehr) streng **halten**

10 jn. hart **anfassen**
jn. scharf **anfassen**

11 jn. (ordentlich/. . .) **rannehmen**
ugs
jn. (ordentlich/. . .) **rankriegen**
ugs

12 es mit jm./etw. streng **nehmen**
jn. in die **Zucht** nehmen *path sel-
ten*
jn. in strenge **Zucht** nehmen *path
selten*

13 frischen **Wind** in etw. bringen

14 **dazwischenfahren** (in etw.)
mit dem **Knüppel** dazwischenfah-
ren *ugs*

15 mit unnachsichtiger/unnach-
sichtlicher **Strenge** vorgehen ge-
gen/. . .
mit drakonischer **Strenge** vorge-
hen gegen/. . . *path*

16 ein **Exempel** statuieren

17 die **Zügel** (fest) in die Hand neh-
men

18 die **Zügel** anziehen

19 andere/neue **Saiten** aufziehen
(mit/bei jm.)

20 einen anderen/härteren/um-
gänglicheren/. . . **Ton** anschlagen
eine andere/härtere/. . . **Tonart**
anschlagen
eine andere/härtere/. . . **Gangart**
anschlagen *ugs*

21 (hart) **durchgreifen**

22 mit eisernem **Besen** kehren/aus-
kehren

23 den **Stall** (mal) ausmisten (müs-
sen) *ugs*
den **Augiasstall** ausmisten *path*

24 es weht (in einer Firma/. . .) ein
scharfer **Wind**

25 jetzt pfeift's aus einem anderen
Loch
jetzt pfeift der **Wind** aus einem
anderen Loch
jetzt pfeift der **Wind** aus einer an-
deren Richtung

es weht (in einer Firma/. . .)
(jetzt/. . .) ein anderer/neuer
Wind
es weht (in einer Firma/. . .)
(jetzt/. . .) ein frischer **Wind**

26 jn. **kurzhalten**
bei jm. die **Zügel** kurz halten

27 jn. fest an der **Strippe** haben/
halten *ugs*

28 jn. an die **Leine** nehmen *ugs*

29 jn. (fest/stärker/. . .) an die
Kandare nehmen *ugs*

30 (bei jm.) in fester **Hand** sein

31 eine feste **Hand** brauchen
eine feste **Hand** fühlen/spüren
müssen
(noch/. . .) eine leitende **Hand**
brauchen

32 nicht (erst) lange **fackeln** (mit
jm.) (bei/mit etw.) *ugs*

33 nicht viel **Federlesens** mit jm.
machen
(keine langen/nicht viel/. . .)
Umstände machen (mit jm.) (bei
etw.)
kurze **fuffzehn** mit jm. machen
ugs
kurze **fünfzehn** mit jm. machen
ugs
kurzen **Prozeß** mit jm. machen

34 jn. mit **Zuckerbrot** und Peitsche
behandeln/. . .

35 (wir) wollen doch mal **sehen**, wer
hier zu bestimmen/sagen/. . .
hat! *ugs*

36 **Zucht** und Ordnung

Fa 20 zwingen, Druck aus-üben

1 jm. die **Hände** binden

2 **Druck** auf jn. ausüben

3 jn. unter **Druck** setzen

4 (bei jm.) die **Daumenschrauben**
anziehen *path*
jn. unter **Druck** halten

5 jn. in die **Enge** treiben
jn. in die **Zange** nehmen *ugs*

6 jm. die **Pistole** auf die Brust set-
zen
jm. das **Messer** auf die Brust set-
zen
jm. den **Dolch** auf die Brust set-
zen *ugs*
jm. das **Messer** an die Gurgel set-
zen *ugs*
jm. das **Messer** an die Kehle set-
zen *ugs*
jm. den **Daumen** aufs Auge set-
zen/drücken *ugs*

7 jm. ein **Ultimatum** stellen *geh*

8 mit roher **Gewalt** etw. durchset-
zen (wollen)/. . .

9 mit **Waffengewalt** Einlaß erzwin-
gen/. . . *form*

10 **willst** du/wollt ihr/. . . wohl! *ugs*

11 **Geld** oder Leben! *(oft iron., in
Erzählungen)*

Fa 21 Zwang, Zwangslage: unter Druck stehen; wohl oder übel tun müssen; ein hartes Muß

1 jm. sind die **Hände** gebunden

2 unter **Druck** stehen

3 an **Händen** und Füßen gebunden
sein

4 in einer **Zwangslage** stecken *ugs*

5 mit dem **Rücken** zur Wand ste-
hen

6 **Weisung** haben *form*

7 unter **Zwang** stehen

8 etw. unter **Druck** tun

9 etw. schlecht **vermeiden** können

10 das/etw. ist nicht zu **ändern**/läßt
sich nicht ändern/daran läßt sich
nichts ändern

11 jetzt/da/. . . kann man nichts **an-
deres** tun/machen/unternehmen
als . . .
jm. bleibt keine andere **Wahl**, als
etw. zu tun
keine andere **Wahl** haben, als
etw. zu tun
jm. bleibt kein anderer **Weg** (of-
fen), als etw. zu tun
jm. **bleibt** nichts (anderes) über/
übrig, als etw. zu tun
jm. **bleibt** nichts (weiter) zu tun,
als zu . . .

nicht darum/drum **herumkom-
men**, zu . . ./nicht um etw. her-
umkommen
etw. **wohl** oder übel tun müssen
ob er/sie/Peter/. . . **will** oder
nicht, er muß/. . .
er/sie/Peter/. . . mag **wollen** oder
nicht, er muß/. . .
nolens volens etw. tun (müssen)
geh

12 nicht umhin **können**, etw. zu tun
nicht anders **können** (als etw. (zu)
tun)

13 da/es hilft (nun) **alles** nichts,
man muß/. . . *ugs*
man muß/. . ., da hilft (nun) **alles**
nichts! *ugs*
da hilft kein **Bitten** und kein Bet-
teln *ugs*
da hilft kein **Heulen** und kein
Klagen *ugs*

14 Unschuld/Fleiß/. . . **hin**, Un-
schuld/Fleiß/. . . her . . .
da **hilft** nichts als arbeiten/Ru-
he/. . .

15 da **gibt's**/(gibt es) nichts als Ru-
he/Zähne zusammenbeißen und
. . ./. . . *ugs*

16 sich genötigt **sehen**, jn. zu be-
strafen/. . .

17 (wohl oder übel) in den sauren
Apfel beißen müssen

18 ein hartes **Muß** sein

19 **Not** kennt kein Gebot *geh*

20 in der **Not** frißt der Teufel Flie-
gen *ugs*

21 friß, **Vogel**, oder stirb! *ugs*

22 trotz allen **Klagens** und Stöhnens
etw. tun müssen/. . . *path*

23 das/es ist kein böser **Wille** (wenn
. . .)

Fa 22 Ohnmacht; Ohnmächtigkeit

1 js. **Händen** entgleiten *(Kontrolle,
Führung) form*

2 die **Waffen** aus der Hand geben

3 nicht mehr **Herr** im eigenen
Haus(e) sein

4 nichts/nichts mehr/. . . zu **sagen**
haben (in/bei/. . .)

5 nichts zu **melden** haben bei jm./
   in/. . . *ugs*

6 nicht/nicht mehr/. . . in **Men-
   schenhand** liegen *path*

7 das/etw. müssen wir/. . . dem
   Schicksal überlassen

8 von den **Ereignissen** überrascht
   werden/sich überraschen las-
   sen/. . .

9 (ganz gegen seinen Willen/. . .) in
   den **Strudel** der Ereignisse mit
   hineingerissen werden/. . . *path*

10 von einer **Lawine** überrollt wer-
   den

11 höhere **Gewalt**

12 quod licet **Jovi**, non licet bovi *geh*

Fa 23 Handlungsfreiheit:
tun und lassen können, was
man will; sich nichts sagen
lassen; Spielraum, freie
Hand lassen; sich nicht fest-
legen (lassen); es steht jm.
frei, zu . . .

---

1 ein freies **Leben** führen

2 sein Schicksal/. . . (selbst) in der
   Hand haben/halten

3 sein eigener **Herr** sein

4 j. kann tun, was er **Lust** hat (das
   geht keinen etwas an/das interes-
   siert nicht/. . .) *ugs*
   j. kann etw. tun, wie er **Lust** hat
   (das geht keinen etwas an/das in-
   teressiert nicht/. . .) *ugs*

5 **tun** und lassen können, was man
   will/was einem gefällt/. . .
   schalten und walten, wie man
   will/. . .
   nach Belieben/. . . **schalten** und
   walten

6 es steht ganz in js. **Belieben**, wie
   er etw. macht/. . . *form*

7 sich frei **bewegen** können

8 ich bin/du bist/. . . doch ein
   freier **Mensch** *ugs*

9 **kommen** und gehen können,
   wann man will/. . .

10 keine **Macht** über jn. haben
   jm. (gar) nichts zu **sagen** haben

11 mir/ihm/der Ulrike/. . . kann
   keiner *ugs*

12 sich (von jm.) nichts **sagen** lassen
   sich von niemandem/kei-
   nem/. . . etwas **sagen** lassen
   sich doch von dem/denen/. . .
   nichts **vorschreiben** lassen *ugs*

13 es sich (bei jm./etw.) **leisten** kön-
   nen, etw. zu tun

14 **Spielraum** haben

15 freien **Spielraum** haben
   freie **Hand** haben

16 die **Ellenbogen** frei haben *ugs*

17 freies **Spiel** haben

18 freie **Bahn** haben *ugs*

19 bei jm. **Narrenfreiheit** haben/ge-
   nießen

20 jm. (einen gewissen/. . .) **Spiel-
   raum** geben/gewähren

21 jm. freien **Spielraum** lassen/ge-
   ben/gewähren
   jm. (völlig) freie **Hand** lassen
   jm. (völlig) freie **Hand** geben

22 jm. einen **Blankoscheck** ausstel-
   len *ugs*

23 sich nach keiner **Richtung** (hin)
   binden/festlegen/. . . (wollen)

24 sich kein **Korsett** anlegen lassen
   ugs
   sich nicht in ein **Korsett** zwängen
   lassen *ugs*

25 ich bin/er ist/. . . (doch) nicht
   mit jm. **verheiratet**! *ugs*

26 ich bin/Peter ist/. . . (doch) nicht
   js. **Hanswurst**! *ugs*
   ich spiele/Peter spielt/ich ma-
   che/Peter macht/. . . doch nicht
   js. **Hanswurst** *ugs*
   ich bin/Peter ist/ich spiele/Peter
   spielt/. . . doch nicht js. **Hampel-
   mann** *ugs*

27 sich von jm. nicht zu dessen
   Handlanger machen lassen *ugs*

28 etw. ist meine/deine/. . . **Sache**
   etw. ist **Sache** des Ministers/. . .

29 es in der **Hand** haben, etw. zu
   entscheiden/. . .
   (ganz/. . .) in js. **Hand** liegen
   es liegt (ganz/. . .) in js. **Hand**
   (ob/wie/. . .)

(ganz/. . .) in js. **Hand** stehen
es steht (ganz/. . .) in js. **Hand**
(ob/wie/. . .)
(ganz/. . .) in js. **Händen** liegen
es liegt (ganz/. . .) in js. **Händen**
(ob/wie/. . .)
es **steht** bei jm., ob . . .
(ganz/allein/. . .) bei jm. **liegen**
es **liegt** (ganz) bei jm., etw. zu tun
es **steht** jm. (völlig) frei/(offen),
ob/wie/. . .
es **steht** in js. **Macht**, etw. zu ent-
scheiden/. . .
die **Entscheidung**/. . . steht in js.
Macht
(ganz/. . .) in js. **Macht** stehen
es **steht** (ganz/. . .) in js. **Macht**,
ob/wie/. . .
es **steht** in js. **Gewalt**, etw. zu ent-
scheiden/. . .
die **Entscheidung**/. . . steht in js.
Gewalt

30 wo **steht** denn (geschrieben), daß
   . . .
   es **steht** (doch) nirgends (ge-
   schrieben), daß . . .

31 quod licet **Jovi**, non licet bovi *geh*

Fa 24 selbständig (handeln,
leben)

---

1 in eigener **Person** etw. tun

2 nach eigenem **Ermessen** han-
   deln/. . .

3 in eigener **Machtvollkommenheit**
   etw. entscheiden/. . .
   auf eigene **Faust** handeln/etw.
   tun

4 etw. auf seine (eigene) **Kappe**
   nehmen *ugs*

5 aus eigener **Kraft** etw. erreichen/
   schaffen/. . .
   ohne fremde **Hilfe** etw. errei-
   chen/. . .
   ohne js. **Zutun** etw. realisie-
   ren/. . .

6 auf eigenen **Füßen** stehen
   auf eigenen **Beinen** stehen

7 sich auf eigene **Füße** stellen *selten*
   sich auf eigene **Beine** stellen *sel-
   ten*

8 sein **Schicksal** selbst/selber in die
   Hand nehmen
   sein **Geschick** selbst/selber in die
   Hand nehmen

9 seinen eigenen **Weg** gehen
eigene **Wege** gehen

10 seiner **Wege** gehen *geh*

11 jm. nicht/niemandem/keinem/... **nachlaufen** *ugs*

12 selbst ist der **Mann**! *(oft iron.)*

13 nicht für andere **Leute** arbeiten
sein eigener **Herr** sein

14 in eigener **Sache** kommen/reden/...

15 ... und ... in einer **Person** sein

16 freie **Bahn** dem Tüchtigen!

Fa 25 spontan, freiwillig

1 (ganz) von **allein** geschehen/passieren
(ganz) von **selbst** geschehen

2 (ganz) von **allein** etw. tun
(ganz) von **selbst** etw. tun

3 (ganz) von **sich** aus etw. tun
(ganz) aus **sich** heraus etw. tun
(ganz) aus eigenem/freiem **Antrieb** etw. tun
(ganz) aus freien **Stücken** etw. tun
(ganz) aus freiem **Willen** etw. tun

4 (ganz) aus freier **Hand** etw. tun

Fb 1 Verfügung, Verfügungsgewalt: zur Verfügung; in seine Gewalt kriegen; in seine Hand bringen; im Sack haben; nicht mehr herausrükken; in Verwahr, in guten Händen

1 etw. zur **Hand** haben
etw. **parat** haben *ugs*

2 Geschichten/Anekdoten/Witze/Vorschläge/Ideen/... auf **Lager** haben *ugs*

3 jn./etw. zur (freien) **Verfügung** haben

4 etw. (noch) in **Reserve** haben

5 jn. an der **Hand** haben

6 etw. bei der **Hand** haben

7 jm. zur **Verfügung** stehen
jm. zu **Gebote** stehen *geh*

8 jm. jn./etw. zur **Verfügung** stellen

9 jn. (jm.) (sofort/...) zur **Stelle** schaffen

10 jm. in die **Finger** fallen

11 etw. in die/seine **Hand** kriegen
etw. in die/seine **Hände** kriegen

12 jn./etw. in seine **Gewalt** kriegen
jn./etw. in seine/die **Krallen** kriegen *ugs*

13 e-r Person/S. habhaft **werden** *form*

14 jm. sein Fahrrad/seine Freundin/... abspenstig **machen** (wollen) *ugs*

15 jm. etw. in den **Rachen** werfen/schmeißen *ugs*

16 etw. in **Besitz** nehmen
von etw. **Besitz** nehmen/ergreifen *form*

17 sich in den **Besitz** e-r S. setzen *form*
etw. an sich **bringen**
etw. in seine **Hand** bringen

18 **Hand** auf Besitz/... legen *form*

19 jn./etw. an **Land** ziehen *ugs*

20 sich etw. unter den **Nagel** reißen *ugs*

21 jn./etw. mit **Beschlag** belegen
etw. in **Beschlag** nehmen

22 etw. sein eigen **nennen** *path*

23 mehrere/verschiedene Dinge/... in einer **Hand** vereinigen

24 etw. (schon mal) auf **Nummer** sicher haben *ugs*

25 das/die Pfennige/den Auftrag/... habe ich/haben wir/... in der **Tasche** *ugs*
das/die Pfennige/den Auftrag/... habe ich/haben wir/... (schon mal) im **Sack** *vulg*

26 eine leichte **Beute** für jn. sein

27 jn./etw. gar nicht mehr/überhaupt nicht mehr/... **loslassen** *ugs*

28 etw. nicht (mehr) aus der **Hand** geben
etw. nicht (mehr) aus den **Fingern** geben *selten*

29 nicht mehr hergeben/herausrükken/loslassen/..., was man einmal in seinen **Krallen** hat *ugs*
nicht mehr aus den/seinen **Krallen** lassen, was man einmal hat/... *ugs*
etw. nicht mehr aus den **Fingern** lassen *selten*
nicht mehr hergeben/..., was man einmal in seinen **Klauen** hat *ugs*
nicht mehr hergeben/..., was man einmal in seinen **Fängen** hat *ugs*

30 jm. etw. aus dem **Rachen** reißen *ugs*

31 etw. von jm. **loseisen** *ugs*

32 etw. in **Gewahrsam** haben/halten *form*

33 etw. unter **Verschluß** halten *form*

34 etw. unter **Schloß** und Riegel halten *selten*

35 etw. in **Verwahr** geben *form*
etw. in **Verwahrung** geben *selten*

36 Pflanzen/Tiere/Kinder in **Pflege** geben

37 etw. in **Verwahr** nehmen *form*
etw. in **Verwahrung** nehmen *selten*

38 jn./etw. in **Gewahrsam** nehmen *form*

39 etw. unter/hinter **Verschluß** bringen *form*

40 Pflanzen/Tiere/Kinder in **Pflege** nehmen

41 jm. etw./jn. zu treuen **Händen** übergeben/überlassen

42 in gute **Hände** geben

43 etw. (vertrauensvoll/...) in js. **Hände** legen *form*

44 bei jm. in guten/besten **Händen** sein
bei jm. in sicheren **Händen** sein
bei jm. in guter **Hut** sein *path*
bei jm. gut **aufgehoben** sein

45 jn./etw. (bei jm.) in guten **Händen** wissen

46 jm. etw. zu eigenen **Händen** übergeben

47 unter **Verschluß** sein *form*

48 sich zur **Verfügung** halten *form*

49 zur **Stelle** sein

50 sich zur **Stelle** melden *form*

51 das/etw. **läuft** dir/dem
    Schulz/... (schon/doch) nicht
    weg! *ugs*

52 **Wiedersehen** macht Freude! *ugs*

53 zu **Händen** von Herrn/Frau/...
    form

54 zu treuen **Händen**!

55 etw. der **Öffentlichkeit** überge-
    ben *form*

Fb 2   Besitzwechsel, Auftei-
lung: in andere Hände über-
gehen; fein brüderlich teilen;
pro Nase

1   den **Besitzer** wechseln

2   durch js. **Hände** gehen

3   durch viele **Hände** gehen
    von **Hand** zu Hand gehen

4   in js. **Hände** übergehen
    in andere **Hände** übergehen

5   in falsche **Hände** kommen/ge-
    raten/gelangen
    in unrechte **Hände** kommen/ge-
    raten/gelangen
    in schlechte **Hände** kommen/ge-
    raten/gelangen

6   in anderen **Händen** sein

7   jn./etw. **lossein**
    jn./etw. los und ledig sein *selten*

8   zu gleichen **Teilen** kaufen/...

9   (sich) etw. (fein) brüderlich **teilen**
    ugs

10 zu gleichen **Teilen** an mehrere
    Leute gehen

11 sich den **Kuchen** teilen *ugs*

12 **halbe-halbe** (mit jm.) machen
    (bei etw.) *ugs*
    fifty-fifty (mit jm.) machen (bei
    etw.) *ugs*

13 sagen wir/ich schlage vor/...:
    halbe-halbe *ugs*
    sagen wir/ich schlage vor/...: **fif-
    ty-fifty**! *ugs*

14 pro **Person** ist das/macht das/...
    pro **Kopf** ist das/macht das/...
    pro **Mann** ist das/macht das/...
    pro **Nase** ist das/macht das/...
    ugs

15 auf den **Kopf** der Bevölkerung
    entfallen/kommen/...

16 jm. etw. in die/(etw. in js.) **Hän-
    de** geben

17 jm. etw. zu **Füßen** legen *path*

18 jm. etw. in die **Hände** spielen

19 **her** damit! *ugs*

20 den **Löwenanteil** bekommen/für
    sich behalten/...

Fb 3   (viel) Geld haben,
ausgeben ...: eine hübsche
Summe ausgeben, verdienen
...; seinen Geldbeutel zük-
ken (müssen); (nicht) flüssig;
ein paar Pfennige ... (aus-
machen)

1   eine schöne/hübsche **Stange**
    Geld ausgeben/verdienen/ko-
    sten/... *ugs*
    ein schönes **Stück** Geld ausge-
    ben/verdienen/kosten/... *ugs*
    ein hübsches/schönes **Sümmchen**
    (Geld) ausgeben/verdienen/ko-
    sten/... *ugs*
    einen (ganzen/hübschen) **Batzen**
    Geld ausgeben/verdienen/ko-
    sten/... *ugs*
    einen **Haufen** Geld ausgeben/
    verdienen/kosten/... *ugs*

2   ein **Heidengeld** kosten/ausge-
    ben/... *ugs*
    ein **Sündengeld** kosten/ausge-
    ben/... *ugs*
    ein **Schweinegeld** kosten/ausge-
    ben/... *ugs*
    Unsummen (für etw./jn.) kosten/
    ausgeben/...
    ein **Vermögen** ausgeben/ko-
    sten/...

3   etw. für teures **Geld** erstehen/...

4   sich e-e S. etwas **kosten** lassen
    sich in **Unkosten** stürzen (für
    jn./etw.) *ugs*

5   sein **Portemonnaie** zücken/zie-
    hen (müssen) (und ...) *ugs*
    seine **Brieftasche** zücken/ziehen
    (müssen) (und ...) *ugs*

seinen **Geldbeutel** zücken/zie-
hen (müssen) (und ...) *ugs*
seine **Geldbörse** zücken/ziehen
(müssen) (und ...) *ugs selten*
seine **Börse** zücken/ziehen (müs-
sen) (und ...) *ugs selten*

6   einen tiefen **Griff** ins Portemon-
    naie/in den Geldbeutel/in den
    Säckel/in die Tasche/... tun
    (müssen) *path*
    tief in die Tasche/das Portemon-
    naie/den Geldbeutel/Säckel/...
    greifen (müssen) *path iron*

7   die **Kosten** für etw. tragen

8   seinen **Obulus** (für etw.) entrich-
    ten *ugs*

9   etw. aus eigener **Tasche** bezah-
    len/zahlen/finanzieren/...

10 (ganz schön/schön) **bluten** müs-
    sen *ugs*

11 seine letzten **Pfennige** ausgeben/
    hergeben (für jn./etw.)
    seine letzten **Kröten** ausgeben *ugs*

12 js. **Finanzen** stehen gut/... *ugs*

13 gut/blendend/... bei **Kasse** sein
    ugs

14 Geld/... **flüssig** haben
    flüssig sein
    Geld/... in der **Hand** haben

15 Geld/einen Betrag/... flüssig
    machen

16 ... Mark/... (bei jm.) **lockerma-
    chen** *ugs*

17 jm. (das) Geld/immer wieder ein
    paar Mark/... aus der **Tasche** zie-
    hen *ugs*

18 es verstehen, jm. (das) Geld/im-
    mer wieder ein paar Mark/...
    aus der **Tasche** zu ziehen *ugs*

19 ein einnehmendes **Wesen** haben
    ugs iron

20 ein paar **Pfennige**
    ein paar **Groschen**
    ein paar **Kröten** *ugs*
    ein paar **Flöhe** *ugs*
    ein paar **Taler** *(veraltend)*
    ein paar **Heller** *(veraltend)*
    ein paar **Mäuse** *ugs*

21 100/5000/... und ein paar **kleine**
    ugs
    100/5000/... und ein paar **ge-
    quetschte** *ugs*

22 was/wieviel **macht's**/macht das/
    macht es?
    das/es **macht** ...

23 es/das Geld/einen Betrag **klein** haben

24 einen Schein/... klein **machen**

25 etwas für sein (gutes/teures) **Geld** verlangen (können)

26 der schnöde **Mammon** *path iron*

27 sich vom **Glanz** des Goldes blenden lassen *path*
vom **Glanz** des Goldes geblendet werden *path*

28 das goldene **Kalb** anbeten *path*
ums goldene **Kalb** tanzen *path*
ein/der **Tanz** um das goldene Kalb *path*

29 **nervus** rerum *geh iron*

30 **Geld** macht nicht glücklich (aber es beruhigt) *ugs*

31 **Geld** und Gut

Fb 4 kein Geld (mehr) haben

1 jm. geht das **Kleingeld** aus *ugs*
nicht das nötige **Kleingeld** haben/besitzen (für etw.) *ugs*

2 bei jm. ist/herrscht **Ebbe** (in der Kasse/im Portemonnaie/...) *ugs*
nicht gut/schlecht/knapp/nicht bei **Kasse** sein *ugs*

3 im Augenblick/... etwas/... in **Verlegenheit** sein
in/(im) **Druck** sein
schwach auf der **Brust** sein *ugs*

4 auf dem **trockenen** sitzen/sein *ugs*
die **Schwindsucht** im Beutel/Geldbeutel/... haben *ugs*

5 auf/aus dem letzten **Loch** pfeifen/(blasen) *ugs*

6 schon wieder/... **krummliegen** *ugs*

7 keinen **Pfennig** (mehr) haben/besitzen
keinen roten **Heller** (mehr) haben/besitzen
keine **Flöhe** mehr haben/besitzen *ugs*

8 **blank** sein *ugs*
pleite sein *ugs*
(völlig/...) **abgebrannt** sein *ugs*

Fb 5 Schulden haben, zurückzahlen: tief in Schulden stecken; leihen; ein Tropfen auf den heißen Stein sein; seine Schulden zurückzahlen

1 in **Druck** kommen (mit etw.)

2 in **Zahlungsschwierigkeiten** geraten *form*

3 (immer tiefer/...) in **Schulden** geraten/kommen (bei jm.)
immer tiefer/... in die **Kreide** geraten/kommen (bei jm.) *ugs*

4 eine **Schuld** nicht bezahlen (können)
seine **Schulden** nicht bezahlen (können)

5 einen **Berg** von Schulden haben/(vor sich herschieben)

6 tief in **Schulden** stecken
bis an den/über den **Hals** in Schulden stecken *ugs*
bis über beide/die **Ohren** in Schulden stecken *ugs*
bis an die/über die/über beide **Ohren** verschuldet sein *ugs*
mehr **Schulden** als Haare auf dem Kopf haben *ugs*
den ganzen **Arsch** voller Schulden haben *vulg*

7 jm. etw. **schuldig** sein

8 (tief) in js. **Schuld** sein *path*
(tief) in js. **Schuld** stehen *path*
bei jm. (tief) in der **Kreide** sein/stehen/stecken/sitzen *ugs*

9 sich (noch/noch so eben/...) über **Wasser** halten
den **Kopf** (noch/noch so eben/...) über Wasser halten

10 ich kann mir/Peter kann sich/... das/die Pfennige/... doch nicht aus der **Haut** schneiden *ugs*
ich kann mir/Peter kann sich/... das/die Pfennige/... doch nicht aus den **Rippen** schneiden/durch die Rippen schwitzen *ugs*
woher **nehmen** und nicht stehlen? *ugs*

11 etw. auf **Pump** kriegen/bekommen/kaufen/... *ugs*

12 (bei jm./im Laden/...) **anschreiben** lassen *ugs*

13 auf **Pump** leben *ugs*

14 **Borgen** macht Sorgen

15 ein **Attentat** auf jn. vorhaben *ugs*

16 jn. um Geld/ein paar Pfennige/... **angehen** *ugs*
jn. **anzapfen** *ugs*

17 jm. einen **Brandbrief** schicken/...

18 einen **Brandbrief** bekommen/...

19 ein **Loch** aufmachen, um ein anderes (damit) zu stopfen/zuzumachen/zuzustopfen
ein **Loch** mit einem anderen zustopfen

20 das allein/... **tut's** nicht

21 (nur/...) ein **Tropfen** auf den heißen Stein sein

22 den **Kuckuck** auf ein Möbelstück/... **kleben** *form iron*
auf einem Möbelstück/... klebt der **Kuckuck** *form iron*

23 du hast/ihr habt/... deine/eure/... **Schuhe** noch nicht bezahlt *(wenn sie knarren)* *ugs*

24 auf **Heller** und Pfennig abrechnen (mit jm.)

25 jm. etw. auf **Heller** und Pfennig bezahlen

26 jn. auf **Heller** und Pfennig auszahlen

27 niemandem/... einen **Pfennig** schuldig bleiben

28 jm. etw. mit **Zins** und Zinseszinsen zurückzahlen/zurückgeben

29 wieder **glatt** sein (mit jm.)
wieder **quitt** sein (mit jm.) *ugs*
wieder **kitt** sein (mit jm.) *ugs*

30 (und) damit ist die **Sache** abgemacht *ugs*

Fb 6 Wohlstand: gut versorgt; reich; weich gebettet; im großen Stil leben

1 in geordneten/... **Verhältnissen** leben

2 gut/... durchs **Leben** kommen

3 sein **Auskommen** haben

4 gut **versorgt** sein

5 (finanziell/. . .) gut/. . . **gestellt** sein

6 (gut) **betucht** sein *ugs*

7 genügend/viel/. . . im **Säckel** haben *ugs*

8 im **Wohlstand** leben

9 im **Überfluß** leben

10 zu **Reichtum** kommen

11 es sich (bei jm./etw.) **leisten** können, etw. zu tun

12 aus dem **vollen** schöpfen (können)

13 das nötige **Kleingeld** haben/besitzen (für etw.) *ugs*
das nötige **Pulver** haben (für etw.) *ugs*

14 eine dicke **Brieftasche** haben *ugs*
etw. (so) aus der **Westentasche** bezahlen/zahlen (können) *ugs*

15 (für sein Leben) **ausgesorgt** haben

16 von den **Zinsen** leben (können)

17 **Moos** haben *ugs*

18 **Geld** wie Heu haben *ugs*
Geld wie Dreck haben *vulg*
ein **Krösus** sein *geh*
steinreich sein
im **Geld** schwimmen *ugs*
im **Reichtum** schwimmen *ugs*
im **Fett** schwimmen *ugs selten*
nach **Geld** stinken *vulg*
im **Geld** fast ersticken *ugs selten*
ein richtiger/regelrechter **Geldsack** sein *vulg selten*
Kisten und Kasten voll haben *geh selten*
sich die **Finger** vergolden lassen können *path*
ein (richtiger) **Nabob** sein *selten*

19 mit einem silbernen/goldenen **Löffel** im Mund geboren sein *geh selten*

20 (viel) **Geld** machen

21 **Geld** wie Heu verdienen *ugs*
Geld wie Dreck verdienen *vulg*

22 sich eine goldene **Nase** verdienen (an etw.) *iron*

23 sich weich **betten** *selten*

24 weich **gebettet** sein
in einem/im warmen **Nest** sitzen *ugs*
an der **Futterkrippe** sitzen *ugs*

25 sich (an etw.) **gesundstoßen** *ugs*

26 ein großes/glänzendes **Haus** führen

27 auf großem **Fuß(e)** leben

28 im großen **Stil** leben

29 leben wie ein **Fürst** *ugs*
ein königliches **Leben** führen

30 das **Beste** ist für jn. gerade gut genug
(nur/. . .) das **Beste** vom Besten haben/wollen/kaufen/. . .

31 alles haben/kaufen können/. . ., was das **Herz** begehrt

32 ein **Sesam**, öffne dich *(Märchensprache)*

33 der (reiche) **Onkel** aus Amerika *ugs*

34 **Gold** und Silber

35 wir **haben's**/ihr habt's/. . . ja! *ugs*
(es) ist ja/hier/. . . nicht wie bei armen **Leuten** *ugs*

Fb 7 Armut: sich so durchschlagen; ein armer Hund sein; Notlage; nichts mehr zu beißen haben; andern auf der Tasche liegen; verarmt

1 wenig/nichts/nicht genug/. . . zum **Leben** haben/verdienen/. . .

2 sich (so) **durchschlagen** *ugs*
sich so durchs **Leben** schlagen *ugs*
sich so recht und schlecht/. . . durch die **Welt** schlagen *ugs selten*

3 keine großen **Sprünge** machen können (mit/von etw.) *ugs*
kein **Krösus** sein

4 nicht auf **Rosen** gebettet sein *(oft iron.)*

5 (finanziell/. . .) schlecht/. . . **gestellt** sein

6 auf den **Pfennig** sehen (müssen)
mit jedem **Pfennig** rechnen (müssen)
jede Mark/jeden Groschen/Pfennig dreimal **umdrehen** (ehe j. sie/ihn ausgibt/. . .) *ugs*

7 es fehlt jm. das nötige **Pulver** *ugs*

8 nicht **hin-** und nicht herreichen/herlangen

9 von der **Hand** in den Mund leben

10 ein armer **Schlucker** sein *ugs*
ein armer **Teufel** (sein) *ugs*
ein armer **Hund** sein *ugs*
eine arme **Haut** sein *ugs*
ein armes **Schwein** sein *vulg*

11 ein **Baron** von Habenichts sein *ugs selten*
ein **Herr** von Habenichts sein *ugs selten*
j. ist ein **Herr** von Habenichts und Kuhdreck ist sein Wappen *ugs selten*

12 **vorn(e)** und hinten nichts haben *ugs*
hinten und vorn(e) nichts haben

13 nicht das **Schwarze** unter den Nägeln haben/besitzen *path*
nicht das **Salz** zur Suppe haben *path*
nicht das **Salz** in der/zur Suppe verdienen *path*

14 (so) arm wie **Lazarus** sein *path*
(so) arm wie **Hiob** sein *path*
(so) arm wie **Job** sein *path*
(so) arm wie eine **Kirchenmaus** sein *path*

15 zum **Leben** zuwenig, zum Sterben zuviel haben/verdienen/. . .

16 das nackte **Leben** fristen *path*

17 wie ein **Hund** leben *ugs*
ein **Hundeleben** führen/haben *ugs*
ein **Sklavenleben** führen/haben *ugs selten*

18 **Mangel** leiden/(haben) (an etw.) *geh*
ohne ausreichende/. . . Mittel/. . . **dastehen**

19 in einer (sehr unangenehmen/. . .) **Notlage** sein
in **Not** sein

20 **Not** leiden

21 **vorn(e)** und hinten nicht reichen/langen/. . .
hinten und vorn(e) nicht reichen/langen/. . .

22 bei jm./in/. . . ist **Schmalhans** Küchenmeister *ugs*

23 nur trocken(es) **Brot** zu essen haben
nicht satt zu **essen** haben
nichts (mehr) zu **essen** haben
nichts (mehr) zu **beißen** haben *ugs*

nichts (mehr) zu **beißen** und zu brechen haben *path*
nichts (mehr) zu **brechen** und zu beißen haben *path*
nichts (mehr) zu **nagen** und zu brechen haben *path selten*
nichts (mehr) zu **knabbern** haben *(oft iron.)*
nichts (mehr) zu **fressen** haben *vulg*
Hunger leiden (müssen) *geh*
am **Hungertuch** nagen
vor leeren **Schüsseln** sitzen *selten*

24   **Kohldampf** schieben *ugs*

25   jm. auf der **Tasche** liegen *ugs*

26   ander/fremder **Leute** Brot essen *path*

27   die **Beine** (noch) unter Vaters/einen fremden/... Tisch strecken *ugs*
die **Füße** (noch) unter Vaters/einen fremden/... Tisch strecken *ugs*

28   von anderleuts/anderer Leute **Gnaden** leben *path*

29   das **Gnadenbrot** bei jm. essen *path selten*

30   (auch) schon (mal/einmal) bessere **Zeiten** gesehen haben *(oft iron.)*
(schon/...) bessere **Tage** gesehen haben *(oft iron.)*

31   vom **Hund** auf den Bettelsack kommen *ugs*
vom **Pferd** auf den Esel kommen *ugs*

32   alles bis aufs **Hemd** verlieren

33   kein (ganzes) **Hemd** mehr am Leib(e) haben *path*
kein (ganzes) **Hemd** mehr am Arsch haben *vulg*

34   in **Fetzen** herumlaufen/gekleidet sein/... *path*

35   jn. um **Lohn** und Brot bringen *path selten*

36   etw. bringt jn. noch an den **Bettelstab** *ugs*
du bringst mich noch/er bringt sich noch/... an den **Bettelstab** (mit etw.) *ugs iron*

37   **betteln** gehen

38   bei jm./hier/... ist nichts (mehr) zu **holen** *ugs*
bei jm./hier/... ist nichts (mehr) zu **erben** *ugs*

39   nicht wissen/... wo man sein müdes **Haupt** hinlegen soll/ (wird) *(oft iron.)*

40   aus **Not** etw. tun

41   mit etw./... keine **Reichtümer** gewinnen/verdienen/... können

42   **arm** und reich

43   **Armut** und Elend ...

44   **Not** kennt kein Gebot *geh*

45   wo nichts ist, (da) hat (auch/bekanntlich) der **Kaiser** sein Recht verloren *ugs*

Fb 8   verschwenderisch: mit Geld nur so um sich werfen; nicht mit Geld umgehen können

1   in **Saus** und Braus leben
auf großem **Fuß(e)** leben

2   über seine **Verhältnisse** leben
über seine **Mittel** leben

3   meinen/... daß man sein **Geld** unter die Leute bringen muß *ugs*

4   das/sein **Geld** mit vollen Händen ausgeben
mit vollen **Händen** sein Geld ausgeben/schenken/geben/...

5   Unsummen/... auf den **Kopp**/ (Kopf) hauen *ugs*
mit **Geld** nur so/... um sich werfen/schmeißen *ugs*

6   das/sein **Geld** zum Fenster hinauswerfen *ugs*
das/sein **Geld** mit beiden/vollen Händen zum Fenster hinauswerfen *ugs*

7   nicht mit **Geld** umgehen können
sein **Geld** nicht zusammenhalten können
kein **Geld** in den Fingern halten/ haben können *ugs*
kein **Geld** in der Hand halten können *ugs selten*
kein **Geld** festhalten können *ugs*
sein **Geld** nicht festhalten können *ugs*
nichts in der **Hand** halten können *ugs*
das **Geld** rinnt jm. nur so durch die Finger
jm. zerrinnt das Geld unter den **Fingern**
jm. zerrinnt das **Geld** wie Butter an der Sonne *ugs*

8   etw. **kleinkriegen** *ugs*

9   **draufgehen** (für/bei etw.) *ugs*

10   das **Fell** des Bären verkaufen/ (vertreiben), ehe/(bevor) man ihn erlegt/(gefangen) hat
das **Bärenfell** verkaufen, ehe/ (bevor) man den Bären erlegt hat *ugs*
die **Bärenhaut** verkaufen, ehe/ (bevor) man den Bären erlegt hat *ugs*

Fb 9   sparsam: mit dem Pfennig rechnen (müssen); zurückstecken (müssen); eisern sparen; sich keinen Happen gönnen

1   sein **Geld**/seine Pfennige/... **zusammenhalten** (müssen)

2   auf den **Pfennig** sehen (müssen)
mit jeder **Mark** rechnen (müssen)
mit jedem **Pfennig** rechnen (müssen)

3   (etwas/ein wenig/...) **zurückstecken** (müssen)
einen **Pflock** zurückstecken (müssen) *selten*

4   den/seinen **Riemen** enger schnallen müssen *ugs*
den/seinen **Gürtel** enger schnallen müssen *ugs*
den/seinen **Schmachtriemen** enger schnallen müssen *ugs*
den/seinen **Leibriemen** enger schnallen müssen *ugs*

5   **kurztreten** müssen (mit etw.)

6   sich nach der **Decke** strecken müssen
sich **krummlegen** müssen *ugs*

7   schon wieder/... krumm **liegen** *ugs*

8   jm. den **Brotkorb** höher hängen *(oft iron.)*

9   die **Notbremse** ziehen *ugs*

10   eisern **sparen** *ugs*
jeden **Pfennig** sparen

11   (sich) einen **Notgroschen** zurücklegen *(veraltend)*
(sich) einen **Notpfennig** zurücklegen *(veraltend)*
etw. auf die **Seite** legen/(schaffen)

etw./Geld/... auf die hohe **Kante** legen *ugs*

12 Geld/... in den **Sparstrumpf** stecken *(veraltend) iron*

13 etw./Geld/... auf der hohen **Kante** haben *ugs*

14 Geld/... im **Strumpf** haben/aufbewahren/... *(veraltend) iron*

15 sich keinen **Happen** gönnen *ugs*
sich keinen **Bissen** gönnen *ugs*
sich nicht die **Butter** aufs Brot gönnen *path*

16 sich etw. am eigenen **Leib** absparen *path*
sich etw. vom **Mund(e)** absparen

17 sich den letzten **Bissen** vom Mund(e) absparen (für jn./etw.) *path*

18 (schließlich/...) nicht von der (frischen) **Luft** leben (können) *ugs*
nicht von **Luft** und Liebe leben (können) *ugs*

19 hier hast du/...... Mark/... für die **Sparbüchse**

20 eine schmale **Kost**

21 die eiserne **Ration**

22 der eiserne **Bestand**

Fb 10 freigiebig, mildtätig

1 sich nicht **lumpen** lassen *ugs*

2 (heute/...) die **Spendierhosen** anhaben *ugs*

3 Geld/ein paar Pfennige/... **springen** lassen *ugs*

4 ich/er/der Peter/... will/... mal nicht so **sein** *ugs*

5 wer ist der edle **Spender**? *ugs*
darf man fragen, wer der edle **Spender** ist? *ugs*

6 nicht nein **sagen** können

7 nicht auf's **Geld** gucken/sehen

8 immer zum **Geben** bereit sein
immer eine offene **Hand** haben

9 mit offener **Hand** geben
mit offenen **Händen** geben

---

10 mit milder **Hand** verteilen/...

11 sein **Letztes** (für jn.) hingeben/hergeben *path*
den letzten **Pfennig** mit jm. teilen

12 (auch) das letzte/sein letztes **Hemd** hergeben/verschenken/... (für jn./etw) *path*
j. würde sein letztes **Hemd** weggeben/verschenken *path*

Fb 11 geizig

1 dem **Mammon** frönen *(oft iron.)*

2 hinter dem Geld/... hersein wie der **Teufel** hinter der armen Seele *ugs*

3 (sehr) am **Geld** hängen
sich ans **Geld** klammern

4 **klamm** sein *ugs*

5 sich nicht vom **Geld** trennen können
jede **Mark** (erst) zehn/zig/... Mal umdrehen (bevor man sie ausgibt/...) *ugs*
jeden **Pfennig** (erst) zehn/zig/... Mal umdrehen (bevor man ihn ausgibt/...) *ugs*
jeden **Groschen** (erst) zehn/zig/... Mal umdrehen (bevor man ihn ausgibt/...) *ugs*

6 auf seinem **Geld** sitzen *ugs*
auf seinem **Geldsack** sitzen *ugs selten*

7 die **Hand** mal wieder/immer/... auf der Tasche haben/halten *ugs*
die **Hand** mal wieder/immer/... auf dem Beutel haben/halten *ugs selten*
mal wieder/... einen **Igel** in der Tasche haben *ugs selten*
den **Beutel** mal wieder/... zuhalten *ugs selten*

8 das **Totenhemd** hat keine Taschen

Fb 12 teuer: ins Geld gehen; die Preise klettern in die Höhe; es von den Lebendigen nehmen

1 (schon/aber auch/...) eine **Kleinigkeit** kosten/...

2 ein teurer **Spaß** sein *ugs*
ein teures **Vergnügen** sein
ins **Geld** gehen
an den **Geldbeutel** gehen
an den **Beutel** gehen *selten*

---

3 ein böses/arges/großes **Loch** in den/js. Beutel/Geldbeutel reißen *path*

4 sündhaft **teuer** sein *ugs*

5 das/etw. geht über js. **Verhältnisse**
über js. **Etat** gehen *(oft iron.)*
über js. **Vermögen** gehen

6 die **Steuerschraube** anziehen *form*
die Preise/... in die **Höhe** schrauben
Preise/Kosten/... in die **Höhe** treiben

7 in die **Höhe** gehen
(permanent/kontinuierlich/plötzlich/...) in die **Höhe** klettern/schnellen *(Preise)*

8 in gleicher **Höhe** liegen *(Preise)*

9 gepfefferte **Preise** nehmen/zahlen (müssen)/... *ugs*
es von den **Lebendigen** nehmen *ugs*

10 jm. die **Haut** abziehen (wollen) *ugs*

11 **Schacher** treiben (mit einer Ware/...) *(veraltend)*

12 unter dem **macht** er's/machen sie's/... nicht *ugs*
unter dem **tut** er's/tun sie's/... nicht *ugs*

13 horrende **Preise** nehmen/zahlen (müssen)/... (für etw.)
einen **Schandpreis** für etw. bezahlen *path*

14 zu **Höchstpreisen** verkaufen/...

15 eine gesalzene **Rechnung** *ugs*

16 das/etw. ist **Wucher**

17 ein teures **Pflaster** (sein) *ugs*

18 das ist/scheint zu niedrig **gegriffen**

19 die Kosten für etw./... können (gar/überhaupt) nicht hoch genug **veranschlagt** werden

20 das/etw. ist ein **Faß** ohne Boden

Fb 13 spottbillig

1 nicht die **Welt** kosten/bezahlen für/... *ugs*
nur/... ein **Trinkgeld** kosten *ugs*

2 etw. für ein **Trinkgeld** kaufen/bekommen/verkaufen/. . . *ugs*
für ein **Trinkgeld** arbeiten/etw. reparieren/. . . *ugs*
nur/. . . ein **Taschengeld** kosten *ugs*
etw. für ein **Taschengeld** kaufen/bekommen/verkaufen/. . . *ugs*
für ein **Taschengeld** arbeiten/etw. reparieren/. . . *ugs*
für/(um) einen **Gotteslohn** arbeiten/etw. tun *selten*
etw. zu einem/für einen **Spottpreis** kaufen/bekommen/verkaufen/. . . *ugs*
etw. für einen **Pappenstiel** verkaufen/hergeben/. . . *ugs selten*
einen **Appel**/(Apfel) und Ei kosten *ugs*
etw. für ein' **Appel**/(Apfel) und ein Ei kaufen/bekommen/verkaufen/. . . *ugs*
etw. für ein **Butterbrot** kaufen/bekommen/verkaufen/. . . *ugs selten*
etw. für ein **Ei** und ein Butterbrot kaufen/bekommen/verkaufen/. . . *ugs selten*
etw. für ein **Linsengericht** kaufen/bekommen/verkaufen/. . . *geh selten*

3 etw. (weit) unter seinem/seinem wirklichen **Wert** kaufen/bekommen/verkaufen/. . .
etw. (weit) unterm/unter **Preis** verkaufen/kaufen/. . .
etw. zum halben **Preis** verkaufen/kaufen/. . .

4 das ist (ja/wirklich/geradezu/. . .) **geschenkt**

Fb 14 umsonst

1 jn. keinen (einzigen) **Pfennig** kosten/. . .

2 für **lau** *ugs*
für **naß** *ugs*
für ein **Vergelt's gott** *selten*

3 um meiner/deiner/. . . schönen **Augen** willen
meiner/deiner/. . . schönen **Augen** wegen/(halber)

4 (in/bei/. . .) Zimmer/Bett/Verpflegung/Essen/. . . **frei** haben

---

Fb 15 Handel und Gewerbe:
in Umlauf bringen; in Massen; gut, schlecht gehen; Kasse, Bilanz . . . machen; plus,

minus; getrennte Kasse; bar, auf Raten; in Zahlung geben; zu Geld machen; zu js. Gunsten; zum vollen Preis; Bank, Börse; ohne, mit Verzug; auf js. Rechnung

1 Waren/. . . auf den **Markt** bringen
Waren/. . . auf den **Markt** werfen

2 etw. unter die **Leute** bringen
etw. unters/unter das **Volk** bringen *ugs*

3 etw. in **Umlauf** bringen
etw. in **Umlauf** setzen
etw. in **Verkehr** bringen *selten*
etw. an den **Mann** bringen

4 im **Umlauf** sein

5 aus dem **Verkehr** ziehen

6 im **Großen** einkaufen/verkaufen/. . .

7 die **Masse** muß es bringen
die **Menge** muß es bringen

8 in **Serie** gehen

9 in **Produktion** sein

10 Korn/die Ernte/. . . auf dem **Halm** kaufen/verkaufen *selten*

11 etw. im **Kleinen** aufziehen/betreiben/einkaufen/verkaufen/. . .

12 einen festen **Stamm** an/von Kunden/Gästen/. . . haben/. . .

13 mit jm./einem Unternehmen/. . . in **Wettbewerb** treten

14 mit jm./einer Firma/. . . im **Wettbewerb** stehen

15 reißenden **Absatz** haben (es ist . . .)

16 wie frische **Brötchen** weggehen *ugs*
wie warme **Semmeln** weggehen/(abgehen) *ugs*

17 etw. nicht **loswerden** (können)
etw. nicht **losschlagen** können
auf etw. **sitzen** bleiben *ugs*

18 jn. auf etw. **sitzen** lassen *ugs*

19 ein (alter) **Ladenhüter**

20 einen **Überschlag** machen

21 **Kassensturz** machen *(oft iron.)*
Kasse machen

22 **Rechnung** führen (über etw.) *form*

23 **Bilanz** machen

24 über etw. **Rechnung** legen *form selten*

25 jm. die **Rechnung** präsentieren *(oft iron.)*

26 jm. eine **Rechnung** aufmachen

27 jn. zur **Kasse** bitten *(oft iron.)*

28 ein (gutes/feines/glänzendes/. . .) **Geschäft** machen

29 etw./es wirft etwas/viel/nichts/. . . ab

30 **Gewinn** bringen

31 plus **machen**

32 ein **Verein**/. . . **trägt** sich selbst

33 stille **Reserven** haben/. . .

34 minus **machen**

35 in den roten **Zahlen** stecken/(rote Zahlen schreiben)

36 die **Kasse** führen

37 getrennte **Kasse(n)** führen/haben/machen
getrennte **Wirtschaft** führen *selten*

38 etw. (in) bar **bezahlen**
etw. in klingender **Münze** zahlen/bezahlen/. . . *ugs*
bar auf den **Tisch** des Hauses legen *iron*
jm. einen Geldbetrag/. . . auf die flache **Hand** zahlen *(oft iron.)*

39 etw. in **Teilzahlungen** abstottern/. . .
etw. auf **Teilzahlung** kaufen
etw. auf **Raten** kaufen
etw. auf **Stottern** kaufen *ugs*
etw. in **Raten** zahlen/abzahlen

40 etw. auf **Rechnung** kaufen

41 etw. auf **Kredit** kaufen

42 etw. in **Zahlung** geben

43 etw. in **Zahlung** nehmen
etw. in **Rechnung** nehmen *selten*

44 etw. zu **Geld** machen *ugs*

45 sein Geld/seine Pfennige/seine paar Mark/. . . in Schnaps/schöne Kleider/. . . **umsetzen** *ugs*
etw. in klingende **Münze** umsetzen *(oft iron.)*

46   etw. (für etw.) als **Pfand** geben

47   etw. (für etw.) zum **Pfand** nehmen

48   (ein Betrag/. . .) zu js. **Gunsten**

49   (ein Betrag/. . .) zu js. **Lasten**

50   noch etw. **gut** haben (bei jm./ in/. . .)

51   in **Geldsachen** hört die Gemütlichkeit auf *ugs*
Geld ist Geld und Schnaps ist Schnaps *ugs*

52   etw. zum vollen **Preis** kaufen/ verkaufen/. . .
einen Betrag/. . . in voller **Höhe** bezahlen/bekommen/. . .

53   etw. bis auf den letzten **Pfennig** zurückzahlen/. . .

54   einen **Kredit** aufnehmen (bei einer Bank/. . .)

55   (die) **Bürgschaft** leisten/übernehmen für jn./etw.

56   **Zinsen** bringen/geben
Zinsen tragen

57   Kapital/. . . so anlegen, daß es **Zinsen** trägt
das/sein **Geld** arbeiten lassen

58   sein Geld in Aktien/einen Handel/. . . **stecken**
Aktien zeichnen *form*

59   eine **Anleihe** zeichnen *form*

60   der **Kurs** einer bestimmten Gesellschaft/. . . steht (zur Zeit/. . .) auf/bei . . .

61   die **Kurse** (an der Börse) fallen/ sinken/. . .
die **Kurse** (an der Börse) steigen/ erholen sich/. . .

62   einen Betrag/. . . auf ein **Konto** einzahlen

63   einen Betrag/. . . von einem **Konto** abheben

64   sein **Konto** überziehen *form*

65   einen **Wechsel** platzen lassen
einen **Wechsel** zu Protest gehen lassen *form*

66   ohne **Verzug** zahlen/. . . *form*

67   in **Verzug** geraten/kommen (mit einer Zahlung/. . .) *form*

68   in **Verzug** sein (mit einer Zahlung/. . .) *form*

69   auf js. **Rechnung**
auf **Rechnung** von jm.

70   auf eigene **Rechnung**

71   auf anderleuts/auf fremde/(für fremde) **Rechnung** (kaufen/. . .)

72   auf js. **Rechnung** gehen
zu js. **Lasten** gehen

73   auf js. **Konto** gehen *ugs*
auf js. **Kappe** gehen *ugs*

74   noch zu **haben** sein

75   soundsoviel Geld/. . . auf die **Beine** bringen *ugs*

76   etw. auf **Vorrat** kaufen/anschaffen/anlegen/. . .

77   Ersatzteile/. . . auf/(im) **Lager** haben

78   neue **Quellen** erschließen (an Geldern/Waren/. . .)
neue **Märkte** erschließen (für den Verkauf/. . .)

79   . . . in allen **Sorten** und Preislagen

80   etw. auf **Sparflamme** halten *ugs*

81   unter **Brüdern** ist etw. . . . wert/. . . *ugs*
unter **Freunden** (ist etw. . . . wert/. . .) *ugs*

82   Strümpfe/Kassetten/. . . erster/ zweiter/dritter/. . . **Wahl**

83   . . ., das **Stück** für . . . Mark/. . .

84   etw. am **Stück** kaufen/verkaufen/. . .

85   (mit jm.) in **Verhandlungen** stehen (über etw.)

86   etw. in **Auftrag** geben
etw. in **Auftrag** nehmen

87   **frei** Haus/Hafen/Bahnhof/. . . (liefern/. . .) *form*
ab **Werk** (kostet etw. . . . Mark)

88   etw. unter dem **Ladentisch** kaufen/verkaufen

89   etw. in **Empfang** nehmen

90   von **Tür** zu Tür gehen/laufen/. . .
von **Haus** zu Haus gehen

91   Ausschank/Verkauf/. . . über die **Straße**

92   etw. in **Tausch** geben/nehmen/. . . für/gegen etw.
etw. in **Tausch** für/gegen etw. bekommen

93   ein Gut/. . . in **Pacht** geben
ein Gut/. . . in **Pacht** nehmen
ein Gut/. . . in **Pacht** haben

94   aus erster/zweiter/dritter/(. . .) **Hand** kaufen/. . .
aus erster/zweiter/dritter/. . . **Hand** sein

95   die **Katze** im Sack kaufen

96   ein Geschäft/. . . in eigener **Regie** führen/leiten

97   jm. die **Bücher** führen

98   etw. unter den **Hammer** bringen *ugs*
unter den **Hammer** kommen *ugs*
zum **ersten**, zum zweiten, zum dritten

99   gegen **bar**
in **bar**

100   totes **Kapital**

101   **Schadenersatz** für etw. leisten

102   **Muster** ohne Wert

103   **Geld** stinkt nicht *ugs*

104   ein/der **Strohmann** sein
den **Strohmann** abgeben/machen (für jn./etw.)

105   krumme **Geschäfte** (machen) *ugs*

106   unlauterer **Wettbewerb**

107   der **Schwarzmarkt**
der schwarze **Markt**

108   die **Schornsteine** rauchen wieder

109   einen gewaltigen/. . . **Aufschwung** nehmen

110   der **Rubel** muß rollen *ugs*
das **Geld** muß unter die Leute (kommen) *ugs*

111   in/dort/. . . liegt das **Geld** auf der Straße *ugs*

112   eine melkende **Kuh** sein *ugs*

113   die **Kuh** des kleinen Mannes sein *(Ziege) ugs*

114   eine Zeitung/. . . im **Abonnement** beziehen

115   **Dienst** am Kunden

116   **auf** haben
zu haben

117   etw. ist eine brotlose **Kunst**

118   was darf/soll es **sein**?

119   etw. als (ein) **Patent** anmelden

120   **Handel** und Gewerbe

121   **Handel** und Wandel

122   **Grund** und Boden
Haus und Hof

123   das freie **Spiel** der Kräfte

124   **Soll** und Haben

G

Kritische Lage · Gefahr · Auseinandersetzung

Ga 1 gestörte Ordnung: was ist (denn) los (mit . . .)?

1 etwas **stimmt** nicht (mit/bei jm.)
(an/mit/bei etw.)
mit jm./etw. ist was/etwas **los**

2 was ist (denn) mit dir/ihm/dem
Karl/e-r S./. . . **los?**
was **ist** (denn) mit dir/ihm/dem
Karl/e-r S./. . . ?
nicht wissen/. . ., was mit mir/
ihm/dem Karl/e-r S./. . . **ist**

3 was ist hier/da/. . . **los?**
was ist denn (schon) wieder **los?**
ugs
was wird hier/dort/in/. . . (ei-
gentlich) **gespielt?** *ugs*
was **ist** denn (schon) wieder? *ugs*
was ist **kaputt?** *ugs*

4 wo **brennt's** (denn)? *ugs*

5 mit dem Herbert/mit dem Ver-
kauf/. . ., das ist (so) eine **Sache**
für sich

6 das/etw. ist eine **Wissenschaft** für
sich *ugs*

Ga 2 js. Kreise stören

1 jm. den **Blick** für etw. trüben

2 js. **Kreise** stören *(oft iron.)*

3 jm. ins **Konzept** pfuschen *ugs*
jn. (ganz) aus dem **Konzept** brin-
gen
jm. das (ganze) **Konzept** verder-
ben
jn. (ganz) aus dem **Takt** bringen
ugs selten
jn. ins **Bockshorn** jagen
den (ganzen) **Laden** durcheinan-
der bringen *ugs*

4 (ganz) aus dem **Konzept** kom-
men/geraten
einen **Blackout** haben

5 den **Wald** vor lauter Bäumen
nicht mehr sehen

6 (ganz/völlig/ziemlich/. . .) **dane-
ben** sein *ugs*
nicht (so) ganz **beieinander** sein
ugs
nicht (so) ganz **beisammen** sein
ugs selten

7 jm. nicht ins **Konzept** passen

8 das stört doch keinen großen
Geist! *ugs*

Ga 3 verwirrt, ohne Halt, unsicher: den Boden unter den Füßen verlieren; auf tönernen Füßen stehen

1 jn. (ganz) in **Verwirrung** bringen
jn./etw. (völlig/. . .) **durchein-
anderbringen**
jn. (ganz) aus dem **Konzept** brin-
gen
jn. (ganz) aus dem **Text** bringen
ugs selten

2 (ganz/ziemlich/. . .) in **Verwir-
rung** geraten
(ganz/ziemlich) **durcheinander-
kommen** (mit jm./etw.)
(ganz) aus dem **Konzept** kom-
men/geraten
(ganz) aus dem **Text** geraten/
kommen *ugs selten*

3 (ganz/völlig/ziemlich/arg/. . .)
durcheinander sein
(ganz/völlig/ziemlich/. . .) **dane-
ben** sein *ugs*

4 ganz von der **Rolle** sein *ugs*

5 nicht/schon nicht mehr/. . . wis-
sen, wo einem der **Kopf** steht

6 wie **bestellt** und nicht abgeholt da
herumstehen/aussehen/. . . *ugs*
in/auf . . ./da wie falsch/(fal-
sches) **Geld** herumlaufen
wie **Pik** Sieben da herumstehen/
herumlaufen/gucken/. . . *ugs*

7 alles/. . . **durcheinanderbringen**
alles/. . . **durcheinanderwerfen**

8 jn. ganz aus dem **Gleichgewicht**
bringen

9 ins **Schwanken** kommen/geraten
ins **Schwimmen** kommen/gera-
ten
ins **Schleudern** kommen/geraten
ugs
ins **Rutschen** kommen/geraten
ugs selten
ins **Trudeln** kommen/geraten *ugs*

10 den **Boden** unter den Füßen ver-
lieren

11 sich auf schwankenden/unsiche-
ren **Boden** begeben
sich auf unsicheres **Terrain** bege-
ben

12 sich auf unsicherem/schwanken-
dem **Boden** bewegen (mit etw.)
sich auf unsicherem **Terrain** be-
wegen

13 jm. schwankt der **Boden** unter
den Füßen

14 auf **Sand** bauen/gebaut sein

15 auf schwachen **Füßen** stehen
auf tönernen **Füßen** stehen
auf wack(e)ligen **Beinen** stehen

16 ein **Koloß** auf tönernen Füßen
sein

17 in seinen **Grundfesten** erschüttert
sein *path*

18 wie ein schwankendes/wanken-
des **Rohr** im Wind(e) sein *(oft
iron.)*

Ga 4 ernste Lage; Zwick-mühle: in Schwulitäten; aufs Schlimmste gefaßt sein müssen; nicht mehr weiter wissen; sich an einen Strohhalm klammern; nicht in js. Haut stecken mögen; in einer Zwickmühle stecken; in einer Sackgasse stecken; die Karre steckt im Dreck

1 in die **Verlegenheit** kommen
(können), etw. tun zu müssen/
etw. zu brauchen/. . .

2 sich eine **Blöße** geben

3 in **Schwierigkeiten** geraten

4 in (große/arge/. . .) **Bedrängnis**
kommen
in die **Klemme** geraten *ugs*
ins **Gedränge** kommen

5 in die **Patsche** geraten *ugs*
in **Schwulitäten** kommen/gera-
ten *ugs*
in die **Bredouille** geraten *geh*

6 in **Teufels** Küche kommen/ge-
raten *ugs*

7 jn./etw. in eine unangenehme/
mißliche/verzwickte/. . . **Lage**
bringen
jn./etw. in eine unangenehme/
mißliche/verzwickte/. . . **Situa-
tion** bringen

8 jn. (arg/sehr/ziemlich/. . .) in
Verlegenheit bringen/(setzen)

9 jn. ins **Gedränge** bringen
jn. in die **Patsche** reiten *ugs*
jn. in **Schwulitäten** bringen *ugs*

10 jn. in die **Bredouille** bringen *geh*

11 um jn./etw. ist es nicht gut **bestellt**
mit jm./etw. steht es nicht zum **besten**
mit seiner Gesundheit/Leistungskraft/... ist es schlecht/miserabel/... **beschaffen** *selten*
es **steht** schlecht/nicht gut/... um jn./etw.

12 in großer/arger/... **Bedrängnis** sein
sich in großer/arger/... **Bedrängnis** fühlen

13 in der **Bredouille** sein/(sitzen) *geh*
(ganz schön/...) in der **Klemme** sein/sitzen *ugs*

14 in der **Patsche** sitzen *ugs*
(ganz schön/...) in der **Tinte** sitzen *ugs*
in **Schwulitäten** sein *ugs*
in **Schwulibus** sein *(veraltend)*

15 (ganz schön/...) im **Schlamassel** sitzen/stecken *ugs*
(ganz schön/...) im **Dreck** sitzen/stecken *vulg*
in der **Scheiße** sitzen *vulg*

16 gut/schlecht/... **dran** sein

17 sich (noch/noch so eben/...) über **Wasser** halten
den **Kopf** (noch/noch so eben/...) über Wasser halten

18 sich auf etw. **gefaßt** machen (müssen)

19 aufs/auf das **Äußerste** gefaßt sein (müssen)
aufs/auf das **Schlimmste** gefaßt sein (müssen)
sich aufs/auf das **Schlimmste** gefaßt machen (müssen)
mit dem **Schlimmsten** rechnen (müssen)
aufs/auf das **Ärgste** gefaßt sein (müssen)
sich aufs/auf das **Ärgste** gefaßt machen (müssen)

20 in tausend **Nöten** sein *path*
bei jm. ist **Holland** in Not *ugs*

21 jetzt ist/da war/... **Holland** in Not *ugs*
da hilft/half nur noch/nichts als **beten** *ugs*

22 das **Wasser** steht/geht/reicht jm. (schon/...) bis zum/(an den) Hals/bis hier (hin) *(mit einer Geste: Hand quer zum Kinn bzw. unter der Nase)*
das **Wasser** steht/geht/reicht jm.

(schon/...) bis an die/(zur) Kehle
das **Messer** sitzt jm. an der Kehle

23 in einer ausweglosen **Lage** (sein)
in einer ausweglosen **Situation** (sein)

24 nicht (mehr) weiter **wissen**
mit seiner **Weisheit** am Ende sein *ugs*
mit seiner **Kunst** am Ende sein *ugs*
mit seinem **Latein** am Ende sein *ugs*

25 nicht mehr aus noch ein/nicht mehr ein noch aus/weder aus noch ein/weder ein noch aus **wissen**

26 nicht wissen/..., wie man aus etw./da **herauskommen** soll
nicht wissen/keinen Weg sehen/... wie man aus dem **Schlamassel** (wieder) herauskommen soll *ugs*

27 aus etw./da nicht (mehr) **herauskommen**
(gar/überhaupt) nicht (mehr) aus dem **Schlamassel** herauskommen *ugs*

28 sieh zu/..., wie du/... da **herauskommst!**

29 wenn ... dann/... kann sich j. ja gleich/sofort einen **Strick** kaufen/nehmen (und sich aufhängen) *ugs*

30 sich an einen/den letzten/... **Strohhalm** klammern *ugs*
nach dem/einem (rettenden/...) **Strohhalm** greifen *ugs*

31 auf bessere **Zeiten** hoffen
auf bessere **Zeiten** warten

32 nicht in js. **Lage** sein mögen
nicht an js. **Stelle** sein mögen
nicht in js. **Haut** stecken mögen
nicht in js. **Schuhen** stecken mögen *selten*

33 in eine **Zwickmühle** geraten *ugs*

34 zwischen zwei **Feuer** geraten/kommen
zwischen **Baum** und Borke geraten *selten*

35 zwischen **Hammer** und Amboß geraten *geh*

36 in einem **Dilemma** stecken/sein

37 in einem **Zwiespalt** stecken

38 in einer (richtigen/...) **Zwickmühle** stecken
sich in einer (richtigen/...) **Zwickmühle** befinden *ugs*

39 zwischen **Baum** und Borke sein *selten*

40 zwischen **Hammer** und Amboß sein *geh*

41 zwischen **Scylla** und Charybdis stehen/zu entscheiden haben/zu wählen haben/... *geh*

42 **Hammer** oder Amboß sein *geh*

43 jn. in einen **Zwiespalt** bringen/stürzen

44 sich **festfahren**
sich **totlaufen**

45 in eine **Sackgasse** geraten

46 sich in eine **Sackgasse** verrennen

47 **festsitzen**

48 in einer **Sackgasse** stecken

49 etw./die Sache hat sich **totgelaufen**

50 etw./die Sache/der Fall ist/liegt/... sehr **verwickelt**
die Sache/Situation/Geschichte/Verhandlungen/... ist/sind gründlich/rettungslos/völlig/... **verfahren**
eine gründlich/rettungslos/völlig/... verfahrene **Sache** sein

51 die **Karre** ist (gründlich) verfahren *ugs*
der **Karren** ist (gründlich) verfahren *ugs*

52 die **Karre** steckt/ist im Dreck *ugs*
der **Karren** steckt/ist im Dreck *ugs*

53 die **Karre** in den Dreck fahren *ugs*
den **Karren** in den Dreck fahren *ugs*

54 da **haben** wir's!/habt ihr's!/... *ugs*
da **hast** du's!/habt ihr's!/... *ugs*
da haben wir/habt ihr/... die **Bescherung!** *ugs*
da haben wir/habt ihr/... den **Schlamassel!** *ugs*

Ga 5 (wieder) in Ordnung

1 eine **Scharte** (wieder) auswetzen

2 etw. (wieder) in **Ordnung** bringen

3 etw. **wettmachen**

4 etw. (wieder) ins **Gleis** bringen
   etw. (wieder) ins **Geleise** bringen
   selten
   jn./etw. (wieder) ins rechte **Gleis**
   bringen
   jn./etw. (wieder) ins **Lot** bringen
   etw. (wieder) **geradebiegen** *ugs*

5 etw. (wieder) **zurechtrücken**

6 etw. (wieder) ins **reine** bringen

7 etw. in die richtigen **Bahnen** len-
   ken
   etw. in die richtige/(rechte) **Bahn**
   bringen

8 den (ganzen) **Laden** in Ordnung
   bringen *ugs*

9 etw. (wieder) in **Schuß** bringen
   ugs

10 etw. (wieder) in **Schuß** bekom-
   men *ugs*
   etw. (wieder) in **Schuß** kriegen/
   (bekommen) *ugs*

11 wieder ins **Gleis** kommen
   (wieder) ins **Lot** kommen
   (wieder) in **Schuß** kommen *ugs*
   das/etw. wird sich (schon wie-
   der/...) **finden**
   das/etw. kommt (schon/...) wie-
   der in die **Reihe** *selten*

12 (wieder) im **Lot** sein

13 in **Ordnung**!
   alles in **Ordnung**!
   es ist alles in (bester/schönster)
   Ordnung
   es ist alles in (bester) **Butter** *ugs*

14 für **Ordnung** sorgen (müssen)

15 **Ordnung** muß sein!

16 **Ruhe** halten
   (endlich/...) **Ruhe** geben

17 eine Klasse/ein Kind/... zur
   Ruhe bringen

18 **Ruhe** stiften

19 **Ruhe** und Ordnung

Ga 6 zu bewältigen (suchen), klargehen: ein Problem anfassen, lösen; mit etw. zurandekommen; j. wird das Kind schon schaukeln; zustandekommen; und fertig ist die Laube; zusehen, wie man da wieder herauskommt; sich ein Hintertürchen offenhalten; den Teufelskreis durchbrechen; die Hürde nehmen; aus dem Ärgsten herauskommen; wieder festen Boden unter die Füße kriegen; die Lage beherrschen

1 gegen etw./jn./dagegen gibt's/
   gibt es ein/viele/... **Mittel**

2 jm./e-r S. zu **Leibe** gehen/rük-
   ken

3 ein **Problem** offen anfassen/an-
   packen/...

4 jm./e-r S. **gerecht** werden

5 Forderungen/Ansprüchen/...
   Genüge tun *geh*

6 Schwierigkeiten/Unstimmigkei-
   ten/... aus der **Welt** schaffen
   etw. aus dem **Weg** räumen/schaf-
   fen

7 mit etw./jm. (gut/glänzend/
   schlecht/...) **fertigwerden**
   mit jm./etw. (gut/glänzend/...)
   zurandekommen
   mit etw. (gut/glänzend/...) **zu-
   endekommen** *selten*
   mit etw. (gut/glänzend/...) zu-
   wege **kommen** *selten*
   mit jm./etw./in/bei etw. (gut/
   glänzend/...) **klarkommen**
   mit jm./etw./(in/bei etw.) (gut/
   glänzend/...) **zurechtkommen**

8 das/die Sache/etw. (noch/...)
   klarkriegen *ugs*

9 (gut/noch so gerade/...) über die
   Runden kommen (mit etw.) *ugs*

10 etw. **zustande** bringen

11 etw. (gut) über die **Bühne** bringen
   ugs
   etw. (gut/...) über die **Runden**
   bringen *ugs*

12 etw. zum **Klappen** bringen *ugs*

13 zu **Potte** kommen *ugs*

14 e-r S. **Herr** werden/(sein) *form*
   e-r S. **Meister** werden *(veraltet)*

15 **wissen**, wie man mit dem Leben/
   solchen Leuten/derartigen Auf-
   gaben/... fertig wird

16 j. wird die **Sache** (schon) deich-
   seln *ugs*
   j. wird die **Sache** (schon) schmei-
   ßen *ugs*
   wir werden/j. wird das **Kind**
   schon schaukeln *ugs*
   wir werden/j. wird das **Ding**
   schon schaukeln/(drehen/deich-
   seln) *ugs*
   wir werden/j. wird den **Laden**
   schon schmeißen *ugs*
   wir werden/j. wird das **Schwein**
   schon töten *ugs*

17 (das/etw.) wird schon **schiefge-
   hen**! *ugs*

18 den (ganzen) **Laden** schmeißen
   ugs

19 zustande **kommen**

20 zum **Klappen** kommen *ugs*

21 das/die Sache/etw. **geht** klar *ugs*

22 reibungslos/glatt/... über die
   Bühne gehen *ugs*

23 das/die Sache ist **gelaufen** *ugs*

24 ... und damit ist die **Sache** erle-
   digt

25 (so) jetzt/damit/... ist/wäre die
   Sache geritzt *ugs*

26 (und) fertig ist die **Laube**! *ugs*
   (und) fertig ist die **Kiste**! *ugs*
   (und) fertig ist der **Lack**! *ugs*

27 einen **Weg** finden (müssen) (um/
   wie ...)

28 **sehen** (müssen), wie man mit etw.
   fertig wird/aus e-r S. wieder her-
   auskommt/...
   jetzt/dann/... muß/soll j. **sehen**,
   wie er (mit etw.) fertig wird/aus
   e-r S. wieder herauskommt/...
   zusehen müssen, wie man mit
   etw. fertig wird/aus e-r S. wieder
   herauskommt/...
   jetzt/dann/... muß/soll j. **zuse-
   hen**, wie ...

29 zusehen/..., wie man aus der **Sa-
   che** (wieder) herauskommt

189

30 sich (noch) eine **Hintertür** offen-
    halten/(offen lassen)
    sich (noch) ein **Hintertürchen** of-
    fenhalten/(offen lassen)
    (immer) (noch) ein **Hintertür-
    chen** finden (durch das man ent-
    schlüpfen kann/...)

31 sich mit **Glanz** aus der Affäre zie-
    hen

32 da/durch diese Schwierigkei-
    ten/... **muß** j. hindurch

33 den toten **Punkt** überwinden

34 wieder/noch/... die **Kurve** krie-
    gen *ugs*

35 den **Teufelskreis** durchbrechen
    aus dem **Teufelskreis** wieder her-
    auskommen/...

36 eine **Hürde** nehmen
    eine **Hürde** im Sprung nehmen
    alle **Klippen** (glücklich/...) um-
    schiffen

37 eine schwere **Prüfung** durchste-
    hen

38 etw. wieder **flottmachen** *ugs*

39 die **Situation** retten

40 (schon/wieder/...) **Land** sehen
    ugs

41 aus dem **Schlimmsten** heraus-
    kommen
    aus dem **Ärgsten** herauskommen
    aus dem **Gröbsten** herauskom-
    men
    aus dem ärgsten/gröbsten/
    schlimmsten **Dreck** herauskom-
    men *ugs*

42 aus dem **Schlimmsten** heraussein
    aus dem **Ärgsten** heraussein
    aus dem **Gröbsten** heraussein
    aus dem ärgsten/gröbsten/
    schlimmsten **Dreck** heraussein
    ugs
    mit etw. über den **Berg** sein

43 aus einer schwierigen Lage/...
    heraus sein
    aus dem **Schlamassel** heraussein
    ugs
    aus der **Patsche** (wieder) heraus-
    sein *ugs*

44 aus dem **Schneider** (heraus) sein
    ugs

45 über etw./darüber/drüber **weg**
    sein
    über etw. **hinweg** sein
    über etw. (innerlich) **hinaussein**

46 die Sache/... ist **ausgestanden**
    ugs
    (so/...), das hätten wir/hättet
    ihr/... **geschafft!** *ugs*

47 (immer) wieder auf die **Füße** fal-
    len
    (immer) wieder auf die **Beine** fal-
    len

48 (wieder) (festen/sicheren) **Boden**
    unter die Füße bekommen

49 wieder (festen/sicheren) **Boden**
    unter den Füßen haben
    wieder auf festem/sicherem **Bo-
    den** stehen

50 die **Lage** beherrschen
    die **Situation** beherrschen
    Herr der Lage sein

51 es/etw. muß **gehen** (egal wie/
    ganz gleich wie)

52 **Not** macht erfinderisch

53 eine **Katze** fällt immer (wieder)
    auf die Füße/Pfoten

Ga 7   erleichtert

1 jm. **guttun**

2 jm. fällt ein **Stein** vom Herzen
   j. fällt ein **Mühlstein** vom Her-
   zen *ugs selten*
   jm. fällt eine **Last** von der Seele
   jm. fällt eine **Zentnerlast** von der
   Seele/vom Herzen *ugs*

3 einen **Stoßseufzer** ausstoßen
   einen **Seufzer** der Erleichterung
   ausstoßen

4 ein **Stoßgebet** zum/(gen) Him-
   mel senden/schicken

5 drei **Kreuze** hinter jm./etw. ma-
   chen *selten*

6 aller **Sorgen** ledig sein

7 das/etw. ist noch einmal/gerade
   noch/... **gutgegangen**

8 jm. einen **Stein** vom Herzen neh-
   men

9 e-r S. den **Stachel** nehmen *geh
   selten*

10 js. einziger **Trost** sein
    js. ganzer **Trost** sein

11 ein toter **Hund** beißt nicht mehr

Ga 8   nicht bewältigen: nicht zurechtkommen mit; nicht vom Fleck kommen mit; jm. über den Kopf wachsen

1 mit jm./etw. (in/bei etw.) nicht/
   schlecht/... **zurechtkommen**
   mit jm./etw. nicht/schlecht/...
   zurandekommen
   mit etw. nicht/schlecht/... zu-
   wege **kommen** *selten*

2 j. kommt (und kommt) nicht zu
   Potte mit etw. *ugs*
   j. kommt (und kommt) nicht zu
   Stuhle mit etw. *ugs selten*

3 nicht/nicht gut/... über die **Run-
   den** kommen (mit etw.) *ugs*
   etw. nicht gut/... über die **Run-
   den** bringen *ugs*

4 in etw. nicht **vorankommen**

5 mit etw. nicht **vorankommen**
   nicht **weiterkommen** (mit jm./
   etw.)

6 nicht von der **Stelle** kommen
   (mit etw.)
   nicht vom **Fleck** kommen (mit
   etw.)
   auf der **Stelle** treten (mit etw.)
   keinen/keinen einzigen **Schritt**
   weiterkommen (in/mit e-r S.)

7 nicht **weiterkönnen** (in etw.)

8 etw. nicht von der **Stelle** bringen
   etw. nicht vom **Fleck** bringen

9 jm. nicht von der **Hand** gehen

10 genau so weit wie **vorher** sein

11 jm. über den **Kopf** wachsen

12 machtlos vor etw. **stehen** *ugs*

13 (und) was **nun**?
    was soll nun **werden**?

Ga 9   ratlos (dastehen)

1 keinen **Rat** (mehr) wissen
   sich nicht zu **raten** und zu helfen
   wissen *path*
   nicht mehr aus noch ein/nicht
   mehr ein noch aus/weder aus
   noch ein/weder ein noch aus **wis-
   sen**
   sich keinen (anderen) **Rat** (mehr)
   wissen als zu ... *form*

2   die/mit den **Achseln** zucken
    bedauernd/. . . die **Schultern**
    hochziehen
    die/mit den **Schultern** zucken

3   dastehen/. . . wie die **Kuh** vorm/
    am Scheunentor *ugs*
    dastehen/. . . wie die **Kuh** vorm/
    am neuen Tor *ugs*
    dastehen/. . . wie der **Ochs** vorm/
    am Berg *vulg*

4   da ist guter **Rat** teuer

5   was tun, sprach/spricht **Zeus** *ugs*

6   kleiner **Mann**, was nun? *iron*

Ga 10 verzweifeln, verzwei-
felt: jn. zur Verzweiflung
bringen; das heulende Elend
kriegen; es ist zum Verrückt-
werden

---

1   jn. zur **Verzweiflung** bringen (mit
    etw.)
    jn. an den **Rand** der Verzweif-
    lung bringen (mit etw.)

2   jn. zur **Verzweiflung** treiben (mit
    etw.)

3   etw. **bringt** jn. (noch) um *path*
    es **bringt** jn. (noch) um, daß . . .
    path

4   in **Verzweiflung** geraten

5   ich/er/Herr Maier/. . . könnte
    mich/sich/. . . **umbringen** (wenn
    ich sehe, daß/wenn er sieht,
    daß/. . .) *ugs*
    ich/er/. . . könnte mir/sich/. . .
    die **Haare** (einzeln) ausraufen
    (wenn . . .) *ugs*
    j. könnte **wahnsinnig** werden (vor
    Schmerz/Angst/. . .) *ugs*

6   sich die **Haare** raufen *path*

7   die **Hände** ringen *path*

8   j. könnte das heulende/(große)
    Elend kriegen *path*
    das heulende/(große) **Elend** krie-
    gen *path*

9   das heulende/(große) **Elend** ha-
    ben *path*

10 an **Gott** und den Menschen ver-
    zweifeln/zweifeln (können)

11 es ist ein (wahres/. . .) **Trauer-
    spiel** (mit jm./etw.)
    es ist ein **Jammer** (mit jm./etw.)
    es ist ein **Elend** (mit jm./etw.)

12 das/es ist zum **Verzweifeln** (mit
    jm./etw.)
    das/es ist zum **Verrücktwerden**
    (mit jm./etw.) *ugs*
    es ist zum **Wahnsinnigwerden**
    (mit jm./etw.) *ugs*

13 das/es ist zum **Davonlaufen** (mit
    jm./etw.) *ugs*
    das/es ist zum **Weinen** (mit jm./
    etw.) *ugs*

14 das/es ist zum **Wimmern** (mit
    jm./etw.) *ugs selten*
    das/es ist zum **Auswachsen** (mit
    jm./etw.) *ugs*

15 das/es ist, um die **Wände** hoch-
    zugehen/raufzuklettern (mit
    jm./etw.) *ugs*
    das/es ist, um an den **Wänden**
    hochzugehen/raufzuklettern
    (mit jm./etw.) *ugs*
    ich/er/der Peter/. . . könnte an
    den **Wänden** hochgehen/rauf-
    klettern (wenn . . .) *ugs*
    das/es ist zum **Beine-Ausreißen**
    (mit jm./etw.) *ugs*
    das/es ist zum **Junge-Hunde-krie-
    gen** (mit jm./etw.) *ugs*
    das/es ist zum **Kinderkriegen**
    (mit jm./etw.) *ugs*
    das/es ist, um die **Schwerenot** zu
    kriegen (mit jm./etw.) *(veraltend)*
    ugs
    das/es ist, um die **Krätze** zu krie-
    gen (mit jm./etw.) *ugs*
    das/es ist zum **Mäusemelken**
    (mit jm./etw.) *ugs*
    das/es ist zum **Bebaumölen** (mit
    jm./etw.) *ugs*
    das/es ist, um auf die **Bäume** zu
    klettern (mit jm./etw.) *ugs*
    das/es ist, um auf die **Akazien** zu
    klettern (mit jm./etw.) *ugs*
    das/es ist, um mit dem **Knüppel**
    dreinzuschlagen (mit jm./etw.)
    ugs
    man sollte/könnte/müßte mit
    dem **Knüppel** dreinschlagen *ugs*

16 wenn ich sehe/der Meier
    sieht/. . ., was/wie/. . ., könnte
    ich/er/. . . die **Krätze** kriegen *ugs*
    dabei/bei etw. kann man (ja) ei-
    nen **Rappel** kriegen *ugs selten*

17 jetzt/nun/da brat'/(brate) mir
    (doch/aber) einer 'nen/(einen)
    Storch! *ugs*

18 da soll doch (gleich) das (heilige)
    Donnerwetter dreinfahren/
    dreinschlagen! *selten*

19 potz **Blitz**! *(veraltend) ugs*
    Donner und Doria! *(veraltend)*
    zum **Donnerwetter** (nochmal)!
    ugs

20 alles **Kacke**, deine Elli/Emma
    vulg
    alles **Scheiße**, deine Elli/Emma
    vulg

21 nobel/vornehm geht die **Welt** zu-
    grunde! *iron*

Ga 11 bitten und betteln: jn.
beknien, jm. die Bude ein-
rennen

---

1   **bitten** und betteln

2   jm. mit etw. in den **Ohren** liegen
    ugs

3   jm. nicht von der **Pelle** gehen/
    rücken *ugs*
    jm. mit etw. auf der **Seele** knien
    ugs
    jm. mit etw. auf der **Pelle** liegen/
    hängen/(sitzen) *ugs*

4   jm. auf den **Leib** rücken *ugs*
    jm. auf die **Pelle** rücken *ugs*
    jm. auf den **Pelz** rücken *ugs*

5   jm. die **Hölle** heiß machen (mit
    etw.)

6   jn. schwach **machen** (mit etw.)
    ugs

7   jm. jn. auf den **Hals** schicken *ugs*
    jm. jn. auf den **Hals** hetzen *ugs*

8   jm. das **Haus** einrennen/einlau-
    fen (mit etw.) *ugs*
    jm. die **Bude** einrennen/einlau-
    fen (mit etw.) *ugs*
    jm. die **Tür** einrennen/einlaufen
    (mit etw.) *ugs*
    jm. **Tür** und Tor einrennen (mit
    etw.) *path selten*

9   an alle/wer weiß wie viele/. . .
    Türen klopfen

10 jn./etw./js. Zeit/. . . in **Anspruch**
    nehmen

Ga 12 Hilfe: Hilfestellung;
Gefallen, Hilfeleistung;
Beitrag; Hilfe in der Not;
Einsatz; Rat. – jn. am Arm
führen; jm. einen Gefallen
tun; Hilfe leisten; jm. zur
Hand sein; sein Teil beitra-
gen; jm. Gutes tun; jn. aus
der Klemme ziehen; jn. aus
der Gosse ziehen; js. Engel
in der Not sein; Leid und

Freud mit jm. teilen; jm. die
Stange halten; sich für jn. ins
Zeug legen; jm. einen Rat ge-
ben; jm. eine Brücke bauen;
Rat suchen

1 einem Kind/... die **Hand** führen
   (beim Schreiben/...)

2 ein Kind/einen Kranken/... an
   der **Hand** führen

3 jn. am **Arm** führen

4 jn. bei der **Hand** nehmen

5 **Hilfestellung** leisten
   Hilfestellung machen *form*
   Hilfe stehen *selten*

6 erste **Hilfe** leisten

7 sich nützlich **machen**

8 jm. einen **Gefallen** tun

9 jm. zu **Gefallen** sein *form selten*
   jm. zu **Diensten** sein/stehen *form*
   an allen/wer weiß wie vielen/...
   Türen anklopfen

10 mit der **Büchse** herumgehen/
    klappern *(Kirche usw.) ugs*
    »immer zu **Diensten**!« *form*
    mit dem **Klingelbeutel** herumge-
    hen *(Kirche usw.) ugs*

11 jm. etw. zu **Gefallen** tun

12 **Hilfe** leisten
    jm. unter die **Arme** greifen

13 jm. eine hilfreiche **Hand** bieten
    geh
    jm. eine helfende/hilfreiche
    Hand leihen *geh selten*
    jm. seinen **Arm** leihen *selten*

14 jm. zur **Seite** stehen

15 jm. (ein wenig/...) zur **Hand** ge-
    hen
    jm. (ein wenig/...) an die **Hand**
    gehen

16 jm. zur **Hand** sein

17 (mit) **Hand** anlegen (bei etw.)

18 so manchen **Handgriff** tun (für
    jn.)

19 j. will/wird/... sehen/zusehen/
    schauen/..., was er **tun** kann
    j. will/wird/... sehen/zusehen/
    schauen/..., was sich **tun** läßt

20 sein/seinen **Teil** beitragen/bei-
    steuern
    das Seine **tun**
    das Seinige **tun**

21 ein kleines/sein/... **Scherflein**
    beisteuern
    mit einem (kleinen/...) **Scherf-
    lein** beitragen

22 seinen **Obulus** beisteuern (zu/
    für etw.) *(oft iron.)*

23 jm. eine **Wohltat** erweisen

24 jm. **Gutes** tun

25 **Samariterdienste** leisten (für jn.)
    geh

26 jm. etw. zuteil **werden** lassen
    form

27 jm. Geld/... in die **Hand** drük-
    ken *ugs*
    jm. etw. in die **Hand** geben

28 jm. über den **Berg** helfen *ugs*

29 jn. über **Wasser** halten *ugs*

30 jm. aus der/einer **Verlegenheit**
    helfen
    jm. aus der **Klemme** helfen *ugs*
    jn. aus der **Klemme** ziehen *ugs*
    jm. aus der **Patsche** helfen *ugs*
    jn. aus der **Patsche** ziehen *ugs*

31 die **Kastanien** aus dem Feuer ho-
    len (für jn.) *ugs*
    die **Kohlen** aus dem Feuer holen
    (für jn.) *ugs selten*

32 (jm.) die **Karre** (wieder) aus dem
    Dreck ziehen *ugs*
    (jm.) den **Karren** (wieder) aus
    dem Dreck ziehen *ugs*

33 jm. wieder auf die **Beine** helfen
    jm. wieder auf die **Füße** helfen

34 jm. einen **Halt** verschaffen

35 jm. wieder (etwas) **Luft** verschaf-
    fen

36 jn. von der **Straße** auflesen
    jn. aus der **Gosse** auflesen *ugs*
    path
    jn. aus der **Gosse** ziehen *ugs path*
    jn. aus dem **Rinnstein** auflesen
    ugs path

37 einen **Rettungsanker** auswerfen
    path

38 js. rettender **Engel** sein
    der rettende **Engel** sein
    als js. rettender/als der rettende
    Engel erscheinen

der/js. **Retter** in der Not sein
als js. **Retter** in der Not erschei-
nen

39 jn. aus einer **Todesgefahr** erret-
    ten/...

40 jm. in **Freud** und Leid zur Seite
    stehen
    jm. in **Leid** und Freud zur Seite
    stehen *selten*
    jm. in guten und (in) bösen **Ta-
    gen** zur Seite stehen/... *path*

41 in **Freud** und Leid zusammenste-
    hen/zusammenhalten
    in **Leid** und Freud zusammenste-
    hen/zusammenhalten *selten*
    in guten und in bösen **Tagen** zu-
    sammenhalten/zusammenste-
    hen/... *path*
    in **Not** und Tod zusammenste-
    hen/zusammenhalten *path*

42 durch **Dreck** und Speck mit jm.
    gehen *ugs*

43 **Freud** und Leid mit jm./mitein-
    ander teilen
    Leid und Freud mit jm./mitein-
    ander teilen *selten*

44 manche schwere **Stunde** mit jm.
    durchmachen/...

45 hinter jm./etw. **stehen**

46 an js. **Seite** stehen

47 nicht von js. **Seite** gehen
    nicht von js. **Seite** weichen

48 bei der **Stange** bleiben
    bei der **Fahne** bleiben *selten*

49 jm. die **Stange** halten

50 jn. auf seiner **Seite** haben
    eine **Stütze** an jm. haben
    (einen) **Halt** an jm. haben

51 (einen) **Halt** finden (an/bei jm.)

52 eine **Lanze** für jn. brechen

53 sich (ordentlich/anständig/...)
    ins **Zeug** legen (für jn./etw.)

54 sich für jn. in die **Schanze(n)**
    schlagen *path*
    sich für jn. in die **Bresche** werfen
    path
    für jn. in die **Schranken** treten
    path selten

55 vorstellig **werden** bei jm. (um ...)
    form

56 ein gutes **Wort** für jn. einlegen
    (bei jm.)

57 **Fürsprache** einlegen für jn. (bei jm.) *(Kirchensprache)*
   Fürbitte einlegen für jn. (bei jm.) *(Kirchensprache)*

58 gut' **Wetter** (für jn./etw.) machen (wollen) (bei jm./in .../...) *ugs*

59 jm. mit **Rat** und Tat zur Seite stehen/beistehen

60 jm. einen **Rat** geben
   ich kann/wir können dir/euch/... nur den (einen) **Rat** geben:

61 laß dir/laßt euch/... **raten** und ...

62 jm. einen **Tip** geben *ugs*
   jm. einen **Wink** geben

63 jm. goldene **Worte** mit auf den Weg geben

64 jm. auf die **Sprünge** helfen

65 jn. mit der **Nase** auf etw. stoßen *ugs*

66 jm. eine **Brücke** bauen
   jm. eine goldene **Brücke** bauen
   jm. goldene **Brücken** bauen
   jm. eine **Eselsbrücke** bauen

67 bei jm. **Rat** suchen

68 jn. um **Rat** fragen

69 sich bei jm. (einen) **Rat** holen

70 **Rücksprache** nehmen mit jm. *form*

71 **Halt** suchen (in/bei jm.)

72 seine **Zuflucht** nehmen zu etw.

73 sich etw. zu **Herzen** nehmen *(Ratschläge)*

74 auf fruchtbaren **Boden** fallen *(Ratschläge)*

75 jm. etw. **schuldig** sein

76 (tief) in js. **Schuld** sein *path*
   (tief) in js. **Schuld** stehen *path*

77 sei/seid/... so **gut** und ...!
   bist du/seid ihr/... so **gut** und ...?
   sei/seid/... so **lieb** und ...!
   würdest du/würdet ihr/... so **lieb** sein und ...?

78 kann ich etwas für Sie/dich/euch **tun**?

79 (in) entgegenkommender **Weise** etw. tun

80 **eins** will ich ja/willst du ja/will er ja/... gern tun/machen

81 **kommt** mir/ihm/dem Peter/... (aber) (nachher/dann/...) nicht mit etw./damit, daß/und sagt/... *ugs*

82 mit js. **Hilfe**
   mit **Hilfe** e-r S./von jm./von etw.
   unter **Zuhilfenahme** (von) e-r S. *form*
   an **Hand** von etw./der Unterlagen/Zeitungen/...

83 mit fremder **Hilfe** etw. erreichen/...

84 dienstbare **Geister** *iron*

85 ein **Engel** in Menschengestalt sein *path*

86 wenn **Not** am Mann ist, dann/...

87 das ist/... **Hilfe** in der Not

88 in höchster **Todesnot** jn. um Hilfe rufen/...

89 nach **Rücksprache** mit jm. *form*

90 (ganz/völlig/...) auf sich/sich selbst/sich selber **gestellt** sein
   (ganz/völlig/...) sich selbst/selber **überlassen** sein

91 **angewiesen** sein auf jn./etw.

92 um **Hilfe** rufen
   Hilfe rufen/schreien/brüllen/...

93 jn. zu/(zur) **Hilfe** rufen

Ga 13 jm. dankbar sein; Dankesformeln

1 jm. viel/eine Hilfe/eine Stelle/... zu **verdanken** haben

2 jm. **Dank** wissen für etw. *form*

3 jm. sehr **verbunden** sein

4 jm. zu (großem) **Dank** verpflichtet sein *form*
   sich jm. zu (großem) **Dank** verpflichtet fühlen *form*

5 jm. etw. nie **vergessen**

6 sich jm. erkenntlich **zeigen**

7 jm. auf **Knien** danken (für etw.) *path*

8 dem lieben **Gott** danken/dankbar sein (müssen/sollen/können) für etw. *ugs*

9 es ist ein (wahrer) **Segen**, daß ...
   es ist ein **Segen** Gottes, daß ... *path*

10 **Gott** sei Dank!
   Gott sei gelobt! *selten*
   Gott sei gelobt, gepriesen und gebaßgeigt! *ugs iron*
   Gott sei's getrommelt und gepfiffen! *ugs iron*
   dem **Himmel** sei's getrommelt und gepfiffen! *ugs iron*

11 tausend **Dank**
   vergelt's **Gott**! *(süddt.)*
   vergelt's dir/euch/... **Gott**! *(süddt.)*

12 (na) ich **danke**! *iron*

13 nichts zu **danken**!

14 keine **Ursache**!

15 einem geschenkten **Gaul** guckt/(schaut) man nicht ins Maul/(einem geschenkten Barsch guckt/(schaut) man nicht in/(hinter) die Kiemen *ugs*

16 der **Mohr** hat seine Schuldigkeit getan, der Mohr kann gehen

17 vielen **Dank**/danke für die **Blumen**! *ugs*
   (ich) danke für **Obst** und Südfrüchte! *ugs*

Gb 1 Gefahr, gefährlich: seines Lebens nicht mehr sicher sein (können); es knistert im Gebälk, Ruhe vor dem Sturm; etw. kann ins Auge gehen

1 jn./etw. in **Gefahr** bringen

2 sich einer **Gefahr** aussetzen *form*

3 in **Gefahr** sein

4 in **Todesgefahr** schweben/sein

5 seines **Lebens** nicht (mehr) sicher sein können

6   (ständig/...) das **Schwert** des Damokles über sich haben/fühlen/... *geh selten*
(ständig/...) ein/das **Damoklesschwert** über sich haben/fühlen/... *geh*
das **Schwert** des Damokles schwebt über jm. *geh selten*

7   es ballen sich drohende **Wolken** über jm./einem Land/... zusammen *path*
von einer (dunklen) **Wolke** überschattet werden *path*

8   von einer (dunklen) **Wetterwolke** überschattet werden *path*

9   es knistert im **Gebälk**

10   die **Zeitbombe** tickt

11   etw. ist ein (regelrechter/...) **Tanz** auf dem Vulkan *path*

12   hier/da/in/... (wie) auf einem **Pulverfaß** sitzen

13   auf einem **Vulkan** leben *path*
auf einem **Vulkan** tanzen *path*

14   **Ruhe** vor dem Sturm

15   der **Funke** sein, der das Pulverfaß zum Explodieren bringt

16   die **Lunte** ans Pulverfaß legen

17   dem **Tod** ins Auge gesehen haben

18   ein heißes **Eisen** sein
ein heißes **Eisen** anpacken/anfassen

19   etw. kann ins **Auge** gehen
etw. hätte ins **Auge** gehen können
etw. wäre fast/beinahe ins **Auge** gegangen

20   wer weiß/..., was mir/deinem Onkel/... noch alles **blüht**! *ugs*

21   in **Gefahr** sein, zu ...
Gefahr laufen, zu ...

22   auf die **Gefahr** hin, daß ...

23   Paris/Brasilien/der Libanon/... ist ein gefährliches **Pflaster** *ugs*

Gb 2   aufpassen, sich in acht nehmen:

1   die **Augen** aufmachen/(auftun)
die **Augen** offenhalten

2   aufpassen wie ein **Luchs**
aufpassen wie ein **Schießhund** *ugs*

3   **Obacht** geben *geh*

4   sich vor jm./etw. in **acht** nehmen
vor jm./etw. auf der/seiner **Hut** sein
(immer/...) auf der/seiner **Hut** sein (müssen)
(immer/...) auf dem **Quivive** sein (müssen) *ugs*

5   mit offenen **Augen** durch die Welt gehen

6   **Augen** auf!
aufgepaßt!

7   **Holzauge**, sei wachsam! *ugs*
Glasauge, sei wachsam! *ugs selten*
Schlitzauge, sei wachsam! *ugs selten*

8   **Schmiere** stehen bei einem Verbrechen/Streich/...

Gb 3   vorsichtig; sicher ist sicher

1   es **steht** zu hoffen/befürchten, daß ... *form*

2   leise **auftreten** *ugs*

3   **Vorsicht** walten lassen in/bei/...

4   **Vorsichtsmaßregeln** treffen

5   (lieber) auf **Nummer** sicher gehen *ugs*

6   **Vorsicht** ist besser als Nachsicht! *ugs*
Vorsicht ist die Mutter der Porzellankiste! *ugs*
sicher ist sicher!

7   für alle **Fälle**!

8   besser **nicht**!
lieber **nicht**!

9   lieber einen/den **Spatz(en)** in der Hand als eine/die Taube auf dem Dach
lieber einen/den **Sperling** in der Hand als eine/die Taube auf dem Dach

10   (Vorsicht) bissiger **Hund**!

11   der **Hund** ist auf den Mann dressiert *form*

Gb 4   Leichtsinn, Risiko, leichte Ader: es drauf ankommen lassen; Kopf und Kragen riskieren; aufs Ganze gehen; seine Trümpfe ausspielen; eine leichte Ader haben; etw. leichtnehmen

1   es drauf/darauf/auf etw. **ankommen** lassen

2   alle Sorgen/alle Vorsicht/... über **Bord** werfen

3   in seinem jugendlichen **Leichtsinn** etw. tun *ugs*

4   hoch **spielen**
ein gewagtes/riskantes/gefährliches/(...) **Spiel** spielen

5   vabanque **spielen** *geh*

6   mit dem **Feuer** spielen

7   sich (unbedacht/...) in **Gefahr** stürzen

8   in die **Höhle** des Löwen geraten

9   sich in die **Höhle** des Löwen wagen/begeben/...

10   **Kopf** und Kragen riskieren *ugs*
der/die/der Heinz/... bringt sich noch/... um **Kopf** und Kragen *ugs*
etw. bringt sie/den Heinz/... noch/... um **Kopf** und Kragen *ugs*
seinen **Kopf** riskieren *ugs*
den **Hals** riskieren *ugs selten*
mit seinem/dem **Leben** spielen
sein **Leben** für jn./etw. in die Schanze schlagen *path*
sein **Leben** für jn./etw. riskieren
sein **Leben** für jn./etw. aufs Spiel setzen
sein **Leben** für jn./etw. wagen
seine **Haut** für jn./etw. riskieren *ugs*
Leib und Leben wagen/riskieren (für jn./etw.) *path*
mit dem **Tode** spielen

11   seine **Haut** zu Markte tragen (für jn./etw.)

12   wenn j. etw. tut, dann kann er sich gleich/sofort einen **Kranz** schicken lassen *ugs*

13   aufs **Ganze** gehen
alles auf eine **Karte** setzen

alles aufs **Spiel** setzen
auf alles oder nichts **setzen**
alles auf einen **Wurf** setzen *ugs selten*
alles auf ein **Pferd** setzen *ugs selten*

14   **alles** oder nichts

15   einen/den/seinen **Trumpf** ausspielen
den/seinen höchsten/. . . **Trumpf** ausspielen
seine/alle **Trümpfe** (auch/. . .) ausspielen

16   die besten/. . . **Trümpfe** (sofort zu Beginn/. . .) aus der Hand geben

17   auf die richtige **Karte** setzen *ugs*
auf das/aufs richtige **Pferd** setzen *selten*

18   (noch/. . .) einen (verborgenen/. . .) **Trumpf** haben
(noch/. . .) einen (verborgenen/. . .) **Trumpf** in der Hand haben/halten

19   etw. (noch) in der **Hinterhand** haben
etw. (noch) in **petto** haben *ugs*

20   in der **Hinterhand** sein

21   den/seinen letzten **Trumpf** ausspielen
die/seine letzte **Karte** ausspielen *ugs*
das/sein letztes **Pulver** verschießen *ugs*

22   sein/das/das ganze/sein ganzes/ all sein **Pulver** schon verschossen haben *ugs*

23   jm. einen/den **Trumpf** aus der Hand winden
jm. die **Trümpfe** aus der Hand winden
jm. die (besten/. . .) **Trümpfe** aus der Hand nehmen

24   den **Kopf** in die Schlinge stecken *ugs*

25   schlafende **Hunde** wecken

26   etw./alles/das Leben (sehr) leicht **nehmen**
etw./alles/das Leben von der leichten **Seite** nehmen

27   eine leichte **Ader** haben

28   einen **Schuß** Leichtsinn/. . . im Blut haben

29   ein **Bruder** Leichtfuß sein *ugs*
ein **Luftikus** sein *ugs*

30   ein leichtsinniges **Huhn** sein *(Frau) ugs*

31   (so) in den **Tag** hineinleben

32   leichten **Sinnes** etw. tun

33   im jugendlichen/in seinem jugendlichen **Überschwang** etw. tun *ugs*

34   etw. **leichtnehmen**

35   sich darüber/deswegen/über/ wegen etw. keine grauen **Haare** wachsen lassen
laß dir/laßt euch/. . . darüber keine grauen **Haare** wachsen!

36   etw. (zu) tun ist ein **Spiel** mit dem Feuer

37   das/ein **Spiel** des Schicksals
es geht (für jn./bei jm.) um **Kopf** und Kragen (bei etw.) *ugs*

38   es geht jm. an den **Kragen** *ugs*

39   schließlich/. . . kommst du/ kommt der Peter/. . . noch mit dem **Kopf** unterm Arm nach Hause *ugs*

40   es geht um js. **Kopf**

Gb 5   Mut: Mumm in den Knochen haben; sein Herz in beide Hände nehmen

1   **Mark** in den Knochen haben
Mumm (in den Knochen) haben *ugs*

2   einen **Löwenmut** haben *path*
Mut haben wie ein Löwe *path*

3   weder **Tod** noch Teufel fürchten *path*

4   etw. ertragen/sich benehmen/. . . wie ein **Mann**

5   sich wacker **schlagen** (du hast dich . . .) *ugs*

6   kämpfen wie ein **Löwe** *path*

7   nicht **wanken** und nicht weichen *path*

8   **Manns** genug sein, (um) etw. zu tun *path*
sich **Manns** genug fühlen, (um) etw. zu tun *path*

9   sich ein **Herz** fassen
seinem **Herz(en)** einen Stoß geben
sein **Herz** in beide Hände neh-

men
sein **Herz** in die Hand nehmen

10   den entscheidenden **Schritt** wagen/riskieren/. . .

11   einen **Vorstoß** machen

12   ein heißes **Eisen** anpacken/anfassen

13   ein/das **Risiko** auf sich nehmen (etw. zu tun)

14   sich auf ein/das **Risiko** einlassen

15   auf eigenes **Risiko** handeln/etw. tun

16   die **Feuerprobe** bestehen
die **Feuertaufe** bestehen

17   die **Feuertaufe** erhalten

18   ein **Ritter** ohne Furcht und Tadel sein *geh*

19   etw. mit **Todesverachtung** tun *(oft iron.)*

20   bange machen **gilt** nicht! *ugs*

21   nur **Mut**!

22   einen Löwen/. . . im **Wappen** führen *selten*

23   wer **wagt**, (der) gewinnt!

Gb 6   Angst: keinen Mumm (in den Knochen) haben; jm. wird angst und bange; die Knie schlottern, das Herz pocht jm.

1   keinen **Mumm** (in den Knochen) haben *ugs*
kein **Mark** in den Knochen haben

2   keine (rechte) **Traute** haben *ugs*

3   ängstlich/furchtsam wie ein **Hase** sein *ugs*
ein **Hasenherz** haben *ugs*

4   ein (alter/richtiger/. . .) **Waschlappen** sein *ugs*
ein feiger **Hund** sein *vulg*

5   jm. den **Schneid** abkaufen
jm. den **Mut** abkaufen

6   sich vor seinem eigenen **Schatten** fürchten

7   den **Mut** verlieren
den **Mut** sinken lassen
die **Ohren** hängen lassen

8 es mit der **Angst** zu tun bekommen

9 jm. wird **angst** und bange (bei etw./wenn/...)

10 jm. ist bang ums **Herz** *path*

11 jm. fällt das **Herz** in die Hose/(Hosen) *vulg*
jm. rutscht das **Herz** in die Hose/(Hosen) *vulg*

12 kalte **Füße** kriegen *ugs*
plötzlich/... kalte **Füße** haben *ugs*

13 **Manschetten** vor jm./etw. haben *ugs*

14 **Muffe** haben *ugs selten*

15 die **Furcht** sitzt jm. im Nacken

16 **Schiß** vor jm./etw. haben *vulg*
Schiß in der Hose/in der Buchse haben *vulg*

17 jm. geht der **Arsch**/(Hintern/Hinterste) mit Grundeis *vulg*

18 umkommen vor **Angst**
tausend **Ängste** ausstehen *path*
Todesängste ausstehen *path*
vielleicht/... eine **Todesangst** ausstehen

19 j. macht (sich) noch in die **Hose** (vor Angst/...) *vulg*
mach' dir/macht euch/... (nur/bloß/doch) nicht in die **Hose**! *vulg*
j. scheißt (sich) (noch) in die **Hose** (vor Angst/...) *vulg*
scheiß' dir/scheißt euch/... (nur/bloß/doch) nicht in die **Hose**! *vulg*
j. macht/scheißt sich noch die **Hose** voll (vor Angst/...) *vulg*

20 die **Hose(n)** gestrichen voll haben *vulg*

21 (einfach) nicht das **Herz** haben, etw. zu tun
es nicht übers **Herz** bringen (können), etw. zu tun

22 vor einem entscheidenden **Schritt** zurückscheuen/zurückweichen

23 den entscheidenden **Schritt** nicht wagen/riskieren/...

24 wenn etw./es/das (nur/bloß/man) **gutgeht**!

25 **Hannemann**, geh' du voran! *ugs*

26 mit vielem **Ach** und Weh etw. tun *path*
unter **Heulen** und Zähneklappern etw. (schließlich doch/...) tun *path*

27 jm. **Angst** machen
jm. **angst** und bange machen

28 jn. in **Schrecken** setzen

29 jn. in **Furcht** und Schrecken setzen *path*

30 **zittern** und beben (vor Angst/...) *path*
zittern wie **Espenlaub** *geh*
an allen **Gliedern** zittern
am ganzen **Leib** zittern

31 **zittern** und zagen *path*
mit **Zittern** und Zagen einer Prüfung entgegensehen/... *path*

32 **Herzklopfen** haben
jm. schlägt/pocht das **Herz** bis zum Hals(e)

33 die **Knie** schlottern jm. *ugs*
die **Knie** werden jm. weich

34 mit den **Zähnen** klappern

35 eine **Gänsehaut** kriegen

36 (wie) in **Schweiß** gebadet sein
der **Schweiß** steht jm. wie Perlen auf der Stirn *path*
jm. stehen **Schweißperlen** auf der Stirn
jm. tritt der (kalte) **Schweiß** auf die Stirn
sich den **Schweiß** von der Stirn wischen

37 **Blut** schwitzen *path*
Blut und Wasser schwitzen *path*

38 es läuft jm./jm. läuft ein **Schauer** den Rücken herunter/hinunter
es läuft jm. ein **Schauder** über den Rücken *selten*
es läuft jm. ein **Schauder** über die Haut *selten*
es läuft jm. eiskalt den **Buckel** herunter/hinunter

39 **Lampenfieber** haben

40 wie ein **Huhn** hin- und herlaufen/... *ugs*

41 (ein) gebranntes **Kind** scheut das Feuer *ugs*

42 wie ein gehetztes **Reh** wirken

43 höllischen **Respekt** vor jm./etw. haben *ugs*

44 etw. fürchten wie der **Teufel** das Weihwasser

45 wasch' mir den **Pelz** und/aber mach' mich nicht naß *ugs*

46 **Furcht** und Schrecken

47 die **Ratten** verlassen das sinkende Schiff

Gb 7 Formeln der Ermutigung: jm. den Nacken steifen; nur Mut!; davon geht doch die Welt nicht unter; der wird dir doch nicht gleich den Kopf abreißen; das wird sich schon wieder geben

1 jm. **Mut** machen

2 jm. den **Nacken** steifen *ugs*
jm. das **Rückgrat** stärken/steifen *ugs*
jm. den **Rücken** stärken/steifen *ugs*

3 jm. den/(die) **Daumen** drücken/halten
jm. beide/alle verfügbaren **Daumen** drücken/halten *ugs*

4 (wieder/...) (frischen/neuen) **Mut** fassen
(wieder/...) (frischen/neuen) **Mut** schöpfen *geh*
(wieder/...) (neue) **Hoffnung** schöpfen *geh*

5 nur **Mut**!

6 **Kopf** hoch!
halt'/haltet/... die **Ohren** steif! *ugs*
immer schön **senkrecht** (bleiben)! *ugs*

7 nur keine **Bange** (nicht)! *ugs*
sei kein **Frosch**! *ugs*

8 nur keine falsche **Scham**! *ugs*

9 nur **Mut** (es/die Sache wird schon schiefgehen)!
nur **zu**!
nur **immer** zu!

10 etw. **geht** schon/... gut
etw. wird schon/... gut **gehen**

11 da/hier/dabei/bei etw./... hilft kein **Jammern** und kein Klagen *path*
da/hier/dabei/bei etw./... hilft kein **Singen** und kein Beten *iron*

12 es wird nicht/nichts so heiß **gegessen**, wie es gekocht wird *ugs*

13 das ist (doch) kein **Beinbruch**! *ugs*

14 davon/daran **stirbt** man/stirbst du/... nicht gleich/sofort *ugs*

davon/daran ist noch niemand/
keiner **gestorben** *ugs*
davon/von etw./... stürzt (doch)
die **Welt** nicht ein *ugs*
davon/von etw. bricht/stürzt/
fällt die **Welt** (doch) nicht zusam-
men *ugs*
davon/von etw. geht die **Welt**
(doch) nicht unter! *ugs*

15 der/die/der Peter/... wird dir/
ihm/dem Emil/... schon nicht/
nicht gleich den **Kopf** abreißen!
ugs
er/die/der Peter/... wird dich/
ihn/den Emil/... schon nicht/
nicht gleich **auffressen** *ugs*
j. wird dich/ihn/... (doch/
schon) nicht (gleich) **fressen**! *ugs*

16 das/die Dummheit/... wird
dich/ihn/den Peter/... schon
nicht/nicht gleich/... den **Kopf**
kosten *ugs*
das/die Dummheit/... wird
dich/... schon nicht/nicht gleich
den **Hals** kosten *ugs*

17 das/es wäre (doch/ja) **gelacht**,
wenn j. etw. nicht schaffen wür-
de/könnte/wenn j. etw. nicht
schaffte/... *ugs*

18 das/etw. wird schon wieder/
schon/... in **Ordnung** kommen/
(gehen)
das/etw. wird sich schon wie-
der/... **geben**
das/etw. **gibt** sich (schon) wieder

19 das/es wird schon (wieder) **wer-
den**! *ugs*
das/es **wird** schon wieder! *ugs*

20 bange machen **gilt** nicht! *ugs*

21 ein toter **Hund** beißt nicht mehr

Gc 1 herausfordern

1 die **Muskeln** spielen lassen *ugs*

2 jn. in die **Schranken** fordern *geh*
jn. vor die **Klinge** fordern *geh sel-
ten*

3 jm. den **Handschuh** hinwerfen/
vor die Füße werfen/ins Gesicht
schleudern *geh*
jm. den **Fehdehandschuh** hinwer-
fen/vor die Füße werfen/ins Ge-
sicht schleudern *geh*

4 ich/j. möchte doch (mal) **sehen**,
ob j. es wagt, zu.../... *ugs*
das/den/die möchte ich/möch-

ten wir (doch) mal **sehen** *ugs*
den/die möchte ich/möchten wir
(doch) mal **sehen**, der/die es
wagt/... *ugs*

5 (wir) wollen doch mal **sehen**, wer
hier zu bestimmen/sagen/...
hat! *ugs*

6 laß/laßt/... ihn/den Peter/...
nur **kommen**! *ugs*
der/die/... soll/sollen nur **kom-
men** *ugs*

Gc 2 attackieren, attackiert
werden: Minen legen gegen;
jm. hart zusetzen; in der
Schußlinie stehen

1 jm. ans **Leder** wollen *ugs*

2 eine **Mine**/Minen legen (gegen
jn./etw.)

3 ein **Kesseltreiben** gegen jn. ver-
anstalten

4 gegen jn./etw. vom **Leder** ziehen
ugs

5 über jn./etw. **herziehen**

6 gegen jn./etw. **losziehen** *ugs*

7 mit geballter **Kraft** auf jn. losge-
hen/... *path*
wie ein **Stier** auf jn. losgehen
path selten

8 eine **Attacke** gegen jn./etw. rei-
ten *(oft iron.)*

9 jn./etw. unter **Beschuß** nehmen
(oft iron.)

10 jm. einen **Schuß** vor den Bug ge-
ben/knallen/(setzen)
jm. eins/einen vor den **Bug** knal-
len *ugs*
eine **Breitseite** auf jn. abgeben
path
einige/... **Breitseiten** auf jn.
abgeben *path*
Breitseite auf Breitseite auf jn.
abgeben *path*

11 jm. hart **zusetzen**

12 zum entscheidenden/zu einem
vernichtenden/zu einem gewalti-
gen/... **Schlag** ausholen

13 es ist etwas/einiges/... gegen jn.
im **Gange**

14 jn. auf die **Abschußliste** setzen
ugs

15 (bei jm.) auf der **Abschußliste** ste-
hen *ugs*

16 in die **Schußlinie** geraten/kom-
men

17 in der **Schußlinie** stehen

18 es geht ein **Kesseltreiben** gegen
jn. los

19 unter **Beschuß** stehen *(oft iron.)*

20 eine **Breitseite** abkriegen *path*

21 den ersten **Stein** auf jn. werfen
geh

22 jn. mit faulen **Eiern** bewerfen/
beschmeißen *ugs*
jn. mit faulen **Äpfeln** bewerfen/
(beschmeißen) *ugs*

23 die **Meute** auf jn. hetzen *ugs*

24 jn. an die **Kehle** springen (wol-
len) *ugs*

25 ein **Schuß** von hinten sein *ugs*

Gc 3 Auseinandersetzung,
Streit: es mit jm. zu tun krie-
gen; Streit stiften; sich in den
Haaren liegen (mit); einen
Strauß mit jm. ausfechten;
mit harten Bandagen kämp-
fen; ein Kampf bis aufs Mes-
ser; etw. im Guten, Bösen re-
geln

1 die **Atmosphäre** ist mit Spannung
geladen *path*
hier/dort/bei/in/... ist/herrscht
dicke **Luft** *ugs*

2 wenn, dann/... hat er/sie/Pe-
ter/... es mit mir/Walter/... zu
tun *ugs*
es mit jm. zu **tun** kriegen *ugs*
wenn..., dann/... kriegt es j.
mit jm. zu **tun** *ugs*
es mit jm. zu **schaffen** kriegen
ugs selten

3 wenn..., dann/... gibt's **Mord**
und Totschlag *ugs*

4 eine Meinungsverschieden-
heit/... zum **Austrag** bringen
form

5 der **Apfel** der Zwietracht sein *geh*
das/etw. ist ein (ewiger/...)
Zankapfel zwischen...

6 böses **Blut** machen

7 **Zwietracht** säen/stiften (unter
   den Leuten/. . .) *geh*
   Unfrieden stiften (unter den Leu-
   ten/. . .)
   Streit stiften (unter den Leu-
   ten/. . .)

8 es gibt/herrscht/. . . **Zank** und
   Streit

9 es gibt **Stunk** *ugs*

10 das/etw. wird noch einen **Tanz**
   geben/ein Tanz werden *ugs*
   jetzt/. . . geht der **Tanz** los *ugs*

11 **Streit** suchen
   Händel suchen *selten*

12 einen **Streit** anzetteln *ugs*
   einen **Streit** anfangen *ugs*
   einen **Streit** vom Zaun(e) bre-
   chen

13 die **Streitaxt** ausgraben *path iron*
   das **Kriegsbeil** ausgraben *path
   iron*

14 den **Fehdehandschuh** aufneh-
   men/aufheben *geh*
   den **Handschuh** aufnehmen/auf-
   heben *geh*

15 mit jm. in **Streit** geraten (wegen/
   über etw.)
   (mit jm.) **aneinandergeraten** (we-
   gen/über etw.)

16 einen **Zusammenstoß** mit jm. ha-
   ben

17 sich in die **Wolle** kriegen *ugs*
   sich/(einander) in die **Haare**
   kriegen *ugs*

18 mit jm. im **Streit** liegen
   sich mit jm. in der **Wolle** haben
   (wegen etw.) *ugs*
   sich mit jm. in den **Haaren** liegen
   (wegen etw.) *ugs*

19 einen **Tanz** mit jm. haben *ugs*
   ein **Tänzchen** mit jm. haben *ugs*

20 sich in der **Wolle** haben *ugs*

21 sich in den **Haaren** liegen (wegen
   etw.) *ugs*

22 sich zanken/streiten/schlagen/
   hauen/. . . wie die **Kesselflicker**
   ugs

23 noch einen **Strauß** mit jm. aus-
   zufechten haben *geh*

24 einen **Strauß** mit jm. ausfechten
   geh

25 mit jm. in die **Schranken** treten
   path selten

26 den **Kampf** mit jm. aufnehmen
   einen **Gang** mit jm. wagen (kön-
   nen) *selten*

27 seine/die **Kräfte** mit jm. messen

28 die **Klingen** mit jm. kreuzen

29 eine gute **Klinge** führen/(schla-
   gen) *selten*
   eine scharfe **Klinge** führen/
   (schlagen) *selten*

30 kein **Pardon** geben

31 mit harten **Bandagen** kämpfen

32 jn. bis aufs **Messer** bekämpfen
   jn. bis aufs **Blut** bekämpfen *path*

33 sich bis aufs **Messer** bekämpfen

34 wie zwei **Hähne** aufeinander los-
   gehen *ugs*

35 sich blutige **Köpfe** holen *ugs*

36 das/etw. ist ein harter **Strauß**

37 ein **Kampf** bis aufs Messer
   ein **Kampf** auf Leben und Tod
   ein Kampf/ein Streit/es steht
   zwischen Menschen/. . . auf **Le-
   ben** und Tod
   ein Kampf/. . . auf **Tod** und Le-
   ben

38 es geht um/. . . **Leben** und Tod
   (bei/. . .)

39 jn. (nur/bloß/. . .) im **Guten** ge-
   winnen/packen/kriegen können

40 etw. (nur/. . .) im **Guten** lösen/
   regeln/. . . können

41 wenn es im **Guten** nicht geht/
   klappt/. . ., dann im Bösen

42 im **Bösen** auseinandergehen *sel-
   ten*
   sich im **Bösen** trennen *selten*

43 etw. nur/. . . im **Bösen** lösen/re-
   geln/. . . können *selten*

44 sich um des **Kaisers** Bart streiten
   etw. ist ein **Streit** um des Kaisers
   Bart

45 etw. ist ein **Streit** um Worte

46 die streitenden **Parteien**

47 der **Haussegen** hängt bei/in/. . .
   schief *ugs*
   schwarze **Wolken** stehen am Ehe-
   himmel *path*

48 ein häusliches **Gewitter** *ugs*
   ein häuslicher **Krieg** *ugs*

49 ein **Wort** gibt/(ergibt) das andere

50 es hat **gefunkt** *ugs*

51 es gibt **Scherben**/hat Scherben
   gegeben *ugs*

52 die **Luft** reinigen

53 ein reinigendes **Gewitter** (sein)

54 den **Stürmen** des Lebens trotzen/
   ausgeliefert sein/. . . *path*

Gc 4 Militär, Kampf: beim Militär; an die, an der Front; Militärdienst; Waffendienst; Krieg

1 keine **Waffen** bei sich führen

2 zum **Militär** gehen
   zur **Armee** gehen
   unter die **Soldaten** gehen *(veral-
   tend) iron*
   die **Uniform** anziehen *ugs*
   den bunten **Rock** anziehen (müs-
   sen) *(veraltend) selten*

3 sich freiwillig **melden**

4 den **Fahneneid** leisten *form*

5 seinen **Wehrdienst** leisten/ableis-
   ten
   beim **Militär** sein
   unter der **Fahne** stehen *geh selten*

6 auf **Urlaub** kommen
   in/(auf) **Urlaub** sein

7 die **Uniform** ausziehen *ugs*
   den bunten **Rock** ausziehen *(ver-
   altend) selten*

8 in **Zivil** sein

9 an die **Front** gehen/müssen/wol-
   len

10 in den **Krieg** ziehen
   ins **Feld** gehen *path selten*
   ins **Feld** ziehen *path selten*
   ins **Feld** rücken *path selten*
   ins **Feld** hinausziehen *path selten*

11 zu den **Waffen** eilen
   zu den **Fahnen** eilen *geh*

12 an der **Front** stehen
   im **Feld** stehen

13 unter (den) **Waffen** stehen/sein

14 **Rekruten** ausheben

15 jn. zu den **Waffen** rufen
   jn. zu den **Fahnen** rufen *geh*

16 jn. in eine **Uniform** stecken *ugs*

17 unter (den) **Waffen** halten

18 in js. **Sold** stehen

19 unter js. **Befehl** stehen

20 von unten auf **dienen**

21 auf **Wache** ziehen
die **Wache** beziehen *form*
Wache haben
auf **Wache** sein
Wache schieben *ugs*
Wache halten
Wache stehen
Schildwache stehen *(veraltend)*

22 auf **Posten** ziehen *(veraltend)*
Posten stehen *form*

23 zum **Einsatz** kommen
im **Einsatz** sein/stehen

24 **Patrouille** gehen

25 zum **Appell** antreten

26 in **Reih** und Glied antreten/...
Vordermann halten

27 aus der **Reihe** kommen

28 aus der **Reihe** treten
aus dem **Glied** treten *form*
ins **Glied** zurücktreten *form*

29 zum **Sammeln** blasen

30 sich zur **Stelle** melden *form*

31 die **Hacken** zusammenschlagen
(Militärsprache)

32 die **Parade** abnehmen

33 einen **Tusch** blasen/schmettern
ugs

34 **Salut** schießen

35 den **Zapfenstreich** blasen

36 ein/das/sein **Lager** aufschlagen
Standquartier beziehen/auf-
schlagen
Quartier machen
bei jm. **Quartier** beziehen/neh-
men *form*
bei jm. im **Quartier** liegen *(veral-
tend)*
jn. ins **Quartier** bekommen *selten*
jn. ins **Quartier** nehmen *selten*

37 sich in **Marsch** setzen

38 die **Tressen** bekommen
jm. die **Tressen** herunterreißen

39 im **Rang(e)** eines Generals/Leut-
nants/... stehen

40 zwei/drei/... **Sterne** auf den
Schulterstücken haben *ugs*

41 den **Marschallstab** im Tornister
tragen *selten*

42 **Alarm** schlagen
jn. in **Alarmbereitschaft** setzen/
(versetzen)
in **Alarmbereitschaft** stehen

43 bis an die **Zähne** bewaffnet sein
path
bis zu den **Zähnen** bewaffnet sein
path

44 mit dem **Säbel** rasseln
mit den **Waffen** klirren *selten*

45 zu den **Waffen** greifen
einem Land/... den **Krieg** erklä-
ren
Länder/... mit **Krieg** überziehen
form
die **Fackel** des Krieges ins/in das
Land tragen *(veraltet) path*

46 in die **Schlacht** ziehen

47 mit dem Feind/... **Fühlung** auf-
nehmen

48 in **Stellung** gehen
die **Stellung(en)** beziehen

49 **Gewehr** bei Fuß stehen

50 klar zum **Gefecht**?

51 die **Bajonette** aufpflanzen *form*

52 die **Hand** (schon/...) am Drük-
ker haben *ugs*
den **Finger** am Abzug haben (js.
Finger liegen schon am Abzug)
den **Hahn** spannen

53 einen **Schuß** ins Blaue abfeuern
Löcher in die Luft knallen *ugs*
Löcher in die Luft schießen *ugs*

54 die **Waffen** ruhen lassen

55 zum **Sturm** blasen
das **Signal** zum Angriff/... ge-
ben

56 sein Schwert/seinen Degen aus
der **Scheide** ziehen *(veraltet)*
mit der **Waffe** in der Hand kämp-
fen/...

57 das **Feuer** eröffnen
jn./etw. unter **Beschuß** nehmen
Feuer geben
aus allen/vollen **Rohren** feuern

58 jm./einer Truppe/... eine heiße/
blutige/... **Schlacht** liefern

59 um jeden **Fußbreit** Land/Bo-
den/... kämpfen/...
um jeden **Handbreit** Land/Bo-
den/... kämpfen/...

60 in geschlossener **Formation** an-
greifen/vorgehen

in geschlossenen **Reihen** kämp-
fen/marschieren/...

61 wie eine **Mauer** stehen *path*

62 **Mann** gegen Mann kämpfen/...

63 eine **Bresche** schlagen in eine
Gruppe von Leuten/...

64 in vorderster **Front**
die vordersten/feindlichen **Li-
nien**

65 sich auf vorgeschobenem **Posten**
befinden/...
eine vorgeschobene **Stellung** hal-
ten/aufgeben müssen/...

66 auf **Kundschaft** ausgehen
jn. auf **Kundschaft** ausschicken

67 jn. von der **Seite** angreifen
den Feind/... in der **Flanke** an-
greifen/fassen
dem Gegner/... in die **Flanke**
fallen

68 hinter den **Linien** des Fein-
des/... operieren/...
im **Rücken** des Feindes/... ope-
rieren/...
den Feind/... im **Rücken** haben

69 auf dem/im **Vormarsch** sein auf
...
im **Anzug** sein *(Heer)*

70 einen **Ring** um jn./etw. schließen

71 eine Stellung/eine Stadt/... ohne
Schwertstreich(e) einnehmen/...
eine Stellung/eine Stadt/... ohne
Blutvergießen einnehmen/...

72 die feindlichen **Linien** durchbre-
chen

73 eine Festung/... im **Sturm** ero-
bern
eine Festung/... im **Sturm** neh-
men

74 mit **Glanz** und Gloria in die Stadt
einziehen/seinen Einzug hal-
ten/... *ugs*

75 unter **Beschuß** liegen
unter **Feuer** stehen

76 jm. um die **Ohren** pfeifen *(Ku-
geln) ugs*

77 in **Deckung** gehen
volle **Deckung** nehmen

78 jm. den **Weg** abschneiden
jm. den **Rückweg** versperren/
verbauen/verlegen

79 jm. den **Rücken** decken
sich den **Rücken** freihalten

80 mit dem **Rücken** zur Wand kämp-
fen
zusehen/..., daß man mit dem
Rücken an die Wand kommt/zur
Wand kämpft

81 die **Stellung(en)** räumen/(aufgeben)

82 zum **Rückzug** blasen *ugs*
den **Rückzug** antreten
nur noch/... ein **Rückzugsgefecht**/Rückzugsgefechte liefern

83 sein **Leben** so teuer wie möglich/teuer verkaufen

84 die **Reihen** lichten sich
nur noch/... ein verlorener **Haufen** sein

85 eine Schar Soldaten/... zu **Paaren** treiben *(veraltet) path*

86 die **Reihen** schließen

87 neue/wiederum/... **Truppen** an die Front werfen

88 zu jm. **stoßen**

89 ein **Krieg** an/nach zwei Fronten führen

90 die **Fühlung** mit dem Feind/... verlieren

91 die **Waffen** niederlegen
die **Waffen** schweigen

92 die weiße **Fahne** zeigen/hissen

93 sein Schwert/seinen Degen (wieder) in die **Scheide** stecken *(veraltet)*

94 die **Flagge** einholen/einziehen

95 jm. freies **Geleit** gewähren/geben *form*

96 zu **Befehl!**

97 die **Hände** (hoch) heben
Hände hoch!

98 **Pfeil** und Bogen

99 **Kimme** und Korn (Gewehr)

100 ein alter **Kämpfer** *path*

101 im tiefsten **Frieden**

102 **Krieg** zu Wasser/zu Lande/in der Luft

103 **Krieg** und Frieden

104 **Tod** und Verderben sein *path*

Gc 5 Schutz suchen, gewähren

1 **Schutz** suchen vor Kälte/Regen/Verfolgungen/...

2 **Zuflucht** suchen vor Verfolgungen/Kälte/Gewitter/...

3 **Unterschlupf** suchen in/bei/...
ein schützendes **Dach** suchen

4 sich in **Sicherheit** bringen

5 sich in js. **Schutz** begeben *form*
sich in js. **Obhut** begeben *form*
sich unter js. **Schutz** stellen *form*

6 sich/jn. in **Sicherheit** wiegen

7 **Schutz** finden
Unterschlupf finden in/bei/...

8 ein/kein **Dach** über dem Kopf haben *ugs*

9 im sicheren **Hafen** landen *ugs*

10 unter js. **Schutz** und Schirm stehen *path*

11 unter der **Schirmherrschaft** von ... stehen

12 bei jm. in guter **Obhut** sein

13 jm. **Schutz** bieten gegen jn./etw.
jm. **Schutz** gewähren
jm. **Schutz** und Schirm gewähren *path*

14 jm. seinen **Schutz** angedeihen lassen *form*

15 sich schützend vor jn. **stellen**

16 jn. unter seinen **Schutz** nehmen

17 jn. in seine **Obhut** nehmen *form*
jn. unter seine **Fittiche** nehmen *ugs*

18 seine schützende **Hand** über jn./etw. halten
seine **Hand** (schützend) über jn./etw. halten
die/seine **Hände** (schützend) über jn./etw. halten/(breiten) *selten*

19 ein Kind/... in js. **Obhut** geben *form*

20 js. guter **Engel** sein

21 jm. kann nichts **passieren**

22 ohne **Gefahr** für Leib und Leben etw. tun können

Gc 6 sich zur Wehr setzen: die Stellung halten; nicht kleinzukriegen sein; sich von jm. nicht auf der Nase herumtanzen lassen; die Stirn bieten; Krach schlagen, die Klappe aufreißen; den Spieß umdrehen

1 in der **Defensive** sein
sich in der **Defensive** befinden

2 wie eine **Mauer** stehen *(Truppe) path*
wie ein **Wall** standen die Massen/... *path*

3 die **Stellung** halten
die **Stellung** behaupten
das **Feld** behaupten/(behalten)
seine/die **Position** halten
seinen **Platz** behaupten

4 sich nicht **kleinkriegen** lassen *ugs*
nicht **kleinzukriegen** sein *ugs*
sich nicht **unterkriegen** lassen (von jm./etw.) *ugs*
nicht **unterzukriegen** sein *ugs*

5 sich nicht in ein **Korsett** zwängen lassen *ugs*
sich kein **Korsett** anlegen lassen *ugs*

6 sich unerzogenes/unanständiges/... Verhalten/... nicht **bieten** lassen

7 sich (von jm.) nicht auf der **Nase** herumtanzen lassen *ugs*
sich (von jm.) nicht auf den **Kopf** spucken lassen *ugs*
sich von jm. nicht zu dessen **Handlanger** machen lassen *ugs*

8 sich (von jm.) nicht dumm **kommen** lassen *ugs*
sich (von jm.) nicht für dumm **verkaufen** lassen *ugs*

9 sich die **Butter** nicht vom Brot nehmen lassen *ugs*

10 einen solchen Vorwurf/... nicht auf sich **sitzen** lassen (können)

11 ich bin doch nicht/der Schulze ist doch nicht/... dein/sein/... **Laufbursche!** *ugs*

12 sich auf die **Hinterbeine** stellen *ugs*

13 jm. die **Zähne** zeigen (müssen) *ugs*
jm. seine/die **Krallen** zeigen (müssen) *ugs*

14 sich zur **Wehr** setzen
sich seiner **Haut** wehren *ugs*

15 jm./e-r S. **Widerstand** leisten/entgegensetzen

16 jm./e-r S. die **Stirn** bieten
jm./e-r S. **Trotz** bieten
jm. die **Spitze** bieten *(veraltend)*

jm. **Paroli** bieten *ugs*
jm. **pari** bieten *ugs selten*

17 jm. **Widerpart** geben *form selten*

18 (jm.) (tüchtig) **Kontra** geben *ugs*

19 sich wie ein **Löwe**/die Löwen verteidigen *path*

20 jn. mit seinen eigenen **Waffen** schlagen

21 jn. in **Schutz** nehmen (gegen ungerechte Angriffe/...)

22 jn. verteidigen wie eine **Löwin** ihre Jungen *path*

23 jm./e-r S. den **Kampf** ansagen

24 **Protest** erheben/anmelden gegen etw.

25 **Front** machen gegen etw./jn.
Sturm laufen gegen etw.

26 **Krach** schlagen/machen *ugs*
Alarm schlagen *ugs*

27 **Theater** machen *ugs*
Radau machen *ugs*
Spektakel machen *ugs*

28 (ein) großes **Geschrei** erheben/es erhebt sich ... *ugs*

29 (viel/allerhand/...) **Tamtam** machen (um jn./etw.) *ugs*

30 unter Protest/laut schimpfend/... das **Lokal** verlassen *ugs*
unter lautem/... **Protest** den Saal verlassen/... *ugs*

31 **Stunk** machen (wegen) *ugs*

32 auf die **Barrikaden** steigen/gehen *ugs*

33 (schon mal/...) ein (offenes) **Wort** riskieren/sagen/wagen (können)

34 den/seinen **Mund** aufmachen/(auftun)
den/seinen **Schnabel** aufmachen *ugs*
die/seine **Klappe** aufmachen *ugs*
die/seine **Klappe** aufreißen *ugs*
das/sein **Maul** aufmachen *vulg*

35 js. eigene **Worte** als Waffe gegen jn. benutzen
jn. mit seinen eigenen **Worten** schlagen/widerlegen

36 den **Spieß** umdrehen/umkehren
den **Spieß** gegen jn. wenden/kehren

37 wider den **Stachel** löcken *geh*

38 gegen den **Strom** schwimmen
gegen eine/die **Strömung** ankämpfen/...

39 die **Flucht** nach vorn antreten

40 e-r S. die **Spitze** abbrechen
e-r S. die **Spitze** nehmen

41 e-r S. den **Stachel** nehmen *geh selten*

42 komm'/kommt/... mir/ihm/ dem Gerd/... (nur/bloß) nicht von d e r **Seite**
von d e r **Seite** darfst du/darf er/... mir/ihm/... nicht kommen!
so darfst du/darf er/... mir/ ihm/... nicht **kommen**
wenn du/er/... mir/... von d e r **Seite** kommst/kommt/..., dann ...
wenn du/er/... mir/... so **kommst**/kommt/..., dann ...

43 auf **Widerspruch** stoßen (mit etw.)
auf **Widerstand** stoßen (mit etw.)

44 einen schweren/einen harten/ keinen leichten **Stand** haben bei jm./in/...

45 aus **Notwehr** handeln/...

46 **Widerstand** gegen die Staatsgewalt

47 auf die **Straße** gehen

48 in **Schutz** und Trutz zusammenstehen/zusammenhalten *(veraltend) path*

49 **List** wider List

50 jm./e-r S. zum **Trotz** etw. tun

Gc 7 unnachgiebig: hart im Nehmen sein; nicht um Haaresbreite nachgeben

1 keine schwache **Stelle** haben

2 aus hartem **Holz** geschnitzt sein

3 aus hartem **Stoff** (gemacht) sein

4 einen breiten **Buckel** haben
einen breiten **Rücken** haben *selten*
auf js. **Rücken** geht viel *selten*

5 hart im **Nehmen** sein *ugs*

6 hart/fest wie **Eisen** sein/wie aus Eisen sein *ugs*
hart wie **Diamant** sein *ugs*
hart wie **Granit** sein *ugs*

7 bei jm. auf **Granit** beißen (in/mit etw.)

8 an etw. nicht **rütteln** lassen *ugs*

9 steif und fest/(felsenfest) **behaupten**
sich auf etw. **versteifen**

10 keinen **Schritt** zurückweichen/nachgeben/...
um keinen/nicht um einen **Fingerbreit** nachgeben/...
um keinen/nicht um einen **Fußbreit** nachgeben/...
nicht um **Haaresbreite** nachgeben/...
kein **Haarbreit** nachgeben/... *selten*

11 keinen **Schritt** (von der Stelle) weichen/...
kein **Handbreit** (von der Stelle) weichen/...
keinen **Zollbreit** zurückweichen/von der Stelle weichen/... *(veraltet)*

12 nicht von der **Stelle** rücken *selten*

13 keinen **Fingerbreit** von etw. abweichen/abgehen/... *selten*

14 die **Fronten** versteifen/verhärten sich

15 bis hierher/hierhin und keinen **Schritt** weiter!
bis **hierher** und nicht weiter!

16 deshalb/... mach' ich/macht er/... noch lange/... keinen **Kniefall** vor jm. *path*

17 nur/bloß/ja nicht **schwach** werden! *ugs*
bloß/nur/ja keine **Schwäche** zeigen! *ugs*

Gc 8 sich durchsetzen

1 fest **auftreten**

2 **Ellenbogen** haben
seine **Ellenbogen** zu gebrauchen wissen

3 seine **Meinung** durchsetzen
seinen **Standpunkt** durchsetzen
seinen **Willen** durchsetzen
seinen **Kopf** durchsetzen *ugs*

4 etw. mit eiserner/harter **Faust**
   durchsetzen

5 sich **Bahn** brechen
   zum **Durchbruch** kommen

6 den **Durchbruch** schaffen

7 **Epoche** machen

Gc 9 jn. zermürben

1 jn. **weichmachen** *ugs*
   jn. mürbe **machen** *ugs*

2 jn. **weichkriegen** *ugs*

3 jn. **fertigmachen** *ugs*

4 jn./etw. **kleinkriegen** *ugs*

5 weich wie **Wachs** werden *ugs*

6 (restlos/völlig/...) am **Boden**
   zerstört sein *ugs*

Gc 10 nachgiebig, nachgeben: (zu) weich sein; klein beigeben (müssen); die Zügel lockern; jn. bei seiner schwachen Seite packen

1 kein **Rückgrat** haben
   ein Mensch/eine Frau/... ohne
   Rückgrat sein

2 keine **Reibungsflächen** bieten
   wollen
   keine **Angriffsflächen** bieten wollen

3 jm. seinen **Willen** lassen *ugs*
   (gut/...!) j. soll seinen **Willen** haben! *ugs*

4 nicht nein **sagen** können

5 es (immer) allen recht **machen**
   wollen

6 mit sich **reden** lassen
   (doch) kein **Unmensch** sein *ugs*

7 sanft wie ein **Lamm** sein *ugs*

8 zu **weich** sein
   zu **weichherzig** sein

9 **butterweich** sein *ugs*
   weich wie **Butter** sein *ugs*

10 mit mir/dem/... kannst du's/
    könnt ihr's/... ja **machen**! *ugs*

11 (aber/auch) alles mit sich **machen** lassen *ugs*
    alles/... mit sich **anstellen** lassen

ugs
mit sich alles **aufstellen** lassen
ugs
mit jm. alles/alles mögliche/...
aufstellen können *ugs*

12 **Holz** auf sich hacken lassen *ugs*
    auf jm. kann man **Holz** hacken
    ugs

13 (plötzlich/...) (ganz) weich **werden** *ugs*
    (hin-) schmelzen wie **Butter** an
    der Sonne *ugs*

14 die **Krallen** einziehen *ugs*

15 klein **beigeben** *ugs*

16 den **Gang** nach Canossa tun/gehen/antreten (müssen) *geh*
    nach **Canossa** gehen (müssen)
    geh

17 (endlich/...) den/seinen **Nacken**
    beugen müssen *path selten*

18 sich unter js. **Joch** beugen (müssen) *path*
    sich unter js. **Rute** beugen (müssen) *path selten*

19 vor jm. zu **Kreuze** kriechen

20 einen anderen/härteren/umgänglicheren/... **Ton** anschlagen
    eine andere/umgänglichere/...
    Tonart anschlagen

21 mildere/gelindere **Saiten** aufziehen (mit/bei jm.)
    die **Zügel** lockern/lockerlassen

22 bei jm./in/... die **Zügel** schießen
    lassen
    bei jm./in/... die **Zügel** schleifen lassen

23 js. schwache **Stellen** kennen/
    ausnutzen
    jn. an/bei seiner schwachen **Seite**
    fassen/packen

24 in einem schwachen **Augenblick**
    in einem schwachen **Moment** ...
    in einer schwachen **Stunde**

25 das/etw. ist die sanfte **Masche**
    ugs
    auf die sanfte **Masche** *ugs*
    das/etw. ist die sanfte **Tour** *ugs*
    auf die sanfte **Tour** *ugs*

26 wenn der **Berg** nicht zum Propheten kommt, muß der Prophet
    (wohl) zum Berg(e) kommen *(oft iron.)*

Gc 11 aufgeben: den Rückzug antreten, die Waffen strecken

1 e-r S. nicht weiter **nachgehen**

2 jn./etw. **fallen** lassen
   eine Gelegenheit/Pläne/...
   schießen lassen *ugs*
   eine Gelegenheit/Pläne/... **sausen** lassen *ugs*

3 (schwer) **angeschlagen** sein *ugs*
   schlappmachen *ugs*

4 zum **Rückzug** blasen *ugs*
   den **Rückzug** antreten

5 nur noch/... ein **Rückzugsgefecht**/Rückzugsgefechte liefern

6 sich nicht mehr **rühren** *ugs*

7 sich **geschlagen** geben
   das **Handtuch** werfen *ugs*
   die **Segel** streichen *selten*
   die **Flagge** streichen *selten*
   die **Waffen** strecken

8 die **Flinte** ins Korn werfen

9 alles über **Bord** werfen

10 das **Feld** räumen (müssen)
    jm. das **Feld** überlassen (müssen)

11 die **Zügel** aus der Hand geben

12 (na) denn/dann auf **Wiedersehen**! *ugs*

13 (na) dann **prost**! *ugs*
    (na) dann prost **Mahlzeit**! *ugs*
    (na) dann gute **Nacht**! *ugs*

Gc 12 siegen, besiegen

1 jm. den **Rang** streitig machen
   (wollen)
   jm. den **Vorrang** streitig machen
   (wollen)
   jm. das **Feld** streitig machen
   (wollen)

2 die **Offensive** ergreifen *path*
   in die **Offensive** gehen

3 das **Feld** beherrschen

4 jm. den **Schneid** abkaufen

5 die **Oberhand** gewinnen (über
   jn.)

6 die **Oberhand** behalten (über jn.)
das **Rennen** machen
das **Spiel** machen *ugs selten*

7 den **Sieg** davontragen (über jn.)
path
als **Sieger** auf dem Plan bleiben
path
den **Sieg** an seine Fahnen heften
path
der **Sieg** heftet sich an js. Fahnen
path

8 die **Palme** erringen *path selten*
die **Siegespalme** erringen *path selten*

9 als **Sieger** aus einem Wettbewerb
hervorgehen

10 dem Gegner/. . . eine **Niederlage**
beibringen/bereiten
jm. eine **Schlappe** beibringen *ugs*

11 den Gegner/. . . aufs **Haupt**
schlagen *iron*
jn. überlegen **schlagen**

12 die anderen/. . . auf die **Plätze**
verweisen

13 jn. außer **Gefecht** setzen
jn. aus dem **Rennen** werfen
jn. aus dem **Feld**(e) schlagen *ugs*

14 jn. matt/schachmatt **setzen**

15 eine **Schlappe** einstecken müssen/erleiden *ugs*

16 den Gegner/. . . auf die **Matte** legen

17 jn. zu **Boden** werfen

18 einen linken/rechten **Haken** landen

19 **k.o.** sein/gehen

20 nach **Punkten** führen/siegen/. . .

21 ein teuer erkaufter **Sieg**

22 ein toter **Hund** beißt nicht mehr

Gc 13 (mit jm.) Frieden schließen

1 einen **modus** vivendi finden/suchen/. . . *geh*

2 den ersten **Schritt** tun

3 Schwierigkeiten/Unstimmigkeiten/. . . aus der **Welt** schaffen

4 etw. auf gütlichem **Weg** lösen/regeln/. . .
jm. einen **Vorschlag** zur Güte machen

5 einen (dicken) **Strich** unter etw. ziehen/(machen) (mit etw.)

6 die **Streitaxt** begraben *path iron*
das **Kriegsbeil** begraben *path iron*

7 die **Feindseligkeiten** (auf beiden Seiten/. . .) einstellen

8 jm. die **Hand** zur Versöhnung/(. . .) reichen/bieten/geben

9 mit jm. **Frieden** machen
mit jm. **Frieden** schließen

10 **Eintracht** stiften unter/zwischen/. . . *geh*

11 zerstrittene Parteien/Personen/. . . an einen **Tisch** (zusammen)bringen

12 um des lieben **Friedens** willen
etw. tun

13 j. möchte seine **Ruhe** haben

14 es wird alles wieder **gut**

Gc 14 Rache, Vergeltung

1 **Genugtuung** fordern

2 nach **Rache** schreien (Unrecht)
path
nach **Vergeltung** schreien

3 js. **Blut** schreit nach Rache *path*

4 auf **Rache** sinnen

5 die **Stunde** der Rache naht/ist gekommen/. . . *path*

6 sich an jm./etw. (für etw.) schadlos **halten**
jm. die **Rechnung** präsentieren
(oft iron.)

7 **Rache** nehmen für etw. (an jm./etw.)

8 **Gleiches** mit Gleichem vergelten
Böses mit Bösem **vergelten**

9 jm. etw. **heimzahlen**

10 jm. etw. in/mit gleicher **Münze**
heimzahlen

11 jm. etw. mit grober **Münze** heimzahlen
jm. etw. mit **Zinsen** heimzahlen/
vergelten *selten*
jm. etw. mit **Zins** und Zinseszinsen heimzahlen/vergelten/
zurückzahlen/zurückgeben *path*

12 etw. **rächt** sich

13 das/etw. ist die **Quittung** für
etw./js. unmögliche Haltung/. . .
ugs

14 das/etw. ist die **Rache** des kleinen
Mannes *ugs*

15 auf einen groben **Klotz** gehört ein
grober Keil

16 **Rache** ist süß
Rache ist Blutwurst *ugs*

17 wie du **mir**, so ich dir

18 **Aug'**/(Auge) um Auge, Zahn um
Zahn! *geh*
wie **du** mir, so ich dir!
Wurscht, wider Wurscht! *vulg*
Wurst, wider Wurst! *vulg*

19 haust du meinen **Juden**, hau ich
deinen Juden! *(veraltet)*

H

Präferenzen

Ha 1 berücksichtigen (müssen)

1 etw. in **Betracht** ziehen
e-r S. **Rechnung** tragen
etw. in **Rechnung** stellen *form*
etw. in **Anschlag** bringen *form*

2 jn./etw. ins **Spiel** bringen

3 etw. in **Erwägung** ziehen

4 (nicht) in **Betracht** kommen
(nicht) in **Frage** kommen

5 ins **Spiel** kommen

6 zu **Buche** schlagen

7 auf dem **Spiel** stehen
es **geht** um jn./etw.

8 **eins** läßt sich nicht übersehen/
darf man nicht außer acht lassen/. . .

9 etw./jn. schlecht **umgehen** können

10 nicht darum/drum **herumkommen**, zu . . ./nicht um etw. herumkommen

11 das **eine** tun und das andere nicht lassen

12 das **eine** schließt das andere nicht aus

13 mit **Rücksicht** auf jn./etw.

14 unter **Berücksichtigung** e-r S./ von etw.

15 (genau) das **ist's**/ist es (ja) (gerade)!

Ha 2 nicht berücksichtigen (wollen): außer acht lassen; überhören, übersehen; unter den Tisch fallen; stiefmütterlich behandeln

1 etw. außer **acht** lassen
etw. außer **Betracht** lassen *form*

2 jn./etw. aus dem **Spiel** lassen

3 etw. unter den **Tisch** fallen lassen *ugs*

4 unangenehme Erfahrungen/Argumente/. . . beiseite **schieben**
etw. unter den **Teppich** kehren *ugs*

5 etw. stillschweigend **übergehen**

6 etw. mit **Stillschweigen** übergehen

7 (über etw.) zur **Tagesordnung** übergehen

8 kein **Sterbenswörtchen** verlieren über jn./etw.
kein **Sterbenswort** verlieren über jn./etw.

9 etw. kurz **abtun**

10 so tun/. . ., als ob **nichts** wäre

11 etw. **überhören**

12 kein **Wort** hören wollen (von jm./etw.)

13 jn./etw. **übersehen**

14 außer **Betracht** bleiben *form*
aus dem **Spiel** bleiben

15 unter den **Tisch** fallen *ugs*

16 mit jm./etw. nicht mehr zu **rechnen** brauchen

17 jm./e-r S. aus dem **Weg** gehen
einen (großen) **Bogen** um jn./etw. machen/(schlagen) *ugs*

18 jn./etw. stiefmütterlich **behandeln** *ugs*

19 nur mit halbem **Herzen** dabei sein/bei der Sache sein

20 unter **Verzicht** auf etw.

21 über js. **Kopf** hinweg entscheiden/. . .

22 die **Rechnung** ohne den Wirt machen *ugs*

Ha 3 besonders berücksichtigen, betonen

1 etw. zur **Geltung** bringen

2 sich/etw. zur **Geltung** zu bringen wissen

3 jn./etw. in den **Vordergrund** stellen/rücken

4 das **Schwergewicht** auf etw. legen
den **Akzent** auf etw. legen/setzen

5 e-r S. **Nachdruck** verleihen/(geben) *path*

6 auf etw. (besonderen) **Nachdruck** legen
etw. mit (besonderem/allem) **Nachdruck** betonen/unterstreichen/. . .

7 jm. etw. ans **Herz** legen

8 zur **Geltung** kommen

9 (immer mehr/. . .) in den **Vordergrund** treten

10 im **Vordergrund** stehen

11 das **Schwergewicht** einer Untersuchung/Arbeit liegt in/auf/. . .
der **Schwerpunkt** einer Untersuchung/Arbeit liegt in/auf/. . .

12 der **Knalleffekt** (bei e-r S.) ist der, daß . . . *ugs*

13 die **Akzente** verlagern
die **Akzente** anders setzen/(legen)

14 in der **Tat**
wirklich und wahrhaftig *(oft iron.)*

15 das kann man wohl/(laut) **sagen**! *(oft iron.)*

16 allen **Ernstes** etw. behaupten/sagen/tun

17 ich **sag'**/sag's ja!

18 was man auch dagegen/gegen jn./etw. **sagen** mag, . . .
. . ., da kann einer **sagen**, was er will *ugs*

19 (und) da soll (mir/uns) noch einer **sagen**, daß/: . . . *ugs*

Ha 4 wichtig (nehmen): seine Ehre dreinsetzen zu; großen Wert legen auf; viel Aufhebens machen um; von Belang

1 jm. viel/. . . **ausmachen** *(Schwierigkeiten)*

2 es sich nicht **nehmen** lassen, etw. zu tun

3 seine **Ehre** in etw. setzen
seine **Ehre** d(a)reinsetzen, etw. zu tun
seinen **Stolz** dareinsetzen, etw. zu tun *ugs*

4 es mit jm./etw. genau **nehmen**

5 etw. ernst **nehmen**
   es mit etw. ernst **nehmen**

6 es mit etw. (sehr) wichtig **nehmen**
   jn./etw. wichtig **nehmen**

7 jm. (nur/sehr/besonders/...)
   darum zu **tun** sein, etw. zu tun/
   daß ...
   jm. (nur/sehr/besonders/...) um
   etw. zu **tun** sein
   jm. **liegt** sehr/viel/... an etw./
   daran, etw. zu tun/daß...,
   jm. ist sehr/viel/... an etw. **ge-
   legen**/daran gelegen, etw. zu tun,
   daß ...

8 (großen/den größten/viel/aller-
   hand/...) **Wert** legen auf jn./
   etw.
   viel/... **Gewicht** auf etw. legen
   e-r S./jm. (viel/...) **Gewicht** bei-
   messen/(beilegen) *path*
   jm./e-r S. (viel/...) **Bedeutung**
   beimessen *path*
   e-r S. großen/... **Wert** beimes-
   sen/(beilegen) *path*
   jm./e-r S. große/... **Wichtigkeit**
   beimessen *path selten*

9 sich etw. **angelegen** sein lassen
   form
   jm. am **Herzen** liegen
   es liegt jm. am **Herzen**, daß ...

10 j. **gäbe** einiges/sonstwas/wer
   weiß was/alles/... für etw./
   drum, wenn ...

11 eine **Haupt-** und Staatsaktion aus
   etw. machen *ugs*
   viel **Aufhebens** um jn./etw. ma-
   chen
   viel **Wesens** um jn./etw. machen
   form

12 von etw. viel **Redens** machen *sel-
   ten*

13 (vielleicht) einen/viel **Wind** (um
   jn./etw.) machen *ugs*

14 (vielleicht) (ein Riesen-/Mords-)
   Theater machen (um jn./etw.)
   ugs
   viel/vielleicht einen/... **Wirbel**
   (um jn./etw.) machen *ugs*

15 viel/ein großes/... **Brimborium**
   (um jn./etw.) machen *ugs*
   ein großes/... **Hallo** (um jn./
   etw.) machen *ugs selten*
   ein großes/viel/... **Trara** machen
   (wegen e-r S.) *ugs*
   (viel/allerhand/...) **Tamtam** ma-
   chen (um jn./etw.) *ugs*

16 das/es **macht** viel/allerhand/...
   eine/keine (bedeutende/wichti-
   ge/...) **Rolle** spielen

17 von **Belang** sein
   ins **Gewicht** fallen

18 (sehr/schwer) in die **Waagschale**
   fallen
   schwer **wiegen**

19 von (sehr) großer **Tragweite** sein

20 das/etw. hat viel/sehr viel/... zu
   bedeuten
   das will viel/... **heißen**

21 es **hat** mit etw. viel/... auf sich

22 (ein) großes **Gewicht** bekommen/
   erhalten

23 in den **Vordergrund** rücken

24 sich (immer mehr/...) in den
   Vordergrund drängen/schieben

25 **Interesse** wecken für etw. (bei
   jm.)

26 ernster/schwerer **Natur** sein

27 du sprichst/er spricht/Peter
   spricht/... ein großes **Wort** gelas-
   sen aus *iron*

28 das Theater/Bücher/... ist/sind
   js. **Welt** *path*

29 kein **Geringerer** als Shakespea-
   re/...

30 j./etw. ist js. ganzer **Stolz**

Ha 5 unwichtig (nehmen):
nur (so) am Rande; keinen
Wert legen auf; nicht viel
Aufhebens machen um;
nicht von Belang; nicht der
Rede wert; etw. ist js. gering-
ste Sorge; das macht den Bra-
ten auch nicht fett

---

1 (ziemlich/mehr) am **Rande** lie-
   gen

2 (so) (ganz) **nebenbei** etw. sagen/
   tun
   etw. (nur) (so) im **Vorbeigehen**
   tun
   etw. (nur) (so) en **passant** tun
   so (ganz) am **Rande** etw. tun/sa-
   gen

3 im **Hintergrund** stehen

4 in den **Hintergrund** treten

5 jm. nichts/nicht viel/... **ausma-
   chen** *(Schwierigkeiten)*

6 jm. **liegt** wenig/nichts/... an
   etw./daran, etw. zu tun/daß ...
   jm. ist wenig/nichts/... an etw.
   gelegen/daran gelegen, etw. zu
   tun/daß/...

7 jn./etw. nicht wichtig **nehmen**

8 keinen/nicht den geringsten/...
   Wert legen auf jn./etw.
   e-r S. keinen/nicht den gering-
   sten/... **Wert** beimessen/(beile-
   gen) *path*
   nicht soviel/wenig/keinerlei/...
   Gewicht auf etw. legen
   e-r S./jm. wenig/keinerlei/...
   Gewicht beimessen/(beilegen)
   path
   jm./e-r S. wenig/keinerlei/...
   Bedeutung beimessen *path*
   jm./e-r S. keine/keinerlei/...
   Wichtigkeit beimessen *path sel-
   ten*

9 etw. (nur/...) als **Spiel** auffas-
   sen/ansehen/betrachten

10 **Besseres** vorhaben, als ausgerech-
   net/... *ugs*
   (etw.) **anderes** zu tun haben, als
   (ausgerechnet) ... *ugs*

11 kein **Aufsehen** machen

12 nicht viel/... **Aufhebens**/(kein
   großes Aufheben) um jn./etw.
   machen
   nicht viel **Wesens** um jn./etw.
   machen *form*

13 keinen/... **Wirbel** um jn./etw.
   machen *ugs*
   kein großes/... **Hallo** um jn./
   etw. machen *ugs selten*
   nicht viel/kein großes/... **Brim-
   borium** (um jn./etw.) machen *ugs*
   nicht viel/kein großes/... **Trara**
   machen wegen e-r S. *ugs*
   wenig/kein/... **Tamtam** machen
   (um jn./etw.) *ugs*

14 kein **Aufsehen** wollen

15 wenn's/wenn es weiter **nichts** ist
   ...
   na, **und**?
   na, **wenn** schon!

16 (hier/da/...) wenig/nichts/...
   zur **Sache** tun

17 das/es **macht** wenig/...

18 das/etw. hat (weiter) nichts/
   nicht viel/... zu **sagen**
   das will wenig/nichts/... **heißen**
   das/etw. hat (weiter) nichts/
   nicht viel/... zu **bedeuten**
   nicht von/ohne **Belang** sein

19 keine (bedeutende/wichtige/. . .)
    Rolle spielen
    eine untergeordnete/zweitrangi-
    ge/. . . **Rolle** spielen

20 es **hat** mit etw. wenig/nichts/. . .
    auf sich

21 nicht ins **Gewicht** fallen
    nicht in die **Waagschale** fallen
    nicht schwer **wiegen**

22 von (sehr) geringer **Tragweite** sein

23 kein **Mensch** fragt danach, ob . . .
    es kräht doch/. . . kein **Hahn** da-
    nach, ob . . . *ugs*

24 leichter **Natur** sein

25 das/etw. ist ein **Nichts** *path*

26 es ist **nichts**

27 um jn./etw. ist es nicht weiter
    schade

28 das/(etw.) sind kleine **Fische** (für
    jn.) *ugs*

29 nicht der **Rede** wert sein

30 es lohnt sich nicht/. . ., über etw.
    Tinte zu verspritzen

31 keine **Träne** wert sein *ugs*
    keine/keine einzige/. . . **Träne**
    vergießen wegen jm./e-r S. *ugs*

32 das/etw. ist meine/seine/. . . ge-
    ringste **Sorge**!
    das/etw. ist mein/sein/. . . gering-
    ster **Kummer**!

33 du hast/sie hat/der Paul hat/. . .
    (vielleicht) **Sorgen**! *ugs*
    deine/seine/. . . **Sorgen** möchte
    ich/möchte er/. . . haben *ugs*
    deine/seine/. . . **Sorgen** möchte
    ich/möchte er/. . . haben *ugs*
    wenn das deine/seine/Karls/. . .
    einzige **Sorge** ist! *ugs*
    sonst hast du keine **Sorgen**? *ugs*

34 das macht den **Braten** (auch)
    nicht fett *ugs*
    das macht die **Suppe** (auch) nicht
    fett! *ugs*
    das macht den **Kohl** (auch) nicht
    fett *ugs*
    das macht das **Kraut** (auch) nicht
    fett *ugs selten*

35 der **Berg** kreißt und gebiert eine
    Maus *geh*

36 (das/etw. ist) viel **Lärm** um
    nichts

37 das/etw. ist ein **Sturm** im Wasser-
    glas

38 das/etw. ist blinder **Alarm**

39 weiter **nichts**?/nichts weiter?

40 weiter **nichts**/nichts weiter als . . .

41 was **tut's**?

42 das ganze **Geheimnis** dieser
    Steuerpläne/dieser groß ange-
    kündigten neuen Außenpoli-
    tik/. . . ist/. . .
    der ganze **Witz** der Steuerplä-
    ne/. . . liegt darin/ist (doch
    nur)/. . . *ugs*
    diese Steuerpläne/. . . sind (doch)
    ein einziger **Witz** *ugs*

Ha 6 wichtiger nehmen, vor-ziehen

1 jm. wäre (es) **lieb**/lieber/am lieb-
    sten, wenn . . .

2 jm./e-r S. den **Vorrang** geben
    jm./e-r S. den **Vorzug** geben

3 (vielleicht) eine **Vorliebe** haben
    für jn./etw.

4 es **geht** (jm.) nichts über jn./etw.
    jm. über alles **gehen**

5 etw. zehnmal/hundertmal/tau-
    sendmal **lieber** tun als . . . *ugs*

6 js. **Steckenpferd** ist . . .

7 sein **Steckenpferd** reiten

8 **Besseres** vorhaben, als ausgerech-
    net/. . . *ugs*

9 das/etw. ist (doch) das einzig
    Wahre *ugs*

10 vor **allem**
    vor allen **Dingen**

11 in erster **Linie**

12 im **besonderen**

Ha 7 der springende Punkt

1 den **Kern** des Problems/. . . tref-
    fen/. . . (mit etw.)

2 der **Witz** bei der Sache/dabei ist
    (der), daß . . . *ugs*

3 der ganze **Witz** bei der Sache/da-
    bei ist (der), daß . . . *ugs*

4 (genau) das ist (ja) (gerade) der
    Punkt
    das/etw. ist der springende **Punkt**
    das/etw. ist (das) **punctum** saliens
    geh

5 da liegt der **Hase** im Pfeffer *ugs*
    da liegt der **Hund** begraben *ugs*
    das/etw. ist der **Witz** der Sache
    ugs

6 das/etw. ist des **Pudels** Kern

7 der wichtigste **Punkt**

8 das **A** und O
    das **Alpha** und Omega *geh*

9 j. war in **Rom** und hat den Papst
    nicht gesehen

Ha 8 egal, gleichgültig: nicht viel geben um; sich den Teufel scheren um; jm. schnurz-egal sein; das kann j. halten, wie er Lust hat; das ist ge-hopst wie gesprungen; sich kein Gewissen aus etw. ma-chen; mit einem Achselzuk-ken abtun; was tut's?

1 nichts drauf/darauf **geben**, daß/
    wenn/. . .
    nichts drum/darum **geben**, daß/
    wenn/. . .
    nichts/nicht viel/wenig/. . . **ge-
    ben** auf etw.
    gar/überhaupt/absolut
    nichts/. . . **geben** um etw.

2 sich keinen/nicht einen **Deut** um
    jn./etw. kümmern *ugs*

3 sich den **Teufel** um jn./etw. küm-
    mern *ugs*
    den **Teufel** danach fragen, ob . . .
    ugs
    sich einen/den **Teufel** um jn./
    etw. scheren *ugs*
    den **Henker** danach fragen/sich
    den Henker darum scheren, ob
    . . . *ugs*
    sich den **Kuckuck** um jn./etw.
    scheren *ugs*
    den **Kuckuck** danach fragen, ob
    . . . *ugs*

4 jn. einen feuchten **Kehrricht** in-
    teressieren *ugs*

5 sich einen **Dreck** um jn./etw.
    kümmern *vulg*
    sich einen **Dreck** scheren um jn./
    etw. *vulg*
    einen **Dreck** danach fragen, ob
    . . . *vulg*

209

6 was **liegt** (schon) daran, ob ...?
   wen **kümmert** es/was kümmert's
   dich/Peter/..., ob ...

7 kein **Interesse** zeigen

8 jm. (völlig/vollständig/...)
   gleich sein
   jm. (ganz/völlig/...) **egal** sein
   jm. (völlig/vollständig/...)
   gleichgültig sein
   jm. (völlig/...) **einerlei** sein
   jm. **grundeinerlei** sein
   jm. (völlig) **eins** sein
   jm. **schnurzegal** sein *ugs*
   jm. **schnuppe** sein *ugs*
   jm. **wurst** sein *ugs*
   jm. **wurscht** sein *ugs*
   jm. **piepe** sein *vulg*
   jm. **piepegal** sein *vulg*
   jm. **schnurz** und **piepe** sein *vulg*
   jm. **schnurzpiepegal** sein *vulg*
   jm. **scheißegal** sein *vulg*

9 jn. (gar/absolut/überhaupt) nicht
   jucken *ugs*
   das/etw. **macht** jn. nicht heiß *ugs*
   jn. kalt **lassen** *ugs*
   jn. nicht die **Bohne** interessieren
   ugs
   jn. nicht für fünf **Pfennige** inter-
   essieren *ugs*
   sich einen **Dreck** aus etw. ma-
   chen *vulg*

10 das kann j. halten wie ein **Dach-**
   decker *ugs*
   das kann j. halten wie **Pfarrer**
   Aßmann *ugs selten*
   das kann j. halten, wie er **Lust**
   hat *ugs*
   das kann j. halten, wie er **lustig**
   ist *ugs*

11 j. kann warten/sich beschweren/
   zu jm. gehen/..., solange/sooft/
   soviel/... er **Lust** hat *(B tut doch
   nicht, was A. will) ugs*

12 das **bleibt** sich gleich
   es **bleibt** sich für jn. gleich, ob ...
   oder ob ...

13 dies oder das tun/sich so oder an-
   ders entscheiden/ob ... oder
   ob/..., das ist (für jn.) dasselbe
   in **grün** *ugs*
   es ist (für jn.) **gehopst** wie ge-
   sprungen, ob ... oder ob/... *ugs*
   es ist (für jn.) **gehupft** wie ge-
   sprungen, ob ... oder ob/... *ugs
   selten*
   es ist **Jacke** wie Hose/Buchse (für
   jn.), ob ... oder ob/... *ugs*
   es ist **Pott** wie Deckel (für jn.), ob
   ... oder ob/... *vulg*
   es ist (für jn.) **hin** wie her, ob ...
   oder ob/... *ugs*

14 es **läuft** (für jn.) auf eins hinaus/
   auf dasselbe hinaus/auf das glei-
   che hinaus, ob ... oder ob/...
   es **kommt** (für jn.) auf eins/das-
   selbe/das gleiche/... heraus, ob
   ... oder ob/...

15 keine **Bedenken** haben/tragen,
   etw. zu tun
   keinen **Anstand** nehmen, etw. zu
   tun *form*

16 sich kein **Gewissen** aus etw. ma-
   chen
   sich kein **Gewissen** daraus ma-
   chen, etw. zu tun

17 sich auf den **Leck-mich-am-**
   Arsch-Standpunkt stellen *vulg*
   sich auf den **Wurststandpunkt**
   stellen *ugs selten*

18 die/mit den **Achseln** zucken
   die/mit den **Schultern** zucken

19 bedauernd/... die **Schultern**
   hochziehen

20 etw. mit einem **Achselzucken** ab-
   tun

21 mit einem **Achselzucken** zur Ta-
   gesordnung übergehen

22 ohne eine **Miene** zu verziehen,
   erklären/...
   keine **Miene** verziehen und ...
   sich etw. nicht/nichts/... **merken**
   lassen

23 ganz **gleich**, wer/wann/wo-
   hin/...
   egal, wie/wo/wann/...
   wann/wohin/wie/wer/... auch
   immer

24 wie dem auch **sei**
   es **sei** dem, wie ihm wolle

25 etw. **sowieso** (nicht) tun/sein
   etw. **so** oder so (nicht) tun/sein
   per **se** (nicht) tun/sein

26 (na) wenn **schon**!

27 was **macht** es (schon)?
   macht es etwas?
   was **tut's**?
   tut es etwas?
   wen **stört** das? *ugs*

28 das/es **macht** (doch) nichts/...
   es **tut** nichts (ob)

29 das **verschlägt** nichts *form*

30 das stört doch keinen großen
   Geist! *ugs*

31 (ach) **scheiß'** drauf! *vulg*

32 stoischer **Gleichmut**

Ha 9 nötig

1 **nottun**

2 (dringend/bitter) **nötig** sein
   unbedingt **nötig** sein

3 mehr als **nötig** sein

4 es ist (dringend) **geboten**, etw. zu
   tun *form*

5 das **Gebot** der Stunde heißt/...
   form

6 es **nötig** haben, etw. zu tun
   jn./etw. (dringend/bitter) **nötig**
   haben

7 her **müssen** *ugs*

8 (so) nötig sein wie das tägliche
   Brot *path*
   etw. (so) nötig haben/brauchen
   wie das tägliche/(liebe) **Brot** *path*

9 an etw. führt kein **Weg** vorbei

10 jetzt **heißt**/da hieß es: abhauen/
   drangehen/aufgepaßt/...!
   jetzt **gilt**/da galt es, abzuhauen/
   aufzupassen/...

11 zur **Not** etw. tun (können)
   im **Notfall** etw. tun (können)
   notfalls etw. tun (können)

12 da/davon beißt die **Maus** kei-
   nen/(keine Maus einen) Faden
   ab *selten*

Ha 10 nicht nötig, überflüs-
sig

1 es nicht **nötig** haben, etw. zu tun
   jn./etw. nicht **nötig** haben
   keinen/niemanden/... **nötig** ha-
   ben

2 ohne **Not** etw. tun

3 es hat keine **Not** *form*

4 **über** sein *ugs*

5 überflüssig wie ein **Kropf** sein

6 das fünfte **Rad** am Wagen sein
   ugs

Ha 11   wertvoll: etwas anfangen können mit; mit Gold nicht zu bezahlen sein

1   dafür **da** sein, etw. zu tun/
daß/...
dazu **da** sein, etw. zu tun/
daß/...

2   allerhand/viel/... **anfangen** können mit jm./etw. *ugs*

3   zu allem zu **gebrauchen** sein

4   seine **Daseinsberechtigung** haben

5   (einen) **Wert** haben
allerhand/viel/... **wert** sein

6   sein **Geld** wert sein

7   ein **Vermögen** wert sein

8   das/etw. ist **Gold(es)** wert *path*
j./etw. ist **unbezahlbar**
mit **Geld** nicht zu bezahlen sein
mit **Gold** nicht zu bezahlen sein

9   nicht mit **Gold** aufzuwiegen sein
sich nicht mit **Gold** aufwiegen
lassen

10   j. würde etw. nicht für alle **Schätze** der Welt hergeben *path*

11   im **Wert** steigen
an **Wert** gewinnen

12   etw. hüten/... wie ein **Kleinod** *path*
jn./etw. hüten wie seinen **Augapfel** *path*

13   es geht um/handelt sich um/...
nichts **Geringeres** als (um) die Frage/... *path*

14   über den **Tag** hinausweisen/(hinausgehen) *(Gedanken)*

15   die **Umwertung** aller Werte

Ha 12   wertlos: nicht die Bohne wert sein; nicht das Papier wert sein, auf dem es gedruckt ist; null und nichtig

1   keine **Daseinsberechtigung** haben

2   keinen/wenig/... **Wert** haben
nichts/wenig/... **wert** sein

3   sein **Geld** nicht wert sein

4   nicht die **Bohne** wert sein *ugs*
keinen **Pappenstiel** wert sein *ugs*
keinen **Schuß** Pulver wert sein
ugs
keinen **Pfennig** wert sein *ugs*
keinen **Groschen** wert sein *ugs*
selten
keinen/nicht einen roten **Heller**
wert sein *ugs*
keinen **Pfifferling** wert sein *ugs*
keinen **Taler** wert sein *(veraltend)*
ugs
keinen **Deut** wert sein *ugs*
einen **Dreck** wert sein *vulg*

5   etw. ist (nur/der letzte) **Schrott**
ugs

6   das/etw. ist **geschenkt** zu teuer
das/etw. würde j. nicht **geschenkt**
nehmen
das/etw. möchte/will j. nicht **geschenkt** haben

7   im **Wert** sinken

8   etw. ist nur für den **Tag** geschrieben/bestimmt/...

9   etw. ist nicht das **Papier** wert, auf
dem es gedruckt ist/(...)
etw. ist nicht das **Stück** Papier
wert, auf dem es gedruckt ist/...

10   nichts als/... ein **Stück** Papier
sein
nur/bloß/... ein **Fetzen** Papier
sein

11   (sofort/...) in den **Papierkorb**
wandern *ugs*

12   **nichtig** sein
null und nichtig sein *path*

13   etw. für **null** und nichtig erklären
path

14   eine **Nummer** unter vielen/...
sein

15   von jm. gehen hundert/(fünf)
auf ein **Lot** *geh*
davon/von etw. gehen zwölf auf
ein/aufs **Dutzend**

16   j. gäbe keine zwei **Pfennige** für
jn./etw. *ugs*

17   keinen **Staat** (mehr) machen
können mit etw. *ugs*

18   nur noch ein (wertloser) **Haufen**
Schrott sein *ugs*

19   gegen etw./im Vergleich zu
etw./... ein **Dreck** sein *vulg*

20   das kannst/solltest du dir/kann/
sollte sich der Peter/würde ich
mir/... **einrahmen** lassen *iron*
ugs

Ha 13   unnütz

1   was **soll** j. mit etw.?

2   zu nichts **dienen**
zu nichts **nutze** sein
zu nichts zu **gebrauchen** sein

3   wenig/nichts/... **anfangen** können mit jm./etw. *ugs*

4   dafür kann ich mir/dafür kann
der Karl sich/... nichts **kaufen**!
ugs

5   damit/mit etw. kann ich/er/der
Peter/... keine **Seide** spinnen *selten*

6   das kannst du dir/kann er
sich/... an den **Hut** stecken *ugs*
das kannst du dir/kann er
sich/... in den **Arsch** stecken
vulg

7   etw. zum alten **Eisen** werfen/
schmeißen können *ugs*

8   in die **Rumpelkammer** gehören
ugs

Ha 14   sinnvoll

1   (schon/...) (einen/seinen) **Sinn**
haben
(schon/...) (einen) **Sinn** geben

2   **Sinn** machen

3   **Hand** und Fuß haben
Sinn und Verstand haben *ugs*

4   einen **Zweck** haben

5   seinen **Zweck** erfüllen

Ha 15   sinnlos; dummes Zeug

1   keinen **Sinn** haben
keinen **Sinn** geben

2   keinen **Sinn** machen

3   weder **Hand** noch Fuß haben
weder **Sinn** noch Verstand haben
ugs

4   etw. ohne **Sinn** und Verstand
sein/tun *ugs*

5 das/etw. (zu) tun ist gegen alle **Vernunft**

6 keinen **Zweck** haben

7 ein Leben/... ohne **Sinn** und Zweck
ein Leben/... ohne **Ziel** und Zweck

8 etw. ist lauter **Unsinn**

9 so ein **Blech**! *ugs*
so ein **Kohl**! *ugs*

10 etw. ist (lauterster/blühender/ blanker/glatter/höherer) **Unsinn**
das/etw./was j. sagt/... ist (doch) (alles) dummes **Zeug** *ugs*
das/etw./was j. sagt/... ist (doch) (alles) **Käse** *vulg*
das/etw./was j. sagt/... ist (doch) (alles) **Kohl** *vulg*
das/etw./was j. sagt/... ist ein (richtiger/rechter/...) **Schmar-ren** *ugs (süddt.)*
das/etw./was j. sagt/... ist **Quatsch** mit Soße *vulg*

11 das/etw. ist (ja) (der helle/der reinste/heller/reinster) **Wahnsinn** *ugs*

12 das **bringt** doch nichts! *ugs*

13 **Mist** sein *ugs*

14 das/etw. ist höherer **Blödsinn** *ugs*
das/etw. ist höherer **Unsinn** *ugs*

15 was j. sagt/tut, ist krauses **Zeug** *ugs*

16 mach'/macht/... keinen faulen **Zauber** *ugs*

17 Sie belieben/du beliebst/... zu **scherzen** *iron*

18 sich da was/(etwas) **zusammen-**reden/lesen/schreiben/rechnen/ fabrizieren/... *ugs*

19 **blabla**! *ugs*

Hb 1 es gut meinen

1 **Rücksicht** nehmen auf jn./etw.

2 etwas **Rücksicht** üben (jm. ge-genüber)

3 etw. in guter/bester/böser/... **Absicht** tun

4 es/etw. gut **meinen**
es gut mit jm./etw. **meinen**
jm. **wohlgesonnen**/(wohlgesinnt)

sein
jm. (doch nur/...) gut **wollen**
(doch) (nur/...) das **Beste** für jn. im Auge haben
(doch) (nur/...) dein/sein/... **Bestes** im Auge haben
(doch) (nur/...) das **Beste** für jn. wollen
(doch) (nur/...) mein/dein/... **Bestes** wollen

5 jm./e-r S. wohlwollend **gegen-überstehen**

6 in .../überall/... offene **Türen** finden (mit etw.)

7 das/etw. wünsche ich/wünscht er/... meinem/seinem/... ärg-sten **Feind(e)** nicht

8 aus **Rücksicht** auf jn./etw.

Hb 2 es nicht gut meinen

1 böse/schlechte/... **Absichten** ha-ben
Böses im Schilde führen

2 jm. **übelwollen**

3 es nicht gut/schlecht mit jm./ etw. **meinen**

4 jm. Ärger/Sorgen/Unannehm-lichkeiten/... an den **Hals** wün-schen *ugs*

5 jm. **Tod** und Verderben wün-schen/an den Hals wünschen *path*

6 (paß' auf/...) der/die Helga/... will dir/euch/... **Böses**
(paß' auf/...) der/die Helga/... will dir/euch/... **Übles** *ugs sel-ten*

Hb 3 fördern: den Weg eb-nen für; sich einsetzen für

1 das **Gelände** vorbereiten (für etw.)

2 jm./für etw. den **Boden** bereiten/ vorbereiten
jm./für etw. den **Boden** ebnen

3 jm./für etw. den **Weg** ebnen
jm./für etw. die **Wege** ebnen

4 jm. die **Bahn** ebnen
für etw./(e-r S.) den **Weg** bahnen
jm./für etw./(e-r S.) den **Weg** be-reiten

5 jm. den **Weg** freimachen

6 (jm.) die **Steine** aus dem Weg räu-men

7 e-r S. **Bahn** brechen

8 e-r S. zum **Durchbruch** verhelfen

9 der **Weg** ist (endlich/...) frei (für jn./etw.)

10 dem/einem solchen Vorge-hen/... steht nichts im **Weg**

11 e-r S. **Vorschub** leisten (mit etw.)

12 e-r S. **Tür** und Tor öffnen (mit etw.)
e-r S. ist **Tür** und Tor geöffnet (mit etw.)

13 jm. viel Unterstützung/eine gute Erziehung/... **angedeihen** lassen *form*

14 jm. den **Steigbügel** halten

15 jm. alle **Türen** offenhalten

16 e-r S. einen **Ruck** geben *ugs*

17 mit geistigen **Waffen** kämpfen

18 sich in den **Dienst** einer guten Sa-che stellen

19 den Kampf für etw./... auf seine **Fahnen** schreiben *path*
den Kampf für etw./... auf sein **Panier** schreiben *path selten*

20 die **Sache** der Freiheit/der Fran-zosen/... vertreten

21 die **Farben** der Bundesrepublik/ des FC Bayern/... vertreten

22 die **Fahne** der Völkerverstän-gung/des Katholizismus/... hochhalten *path*

23 eine **Kampagne** für/gegen jn./ etw. veranstalten/machen
einen **Reklamefeldzug** führen für/gegen jn./etw. *ugs*

24 zu **Felde** ziehen für/gegen etw.

25 die **Trommel** rühren (für jn./ etw.) *ugs*
die **Reklametrommel** rühren (für jn./etw.) *ugs*
die **Werbetrommel** rühren (für jn./etw.) *ugs*

26 **Sprachrohr** von jm./e-r S. sein

27 sich zum **Sprachrohr** e-r S. ma-chen

28 in die **Arena** steigen (und ...)
    path

29 an vorderster **Front** stehen (im
    Kampf gegen/...)

Hb 4 (ver-)hindern: jm. in die Quere kommen; jm. Knüppel zwischen die Beine werfen; jm. einen Strich durch die Rechnung machen

---

1 jm. in den **Weg** laufen

2 jm. in die **Quere** laufen/rennen/
   kommen

3 jm. ins **Gehege** kommen

4 jm. in den **Weg** kommen

5 sich jm. in den **Weg** stellen (bei
   etw.)
   jm. in den **Weg** treten

6 jm. den **Weg** versperren
   jm. den **Weg** vertreten *(veraltet)*
   jm. den **Weg** verlegen *(veraltet)*

7 jm. im **Weg(e)** sein
   jm./e-r S. im **Weg(e)** stehen (bei
   etw.)

8 es **kommt** jm. etwas/einiges/...
   dazwischen
   es kommt jm. etwas/einiges/...
   in die **Quere** *ugs*

9 jn. (nicht) zum **Zug(e)** kommen
   lassen

10 jm. **dazwischenfunken** *ugs*

11 jm. **Hindernisse** in den Weg le-
    gen
    jm. **Steine** in den Weg legen

12 jm. einen **Hemmschuh** in den
    Weg legen *selten*

13 jm. (einen) **Knüppel** zwischen die
    Beine werfen/schmeißen *ugs*

14 jm. in den **Arm** fallen

15 jm. (ein) **Beinchen** stellen *ugs*
    jm. ein **Bein** stellen *ugs*

16 jm. ins **Handwerk** pfuschen

17 es/etw. nicht/nicht erst/... dazu
    kommen lassen
    es/etw. nicht/nicht erst/gar nicht
    erst/... so weit **kommen** lassen

18 etw. im **Keim** ersticken

19 Pläne/Hoffnungen/... zunichte
    machen

20 js. **Pläne** durchkreuzen
    Pläne/... über den **Haufen** wer-
    fen/(stoßen)

21 jm. einen **Strich** durch die Rech-
    nung machen

22 jm. das/sein **Spiel** verderben
    jm. das/sein **Spielchen** verderben
    ugs
    jm. (gehörig/...) die **Suppe** ver-
    salzen (mit etw.) *ugs*

23 jm. in die **Suppe** spucken *ugs sel-
    ten*

24 **Sand** ins Getriebe streuen

25 jn. von einem unklugen/unbe-
    dachten/unüberlegten/...
    Schritt zurückhalten

26 Willkürmaßnahmen/... einen
    Damm entgegensetzen *path*
    einen **Damm** gegen etw. errich-
    ten/(aufrichten) *path*

27 jm./e-r S. den **Garaus** machen

28 sich selbst im **Weg(e)** stehen

29 sich selbst im **Licht** stehen

30 **Sand** im Getriebe sein

Hb 5 schaden, schädigen: Schaden anrichten; jm. etwas einbrocken

---

1 j. hat sich (da) eine nette/schö-
   ne/... **Geschichte** (mit etw.) ge-
   leistet

2 **Schaden** anrichten (mit etw.)
   jm./e-r S. **Schaden** zufügen (mit
   etw.)

3 **Unheil** stiften

4 jm. zum **Schaden** gereichen

5 seine vorlaute Bemerkung/...
   wird/ist jm. schlecht **bekommen**

6 etw. in **Mitleidenschaft** ziehen

7 jm. einen bösen **Streich** spielen

8 jm. etwas **einbrocken** (mit etw.)
   ugs
   jm. etwas **Schönes** einbrocken
   (mit etw.) *ugs*
   jm. etwas **Nettes** einbrocken (mit

etw.) *ugs*
jm. eine nette/schöne/... **Ge-
schichte** (mit etw.) einbrocken
ugs
jm. eine schöne **Suppe** einbrok-
ken (mit etw.) *ugs selten*

9 jm. eine **Laus** in den Pelz setzen
   ugs
   jm. eine **Laus** ins Fell setzen *ugs*

10 jm. den schwarzen **Peter** zuspie-
    len

11 jm. einen **Bärendienst** erweisen

12 ein **Danaergeschenk** sein *geh*

13 das/etw. ist (das reinste) **Gift** für
    jn. *ugs*

14 e-r S. keinen **Abbruch** tun

Hb 6 sich selbst schaden, schädigen: sich reinreiten; sich ins eigene Fleisch schneiden; sein Glück verscherzen; etw. ist ein Schuß nach hinten

---

1 mehr **Schaden** als Nutzen haben
   bei etw.

2 j. hat sich (da) eine nette/schö-
   ne/... **Geschichte** (mit etw.) ge-
   leistet

3 zu **Schaden** kommen

4 sich eine **Laus** in den Pelz setzen
   ugs

5 sich ganz schön/ziemlich/...
   reinreiten (mit etw.) *ugs*

6 sich eine schöne **Suppe** einbrok-
   ken (mit etw.) *ugs selten*

7 sich (gewaltig/ganz gehörig/...)
   die **Finger** verbrennen
   sich (gewaltig/ganz gehörig/...)
   die **Pfoten** verbrennen *ugs*
   sich (gewaltig/...) in den (eige-
   nen) **Finger** schneiden *ugs*
   da hast du dir/da hat er sich/...
   (aber/aber gewaltig/gewal-
   tig/...) in den (eigenen) **Finger**
   geschnitten! *ugs*

8 sich ins eigene **Fleisch** schneiden

9 sich/sich selbst (mit etw.) den
   Ast absägen, auf dem man sitzt
   sich den eigenen **Ast** absägen

10 das eigene/sein eigenes **Nest** beschmutzen

11 sich die Zukunft/die Möglichkeiten zum Weiterkommen/... **verbauen**

12 sein **Glück** verscherzen
sein **Glück** mit Füßen treten

13 sich etw. durch die **Finger** gehen lassen

14 damit/mit solchen ... wirst du/wird er/... weit **kommen**! *iron*

15 jetzt/... **wendet** sich etw. gegen jn. (selbst)
ein **Schuß** geht nach hinten los *ugs*
etw. ist ein **Schuß** nach hinten *ugs*
ein **Eigentor** sein *ugs*

16 eine **Krähe** hackt der anderen kein Auge aus

Hb 7 günstig: von Nutzen sein; jm. gelegen kommen; es trifft sich gut; im richtigen Augenblick

1 j./etw. **tut's** auch

2 gut **fahren** mit jm./etw.

3 von **Nutzen** sein
gute **Dienste** tun

4 jm. zum **Nutzen** gereichen *form*

5 ein gefundenes **Fressen** sein (für jn.) *ugs*

6 jm. zugute **kommen**

7 jm. zustatten **kommen**
jm. (sehr/...) zupaß **kommen** *form*
jm. (mit etw.) (sehr/...) gelegen **kommen**
jm. wie gerufen **kommen**

8 in js. **Karte** passen *selten*

9 jm. (gut/blendend/...) in den **Kram** passen *ugs*
jm. in den **Streifen** passen *selten*

10 zusammenpassen/... wie **Topf** und Deckel *vulg*
zusammenpassen/... wie **Pott** und Deckel *vulg*

---

11 günstigen **Boden** für etw. finden/vorfinden

12 ein **Geschenk** des Himmels sein

13 es **trifft** sich gut, daß/...
es gut/... **treffen** mit jm./etw. (bei jm.)

14 das **Gegebene** wäre/ist/wäre, wenn/...

15 im besten **Fall**

16 genau/gerade **richtig**/(recht) kommen/erscheinen/(...)

17 (genau) im richtigen **Augenblick** kommen/...
(genau) im richtigen **Moment** kommen/...

18 den richtigen/rechten **Zeitpunkt** wählen
etw. zum richtigen/... **Zeitpunkt** tun

19 im gegebenen **Augenblick** kommen/...
im gegebenen **Moment** kommen/...

20 zu gelegener **Stunde** kommen/... *geh*

21 jn. schickt/(sendet) der **Himmel** *path*
jn. schickt/(sendet) ein guter **Geist**

22 bei nächster **Gelegenheit**

23 (man muß) alles zu seiner **Zeit** (tun/...)

24 die **Zeit** arbeitet für jn.

25 das **Angenehme** mit dem Nützlichen verbinden

Hb 8 ungünstig: jm. nicht gelegen kommen; im schlimmsten Fall; zur Unzeit

1 es schlecht/... **treffen** mit jm./etw. (bei jm.)
schlecht **fahren** mit jm./etw.

2 jm. (mit etw.) nicht gelegen **kommen**
jm. (mit etw.) ungelegen **kommen**
jm. nicht zupaß **kommen** *form*

3 jm. nicht in den **Kram** passen *ugs*
jm. nicht in den **Streifen** passen *selten*

---

4 es **trifft** sich nicht gut/(schlecht), daß/...

5 passen wie die **Faust** aufs Auge *ugs*

6 im schlimmsten **Fall**
wenn alle **Stricke** reißen, dann ...
wenn alle **Stränge** reißen, dann/...

7 außer der **Zeit** kommen/stattfinden/...

8 zu ungelegener **Stunde** kommen/... *geh*

9 zur **Unzeit** kommen/...

10 den falschen **Zeitpunkt** wählen

11 den günstigen/günstigsten **Zeitpunkt** verpassen
die **Gunst** der Stunde verpassen
die **Gelegenheit** versäumen

12 die **Ungunst** der Verhältnisse führt dazu, daß/...

Hb 9 Nutzen ziehen aus: die Gelegenheit wahrnehmen; Kapital schlagen aus; sein Schäfchen ins Trockene bringen; das Beste aus etw. machen; sein Glück versuchen

1 fleißigen/... **Gebrauch** machen von etw.
mit etw. ist jm. **gedient**
allerhand/viel/... von jm./etw. **haben**

2 sich das/so etwas/... nicht zweimal **sagen** lassen

3 sich etw. zunutze **machen**

4 einen günstigen/den günstigsten **Augenblick** abpassen

5 die **Gelegenheit** wahrnehmen/ergreifen
die **Gelegenheit** beim Schopfe fassen/(packen)
das **Glück** beim Schopfe fassen/(packen)

6 die **Gunst** der Stunde nutzen/wahrnehmen
die Gunst des **Augenblicks** nutzen/wahrnehmen, (um) etw. zu tun
die/seine **Stunde** wahrnehmen

7 die **Chance** seines Lebens nutzen
das ist/war die **Chance** meines/deines/... Lebens

8 gut/wohl **beraten** sein, wenn man
   etw. tut/. . .

9 in js. **Interesse** sein/liegen/etw.
   tun

10 jm. zum **Nutzen** gereichen *form*

11 **Nutzen** ziehen aus etw.

12 einen **Vorteil** ziehen aus etw.
    Vorteile ziehen aus etw.
    Profit ziehen aus etw. *ugs*

13 **Kapital** schlagen aus etw. *ugs*

14 sein **Schäfchen** ins Trockene
    bringen

15 sein **Schäfchen** zu scheren wissen

16 auf seine **Kosten** kommen (in/
    bei etw.)
    auf seine **Rechnung** kommen (in/
    bei etw.)

17 das **Beste** aus etw. machen

18 von zwei/den beiden **Übeln** das
    kleinere wählen
    das kleinere **Übel** sein

19 aus der **Not** eine Tugend machen

20 man muß das **Eisen** schmieden,
    solange es (noch) heiß ist
    jetzt oder nie!

21 an der **Quelle** sitzen
    an der **Krippe** sitzen *ugs*

22 sein **Glück** probieren (wollen)
    sein **Glück** versuchen (wollen)

23 (woanders/bei/in . . .) sein **Glück**
    versuchen (wollen)
    woanders/bei/in . . . sein **Heil**
    versuchen

24 zwei/mehrere/viele **Eisen** im
    Feuer haben

25 mit seinem **Pfunde** wuchern *geh*

26 mit der **Wurst** nach der Specksei-
    te werfen *ugs*
    mit einer **Wurst** nach einer Seite
    Speck angeln *ugs selten*

27 etw. zu **Ehren** bringen

28 weder **Nutzen** noch Schaden (bei
    etw.) haben

29 der lachende **Dritte** sein

30 etw. mit geschmatzten **Händen**
    annehmen *path*

31 etw. mit **Kußhand** annehmen
    etw. mit **Handkuß** nehmen *path
    selten*

32 zum **Besten** der Armen/Ge-
    schädigten/. . . erfolgen/. . .

33 **zugunsten** von jm.

34 zu **Nutz** und Frommen von jm.
    path
    zu js. **Nutz** und Frommen *path*

35 jm. **zuliebe** etw. tun

36 niemandem **zuliebe** und nieman-
    dem zuleide (etw. tun) *selten*

Hb 10   jn. ausnehmen

1 (es verstehen) jm. das **Geld** aus
   der Tasche (zu) ziehen *ugs*

2 jn. um ein paar Mark/. . . leichter
   machen/erleichtern *ugs*

3 jm. etw. aus den **Händen** win-
   den/ringen
   jm. etw. aus der **Hand** winden/
   ringen

4 jm. etw. (gleichsam/. . .) aus der
   Hand reißen

5 jn. zur **Ader** lassen

6 (gern/. . .) sein **Süppchen** am
   Feuer anderer kochen *ugs*

7 jn. vor seinen **Karren** spannen
   ugs

8 jn. bis zum **letzten** ausnehmen/
   ausquetschen/aussaugen
   jn. wie eine **Zitrone** ausquet-
   schen/auspressen
   jn. bis aufs **Blut** aussaugen *path*
   jm. den letzten **Tropfen** Blut aus-
   saugen *path*

9 den anderen/. . . das **Mark** aus
   den Knochen saugen *path*

10 jn. bis aufs **Hemd** ausziehen *ugs*

Hb 11   eigennützig: auf sei-
nen Vorteil bedacht sein; den
Rahm abschöpfen; in die ei-
gene Tasche arbeiten; gekauft
sein

1 etw. (nur/. . .) um seiner **selbst**
   willen tun

2 an sich selber/selbst zuerst **den-
   ken**
   immer (nur/bloß/. . .) an sich
   (selber) **denken**

3 sehr auf seinen/den eigenen **Vor-
   teil** bedacht sein

4 vom **Stamme** Nimm sein *ugs*

5 mit der einen **Hand** geben (und)
   mit der anderen nehmen
   mit der **Linken** nehmen, was die
   Rechte gibt

6 sich die **Rosinen** aus dem Kuchen
   picken/klauben *ugs*
   sich die besten/fetten **Brocken**
   aus der Suppe fischen *ugs*
   sich die besten **Stücke** aus der
   Suppe fischen *ugs*

7 den **Rahm** abschöpfen
   die **Milch** abrahmen
   das **Fett** abschöpfen

8 sich (an etw.) **gesundstoßen** *ugs*
   sich (an etw.) **gesundmachen** *ugs
   selten*

9 in die/seine eigene **Tasche** arbei-
   ten/wirtschaften

10 sich (doch nur/. . .) die (eigenen)
    Taschen füllen

11 etw. in die/seine eigene **Tasche**
    stecken

12 immer die **Hand** aufhalten
    seine **Hand** immer offenhalten

13 **gekauft** sein

14 jn. **schmieren** *ugs*

15 das **Hemd** ist jm. näher als der
    Rock
    jeder ist sich selbst der **Nächste**

16 das liebe **Ich**!

17 jeder für sich, **Gott** für (uns) alle!

Hb 12   mißgünstig, neidisch:
jm. nicht die Butter aufs Brot
gönnen; gelb vor Neid;
Schielaugen machen

1 jm. nicht das **Schwarze** unter
   dem Nagel/den Nägeln gönnen

jm. nicht so viel gönnen, wie man auf dem **Nagel** fortträgt *selten*

jm. nicht so viel gönnen, wie unter den **Nagel** geht *selten*

2 jm. nicht die **Butter** aufs Brot gönnen *ugs*

jm. keinen **Happen** gönnen *ugs*

jm. keinen **Bissen** Brot gönnen

3 jm. (sozusagen) die **Bissen** im/in den Mund zählen *ugs*

4 j. könnte vor **Neid** platzen/vergehen/bersten

5 gelb/grün/grün und gelb/blaß vor **Neid** werden

6 der blasse/blanke **Neid** spricht aus jm.

jm. schaut/sieht der **Neid** aus den Augen

7 jn. von der **Seite** ansehen/anschauen/angucken

jn. schief **anschauen** *ugs*

jn. schief **ansehen** *ugs*

8 scheel **blicken** *ugs*

9 **Schielaugen** machen

10 jn. mit scheelen **Augen** ansehen/(anschauen/anblicken)

jn. mit scheelen **Blicken** ansehen/anschauen

11 jm. etw. streitig **machen**

12 die **Trauben** sind jm. zu sauer

die **Trauben** hängen jm. zu hoch

die **Kirschen** in Nachbars Garten

das ist (nur/bloß) der **Neid** der Besitzlosen! *ugs*

Hb 13 gut wegkommen; im Vorteil

1 es ist gut/glänzend/... um jn./etw. **bestellt**

es **steht** gut/glänzend/... um jn./etw.

mit js. Gesundheit/Leistungskraft/... ist es gut/glänzend/... **beschaffen** *selten*

2 sich bei etw. gut/glänzend/... **stehen**

sich gut/glänzend/... **stehen** in/bei/...

3 fein/(schön) **heraussein** *ugs*

4 gut/glänzend/besser als/... **wegkommen** (mit etw./bei jm./etw.)

5 den **Vogel** abschießen *ugs*

6 jm. gegenüber im **Vorteil** sein/den Vorteil haben, daß ...

jm. gegenüber ein **Prä** haben/das Prä haben, daß ... *geh*

7 einen **Heimvorteil** haben *(bes. Sport)*

8 etw. (schon/...) als **Plus** für sich buchen (können) *path*

9 j. hat den besseren/(das bessere) **Teil** erwählt *path*

10 es **springt** da/bei etw. allerhand/viel/... (für jn.) raus/heraus *ugs*

11 es soll dein/ihr/... **Schaden** nicht sein

12 einen guten **Tausch** machen

13 einen guten **Griff** getan haben

14 j. hat gut **lachen**

15 der lachende **Dritte** sein

Hb 14 Nachteil: schlecht wegkommen (im Leben); das Nachsehen haben; ein zweischneidiges Schwert sein; zu js. Lasten gehen; etw. ausbaden müssen; der Sündenbock sein

1 jn. wie ein/als **Stiefkind** behandeln

2 jn./etw. stiefmütterlich **behandeln** *ugs*

3 ein **Schattendasein** führen

im **Schatten** leben *selten*

4 auf der **Schattenseite** des Lebens stehen *path selten*

5 ein (richtiges/...) **Stiefkind** des Glücks sein

6 in js. **Schatten** leben

in js. **Schatten** stehen

7 wenig/nichts/... von jm./etw. **haben**

8 sich bei etw. schlecht/miserabel/... **stehen**

sich schlecht/miserabel/... **stehen** in/bei/...

9 schlecht/übel **beraten** sein, wenn man etw. tut/... *form*

10 ins **Hintertreffen** kommen/geraten

11 schlecht/miserabel/schlechter als/... **wegkommen** (mit etw./bei jm./etw.)

12 jm. gegenüber/im Verhältnis zu jm./... im **Nachteil** sein

jm. gegenüber/im Verhältnis zu jm./... im **Hintertreffen** sein

13 das **Nachsehen** haben

den kürzeren **ziehen**

14 zu kurz **kommen**

15 leer **ausgehen**

in die **Röhre** gucken/(schauen) *ugs*

in den **Mond** gucken *ugs*

16 mit leeren **Händen** dastehen

17 der **Dumme** sein

18 (aber) schön dumm **dran** sein (mit jm./etw.) *ugs*

übel **dran** sein (mit jm./etw.)

19 (aber) **gelackmeiert**/der Gelackmeierte sein *ugs*

20 nun/jetzt/dann/... stehe ich/steht ihr/... da mit rein gewaschenem **Hals** *vulg*

21 und wer **küßt** mich? *ugs*

22 der **Zug** ist (schon) abgefahren *ugs*

..., dann ist der **Zug** abgefahren *ugs*

23 seine **Schattenseiten** haben

24 seine **Kehrseite** haben

25 die **Kehrseite** (der Medaille) ist/ist daß/...

26 bei etw./bei allem/... gibt es/... **Licht** und Schatten

27 das/etw./etw. zu tun ist ein zweischneidiges **Schwert**

28 jn./etw. in **Kauf** nehmen müssen

29 einen schlechten **Tausch** machen

30 zu js. **Lasten** gehen

auf **Kosten** gehen von jm./etw.

auf js. **Kosten** gehen

31 auf anderleuts **Kosten** etw. tun

32 auf js. **Rücken** sich bereichern/... *selten*

33 **Schadenersatz** für etw. leisten

34 den **Kopf** hinhalten für jn./etw.
den/seinen **Buckel** hinhalten für jn./etw. *ugs*

35 **herhalten** müssen für jn.
für die **Dummheit(en)** anderer büßen/aufkommen müssen

36 die **Suppe** auslöffeln sollen/können/müssen/dürfen, die man sich/ein anderer/. . . einem eingebrockt hat *ugs*
den **Brei** auslöffeln können/sollen/müssen/dürfen *ugs*
das **ausbaden** müssen/sollen, was ein anderer falsch gemacht hat/. . . *ugs*
die **Zeche** zahlen/(bezahlen) müssen *ugs*

37 den Letzten beißen die **Hunde** *ugs*

38 der **Sündenbock** sein
den **Sündenbock** abgeben/spielen

39 der **Prügelknabe** sein
als **Prügelknabe** dienen

40 einen **Sündenbock** suchen/brauchen

41 zu js. **Ungunsten**
zuungunsten von jm.

42 zu js. **Leidwesen**

43 zu allem/zum **Überfluß** auch noch/dann noch/. . .
zu allem **Unglück** auch noch/dann noch/. . .
zu allem **Übel** auch noch/dann noch/. . .

44 ein notwendiges **Übel** sein

45 vom **Übel** sein

46 immer **ich!** *ugs*

Hc 1 bereitwillig, gern (tun): an jm. soll es nicht liegen; leichten Herzens etw. tun; zu allem bereit sein

---

1 **willens** sein, etw. zu tun

2 guten **Willens** sein

3 »eh(e) ich mich **schlagen** lasse« *ugs iron*
eh(e) er/der Peter/. . . sich **schlagen** läßt *ugs iron*

4 an mir/ihm/. . . soll es nicht **liegen** (wenn es nicht klappt/. . .)

was an mir/ihm/. . . **liegt** – ich werde/er wird/. . . alles tun, was ich kann/er kann/. . .

5 leichten **Herzens** etw. tun
leichten **Herzens** sich entschließen/. . ., etw. zu tun
mit leichtem **Herzen** etw. tun
mit leichtem **Herzen** sich entschließen/. . ., etw. zu tun

6 etw. **gern** tun

7 für etw. zu **haben** sein

8 für alles zu **haben** sein

9 zu allem **bereit** sein
immer/sofort/. . . **dabei** sein, wenn es gilt/heißt, etw. zu tun/. . . *ugs*

10 zu allem zu **gebrauchen** sein

11 zu jeder **Schandtat** bereit sein *ugs*
zu allen **Schandtaten** bereit sein *ugs*

12 mit ihm/ihr/dem Paul/. . . kann man **Pferde** stehlen *ugs*

13 wird **gemacht!** *ugs*

14 herzlich **gern!**
aber **gern!**
mit **Vergnügen!**

15 mit dem größten **Vergnügen!**

16 ich **wüßte** nicht, was ich lieber täte! *ugs (oft iron.)*
nichts **tu** ich/tut j. lieber als das! *ugs (oft iron.)*

17 für dich/Sie/. . . **tu** ich/tun wir/. . . alles! *ugs (oft iron.)*

Hc 2 ungern, widerwillig (tun): keine Lust haben zu; schweren Herzens etw. tun; jn. sauer ankommen; ächzend und stöhnend . . .

---

1 sich nicht viel/wenig/nichts/. . . daraus **machen**, etw. zu tun

2 es **macht** jm. allerhand/viel/. . . aus, etw. zu tun

3 e-r S. nichts/wenig/. . . **abgewinnen** können

4 keine/wenig/. . . **Lust** haben zum . . ./etw. zu tun
keinen **Bock** auf etw. haben *(Neol.) ugs*
Null Bock auf etw. haben *(Neol.) ugs*

5 jm. ist nicht danach **zumute**, etw. zu tun
jm. ist nicht nach etw. **zumute**

6 jm. steht der **Sinn** nicht nach etw./danach, etw. zu tun
jm. steht der **Kopf** nicht nach etw./danach, etw. zu tun

7 mit etw. nichts am **Hut** haben *ugs*

8 kein **Verlangen** nach etw. tragen/danach tragen, etw. zu tun *geh*

9 nicht für fünf **Pfennige** Lust haben/verspüren, etw. zu tun *ugs*

10 (heute/. . .) nicht in der (richtigen) **Stimmung** sein, etw. zu tun

11 schweren **Herzens** sich entschließen/. . ., etw. zu tun
mit schwerem **Herzen** sich entschließen/. . ., etw. zu tun
mit schwerem **Herzen** etw. tun

12 wider (seinen) **Willen** etw. tun

13 jn. hart **ankommen**
jn. sauer **ankommen** *ugs*
jm. (sehr) sauer **werden** *ugs*

14 etw. mit zusammengebissenen **Zähnen** tun

15 blutenden **Herzens** etw. tun *path*
mit blutendem **Herzen** etw. tun *path*

16 (erst/. . .) nach langem **Sträuben** nachgeben/. . .

17 mit viel(em) **Wenn** und Aber zustimmen/. . .

18 der **Not** gehorchend (nicht dem eigenen Triebe) *ugs*
mit vielem **Weh** und Ach *path*
ächzend und stöhnend *path*

19 unter **Heulen** und Zähneklappern etw. (schließlich doch/. . .) tun *path*

20 bei allem/allem und jedem/allen Projekten/. . . tausend **Wenn** und Aber haben *ugs*

21 (ja) wenn das **Wenn** und das Aber nicht wär'/. . . (dann wäre die ganze Welt nicht mehr) *ugs*
(ja) wenn das **Wörtchen** 'wenn' nicht wär'! *ugs*

Hc 3 Gefallen finden an:
viel Vergnügen finden an; es
jm. angetan haben; ganz weg
sein; jn. in seinen Bann zie-
hen; eine wahre Wonne; er-
picht sein auf; sich einen
Spaß daraus machen, etw. zu
tun; sich an etw. nicht satt se-
hen, hören können

1 sich viel/etwas/. . . **machen** aus
etw.

2 jm. ist/wäre etw. nicht **unlieb**

3 **Gefallen** finden an etw./daran,
etw. zu tun
an jm./etw. (viel/. . .) **Vergnügen**
finden
(viel/. . .) **Vergnügen** daran fin-
den, etw. zu tun
jm. (großes/viel/. . .) **Vergnügen**
bereiten/machen, etw. zu tun
jm. (großen/viel/. . .) **Spaß** ma-
chen, etw. zu tun

4 etw. gefällt jm. über alle **Maßen**
path

5 mit jm./etw. viel/. . . im **Sinn** ha-
ben

6 mit jm./etw. viel/. . . am **Hut** ha-
ben *ugs*

7 **Geschmack** an etw. finden

8 etw. für sein **Leben** gern tun *ugs*

9 von **Herzen** gern etw. tun

10 mit **Lust** und Liebe etw. tun
Lust und Liebe zu etw. haben

11 etw. mit wahrer/einer wahren
Begeisterung tun
etw. mit wahrer/einer wahren
Wollust tun *ugs*

12 (sofort/. . .) **Feuer** und Flamme
für etw. sein

13 es jm. **angetan** haben
von etw. (ganz) **angetan** sein

14 etw. mit (viel) **Liebe** tun

15 . . ., darauf **fliegt** er sofort *ugs*

16 von etw. angezogen werden wie
die **Motten** vom Licht *ugs*

17 ein **Faible** für jn./etw. haben *geh*

18 einen **Fimmel** für etw. haben *ugs*

19 völlig/ganz/. . . **gefangengenom-
men** sein von jm./etw.
völlig/ganz/. . . **gefesselt** sein von
jm./etw.

20 ganz **weg** sein (von jm./etw./mit
jm./etw.) *ugs*
rein **weg** sein (von jm./etw./mit
jm./etw.) *ugs*

21 etw. **Bestechendes** haben

22 einen starken/großen/. . . **Reiz**
auf jn. ausüben

23 jn. in seinen **Bann** ziehen
jn. in seinen **Bann** schlagen *selten*
jn. in/(im) **Bann** halten
jn. nicht mehr **loslassen**

24 in js. **Bannkreis** geraten
in js. **Bann** geraten *selten*

25 nicht **übel** sein
(gar) nicht **uneben** sein *ugs*

26 etw. ist eine (wahre) **Pracht**
das/etw. ist eine wahre **Wonne**

27 arbeiten/. . ., daß es eine **Lust** ist

28 das non plus **ultra** (für jn.) sein
geh

29 mein/dein/. . . **Fall** sein

30 das ist eine **Wucht**! *ugs*
das ist eine/die **Wolke**! *ugs selten*

31 eine **Wolke** von einem Kleid/. . .
ugs selten

32 auf den **Geschmack** kommen

33 ein **Auge** auf jn./etw. geworfen
haben

34 **erpicht** sein auf etw.

35 j. hat **Blut** geleckt *path iron*

36 jm. etw. schmackhaft **machen**

37 sich ein **Vergnügen** daraus ma-
chen, etw. zu tun
sich ein **Vergnügen** aus etw. ma-
chen

38 ein (geradezu) kindliches **Ver-
gnügen** an etw. finden/daran fin-
den, etw. zu tun

39 sich einen **Spaß** daraus machen,
jn. zu ärgern/. . .
sich einen **Sport** daraus machen,
jn. zu ärgern/. . . *ugs*

40 etw. (nur/bloß) zum **Vergnügen**
tun

41 die **Augen** nicht von jm. lassen
kein **Auge** von jm. lassen
kein **Auge** von jm. wenden
den **Blick** nicht von jm./etw. ab-
wenden

42 sich an etw. (gar/überhaupt)
nicht **satt** sehen/hören/riechen
können

43 sich die **Augen** nach jm. ausguk-
ken/(ausschauen)

44 sich (fast/beinahe) die **Augen** aus
dem Kopf gucken/(schauen/se-
hen) nach jm.

45 jn./etw. hüten wie seinen **Aug-
apfel** *path*

46 das lasse/laß' ich mir **gefallen**
das läßt du dir/er sich/. . . **gefal-
len**, was/. . .?!

47 es/das ist **Geschmackssache** (ob
. . .)

Hc 4 Lust und Laune

1 es **macht** jm. nichts/. . . aus, etw.
zu tun

2 jm. ist danach **zumute**, etw. zu
tun
jm. ist nach etw. **zumute**

3 **Lust** haben auf etw./etw. zu tun
(viel/große/. . .) **Lust** haben zum
. . ./etw. zu tun

4 etw. liebend **gern(e)** tun
etw. mit tausend **Freuden** tun
path

5 j. wäre/täte etw. **nur** zu gern

6 **Verlangen** nach etw. tragen/da-
nach tragen, etw. zu tun *geh*

7 nach Gerechtigkeit/. . . **hungern**
und dürsten *path*

8 jn. überfällt eine große/. . . **Lust**
nach etw./etw. zu tun

9 es juckt jm. in den **Fingern**, etw.
zu tun *ugs*
es kribbelt jm. in den **Fingern**,
etw. zu tun *ugs*
es zuckt/kribbelt/juckt/. . . jm.
in den **Händen**, jn. zu schla-
gen/. . .
es juckt/kribbelt jm. in den **Fin-
gerspitzen**, etw. zu tun *ugs*

10 in **Versuchung** kommen/(gera-
ten)
jn. in **Versuchung** führen *(oft
iron.)*

11 (je) nach **Laune** etw. tun
    nach **Belieben** etw. tun kön-
    nen/. . .
    (ganz) wie/wo/wann/. . . es jm.
    beliebt *(oft iron.)*
    (je) nach **Lust** und Laune etw.
    tun können

12 nach **Herzenslust** etw. tun (kön-
    nen)

13 jeden nach seiner **Fasson** selig
    werden lassen
    jeder muß/soll nach seiner **Fas-
    son** selig werden

14 jedem **Tierchen** sein Pläsierchen!
    ugs

Hc 5 keinen Gefallen finden an

1 es/das ist **Geschmackssache** (ob
   . . .)

2 an etw. nichts/(wenig) **finden**
   können *ugs*
   etw. nichts besonderes **finden** *ugs*

3 sich wenig/nichts/. . . **machen**
   aus etw.

4 an etw. nicht viel/. . . **Vergnügen**
   finden
   nicht viel/. . . **Vergnügen** daran
   finden, etw. zu tun
   es bereitet/macht jm. kein/. . .
   Vergnügen, etw. zu tun
   es macht jm. keinen **Spaß**, etw.
   zu tun
   keinen **Gefallen** finden an jm./
   etw.
   mit jm./etw. wenig/nicht
   viel/. . . im **Sinn** haben
   e-r S. keinen **Reiz** abgewinnen
   können
   sich für jn./etw. nicht **erwärmen**
   können

5 etw. (zu tun) ist js. **Sache** nicht/
   nicht js. Sache
   nicht mein/dein/. . . **Fall** sein

6 etw. liegt nicht auf/ist nicht js.
   Wellenlänge *ugs*

7 etw. ist nicht js. **Kragenweite** *ugs*

8 jm. ist/wäre etw. **unlieb**

9 j. **weiß**, was er lieber tut/täte *ugs*

10 seinen **Reiz** verlieren

Hc 6 leid sein: die Nase voll haben; etw. satt werden; bis zum Überdruß tun; etw. nicht mehr sehen, hören können

1 das/js. **Maß** ist voll
   das **Maß** der Geduld/der Nach-
   giebigkeit/. . . (von jm.) ist voll

2 etw. **leid** sein/es leid sein, etw. zu
   tun
   e-r S. **müde** sein *selten*
   es **müde** sein, etw. zu tun *selten*
   etw. **satt** sein/haben *ugs*
   es **satt** sein/haben, etw. zu tun
   ugs
   es **über** haben, etw. zu tun *selten*

3 jn./etw. **dick** haben *ugs*

4 die **Nase** (gestrichen) voll davon
   haben, etw. zu tun *vulg*
   jm. (schon) bis zum **Hals(e)** ste-
   hen *vulg*
   etw. bis an den **Hals** satt haben
   selten
   jm. (schon) zum **Hals(e)** heraus-
   hängen/herausstehen/(heraus-
   wachsen/herauskommen) *vulg*
   etw. kommt jm. schon zu den
   Ohren heraus *ugs iron*
   den **Kanal** von etw. (gestrichen)
   voll haben *vulg*
   die **Schnauze** vollhaben von jm./
   etw./davon, etw. zu tun *vulg*

5 jm. bis hierher/hierhin/hier
   oben **stehen** *(Geste: Hand quer
   zur Oberlippe) vulg*
   etw. bis dahin/hierhin **leid** sein/
   haben/es . . . sein/haben, zu tun
   vulg
   etw. bis dahin/hierhin **satt** sein/
   haben/es . . . sein/haben, zu tun
   vulg

6 das/etw. **stinkt** jm. (schon/all-
   mählich/. . .) *vulg*

7 das **Maß** vollmachen

8 jm. zuviel **werden**

9 jn./etw. leid **werden**
   es leid **werden**, etw. zu tun
   es müde **werden**, etw. zu tun *sel-
   ten*
   es über **werden**, etw. zu tun *selten*
   es überdrüssig **werden**, etw. zu
   tun/(jn./etw. überdrüssig wer-
   den) *geh selten*
   jn./etw. satt **werden**/es satt wer-
   den, etw. zu tun *ugs*
   jn./etw. satt **kriegen** *ugs*

10 jetzt **reicht's** mir/meinem Va-
    ter/. . . (aber) (langsam/. . .)! *ugs*
    langsam/jetzt/. . . **langt's** (mir/
    meinem Vater/. . .) (aber) *ugs*

11 zuviel **kriegen** mit jm./von etw.
    ugs
    ich **krieg** noch/er kriegt noch/. . .
    zuviel (mit jm./von etw.)! *ugs*

12 etw. geht jm. über die **Hutschnur**
    ugs

13 etw. bis zum **Überdruß** tun/ge-
    hört haben/durchgenommen ha-
    ben/. . .
    etw. bis zum **es-geht-nicht-mehr**
    tun *ugs*
    etw. bis zum **Erbrechen** tun *vulg*

14 sich an etw. (gründlich/rich-
    tig/. . .) **satt** gesehen/gehört/. . .
    haben
    sich an etw. (gründlich/rich-
    tig/. . .) **satt** sehen

15 jn./etw. nicht mehr **sehen** kön-
    nen/wollen
    etw. nicht mehr **hören** können/
    wollen

16 nichts mehr von etw. **hören** wol-
    len

17 j. ist (restlos) **bedient**

18 den **Kram** leid sein *ugs*
    den **Kram** satt haben/sein *ugs*

19 bis **hierher** und nicht weiter!
    bis **hierhin** und nicht weiter!

Hc 7 Unbehagen, zwiespältiges Gefühl

1 sich nicht **anfreunden** können
   mit dem Gedanken/der Vorstel-
   lung/. . ., zu . . .

2 (so) ein ungutes **Gefühl** haben
   (bei etw.)
   (so) ein zwiespältiges/mulmiges
   Gefühl haben (bei etw.)
   jn. **beschleicht** ein ungutes Ge-
   fühl/eine Sorge/. . .

3 jm. ist bei dem Gedanken/der
   Vorstellung/. . . (daß . . ./) nicht
   (so recht/. . .) **wohl**
   jm. ist bei etw. nicht (gerade/
   ganz/. . .) wohl **zumute**

4 jm. ist/wird bei etw. mulmig **zu-
   mute** *ugs*

5 etw. mit gemischten **Gefühlen**
   tun/. . .

6 einen unangenehmen/bitteren **Beigeschmack** haben/hinterlassen/bei jm. zurücklassen/...

7 einen bitteren **Nachgeschmack** bei jm. hinterlassen

8 jm. ist (jm. gegenüber) nicht wohl in seiner **Haut** *ugs*
sich (jm. gegenüber) nicht wohl in seiner **Haut** fühlen *ugs*

9 in/... nicht **warmwerden**

10 jn. **hält** hier/bei/... nichts (mehr) *ugs*

11 sich fühlen/... wie ein **Fisch** auf dem Trockenen

Hd 1 Wohlgefühl: sich wohlfühlen; ganz in seinem Element sein; sich wie neu geboren fühlen

---

1 es **gut** haben (in/bei/...)

2 (gut/...) **zurechtkommen** in/bei/mit/...

3 sich wohl **fühlen**
jm. ist gut/ausgezeichnet/... **zumute**
(wirklich/richtig/...) gut **drauf** sein *ugs*

4 sich pudelwohl **fühlen** *ugs*
sich wohlfühlen wie die **Made(n)** im Speck *ugs*

5 sich fühlen/... wie einst im **Mai** *ugs*
sich fühlen/... wie ein junger **Gott** *ugs*

6 jm. ist/j. fühlt sich so **kannibalisch** wohl (als wie 500 Säue(n)) *vulg iron*
sich sauwohl **fühlen** *vulg*

7 die **Stimmung** heben/zu heben versuchen/...

8 **frisch** und munter sein

9 immer/ganz **obenauf** sein *ugs*

10 sich (so) (ganz/richtig/...) in seinem **Element** fühlen

11 (so) (ganz/richtig/...) in seinem **Element** sein
sich wie ein **Fisch** im Wasser fühlen
sich munter wie ein **Fisch** im Wasser fühlen

12 j. meint/..., er könnte **Bäume** ausreißen *ugs*
j. will/j. fühlt sich als könnte er/... die **Welt** aus den Angeln heben

13 sich wie neu geboren **fühlen**
sich wie ein (ganz) anderer **Mensch** fühlen
ein (ganz) anderer **Mensch** sein

14 »was kost' die **Welt**?!« *ugs selten*

15 jm. **guttun**

16 ist das eine **Wohltat**! *ugs*

Hd 2 (das Leben) genießen: in Saus und Braus leben; ein schönes Leben haben; sich's wohlgehen lassen; sich die Zeit (angenehm) vertreiben; in vollen Zügen genießen

---

1 flott **leben**
ein flottes **Leben** führen

2 ein lustiges **Leben** führen

3 leben wie **Gott** in Frankreich
ein **Leben** wie Gott in Frankreich führen

4 in **Saus** und Braus leben
leben wie im **Schlaraffenland** *path*
ein **Leben** führen wie im Schlaraffenland *path*

5 **Luxus** treiben

6 herrlich und in **Freuden** leben

7 ein schönes **Leben** haben/(führen)
einen feinen **Lenz** haben *ugs*

8 alles, was das **Herz** begehrt, haben/bekommen/...

9 den **Himmel** auf Erden haben
das **Paradies** auf Erden haben
wie im **Paradies** leben *path*

10 die angenehmen/schönen/... **Seiten** des Lebens genießen/kennenlernen/...

11 sich's/es sich **wohlsein** lassen *ugs*
sich's/es sich **wohlgehen** lassen
sich's/es sich **gutgehen** lassen
sich ein schönes **Leben** machen
sich einen feinen/faulen **Lenz** machen *ugs*

12 sich einen schönen/guten **Tag** machen
sich ein paar schöne/gute **Tage** machen
sich einen vergnügten **Tag** machen
sich einen vergnügten **Abend** machen

13 allerlei **Kurzweil** treiben *(veraltend)*

14 sich die **Zeit** vertreiben mit etw.
sich die **Zeit** verkürzen mit etw.

15 die **Zeit** totschlagen
seine/die **Zeit** vertrödeln

16 (nur/...) zum/aus **Zeitvertreib** (etw. tun)

17 sich etw. **gönnen**

18 sich etw. zu **Gemüte** führen

19 etw. in vollen **Zügen** genießen

20 sich dem **Vergnügen** in die Arme werfen/schmeißen *(oft iron.)* *ugs*
sich in den **Strudel** des Vergnügens werfen/schmeißen *path selten*

21 (mal wieder/...) dem **Laster** frönen *(oft iron.)*

22 **leben** und leben lassen
den lieben **Gott** einen guten Mann sein lassen *ugs*

23 jedem **Tierchen** sein Pläsierchen! *ugs*

24 eine süße **Last** (für jn.) sein

25 **panem** et circenses *geh selten*

Hd 3 Gier: (ganz) versessen sein auf; jm. etw. schmackhaft machen

---

1 (ganz) **scharf** sein auf jn./etw.

2 (ganz) **versessen** sein auf etw.
(ganz) **verrückt** sein auf etw. *ugs*
(ganz) **wild** sein auf etw. *ugs*

3 hinter jm./etw. her sein wie der **Teufel** hinter der armen Seele

4 nach etw. **schielen** *ugs*

5 jn./etw. mit den/seinen **Augen** verschlingen
Stielaugen machen *ugs*

6 jm. quellen/fallen fast die **Augen** aus dem Kopf

7   sich die **Finger** danach lecken,
    etw. zu kriegen/essen/. . . *ugs*
    sich alle/alle zehn **Finger** danach
    lecken, etw. zu kriegen/es-
    sen/. . . *ugs*
    sich die **Pfoten** danach lecken,
    etw. zu kriegen/essen/. . . *vulg*

8   den **Bauch** nicht vollkriegen
    (können) *ugs*
    den **Rachen** nicht vollkriegen/
    voll genug kriegen (können) *vulg*

9   jm. etw. **schmackhaft** machen

10 jn. **scharfmachen** auf jn./etw.

11 jm. den **Mund** wäßrig machen

12 sich wie ein **Löwe** auf jn./etw.
    stürzen *path*
    sich wie die **Löwen** auf jn./etw.
    stürzen *path*

13 sich wie die **Hyänen** auf jn./etw.
    stürzen *path*

14 ein geiler **Bock** sein *vulg*
    geil wie ein **Bock** sein *vulg*

15 js. **Augen** sind größer als der Ma-
    gen

16 ein **Königreich** für ein Pferd/ein
    Bier/. . .!

Hd 4 essen – schmecken – kochen: nichts im Bauch haben; jm. knurrt der Magen; einen Bärenhunger haben; etw. zu sich nehmen; sich den Bauch vollschlagen, sich kugelrund fressen; wie ein Spatz essen; eine feine Zunge haben; etw. schmeckt nach mehr; etw. schmeckt wie Seife; vor vollen, leeren Schüsseln sitzen; bei Tisch; draußen essen; kochen; Unterkunft und Verpflegung

---

1   noch/seit/. . . nichts im **Magen**
    haben
    noch/seit/. . . nichts im **Bauch**
    haben *ugs*
    noch/seit/. . . nichts im **Leib** ha-
    ben

2   schon seit/. . . nichts/nichts Ver-
    nünftiges/. . . mehr zwischen die
    Zähne gekriegt haben *ugs*

3   **Kohldampf** haben *ugs*

4   js. **Magen** meldet sich (schon/
    bereits/. . .)
    jm. knurrt (schon) der **Magen**
    js. **Magen** knurrt vor Hunger

5   jetzt muß j. aber (endlich
    mal/. . .) etwas/etwas Vernünfti-
    ges/. . . zwischen die **Zähne** krie-
    gen *ugs*

6   der **Körper** verlangt sein Recht

7   (einen) **Hunger** für drei/zehn ha-
    ben

8   einen **Hunger** wie ein Bär haben
    einen **Bärenhunger** haben
    hungrig wie ein **Wolf** sein *path*
    selten
    einen **Hunger** wie ein Wolf haben
    path selten
    einen **Wolfshunger** haben *path*
    selten
    einen **Hunger** wie ein Löwe ha-
    ben *path selten*

9   mit nüchternem **Magen** aus dem
    Haus gehen/. . .

10 eine **Grundlage** legen

11 etw. auf nüchternen **Magen** es-
    sen/einnehmen/. . .

12 etwas **Warmes** essen (müs-
    sen/. . .)
    nichts **Warmes** essen

13 ein Brötchen/. . . auf die **Faust**
    nehmen *ugs*
    das Brot/die Schnitte/ein Bröt-
    chen/. . . **trocken** essen/hin-
    unterwürgen/. . .

14 etw. zu sich **nehmen**

15 einen **Bissen** zu sich nehmen/
    (. . .)
    einen **Happen** zu sich neh-
    men/. . .

16 seinen **Hunger** stillen *geh*

17 **Hunger** und Durst stillen *geh*
    etwas für den/(seinen) inneren
    Menschen tun *ugs*

18 nichts/endlich etwas/. . . zwi-
    schen die **Rippen** kriegen *ugs*

19 sich an etw. gütlich **tun**

20 futtern wie bei **Muttern** *ugs*

21 mit beiden **Händen** zugreifen

22 sich **vollschlagen** *ugs*
    sich den **Bauch** vollschlagen/

vollfressen *ugs*
sich den **Ranzen** vollschlagen/
vollfressen *ugs selten*

23 **fressen**, bis man nicht mehr kann
    vulg
    sich bis oben/obenhin **vollfressen**
    vulg
    fressen, bis es oben und unten
    wieder herauskommt *vulg*

24 nicht mehr piep (und nicht mehr
    papp) **sagen** (können) *ugs*
    nicht mehr papp **sagen** (können)
    ugs

25 »(danke) **räumlich** unmöglich/
    nicht möglich« *ugs*

26 sich den Magen **überladen**

27 sie muß für zwei **essen**

28 kein **Kostverächter** sein *(oft*
    iron.)

29 es mit vollen **Schüsseln** halten
    (oft iron.)

30 (schon) etwas/. . . **verdrücken**
    können *ugs*

31 dem Essen/. . . fleißig **zusprechen**
    (oft iron.)
    kräftig/tüchtig **zulangen**

32 es sich **schmecken** lassen

33 für drei/vier/fünf/sieben **essen**
    für drei/vier/fünf/sieben **fressen**
    ugs
    essen, als ob man's bezahlt bekä-
    me/kriegte *ugs*
    fressen, als ob man's bezahlt
    kriegte/bekäme *ugs*
    essen, als ob man **Geld** dafür be-
    käme/kriegte *ugs*
    fressen, als ob man **Geld** dafür
    bekäme/kriegte *ugs*
    fressen wie ein **Scheunendrescher**
    ugs
    fressen wie ein **Wolf** *path selten*

34 es scheint/. . ., j. hat ein **Loch** im
    Magen
    ein **Loch** im Magen haben *ugs*

35 sich kugelrund **essen** *ugs*
    sich kugelrund **fressen** *ugs*
    sich dick und rund/fett **essen** *ugs*
    sich dick und rund/fett **fressen**
    ugs

36 jm. (noch) die **Haare** vom Kopf
    fressen *ugs*
    jn. (noch) arm **essen** *selten*
    jn. (noch) arm **fressen** *ugs*

37 sich (heute bei diesem, morgen
    bei jenem/. . .) so **durchfressen**
    ugs

38 sich der **Völlerei** ergeben *iron*

39 wie ein **Spatz** essen *ugs*
    wie ein **Piepmatz** essen *ugs*

40 keinen **Bissen** anrühren

41 lange **Zähne** machen *ugs*

42 ein halbes Kotelett/... **stehen**
    lassen

43 ein **Löffelchen** für die Mama,
    eins für ... *(zu Kindern)*

44 eine feine **Zunge** haben
    eine gute **Zunge** haben
    einen feinen **Gaumen** haben
    eine verwöhnte **Zunge** haben

45 den **Tafelfreuden** huldigen *(oft
    iron.)*

46 (nur/...) das **Beste** vom Besten
    haben/wollen/kaufen/...

47 für etw. läßt j. alles andere/jede
    Mahlzeit/... **stehen**

48 jm. läuft das **Wasser** im Mund(e)
    zusammen (bei dem Anblick von
    .../wenn er ... sieht/...)

49 laß dir's/laßt euch's/... (gut)
    schmecken!

50 etw./das **schmeckt** nach mehr *ugs*
    das/etw. schmeckt nach **Ozean**
    ugs
    wie bei **Muttern** schmecken/...
    ugs
    etw. kitzelt den **Gaumen** *iron*

51 ein (richtiger/...) **Leckerbissen**
    (für jn.) sein

52 **Nektar** und Ambrosia (für jn.)
    sein *geh selten*

53 etwas für einen verwöhnten **Gau-
    men** sein

54 etw. zergeht auf der **Zunge**
    etw. ist so zart/... daß es auf der
    Zunge zergeht

55 etw. auf der **Zunge** zergehen las-
    sen

56 schon/noch nicht/... **durch** sein
    (Käse, Fleisch, Kartoffeln)

57 etw. **schmeckt** wie schon mal ge-
    gessen *vulg*
    wie **Stroh** schmecken *(Apfelsinen
    usw.) ugs*
    wie **Seife** schmecken *ugs*
    zäh wie **Leder** sein *(Fleisch) ugs*
    hart wie **Stein** sein *(Brot)*
    bitter wie **Galle** sein/schmecken
    einen **Stich** haben *(Milch, Butter)*

58 sich an den/einen gedeckten
    Tisch setzen (können)

59 sein **Huhn** im Topf(e) haben *sel-
    ten*

60 sich nach den ägyptischen
    Fleischtöpfen zurücksehnen *geh*
    sich nach den **Fleischtöpfen**
    Ägyptens zurücksehnen *geh*

61 für das/js. leibliche(s) **Wohl** sor-
    gen

62 viele/sechs/zehn/... **Mäuler** (zu
    Hause) zu stopfen haben *ugs*
    viele/sechs/zehn/... **Münder** (zu
    Hause) zu stopfen haben *ugs*

63 du ißt/es wird gegessen/..., was
    auf den **Tisch** kommt *ugs*

64 vor **Tisch**
    vor der **Tafel** *geh*
    bei **Tisch**
    nach **Tisch**
    nach der **Tafel** *geh*

65 den **Tisch** decken

66 zu **Tisch** bitten/rufen
    zur **Tafel** bitten *geh*

67 die Dame des Hauses/die Gast-
    geberin/... zu **Tisch** führen
    die Dame des Hauses/die Gast-
    geberin/... zur **Tafel** führen *geh*

68 sich zu **Tisch** setzen *geh*
    sich an den **Tisch** setzen

69 zu **Tisch(e)** sitzen *(veraltend)*

70 gesegnete **Mahlzeit!** *geh*
    guten **Appetit!**

71 ich bin so **frei**

72 von zarter **Hand** gereicht/... *iron*

73 in/bei/... ein richtiges/...
    Tischleindeckdich finden *path
    selten*

74 der schäbige **Rest** *ugs*
    das ist der (letzte) **Rest** vom
    Schützenfest *ugs*
    der **Rest** ist für die Gottlosen *ugs*

75 die **Tafel** aufheben *geh*

76 vom **Tisch** aufstehen

77 den **Tisch** abdecken

78 (mit) bei den Erwachsenen/Gro-
    ßen/... am **Tisch** sitzen

79 (zu) **Mittag** essen
    (zu) **Abend** essen
    bei **Kaffee** und Kuchen sich ange-
    regt unterhalten/...
    Kaffee trinken

80 außer **Haus(e)** essen

81 zum **Essen** gehen (mit jm.)
    zu **Tisch** gehen (mit jm.) *form*

82 nach der **Karte** essen
    nach der **Speisekarte** essen

83 eine Gemüsesuppe/... quer
    durch den **Garten** *ugs*
    eine bunte **Platte**
    eine kalte **Platte**
    ein halber **Hahn**
    ein strammer **Max** *ugs*
    das kalte **Büfett**

84 dauernd/den ganzen Tag/... in
    der **Küche** stehen/sein
    ein Ei/ein Kotelett/... in die
    Pfanne hauen *ugs*
    etw. **schwitzen** lassen
    etw. auf groß/klein/1/2/3/...
    stellen
    die Suppe/... warm **stellen**
    Fleisch/Wurst/... durch den
    Wolf drehen
    in **Salz** legen

85 jn. in **Kost** nehmen *form*

86 jm. das **Gnadenbrot** geben *path
    selten*

87 **Unterkunft** und Verpflegung frei
    haben/...
    freie **Wohnung** (und Verpfle-
    gung) bei jm. haben
    Zimmer/Unterkunft/... mit vol-
    ler **Verpflegung**

88 bei jm. in **Pension** sein
    volle **Pension** haben/neh-
    men/...

89 **Speis** und Trank *(veraltend)*
    essen und trinken

90 **Gesottenes** und Gebratenes *(ver-
    altend)*
    Gebratenes und Gesottenes *(ver-
    altend)*

91 (gut) essen und trinken hält **Leib**
    und Seele zusammen *ugs*

92 (es) ist ja/hier/... nicht wie bei
    armen **Leuten** *ugs*
    wir sind/du bist/... hier/ja/
    schließlich/... nicht bei armen
    Leuten *ugs*

93 iß doch/... einen **Bissen** (mit/
    mit uns/...) *ugs*
    iß doch/... einen **Happen** (mit/
    mit uns/...) *ugs*

94 sich lieber den **Bauch** verrenken,
    als dem Wirt was schenken *ugs*
    lieber den **Bauch** verrenkt, als
    dem Wirt was geschenkt *ugs*

sich lieber den **Magen** verrenken, als dem Wirt was schenken *ugs* lieber den **Magen** verrenkt, als dem Wirt was geschenkt *ugs*

95 eine Tasse/. . . bis zum **Rand** füllen/vollmachen/. . .

96 mit vollen **Backen** kauen

97 und **rips**, raps war der Teller/die Schüssel/. . . leer . . . *(Kindersprache)*

98 aufs **Gesicht** fallen *(Brötchen/. . .) ugs*

99 jm. ist ein **Krümel** in die falsche Kehle geraten *ugs*

100 du darfst/der Peter darf/. . . mal dran/daran **riechen** (wenn du brav bist/wenn er brav ist/. . .) *ugs*

Hd 5 trinken – zutrinken: den Durst stillen; in vollen Zügen trinken; eine durstige Kehle sein; sich ein Gläschen zu Gemüte führen; auf js. Wohl trinken; die Gläser klingen lassen

---

1 einen trockenen **Mund** haben eine trockene **Kehle** haben *ugs*

2 die **Zunge** klebt jm. am Gaumen

3 etwas für den/(seinen) inneren **Menschen** tun *ugs* einen **Trunk** tun *geh selten*

4 den/seinen **Durst** stillen seinen **Brand** löschen die **Gurgel** spülen *ugs*

5 **Hunger** und Durst stillen *geh*

6 einen kräftigen **Zug** aus dem Becher/Glas/. . . machen/(nehmen/tun) etw. in vollen **Zügen** trinken

7 ein Glas/einen Becher/. . . bis auf den **Grund** leeren ein Glas/einen Becher/. . . bis auf den/bis zum letzten **Tropfen** leeren/austrinken ein Glas/einen Becher/. . . bis zur **Neige** leeren/(trinken)

8 in/mit einem/auf einen **Zug** das Glas leeren/. . .

9 eine durstige **Kehle** sein/haben *ugs* eine durstige **Seele** sein *ugs*

10 einen **Schwamm** im Magen haben *ugs* es scheint, j. hat einen **Schwamm** im Magen *ugs*

11 du kriegst/er kriegt/. . . (noch) **Frösche** in den Bauch *ugs* du kriegst/er kriegt/. . . (noch) **Läuse** in den Bauch *ugs*

12 einen guten/kräftigen/. . . **Zug** haben vielleicht einen **Zug** haben!

13 sich an etw. gütlich **tun**

14 sich ein **Gläschen** zu Gemüte führen

15 einer **Flasche** (Sekt/Wein) den Hals brechen

16 etw. mit einem **Gläschen** begießen

17 so jung **kommen** wir nicht mehr/wieder zusammen *ugs*

18 (der) **Fisch** will schwimmen

19 auf einem **Bein** kann man nicht stehen!

20 zur **Feier** des Tages

21 mit jm. auf js. **Wohl** anstoßen mit jm. auf js. **Gesundheit** anstoßen auf js. **Wohl** trinken

22 sein Glas/. . . auf js. **Wohl** erheben sein Glas/. . . auf js. **Wohl** leeren

23 einen **Toast** auf jn. ausbringen einen **Trinkspruch** auf jn. ausbringen

24 ein **Hoch** auf jn. ausbringen ein **Vivat** auf jn. ausbringen *geh*

25 jn. **hochleben** lassen

26 einen **Tusch** blasen/schmettern *ugs*

27 hoch soll er/sie **leben**, hoch soll er/sie leben, drei mal hoch!

28 mit jm. **Bruderschaft** trinken *ugs*

29 mit jm. auf **Bruderschaft** anstoßen *ugs*

30 mit jm. **Schmollis** trinken *(Sprache der Studentenverbindungen) selten*

31 seinen **Einstand** geben

32 eine **Runde** geben/spendieren/ausgeben/stiften/schmeißen die Kollegen/eine Gruppe/. . . **freihalten**

33 das/js. **Fell** versaufen *vulg*

34 eine große **Zeche** machen

35 die **Gläser** klingen lassen *path*

36 in die **Kanne** steigen *(Sprache d. Studentenverbindungen)* jn. in die **Kanne** steigen lassen *(Spr. d. Studentenverbindungen)*

37 den/die **Humpen** schwingen *(Spr. d. Studentenverbindungen, selten)*

38 den/einen **Salamander** reiben *(Spr. d. Studentenverbindungen)*

39 jn. in den **Verschiß** tun *(Spr. d. Studentenverbindungen) vulg selten*

40 zum **Stammtisch** gehen heute/freitags/. . . (seinen) **Stammtisch** haben (bei/in/. . .)

41 aus der hohlen **Hand** trinken

42 die **Nagelprobe** machen

43 ein Glas/eine Tasse/. . . an den **Mund** setzen

44 eine Tasse/. . . bis zum **Rand** füllen/vollmachen/. . .

45 etw. auf nüchternen **Magen** trinken/einnehmen/. . . auftischen/auffahren/. . ., was **Küche** und Keller zu bieten haben *geh*

46 seine **Stimme** ölen *ugs*

47 **halb** und halb mischen

48 der **Kaffee** ist so stark, daß der Löffel darin steht/stehen kann

49 etw. in einer **Weinlaune** tun

50 auf **Rechnung** trinken

51 ein nasser **Bruder** sein *ugs*

52 ein guter **Schluck** ein edler/guter **Tropfen** ein edles **Naß** *selten*

53 kalte **Ente**

54 wohl **bekomm's**! auf dein/euer/. . . **Wohl**! zum **Wohl**!

55 auf ein **Neues**! *ugs*

56 in die **Kanne**! *(Spr. d. Studentenverbindungen)*

57   in **vino** veritas *geh*
     im **Wein** ist Wahrheit

Hd 6 sich betrinken, betrunken: einen bechern; einen
drin haben, voll wie nur etwas sein; eine Fahne haben;
einen dicken Kopf haben;
saufen wie ein Loch

---

1   einen auf den nüchternen **Magen**
    nehmen *ugs*

2   beim Bier/Wein/... **sitzen**

3   j. muß sich erst mal die **Kehle** anfeuchten *iron*

4   einen **trinken** *ugs*
    einen **saufen** *vulg*
    einen **heben** *ugs*
    einen **bechern** *ugs*
    einen **kippen** *ugs*
    einen **schmettern** *ugs*
    einen **blasen** *ugs*
    einen **zischen** *ugs*
    einen **zwitschern** *ugs*

5   sich einen **kaufen** *ugs*
    sich einen **genehmigen** *ugs*

6   sich einen zu **Gemüte** führen *ugs*
    einen zur **Brust** nehmen *ugs*

7   sich einen hinter die **Binde** gießen/kippen *ugs*
    sich (anständig/...) einen/(eins)
    auf die **Lampe** gießen *ugs*
    sich die **Nase** begießen *ugs*

8   sich einen **antrinken** *ugs*
    sich einen **Rausch** antrinken

9   sich **vollaufen** lassen *vulg*
    sich die **Jacke** vollsaufen *vulg selten*
    sich die **Hucke** vollsaufen *vulg
    selten*
    sich den **Kanal** vollaufen lassen
    vulg

10 jm. in den **Kopf** steigen
    jm. zu **Kopf(e)** steigen
    jm. in die **Krone** steigen *ugs*

11 unter **Alkohol** stehen *ugs*

12 nicht mehr ganz **standfest** sein

13 nicht mehr/... (ganz) **klar** sein
    leicht **angetrunken** sein

14 im **Dusel** sein/etw. im Dusel tun
    ugs

15 (schwer) einen **geladen** haben *ugs*

16 seine **Nase** zu tief ins Glas stecken/gesteckt haben *ugs*
    zu tief ins **Glas** geschaut/geblickt/geguckt/gesehen haben
    ugs
    zu tief in die **Flasche** geschaut/
    geblickt/geguckt/gesehen haben
    ugs
    zu tief in die **Kanne** geschaut/geblickt/geguckt/gesehen haben
    ugs selten
    einen über den **Durst** getrunken
    haben *ugs*
    ein **Glas** über den Durst getrunken haben *ugs*
    einen zuviel **getrunken** haben *ugs*
    ein **Glas** zu viel getrunken haben
    zu viel **getankt** haben *ugs*
    wieder einmal/... die **Nase** zu
    tief ins Glas gesteckt haben *ugs*

17 einen **Rausch** haben
    (ganz schön) einen **weghaben** *ugs*
    (ganz schön) einen **drin** haben
    ugs
    einen **intus** haben *ugs*
    (ganz schön) einen **sitzen** haben
    ugs
    einen **Affen** (sitzen) haben *ugs
    selten*
    (ganz schön) einen in der **Krone**
    haben *ugs*
    (ganz schön) einen in der **Birne**
    haben *ugs*
    (ganz schön) einen auf der **Lampe** haben *ugs*

18 (ganz schön) **schräg** sein *ugs*
    (ganz schön) **hinüber** sein *ugs*
    (ganz schön) **blau** sein *ugs*
    zu sein *ugs*
    blau wie ein **Veilchen** sein *ugs*
    veilchenblau sein *ugs*

19 (total/...) **dicht** sein *ugs*

20 **voll** wie nur was sein *vulg*
    voll bis obenhin sein *vulg*
    sternhagelvoll sein *ugs*
    voll wie ein **Sack** sein *vulg*
    voll sein wie eine **Haubitze** *ugs
    selten*
    voll sein wie eine **Strandhaubitze**
    ugs selten
    voll sein wie eine **Strandkanone**
    ugs selten
    voll wie ein **Faß** (sein) *vulg*

21 **stockbesoffen** sein *vulg*
    besoffen wie ein **Schwein** sein
    vulg
    so voll sein, daß es einem oben
    wieder **herauskommt** *vulg*
    den **Kanal** (gestrichen) voll haben *vulg*
    voll wie 1000 **Mann** sein *vulg*
    stockzu sein *ugs*
    stockblau sein *ugs*

22 eine **Fahne** haben *ugs*

23 eine schwere **Zunge** haben

24 leicht/leichte/schwer/schwere
    Schlagseite haben *ugs*

25 alles doppelt **sehen**
    weiße **Mäuse** sehen *ugs*

26 die **Welt** für einen Dudelsack ansehen *ugs selten*
    den **Himmel** für einen Dudelsack
    ansehen *ugs selten*

27 (noch) (halb) im **Tran** (sein/etw.
    tun) *ugs*

28 einen **Kater** haben
    einen schweren **Kopf** haben

29 einen dicken **Kopf** haben
    einen dicken **Schädel** haben *ugs*
    eine dicke **Birne** haben *ugs*

30 jm. brummt der **Kopf**
    jm. brummt der **Schädel** *ugs*
    jm. dröhnt der **Kopf**
    jm. dröhnt der **Schädel** *ugs*

31 jm. platzt (noch/schon/...) der
    Kopf
    jm. platzt (noch/schon/...) der
    Schädel *ugs*

32 mit einem dicken **Kopf** dasitzen
    ugs

33 jm. dreht sich alles im **Kopf** (herum)
    es geht jm. (wie) ein **Mühlrad** im
    Kopf herum *path*

34 viel/wenig/... **vertragen** können
    nach zwei/drei/... Gläsern/...
    schon **selig** sein

35 einen ordentlichen **Stiefel** vertragen können

36 jn./alle/... unter den **Tisch** saufen *vulg*

37 dem Bier/dem Wein/... fleißig
    zusprechen

38 (dem) **Bacchus** opfern *geh iron*
    (oft/...) zur **Flasche** greifen

39 sich dem **Trunk** ergeben *path*
    sich dem **Suff** ergeben *vulg path*

40 sich dem stillen **Suff** ergeben *vulg
    path*

41 dem **Trunk** verfallen sein *path*

42 saufen wie ein **Faß** *vulg*
    saufen wie ein **Loch** *vulg*

43 sein (ganzes) Geld/Vermö-
    gen/. . . durch die **Gurgel** jagen
    ugs
    sein (ganzes) Geld/Vermö-
    gen/. . . durch den **Hals** jagen *ugs*
    sein (ganzes) Geld/Vermö-
    gen/. . . durch die **Kehle** jagen
    ugs

44 sein (ganzes) **Vermögen** versau-
    fen *vulg*

45 (ständig/. . .) im **Wirtshaus** sitzen
    ugs
    (ständig/. . .) in den **Kneipen** lie-
    gen/herumlungern/. . . *ugs*

46 ein (richtiges/regelrechtes/. . .)
    Klebpflaster sein *ugs*

47 die nötige **Bettschwere** haben *ugs*

48 (trinken wir/. . .) noch einen/ein
    Glas/. . . zum **Abgewöhnen**! *ugs*

49 in **Strömen** fließen *(Bier, Wein)*
    path

50 die **Pfropfen** knallen
    die **Pfropfen** knallen lassen

51 jn. blau **machen** *ugs*
    jn. unter **Alkohol** setzen *ugs*

52 sich **Mut** antrinken

53 etw. im **Suff** tun/sagen *vulg*

54 voll des süßen **Weines** *iron*

55 eine schwankende **Gestalt** *ugs*

56 (noch/wieder/immer/. . .) **nüch-
    tern** sein/werden

57 eine/die rote **Nase** (haben)
    eine **Säufernase** (haben) *ugs*

58 **Wein**, Weib und Gesang

Hd 7   feiern

1 (mal richtig/. . .) einen **drauf-
   hauen** *ugs*
   kräftig/mächtig/anständig/. . .
   auf die **Pauke** hauen *ugs*

2 es **geht** rund (in/bei/auf/. . .)
   es **geht** hoch her (in/bei/auf/. . .)
   da war (aber) was/etwas **los**!

3 ein **Faß** aufmachen

4 heute/. . . sturmfreie **Bude** haben
   ugs

5 jn./etw. in **Schwung** bringen

6 die **Bude** auf den Kopf stellen *ugs*
   das **Haus** auf den Kopf stellen
   ugs
   Budenzauber veranstalten *ugs*

7 in fröhlicher/. . . **Runde** beisam-
   mensein/zusammensitzen/. . .
   Stimmung machen

8 **Leben** in die Bude bringen *ugs*

9 einen bunten **Abend** machen/
   veranstalten/haben/. . .
   ein bunter **Abend**

10 jn. zu einer italienischen **Nacht**
    einladen *selten*

11 den **Kehraus** machen

12 **Richtfest** halten

13 jm. ein **Ständchen** bringen

14 einen **Fackelzug** veranstalten/or-
    ganisieren/. . . (für jn.)
    jm. einen **Fackelzug** bereiten/
    (machen)

15 **Jubel**, Trubel, Heiterkeit

16 die **Feste** feiern, wie sie fallen

Hd 8   tanzen

1 **tanzen** gehen
   zum **Tanzen** gehen

2 das **Tanzbein** schwingen

3 sich aufs **Parkett** wagen *(veral-
   tend)*
   einen Tanz/. . . aufs **Parkett** legen
   path
   eine kesse **Sohle** aufs Parkett le-
   gen *ugs path*

4 tanzen wie ein junger **Gott** *ugs*

5 jn./eine Dame/. . . zum **Tanz(en)**
   auffordern

6 zum **Tanz** aufspielen

7 **Tanzstunde** haben
   in die **Tanzstunde** gehen

8 sich zu einem **Solo** aufraffen/. . .

Hd 9   spielen

1 dem **Spiel** (regelrecht/. . .) verfal-
   len sein
   vom **Spielteufel** besessen sein
   path
   den **Spielteufel** im Leib haben
   path

2 in jn. ist der **Spielteufel** gefahren

3 den lieben langen Tag/die ganze
   Nacht/. . . am **Spieltisch** sitzen/
   verbringen

4 die **Bank** übernehmen
   die **Bank** halten

5 die **Bank** sprengen

6 hoch/niedrig **setzen**

7 eine **Karte** aufspielen/ausspielen
   eine gute/. . . **Karte** haben
   ein gutes/. . . **Blatt** haben
   (eine Farbe) **blank** haben
   (Kartenspiel)
   einen **Grand** (aus der) Hand ha-
   ben/ausspielen *(Skat)*
   einen **Grand** mit Vieren spielen
   (Skat)
   einen **Stich** machen *(Kartenspiel)*

8 die **Hose(n)** runterlassen *vulg*

9 am **Zug** sein

10 jm. **Schach** bieten

11 alle **Neune** werfen *(Kegeln)*

12 jm. (eine) **Revanche** geben (für
    etw.)
    Revanche nehmen (für etw.)

13 (die) **Vorhand** haben

14 **Hokuspokus** fidibus, dreimal
    schwarzer Kater
    Hokuspokus zaubermalokus

Hd 10   Theater, Film

1 zum **Theater** wollen
   zum **Theater** gehen
   am/(beim) **Theater** sein

2 zur **Bühne** gehen/wollen

3 zum **Film** gehen/wollen
   beim **Film** sein

4 sich von der **Bühne** zurückziehen

5 auf **Tournee** gehen
   auf **Tournee** sein
   auf **Abstecher** gehen/fahren
   (Theatersprache)
   auf **Abstecher** sein *(Theaterspra-
   che)*

6 den **Stab** führen

7 (die) **Regie** führen

8 eine **Rolle** (gut/falsch) besetzen

9 ein Stück/. . . auf die **Bühne** brin-
gen
ein Musikstück/. . . zu **Gehör**
bringen *form*
etw. in **Szene** setzen *form*
etw. auf der **Leinwand** festhalten
form
über den **Bildschirm** gehen
über den **Schirm** gehen

10 **Lampenfieber** haben

11 vor vollem/ausverkauftem **Haus**
spielen
vor leeren **Bänken** spielen

12 jm. auf den **Leib** geschrieben sein
(Rolle)
die **Rolle** der . . ./des. . . überneh-
men/spielen
eine **Rolle** als . . . spielen/haben
in der **Rolle** des . . ./einer Rolle
als. . . auftreten
(ein Stück/. . .) mit verteilten
Rollen lesen

13 über die **Bretter** gehen

14 **Spiel** im Spiel (sein)

15 das **Stichwort** sagen
(jm.) das **Stichwort** geben/lie-
fern (zu etw.) (mit etw.)

16 Applaus/Beifall/. . . auf offener
Szene
Applaus/Beifall/. . . auf offener
Bühne *selten*
sich von den/seinen **Sitzen** erhe-
ben

17 ein **Bombenerfolg** sein *(Stück,
Aufführung) ugs*

18 in/(mit) einer **Bombenbesetzung**
laufen *(Stück) ugs*

19 seinen festen **Platz** (im Thea-
ter/. . .) haben

20 die **Bretter**, die die Welt bedeuten
geh path

Hd 11 rauchen

1 sich eine (Zigarette/Zigarre/. . .)
ins **Gesicht** stecken *ugs*
sich eine (Zigarette/Zigarre/. . .)
anstecken

2 einen **Zug** (an einer Zigaret-
te/. . .) machen/(tun)

3 Kringel/Ringe in die **Luft** blasen

4 in dicke **Wolken** (von Rauch) ge-
hüllt sein
die **Luft** ist (in einem Raum/. . .)
zum Schneiden (dick) *ugs*

5 **Lungenzüge** machen
(nicht) auf **Lunge** rauchen

6 rauchen/qualmen wie ein **Schlot**
ugs
rauchen/qualmen wie ein
Schornstein *ugs*

7 eine **Prise** (Tabak) nehmen

I

Quantitäten · Qualitäten · Relationen

Ia 1 große Zahl, Menge; voll: in Massen; Hunderte und Tausende; ein Haufen von; in Hülle und Fülle; im Übermaß; und wer weiß was (noch) alles; brechend voll; dichtgedrängt; Hinz und Kunz

1 ein ganzer **Schwarm** von Mädchen/...

2 in großer **Zahl** herbeiströmen/ an etw. teilnehmen/...

3 in **Massen** herbeiströmen/...
in **Mengen** herbeiströmen/...

4 in hellen/dichten **Scharen** daherstürmen/...
in hellen/dichten **Haufen** daherstürmen/... *ugs*

5 zu **Legionen** kommen/... *selten*

6 **Hunderte** und Aberhunderte (von jungen Menschen/...)
Hunderte und Tausende (von jungen Menschen/...)
Tausende und Abertausende (von jungen Menschen/...)

7 in die **Tausende** gehen

8 die/seine/ihre **Zahl** ist Legion *path*

9 zu **Tausenden** kommen/herbeiströmen/...
zu **Tausenden** und Abertausenden kommen/herbeiströmen/...

10 viel **Volk** war zusammengeströmt/hatte sich eingefunden/...

11 ein **Strom** von Menschen ergießt sich auf die Straße/in den Wald/ an den Strand/... *path*

12 sich vom **Strom** der Menge/Massen/... treiben/tragen lassen/...
sich von der **Menge** treiben/tragen lassen/(...)

13 eine Straße/... ist **schwarz** von Menschen/...

14 die halbe Stadt/das ganze Dorf/... ist **unterwegs**
die halbe Stadt/das ganze Dorf/... ist auf den **Beinen**

15 (es setzt) ein **Sturm** auf die Lebensmittelläden/... (ein) *ugs*

16 sich nicht zu **retten** wissen vor so vielen Menschen/so vielen Dingen/Arbeit/...

17 ein **Haufen** Schulden/Arbeit/ Schriftstücke/... *ugs*

18 eine **Flut** von Beleidigungen/... prasselt auf jn. nieder/... *path*

19 etw. in **Scheffeln** einheimsen *path*

20 von Reisebüchern/.../Medizinern/.../davon/das gibt es genug/noch andere/noch mehr/... auf der **Welt** *ugs*

21 es gibt jn./etw. in/die **Hülle** und Fülle
Geld/Angebote/Karten/... in **Massen** haben
es gibt jn./etw. jede **Menge** *ugs*
jede **Menge** Geld/Äpfel/Mitarbeiter/... haben/finden/... *ugs*
es gibt jn./etw. **noch** und noch
jn./etw. **noch** und noch haben/ finden/...
es gibt jn./etw. **noch** und nöcher *ugs*
jn./etw. **noch** und nöcher haben/finden/... *ugs*
es gibt jn./etw. in rauhen **Mengen** *ugs*
jn./etw. in rauhen **Mengen** haben/finden/... *ugs*
hier/dort/... gibt es etw./... wie **Sand** am Meer

22 ich möchte nicht **wissen**, wie/ wieviel/...

23 das Essen/... ist/reicht/... (ja) für eine ganze **Kompanie**! *ugs*

24 ... **gibt's**/(gibt es) viel/viele (aber nur ein/eine ...)

25 über **Bedarf** vorhanden sein/...

26 es gibt etw./jn. im **Überfluß**
jn./etw. im **Überfluß** haben

27 Arbeit/Sorgen/... im **Übermaß** haben

28 j. **besteht** nur noch aus Arbeit/ Sorgen/... *ugs*

29 (schon) (gar) nicht (mehr) **wissen**, wohin damit

30 was **zuviel** ist, ist zuviel!

31 im **Übermaß** seiner Freude/seines Leids/... gab er dann nach/...

32 wer **weiß** was für ...
wer **weiß**, wie/wann/wo/wie oft/

wie häufig/wie dick/...
Gott weiß, wo/wann/wie/wieviel/... *path*

33 wer **weiß** was alles

34 ... und wer **weiß** was noch/noch alles/alles noch
... und was/wer/... **weiß** ich noch alles
... und ich **weiß** nicht, was/wer/ wem/... (sonst) noch alles

35 **zig** Leute/mal/...

36 Fragen **über** Fragen
Erklärungen **über** Erklärungen
Zweifel **über** Zweifel

37 ... und viele(s) **andere** mehr

38 brechend/gedrängt/gerammelt/ gerappelt/gepfropft/gestopft **voll** sein
zum **Platzen** voll sein
zum **Bersten** voll sein *geh*
zum **Erdrücken** voll sein *selten*

39 bis auf den letzten **Platz** besetzt sein

40 **überlaufen** sein

41 **Kopf** an Kopf stehen/...

42 es hängt eine **Traube** von Menschen in/vor/... *geh*

43 auf engem/engstem **Raum** zusammengedrängt/...

44 dicht **gedrängt** (stehen die Zuschauer/...)

45 eingepfercht/zusammengepreßt/ dichtgedrängt/... wie die **Heringe** in/auf/... *ugs*
dichtgedrängt wie die **Heringe** in der Tonne *ugs*
eingepfercht/zusammengepreßt/ dichtgedrängt/... wie die **Ölsardinen** in/auf/... *ugs*

46 es konnte keine **Nadel** zu Boden/ zur Erde fallen (so dicht gedrängt standen die Leute/...)
es konnte keine **Stecknadel** zu Boden/zur Erde fallen (so dicht gedrängt standen die Leute/...)
es hätte keine **Stecknadel** zu Boden/zur Erde fallen können (so dicht gedrängt standen die Leute/...)

47 die halbe **Welt** (kennen/einladen/...)
Gott und alle/die/die halbe Welt kennen/einladen/... *ugs*
mit **Gott** und der (halben) Welt verwandt sein *ugs*

48 **Hinz** und Kunz kennen/... *ugs*

49 **Land** und Leute kennen/...

50 auf **Teufel** komm' heraus/raus reden/Geld ausgeben/Aktien zusammenkaufen/... *ugs*

51 wie **Pilze** aus dem Boden schießen *(Häuser, Fabriken)*

52 ein Text/... ist gespickt **voll** mit Fehlern/Lügen/...
    ein Text/... ist **gespickt** mit Fehlern/Lügen/...
    eine Meldung/eine Nachricht/ein Befehl/... **jagt** die andere/den anderen

53 ein gestrichener **Löffel** voll

54 eine geballte **Ladung** Dreck/Schnee/Kritik/...

55 schon/... der **x-te** sein, der/...

56 weite **Kreise** der Bevölkerung/...

57 die **Menge** macht's

58 non **multa**, sed multum *geh*

Ia 2 (aber auch) alle(s): alle Mann hoch; der ganze Verein; groß und klein, jung und alt; das ganze Zeug

---

1 alle **Welt**

2 alle **Mann** hoch etw. unternehmen/irgendwohin gehen/...
   alle durch die **Bank** *ugs*

3 bis auf den letzten **Mann** fallen/aufgerieben werden/untergehen/...
   mit **Mann** und Maus untergehen

4 **samt** und sonders

5 **Mann** für Mann

6 mit **Kind** und Kegel aufbrechen/ankommen/...

7 alle/... auf einem **Haufen** *ugs*

8 der ganze **Verein** *ugs*
   der ganze **Klub** *ugs*
   die ganze **Gesellschaft** *ugs*
   die ganze **Bande** *ugs*
   die ganze **Blase** *ugs*

9 alle/alle meine/deine/die ganzen **Schäflein** *iron*

10 die ganze **Gegend** redet von/...

11 alles, was **Beine** hat
   alles, was da **kreucht** und fleucht
   path iron

12 **Krethi** und Plethi *(veraltend)*

13 **Freund** und Feind

14 **klein** und groß
    groß und klein
    jung und alt
    alt und jung

15 aber auch **alles**
    alles und jedes

16 das ganze **Zeug** *ugs*
    der ganze **Kram** *ugs*
    der ganze **Krempel** *ugs*
    der ganze **Zauber** *ugs*
    der ganze **Schwindel** *ugs*
    der ganze **Rotz** *vulg*
    der ganze **Rummel** *ugs*
    der ganze **Zimt** *ugs selten*
    der ganze **Zinnober** *ugs*

17 die ganze **Geschichte** (ist die, daß/...) *ugs*

18 ist das der ganze **Segen**? *ugs*
    das ist die ganze **Herrlichkeit** *ugs*

19 das ist der ganze **Witz** *ugs*

20 seine **Siebensachen** beisammen/zusammen haben

Ia 3 geringe Zahl, Menge; Lappalie: unter Hunderten nicht einer; eine Idee; so gut wie nichts; sich um jeden Kram aufregen ...

---

1 (nur/...) eine **Handvoll** Leute/von Leuten/...

2 die Leute/... ließen sich/konnte man an den **Fingern** (ab)zählen

3 dünn **gesät** sein in/bei einem Unternehmen/...

4 **wenig** genug!

5 eine **verschwindend** kleine Zahl/Menge/...

6 eine **quantité** négligeable sein *geh*

7 so gut wie **niemand** hält sich daran/...
   so gut wie **keiner** hält sich daran/...

8 einer unter/von **Tausend(en)** sein

9 unter **Hunderten** nicht einer, der .../nicht einer unter Hunderten macht .../...
   unter **Tausenden** nicht einer, der .../nicht einer unter Tausenden macht .../...

10 ein **Schuß** Cognac/...
    eine **Idee** Zucker/Salz/...
    eine **Prise** Salz/...

11 ein(en) **Fingerhut** voll *(+ Subst.)*
    iron

12 ein **Quentchen** Glück/Zufall
    ein **Schuß** Humor/...
    ein **Hauch** von Trauer/Wehmut/... *geh*
    ein **Anflug** von Ironie/.../der Anflug eines Lächelns

13 eine **Winzigkeit** mehr/anders/...

14 so gut wie **nichts**

15 das trägt eine **Maus** auf dem Schwanz fort/weg *iron*
    das kann eine **Maus** auf dem Schwanz forttragen/wegtragen *iron*
    das trägt die **Katze** auf dem Schwanz fort/weg *iron selten*

16 das/etw. ist gerade/reicht gerade/... für den hohlen **Zahn** *ugs*

17 für jede **Kleinigkeit** etw. verlangen/...

18 über jede **Kleinigkeit** stolpern/...
    sich an jeder **Kleinigkeit** stoßen
    sich an jedem **Dreck** stoßen *vulg*
    über jeden **Scheißdreck** stolpern/(...) *vulg*
    sich an jedem **Scheißdreck** stoßen *vulg*

19 für **alles** und für nichts
    für/um jeden **Kram** *ugs*
    für/um jeden **Dreck** *vulg*
    für/um jeden **Mist** *vulg*
    für/um jeden **Scheißdreck** *vulg*

20 jeden **Kram** behandeln/diskutieren/... *ugs*
    jeden **Dreck** behandeln/diskutieren/selbst machen/... *vulg*
    jeden **Mist** behandeln/diskutieren/... *vulg*

21 jeden **Scheiß** behandeln/diskutieren/... *vulg*
    jeden **Scheißdreck** behandeln/diskutieren/... *vulg*

22 wegen jeder/der geringsten **Kleinigkeit** streiten/toben/weinen/...

23 sich über jeden **Käse** aufregen/ärgern/(...) *vulg*
    sich über jeden **Quark** aufregen/ärgern/... *vulg*
    sich über jede/(die) **Fliege** an der Wand ärgern/... *ugs*
    jn. stört jede/(die) **Fliege** an der

Wand *ugs*
sich über jeden **Fliegenschiß** (an der Wand) ärgern/... *vulg*

24 immer weniger **werden**

25 die eiserne **Ration**

26 einen **Zug** ins Lächerliche/ins Kleinliche/zum Lächerlichen/ zum Kleinlichen/... haben/...

27 nicht **halb** so klug/fleißig/anständig/... sein wie j.

28 ein paar **Brocken** Russisch/... können/sprechen

29 einen **Spalt** breit öffnen/offen stehen

Ia 4 niemand, nichts; allein: kein Schwanz; kein Funken ... von; nichts von alledem; allein und gottverlassen

1 kein **Mensch**

2 kein **Schwanz** *vulg*
kein **Schwein** *vulg*
kein **Aas** *vulg*

3 kein Mensch/niemand/ nichts/... auf der **Welt**

4 keine **Menschenseele** war auf den Straßen/...
keine lebende **Seele** war auf den Straßen/... *path*
kein lebendes **Wesen** war auf den Straßen/... *path*

5 durch **Abwesenheit** glänzen *iron*
ich sehe jn./einige/... die nicht da **sind** *iron*
sich rar **machen**
sich selten **machen** *selten*

6 etw. kann/... von keiner **Seite** geleugnet werden/...

7 rein gar **nichts** *ugs*

8 keine/nicht die **Spur** von Fleiß/ Takt/Energie/... haben

9 keinen **Funken** Anstand/... haben/besitzen
kein **Fünkchen** (von) Liebe/ Hoffnung/Fleiß/... haben *path*

10 nicht die **Andeutung** eines Lächelns/Entgegenkommens/... *geh*

11 (auch) nicht den **Schatten** eines Beweises/eines Verdachtes/... haben *geh*

---

12 allein auf weiter **Flur** sein/stehen/...

13 **keiner**/keine/keins von beiden

14 weder der/die/das **eine** (+ *Subst.*) noch der/die/das andere (+ *Subst.*)
weder das **eine** noch das andere tun/sein
nichts/keins von beidem tun/ sein

15 **nichts** von dem/alledem (was ...)

16 aber auch rein gar **nichts** *ugs*

17 für sich **allein** leben/sein wollen/...
allein/ohne Hilfe/... **dastehen**

18 auf sich selbst **angewiesen** sein

19 **allein** und gottverlassen *path*

20 **einsam** und allein *path*

21 **wüst** und leer sein
öd und leer sein
eine gähnende **Leere** herrscht in/ auf/... *path*

22 keinen **Tropfen** Benzin/... (mehr) (haben)

Ia 5 ungefähre Menge: über den Daumen gepeilt; so in etwa; eine ganze Menge

1 etw. (nur so/einfach so/...) über den **Daumen** peilen *ugs*

2 keine genauen **Zahlenangaben** machen (können)

3 auf ein paar/50/1000/... Mark/ Meter/... **mehr** oder weniger kommt es (dabei) nicht an/...

4 (so) über den **Daumen** gepeilt *ugs*
frei nach **Schnauze** *vulg*

5 so **etwas** wie ...

6 (so) **etwa**
(so) in **etwa**

7 **an** die 20/100/... Jahre alt/Meter breit/...

8 **plus** minus zehn/... *ugs*

9 eine ganze **Menge**
(noch/...) eine **Menge** zu tun/ erledigen/... haben

---

10 ein guter **Schuß** ... *ugs*

11 ein tüchtiges/anständiges **Quantum**
eine tüchtige/gehörige **Portion** Glück/Frechheit/Draufgängertum/... (haben)

12 eine ganze **Reihe** ...
eine **Reihe** von Tagen/Versuchen/...

13 eine lange **Reihe** von Beispielen/ Wörtern/...
eine lange/ganze **Latte** von Wünschen/Rechnungsposten/Beschwerden/... *ugs*

14 100/1000/10.000/... an der **Zahl**
sechs/sieben/acht/... **Mann** hoch *ugs*

15 die Besatzung eines Schiffes/... ist ... **Köpfe** stark

16 sich (so) **zusammenläppern** *ugs*
das/80 Mark/... ist viel **Holz** (für so ein Buch/...) *ugs*

17 das ist/scheint zu hoch/niedrig **gegriffen** (zu sein)

18 ein gutes/schlechtes/... **Augenmaß** haben

19 ein gut' **Teil** von ...

Ia 6 genug, übergenug

1 **gerade** noch genug/ausreichend sein/haben

2 **genug** haben (von etw.)

3 **reichlich** Brot/Stoff/... haben

4 mehr als **genug** sein
etw. mehr als **genug** haben/tun

5 **genug** und übergenug sein/haben
genug und übergenug (von) etw. haben/kaufen/...

6 etw. zur **Genüge** tun/getan haben
jm. zur **Genüge** bekannt/vertraut/... sein
jn./etw. zur **Genüge** kennen

7 der **Bedarf** nach/von etw. ist gedeckt *(oft iron.)*

8 dicke **reichen** *ugs*

9 an jm./e-r S. soll es nicht **fehlen**

10 **übrig** sein
jm. etw. übrig **lassen**

11 der schäbige **Rest** *ugs*

12 sich zufrieden **geben** (mit jm./ etw.)
    es **zufrieden** sein *geh selten*

13 was **willst** du/will er/... denn noch (mehr)? *ugs*

Ia 7   nicht genug

1 **vorn(e)** und hinten nicht reichen/ langen/...
   nicht **vorn(e)** und nicht hinten reichen/langen/...
   hinten und vorn(e) nicht reichen/langen/...
   weder vorn(e) noch hinten/weder hinten noch vorn(e)/hinten und vorn(e) nicht/vorn(e) und hinten nicht **reichen**/langen/...
   nicht **hin-** und nicht herreichen/ herlangen

2 es ist nicht mit etw. **getan** (in/bei e-r S.)
   es ist nicht damit **getan**, zu .../ daß ...

3 mit etw. ist jm. nur halb **gedient**

4 es **fehlen** lassen an etw.

5 wo/woran **fehlt's**/fehlt es (denn)?

Ia 8   jeder beliebige; dies und das

1 **jeder**/jede beliebige Mann/ Frau/Sache

2 jeder **x-beliebige** Mann/Verkäufer/...
   jede **x-beliebige** Frau/Verkäuferin/...

3 jeder/jede/jedes **hergelaufene** Mann/Frau/Mädchen/... *ugs*
   jeder/jede/jedes **dahergelaufene** Mann/Frau/Mädchen/... *ugs*

4 irgendein/ein x-**beliebiger** Mann/...
   irgendeine/eine x-**beliebige** Frau/Sache
   irgendein **hergelaufener** Mann/ irgendeine hergelaufene Frau/...

5 alle **möglichen** Leute/...

6 **Hinz** und Kunz *ugs*
   Krethi und Plethi *(veraltend)*
   Herr **X** und Frau Y

---

7 **X**, Y und Z *ugs*

8 **alles** mögliche

9 **der** und der
   dieser oder jener
   dies und das
   dies(es) und jenes
   der/die/das **eine** oder der/die/ das andere *(+ Subst.)*

10 der Herr/die Frau/... **Soundso** *ugs*
    der/die **Dingsbums** *ugs*

11 der **Mann** auf der Straße
    die **Leute** von nebenan *ugs*

12 das **Dings** da *ugs*

13 mein/dein/... **Zeug** *ugs*

14 das eine **tun** und das andere nicht lassen

15 das **eine** wie das andere ist wichtig/...

16 bei/von **Freund** und Feind geachtet sein/...

17 ... und ähnliche **Scherze** *ugs*

18 Leute/Menschen/... jeden **Schlages** *geh*

Ib 1   im großen ... Maßstab: ganz und gar (nicht); in gewissem, hohem, zunehmendem ... Grad, Maß; über alle Maßen; sage und schreibe; dermaßen ..., daß; bei weitem besser, nicht so wie ...; im Schnitt; wenigstens – höchstens; jedes Maß übersteigen; in natürlichem ... Maßstab; in kleinem, großem ... Rahmen

1 **ganz** und gar zufrieden/...
   ganz und gar nicht zufrieden/...
   nichts anderes als gelogen/erfunden/Schmu/... sein *ugs*

2 lies das Buch/... und **zwar** ganz/ gründlich/mit Muße/von vorne bis hinten/...

3 in/mit/... **vollem** Tempo/voller Fahrt/voller Kenntnis/vollem Bewußtsein/vollem Lauf/vollem Galopp/voller Größe/vollem Ernst/...

---

4 in keiner **Weise**
   in keinster **Weise**

5 alles **andere** als zufrieden/...

6 nicht **eben** viel/billig/... sein

7 sich nicht um ein **Haar** bessern/...
   um kein **Haar** besser/schlechter/fleißiger/anders/... sein als ...
   keinen **Deut** besser/schlechter/ fleißiger/anders/... sein als j.

8 kein **Tüpfelchen** an etw. ändern/... *ugs*

9 in beschränktem **Maß(e)** (gilt das auch für/...)

10 in gewissem **Grad(e)**
    in gewissem/in einem gewissen **Maß(e)**
    in gewisser **Weise**

11 bis zu einem gewissen **Grad(e)**

12 **vergleichsweise** viel/teuer/billig/... sein
    relativ viel/wenig/...

13 ein gerütteltes/gerüttelt' **Maß** an Schuld/Verantwortung/Sorgen/... haben

14 jm. ein hohes **Maß** an Verständnis/Vertrauen/... entgegenbringen/...

15 zum **Teil** ...
    teils teils

16 **halb** lachend, halb weinend/halb stehend, halb liegend/...
    halb und halb (Cola und Fanta/ Wein und Wasser/...) (gemischt)

17 zum größten **Teil** ...

18 im hohen/in hohem/in einem hohen **Grad(e)**
    im hohen/in hohem/in einem hohen **Maß(e)**

19 (für etw.) in reichem **Maß(e)** (gesorgt sein/...)

20 in höchstem **Maß(e)**

21 ..., und zwar in der höchsten **Potenz** *ugs*

22 ..., und nicht zu **knapp**! *ugs*

23 und **wie**!/aber wie! *ugs*
    Fehler/Schmerzen/Modelle/..., und was für **welche**! *ugs*

24 klug/vorsichtig/... **wie** ich bin/ er ist/...

25 über alle **Maßen** schön/... sein *path*

über alle **Begriffe** schön/. . . sein
path
aufs/(auf das) beste/schönste/
überzeugendste/. . . gelingen/ge-
macht sein/. . .

26 j./etw. ist **verdammt** schwer/
scharf/faul/arrogant/. . . *ugs*
j./etw. ist **verflixt** schwer/
scharf/teuer/. . . *ugs*

27 nichts **weniger** sein als klug/flei-
ßig/. . .

28 es geht um/handelt sich um/. . .
nichts **Geringeres** als (um) die
Frage/. . . *path*

29 **sage** und schreibe dreimal sitzen-
bleiben/jn. vier Stunden warten
lassen/. . .

30 er hat für den Anzug 2000 Mark
bezahlt/. . ., nicht **mehr** und nicht
weniger

31 in einem so hohen **Grad(e)**, daß
. . .
in einem so hohen/solchen
Maß(e), daß . . .

32 in demselben/dem gleichen
Maß(e) (wie/. . .)

33 in zunehmendem **Maß(e)**

34 in (noch) (viel/weitaus/. . .) stär-
kerem **Maß(e)** (als/. . .)

35 länger/höher/dicker/schlech-
ter/. . . **denn** je

36 umso **mehr**, als . . .
um so **weniger**, als . . .

37 noch **dazu**, wenn/wo/. . .

38 (noch) ein **übriges** tun und . . .

39 jeder/jede/jedes **noch** so große/
kleine/dicke/dünne/. . .

40 (na, also/. . .) wenn **schon**, denn
schon! *ugs*

41 besser **zuviel** als zuwenig
sowohl als auch

42 ein (ganz) klein **wenig**

43 eine/keine **Idee** größer/kleiner/
besser/schlechter/. . . als . . .

44 ein gut' **Teil** größer/kleiner/bes-
ser/schlechter/. . . als . . .

45 ein ganzes **Stück** größer/klei-
ner/besser/schlechter/. . . (sein)
(als . . .)

46 um ein **beträchtliches** größer/
kleiner/besser/schlechter/. . . als
. . . *form*
um ein **beträchtliches** vorwärts-
kommen/. . . *form*

47 um **vieles** größer/kleiner/besser/
schlechter/. . . als . . . *form*
weit besser/schlechter/ge-
nauer/. . . als . . .

48 bei **weitem** besser/schlechter/we-
niger fleißig/weniger klug/der
größte/der beste/der dickste/. . .

49 noch **einmal** so groß/dick/. . . wie
etw. anderes
nochmal so groß/dick/. . . wie
etw. anderes

50 dreimal/viermal/. . . **soviel** wie
. . .

51 **doppelt** und dreifach zählen/
wiegen/. . .

52 **lange** nicht so groß/gut/schnell/
tüchtig/. . . wie . . .
längst nicht so groß/gut/
schnell/tüchtig/. . . wie . . .
etw./etw. ist noch **lange** nicht al-
les/so dick wie etw. anderes/so
widerstandsfähig wie . . ./. . .

53 etw. ist **nichts** gegen etw./vergli-
chen mit etw.

54 noch **lange** nicht sagen/behaup-
ten/. . . (können/. . .)

55 j. ist **nicht** der Klügste/Schnell-
ste/. . . *ugs*
j. ist der Klügste/Schnellste/. . .
nicht *ugs*

56 **einzig** und allein

57 im **Durchschnitt**
im **Schnitt**
im **Mittel** *geh*

58 **zumindest**
zum **mindesten**

59 unter 50 Mark/3 Stunden/. . . gar
nicht erst **anzufangen** brauchen
ugs

60 **gut** und gern . . . kosten/brau-
chen/. . .

61 das/etw. ist das **wenigste**, das/
was/. . .

62 3 Wochen/20 Mark/. . ., wenn es
hoch **kommt**
wenn es hoch **kommt**, (dann) 3
Wochen/20 Mark/. . .

63 eine Woche/20 Mark/. . .ist/sind
das **Höchste** der Gefühle *ugs*

64 (nicht) wissen/. . ., bis wohin/
wie weit man **gehen** kann

65 eine **Regel** aufstellen

66 eine **Nummer**/ein paar Num-
mern zu groß für jn. sein *ugs*
eine **Hutnummer**/ein paar Hut-
nummern zu groß für jn. sein *ugs*

67 ungeheure/. . . **Dimensionen** an-
nehmen

68 etw. übersteigt alle **Begriffe**
etw. übersteigt jedes **Maß**
etw. übersteigt js. **Vorstellungs-
vermögen**

69 die/js. Phantasie/Darstel-
lung/. . . wird von der **Wirklich-
keit** (weit) übertroffen
das Schönste/. . . auf der **Welt**

70 in natürlichem/vergrößertem/
verkleinertem **Maßstab**
in natürlichem/vergrößertem/
verkleinertem **Maß**

71 im **Kleinformat**

72 im **Taschenformat** *ugs*

73 im **Westentaschenformat** *ugs*

74 etw. im **Zeitraffer** zeigen/auf
dem Bildschirm verfolgen/. . .
etw. in **Zeitlupe** zeigen/auf dem
Bildschirm verfolgen/. . .

75 etw. in **Tabellenform** zusammen-
stellen/. . .
etw. **tabellenförmig** zusammen-
stellen/. . .

76 in erster/zweiter/dritter/. . . **Li-
nie**
an erster/zweiter/. . . **Stelle** etw.
tun
an erster/zweiter/. . . **Stelle** kom-
men/stehen/. . .

77 etw. rangiert an erster/. . . **Stelle**
etw. rangiert/. . . unter »**ferner**
liefen«

78 etw. in großem **Stil** aufziehen/. . .
eine Veranstaltung/. . . großen
Stils sein

79 sich im kleinen/großen/. . . **Rah-
men** abspielen

80 im kleinen/großen/. . . **Rahmen**
stattfinden/möglich sein/. . .

81 sich in bescheidenem **Rahmen**
halten

82 einer Feier/… einen großen/
    würdigen/… **Rahmen** geben

83 e-r S. die rechte/(richtige) **Weihe**
    geben *path*

Ic 1 echt, typisch, durch und durch

1 das/etw. kann nur/bloß ihm/
   dem Paul/… **passieren** *ugs*

2 das/etw. **sieht** dir/ihm/dem Pe-
   ter/… ähnlich *ugs*

3 das ist (mal wieder) **echt** Albert/
   Karin/Onkel Herbert/…
   das ist **ganz** Albert/Karin/Onkel
   Herbert/…
   (das ist) **typisch** Albert/Karin/
   Onkel Herbert/…
   (das ist) **typisch** Mann/Frau/…

4 (ein …) im wahrsten **Sinn** des
   Wortes (sein)
   (ein …) im wahren **Sinn** des
   Wortes (sein)
   ein … im wahrsten **Sinn** sein

5 (ein …) im besten **Sinn** des Wor-
   tes (sein)
   ein … im besten **Sinn** sein

6 etw. ist **reiner**/reinster Zufall/
   Unsinn/Hohn/…
   j. ist der **reinste** Glückspilz/
   Angeber/Neger/…

7 Kitsch/Rabulistik/… in **Rein-
   kultur** sein *ugs*

8 ein … **durch** und durch sein
   ein **hundertprozentiger** Portugie-
   se/Brasilianer/Musiker/Gentle-
   man/… sein
   ein Gentleman/… von **Kopf** bis
   Fuß sein
   ein Gentleman/… vom **Scheitel**
   bis zur Sohle sein
   ein Gentleman/… von **oben** bis
   unten sein
   ein Gentleman/… vom **Wirbel**
   bis zur Zehe sein *selten*
   ein Gentleman/… in **Reinkultur**
   sein *ugs*
   ein Gentleman/ein Franzose/…
   reinsten **Wassers** sein *geh*
   ein Gentleman/ein Franzose/…
   reinsten **Geblüts** sein *geh*
   ein Gentleman/… bis in die **Fin-
   gerspitzen** sein
   jeder **Zoll** ein König/ein Gentle-
   man/… *geh selten*
   ein Konservativer/Sozialist/…
   bis in/(auf) die **Knochen** sein *ugs*
   bis in die letzten **Fasern** seines
   Herzens/(Wesens) ein Gentle-
   man/… sein *path*

9 ein … sein, wie er **leibt** und lebt
   ugs
   ein … sein, wie er im **Buche**
   steht

10 eine Herzoperation/Flug-
   zeuglandung/… wie im **Bilder-
   buch** *ugs*

11 ein **hundertprozentig** ehrlicher/
   verlogener/konservativer/…
   Mensch/… sein

12 die Ehrlichkeit/der Anstand/…
   selbst sein
   die Ehrlichkeit/der Anstand/…
   in **Person** sein

13 **ganz** und gar ehrlich/verdor-
   ben/deutsch/… sein/han-
   deln/…
   durch und durch ehrlich/verdor-
   ben/deutsch/… sein/han-
   deln/…

14 **hundertprozentig** ehrlich/verlo-
   gen/deutsch/… sein

15 konservativ bis auf die **Knochen**
   sein *ugs*
   stockkonservativ/stockkatho-
   lisch/stocknüchtern/… sein *ugs*

16 ein **waschechter** Berliner/Schwa-
   be/…
   ein in der **Wolle** gefärbter Berli-
   ner/Schwabe/…

17 ein Taktgefühl/eine Unver-
   schämtheit/…, das/die/…
   seinesgleichen/ihresgleichen
   sucht *path*

18 die **wandelnde** Güte/Hilfsbereit-
   schaft/Liebe/… sein

19 ein von **Grund** auf anständiger/
   ehrlicher/… Mensch/Junge/…
   sein
   von **Grund** aus schlecht/böse/
   verdorben/… sein
   grundanständig/grundsolide/…
   sein

20 ein … von altem **Schrot** und
   Korn sein
   (noch) ein Drucker/Ober/… der
   (guten) alten **Schule** sein
   (noch) ein Kavalier/… alter
   Schule sein
   (noch) aus der (guten) alten **Schu-
   le** stammen
   (noch) ein … von echtem **Schrot**
   und Korn sein

21 ein Schurke/… größten **Kalibers**
   (sein) *ugs*

22 ein **ausgemachter** Lügner/Schur-
   ke/… sein

ein **Erzhalunke**/-gauner/-schur-
   ke/-feind/… sein

23 etw. gehört zum **Wesen** des Men-
   schen/eines Raubtiers/der Zivili-
   sation/…
   etw. liegt im **Wesen** des Men-
   schen/der Germanen/… (be-
   gründet)

24 im **wesentlichen** …

Ic 2 voll und ganz: mit Leib und Seele; von ganzem Herzen; über alle Maßen; von A bis Z; wie ein Verrückter; über und über …; bis zum letzten; von Grund auf; mit allem Drum und Dran; wie nur etwas; von einem Ende bis zum andern

1 ein regelrechter/ausgeproche-
   ner/… **Wildfang** sein

2 bloß/nur/… im **Kopf** haben
   nichts anderes/… im **Kopf** ha-
   ben als …

3 (sofort/…) **Feuer** und Flamme
   für etw. sein

4 mit **Leib** und Seele Künstler/…
   sein
   mit **Leib** und Seele etw. tun
   mit **Leib** und Seele dabei/bei der
   Sache sein

5 sich e-r S. mit **Leib** und Seele ver-
   schreiben
   sich jm./e-r S. mit **Haut** und
   Haaren verschreiben *ugs*

6 sein **Herz** für etw. hingeben *path*
   sein **Herzblut** für jn./etw. hinge-
   ben/geben *path*

7 jm./e-r S. sein **Leben** widmen
   jm./e-r S. sein **Leben** weihen *path*
   j. **lebt** und stirbt für etw.

8 mit **Herz** und Hand dabei sein

9 etw. mit allen **Fasern** seines Her-
   zens/(Wesens) ersehnen/wün-
   schen/…

10 von **Herzen** kommen

11 von **Herzen** bedauern/hof-
   fen/…
   jm. von **Herzen** danken/dank-
   bar sein/…
   jm. etw. von **Herzen** wün-
   schen/…

12 jm. aus vollem **Herzen** danken/
dankbar sein/...

13 aus/(von) ganzer **Seele** frohlok-
ken/... *path*
aus tiefster **Seele** bedauern/...
path
jm. aus tiefster **Seele** danken/
dankbar sein/... *path*
aus/in tiefster **Seele** verab-
scheuen/... *path*

14 aus ganzem **Herzen** bedauern/...
von ganzem **Herzen** hoffen/...
aus tiefstem **Herzen** be-
dauern/... *path*
von ganzem **Herzen** verab-
scheuen/...
jm. etw. von/aus ganzem **Herzen**
wünschen/...

15 jn. in tiefer **Seele** beleidigen/ver-
letzen... *path selten*

16 in tiefstem/im innersten **Herzen**
(doch) (jn.) lieben/glauben/...
path selten
in der **Tiefe** seines Herzens (doch)
(jn.) lieben/glauben/... *path*
im **Innersten** seines Herzens
(doch) (jn.) lieben/glauben/
überzeugt sein/...

17 aus dem **Grunde** seines Wesens/
Herzens kommen/antworten/
bejahen/...

18 im **Grunde** seines Herzens etw.
sein/wünschen/wollen/...

19 aus voller **Seele** frohlocken/ju-
beln/... *path*

20 etw. tut jm. in der **Seele** leid

21 bis auf/in die **Knochen** beleidigt
sein *ugs*
sich bis auf die **Knochen** blamie-
ren *ugs*

22 jm. die Treue halten/treu/dank-
bar sein/... bis übers/über das
Grab hinaus *path*
Liebe/Treue/Dankbarkeit/...
über den **Tod** hinaus *path*
jm. folgen/treu sein/ergeben
sein/... bis in den **Tod** *path*

23 **voll** und ganz zufrieden/beschäf-
tigt mit/einverstanden sein/
Recht haben/versagen/...
in vollem **Maß(e)** (zutreffen/...)

24 über alle **Maßen** loben/erstaunt
sein/... *path*
(bis) aufs **Höchste** erregt/über-
rascht/... sein

25 von **A** bis Z erfunden/Un-
sinn/... sein

von vorn(e) bis **hinten** falsch/
Unsinn/gelogen/... sein *ugs*
von **hinten** bis vorn(e) falsch/
Unsinn/gelogen/... sein *ugs*
hinten und vorn(e) falsch/Un-
sinn/erlogen/... sein *ugs*

26 wie ein **Verrückter** etw. tun *ugs*
wie ein **Wilder** etw. tun *ugs*
sich wie ein **Wilder** auf jn./etw.
stürzen *ugs*
sich wie die **Wilden** auf jn./etw.
stürzen *ugs*
rennen/rasen/draufschlagen/...
wie ein **Wahnsinniger** *ugs*
rennen/rasen/draufschlagen/...
wie ein **Irrer**

27 davongaloppieren/mit dem
Schwert dreinschlagen/..., daß
die **Funken** stieben *geh*

28 von **oben** bis unten bedeckt mit
etw./überschüttet mit etw./voll
von etw./naß/... sein
über und über bedeckt sein
mit/...

29 bis auf die **Haut** durchnäßt sein/
naß bis auf die Haut sein

30 jn. bis zum **letzten** ärgern/peini-
gen/quälen/reizen/hassen/...
jn. bis aufs **Blut** peinigen/quä-
len/reizen/ärgern/hassen/...
path
jn. bis ins **Innere** treffen/belei-
digen/verletzen/berühren/...
selten
jn. bis ins **Innerste** treffen/belei-
digen/verletzen/berühren/...
path

31 jn. bis in die geheimsten **Falten**
seiner Seele kennen

32 jn. bis zum **Tezet** ausnutzen/aus-
nehmen/ausquetschen/... *ugs*
jn. bis zum **tz** ausnutzen/aus-
nehmen/ausquetschen/... *ugs*
jn./etw. nach allen **Regeln** der
Kunst sezieren/verarzten/ver-
hauen/betrügen/... *ugs*

33 etw. in aller **Form** tun
etw. tun, das ist eine (wahre)
Pracht
etw. tun, daß es eine (wahre)
Pracht ist

34 **ganz** und gar mißverstehen/...

35 etw. von **Grund** auf ändern/er-
neuern/umgestalten/nachbes-
sern/...

von **Grund** auf neu bauen/...
etw. von **Grund** aus heilen/ku-
rieren

36 eine Reform/... an **Haupt** und
Gliedern

37 eine Prüfung/ein Umzug/ein
Hochzeitsessen/... mit allem
Drum und Dran *ugs*
eine Prüfung/ein Umzug/... mit
allem, was drum und dran **hängt**
ugs

38 etw. ist ein Erfolg/Reinfall/...
auf der ganzen **Linie**

39 schmerzen/... wie **verrückt** *ugs*

40 rennen/rasen/draufschlagen/lü-
gen/stehlen/... wie nur **(et)was**
ugs
..., da ist/war alles **dran** *ugs*
..., da ist/war das **Ende** von weg
ugs
büffeln/... bis **dort** hinaus *ugs*

41 jn. nach **Strich** und Faden an-
schnauzen/verhauen/verrei-
ßen/...

42 jn./etw. in **Grund** und Boden kri-
tisieren/verdammen/...

43 vom **Anfang** bis zum Ende
von einem **Ende** bis zum an-
der(e)n
etw. von **vorn(e)** bis hinten lesen/
studieren/durcharbeiten/beherr-
schen/...

44 den **Becher** der Freude/der
Schande/... bis zur Neige leeren
path

45 bis ins **einzelne** klären/bestäti-
gen/...

46 (ein-)mal (so) **richtig** etw. tun
(wollen/dürfen/müssen)

47 wenn j. einmal **dran** ist zu re-
den/..., dann hört er nicht mehr
auf/findet er kein Ende mehr/...

48 die **Axt** an die Wurzel legen *geh*

49 das Übel/... bei der **Wurzel** pak-
ken

Ic 3 perfekt: aus dem eff-eff können; von A bis Z beherrschen; mit allen Schikanen; über jede Kritik erhaben

1 etw. aus dem **eff-eff** beherrschen/ können/... *ugs*

2 etw. wie am **Schnürchen** hersagen/aufsagen/... können *ugs*
etw. schon im **Schlaf** hersagen können/wissen/... *ugs*

3 j. kann einen Text/... schon **singen** *ugs*
etw. (schon/...) in allen **Tonarten** singen können *ugs*
etw. **vorwärts** und rückwärts aufsagen/... können *ugs*
etw. vor- und rückwärts **herunterbeten**/runterbeten/... können *ugs*
etw. schon im **Schlaf** runterbeten/sagen/... können *ugs*

4 etw. an den (fünf) **Fingern** hersagen können *ugs*

5 etw. bis zum/(ins) **tz** kennen/... *ugs*
jn./etw. bis ins **Letzte** kennen/...
etw. von **A** bis Z kennen/beherrschen/...

6 etw. können/sein Handwerk verstehen/... wie kaum/(nur selten) **einer**
etw. können/sein Handwerk verstehen/... wie kein/(kaum ein) **zweiter**

7 laufen/springen/singen/... wie eine **eins** *ugs*

8 schwimmen (können) wie ein **Fisch**
spielen/... wie ein junger **Gott** *ugs*

9 an jm. ist ein Maler/Musiker/Politiker/... **verloren** gegangen *(oft iron.)*
ein **zweiter** Caruso/Gründgens/Balzac/... sein *(oft iron.)*

10 ein ... ohne **Fehl** und Tadel *path*

11 ein Hochzeitsessen/... mit allen **Schikanen** *ugs*
ein Hochzeitsessen/... mit allen **Finessen** *ugs*
ein Hochzeitsessen/... mit allen **Raffinessen** *ugs*

12 ein Fahrrad/ein Auto/ein Zelt/... mit allem **Zubehör**

13 eine runde **Sache** sein *ugs*

14 das/etw. ist (bestimmt/...) das **Wahre** *ugs*
dieses Abendkleid/Dessert/... ist ein **Gedicht** *ugs*

15 nichts/... zu **wünschen** übriglassen

16 da fehlt nicht der/kein **Punkt** auf dem i
da fehlt nicht das/kein **Pünktchen** auf dem i *ugs*
aufs **I-Tüpfelchen** genau sein/... *ugs*

17 sich **sehen** lassen können

18 einer genauen Prüfung/... **standhalten**
einer genaueren Prüfung/... **Stich** halten *selten*

19 **tipp-topp** sein/funktionieren/gearbeitet sein/... *ugs*

20 über alle/jede **Kritik** erhaben sein

21 über jedes/alles **Lob** erhaben sein
über jeden/allen **Verdacht** erhaben sein

22 über allen Zweifel/jede Kritik/... **erhaben** sein

23 besser **geht's** nicht/(nimmer)

24 das/so eine Sache/... muß man (doch) im kleinen **Finger** haben *ugs*

25 eine **Probe** seines Könnens/... abgeben/liefern/ablegen/geben *path*

26 sich selbst **übertreffen** (mit etw.)

27 mit nachtwandlerischer/schlafwandlerischer **Sicherheit** etw. tun (können)/...

28 aufs/auf das **Schönste** verlaufen/...

Ic 4 ausgezeichnet: ... von Format; Spitze; ganz groß; ein Höhepunkt; js. bestes Stück

1 ..., das ist ein ganzer **Mann**
..., das ist ein ganzer **Kerl** *ugs*

2 einzig in seiner **Art** sein/(dastehen) *path*

3 **Profil** gewinnen

4 **Profil** haben

5 **Stil** haben

6 **Format** haben

7 ein Mann/eine Frau/Aufführung/... von **Format** sein
ein Mann/eine Frau/Aufführung/... großen **Formats**

8 ein Spiel/eine Darbietung/... erster **Klasse** sein
ein Spiel/ein Pianist/... ersten **Ranges** (sein)

9 ein Konfekt/ein Cognac/... erster **Güte** sein
Obst/Gemüse/... der **Güteklasse** 1 (sein)

10 (einfach) **Klasse** sein *ugs*
(einfach) **Spitze** sein *ugs*

11 eine **Klasse** für sich sein *ugs*
einsame **Spitze** sein *ugs*
ganz große **Klasse** sein *ugs*

12 **Spitzenklasse** sein

13 **Weltklasse** sein

14 ein Künstler/... von **Weltrang**
ein Künstler/... von **Weltruf**

15 ein toller **Kerl** sein *ugs*
ein **Ass** sein *ugs*

16 ein **Ding** mit 'nem Pfiff sein *ugs*

17 sich **sehen** lassen können

18 das/etw. ist ganz **groß** *ugs*

19 **klein**, aber fein *ugs*
klein, aber oho! *ugs*

20 viele/... Kleider/..., und was für **welche**!

21 zum **Begriff** für Qualität/Eleganz/... werden/ein Begriff ... sein
zum **Inbegriff** für Qualität/Eleganz/... werden/ein Inbegriff ... sein *path*

22 der Mann/die Marke/... bürgt für **Qualität**

23 ein (absoluter) **Höhepunkt** sein

24 ein (wahrer) **Hammer** sein *ugs* *(Neol.)*
etw./j. übertrifft alle **Erwartungen**
alles bisher **Dagewesene** übertreffen/in den Schatten stellen

25   j. ist mein/dein/... bestes **Stück**

26   das beste/js. bestes **Pferd** im Stall sein *ugs*

27   der Rock/der Mantel/... ist mein/sein/... bestes/(gutes) **Stück**

28   es scheint/..., j./etw. ist nicht von dieser **Welt** *path*

Ic 5 durchschnittlich, soso: nichts Berühmtes; kein Höhenflieger; ein Feld- Wald- und Wiesen- ...

1   ganz in **Ordnung** sein

2   das ist doch wenigstens/schon **etwas**! *ugs*

3   nicht (gerade) **berühmt** sein/arbeiten/... (aber ...)
nicht **besonders** sein/arbeiten/... (aber ...) *ugs*

4   nichts **Berühmtes** sein *ugs*
nichts **Besonderes** sein *ugs*

5   kein **Höhenflieger** sein *ugs*
(überhaupt) nicht **auffallen**

6   es ist mit jm./etw. nicht (gerade) weit **her**/mit jm./etw. ist es nicht (gerade) weit her

7   ein geistiger **Normalverbraucher** sein *ugs*

8   eine Aufführung/ein Lokal/... dritten **Ranges** (sein)
eine Aufführung/ein Lokal/... dritter **Klasse**

9   ein **Null-acht-fuffzehn**-Stück/ Film/Rock/... *ugs*
ein **Null-acht-fünfzehn**-Stück/ Film/Rock/... *ugs*

10   ein **Feld-Wald-und-Wiesen**arzt/-anwalt/... *ugs*
ein **Wald-** und Wiesenarzt/ein Wald- und Wiesenanwalt/... *ugs*

11   ein **Schmalspur**akademiker/-theologe/... *ugs*

12   ein(e) **Dutzendgesicht**/-erscheinung/-ware/... *ugs*

13   davon/von etw. gehen zwölf auf ein/aufs **Dutzend**

14   da/in/bei/... wird auch nur/ bloß mit **Wasser** gekocht/die kochen auch nur/bloß mit Wasser

15   es **geht**
soso *ugs*
so **lala** *ugs*
soso lala *ugs*

Ic 6 nichts Halbes und nichts Ganzes

1   nichts **Ganzes** und nichts Halbes sein
nichts **Halbes** und nichts Ganzes sein
weder **Fisch** noch Fleisch sein
weder **Fleisch** noch Fisch sein

2   bei der Sache/... weiß/... man/... nicht, was **gehauen** und gestochen ist
etw. ist nur eine halbe **Lösung**
etw. ist eine halbherzige **Lösung**

3   etw. nur/bloß mit halbem **Herzen** tun

4   etw. (nur/...) so **halb** und halb können/beherrschen/...

5   inwendig **weiß** j. etw., aber auswendig nicht *ugs*

Ic 7 unvollkommen, schlecht: so recht und schlecht (etw. tun); nicht das Wahre sein; unter aller Kritik; ein Betrüger ... ersten Ranges

1   das/etw. ist so **gut** wie sicher/ entschieden/fertig/...

2   **halb** lachend, halb weinend/halb stehend, halb liegend/...

3   **mehr** oder weniger/(minder)

4   (nur) so **halb** und halb zufrieden/... sein
etw. nur **halb** können/nur halb bei der Sache sein/engagiert/... sein

5   so **recht** und schlecht etw. tun
so **schlecht** und recht etw. tun

6   gerade mal **so** über die Runden kommen/... *ugs*

7   (nur/...) einen (kleinen) **Schönheitsfehler** haben

8   e-r S. fehlt der letzte **Schliff**

9   einer genauen Prüfung/... nicht **standhalten**
einer genaueren Prüfung/... nicht **Stich** halten *selten*

10   allerhand/viel/... zu **wünschen** übriglassen
mit etw. ist es nicht weit **her**

11   das/etw. ist (auch/nun/...) nicht das **Wahre** *ugs*
das/etw. ist (ja nun/...) nicht der wahre **Jakob** *ugs*

12   nicht (gerade) das **Gelbe** vom Ei sein *ugs*

13   nichts **Rechtes** sein/werden

14   mehr **schlecht** als recht gemacht sein/können/...

15   **weniger** wäre mehr (gewesen)

16   nur/doch nur/... zweite(r) **Klasse** sein

17   unterm **Strich** sein *ugs*

18   mehr als **dürftig** sein

19   das/etw. ist unter aller **Kritik**
das/etw. ist unter aller **Kanone** *ugs*
das/etw. ist unter aller **Sau** *vulg*

20   das/etw. ist unter aller **Würde** *path*

21   sich (mit jm./etw.) nicht/nicht mehr/... **sehen** lassen können (in/bei/...)

22   es ist/... eine **Sünd'** und Schande, wie .../was .../... *path*

23   ein (regelrechtes/...) **Trauerspiel** sein/veranstalten/... *path*

24   js. Leistung/Aussehen/... ist zum **Erbarmen** *path*

25   jm./sich ein **Armutszeugnis** ausstellen (mit etw.)

26   eine Pleite/ein Betrüger/... ersten **Ranges** (sein)
ein Reinfall/Mißerfolg/... erster **Ordnung**
ein Schelm/ein Schurke/ein Verbrecher/ein gerissener Hund/ein gerissener Lügner/... **sondergleichen** sein

27   ein Gauner/Lügner/Angeber/... der übelsten **Sorte** *ugs*
ein Gauner/Lügner/Angeber/... der übelsten **Art** *ugs*
ein Schurke/... größten **Kalibers** (sein) *ugs*

28   eine schwache **Stelle** sein in etw.

29   ihr seid/diese Schülerinnen/... sind/... mir vielleicht **welche**! *ugs*

Ic 8   ganze Sache machen

1   keine halben **Sachen** machen

2   gründliche **Arbeit** leisten
    ganze **Arbeit** leisten/machen
    ganze **Sache** machen *selten*

3   das **Übel** mit der Wurzel ausrot-
    ten/(ausreißen)
    das **Übel** bei der Wurzel packen
    das **Unkraut** mit der Wurzel aus-
    reißen/(ausrotten)

Ic 9   genau: von oben bis un-
ten prüfen . . .; Punkt für
Punkt durchgehen . . .; dop-
pelt gemoppelt

1   etw. von **vorn** und hinten be-
    trachten/prüfen/. . .

2   jn./etw. von **oben** bis unten mu-
    stern/prüfen/kontrollieren/. . .

3   jn. von **Kopf** bis Fuß mustern/
    prüfen/ansehen/. . .
    jn. vom **Kopf** bis zu den Füßen
    mustern/prüfen/ansehen/. . .

4   jn./etw. auf **Herz** und Nieren
    prüfen

5   ins einzelne **gehen**

6   (jm.) etw. in allen **Einzelheiten**
    erklären/auseinanderlegen/. . .

7   bis ins **Kleinste** etw. prüfen/un-
    tersuchen/. . .

8   etw. **Stück** für Stück kontrollie-
    ren/nachzählen/. . .
    einen Text/. . . **Stück** für Stück
    durcharbeiten/durchgehen/. . .
    einen Text **Wort** für Wort durch-
    gehen/kontrollieren/. . .
    etw. **Punkt** für Punkt durchge-
    hen/durchsprechen/. . .

9   bis auf den (letzten) **I-Punkt** etw.
    ausarbeiten/ausrechnen/klären/
    erledigen/. . . *ugs*
    bis aufs **I-Tüpfelchen** genau
    Richtlinien durchführen/Anwei-
    sungen ausführen/. . . *ugs*

10 aufs **Haar** genau kennen/dassel-
    be sein/. . .

11 **doppelt** und dreifach aufpassen/
    sich anstrengen/zubinden/. . .
    ugs

doppelt gemoppelt zugebun-
den/. . . sein *ugs*
das ist/war **doppelt** gemoppelt
ugs

12 etw. mit sieben **Siegeln** verschlie-
    ßen *path*

13 **doppelt** gemoppelt hält besser *ugs*

14 vier **Augen** sehen mehr als zwei

15 (noch/. . .) einen **Schritt** weiter-
    gehen als j.

Ic 10   übergenau, kleinlich:
jedes Wort auf die Goldwaa-
ge legen; Haare spalten; sich
an den Buchstaben klam-
mern

1   seine **Worte** (genau/. . .) wählen

2   (bei jm.) jedes **Wort** auf die Gold-
    waage legen (müssen)
    (bei jm.) die **Worte**/js. Worte auf
    die Goldwaage legen (müssen)

3   ein **Kleinigkeitskrämer** sein *ugs*

4   **Haare** spalten
    Haarspalterei betreiben

5   den **Kümmel** aus dem Käse su-
    chen *ugs*
    Erbsen zählen *ugs*

6   ein **Korinthenkacker** sein *ugs*

7   sich an den **Wortlaut** eines Tex-
    tes/. . . halten

8   sich nach dem **Wortlaut** eines
    Textes/. . . richten

9   etw. dem **Buchstaben** nach/(ge-
    treu)/nach dem Buchstaben er-
    füllen

10 etw. auf den **Buchstaben** genau
    erfüllen/. . .

11 (zu sehr/. . .) nach dem **Buchsta-
    ben** gehen
    sich (sehr/zu stark/. . .) an den
    Buchstaben halten
    sich (zu sehr/. . .) nach dem (to-
    ten) **Buchstaben** richten

12 sich an den **Buchstaben** klam-
    mern

13 am **Buchstaben** kleben

14 keinen **Fingerbreit** von etw. ab-
    weichen/abgehen/. . . *selten*

15 den **Buchstaben** des Gesetzes er-
    füllen
    sich (nur/zu sehr/. . .) an den
    Buchstaben des Gesetzes halten

16 nach dem **Buchstaben** des Ver-
    trages/. . .
    dem **Buchstaben** des Vertra-
    ges/. . . nach

17 päpstlicher sein als der **Papst**

18 ein **Hundertfünfzig/150–Pro-
    zentiger** sein *ugs*
    ein **Zweihundert/200–Prozenti-
    ger** sein *ugs*

19 ein **Paragraphenreiter** sein *ugs*

20 ein **Law-and-Order-Typ** sein *ugs*
    selten

21 der **Punkt** auf dem i *ugs*
    das **Tüpfelchen** auf dem i *ugs*

Ic 11   oberflächlich

1   etw. nur (so) am **Rande** erledi-
    gen/bemerken/. . .

2   an der **Oberfläche** bleiben/
    schwimmen/dahinplätschern

3   etw. (nur) **oberflächlich** tun
    etw. (nur) so **obenhin** tun

4   es an der nötigen **Sorgfalt** fehlen
    lassen

5   jn./etw. (sehr) **stiefmütterlich** be-
    handeln/. . . *ugs*

6   nichts/nicht viel/wenig/viel/. . .
    dahinter sein *ugs*
    es **steckt** nichts/nicht viel/we-
    nig/. . . dahinter

7   etw. im **Vorbeigehen** erledigen/
    mitkriegen/. . .

Id 1   Maß, Beschränkung:
(das) (richtige) Maß halten;
sich in Grenzen halten

1   einen **Mittelweg** einschlagen/ge-
    hen/wählen

2   den goldenen **Mittelweg** einhal-
    ten/wählen/. . .
    die goldene **Mitte** einhalten/
    wählen/. . .

3   (das richtige) **Maß** halten

4   etw. mit **Maß** und Ziel tun

5   etw. mit **Maßen** tun/in Maßen
    essen/trinken

6   nicht zu **viel** und nicht zu wenig

7   seine **Grenzen** kennen

8   die **Grenzen** einhalten
    innerhalb seiner/der einem ge-
    steckten **Grenzen** bleiben
    sich innerhalb seiner/der einem
    gesteckten **Grenzen** halten

9   sich **Schranken** auferlegen *selten*

10 sich in (engen) **Grenzen** halten
    sich in **Schranken** halten *selten*

11 seine **Grenzen** haben

12 **solide** sein/leben *ugs*

13 **solide** werden *ugs*

14 (etw.) **mäßig**, aber regelmäßig
    (tun)

Id 2 (Tendenz zur) Übertrei-
bung: den Hals nicht voll-
kriegen (können); (hart) an
der Grenze des guten Ge-
schmacks sein; bis zum Äu-
ßersten gehen; zu weit ge-
hen; keine Grenzen kennen;
des Guten zuviel tun; eine
Staatsaktion aus etw. ma-
chen; in grellen, schwarzen,
rosaroten Farben malen; in
den Himmel heben; einen
Hang zum Großen haben; zu
weit führen; davon geht die
Welt nicht unter; man soll
die Kirche im Dorf lassen

1   nicht/nie/... genug **kriegen**
    (können) von etw. *ugs*
    den **Hals** nicht vollkriegen/(voll
    genug kriegen) (können) von etw.
    ugs

2   ein (regelrechter/...) **Nim-
    mersatt** sein *ugs*

3   so weit **gehen**, daß/zu ...

4   bis (hart) an die **Grenze** des guten
    Geschmacks/des Möglichen/...
    gehen
    (hart) an der **Grenze** des guten
    Geschmacks/des Möglichen/...
    sein/liegen

5   es/die Dinge/... bis zum **Äußer-
    sten** kommen lassen
    es/die Dinge/... bis zum
    Schlimmsten kommen lassen
    path
    bis zur äußersten **Grenze** gehen

6   bis zum **Äußersten** gehen

7   es/die Dinge/eine Ausein-
    andersetzung/... bis zum **Äußer-
    sten** treiben

8   es/die Dinge/eine Diskus-
    sion/... auf die **Spitze** treiben

9   zu den äußersten/letzten **Mitteln**
    greifen *selten*
    zum **Äußersten** greifen

10 seine **Grenzen** überschreiten (mit
    etw.)

11 die **Grenzen** des Erlaubten über-
    schreiten (mit etw.)

12 zu weit **gehen**
    den **Bogen** überspannen

13 über alles **Maß** hinausgehen *path*

14 etw. ins **Uferlose** ausarten lassen

15 das **Spiel** zu weit treiben
    das **Spielchen** zu weit treiben *ugs*

16 sein **Konto** überziehen *ugs*
    seine **Rolle** überziehen

17 seine **Karte** überreizen *ugs*
    die/seine **Karten** überreizen *ugs*

18 es zu weit **treiben**

19 es zu bunt **treiben**
    es zu arg/schlimm **treiben**

20 gern/halt/mal/halt mal/... über
    die **Stränge** schlagen/(hauen)

21 keine **Grenzen** kennen
    weder **Maß** noch Ziel kennen/
    (haben)

22 etw. ohne **Maß** und Ziel tun

23 die/alle **Schranken** niederreißen/
    übertreten *path*

24 j. wird es noch so weit **treiben**,
    daß ...
    j. hat es (schließlich/...) so weit
    getrieben, daß ...

25 übers **Ziel** hinausschießen/
    (schießen)

26 des **Guten** zuviel tun

27 das **Kind** mit dem Bade ausschüt-
    ten

28 sich in Höflichkeiten/Entgegen-
    kommen/... (geradezu/...)

überbieten *(oft iron.)*
sich vor Höflichkeit/Entgegen-
kommen/... geradezu/regel-
recht/... **überschlagen** *ugs (oft
iron.)*

29 einen **Kult** mit etw./jm. treiben

30 sich zu der Behauptung/... **ver-
    steigen**

31 eine (ganz) große **Geschichte** aus
    etw. machen *ugs*

32 aus einer/jeder **Mücke** einen Ele-
    fanten machen *ugs*

33 eine **Staatsaktion** aus etw. ma-
    chen *ugs*
    eine **Haupt-** und Staatsaktion aus
    etw. machen *ugs*

34 mit **Kanonen** auf/(nach) Spatzen
    schießen *ugs*

35 die **Pferde** scheu machen

36 dick **auftragen** *ugs*
    die **Farbe** dick auftragen *selten*

37 zu dick **auftragen** *ugs*

38 (jm.) etw. in grellen/in den grell-
    sten **Farben** malen/ausmalen/
    schildern/...
    (jm.) etw. in den krassesten **Far-
    ben** malen/ausmalen/schil-
    dern/...

39 das **Schreckgespenst** des Krieges/
    der Hungersnot/... heraufbe-
    schwören/an die Wand malen
    das **Gespenst** der Hungersnot/
    des Krieges/... an die **Wand** ma-
    len

40 alles/etw. zu (sehr) schwarz **ma-
    len**

41 (jm.) etw. in dunklen/schwar-
    zen/den dunkelsten/den schwär-
    zesten **Farben** malen/ausmalen/
    schildern/...

42 etw. in einem günstigen/vorteil-
    haften **Licht** erscheinen lassen

43 alles/etw. zu (sehr) rosig **malen**
    ugs
    (jm.) etw. in rosigen/rosaroten
    Farben malen/ausmalen/schil-
    dern/... *ugs*

44 (jm.) etw. in den leuchtendsten/
    in den schönsten/in den goldig-
    sten **Farben** malen/ausmalen/
    schildern/...

45 (nur/. . .) in (lauter) **Superlativen** reden (von jm./etw.) *ugs*

46 (jm.) etw./jn. in **Superlativen** anpreisen/. . . *ugs*
(jm.) etw./jn. in den höchsten **Tönen** anpreisen/. . .

47 jn./etw. in den **Himmel** heben *path*

48 jn./etw. über den grünen **Klee** loben *ugs*

49 ins **Schwärmen** geraten/kommen, wenn man von jm./etw. redet/. . .

50 einen **Hang** zum Großen haben
einen **Zug** zum Großen haben

51 so weit **kommen**, daß . . .

52 ins **Uferlose** gehen

53 das ist/. . . ein bißchen **viel**
das ist/. . . ein bißchen **happig** *ugs*

54 etw. geht über das **Zulässige** hinaus
etw./das **führt** zu weit
etw. **geht** zu weit

55 alles was **recht** ist – aber das/etw. ist übertrieben/. . .

56 das/etw. ist ein bißchen/reichlich viel **verlangt** *ugs*

57 das ist zuviel des **Guten**

58 ins **Kraut** schießen

59 das **Theater** lassen *(meist Imp.)* *ugs*

60 das ist (doch) kein **Beinbruch**! *ugs*

61 davon/daran **stirbt** man/stirbst du/. . . nicht gleich/sofort *ugs*
davon/daran wird man/er/sie/der Peter/. . . nicht gleich/sofort **sterben** *ugs*
davon/daran ist noch niemand/keiner **gestorben** *ugs*
davon/von etw./. . . stürzt (doch) die **Welt** nicht ein *ugs*
davon/von etw. geht die **Welt** (doch) nicht unter! *ugs*
davon/von etw. bricht/stürzt/fällt die **Welt** (doch) nicht zusammen *ugs*

62 j. wird dich/ihn/. . . (doch/schon) nicht (gleich) **fressen**! *ugs*

63 **bring'** dich/. . . (nur/. . .) nicht um!/er bringt sich/. . . noch um *ugs*

64 auf dem **Teppich** bleiben *ugs*

65 nun laß/laßt/. . . (mal) die **Kirche** im Dorf
wir wollen/sollten/. . . die **Kirche** im Dorf lassen

66 (jetzt/nun/. . .) **mach'**/macht (aber) mal halblang! *ugs*

67 halt/haltet/. . . mal die **Luft** an! *ugs*

68 jetzt/nun mach/macht/. . . (aber) mal einen **Punkt**! *ugs*

69 Sport/. . . im **Übermaß** treiben/betreiben/. . .

70 jn./etw. über **Gebühr** in Anspruch nehmen/. . .

71 es ist nicht zuviel **gesagt**, wenn man feststellt, daß/. . .

72 von einem **Extrem** ins andere fallen

73 wahre **Orgien** feiern *(Haßgefühl, Rachegelüste, . . .)* *path*

74 vor Edelmut/Weisheit/Mildtätigkeit/. . . **triefen** *iron*

Ie 1 Bezug, Beziehung: auf . . . Art und Weise; auf . . . Weg; in Beziehung zu, mit; im umgekehrten Verhältnis zu . . .; im Bereich von . . .; in Sachen . . .; von seiten . . .; im Fall . . .; das Drum und Dran

---

1 die **Art** und Weise

2 was für eine **Bewandtnis** hat es mit jm./etw.?
mit jm./etw. hat es folgende **Bewandtnis**:

3 es hat eine besondere/seine eigene/eine seltsame **Bewandtnis** mit jm./etw.

4 Fragen, . . . ganz allgemeiner/grundsätzlicher/privater/. . . **Natur**

5 in der **Weise** vorgehen/. . ., daß . . .
ganz/nicht/. . . danach **angetan** sein, etw. zu tun

6 der Umgang/die Unterhaltung/. . . bekommt, . . . eine freundliche/schärfere/vertrauliche/. . . **Note**

7 auf direktem/indirektem/gütlichem/diplomatischem/. . . **Weg** erledigen/. . .
auf gesetzlichem **Weg** etw. erreichen/. . .
auf chemischem **Weg** analysieren/. . .
im **Weg(e)** von Verhandlungen/. . . lösen/. . . *form*
jn./js. Einfluß/. . . auf kaltem **Weg** ausschalten/unschädlich machen/. . .

8 in gewisser **Beziehung**

9 in dieser **Beziehung**
in jeder/keiner/mancherlei/. . . **Beziehung**

10 in dieser/jener/mancher/vielerlei/einer gewissen/jeder **Hinsicht**

11 im **Verhältnis** zu jm./etw.
im **Vergleich** zu jm./etw.

12 **mutatis** mutandis *geh*

13 X in **Verbindung** mit Y . . .

14 . . . und **überhaupt**: (warum? . . ./. . .) *ugs*

15 **wenn** . . ., dann . . .

16 das **Wie**, Wann und Wo

17 nichts/wenig/allerhand/schon etwas/. . . mit etw. zu **tun** haben

18 in **Beziehung** zu etw. stehen

19 etw. zu etw. in **Beziehung** setzen
zwei/mehrere Dinge/. . . in **Beziehung** zueinander bringen

20 etw. mit etw./jm. in **Zusammenhang** bringen
jn./etw. (immer/leicht/. . .) in **Verbindung** bringen mit jm./etw.

21 in/im **Zusammenhang** stehen mit etw.

22 etw. im **Zusammenhang** sehen/beurteilen/. . . (müssen)

23 etw. aus dem **Zusammenhang** reißen

24 daß . . ./ob . . ./. . ., das ist (nur/. . .) eine **Frage** der Zeit/des Geldes/. . .

25 in **Wechselbeziehung** zu/mit etw. stehen
in **Wechselbeziehung** zueinander/miteinander stehen

26 im/in einem umgekehrten **Verhältnis** stehen zu etw.

27 in gar/überhaupt keinem **Verhältnis** zu etw. stehen

28 **Hand** in Hand laufen mit etw.
   Hand in Hand gehen mit etw.

29 Klugheit und Güte/Fleiß und
   Überlegung/Theorie und Praxis
   . . . gehen bei jm. eine gute/
   glückliche **Ehe** ein *path*

30 **eins** greift ins andere
   etw. **steht** und fällt mit etw.

31 das/etw. beruht auf **Gegenseitig-
   keit**

32 im/in **Einklang** stehen mit jm./
   etw./miteinander

33 **zugeschnitten** sein auf jn./etw.

34 im **Mißverhältnis** stehen zu etw.

35 im **Unterschied** zu jm.

36 im **Gegensatz** stehen zu etw.

37 **Bezug** nehmen auf etw.

38 einen **Vergleich** ziehen zwischen
   . . .

39 der/dieser/. . . **Vergleich** hinkt

40 eine **Brücke** zu etw. schlagen
   (über etw.)

41 den **Maßstab** abgeben für etw./
   jn.
   den/einen . . . **Rahmen** für etw.
   abgeben

42 e-r S. als **Folie** dienen

43 im **Bereich** seiner Möglichkei-
   ten/. . . liegen
   im **Rahmen** einer (größeren) Un-
   tersuchung/Feierstunde/Veran-
   staltung/. . . stattfinden/. . .

44 den **Rahmen** der bisher geltenden
   Theorien/einer Veranstal-
   tung/. . . sprengen (mit etw.)

45 in der **Frage** der Religion/. . .
   in **Sachen** Religion/. . .
   in **Fragen** der Religion/. . .

46 in **puncto** Religion

47 was mich/ihn/Religion/. . . **be-
   trifft**
   was mich/ihn/die Religion/. . .
   angeht
   was mich/die Religion/. . . **anbe-
   langt**

48 von seiner/ihrer/. . . **Seite** haben
   wir keine Hilfe zu erwarten/
   kann man auf nichts zählen/. . .
   von seiner/deiner/. . . **Seite** (aus)
   geschieht nichts in der Sache/. . .

49 **seitens** des/der/. . .
   von **Seiten** des/der/. . .

50 auf **Seiten** von/des/der/. . .

51 nach allen **Seiten** (hin) vorsor-
   gen/. . .

52 in dem **Fall**, daß . . .
   unter der **Bedingung**, daß . . .

53 das ist der **Fall** bei jm./etw.

54 gesetzt den **Fall**, daß . . .
   nehmen wir/nimm/. . . einmal
   an, daß . . .

55 ein Festakt/ein Motorrad/. . . mit
   vielem **Drum** und Dran (sein) *ugs*

56 das ganze **Drum** und Dran (e-r S.)
   ugs

57 mit allem, was drum und dran
   hängt *ugs*
   etw. mit allem **Drum** und Dran
   ugs

**If 1 gleich: auf derselben
Ebene; auf demselben Ni-
veau; der eine ist so gut . . .
wie der andere; sich die Waa-
ge halten**

1 jn. wie **seinesgleichen** behandeln
  mit jm. wie mit **seinesgleichen**
  umgehen/verkehren/. . .
  auf der gleichen/derselben **Ebene**
  mit jm. umgehen/(. . .)
  auf gleichem **Fuß** mit jm. umge-
  hen/. . .

2 jn./etw. auf eine/die gleiche **Stu-
  fe** stellen mit jm./etw./wie jn./
  etw.
  jn./etw. auf die gleiche/dieselbe
  Ebene stellen mit jm./etw./wie
  jn./etw.

3 auf gleicher/der gleichen/dersel-
  ben **Stufe** stehen (wie j./mit jm.)
  auf der gleichen/derselben **Ebene**
  stehen wie j./mit jm.

4 auf js. **Niveau** stehen

5 den/einen **Vergleich** aushalten
  mit jm./etw.
  es mit jm. **aufnehmen** (können)
  jm. an etw. nichts **nachgeben**
  jm. in etw. nicht **nachstehen**

6 sich jm. (immer/unbedingt/. . .)
  an die **Seite** stellen wollen

7 ein **Mensch** wie du und ich sein
  ugs

8 nach unser aller **Maß** gemacht
  sein *path*
  der **eine** ist so gut/. . . wie der an-
  dere *ugs*

9 die scheißen alle aus demselben
  Loch *vulg*
  alle scheißen aus demselben **Loch**
  vulg

10 zusammenpassen/. . . wie **Topf**
   und Deckel *vulg*
   zusammenpassen/. . . wie **Pott**
   und Deckel *vulg*

11 keinen **Unterschied** machen zwi-
   schen . . . und . . .

12 sich die **Waage** halten

13 es/das ist **eins** wie das andere
   es/das ist (doch/alles/doch alles)
   eins

14 bis aufs **Komma** übereinstimmen

15 im **Guten** wie im Bösen/im Gu-
   ten und im Bösen
   im **Bösen** wie im Guten

16 **ein** und derselbe

17 **Gleich** und Gleich gesellt sich
   gern

18 bei **Nacht** sind alle Katzen grau

**If 2 ähnlich: sich in man-
chen, vielen . . . Stücken glei-
chen; aus dem gleichen Holz
geschnitzt sein; vom gleichen
Schlag sein**

1 jm./e-r S./sich (täuschend) ähn-
  lich **sehen**
  jm./sich (täuschend) **ähnlich** sein

2 jm./sich in allen/vielen/man-
  chen **Stücken** gleichen/ähnlich
  sein/. . .
  zwei/mehrere Dinge **nehmen**
  sich nichts/nicht viel/. . .

3 sich zum **Verwechseln** ähnlich
  sein/ähnlich sehen/gleichen/. . .
  sich gleichen/ähnlich sehen wie
  ein **Ei** dem anderen
  sich aufs **Haar** gleichen
  sich auf ein **Haar** gleichen
  aufs **Haar** genau kennen/dassel-
  be sein/. . .
  jm. zum **Verwechseln** ähnlich
  sein/ähnlich sehen/gleichen/. . .

4 jm. (wie) aus dem **Gesicht** ge-
  schnitten sein

5 nach jm. **schlagen**

6 aus demselben/dem gleichen
   Holz geschnitzt sein wie j.
   aus demselben **Stoff** (gemacht)
   sein wie j.

7 ganz der **Sohn** seines Vaters sein

8 der **Apfel** fällt nicht weit vom
   Stamm *ugs*
   der **Apfel** fällt nicht weit vom
   Pflaumenbaum *iron*
   der **Apfel** fällt nicht weit vom
   Pferd *ugs*

9 wie der **Herr**, so's Gescherr/so's
   Geschirr/so der Knecht

10 manches/vieles/. . . mit jm. **ge-
    mein** haben

11 die sind (alle/. . .) vom gleichen
    Schlag *ugs*
    ihr könnt euch/sie können
    sich/. . . die **Hand** reichen *ugs*

12 vom gleichen **Kaliber** sein wie j.
    ugs
    ein Mensch/ein Gauner/. . . glei-
    chen **Kalibers** sein (wie . . .) *ugs*

13 (um) kein **Jota** besser/schlech-
    ter/fleißiger/anders/. . . sein als
    j./etw. *path*

14 er und **seinesgleichen**/sie und ih-
    resgleichen/. . .

15 (so) ähnlich **steht** es/die Sache
    mit jm./etw. (auch)

16 es/etw. ist/. . . im **Kleinen** so wie/
    wie/nicht anders als/. . . im Gro-
    ßen

If 3 ungleich: einen Unter-
schied machen (müssen, wol-
len . . .); das ist eine (ganz)
andere Frage; auf einer
(ganz) anderen Ebene liegen

1 den/einen **Vergleich** nicht aus-
   halten mit jm./etw.

2 mit dem/der/dem Maier/. . .
   kann sich j. nicht **vergleichen**
   jn. mit jm. anderem nicht in eine
   Reihe stellen können

3 einen **Unterschied** machen zwi-
   schen . . . und . . .

4 einen (klaren/eindeutigen/. . .)
   Trennungsstrich ziehen zwischen
   . . . und . . .

5 die **Böcke** von den Schafen tren-
   nen/sondern/scheiden

die **Schafe** von den Böcken tren-
nen/sondern/scheiden

6 die **Spreu** vom Weizen trennen/
   sondern/scheiden

7 sich nicht miteinander **vereinigen**
   lassen (Meinungen/. . .)

8 zwei (verschiedene) **Paar** Stiefel/
   (Schuhe) sein *ugs*

9 sich schon anders **anhören**

10 das ist (schon) etwas **anderes**
    das ist etwas ganz **anderes**
    das ist (schon) eine andere **Sache**
    das ist (aber) eine (ganz) andere
    Sache

11 ob . ., (das) ist etwas ganz **ande-
    res**

12 ob . ., (das) ist eine (ganz) ande-
    re **Frage**
    ob . ., (das) steht auf einem
    (ganz) anderen **Blatt**

13 das/etw. ist ein (ganz) anderes
    Kapitel *ugs*
    das/etw. ist ein **Kapitel** für sich
    ugs

14 das/etw. ist (ja) (gar/überhaupt)
    kein **Vergleich** mit etw.

15 auf einer (ganz) anderen **Ebene**
    liegen

16 keine **Parallele** haben/ohne
    Parallele sein

17 ein großer/himmelweiter/. . .
    Unterschied sein

18 einzig in seiner **Art** sein/(daste-
    hen) *path*

If 4 unähnlich: ein himmel-
weiter Unterschied; Welten
liegen zwischen . . . und . . .;
aus anderem Holz geschnitzt
sein

1 in **Widerspruch** geraten zu etw.

2 im/in krassem/. . . **Widerspruch**
   stehen zu etw.

3 krasse **Gegensätze** sein

4 ein **Unterschied** wie Tag und
   Nacht sein
   ein großer/himmelweiter/. . .
   Unterschied sein

5 sich gleichen/. . . wie **Tag** und
   Nacht
   so verschieden sein/sich unter-
   scheiden wie **Tag** und Nacht

6 **Welten** liegen zwischen . . . und
   . . . *path*
   zwischen . . . und . . . liegen **Wel-
   ten** *path*
   Welten trennen . . . und . . . *path*
   . . . und . . . trennen **Welten** *path*

7 (so verschieden) wie **Wasser** und
   Feuer sein
   (so verschieden) wie **Feuer** und
   Wasser sein

8 ein (ganz) anderer **Schlag** sein
   anderen **Schlages** sein *selten*

9 aus anderem **Holz** geschnitzt sein
   als j.
   aus anderem **Stoff** (gemacht) sein
   als j.

10 wenig/nichts/. . . mit jm. **gemein**
    haben

11 (ganz) aus der **Art** schlagen
    in eine (ganz) andere **Richtung**
    schlagen

12 eine bunt **zusammengewürfelte**
    Gesellschaft/. . .

13 andere **Länder**, andere Sitten

If 5 sich ändern; wie ver-
wandelt: ein neues Leben an-
fangen; ein ganz anderer
Mensch sein; sich von einer
neuen Seite zeigen

1 sich zu seinem Vorteil/Nachteil
   verändern

2 ein neues **Kapitel** in seinem Le-
   ben beginnen/aufschlagen *path*

3 ein neues **Leben** anfangen/be-
   ginnen

4 ein neuer **Mensch** werden
   einen neuen **Menschen** anziehen
   path selten

5 den alten **Menschen** ausziehen/
   (ablegen) *path selten*
   den alten **Adam** ausziehen *geh
   selten*

6 vom **Saulus** zum Paulus werden
   geh

7 in eine neue **Haut** schlüpfen *(oft
   iron.)*

8 ein (ganz) anderer **Mensch** (geworden) sein
ein (ganz) anderer **Mensch** sein als früher/sonst/...

9 j. ist (in letzter Zeit/...) wie **verwandelt**
j. ist (in letzter Zeit/...) wie **umgewandelt**
(plötzlich/...) wie **ausgewechselt** sein *ugs*

10 nicht (mehr) **wiederzuerkennen** sein

11 sich wie ein **Phönix** aus der Asche erheben *geh*
wie ein **Phönix** aus der Asche steigen *geh*

12 wie ein **Schmetterling** aus der Puppe kriechen *ugs*

13 sich von einer (ganz) anderen/neuen **Seite** zeigen

14 von der/dieser **Seite** kenne ich/... ihn/sie/(kennt j. jn.) gar nicht/...
von der/dieser **Seite** haben wir/... ihn/sie/... noch nie erlebt/...
(nanu,) so **kenne** ich dich/(kennt j. jn.) (ja) gar nicht! *ugs*

15 nicht/nie mehr der **alte** sein

16 j. ist (gar/überhaupt) nicht mehr er **selbst**

If 6 Veränderung: neue Wege beschreiten; eine andere Wendung nehmen, geben

1 das/es/etw. muß/kann/sollte/... anders **werden** (mit jm./etw.)

2 die ausgetretenen **Pfade** verlassen *geh*

3 sich in neuen **Bahnen** bewegen

4 einen neuartigen/ungewöhnlichen/seltsamen/... **Weg** beschreiten
andere/neuartige/ungewöhnliche/seltsame/... **Wege** beschreiten
andere/neuartige/ungewöhnliche/seltsame/... **Wege** einschlagen
andere/neuartige/ungewöhnliche/seltsame/... **Wege** gehen

5 **Seitenwege** gehen *selten*

6 neue **Wege** weisen

7 das **Blatt** wenden

8 e-r S. ein (völlig/...) anderes **Gesicht** geben *selten*

9 einem Gespräch/e-r S. eine andere **Wendung** geben

10 etw. (genau) ins/in sein **Gegenteil** verkehren

11 eine andere **Wendung** nehmen

12 eine unerwartete **Wendung** nehmen

13 ein denkwürdiges **Kapitel** sein

14 aus dem gewohnten **Rahmen** fallen (mit etw.)
aus dem **Rahmen** des Üblichen fallen (mit etw.)

15 aus der **Reihe** tanzen/(fallen) *ugs*

16 ein (ganz/...) anderes **Gesicht** bekommen (für jn.)
ein (ganz/...) neues **Gesicht** bekommen (für jn.)

17 ins/in sein **Gegenteil** umschlagen

18 zum Guten/zum Bösen/zu js. Gunsten/Ungunsten/... **ausschlagen**

19 das **Blatt** wendet sich/wird sich (wieder) wenden/...
der **Wind** hat sich (spürbar/...) gedreht

20 zu neuen **Ufern** aufbrechen/sich aufmachen/... *path*
zu neuen **Ufern**! *path*

21 **tempora** mutantur *geh*

If 7 unverändert: immer, noch, ganz ... derselbe sein; nach wie vor, wieder ... ausgetretene Wege gehen; nach wie vor, immer der alte Trott; das alte Elend sein (mit)

---

1 sich gleich **bleiben**

2 immer **derselbe** sein

3 sich treu **bleiben**

4 (noch) ganz der/die **alte** sein *ugs*
ganz der **alte** geblieben sein *ugs*

5 nicht/so wenig wie j. aus seiner **Haut** können/herauskönnen *ugs*
sich nicht/so wenig wie j. **umkrempeln** können *ugs*

man kann jn. nicht **umkrempeln** *ugs*

6 sich in gewohnten **Bahnen** bewegen
ausgetretene **Wege** gehen
in ausgetretenen **Pfaden** wandeln *geh*
sich in ausgefahrenen **Gleisen** bewegen

7 (am liebsten/...) die breite **Straße** des Herkömmlichen/Üblichen/... gehen *path*

8 alles beim **alten** lassen/belassen

9 keinen **Deut** an etw. ändern *ugs*
kein **I-Tüpfelchen** an etw. ändern *ugs*
kein **Jota** an etw. ändern *path*

10 in die gewohnten **Bahnen** zurückkehren

11 in den alten/gleichen/gewohnten **Trott** zurückfallen/verfallen *ugs*

12 der alte **Adam** regt sich wieder (in/bei jm.) *geh (oft iron.)*

13 die/js. **Fortschritte** sind gleich Null *ugs*

14 genau so **weit** wie vorher sein
genau so weit wie am **Anfang** sein

15 seinen **Gang** gehen/nehmen

16 alles/es/... geht/nimmt (wieder) seinen gewohnten/normalen/üblichen/... **Gang**
es ist alles beim **alten**
es bleibt alles beim **alten**
alles geht wieder/... auf die alte **Tour** *ugs*
in/bei/... herrscht/... wieder/... der alte/gewohnte **Trott** *ugs*
es/etw. geht in/bei/... (immer/...) im gleichen/in demselben/im gewohnten/seinen gewohnten **Trott** *ugs*

17 in/bei/... herrscht/... (wieder/...) der alte/gewohnte **Schlendrian** *ugs*
es/alles/etw. geht in/bei/... (wieder) den/seinen/im alten/gewohnten **Schlendrian** *ugs*

18 (alles) wie **gehabt**

19 das/es ist immer dieselbe/die gleiche **Geschichte** *ugs*
das/es ist immer/immer wieder/... das alte/dasselbe/das gleiche **Lied** *ugs*

das/es ist immer/immer wieder/... die alte **Leier** *ugs*
das/es ist immer/immer wieder/... die alte/dieselbe/die gleiche **Leier** *ugs*

20 das/es ist immer/immer wieder/... das alte/dasselbe/das gleiche **Elend** (mit jm./etw.) *ugs*
das/es ist immer/immer wieder/... der alte/derselbe/der gleiche **Jammer** (mit jm./etw.) *ugs*

21 es **bleibt** dabei, daß ...
... und dabei **bleibt's!**

22 da ist wenig/nichts/... zu **machen**
da/daran/... ist wenig/nichts zu **ändern**

23 in gewohnter **Weise** fortfahren/...

Ig 1 überlegen: jm. kann niemand etwas vormachen; jm. turmhoch überlegen sein; Oberwasser kriegen

---

1 so einen guten Spieler/lieben Menschen/guten Apparat/... findest du/findet man/... nicht alle **Tage**
so einen guten Spieler/lieben Menschen/guten Apparat/... kannst du/kann man/... lange **suchen** *ugs*
jn./etw./so einen wie .../... muß/kann man mit der **Laterne** suchen *ugs*

2 j. kann arbeiten/singen/Fußball spielen/interpretiert ein Stück/... wie kein **zweiter** *ugs*

3 einzig **dastehen** (in seiner Art) *path*

4 in etw. kann jm. niemand/keiner/... etwas **vormachen** *ugs*
alles (bisher Dagewesene)/... in den **Schatten** stellen *path*
das/so eine Übersetzung/... **macht** dem/dir/dem Meier/... keiner/niemand nach

5 dem/der/dem Maier/... kann sich j. nicht an die **Seite** stellen

6 vor/neben dem Herbert/... brauchst du dich/... nicht zu **verstecken** *ugs*

---

7 jm. (weit) **überlegen** sein (in etw.)
jm. **über** sein (in etw.) *ugs*

8 jm. etwas **voraushaben** (in etw.)
jm. (weit) **vorausein** (in etw.)

9 jn. weit hinter sich **lassen** (in etw.)

10 jn./etw. in den **Schatten** stellen

11 jn. in den **Sack** stecken (im Rechnen/Sport/...) *vulg*
jn. in die **Tasche** stecken (im Rechnen/Sport/...) *ugs*

12 jm. haushoch/turmhoch/himmelweit **überlegen** sein (in etw.)

13 jn. an die **Wand** spielen

14 jm. auf den **Kopf** spucken können (in etw.) *ugs*

15 jm. um eine **Nasenlänge** vorausein (in etw.)

---

16 **Oberwasser** haben

17 **Oberwasser** kriegen/bekommen

18 jm. den **Rang** ablaufen

19 jn. weit hinter sich **zurücklassen**

20 das **Übergewicht** bekommen (in einer Auseinandersetzung/...)

21 gewonnenes **Spiel** haben (bei jm./etw.)

22 in der **Übermacht** sein
in der **Überzahl** sein

Ig 2 unterlegen

---

1 hinter jm. **zurückbleiben** (in etw.)

2 gegen jn./etw. nicht **ankommen** (in etw.)
es mit jm. nicht **aufnehmen** können (in etw.)

3 in jm. seinen **Meister** finden (in etw.) *path*

4 jm. (weit) **unterlegen** sein (in etw.)

5 sich nicht mit jm. auf eine/die gleiche **Stufe** stellen können (in etw.)
j. kann sich mit dem/der/dem Maier/... nicht **messen** (in etw.)

6 in etw. kann j. dem/der/dem Maier/... das **Wasser** nicht reichen

7 in etw. kannst du dich/kann er sich/... neben dem/der/dem

Maier/... **verkriechen** *ugs*
in etw. kann sich j. vor/neben dem/der/dem Maier/... **verstecken** *ugs*

8 ein/ein reiner/der reinste **Waisenknabe** sein in etw./auf einem Gebiet/... (gegen jn./gegenüber jm.) *ugs*

9 auch wenn ..., (dann) kann er/können die/... ihr/dem Peter/den ander(e)n/... (noch lange/...) nicht/... auf den **Kopf** spucken *ugs*

Ig 3 Rangfolge (Wettbewerb): in Führung, im Mittelfeld, am Schluß

---

1 an erster **Stelle** stehen
an der **Spitze** stehen/sein/liegen

2 in **Führung** liegen
in **Front** liegen

3 die **Spitze** halten

4 den ersten/zweiten/... **Platz** einnehmen (in/bei/unter/...)

5 an erster/zweiter/der ersten/der zweiten/... **Stelle** sein/stehen/liegen/rangieren

6 jn. weit hinter sich **lassen** (in etw.)

7 vorn/im Mittelfeld/abgeschlagen/hinten **liegen**

8 nicht/nicht gut/noch gut/schlecht/... im **Rennen** liegen

9 als Erster/Zweiter/Letzter/... durchs **Ziel** gehen/laufen/rennen/...
unter »ferner **liefen**« rangieren/kommen/...

10 am **Schluß** marschieren

11 das **Schlußlicht** einer Tabelle/... sein/machen/bilden

12 in **Führung** gehen
die **Führung** an sich reißen

13 in **Führung** sein
in **Führung** liegen

14 um die **Wette** laufen/fahren/schreiben/...

15 ein totes **Rennen** sein

Ih 1 sicher, klar: es besteht kein Zweifel, daß; so sicher wie das Amen in der Kirche sein; das ist doch sonnenklar; unter allen Umständen

1   sich (ganz) **sicher** sein
    sich seiner **Sache** (ganz/absolut/...) sicher sein

2   das hätte ich mir/das hättest du dir/... (auch/doch/...) **denken** können! *ugs*
    das läßt/ließ sich **denken**! *ugs*

3   das/eins/etw. steht außer **Frage**
    soviel steht fest/ist gewiß/kann man schon sagen/...
    das/eins/etw. steht außer **Zweifel**

4   es besteht kein **Zweifel** darin, daß ...
    es unterliegt keinem **Zweifel**, daß ...

5   ..., das muß man (schon) **sagen**
    daß ..., (das) ist (gar/überhaupt) keine **Frage**

6   ..., da kannst du/könnt ihr/... **sicher** sein! *ugs*

7   (ob ...) was für eine **Frage**!

8   (wohl) nicht fehlgehen in der **Annahme**, daß ... *form*

9   so sicher sein wie das **Amen** in der Kirche *ugs*
    so sicher sein wie zweimal **zwei** vier ist *ugs*

10 mit tödlicher **Sicherheit** passieren/...

11 es müßte (schon) mit dem **Teufel** zugehen (wenn etw. nicht gutgehen sollte/wenn etw. nicht klappen sollte/...) *ugs*

12 etw. schwarz auf weiß **besitzen**

13 jede **Wette** eingehen/(machen), daß ... *ugs*
    eins gegen 10/100/... **wetten**, daß .../wetten, daß? *ugs*

14 was gilt die **Wette**? *ugs*

15 sich etw. an den **Knöpfen** abzählen können *ugs*
    das/daß ..., kannst du dir/kann er sich/... (doch) an den **Knöpfen** abzählen *ugs*
    sich etw. (doch) an den (fünf) **Fingern** abzählen können *ugs*

das/daß ... kannst du dir/kann er sich/... (doch) an den (fünf) **Fingern** abzählen *ugs*
klar/(glatt) auf der **Hand** liegen
es liegt klar/(glatt) auf der **Hand** (daß ...)

16 das/etw. ist mit den **Händen** zu greifen
    das/etw. ist mit den **Fingern** zu greifen *selten*

17 das/etw. ist (doch) **klar**
    das/etw. ist doch **sonnenklar**!
    das/etw. ist (doch) klar wie **Klärchen**! *ugs*
    das/etw. ist (doch) klar wie dicke **Tinte**! *ugs*
    das/etw. ist doch klar wie **Kloßbrühe**! *ugs*

18 das sieht man doch ohne **Brille** *ugs*
    dazu braucht man doch keine **Brille** *ugs*
    um das zu merken/sehen/..., braucht man doch keine **Brille** *ugs*
    das sieht/merkt doch ein **Blinder** *ugs*
    das sieht/merkt doch ein **Blinder** mit dem Krückstock *ugs*

19 das kann doch ein **Blinder** sehen und ein Ochs verstehen *ugs*

20 auf jeden **Fall**
    in jedem **Fall**
    unter allen **Umständen**

21 auf alle **Fälle**
    so oder so
    sowieso
    per **se** (nicht) tun/sein

22 aller **Wahrscheinlichkeit** nach passieren/...

23 ich **weiß**, was ich weiß!

24 (da ist jeder) **Kommentar** überflüssig! *iron*

Ih 2 selbstverständlich: das versteht sich; etw. liegt im Wesen der Sache; was wunder, wenn ...

1   klarer **Fall** *ugs*

2   das/daß etw. gemacht wird/daß etw. geschieht/... **versteht** sich
    das/etw. **versteht** sich von selbst
    das/etw. versteht sich am **Rande**
    über etw. braucht man kein **Wort** zu verlieren

3   ohne viel **herumzureden** ist sofort klar/... *ugs*
    ohne viel(e) **Worte** (zu machen), ist evident/...

4   das ist (doch) **Ehrensache**! *path*
    das/etw. ist für jn. **Ehrensache**! *path*

5   etw. liegt in der **Natur** der Sache
    etw. liegt im **Wesen** der Sache (begründet)

6   es/das/etw. ist kein **Wunder**
    was **wunder**, daß/wenn ...

7   da **fragst** du/fragen Sie/fragt er/... noch?

8   offene **Türen** einrennen mit etw.

Ih 3 eindeutig: an etw. gibt's nichts zu drehen und zu deuteln; etw. schwarz auf weiß haben; so und nicht anders

1   **hieb**- und stichfest sein *(Beweise, Argumente)*

2   an etw. nicht **rütteln** lassen *ugs*

3   an etw. nicht **rütteln** können *ugs*
    an etw. ist nicht/gibt es nichts zu/läßt sich nicht **rütteln** *ugs*

4   an etw. gibt es/ist nichts zu **drehen** und zu deuteln/deuten

5   an etw. kann man/j. **drehen** und deuteln/deuten wie/so viel/so lange man/er will – die Tatsache bleibt wie sie ist/...
    wie man/j. etw./es auch **dreht** und wendet – die Tatsache bleibt wie sie ist/...
    etw./das kann j. **drehen** und wenden, wie/so viel/so lange er will – die Tatsache bleibt wie sie ist/...

6   hier/da gibt's kein **Wenn** und (kein) Aber

7   das hat j. fein gemacht/das hat j. prima hingekriegt/das ist gut/..., da **gibt's**/(gibt es) nichts! *ugs*
    das hat j. fein gemacht/prima hingekriegt/ausgezeichnet gelöst/..., das muß man ihm/ihr/ihnen **lassen**! *ugs*

8   da beißt die **Maus** keinen Faden ab/(da beißt keine Maus einen Faden ab) *ugs*

9   was man auch dagegen/gegen jn./etw. **sagen** mag, ...

10 (und) da soll (mir/uns) noch ei-
ner sagen, daß/: ... *ugs*

11 etw. **schwarz** auf weiß haben
etw. **schwarz** auf weiß besitzen
etw. **verbrieft** und besiegelt haben
path selten

12 hier/da/... steht (doch) **schwarz**
auf weiß (geschrieben/gedruckt)

13 jm. etw. **schwarz** auf weiß bewei-
sen/zeigen/...

14 das/etw. ist nun einmal/mal **so**
das/etw. ist **so** und nicht anders!

15 das/etw. wird nun einmal/mal **so**
gemacht/... (und nicht anders!)
das/etw. wird **so** und nicht an-
ders gemacht/...

16 deine/seine **Rede** sei »ja, ja, nein,
nein!« *(oft iron.)*

Ih 4 (noch) ungewiß: offen
sein; auf des Messers Schnei-
de stehen; an einem dünnen
Faden hängen; dahingestellt
bleiben; weiß der Kuckuck
(wo, wie, ...)

---

1 sich nicht/noch nicht/... **klar**
sein, ob ...
sich nicht/noch nicht/... im **kla-
ren** sein, ob ...

2 es/das ist nicht/keineswegs/...
gesagt, daß ...
..., das ist nicht **gesagt**
es/das ist noch nicht/keines-
wegs/... **gesagt**, daß ...

3 (aber) damit/mit etw. ist nicht **ge-
sagt**, daß ...
(aber) ob/daß ..., ist damit nicht
gesagt

4 es ist die **Frage**, ob ...
es **fragt** sich, ob ...

5 ..., das ist die **Frage**
das ist noch (sehr) die **Frage**

6 eine offene/... **Frage** sein

7 (noch/...) **offen** sein
es ist (noch/weiterhin/...) **offen**,
ob/wie/wann/...
(noch nicht/...) **heraus** sein, ob/
wie/wann/...

8 es **steht** (noch/...) dahin, ob/
wie/wann/... *form*

9 das/das alles/etw. hängt noch
(ganz) in der **Luft** *ugs*

10 (noch/...) in den **Sternen** stehen
ugs
es steht in den **Sternen** (geschrie-
ben), ob/daß/... *ugs*

11 das/etw. liegt (ganz) bei **Gott**
path
das/etw. liegt/steht (ganz) in
Gottes Hand *path*

12 es steht auf der **Kippe**, ob .../ob
... oder ob ... *ugs*

13 auf der **Kippe** (zwischen zwei No-
ten) stehen *(Schülersprache)*

14 auf des **Messers** Schneide stehen
es/etw. steht auf **Spitz** und Knopf

15 an einem seidenen/dünnen **Fa-
den** hängen
an einem (dünnen) **Zwirnsfaden**
hängen *ugs*

16 das/etw./das Leben hängt
(nur/...) an einem dünnen/sei-
denen **Haar** *path*

17 offen **bleiben** (müssen), ob/wie/
wann/...
dahingestellt **bleiben** (müssen),
ob/wie/wann/...

18 (es) dahingestellt sein **lassen**
(müssen), ob/wie/wann/...

19 was weiß **ich**?! *ugs*

20 weiß **Gott**, wo/wie/wann/ob/...
ugs
weiß der (liebe) **Himmel**, wo/
wie/wann/ob/... *ugs*
weiß der **Herrgott**, wo/wie/
wann/ob/... *ugs*
wo/wie/wann/ob/..., das wissen
die **Götter** *ugs*
... (das) weiß der **Kuckuck**! *ugs*
weiß der **Kuckuck** wo/wie/
wann/ob/... *ugs*
... (das) weiß der **Teufel**! *ugs*
weiß der **Teufel**, wo/wie/wann/
ob/... *ugs*
... (das) weiß der **Henker**! *vulg*
weiß der **Henker**, wo/wie/wann/
ob/... *vulg*
weiß der **Geier** (wo/wie/wann/
ob/...) *vulg selten*

21 wer/wo/was/wohin/... in aller
Welt?!
was/wer/wo/... zum **Teufel**? *ugs*

22 das kann ich/er/... schlecht (ge-
nau/...) **sagen**

23 das ist so 'ne/eine **Sache** *ugs*

24 noch ein weites **Feld** für Entdek-
kungen/Vermutungen/... sein/
(..., das ist ein weites Feld)

25 nichts **Genaues** weiß man nicht
ugs

Ii 1 möglich: etw. ist durch-
aus drin; etw. läßt sich ma-
chen; sich eine Tür für etw.
offenhalten

---

1 das kann wohl **sein**
etw. ist hier/da/bei .../... (viel-
leicht/durchaus/...) **drin** *ugs*

2 im **Bereich** des Möglichen liegen

3 unter **Umständen**

4 auf alles **gefaßt** sein (müssen)

5 es ist noch alles/noch einiges/...
drin in/bei etw. *ugs*

6 es/das **geht**
es/das läßt sich **machen**/wird
sich machen lassen

7 wenn der **Teufel** will, dann ist al-
les möglich/...! *ugs*

8 nach **Möglichkeit** etw. tun

9 sich die/eine **Tür** offenhalten
(für etw.)
die/eine **Tür** für etw. offenlassen
Türen für etw. offenlassen

10 noch ist/es ist noch nicht aller
Tage Abend

Ii 2 unmöglich: kein Den-
ken dran; können vor La-
chen

---

1 dieser/... **Weg** ist für ihn/Hel-
ga/... nicht gangbar

2 etw. ist hier/da/bei .../... nicht
drin *ugs*
es/das/etw. **geht** nicht

3 an etw. ist (im Augenblick/zur
Zeit/...) (gar nicht/überhaupt)
nicht zu **denken**
(gar/überhaupt) kein **Denken**
dran/daran!

4 wohin **käme** ich/kämen wir/...
(denn/denn da/sonst/denn
sonst) (wenn ...)?

5 ein **Ding** der Unmöglichkeit sein
ugs

6 die **Quadratur** des Kreises sein

7 ein **Versuch** am untauglichen Objekt sein *ugs*

8 eher geht ein **Kamel** durch ein Nadelöhr als/als daß . . .

9 können vor **Lachen**! *ugs*
haben ein **Gewehr**! *ugs*

10 zwischen **Wollen** und Können besteht noch ein großer Unterschied
Wollen und Können sind zweierlei

11 das/etw. ist ein frommer **Wunsch**

12 das/etw. geht über **Menschenkraft** *path selten*
das/etw. ist nicht **menschenmöglich** *path*

13 ultra **posse** nemo obligatur *geh*

14 ich kann/du kannst/. . . (doch) nicht **hexen**! *ugs*
j. meint/. . ., ich könnte/du könntest/. . . **hexen**! *ugs*
ich kann/du kannst/. . . (doch) nicht **zaubern** *ugs*

15 auf zwei/allen/. . . **Hochzeiten** (gleichzeitig) tanzen (wollen/. . .) *ugs*

16 ein weißer **Rabe**

Alphabetischer Teil

das **A** anschlagen/angeben Dc 10.22
wer **A** sagt, muß auch B sagen De 5.5
das **A** und O Ha 7.8
von **A** bis Z erfunden/Unsinn/... sein Ic 2.25
von **A** bis Z erlogen/erfunden/... sein Cc 14.19
etw. von **A** bis Z kennen/beherrschen/... Ic 3.5
glatt wie ein **Aal** sein Cd 8.9
sich krümmen/winden wie ein **Aal** Cc 14.32
ein (gemeines) **Aas** sein Cc 8.1
ein faules **Aas** sein De 14.7
kein **Aas** Ia 4.2
ab und an Aa 3.1
(so) **ab** und zu (mal) Aa 3.1
jm. **Abbitte** leisten (für etw.) Cc 30.20
jn. **abblitzen** lassen Ea 10.14
e-r S. keinen **Abbruch** tun Hb 5.14
(noch) beim **ABC** (e-r S.) sein Aa 6.11
jm. das **ABC** e-r S. beibringen Cd 19.4
das **ABC** e-r S. lernen/beherrschen Cd 3.8
ein **ABC-Schütze** Cd 19.33
ein bunter **Abend** Hd 7.9
einen bunten **Abend** machen/veranstalten/haben/... Hd 7.9
guten **Abend!** Ea 9.2
j. kann mir/uns mal am **Abend** begegnen Cb 19.18
(zu) **Abend** essen Hd 4.79
der schönste **Abend** ist der Feierabend De 15.50
im **Abend** des Lebens stehen Bb 2.12
sich einen vergnügten **Abend** machen Hd 2.12
auf **Abenteuer** ausziehen Ab 4.14
auf **Abenteuer** ausziehen Ed 1.3
die Sache/... hat ihr/ein **Aber** De 20.41
es ist ein **Aber** dabei/bei der Sache/... De 20.41
aber- und abermals Aa 3.7
jn. kurz **abfertigen** Dc 1.28
sich die Finger/Zehen/... **abfrieren** Ac 2.3
jm. eine (geharnischte) **Abfuhr** erteilen Ea 10.15
sich eine (geharnischte) **Abfuhr** holen Ea 10.28
einen guten/schlechten **Abgang** haben De 15.68
sich einen guten **Abgang** verschaffen De 15.68
(völlig/...) **abgebrannt** sein Fb 4.8
abgeschrieben sein Fa 13.7
es **abgesehen** haben auf jn./etw. Dd 3.27
e-r S. nichts/wenig/... **abgewinnen** können Eb 2.1 Hc 2.3
(trinken wir/...) noch einen/ein Glas/... zum **Abgewöhnen!** Hd 6.48
das/die Angelegenheit/... kannst du/kann er/... **abhaken** De 25.97
das Geld/... kannst du/kann er/... **abhaken** Ab 11.12
die ganze Stadt/... nach etw./jm. **abklappern**/(ablaufen) Ab 12.6
jm. den/einen **Ablaß** gewähren/erteilen Cc 35.17
eine **Abmachung** treffen (mit jm.) Db 16.48
eine Zeitung/... im **Abonnement** beziehen Fb 15.114
mit jm. **abrechnen** Cc 24.24
etw. in **Abrede** stellen Cc 22.21
jm. eine **Abreibung** geben/verpassen Cc 26.7
reißenden **Absatz** haben (es ist ...) Fb 15.15
einen **Absatz** machen Cd 20.25
ohne **Absatz** schreiben Cd 20.25
sich auf dem **Absatz** umdrehen und gehen/... Ab 7.8 Ea 8.6
sich die **Absätze** nach etw. ablaufen/abrennen/schieflaufen Ab 12.4
zum **Abschaum** der Menschheit gehören Cc 7.10
abschieben Ab 7.9

Abschied nehmen (von jm.) Ea 8.3
seinen **Abschied** nehmen De 15.63
etw. zum **Abschluß** bringen Aa 8.2
das mußt/kannst du dir/muß/kann er sich **abschminken** Db 9.5
gut/günstig/... **abschneiden** (bei/in etw.) De 24.46
schlecht/ungünstig/... **abschneiden** (bei/in etw.) De 25.64
jn./etw. **abschreiben** können Ab 11.12
jn. auf die **Abschußliste** setzen Gc 2.14
(bei jm.) auf der **Abschußliste** stehen Eb 2.49 Gc 2.15
jn. ins **Abseits** drängen De 15.76
etw. mit (voller) **Absicht** tun Dd 3.30
etw. in guter/bester/böser/... **Absicht** tun Dd 3.33 Hb 1.3
nicht die **Absicht** haben, sich etw. bieten zu lassen/... Db 14.29
die ernste **Absicht** haben, etw. zu tun Dd 3.6
(nicht) in js. **Absicht** liegen, zu ... Dd 3.32
sich mit der **Absicht** tragen, zu ... Dd 3.2
böse/schlechte/... **Absichten** haben Hb 2.1
ernste **Absichten** haben (bei jm.) Ed 3.4
seine Strafe/Zeit **absitzen** (müssen) Cc 20.86
jm. die **Absolution** erteilen Cc 35.20
Abstand nehmen von etw./davon, etw. zu tun Db 14.4
(den nötigen) **Abstand** wahren Ea 10.1
auf **Abstecher** sein Hd 10.5
auf **Abstecher** gehen/fahren Hd 10.5
jn. aufs/auf ein **Abstellgleis** schieben/abschieben/stellen De 15.75
etw. ad **absurdum** führen Dc 5.59
etw. kurz **abtun** Ha 2.9
es nicht **abwarten** können (bis...) Aa 15.17
alles/mehrere Dinge/... in einem **Abwasch(en)** (erledigen/...) Aa 1.83
jn. auf **Abwege** führen Cc 6.16
auf **Abwege** geraten Cc 6.8
etw./viel **abwerfen** De 27.3
durch **Abwesenheit** glänzen Ia 4.5
jn. in **Abwesenheit** verurteilen Cc 20.61
da mußt du/da muß man/... einiges/allerhand/... **abziehen** Db 6.4
mit **Ach** und Krach etw. schaffen/... De 21.5
ach, was! Db 15.43
mit vielem **Ach** und Weh etw. tun Gb 6.26
ach, wo! Db 15.43
ach, woher! Db 15.43
etw. ist js. **Achillesferse**/die Achillesferse bei jm. Cb 13.37
ständig/immer/... auf **Achse** sein/liegen Ab 4.6
jn. über die **Achsel** ansehen Cc 34.2
die/mit den **Achseln** zucken Ga 9.2 Ha 8.18
etw. mit einem **Achselzucken** abtun Ha 8.20
mit einem **Achselzucken** zur Tagesordnung übergehen Ha 8.21
(die Hose) auf halb **acht** haben Ca 1.60
jn. in **Acht** und Bann tun Cc 20.92
etw. außer **acht** lassen Ha 2.1
sich vor jm./etw. in **acht** nehmen Gb 2.4
alle **Achtung** (vor jm./etw.)! Db 18.22
jm. **Achtung** erweisen Db 18.7
auf **achtzig** sein Cb 16.14
jn. auf **achtzig** bringen Cb 16.33
ächzend und stöhnend Hc 2.18
etw. ad **acta** legen Aa 8.16
den alten **Adam** ausziehen If 5.5
seit **Adam** und Eva Aa 1.9

bei **Adam** und Eva anfangen Dc 1.30
der alte **Adam** regt sich wieder (in/bei jm.) If 7.12
das macht nach **Adam** Riese . . . Cd 21.2
im **Adamskostüm** Ed 9.1
ade! Ea 9.10
Adel verpflichtet Fa 5.12
eine **Ader** für etw. haben Cd 1.5
eine poetische/politische/. . . **Ader** haben Cb 1.8
eine leichte **Ader** haben Gb 4.27
jn. zur **Ader** lassen Hb 10.5
adieu! Ea 9.10
adios! Ea 9.10
einen richtigen **Adlerblick** haben Ac 6.45
(mit etw.) (bei jm./da) an die falsche/verkehrte/(unrich-
  tige/unrechte) **Adresse** kommen/geraten Ea 10.30
(mit etw.) (bei jm./da) (aber) an die richtige/(rechte)
  Adresse kommen/geraten Ea 10.31
den **advocatus** diaboli spielen Dc 5.65
sich aus der **Affäre** ziehen Ab 8.7
wie ein **Äffchen** auf dem Schleifstein sitzen Ca 5.6
ein blöder/dämlicher/dummer/. . . **Affe** sein Cd 10.19
ein eitler/eingebildeter/. . . **Affe** sein Cc 11.19
ich denk'/dacht', mich laust der **Affe** Da 7.13
klettern (können) wie ein **Affe** Cd 5.25
wie ein **Affe** auf dem Schleifstein sitzen Ca 5.6
im **Affekt** handeln/etw. tun Cb 17.18
einen **Affen** (sitzen) haben Hd 6.17
du bist/der ist/. . . wohl vom blauen **Affen** gebissen?
  Cd 12.16
eine **Affenhitze** (sein) Ac 1.24
eine **Affenschande** sein Cc 33.13
ein **Affentempo** draufhaben Aa 14.36
ein richtiges **Affentheater** aufführen/aufstellen Cb 18.3
einen **Affenzahn** draufhaben Aa 14.36
einen **Affenzirkus** veranstalten Cb 18.3
das konnte ich/konntest du/. . . nicht **ahnen!** Cd 16.6
nichts **ahnend** etw. tun Da 2.2
jm./sich (täuschend) **ähnlich** sein If 2.1
ach, du **ahnst** es nicht! Da 7.12
hast du/hat der/. . . eine/'ne **Ahnung!** Db 21.8
keine **Ahnung!** Cd 16.7
du hast/er hat/. . . (ja) keine **Ahnung**, wie/was/. . .
  Cd 16.16
(viel/allerhand) **Ahnung** haben von etw. Cd 1.9
keine/. . . **Ahnung** haben (von etw.) Cd 16.1
keine blasse/nicht die leiseste/nicht die mindeste **Ahnung**
  haben von etw. Cd 2.9
so eine (dunkle/unbestimmte/undeutliche) **Ahnung** ha-
  ben Cd 14.1
wenig **Ahnung** haben von etw. Cd 2.4
keine **Ahnung** von Ackerbau und Viehzucht haben
  Cd 2.11
keine **Ahnung** von Tuten und Blasen haben Cd 2.11
sich das **Air** eines Mannes von Welt geben/zu geben su-
  chen Cc 11.26
das/es ist, um auf die **Akazien** zu klettern (mit jm./etw.)
  Ga 10.15
einen **Akt** zeichnen Cd 22.5
darüber/über etw. sind die **Akten** noch nicht geschlossen
  Dd 4.11
etw. zu den **Akten** legen Aa 8.16
die **Aktien** fallen De 25.59
die **Aktien** stehen gut/. . . (für jn./etw.) De 24.36
die **Aktien** stehen schlecht/. . . (für jn./etw.) De 25.56
js./die **Aktien** steigen De 24.44
Aktien zeichnen Fb 15.58
den **Akzent** auf etw. legen/setzen Ha 3.4

die **Akzente** anders setzen/(legen) Ha 3.13
die **Akzente** verlagern Ha 3.13
das/etw. ist blinder **Alarm** Ha 5.38
Alarm schlagen Gc 4.42 Gc 6.26
jn. in **Alarmbereitschaft** setzen/(versetzen) Gc 4.42
in **Alarmbereitschaft** stehen Gc 4.42
jn. unter **Alkohol** setzen Hd 6.51
unter **Alkohol** stehen Hd 6.11
(ganz) von **allein** etw. tun Fa 25.2
(ganz) von **allein** geschehen/passieren Fa 25.1
für sich **allein** leben/sein wollen/. . . Ia 4.17
allein und gottverlassen Ia 4.19
vor **allem** Ha 6.10
es **allen** recht machen (wollen) Db 12.1
das ist (aber) **allerhand!** Cc 33.20
das ist ja das **Allerneueste!** Db 11.8
aber auch **alles** Ia 2.15
alles in allem Db 4.94
alles und jedes Ia 2.15
alles mögliche Ia 8.8
alles oder nichts Gb 4.14
für **alles** und für nichts Ia 3.19
da/es hilft (nun) **alles** nichts, man muß/. . . Fa 21.13
man muß/. . ., da hilft (nun) **alles** nichts! Fa 21.13
alles versuchen De 13.20
der graue **Alltag** Aa 4.24
js. **alma** mater Cd 19.67
wie ein **Alpdruck** auf jm. lasten Cb 3.40
jm. wie ein **Alpdruck** auf der Seele lasten/liegen Cb 3.40
das **Alpha** und Omega Ha 7.8
na, **also!** Db 16.53
heute/. . . (auch) nicht mehr **alt** werden De 23.25
nicht **alt** werden in/bei/. . . Ea 5.13
alt und grau werden (in/bei etw./über etw.) Bb 2.10
alt und jung Bb 2.28 Ia 2.14
alt und tatterich sein Bc 2.40
alt und verbraucht sein Bb 2.18
(ein Mädchen) zum **Altar** führen Ed 3.13
(noch) ganz der/die **alte** sein If 7.4
nicht/nie mehr der **alte** sein If 5.15
ganz der **alte** geblieben sein If 7.4
das **Alte** und das Neue Aa 6.106
es ist alles beim **alten** If 7.16
es bleibt alles beim **alten** If 7.16
alles beim **alten** lassen/belassen If 7.8
jn. aufs **Altenteil** setzen De 15.70
sich aufs **Altenteil** zurückziehen/(setzen) De 15.56
im besten **Alter** sein/stehen Bb 2.4
in gereiftem **Alter** . . . Bb 2.8
im vorgerückten **Alter** sein/stehen Bb 2.8
zunehmen an **Alter** und Weisheit Bb 2.3
von **alters** her Aa 1.9
so sicher sein wie das **Amen** in der Kirche Ih 1.9
so wahr sein wie das **Amen** in der Kirche Cc 13.14
Amok laufen Cb 17.12
von **Amors** Pfeil getroffen sein/werden Ed 1.41
sein/das **Amt** niederlegen De 15.61
ein **Amt** (in/bei . . .) (am/zum 1. Juni/. . .) übernehmen
  De 15.3
(schon/. . .) in **Amt** und Würden sein/stehen De 24.25
es ist nicht meines/seines/. . . **Amtes**, zu . . . Fa 7.14
jn. seines **Amtes** entheben De 15.71
seines **Amtes** walten Dd 7.9
eine **Amtsmiene** aufsetzen Dc 8.14
an die 20/100/. . . Jahre alt/Meter breit/. . . Ia 5.7
(so richtig/. . .) zum **Anbeißen** sein Ca 1.14
was mich/die Religion/. . . **anbelangt** Ie 1.47

jn. tüchtig/. . . **anblasen** Cc 24.39
ein **Anblick** für die Götter sein Cb 10.1
alles **andere** als zufrieden/. . . Ib 1.5
. . . und viele(s) **andere** mehr Ia 1.37
jn. eines **ander(e)n** belehren Db 11.10
sich eines **ander(e)n** besinnen/belehren lassen (müssen)
  Db 11.1
das ist (schon) etwas **anderes** If 3.10
das ist etwas ganz **anderes** If 3.10
ob . . ., (das) ist etwas ganz **anderes** If 3.11
jetzt/da/. . . kann man nichts **anderes** tun/machen/unter-
  nehmen als . . . Fa 21.11
(etw.) **anderes** zu tun haben, als (ausgerechnet) . . .
  Ha 5.10
das/etw. ist nicht zu **ändern**/läßt sich nicht ändern/daran
  läßt sich nichts ändern Fa 21.10
da/daran/. . . ist wenig/nichts zu **ändern** If 7.22
nicht die **Andeutung** eines Lächelns/Entgegenkom-
  mens/. . . Ia 4.10
(mit jm.) **aneinandergeraten** (wegen/über etw.) Gc 3.15
(allgemeine) **Anerkennung** genießen Db 18.10
j. hat/bekommt mal wieder seine **Anfälle** Cb 17.15
(und) das ist/war erst der **Anfang** Aa 6.55
genau so weit wie am **Anfang** sein If 7.14
von **Anfang** an Aa 1.59
vom **Anfang** bis zum Ende Ic 2.43
etw. ist der **Anfang** vom Ende (e-r S.) Aa 8.24
seinen **Anfang** nehmen Aa 7.29
die Dinge/alles/etw. falsch **anfangen** Cd 6.2
klein **anfangen** De 15.13
alles/die Dinge/etw. richtig **anfangen** Cd 5.8
allerhand/viel/. . . **anfangen** können mit jm./etw.
  Ha 11.2
nichts **anfangen** können mit jm./etw. Eb 2.17
wenig/nichts/. . . **anfangen** können mit jm./etw. Ha 13.3
ein blutiger **Anfänger** sein Aa 7.36
jm. die **Anfangsgründe** des/der/. . . beibringen Cd 19.4
(noch) im **Anfangsstadium** stehen/stecken/. . . Aa 6.11
jn. hart **anfassen** Fa 19.10
jn. scharf **anfassen** Fa 19.10
sich etw./das nicht **anfechten** lassen Cb 21.10
im **Anflug** sein Ab 5.34
ein **Anflug** von Ironie/. . ./der Anflug eines Lächelns
  Ia 3.12
sich nicht **anfreunden** können mit dem Gedanken/der
  Vorstellung/. . ., zu . . . Hc 7.1
ich sage das in **Anführungszeichen** Dc 5.125
etw. ist jm. **angeboren** Cd 3.17
kurz **angebunden** sein Dc 1.11
jm. viel Unterstützung/eine gute Erziehung/. . . **angedei-**
  hen lassen Hb 3.13
. . . seligen **Angedenkens** Ba 5.14
jn. nichts/viel/einiges/. . . **angehen** Fa 7.11
jn. um Geld/ein paar Pfennige/. . . **angehen** Fb 5.16
was mich/ihn/die Religion/. . . **angeht** Ie 1.47
sich etw. **angelegen** sein lassen De 13.12 Ha 4.9
j. soll sich um seine eigenen **Angelegenheiten** kümmern
  Fa 7.19
darauf **angelegt** sein, etw. zu bewirken/. . . Dd 3.39
es darauf **angelegt** haben, zu . . . Dd 3.26
sich eine Frau/ein Mädchen **angeln** (wollen) Ed 1.4
etw. aus den **Angeln** heben Dc 5.59
das **Angenehme** mit dem Nützlichen verbinden Hb 7.25
heute/. . . ist/. . . Linguistik/Soziologie/. . . **angesagt**
  Aa 22.6
(schwer) **angeschlagen** sein Bc 2.40 Cb 3.11 De 23.5
  Gc 11.3

(wie ein Wilder/. . .) **angeschossen** kommen Aa 14.25
gut **angeschrieben** sein bei jm. Eb 1.8
schlecht **angeschrieben** sein bei jm. Eb 2.30
jm./sich von **Angesicht** zu Angesicht gegenüberstehen
  Ac 6.66
jn. von **Angesicht** (zu Angesicht) kennen Cd 17.5
sehr **angespannt** sein De 11.3
sich nicht **angesprochen** fühlen De 11.3
wie **angestochen** schreien/brüllen/. . . Cb 11.22
von etw. (ganz) **angetan** sein Hc 3.13
es jm. **angetan** haben Hc 3.13
ganz/nicht/. . . danach **angetan** sein, etw. zu tun Ie 1.5
etw./(j.) ist nicht/ganz dazu **angetan**, zu . . ./jn. zu veran-
  lassen/zu bewirken/. . . Dd 10.2
leicht **angetrunken** sein Hd 6.13
angewiesen sein auf jn./etw. Ga 12.91
auf sich selbst **angewiesen** sein Ia 4.18
wie **angewurzelt** dastehen/. . . Da 6.15
wie **angewurzelt** stehenbleiben (vor Schrecken/. . .)
  Da 6.15
halb **angezogen** Ca 1.55
etw. in **Angriff** nehmen Aa 7.23
keine **Angriffsflächen** bieten wollen Gc 10.2
umkommen vor **Angst** Gb 6.18
jm. wird **angst** und bange (bei etw./wenn/. . .) Gb 6.9
jm. **angst** und bange machen Gb 6.27
es mit der **Angst** zu tun bekommen Gb 6.8
jm. **Angst** machen Gb 6.27
tausend **Ängste** ausstehen Gb 6.18
jm. etwas/viel/. . . **anhaben** können Cc 22.14
jm. wenig/nichts/. . . **anhaben** können Cc 21.11
per **Anhalter** (fahren/. . .) Ab 4.51
jm. allerhand/einiges/. . . **anhängen**/jm. (immer/. . .) et-
  was anhängen wollen Db 19.15
auf **Anhieb** Aa 17.1
sich schon anders **anhören** If 3.9
vor **Anker** gehen Ab 6.13
die **Anker** lichten Ab 6.4
vor **Anker** liegen Ab 6.14
Anker werfen Ab 6.13
Anklage erheben Cc 20.34
auf der **Anklagebank** sitzen Cc 20.42
auf der **Anklagebank** sitzen Db 19.54
großen/starken/keinen/. . . **Anklang** finden (bei jm./
  in/. . .) De 24.55
bei jm. (kurz mal eben/. . .) **anklopfen** Ea 5.3
(mit etw.) bei jm./da übel/schön/. . . **ankommen** Ea 10.32
gegen jn./etw. nicht **ankommen** (in etw.) Fa 14.18 Ig 2.2
jn. hart **ankommen** Hc 2.13
jn. sauer **ankommen** Hc 2.13
es drauf/darauf/auf etw. **ankommen** lassen Dd 8.6
  Gb 4.1
gegen jn./etw. nicht **ankönnen** (in etw.) Fa 14.18
jm. etw. übel/dick/schwer **ankreiden** Cb 13.26
das/etw. gibt zu denken **Anlaß** Cb 3.33
allen **Anlaß** haben, etw. zu tun Dd 9.12
Anlaß (dazu) geben, zu . . ./daß . . . Dd 9.1
das/etw. ist **Anlaß** genug (für jn.), (um) zu . . . Dd 9.10
etw. zum **Anlaß** nehmen, etw. zu tun Dd 9.7
(allerhand/viel/. . .) **Anlaß** zu reden geben Db 19.47
sich (gut/schlecht/. . .) **anlassen** Aa 6.17
einen **Anlauf** nehmen De 13.10
über und über rot **anlaufen** Cc 29.2
(mit etw.) bei jm./da übel **anlaufen** Ea 10.32
es darauf **anlegen**, zu . . . Dd 3.26
eine **Anleihe** zeichnen Fb 15.59
bei einem (früheren/. . .) Dichter/Komponisten/. . . ein
  paar **Anleihen** machen Cd 20.44

sich nichts **anmerken** lassen Cc 15.11
(wohl) nicht fehlgehen in der **Annahme**, daß . . . Ih 1.8
von **Anno** dazumal sein Aa 21.4
Anno Domini 1525/. . . Aa 1.46
Anno Leipzig einundleipzig Aa 1.46
von **Anno** Tobak sein Aa 21.4
aus/von **Anno** Tobak stammen Aa 21.4
die Dinge/alles/etw. falsch **anpacken** Cd 6.2
alles/die Dinge/etw. richtig **anpacken** Cd 5.8
wie man's **anpackt**, macht man's falsch Cd 13.18
jm. etw. hoch **anrechnen** Db 18.12
im **Ansatz** stecken bleiben Aa 6.12
jn. schief **anschauen** Cc 18.31 Hb 12.7
es hat den **Anschein** (daß . . .) Cc 15.1
sich den **Anschein** geben, zu . . ./eines . . . Cc 15.4
in **Anschlag** sein/(liegen) Ab 9.18
einen weichen/harten/. . . **Anschlag** haben Dc 10.15
etw. in **Anschlag** bringen Ha 1.1
in **Anschlag** geben Ab 9.18
einen **Anschlag** auf jn./js. Leben machen/verüben Ba 4.2
Anschluß haben/suchen/finden/. . . Ea 2.6
den **Anschluß** verpassen De 25.8
(bei jm./im Laden/. . .) **anschreiben** lassen Fb 5.12
jn. groß **ansehen** Da 4.6
jn. krumm **ansehen** Ac 6.17
jn. von oben (herab) **ansehen** Cc 34.3
jn. von oben bis unten **ansehen** Ac 6.21
jn. schief **ansehen** Cc 18.31 Hb 12.7
sich ein **Ansehen** geben Cc 11.24
sich das **Ansehen** geben eines . . . Cc 15.5
jn./sich (nur/. . .) von **Ansehen** (her) kennen Cd 17.5
etw. nicht/nicht länger/nicht mehr ruhig/. . . mit **ansehen** können Cb 15.6
ohne **Ansehen** der Person etw. tun Db 4.41
in hohem **Ansehen** stehen (bei . . .) Cd 17.17
j. kann es nicht mit **ansehen**, wie . . . Cc 2.16
derselben/der gleichen **Ansicht** sein (wie j.) Db 16.1
anderer **Ansicht** sein (als j.) Db 17.1
Ansichten von gestern (haben/vertreten/. . .) Aa 21.8
den **Anspruch** erheben auf etw./etw. zu dürfen/. . . Db 20.1
jn./etw./js. Zeit/. . . in **Anspruch** nehmen Ga 11.10
für sich in **Anspruch** nehmen, richtig gehandelt zu haben/. . . Db 20.2
Ansprüche stellen (an jn.) Db 20.1
keine/keinerlei/nicht die geringsten/. . . **Anstalten** machen, etw. zu tun Db 14.2
Anstalten treffen, etw. zu tun Aa 7.13
keinen **Anstand** nehmen, etw. zu tun Ha 8.15
Anstand und Sitte verletzen Ea 12.21
etw. mit **Anstand** (er)tragen Cb 21.9
sich eine (Zigarette/Zigarre/. . .) **anstecken** Hd 11.1
alles/. . . mit sich **anstellen** lassen Fa 15.4 Gc 10.11
Anstoß erregen (mit etw.) (bei jm.) Cb 14.2
den (ersten) **Anstoß** geben (zu etw.) Aa 7.8
Anstoß nehmen an etw. Cb 14.5
eine verzweifelte **Anstrengung** machen, zu . . . De 13.31
verzweifelte **Anstrengungen** machen, zu . . . De 13.31
bei jm. hat alles einen feinen/seltsamen/. . . **Anstrich** Cc 15.21
e-r S. einen vornehmen/gelehrten/feinen/. . . **Anstrich** geben Cc 15.21
Anteil nehmen (an etw.) Cc 2.3
jm. seine (aufrichtige/. . .) **Anteilnahme** aussprechen Ba 7.6
seine **Antenne** ausfahren Dc 6.2
(einen) **Antrag** zur Geschäftsordnung (stellen) Dc 5.81

(einer Frau) einen **Antrag** machen Ed 3.12
(ganz) aus eigenem/freiem **Antrieb** etw. tun Fa 25.3
sich einen **antrinken** Hd 6.8
sich etw. **antun** Ba 3.5
so seine/zuweilen seltsame/. . . **Anwandlungen** haben Cb 6.13
jn. **anzapfen** Fb 5.16
Anzeige erstatten (gegen jn.) Cc 20.34
mit jm. ist einiges/allerhand/viel/. . . **anzufangen** Cd 5.1
mit jm. ist (heute/in letzter Zeit/. . .) (aber auch) (gar/ überhaupt) nichts/nicht viel/. . . **anzufangen** Cb 5.4 Cd 6.1
unter 50 Mark/3 Stunden/. . . gar nicht erst **anzufangen** brauchen Ib 1.59
im **Anzug** sein Ac 1.15
im **Anzug** sein Gc 4.69
jn. aus dem **Anzug** hauen/schlagen/boxen Cc 26.11
(wohl oder übel) in den sauren **Apfel** beißen müssen Fa 21.17
frisch wie ein **Apfel** im März sein/aussehen Ca 1.17
der **Apfel** fällt nicht weit vom Pferd If 2.8
der **Apfel** fällt nicht weit vom Pflaumenbaum If 2.8
der **Apfel** fällt nicht weit vom Stamm If 2.8
der **Apfel** der Zwietracht sein Gc 3.5
jn. mit faulen **Äpfeln** bewerfen/(beschmeißen) Gc 2.22
etw. für ein' **Appel**/(Apfel) und ein Ei kaufen/bekommen/verkaufen/. . . Fb 13.2
einen **Appel**/(Apfel) und Ei kosten Fb 13.2
zum **Appell** antreten Gc 4.25
guten **Appetit**! Hd 4.70
es vergeht einem/jm. der **Appetit** bei etw./wenn . . . Cc 32.1
Applaus spenden Db 13.32
launisch wie der **April** sein Cb 6.13
jn. in den **April** schicken Cb 9.5
auf der **Arbeit** sein De 15.35
in **Arbeit** sein De 12.5
ohne **Arbeit** sein De 15.78
etw. in **Arbeit** haben De 12.4
keine **Arbeit** haben De 15.78
Arbeit und Brot (für viele) schaffen/. . . De 15.84
die **Arbeit** (auch) nicht erfunden haben De 14.3
an die **Arbeit** gehen Aa 7.24
zur/auf **Arbeit** gehen De 15.34
gründliche **Arbeit** leisten De 12.7 Ic 8.2
gründliche **Arbeit** leisten Cc 19.11
ganze **Arbeit** leisten/machen Ic 8.2
seine **Arbeit** machen De 12.6
sich an die **Arbeit** machen Aa 7.24
für drei/fünf/zehn **arbeiten** De 12.10
sich dumm und dämlich **arbeiten** De 12.11
sich krumm und bucklig **arbeiten** De 12.11
in die **Arena** steigen (und . . .) Hb 3.28
das ist (denn) doch zu **arg**! Cc 33.23
ohne **Arg** sein Cc 13.1
es ist kein **Arg** an jm. Cc 13.1
es liegt mir etw. (bei jm./in . . .) im **argen** Cd 4.23
j. könnte schwarz werden vor **Ärger** Cb 15.11
sich schwarz/(blau/grün und blau) **ärgern** Cb 14.11
j. könnte sich schwarz **ärgern** Cb 15.11
Ärgernis erregen (mit etw) (bei jm.) Cb 14.2
Ärgernis nehmen an etw. Cb 14.5
das/etw. ist noch (lange/. . .) nicht das **Ärgste** Da 10.20
aufs/auf das **Ärgste** gefaßt sein (müssen) Ga 4.19
sich aufs/auf das **Ärgste** gefaßt machen (müssen) Ga 4.19
es kommt zum **Ärgsten** Aa 6.56
aus dem **Ärgsten** herauskommen Ga 6.41

aus dem **Ärgsten** heraussein Ga 6.42
Argusaugen haben Ac 6.44
jn./etw. mit **Argusaugen** beobachten/verfolgen/. . .
   Ac 6.26
Argwohn schöpfen/(fassen) Cc 18.30
js. rechter **Arm** sein Fa 6.48
einen langen **Arm** haben Fa 6.4
Arm in Arm gehen Ed 1.69
Arm in Arm mit jm. gehen/. . . Dc 8.60
arm, aber ehrlich sein Cc 13.8
jm. in den **Arm** fallen Hb 4.14
jn. am **Arm** führen Ga 12.3
jm. seinen **Arm** leihen Ga 12.13
ein Kind auf den **Arm** nehmen Ed 5.21
jn. (tüchtig/anständig/so richtig/. . .) auf den **Arm** neh-
   men Cb 9.7
jn. unter den **Arm** nehmen Dc 8.59
arm und reich Fb 7.42
den **Arm** (in die Höhe) strecken Cd 19.21
jn. aufs **Ärmchen** nehmen Cb 9.7
jm. in die **Arme** fallen Ea 7.14
jm. in die **Arme** fliegen Ea 7.14
jm. unter die **Arme** greifen Ga 12.12
die **Arme** um js. Hals schlingen Ea 7.13
jm. (direkt) in die **Arme** laufen Ab 13.3
jn. in seine/die **Arme** schließen/(nehmen) Ea 7.12
jn. jm. in die **Arme** treiben Ed 1.66
jn. dem Verbrechen/dem Laster/. . . in die **Arme** treiben
   Cc 6.17
sich jm. in die **Arme** werfen/schmeißen Ed 1.19
sich dem Laster/dem Vergnügen in die **Arme** werfen
   Cc 6.30
zur **Armee** gehen Gc 4.2
leck' mich am **Ärmel**! Cb 19.19
(sich) die **Ärmel** hochkrempeln/(aufkrempeln/aufrollen)
   Aa 7.31
j. kann mich/uns mal am **Ärmel** küssen/(lecken)
   Cb 19.19
etw. aus dem **Ärmel** schütteln (können) Cd 3.36 De 19.9
jn. am **Ärmel** zupfen Dc 8.20
mit verschränkten/gekreuzten **Armen** dastehen/herum-
   stehen/. . . De 14.27
jn. mit offenen **Armen** empfangen/aufnehmen Ea 7.10
mit den **Armen** schlenkern Dc 8.49
Armut und Elend . . . Fb 7.43
sich ein **Armutszeugnis** ausstellen (mit etw.) Cd 4.22
jm./sich ein **Armutszeugnis** ausstellen (mit etw.) Ic 7.25
leck' mich am/(im) **Arsch**! Cb 19.13 Cb 19.19
im **Arsch** sein Ac 11.21 De 25.91
sich den **Arsch** abfrieren/zufrieren Ac 2.1
j. wäre/ist fast/beinahe auf den **Arsch** gefallen, als . . ./vor
   Schreck/vor Überraschung/. . . Da 5.13
j. hätte sich/hat sich fast/beinahe auf den **Arsch** gesetzt,
   als . . ./vor Schreck/vor Überraschung/. . . Da 5.13
in den **Arsch** gekniffen sein Cc 16.66
am liebsten/fast/. . . wäre j. jm. mit dem (nackten) **Arsch**
   ins Gesicht gesprungen Cb 16.28
jm. geht der **Arsch**/(Hintern/Hinterste) mit Grundeis
   Gb 6.17
jn. am/beim **Arsch** und Kragen packen/fassen/nehmen
   und . . . Ea 10.23
jm. in den **Arsch** kriechen Fa 17.10
j. soll/kann mich/uns am/(im) **Arsch** lecken! Cb 19.19
den ganzen **Arsch** voller Schulden haben Fb 5.6
das kannst du dir/kann er sich/. . . in den **Arsch** stecken
   Ha 13.6
am **Arsch** der Welt (sein/wohnen/. . .) Ab 1.27

den **Arsch** zukneifen Ba 2.16
jeder in seiner **Art** Cb 1.11
ein Gauner/Lügner/Angeber/. . . der übelsten **Art** Cc 7.7
   Ic 7.27
es ist js. **Art**, etw. zu tun Cb 1.2
es ist nicht js. **Art**, etw. zu tun Eb 2.2
es ist keine **Art**, etw. zu tun Ea 12.27
in seiner **Art** ist j. gut/. . . Cb 1.9
eine **Art** haben, etw. zu tun Cb 6.6
keine rechte **Art** haben Ea 12.5
in einer **Art** hat j. Recht/. . . Db 4.85
einzig in seiner **Art** sein/(dastehen) If 3.18 Ic 4.2
jm. die Meinung sagen/jn. ausschimpfen/. . ., daß es nur
   so seine **Art** hat Cc 24.46
(ganz) aus der **Art** schlagen If 4.11
die **Art** und Weise Ie 1.1
sich **Asche** aufs Haupt streuen Cc 30.11
das **Aschenbrödel** sein/spielen/machen/. . . (in) De 15.31
ein **Aschenbrödeldasein** führen De 15.32
ein **Ass** sein Ic 4.15
einen **Ast** haben Ca 1.34
sich den eigenen **Ast** absägen Hb 6.9
sich/sich selbst (mit etw.) den **Ast** absägen, auf dem man
   sitzt Hb 6.9
sich auf dem absteigenden **Ast** befinden De 25.57
einen **Ast** durchsägen De 22.9
sich einen **Ast** lachen Cb 10.11
nicht (ganz) **astrein** sein/scheinen/. . . Cc 18.5
(ganz) außer **Atem** sein/ankommen/. . . De 23.34
etw. benimmt jm. den **Atem** Da 5.4 Da 6.2
einen kurzen **Atem** haben Bc 2.18 De 4.8
einen langen **Atem** haben De 3.5
den **Atem** anhalten Fa 3.2
jm. geht der **Atem** aus De 4.9
jm. geht schnell/. . . der **Atem** aus Bc 2.18
seinen **Atem** aushauchen Ba 2.17
jn. (immer/. . .) in **Atem** halten De 11.11
wieder zu **Atem** kommen Aa 16.3
(endlich) wieder **Atem** schöpfen (können) Aa 16.3
in einem **Atemzug** Aa 1.82
im gleichen/selben **Atemzug** Aa 1.82
bis zum letzten **Atemzug** (etw. tun) Aa 1.62
den letzten **Atemzug** tun Ba 2.17
die **Atmosphäre** ist mit Spannung geladen Gc 3.1
eine **Attacke** gegen jn./etw. reiten Gc 2.8
ein **Attentat** auf jn. vorhaben Fb 5.15
auf haben Fb 15.116
im **Auf** und Ab des Lebens/der Geschichte/. . . Aa 6.101
auf und ab gehen/. . . Ab 3.5
auf und ab flattern/. . . Ab 3.81
auf und davon sein Ab 7.16
mehrere Sachen/. . . **auf** einmal erledigen/. . . Aa 1.83
auf und nieder schwanken/. . . Ab 3.81
unter **Aufbietung** aller Kräfte versuchen/. . . De 13.59
zu Abenteuern/neuen Ufern/neuen Taten/. . . **aufbrechen**
   Ab 4.12
zum **Aufbruch** blasen Ab 7.2
(sich) zum **Aufbruch** rüsten Ab 7.2
(überhaupt) nicht **auffallen** Ic 5.5
angenehm **auffallen** Fa 1.5
unangenehm **auffallen** Ea 12.15
etw. übel **auffassen** Cb 13.25
anderer **Auffassung** sein (als j.) Db 17.1
derselben/der gleichen **Auffassung** sein (wie j.) Db 16.1
er/die/der Peter/. . . wird dich/ihn/den Emil/. . . schon
   nicht/nicht gleich **auffressen** Gb 7.15
ein **aufgeblasener** Kerl/Narr/Geselle/. . . (sein) Cc 11.19

bei jm. gut **aufgehoben** sein Fb 1.44

gut/blendend/... **aufgelegt** sein Cb 4.4

schlecht/miserabel/... **aufgelegt** sein Cb 5.2

aufgepaßt! Gb 2.6

ganz **aufgeräumt** sein Cb 4.2

j. ist jm. (tüchtig/anständig/gehörig/...) **aufgesessen** Cb 9.15

sich nicht (mehr) lange **aufhalten** (können) (mit jm./etw.) Aa 15.5

viel **Aufhebens** um jn./etw. machen Ha 4.11

nicht viel/... **Aufhebens**/(kein großes Aufheben) um jn./etw. machen Ha 5.12

viel **Aufhebens** von sich machen Cc 11.24

kein **Aufkommen** sein gegen jn. Fa 14.20

gegen jn. nicht **aufkommen** (können) Fa 14.18

in großer **Aufmachung** erscheinen/... Ca 1.51

es mit jm. **aufnehmen** (können) If 1.5

es mit jm. nicht **aufnehmen** können (in etw.) Ig 2.2

jn. in **Aufruhr** bringen Cb 17.17

jn. in **Aufruhr** versetzen Cb 17.17

aufs/(auf das) beste/schönste/überzeugendste/... gelingen/gemacht sein/... Ib 1.25

keinen **Aufschub** dulden/leiden Aa 15.16

einen gewaltigen/... **Aufschwung** nehmen De 24.44 Fb 15.109

Aufsehen erregen Fa 2.8

kein **Aufsehen** machen Ha 5.11

kein **Aufsehen** wollen Ha 5.14

unter **Aufsicht** stehen Ac 6.35

ein Unternehmen/jn. unter **Aufsicht** stellen Ac 6.34

jn. **aufsitzen** lassen Dd 2.4

jn. (gehörig/tüchtig/anständig/...) **aufsitzen** lassen Cb 9.6

wenn du/... willst/..., mußt du/... (schon) früher **aufstehen** Cd 9.12

mit jm. alles/alles mögliche/... **aufstellen** können Gc 10.11

mit sich alles **aufstellen** lassen Gc 10.11

ein kometenhafter **Aufstieg** De 24.17

jm. sauer **aufstoßen** Cb 13.28

den **Auftakt** machen (bei etw.) Aa 5.14

etw. in **Auftrag** geben Fb 15.86

etw. in **Auftrag** nehmen Fb 15.86

dick **auftragen** Id 2.36

zu dick **auftragen** Id 2.37

fest **auftreten** Gc 8.1

groß **auftreten** (als/wie ein/...) Cc 11.27

großartig **auftreten** (als/wie ein/...) Cc 11.27

leise **auftreten** Gb 3.2

Aug'/(Auge) um Auge, Zahn um Zahn! Gc 14.18

jn./sich. hüten wie seinen **Augapfel** Ha 11.12 Hc 3.45

ganz **Auge** sein De 1.2

ein blaues **Auge** (haben) Bc 2.33 Cc 26.63

ein (scharfes/wachsames) **Auge** auf jn. haben Ac 6.27

ein **Auge** für etw. haben Cd 5.18

jn./etw. (immer/...) im **Auge** haben Ac 6.28

(immer nur/...) seinen Vorteil/Ruf/... im **Auge** haben Dd 3.28

kein **Auge** für etw./jn. haben Cd 4.19

ein sicheres **Auge** für etw. haben Cd 5.18

nur/... mit bewaffnetem **Auge** sehen/erkennen/... (können) Ac 6.48

mit bloßem **Auge** sehen/erkennen/... (können) Ac 6.47

mit sehendem **Auge** in sein Unglück/Verderben/... rennen/(laufen) Da 10.25

jm./sich **Auge** in Auge/Aug' in Aug' gegenüberstehen Ac 6.66

mit einem lachenden und einem weinenden **Auge** (etw. tun) Cb 2.49

jn./etw. (scharf/genau) im **Auge** behalten Ac 6.28

das **Auge** beleidigen Ca 1.22

mit einem blauen **Auge** davonkommen Ab 8.9

etw. ins **Auge** fassen Dd 3.4

jn. scharf ins **Auge** fassen Ac 6.23

etw. wäre fast/beinahe ins **Auge** gegangen De 25.99 Gb 1.19

etw. kann ins **Auge** gehen Gb 1.19

etw. könnte ins **Auge** gehen De 25.99

etw. hätte ins **Auge** gehen können De 25.99 Gb 1.19

jm. zu tief ins **Auge** gesehen/(geblickt) haben Ed 1.41

das **Auge** des Gesetzes (wacht/...) Cc 20.93

ein **Auge** auf jn./etw. geworfen haben Hc 3.33

kein **Auge** von jm. lassen Hc 3.41

ganz **Auge** und ganz Ohr sein De 1.3

soweit das **Auge** reicht/geht Ab 1.41

ein **Auge** riskieren Ac 6.11

einer Gefahr/... ins **Auge** sehen/(schauen/blicken) Da 1.6

jm. scharf ins **Auge** sehen/(schauen/gucken) Ac 6.23

vor meinem/deinem/... inneren **Auge** steht etw. Db 1.9

da/dabei/bei etw./wenn.../... bleibt kein **Auge** trocken Cb 10.24

etw. vor seinem inneren **Auge** vorbeiziehen lassen Db 1.3

ein verliebtes **Auge** auf jn. werfen Ed 1.12

kein **Auge** von jm. wenden Hc 3.41

ein **Auge** zudrücken (bei jm./etw.) Cc 27.1

kein **Auge** zumachen/zutun De 22.18

vor aller **Augen** etw. tun Dc 3.72

in js. **Augen** Db 4.79

unter meinen/deinen/... **Augen** (spielt sich etw. ab/...) Ac 6.65

unter vier **Augen** (jm. etw. anvertrauen/...) Dc 3.17

wo hast du/wo hat er/... (denn/...) deine/seine/... **Augen**? Ac 6.52

doch hinten keine **Augen** haben Ac 6.55

jn. immer unter den **Augen** haben Ac 6.28

scharfe **Augen** haben Ac 6.46

schwere **Augen** haben De 23.20

ganz verweinte **Augen** haben Cb 11.16

das Examen/den Chefposten/... vor **Augen** haben (und ...) Dd 3.12

wissende **Augen** haben Cd 23.4

jm. brechen die **Augen** Ba 2.19

jm. dreht sich alles vor den **Augen** Bc 3.1

geh mir/geht uns/... (bloß/nur) aus den **Augen**! Eb 2.55

jm. wird grün und gelb vor den **Augen** Bc 3.3

komm/kommt/... mir/uns/... (bloß/nur) nicht mehr vor/unter die **Augen**! Eb 2.55

jm. schaut/sieht der Haß aus den **Augen** Eb 2.61

(es scheint/...) j. hat hinten **Augen** Ac 6.46

jm. wird (ganz) schwarz vor den **Augen** Bc 3.2

es schwimmt jm. vor den **Augen** Bc 3.1

jm. wird (ganz) schwindlig vor den **Augen** Bc 3.1

jm. tanzt alles vor den **Augen** Bc 3.1

(es scheint/...) j. hat vorn und hinten **Augen** Ac 6.46

mit anderen **Augen** sehen/beurteilen/... Db 4.24

mit bloßen **Augen** sehen/erkennen/... (können) Ac 6.47

etw. mit seinen eigenen **Augen** sehen/beobachten/... Ac 6.64

mit offenen/(sehenden) **Augen** in sein Unglück/Verderben/... rennen/(laufen) Da 10.25

jm. etw. an den **Augen** ablesen/(absehen) (können) Cd 14.12

jn. mit scheelen **Augen** ansehen/(anschauen/anblicken) Hb 12.10

seine **Augen** (sehr/fürchterlich/...) anstrengen Ac 6.36
Augen auf! Gb 2.6
jm. gehen die **Augen** auf Cd 1.31
die **Augen** (schon/bereits) nicht mehr aufkriegen/aufhalten können De 23.22
die **Augen** aufmachen/(auftun) Gb 2.1
die **Augen** (weit) aufreißen Da 6.11
die **Augen** (weit) aufsperren Da 4.7
am liebsten hätte j. jm. die **Augen** ausgekratzt/(auskratzen mögen) Cb 16.28
sich die **Augen** nach jm. ausgucken/(ausschauen) Hc 3.43
sich die **Augen** nach jm. ausweinen Cb 11.13
(ganz) feuchte/nasse **Augen** bekommen Cb 11.4
die **Augen** zu Boden schlagen Cc 29.7
jm. etw. vor **Augen** führen Dc 5.52
jm. die Folgen seines Verhaltens/... vor **Augen** führen Cc 24.27
js. **Augen** sind gebrochen Ba 5.4
aller **Augen** sind (erwartungsvoll) auf jn. gerichtet Fa 1.15
jm. zu tief in die **Augen** gesehen/(geblickt) haben Ed 1.41
jm./anderen/... nicht/nicht mehr ... (klar) in die **Augen** gucken/(sehen/blicken) können Cc 29.10
jm. etw. (eindringlich/...) vor **Augen** halten Cc 24.27
jn./etw. in den **Augen** anderer/der anderen/... herabsetzen Cc 10.9
Augen haben wie ein gestochenes Kalb Cd 12.41
Augen machen wie ein gestochenes Kalb Cd 12.39
mit den **Augen** klappern Ed 1.14
js. **Augen** funkeln/leuchten wie glühende Kohlen Ca 1.35
jm. ganz aus den **Augen** kommen Ab 10.2
wenn/... j. jm. nochmal/wieder/... vor die **Augen** kommt (dann .../...) Cc 25.27
hast du/hat er/... (denn) keine **Augen** im Kopf? Ac 6.54
jm. quellen/fallen fast die **Augen** aus dem Kopf Hd 3.6
sich (fast/beinahe/) die **Augen** aus dem Kopf gucken/(schauen/sehen) nach jm. Hc 3.44
sich die **Augen** nach jm. (fast/beinahe) aus dem Kopf weinen Cb 11.13
jn. nicht aus den **Augen** lassen Ac 6.28
die **Augen** nicht von jm. lassen Hc 3.41
Augen wie ein Luchs haben Ac 6.44
große **Augen** machen Da 4.7
jm. schöne **Augen** machen Ed 1.11
jm. verliebte **Augen** machen Ed 1.12
js. **Augen** sind größer als der Magen Hd 3.15
die **Augen** offenhalten Gb 2.1
jm. die **Augen** (über etw./für etw.) öffnen Dc 3.86
sich die **Augen** reiben De 23.21
die **Augen** rollen (vor Wut/...) Cb 16.46
jm. (offen/...) in die **Augen** schauen/(blicken/gucken) Ac 6.67
jm. tief in die **Augen** schauen/blicken Dc 8.1
die **Augen** für immer schließen/zutun Ba 2.19
jn./etw. (wieder/...) mit frischen/neuen **Augen** sehen Db 4.25
kaum noch/nicht/... aus den **Augen** sehen/(schauen) können De 23.22
vier **Augen** sehen mehr als zwei Ic 9.14
aus den **Augen**, aus dem Sinn Db 2.8
jm. in die **Augen** springen/(fallen) Fa 2.5
in die **Augen** stechen Fa 2.6
jm. immer vor **Augen** stehen Db 1.9
js. **Augen** stehen voller Tränen Cb 11.4
seinen (eigenen) **Augen** nicht/kaum trauen (wollen) Db 6.21
mit offenen **Augen** träumen/schlafen De 2.8
es nicht (mehr) wagen, jm. unter die **Augen** zu treten Cc 29.10

jm. nicht mehr unter die **Augen** treten können Cc 29.10
jm. gehen (fast/beinahe/...) die **Augen** über (bei/als/...) Cb 2.38
seine **Augen** überall haben Ac 6.46
sich die **Augen** verderben Bc 2.44
jn./etw. (ganz) aus den **Augen** verlieren Ea 4.24
die/seine **Augen** vor etw. verschließen Db 21.19
jn./etw. mit den/seinen **Augen** verschlingen Hd 3.5
meiner/deiner/... schönen **Augen** wegen/(halber) Fb 14.3
sich die **Augen** rot weinen Cb 11.9
mit offenen **Augen** durch die Welt gehen Gb 2.5
um meiner/deiner/... schönen **Augen** willen Fb 14.3
jm. fallen schon/bereits die **Augen** zu De 23.22
jm. die **Augen** zudrücken Ba 2.51
die **Augen** zudrücken (bei jm./etw.) Cc 27.1
beide **Augen** zudrücken (bei jm./etw.) Cc 27.1
die **Augen** für immer zutun Ba 2.19
seine (üblichen/...) **Augenaufschläge** machen Ed 1.14
im ersten **Augenblick** Aa 5.32
im gegebenen **Augenblick** kommen/... Hb 7.19
(genau) im richtigen **Augenblick** kommen/... Hb 7.17
in einem schwachen **Augenblick** Gc 10.24
einen lichten **Augenblick** haben Cd 12.43
einen günstigen/den günstigsten **Augenblick** abpassen Hb 9.4
keinen **Augenblick** Ruhe haben Aa 15.8
lichte **Augenblicke** haben Cd 12.43
die Gunst des **Augenblicks** nutzen/wahrnehmen, (um) etw. zu tun Hb 9.6
das **Augenlicht** verlieren Ac 6.50
das **Augenlicht** wiedergewinnen/wiedererlangen Ac 6.51
ein gutes/schlechtes/... **Augenmaß** haben Ia 5.18
kein **Augenmerk** De 2.12
sein **Augenmerk** richten auf jn./etw. Ac 6.18
in **Augenschein** nehmen Ac 6.19
sich durch (den) **Augenschein** von etw. überzeugen Ac 6.19
jn./etw. aus den **Augenwinkeln** beobachten/verfolgen/... Ac 6.14
gebrochenen **Auges** Ba 2.50
sehenden **Auges** in sein Unglück/Verderben/... rennen/(laufen) Da 10.25
den **Augiasstall** ausmisten Fa 19.23
der dumme **August** Cb 7.7
aus (damit)! Aa 8.34
es ist **aus** (mit jm./e-r S.) De 25.18
es ist **aus** (mit jm./etw./für jn.) Aa 8.40
von mir **aus**! Db 13.46
aus- und eingehen bei jm. Ea 4.17
das **ausbaden** müssen/sollen, was ein anderer falsch gemacht hat/... Hb 14.36
ein **Ausbund** an Tugend (sein) Cc 1.11 Cc 5.11
seinen Dank/seine Enttäuschung/... zum **Ausdruck** bringen Db 4.2
seiner Meinung/Erwartung/seinem Dank/... **Ausdruck** geben Db 4.2
zum **Ausdruck** kommen Db 4.1
sich nicht **auseinanderdividieren** lassen Db 16.27
auseinandergehen Ca 4.6
auseinandergehen Ed 4.13
auseinandergehen Db 17.4
in aller **Ausführlichkeit** (berichten/...) Dc 1.29
seinen **Ausführungen** nichts mehr hinzuzufügen haben Dc 5.62
(eine) **Ausgabe** letzter Hand Cd 20.68
eine Krankheit/ein Unfall/... mit tödlichem **Ausgang** Ba 5.5

(heute/...) **Ausgang** haben De 15.41
einen guten/schlechten/... **Ausgang** nehmen Aa 8.25
etwas **ausgefressen** haben Cc 20.7 Cc 22.2
noch nicht **ausgegoren** sein Aa 9.1
gut/schlecht/noch einmal glimpflich/... **ausgehen**
   Aa 8.25
frei **ausgehen** Cc 20.70
leer **ausgehen** Hb 14.15
straffrei **ausgehen** Cc 20.91
darauf **ausgehen**, zu ... Dd 3.26
jm. **ausgeliefert** sein Fa 13.12
soviel ist **ausgemacht**, ... Dc 5.109
ein **ausgemachter** Lügner/Schurke/... sein Ic 1.22
ausgerechnet du/der/die Vera mußt/muß das sagen!
   Db 15.81
bei jm. **ausgeschissen** haben Eb 2.44
(na,) **ausgeschlafen**? De 2.11
(für sein Leben) **ausgesorgt** haben Fb 6.15
bei jm. **ausgespielt** haben Eb 2.42
die Sache/... ist **ausgestanden** Ga 6.46
(plötzlich/...) wie **ausgewechselt** sein If 5.9
mit jm. ist kein **Auskommen** Cb 6.15
sein **Auskommen** haben Fb 6.3
eine **Auskunft** (über jn.) einholen Cd 15.44
laß dich/laßt euch/... nicht **auslachen** Db 6.13
jm. viel/... **ausmachen** Ha 4.1
jm. nichts/nicht viel/... **ausmachen** Ha 5.5
das/etw. muß j. mit sich selbst **ausmachen** Cc 30.29
kräftig/ordentlich/... **auspacken** Dc 3.43
eine faule **Ausrede** (sein) Cc 14.30
eine windige **Ausrede** (sein) Cc 14.30
um **Ausreden** nicht verlegen sein Cc 14.31
jn. nicht **ausreden** lassen Dc 5.25
Aussage steht gegen Aussage Cc 20.43
eine/keine **Aussage** machen Cc 20.43
jn. wie einen **Aussätzigen** behandeln Ea 10.13
Ausschau halten nach jm./etw. Ab 12.2
den **Ausschlag** geben Dd 6.25
zum Guten/zum Bösen/zu js. Gunsten/Ungunsten/...
   ausschlagen If 6.18
unter **Ausschluß** der Öffentlichkeit stattfinden/...
   Cc 17.6
unter **Ausschluß** des Rechtsweges Cc 20.27
nach nichts/etwas/viel/wenig/... **aussehen** Ca 1.2
(da/in einer Sache) (ziemlich/(ganz)) schön alt **aussehen**
   Cd 2.37
wie ausgekotzt **aussehen** Ca 1.31
kriminell **aussehen** Ca 1.57
verboten **aussehen** Ca 1.57
e-r S. vornehmes/nettes/frisches/... **Aussehen** geben/
   (verleihen) Cc 15.21
aussehen wie gemästet Ca 4.9
auf jn./etw. **aussein** Dd 3.26
außerstande sein, etw. zu tun Cd 4.2
sich (heute/...) **außerstande** fühlen/sehen, etw. zu tun
   Cd 4.1
aufs/auf das **Äußerste** gefaßt sein (müssen) Ga 4.19
das **Äußerste** aus sich herausholen De 13.18
das **Äußerste** versuchen De 13.20
bis zum **Äußersten** gehen Id 2.6
zum **Äußersten** greifen Id 2.9
es/die Dinge/... bis zum **Äußersten** kommen lassen
   Id 2.5
es/die Dinge/eine Auseinandersetzung/... bis zum **Äußer-**
   sten treiben Id 2.7
sein **Äußerstes** tun De 13.21
etw. in **Aussicht** haben Dd 1.14

etw. in **Aussicht** nehmen Dd 3.4
in **Aussicht** stehen Dd 1.15
jm. etw. in **Aussicht** stellen Dd 1.1
das sind ja/... (schöne/herrliche/...) **Aussich-**
   ten! Cb 18.17
das sind ja/... trübe **Aussichten** Aa 6.55
du bist/... gar nicht so dumm, wie du **aussiehst**/...
   Cd 8.2
jn./etw. nicht **ausstehen** können Eb 2.23
eine Meinungsverschiedenheit/... zum **Austrag** bringen
   Gc 3.4
mal eben/... **austreten** gehen Ac 8.4
mal eben/... **austreten** (gehen) müssen Ac 8.2
der **Ausverkauf** hat begonnen De 25.44
das/es ist zum **Auswachsen** (mit jm./etw.) Ga 10.14
zur **Auswahl** stehen Dd 6.1
jm. etw. zur **Auswahl** stellen Dd 6.4
jm. eins **auswischen** Cb 13.6
wenig/etwas/allerhand/... **auszusetzen** sein an jm./etw.
   Db 19.3
wenig/etwas/allerhand/... **auszusetzen** haben an jm./
   etw. Db 19.3
gucken/dreinschauen/jn. angucken/jn. anstarren/... wie
   ein **Auto** Cd 12.40
jm. den **Autofahrergruß** bieten/(entbieten) Cb 13.22
jm. **Avancen** machen Fa 17.20
sich benehmen/ein Benehmen haben/... wie die **Axt** im
   Walde Ea 12.10
die **Axt** an die Wurzel legen Ic 2.48
kein **Baby** mehr sein Bb 2.1
(dem) **Bacchus** opfern Hd 6.38
den **Bach** runtergehen De 25.87
au, **Backe**! Da 7.5
au, **Backe**, mein Zahn! Da 7.5
mit vollen **Backen** kauen Hd 4.96
über beide **Backen** strahlen Cb 2.22
über alle vier **Backen** strahlen Cb 2.22
ein **Backpfeifengesicht** haben Ca 1.33
ein kaltes **Bad** nehmen Ac 3.4
ein unfreiwilliges **Bad** nehmen Ac 3.4
baden gehen (mit etw.) De 25.71
(ganz einfach) **baff** sein Da 5.5
auf der rechten **Bahn** sein Cc 6.43
auf der schiefen **Bahn** sein Cc 6.13
freie **Bahn** haben Fa 23.18
e-r S. **Bahn** brechen Hb 3.7
sich **Bahn** brechen Gc 8.5
sich **Bahn** brechen (durch eine Menge/unwegsames Gelän-
   de/...) Ab 3.29
jn. auf die richtige/(rechte) **Bahn** bringen Cc 6.39
etw. in die richtige/(rechte) **Bahn** bringen Ga 5.7
jm. die **Bahn** ebnen Hb 3.4
aus der **Bahn** geraten Cc 6.6
auf die schiefe/(abschüssige) **Bahn** geraten/(kommen)
   Cc 6.8
wieder auf die richtige **Bahn** kommen Cc 6.42
freie **Bahn** dem Tüchtigen! De 13.76 Fa 24.16
jn. aus der **Bahn** werfen/(schleudern) Cc 6.15
sich in gewohnten **Bahnen** bewegen If 7.6
sich in neuen **Bahnen** bewegen If 6.3
etw. in die richtigen **Bahnen** lenken Ga 5.7
in die gewohnten **Bahnen** zurückkehren If 7.10
jm. einen großen **Bahnhof** bereiten Ea 7.17
mit großem **Bahnhof** empfangen werden Ea 7.20
(immer) nur **Bahnhof** verstehen Cd 2.19
die **Bajonette** aufpflanzen Gc 4.51
bis **bald**! Ea 9.12

möglichst **bald** Aa 1.79
jm. was/etwas auf den **Balg** geben Cc 26.21
was/etwas auf den **Balg** kriegen Cc 26.40
den **Balken** im eigenen Auge nicht sehen, aber den Splitter
   im fremden Cc 31.6
lügen, daß sich die **Balken** biegen Cc 14.11
am **Ball** bleiben De 8.3
balla balla sein Cd 12.9
(allen/. . .) **Ballast** über Bord werfen/abwerfen Fa 16.1
jm. die **Bälle** zuspielen Fa 6.23
sich die **Bälle** zuspielen Fa 6.25
jm. eins/einen auf den **Ballon** geben Cc 26.17
eins/einen auf den **Ballon** kriegen Cc 26.38
einen hochroten/roten **Ballon** kriegen Cc 29.2
Balsam auf js. Wunde(n) sein Cc 2.25
Balsam auf/in die/js. Wunde(n) gießen Cc 2.25
ausgerechnet **Bananen**! Db 15.82
am laufenden **Band** Aa 3.9
das letzte **Band** zwischen A und B ist zerrissen Ec 2.17
auf **Band** (auf)nehmen/sprechen/spielen/. . . Dc 10.26
mit harten **Bandagen** kämpfen Gc 3.31
die ganze **Bande** Ia 2.8
die letzten **Bande** zwischen A und B sind zerrissen
   Ec 2.17
die **Bande** des Blut(e)s Ed 6.2
(die) **Bande** der Freundschaft (enger) knüpfen/. . . Ec 1.18
zarte **Bande** knüpfen Ed 1.35
das spricht **Bände** Dc 3.98
über etw. könnte j. **Bände** schreiben Cd 20.21
über etw. könnte j. (jm.) **Bände** erzählen Dc 1.34
jn. am **Bändel** haben Fa 10.19
nur keine **Bange** (nicht)! Gb 7.7
alle durch die **Bank** Ia 2.2
die **Bank** halten Hd 9.4
etw. auf die lange **Bank** schieben Aa 11.10
die **Bank** sprengen Hd 9.5
die **Bank** übernehmen Hd 9.4
vor leeren **Bänken** predigen Dc 1.91
vor leeren **Bänken** spielen Hd 10.11
Bankrott machen De 25.42
jn. mit dem **Bann** belegen Cc 20.92
den **Bann** brechen Dc 5.2
der **Bann** ist gebrochen Dc 5.2
in js. **Bann** geraten Hc 3.24
jn. in/(im) **Bann** halten Hc 3.23
jn. in seinen **Bann** schlagen Hc 3.23
jn. in seinen **Bann** ziehen Hc 3.23
in js. **Bannkreis** geraten Hc 3.24
gegen **bar** Fb 15.99
in **bar** Fb 15.99
ein (richtiger/rechter) **Bär** sein Ca 3.4
stark wie ein **Bär** sein Ca 3.4
ein ungeleckter **Bär** sein Cc 1.8
brummen wie ein **Bär** Cb 5.23
schlafen wie ein **Bär** De 22.6
schwitzen wie ein **Bär** Ac 2.11
schwitzen wie ein **Bären** Ac 2.11
jm. einen **Bären** aufbinden Cc 16.8
sich einen **Bären** aufbinden lassen Cc 16.57
jm. einen **Bärendienst** erweisen Hb 5.11
das **Bärenfell** verkaufen, ehe/(bevor) man den Bären er-
   legt hat Aa 9.3 Fb 8.10
den **Bärenführer** spielen Ab 3.13
eine **Bärengesundheit** haben Bc 1.2
die **Bärenhaut** verkaufen, ehe/(bevor) man den Bären er-
   legt hat Aa 9.3 Fb 8.10
sich auf die **Bärenhaut** legen De 14.14

einen **Bärenhunger** haben Hd 4.8
eine **Bärenkonstitution** haben Bc 1.3
Bärenkräfte haben Ca 3.4
eine **Bärennatur** haben Ca 3.3
das **Barometer** steht hoch/tief Ac 1.27
das **Barometer** steht auf Sturm (bei jm./in . . ./. . .)
   Cb 18.14
ein **Baron** von Habenichts sein Fb 7.11
auf die **Barrikaden** steigen/gehen Gc 6.32
so'n **Bart**! Cd 18.8
(schon) einen langen/(endlosen) **Bart** haben Cd 18.6
(so,) der **Bart** ist ab Aa 8.44
einen **Bart** mit Dauerwellen haben Cd 18.7
jm. um den **Bart** gehen Fa 17.16
(sich) etw. in den/seinen **Bart** knurren/brummen/mur-
   meln Dc 1.118
beim **Bart(e)** des Propheten! Db 10.28
beim **Bart(e)** des Propheten schwören Db 10.5
sich nachdenklich/. . . (durch) den **Bart** streichen Dc 8.10
sich zufrieden/. . . (durch) den **Bart** streichen Dc 8.8
wissen, wo **Barthel** den Most holt Cd 8.6
jn./etw. mit **Basiliskenblicken** ansehen/(mustern)
   Ac 6.24
. . . und damit **basta**! Aa 8.35
einen (ganzen/hübschen) **Batzen** Geld ausgeben/verdie-
   nen/kosten/. . . Fb 3.1
auf dem **Bau** sein/arbeiten De 15.28
auf den **Bau** gehen De 15.29
in den **Bau** (gehen) müssen Cc 20.84
noch/seit/. . . nichts im **Bauch** Hd 4.1
eine Wut/einen Zorn/einen Ärger/. . . im **Bauch** haben
   (auf jn./über etw.) Cb 16.26
(schon) einen **Bauch** bekommen Ed 2.9
vor jm. auf dem **Bauch** kriechen/(liegen) Fa 15.11
einen **Bauch** kriegen/bekommen Ca 4.3
sich den **Bauch** halten vor Lachen Cb 10.13
den **Bauch** nicht vollkriegen (können) Hd 3.8
sich den **Bauch** vollschlagen/vollfressen Hd 4.22
sich lieber den **Bauch** verrenken, als dem Wirt was schen-
   ken Hd 4.94
lieber den **Bauch** verrenkt, als dem Wirt was geschenkt
   Hd 4.94
sich einen **Bauch** zulegen Ca 4.3
sich benehmen/ein Benehmen haben/. . . wie ein **Bauer**
   Ea 12.10
auf **Bauernfang** ausgehen Cc 16.17
Bauklötze staunen Da 4.4
zwischen **Baum** und Borke sein Ga 4.39
zwischen **Baum** und Borke geraten Ga 4.34
j. meint/. . ., er könnte **Bäume** ausreißen Hd 1.12
(in/bei/. . .) (auch) keine **Bäume** ausreißen können
   Cc 12.8
noch keine **Bäume** ausreißen können Bc 2.6
die **Bäume** wachsen nicht in den Himmel (für jn.) Cc 12.9
es ist dafür gesorgt/es ist nun einmal so/. . ., daß die **Bäu-**
   me (für jn.) nicht in den Himmel wachsen Cc 12.9
das/es ist, um auf die **Bäume** zu klettern (mit jm./etw.)
   Ga 10.15
vor lauter **Bäumen** den Wald nicht (mehr) sehen Db 4.60
etw. in **Bausch** und Bogen ablehnen/zurückweisen/. . .
   Db 14.31
etw. in **Bausch** und Bogen verdammen Db 14.19
das/es ist zum **Bebaumölen** (mit jm./etw.) Ga 10.15
den **Becher** nehmen/(trinken/leeren) Ba 3.7
den **Becher** der Freude/der Schande/. . . bis zur Neige lee-
   ren Ic 2.44
einen **bechern** Hd 6.4

(immer nur/. . .) auf seinen Vorteil/Ruf/auf sich selbst/. . .
    bedacht sein Dd 3.28

etw. nicht ohne/mit/mit viel **Bedacht** tun Dd 3.31

ohne **Bedacht** etw. tun Dd 8.29

j. wird sich **bedanken!** Db 15.11

über **Bedarf** vorhanden sein/. . . Ia 1.25

der **Bedarf** nach/von etw. ist gedeckt Ia 6.7

keine **Bedenken** haben/tragen, etw. zu tun Ha 8.15

zu **bedenken** geben, daß . . . Db 14.18

das/etw. hat (weiter) nichts/nicht viel/. . . zu **bedeuten**
    Ha 5.18

das/etw. hat viel/sehr viel/. . . zu **bedeuten** Ha 4.20

jm./e-r S. (viel/. .) **Bedeutung** beimessen Ha 4.8

jm./e-r S. wenig/keinerlei/. . . **Bedeutung** beimessen
    Ha 5.8

sich hinten und vorne **bedienen** lassen De 14.18

j. ist (restlos) **bedient** Hc 6.17

unter der **Bedingung**, daß . . . Ie 1.52

in großer/arger/. . . **Bedrängnis** sein Ga 4.12

sich in großer/arger/. . . **Bedrängnis** fühlen Ga 4.12

in (große/arge/. . .) **Bedrängnis** kommen Ga 4.4

ein (menschliches) **Bedürfnis** haben/(empfinden.) Ac 8.1

ein **Bedürfnis** befriedigen/verrichten müssen Ac 8.2

Beeilung bitte! Aa 14.49

zu **Befehl!** Gc 4.96

unter js. **Befehl** stehen Gc 4.19

mit jm. (aufs engste) **befreundet** sein Ec 1.18

sprühen vor **Begeisterung** Cb 2.29

etw. mit wahrer/einer wahren **Begeisterung** tun Hc 3.11

von **Beginn** an Aa 1.59

Hoffnungen/Pläne/. . . **begraben** (müssen) Db 9.3

in . . . lebendig **begraben** sein Aa 20.7

j. möchte in . . . nicht **begraben** sein Aa 20.7

j. läßt sich lieber/eher **begraben**, als daß er . . . Db 15.2

sich in . . . lebendig **begraben** fühlen Aa 20.7

du kannst dich/er kann sich/. . . **begraben** lassen (mit
    etw.) Cd 4.21

j./etw. ist jm. ein **Begriff** Cd 1.8

zum **Begriff** für Qualität/Eleganz/. . . werden/ein Begriff
    . . . sein Ic 4.21

(gerade/eben) im **Begriff** sein/stehen, etw. zu tun
    Aa 1.49 Aa 6.13 Dd 3.45

schwer/langsam von **Begriff** sein Cd 2.29

einen **Begriff** haben, wie etw. ist/. . . Cd 1.7

sich keinen **Begriff** machen von jm./etw./wie etw. ist/. . .
    Cd 16.16

für meine/deine/. . . **Begriffe** Db 4.80

etw. übersteigt alle **Begriffe** Ib 1.68

über alle **Begriffe** schön/. . . sein Ib 1.25

in der Planung/Entwicklung/im Wachsen/Abnehmen/. . .
    begriffen sein Aa 6.15

etw. für sich **behalten** Dc 2.25

jn. von oben (herab) **behandeln** Cc 34.3

jn./etw. stiefmütterlich **behandeln** Ha 2.18 Hb 14.2

etw. vertraulich **behandeln** Dc 2.15

steif und fest/(felsenfest) **behaupten** Db 10.3 Gc 7.9

ich kann mich **beherrschen** Db 15.17

jm. vorsichtig/schonend/sachte/. . . **beibringen**
    Dc 3.52

zur **Beichte** gehen Cc 35.20

beides tun Dd 6.29

gut **beieinander** sein Bc 1.8

nicht (so) ganz **beieinander** sein Cd 12.33 Ga 2.6

unter rauschendem **Beifall** . . . Db 13.35

Beifall spenden Db 13.32

jm. (seinen) **Beifall** zollen (für etw.) Db 13.31

klein **beigeben** Gc 10.15

einen unangenehmen/bitteren **Beigeschmack** haben/hin-
    terlassen/bei jm. zurücklassen/. . . Hc 7.6

jm. sein (herzliches/aufrichtiges/. . .) **Beileid** aussprechen
    Ba 7.6

jn. am **Bein** haben Dd 11.29

von einem **Bein** aufs andere treten Aa 15.22 Dc 8.37

mit dem linken **Bein** zuerst aufgestanden sein Cb 5.6

sich kein **Bein** ausreißen De 14.12

mit dem linken **Bein** zuerst aus dem Bett gestiegen sein
    Cb 5.6

mit einem **Bein** im Gefängnis stehen Cc 20.76

mit einem **Bein** im Grab(e) stehen Bc 2.62

auf einem **Bein** kann man nicht stehen! Hd 5.19

jm. ein **Bein** stellen Hb 4.15

das ist (doch) kein **Beinbruch!** Gb 7.13 Id 2.60

jm. (ein) **Beinchen** stellen Hb 4.15

jüngere **Beine** haben Bb 1.10

alles, was **Beine** hat Ia 2.11

sich die **Beine** nach etw. ablaufen Ab 12.4

die **Beine** unter den Arm/die Arme nehmen Aa 14.22

sich die/sämtliche **Beine** ausreißen (für jn./wegen etw.)
    De 13.26

sich die **Beine** in den Bauch/Leib stehen Dc 8.38

etw. hat (wohl/bestimmt/. . .) **Beine** bekommen Ab 11.3

jn. wieder auf die **Beine** bringen Bc 1.15

soundsoviel Geld/. . . auf die **Beine** bringen Fb 15.75

jm. in die **Beine** fahren Da 6.7

über seine eigenen **Beine** fallen Cd 6.10

(immer) wieder auf die **Beine** fallen Ga 6.47

die **Beine** in die Hand nehmen Aa 14.22

jm. wieder auf die **Beine** helfen Ga 12.33

laufen/rennen/. . ., was die **Beine** hergeben Aa 14.28

wieder auf die **Beine** kommen Bc 1.12

sich auf die **Beine** machen Aa 7.6

j. wird jm. **Beine** machen Fa 18.7

soll ich/er/. . . dir/euch/. . . **Beine** machen? Fa 18.8

etw. auf die **Beine** stellen Aa 7.16

sich auf eigene **Beine** stellen Fa 24.7

die **Beine** (behaglich) unter den Tisch strecken Dc 8.35

die **Beine** (noch) unter Vaters/einen fremden/. . . Tisch
    strecken Fb 7.27

sich die **Beine** (ein wenig/. . .) vertreten Ab 3.6

das/es ist zum **Beine-Ausreißen** (mit jm./etw.) Ga 10.15

nicht wissen, wohin mit seinen **Beinen** Ca 5.7

die halbe Stadt/das ganze Dorf/. . . ist auf den **Beinen**
    Ia 1.14

(schon/noch) auf den **Beinen** sein Aa 1.28

von früh auf/den ganzen Tag/. . . auf den **Beinen** sein
    De 11.9

gut auf den **Beinen** sein Bc 1.7

(alt und schon/. . .) (sehr/. . .) schwach auf den **Beinen**
    sein Bc 2.38

(sehr/. . .) wack(e)lig auf den **Beinen** sein Bc 2.38

(schon/. . .) wieder auf den **Beinen** sein Bc 1.10

mit den **Beinen** baumeln Dc 8.34

mit den/beiden **Beinen** auf der Erde bleiben Da 1.1

mit beiden **Beinen** (fest) auf der Erde stehen Da 1.1

sich nicht/kaum noch/. . . auf den **Beinen** halten können
    De 23.16

mit beiden **Beinen** hineinspringen Aa 7.25

mit beiden **Beinen** im Leben stehen Da 1.1

mit gekreuzten/übergeschlagenen/untergeschlagenen **Bei-
    nen** da/. . . sitzen Dc 8.34

auf eigenen **Beinen** stehen Fa 24.6

auf wack(e)ligen **Beinen** stehen Ga 3.15

mit seinen **Beinen** nicht wissen, wohin Ca 5.7

nicht wissen mit seinen **Beinen**, wohin Ca 5.7

nicht (so) ganz **beisammen** sein Cd 12.33   Ga 2.6
(sie) nicht alle **beisammen** haben Cd 12.6
(sie) nicht mehr alle **beisammen** haben Cd 12.33
(jm.) ein (gutes/. . .) **Beispiel** geben Cc 5.9
(jm.) ein schlechtes/. . . **Beispiel** geben Cc 7.14
(jm.) ein warnendes **Beispiel** geben/sein Cc 6.37
sich ein **Beispiel** nehmen an jm./dem Verhalten von jm.
   Cc 5.13
mit gutem **Beispiel** vorangehen Cc 5.9
an etw. zu **beißen** haben De 20.5
nichts (mehr) zu **beißen** haben Fb 7.23
nichts (mehr) zu **beißen** und zu brechen haben Fb 7.23
einen großen **Bekanntenkreis** haben Ea 2.8
eine große/. . . **Bekanntschaft** haben Ea 2.8
Bekanntschaft machen mit jm./etw. Ea 4.10
mit jm. nähere **Bekanntschaft** machen Ed 1.17
sich schuldig **bekennen** Cc 22.19
seine vorlaute Bemerkung/. . . wird/ist jm. schlecht be-
   kommen Hb 5.5
wohl **bekomm's**! Hd 5.54
von **Belang** sein Ha 4.17
nicht von/ohne **Belang** sein Ha 5.18
es bei etw. **belassen** Aa 8.14
erblich **belastet** sein Ed 6.16
jn. tödlich **beleidigen** Cb 13.12
tödlich **beleidigt** sein/reagieren Cb 13.31
eine **Beleidigung** für das Auge sein Ca 1.22
nach **Belieben** etw. tun können/. . . Hc 4.11
es steht ganz in js. **Belieben**, wie er etw. macht/. . . Fa 23.6
irgendeine/eine x-**beliebige** Frau/Sache Ia 8.4
irgendein/ein x-**beliebiger** Mann/. . . Ia 8.4
(ganz) wie/wo/wann/. . . es jm. **beliebt** Hc 4.11
eine **Bemerkung** über jn./etw. fallen lassen Db 4.4
sich krampfhaft/. . . **bemühen**, etw. zu erreichen/. . .
   De 13.42
sich daneben **benehmen** Ea 12.14
das ist (doch) kein **Benehmen**! Ea 12.28
sich mit jm. ins **Benehmen** setzen Db 16.10   Ea 4.27
Benimm haben Ea 11.4
keinen **Benimm** haben Ea 12.8
der **Benjamin** der Familie (sein) Bb 1.7
j. ist gut/schlecht/. . . **beraten** bei/wenn/. . . Db 20.12
gut/wohl **beraten** sein, wenn man etw. tut/. . . Hb 9.8
schlecht/übel **beraten** sein, wenn man etw. tut/. . .
   Hb 14.9
(ganz) wie **berauscht** sein (von jm./etw.) Cb 2.27
seine **Berechtigung** haben Db 20.16
im **Bereich** seiner Möglichkeiten/. . . liegen Ie 1.43
im **Bereich** des Möglichen liegen Ii 1.2
zu allem **bereit** sein Hc 1.9
sich nicht zu etw. **bereitfinden** Db 14.1
mit etw. über den **Berg** sein Ga 6.42
mit etw. hinter dem/hinterm **Berg** halten/(zurückhalten)
   Dc 4.1
mit etw. nicht hinter dem **Berg** halten/(zurückhalten)
   Dc 3.23
jm. über den **Berg** helfen Ga 12.28
der **Berg** kreißt und gebiert eine Maus Ha 5.35
wenn der **Berg** nicht zum Propheten kommt, muß der Pro-
   phet (wohl) zum Berg(e) kommen Gc 10.26
einen **Berg** von Schulden haben/(vor sich herschieben)
   Fb 5.5
über **Berg** und Tal wandern/. . . Ab 4.35
es geht **bergauf** (mit jm./etw.) De 24.42
(schon/. . .) (weg/fort und) über alle **Berge** sein Ab 7.16
sich über alle **Berge** machen Ab 7.14
Berge versetzen wollen/können Da 3.18

jm. goldene **Berge** versprechen Dd 2.17
Bericht erstatten Cd 15.23
ein **Berliner** Zimmer Ea 1.18
arbeiten/schuften/. . . wie ein **Berserker** De 12.12
toben wie ein **Berserker** Cb 16.23
zum **Bersten** voll sein Ia 1.38
unter **Berücksichtigung** e-r S./von etw. Ha 1.14
z.Zt. ohne **Beruf** (sein) De 15.55
aus dem **Beruf** scheiden De 15.55
im **Beruf** stehen De 15.8
Berufung einlegen/in die Berufung gehen Cc 20.64
die Sache/es/. . . auf sich **beruhen** lassen Aa 8.14
nicht (gerade) **berühmt** sein/arbeiten/. . . (aber . . .) Ic 5.3
berühmt und berüchtigt sein (wegen . . .) Cd 17.25
nichts **Berühmtes** sein Ic 5.4
in **Berührung** mit jm./etw. kommen Ea 4.8
zart **besaitet** sein Cb 12.1
mit js. Gesundheit/Leistungskraft/. . . ist es gut/glän-
   zend/. . . **beschaffen** Hb 13.1
mit seiner Gesundheit/Leistungskraft/. . . ist es schlecht/
   miserabel/. . . **beschaffen** Ga 4.11
ohne **Beschäftigung** sein De 15.78
jm. **Bescheid** geben (von etw.) Cd 15.20
jm. **Bescheid** sagen Cd 15.20
jm. (mal) (gehörig/anständig/ordentlich) **Bescheid** sto-
   ßen/(sagen) Cc 24.38
Bescheid wissen in etw. Cd 1.10
Bescheid wissen über etw. Cd 15.3
das ist (ja) eine schöne **Bescherung**! Cc 33.2
da haben wir/habt ihr/. . . die **Bescherung**! Cc 33.1
   Ga 4.54
das gibt eine schöne **Bescherung**! Cc 33.2
jn./etw. mit **Beschlag** belegen Fb 1.21
etw. in **Beschlag** nehmen Fb 1.21
sehr **beschlagen** sein (in etw.) Cd 3.9
jn. **beschleicht** ein ungutes Gefühl/eine Sorge/. . . Hc 7.2
einen **Beschluß** fassen Dd 6.15
jeder/aller **Beschreibung** spotten Cb 10.30
unter **Beschuß** liegen Gc 4.75
jn./etw. unter **Beschuß** nehmen Gc 2.9   Gc 4.57
unter **Beschuß** stehen Gc 2.19
Beschwerde einlegen/erheben Cc 20.65
Beschwerde führen Cc 20.66
genau(er)/recht **besehen** Db 4.88
ich freß einen **Besen**, . . . Db 6.17
mit eisernem **Besen** kehren/auskehren Fa 19.22
(so) dasitzen/dastehen/sich verbeugen/. . ., als hätte man
   einen **Besen** verschluckt Ca 5.2
steif wie ein **Besenstiel** (sein) Ca 5.1
toben/. . . wie ein **Besessener** Cb 16.23
nicht/schon wieder/. . . bei **Besinnung** sein Bc 4.8
bei voller **Besinnung** sein/etw. mitmachen/. . . Bc 4.9
bei **Besinnung** bleiben Bc 4.10
jn. (wieder) zur **Besinnung** bringen Bc 4.7   De 10.4
(wieder) zur **Besinnung** kommen Bc 4.6   De 10.1
die **Besinnung** verlieren Cb 17.8
etw. in **Besitz** nehmen Fb 1.16
von etw. **Besitz** nehmen/ergreifen Fb 1.16
sich in den **Besitz** e-r S. setzen Fb 1.17
nicht im **Besitz** seiner fünf Sinne sein Cd 10.5
etw. schwarz auf weiß **besitzen** Ih 1.12
den **Besitzer** wechseln Fb 2.1
wie **besoffen** daherrasen/. . . Aa 14.36
im **besonderen** Ha 6.12
nichts **Besonderes** sein Ic 5.4
(immer/wieder einmal/. . .) meinen, man wäre etwas **Be-
   sonderes** Cc 11.10

(immer/wieder einmal/. . .) etwas **Besonderes** sein wollen
   Cc 11.10
nicht **besonders** sein/arbeiten/. . . (aber . . .) Ic 5.3
besorgt sein um jn./etw. Cb 3.31
eine **Besorgung** (für jn.) machen Ab 3.45
um so **besser**! Db 13.41
das wäre ja noch **besser**! Db 15.49
jn. eines **Besseren** belehren Db 11.10
sich eines **Besseren** besinnen/belehren lassen (müssen)
   Db 11.1
sich zum **Besseren** wenden Aa 6.51
(immer/wieder einmal/. . .) meinen, man wäre etwas **Besseres** Cc 11.10
nichts **Besseres** verdient haben Cc 25.2
Besseres vorhaben, als ausgerechnet/. . . Ha 5.10 Ha 6.8
(immer/wieder einmal/. . .) etwas **Besseres** sein wollen
   Cc 11.10
gute **Besserung**! Bc 2.52
der eiserne **Bestand** Fb 9.22
keinen **Bestand** haben/nicht von (langem) Bestand sein
   Aa 14.16
sich in seine **Bestandteile** auflösen Ac 11.14
(doch) (nur/. . .) das **Beste** für jn. im Auge haben Hb 1.4
(nur/. . .) das **Beste** vom Besten haben/wollen/kaufen/. . . Fb 6.30 Hd 4.46
das **Beste** ist für jn. gerade gut genug Fb 6.30
das **Beste** aus etw. machen Hb 9.17
von jm. nur das **Beste** sagen können Db 18.3
(doch) (nur/. . .) das **Beste** für jn. wollen Hb 1.4
etw. **Bestechendes** haben Hc 3.21
j. **besteht** nur noch aus Arbeit/Sorgen/. . . Ia 1.28
es ist gut/glänzend/. . . um jn./etw. **bestellt** Hb 13.1
um jn./etw. ist es nicht gut **bestellt** Ga 4.11
wie **bestellt** und nicht abgeholt da herumstehen/aussehen/. . . Cb 3.66 Cb 5.9 Ga 3.6
mit jm./etw. steht es nicht zum **besten** Ga 4.11
zum **Besten** der Armen/Geschädigten/. . . erfolgen/. . .
   Hb 9.32
Gemeinplätze/Bemerkungen/Witze/. . . zum **besten** geben Dc 1.146
jn. zum **besten** haben/(halten) Cb 9.7
(doch) (nur/. . .) dein/sein/. . . **Bestes** im Auge haben
   Hb 1.4
sein **Bestes** geben De 13.45
sein **Bestes** versuchen De 13.44
(doch) (nur/. . .) mein/dein/. . . **Bestes** wollen Hb 1.4
eine **Bestie** sein Cc 8.5
zu **Besuch** sein (bei/in/. . .) Ea 5.24
Besuch haben Ea 5.23
jn. zu **Besuch** haben Ea 5.23
jm. einen **Besuch** machen/abstatten Ea 5.2
da hilft/half nur noch/nichts als **beten** Ga 4.21
hoch und heilig **beteuern** Db 10.4
außer **Betracht** bleiben Ha 2.14
(nicht) in **Betracht** kommen Ha 1.4
etw. außer **Betracht** lassen Ha 2.1
etw. in **Betracht** ziehen Ha 1.1
von nahem **betrachtet** Db 4.89
um ein **beträchtliches** größer/kleiner/besser/schlechter/. . . als . . . Ib 1.46
um ein **beträchtliches** vorwärtskommen/. . . Ib 1.46
jn. (nicht) **betreffen** Fa 7.10
außer **Betrieb** sein Aa 8.32
in **Betrieb** sein Aa 6.20
ein müder **Betrieb** sein Aa 20.8
es ist/herrscht wenig/kein/. . . **Betrieb** (in . . ./bei
   . . ./. . .) Aa 20.5

»dieser **Betrieb** wird bestreikt« De 15.52
eine Maschine/Anlage/. . . (neu) in **Betrieb** nehmen
   Aa 7.22
eine Maschine/Anlage/. . . außer **Betrieb** setzen Aa 8.19
eine Maschine/Anlage/. . . in **Betrieb** setzen Aa 7.22
was mich/ihn/Religion/. . . **betrifft** Ie 1.47
erschreckt/. . . aus dem **Bett** fahren Da 6.23
ans **Bett** gefesselt sein Bc 2.51
das **Bett** hüten Bc 2.51
(abends/. . .) nicht ins **Bett** kommen/(finden)/. . . Aa 1.31
(morgens/. . .) nicht aus dem **Bett** kommen/(finden)/. . .
   Aa 1.33
in ein gemachtes/ins gemachte **Bett** kommen De 15.16
sich ins gemachte **Bett** legen De 15.16
jn. aus dem **Bett** schmeißen Aa 1.29
betteln gehen Fb 7.37
etw. bringt jn. noch an den **Bettelstab** Fb 7.36
du bringst mich noch/er bringt sich noch/. . . an den **Bettelstab** (mit etw.) Fb 7.36
sich weich **betten** De 15.16 Fb 6.23
die nötige **Bettschwere** haben De 22.1 Hd 6.47
(schon/. . .) nach dem **Bettzipfel** schielen De 23.22
sich nach dem **Bettzipfel** sehnen De 23.23
(gut) **betucht** sein Fb 6.6
eine leichte **Beute** für jn. sein Fb 1.26
eine **Beute** der Diebe/Einbrecher/. . . werden Cc 19.12
an den **Beutel** gehen Fb 12.2
den **Beutel** mal wieder/. . . zuhalten Fb 11.7
in etw. (sehr/äußerst/. . .) **bewandert** sein Cd 1.11
mit jm./etw. hat es folgende **Bewandtnis**: Ie 1.2
es hat eine besondere/seine eigene/eine seltsame **Bewandtnis** mit jm./etw. Ie 1.3
was für eine **Bewandtnis** hat es mit jm./etw.? Ie 1.2
sich frei **bewegen** Za 3.7
ein Auto/. . . in **Bewegung** setzen Ab 5.5
sich in **Bewegung** setzen Ab 5.5
jm. einen **Beweis** schuldig bleiben Cc 20.54
den **Beweis** führen/liefern, daß . . . Cc 20.53
bis zum **Beweis** des Gegenteils Db 5.17
etw. unter **Beweis** stellen Cc 20.53
und damit/mit e-r S. soll/mag/wird/. . . es sein **Bewenden**
   haben Aa 8.34
es bei etw. **bewenden** lassen Aa 8.14
etw. bis zur **Bewußtlosigkeit** tun Aa 2.16
(nicht/schon wieder/. . .) bei **Bewußtsein** sein Bc 4.8
bei vollem **Bewußtsein** sein/etw. mitmachen Bc 4.9
etw. mit (vollem) **Bewußtsein** tun Dd 3.30
bei **Bewußtsein** bleiben Bc 4.10
jn. wieder zu **Bewußtsein** bringen Bc 4.7
jm. (erst spät/. . .) zu **Bewußtsein** kommen Cd 1.24
das **Bewußtsein** verlieren Bc 4.2
das **Bewußtsein** wiedererlangen Bc 4.6
etw. (in) bar **bezahlen** Fb 15.38
etw. teuer **bezahlen** müssen Cc 28.2
j. redet/läuft/. . . als ob er es **bezahlt** kriegte/(bekäme)
   Aa 3.10
in jeder/keiner/mancherlei/. . . **Beziehung** Ie 1.9
in dieser **Beziehung** Ie 1.9
in gewisser **Beziehung** Ie 1.8
zwei/mehrere Dinge/. . . in **Beziehung** zueinander bringen Ie 1.19
etw. zu etw. in **Beziehung** setzen Ie 1.19
in **Beziehung** zu etw. stehen Ie 1.18
(gute) **Beziehungen** haben Fa 6.1
enge **Beziehungen** zu jm. haben/unterhalten Ea 4.15
gute **Beziehungen** zu jm./einem Land/einer Organisation/. . . haben/unterhalten Ea 4.15

die **Beziehungen** zu jm. abbrechen Ea 4.25
die diplomatischen/geschäftlichen/... **Beziehungen** zu
   jm./einem Land/... abbrechen Ea 4.25
Beziehungen zu jm. anknüpfen Ea 4.6
die **Beziehungen** zu jm. wieder anknüpfen Ea 4.26
gute **Beziehungen** im Rücken haben Fa 6.2
in engen/freundschaftlichen/kameradschaftlichen/... **Be-
   ziehungen** zu jm. stehen Ea 4.19
die diplomatischen/geschäftlichen/... **Beziehungen** zu
   jm./einem Land/... wiederaufnehmen Ea 4.26
Bezug nehmen auf etw. Ie 1.37
js. **Bibel** sein Db 5.9
es geht auf **Biegen** oder Brechen De 13.61
es geht/(ist) auf **Biegen** und Brechen De 21.8
auf **Biegen** und Brechen etw. durchsetzen wollen/...
   De 13.60
emsig/fleißig wie eine **Biene** sein De 12.14
eine kesse/flotte **Biene** (sein) Ca 1.16
das ist nicht mein/dein/... **Bier** Fa 7.13
einen **Bierbauch** haben/kriegen/... Ca 4.4
sich unerzogenes/unanständiges/... Verhalten/... nicht
   bieten lassen Gc 6.6
Bilanz machen Fb 15.23
Bilanz ziehen Db 4.6
über jn./etw. im **Bild(e)** sein Cd 15.1
damit du/ihr/im **Bild(e)** bist/seid/... Cd 15.2
schön wie ein **Bild** sein Ca 1.3
ein **Bild** von einer Frau/einem Mädchen/(einem Mann)
   sein Ca 1.3
ein schiefes **Bild** von jm./etw. haben Db 21.17
es bietet sich (jm.) (irgendwo) ein buntes/farbenprächti-
   ges/... **Bild** Ac 6.69
ein **Bild** des Elends bieten Cb 3.62
jn./etw. im **Bild** festhalten Cd 22.1
ein **Bild** für (die) Götter sein Cb 10.1
ein **Bild** des Jammers bieten Cb 3.62
sich kein **Bild** machen von jm./etw./wie etw. ist Cd 16.16
sich ein schiefes **Bild** von jm./etw. machen Db 21.17
jn. ins **Bild** setzen (über etw.) Cd 15.21
eine Herzoperation/Flugzeuglandung/... wie im **Bilder-
   buch** Ic 1.10
(plötzlich/...) auf der **Bildfläche** erscheinen Ac 6.2
(plötzlich/...) von der **Bildfläche** verschwinden Ab 10.3
über den **Bildschirm** gehen Hd 10.9
das ist/war aber **billig**! Dc 5.145
ach, du heiliger **Bimbam**! Da 8.4
eine **Binde** vor/(über) den Augen haben Db 21.20
es fällt jm. (plötzlich/...) die **Binde** von den Augen
   Cd 1.32
jm. die **Binde** von den Augen reißen Dc 3.87
sich einen hinter die **Binde** gießen/kippen Hd 6.7
den Arm/... in der **Binde** tragen/(haben) Bc 2.30
es regnet **Bindfäden** Ac 1.7
in die **Binsen** gehen Ac 11.10
eine dicke **Birne** haben Hd 6.29
(ganz schön) einen in der **Birne** haben Hd 6.17
eine weiche **Birne** haben Cd 12.9
jm. eins auf die **Birne** geben Cc 26.17
ach, du liebes **bißchen**! Da 8.2
ein fetter **Bissen** sein De 27.4
ein harter **Bissen** sein De 20.24
iß doch/... einen **Bissen** (mit/mit uns/...) Hd 4.93
keinen **Bissen** anrühren Hd 4.40
jm. keinen **Bissen** Brot gönnen Hb 12.2
sich keinen **Bissen** gönnen Fb 9.15
der **Bissen** bleibt jm. im Hals(e) stecken Da 6.30
sich den letzten **Bissen** vom Mund(e) absparen (für jn./
   etw.) Fb 9.17

jm. (sozusagen) die **Bissen** im/in den Mund zählen
   Hb 12.3
einen **Bissen** zu sich nehmen/(...) Hd 4.15
(aber) ich **bitte** dich/Sie/...! Cc 25.39
Herr.../der Minister/... läßt **bitten** Ea 7.32
da muß ich (aber) doch sehr **bitten**! Cc 33.5
bitten und betteln Ga 11.1
da hilft kein **Bitten** und kein Betteln Fa 21.13
da kannst du/da kann er/... **bitten** und betteln, soviel du
   willst/soviel er will/... Db 15.4
wenn ich **bitten** darf! Ea 7.31
blabla! Ia 15.19
einen **Blackout** haben Db 2.16 Ga 2.4
blank sein Fb 4.8
(eine Farbe) **blank** haben Hd 9.7
jm. einen **Blankoscheck** ausstellen Fa 23.22
die ganze **Blase** Ia 2.8
er/sie und seine/ihre/die ganze **Blase** Ed 6.5
eine schwache **Blase** haben Ac 8.14
einen **blasen** Hd 6.4
jm. was/eins/(etwas) **blasen** Db 15.13
blaßblau/blaßgrün/... Ac 5.4
ein unbeschriebenes **Blatt** sein (für jn.) Cd 17.58
ein gutes/... **Blatt** haben Hd 9.7
ob ..., (das) steht auf einem (ganz) anderen **Blatt** If 3.12
ein neues **Blatt** im Buch(e) der Geschichte/Weltgeschich-
   te aufschlagen Aa 6.81
kein **Blatt** vor den Mund nehmen Dc 3.24
vom **Blatt** singen Dc 10.4
etw. vom **Blatt** spielen Dc 10.16
das **Blatt** wenden If 6.7
das **Blatt** wendet sich/wird sich (wieder) wenden/...
   Aa 6.50 If 6.19
schwanken wie das **Blatt** im Wind(e) Db 12.8
fliegende **Blätter** Cd 20.69
(ganz schön) **blau** sein Hd 6.18
eine Fahrt/... ins **Blaue** Ab 4.34
das **Blaue** vom Himmel herunterlügen Cc 14.11
das **Blaue** vom Himmel herunterreden/herunterschwät-
   zen Dc 1.42
jm. das **Blaue** vom Himmel versprechen Dd 2.17
ins **Blaue** hinein handeln/planen/reden/... Dd 8.4
ins **Blaue** hinein schießen Dd 8.5
(richtig/...) **blaugefroren** sein Ac 2.8
so ein **Blech**! Ha 15.9
Blech reden/verzapfen/... Dc 1.73
wer einmal aus dem **Blechnapf** frißt ... Cc 10.14
mir scheint/ihm scheint/..., ich habe/er hat/... (heu-
   te/...) **Blei** in den Füßen/... De 23.30
heute/gestern/... **Blei** in den Füßen/Gliedern/Knochen
   haben/gehabt haben De 23.29
sich gleich **bleiben** If 7.1
kalt **bleiben** (bei einer Bitte/...) Cc 3.13
ruhig **bleiben** Cb 20.1
jm. eine/eine Antwort/ein/kein Gegenargument/...
   schuldig **bleiben** Dc 5.46
unter sich **bleiben** Ea 1.21
jm./seinen Vorsätzen/seinen Versprechen/Prinzipien/...
   treu **bleiben** Ed 8.3
sich treu **bleiben** If 7.3
ungerührt **bleiben** (bei einer Bitte/...) Cc 3.13
dabei **bleiben**, daß Db 10.22
dahingestellt **bleiben** (müssen), ob/wie/wann/... Ih 4.17
offen **bleiben** (müssen), ob/wie/wann/... Ih 4.17
es **bleiben** lassen Hd 14.5
das wirst du/... (ganz) schön **bleiben** lassen Db 14.5
hier ist meines/deines/unseres/... **Bleibens** nicht länger
   Ab 7.28

263

es **bleibt** dabei, daß ... If 7.21

das **bleibt** sich gleich Ha 8.12

es **bleibt** sich für jn. gleich, ob ... oder ob ... Ha 8.12

... und dabei **bleibt's**! If 7.21

das/etw. **bleibt** unter uns Dc 3.101

jm. **bleibt** nichts (weiter) zu tun, als zu ... Fa 21.11

jm. **bleibt** nichts (anderes) über/übrig, als etw. zu tun Fa 21.11

jm. ein paar **Bleikugeln** in den Leib schicken Ba 4.16

dastehen/marschieren/... wie ein **Bleisoldat**/die Bleisoldaten Ca 5.3

auf den ersten **Blick** Aa 17.3

ein Zimmer/... mit **Blick** auf ... Ea 1.9

einen guten/sicheren/... **Blick** (für jn./etw.) haben Cd 1.15

den bösen **Blick** haben Cc 8.13

einen gläsernen **Blick** haben Ca 1.32

keinen **Blick** für etw. haben Cd 2.13

einen klaren **Blick** haben Db 4.35

den richtigen **Blick** für jn./etw. haben Cd 1.15

jn./etw. (nur) mit einem halben **Blick** sehen/wahrnehmen/... Ac 6.7

mit sicherem **Blick** erkennen/erfassen/... Cd 1.15

den **Blick** nicht von jm./etw. abwenden Hc 3.41

js. **Blick(en)** begegnen Ac 6.4

einen klaren **Blick** behalten Cc 16.69

js. **Blick(en)** entschwinden Ab 7.4

den **Blick** (fest) auf jn./etw. heften/richten Ac 6.22

einen **Blick** hinter die Kulissen tun Cd 9.6

jm. den **Blick** (für etw.) öffnen Dc 3.86

soweit der **Blick** reicht/geht Ab 1.41

den **Blick** auf jn./etw. richten Ac 6.6

einen **Blick** riskieren Ac 6.11

seinen/den **Blick** für etw. schärfen Cd 1.16

jm. den/js. **Blick** für etw. schärfen Cd 1.47

jm. keinen **Blick** schenken Ea 10.12

jn./etw. (nur/...) mit einem **Blick** streifen Ac 6.7

jm. den **Blick** für etw. trüben Ga 2.1

sich (durch jn./etw./von jm./etw.) den **Blick** nicht trüben lassen Cd 1.39

sich (von etw.) den **Blick** nicht verstellen lassen (für etw.) Db 4.35

einen **Blick** in ein Buch/einen Text/... werfen Ac 6.8

kurz/rasch/noch eben/... einen **Blick** in ein Buch/eine Abhandlung/... werfen/(tun) Cd 19.15

einen kurzen/flüchtigen **Blick** werfen auf jn./etw. Ac 6.6

den **Blick** (eisern/...) aufs Ziel gerichtet etw. tun Dd 3.12

jm. einen (verstohlenen/verständnisvollen/...) **Blick** zuwerfen Ac 6.13

jm. einen kurzen **Blick** (des Einverständnisses/...) zuwerfen Ac 6.12

jm. einen schiefen **Blick** zuwerfen Cc 18.31

alle **Blicke** auf sich lenken Fa 2.4

wütende/... **Blicke** schießen auf jn. Cb 16.46

wenn **Blicke** töten könnten! Cb 16.46

(einige/wütende/strafende/finstere/ein paar kurze/...) **Blicke** werfen auf jn./in etw./... Ac 6.16

alle **Blicke** auf sich ziehen Fa 2.3

jm. finstere **Blicke** zuwerfen Cb 16.46

jm. schmachtende **Blicke** zuwerfen Ed 1.14

jm. verliebte **Blicke** zuwerfen Ed 1.12

laß dich/laßt euch/... hier/... (bloß/nur/...) nicht (mehr) **blicken**! Ab 7.32

scheel **blicken** Hb 12.8

jn. mit scheelen **Blicken** ansehen/anschauen Hb 12.10

eine Frau/... mit den/seinen **Blicken** ausziehen Ac 6.41

jn. mit seinen **Blicken** durchbohren Ac 6.25

tief **blicken** lassen Dc 3.98

sich mal wieder **blicken** lassen (in/bei/...) Ea 5.7

jn./etw. mit den/seinen **Blicken** verschlingen Ac 6.40

jn. mit seinen **Blicken** verzehren Ed 1.13

jn. keines **Blickes** würdigen Cc 34.5 Ea 10.12

der/ein **Blickfang** sein Fa 2.1

als **Blickfang** dienen Fa 2.1

ein enges **Blickfeld** haben Cd 11.3

in js. **Blickfeld** geraten/rücken Ac 6.3

aus js. **Blickfeld** verschwinden Ab 10.2

im **Blickpunkt** (des Interesses/der Aufmerksamkeit/...) stehen Fa 1.15

blind sein für jn./etw. Cd 2.13

bist du/ist er/... **blind** oder was ist los? Cd 2.14

wie der **Blinde**/ein Blinder von der Farbe (von etw./über etw.) reden Cd 2.12

unter (den) **Blinden** ist der Einäugige König Fa 4.30

das sieht/merkt doch ein **Blinder** Ih 1.18

wie ein **Blinder** (in e-r S.) im dunkeln tappen Cd 16.24

das sieht/merkt doch ein **Blinder** mit dem Krückstock Ih 1.18

das kann doch ein **Blinder** sehen und ein Ochs verstehen Ih 1.19

mit **Blindheit** geschlagen sein Cd 16.24

potz **Blitz**! Ga 10.19

(so)(schnell) wie der **Blitz** davonrennen/wegsein/... Aa 14.25

wie ein geölter/der geölte **Blitz** davonsausen/davonrasen/... Aa 14.25

wie vom **Blitz** getroffen/(gerührt) sein/dastehen/dasitzen/... Da 6.15

wie vom **Blitz** getroffen/(gerührt) zu Boden stürzen/... Aa 19.2

wie ein **Blitz** aus heiterem Himmel einschlagen/kommen/... Aa 19.2

jn. auf den **Blocksberg** wünschen Cb 16.27

ein **Blödmann** sein Cd 10.19

das/etw. ist höherer **Blödsinn** Ha 15.14

seine **Blöße** bedecken Cc 29.12

dem Gegner/... eine **Blöße** bieten Cb 13.39

sich eine **Blöße** geben Ga 4.2

sich die **Blöße** geben, etw. zu tun Cb 13.40

jn. **bloßstellen** Cc 10.11

ran wie **Blücher**! De 13.71

rangehen wie **Blücher** De 12.9

wer weiß/..., was mir/deinem Onkel/... noch alles **blüht**! Gb 1.20

jm. etw. durch die **Blume** sagen/beibringen/... Dc 3.48

von einer **Blume** zur anderen flattern Ed 1.61

vielen Dank/danke für die **Blumen**! Ga 13.17

jm. **Blumen** auf den Weg streuen Cc 23.9

mit etw. (bei jm.) keinen **Blumentopf** gewinnen können Eb 2.11

mit etw. (bei jm.) keinen **Blumentopf** mehr gewinnen können Eb 2.42

ruhig **Blut**! Cb 20.10

rot wie **Blut** sein Ac 5.12

feuriges **Blut** haben Cb 16.50

heißes **Blut** haben Cb 16.50

unruhiges **Blut** haben Aa 15.26

es fließt viel **Blut** (bei einem Kampf/in einem Krieg/...) Ba 4.26

etw. liegt jm./bei jm. im **Blut** Cd 3.19

etw. steckt jm./bei jm. im **Blut** Cd 3.19

jn. bis aufs **Blut** peinigen/quälen/reizen/ärgern/hassen/... Cb 3.17 Ic 2.30

blaues **Blut** in den Adern haben Fa 5.10

das **Blut** erstarrt/gefriert/stockt/gerinnt jm. in den Adern
  Da 6.14
das **Blut** kocht jm. in den Adern Cb 16.22
jm. weicht das **Blut** aus den Adern Da 6.14
immer kalt **Blut** und warm angezogen Cb 20.10
jn. bis aufs **Blut** aussaugen Hb 10.8
jn. bis aufs **Blut** bekämpfen Gc 3.32
ruhig/kaltes **Blut** bewahren Cb 20.1
(sich) etw. mit seinem **Blut** erkaufen Ba 2.32
j. hat **Blut** geleckt Hc 3.35
jm. schießt das **Blut** schnell/leicht ins Gesicht/in die Wan-
  gen Cc 29.5
Blut klebt an js. Händen/(Fingern) Cc 22.12
in seinem **Blut** liegen Ba 4.28
böses **Blut** machen Gc 3.6
js. **Blut** schreit nach Rache Gc 14.3
Blut schwitzen Gb 6.37
(sich) etw. mit dem **Blut** der Soldaten erkaufen Ba 2.32
wie mit **Blut** übergossen dastehen/... Cc 29.6
Blut vergießen Ba 4.25
das **Blut** von ... Menschen/... vergießen Ba 4.25
js. **Blut** gerät in Wallung Cb 16.4
sich in seinem **Blut** wälzen Ba 4.28
Blut und Wasser schwitzen Gb 6.37
im **Blut** der Getöteten/... waten Ba 4.30
ein **Blutbad** anrichten (unter einer Bevölkerung/...)
  Ba 4.25
von einer **Blüte** zur anderen flattern Ed 1.61
in der **Blüte** seiner Jahre stehen Bb 2.4
in der **Blüte** seines/des Lebens stehen Bb 2.4
in **Blüte** stehen De 24.45
(ganz schön/schön) **bluten** müssen Fb 3.10
seltsame/wunderliche/wundersame **Blüten** treiben
  Da 3.10
nicht alle **Blütenträume** reifen (für jn.) Db 9.7
eine Stellung/eine Stadt/... ohne **Blutvergießen** einneh-
  men/... Gc 4.71
(so) dumm wie ein **Bock** sein Cd 10.14
ein geiler **Bock** sein Hd 3.14
geil wie ein **Bock** sein Hd 3.14
ein sturer **Bock** sein De 9.13
stur wie ein **Bock** sein De 9.13
keinen **Bock** auf etw. haben Hc 2.4
den **Bock** zum Gärtner machen Cd 4.8
einen (groben) **Bock** schießen Cd 13.1
die **Böcke** von den Schafen trennen/sondern/scheiden
  If 3.5
Bockmist machen/(bauen) Cd 13.3
jn. ins **Bockshorn** jagen Ga 2.3
auf dem blanken **Boden** schlafen/... Ab 4.29
sich auf schwankenden/unsicheren **Boden** begeben
  Ga 3.11
jm./für etw. den **Boden** bereiten/vorbereiten Hb 3.2
sich auf unsicherem/schwankendem **Boden** bewegen (mit
  etw.) Ga 3.12
der/dieser/... **Boden** ist mit Blut getränkt Ba 4.31
jn. zu **Boden** drücken Cb 3.41
jm./für etw. den **Boden** ebnen Hb 3.2
jm./e-r S. den **Boden** (für etw.) entziehen De 25.32
auf fruchtbaren **Boden** fallen Ga 12.74
günstigen **Boden** für etw. finden/vorfinden Hb 7.11
(wieder) (festen/sicheren) **Boden** unter die Füße bekom-
  men Ab 6.35 Ga 6.48
wieder (festen/sicheren) **Boden** unter den Füßen haben
  Ab 6.35 Ga 6.49
jm. brennt der **Boden** unter den Füßen Ab 7.27
jm. schwankt der **Boden** unter den Füßen Ga 3.13

den **Boden** unter den Füßen verlieren Ga 3.10
jm. den **Boden** unter den Füßen wegziehen De 25.33
zu **Boden** gehen Cc 26.56
wie aus dem **Boden** gestampft plötzlich vor jm. stehen/...
  Aa 19.2
wie aus dem **Boden** gewachsen/geschossen plötzlich vor
  jm. stehen/... Aa 19.2
(an) **Boden** gewinnen De 24.43
jm. wird der **Boden** zu heiß Ab 7.27
jn. zu **Boden** schlagen Cc 26.54
der **Boden** ist mit dem Schweiße ganzer Generationen/
  zahlreicher Geschlechter/unzähliger Menschen/... ge-
  tränkt De 12.23
beschämt/verlegen/... zu **Boden** sehen/schauen/...
  Cc 29.7
(langsam/...) zu **Boden** sinken Bc 4.5
auf den **Boden** stampfen Dc 8.20
etw. aus dem **Boden** stampfen Aa 14.47
auf festem **Boden** stehen Ab 6.35
wieder auf festem/sicherem **Boden** stehen Ga 6.49
(nicht) auf dem **Boden** des Gesetzes/der Verfassung/...
  stehen Cc 20.4
jn. zu **Boden** strecken Cc 26.55
auf dem **Boden** der Tatsachen bleiben Cc 13.3
auf dem **Boden** der Tatsachen stehen Cc 13.3
nicht auf dem **Boden** der Tatsachen stehen Cc 14.4
sich auf den **Boden** der Tatsachen/der Wirklichkeit stellen
  Cc 13.3
j. hätte in den **Boden** versinken mögen/können Cc 29.9
j. wäre am liebsten in den **Boden** versunken Cc 29.9
jn. zu **Boden** werfen Cc 26.54 Gc 12.17
jn. (restlos/völlig/...) am **Boden** zerstören De 25.27
(restlos/völlig/...) am **Boden** zerstört sein De 23.10
(restlos/völlig/...) am **Boden** zerstört sein Gc 9.6
den **Bogen** (fein/...) heraushaben/(spitz haben) (wie man
  etw. macht) Cd 5.6
in hohem **Bogen** hinausfliegen/herausfliegen/...
  Ea 10.29
jn. in hohem **Bogen** hinauswerfen Ea 10.22
einen (großen) **Bogen** um jn. machen/(schlagen) Ea 10.7
einen (großen) **Bogen** um jn./etw. machen/(schlagen)
  Ha 2.17
den **Bogen** überspannen Id 2.12
große **Bögen** spucken Cc 11.42
nicht die **Bohne** von etw. verstehen/begreifen/... Cd 2.8
jn. nicht die **Bohne** interessieren Ha 8.9
nicht die **Bohne** wert sein Ha 12.4
jm. blaue **Bohnen** in den Leib schicken Ba 4.16
Bohnen in den Ohren haben Dc 7.7
eine (richtige) **Bohnenstange** sein Ca 2.4
dürr wie eine **Bohnenstange** (sein) Ca 4.15
(so) lang wie eine **Bohnenstange** (sein) Ca 2.4
(so) dumm wie **Bohnenstroh** sein Cd 10.10
Nachrichten/Neuigkeiten/... schlagen wie eine **Bombe**
  ein Aa 19.3
mit **Bomben** und Granaten durchfallen/durchrauschen
  De 25.104
in/(mit) einer **Bombenbesetzung** laufen Hd 10.18
ein **Bombenerfolg** sein Hd 10.17
mit jm./ander(e)n/... im selben/im gleichen/in einem
  Boot sitzen Db 16.38
alle/... sitzen in einem/im gleichen/im selben **Boot**
  Db 16.38
an **Bord** gehen Ab 6.31
über **Bord** gehen Ab 6.20
von **Bord** gehen Ab 6.34
von **Bord** kommen Ab 6.34

jn. an **Bord** nehmen Ab 6.31

alle Sorgen/alle Vorsicht/... über **Bord** werfen Cb 2.3
Gb 4.2

alles über **Bord** werfen Gc 11.9

Borgen macht Sorgen Fb 5.14

aus dem **Born** seiner Erfahrung schöpfen Cd 23.3

seine **Börse** zücken/ziehen (müssen) (und ...) Fb 3.5

böse sein (auf jn.) Cb 14.10

böse werden (auf jn.) Cb 14.6

jn. nur/... im **Bösen** gewinnen/kriegen/... können
Cc 7.12

etw. nur/... im **Bösen** lösen/regeln/... können Gc 3.43

im **Bösen** auseinandergehen Gc 3.42

zum **Bösen** ausschlagen Aa 6.53

im **Bösen** wie im Guten If 1.15

sich im **Bösen** trennen Gc 3.42

(paß' auf/...) der/die Helga/... will dir/euch/... **Böses**
Hb 2.6

Böses mit Gutem vergelten/(erwidern) Cc 2.20

Böses im Schilde führen Hb 2.1

niemandem etw. **Böses** tun/antun (können) Cc 1.6

mit konstanter **Bosheit** etw. tun Cc 8.15

der hinkende **Bote** kommt nach Da 10.21

seinen **Brand** löschen Hd 5.4

etw. in **Brand** stecken Ac 12.10

einen **Brandbrief** bekommen/... Fb 5.18

jm. einen **Brandbrief** schicken/... Fb 5.17

ein fetter **Braten** sein De 27.4

das macht den **Braten** (auch) nicht fett Ha 5.34

den **Braten** (schon) riechen Cc 18.17 Cd 14.10

dem **Braten** nicht (recht) trauen Cc 18.16

ein **Bratkartoffelverhältnis** mit jm. haben Ed 1.29

wie **Braunbier** und Spucke aussehen Ca 1.30

auf **Brautschau** gehen Ed 1.5

Bravo rufen Db 13.34

nichts (mehr) zu **brechen** und zu beißen haben Fb 7.23

für jn. ein **Brechmittel** sein Eb 2.29

in der **Bredouille** sein/(sitzen) Ga 4.13

jn. in die **Bredouille** bringen Ga 4.10

in die **Bredouille** geraten Ga 4.5

den **Brei** auslöffeln können/sollen/müssen/dürfen
Hb 14.36

jm. **Brei** um den Bart schmieren/(streichen) Fa 17.15

um den heißen **Brei** herumreden Dc 4.3

jm. **Brei** ums/um das Maul schmieren/(streichen)
Fa 17.15

jm. **Brei** um den Mund schmieren/(streichen) Fa 17.15

jn. zu **Brei** schlagen Cc 26.15

so **breit** wie hoch (sein) Ca 4.9

in epischer/behaglicher/großer/... **Breite** erzählen/...
Dc 1.30

in die **Breite** gehen Ca 4.1

in unseren/südlichen/... **Breiten** Ab 1.6

in allen **Breiten** zu finden sein/... Ab 2.5

breiter wie/als hoch (sein) Ca 4.9

eine **Breitseite** auf jn. abgeben Gc 2.10

eine **Breitseite** abkriegen Gc 2.20

Breitseite auf Breitseite auf jn. abgeben Gc 2.10

einige/... **Breitseiten** auf jn. abgeben Gc 2.10

auf die **Bremse** treten Ab 5.8

ich kann mich **bremsen** Db 15.17

sich **bremsen** (müssen), um nicht ausfallend zu wer-
den/... Cb 20.8

darauf **brennen**, etw. zu tun Aa 15.17

lichterloh **brennen** Ac 12.16

im **Brennpunkt** stehen Fa 1.15

so tun, als ob/... es **brennt** Cb 16.49

wo **brennt's** (denn)? Ga 1.4

eine **Bresche** schlagen in eine Gruppe von Leuten/...
Gc 4.63

für jn. in die **Bresche** springen De 18.4

sich für jn. in die **Bresche** werfen Ga 12.54

flach wie ein **Brett** sein Ca 4.17

platt wie ein **Brett** sein Ca 1.28

steif wie ein **Brett** (sein) Ca 5.1

etw. am schwarzen **Brett** anschlagen/... Cd 19.26

das **Brett** bohren, wo es am dünnsten ist Cd 5.11

ein **Brett** vor dem Kopf haben Cd 2.32

über die **Bretter** gehen Hd 10.13

die **Bretter**, die die Welt bedeuten Hd 10.20

etw. geht wie's/wie das **Brezelbacken** De 19.14

brich dir/brecht euch/... (man) (nur/bloß) keinen/nichts
ab! De 13.52

plötzlich/... **bricht**/brach es aus jm. heraus Dc 1.1

ein offener **Brief** Dc 3.111

einen blauen **Brief** bekommen/erhalten/schreiben/schik-
ken Cd 19.24

jm. einen **Brief** in die Feder/Maschine diktieren Cd 20.8

jm. **Brief** und Siegel geben auf etw./daß ... Db 10.9

in/(im) **Briefwechsel** mit jm. stehen Cd 20.9

eine dicke **Brieftasche** haben Fb 6.14

seine **Brieftasche** zücken/ziehen (müssen) (und ...)
Fb 3.5

dazu braucht man doch keine **Brille** Ih 1.18

um das zu merken/sehen/..., braucht man doch keine
Brille Ih 1.18

das sieht man doch ohne **Brille** Ih 1.18

etw. durch eine andere/fremde/seltsame/... **Brille** se-
hen/... Db 4.48

alles/etw. durch eine gefärbte **Brille** sehen/... Db 4.50

alles durch eine/die rosa/rosarote/rosige **Brille** sehen/...
Db 4.69

alles durch eine/die schwarze/(düstere) **Brille** sehen/...
Db 4.64

eine **Brillenschlange** (sein) Ca 1.37

viel/ein großes/... **Brimborium** (um jn./etw.) machen
Ha 4.15

nicht viel/kein großes/... **Brimborium** (um jn./etw.) ma-
chen Ha 5.13

bring' dich/... (nur/...) nicht um!/er bringt sich/... noch
um Id 2.63

es zu etwas/allerhand/viel/... **bringen** De 24.4

es zu nichts/... **bringen** De 25.1

es zum Minister/... **bringen** De 24.4

jn. dahin **bringen**, zu .../daß ... Fa 6.21

es dahin **bringen**, daß ... De 6.10

etw. durcheinander **bringen** Ac 10.5

etw. an sich **bringen** Fb 1.17

Verpflichtungen/Arbeit/Aufgaben/... hinter sich **bringen**
De 16.7

etw. mit sich **bringen** Dd 10.5

es (nicht) über sich **bringen**, etw. zu tun Dd 4.7

es weit **bringen** De 24.5

es so weit **bringen**, daß ... De 6.10

jn. so weit **bringen**, zu/..., daß ... Fa 6.21

jn. (wieder) zu sich **bringen** Bc 4.7 De 10.4

etw. zustande **bringen** Cd 3.12

nichts/... zustande **bringen** Cd 2.3

etw. zuwege **bringen** Cd 3.12

nichts/... zuwege **bringen** Cd 2.3

so etwas/das/... **bringst**/bringt/... nur/bloß/... du/
er/... fertig! Db 18.25 Db 19.56

das **bringt** doch nichts! Ha 15.12

etw. **bringt** jn. (noch) um Ga 10.3

es **bringt** jn. (noch) um, daß . . . Ga 10.3
eine **Prise** Salz/. . . Ia 3.10
ein dicker **Brocken** (sein) Ca 4.8
ein fetter **Brocken** (sein) De 27.4
ein gesunder **Brocken** (sein) Bc 1.2
ein harter **Brocken** sein De 20.24
jn. mit ein paar/einigen **Brocken** abspeisen Dc 1.28
jm. ein paar **Brocken** hinwerfen Dc 1.28
ein paar **Brocken** Russisch/. . . können/sprechen
  Cd 19.35 Ia 3.28
jm. harte **Brocken** zu schlucken geben Cc 24.31
sich die besten/fetten **Brocken** aus der Suppe fischen
  Hb 11.6
mit gelehrten **Brocken** um sich werfen Dc 1.71
an einem harten **Brocken** zu würgen/kauen/knacken ha-
  ben De 20.6
mein/dein/. . . alltägliches/täglich(es) **Brot** sein Aa 4.5
ein hartes/saures/schweres **Brot** (für jn.) sein/(etw. zu
  tun/etw. zu sein) De 12.19
(so) nötig sein wie das tägliche **Brot** Ha 9.8
etw. (so) nötig haben/brauchen wie das tägliche/(liebe)
  Brot Ha 9.8
das **Brot** brechen Cc 35.21
nur trocken(es) **Brot** zu essen haben Fb 7.23
wes **Brot** ich eß/esse, des Lied ich sing(e) Db 12.21
(sich) sein **Brot** im Schweiße seines Angesichts verdienen
  De 12.20
(sich) sein **Brot** selbst verdienen (müssen) De 12.17
gerade/nur/. . . sein täglich(es) **Brot** verdienen De 12.21
(sich) sein **Brot** sauer/(bitter) verdienen müssen De 12.19
jn. auf **Brot** und Wasser setzen Cc 20.82
kleine/kleinere **Brötchen** backen (müssen) De 26.12
wie frische **Brötchen** weggehen Fb 15.16
jm. den **Brotkorb** höher hängen Fb 9.8
jn. **brotlos** machen De 15.77
Brotzeit machen Ab 3.34
es kommt zum/zu einem **Bruch** (zwischen zwei oder meh-
  reren Personen) Ec 2.15
zu **Bruch** gehen Ac 11.15
sich einen **Bruch** lachen Cb 10.11
in die **Brüche** gehen Ac 11.10
im **Bruchteil** einer Sekunde (geschehen/. . .) Aa 14.2
jm. eine **Brücke** bauen Ga 12.66
jm. eine goldene **Brücke** bauen Ga 12.66
eine **Brücke** zu jm. schlagen (über etw.) Ea 4.7
eine **Brücke** zu etw. schlagen (über etw.) Ie 1.40
alle/die **Brücken** hinter sich abbrechen/(abreißen)
  Ab 7.23
jm. goldene **Brücken** bauen Ga 12.66
ein lustiger **Bruder** sein Cb 7.2
ein nasser **Bruder** sein Hd 5.51
ein **Bruder** Leichtfuß sein Gb 4.29
ein (richtiger) **Bruder** Lustig sein Cb 7.2
wie die feindlichen **Brüder** sein/miteinander stehen/mit-
  einander umgehen/. . . Ec 2.7
Brüder und Schwestern im Herrn Cc 35.12
unter **Brüdern** ist etw. . . . . wert/. . . Fb 15.81
jm. (die) **Bruderschaft** anbieten Ec 1.1
mit jm. auf **Bruderschaft** anstoßen Hd 5.29
mit jm. **Bruderschaft** schließen Ec 1.1
mit jm. **Bruderschaft** trinken Hd 5.28
zum **Brüllen** sein Cb 10.4
das ist (ja) zum **Brüllen!** Cb 10.4
brummen müssen Cc 20.85
schwach auf der **Brust** sein Bc 2.18
schwach auf der **Brust** sein Fb 4.3
es auf der **Brust** haben Bc 2.18

jm. schwillt die **Brust** (vor Freude/Stolz/. . .) Cb 2.20
jn. an seine/die **Brust** drücken Ea 7.12
einem Säugling die **Brust** geben/(reichen) Ed 5.22
ein Säugling an die **Brust** legen Ed 5.22
die **Brust** nehmen Ed 5.24
einen zur **Brust** nehmen Hd 6.6
sich reuevoll/schuldbewußt/. . . an/vor die **Brust** schlagen
  Cc 30.12
sich jm. (weinend/zerknirscht/. . .) an die **Brust** werfen
  Cc 30.21
sich in die **Brust** werfen Cc 11.54
an den **Brüsten** der Weisheit saugen Cd 19.48
im **Brustton** der Überzeugung von etw. reden/etw. von
  sich geben/. . . Db 5.8
ein offenes/(aufgeschlagenes) **Buch** sein für jn./in dem je-
  der lesen kann/. . . Dc 3.35
reden wie ein **Buch** Dc 1.41
das **Buch** der Bücher Cc 35.26
über etw. **Buch** führen Cd 20.17
im **Buch** der Geschichte blättern Cd 19.40
sich ins **Buch** der Geschichte eintragen (mit etw.)
  Cd 17.13
im **Buch** der Natur lesen Cd 19.40
(wie) ein **Buch** mit sieben Siegeln für jn. sein Cd 2.7
zu **Buche** schlagen Ha 1.6
ein . . . sein, wie er im **Buche** steht Ic 1.9
jm. die **Bücher** führen Fb 15.97
über den/seinen **Büchern** hocken/sitzen Cd 19.13
sich in/hinter seinen **Büchern** vergraben Cd 19.14
mit der **Büchse** herumgehen/klappern Ga 12.10
nach dem **Buchstaben** des Vertrages/. . . Ic 10.16
dem **Buchstaben** des Vertrages/. . . nach Ic 10.16
etw. auf den **Buchstaben** genau erfüllen/. . . Ic 10.10
etw. dem **Buchstaben** nach/(getreu)/nach dem Buchstaben
  erfüllen Ic 10.9
seine Verpflichtung(en)/Pflichten/. . . bis auf den letzten
  Buchstaben erfüllen Cc 5.4
auf seine vier **Buchstaben** fallen/(hinplumpsen/. . .)
  Ab 3.56
(zu sehr/. . .) nach dem **Buchstaben** gehen Ic 10.11
den **Buchstaben** des Gesetzes erfüllen Ic 10.15
sich (nur/zu sehr/. . .) an den **Buchstaben** des Gesetzes
  halten Db 4.112 Ic 10.15
sich (sehr/zu stark/. . .) an den **Buchstaben** halten
  Ic 10.11
sich an den **Buchstaben** klammern Ic 10.12
am **Buchstaben** kleben Ic 10.13
sich (zu sehr/. . .) nach dem (toten) **Buchstaben** richten
  Ic 10.11
sich auf seine vier **Buchstaben** setzen Ab 3.56
jn. (nur/. . .) nach den (toten) **Buchstaben** verurteilen
  Cc 20.59
einen **Buckel** haben Ca 1.34
etw. auf dem **Buckel** haben Dd 11.31
schon genug/. . . auf dem/seinem **Buckel** haben Dd 11.27
schon/. . . . . . Jahre/Jahrzehnte/. . . auf dem **Buckel** ha-
  ben Bb 2.11
einen breiten **Buckel** haben Gc 7.4
es läuft jm. eiskalt den **Buckel** herunter/hinunter
  Gb 6.38
j. kann/soll mir/uns/. . . den **Buckel** (mit etw.) herunter-
  rutschen/(heraufsteigen/entlangrutschen/rauf und
  runterrutschen) Cb 19.18
den/seinen **Buckel** hinhalten für jn./etw. Hb 14.34
einen **Buckel** (vor jm.) machen Fa 17.7
etw. auf seinen **Buckel** nehmen Dd 11.9
rutsch/rutscht/. . . mir (doch) den **Buckel** runter!
  Cb 19.18

du kannst mir/er kann uns/... den **Buckel** runterrutschen! Cb 19.18

jm. den **Buckel** vollhauen/vollschlagen Cc 26.9

den **Buckel** vollkriegen Cc 26.35

sich den **Buckel** vollachen Cb 10.11

jm. den **Buckel** vollügen Cc 14.15

einen **Bückling** (vor jm.) machen Ea 6.12 Fa 15.11

heute/... sturmfreie **Bude** haben Hd 7.4

jm. die **Bude** einrennen/einlaufen (mit etw.) Ga 11.8

jm. (unverhofft/...) in die **Bude** geschneit kommen Ea 5.8

nicht aus der **Bude** herauskommen/kommen Ea 3.20

jm. fällt die **Bude** auf den Kopf Ea 2.3

die **Bude** auf den Kopf stellen Hd 7.6

jm. auf die **Bude** rücken Ea 5.11

die **Bude** zumachen (können) De 15.82

Budenzauber veranstalten Hd 7.6

das kalte **Büfett** Hd 4.83

jm. eins/einen vor den **Bug** knallen Gc 2.10

Applaus/Beifall/... auf offener **Bühne** Hd 10.16

von der **Bühne** abtreten De 15.57

ein Stück/... auf die **Bühne** bringen Hd 10.9

etw. (gut) über die **Bühne** bringen Ga 6.11

zur **Bühne** gehen/wollen Hd 10.2

reibungslos/glatt/... über die **Bühne** gehen Ga 6.22

sich von der **Bühne** zurückziehen Hd 10.4

ran an die **Buletten**! Aa 7.32

einen **Bummel** machen Ab 3.6

den **Bund** fürs/für das Leben schließen Ed 3.15

einen **Bund** schließen Db 16.43

mit jm. im **Bunde** sein Db 16.39 De 17.12

nur noch ein **Bündel** Nerven sein Cb 17.14 De 23.51

sein **Bündel** schnüren (wir müssen ...) De 15.64

sein **Bündel** zu tragen haben (jeder hat ...) Cb 3.5

es/das/etw. ist jm. zu **bunt** Cb 14.1 Cb 15.22

es/das/etw. wird jm. zu **bunt** Cb 14.1 Cb 15.22

eine schwere **Bürde** zu tragen haben Cb 3.5

in ... werden um 10 Uhr (abends) die **Bürgersteige** hochgeklappt Aa 20.5

(die) **Bürgschaft** leisten/übernehmen für jn./etw. Fb 15.55

ein ausgekochtes **Bürschchen** sein Cd 8.7

ein ausgeschlafenes **Bürschchen** sein Cd 7.7

du bist/er ist/... mir (vielleicht) ein sauberes/nettes **Bürschchen** Cc 25.9

Bürschchen, Bürschchen! Cc 25.8

ein geriebener/ausgekochter **Bursche** sein Cd 8.7

du bist/er ist/... mir (vielleicht) ein sauberer/netter **Bursche** Cc 25.9

ein windiger **Bursche** sein Cc 18.27

lügen wie ein **Bürstenbinder** Cc 14.11

mit etw. hinter dem/hinterm **Busch** halten/(zurückhalten) Dc 4.1

(bei jm.) auf den **Busch** klopfen Fa 3.5

bei jm./da (mal) auf den **Busch** klopfen (müssen) Cc 24.3

sich seitwärts in die **Büsche** schlagen Ac 8.11

ein Geheimnis/... in seinem **Busen** bewahren/verschließen Dc 2.28

am **Busen** der Natur (ruhen/...) Ab 4.27

das wird er/sie/... mir **büßen**! Cc 28.5

(ganz schön/schön/...) **büßen** müssen (für etw.) Cc 28.2

doppelt und dreifach **büßen** (müssen) (für etw.) Cc 28.2

weich wie **Butter** sein Gc 10.9

es ist alles in (bester) **Butter** Ga 5.13

aussehen/..., als wäre einem die **Butter** vom Brot gefallen Cb 5.8

aussehen/..., als hätte man/hätten sie einem die **Butter** vom Brot genommen Cb 5.8

jm. nicht die **Butter** aufs Brot gönnen Hb 12.2

sich nicht die **Butter** aufs Brot gönnen Fb 9.15

sich die **Butter** nicht vom Brot nehmen lassen Gc 6.9

nun/... (mal/...) **Butter** bei die Fische! Dc 3.103

(hin-) schmelzen wie **Butter** an der Sonne Gc 10.13

etw. für ein **Butterbrot** kaufen/bekommen/verkaufen/... Fb 13.2

jm. aufs **Butterbrot** schmieren, daß ... Cc 24.64

wie **Buttermilch** und Spucke aussehen Ca 1.30

butterweich sein Gc 10.9

etw. ad **calendas** graecas verschieben Aa 13.2

nach **Canossa** gehen (müssen) Gc 10.16

ein wahres **Chamäleon** sein Db 12.11

das ist/war die **Chance** meines/deines/... Lebens Hb 9.7

die **Chance** seines Lebens nutzen Hb 9.7

das/... ist für jn. **chinesisch** Cd 2.7

(sie) nicht alle auf dem **Christbaum** haben Cd 12.6

(sie) nicht mehr alle auf dem **Christbaum** haben Cd 12.33

im Jahre 500/750/... nach **Christus** Aa 1.47

im Jahre 500/750/... vor **Christus** Aa 1.47

ciao! Ea 9.10

zur selben **Clique** gehören Db 16.40

einen (großen/...) **Coup** landen (gegen jn.) De 24.49

js. **Credo** sein Db 5.10

die **crème** de la crème Fa 5.2

das ist/war/... (ja) (eben/...) die **Crux** De 20.43

die **Crux** bei der Sache ist:/(daß) De 20.41

dafür **da** sein, etw. zu tun/daß/... Ha 11.1

dazu **da** sein, etw. zu tun/daß/... Ha 11.1

von **da** an Aa 1.58

da und dort/(da) Ab 1.3

dabei sein, etw. zu tun Aa 1.49 Dd 3.46

(gerade/eben) **dabei** sein, etw. zu tun Aa 6.13

immer/sofort/mit Sicherheit/... **dabei** sein (wenn ...) De 17.3

immer/sofort/... **dabei** sein, wenn es gilt/heißt, etw. zu tun/... Hc 1.9

wenn/wo wir/ihr/... schon einmal **dabei** sind/seid/... Aa 6.16

ich bin/du bist/... **dabei**! De 17.3

unter **Dach** und Fach sein De 16.10

etw. unter **Dach** und Fach haben De 16.10

etw. unter **Dach** und Fach bringen De 16.8

jm. eins aufs **Dach** geben Cc 24.8

unterm **Dach** juchhe Ea 1.17

ein/kein **Dach** über dem Kopf haben Ea 1.2 Gc 5.8

eins aufs **Dach** kriegen Cc 24.70

unter einem/demselben **Dach** leben/wohnen mit jm. Ea 1.11

jm. aufs **Dach** steigen Cc 24.3

ein schützendes **Dach** suchen Gc 5.3

das kann j. halten wie ein **Dachdecker** Ha 8.10

ein frecher **Dachs** sein Cc 9.3

ein junger **Dachs** Bb 1.2

einen (kleinen) **Dachschaden** haben Cd 12.6

dacht' ich mir's doch! Db 16.54

dafür sein (daß ...) Db 13.6

dagegen sein, daß ... Db 14.16

(das ist) alles schon mal **dagewesen** Cd 23.6

alles bisher **Dagewesene** übertreffen/in den Schatten stellen Ic 4.24

jeder/jede/jedes **dahergelaufene** Mann/Frau/Mädchen/... Ia 8.3

groß **daherreden** Cc 11.39

hochtrabend/hochgestochen **daherreden** Dc 1.71

weise **daherreden** Dc 1.69

dahin sein Ac 11.21

j. ist früh/jung/... **dahingegangen** Ba 2.23
sich **dahingehend** einigen/verständigen/..., daß Db 4.101
so **dahinleben** De 4.6
nichts/nicht viel/wenig/viel/... **dahinter** sein Cc 15.13
Ic 11.6
sich **dahinterklemmen** De 13.14
sich **dahintermachen** De 13.14
sich **dahintersetzen** De 13.14
dalli, dalli! Aa 14.49
eine **Dame** der Gesellschaft Fa 5.6
die **Dame** seines Herzens Ed 1.58
die feine **Dame** spielen/markieren/mimen Cc 11.30
eine **Dame** von Welt sein Fa 5.9
(wieder) auf dem **Damm** sein Bc 1.10
noch nicht/nicht/nicht richtig/... auf dem **Damm** sein
Bc 2.6
jn. wieder auf den **Damm** bringen Bc 1.15
Willkürmaßnahmen/... einen **Damm** entgegensetzen
Hb 4.26
einen **Damm** gegen etw. errichten/(aufrichten) Hb 4.26
jm. **dämmert** es/dämmert's (so langsam) Cd 1.23
(ständig/...) ein/das **Damoklesschwert** über sich haben/
fühlen/... Gb 1.6
j. muß mal **Dampf** ablassen Cb 16.36
jm. **Dampf** machen Fa 18.6
Dampf dahinter machen/setzen Fa 18.14
jm. einen **Dämpfer** aufsetzen Cc 24.12
auf dem falschen **Dampfer** sitzen/sein Db 21.7
eine richtige/... **Dampfwalze** sein Ca 4.10
ein **Danaergeschenk** sein Hb 5.12
ins **Danaidenfaß** schöpfen De 28.11
(ganz/völlig/ziemlich/...) **daneben** sein Ga 2.6 Ga 3.3
Cd 12.35
danebenhauen Fa 6.41
tausend **Dank** Ga 13.11
jm. zu (großem) **Dank** verpflichtet sein Ga 13.4
sich jm. zu (großem) **Dank** verpflichtet fühlen Ga 13.4
jm. **Dank** wissen für etw. Ga 13.2
(na) ich **danke**! Db 15.15 Ga 13.12
nein **danke**! Db 15.15
bestens **danken** Db 15.15
nichts zu **danken**! Ga 13.13
dann und wann Aa 3.1
nahe **daran** sein, etw. zu tun Dd 3.44
alles **daransetzen** De 13.22
auch **das** noch! Db 15.30
keine **Daseinsberechtigung** haben Ha 12.1
seine **Daseinsberechtigung** haben Ha 11.4
gut/glänzend/schlecht/lächerlich/... (vor den Leu-
ten/...) **dastehen** Cd 17.19
allein/ohne Hilfe/... **dastehen** Ia 4.17
ohne ausreichende/... Mittel/... **dastehen** Fb 7.18
(ganz/völlig) anders **dastehen** De 24.52
einzig **dastehen** (in seiner Art) Ig 1.3
up to **date** sein Aa 22.10
etw. ist neueren **Datums** Aa 1.2
auf die **Dauer** Aa 1.54
von geringer **Dauer** sein Aa 14.16
nicht von **Dauer** sein Aa 14.16
dastehen/dasitzen/... und **Däumchen** drehen De 14.25
jm. den **Daumen** aufs Auge setzen/drücken Fa 20.6
jm. den/(die) **Daumen** drücken/halten Da 9.29 Gb 7.3
jm. beide/alle verfügbaren **Daumen** drücken/halten
Da 9.29 Gb 7.3
(so) über den **Daumen** gepeilt Ia 5.4
etw. (nur so/einfach so/...) über den **Daumen** peilen
Ia 5.1

(bei jm.) die **Daumenschrauben** anziehen Fa 20.4
nochmal/noch einmal/noch soeben/nochmal soeben/
noch gerade/nochmal gerade/... **davonkommen**
Ab 8.9
(nicht/nicht ganz/nicht völlig/völlig/...) ungeschoren **da-
vonkommen** Ab 8.10
(nicht/nicht ganz/nicht völlig/völlig/...) ungestraft **da-
vonkommen** Ab 8.10
das/es ist zum **Davonlaufen** (mit jm./etw.) Ga 10.13
sich **davonmachen** Ba 3.2
sich (eilends/...) **davonmachen** Ab 7.7
sich **davonstehlen** Ba 3.2
noch **dazu**, wenn/wo/... Ib 1.37
jn. anständig/... **dazwischen** haben Cc 24.45
dazwischenfahren (in etw.) Fa 19.14
(dauernd/...) **dazwischenfunken** Fa 7.9
jm. **dazwischenfunken** Hb 4.10
zur **Debatte** stehen Dc 5.72
etw. zur **Debatte** stellen Dc 5.71
Argumente/... in die **Debatte** werfen Dc 5.48
an die **Decke** gehen (vor Zorn/...) Cb 16.11
jm. fällt die **Decke** auf den Kopf Ea 2.3
vor Freude/... bis an die **Decke** springen Cb 2.14
unter einer **Decke** stecken (mit jm.) Db 16.41
sich nach der **Decke** strecken müssen Fb 9.6
jm. eins/einen auf den **Deckel** geben Cc 24.8
eins/einen auf den **Deckel** kriegen Cc 24.70
unter dem **Deckmantel** der Freundschaft/Liebe/...
Cc 16.75
in **Deckung** gehen Gc 4.77
volle **Deckung** nehmen Gc 4.77
in der **Defensive** sein Gc 6.1
sich in der **Defensive** befinden Gc 6.1
jm. den **Degen** durch den Leib rennen/stoßen Ba 4.14
sich **dehnen** und recken De 14.34
das **Dekorum** wahren Cc 15.9
der/die/... wird/werden/soll/sollen/... nochmal an
mich/sie/... **denken**! Cc 25.16
das läßt/ließ sich **denken**! Ih 1.2
an etw. ist (im Augenblick/zur Zeit/...) (gar nicht/über-
haupt) nicht zu **denken** Ii 2.3
immer (nur/bloß/...) an sich (selber) **denken** Hb 11.2
an sich selber/selbst zuerst **denken** Hb 11.2
du/er/mein Onkel/... sollst/soll/... nicht so viel **denken**!
Db 21.14
weit **denken** Cd 7.14
nicht/nicht im geringsten/... daran **denken**, etw. zu tun
Db 14.26
sich gar/überhaupt/absolut nichts **denken** bei etw./dabei
daß .../wenn ... Db 20.20
nicht gering/... **denken** von jm./js. Arbeit/... Db 18.1
(gar/überhaupt) kein **Denken** dran/daran! Db 15.76
Ii 2.3
jm. zu denken **geben** Cb 3.33
seit/(solang) ich **denken** kann Aa 1.11
das hätte ich mir/das hättest du dir/... (auch/doch/...)
denken können! Ih 1.2
das **Denken** mußt du/muß er/... den Pferden überlassen,
die haben dickere/größere Köpfe! Db 21.14
jm. ein **Denkmal** setzen Db 18.5
sich mit etw. ein **Denkmal** setzen De 24.51
was **denkst** du dir/denkt er sich/... eigentlich?! Cc 25.11
wo **denkst** du/denkt er/... hin? Db 15.23
denkste! Db 15.56
jm. einen **Denkzettel** geben/verpassen Cc 24.49
einen **Denkzettel** kriegen Cc 24.73
nun **denn**! Db 13.47

länger/höher/dicker/schlechter/... **denn** je Ib 1.35
der und der Ia 8.9
immer **derselbe** sein If 7.2
ein (richtiger/regelrechter) **Deubel** sein Cc 9.1
keinen **Deut** besser/schlechter/fleißiger/anders/... sein
    als j. Ib 1.7
keinen **Deut** an etw. ändern If 7.9
sich keinen/nicht einen **Deut** um jn./etw. kümmern
    Ha 8.2
keinen/nicht einen **Deut** verstehen von etw. Cd 2.8
keinen **Deut** wert sein Ha 12.4
sehr/ziemlich/... **deutlich** werden Dc 3.39
(jm.) etw. mit/in aller **Deutlichkeit** sagen/zu verstehen ge-
    ben/... Dc 3.40
nichts an **Deutlichkeit** zu wünschen übriglassen Dc 3.42
auf gut **deutsch**: Dc 3.105
du verstehst wohl/er versteht wohl/... kein **deutsch**?!
    Cc 25.19
mit jm. (mal) **deutsch** reden müssen Cc 24.25
jm. eins/einen auf/über/vor den **Dez** geben Cc 26.25
hart wie **Diamant** sein Gc 7.6
(total/...) **dicht** sein Hd 6.19
nicht ganz **dicht** sein Cd 12.6
js. ganzes **Dichten** und Trachten ist/war es, zu .../ist/war
    darauf gerichtet, zu ... Dd 3.11
jn./etw. **dick** haben Cb 14.13 Hc 6.3
dick und fett (sein) Ca 4.9
dick ist gemütlich Ca 4.12
ein **Dickkopf** sein De 9.12
einen **Dickkopf** haben De 9.12
seinen **Dickkopf** aufsetzen De 9.10
(immer/mal wieder/...) seinen **Dickkopf** durchsetzen
    (müssen/wollen) De 9.9
ein **Dickschädel** sein De 9.12
einen **Dickschädel** haben De 9.12
haltet den **Dieb**! Cc 19.18
zu nichts **dienen** Ha 13.2
von unten auf **dienen** Gc 4.20
ein treuer **Diener** seines Herrn sein Ed 8.7
einen **Diener** machen Ea 6.11
im **Dienst** sein De 15.85
ein Minister/... außer **Dienst** (a. D.) De 15.86
die/js. Füße/Finger/Augen/... versagen den **Dienst**
    Bc 2.31
den **Dienst** antreten (in/bei ...) (am/zum 1. Juni/...)
    De 15.3
Dienst am Kunden Fb 15.115
jm. den **Dienst** kündigen De 15.71
jn. in **Dienst** nehmen/stellen De 15.2
in js. **Dienst(en)** stehen De 15.5
im **Dienst** einer Firma/... stehen De 15.1
sich in den **Dienst** einer guten Sache stellen Hb 3.18
in js. **Dienst** treten De 15.4
noch seinen **Dienst** tun Ac 11.4
gute **Dienste** tun Hb 7.3
etw. auf seinen **Diensteid** nehmen Db 10.17
»immer zu **Diensten**!« Ga 12.10
jm. zu **Diensten** sein/stehen Ga 12.9
den **Dienstweg** einhalten De 15.54
etw. auf dem **Dienstweg** erledigen/... De 15.53
dies und das Ia 8.9
dies(es) und jenes Ia 8.9
dieser oder jener Ia 8.9
jm./einem Volk/... ein **Diktat** auferlegen Fa 14.14
in einem **Dilemma** stecken/sein Ga 4.36
ungeheure/... **Dimensionen** annehmen Ib 1.67
das ist/war (aber) ein **Ding**! Da 7.3

das/etw. ist ein dickes **Ding**! Cc 33.20
mit jm./mit etw./um jn./um etw., das ist (so) ein eigen(es)
    Ding Cb 6.22 Cc 18.1
ein freches **Ding** sein Cc 9.4
ein **Ding** drehen Cc 16.38 Cc 20.9
ein **Ding** mit 'nem Pfiff sein Ic 4.16
wir werden/j. wird das **Ding** schon schaukeln/(drehen/
    deichseln) Ga 6.16
ein **Ding** der Unmöglichkeit sein Ii 2.5
jm. ein **Ding** verpassen Cb 13.6
gut **Ding** will Weile haben Aa 10.8
die letzten **Dinge** Cc 35.7
guter **Dinge** sein Cb 4.2
unverrichteter **Dinge** wieder umkehren/zurückkom-
    men/... De 26.17
sich da/vielleicht/... in **Dinge** einlassen Cc 18.10
über diese/solche/... **Dinge** erhaben sein Cd 23.5
der **Dinge** harren, die da kommen sollen Aa 11.2
die **Dinge** an sich herankommen lassen Aa 11.3
die **Dinge** (einfach) laufen/treiben/(gehen) lassen Fa 8.4
(so) wie die **Dinge** (nun einmal) liegen Aa 6.98
    De 25.102
jm. zeigen/erläutern/..., wie die **Dinge** liegen Cd 1.44
die **Dinge** beim/bei ihrem Namen nennen Dc 3.46
die **Dinge** sehen, wie sie sind Da 1.2
fragen/nicht wissen/..., wie die **Dinge** stehen De 24.34
    De 25.55
die **Dinge** stehen gut/günstig/... De 24.34
die **Dinge** stehen schlecht/ungünstig/... De 25.56
der **Dinge** warten, die da kommen sollen Aa 11.2
vor allen **Dingen** Ha 6.10
den **Dingen** ihren (freien) Lauf lassen Fa 8.3
über den **Dingen** stehen Cb 21.8
über den/diesen/solchen/... **Dingen** stehen Cd 23.5
..., es sei denn, es geht/ginge nicht mit rechten **Dingen** zu
    Da 10.14
es müßte nicht mit rechten **Dingen** zugehen, wenn/...
    Da 10.14
das **Dings** da Ia 8.12
der/die **Dingsbums** Ia 8.10
sein **Diplom** machen Cd 19.57
zur **Diskussion** stehen Dc 5.72
zur **Diskussion** stellen Dc 5.70
Argumente/... in die **Diskussion** werfen Dc 5.48
auf **Distanz** gehen (jm. gegenüber/bei jm.) Ea 10.1
keine/... **Disziplin** in den Knochen haben De 4.3
gewiß **doch**! Db 10.33
o **doch**! Db 10.33
seinen **Doktor** machen/bauen (an einer Universität/bei ei-
    nem Professor/in/...) Cd 19.57
seinen/den **Doktorhut** erwerben (an einer Universität/
    in/...) Cd 19.57
jm. den **Dolch** auf die Brust setzen Fa 20.6
jm. einen (richtigen/regelrechten) **Dolchstoß** versetzen
    (mit etw.) Cc 16.44
pro **domo** sprechen Db 4.43
Donner und Doria! Da 7.6 Ga 10.19
wie vom **Donner** gerührt dastehen/dasitzen/sein/...
    Da 6.15
Donnerwetter (nochmal)! Da 7.6 Db 18.23
zum **Donnerwetter** (nochmal)! Ga 10.19
es gibt/(setzt) ein **Donnerwetter** Cb 18.8
da soll doch (gleich) das (heilige) **Donnerwetter** dreinfah-
    ren/dreinschlagen! Cb 19.7 Ga 10.18
ein **Donnerwetter** geht auf jn. nieder Cb 18.8
ein **Donnerwetter** auf jn. loslassen Cc 24.48
doppelt und dreifach aufpassen/sich anstrengen/zubin-
    den/... Ic 9.11

doppelt und dreifach zählen/wiegen/... Ib 1.51
das ist/war **doppelt** gemoppelt Ic 9.11
doppelt gemoppelt zugebunden/... sein Ic 9.11
doppelt gemoppelt hält besser Ic 9.13
böhmische **Dörfer** für jn. sein Cd 2.7
etw. sind Potemkinsche **Dörfer** Cc 15.17
j./etw. ist jm. ein **Dorn** im Auge Cb 14.4
büffeln/... bis **dort** hinaus Ic 2.40
jm. etw. in kleinen **Dosen** beibringen/beibiegen/erzählen/... Aa 10.10
(sehr/völlig/ziemlich/...) **down** sein Cb 3.21
fluchen/schimpfen wie ein **Dragoner** Cb 19.1
auf **Draht** sein Cd 8.3
(heute/gestern/gerade/...) auf **Draht** sein Cd 7.5
(heute/gestern/gerade/...) nicht auf **Draht** sein Cd 10.1
zu jm. einen **Draht** haben Fa 6.6
ein heißer **Draht** zwischen Regierungen/... Ea 4.31
der **Drahtzieher** sein Fa 6.33
dran sein Aa 5.4
dran sein Ba 2.2
jetzt/dann/wenn ... dann/... ist j. **dran** Cc 24.75 De 25.19
gut/schlecht/... **dran** sein Ga 4.16
gut/... **dran** sein De 24.35
schlecht/... **dran** sein De 25.56
..., da ist/war alles **dran** Ic 2.40
(aber) schön dumm **dran** sein (mit jm./etw.) Hb 14.18
an Gerüchten/Behauptungen/... ist etwas **dran** Cc 13.17
an einer Frau/einem Mädchen ist etwas **dran** Ca 1.14
an Gerüchten/Behauptungen/... ist nichts **dran** Cc 14.18
an einer Frau/einem Mädchen ist nichts **dran** Ca 1.28
übel **dran** sein (mit jm./etw.) Hb 14.18
wissen/verstehen/..., wo man (mit/bei jm./etw.) **dran** ist Cd 1.41
nicht wissen/nicht mehr verstehen/..., wo man (mit/bei jm./etw.) **dran** ist Cd 2.25
wenn j. einmal **dran** ist zu reden/..., dann hört er nicht mehr auf/findet er kein Ende mehr/... Ic 2.47
sich **dranhalten** Aa 2.15
drankommen Aa 5.5
jn. **drankriegen** Cc 16.24
sich **drankriegen** lassen (von jm./etw.) Cc 16.59
jn. **dranlassen** Aa 5.10
alles **dransetzen** De 13.22
jetzt/dann/wenn ... dann/... ist j. am **dransten** Cc 24.75 De 25.19
(wirklich/richtig/...) gut **drauf** sein Hd 1.3
... (km) **drauf** haben Aa 14.33
immer feste **drauf**! Cc 26.60
drauf und dran sein, etw. zu tun Dd 3.44
draufgehen (für/bei etw.) Ba 2.27 Fb 8.9
viel/allerhand/etwas/... **draufhaben** Cd 3.27
(mal richtig/...) einen **draufhauen** Hd 7.1
eins **draufkriegen** Cc 24.70
(einfach) **drauflos** reden/schreiben/fahren/handeln/... Dd 8.2
jn. **draufsetzen** (mit etw.) Dd 2.4
gegen etw./im Vergleich zu etw./... ein **Dreck** sein Ha 12.19
frech wie **Dreck** sein Cc 9.5
der letzte **Dreck** sein Cc 7.9
für/um jeden **Dreck** Ia 3.19
kümmer' dich/kümmert euch/... um deinen/um euren/... eigenen **Dreck**! Db 15.36 Fa 7.19
jeden **Dreck** behandeln/diskutieren/selbst machen/... Ia 3.20
etw. geht jn. einen **Dreck** an Db 15.35 Fa 7.16
den alten **Dreck** aufrühren Aa 4.17
Dreck in den Augen haben Ac 6.53
jn. wie den letzten **Dreck** behandeln Db 19.44
jn. mit **Dreck** bewerfen Db 19.10
einen **Dreck** danach fragen, ob ... Ha 8.5
aus dem ärgsten/gröbsten/schlimmsten **Dreck** herauskommen Ga 6.41
aus dem ärgsten/gröbsten/schlimmsten **Dreck** heraussein Ga 6.42
sich einen **Dreck** um jn./etw. kümmern Ha 8.5
j. soll sich um seinen eigenen **Dreck** kümmern Db 15.35 Fa 7.19
sich um jeden **Dreck** (selbst) kümmern (müssen) De 11.12 Fa 7.2
sich einen **Dreck** aus etw. machen Ha 8.9
du kannst deinen/er kann seinen/... **Dreck** allein(e) machen Dd 2.9
du hast wohl/er hat wohl/... **Dreck** in den Ohren? Dc 7.8
sich einen **Dreck** scheren um jn./etw. Ha 8.5
jn. wie **Dreck** am Schuh behandeln Db 19.44
(ganz schön/...) im **Dreck** sitzen/stecken Ga 4.15
durch **Dreck** und Speck mit jm. gehen Ga 12.42
vor **Dreck** und Speck stehen Ac 9.1
Dreck am Stecken haben Cc 22.7
vor **Dreck** stehen Ac 9.1
jn. wie **Dreck** am Stiefel behandeln Db 19.44
sich an jedem **Dreck** stoßen Ia 3.18
einen **Dreck** von etw. verstehen Cd 2.10
einen **Dreck** wert sein Ha 12.4
jn./etw. in/durch den **Dreck** ziehen/(zerren) Db 19.10
dreckig und speckig sein Ac 9.1
eine **Dreckschleuder** sein Dc 1.107
den (richtigen) **Dreh** finden/rauskriegen/herausbekommen/... Cd 5.15
den **Dreh** finden Cd 5.15
e-r S. einen **Dreh** geben Cd 5.13
auf den **Dreh** wäre j. nicht gekommen Cd 4.3
den (richtigen) **Dreh** heraushaben (wie man etw. macht) Cd 5.6
den **Dreh** (fein) heraushaben (wie man etw. macht) Cd 5.6
auf/hinter den (richtigen) **Dreh** kommen Cd 5.15
an etw. gibt es/ist nichts zu **drehen** und zu deuteln/deuten Ih 3.4
an etw. kann man/j. **drehen** und deuteln/deuten wie/so viel/so lange man/er will - die Tatsache bleibt wie sie ist/... Ih 3.5
etw./das kann j. **drehen** und wenden, wie/so viel/so lange er will - die Tatsache bleibt wie sie ist/... Ih 3.5
sich **drehen** und winden/(wenden) Cc 14.32
alles **dreht** sich um jn./etw. Fa 1.14
bei jm. **dreht** sich alles Bc 3.1
wie man/j. etw./es auch **dreht** und wendet - die Tatsache bleibt wie sie ist/... Ih 3.5
den **Drehwurm** haben Bc 3.5
den **Drehwurm** kriegen/bekommen Bc 3.5
sauertöpfisch **dreinschauen**/dreinblicken Cb 3.65
dreinschauen, als schuldeten einem alle/... was/etwas Cb 3.64
dreinschauen, als wären einem alle/alle Leute/... was/etwas schuldig Cb 3.64
Dresche beziehen Cc 26.39
jn. windelweich **dreschen** Cc 26.12
drin sein in etw./(bei etw.) Cd 3.10
gerade erst/erst gerade/... (so richtig/richtig) **drin** sein Aa 6.22

noch nicht/nicht ganz/voll und ganz/... **drin** sein (in etw.) Aa 10.5 Cd 4.10

etw. ist hier/da/bei .../... (vielleicht/durchaus/...) **drin** Ii 1.1

etw. ist hier/da/bei .../... nicht **drin** Ii 2.2

es ist noch alles/noch einiges/... **drin** in/bei etw. Ii 1.5

(ganz schön) einen **drin** haben Hd 6.17

(nicht) nach draußen **dringen** (dürfen) Dc 2.30

dick **drinsitzen** Fa 6.32

in etw. nicht **drinstecken** Cd 2.16 Cd 16.3

der lachende **Dritte** sein Da 9.51 Hb 9.29 Hb 13.15

der **Dritte** im Bunde sein De 17.20

eins **drüberkriegen** Cc 26.37

im **Druck** sein Cd 20.60

in/(im) **Druck** sein Aa 15.2 Fb 4.3

etw. unter **Druck** tun Fa 21.8

Druck auf jn. ausüben Fa 20.2

jn. in **Druck** bringen Aa 15.14

in/(zum) **Druck** geben Cd 20.60

in **Druck** gehen Cd 20.60

jn. unter **Druck** halten Fa 20.4

in **Druck** kommen (mit etw.) Aa 15.1 Fb 5.1

Druck machen/(dahinter setzen) Fa 18.14

jn. unter **Druck** setzen Fa 20.3

unter **Druck** stehen Fa 21.2

am **Drücker** sein/sitzen Fa 11.9

gerade noch (so) auf den letzten **Drücker** De 21.2

immer feste **druff**! Cc 26.60

etw. mit allem **Drum** und Dran Ie 1.57

eine Prüfung/ein Umzug/ein Hochzeitsessen/... mit allem **Drum** und Dran Ic 2.37

das ganze **Drum** und Dran (e-r S.) Ie 1.56

ein Festakt/ein Motorrad/... mit vielem **Drum** und Dran (sein) Ie 1.55

jm. das **Du** anbieten Ec 1.1

wie **du** mir, so ich dir! Gc 14.18

wie **dumm**! Dc 5.121

es/das/etw. ist jm. zu **dumm** Cb 14.1 Cb 15.22

es/das/etw. wird jm. zu **dumm** Cb 14.1 Cb 15.22

dumm, dreist und gottesfürchtig (sein) Cc 9.16

aus **Dummbach** sein Cd 10.6

nicht aus **Dummbach** sein Cd 8.1

der **Dumme** sein Hb 14.17

das **Dumme** bei der Sache ist:/(daß) De 20.41

einen **Dummen** finden Cc 16.55

einen **Dummen** suchen Cc 16.17

auf **Dummenfang** ausgehen Cc 16.17

dümmer als dumm sein Cd 10.14

da/... mußt du dir/... einen **Dummeren** suchen (als ...) Cd 9.11

für die **Dummheit(en)** anderer büßen/aufkommen müssen Hb 14.35

mit **Dummheit** geschlagen sein Cd 10.10

gegen **Dummheit** kämpfen Götter selbst vergebens Cd 10.23

gegen **Dummheit** ist kein Kraut gewachsen Cd 10.22

eine **Dummheit** machen/begehen Cd 13.1

wenn **Dummheit** weh täte, würde j. den ganzen Tag schreien Cd 10.16

wenn **Dummheit** Warzen gäbe, sähe j. aus wie (ein) Streuselkuchen Cd 10.16

aus **Dummsdorf** sein Cd 10.6

nicht aus **Dummsdorf** sein Cd 8.1

im **Dunkeln** Ac 4.3

im **dunkeln** tappen Cd 16.23

sich **dünnemachen** Ab 7.9

Dünnpfiff haben Bc 2.23

Dünnschiß haben Bc 2.23

keinen blauen/blassen **Dunst** haben von etw. Cd 2.9

in **Dunst** und Rauch aufgehen De 25.89

jm. (mal wieder/...) blauen **Dunst** vormachen Cc 16.6

schon/noch nicht/... **durch** sein Hd 4.56

bei jm. unten/(drunten) **durch** sein Eb 2.42

ein ... **durch** und durch sein Ic 1.8

durch und durch ehrlich/verdorben/deutsch/... sein/handeln/... Ic 1.13

jm. **durch-** und durchgehen Da 6.5

durchaus nicht Db 15.63

etw. **durchblicken** lassen Dc 3.47

zum **Durchbruch** kommen Gc 8.5

den **Durchbruch** schaffen Gc 8.6

e-r S. zum **Durchbruch** verhelfen Hb 3.8

durchdrehen Cb 17.8

(ganz/völlig/ziemlich/arg/...) **durcheinander** sein Ga 3.3

alles liegt/steht/... bunt/kunterbunt/(wirr) **durcheinander** Ac 10.8

in/... liegt/fliegt/steht/... alles/... kreuz und quer **durcheinander** Ac 10.8

ein babylonisches **Durcheinander** Ac 10.9

ein **Durcheinander** wie Kraut und Rüben Ac 10.9

jn. **durcheinanderbringen** Dc 5.29

jn./etw. (völlig/...) **durcheinanderbringen** Ga 3.1

alles/... **durcheinanderbringen** Ga 3.7

(ganz/ziemlich) **durcheinanderkommen** (mit jm./etw.) Ga 3.2

alles/... **durcheinanderwerfen** Ga 3.7

auf der **Durchfahrt** sein Ab 4.48

Durchfall haben Bc 2.23

(im/beim Examen) **durchfallen** Cd 19.54

sich (heute bei diesem, morgen bei jenem/...) so **durchfressen** Hd 4.37

durchgehen vor Wut/... Cb 16.20

etw./es (jm.) (nochmal) **durchgehen** lassen Cc 27.3

(hart) **durchgreifen** Fa 19.21

(einen) **Durchmarsch** haben Bc 2.23

(im/beim Examen) **durchrauschen** Cd 19.54

auf der **Durchreise** sein Ab 4.48

sich dazu **durchringen**, etw. zu tun Dd 6.10

sich (so) **durchschlagen** Fb 7.2

im **Durchschnitt** Ib 1.57

(da/in etw.) nicht **durchsteigen** Cd 2.36

Durchzug machen Ac 7.7

im **Durchzug** sitzen/stehen Ac 1.13

keinen **Durchzug** vertragen Ac 1.14

mehr als **dürftig** sein Ic 7.18

einen über den **Durst** getrunken haben Hd 6.16

den/seinen **Durst** stillen Hd 5.4

seinen **Durst** stillen nach Neuigkeiten/... Cd 19.5

etw. ist eine kalte/eiskalte **Dusche** (für jn.) De 26.4

eine kalte **Dusche** kriegen De 26.6

eine **Dusche** nehmen/(mal eben/...) unter die Dusche gehen Ac 9.5

im **Dusel** sein/etw. im Dusel tun Hd 6.14

davon/von etw. gehen zwölf auf ein/aufs **Dutzend** Ha 12.15 Ic 5.13

ein(e) **Dutzendgesicht**/-erscheinung/-ware/... Ic 5.12

mit jm. auf **Duzfuß** stehen Ec 1.2

jetzt/für heute/für diesen Monat/... ist **Ebbe** (bei jm.) (mit etw.) Aa 8.40

bei jm. ist/herrscht **Ebbe** (in der Kasse/im Portemonnaie/...) Fb 4.2

Ebbe und Flut Ab 6.29

(noch) so **eben** De 21.1

nicht **eben** viel/billig/... sein Ib 1.6
auf die schiefe/(abschüssige) **Ebene** geraten/(kommen)
   Cc 6.8
auf einer (ganz) anderen **Ebene** liegen If 3.15
auf der gleichen/derselben **Ebene** stehen wie j./mit jm.
   If 1.3
jn./etw. auf die gleiche/dieselbe **Ebene** stellen mit jm./
   etw./wie jn./etw. If 1.2
auf der gleichen/derselben **Ebene** mit jm. umgehen/(...)
   If 1.1
schwarz wie **Ebenholz** (sein) Ac 5.10
js. **Echo** sein Dc 1.47
ein schwaches/klägliches/... **Echo** finden (in/bei/...)
   De 25.101
ein starkes/lebhaftes/... **Echo** finden (in/bei .../...)
   De 24.55
kein **Echo** finden De 25.101
das ist (mal wieder) **echt** Albert/Karin/Onkel Herbert/...
   Ic 1.3
gleich um die **Ecke** wohnen/zu kaufen sein/... Ab 1.18
an jeder **Ecke** zu haben/kaufen/... sein Ab 2.2
jn. um die **Ecke** bringen Ba 4.5
um die **Ecke** gucken können Ca 1.37
an der **Ecke**/den Ecken herumstehen De 14.31
nicht wissen/sich fragen/..., aus welcher **Ecke** der Wind
   weht/pfeift Cd 16.20
an allen **Ecken** und Enden/(Kanten) auseinanderfallen/
   auseinandergehen/... Ac 11.6
an allen **Ecken** und Enden/(Kanten) zu finden sein/...
   Ab 2.2
von allen **Ecken** und Enden/(Kanten) herbeiströmen/...
   Ab 2.9
an allen **Ecken** und Enden/(Kanten) suchen/prüfen/zu
   finden sein/... Ab 2.2
die **Ecken** und Kanten (seines Wesens) abschleifen
   Ea 11.10
seine **Ecken** und Kanten noch abschleifen müssen
   Ea 12.11
an allen **Ecken** und Kanten auseinanderfallen/ausein-
   andergehen/(entzweigehen) Ac 11.6
um ein paar/6/16/... **Ecken** (herum) mit jm. verwandt
   sein Ed 6.9
etw. aus dem **eff-eff** beherrschen/können/... Ic 3.1
jm. (ganz/völlig/...) **egal** sein Ha 8.8
egal, wie/wo/wann/... Ha 8.23
seit **eh** und je Aa 1.9
wie seit **eh** und je (etw. tun) Aa 2.2
eine zerrüttete **Ehe** Ed 4.8
(einer Frau) die **Ehe** antragen Ed 3.12
die **Ehe** brechen Ed 4.6
Klugheit und Güte/Fleiß und Überlegung/Theorie und
   Praxis... gehen bei jm. eine gute/glückliche **Ehe** ein
   Ie 1.29
eine **Ehe** zur linken Hand führen Ed 1.30
in wilder **Ehe** leben/zusammenleben Ed 1.32
die **Ehe** mit jm. schließen Ed 3.9
Ehebruch begehen Ed 4.6
sich ins **Ehejoch** spannen lassen Ed 3.7
auf **Ehre**! Db 10.27
bei meiner **Ehre**! Db 10.27
jm. die **Ehre** abschneiden/(besudeln) Cc 10.12
seine **Ehre** d(a)reinsetzen, etw. zu tun Ha 4.3
keine **Ehre** einlegen können mit etw. (bei jm.) De 25.107
Herr Dr. Willi Hauff/... gibt sich die **Ehre**, Herrn Mini-
   ster .../... einzuladen Ea 7.38
jm. die letzte **Ehre** erweisen/(geben) Ba 7.2
jm. etw. auf **Ehre** und Gewissen erklären/versichern/...
   Db 10.11

keine **Ehre** im Leib(e) haben Cc 7.3
jm./e-r S. **Ehre** machen Cc 5.1
jn. bei seiner **Ehre** packen/fassen Cc 24.55
bei seiner **Ehre** schwören Db 10.12
seine **Ehre** in etw. setzen Ha 4.3
etw. um der **Ehre** willen tun Cc 4.10
jn./etw. in **Ehren**, aber/doch/... Db 17.18
etw. zu **Ehren** bringen Hb 9.27
es zu **Ehren** bringen De 24.9
etw. in **Ehren** halten Ed 8.4
zu **Ehren** kommen/gelangen De 24.9
eine **Ehrenrunde** drehen Cd 19.25
das ist (doch) **Ehrensache**! Ih 2.4
das/etw. ist für jn. **Ehrensache**! Ih 2.4
(auf mein) **Ehrenwort**! Db 10.27
großes **Ehrenwort**! Db 10.28
jm. sein **Ehrenwort** geben Dd 1.8
seinen ganzen **Ehrgeiz** daran-/dransetzen, etw. zu tun
   De 13.29
(aber) **ehrlich**! Cc 13.7
mal **ehrlich**:... Dc 3.103
ehrlich währt am längsten Cc 13.7
sich gleichen/ähnlich sehen wie ein **Ei** dem anderen
   If 2.3
jn. wie ein rohes **Ei** behandeln/(anfassen) Cb 12.7
etw. für ein **Ei** und ein Butterbrot kaufen/bekommen/ver-
   kaufen/... Fb 13.2
j. ist gerade erst/... aus dem **Ei** gekrochen Bb 1.5
aussehen/wirken/..., als wäre man kaum/gerade erst/...
   aus dem **Ei** gekrochen Bb 1.5
wie aus dem **Ei** gepellt/geschält aussehen/herumlau-
   fen/... Ca 1.17
das **Ei** will (wohl/wieder einmal/...) klüger sein als die
   Henne Cc 11.15
etw. ist das **Ei** des Kolumbus Dd 5.25
das **Ei** des Kolumbus finden Dd 5.25
mal eben/... ein **Ei** legen (müssen) Ac 8.9
jm. ein **Ei** ins Nest legen Cc 16.26
mit jm. wie mit einem rohen **Ei** umgehen Cb 12.7
mühsam ernährt sich das **Eichhörnchen** Aa 12.6
mühsam baut sich das **Eichhörnchen** sein/das Nest
   Aa 12.6
etw. unter **Eid** aussagen/bezeugen/... Db 10.14
einen **Eid** auf etw. ablegen Db 10.15
den **Eid** ableiten Db 10.20
jm. den **Eid** abnehmen Db 10.19
Aussagen/Erklärungen/... unter **Eid** machen Db 10.14
etw. auf seinen **Eid** nehmen Db 10.16
tausend (feierliche/heilige) **Eide** schwören Db 10.7
mit tausend **Eiden** schwören Db 10.7
etw. an **Eides** Statt erklären/versichern/... Db 10.14
(noch/...) ungelegte **Eier** (für jn.) sein Aa 9.1
ungelegte **Eier** begackern Aa 9.2
über ungelegte **Eier** gackern Aa 9.2
sich um ungelegte **Eier** kümmern Aa 9.2
jn. mit faulen **Eiern** bewerfen/beschmeißen Gc 2.22
wie auf **Eiern** gehen Ab 3.49
noch die **Eierschalen** hinter den Ohren haben Cd 24.2
einen wahren/regelrechten/richtigen **Eiertanz** aufführen
   Cb 18.4
im **Eifer** des Gefechts Cb 17.22
jm. **eigen** sein Cb 1.2
es ist js. **Eigenart**, etw. zu tun Cb 1.2
ein **Eigentor** sein Hb 6.15
Eile haben Aa 15.3
in aller **Eile** etw. tun Aa 14.5
etw. in fliegender/rasender **Eile** tun Aa 14.5

sich in aller **Eile** davonmachen/aus dem Staub machen/... Ab 7.7

es **eilig** haben Aa 15.3

j. hat nichts **Eiligeres** zu tun, als zu ... Aa 15.20

etw. im **Eilverfahren** erledigen/durchziehen/... Aa 14.18

im **Eimer** sein Ac 11.21 De 25.91

es gießt/schüttet wie aus **Eimern** Ac 1.7

ein für allemal(e) Aa 1.68

jetzt/... ist (aber) **ein** für allemal(e) Schluß/Sense/Feierabend/...! Aa 8.34

mein/dein/... **ein** und alles (sein) Ed 1.54

ein *(+ Subst.)* nach dem ander(e)n Aa 5.1

ein über das andere Jahr Aa 3.19

ein über den anderen Tag Aa 3.19

eine über die andere Woche Aa 3.19

ein und derselbe If 1.16

ein- und ausgehen bei jm. Ea 4.17

du kannst dich/er kann sich/... **einbalsamieren** lassen (mit etw.) Cd 4.21

sich viel/allerhand/eine Menge/allerlei/etwas/... **einbilden** (auf etw.) Cc 11.8

sich steif und fest **einbilden**, daß ... Db 5.7

Einbildung ist auch eine Bildung Cc 11.73

jm. **Einblick** gewähren in Akten/... Cd 15.24

jm. etwas **einbrocken** (mit etw.) Hb 5.8

Eindruck machen (auf jn.) (mit etw.) Dd 10.1

(mit etw.) **Eindruck** schinden wollen (bei jm./in .../...) Cc 11.47

sich des **Eindrucks** nicht erwehren können, daß ... Db 5.4

weder der/die/das **eine** *(+ Subst.)* noch der/die/das andere *(+ Subst.)* Ia 4.14

der/die/das **eine** oder der/die/das andere *(+ Subst.)* Ia 8.9

der **eine** ist so gut/... wie der andere If 1.8

das **eine** wie das andere ist wichtig/... Ia 8.15

weder das **eine** noch das andere tun/sein Ia 4.14

das **eine** schließt das andere nicht aus Ha 1.12

das **eine** tun und das andere nicht lassen Ha 1.11

in **einem** durch Aa 3.9

in **einem** fort reden/quasseln/behaupten/arbeiten/... Aa 3.9

zum **einen** ... und zum andern ... Db 4.84

etw. können/sein Handwerk verstehen/... wie kaum/ (nur selten) **einer** Ic 3.6

du bist/der ist/der Schmidt ist/... mir vielleicht **einer**! Db 15.102

einer nach dem ander(e)n Aa 5.1

einer um den ander(e)n Aa 5.2

das tägliche/ewige **Einerlei** Aa 4.24

das tödliche **Einerlei** Aa 4.24

jm. (völlig/...) **einerlei** sein Ha 8.8

einfach De 19.15

ganz **einfach** De 19.15

so **einfach** De 19.15

das/etw. ist (gar/überhaupt) nicht so **einfach**, wie j. denkt/ meint/... De 20.16

so **einfach** ist es nicht, etw. zu tun De 20.16

der **Einfachheit** halber De 19.17

(keine) **Einfahrt** haben Ab 5.30

auf den erlösenden **Einfall** kommen Dd 5.11

auf den **Einfall** kommen, etw. zu tun Db 3.1

goldige/herrliche/köstliche/... **Einfälle** haben Db 3.13

Einfälle haben wie ein altes Haus Cd 12.24

Einfälle haben wie eine Kuh Ausfälle Cd 12.24

sich **einfallen** lassen, etw. zu tun Db 3.4

laß (es) dir/laßt (es) euch/... (ja/nur/bloß) nicht **einfallen**, etw. zu tun Db 3.8

unter dem **Einfluß** von jm./etw. stehen Fa 6.36

eingehakt gehen Ed 1.69

eingehängt gehen Ed 1.69

sehr **eingespannt** sein De 12.26

positiv/negativ zu etw./jm. **eingestellt** sein Db 4.75

e-r S. **Einhalt** gebieten/tun Aa 8.6

jm. gehörig/tüchtig/... **einheizen** Cc 24.39 Fa 18.6

sich **einig** sein Eb 16.15

mit sich selbst nicht **einig** sein Cb 3.49

(ganz) **einig** sein mit jm. (in/über jn./etw.) Db 16.5

(sich) **einig** werden (mit jm.). Db 16.11

mit sich selbst im **Einklang** sein Cb 2.8

etw. mit etw. nicht in **Einklang** bringen Db 17.15

im/in **Einklang** stehen mit jm./etw./miteinander Ie 1.32

nicht in/im **Einklang** miteinander stehen Db 17.4

sich (nicht) selbst **einladen** (wollen) Ea 5.10

keine große **Einleitung** machen Dc 1.8

auf **einmal** Aa 19.1

wieder **einmal** Aa 3.23

noch **einmal** so groß/dick/... wie etw. anderes Ib 1.49

einmal und nie wieder! Aa 3.4

jn. (gleich/...) für sich **einnehmen** Eb 1.26

ein einnehmendes **Wesen** haben Eb 1.27

du kannst/die können(, mit etw.) **einpacken** Cd 4.21

das kannst/solltest du dir/kann/sollte sich der Peter/würde ich mir/... **einrahmen** lassen Ha 12.20

sich **eins** sein Db 16.4

jm. (völlig) **eins** sein Ha 8.8

mit sich selbst **eins** sein Cb 2.8

mit sich selbst nicht **eins** sein Cb 3.49

eins sein mit jm. (über jn./in etw.) Db 16.3

eins werden mit jm. Db 16.12

es/das ist (doch/alles/doch alles) **eins** If 1.13

(nur schnell/...) noch **eins**: Dc 5.110

dann noch **eins**: Dc 5.110

nur **eins**: Dc 5.110

da gibt's nur **eins**: Ab 8.11

e-e S. tun und eine andere S. tun war **eins** Aa 1.82

laufen/springen/singen/... wie eine **eins** Ic 3.7

eins läßt sich nicht übersehen/darf man nicht außer acht lassen/... Ha 1.8

eins kann man jm. nicht vorwerfen/zum Vorwurf machen/ankreiden/... Cc 21.13

eins muß man/müssen wir/... ihm/ihnen/... zugutehalten/einräumen/... Db 20.30

eins muß man/müssen wir/... bei ihm/ihnen/... verstehen/einsehen/... Db 20.30

eins greift ins andere Ie 1.30

es/das ist **eins** wie das andere If 1.13

es kommt **eins** zum anderen Aa 6.54

so kommt **eins** zum andern Aa 5.36

eins muß man/mußt du/müßt ihr/... ihm/den .../... lassen: Cc 21.13

eins tun und das andere nicht lassen Dd 6.29

eins muß ich ihm/den .../... nachsagen: Cc 21.13

eins muß ich (dir/euch/...) (ehrlich/...) sagen: Dc 3.104 Dc 5.110

eins kann ich/kann er/... tun/machen: Ab 8.11

ich kann/du kannst/... nur **eins** tun/machen: Ab 8.11

da kann ich/kannst du/... nur **eins** tun/machen: Ab 8.11

eins will ich ja/willst du ja/will er ja/... gern tun/machen Ga 12.80

laß dich **einsalzen** (mit ...)! Db 15.47

du kannst dich/er kann sich/... **einsalzen** lassen (mit etw.) Cd 4.21 Db 15.47

einsam und allein Ia 4.20

einsam und allein sein/leben/... Ea 3.6

du kannst dich/er kann sich/... **einsargen** lassen (mit etw.) Cd 4.21

im **Einsatz** sein/stehen Gc 4.23

zum **Einsatz** kommen Gc 4.23

unter **Einsatz** aller Kräfte versuchen/... De 13.59

(noch) nicht (wieder) ganz **einsatzfähig** sein Bc 2.6

gut/schlecht/... **einschlagen** Aa 6.17

ein/kein **Einsehen** haben Cc 30.23

ein **Einsehen** haben De 10.2

kein **Einsehen** haben De 9.18

Einsicht in Unterlagen/Briefe/... gewähren/erhalten Ac 6.10

zur **Einsicht** kommen De 10.1

Einsicht nehmen in Unterlagen/Briefe/... Ac 6.9

ein **Einsiedlerdasein** führen Ea 3.7

Einspruch erheben Cc 20.65

seinen **Einstand** geben Hd 5.31

in brüderlicher/schwesterlicher **Eintracht** leben/handeln/etw. tun Db 16.17

Eintracht stiften unter/zwischen/... Gc 13.10

in gutem/bestem/... **Einvernehmen** mit jm. leben/stehen/etw. regeln/... Ec 1.12

sich mit jm. ins **Einvernehmen** setzen Db 16.10

in stillschweigendem **Einverständnis** etw. regeln/... Db 16.49

Einwände gegen etw./jn. erheben/vorbringen/haben/... Dc 5.50

sich von jm. **einwickeln** lassen Cc 16.58

(jm.) etw. in allen **Einzelheiten** erklären/auseinanderlegen/... Ic 9.6

bis ins **einzelne** klären/bestätigen/... Ic 2.45

im **einzelnen**: Db 4.97

einzig und allein Ib 1.56

das brauchst du/brauchen Sie sich/... (gar/überhaupt) nicht **einzubilden**! Db 21.25

jn. **einzuwickeln** suchen/... Cc 16.18

das **Eis** brechen Dc 5.2

das **Eis** ist gebrochen Dc 5.2

etw. (erst einmal/...) auf **Eis** legen Aa 11.10

(bei) **Eis** und Schnee Ac 1.19

Eisbeine haben Ac 2.2

Eisbeine kriegen/(bekommen) Ac 2.2

hart/fest wie **Eisen** sein/wie aus Eisen sein Gc 7.6

ein heißes **Eisen** sein Gb 1.18

nicht aus **Eisen** sein Cc 2.2

ein heißes **Eisen** anpacken/anfassen Gb 1.18 Gb 5.12

zwei/mehrere/viele **Eisen** im Feuer haben Hb 9.24

zum alten **Eisen** gehören Aa 21.7

jn. in **Eisen** legen Cc 20.81

man muß das **Eisen** schmieden, solange es (noch) heiß ist Hb 9.20

durch das **Eisen** sterben Ba 2.45

etw. zum alten **Eisen** werfen/schmeißen können Ha 13.7

es ist/wird höchste/allerhöchste **Eisenbahn** (daß ...) Aa 15.15

eisern sein (in etw./da/...) Fa 19.2

aber **eisern**! De 8.7

js. **Eitelkeit** kitzeln Fa 17.19

(mit etw.) eine **Eiterbeule** aufstechen Dc 3.112

sich benehmen/verhalten/... wie ein **Elefant** im Porzellanladen Ea 12.17

eine **Elefantenhaut** haben Cb 21.6

(so) (ganz/richtig/...) in seinem **Element** sein Hd 1.11

ein übles **Element** sein Cc 7.6

sich (so) (ganz/richtig/...) in seinem **Element** fühlen Hd 1.10

üble **Elemente** Cc 7.6

ein langes **Elend** sein Ca 2.4

es ist ein **Elend** (mit jm./etw.) Ga 10.11

das/es ist immer/immer wieder/... das alte/dasselbe/das gleiche **Elend** (mit jm./etw.) If 7.20

so ein **Elend**! Cb 19.4

das heulende/(große) **Elend** haben Cb 15.16 Ga 10.9

wie das heulende/leibhaftige/leibhafte **Elend** aussehen Ca 1.31

das heulende/(große) **Elend** kriegen Cb 15.16 Ga 10.8

j. könnte das heulende/(große) **Elend** kriegen Ga 10.8

in einem **Elfenbeinturm** sitzen/(leben) Da 3.28

alles/verschiedene Dinge/... mit der gleichen **Elle** messen Db 4.52

alles/etw. nach seiner **Elle** messen Db 4.49

Ellenbogen haben Gc 8.2

die **Ellenbogen** frei haben Fa 23.16

seine **Ellenbogen** zu gebrauchen wissen Gc 8.2

eine diebische **Elster** sein Cc 19.3

nicht von schlechten **Eltern** sein Cc 26.58

die graue **Eminenz** Fa 6.45

einen **Empfang** geben Ea 7.37

auf **Empfang** gehen Dc 6.2

etw. in **Empfang** nehmen Fb 15.89

jn. am Flugplatz/... in **Empfang** nehmen Ea 7.22

sich auf französisch **empfehlen** Ab 7.10

mit einem Vortrag/... am **Ende** sein Aa 8.26

(völlig/...) am **Ende** sein De 25.17

zu **Ende** sein Aa 8.26

damit/mit e-r S. muß es jetzt/... ein **Ende** haben Aa 8.34

ein gnädiges **Ende** haben Ba 2.22

am **Ende**... Aa 6.94

etw. bis zu **Ende** machen/durchführen/... Aa 8.1

das bittere **Ende** wird sein/... Aa 8.30

etw. bis zum bitteren **Ende** durchstehen/aushalten/... (müssen/...) Aa 8.25

es geht (mit jm./etw.) zu **Ende** Aa 8.21 Ba 2.2

es ist (noch) ein gutes **Ende** (bis ...) Ab 1.32

bis an sein seliges **Ende** etw. tun Bb 2.26

das tote **Ende** Aa 8.33

es ist (noch) kein **Ende** abzusehen/in Sicht/ein Ende ist noch nicht ... Aa 2.12

von einem **Ende** bis zum ander(e)n herumlaufen/herumfahren/... (um etw. zu kaufen/besorgen/...) Ab 12.8

von einem **Ende** bis zum ander(e)n Ic 2.43

alles/die Dinge/die Probleme/... am/beim falschen/verkehrten **Ende** anpacken/anfassen Cd 6.2

alles/die Dinge/die Probleme/... am/beim richtigen **Ende** anpacken/anfassen Cd 5.8

das **Ende** des Bartes ist im Keller Cd 18.7

das **Ende** des Bartes ist auf der 16. Sohle zu besichtigen Cd 18.7

e-r S. ein **Ende** bereiten/machen/setzen Aa 8.6

etw. zu **Ende** bringen/führen Aa 8.2

etw. zu einem guten **Ende** bringen/führen Aa 8.2

etw. bis zum bitteren **Ende** durchstehen (müssen) Cb 3.8

ein jähes **Ende** finden Ba 2.26

kein **Ende** finden (können) (mit etw.) Aa 2.17

ein tragisches **Ende** finden Ba 2.26

zu **Ende** gehen Aa 8.21

das dicke **Ende** kommt noch! Da 10.20

am **Ende** seiner Kraft/Kräfte sein De 23.6

das **Ende** vom Lied ist/war/wird sein, daß ... Aa 8.30

ein gutes/böses/schlimmes/... **Ende** nehmen Aa 8.25

kein **Ende** nehmen Aa 3.13

das dicke **Ende** kommt zum Schluß/nach Da 10.20

lieber ein **Ende** mit Schrecken als ein Schrecken ohne Ende Aa 8.47 Da 6.28

so dumm wie das hinterste **Ende** vom Schwein sein
  Cd 10.14
bis ans **Ende** seiner Tage büßen/leiden/... (müssen)
  Aa 1.62 Cc 28.3
..., da ist/war das **Ende** von weg Ic 2.40
am **Ende** der Welt sein/wohnen/... Ab 1.27
bis ans **Ende** der Welt laufen/fahren/... (um etw. zu be-
  kommen/...) Ab 12.7
dem/seinem **Ende** zugehen/entgegengehen Aa 8.21
sich dem/seinem **Ende** zuneigen Aa 8.22 Ba 2.2
blind **enden** Aa 8.33
aus allen **Enden** der Welt herbeiströmen/... Ab 2.9
letzten **Endes** Aa 6.95
jn. in die **Enge** treiben Fa 20.5
ein gefallener **Engel** Cc 35.29
js. guter **Engel** sein Gc 5.20
der rettende **Engel** sein Ga 12.38
js. rettender **Engel** sein Ga 12.38
schön wie ein **Engel** sein Ca 1.3
ein wahrer **Engel** sein Cc 1.3
ein **Engel** mit dem B davor sein Cc 9.2
das hat dir/das hat ihm/... dein/sein/... guter **Engel**
  eingegeben De 10.6
als js. rettender/als der rettende **Engel** erscheinen
  Ga 12.38
ein **Engel** ist keiner/niemand! Cc 27.7
ein **Engel** in Menschengestalt sein Ga 12.85
die **Engel** (im Himmel) pfeifen/singen hören Bc 2.9
ein **Engel** fliegt/(geht) durch die Stube/durchs Zimmer/
  (durch den Raum) Dc 2.3
bei allen **Engeln** und Heiligen schwören/(versichern/be-
  teuern) Db 10.5
eine **Engelsgeduld** mit jm./etw. haben/für jn./etw. brau-
  chen/... Aa 11.4
mit **Engelszungen** reden/auf jn. einreden Dc 1.79
da kannst du/da kann er/... mit **Engelszungen** reden – ich
  werde/er wird/... (doch) ... Dc 1.89
die lieben **Englein**/Engelchen (im Himmel) pfeifen/sin-
  gen hören Bc 2.9
ent oder weder! Dd 6.32
kalte **Ente** Hd 5.53
eine **Ente** sein Cc 14.27
schnattern wie eine **Ente** Dc 1.43
schwimmen wie eine bleierne **Ente** Ac 3.10
watscheln wie eine **Ente** Ab 3.51
warten, bis einem die gebratenen **Enten** in den Mund/ins
  Maul fliegen De 14.19
weit/meilenweit davon **entfernt** sein, etw. zu glauben/jm.
  übel zu wollen/... Db 14.25
nicht im **entferntesten** Db 15.67
eine **Entscheidung** fällen/treffen Dd 6.18
vor der **Entscheidung** stehen (entweder) zu ... oder zu
  ... Dd 6.2
noch nicht **entscheidungsreif** sein Dd 4.10
sanft/sanft und selig **entschlafen** Ba 2.18
kurz **entschlossen** etw. tun Dd 7.15
einen **Entschluß** fassen Dd 6.14
(noch/...) mit einem **Entschluß** ringen Dd 4.3
jn. um **Entschuldigung** bitten Cc 30.18
entweder ... oder! Dd 6.32
Epoche machen Gc 8.7
ein **Er** Ed 5.3
js. Leistung/Aussehen/... ist zum **Erbarmen** Ic 7.24
kein **Erbarmen** kennen Cc 3.11
(gar) nicht/nicht gerade/... **erbaut** sein von jm./etw.
  Cb 3.29
bei jm./hier/... ist nichts (mehr) zu **erben** Fb 7.38

etw. bis zum **Erbrechen** tun Aa 2.16 Hc 6.13
Erbsen zählen Ic 10.5
(einen Ort) dem **Erdboden** gleichmachen Ac 12.3
es ist, als hätte jn. der **Erdboden** verschluckt Ab 10.4
wie vom **Erdboden** verschluckt/verschwunden sein
  Ab 10.4
j. scheint (gleichsam/...) vom **Erdboden** verschluckt/ver-
  schwunden zu sein Ab 10.4
j. hätte in den **Erdboden** versinken mögen/können
  Cc 29.9
j. wäre am liebsten in den **Erdboden** versunken Cc 29.9
(einen Ort) vom **Erdboden** wegrasieren Ac 12.3
zu ebener **Erde** Ab 1.7
jn. deckt (schon/...) die kühle **Erde** Ba 5.8
jn. unter die **Erde** bringen Ba 7.2
j. wird jn. noch unter die **Erde** bringen (mit etw.) Ba 4.10
schon/... unter der **Erde** liegen Ba 5.8
in fremder **Erde** ruhen Ba 5.12
auf der bloßen/(blanken) **Erde** schlafen Ab 4.29
die **Erde** ist mit dem Schweiße ganzer Generationen/zahl-
  reicher Geschlechter/unzähliger Menschen/... ge-
  tränkt De 12.23
auf die **Erde** stampfen Dc 8.20
etw. aus der **Erde** stampfen Aa 14.47
j. hätte in die **Erde** versinken mögen Cc 29.9
zum **Erdrücken** voll sein Ia 1.38
ein freudiges/(frohes) **Ereignis** Ba 1.6
von den **Ereignissen** überrascht werden/sich überraschen
  lassen/... Fa 22.8
etw. in **Erfahrung** bringen Cd 15.10
seine eigenen **Erfahrungen** machen (müssen) Cd 24.5
ein voller **Erfolg** sein De 24.38
e-r S. ist kein **Erfolg** beschieden De 25.83
von **Erfolg** gekrönt werden De 24.38
von keinem **Erfolg** gekrönt werden De 25.83
der **Erfolg** bleibt jm. versagt/will sich nicht einstellen
  De 25.84
sehr **erfreut** sein von etw./jm. Cb 2.7
in **Erfüllung** gehen Db 8.10
Ihr sehr **ergebener** Cd 20.75
keinerlei/keine **Ergebnisse** zeitigen De 25.82
laß es dir/laßt es euch/... gut/(wohl) **ergehen**! Ea 9.11
alles/... über sich **ergehen** lassen Fa 15.4
über allen Zweifel/jede Kritik/... **erhaben** sein Ic 3.22
sich über etw./jn. **erhaben** fühlen Ic 11.33
sich gern über andere **erheben** Cc 11.33
solange ich mich **erinnere**/er sich erinnert/... Aa 1.11
jn. e-r S. (für) verlustig **erklären** Ab 11.9
(na) **erlaube**/erlauben Sie/... mal! Cc 25.38
wenn ..., dann kann j. was/etwas **erleben**! Cc 25.15
hat man/haben Sie/hast du/... so was/etwas schon mal/
  einmal **erlebt**?! Da 7.7
erledigt sein De 23.8
erledigt sein (für jn.) Aa 8.28
erledigt sein (für jn.) (mit etw.) Eb 2.42
sich erst mal/... **erleichtern** müssen Ac 8.2
zum **Erliegen** kommen Aa 6.61
erlogen und erstunken sein Cc 14.21
in **Ermangelung** eines Besseren sich mit ... begnügen müs-
  sen/... Cc 12.6
nach eigenem **Ermessen** handeln/... Fa 24.2
nach menschlichem **Ermessen** ... Dc 5.104
im **Ernst** Cc 13.22
das ist mein/dein/... **Ernst** Cc 13.22
es ist j. (mit etw.) **ernst** Cc 13.23
jetzt wird's/dann wird's **ernst** Dd 7.5
das/etw. ist mein/ihr/... blutiger **Ernst** Cc 13.22

das/etw. ist mein/dein/... heiliger **Ernst** Cc 13.22
tierischer **Ernst** Cc 13.26
den **Ernst** des Lebens kennenlernen (müssen) Cd 24.6
Ernst machen (mit etw.) Dd 7.5
allen **Ernstes** etw. behaupten/sagen/tun Ha 3.16
der Tod/der Krieg/die Revolution/... hält furchtbare/
    grausame/... **Ernte** Ba 2.25
jm. ist die (ganze) **Ernte** verhagelt Cb 5.27
ernten, ohne gesät zu haben Dd 8.15
erpicht sein auf etw. Hc 3.34
wegen **Erregung** öffentlichen Ärgernisses bestraft wer-
    den/... Cc 20.28
eine stolze **Erscheinung** sein Ca 1.5
in **Erscheinung** treten Dc 3.92
jn. standrechtlich **erschießen** Ba 4.24
(wie) **erschlagen** sein Da 5.11 De 23.26
sich (wie) **erschlagen** fühlen (von etw.) De 23.26
erschossen sein De 23.15
jn. kann nichts mehr **erschüttern** Cd 23.5
jm. bleibt (aber auch) nichts **erspart** Cb 3.8
erst einmal/mal Aa 1.66
baß **erstaunt** sein (über jn./etw.) Da 4.3
der/die/das **erstbeste**/erste beste Dd 8.23
fürs **erste** Aa 1.65
das ist das **erste**, was ich höre Cd 16.27
zum **ersten**, zum zweiten, zum dritten Fb 15.98
erstunken und erlogen sein Cc 14.21
jn. in flagranti **ertappen**/erwischen/schnappen Cc 20.17
das/es gibt/gab ein schreckliches **Erwachen** Da 2.9
etw. in **Erwägung** ziehen Ha 1.3
sich für jn./etw. nicht **erwärmen** können Hc 5.4
wider **Erwarten** gut ausgehen/... Da 4.14
etw./j. übertrifft alle **Erwartungen** Ic 4.24
jn. **erwischt's**/hat's erwischt Ed 1.41
wie aus **Erz** gegossen dastehen/... Dc 8.31
ein **Erzhalunke**/-gauner/-schurke/-feind/... sein Ic 1.22
jm. wird j. (aber) was/etwas **erzählen** Cc 25.17
davon kann ich/... dir/ihm/... was/etwas **erzählen**
    Cd 15.30
jm. würde j. (aber) (an js. Stelle/...) etwas ganz anderes
    erzählen Cc 25.17
das/so etwas/... kannst du/kann er/... mir/ihm/...
    (doch) nicht **erzählen** Db 6.15
sich nichts **erzählen** lassen Cc 16.69
das/so etwas/... kann j. einem ander(e)n **erzählen** (aber/
    doch/aber doch mir/uns/... nicht) Db 6.15
etw. bis zum **es-geht-nicht-mehr** tun Hc 6.13
ein (ausgemachter/...) **Esel** sein Cd 10.11
störrisch wie ein **Esel** sein De 9.13
stur wie ein **Esel** sein De 9.13
jn. hat der **Esel** im Galopp verloren Cd 10.17
zu etw. passen wie der **Esel** zum Lautenschlagen Cd 4.7
von etw. so viel verstehen wie der **Esel** vom Lautenschla-
    gen Cd 2.10
ein **Esel** in der Löwenhaut sein Cc 11.20
einen **Esel** nicht von einem Ochsen unterscheiden können
    Cd 10.17
zum **Esel** fehlen jm. nur die Ohren, den Kopf hat er
    Cd 10.17
einen **Esel** im Wappen führen Cd 10.17
ein **Esel** im Wolfspelz sein Cc 11.20
bei den **Eseln** in die Schule gegangen sein Cd 10.17
jm. eine **Eselsbrücke** bauen Ga 12.66
zittern wie **Espenlaub** Gb 6.30
nichts (mehr) zu **essen** haben Fb 7.23
nicht satt zu **essen** haben Fb 7.23
jn. (noch) arm **essen** Hd 4.36

sich dick und rund/fett **essen** Hd 4.35
für drei/vier/fünf/sieben **essen** Hd 4.33
sich kugelrund **essen** Hd 4.35
sie muß für zwei **essen** Hd 4.27
essen, als ob man's bezahlt bekäme/kriegte Hd 4.33
zum **Essen** gehen (mit jm.) Hd 4.81
das **Essen** fällt jm. aus dem Gesicht Bc 2.25
essen und trinken Hd 4.89
ein unnützer **Esser** sein De 14.33
mit e-r S. – das ist **Essig**/ist es Essig Aa 8.41 De 25.90
das **Etappenziel** erreichen/... Aa 6.87
über js. **Etat** gehen Fb 12.5
(so) **etwa** Ia 5.6
(so) in **etwa** Ia 5.6
nicht **etwa**, daß ... Dc 5.130
schon **etwas** sein De 24.22
(so) ein gewisses **Etwas** haben Ca 1.11
rennen/rasen/draufschlagen/lügen/stehlen/... wie nur
    (et)was Ic 2.40
das ist doch wenigstens/schon **etwas**! Db 18.14 Ic 5.2
so **etwas** von ... Cc 33.6
so **etwas** wie ... Ia 5.5
etw. (zu) tun heißt/bedeutet/ist dasselbe wie/... **Eulen**
    nach Athen tragen De 28.12
im **Evaskostüm** Ed 9.1
js. Worten/... lauschen wie dem **Evangelium** Dc 6.7
(für jn.) ein **Evangelium** sein, was j. sagt/was irgendwo
    steht/... Db 5.9
(für jn.) kein **Evangelium** sein, was j. sagt/was irgendwo
    steht/... Db 6.6
auf **ewig** Aa 3.15
einer von den **Ewiggestrigen** sein Aa 21.8
für alle **Ewigkeit** Aa 1.64
bis in alle **Ewigkeit** etw. tun Aa 1.62
etw. in alle **Ewigkeit** nicht tun Db 15.70
eine halbe/kleine **Ewigkeit** warten/dauern/... Aa 1.15
schon eine halbe **Ewigkeit** etw. tun Aa 1.15
seit einer halben **Ewigkeit** etw. tun Aa 1.12
jn./sich eine **Ewigkeit** nicht mehr sehen/gesehen haben
    Aa 1.12
jn./sich seit einer **Ewigkeit** nicht mehr sehen/gesehen ha-
    ben Aa 1.12
in die **Ewigkeit** eingehen Ba 2.10
jn./sich seit **Ewigkeiten** nicht mehr sehen/gesehen haben
    Aa 1.12
das/sein **Examen** bestehen Cd 19.51
durchs **Examen** fallen/rauschen Cd 19.54
ins **Examen** gehen/steigen Cd 19.49
im **Examen** stehen/sein Cd 19.49
ein **Exempel** statuieren Fa 19.16
im **Exil** sein/leben Fa 14.13
ins **Exil** gehen Fa 14.12
jn. ins **Exil** schicken Fa 14.11
eine verkrachte **Existenz** sein De 25.108
jm. keine/nicht immer eine/... **Extrawurst** braten (kön-
    nen) Cc 11.67
meinen/glauben/..., es würde einem eine **Extrawurst** ge-
    braten Cc 11.66
(immer/...) eine **Extrawurst** gebraten haben wollen
    Cc 11.66
von einem **Extrem** ins andere fallen Id 2.72
vom **Fach** sein Cd 3.7 Cd 15.33
(nicht) in js. **Fach** schlagen Cd 19.47
sein **Fach** verstehen Cd 10.12
die **Fackel** des Krieges ins/in das Land tragen Gc 4.45
nicht (erst) lange **fackeln** (mit jm.) (bei/mit etw.)
    Dd 7.14 Fa 19.32

jm. einen **Fackelzug** bereiten/(machen) Cc 23.11
  Hd 7.14

einen **Fackelzug** veranstalten/organisieren/... (für jn.)
  Cc 23.11 Hd 7.14

ipso **facto** Dd 9.19

dünn wie ein/nur noch ein **Faden** sein Ca 4.14

der rote **Faden** (in/von etw.) sein Dc 5.44

die **Fäden** zu jm. (wieder) anknüpfen Ea 4.26

die **Fäden** (einer Diskussion/...) entgleiten jm. Dc 5.74

den **Faden** (eines Gesprächs/...) fortspinnen/weiterführen Dc 5.42

die **Fäden** (eines Gesprächs/...) fortspinnen/weiterführen Dc 5.42

die **Fäden** (einer Diskussion/...) in der Hand haben/halten Dc 5.73

die/alle **Fäden** (fest) in der Hand haben/halten Fa 6.30

die **Fäden** (der Diskussion/...) in der Hand behalten
  Dc 5.73

alle/die **Fäden** laufen in js. Hand/Händen zusammen
  Fa 6.30

die **Fäden** der Handlung entwirren Cd 20.47

die **Fäden** der Handlung sind kunstvoll/... (miteinander)
  verschlungen Cd 20.47

an einem seidenen/dünnen **Faden** hängen Ih 4.15

sich wie ein roter **Faden** durch etw. hindurchziehen/ziehen Dc 5.44

keinen guten **Faden** lassen an jm./etw. Db 19.16

alle/die **Fäden** laufen in/bei/... zusammen Fa 6.30

keinen trockenen **Faden** mehr am Leib(e) haben Ac 3.2

der **Faden** (eines Gesprächs/...) reißt (plötzlich/...) ab
  Dc 5.64

einen guten **Faden** miteinander spinnen Ec 1.10

keinen guten **Faden** miteinander spinnen Ec 2.2

die/alle **Fäden** im Verborgenen spinnen Fa 6.33

den **Faden** verlieren (in einer Diskussion/...) Dc 5.74

den **Faden** (eines Gesprächs/...) wiederaufnehmen
  Dc 5.40

sein **Fähnchen** nach dem Wind hängen/drehen/richten
  Db 12.13

eine **Fahne** haben Hd 6.22

bei der **Fahne** bleiben Ga 12.48

die **Fahne** der Völkerverständigung/des Katholizismus/...
  hochhalten Hb 3.22

unter der **Fahne** stehen Gc 4.5

die **Fahne** nach dem Wind drehen/hängen/richten
  Db 12.13

die weiße **Fahne** zeigen/hissen Gc 4.92

zu den **Fahnen** eilen Gc 4.11

Fahnen lesen Cd 20.61

jn. zu den **Fahnen** rufen Gc 4.15

den Kampf für etw./... auf seine **Fahnen** schreiben
  Hb 3.19

mit fliegenden/wehenden **Fahnen** zu jm./zum Feind/...
  übergehen Db 11.5

den **Fahneneid** leisten Gc 4.4

dazwischen **fahren** (in etw.) Dc 5.24

gut **fahren** mit jm./etw. Hb 7.2

links/rechts **fahren** Ab 5.17

ein Auto/... sauer **fahren** Ab 5.13

schlecht **fahren** mit jm./etw. Hb 8.1

alle Hoffnung/Hoffnungen/... **fahren** lassen/aufgeben
  (müssen) Db 9.2

einen **fahren** lassen Ac 7.5

(so) (richtig/...) in **Fahrt** sein (mit/bei etw.) Aa 6.21
  De 13.57

freie **Fahrt** haben Ab 5.31

in rasender **Fahrt** Aa 14.42

in voller **Fahrt** Aa 14.42

die letzte **Fahrt** antreten (müssen) Ba 2.8

jn. in **Fahrt** bringen Cb 16.30

auf **Fahrt** gehen Ab 4.10

(erst/erst einmal) (richtig/...) in **Fahrt** kommen Aa 6.18
  Aa 10.4

auf richtiger/der richtigen/falscher/der falschen **Fährte**
  sein Ab 9.5

js. **Fährte** (wieder) aufnehmen Ab 9.11

jn. auf die richtige/falsche **Fährte** bringen Ab 9.14

js. **Fährte** folgen Ab 9.3

jn. auf eine/die falsche **Fährte** führen Cc 16.15

jn. auf die falsche **Fährte** locken Ab 9.16 Cc 16.16

auf die **Fährte** von jm. stoßen Ab 9.4

die **Fährte** (von jm.) verfolgen Ab 9.3

(ganz) im **Fahrwasser** sein von jm./etw./der/des/...
  Fa 6.38

(ganz/genau/...) im richtigen **Fahrwasser** sein (bei jm./
  mit etw.) Aa 6.27

ein **Faible** für jn./etw. haben Hc 3.17

mein/dein/... **Fall** sein Hc 3.29

nicht mein/dein/... **Fall** sein Hc 5.5

ein hoffnungsloser/aussichtsloser/... **Fall** sein Db 9.6
  De 25.63

das ist der **Fall** bei jm./etw. Ie 1.53

in dem **Fall**, daß ... Ie 1.52

im besten **Fall** Da 9.56 Hb 7.15

gesetzt den **Fall**, daß ... Ie 1.54

auf jeden **Fall** De 8.5 Ih 1.20

in jedem **Fall** De 8.5 Ih 1.20

auf keinen **Fall** Db 15.72

in keinem **Fall** Db 15.72

klarer **Fall** Ih 2.1

im schlimmsten **Fall** Da 10.35 Hb 8.6

jn. zu **Fall** bringen De 25.22

(ein) typischer **Fall** von denkste! Db 21.13

etw. von **Fall** zu Fall entscheiden/regeln/... Dd 6.28

auf alle **Fälle** Ih 1.21

für alle **Fälle**! Gb 3.7

(ab/los) in die **Falle**! De 22.14

in die **Falle** gehen De 22.2

jm. in die **Falle** gehen Cc 16.61

sich in die **Falle** legen De 22.2

jn. in eine **Falle** locken Cc 16.21

jm. eine **Falle** stellen Cc 16.22

jn./etw. **fallen** lassen Ge 11.2

jn. **fallen** lassen Fa 13.2

etw. **fallen** lassen Aa 8.15

jm. **Fallstricke** legen Cc 16.22

was **fällt** dir/ihm/... ein?! Cc 33.5

(plötzlich/...) **fällt** jm. ein, etw. zu tun Db 3.2

jm. **fällt** schon/gar/... nicht ein, etw. zu tun Db 3.7

es **fällt** schwer, etw. zu tun De 20.12

ohne **Falsch** sein Cc 13.1

an jm. ist kein **Falsch** Cc 13.1

(mit etw.) (bei jm./da) an den **Falschen** kommen/geraten
  Ea 10.30

jn. bis in die geheimsten **Falten** seiner Seele kennen
  Ic 2.31

die Stirn/das Gesicht in **Falten** ziehen/(legen) Dc 8.12

das/etw. bleibt in der **Familie** Dc 3.101

etw. liegt in der **Familie** Ed 6.15

(schon/...) zur **Familie** gehören Ea 4.18

das kommt in den besten **Familien** vor Cc 2.22

im engsten **Familienkreis** Ed 5.30

mit jm./etw. einen guten **Fang** machen De 27.5

jm. in die **Fänge** geraten Fa 13.21

sich eine/einen **fangen** Cc 26.45
sich ein paar **fangen** Cc 26.45
sich wieder **fangen** Cb 20.3 Cc 6.42
jn. zu **fangen** suchen/. . . Cc 16.19
sich von jm. **fangen** lassen Cc 16.58
nicht mehr hergeben/. . ., was man einmal in seinen **Fängen** hat Fb 1.29
(einem Tier) den **Fangschuß** geben Ba 4.33
il dolce **far** niente De 14.41
von blauer/grüner/. . ./auffallender/dezenter/. . . **Farbe** Ac 5.3
die **Farbe** dick auftragen Id 2.36
Farbe bekennen (müssen) Dc 3.54
Farbe bekommen Bc 1.13
einer Darstellung/. . . mehr **Farbe** geben Cd 20.34
jm. weicht die **Farbe** aus dem Gesicht Da 6.12
die **Farbe** wechseln Cc 29.1
die **Farbe** wechseln (wie ein Chamäleon) Db 12.11
in gedeckten/auffälligen/dezenten/schreienden/. . . **Farben** Ac 5.3
(jm.) etw. in dunklen/schwarzen/den dunkelsten/den schwärzesten **Farben** malen/ausmalen/schildern/. . . Id 2.41
(jm.) etw. in grellen/in den grellsten **Farben** malen/ausmalen/schildern/. . . Id 2.38
(jm.) etw. in den krassesten **Farben** malen/ausmalen/schildern/. . . Id 2.38
(jm.) etw. in den leuchtendsten/in rosaroten/in den schönsten/in den goldigsten **Farben** malen/ausmalen/schildern/. . . Db 4.68
(jm.) etw. in den leuchtendsten/in den schönsten/in den goldigsten **Farben** malen/ausmalen/schildern/. . . Id 2.44
(jm.) etw. in rosigen/rosaroten **Farben** malen/ausmalen/schildern/. . . Db 4.68 Id 2.43
(jm.) etw. in den schwärzesten/den dunkelsten/schwarzen/düsteren **Farben** malen/ausmalen/schildern/. . . Db 4.63
die **Farben** der Bundesrepublik/des FC Bayern/. . . vertreten Hb 3.21
mit jeder **Faser** seines Herzens/Wesens an jm./etw. hängen Ed 1.51
keine trockene **Faser** mehr am Leib(e) haben Ac 3.2
bis in die letzten **Fasern** seines Herzens/(Wesens) ein Gentleman/. . . sein Ic 1.8
etw. mit allen **Fasern** seines Herzens/(Wesens) ersehnen/wünschen/. . . Ic 2.9
mit allen **Fasern** seines Herzens/(Wesens) an jm./etw. hängen Ed 1.51
dick wie ein **Faß** (sein) Ca 4.9
voll wie ein **Faß** (sein) Hd 6.20
saufen wie ein **Faß** Hd 6.42
ein **Faß** aufmachen Hd 7.3
das/etw. ist ein **Faß** ohne Boden Fb 12.20
das/etw. schlägt dem **Faß** den Boden aus Cc 33.22
das **Faß** der Danaiden füllen wollen De 28.11
das/etw. ist (alles) (nur/. . .) **Fassade** Cc 15.14
sich kurz **fassen** Dc 1.14
(das/etw. ist) nicht/kaum zu **fassen** Cc 33.24
das ist (gar/überhaupt) nicht zu **fassen**! Cb 10.30
wenn/. . . j. jn. zu **fassen** kriegt (dann . . ./. . .) Cc 25.27
jeder nach seiner **Fasson**! Cb 1.12
(ein bißchen/. . .) aus der **Fasson** geraten Ca 4.1
jeder muß/soll nach seiner **Fasson** selig werden Cb 1.12 Hc 4.13
jeden nach seiner **Fasson** selig werden lassen Cb 1.12 Hc 4.13

(ganz) außer **Fassung** sein Cb 17.7
die **Fassung** bewahren Cb 20.1
jn. aus der **Fassung** bringen Cb 17.16
aus der **Fassung** geraten/(kommen) Cb 17.5
die **Fassung** verlieren Cb 17.5
die/seine **Fassung** wiedergewinnen Cb 20.3
ein eingebildeter **Fatzke** sein Cc 11.19
und er/sie/mein Onkel/. . . nicht **faul**, sagt(e)/. . . Aa 17.5
etwas ist **faul** an etw. Cc 18.6
vor **Faulheit** stinken De 14.8
auf eigene **Faust** handeln/etw. tun Dd 11.2 Fa 24.3
passen wie die **Faust** aufs Auge Hb 8.5
etw. mit eiserner/harter **Faust** durchsetzen Gc 8.4
jm. eine **Faust** machen Cb 16.47
jm. die **Faust** unter die Nase halten Cb 16.47
ein Brötchen/. . . auf die **Faust** nehmen Hd 4.13
die **Faust** in der Tasche ballen Cb 16.44
mit der **Faust** auf den Tisch schlagen/hauen Cb 16.45
jn. mit eiserner **Faust** unterdrücken Fa 14.7
jm. die **Faust** zeigen Cb 16.47
sich (eins) ins **Fäustchen** lachen Cb 2.43
mit geballten **Fäusten** dabeistehen/zusehen (müssen)/. . . Cb 16.44
jn. mit **Fäusten** bearbeiten Cc 26.3
Faxen machen Cb 8.4
das **Fazit** ziehen (aus etw.) Db 4.6
etw. unter der **Feder** haben Cd 20.37
die Reime/. . . fließen jm. leicht aus der **Feder** Cd 20.38
etw. ist mit fliegender **Feder** geschrieben/. . . Cd 20.41
eine kluge **Feder** führen Cd 20.39
eine scharfe **Feder** führen Cd 20.40
eine spitze **Feder** führen Cd 20.40
die **Feder** zu führen wissen Cd 20.38
zur **Feder** greifen Cd 20.18
schreiben/. . ., wie es einem in die **Feder** kommt Cd 20.30
seiner **Feder** freien Lauf lassen Cd 20.30
von der **Feder** leben (können) Cd 20.45
aus js. **Feder** stammen/sein Cd 20.44
die/js. **Feder** sträubt sich, etw. niederzuschreiben/. . . Cd 20.31
ohne viel **Federlesens** jm. die Meinung sagen/. . . Dc 3.44
nicht viel **Federlesens** mit jm. machen Fa 19.33
früh aus den **Federn** sein/müssen/wollen/. . . Aa 1.28
jn. aus den **Federn** holen De 22.20
(morgens/. . .) nicht aus den **Federn** kommen/finden/finden können/können Aa 1.33
in die **Federn** kriechen De 22.2
Federn lassen müssen Db 19.52
sich mit fremden **Federn** schmücken Cc 11.49
noch/. . . in den **Federn** stecken/liegen De 22.10
mit einem (einzigen) **Federstrich**/ein paar Federstrichen ändern/rückgängig machen/zunichte machen/auslöschen/. . . Aa 14.9
etw. kann man nicht/läßt sich nicht/. . . mit einem **Federstrich** aus der Welt schaffen Aa 12.3
mit ein paar **Federstrichen** skizzieren/. . . Cd 20.29
den **Fehdehandschuh** aufnehmen/aufheben Gc 3.14
jm. den **Fehdehandschuh** hinwerfen/vor die Füße werfen/ins Gesicht schleudern Gc 1.3
ein . . . ohne **Fehl** und Tadel Ic 3.10
an jm./e-r S. soll es nicht **fehlen** Ia 6.9
es **fehlen** lassen an etw. Ia 7.4
ein (dicker) **Fehler** Cd 13.5
(jetzt) **fehlt** nur noch, daß . . . Db 15.51
bei dir/ihm/. . . **fehlt** oben etwas Cd 12.7
wo/woran **fehlt's**/fehlt es (denn)? Ia 7.5
bei dir/ihm/. . . **fehlt's** wohl im Kopf? Cd 12.13

das **fehlte** (jm.) (gerade) noch (daß . . .) Db 15.50

jetzt **fehlt(e)** nur noch/es fehlt(e) jetzt nur noch, daß . . . noch/daß . . . auch noch/. . . Cb 3.71

zur **Feier** des Tages Hd 5.20

Feierabend! Aa 8.34

jetzt/dann/. . . ist **Feierabend** (mit etw.) Aa 8.35

(für heute/. . .) (mit etw.) **Feierabend** machen Aa 8.11

schon nicht mehr **feierlich** sein Cb 15.23 Cc 33.9

krank **feiern** De 15.44

(nur) an hohen (kirchlichen) **Feiertagen** Aa 3.3

(dann/mal) ran an den **Feind**! Aa 7.32

das/etw. wünsche ich/wünscht er/. . . meinem/seinem/. . . ärgsten **Feind(e)** nicht Hb 1.7

eine **Feindschaft** auf Leben und Tod Ec 2.13

(dauernd/. . .) in **Feindschaft** mit jm. liegen/leben Ec 2.12

die **Feindseligkeiten** (auf beiden Seiten/. . .) einstellen Gc 13.7

noch ein weites **Feld** für Entdeckungen/Vermutungen/. . . sein/(. . ., das ist ein weites Feld) Ih 4.24

(. . ., aber/. . .) das/(etw.) ist ein weites **Feld** Db 4.77

auf freiem **Feld** übernachten/campieren/. . . Ab 4.29

übers freie **Feld** gehen/laufen/. . . Ab 4.30

das **Feld** behaupten/(behalten) Gc 6.3

das **Feld** beherrschen Gc 12.3

auf dem **Feld(e)** der Ehre fallen Ba 2.37

Argumente/. . . gegen jn./etw. ins **Feld** führen Dc 5.49

ins **Feld** gehen Gc 4.10

ins **Feld** hinausziehen Gc 4.10

ein weites **Feld** liegt (noch) vor jm. Aa 7.2

jm. das **Feld** streitig machen (wollen) Gc 12.1

das **Feld** räumen (müssen) Gc 11.10

ins **Feld** rücken Gc 4.10

jn. aus dem **Feld(e)** schlagen Gc 12.13

im **Feld** stehen Gc 4.12

jm. das **Feld** überlassen (müssen) Gc 11.10

ins **Feld** ziehen Gc 4.10

ein **Feld-Wald-und-Wiesen**arzt/-anwalt/. . . Ic 5.10

zu **Felde** ziehen für/gegen etw. Hb 3.24

ein dickes **Fell** haben Cb 21.6

dir/euch/ihm/. . . juckt wohl das **Fell**? Cc 26.59

das **Fell** des Bären verkaufen/(vertreiben), ehe/bevor man ihn erlegt/(gefangen) hat Aa 9.3

das **Fell** des Bären verkaufen/(vertreiben), ehe/(bevor) man ihn erlegt/(gefangen) hat Fb 8.10

jm. das **Fell** gerben/versohlen/vollhauen Cc 26.9

jm. das **Fell** über die Ohren ziehen Cc 16.29

das/js. **Fell** versaufen Ba 7.7 Hd 5.33

jm. schwimmen die/alle **Felle** davon/weg De 25.70

aussehen/. . ., als wären einem alle **Felle** weggeschwommen/davongeschwommen Cb 3.65

seine **Felle** davonschwimmen/wegschwimmen sehen De 25.70

wie ein **Fels** (in der Brandung) dastehen Cb 21.13

weg vom **Fenster** sein Fa 13.7

bevor j. etw. tut, springt er lieber aus dem **Fenster** Db 14.28

sich vorkommen/. . ., als redete/(spräche) man zum **Fenster** hinaus/(aus dem Fenster) Dc 1.90

sich aus dem **Fenster** stürzen/aus dem Fenster springen Ba 3.7

in **Ferien** sein De 15.46

in **Ferien** gehen/fahren De 15.45

jm. **fern** sein Eb 2.16

das/etw. sei **fern** von mir/uns/. . .! Db 15.62

etw. (nur/. . .) von **fern** verfolgen/miterleben Db 4.77

nicht von **ferne** etw. beabsichtigen/. . . Db 14.26

das/etw. liegt noch in grauer/weiter/nebelhafter/. . . **Ferne** Aa 1.40

in die **Ferne** gucken/. . . Ab 1.40

aus der **Ferne** schreiben/. . . Ab 1.44

in weite/(nebelhafte) **Ferne** rücken Aa 2.14

sich in der **Ferne** verlieren Ab 1.42

etw. rangiert/. . . unter »**ferner** liefen« Ib 1.77

jm. (dicht/hart) auf den **Fersen** sein/folgen Ab 9.10

sich an js. **Fersen** heften Ab 9.9

Fersengeld geben Ab 7.18

fertig sein De 23.8

(mit etw.) **fertig** sein Aa 8.5

etw. (bald/. . .) **fertig** haben Aa 8.3

jetzt/da bin ich (aber) **fertig** Da 7.18

jetzt/da bist du/seid ihr/. . . aber **fertig**, was? Da 7.18

allerhand/viel/. . . **fertigbringen** Cd 3.12

nichts/. . . **fertigbringen** Cd 2.3

es **fertigbringen**, etw. zu tun Cd 3.48

etw./jn. **fertigmachen** Cc 24.51

jn. **fertigmachen** De 23.1 Gc 9.3

mit etw./jm. **fertigsein** Eb 2.42

mit jm. schnell **fertigsein** Cc 24.53

mit etw./jm. (gut/glänzend/schlecht/. . .) **fertigwerden** Ga 6.7

laß/. . . ihn/. . . allein **fertigwerden**! Fa 8.12

mit jm. noch/schon **fertigwerden** Cc 24.53

mit jm. schnell **fertigwerden** Cc 24.53

jm. **Fesseln** anlegen Cc 20.81 Fa 14.10

sich von seinen/js. **Fesseln** befreien/lösen Fa 16.6

jn. in **Fesseln** legen Cc 20.81 Fa 14.10

seine **Fesseln** sprengen/(ablegen) Fa 16.6

die **Feste** feiern, wie sie fallen Hd 7.16

sich **festfahren** Ga 4.44

wie **festgenagelt** dastehen/. . . Da 6.15

sich **festlegen** Db 4.8

festsitzen Ga 4.47

post **festum** Aa 1.74

das **Fett** abschöpfen Hb 11.7

Fett ansetzen Ca 4.2

jm. sein **Fett** geben Cc 24.63

sein **Fett** kriegen Cc 24.72

jn. in seinem eigenen/im eigenen **Fett** schmoren lassen Fa 8.13

im **Fett** schwimmen Fb 6.18

sein **Fett** weghaben Cc 24.76

ins **Fettnäpfchen** treten (bei jm.) Ea 12.19

nur noch ein **Fetzen** sein Ac 11.8

in **Fetzen** herumlaufen/gekleidet sein/. . . Fb 7.34

jn. verprügeln/schlagen/. . ., daß die **Fetzen** fliegen Cc 26.11

nur/bloß/. . . ein **Fetzen** Papier sein Ha 12.10

etw. in **Fetzen** reißen/(zerreißen) Ac 12.18

etw. mit **Feuer** erzählen/vortragen/. . . Cb 2.33

mit dem **Feuer** der Begeisterung reden/etw. erzählen/. . . Cb 2.33

das **Feuer** eröffnen Gc 4.57

Feuer fangen Ac 12.14

(sofort/. . .) **Feuer** und Flamme für etw. sein Hc 3.12 Ic 2.3

Feuer geben Gc 4.57

Feuer gefangen haben Ed 1.41

für jn. durchs **Feuer** gehen Dd 1.23

zwischen zwei **Feuer** geraten/kommen Ga 4.34

Feuer im Hintern haben Ca 1.12

jm. **Feuer** unter dem/unterm Hintern machen Fa 18.6

Feuer an etw. legen Ac 12.10

Feuer im Leib haben Ca 1.12

das **Feuer** schüren Cb 13.21 Cb 16.35
mit **Feuer** und Schwert ausrotten/. . . Ba 4.9
mit **Feuer** und Schwert gegen jn./etw. vorgehen Ba 4.9
mit dem **Feuer** spielen Gb 4.6
unter **Feuer** stehen Gc 4.75
dem **Feuer** überantworten Ac 12.12
(so verschieden) wie **Feuer** und Wasser sein If 4.7
jm. eine **feuern** Cc 26.29
jm. ein paar **feuern** Cc 26.29
die **Feuerprobe** bestehen Gb 5.16
die **Feuertaufe** bestehen Gb 5.16
die **Feuertaufe** erhalten Gb 5.17
wie die **Feuerwehr** daherrasen/rennen/. . . Aa 14.35
ein **Feuerwerk** geistreicher Einfälle/blendender Bemer-
    kungen/. . . abbrennen Dc 1.143
etw./das **ficht** jn. nicht an Cb 21.10
gespannt sein wie ein **Fiedelbogen** Fa 3.2
sagen wir/ich schlage vor/. . .: **fifty-fifty**! Fb 2.13
fifty-fifty (mit jm.) machen (bei etw.) Fb 2.12
eine gute/schlechte/glänzende/klägliche/glückliche/. . .
    Figur abgeben/machen als . . . Fa 1.2
die **Figur** eines . . . abgeben Fa 1.2
beim **Film** sein Hd 10.3
jetzt/dann/. . . rollt der **Film** ab Aa 6.25
zum **Film** gehen/wollen Hd 10.3
bei jm. ist der **Film** gerissen Db 2.16
einen **Fimmel** haben Cd 12.29
einen **Fimmel** für etw. haben Hc 3.18
js. **Finanzen** stehen gut/. . . Fb 3.12
es/das wird sich (alles) **finden**! Aa 11.15
das/etw. wird sich (schon wieder/. . .) **finden** Ga 5.11
etw. nichts besonderes **finden** Hc 5.2
nichts/etwas dabei/daran **finden**, etw. zu tun/wenn . . .
    Db 20.19
an etw. nichts/(wenig) **finden** können Hc 5.2
ein Hochzeitsessen/. . . mit allen **Finessen** Ic 3.11
klebrige/krumme **Finger** haben Cc 19.2
etw./es im kleinen **Finger** haben Cd 3.21
es im kleinen **Finger** haben (wie man etw. macht) Cd 5.21
das/so eine Sache/. . . muß man (doch) im kleinen **Finger**
    haben Ic 3.24
das hab ich/hat Karl/. . . im kleinen **Finger** Cd 14.4
ungeschickte **Finger** haben Cd 6.6
den **Finger** am Abzug haben (js. Finger liegen schon am
    Abzug) Gc 4.52
der/die/. . . bricht sich den **Finger** noch im Arsch (ab/. . .)
    Cd 6.8
die **Finger** nicht bei sich behalten können Cc 19.2
jm. mit dem **Finger** drohen Dc 8.26
an jedem **Finger** eine haben Ed 1.63
jm. in die **Finger** fallen Fb 1.10
jm. eins auf die **Finger** geben/hauen Cc 26.23
jm. durch die **Finger** gehen Ab 8.5
sich etw. durch die **Finger** gehen lassen Hb 6.13
da hast du dir/da hat er sich/. . . (aber/aber gewaltig/ge-
    waltig/. . .) in den (eigenen) **Finger** geschnitten! Hb 6.7
wenn/. . ., dann hast du dich/dir/habt ihr euch/. . . aber
    (gewaltig) in den **Finger** geschnitten Db 21.27
du mußt/ihr müßt/. . . ihm/dem Paul/. . . einmal/von Zeit
    zu Zeit/. . . auf die **Finger** klopfen Cd 24.7
jm. unter die **Finger** kommen Ab 13.7
im kleinen **Finger** haben, was andere/die ander(e)n nicht
    im Kopf haben Cd 7.2
eins/ein paar auf die **Finger** kriegen Cc 26.47
wenn/. . . j. jn./etw. in die **Finger** kriegt, dann . . ./. . .
    Cc 25.22
keinen **Finger** krümmen/krumm machen (für jn./etw.)
    De 14.17 Fa 8.6

(es ist besser/. . .) die **Finger** davon (zu) lassen Db 14.8
sich die **Finger** danach lecken, etw. zu kriegen/essen/. . .
    Hd 3.7
sich alle/alle zehn **Finger** danach lecken, etw. zu kriegen/
    essen/. . . Hd 3.7
den/die **Finger** auf eine Wunde/einen wunden Punkt/ei-
    nen entscheidenden Punkt/. . . legen Cb 13.15
etw. mit dem kleinen **Finger** machen De 19.8
lange/krumme **Finger** machen Cc 19.4
sich die **Finger** nicht (gern) schmutzig/dreckig machen/
    beschmutzen De 14.21
mit dem **Finger** im Mund dastehen/in der Gegend stehen/
    da herumstehen/. . . Cd 6.4
den/die **Finger** auf den Mund legen Dc 2.38
der/die/. . . bricht sich den **Finger** noch in der Nase (ab)
    Cd 6.8
keinen **Finger** rühren (für jn./etw.) De 14.17 Fa 8.6
der/mein/. . . kleine(r) **Finger** sagt mir/. . . Cd 14.3
sich (gewaltig/. . .) in den (eigenen) **Finger** schneiden
    Hb 6.7
sich die **Finger** wund schreiben Cd 20.33
jm. (genau/. . .) auf die **Finger** sehen Ac 6.30
es jm. durch die **Finger** sehen, daß . . . Cc 27.4
bei etw. die/seine **Finger** im Spiel/dazwischen/drin haben
    Fa 6.15
seine **Finger** in etw. stecken Fa 6.13
die **Finger** (in die Höhe) strecken Cd 19.21
sich (gewaltig/ganz gehörig/. . .) die **Finger** verbrennen
    Hb 6.7
sich die **Finger** vergolden lassen können Fb 6.18
sich von jm. (immer/. . .) um den kleinen **Finger** wickeln
    lassen Fa 15.5
keinen **Fingerbreit** von etw. abweichen/abgehen/. . .
    Gc 7.13 Ic 10.14
um keinen/nicht um einen **Fingerbreit** nachgeben/. . .
    Gc 7.10
ein **Fingerchen** für etw. haben/dafür haben, etw. zu tun
    Cd 5.21
sich die zarten **Fingerchen** nicht schmutzig machen/drek-
    kig machen/beschmutzen De 14.21
ein(en) **Fingerhut** voll *(+ Subst.)* Ia 3.11
das Geigespielen/. . . in den **Fingern** haben Cd 5.22
jm. zerrinnt das Geld unter den **Fingern** Fb 8.7
es juckt jm. in den **Fingern**, etw. zu tun Hc 4.9
es kribbelt jm. in den **Fingern**, etw. zu tun Hc 4.9
sich etw. (doch) an den (fünf) **Fingern** abzählen können
    Ih 1.15
das/daß . . . kannst du dir/kann er sich/. . . (doch) an den
    (fünf) **Fingern** abzählen Ih 1.15
etw. (nur) mit spitzen **Fingern** anfassen/anpacken
    De 14.22
an js. **Fingern** klebt Blut Cc 22.12
etw. nicht (mehr) aus den **Fingern** geben Fb 1.28
das/etw. hat sich j. aus den **Fingern** gesogen Cc 14.17
das/etw. ist mit den **Fingern** zu greifen Ih 1.16
etw. an den (fünf) **Fingern** hersagen können Ic 3.4
etw. nicht mehr aus den **Fingern** lassen Fb 1.29
sich etw. aus den **Fingern** saugen Cc 14.5
(ungeduldig/nervös) mit den **Fingern** auf die Tischplatte
    trommeln Dc 8.22
die Leute/. . . ließen sich/konnte man an den **Fingern**
    (ab)zählen Ia 3.2
mit den **Fingern** auf jn. zeigen/(weisen) Db 19.42
ein Gentleman/. . . bis in die **Fingerspitzen** sein Ic 1.8
das/etw. in den **Fingerspitzen** haben Cd 3.21
es juckt/kribbelt jm. in den **Fingerspitzen**, etw. zu tun
    Cc 26.1 Hc 4.9

etw. nur mit **Fingerspitzen** anfassen/anpacken De 14.22

(ein gewisses/viel/. . .) **Fingerspitzengefühl** für etw. haben
    Cd 1.6

im **Finstern** Ac 4.3

im **finstern** tappen Cd 16.23

es herrscht eine ägyptische **Finsternis** Ac 4.2

Firlefanz machen Cb 8.6

kalt wie ein **Fisch** sein Cc 3.6

stumm wie ein **Fisch** sein Dc 2.10

schwimmen (können) wie ein **Fisch** Ic 3.8

der **Fisch** hat angebissen Cc 16.63

wie ein **Fisch** an der Angel zappeln Cc 16.62

weder **Fisch** noch Fleisch sein Ic 6.1

einen dicken **Fisch** an Land ziehen De 27.5

(der) **Fisch** will schwimmen Hd 5.18

sich fühlen/. . . wie ein **Fisch** auf dem Trockenen Hc 7.11

sich wie ein **Fisch** im Wasser fühlen Hd 1.11

sich munter wie ein **Fisch** im Wasser fühlen Hd 1.11

Fischblut (in den Adern) haben Cc 3.6

das/(etw.) sind kleine **Fische** (für jn.) De 19.8 Ha 5.28

die **Fische** füttern Bc 2.25

fit sein Bc 1.1

jn. unter seine **Fittiche** nehmen Gc 5.17

fix und fertig sein Aa 8.5 De 23.9

flachfallen De 25.79

Flachs machen Cb 8.4

die **Flagge** einholen/einziehen Gc 4.94

unter falscher **Flagge** segeln Ab 6.28

unter fremder **Flagge** segeln Ab 6.28

die **Flagge** streichen Gc 11.7

seine alte **Flamme** wiedersehen/. . . Ed 1.65

in **Flammen** aufgehen Ac 12.14

in **Flammen** geraten Ac 12.14

etw. in **Flammen** setzen Ac 12.10

in **Flammen** stehen Ac 12.15

jn./etw. den **Flammen** übergeben Ac 12.12

den Feind/. . . in der **Flanke** angreifen/fassen Gc 4.67

dem Gegner/. . . in die **Flanke** fallen Gc 4.67

eine **Flasche** sein Cd 4.15

einem Kind die **Flasche** geben Ed 5.23

zu tief in die **Flasche** geschaut/geblickt/geguckt/gesehen
    haben Hd 6.16

(oft/. . .) zur **Flasche** greifen Hd 6.38

einer **Flasche** (Sekt/Wein) den Hals brechen Hd 5.15

jm. ist/wird (ganz) **flau** Bc 2.22 Bc 4.1

jm. die **Flausen** austreiben Cc 24.11

nur/nichts als/. . . **Flausen** im Kopf haben Cb 8.1
    Da 3.22

jm. **Flausen** in den Kopf setzen Da 3.26

Flausen machen Cb 8.4

ein blauer **Fleck(en)** Cc 26.62

noch immer/. . . auf demselben **Fleck** sein Aa 6.28

etw. nicht vom **Fleck** bringen Ga 8.8

nicht vom **Fleck** gehen/(kommen) Aa 6.28

nicht vom **Fleck** kommen (mit etw.) Ga 8.6

ein weißer **Fleck** auf der Landkarte Ab 4.59

sich nicht vom **Fleck** rühren Ab 3.1

vom **Fleck** weg etw. tun Aa 17.2

einen **Fleck(en)** auf der weißen Weste haben Cc 22.7

ein schönes/anmutiges/. . . **Fleckchen** Erde Ab 4.55

Fleisch werden Cc 35.3

js. eigen **Fleisch** und Blut Ed 6.3

jm. in **Fleisch** und Blut übergehen Cd 3.23

weder **Fleisch** noch Fisch sein Ic 6.1

vom **Fleisch** gefallen sein Ca 4.18

sich ins eigene **Fleisch** schneiden Hb 6.8

sich nach den **Fleischtöpfen** Ägyptens zurücksehnen
    Hd 4.60

sich nach den ägyptischen **Fleischtöpfen** zurücksehnen
    Hd 4.60

jn. durch den **Fleischwolf** drehen Db 19.18

die **Fleppen** hinschmeißen/hinwerfen De 15.66

ein (richtiger/. . .) **Flickschuster** sein Cd 4.16

Fliege machen Ab 7.11

keiner **Fliege** etw. zuleide tun (können) Cc 1.6

jn. stört jede/(die) **Fliege** an der Wand Ia 3.23

sich über jede/(die) **Fliege** an der Wand ärgern/. . .
    Ia 3.23

matt wie die **Fliegen** sein De 23.17

zwei **Fliegen** mit einer Klappe schlagen De 24.60

zwei **Fliegen** auf einen Schlag/mit einem Schlag treffen/
    schlagen De 24.60

wie (die) **Fliegen** sterben/(umfallen) Ba 2.25

sich über jeden **Fliegenschiß** (an der Wand) ärgern/. . .
    Ia 3.23

alles **fliegt** durcheinander (in/bei/. . .) Ac 10.8

. . ., darauf **fliegt** er sofort Hc 3.15

wenn/. . . j. jm. vor die **Flinte** kommt (dann . . ./. . .)
    Cc 25.27

die **Flinte** ins Korn werfen Gc 11.8

gespannt sein wie ein **Flitzebogen** Fa 3.2

jm. einen **Floh** ins Ohr setzen Da 3.26

jm. den **Floh** ins Ohr setzen, daß . . . Da 3.26

angenehmes **Flohbeißen!** De 22.8

ein paar **Flöhe** Fb 3.20

keine **Flöhe** mehr haben/besitzen Fb 4.7

die **Flöhe** husten hören Da 3.23

lieber **Flöhe** hüten als etw. tun Db 15.7

jm. **Flöhe** ins Ohr setzen Da 3.26

nicht viel **Floskeln** machen Dc 1.11

jm. die **Flosse** geben/reichen Ea 6.5

flötengehen Ab 11.1

jm. die (richtigen) **Flötentöne** beibringen Cc 24.40

wieder **flott** sein Ab 6.26

etw. wieder **flottmachen** Aa 6.73 Ga 6.38

die **Flucht** nach vorn antreten Gc 6.39

die **Flucht** ergreifen Ab 7.17

jn. in die **Flucht** jagen Ab 7.26

jn. in die **Flucht** schlagen Ab 7.26

die Zeit vergeht/die Tage vergehen (wie) im **Fluge**
    Aa 14.17

Gedanken/Pläne/. . . verleihen jm. **Flügel** Cb 2.28

jm. die **Flügel** stutzen/(beschneiden) Cc 24.13

auf den **Flügeln** des Geistes/der Phantasie/des Trau-
    mes/. . . getragen werden/dahineilen/. . . Da 3.2

den **Flügelschlag** der Zeit verspüren Aa 6.88

platt wie 'ne **Flunder** sein Ca 4.17

allein auf weiter **Flur** sein/stehen/. . . Ab 2.13 Ia 4.12

(noch/. . .) im **Fluß** sein Aa 6.33

etw. (wieder/. . .) in **Fluß** bringen Aa 6.73

etw. in/im **Fluß** halten Aa 6.79

(wieder/. . .) in **Fluß** kommen Aa 6.73

flüssig sein Fb 3.14

Geld/. . . **flüssig** haben Fb 3.14

. . ., das kann ich dir/euch/ihm/. . . **flüstern!** Cc 25.18

dem/der/. . . werde ich/werden wir/. . . (aber) was **flü-
stern!** Cc 25.17

eine **Flut** von Beleidigungen/. . . prasselt auf jn. nie-
    der/. . . Ia 1.18

etw. zur **Folge** haben Dd 10.5

in der **Folge** Aa 1.53

in bunter **Folge** (sah man Darbietungen/. . .) Aa 5.16

in rascher **Folge** . . . Aa 5.16

in zwangloser **Folge** (erscheinen/. . .) Aa 3.21

Folge leisten Dd 5.16

nicht ohne **Folgen** bleiben Dd 10.3
jm./e-r S. nicht **folgen** können Cd 2.35
die **Folgen** tragen (für etw.) Dd 11.5
Folgerungen ziehen (aus etw.) Dd 10.26
in der **Folgezeit** Aa 1.53
e-r S. als **Folie** dienen Ie 1.42
recto **folio** Cd 20.70
verso **folio** Cd 20.70
jn. auf die **Folter** spannen Dc 4.9
etw. zutage **fördern** Dc 3.83
(gut/glänzend/blendend/...) in **Form** sein Cd 3.45
nicht/schlecht/miserabel/... in **Form** sein Cd 4.27
Form haben Ea 11.7
keine **Form** haben Ea 12.7
etw. in aller **Form** tun Ic 2.33
in aller **Form** sich entschuldigen/ablehnen/... Ea 11.15
(feste) **Form(en)** annehmen Dd 3.22
js. Haar/Kleidung/... aus der **Form** bringen Ca 1.62
sich (gut/glänzend/blendend/...) in **Form** fühlen Cd 3.45
sich schlecht/... in **Form** fühlen Cd 4.27
aus der **Form** geraten Ca 4.1
(nur/...) der **Form** halber Ea 11.16
eine Kritik/... in eine höfliche/... **Form** kleiden Ea 11.13
in **Form** kommen Cd 3.46
die **Form**/Formen wahren Ea 11.14
(nur/...) pro **forma** Ea 11.16
ein Mann/eine Frau/Aufführung/... von **Format** sein Ic 4.7
Format haben Ic 4.6
in geschlossener **Formation** angreifen/vorgehen Gc 4.60
ein Mann/eine Frau/Aufführung/... großen **Formats** Ic 4.7
etw. auf eine verständliche/leichte/gemeinsame/... **Formel** bringen Dc 5.69
etw. auf eine feste **Formel** bringen Dc 5.69
etw. auf eine treffende **Formel** bringen Db 4.38
eine gemeinsame **Formel** für etw. finden Db 16.20
eine Auseinandersetzung/... nimmt unangenehme/scharfe/... **Formen** an Cc 9.15
greifbare **Formen** annehmen Aa 6.7
(nur/...) (eine) **Formsache** sein Ea 11.17
nur immer so **fort**! Aa 3.24
fort mit...! Db 15.96
seinen **Fortgang** nehmen Aa 6.23
wie **fortgeblasen** sein Ab 10.6
Fortschritte machen (bei etw.) Aa 6.36
die/js. **Fortschritte** sind gleich Null If 7.13
Fortuna lächelt jm. Da 9.9
etw. vor das **Forum** der Öffentlichkeit bringen Dc 3.75
jm. den **Frack** vollhauen/vollschlagen Cc 26.9
sich den **Frack** vollachen Cb 10.11
das **frag** ich dich/euch/Sie! Dc 5.148
frag mich/ihn/... (lieber) nicht! Db 15.40
fragen Sie mich/ihn/... (lieber) nicht! Db 15.40
eine offene/... **Frage** sein Ih 4.6
..., das ist die **Frage** Ih 4.5
ob..., (das) ist eine (ganz) andere **Frage** If 3.12
daß..., (das) ist (gar/überhaupt) keine **Frage** Ih 1.5
das ist noch (sehr) die **Frage** Ih 4.5
(ob...) was für eine **Frage**! Ih 1.7
es ist die **Frage**, ob... Ih 4.4
in der **Frage** der Religion/... Ie 1.45
daß.../ob.../..., das ist (nur/...) eine **Frage** der Zeit/ des Geldes/... Aa 10.9 Ie 1.24
das/etw. kommt gar/überhaupt nicht in **Frage** Db 15.46

das/eins/etw. steht außer **Frage** Ih 1.3
eine **Frage** offen anfassen/anpacken Dc 3.20
(nicht) in **Frage** kommen Ha 1.4
eine **Frage** an jn. stellen/richten Dc 5.6
etw. in **Frage** stellen Db 6.1
in **Fragen** der Religion/... Ie 1.45
fragen kostet nichts! Cd 16.30
wie ein **Fragezeichen** dasitzen/dastehen/... Ca 5.5
wie ein krummgeschissenes **Fragezeichen** dasitzen/dastehen/... Ca 5.5
hinter das, was j. sagt/..., muß man/... ein großes **Fragezeichen** setzen Db 6.3
da **fragst** du/fragen Sie er/... noch? Ih 2.7
da **fragst** du/fragen Sie/mich/uns zuviel! Cd 16.4
es **fragt** sich, ob... Ih 4.4
Fraktur reden Dc 3.41
mit jm. (mal) **Fraktur** reden (müssen) Cc 24.25
frank und frei sagen, was man denkt/fühlt/... Dc 3.22
eine **Fratze** schneiden Cb 9.17
Fratzen schneiden Cb 9.17
jn. zur **Frau** begehren Ed 3.11
Frau und Kind(er) (verloren haben/...) Ed 5.10
sich eine **Frau** suchen Ed 3.5
aussehen/..., als wäre einem seine **Frau** weggelaufen Cb 5.8
die **Frechheit** haben, etw. zu tun Cc 9.10
eine abgetakelte **Fregatte** (sein) Bb 2.16
aufgetakelt wie eine **Fregatte** (sein) Ca 1.53
noch **frei** sein Ed 3.2
(in/bei/...) Zimmer/Bett/Verpflegung/Essen/... **frei** haben Fb 14.4
(heute/einen Tag/drei Monate/...) **frei** haben De 15.41
ich bin so **frei** Hd 4.71
frei Haus/Hafen/Bahnhof/... (liefern/...) Fb 15.87
mit jm. **frei** und offen reden/sprechen/... Dc 3.22
ins **Freie** gehen/... Ab 4.22
im **Freien** Ab 4.25
auf **Freiersfüßen** gehen Ed 1.5
die Kollegen/eine Gruppe/... **freihalten** Hd 5.32
jm. die **Freiheit** geben/schenken/zurückgeben Cc 20.89
sich die **Freiheit** nehmen, zu... Cc 9.7
jn. in **Freiheit** setzen Cc 20.89
sich allerhand/zu viele/... **Freiheiten** (gegen jn.) erlauben/herausnehmen Cc 9.9
sich **freischwimmen** Fa 16.3
eine **Freistunde** haben Cd 19.64
auf die **Freite** gehen Ed 1.5
den **Freitod** wählen Ba 3.6
fremdgehen Ed 4.6
eine große **Fresse** haben Dc 1.104
die/seine **Fresse** halten Dc 2.14
jm. die **Fresse** polieren Cc 26.11
jn. (noch) arm **fressen** Hd 4.36
sich dick und rund/fett **fressen** Hd 4.35
für drei/vier/fünf/sieben **fressen** Hd 4.33
sich kugelrund **fressen** Hd 4.35
j. wird dich/ihn/... (doch/schon) nicht (gleich) **fressen**! Gb 7.15 Id 2.62
jn. ansehen/..., als wollte man ihn **fressen** Cb 16.46
(so richtig/...) zum **Fressen** sein Ca 1.15
ein gefundenes **Fressen** sein (für jn.) Hb 7.5
nichts (mehr) zu **fressen** haben Fb 7.23
ein Kind/... zum **Fressen** gern haben Eb 1.18
fressen, bis es oben und unten wieder herauskommt Hd 4.23
fressen, bis man nicht mehr kann Hd 4.23
fressen, als ob man's bezahlt kriegte/bekäme Hd 4.33

ein unnützer **Fresser** sein De 14.33

jm. in **Freud** und Leid zur Seite stehen Ga 12.40

Freud und Leid mit jm./miteinander teilen Ga 12.43

in **Freud** und Leid zusammenstehen/zusammenhalten
Ga 12.41

ausflippen/ausrasten/verrückt werden/. . . vor **Freude**
Cb 2.7

fast außer sich geraten vor **Freude** Cb 2.7

jauchzen vor **Freude** Cb 2.12

jubeln vor **Freude** Cb 2.12

weinen vor **Freude** Cb 2.23

eine/seine diebische **Freude** haben an etw./daran, etw. zu
tun Cb 2.41

seine helle **Freude** haben an etw./an jm./daran, etw. zu
tun Cb 2.39

eine kindliche **Freude** haben an etw./daran, etw. zu tun
Cb 2.39

j. könnte vor **Freude** an die Decke springen Cb 2.14

sich vor **Freude** nicht halten/einkriegen können Cb 2.7

sich vor **Freude** (gar/überhaupt) nicht zu lassen wissen
Cb 2.7

etw. mit tausend **Freuden** tun Hc 4.4

mit tausend **Freuden** etw. annehmen/. . . Cb 2.37

herrlich und in **Freuden** leben Hd 2.6

die **Freuden** und Leiden . . . Cb 2.46

einen **Freudenschrei** ausstoßen Cb 2.11

einen **Freudentanz** aufführen Cb 2.15

Freudentänze aufführen Cb 2.15

sich diebisch **freuen** an etw./wenn j. etw. tun kann/. . .
Cb 2.41

kein/nicht gerade ein **Freund** sein von etw./davon, etw. zu
tun Eb 2.4

kein großer **Freund** sein von etw./davon, etw. zu tun
Eb 2.4

gut **Freund** werden mit jm. Ec 1.9

mein lieber **Freund**! Cc 25.7

Freund und Feind Ia 2.13

bei/von **Freund** und Feind geachtet sein/. . . Db 18.10
Ia 8.16

Freund Hein Ba 2.57

mein lieber **Freund** und Kupferstecher! Cc 25.7

ein **Freund** auf Leben und Tod Ec 1.19

dicke **Freunde** sein Ec 1.19

Freunde fürs Leben sein Ec 1.19

unter **Freunden** (ist etw. . . . wert/. . .) Fb 15.81

im engsten **Freundeskreis** Ed 5.30

mit jm. **Freundschaft** schließen Ec 1.15

Friede seiner/ihrer Asche! Ba 7.3

vor jm. nie/niemals/. . . **Frieden** haben Ec 2.18

er/sie ruhe in **Frieden**! Ba 5.14

im tiefsten **Frieden** Gc 4.101

zieh'/ziehen Sie/geh'/gehen Sie (hin) in **Frieden** Ea 8.5

in den ewigen **Frieden** eingehen Ba 2.10

keinen **Frieden** finden können Cc 30.3

mit jm. in **Frieden** und Freundschaft leben Ec 1.17

keinen **Frieden** geben (ehe . . . nicht/. . .) Aa 15.28

jn. in **Frieden** lassen (mit jm./etw.) Db 15.95

mit jm. **Frieden** machen Gc 13.9

mit sich selber/selbst **Frieden** machen Cc 30.16

in **Frieden** ruhen Ba 5.9

mit jm. **Frieden** schließen Gc 13.9

dem **Frieden** nicht (recht) trauen Cc 18.16

um des lieben **Friedens** willen etw. tun Gc 13.12

seinen **Friedrich-Wilhelm** unter etw. setzen/(drunterset-
zen) Cd 20.4

jn. zu **Frikassee** verarbeiten Cc 26.15

frisch, fromm, froh und frei Cb 2.45

frisch, fromm, fröhlich, frei Cb 2.45

frisch und munter sein Hd 1.8

morgen/nächste Woche/. . . in alter **Frische**! Ea 9.13

in alter **Frische** wieder zu arbeiten anfangen/. . . Bc 1.18

ein **frischgebackener** Diplomingenieur/Malermeister/As-
sistenzarzt/. . . Cd 24.15

in kürzester **Frist** Aa 14.1

jm. eine **Frist** setzen (für etw.) Aa 2.22

in vorderster **Front** Gc 4.64

sich einer geschlossenen **Front** (von . . .) gegenübersehen
Db 16.45

einer geschlossenen **Front** (von . . .) gegenüberstehen
Db 16.45

an die **Front** gehen/müssen/wollen Gc 4.9

in **Front** liegen Ig 3.2

Front machen gegen etw./jn. Gc 6.25

an der **Front** stehen Gc 4.12

an vorderster **Front** stehen (im Kampf gegen/. . .) Fa 4.2
Hb 3.29

die **Fronten** klären Db 16.18

die **Fronten** versteifen/verhärten sich Gc 7.14

einen **Frontwechsel** vornehmen Db 11.3

sei kein **Frosch**! Gb 7.7

ein aufgeblasener **Frosch** sein Cc 11.19

sich aufblasen wie ein **Frosch** Cc 11.19

jm. ist/j. spricht/singt, als hätte er einen **Frosch** im Hals
Dc 10.11

aussehen/ein Gesicht machen/. . ., als hätte man einen
Frosch verschluckt Cb 5.16

Froschblut (in den Adern) haben Cc 3.6

du kriegst/er kriegt/. . . (noch) **Frösche** in den Bauch
Hd 5.11

etw. aus der **Froschperspektive** sehen/betrachten/. . .
Db 4.13

Frostbeulen haben/kriegen/(bekommen) Ac 2.4

eine **Frucht** der Liebe sein Ed 5.13

jm. wie eine reife **Frucht** in den Schoß fallen Dd 10.13

ein sauberes/faules **Früchtchen** sein Cc 18.26

du bist/er ist/. . . mir (vielleicht) ein nettes **Früchtchen**!
Cc 25.9

die **Früchte** seiner Arbeit/Anstrengungen/. . . ernten
Dd 10.11

seine **Früchte** tragen Dd 10.10

(um vier/fünf/. . .) (Uhr) in der **Früh(e)** Aa 1.24

von **früh** auf Aa 1.60

von **früh** bis spät (arbeiten/. . .) Aa 1.63

in aller **Frühe** (aufstehen/. . .) Aa 1.28

(schon) in der ersten **Frühe** des Tages (aufstehen/. . .)
Aa 1.28

(ein) **Frühaufsteher** sein Aa 1.28

früher oder später Aa 1.55

rückwärts **frühstücken** Bc 2.25

ein (alter) **Fuchs** sein Cd 8.6

rot wie ein **Fuchs** sein Ca 1.39

schlau/listig wie ein **Fuchs** sein Cd 8.6

wohnen/leben/. . ., wo sich **Fuchs** und Hase gute Nacht
sagen Ab 1.28

wohnen/leben/. . ., wo sich (die) **Füchse** und Hasen gute
Nacht sagen Ab 1.28

wohnen/leben/. . ., wo sich die **Füchse** gute Nacht sagen
Ab 1.28

fuchsteufelswild werden Cb 15.12

jn. unter der **Fuchtel** haben/halten Fa 10.18

unter js. **Fuchtel** kommen Fa 13.22

jn. unter die **Fuchtel** nehmen Fa 10.29

unter js. **Fuchtel** stehen/sein Fa 13.9

kurze **fuffzehn** mit jm. machen Fa 19.33

ein falscher **Fuffziger** sein Cc 16.50
mit **Fug** und Recht etw. tun Db 20.10
aus den **Fugen** gehen/geraten Ac 11.13
aus allen **Fugen** gehen/geraten Ac 11.14
in allen **Fugen** krachen Ac 11.7
eine **Fügung** des Himmels sein Da 9.19
sich wie neu geboren **fühlen** Hd 1.13
sich hundeelend **fühlen** Bc 2.5
sich pudelwohl **fühlen** Hd 1.4
sich sauwohl **fühlen** Hd 1.6
sich wohl **fühlen** Hd 1.3
seine **Fühler** ausstrecken Ea 4.3
der/die/... **fühlt** sich aber/vielleicht/aber vielleicht
    Cc 11.11
mit jm. in **Fühlung** sein Ea 4.13
mit jm. **Fühlung** aufnehmen Ea 4.4
mit dem Feind/... **Fühlung** aufnehmen Gc 4.47
mit jm. **Fühlung** bekommen/(in Fühlung kommen)
    Ea 4.8
mit jm. in **Fühlung** bleiben Ea 4.23
die **Fühlung** mit dem Feind/... verlieren Gc 4.90
zu nichts **führen** Dd 10.21
wohin soll das **führen**? Dd 10.29
fluchen/schimpfen wie ein **Fuhrmann** Cb 19.1
eins **führt** zum andern Dd 10.30
etw./das **führt** zu weit Id 2.54
es **führt** zu weit/würde zu weit führen, zu erklären/...
    Dc 5.21
in **Führung** sein Ig 3.13
in **Führung** gehen Ig 3.12
in **Führung** liegen Ig 3.2 Ig 3.13
die **Führung** an sich reißen Ig 3.12
das **Fundament** zu etw. legen (mit etw.) Aa 7.5
fünf gerade sein lassen Cc 27.2
mal/eben für **fünf** müssen Ac 8.7
alle **Fünfe** gerade sein lassen Cc 27.2
kurze **fünfzehn** mit jm. machen Fa 19.33
ein falscher **Fünfziger** sein Cc 16.50
kein **Fünkchen** (von) Liebe/Hoffnung/Fleiß/... haben
    Ia 4.9
der **Funke** sein, der das Pulverfaß zum Explodieren bringt
    Gb 1.15
ein **Funke** springt über (zwischen zwei/mehreren Men-
    schen) Id 1.40
bei jm. ist der **Funke(n)** übergesprungen Cd 1.29
keinen **Funken** Anstand/... haben/besitzen Ia 4.9
keinen **Funken** Anstand/Ehre/... im Bauch/im Leib ha-
    ben Cc 7.3
davongaloppieren/mit dem Schwert dreinschlagen/...,
    daß die **Funken** stieben Aa 14.31 Ic 2.27
bei jm. **funkt** es Cd 1.29
(nur/bloß) (eine) beratende **Funktion** haben (in .../bei
    .../...) Dd 6.47
in **Funktion** treten Aa 7.30
das **Für** und Wider e-r S. abwägen/... Db 4.18
Fürbitte einlegen für jn. (bei jm.) Ga 12.57
zwischen **Furcht** und Hoffnung schweben Db 7.15
die **Furcht** sitzt jm. im Nacken Gb 6.15
Furcht und Schrecken Gb 6.46
jn. in **Furcht** und Schrecken setzen Gb 6.29
eine (wahre/...) **Furie** sein Cc 8.9
Furore machen De 24.48
Fürsprache einlegen für jn. (bei jm.) Ga 12.57
jn. behandeln/bewirten/... wie einen **Fürst(en)** Ea 7.16
leben wie ein **Fürst** Fb 6.29
der **Fürst** der Finsternis Cc 35.29
auf freiem **Fuß** sein Cc 20.90

gut zu **Fuß** sein Bc 1.7
schlecht zu **Fuß** sein Bc 2.37
auf gleichem **Fuß** mit jm. umgehen/... If 1.1
(vorsichtig/...) einen **Fuß** vor den anderen setzen
    Ab 3.48
von einem **Fuß** auf den anderen treten Dc 8.37
mit dem linken **Fuß** zuerst aufgestanden sein Cb 5.6
am **Fuß(e)** des Berges Ab 1.8
mit dem linken **Fuß** zuerst aus dem Bett gestiegen sein
    Cb 5.6
am **Fuß(e)** des Bettes De 22.22
Fuß fassen Ea 2.10
jm./e-r S. auf dem **Fuß** folgen Aa 17.8
mit einem **Fuß** im Gefängnis stehen Cc 20.76
mit einem **Fuß** im Grab(e) stehen Bc 2.62
seinen/den **Fuß** nicht/nicht mehr/... in js. Haus setzen
    Ea 5.20
keinen **Fuß**/den Fuß nicht vors/vor das Haus setzen
    Ea 3.20
den **Fuß** (wieder) ans Land setzen Ab 6.35
jn. auf freien **Fuß** lassen Cc 20.91
auf freiem **Fuß** leben Cc 20.90
auf großem **Fuß(e)** leben Fb 6.27 Fb 8.1
jm. den **Fuß** in/auf den Nacken setzen Fa 10.31
seinen/den **Fuß** nicht/nicht mehr/... über js. Schwelle
    setzen Ea 5.20
jn. auf freien **Fuß** setzen Cc 20.89
mit jm./miteinander auf freundschaftlichem **Fuß** stehen
    Ec 1.16
mit jm. auf gespanntem **Fuß** stehen Ec 2.8
nicht auf gutem/auf schlechtem **Fuß** mit jm. stehen
    Ec 2.5
auf gutem **Fuß** mit jm. stehen Ec 1.13
mit jm. auf vertrautem **Fuß** stehen Ec 1.14
keinen **Fuß** vor die Tür setzen Ea 3.20
den **Fuß** nicht vor die Tür setzen Ea 3.20
sich den **Fuß** vertreten Bc 2.30
jm. **Fußangeln** stellen/legen Cc 16.22
um jeden **Fußbreit** Land/Boden/... kämpfen/... Gc 4.59
um keinen/nicht um einen **Fußbreit** nachgeben/...
    Gc 7.10
keinen **Fußbreit** zurückweichen/von der Stelle weichen
    De 9.23
plötzlich/... kalte **Füße** haben Gb 6.12
sich die **Füße** nach etw. ablaufen/wundlaufen Ab 12.4
Füße wie Blei haben De 23.30
js. **Füße** sind (schwer) wie Blei De 23.30
die **Füße** nicht auf dem Boden haben Da 3.13
(immer) wieder auf die **Füße** fallen Ga 6.47
jm. wieder auf die **Füße** helfen Ga 12.33
Füße haben wie ein Klumpen Eis Ac 2.2
js. **Füße** sind wie/nur noch ein Klumpen Eis Ac 2.2
kalte **Füße** kriegen Gb 6.12
die **Füße** auswärts setzen Ab 3.49
die **Füße** einwärts setzen Ab 3.49
sich auf eigene **Füße** stellen Fa 24.7
über seine eigenen **Füße** stolpern Cd 6.10
die **Füße** (noch) unter Vaters/einen fremden/... Tisch
    strecken Fb 7.27
laufen/gehen/... so weit einen die **Füße** tragen Ab 1.43
jm. auf die **Füße** treten Cb 13.7
jm. auf die **Füße** treten (müssen) Cc 24.5
sich die **Füße** (ein wenig/...) vertreten Ab 3.6
mit beiden/den **Füßen** (fest) auf der Erde stehen Da 1.1
jm. zu **Füßen** fallen Fa 15.14
mit beiden **Füßen** hineinspringen Aa 7.25
jm. etw. zu **Füßen** legen Fb 2.17

jm. zu **Füßen** liegen Ed 1.47
mit den **Füßen** scharren Cd 19.61
jm. zu **Füßen** sitzen Cd 19.59
auf eigenen **Füßen** stehen Fa 24.6
auf schwachen **Füßen** stehen Ga 3.15
auf tönernen **Füßen** stehen Ga 3.15
js. Ehre/... mit **Füßen** treten Db 19.43
sich jm. zu **Füßen** werfen Fa 15.15
am **Fußende** des Bettes De 22.22
eilenden **Fußes** aufbrechen/losgehen/... Aa 14.22
leichten **Fußes** daher gehen/... Dc 8.41
stehenden **Fußes** zu jm. eilen/... Aa 17.2
(doch noch/...) trockenen **Fußes** nach Hause kommen
    Ac 3.3
einen **Fußfall** vor jm. machen/(tun) Fa 15.16
in js. **Fußstapfen** treten Cc 5.14
jm. auf die große **Fußzehe** treten Cb 13.7
futsch ist futsch Ab 11.14
futschikato Ab 10.8
an der **Futterkrippe** sitzen Fb 6.24
j. **gäbe** was/einiges/viel/... drum, wenn ... Db 8.1
j. **gäbe** einiges/sonstwas/wer weiß was/alles/... für etw./
    drum, wenn ... Ha 4.10
die **Gabe** der Rede besitzen Dc 1.133
gähnen, als ob man jn. verschlingen/auffressen wollte
    De 23.19
in **Gala** erscheinen/kommen/... Ca 1.51
Gala tragen Ca 1.51
sich in **Gala** werfen/schmeißen Ca 1.51
arbeiten/schuften/... wie ein **Galeerensklave** De 12.12
Vergehen/... bringen jn. noch an den **Galgen** Cc 20.11
j. endet (noch/nochmal/...) am **Galgen** (wenn ...)
    Cc 20.11
bitter wie **Galle** sein/schmecken Hd 4.57
bei jm. regt sich die **Galle** (wenn ...) Cb 15.14
jm. kommt/geht die **Galle** hoch (wenn ...) Cb 15.14
jm. läuft/geht die **Galle** über (wenn ...) Cb 15.14
in vollem **Galopp** dahereilen/... Aa 14.29
schon/bereits/seit ... in **Gang(e)** sein Aa 6.19
schon/bereits/seit ... in vollem **Gang(e)** sein Aa 6.19
alles/es/... geht/nimmt (wieder) seinen gewohnten/nor-
    malen/üblichen/... **Gang** If 7.16
jn. auf seinem letzten **Gang** begleiten Ba 7.2
etw. in **Gang** bringen/(setzen) Aa 7.18
den **Gang** nach Canossa tun/gehen/antreten (müssen)
    Gc 10.16
dem **Gang** der Dinge seinen (freien) Lauf lassen Fa 8.3
gang und gäbe sein Aa 4.2
seinen **Gang** gehen/nehmen If 7.15
seinen letzten **Gang** tun Ba 2.8
einen schweren **Gang** tun (müssen) Ab 3.44 Ba 2.8
einen **Gang** mit jm. wagen (können) Gc 3.26
eine andere/härtere/... **Gangart** anschlagen Fa 19.20
es ist etwas/einiges/... gegen jn. im **Gange** Gc 2.13
jn. am **Gängelband** führen Fa 10.20
eine dumme/blöde/alberne **Gans** sein Cd 10.21
daherwatscheln wie eine **Gans** Ab 3.51
schnattern wie eine **Gans** Dc 1.43
dastehen/ein Gesicht machen/dreinschauen/... wie eine
    Gans, wenn's blitzt Cd 12.40 Da 5.14
eine **Gänsehaut** kriegen Ac 2.5 Gb 6.35
im **Gänsemarsch** gehen/dahermarschieren/... Aa 5.31
das ist **ganz** Albert/Karin/Onkel Herbert/... Ic 1.3
ganz in Blau/Grün/Rot/... gehalten sein/gekleidet sein/
    kommen/... Ac 5.5
ganz und gar ehrlich/verdorben/deutsch/... sein/han-
    deln/... Ic 1.13

ganz und gar mißverstehen/... Ic 2.34
ganz und gar zufrieden/... Ib 1.1
ganz und gar nicht Db 15.63
ganz und gar nicht zufrieden/... Ib 1.1
es geht ums **Ganze** De 13.64
das große **Ganze** im Auge behalten/beachten/... Db 4.11
aufs **Ganze** gehen De 13.23 Gb 4.13
im **ganzen** (genommen) Db 4.94
nichts **Ganzes** und nichts Halbes sein Ic 6.1
jm./e-r S. den **Garaus** machen Aa 8.7 Hb 4.27
jm. den **Garaus** machen Ba 4.7
(noch) von/aus der alten **Garde** sein Aa 21.14
Gardemaß(e) haben Ca 2.3
hinter schwedische **Gardinen** kommen Cc 20.84
hinter schwedischen **Gardinen** sitzen Cc 20.85
jm. eine **Gardinenpredigt** halten Cc 24.37
jm. ins **Garn** gehen Cc 16.61
jn. ins **Garn** locken Cc 16.21
die erste/zweite/... **Garnitur** (sein) Fa 4.29
zur ersten/zweiten/... **Garnitur** gehören Fa 4.29
eine Gemüsesuppe/... quer durch den **Garten** Hd 4.83
jm. das **Gas** abdrehen De 25.30
Gas geben Ab 5.6
das **Gas** wegnehmen Ab 5.6
jm. den **Gashahn** abdrehen De 25.30
den **Gashahn** aufdrehen Ba 3.7
eine **Gasse** bilden Ea 7.23
zu **Gast** sein (bei/in/...) Ea 5.24
ein gern gesehener **Gast** sein (bei jm.) Ea 4.16 Ea 7.10
du bist/Sie sind/... (heute/...) mein/unser **Gast** Ea 7.11
nur/... eine (kurze) **Gastrolle** geben/spielen in/bei/...
    Ea 5.5
nur/... ein kurzes **Gastspiel** geben in/bei/... Ea 5.5
einem geschenkten **Gaul** guckt/(schaut) man nicht ins
    Maul/(einem geschenkten Barsch guckt man nicht in/
    (hinter) die Kiemen) Ga 13.15
den **Gaul** beim/am Schwanz aufzäumen Cd 13.16
jm. wie einem kranken/lahmen **Gaul** zureden Fa 18.1
bei jm. gehen die **Gäule** durch Cb 17.10
etwas für einen verwöhnten **Gaumen** sein Hd 4.53
einen feinen **Gaumen** haben Hd 4.44
etw. kitzelt den **Gaumen** Hd 4.50
hab' ich's nicht **geahnt**?/das hab' ich (doch) gleich geahnt!
    Cd 14.14
dich/den/den Maier/... haben sie wohl zu heiß **gebadet**?
    Cd 12.15
es knistert im **Gebälk** Gb 1.9
so wie du/er/... **gebaut** bist/ist/..., wirst du/wird er/wird
    sie/... es/das schon schaffen/hinkriegen/... Cd 3.44
es ist jm. aber (gründlich/tüchtig/anständig) **geben**
    Cc 24.21 Cc 26.7
auf ... darfst du/kann er/... nichts/wenig/...
    geben! Db 6.6
jm. eins drauf **geben** Cc 24.8 Cc 26.17
jm. eins drüber **geben** Cc 24.8 Cc 26.17
jm. frei **geben** De 15.42
..., das kann ich dir/euch/ihm/... schriftlich **geben**!
    Cc 25.18
etw. auf sich **geben** Cc 11.4
etw. wieder von sich **geben** Bc 2.25
dem/der/dem Baumann/... werd' ich's (aber) **geben**!
    Cc 25.22
das/etw. wird sich schon wieder/... **geben** Gb 7.18
sich zufrieden **geben** (mit jm./etw.) Cb 2.6 Ia 6.12
nichts drauf/darauf **geben**, daß/wenn/... Ha 8.1
nichts drum/darum **geben**, daß/wenn/... Ha 8.1
nichts/nicht viel/wenig/... **geben** auf etw. Ha 8.1

gar/überhaupt/absolut nichts/... **geben** um etw. Ha 8.1
immer zum **Geben** bereit sein Fb 10.8
jn. scharf/eindringlich/... ins **Gebet** nehmen Cc 24.33
darum möchte ich doch (sehr) **gebeten** haben! Cc 25.29
da möchte ich doch (sehr) drum **gebeten** haben! Cc 25.29
weich **gebettet** sein Fb 6.24
von **Geblüt** sein Fa 5.10
ein Gentleman/ein Franzose/... reinsten **Geblüts** sein Ic 1.8
nicht dazu **geboren** sein, etw. zu tun Cd 4.5
dumm **geboren** sein und nichts dazugelernt haben Cd 10.10
dumm **geboren** und dumm geblieben sein Cd 10.10
das **Gebot** der Stunde heißt/... Ha 9.5 Aa 6.5
dem **Gebot(e)** der Stunde gehorchen Aa 6.5
jm. die zehn **Gebote** ins Gesicht schreiben Cc 26.32
jm. zu **Gebote** stehen Fb 1.7
es ist (dringend) **geboten**, etw. zu tun Ha 9.4
Gebratenes und Gesottenes Hd 4.90
in **Gebrauch** kommen Aa 4.1
fleißigen/... **Gebrauch** machen von etw. Hb 9.1
(eine Maschine/...) in **Gebrauch** nehmen Aa 7.22
zu allem zu **gebrauchen** sein Ha 11.3 Hc 1.10
zu nichts zu **gebrauchen** sein Ha 13.2
jn./etw. über **Gebühr** in Anspruch nehmen/... Id 2.70
eine schwere **Geburt** sein De 20.31
das habe ich mir/das hat er sich/... (gleich) **gedacht**! Cd 15.25
das hast du dir/das habt ihr euch/... (so) **gedacht**! Db 15.54
wer hätte das (von dem/...) **gedacht**? Da 7.6
ein kurzes **Gedächtnis** haben Db 2.13
(aber auch/...) ein **Gedächtnis** haben wie ein Sieb Db 2.13
jn./etw. ganz/gänzlich/völlig/... aus dem **Gedächtnis** verlieren Db 2.1
sich jn./etw. ins **Gedächtnis** zurückrufen Db 1.1
js. erster und letzter **Gedanke** ist:... Db 8.5
(gar/überhaupt) kein **Gedanke** dran/daran! Db 15.76
der **Gedanke** liegt jm. fern, etw. anzunehmen/... Db 14.26
(ganz) in **Gedanken** sein/etw. tun De 2.6
sich mit einem **Gedanken** anfreunden (müssen/können/...) Dd 3.1
seine **Gedanken** für sich behalten Dc 2.41
jn. auf andere **Gedanken** bringen Db 3.6
bei dem Krach/... kann man/... keinen **Gedanken** fassen De 2.15
auf den **Gedanken** kommen, etw. zu tun Db 3.1
auf andere **Gedanken** kommen Db 3.5
kannst du/kann er/... **Gedanken** lesen? Cd 14.11
sich (so) seine **Gedanken** machen (über jn./etw.) Cb 3.30
schwarzen/düsteren/... **Gedanken** nachhängen Cb 3.47
Gedanken ziehen jm. durch den Sinn Db 1.4
mit dem **Gedanken** spielen/umgehen, zu ... Dd 3.2
sich mit dem **Gedanken** tragen, zu ... Dd 3.2
ganz in **Gedanken** verloren sein De 2.6
(ganz) in **Gedanken** versinken De 2.6
ganz in **Gedanken** versunken sein De 2.6
mit seinen **Gedanken** (immer/ganz) woanders sein/seine ... haben De 2.1
die/seine **Gedanken** nicht zusammen/beisammen haben De 2.1
die/seine **Gedanken** nicht zusammenhalten (können) De 2.1
auf **Gedeih** und Verderb von jm. abhängig sein/... Fa 13.14

jm. auf **Gedeih** und Verderb ausgeliefert sein Fa 13.14
dieses Abendkleid/Dessert/... ist ein **Gedicht** Ic 3.14
wissen wollen/..., wie weit etw. **gediehen** ist Aa 6.97
mit etw. ist jm. **gedient** Hb 9.1
mit etw. ist jm. nur halb **gedient** Ia 7.3
jn. ins **Gedränge** bringen Ga 4.9
ins **Gedränge** kommen Ga 4.4
sich im **Gedränge** verlieren Ab 8.2
dicht **gedrängt** (stehen die Zuschauer/...) Ia 1.44
da muß (doch) einer/j. dran **gedreht** haben Fa 6.24
jm. reißt die **Geduld** Cb 17.3
sich in **Geduld** fassen (müssen) (mit etw.) Aa 11.3
mit **Geduld** und Spucke ... (fängt man eine Mucke) Aa 11.14
die **Geduld** verlieren Cb 17.4
jm. reißt der **Geduldsfaden** Cb 17.3
auf etw. **geeicht** sein Cd 3.24
außer **Gefahr** sein Ab 8.13
in **Gefahr** sein Gb 1.3
in **Gefahr** sein, zu ... Gb 1.21
sich einer **Gefahr** aussetzen Gb 1.2
jn./etw. in **Gefahr** bringen Gb 1.1
auf die **Gefahr** hin, daß ... Gb 1.22
Gefahr laufen, zu ... Gb 1.21
ohne **Gefahr** für Leib und Leben etw. tun können Gc 5.22
sich (unbedacht/...) in **Gefahr** stürzen Gb 4.7
was ist (denn) (plötzlich/...) in jn. **gefahren**? Cb 6.19 Cd 12.21
das lasse/laß' ich mir **gefallen** Hc 3.46
das läßt du dir/er sich/... **gefallen**, was/...?! Hc 3.46
jm. zu **Gefallen** sein Ga 12.9
allen zu **Gefallen** sein (wollen) Db 12.1
jm. zu **Gefallen** sein Ga 12.11
sich darin **gefallen**, etw. zu tun Cb 2.40
keinen **Gefallen** finden an jm./etw. Hc 5.4
Gefallen finden an etw./daran, etw. zu tun Hc 3.3
sich etw. **gefallen** lassen (von jm.) Fa 15.4
sich von jm. alles/... **gefallen** lassen Fa 15.4
jm. zu **Gefallen** reden Fa 17.13
jm. einen **Gefallen** tun Ga 12.8
völlig/ganz/... **gefangengenommen** sein von jm./etw. Hc 3.19
darauf/auf etw. steht **Gefängnis** Cc 20.3
jn. ins **Gefängnis** stecken/(werfen) Cc 20.83
auf etwas **gefaßt** sein Cd 14.9
auf alles **gefaßt** sein (müssen) Ii 1.4
sich auf etw. **gefaßt** machen (müssen) Ga 4.18
wenn ..., dann kann sich j. auf was/etwas **gefaßt** machen! Cc 25.15
(dann/mal) auf ins **Gefecht**! Aa 7.32
klar zum **Gefecht**? Gc 4.50
Argumente/... gegen jn./etw. ins **Gefecht** führen Dc 5.49
jn. außer **Gefecht** setzen Gc 12.13
das hat jm. (gerade) noch **gefehlt**! Db 15.50
weit **gefehlt**! Db 21.12
völlig/ganz/... **gefesselt** sein von jm./etw. Hc 3.19
eine **gefeuert** kriegen Cc 26.45
ein paar **gefeuert** kriegen Cc 26.45
etw. im **Gefolge** haben Dd 10.6
jn. **gefressen** haben Eb 2.34
es/das/etw. (endlich/...) **gefressen** haben Cd 1.20
js. Gefühle/Sympathien/... für jn. sinken auf/erreichen den **Gefrierpunkt** Eb 2.47
die/js. Laune/Stimmung/die Atmosphäre/... sinkt auf/unter den **Gefrierpunkt** Cb 5.26
du hast/er hat/... wohl schlecht **gefrühstückt** (was/oder)? Cb 5.7

hast du/hat er/. . . schlecht **gefrühstückt** (oder/oder warum/. . .)? Cb 5.7

(ein) **Gefühl** für etw. haben Cd 1.4

das dunkle **Gefühl** haben, daß . . . Cd 14.1

so ein (komisches/seltsames) **Gefühl** (im Magen haben) haben (daß . . .) Cd 14.6

(schon) (so) etwas im **Gefühl** haben Cd 14.2

kein **Gefühl** haben für etw. Cd 4.18

(so) ein ungutes **Gefühl** haben (bei etw.) Hc 7.2

(so) ein zwiespältiges/mulmiges **Gefühl** haben (bei etw.) Hc 7.2

jn. beschleicht/überkommt so ein (beängstigendes) **Gefühl** (daß/als . . .) Cd 14.7

etw. nach **Gefühl** tun Dd 8.24

seinem ersten **Gefühl** folgen Dd 8.25

js. **Gefühle** mit Füßen treten Cb 13.11

etw. mit gemischten **Gefühlen** tun/. . . Hc 7.5

seinen **Gefühlen** keine Gewalt antun/anzutun brauchen Dc 3.1

seinen **Gefühlen** kein Korsett anlegen/anzulegen brauchen Dc 3.1

seinen **Gefühlen** freien Lauf lassen (können) Dc 3.2

bar jeden **Gefühls** sein Cc 3.5

es hat **gefunkt** Gc 3.50

(für immer) von uns **gegangen** sein Ba 5.10

gegangen werden De 15.74

es ist jm. nicht **gegeben**, etw. zu tun Cd 4.6

das **Gegebene** wäre/ist/wäre, wenn/. . . Hb 7.14

in der **Gegend** von/des/. . . Ab 1.4

faul/untätig/. . . in die **Gegend** gucken/schauen/. . . De 14.26

da/. . . in der **Gegend** herumliegen/herumsitzen/. . . Ac 10.11

faul/untätig/. . . in der **Gegend** herumschauen/herumgucken/. . . De 14.26

da (dumm/blöd/. . .) in der **Gegend** herumstehen/herumsitzen/. . . De 14.26

so/einfach so/. . . durch die **Gegend** laufen/fahren/. . . Ab 4.33

etw. so/einfach so/. . . in die **Gegend** werfen/spritzen/. . . Ac 10.11

(mal wieder/. . .) nur so/. . . in die **Gegend** reden Dc 1.60

dummes Zeug/Unsinn/. . . in die **Gegend** reden Dc 1.60

die ganze **Gegend** redet von/. . . Ia 2.10

bei jm. mit etw. keine **Gegenliebe** finden Eb 2.10

bei jm. mit etw. nicht auf/auf keine **Gegenliebe** stoßen Eb 2.10

sich in **Gegensatz** setzen zu jm. Db 17.11

im **Gegensatz** stehen/sich befinden zu jm. Db 17.10

im **Gegensatz** stehen zu etw. Ie 1.36

krasse **Gegensätze** sein If 4.3

das/etw. beruht auf **Gegenseitigkeit** Ie 1.31

ganz im **Gegenteil** Db 17.17

ins/in sein **Gegenteil** umschlagen If 6.17

etw. (genau) ins/in sein **Gegenteil** verkehren If 6.10

jm./e-r S. wohlwollend **gegenüberstehen** Hb 1.5

es wird nicht/nichts so heiß **gegessen**, wie es gekocht wird Gb 7.12

das ist/scheint zu hoch/niedrig **gegriffen** (zu sein) Ia 5.17

das ist/scheint zu niedrig **gegriffen** Fb 12.18

sei/seid mir **gegrüßt**! Ea 9.1

gehab' dich/. . . wohl! Ea 9.11

(alles) wie **gehabt** If 7.18

(in) Rot/Weiß/Schwarz/. . . **gehalten** Ac 5.5

bei der Sache/. . . weiß/. . . man/. . . nicht, was **gehauen** und gestochen ist Ic 6.2

jm. ins **Gehege** kommen Hb 4.3

dem **Gehege** der Zähne entfleuchen/entfliehen Dc 1.65

(nun/. . .) (für immer/. . .) (von etw.) **geheilt** sein Cc 25.34 Cd 24.13

im **geheimen** tun/geschehen Cc 17.8

ein offenes **Geheimnis** sein Cd 17.41

. . ., das ist/war das ganze **Geheimnis** Dc 3.109

das ganze **Geheimnis** dieser Steuerpläne/dieser groß angekündigten neuen Außenpolitik/. . . ist/. . . Ha 5.42

in das **Geheimnis** der Götter nicht eingeweiht (worden) sein Cd 16.2

ein **Geheimnis** aus etw. machen Dc 4.12

ein **Geheimnis** (gut/. . .) wahren/zu wahren wissen/. . . Dc 2.26

ein **Geheimniskrämer** sein Dc 4.13

geh'/geht/. . . da weg! Ab 3.28

geh'/geht/. . . mir (nur/bloß) weg mit jm./etw.! Db 15.97

geh'/geht/. . . mir weg mit dem Karl/der Klara/dem Kerl/dem Typ/. . .! Eb 2.56

nach vorn(e)/nach hinten (hinaus)/zur Straße (hin)/. . . **gehen** Ab 1.1

jm. über alles **gehen** Ha 6.4

daneben **gehen** De 25.87

durch dick und dünn mit jm. **gehen** Ec 1.20

(gar/überhaupt) nicht so einfach **gehen** De 20.16

ins einzelne **gehen** Ic 9.5

laß es dir/laßt es euch/. . . gut/(wohl) **gehen**! Ea 9.11

etw. wird schon/. . . gut **gehen** Gb 7.10

heidi **gehen** Ab 11.1

alles/etw. muß immer hopp hopp **gehen** (bei jm.) Aa 14.13

hops **gehen** Ab 11.1

mit jm. **gehen** Ed 1.28

miteinander **gehen** Ed 1.31

es/etw. muß gehen (egal wie/ganz gleich wie) Ga 6.51

in sich **gehen** Cc 30.6

verloren **gehen** Ab 11.1

e-r S. verlustig **gehen** Ab 11.8

verschütt **gehen** Ab 11.2

nicht vor und nicht zurück/nicht vorwärts und nicht rückwärts **gehen** Aa 6.28

so weit **gehen**, daß/zu . . . Id 2.3

zu weit **gehen** Id 2.12

unsere Ansichten/Meinungen/Vereinbarungen/. . . **gehen** dahin, daß . . . Db 4.101

(nicht) wissen/. . ., bis wohin/wie weit man **gehen** kann Ib 1.64

alles unter sich **gehen** lassen Ac 8.15

es langsam **gehen** lassen Aa 11.1 De 14.12

es langsamer **gehen** lassen Aa 16.5

sich gehen lassen Cb 17.19

etw. mit sich **gehen** lassen Cc 19.5

ach, **gehen** Sie weg! Db 15.42

jm. nicht (ganz) **geheuer** sein Cc 18.15

sich irgendetwas/eine Erkältung/. . . **geholt** haben Bc 2.5

es ist (für jn.) **gehopst** wie gesprungen, ob . . . oder ob/. . . Ha 8.13

ein absolutes/das absolute **Gehör** haben Dc 10.6

um **Gehör** bitten (bei jm.) Dc 6.8

ein Musikstück/. . . zu **Gehör** bringen Hd 10.9

Gehör finden bei jm. Dc 6.9

jm. zu **Gehör** kommen Cd 15.4

jm. **Gehör** schenken Dc 6.13

sich **Gehör** verschaffen/zu verschaffen wissen Dc 6.19

(so) (davon) **gehört** haben Cd 15.4

es **gehört** wenig/nichts/. . . zu etw./dazu, etw. zu tun De 19.4

es **gehört** sich nicht (für jn.), etw. zu tun Ea 12.26

es **geht** Ic 5.15
es/das **geht** Ii 1.6
ein Ort/Haus/Institut/..., wo/in dem/... alles (ständig/...) drunter und drüber **geht** Ac 10.20
wenn das (mal/man/nur) gut **geht**! Ab 8.9
(und) wie es/das so **geht** Aa 6.102
es **geht** jm. gut/glänzend/... Bc 1.8
es **geht** jm. schlecht/elend/beschissen/... Bc 2.6
es **geht** abwärts (mit jm./etw.) De 25.57
es **geht** aufwärts (mit jm./etw.) De 24.42
es **geht** bergab (mit jm./etw.) De 25.57
es **geht** in .../bei .../auf .../... bunt zu/her Cb 10.23
alles **geht** hier/dort/bei/... drunter und drüber Ac 10.20
es **geht** alles durcheinander in/bei/... Ac 10.20
so **geht** das/es in einem fort Aa 3.11
etw. **geht** wie gehext Aa 14.12
das/es/etw. **geht** wie geölt De 19.13
das/es/etw. **geht** wie geschmiert De 19.13
meinst du/... es **geht** gut? Da 9.44
etw. **geht** schon/... gut Gb .10
es **geht** hart auf hart (zu) (in bei ...) Dc 13.61
etw. **geht** so vor sich hin Aa 6.32
es **geht** hoch her (in/bei/auf/...) Hd 7.2
das/die Sache/etw. **geht** klar Ga 6.21
es/das/etw. **geht** nicht Ii 2.2
es **geht** (jm.) nichts über jn./etw. Ha 6.4
jm. **geht** alles quer De 25.86
es **geht** rund (in/bei/auf/...) Hd 7.2
wo er/sie/... **geht** und steht Ab 2.1
es **geht** um jn./etw. Fa 1.13 Ha 1.7
es **geht** nicht vor und zurück/weder vor noch zurück (mit etw.) Aa 6.28
es **geht** voran (mit jm./etw.) Aa 6.36
es **geht** nicht voran (mit etw.) Aa 6.28
es **geht** vorwärts (mit jm./etw.) Aa 6.36
etw. **geht** zu weit Id 2.54
etw. **geht** (immer so) weiter Aa 2.15
es **geht** stürmisch/... zu (bei einer Diskussion/...) Dc 5.23
auf **geht's**! Aa 7.32
wie **geht's**? Ea 9.6
jetzt/heute/... **geht's** ans Arbeiten/... Aa 7.32
mir/ihm/... **geht's** danke Ea 9.8
(aber/doch) sonst **geht's** dir/euch/... gut/danke? Cd 12.11
besser **geht's** nicht/(nimmer) Ic 3.23
wie **geht's**, wie steht's? Ea 9.6
bis zum (es-) **geht-nicht-mehr** (etw. tun) Aa 2.16
es ist (für jn.) **gehupft** wie gesprungen, ob ... oder ob/... Ha 8.13
daß dich/ihn/... der **Geier** Eb 2.58
hol's der **Geier**! Cb 19.9
weiß der **Geier** (wo/wie/wann/ob/...) Ih 4.20
die erste/zweite/... **Geige** spielen in/bei/... Fa 4.1
die erste **Geige** spielen in/bei/... Fa 10.1
ein großer **Geist** sein Cd 7.13
der gute **Geist** in einem Haus/eines Hauses/... sein Fa 1.12
ein rastloser **Geist** sein Aa 15.26
erhebe dich, du schwacher **Geist**! Aa 1.30
bei jm. erscheint der Heilige **Geist** Cc 26.49
jn. schickt/(sendet) ein guter **Geist** Hb 7.21
das stört doch keinen großen **Geist**! Ga 2.8 Ha 8.30
dieses Buch/... atmet den **Geist** des Fortschritts/... Cd 20.46
(ganz) im **Geist(e)** Luthers/unseres Vaters/... handeln/... Db 13.14

der **Geist** einer Zeit/Epoche/... Aa 6.104
seinen/den **Geist** aufgeben Ba 2.15
den/(seinen) **Geist** aufgeben Ac 11.11
seinen/den **Geist** aushauchen Ba 2.17
der **Geist** der Finsternis Cc 35.29
jm. auf den **Geist** gehen (mit etw.) Cb 15.1
dieses Buch/... ist aus dem/im **Geist** der Aufklärung/... geschrieben Cd 20.46
jm. den Heiligen **Geist** schicken/(einjagen) Cc 26.49
der **Geist** ist willig (aber das Fleisch ist schwach) De 4.10
(etw. mit) **Geist** und Witz (erzählen/...) Cd 7.19
sich im **Geiste** schon in/bei/... sehen Da 3.16
dienstbare **Geister** Ga 12.84
die **Geister** beruhigen Cb 17.29
die **Geister** scheiden sich in dieser Frage/... Db 17.13
du bist wohl/die Ursel ist wohl/bist du/ist er/... von allen guten **Geistern** verlassen? Cd 12.19
sehen/erkennen/wissen/es stellt sich heraus/..., wes **Geistes** Kind j. ist Cb 1.1 Cb 6.5
gekauft sein Hb 11.13
haben wir etwa/wir haben doch nicht zusammen **gekegelt**?! Cc 25.41
wir haben nicht zusammen **gekegelt**, oder?/oder irre ich mich? Cc 25.41
in Weiß/Schwarz/... **gekleidet** sein Ac 5.5
eine **geknallt** kriegen Cc 26.45
ein paar **geknallt** kriegen Cc 26.45
ganz **geknickt** sein Cb 3.21
geistig zu kurz **gekommen** sein Cd 10.4
so weit ist es also/es ist ja weit/... **gekommen** (mit jm./etw.)! Aa 6.56 Cc 6.35
etw. ist **gekonnt** Cd 3.34
wie j. etw. macht – das ist **gekonnt** Cd 3.34
sie haben sich **gekriegt** Ed 3.24
das/es wäre (doch/ja) **gelacht**, wenn j. etw. nicht schaffen würde/könnte/wenn j. etw. nicht schaffte/... Gb 7.17
ein sardonisches **Gelächter** Cb 10.27
in ein schallendes/tosendes/brüllendes **Gelächter** ausbrechen Cb 10.9
(aber) **gelackmeiert**/der Gelackmeierte sein Cc 16.65 Hb 14.19
(vielleicht) **geladen** sein (auf jn.) Cb 16.26
(schwer) einen **geladen** haben Hd 6.15
das **Gelände** vorbereiten (für etw.) Hb 3.1
das **Gelände** sondieren/(abtasten) Cd 15.17
bei einem Mädchen/... (endlich) **gelandet** sein Ed 1.37
eine **gelangt** kriegen Cc 26.45
ein paar **gelangt** kriegen Cc 26.45
das/die Sache ist **gelaufen** Ga 6.23
gut/blendend/... **gelaunt** sein Cb 4.4
schlecht/miserabel/.. **gelaunt** sein Cb 5.2
nicht (gerade) das **Gelbe** vom Ei sein Ic 7.12
in/auf/... herumlaufen wie falsch **Geld** Cb 3.66
etw. zu kaufen/... (das) ist weggeworfenes/rausgeschmissenes **Geld** De 28.4
etw. für teures **Geld** erstehen/... Fb 3.3
das/sein **Geld** arbeiten lassen Fb 15.57
essen, als ob man **Geld** dafür bekäme/kriegte Hd 4.33
fressen, als ob man **Geld** dafür bekäme/kriegte Hd 4.33
mit **Geld** nicht zu bezahlen sein Ha 11.8
jm. zerrinnt das **Geld** wie Butter an der Sonne Fb 8.7
Geld wie Dreck haben Fb 6.18
Geld wie Dreck verdienen Fb 6.21
im **Geld** fast ersticken Fb 6.18
das/sein **Geld** zum Fenster hinauswerfen Fb 8.6
kein **Geld** festhalten können Fb 8.7
sein **Geld** nicht festhalten können Fb 8.7

das **Geld** rinnt jm. nur so durch die Finger Fb 8.7
kein **Geld** in den Fingern halten/haben können Fb 8.7
ins **Geld** gehen Fb 12.2
Geld ist Geld und Schnaps ist Schnaps Fb 15.51
Geld macht nicht glücklich (aber es beruhigt) Fb 3.30
nicht auf's **Geld** gucken/sehen Fb 10.7
Geld und Gut Fb 3.31
kein **Geld** in der Hand halten können Fb 8.7
das/sein **Geld** mit vollen Händen ausgeben Fb 8.4
das/sein **Geld** mit beiden/vollen Händen zum Fenster hin-
  auswerfen Fb 8.6
(sehr) am **Geld** hängen Fb 11.3
in/auf . . ./da wie falsch/(falsches) **Geld** herumlaufen
  Ga 3.6
Geld wie Heu haben Fb 6.18
Geld wie Heu verdienen Fb 6.21
sich ans **Geld** klammern Fb 11.3
Geld oder Leben! Fa 20.11
das **Geld** muß unter die Leute (kommen) Fb 15.110
meinen/. . . daß man sein **Geld** unter die Leute bringen
  muß Fb 8.3
(viel) **Geld** machen Fb 6.20
etw. zu **Geld** machen Fb 15.44
im **Geld** schwimmen Fb 6.18
j. kann sich für **Geld** sehen lassen Cb 6.10
auf seinem **Geld** sitzen Fb 11.6
nach **Geld** stinken Fb 6.18
Geld stinkt nicht Fb 15.103
in/dort/. . . liegt das **Geld** auf der Straße Fb 15.111
j. findet sein/das **Geld** (ja/doch/auch/. . .) nicht auf der
  Straße De 12.18
(es verstehen) jm. das **Geld** aus der Tasche (zu) ziehen
  Hb 10.1
sich nicht vom **Geld** trennen können Fb 11.5
nicht mit **Geld** umgehen können Fb 8.7
(sich) sein **Geld** sauer verdienen müssen De 12.19
etwas für sein (gutes/teures) **Geld** verlangen (können)
  Fb 3.25
mit **Geld** nur so/. . . um sich werfen/schmeißen Fb 8.5
sein **Geld** wert sein Ha 11.6
sein **Geld** nicht wert sein Ha 12.3
nicht für **Geld** und gute Worte zu bewegen sein, etw. zu
  tun Db 14.6
sein **Geld** nicht zusammenhalten können Fb 8.7
an den **Geldbeutel** gehen Fb 12.2
seinen **Geldbeutel** zücken/ziehen (müssen) (und . . .)
  Fb 3.5
seine **Geldbörse** zücken/ziehen (müssen) (und . . .) Fb 3.5
in **Geldsachen** hört die Gemütlichkeit auf Fb 15.51
ein richtiger/regelrechter **Geldsack** sein Fb 6.18
auf seinem **Geldsack** sitzen Fb 11.6
ein **Geleerter** mit zwei e sein Cd 10.4
jm. ist sehr/viel/. . . an etw. **gelegen**/daran gelegen, etw. zu
  tun, daß . . . Ha 4.7
jm. ist wenig/nichts/. . . an etw. **gelegen**/daran gelegen,
  etw. zu tun/daß/. . . Ha 5.6
bei nächster **Gelegenheit** Hb 7.22
Gelegenheit macht Diebe Cc 19.13
die **Gelegenheit** beim Schopfe fassen/(packen) Hb 9.5
die **Gelegenheit** versäumen Hb 8.11
die **Gelegenheit** wahrnehmen/ergreifen Hb 9.5
darüber/über etw. sind sich die **Gelehrten** nicht einig/(un-
  eins) Db 17.13
die **Gelehrten** sind sich nicht einig/(uneins), ob . . .
  Db 17.13
jn. (ganz/. . .) aus dem **Geleise** bringen Cc 6.14
etw. (wieder) ins **Geleise** bringen Ga 5.4

(ganz/. . .) aus dem **Geleise** geraten/kommen Cc 6.6
j. hat sich (da/ja) (vielleicht) was/(etwas) **geleistet**
  Cc 9.11
jm. das letzte **Geleit** geben Ba 7.2
jm. freies **Geleit** gewähren/geben Gc 4.95
gelernt ist gelernt! Cd 3.25
geliefert sein Ba 2.6
etw. **gelten** lassen Db 13.2
von jm. nichts **gelten** lassen Db 19.8
etw. zur **Geltung** bringen Ha 3.1
sich/etw. zur **Geltung** zu bringen wissen Ha 3.2
zur **Geltung** kommen Ha 3.8
sich (mit etw.) **Geltung** verschaffen (in/bei/. . .) Cd 17.12
etw. hat sich (wohl/bestimmt/. . .) selbstständig ge-
  macht! Ab 11.3
wird **gemacht**! Hc 1.13
wie **gemalt** aussehen Ca 1.3
manches/vieles/. . . mit jm. **gemein** haben If 2.10
wenig/nichts/. . . mit jm. **gemein** haben If 4.10
jetzt wird's/dann wurde es **gemischt** Dc 1.148
auf jn. **gemünzt** sein Db 19.55
junges **Gemüse** Bb 1.8
ein einfältiges **Gemüt** haben Cd 10.2
ein goldiges/goldenes **Gemüt** haben Cb 6.2
ein kindliches **Gemüt** sein/haben Da 2.4
ein sonniges **Gemüt** haben Cb 6.2
jm. schlägt/geht etw. aufs **Gemüt** Cb 3.28
du hast/der Onkel Peter hat/. . . vielleicht ein sonniges
  Gemüt! Da 2.8
ein **Gemüt** wie eine Brummfliege haben Cb 21.2
sich etw. zu **Gemüte** führen Hd 2.18
sich einen zu **Gemüte** führen Hd 6.6
die **Gemüter** erregen Cb 17.24
in aller **Gemütlichkeit** etw. tun Aa 11.8
da hört (sich) (aber/doch) die **Gemütlichkeit** auf!
  Cc 33.27
in aller **Gemütsruhe** etw. tun Aa 11.8
genau! Db 13.37 Db 20.28
ganz **genau** (das ist es)! Db 20.28
genau das! Db 20.28
nichts **Genaues** weiß man nicht Ih 4.25
sich einen **genehmigen** Hd 6.5
jm. das **Genick** brechen De 25.52
sich das **Genick** brechen De 25.47
einem Huhn/. . . das **Genick** umdrehen Ba 4.20
ein verkanntes **Genie** sein Cd 7.17
genau genommen Db 4.90
mehr als **genug** sein Ia 6.4
sich selbst **genug** sein Ea 3.1
genug haben (von etw.) Ia 6.2
etw. mehr als **genug** haben/tun Ia 6.4
an etw. schon **genug** haben Dd 11.28
mit etw. schon **genug** zu tun/kämpfen/. . . haben
  Dd 11.28
(und/aber/doch/. . .) damit nicht **genug**, . . . Aa 6.55
(und/aber/doch/. . .) nicht **genug** damit, . . . Aa 6.55
genug und übergenug sein/haben Ia 6.5
genug und übergenug (von) etw. haben/kaufen/. . . Ia 6.5
etw. zur **Genüge** tun/getan haben Ia 6.6
jm. zur **Genüge** bekannt/vertraut/. . . sein Ia 6.6
jn./etw. zur **Genüge** kennen Ia 6.6
Forderungen/Ansprüchen/. . . **Genüge** tun Ga 6.5
Genugtuung fordern Gc 14.1
jm. **Genugtuung** geben Gc 21.14
gut **gepolstert** sein Ca 4.7
e-r S./einer Zeit/. . . das **Gepräge** geben Fa 9.2
100/5000/. . . und ein paar **gequetschte** Fb 3.21

(noch) so **gerade** De 21.1

so **gerade** (noch) De 21.1

gerade du/der/die Vera/... mußt/muß/... das sagen/ tun! Db 15.81

gerade noch genug/ausreichend sein/haben Ia 6.1

jetzt/nun/dann/... **gerade** nicht (etw. tun) Db 15.85

etw. (wieder) **geradebiegen** Ga 5.4

geradeheraus sein/jm. etw. sagen Dc 3.31

wie **gerädert** sein/aufwachen/... De 23.27

außer sich **geraten** Cb 16.9

das möchte ich/... dir/ihm/dem Peter/... (aber) auch ge- raten haben! Cc 25.28

aufs **Geratewohl** etw. tun Dd 8.2

jm./e-r S. **gerecht** werden Db 20.23 Ga 6.4

jn. der irdischen **Gerechtigkeit** überantworten Cc 20.35

jm./e-r S. **Gerechtigkeit** widerfahren lassen Db 20.22

das alte **Gerede** Cd 18.2

im **Gerede** sein Cd 17.23

ohne viel **Gerede** etw. tun Dd 7.13

jn. ins **Gerede** bringen Cc 10.10

ins **Gerede** kommen Cc 10.5

weit **gereist** sein Ab 4.19

das Jüngste **Gericht** Cc 35.6

jn./etw. vors/vor **Gericht** bringen Cc 20.34

vor(s) **Gericht** gehen Cc 20.34

mit jm. hart/streng/scharf ins **Gericht** gehen Cc 24.28

mit sich (selbst/selber) (hart/streng/scharf) ins/zu **Gericht** gehen Cc 30.8

über jn. **Gericht** halten Db 19.37

jn. vors **Gericht** schleppen Cc 20.34

über jn./etw. zu **Gericht** sitzen Db 19.37

jn. vor **Gericht** stellen Cc 20.34

Gerichtstag über sich halten Cc 30.10

kein **Geringerer** als Shakespeare/... Ha 4.29

es geht um/handelt sich um/... nichts **Geringeres** als (um) die Frage/... Ha 11.13 Ib 1.28

nicht im **geringsten** Db 15.67

ein dürres **Gerippe** sein Ca 4.16

ein wandelndes **Gerippe** sein Ca 4.16

etw. **gern** tun Hc 1.6

etw. liebend **gern(e)** tun Hc 4.4

aber **gern**! Hc 1.14

... das hab' ich/haben wir **gern**! Db 15.59

herzlich **gern**! Hc 1.14

das hast du/habt ihr/... **gern**, was? Db 15.59

ein kleiner **Gernegroß** sein Cc 11.17

j. kann/soll mich/uns **gernhaben** (mit etw.) Cb 19.18

in einen schlechten **Geruch** kommen Cc 10.5

in keinem guten **Geruch** stehen Cc 10.3

in dem/im **Geruch** eines ... stehen Cc 10.1 Cd 17.23

es geht das **Gerücht**, daß ... Cd 17.29

ein **Gerücht** in Umlauf setzen Cc 10.7

Gerüchte in Umlauf setzen Cc 10.7

leicht **gerührt** sein Cc 2.8

wünsche wohl **geruht** zu haben Aa 1.30

kurz **gesagt**: Dc 1.20

das ist leicht **gesagt**! Dc 5.138 De 20.47

..., das ist leicht **gesagt** Ih 4.2

(aber) ob/daß ..., ist damit nicht **gesagt** Ih 4.3

offen/ehrlich/frei heraus **gesagt**: Dc 3.104

(oder) richtiger **gesagt** Dc 5.114

unter uns **gesagt** Dc 3.100

wie **gesagt** Dc 5.113

es/das ist nicht/keineswegs/... **gesagt**, daß ... Ih 4.2

es/das ist noch nicht/keineswegs/... **gesagt**, daß ... Ih 4.2

(aber) damit/mit etw. ist nicht **gesagt**, daß ... Ih 4.3

laß dir/laßt euch/... das **gesagt** sein! Cc 24.2 Cc 25.35

laß (es) dir/laßt (es) euch/... **gesagt** sein, daß ... Cc 25.35

dann will ich/wollen wir (lieber) nichts **gesagt** haben! Dc 5.137

es ist nicht zuviel **gesagt**, wenn man feststellt, daß/... Dc 5.132 Id 2.71

gesagt, getan Dd 7.24

das ist leichter **gesagt** als getan Dc 5.140 De 20.47

das falsche/verkehrte **Gesangbuch** haben Fa 6.47

das richtige **Gesangbuch** haben Db 12.16 Fa 6.47

dünn **gesät** sein in/bei einem Unternehmen/... Ia 3.3

nicht dazu **geschaffen** sein, etw. zu tun Cd 4.5

für etw. wie **geschaffen** sein Cd 3.20

(so/...), das hätten wir/hättet ihr/... **geschafft**! Ga 6.46

das wäre **geschafft**! Aa 8.18

ein (gutes/feines/glänzendes/...) **Geschäft** machen Fb 15.28

ein großes **Geschäft** machen Ac 8.9

ein kleines **Geschäft** machen Ac 8.7

gerade/... ein **Geschäft** verrichten Ac 8.5

noch eben/... ein **Geschäft** verrichten müssen Ac 8.2

krumme **Geschäfte** (machen) Fb 15.105

noch/(und) ehe j. wußte, wie ihm **geschah**, ... Aa 14.14

es ist um jn./js. Ruhe/... **geschehen** De 25.18

alles/... mit sich **geschehen** lassen Fa 15.4

du bist/er ist/... (wohl) nicht (ganz) **gescheit**! Cd 12.1

nichts **Gescheites** sein/werden/... De 25.4

ein **Geschenk** des Himmels sein Hb 7.12

das ist (ja/wirklich/geradezu/...) **geschenkt** Fb 13.4

jm. wird (aber/auch) (gar) nichts **geschenkt**! De 12.15

das/etw. möchte/will j. nicht **geschenkt** haben Ha 12.6

das/etw. würde j. nicht **geschenkt** nehmen Ha 12.6

das/etw. ist **geschenkt** zu teuer Ha 12.6

das/es ist die alte **Geschichte** Cd 18.2

das/es ist immer dieselbe/die gleiche **Geschichte** If 7.19

das/etw. ist die dumme/unangenehme/blöde **Geschichte** Cd 13.7

eine gesalzene (und gepfefferte) **Geschichte** (sein) Dc 1.150

das/etw. ist eine traurige **Geschichte** (mit jm.) Cb 3.73

da haben wir/habt ihr/... die **Geschichte**! Cc 33.2

die ganze **Geschichte** (ist die, daß/...) Ia 2.17

etw. gehört bereits der **Geschichte** an Aa 1.3

jm. eine unglaubliche/... **Geschichte** auftischen Dc 1.151

jm. eine nette/schöne/... **Geschichte** (mit etw.) einbrok- ken Hb 5.8

j. hat sich (da) eine nette/schöne/... **Geschichte** (mit etw.) geleistet Hb 5.1 Hb 6.2

etw. hat **Geschichte** gemacht Aa 6.107

Geschichte machen Ga 6.48

eine (ganz) große **Geschichte** aus etw. machen Id 2.31

mach/... (nur/bloß/ja) keine **Geschichten**! Cd 13.8

erzähl/erzählt/... (jm.) keine langen **Geschichten**! Dc 1.24

das sind ja nette/schöne **Geschichten** (die er/die ihr/... mir/uns/... da erzählt/...) Cd 13.9

alte **Geschichten** (wieder) aufwärmen Aa 4.16

keine langen **Geschichten** hören wollen Dc 1.24

sein **Geschick** selbst/selber in die Hand nehmen Fa 24.8

und ehe j. weiß, wie ihm **geschieht** Aa 19.5

nicht wissen/(verstehen), wie einem **geschieht** Aa 19.5 Da 5.8

das **geschieht** jm. recht/es geschieht jm. recht, wenn .../ zu ... Cc 25.2

im **Geschirr** sein De 15.10

sich (ordentlich/anständig/...) ins **Geschirr** legen (für jn./ etw.) De 13.15

sich **geschlagen** geben   Gc 11.7
das starke **Geschlecht**   Ed 5.4
das zarte **Geschlecht**   Ed 5.5
(ganz/genau) nach js. **Geschmack** sein   Db 13.15
nicht nach js. **Geschmack** sein   Db 14.13
e-r S. keinen **Geschmack** abgewinnen können   Eb 2.1
Geschmack an etw. finden   Hc 3.7
auf den **Geschmack** kommen   Hc 3.32
es/das ist **Geschmackssache** (ob . . .)   Hc 3.47   Hc 5.1
bei jm. hat es **geschnackelt**   Cd 1.29
geschniegelt und gebügelt herumlaufen/erscheinen/. . .
   Ca 1.53
jn. zu seinem **Geschöpf** machen   Fa 10.32
um die Ecke/Kurve/. . . **geschossen** kommen   Aa 14.26
(ein) großes **Geschrei** erheben/es erhebt sich . . .   Gc 6.28
ein schweres/grobes **Geschütz** auffahren (gegen jn.)
   Cc 24.60   Dc 5.27
mit atemberaubender **Geschwindigkeit** (etw. tun)   Aa 14.8
mit affenartiger/einer affenartigen **Geschwindigkeit** da-
   herrasen/. . .   Aa 14.35
Geschwindigkeit ist keine Hexerei!   Aa 14.51
geschweige denn, . . .   Db 15.86
bei jm. gern **gesehen** sein   Ea 4.16
lange nicht **gesehn**!   Ea 9.6
hat man so was/etwas schon **gesehen**?   Da 7.7
(und) haste/hast du/hasse nicht **gesehen**, war er weg/
   rannten sie davon/. . .   Aa 14.23
ein lustiger **Geselle** (sein)   Cb 7.2
die ganze **Gesellschaft**   Ia 2.8
eine geschlossene **Gesellschaft**/(Gruppe/. . .)   Ea 7.33
eine bunt zusammengewürfelte **Gesellschaft**   Ea 7.39
jn. auf einer **Gesellschaft** treffen/. . .   Ea 7.38
sich in der **Gesellschaft** zu benehmen wissen/(. . .)
   Ea 11.3
jn. in die **Gesellschaft** einführen   Fa 5.3
zur guten/besten **Gesellschaft** gehören   Fa 5.2
in schlechte **Gesellschaft** geraten   Cc 6.18
jm. **Gesellschaft** leisten   Ea 4.38
in schlechter **Gesellschaft** verkehren   Cc 6.22
nicht **gesellschaftsfähig** sein   Ea 12.9
das hat **gesessen**   Cb 13.41
(es ist) ein ungeschriebenes **Gesetz** (daß . . .)   Aa 4.6
das **Gesetz** des Handelns an sich reißen   Dd 7.17
ein scharf geschnittenes **Gesicht** haben   Ca 1.8
ein markantes **Gesicht** haben   Ca 1.8
das Zweite **Gesicht** haben   Da 3.31
so/jetzt/. . . hat die Sache/. . . ein **Gesicht**!   De 16.12
jm. seine/die Gedanken/. . . vom/am **Gesicht** ablesen
   (können)   Cd 14.12
mit einem langen **Gesicht** (wieder) abziehen/. . .   De 26.14
jn./etw. zu **Gesicht** bekommen/kriegen   Ac 6.62
ein (ganz/. . .) anderes **Gesicht** bekommen (für jn.)
   If 6.16
ein (ganz/. . .) neues **Gesicht** bekommen (für jn.)   If 6.16
aufs **Gesicht** fallen   Hd 4.98
ein **Gesicht** wie ein Feuermelder haben (man könnte/
   möchte permanent reinschlagen)   Ca 1.33
e-r S. ein (völlig/. . .) anderes **Gesicht** geben   If 6.8
e-r S. das richtige **Gesicht** zu geben verstehen/wissen
   Cd 5.14
jm. (wie) aus dem **Gesicht** geschnitten sein   If 2.4
jm. steht etw. im **Gesicht** geschrieben   Cc 14.34
jm. steht das Entsetzen/der Schrecken/. . . im **Gesicht** ge-
   schrieben   Da 6.20
j. wäre jm. (vor Wut/. . .) fast/beinahe/. . . ins **Gesicht** ge-
   sprungen   Cb 16.28
jm. (noch) (nicht) zu **Gesicht** (ge)kommen (sein)   Ac 6.63

übers/über das ganze **Gesicht** lachen   Cb 10.21
ein ernstes/todernstes **Gesicht** machen   Cb 3.61
ein langes **Gesicht** machen   De 26.19
ein mißmutiges/unzufriedenes/. . . **Gesicht** machen
   Cb 5.14
ein gequältes **Gesicht** machen   Cb 3.61
ein sauertöpfisches **Gesicht** machen/ziehen   Cb 5.15
ein saures **Gesicht** machen/ziehen   Cb 5.15
ein schiefes **Gesicht** machen/ziehen   Cb 5.15
ein schmollendes **Gesicht** machen/ziehen   Cb 5.21
vielleicht ein **Gesicht** machen/ziehen   Cb 5.12   Da 4.5
ein **Gesicht** machen, als ob . . ./. . .   Cb 5.12
ein **Gesicht** zum Reinhauen/Reinschlagen haben   Ca 1.33
jm. etw. (frech/. . .) ins **Gesicht** sagen   Dc 1.98
jm. etw. (offen) ins **Gesicht** sagen   Dc 3.28
jm. etw. glatt ins **Gesicht** sagen   Dc 3.28
e-r S. (geradezu/direkt/. . .) ins **Gesicht** schlagen   Cc 14.20
jm. etw. ins **Gesicht** schleudern   Dc 3.28
jm. Beleidigungen/. . . ins **Gesicht** schleudern   Dc 3.29
ein **Gesicht** schneiden   Cb 9.17
einer Gefahr/den Tatsachen/. . . (offen/. . .) ins **Gesicht** se-
   hen/schauen/blicken   Da 1.6
niemandem/keinem/. . . (klar/direkt/. . .) ins **Gesicht** se-
   hen/schauen/gucken (können)   Cc 14.36   Cc 18.27
jm. nicht mehr (offen/gerade) ins **Gesicht** sehen/
   schauen/gucken können   Cc 14.36
(endlich mal/. . .) ein bekanntes **Gesicht** sehen (wollen)
   Ea 2.2
j. hätte jm. (vor Wut/. . .) ins **Gesicht** springen mögen
   Cb 16.28
sich eine (Zigarette/Zigarre/. . .) ins **Gesicht** stecken
   Hd 11.1
es würde jm. besser zu **Gesicht** stehen zu . . ./wenn . . ., als
   zu . . ./statt zu . . .   Cc 25.44
übers/über das ganze **Gesicht** strahlen/grinsen/. . .
   Cb 2.22   Dc 8.9
ein **Gesicht** wie drei/sieben/acht/vierzehn Tage Regenwet-
   ter machen   Cb 5.16
sein/das **Gesicht** verlieren   Cc 10.4
das/sein **Gesicht** verziehen   Cb 5.13
der/die/die Erna/. . . hat (ja/. . .) ein **Gesicht** – da braucht
   einer/man 'nen Waffenschein   Ca 1.25
(nach außen/nach außen hin/. . .) das/sein **Gesicht** wah-
   ren   Cc 15.9
sein wahres **Gesicht** (offen) zeigen   Dc 3.62
das **Gesicht** seiner Zeit prägen   Fa 9.3
den Hut/. . . ins **Gesicht** ziehen   Dc 8.63
ein langes **Gesicht** ziehen   De 26.19
Gesichte haben   Da 3.31
zwei **Gesichter** haben   Cc 16.49
Gesichter schneiden   Cb 9.17
(einmal/. . .) andere **Gesichter** sehen wollen   Ab 4.1
einen engen/beschränkten/begrenzten/kleinen **Gesichts-
   kreis** haben   Cd 11.2
einen weiten/großen **Gesichtskreis** haben   Cd 7.15
seinen **Gesichtskreis** erweitern   Cd 19.6
jn. (ganz) aus dem **Gesichtskreis** verlieren   Ea 4.24
das ist (auch) ein **Gesichtspunkt**!   Db 4.31
das lichtscheue **Gesindel**   Cc 7.10
seine **Gesinnung** wie sein/das Hemd wechseln   Db 12.12
nicht **gesonnen** sein, sich etw. bieten zu lassen/. . .
   Db 14.29
Gesottenes und Gebratenes   Hd 4.90
ein gutes/unzertrennliches/. . . **Gespann** sein/bilden
   Ec 1.24
gespannt sein auf etw./wie/ob/was/. . .   Fa 3.2
das **Gespenst** des Krieges/der Hungersnot/. . . heraufbe-
   schwören/an die Wand malen/. . .   Db 4.65

wie ein **Gespenst** aussehen Ca 1.31
an **Gespenster** glauben Da 3.24
(am hellichten Tag) **Gespenster** sehen Da 3.24
ein Text/... ist **gespickt** mit Fehlern/Lügen/... Ia 1.52
js. Liebe/Freundschaft/Hilfsbereitschaft/Eifer/... ist nur
    gespielt Cc 15.14
was wird hier/dort/in/... (eigentlich) **gespielt**? Ga 1.3
wissen/verstehen/..., was (in .../...) **gespielt** wird
    Cd 1.42
das **Gespinst** von (js.) Lügen/Ausreden/... zerreißen
    Cc 14.37
jn./etw. zum **Gespött** der Leute/der Öffentlichkeit ma-
    chen Db 19.32
zum **Gespött** der Leute werden Fa 15.17
im **Gespräch** sein Dc 5.10
das **Gespräch** auf etw./das Thema »...« bringen Dc 5.12
mit jm. ins **Gespräch** kommen Dc 5.8
das **Gespräch** an sich reißen Dc 5.30
das **Gespräch** des Tages sein/bilden Fa 1.16
etw. ist, milde **gesprochen**, eine Unverfrorenheit/...
    Dc 3.27
eine schwankende **Gestalt** Hd 6.55
(feste) **Gestalt** annehmen Dd 3.22
greifbare **Gestalt** annehmen Aa 6.7
e-r S. **Gestalt** geben Dd 3.23
sich in seiner wahren **Gestalt** zeigen Dc 3.62
offen **gestanden**: Dc 3.104
ein **Geständnis** ablegen Cc 20.49 Cc 22.19
eine weit ausholende **Geste** Dc 8.7
mit großer **Geste** erklären/... Dc 8.7
etw. mit einer **Geste** unterstreichen Dc 8.6
ein langes **Gestell** sein Ca 2.4
(finanziell/...) gut/... **gestellt** sein Fb 6.5
(finanziell/...) schlecht/... **gestellt** sein Fb 7.5
(ganz/völlig/...) auf sich/sich selbst/sich selber **gestellt**
    sein Ga 12.90
nicht von **gestern** sein Aa 22.9
(wann muß das fertig sein?/...) »am liebsten **gestern**!»
    Aa 14.15
du kannst mir/er kann mir/... **gestohlen** bleiben!
    Cb 19.18
j. soll/kann mir/uns/ihm/... (mit etw.) **gestohlen** blei-
    ben! Cb 19.18
davon/daran ist noch niemand/keiner **gestorben**
    Gb 7.14 Id 2.61
die ewig **Gestrigen** Aa 21.9
ein Ausdruck/Vergleich/... ist sehr/zu/... **gesucht**
    Cc 11.50
sich **gesucht** und gefunden haben Ec 1.24
da haben sich zwei/die beiden haben sich **gesucht** und ge-
    funden Ec 1.24
das/etw. ist für jn. ganz **gesund** Cc 25.4
aber sonst/ansonsten/im übrigen bist du/ist er/... **gesund**
    (was/oder/ja)? Cd 12.11
gesund und munter (sein) Bc 1.8
bei guter **Gesundheit** sein Bc 1.8
mit jm. auf js. **Gesundheit** anstoßen Hd 5.21
eine **Gesundheit** wie ein Bär haben Bc 1.2
vor **Gesundheit** strotzen Bc 1.2
sich (an etw.) **gesundmachen** Hb 11.8
sich **gesundschreiben** lassen Bc 1.17
sich (an etw.) **gesundstoßen** Fb 6.25 Hb 11.8
es ist nicht mit etw. **getan** (in/bei e-r S.) Ia 7.2
es ist nicht damit **getan**, zu .../daß ... Ia 7.2
es ist um jn. **getan** De 25.18
zu viel **getankt** haben Hd 6.16
die Ansichten/Meinungen/... (über etw./in e-r S.) sind
    geteilt Db 17.4

j. hat es (schließlich/...) so weit **getrieben**, daß ... Id 2.24
gut/schlecht/nicht/... **getroffen** sein (auf einem Bild)
    Ca 1.74
sich tief **getroffen** fühlen Cb 13.30
einen zuviel **getrunken** haben Hd 6.16
auf ins **Getümmel**! Aa 7.32
einer Aufgabe/jm. **gewachsen** sein Cd 3.13
jn. **gewähren** lassen Fa 8.1
etw. in **Gewahrsam** haben/halten Fb 1.32
jn./etw. in **Gewahrsam** nehmen Cc 20.79 Fb 1.38
höhere **Gewalt** Fa 22.11
in js. **Gewalt** sein Fa 13.8
jn./etw. in seiner **Gewalt** haben Fa 10.17
sich in der **Gewalt** haben Cb 20.5
mit (aller) **Gewalt** etw. tun wollen/versuchen/...
    De 13.59
mit roher **Gewalt** etw. durchsetzen (wollen)/... Fa 20.8
die Entscheidung/... steht in js. **Gewalt** Fa 23.29
es steht in js. **Gewalt**, etw. zu entscheiden/... Fa 23.29
einer Frau/... **Gewalt** antun Ed 1.24
sich **Gewalt** antun Ba 3.5
jn./etw. in seine **Gewalt** kriegen Fb 1.12
auf jn./etw. gerade noch **gewartet** haben Cb 14.14
eine Tracht Prügel/eine Prüfung/..., die sich **gewaschen**
    hat Cc 26.58
ein fließendes **Gewässer** Ab 4.44
ein stehendes **Gewässer** Ab 4.44
das **Gewebe** von (js.) Lügen/Ausreden/... zerreißen
    Cc 14.37
haben ein **Gewehr**! Ii 2.9
Gewehr bei Fuß stehen Gc 4.49
ran an die **Gewehre**! Aa 7.32
das horizontale **Gewerbe** Ed 7.2
das älteste **Gewerbe** der Welt Ed 7.2
(und) dann/jetzt/... will es keiner/(niemand) **gewesen**
    sein! Cc 31.7 Dd 11.21
so haben wir nicht **gewettet**! Db 15.57
(großes) **Gewicht** haben Fa 6.28
e-r S. (viel/...) **Gewicht** beimessen/(beilegen) Ha 4.8
e-r S./jm. wenig/keinerlei/... **Gewicht** beimessen/(beile-
    gen) Ha 5.8
(ein) großes **Gewicht** bekommen/erhalten Ha 4.22
ins **Gewicht** fallen Ha 4.17
nicht ins **Gewicht** fallen Ha 5.21
viel/... **Gewicht** auf etw. legen Ha 4.8
nicht soviel/wenig/keinerlei/... **Gewicht** auf etw. legen
    Ha 5.8
wenn du glaubst .../er meint .../..., (dann) bist du/ist
    er/... schief **gewickelt**! Db 21.27
Gewinn bringen Fb 15.30
die Leute/... **gewinnen** Eb 1.27
es nicht über sich **gewinnen** (können), etw. zu tun Dd 4.7
ein enges **Gewissen** haben Cc 30.31
ein reines **Gewissen** haben Cc 21.7
ein weites **Gewissen** haben Cc 7.1
jn./etw. auf dem **Gewissen** haben Cc 22.6
mit gutem **Gewissen** etw. tun können Cc 21.8
mit gutem **Gewissen** zu etw. raten können/etw. sagen kön-
    nen/... Cc 13.6
an js. **Gewissen** appellieren Cc 24.54
das/js. **Gewissen** beschweren/belasten Cc 30.2
sein/js. **Gewissen** einschläfern Cc 31.8
sein **Gewissen** erleichtern Cc 30.13
(schwer) auf js. **Gewissen** lasten Cc 30.2
jm. auf dem **Gewissen** liegen Cc 30.2
sich kein **Gewissen** aus etw. machen Ha 8.16
sich kein **Gewissen** daraus machen, etw. zu tun Ha 8.16

jm. (ernsthaft/gründlich/anständig/...) ins **Gewissen** reden Cc 24.54

sein/js. **Gewissen** zum Schweigen bringen Cc 31.8

etw. mit seinem **Gewissen** nicht vereinbaren können · Cc 20.46

guten **Gewissens** etw. tun können Cc 21.8

guten **Gewissens** zu etw. raten können/etw. tun können/... Cc 13.6

Gewissensbisse haben Cc 30.1

sich über etw. keine **Gewissensbisse** zu machen brauchen Cc 21.6

ein häusliches **Gewitter** Gc 3.48

ein reinigendes **Gewitter** (sein) Gc 3.53

ein **Gewitter** geht/(bricht) auf jn. los Cb 18.8

jm. (gut/sehr/besonders/...) **gewogen** sein Eb 1.6

gewogen und zu leicht befunden Cd 4.29

gewollt oder ungewollt Dd 8.30

wie **gewonnen**, so zerronnen De 25.92

was ist aus jm. **geworden**? De 24.1

(ja) **gewußt** wie! Cd 5.26

(ja) **gewußt** wo! Cd 5.26

dem/der/dem Herrn Schulze/... habe ich/hat er/... es aber **gezeigt**! Cc 25.37

bei jm. hat's **gezündet** Cd 1.29 Ed 1.41

gib's ihm/ihr/ihnen! Cc 25.22

j. **gibt** jm. noch 2 Jahre/6 Wochen/... Ba 2.5

wer etwas auf sich **gibt**, der ... Cc 11.4

das **gibt** was! Cc 33.2

entweder .../... oder es **gibt** was! Cc 25.21

das/etw. **gibt** sich (schon) wieder Gb 7.18

..., das **gibt's**/(gibt es) doch nicht! Da 7.16

das hat j. fein gemacht/das hat j. prima hingekriegt/das ist gut/..., da **gibt's**/(gibt es) nichts! Ih 3.7

(ja) **gibt's**/(gibt es) dich/Sie auch noch! Ea 9.6

... **gibt's**/(gibt es) viel/viele (aber nur ein/eine ...) Ia 1.24

Vorsitzende/... **gibt's** (gibt es) viele/viel, (aber/doch/...) Fa 4.28

..., sonst **gibt's**/(gibt es) was! Cb 18.13

wenn ..., dann **gibt's**/(gibt es) was! Cb 18.13

da **gibt's**/(gibt es) nichts als Ruhe/Zähne zusammenbeißen und .../... Fa 21.15

das/etw. ist (das reinste) **Gift** für jn. Hb 5.13

ein blondes **Gift** (sein) Ca 1.16

etw. brennt wie ätzendes **Gift** (in der Seele) Cb 13.42

Gift und Galle spucken/(speien) Cb 16.24

..., darauf kannst du/kann er/... **Gift** nehmen! Cc 25.18

(wieder einmal/...) sein **Gift** verspritzen Dc 1.108

den **Giftbecher** nehmen/(trinken/leeren) Ba 3.7

giftgrün Ac 5.13

eine **Giftnudel** sein Cc 8.2

seine **Giftpfeile** abschießen gegen jn. Dc 1.108

jm. die **Giftzähne** ausbrechen/ausziehen Cc 24.17

jetzt **gilt**/da galt es, abzuhauen/aufzupassen/... Ha 9.10

bange machen **gilt** nicht! Gb 5.20 Gb 7.20

das **ging** nochmal gut Ab 8.9

wenn es nach mir/ihm/Tante Hanna/... **ging(e)**, dann ... Dd 6.8

wie er/sie/... **ging** und stand, ... Aa 17.2

auf dem **Gipfel** des Ruhms/seiner Macht/... stehen/angelangt sein De 24.27

das/so etwas/... ist (doch) der **Gipfel** der Unverschämtheit/Frechheit/... Cc 33.28

das Bein/... in **Gips** haben/tragen Bc 2.30

das Bein/... in **Gips** legen Bc 2.30

in **Gips** liegen Bc 2.30

jn. hinter **Gitter** bringen/stecken Cc 20.83

hinter **Gittern** sitzen Cc 20.85

jn. mit **Glacéhandschuhen** anfassen Cb 12.6

sich mit **Glanz** aus der Affäre ziehen Ga 6.31

ein Examen/... mit **Glanz** bestehen Cd 19.53

e-r S. **Glanz** geben De 16.4

mit **Glanz** und Gloria ausziehen/... Ab 7.22

mit **Glanz** und Gloria durchfallen/durchrauschen De 25.104

mit **Glanz** und Gloria eingehen/verlieren De 25.72

mit **Glanz** und Gloria hinausfliegen/hinausgeworfen werden/... Ea 10.29

mit **Glanz** und Gloria in die Stadt einziehen/seinen Einzug halten/... Gc 4.74

sich vom **Glanz** des Goldes blenden lassen Fb 3.27

vom **Glanz** des Goldes geblendet werden Fb 3.27

welch ein/was für ein **Glanz** in meiner/unserer (armen) Hütte Ea 7.27

silbrig **glänzend** Ac 5.2

einem Text/einer Rede/... (noch) ein paar/... **Glanzlichter** aufsetzen Cd 20.34 De 16.5

sein **Glanzstück** liefern (mit etw.) Cd 3.52

seine **Glanzzeit** haben Aa 6.48

du bist/ihr seid/... (doch) nicht aus **Glas**! Ac 6.57

meinst du/meint ihr/..., du bist/du wärst/ihr seid/ihr wäret/... aus **Glas**? Ac 6.57

ein **Glas** über den Durst getrunken haben Hd 6.16

zu tief ins **Glas** geschaut/geblickt/geguckt/gesehen haben Hd 6.16

ein **Glas** zu viel getrunken haben Hd 6.16

Glasauge, sei wachsam! Gb 2.7

etw. mit einem **Gläschen** begießen Hd 5.16

sich ein **Gläschen** zu Gemüte führen Hd 5.14

die **Gläser** klingen lassen Hd 5.35

wieder **glatt** sein (mit jm.) Fb 5.29

jn. aufs **Glatteis** führen Cb 9.4

aufs **Glatteis** geraten Cb 9.14

der **Glaube** kann Berge versetzen/versetzt Berge Db 5.18

..., das kannst du/können Sie/... (mir/uns) **glauben**! Db 10.23

(das/etw. ist) nicht/kaum zu **glauben** Cc 33.24

(und) das soll (mir/uns) einer **glauben**! Db 6.9

in gutem/im guten **Glauben** etw. tun Da 2.3 Db 5.15

jm. in dem **Glauben** lassen, daß ... Cc 16.1

er/Peter/... will jn. **glauben** machen, daß ... Cc 16.5

dran/(daran) **glauben** müssen Ac 11.20 Ba 2.6 De 25.19

jm./einer Erklärung/... **Glauben** schenken Db 5.11

jm./js. Worten/... keinen (rechten) **Glauben** schenken Db 6.1

guten **Glaubens** etw. tun Da 2.3 Db 5.15

(und) das **glaubst** du?/glaubt ihr?/... Db 6.10

..., oder was **glaubst** du?/glaubt ihr?/... Db 21.32 Dc 5.116

du **glaubst** (ja) gar nicht, wie/welch ein .../... Cd 16.16

das **glaubst** du doch selbst nicht! Db 6.10

wer/wer's **glaubt**, wird selig! Db 6.11

jm. (völlig/vollständig/...) **gleich** sein Ha 8.8

ganz **gleich**, wer/wann/wohin/... Ha 8.23

Gleich und Gleich gesellt sich gern If 1.17

Gleiches mit Gleichem vergelten Gc 14.8

sich sein (inneres) **Gleichgewicht** bewahren Cc 6.41

jn. ganz aus dem **Gleichgewicht** bringen Ga 3.8

jn. (wieder) ins **Gleichgewicht** bringen Cc 6.39

sich (so leicht/...) nicht aus dem **Gleichgewicht** bringen lassen Cc 6.41

aus dem **Gleichgewicht** kommen Cc 6.30

das (innere) **Gleichgewicht** verlieren Cc 6.30

jm. (völlig/vollständig/...) **gleichgültig** sein Ha 8.8

stoischer **Gleichmut** Ha 8.32
eine/js. **Gleichung** geht nicht auf Db 21.29
jn. (ganz/. . .) aus dem **Gleis** bringen Cc 6.14
jn./etw. (wieder) ins rechte **Gleis** bringen Ga 5.4
etw. (wieder) ins **Gleis** bringen Ga 5.4
(ganz/. . .) aus dem **Gleis** geraten/kommen Cc 6.6
aufs falsche **Gleis** geraten Cc 6.7
wieder ins **Gleis** kommen Cc 6.42 Ga 5.11
etw. aufs tote **Gleis** schieben Aa 8.16
sich in ausgefahrenen **Gleisen** bewegen If 7.6
bis ins 5./6./. . . **Glied** (seinen Stammbaum zurückverfolgen/. . .) Ed 6.13
ein **Glied** in einer Kette sein De 17.18
das fehlende **Glied** in der Kette sein/bilden Cc 20.55
das schwächste **Glied** in der Kette sein Cd 4.30
kein **Glied** mehr rühren können De 23.31
aus dem **Glied** treten Gc 4.28
ins **Glied** zurücktreten Gc 4.28
js. **Glieder** sind (schwer) wie Blei De 23.29
jm. in/durch die/alle **Glieder** fahren Da 6.6
jm. (noch) in den/allen **Gliedern** sitzen/stecken Da 6.20
an allen **Gliedern** zittern Ac 2.6 Gb 6.30
jm. klarmachen/. . ., was die **Glocke** geschlagen hat Cc 24.26
wissen/verstanden haben/. . ., was die **Glocke** geschlagen hat Cd 1.40
etw. an die große **Glocke** hängen/(bringen) Cd 17.37
an die große **Glocke** kommen Cd 17.32
die **Glocke** läuten hören, aber nicht wissen/ohne zu wissen, wo sie hängt Cd 2.26
mit dem/(auf den) **Glockenschlag** kommen/gehen/. . . Aa 18.1
seine **Glossen** machen (über jn./etw.) Db 19.28
Glotzaugen machen Da 4.8
das ist/war mein/dein/. . . **Glück** Da 9.6
es ist ein (wahres) **Glück**, daß . . . Da 9.7
Glück haben (bei jm.) (mit etw.) Da 9.2
kein **Glück** haben (bei jm.) (mit etw.) De 25.63
ein unverschämtes **Glück** haben Da 9.3
viel **Glück** (bei/mit etw./in . . ./. . .) Da 9.31
zum **Glück** . . . Da 9.55
jm. lächelt das **Glück** (zu) Da 9.9
jm. lacht das **Glück** Da 9.9
auf gut **Glück** etw. tun Dd 8.2
auf sein **Glück** bauen Da 9.8
jm./einem Unternehmen/. . . ist kein/wenig/. . . **Glück** beschieden De 25.84
jm./einem Unternehmen/. . . ist viel/. . . **Glück** beschieden De 24.37
sein **Glück** mit Füßen treten Da 9.46 Hb 6.12
du/der Wolters/diese Krankheit/. . . hast/hat/. . . mir/ihm/. . . gerade noch zu meinem/seinem/. . . **Glück** gefehlt! Ab 7.34 Cb 14.14
das **Glück** gepachtet haben Da 9.14
auf gut **Glück** geraten Dd 8.12
in sein **Glück** hineinstolpern Dd 8.16
das **Glück** ist jm. hold Da 9.9
das **Glück** ist jm. nicht hold Da 10.4
j. wird sein **Glück** (schon/. . .) machen Da 9.43
Glück muß man/der Mensch haben! Da 9.49
sein **Glück** probieren (wollen) Hb 9.22
(noch) von **Glück** reden können (daß) Da 9.4
das **Glück** beim Schopfe fassen/(packen) Hb 9.5
jm. **Glück** und Segen wünschen Da 9.27
(noch) **Glück** im Unglück haben/. . . Da 9.47
in **Glück** und Unglück zusammenhalten Ec 1.20
sein **Glück** verscherzen Da 9.45 Hb 6.12

sein **Glück** versuchen (wollen) Da 9.42 Hb 9.22
(woanders/bei/in/. . .) sein **Glück** versuchen (wollen) Ab 7.5 Hb 9.23
mehr **Glück** als Verstand haben Da 9.3
mehr **Glück** als sonst was haben Da 9.3
jm. **Glück** wünschen zu/bei etw. Da 9.27
herzliche **Glück-** und Segenswünsche (zu . . .)! Da 9.39
wunschlos **glücklich** sein Cb 2.9
dem **Glücklichen** schlägt keine Stunde Cb 2.34
ein **Glückskind** sein Da 9.9
auf dem **Glückspfad** wandeln Da 9.10
ein (wahrer) **Glückspilz** sein Da 9.14
das/etw. ist **Glückssache** Da 9.40
unter einem **Glücksstern** geboren sein Da 9.13
keine **Gnade** vor js. Augen finden (mit etw.) Db 19.51
aus (lauter) **Gnade** und Barmherzigkeit Cc 2.9
ohne **Gnade** und Barmherzigkeit Cc 3.16
bei jm./in js. Augen keine **Gnade** finden (mit etw.) Db 19.51
Gnade vor/(für) Recht ergehen lassen Cc 2.19 Cc 27.6
jm. auf **Gnade** und Ungnade ausgeliefert sein Fa 13.14
sich jm. auf **Gnade** und Ungnade ausliefern Fa 13.23
sich (jm.) auf **Gnade** und Ungnade ergeben Fa 13.24
Minister/. . . von js. **Gnaden** sein Fa 10.9
von anderleuts/anderer Leute **Gnaden** leben Fb 7.28
das **Gnadenbrot** bei jm. essen Fb 7.29
jm. das **Gnadenbrot** geben Hd 4.86
ein **Gnadengesuch** an jn. richten Cc 20.67
den **Gnadenstoß** erhalten Ba 2.49
jm./einem Tier den **Gnadenstoß** geben/versetzen Ba 4.33
e-r S. den **Gnadenstoß** geben/versetzen Aa 8.10
auf dem **Gnadenweg** Cc 20.97
du bist/. . . aber **gnädig**! Db 13.51
treu wie **Gold** sein Ed 8.1
nicht mit **Gold** aufzuwiegen sein Ha 11.9
sich nicht mit **Gold** aufwiegen lassen Ha 11.9
mit **Gold** nicht zu bezahlen sein Ha 11.8
es ist nicht alles **Gold**, was glänzt Cc 15.20
Gold in der Kehle haben Dc 10.1
Gold in der Kniekehle haben Aa 14.41
Gold und Silber Fb 6.34
das/etw. ist **Gold(es)** wert Ha 11.8
sich etw. **gönnen** Hd 2.17
jn. aus der **Gosse** auflesen Ga 12.36
in der **Gosse** landen/enden Cc 6.24
sich in der **Gosse** wälzen Cc 6.25
jn. aus der **Gosse** ziehen Ga 12.36
jn. durch die **Gosse** ziehen Db 19.11
allmächtiger **Gott**! Da 8.7
behüt' dich/behüt' euch/behüt' Sie **Gott**! Ea 9.11
gerechter **Gott**! Db 19.11 Da 8.7
wenn . . ./. . ., dann . . ./. . . gnade dir/ihm/. . . **Gott**! Cc 25.25
großer **Gott**! Da 8.7
grüß **Gott**! Ea 9.1
sich fühlen/. . . wie ein junger **Gott** Hd 1.5
spielen/. . . wie ein junger **Gott** Ic 3.8
(ach) du lieber **Gott**! Cb 19.10 Da 8.2
das/etw. liegt (ganz) bei **Gott** Ih 4.11
mein **Gott**! Da 8.7
tanzen wie ein junger **Gott** Hd 8.4
vergelt's **Gott**! Ga 13.11
vergelt's dir/euch/. . . **Gott**! Ga 13.11
das wolle **Gott**! Db 7.13
weiß **Gott**, wo/wie/wann/ob/. . . Ih 4.20
weiß **Gott**, wann/warum/was/wie/. . . etw. geschieht/j. etw. tut/. . .! Cd 16.11

jeder für sich, **Gott** für (uns) alle! Hb 11.17

das/etw. sei **Gott** befohlen! Da 9.35 Db 7.13

Gott behüte/bewahre jn. vor etw./davor, zu . . . Da 9.34

Gott sei Dank! Ga 13.10

dem lieben **Gott** danken/dankbar sein (müssen/sollen/können) für etw. Ga 13.8

laß' dich/laßt euch/. . . (bloß/nur) nicht vom lieben **Gott** erwischen! Cc 25.10

j. soll sich (bloß/nur) nicht vom lieben **Gott** erwischen lassen! Cc 2 .10

leben wie **Gott** in Frankreich Hd 2.3

Gott gebe/möge geben, daß . . . Db 7.11

etw. tun, (so) wie es **Gott** gefällt Cc 5.7

geh mit **Gott**, aber geh! Ea 9.14

Gott sei gelobt! Ga 13.10

Gott sei gelobt, gepriesen und gebaßgeigt! Ga 13.10

so wie ihn/. . . **Gott** geschaffen hat Ed 9.1

Gott sei's getrommelt und gepfiffen! Ga 13.10

bei **Gott** und allen Heiligen schwören/(versichern/beteuern) Db 10.5

so wahr mir **Gott** helfe! Db 10.24 Dd 1.29

so wie ihn/. . . **Gott** der Herr geschaffen hat Ed 9.1

Gott im Himmel! Da 8.7

Gott, ja, . . .! Db 13.49 Fa 8.16

jeden Tag/jede Stunde/. . . den/die (der liebe) **Gott** kommen läßt Aa 3.7

den lieben **Gott** einen guten Mann sein lassen De 14.9 Hd 2.22

vor **Gott** und den Menschen seine Pflicht tun Cc 5.3

an **Gott** und den Menschen verzweifeln/zweifeln (können) Cb 15.20 Ga 10.10

Gott nimmt jn. zu sich Ba 2.13

Gott nochmal/(noch einmal)! Cb 19.10 Da 8.11

in **Gott** ruhen Ba 5.9

Gott ruft jn. zu sich Ba 2.13

Gott hab' ihn/sie/. . . selig! Ba 5.14

(mal/. . .) den lieben **Gott** spielen Fa 6.18

dem lieben **Gott** den Tag/die Tage/die Zeit stehlen De 14.9

Gott verdamm' mich! Cb 19.14

du bist/er ist/Onkel Bernd ist/. . . wohl ganz/ganz und gar von **Gott** verlassen? Cd 12.19

Gott weiß, wo/wann/wie/wieviel/. . . Ia 1.32

Gott und alle/die/die halbe Welt kennen/einladen/. . . Ia 1.47

mit **Gott** und der (halben) Welt verwandt sein Ia 1.4

jn. hat **Gott** im Zorn erschaffen Ca 1.26

darüber/über etw. streiten sich die **Götter** Db 17.13

wo/wie/wann/ob/. . ., das wissen die **Götter** Ih 4.20

etw. ist zum **Gotterbarmen** Cc 2.15

zum **Gotterbarmen** aussehen Ca 1.31

du bist/er ist/Onkel Bernd ist/. . . wohl von allen **Göttern** verlassen? Cd 12.19

leider **Gottes** etw. nicht tun können/tun müssen/. . . Da 10.26

(schon/. . .) in **Gottes** Erdboden ruhen Ba 5.8

das/etw. liegt/steht (ganz) in **Gottes** Hand Ih 4.11

in **Gottes** Namen kann/soll/. . . j. etw. tun Fa 8.14

um **Gottes** willen (nicht) . . .! Db 15.32

für/(um) einen **Gotteslohn** arbeiten/etw. tun Fb 13.2

verschwiegen sein/schweigen/stumm sein/still sein wie das/ein **Grab** Dc 2.27

j./etw. wird jn. noch ins **Grab** bringen Cb 15.18

ein **Grab** in fremder Erde gefunden haben Ba 5.12

ein feuchtes **Grab** finden Ba 2.38

ein frühes **Grab** finden Ba 2.23

sich das eigene/sein eigenes **Grab** graben/schaufeln De 25.48

jm. die Treue halten/treu/dankbar sein/. . . bis übers/über das **Grab** hinaus Ic 2.22

ein Geheimnis/. . . mit ins **Grab** nehmen Dc 2.29

ins **Grab** sinken Ba 2.20

wenn j. . . . wüßte/hörte/sähe/. . ., (dann) würde er sich (noch) im **Grab** umdrehen Cc 33.18

sein **Grab** in den Wellen finden Ba 2.38

jn. zu **Grabe** tragen Ba 7.2

Hoffnungen/Pläne/. . . zu **Grabe** tragen (müssen) Db 9.3

jm. einen **Grabstein** setzen Ba 7.9

in gewissem **Grad(e)** Ib 1.10

bis zu einem gewissen **Grad(e)** Ib 1.11

im hohen/in hohem/in einem hohen **Grad(e)** Ib 1.18

in einem so hohen **Grad(e)**, daß . . . Ib 1.31

sich um 180 **Grad** drehen Db 11.6

im 3./4./. . . **Grad** mit jm. verwandt sein Ed 6.9

für etw. **gradestehen**/geradestehen (müssen) Dd 11.8

angeben wie **Graf** Rotz Cc 11.18

sei/. . . (nur/. . .) nicht **gram** (weil/wegen/. . .) Cb 13.46

einen **Grand** (aus der) Hand haben/ausspielen Hd 9.7

einen **Grand** mit Vieren spielen Hd 9.7

hart wie **Granit** sein Gc 7.6

bei jm. auf **Granit** beißen (in/mit etw.) Gc 7.7

etw. **cum grano salis** verstehen/auffassen/nehmen/. . . (müssen) Db 4.27

ins **Gras** beißen (müssen) Ba 2.6

über etw. ist (längst/. . .) **Gras** gewachsen Db 2.6

wo j. hinhaut/hinschlägt/hintritt/. . ., da wächst kein **Gras** mehr Ac 12.2

das **Gras** wachsen hören Cc 18.35

j. meint, er hört/(höre) das **Gras** wachsen/könnte/(könne) das Gras wachsen hören Cc 11.12

j. tut so, als hörte er das **Gras** wachsen/als könnte er das Gras wachsen hören Cc 11.12

über etw. **Gras** wachsen lassen Db 2.9

darf man (schon) **gratulieren**? Da 9.37

sich **gratulieren** können (daß . . .) Cb 2.35 Da 9.5

jn. packt das kalte **Grausen** Da 6.9

die **Grazien** haben nicht an js. Wiege gestanden Ca 1.23

(weit/. . .) daneben **greifen** (mit einer Annahme/. . .) Db 21.3

um sich **greifen** (Unsitten/. . .) Cc 7.21

tief in die Tasche/das Portemonnaie/den Geldbeutel/Säckel/. . . **greifen** (müssen) Fb 3.6

zum **Greifen** nahe sein Aa 6.8

etw. zum **Greifen** nahe vor sich sehen/haben Aa 6.8

(hart) an der **Grenze** des guten Geschmacks/des Möglichen/. . . sein/liegen Id 2.4

bis (hart) an die **Grenze** des guten Geschmacks/des Möglichen/. . . gehen Id 2.4

bis zur äußersten **Grenze** gehen Id 2.5

über die grüne **Grenze** gehen Ab 4.49

schwarz über die **Grenze** gehen Ab 4.49

an die **Grenze** seiner Möglichkeiten/Entwicklungsfähigkeit/. . . stoßen/kommen/gelangen Aa 6.66

seine **Grenzen** haben Id 1.11

innerhalb seiner/der einem gesteckten **Grenzen** bleiben Id 1.8

die **Grenzen** einhalten Id 1.8

die **Grenzen** des Erlaubten überschreiten (mit etw.) Id 2.11

js. Möglichkeiten/js. Entfaltung/den Entwicklungsmöglichkeiten/. . . sind enge **Grenzen** gesetzt/(gezogen) (durch jn./etw.) Fa 12.4

sich in (engen) **Grenzen** halten Id 1.10

sich innerhalb seiner/der einem gesteckten **Grenzen** halten Id 1.8

seine **Grenzen** kennen Id 1.7
keine **Grenzen** kennen Id 2.21
jm./e-r S. **Grenzen** setzen Fa 12.2
seine **Grenzen** überschreiten (mit etw.) Id 2.10
jn. in seine **Grenzen** verweisen/weisen Cc 24.14
die **Gretchenfrage** stellen Dd 6.5 Fa 3.6
Greuelmärchen erzählen/... Cc 14.14
etw. im **Griff** haben Cd 3.33
einen guten Griff get n ha en Hb 13.13
einen **Griff** in die Kasse tun Cc 19.7
alle möglichen **Griffe** und Kniffe kennen/... Cd 8.10
etw. in den **Griff** kriegen/bekommen Cd 3.37
mit jm./etw. einen guten **Griff** tun/(machen) De 27.5
einen tiefen **Griff** ins Portemonnaie/in den Geldbeutel/in
    den Säckel/in die Tasche/... tun (müssen) Fb 3.6
(so) (seine) **Grillen** haben Cb 6.11
jm. die **Grillen** austreiben Cc 24.11
Grillen fangen Cb 6.12
Grillen im Kopf haben Cb 6.11 Da 3.22
sich die **Grillen** aus dem Kopf schlagen Da 1.7
sich **Grillen** in den Kopf setzen Da 3.25
jm. die **Grillen** verjagen Cc 24.11
eine **Grimasse** schneiden/ziehen Cb 9.17
Grimassen schneiden/ziehen Cb 9.17
aus dem **Gröbsten** herauskommen Ga 6.41
aus dem **Gröbsten** heraussein Ga 6.42
ein paar **Groschen** Fb 3.20
bei jm. fällt der **Groschen** (endlich) Cd 1.29
bei jm. fällt der **Groschen** langsam/pfennigweise Cd 2.29
jeden **Groschen** (erst) zehn/zig/... Mal umdrehen (bevor
    man ihn ausgibt/...) Fb 11.5
für keine drei/nicht für drei **Groschen** Verstand haben
    Cd 10.8
keinen **Groschen** wert sein Ha 12.4
das/etw. ist ganz **groß** Ic 4.18
ganz **groß** sein im Eiskunstlaufen/... Cd 3.30
groß und breit (dastehen/...) Ca 3.7
groß und klein Bb 2.28 Ia 2.14
eine unbekannte **Größe** sein Fb 15.57
im **Großen** einkaufen/verkaufen/... Fb 15.6
im **großen** und ganzen Db 4.94
Großes leisten De 24.8
ein **Großmaul** sein Dc 1.104
das/so etwas kann/soll j. seiner **Großmutter**/(Großmama)
    erzählen/weismachen Db 6.16
aus **Großmutters** Zeiten stammen Aa 21.4
eine **Großschnauze** sein Dc 1.104
in die **Grube** fahren Ba 2.20
jm. eine **Grube** graben Cc 16.22
wer ander(e)n eine **Grube** gräbt, fällt selbst hinein
    Cc 16.81
jm. nicht **grün** sein Cb 14.13
noch sehr **grün** sein Cd 24.2
noch zu **grün** sein für etw. Cd 24.3
dies oder das tun/sich so oder anders entscheiden/ob...
    oder ob/..., das ist (für jn.) dasselbe in **grün** Ha 8.13
noch/wieder/... **Grund** haben Ab 6.35
allen **Grund** haben, etw. zu tun Dd 9.12
seinen guten **Grund** haben, etw. zu tun Dd 9.12
keinen **Grund** zum Klagen/Weinen/... haben Dd 9.15
aus dem einfachen **Grund** etw. tun, weil/daß... Dd 9.17
aus dem einfachen und schlichten **Grund** etw. tun, weil/
    daß... Dd 9.17
aus gutem **Grund** etw. tun Dd 9.12
aus dem kühlen **Grund** etw. tun, weil/daß... Dd 9.17
nicht ohne **Grund** etw. tun Dd 9.10
ein von **Grund** auf anständiger/ehrlicher/... Mensch/
    Junge/... sein Ic 1.19

etw. von **Grund** auf ändern/erneuern/umgestalten/nach-
    bessern/... Ic 2.35
von **Grund** auf neu bauen/... Ic 2.35
von **Grund** aus schlecht/böse/verdorben/... sein Ic 1.19
etw. von **Grund** aus heilen/kurieren Ic 2.35
sich von/vor einem dunklen/hellen/blauen/grünen/...
    Grund gut/schlecht/weithin sichtbar/... abheben
    Ca 1.71
Grund und Boden Fb 15.122
jn./etw. in **Grund** und Boden kritisieren/verdammen/...
    Db 19.17 Ic 2.42 Db 19.17
jn. in **Grund** und Boden reden/diskutieren/... Dc 1.84
sich in **Grund** und Boden schämen Cc 29.9
(einen Ort) in **Grund** und Boden schießen Ac 12.3
eine Fabrik/ein Gut/... in **Grund** und Boden wirtschaf-
    ten De 25.25
(ein Schiff) in den **Grund** bohren Ab 6.22
e-r S. auf den **Grund** gehen Cd 1.18
das/etw. ist **Grund** genug (für jn.), (um) zu... Dd 9.10
e-r S. auf den **Grund** kommen Cd 1.19
auf **Grund** laufen/geraten/gehen Ab 6.21
ein Glas/einen Becher/... bis auf den **Grund** leeren
    Hd 5.7
den **Grund** für etw. legen (mit etw.) Aa 7.5
auf sicherem **Grund** stehen Ab 6.35
der **Grund** allen Übels ist/... Dd 9.24
etw. bis auf den **Grund** zerstören Ac 12.3
grundanständig/grundsolide/... sein Ic 1.19
jm. die **Grundbegriffe** des/der/... beibringen Cd 19.4
im **Grunde** Db 4.93
das/etw. hat so seine **Gründe** Dd 9.25
seine **Gründe** für etw. haben Dd 9.11
berechtigte **Gründe** haben, anzunehmen/... Dd 9.12
die **Gründe** und Gegengründe (für etw.) (gegeneinander)
    abwägen/anführen/... Db 4.18
zwingende **Gründe** halten jn. von etw. ab/verbieten es,
    etw. zu tun/... Dd 9.13
im **Grunde** seines Herzens etw. sein/wünschen/wol-
    len/... Ic 2.18
aus dem **Grunde** seines Wesens/Herzens kommen/ant-
    worten/bejahen/... Ic 2.17
jm. **grundeinerlei** sein Ha 8.8
aus guten **Gründen** etw. tun Dd 9.12
aus **Gründen** der Vorsicht/Klugheit/Sparsamkeit/...
    Dd 9.26
in seinen **Grundfesten** erschüttert sein Ga 3.17
in seinen **Grundfesten** erzittern Ac 12.9
jeder **Grundlage** entbehren Cc 14.16
eine **Grundlage** legen Hd 4.10
die **Grundlage** für etw. legen (mit etw.) Aa 7.5
etw. auf eine (völlig) neue **Grundlage** stellen Aa 6.78
etw. bis auf die **Grundmauern** zerstören/... Ac 12.3
den **Grundstein** für etw. legen (mit etw.) Aa 7.5
ins **Grüne** (fahren/...) Ab 4.26
im **Grünen** Ab 4.26
eine bunt zusammengewürfelte **Gruppe** Ea 7.39
grüß dich/(Sie) (Gott)! Ea 9.1
(mit) **Gruß** und Kuß, Dein... Cd 20.75
mit freundlichen **Grüßen** Ihr/... Cd 20.75
Ungeschickt läßt **grüßen**! Cd 6.9
Grütze im Kopf haben Cd 7.6
keine/wenig **Grütze** im Kopf haben Cd 10.4
den/die Klara/... **guck** ich/gucken die/... nicht mehr an
    Eb 2.54
er/die Frau Mittner/... wird schön **gucken**, wenn...
    Da 4.10
js. **Gunst** genießen Eb 1.21

in **Gunst** bei jm. stehen Eb 1.21
die **Gunst** der Stunde nutzen/wahrnehmen Hb 9.6
die **Gunst** der Stunde verpassen Hb 8.11
(ein Betrag/. . .) zu js. **Gunsten** Fb 15.48
(drauf und dran sein) jm. an die **Gurgel** (zu) fahren/gehen Cb 16.28
jn. bei der **Gurgel** fassen/packen Cb 16.28
am liebsten/fast/. . . wäre j. jm. an die **Gurgel** gefahren/gegangen Cb 16.28
sein (ganzes) Geld/Vermögen/. . . durch die **Gurgel** jagen Hd 6.43
die **Gurgel** spülen Hd 5.4
jm. die **Gurgel** zudrücken/zuschnüren (abschnüren/abdrücken) Ba 4.18
den/seinen **Gürtel** enger schnallen müssen Fb 9.4
unter die **Gürtellinie** gehen Dc 1.149
ein Werk/. . . aus einem **Guß** Cd 20.43
du bist/Peter ist/. . . (aber) **gut**! Dc 5.141
das ist aber **gut**! Db 15.48
es wird alles wieder **gut** Gc 13.14
na **gut** Db 13.47
nun **gut** Db 13.47
schon **gut**! Db 14.20
es **gut** haben (in/bei/. . .) Hd 1.1
noch etw. **gut** haben (bei jm./in/. . .) Fb 15.50
etw. so **gut** machen, wie man kann/wie es einem möglich ist/. . . De 13.40
gut denn Db 13.48
gut und gern . . . kosten/brauchen/. . . Ib 1.60
(das ist) ja alles **gut** und schön, aber/doch/. . . Db 15.105
laß/laßt/. . . **gut** sein! Db 14.20
sei/seid/. . . so **gut** und . . .! Dc 5.146 Ga 12.77
bist du/seid ihr/. . . so **gut** und . . .? Dc 5.146 Ga 12.77
das/etw. ist so **gut** wie sicher/entschieden/fertig/. . . Ic 7.1
nach **Gutdünken** (die Dinge regeln/. . .) Dd 8.27
alles **Gute**! Da 9.30
der **gute** Mann/die **gute** Frau/. . . irrt sich/ist auf dem Holzweg/. . . Db 21.4
jm. alles **Gute** wünschen (zu/für/. . .) Da 9.26
ein Konfekt/ein Cognac/. . . erster **Güte** sein Ic 4.9
die wandelnde **Güte** sein Cc 1.2
meine **Güte**! Da 8.1
ach, du meine/liebe **Güte**! Da 8.2
hätten Sie/. . . die **Güte**, zu/und . . . Dc 5.146
jm. etw. in aller **Güte** sagen/klarmachen/. . . Dc 3.53
Obst/Gemüse/. . . der **Güteklasse** 1 (sein) Ic 4.9
das ist zuviel des **Guten** Id 2.57
etw. (nur/. . .) im **Guten** lösen/regeln/. . . können Gc 3.40
im **Guten** auseinandergehen Ed 4.14
im **Guten** wie im Bösen/im **Guten** und im Bösen If 1.15
wenn es im **Guten** nicht geht/klappt/. . ., dann im Bösen Gc 3.41
jn. (nur/bloß/. . .) im **Guten** gewinnen/packen/kriegen können Gc 3.39
etw. (doch noch/. . .) zum **Guten** lenken/wenden Aa 6.75
sich im **Guten** trennen Ed 4.14
sich zum **Guten** wenden Aa 6.51
des **Guten** zuviel tun Id 2.26
(auch) sein **Gutes** haben Db 4.32
jm. schwant nichts **Gutes** Cd 14.7
nichts **Gutes** ahnen Cd 14.7
Gutes mit Bösem vergelten/erwidern Cc 8.16
etw. **Gutes** ist an der Sache/. . . dran Db 4.32
jm. **Gutes** tun Ga 12.24
das/etw. ist noch einmal/gerade noch/. . . **gutgegangen** De 21.6 Ga 7.7

sich's/es sich **gutgehen** lassen Hd 2.11
wenn etw./es/das (nur/bloß/man) **gutgeht**! Gb 6.24
jm. **guttun** Bc 1.14 Ga 7.1
jm. nicht **guttun** Bc 2.22
das Leben hängt (nur/. . .) an einem dünnen/seidenen **Haar** Bc 2.67
das/etw./das Leben hängt (nur/. . .) an einem dünnen/seidenen **Haar** Ih 4.16
um ein **Haar** wäre etw. schiefgegangen/(nicht) geschehen/. . . De 21.7
um kein **Haar** besser/schlechter/fleißiger/anders/. . . sein als . . . Ib 1.7
sich nicht um ein **Haar** bessern/. . . Ib 1.7
Haar, (so) schwarz wie Ebenholz Ca 1.39
aufs **Haar** genau kennen/dasselbe sein/. . . Ic 9.10 If 2.3
sich aufs **Haar** gleichen If 2.3
sich auf ein **Haar** gleichen If 2.3
niemandem ein/keinem ein/jm. nie ein/jm. kein **Haar** krümmen Cc 1.6
kein gutes **Haar** lassen an jm./etw. Db 19.16
ein **Haar** in der Sache finden Db 19.4
Haar (weich) wie Seide Ca 1.39
aufs **Haar** stimmen Cc 13.11
da ist/es gibt ein **Haar** in der Suppe Db 19.5
ein **Haar** in der Suppe finden Db 19.4
ein (das) **Haar** in der Suppe suchen Db 19.6
kein **Haarbreit** nachgeben/. . . Gc 7.10
jm. sträuben sich die **Haare** Cc 33.16
ich/er/. . . könnte mir/sich/. . . die **Haare** (einzeln) ausraufen (wenn . . .) Ga 10.5
jm. stehen die **Haare** zu Berge Cc 33.16
Haare wie ein Fuchs haben Ca 1.39
jm. (noch) die **Haare** vom Kopf fressen Hd 4.36
sich/(einander) in die **Haare** kriegen Gc 3.17
über etw./wegen etw. (noch) graue **Haare** kriegen/(bekommen) Cb 15.15
Haare lassen müssen Db 19.52
sich die **Haare** raufen Ga 10.6
Haare in der Sache finden Db 19.4
Haare wie Stroh (haben) Ca 1.39
Haare spalten Ic 10.4
Haare in der Suppe finden Db 19.4
Haare in der Suppe suchen Db 19.6
lange **Haare**, kurzer Verstand Cd 10.22
laß dir/laßt euch/. . . darüber keine grauen **Haare** wachsen! Gb 4.35
sich darüber/deswegen/über/wegen etw. keine grauen **Haare** wachsen lassen Gb 4.35
Haare auf den Zähnen haben Dc 1.105
Haare auf der Zunge haben Dc 1.105
an den **Haaren** herbeigezogen sein Db 4.59
sich in den **Haaren** liegen (wegen etw.) Gc 3.21
sich mit jm. in den **Haaren** liegen (wegen etw.) Gc 3.18
e-r S. um **Haaresbreite** entgehen/. . . De 21.6
nicht um **Haaresbreite** nachgeben/. . . Gc 7.10
nicht um (eine) **Haaresbreite** zurückweichen/von der Stelle weichen/. . . De 9.23
Haarspalterei betreiben Ic 10.4
haarsträubend sein Cc 33.9
hast du/hat er/. . . den Film gesehen/den Text übersetzt/. . .? – nichts **hab**' ich!/hat er!/. . . Db 15.44
ich **hab's**!/er **hat's**!/. . . Dd 5.22
hab' dich/habt euch/. . . doch nicht so! Cc 11.70
etwas/viel/allerhand/. . . gegen jn./etw. **haben** Eb 2.21
nichts/. . . gegen jn./etw. **haben** Eb 1.2
was/etwas/nichts miteinander **haben** Ed 1.20
so etwas Merkwürdiges/Natürliches/Nettes/. . . an sich **haben** Cb 1.3

es (so) an sich **haben**, zu ... Cb 1.2
etwas/einiges/manches/viel/... für sich **haben** Db 13.28
wenig/nichts/... für sich **haben** Db 14.22
jn. über sich **haben** Fa 4.21
jn./eine Abteilung/... unter sich **haben** Fa 4.20
etw. noch vor sich **haben** Aa 7.1 Aa 12.1
allerhand/viel/... von jm./etw. **haben** Hb 9.1
wenig/nichts/... von jm./etw. **haben** Hb 14.7
für etw. zu **haben** sein Hc 1.7
für alles zu **haben** sein Hc 1.8
noch zu **haben** sein Fb 15.74
noch zu **haben** sein Ed 3.2
da **haben** wir's!/habt ihr's!/... Ga 4.54
wir **haben's**/ihr habt's/... ja! Fb 6.35
sich die **Hacken** nach etw. ablaufen/abrennen Ab 12.4
jm. auf den **Hacken** sitzen Ab 9.10
die **Hacken** zusammenschlagen Ea 6.14 Gc 4.31
aus dem/dem Fritz/... mach ich/macht er/... **Hack-fleisch**! Cc 25.26
in den **Hafen** der Ehe einlaufen Ed 3.7
im **Hafen** der Ehe landen Ed 3.7
im sicheren **Hafen** landen Gc 5.9
den/die/... sticht wohl der **Hafer**? Cd 12.16
jn. in **Haft** nehmen Cc 20.80
ein alter/unverbesserlicher **Hagestolz** sein Ed 3.27
ein halber **Hahn** Hd 4.83
jm. den roten **Hahn** aufs Dach setzen Ac 12.11
es kräht doch/... kein **Hahn** danach, ob ... Ha 5.23
von etw. so viel verstehen wie der **Hahn** vom Eierlegen Cd 2.10
Hahn im Korb(e) sein Fa 1.20
keinen **Hahn** mehr krähen hören Ba 5.7
danach/nach jm./etw. kräht kein **Hahn** mehr Db 2.5
herumstolzieren/... wie der/ein **Hahn** auf dem Mist Cc 11.58
den **Hahn** spannen Gc 4.52
jm. den **Hahn** zudrehen De 25.30
aufstehen, wenn die **Hähne** krähen Aa 1.28
wie zwei **Hähne** aufeinander losgehen Gc 3.34
jm. die **Hahnenfedern** aufsetzen Ed 4.7
beim/mit dem ersten **Hahnenschrei** aufstehen/... Aa 1.28
jn. zum **Hahnrei** machen Ed 4.7
das ist/war/... (ja) (eben/...) der **Haken** bei e-r S. De 20.43
(nur/...) einen **Haken** haben De 20.41
die Sache/(etw.) hat einen **Haken** Db 19.5
da/in ... steckt der **Haken** De 20.43
der **Haken** bei der Sache/... ist:/(daß) De 20.41
einen linken/rechten **Haken** landen Gc 12.18
einen **Haken** schlagen Ab 3.70
etw. nur **halb** können/nur halb bei der Sache sein/enga-giert/... sein Ic 7.4
halb lachend, halb weinend/halb stehend, halb liegend/... Ic 7.2 Ib 1.16
halb und halb (Cola und Fanta/Wein und Wasser/...) (ge-mischt) Ib 1.16
etw. (nur/...) so **halb** und halb können/beherrschen/... Ic 6.4
(nur) so **halb** und halb zufrieden/... sein Ic 7.4
halb und halb mischen Hd 5.47
nicht **halb** so klug/fleißig/anständig/... sein wie j. Ia 3.27
sagen/sich/ich schlage vor/...: **halbe-halbe** Fb 2.13
halbe-halbe (mit jm.) machen (bei etw.) Fb 2.12
nichts **Halbes** und nichts Ganzes sein Ic 6.1
eine Fahne/Flagge auf **Halbmast** setzen Ba 7.10

auf **Halbmast** stehen Ba 7.10
meine/deine/... bessere **Hälfte** Ed 4.1
in diesen heiligen **Hallen** Ab 2.8
es gibt ein großes **Hallo** Db 13.34
jn. mit großem **Hallo** begrüßen Ea 7.17
ein großes/... **Hallo** (um jn./etw.) machen Ha 4.15
kein großes/... **Hallo** um jn./etw. machen Ha 5.13
Korn/die Ernte/... auf dem **Halm** kaufen/verkaufen Fb 15.10
jn./etw. am **Hals** haben Dd 11.27
schon genug am **Hals** haben Dd 11.27
jn. auf dem **Hals** haben Dd 11.27
einen großen **Hals** haben Dc 1.104
es im **Hals** haben Bc 2.17
barfuß bis zum/an den **Hals** Ed 9.1
nun/jetzt/dann/... stehe ich/steht ihr/... da mit rein ge-waschenem **Hals** Hb 14.20
aus vollem **Hals(e)** lachen/schreien/singen/... Dc 9.9
bleib'/bleibt/... mir/uns/ihm/... (bloß) vom **Hals** mit jm./etw.! Db 15.98
sich den **Hals** nach jm./etw. ausrenken Ac 6.43
jm. den **Hals** brechen De 25.52
sich den **Hals** brechen De 25.47
jm. um den **Hals** fallen (vor Freude/...) Cb 2.19
jm. in den falschen/(verkehrten) **Hals** geraten Cb 13.34
jm./sich jn./etw. vom **Hals** halten Ea 10.3
sich jn./etw. vom **Hals** halten Eb 2.53
jm. (schon) zum **Hals(e)** heraushängen/herausstehen/(herauswachsen/herauskommen) Hc 6.4
jm. jn. auf den **Hals** hetzen Ga 11.7
sein (ganzes) Geld/Vermögen/... durch den **Hals** jagen Hd 6.43
Hals über Kopf etw. tun Aa 14.5
jn. den **Hals** kosten De 25.51
das/die Dummheit/... wird dich/... schon nicht/nicht gleich den **Hals** kosten Gb 7.16
jn./etw. auf den **Hals** kriegen Dd 11.36
etw. in den falschen/(verkehrten) **Hals** kriegen/(bekom-men) Cb 13.33
aus dem **Hals** stinken wie die/eine Kuh aus dem Arsch Ac 7.4
jm. Mühe/Unannehmlichkeiten/... auf den **Hals** laden Dd 11.35
sich Mühe/Unannehmlichkeiten/... auf den **Hals** laden Dd 11.23
einen langen **Hals** machen Ac 6.42
den **Hals** riskieren Gb 4.10
etw. bis an den **Hals** satt haben Hc 6.4
jm./sich jn./etw. vom **Hals(e)** schaffen Fa 16.9
jn. auf den **Hals** schicken Ga 11.7
den **Hals** aus der Schlinge ziehen Ab 8.7
bis an den/über den **Hals** in Schulden stecken Fb 5.6
jm. (schon) bis zum **Hals(e)** stehen Hc 6.4
wenn ..., dann drehe ich/dreht der Maier/... ihm/dem Schulze/... den **Hals** um! Cb 16.29
einem Huhn/... den **Hals** umdrehen Ba 4.20
sich den **Hals** verrenken/verdrehen (um jn./etw.zu se-hen) Ac 6.43
den **Hals** nicht vollkriegen/(voll genug kriegen) (können) von etw. Id 2.1
sich jm. an den **Hals** werfen/schmeißen Ed 1.19
jm. Ärger/Sorgen/Unannehmlichkeiten/... an den **Hals** wünschen Hb 2.4
sich js. Zorn/Unwillen/... auf den **Hals** ziehen Eb 2.48
Hals- und Beinbruch! Da 9.31
(einen) **Halt** an jm. haben Ga 12.50
Halt finden (in/bei jm.) Cc 6.38

(einen) **Halt** finden (an/bei jm.) Ga 12.51

(mal kurz/...) **Halt** machen Ab 3.32

vor nichts/niemandem/... **Halt** machen Cc 7.4

Halt suchen (in/bei jm.) Cc 6.38 Ga 12.71

sich (einen) **Halt** suchen/(verschaffen) Bc 3.6

den **Halt** verlieren Cc 6.30

jm. einen **Halt** verschaffen Ga 12.34

j. **hält** es so/anders/... (mit etw.) Cb 1.4

jn. **hält** hier/bei/... nichts (mehr) Hc 7.10

es gibt/gab kein **Halten** (mehr) Cb 17.23

sich gut/... **halten** Cd 3.42

sich schlecht/... **halten** Cd 4.9

sich rechts/links/in der Mitte/... des Bürgersteigs/der Straße/... **halten** Ab 5.1

sich abseits **halten** Ea 3.4

dicht **halten** (können) Dc 2.25

nicht dicht **halten** (können) Dc 3.70

es mit jm./etw. **halten** Eb 1.5

etw. heilig **halten** Ed 8.4

sich an jm./etw. (für etw.) schadlos **halten** Gc 14.6

etwas/viel/nichts/... auf sich **halten** Ca 1.47

etwas/viel/nichts/... auf sich **halten** Cc 11.4

nichts bei sich **halten** können Bc 2.23

jn. (sehr) streng **halten** Fa 19.9

viel/... **halten** von jm./etw. Db 18.1

etw. für geraten **halten** Db 13.5

etw. nicht für geraten **halten** Db 14.17

einen Zug/ein Auto/... zum **Halten** bringen Ab 5.18

an sich **halten** müssen, um etw. nicht zu sagen/nicht zu lachen/... Cb 20.8

Haltung annehmen (vor jm.) Fa 15.1

eine abwartende **Haltung** einnehmen Aa 11.2

die **Haltung** verlieren Cb 17.6

..., um (wieder) auf (den) besagten **Hammel** zurückzukommen/... Dc 5.41

ich werde/sie werden/... euch/ihnen/... die **Hammelbeine** langziehen! Cc 25.20

ein (wahrer) **Hammer** sein Ic 4.24

das ist (doch/vielleicht) ein **Hammer**! Cc 33.20

das/etw. ist (ja) der totale **Hammer**/ein Hammer Da 7.18

Hammer oder Amboß sein Ga 4.42

zwischen **Hammer** und Amboß sein Ga 4.40

zwischen **Hammer** und Amboß geraten Ga 4.35

etw. unter den **Hammer** bringen Fb 15.98

unter den **Hammer** kommen Fb 15.98

ich bin/Peter ist/ich spiele/Peter spielt/... doch nicht js. **Hampelmann** Fa 23.26

wie ein **Hampelmann** aussehen/dahergehen/... Ca 1.59

an **Hand** von etw./der Unterlagen/Zeitungen/... Ga 12.82

küß' die **Hand** (gnädige Frau)! Ea 9.5

es liegt klar/(glatt) auf der **Hand** (daß ...) Ih 1.15

es liegt (ganz/...) in js. **Hand** (ob/wie/...) Fa 23.29

... linker **Hand** Ab 3.23

die öffentliche **Hand** Fa 11.40

... rechter **Hand** Ab 3.23

die schöne **Hand** Ea 6.6

es steht (ganz/...) in js. **Hand** (ob/wie/...) Fa 23.29

(immer) sofort/... mit Erklärungen/... bei der **Hand** sein Aa 17.5

aus erster/zweiter/dritter/... **Hand** sein Fb 15.94

(bei jm.) in fester **Hand** sein Fa 19.30

in js. **Hand** sein Fa 13.8

js. rechte **Hand** sein Fa 6.48

jm. zur **Hand** sein Ga 12.16

jn. an der **Hand** haben Fa 6.5 Fb 1.5

etw. bei der **Hand** haben Fb 1.6

freie **Hand** haben Fa 23.15

eine geschickte **Hand** (für/in/bei etw.) haben/beweisen Cd 5.21

eine glückliche **Hand** bei/in etw. haben /beweisen Cd 5.16

Geld/... in der **Hand** haben Fb 3.14

jn./js. Schicksal/etw. (fest) in der **Hand** haben Fa 10.16

sein Schicksal/... (selbst) in der **Hand** haben/halten Fa 23.2

es in der **Hand** haben, etw. zu entscheiden/... Fa 23.29

sich in der **Hand** haben Cb 20.5

eine leichte **Hand** haben Cd 5.23

eine lockere **Hand** haben Cc 26.57

eine lose **Hand** haben Cc 26.57

immer eine offene **Hand** haben Fb 10.8

eine ruhige **Hand** haben Cd 5.24

eine Arbeit/... unter der **Hand** haben De 12.4

etw. zur **Hand** haben Fb 1.1

mit eigener **Hand** unterschreiben/... Cd 20.4

mit eiserner **Hand** regieren/... Fa 11.22

etw. aus erster **Hand** haben/wissen/... Cd 15.11

aus erster/zweiter/dritter/(...) **Hand** kaufen/... Fb 15.94

mit fester **Hand** regieren/... Fa 11.22

mit der flachen **Hand** etw. tun Dc 8.53

(ganz) aus freier **Hand** etw. tun Fa 25.4

mit harter **Hand** durchgreifen/... Fa 11.22

mit milder **Hand** verteilen/... Fb 10.10

mit sanfter **Hand** regieren/... Fa 11.26

hinter vorgehaltener **Hand** sagen/bemerken/... Cc 17.2

von zarter **Hand** gereicht/... Hd 4.72

dafür/wenn das nicht stimmt,/... laß ich mir die **Hand** abhacken Db 10.32

lieber/eher laß ich mir/läßt er sich/... die **Hand** abhacken/abschlagen, als daß ich/er ... Db 15.2

sich für jn. die **Hand** abhacken/abschlagen lassen Dd 1.23

etw. mit der bloßen **Hand** anfassen/anpacken Dc 8.54

um js. **Hand** anhalten Ed 3.12

(mit) **Hand** anlegen (bei etw.) Ga 12.17

(noch) letzte **Hand** anlegen (müssen) De 16.3

jm. seine **Hand** antragen Ed 3.12

immer die **Hand** aufhalten Hb 11.12

jm. die **Hand** auflegen Gc 35.27

die **Hand** vor (den) Augen nicht sehen (können) Ac 4.2

jm. rutscht die **Hand** aus Cc 26.28

die/seine **Hand** nach dem Thron/einem Gebiet/... ausstrecken Fa 11.2

die **Hand** mal wieder/immer/... auf dem Beutel haben/halten Fb 11.7

jm. eine hilfreiche **Hand** bieten Ga 12.13

um js. **Hand** bitten Ed 3.12

eine feste **Hand** brauchen Fa 19.31

(noch/...) eine leitende **Hand** brauchen Cd 24.17 Fa 19.31

etw. in seine **Hand** bringen Fb 1.17

jm. die **Hand** zum Bund(e) reichen Ed 3.10

sich die **Hand** zum Bund(e) reichen Ed 3.15

Hand drauf? Dd 1.26

jm. die **Hand** drücken Ea 6.3

jm. Geld/... in die **Hand** drücken Ga 12.27

die **Hand** (schon/...) am Drücker haben Fa 11.9 Gc 4.52

die **Hand** gegen jn. erheben Cc 26.52

durch js. **Hand** fallen/sterben/umkommen/... Ba 2.44

jm. in die **Hand** fallen Ab 13.6

ein Kind/... bei der **Hand** fassen/nehmen Dc 8.59

dafür (daß etw. geschieht/j. etw. tut) lege ich/legt Karl/...
die **Hand** ins Feuer   Db 10.30

für jn. lege ich/legt Karl/... die **Hand** ins Feuer   Dd 1.24

keine **Hand** frei haben   Dc 8.56

jm. (regelrecht/sozusagen/...) aus der **Hand** fressen
Fa 15.9

eine feste **Hand** fühlen/spüren müssen   Fa 19.31

einem Kind/... die **Hand** führen (beim Schreiben/...)
Ga 12.1

ein Kind/einen Kranken/... an der **Hand** führen
Ga 12.2

Hand und Fuß haben   Ha 14.3

weder **Hand** noch Fuß haben   Ha 15.3

jm. die **Hand** geben/reichen   Ea 6.3

die **Hand** darauf/auf ein Versprechen/... geben   Dd 1.6

jm. Argumente/... an die **Hand** geben   Dc 5.53

etw. nicht (mehr) aus der **Hand** geben   Fb 1.28

jm. (völlig) freie **Hand** geben   Fa 23.21

jm. etw. in die **Hand** geben   Ga 12.27

mit offener **Hand** geben   Fb 10.9

mit der einen **Hand** geben (und) mit der anderen nehmen
Hb 11.5

jm. (ein wenig/...) an die **Hand** gehen   Ga 12.15

jm. flott/gut von der **Hand** gehen   Cd 5.21

jm. leicht von der **Hand** gehen   Cd 5.21

jm. nicht von der **Hand** gehen   Ga 8.9

jm. schwer von der **Hand** gehen   Cd 6.5

jm. (ein wenig/...) zur **Hand** gehen   Ga 12.15

besser als in die hohle **Hand** geschissen   Db 18.16

etw. auf der flachen **Hand** halten/(haben)   Dc 8.53

seine schützende **Hand** über jn./etw. halten   Gc 5.18

seine **Hand** (schützend) über jn./etw. halten   Gc 5.18

nichts in der **Hand** halten können   Fb 8.7

Hand in Hand mit jm. arbeiten/...   De 17.13

Hand in Hand gehen mit etw.   Ie 1.28

von **Hand** zu Hand gehen   Fb 2.3

Hand in Hand laufen mit etw.   Ie 1.28

Hand aufs Herz!   Dc 3.102

etw. in die/seine **Hand** kriegen   Fb 1.11

jm. die **Hand** zum Kuß reichen   Ea 6.16

jm. (völlig) freie **Hand** lassen   Fa 23.21

jm. die **Hand** fürs Leben reichen   Ed 3.10

sich die **Hand** fürs Leben reichen   Ed 3.15

Hand auf Besitz/... legen   Fa 11.3   Fb 1.18

etw. aus der **Hand** legen   Dc 8.55

Hand an sich legen   Ba 3.5

jm. eine helfende/hilfreiche **Hand** leihen   Ga 12.13

jm. das Glück/... aus der **Hand** lesen   Da 9.23

klar/(glatt) auf der **Hand** liegen   Ih 1.15

(ganz/...) in js. **Hand** liegen   Fa 23.29

etw. mit der linken **Hand** machen   De 19.8

sich die **Hand** nicht schmutzig/dreckig machen   De 14.21

von der **Hand** in den Mund leben   Fb 7.9

die **Hand** vor den Mund legen   Dc 2.39

jm. die **Hand** vor den Mund legen   Dc 2.39

jm. etw./die Leitung/... aus der **Hand** nehmen   Fa 13.4

jn. bei der **Hand** nehmen   Ga 12.4

etw./die Sache/die Leitung/... (selbst) in die **Hand** neh-
men   Dd 7.16

etw. zur **Hand** nehmen   De 12.1

ein Buch/... zur **Hand** nehmen   Cd 19.12

seine **Hand** immer offenhalten   Hb 11.12

etw. von langer **Hand** planen/vorbereiten   Dd 3.15

jm. die **Hand** zur Versöhnung/(...) reichen/bieten/geben
Gc 13.8

ihr könnt euch/sie können sich/... die **Hand** reichen
If 2.11

jm. etw. (gleichsam/...) aus der **Hand** reißen   Hb 10.4

keine **Hand** rühren   De 14.17

keine **Hand** rühren (für jn./etw.)   Fa 8.6

jm. ein Argument/... aus der **Hand** schlagen   Dc 5.54

etw. mit der **Hand** schreiben   Cd 20.3

eine gute/schöne **Hand** schreiben   Cd 20.1

jm. die **Hand** auf die Schulter legen   Dc 8.18

jm. die **Hand** schütteln   Ea 6.3

sich die **Hand** schütteln   Ea 6.8

mit erhobener **Hand** schwören   Db 10.13

die **Hand** zum Schwur erheben   Db 10.18

bei etw. seine/die **Hand** im Spiel haben   Fa 6.15

(ganz/...) in js. **Hand** stehen   Fa 23.29

die **Hand** (in die Höhe) strecken   Cd 19.21

die **Hand** mal wieder/immer/... auf der Tasche haben/
halten   Fb 11.7

jn. um die **Hand** seiner Tochter bitten   Ed 3.17

aus der hohlen **Hand** trinken   Hd 5.41

mehrere/verschiedene Dinge/... in einer **Hand** vereini-
gen   Fb 1.23

jm. in die **Hand** versprechen, daß...   Dd 1.5

eine **Hand** wäscht die andere   Fa 6.26

es läßt sich nicht von der **Hand** weisen, daß...   Db 13.29

Einwände/... nicht von der **Hand** weisen (können)
Db 14.30   Dc 5.60

Hand ans Werk!   Aa 7.32

Hand ans Werk legen   Aa 7.24

jm. etw. aus der **Hand** winden/ringen   Hb 10.3

jm. einen Geldbetrag/... auf die flache **Hand** zahlen
Fb 15.38

etw. aus freier **Hand** zeichnen/skizzieren/...   Cd 22.3

seine/die (schützende) **Hand** von jm. zurückziehen/(ab-
ziehen/wenden)   Fa 13.1

seine Ausführungen/... mit einer **Handbewegung** beglei-
ten   Dc 8.5

Argumente/Vorschläge/... mit einer nachlässigen/...
Handbewegung vom Tisch wischen   Db 14.32

fahrige **Handbewegungen** machen   Dc 8.4

um jeden **Handbreit** Land/Boden/... kämpfen/...
Gc 4.59

kein **Handbreit** (von der Stelle) weichen/...   Gc 7.11

das schöne **Händchen**   Ea 6.6

ein **Händchen** für etw. haben   Cd 5.21

jm. das schöne **Händchen** geben   Ea 6.6

Händchen halten   Cd 8.60

zwei linke **Hände** haben   Cd 6.6

saubere **Hände** haben   Cc 21.3

schmutzige **Hände** haben   Cc 22.11

ungeschickte **Hände** haben   Cd 6.6

von seiner **Hände** Arbeit leben   De 12.17

jm. in die **Hände** arbeiten   Fa 6.23

jm. die **Hände** auflegen   Cc 35.27

die/seine **Hände** nach dem Thron/einem Gebiet/... aus-
strecken   Fa 11.2

jm. die **Hände** binden   Fa 20.1

js. **Hände** sind mit Blut befleckt/besudelt   Cc 22.12

jm. die **Hände** drücken   Ea 6.4

jm. in die **Hände** fallen/geraten   Ab 13.6

die **Hände** (zum Gebet) falten   Cc 35.19

für jn. lege ich/legt Karl/... die **Hände** ins Feuer   Dd 1.24

jm. etw. in die/(etw. in js.) **Hände** geben   Fb 2.16

in gute **Hände** geben   Fb 1.42

jm. sind die **Hände** gebunden   Fa 21.1

durch js. **Hände** gehen   Fb 2.2

durch viele **Hände** gehen   Fb 2.3

die/seine **Hände** (schützend) über jn./etw. halten/(brei-
ten)   Gc 5.18

bittend/flehend/... die **Hände** heben   Dc 8.27   Fa 15.12
die **Hände** (hoch) heben   Gc 4.97
Hände hoch!   Gc 4.97
die **Hände** in die Hüften stemmen   Dc 8.19
in die **Hände** klatschen (vor Freude)   Cb 2.17
in falsche **Hände** kommen/geraten/gelangen   Fb 2.5
in schlechte **Hände** kommen/geraten/gelangen   Fb 2.5
in unrechte **Hände** kommen/geraten/gelangen   Fb 2.5
jm. unter die **Hände** kommen   Ab 13.7
die **Hände** über dem Kopf zusammenschlagen   Da 5.16
etw. in die/seine **Hände** kriegen   Fb 1.11
etw. unter die **Hände** kriegen/(bekommen)   Ab 13.5
(es ist besser/...) die **Hände** davon (zu) lassen   Db 14.8
js. **Hände** greifen ins Leere/in die Luft   Dc 8.30
etw. (vertrauensvoll/...) in js. **Hände** legen   Dd 11.6
   Fb 1.43
sich (mit etw.) die **Hände** nicht schmutzig machen (wollen)   Cc 4.6
sich (zufrieden/...) die **Hände** reiben   Dc 8.8
sich vor Vergnügen/Schadenfreude/... die **Hände** reiben
   Cb 2.44
die **Hände** ringen   Cb 15.21   Ga 10.7
die **Hände** in den Schoß legen   De 14.11
jm. die **Hände** schütteln   Ea 6.4
sich die **Hände** schütteln   Ea 6.8
die **Hände** in die Seiten stemmen   Dc 8.19
bei etw. seine/die **Hände** im Spiel haben   Fa 6.15
jm. etw. in die **Hände** spielen   Fb 2.18
in die **Hände** spucken   Aa 7.31
die **Hände** in die Tasche stecken   Dc 8.50
in js. **Hände** übergehen   Fb 2.4
in andere **Hände** übergehen   Fb 2.4
seine **Hände** in Unschuld waschen   Cc 21.5
sich die **Hände** in Unschuld waschen   Cc 31.3
die **Hände** voll haben (mit etw.)   Dc 8.56
alle **Hände** voll zu tun haben (mit etw.)   De 11.4
Handel und Gewerbe   Fb 15.120
Handel und Wandel   Fb 15.121
Händel suchen   Gc 3.11
zu treuen **Händen**!   Fb 1.54
zu **Händen** von Herrn/Frau/...   Cd 20.72   Fb 1.53
in anderen **Händen** sein   Fb 2.6
in festen **Händen** sein   Ed 1.33
bei jm. in guten/besten **Händen** sein   Fb 1.44
bei jm. in sicheren **Händen** sein   Fb 1.44
eine Arbeit/... unter den **Händen** haben   De 12.4
es liegt (ganz/...) in js. **Händen** (ob/wie/...)   Fa 23.29
es zuckt/kribbelt/juckt/... jm. in den **Händen**, jn. zu
   schlagen/...   Hc 4.9
mit vollen **Händen** sein Geld ausgeben/schenken/geben/...   Fb 8.4
mit leeren **Händen** wieder abziehen/gehen/...   De 26.13
etw. mit bloßen **Händen** anfassen/anpacken   Dc 8.54
etw. mit geschmatzten **Händen** annehmen   Hb 9.30
an js. **Händen** klebt Blut   Cc 22.12
mit leeren **Händen** dastehen   Hb 14.16
js. **Händen** entgleiten   Fa 22.1
mit leeren **Händen** erscheinen   Ea 5.16
mit **Händen** und Füßen auf jn. einreden   Dc 1.80
auf **Händen** und Füßen gehen   Ab 3.47
auf **Händen** und Füßen laufen (können)   Dc 8.42
an **Händen** und Füßen gebunden sein   Fa 21.3
mit **Händen** und Füßen reden   Dc 8.2
sich mit **Händen** und Füßen gegen etw. sträuben/wehren
   Db 14.28
mit offenen **Händen** geben   Fb 10.9
das/etw. ist mit den **Händen** zu greifen   Ih 1.16

mit leeren **Händen** kommen   Ea 5.16
auf den **Händen** laufen können   Dc 8.42
(ganz/...) in js. **Händen** liegen   Fa 23.29
mit den **Händen** in der Luft herumfahren/herumfuchteln
   Dc 8.28
ein Kind/... bei den **Händen** nehmen   Dc 8.59
mit den **Händen** reden   Dc 8.3
einem Arzt/... unter den **Händen** sterben   Ba 2.36
jn. auf (den) **Händen** tragen   Eb 1.19
jm. etw. zu eigenen **Händen** übergeben   Fb 1.46
jm. etw./jn. zu treuen **Händen** übergeben/überlassen
   Fb 1.41
jm. etw. aus den **Händen** winden/ringen   Hb 10.3
jn./etw. (bei jm.) in guten **Händen** wissen   Fb 1.45
jm. unter den **Händen** zerbrechen   Ac 11.15
mit beiden **Händen** zugreifen   Hd 4.21
mit leeren **Händen** zurückkommen/wiederkommen/zurückkehren/...   De 26.17
wie ein wildgewordener **Handfeger** herumlaufen/durch
   die Gegend rennen/...   Cb 16.25
ein lockeres/loses **Handgelenk** haben   Cc 26.57
so einfach aus dem **Handgelenk** geht das nicht   De 20.17
das/etw. ist nicht so einfach aus dem **Handgelenk** zu machen   De 20.17
etw. aus dem **Handgelenk** schütteln (können)   Cd 3.36
das/etw. ist nur ein **Handgriff** (für jn.)   De 19.10
etw. mit einem **Handgriff** erledigen   De 19.10
keinen **Handgriff** mehr tun/machen dürfen   Bc 2.43
keinen **Handgriff** tun (für jn.)   Fa 8.7
so manchen **Handgriff** tun (für jn.)   Ga 12.18
keine **Handhabe** haben für etw./(um) etw. zu tun   Dd 9.16
jm. eine **Handhabe** bieten/(geben), (um) etw. zu tun
   Dd 9.2
jm. als **Handhabe** dienen für etw./(um) etw. zu tun
   Dd 9.3
etw. mit **Handkuß** nehmen   Hb 9.31
jn. zu seinem **Handlanger** machen   Fa 10.32
sich von jm. nicht zu dessen **Handlanger** machen lassen
   Fa 23.27   Gc 6.7
jm. **Handschellen** anlegen   Cc 20.81
jn. mit **Handschlag** begrüßen   Ea 6.2
eine Abmachung/... mit **Handschlag** besiegeln/bekräftigen   Dd 1.13
jn. durch **Handschlag** verpflichten   Dd 1.13
jm. mit **Handschlag** versprechen, daß...   Dd 1.5
eine gute/... **Handschrift** haben   Cd 20.1
eine kräftige/gute **Handschrift** haben/schreiben   Cc 26.27
den **Handschuh** aufnehmen/aufheben   Gc 3.14
jm. den **Handschuh** hinwerfen/vor die Füße werfen/ins
   Gesicht schleudern   Gc 1.3
jn. mit seidenen **Handschuhen** anfassen   Cb 12.6
das **Handtuch** werfen   Gc 11.7
im **Handumdrehen**   Aa 14.2
(nur/...) eine **Handvoll** Leute/von Leuten/...   Ia 3.1
eine bestimmte Propaganda machen/..., das gehört zum
   Handwerk   Aa 4.4
jm. das **Handwerk** legen   Cc 20.19
jm. ins **Handwerk** pfuschen   Hb 4.16
sein **Handwerk** verstehen   Cd 3.6
einen **Hang** zum Großen haben   Id 2.50
es bleibt (immer/...) etw. **hängen** (von übler Nachrede/...)   Cc 10.13
und wenn sie mich/ihn/... **hängen**, ...   Db 15.2
lieber/eher läßt sich j. **hängen**, als daß er ...   Db 15.2
mit **Hangen** und Bangen   De 21.5
hängen bleiben   Cd 19.25
jn. **hängen** lassen (mit etw.)   Dd 2.4

sich **hängen** lassen Cb 3.20

mit **Hängen** und Würgen De 21.5

mit allem, was drum und dran **hängt** Ie 1.57

eine Prüfung/ein Umzug/... mit allem, was drum und dran **hängt** Ic 2.37

der Anzug/das Kleid/... **hängt** jm. nur so am Leib/Körper herunter Ca 1.60

Hannemann, geh' du voran! Gb 6.25

ein **Hans** Dampf in allen Gassen sein Cd 5.7

ein **Hans** im Glück sein Da 9.14

ein (richtiger/...) **Hans** Liederlich sein Ac 10.15

ein (richtiger) **Hans-guck-in-die-Luft** sein Da 3.21

ich bin/Peter ist/... (doch) nicht js. **Hanswurst!** Fa 23.26

ich spiele/Peter spielt/ich mache/Peter macht/... doch nicht js. **Hanswurst** Fa 23.26

ein fetter **Happen** (sein) De 27.4

iß doch/... einen **Happen** (mit/mit uns/...) Hd 4.93

einen **Happen** zu sich nehmen/... Hd 4.15

jm. keinen **Happen** gönnen Hb 12.2

sich keinen **Happen** gönnen Fb 9.15

das ist/... ein bißchen **happig** Id 2.53

niemandem ein/keinem ein/jm. nie ein/jm. kein **Härchen** krümmen Cc 1.6

jm. zeigen, was eine **Harke** ist Cc 25.36

so ganz **harmlos** etw. sagen/(tun) Cc 15.10

in **Harnisch** sein Cb 16.14

jn. in **Harnisch** bringen Cb 16.32

in **Harnisch** geraten Cb 16.6

die ganze **Härte** des Gesetzes zu spüren bekommen Cc 20.50

ein alter **Hase** sein Cd 8.5 Cd 23.2

ängstlich/furchtsam wie ein **Hase** sein Gb 6.3

(schon/...) sehen/merken/verstehen/wissen, wie der **Hase** läuft Cd 1.42

da liegt der **Hase** im Pfeffer Ha 7.5

merken/spüren/..., wo der **Hase** im Pfeffer liegt Cd 1.42

wohnen/leben/..., wo sich die **Hasen** (und Füchse) gute Nacht sagen Ab 1.28

dem **Hasen** Salz auf den Schwanz streuen/den Hasen fangen, indem man ihm ... Da 2.10

ein **Hasenherz** haben Gb 6.3

das **Hasenpanier** ergreifen Ab 7.17

etw. in fliegender **Hast** tun Aa 14.5

da **hast** du's!/habt ihr's!/... Ga 4.54

das **hast** du/hat er/... von .../davon! Cc 25.1

(und) **hast** du was kannst du was, war er weg/rannten sie davon/... Aa 14.23

hast du/hat er/... das öfter? Cb 6.21 Cd 12.23

nicht wissen/..., was j. (plötzlich/...) **hat** Cb 6.20 Cd 12.21

es **hat** mit etw. viel/... auf sich Ha 4.21

es **hat** mit etw. wenig/nichts/... auf sich Ha 5.20

... und damit **hat** sich's (dann) (auch)! Aa 8.45

das **hättest** du/das hätte er/... (wohl) gern(e) (was)? Db 15.55

hau/haut/... mir ab mit dem Karl/der Klara/dem Kerl/dem Typ/...! Eb 2.56

jn. unter die **Haube** bringen Ed 3.18

jm. eins auf die **Haube** geben Cc 24.8 Cc 26.17

unter die **Haube** kommen Ed 3.14

jn. unter die **Haube** kriegen Ed 3.18

voll sein wie eine **Haubitze** Hd 6.20

ein **Hauch** von Trauer/Wehmut/... Ia 3.12

den letzten **Hauch** von sich geben Ba 2.17

einen **Hauch** von js. Geist/Genie/... spüren/verspüren Cd 7.16

ein kalter **Hauch** weht jn. an Cc 3.17 Da 6.8

(weit/...) daneben **hauen** (mit einer Annahme/...) Db 21.3

etw./alles kurz und klein **hauen** Ac 12.1

jn. windelweich/grün und blau/krumm und lahm **hauen** Cc 26.12

auf **Hauen** und Stechen mit jm./miteinander stehen Ec 2.10

(nur noch/...) ein **Häufchen** Elend sein Cb 3.62

wie ein **Häufchen** Elend aussehen/dasitzen/... Cb 3.62

nur noch/... ein verlorener **Haufen** sein Gc 4.84

alle/... auf einem **Haufen** Ia 2.7

alles/die ganzen Sachen/... auf einem **Haufen** Ac 10.12

jn. über den **Haufen** rennen/fahren/reiten/... Ac 12.19

ein **Haufen** Schulden/Arbeit/Schriftstücke/... Ia 1.17

alles/die ganzen Sachen/... auf einen **Haufen** tun/legen/... Ac 10.12

in hellen/dichten **Haufen** daherstürmen/... Ia 1.4

einen **Haufen** Geld ausgeben/verdienen/kosten/... Fb 3.1

jn./eine Gruppe/... über den **Haufen** schießen Ba 4.17

nur noch ein (wertloser) **Haufen** Schrott sein Ha 12.18

Pläne/... über den **Haufen** werfen/(stoßen) Hb 4.20

ein bemoostes **Haupt** (sein) Bb 2.13

ein gekröntes **Haupt** (sein) Fa 5.11

ein greises/graues **Haupt** (sein) Bb 2.13

mit erhobenem **Haupt** dahergehen/... Cc 11.53

sein müdes **Haupt** ausruhen/... Ab 3.35

sein müdes **Haupt** hinlegen/... Ab 3.35

mit gesenktem **Haupt** weggehen/... Cc 29.8

jm. eins aufs **Haupt** geben Cc 24.8 Cc 26.17

eine Reform/... an **Haupt** und Gliedern Ic 2.36

nicht wissen/... wo man sein müdes **Haupt** hinlegen soll/(wird) Fb 7.39

eins/einen aufs **Haupt** kriegen Cc 24.70 Cc 26.38

den Gegner/... aufs **Haupt** schlagen Gc 12.11

eine **Haupt**- und Staatsaktion aus etw. machen Ha 4.11 Db 4.58 Id 2.33

erhobenen **Hauptes** dahergehen/... Cc 11.53

gesenkten **Hauptes** weggehen/... Cc 29.8

jn. um **Haupteslänge** überragen Ca 2.6

in der **Hauptsache** Cc 20.96

etw. im **Hauruck-Verfahren** erledigen/durchziehen/... Aa 14.18

ein fideles/lustiges **Haus** sein Cb 7.2

ein gelehrtes **Haus** sein Cd 7.10

ein gescheites **Haus** sein Cd 7.1

außer **Haus** sein/zu tun haben/... Ea 1.20

(nicht) im **Haus(e)** sein Ea 1.19

ein öffentliches **Haus** (sein) Ed 7.4

ein offenes **Haus** haben Ea 7.2

(immer/meist/...) ein volles **Haus** haben Ea 7.2

(du) altes **Haus** Ec 1.30

von **Haus** aus Ingenieur/Kaufmann/... sein De 15.19

sein **Haus** bestellen Ba 2.55

jm. das **Haus** einrennen/einlaufen (mit etw.) Ga 11.8

außer **Haus(e)** essen Hd 4.80

jm. das **Haus** führen De 15.30

ein großes/glänzendes **Haus** führen Ea 7.1 Fb 6.26

ein offenes **Haus** führen Ea 7.2

beste Grüße von **Haus** zu Haus Ea 9.15

von **Haus** zu Haus gehen Fb 15.90

Haus an Haus wohnen (mit jm.) Ab 1.19 Ea 1.10

nicht aus dem **Haus** herauskommen/kommen Ea 3.20

das **Haus** des Herrn Ce 35.13

Haus und Hof Fb 15.122

das **Haus** hüten Bc 2.51

jm. (unverhofft/...) ins **Haus** geschneit kommen Ea 5.8

jm. das **Haus** über dem Kopf anzünden   Ac 12.11
das **Haus** auf den Kopf stellen   Hd 7.6
das erste **Haus** am Ort/Platz sein/(sein)   Fa 5.16
jm. (unverhofft/...) ins **Haus** platzen   Ea 5.8
vor vollem/ausverkauftem **Haus** spielen   Hd 10.11
jm. ins **Haus** stehen   Aa 7.1
jm. das/(sein) **Haus** verbieten   Ea 5.21   Ea 10.21
das/(sein) **Haus** voll haben   Ea 7.2
jn. aus dem **Haus** werfen   Ea 10.20
ganz/völlig/... aus dem **Häuschen** sein   Cb 16.18
jn. ganz/völlig/... aus dem **Häuschen** bringen   Cb 15.5
ganz/völlig aus dem **Häuschen** geraten   Cb 15.12
in ... zu **Hause** sein   Ba 1.18
in diesem Fach/Gebiet/... zu **Hause** sein   Cd 1.11
von (zu) **Hause** weggehen/fortziehen/...   Ab 4.5
damit/mit etw. kannst du/kann der Paul/... zu **Hause**
   bleiben   Eb 2.5
gute/schlechte/... Noten/Zensuren/nach **Hause** bringen
   Cd 19.22
sich (so richtig/...) zu **Hause** fühlen in/bei/...   Ea 7.8
(immer/...) zu **Hause** stecken   Ea 3.18
tu/tut/... (so), als ob du/als ob ihr/als wenn du/als wenn
   ihr zu **Hause** wärst/wärt/wäret/...!   Ea 7.6
auf die/den Karl/... kannst du/kann man/... **Häuser**
   bauen   Dd 1.21
jm. den **Haushalt** führen   De 15.30
den **Haushalt** machen   De 15.30
mit einer Geschichte/Leistungen/... **hausieren** gehen
   Cc 11.48
der **Haussegen** hängt bei/in/... schief   Gc 3.47
eine anständige **Haut** sein   Cc 4.3
eine arme **Haut** sein   Fb 7.10
eine brave **Haut** sein   Cc 4.3
eine ehrliche **Haut** sein   Cc 4.3
eine empfindliche **Haut** sein   Cb 12.2
eine lustige **Haut** sein   Cb 7.2
jm. ist (jm. gegenüber) nicht wohl in seiner **Haut**   Hc 7.8
jm. die **Haut** abziehen (wollen)   Fb 12.10
mit heiler **Haut** davonkommen   Ab 8.9
bis auf die **Haut** durchnäßt sein/naß bis auf die Haut sein
   Ic 2.29
j. könnte/möchte aus der **Haut** fahren (bei .../wenn er
   sieht/...)   Cb 15.9
sich (jm. gegenüber) nicht wohl in seiner **Haut** fühlen
   Hc 7.8
jm. unter die **Haut** gehen   Cb 3.37
j. könnte jn. mit **Haut** und Haaren fressen   Ed 1.54
jm. mit **Haut** und Haaren verfallen sein   Ed 1.53
sich jm./e-r S. mit **Haut** und Haaren verschreiben   Ic 2.5
nur/nur noch/nichts als/... **Haut** und Knochen sein
   Ca 4.21
nicht/so wenig wie j. aus seiner **Haut** können/herauskön-
   nen   If 7.5
sich auf die faule **Haut** legen   De 14.14
auf der faulen **Haut** liegen   De 14.14
seine **Haut** zu Markte tragen (für jn./etw.)   Gb 4.11
seine **Haut** retten   Ab 8.8
(zunächst einmal/...) die/seine eigene **Haut** retten
   Ab 8.8
seine **Haut** für jn./etw. riskieren   Gb 4.10
in eine neue **Haut** schlüpfen   If 5.7
ich kann mir/Peter kann sich/... das/die Pfennige/...
   doch nicht aus der **Haut** schneiden   Fb 5.10
nicht in js. **Haut** stecken mögen   Ga 4.32
sich seiner **Haut** wehren   Gc 6.14
das/etw. **haut** einen/jn. um/(hin)   Da 7.20
jetzt **haut** es mich/jn. (aber) um/(hin)!   Da 7.20

hauteng sitzen/sein/...   Ca 1.68
die **Hautevolee**   Fa 5.2
den **Hebel** an etw./an einem bestimmten Punkt/... anset-
   zen (um etw. zu erreichen/...)   Cd 5.9   Dd 5.18
alle **Hebel** in Bewegung setzen   De 13.24
am längeren **Hebel** sitzen   Fa 6.29
den **Hebel** an der richtigen Stelle ansetzen   Cd 5.10
einen **heben**   Hd 6.4
ein toller **Hecht** sein   Cb 7.4
Hecht im Karpfenteich sein   Fa 1.21
es zieht wie **Hechtsuppe**   Ac 1.12
die himmlischen **Heerscharen**   Cc 35.10
das **Heft** (fest) in der Hand haben/halten   Fa 10.10
das **Heft** nicht aus der Hand geben   Fa 10.11
jm. das **Heft** aus der Hand nehmen   Fa 13.4
etw. geht wie's/wie das **Heftelmachen**   De 19.14
jn. **hegen** und pflegen   Bc 2.53
kein **Hehl** aus etw. machen   Ac 3.23
der **Hehler** ist so schlimm wie der Stehler   Cc 19.15
(ab) in die **Heia**!   De 22.14
so groß wie das **Heidelberger** Faß sein   Ca 2.1
etw./das möchte einen **Heiden** erbarmen   Cc 2.15
irgendwo herrscht/... ein **Heidendurcheinander**   Ac 10.8
ein **Heidengeld** kosten/ausgeben/...   Fb 3.2
sein **Heil** in der Flucht suchen   Ab 7.17
woanders/bei/in ... sein **Heil** versuchen   Ab 7.5   Hb 9.23
jm. ist nichts **heilig**   Cc 7.4
bei allen **Heiligen** schwören/(versichern/beteuern)
   Db 10.5
jn./sich mit einem **Heiligenschein** umgeben   Cc 15.15
kein **Heiliger** sein   Cc 4.11
ein sonderbarer/komischer/wunderlicher **Heiliger** sein
   Cb 6.9
die ewige **Heimat**   Ba 5.15
unrasiert und fern der **Heimat**   Ca 1.58
js. zweite **Heimat**   Ba 1.20
jm. anständig/tüchtig/ordentlich/... **heimleuchten**
   Cc 24.41
(Freundchen,/...) dir werd' ich **heimleuchten**!   Cc 25.13
heimlich, still und leise verschwinden/sich heranschlei-
   chen/...   Cc 17.14
einen **Heimvorteil** haben   Hb 13.7
jm. etw. **heimzahlen**   Gc 14.9
jm. wird es zu **heiß**   Ab 7.27
nicht **heiß** und nicht kalt sein   Dd 4.19
weder **heiß** noch kalt sein   Dd 4.19
ich **heiße** Emil/Hans/..., wenn ...   Db 6.17
das will schon was/etwas **heißen**!   Db 18.14
das will viel/... **heißen**   Ha 4.20
das will wenig/nichts/... **heißen**   Ha 5.18
das sollte (wohl/...) so viel **heißen** wie ...   Dc 5.107
jn. willkommen **heißen**   Ea 7.22
es **heißt** ...   Cd 17.29
jetzt **heißt**/da hieß es: abhauen/drangehen/aufge-
   paßt/...!   Ha 9.10
das/etw. **heißt** auf gut deutsch: Dc 3.105
da/dann/jetzt/... **heißt** es entweder – oder!   Dd 6.32
das **heißt** schon was/etwas!   Db 18.14
das ist ja **heiter**!   Db 15.48
jetzt/dann wird's (aber) **heiter**!   Db 15.60
heiter und vergnügt (etw. tun)   Cb 4.8
der **Held** des Tages sein   Fa 1.17
jm. ist nicht zu **helfen**   Cd 12.4
(Freundchen, ...) dir werd' ich **helfen**!   Cc 25.13
ich kann mir nicht **helfen**, aber/doch/...   Db 15.103
sich zu **helfen** wissen   Cd 5.2
sich nicht zu **helfen** wissen   Cd 6.3

helle sein   Cd 7.7
im **Hellen**   Ac 4.1
ein paar **Heller**   Fb 3.20
keinen roten **Heller** (mehr) haben/besitzen   Fb 4.7
auf **Heller** und Pfennig abrechnen (mit jm.)   Fb 5.24
jn. auf **Heller** und Pfennig auszahlen   Fb 5.26
jm. etw. auf **Heller** und Pfennig bezahlen   Fb 5.25
keinen/nicht einen roten **Heller** wert sein   Ha 12.4
ein schmales/halbes **Hemd** sein   Ca 4.13
tritt dir nicht auf's **Hemd**!   Ca 1.60
(auch) das letzte/sein letztes **Hemd** hergeben/verschen-
  ken/. . . (für jn./etw)   Fb 10.12
kein (ganzes) **Hemd** mehr am Arsch haben   Fb 7.33
jn. bis aufs **Hemd** ausziehen   Hb 10.10
kein (ganzes) **Hemd** mehr am Leib(e) haben   Fb 7.33
das **Hemd** ist jm. näher als der Rock   Hb 11.15
alles bis aufs **Hemd** verlieren   Fb 7.32
seine Freunde/Geliebten/Meinungen/. . . wie das **Hemd**
  wechseln   Ed 1.62
j. würde sein letztes **Hemd** weggeben/verschenken
  Fb 10.12
(sich) die **Hemdsärmel** hochkrempeln/(aufkrempeln/auf-
  rollen)   Aa 7.31
jm. einen **Hemmschuh** in den Weg legen   Hb 4.12
nur keine **Hemmungen**!   Dc 3.102
daß dich/ihn/. . . der **Henker**!   Cb 19.16
hol' dich/ihn/sie/. . . der **Henker**!   Cb 19.16
hol's der **Henker**!   Cb 19.9
scher' dich/schert euch/. . . zum **Henker**!   Cb 19.16
. . . (das) weiß der **Henker**!   Ih 4.20
hol' mich der **Henker**, wenn . . .   Db 15.1
weiß der **Henker**, wo/wie/wann/ob/. . .   Ih 4.20
den **Henker** danach fragen/sich den Henker darum sche-
  ren, ob . . .   Ha 8.3
der **Henker** soll dich/ihn/sie/. . . holen!   Cb 19.16
der **Henker** soll mich holen, wenn . . .!   Db 15.1
daraus/aus diesem Text/. . . werde der **Henker** klug!
  Cd 2.20
durch **Henkershand** sterben   Ba 2.44
hinter jm. **her** sein   Ab 9.8
hinter etw. **her** sein   Ab 12.1
es ist mit jm./etw. nicht (gerade) weit **her**/mit jm./etw. ist
  es nicht (gerade) weit her   Ic 5.6
mit etw. ist es nicht weit **her**   Ic 7.10
her damit!   Fb 2.19
nur schwer/. . . an jn. **herankommen** (können)   Ea 3.12
aus einer schwierigen Lage/. . . **heraus** sein   Ga 6.43
(noch nicht/. . .) **heraus** sein, ob/wie/wann/. . .   Ih 4.7
eine Rechenaufgabe/. . . **heraus** haben   Cd 21.3
(fein/. . .) **heraus** haben, wie man etw. macht/. . .   Cd 5.5
heraus oder herein!   Ea 7.28
aus/bei jm. etw. **herausbringen**   Dc 3.79
das/etw. ist jm. (nur) so **herausgefahren**   Dc 1.109
das/etw. ist jm. (nur) so **herausgefallen**   Dc 1.109
aus sich **herausgehen**   Dc 3.7
das/etw. ist jm. (nur) so **herausgerutscht**   Dc 1.109
aus/bei jm. etw. **herausholen**   Dc 3.79
aus der Arbeit/dem Staunen/dem Lachen/. . . gar nicht
  mehr **herauskommen**   Aa 2.18
gut/. . . bei etw. **herauskommen**   De 24.46
schlecht/. . . bei etw. **herauskommen**   De 25.64
groß **herauskommen** (mit etw./bei jm.)   De 24.46
aus etw./da nicht (mehr) **herauskommen**   Ga 4.27
nicht wissen/. . ., wie man aus etw./da **herauskommen** soll
  Ga 4.26
sieh zu/. . ., wie du/. . . da **herauskommst**!   Ga 4.28
so voll sein, daß es einem oben wieder **herauskommt**
  Hd 6.21

sich gut **herausmachen**   Cd 3.39
sich (einfach/. . .) **herausnehmen**, etw. zu tun   Cc 9.8
sich viel/allerhand/zu viel/. . . **herausnehmen**   Cc 9.9
fein/(schön) **heraussein**   De 24.24   Hb 13.3
aus/bei jm. etw. **herauszubringen** suchen   Dc 3.78
aus/bei jm. etw. **herauszuholen** suchen   Dc 3.78
etw. (doch) nicht **herbeizaubern** können   Ab 12.14
im **Herbst** des Lebens stehen/(sein)   Bb 2.12
auf etw. **hereinfallen**   Cc 16.60
jm. hinten **hereinkriechen**   Fa 17.10
weit **hergeholt** sein/scheinen   Db 4.59
jeder/jede/jedes **hergelaufene** Mann/Frau/Mädchen/. . .
  Ia 8.3
irgendein **hergelaufener** Mann/irgendeine hergelaufene
  Frau/. . .   Ia 8.4
herhalten müssen für jn.   Hb 14.35
eingepfercht/zusammengepreßt/dichtgedrängt/. . . wie die
  Heringe in/auf/. . .   Ia 1.45
dichtgedrängt wie die **Heringe** in der Tonne   Ia 1.45
nichts **hermachen**   Ca 1.20
Alter **Herr**   Cd 19.68
mein/dein/. . . alter **Herr**   Ed 5.11
ein geistlicher **Herr**   Cc 35.13
der hohe **Herr**   Fa 5.5
der junge **Herr**   Fa 5.5
ein möblierter **Herr**   Ea 1.7
sein eigener **Herr** sein   Fa 23.3   Fa 24.13
Herr sein über etw.   Fa 10.4
mein/dein/. . . **Herr** und Gebieter/Meister   Ed 4.2
so wie ihn/. . . der **Herr** geschaffen hat   Ed 9.1
wie der **Herr**, so's Gescherr/so's Geschirr/so der Knecht
  If 2.9
Herr, du meine Güte!   Cb 19.11   Da 8.12
ein **Herr** von Habenichts   Fb 7.11
j. ist ein **Herr** von Habenichts und Kuhdreck ist sein Wap-
  pen   Fb 7.11
(hier/in/. . .) **Herr** im Haus(e) sein   Fa 10.3
(doch wohl noch/. . .) **Herr** im eigenen Haus(e) sein
  Fa 10.4
nicht mehr **Herr** im eigenen Haus(e) sein   Fa 22.3
Herr der Lage sein   Fa 10.7   Ga 6.50
Herr des Lebens!   Cb 19.10   Da 8.12
nicht mehr **Herr** über sich selbst/seiner selbst sein
  Cb 17.9
nicht mehr **Herr** über seine/seiner Sinne sein   Cb 17.9
ein **Herr** von und zu   Fa 5.10
e-r S. **Herr** werden/(sein)   Fa 11.3   Ga 6.14
mal wieder/. . . sein eigener **Herr** werden (müssen)
  Fa 16.2
zwei **Herren** dienen   Cc 16.42
aus aller **Herren** Länder angereist kommen/. . .   Ab 2.9
die **Herren** der Schöpfung   Ed 5.4
Herrgott (nochmal)!   Cb 19.10   Da 8.12
weiß der **Herrgott**, wo/wie/wann/ob/. . .   Ih 4.20
Herrgott sackerment!   Cb 19.11   Da 8.13
dem **Herrgott** den Tag/die Tage/die Zeit stehlen   De 14.9
in aller **Herrgottsfrühe**   Aa 1.28
das ist die ganze **Herrlichkeit**   Ia 2.18
sich zum **Herrn** machen/aufschwingen über etw.   Fa 11.1
sich zum **Herrn** aufwerfen über jn./etw.   Fa 10.22
dem **Herrn** enthüpft sein   De 22.4
den großen/feinen/reichen/. . . **Herrn** herauskehren
  Cc 11.29
den feinen **Herrn** spielen/markieren/mimen   Cc 11.29
den großen **Herrn** spielen/markieren/mimen   Cc 11.29
jn./etw. unter seine **Herrschaft** bringen   Fa 11.1
die **Herrschaft** innehaben   Fa 11.11

die **Herrschaft** der Straße Fa 11.42
die **Herrschaft** über sich (selbst) verlieren Cb 17.6
Herrschaften! Cc 25.6
die alten **Herrschaften** Bb 2.9
die älteren **Herrschaften** Bb 2.9
hinter jm./etw. **hersein** Ab 9.8
hinter jm. **hersein** Ed 1.6
(sehr) dahinter **hersein**, daß etw. geschieht/j. etw. macht
  Fa 18.5
herum sein Aa 8.27
nicht darum/drum **herumkommen**, zu .../nicht um etw.
  herumkommen Fa 21.11 Ha 1.10
weit **herumkommen** Ab 4.17
frei **herumlaufen** Cc 20.90
jn. frei **herumlaufen** lassen Cc 20.91
(dauernd/...) drum/(darum) **herumreden** Dc 4.3
nicht/nicht lange/... drum/(darum) **herumreden** Dc 3.21
auf etw. (wieder/...) **herumreiten** Aa 4.14
ohne viel **herumzureden** ist sofort klar/... Ih 2.3
etw. (jederzeit/...) **herunterbeten** können Cd 15.36
etw. vor- und rückwärts **herunterbeten**/runterbeten/...
  können Ic 3.3
jm. eine **herunterhauen** Cc 26.29
jm. ein paar **herunterhauen** Cc 26.29
etw. (nur so) **herunterschnurren** können Cd 15.36
(viel) **Herz** haben Cc 2.5
ein enges **Herz** haben Cc 3.1
ein goldiges/goldenes **Herz** haben Cb 6.3
ein gutes **Herz** haben Cc 2.5
ein hartes **Herz** haben Cc 3.8
ein kaltes **Herz** haben Cc 3.7
kein **Herz** haben Cc 3.5
(einfach) nicht das **Herz** haben, etw. zu tun Dd 4.7
  Gb 6.21
ein steinernes **Herz** haben Cc 3.8
ein weiches **Herz** haben Cc 2.7
ein zu weiches **Herz** haben Cc 2.7
ein weites **Herz** haben Cc 2.4
jm. ist bang ums **Herz** Gb 6.10
etw. beschwert jm. das **Herz** Cb 3.27
etw. betrübt das **Herz** Cb 3.27
jm. ist froh ums **Herz** Cb 2.24
jm. ist leicht ums **Herz** Cb 2.5
Mißtrauen/... schleicht sich in js. **Herz** Cc 18.29
jm. ist schwer ums **Herz** Cb 3.23
jm. stockt das **Herz** vor Schreck/... Da 6.16
jm. ist warm ums **Herz** Cb 2.5
es blutet jm./es blutet einem/jm. blutet das **Herz** (bei
  etw./wenn ...) Cc 2.13
es bricht jm./einem das **Herz**, wenn ... Cc 2.13
etw. greift ans **Herz** (es greift ..., wenn) Cc 2.12
es schneidet einem/(jm.) ins **Herz** (wenn ...) Cc 2.13
es wird jm. warm ums **Herz** (bei/wenn ...) Cb 2.5
es zerreißt jm./einem (fast/schier) das **Herz** (wenn ...)
  Cc 2.13
jm. sein **Herz** ausschütten Dc 3.12
alles haben/kaufen können/..., was das **Herz** begehrt
  Fb 6.31
alles, was das **Herz** begehrt, haben/bekommen/... Hd 2.8
es nicht übers **Herz** bringen (können), etw. zu tun
  Gb 6.21
jn. an sein/ans **Herz** drücken Ea 7.12
ein **Herz** wie Eis haben Cc 3.7
sein **Herz** für jn./etw. entdecken Eb 1.12
sein **Herz** erleichtern Dc 3.12
js. **Herz** erobern Ed 1.36
js. **Herz** erweichen Cc 2.16

sich ein **Herz** fassen Gb 5.9
das **Herz** auf dem rechten/richtigen Fleck haben Cb 2.4
  Dc 3.33
jm. sein **Herz** zu Füßen legen Ed 1.47
jm. (sehr) ans **Herz** gehen Cc 2.12
js. (ganzes) **Herz** gehört jm./e-r S. Eb 1.17 Ed 1.48
jn. in sein **Herz** geschlossen haben Eb 1.12
jm. ans **Herz** gewachsen sein Eb 1.14
keiner kann jm./keiner kann den anderen/... ins **Herz**
  gucken/schauen/sehen Cc 15.22
man kann niemandem/man kann keinem/niemand kann
  jm./niemand kann den anderen ins **Herz** gucken/
  schauen/sehen Cc 15.22
jm. schlägt/pocht das **Herz** bis zum Hals(e) Gb 6.32
mit **Herz** und Hand dabei sein Ic 2.8
sein **Herz** in die Hand nehmen Gb 5.9
das **Herz** in der Hand tragen Dc 3.32
sein **Herz** in beide Hände nehmen Gb 5.9
sein **Herz** an jn./etw. hängen Ed 1.46
js. **Herz** hängt (nun einmal/...) an jm./etw. Eb 1.13
kühl bis ans **Herz** hinan (sein/bleiben) Cc 3.2
sein **Herz** für etw. hingeben Ic 2.6
jm. fällt das **Herz** in die Hose/(Hosen) Gb 6.11
jm. rutscht das **Herz** in die Hose/(Hosen) Gb 6.11
das **Herz** hüpft jm. vor Freude/... Cb 2.24
sein **Herz** über die Hürde werfen Dd 6.12
sprechen/reden/..., wie es einem ums **Herz** ist Dc 3.15
das **Herz** krampft/schnürt sich (jm.) zusammen (bei etw./
  wenn ...) Cc 2.13
das **Herz** bricht jm. vor Kummer Cb 3.24
jm. etw. ans **Herz** legen Ha 3.7
kein **Herz** im Leib(e) haben Cc 3.5
es lacht jm./einem das **Herz** im Leib(e) (bei etw./wenn
  ...) Cb 2.24
das **Herz** dreht sich (jm./einem) im Leib(e) um (bei etw./
  wenn ...) Cc 2.13
es dreht sich (jm./einem) das **Herz** im Leib(e) um (bei
  etw./wenn ...) Cc 2.13
das **Herz** tut einem/jm. im Leib(e) weh (bei etw./wenn
  ...) Cc 2.13
es tut jm./einem das **Herz** im Leib(e) weh (bei etw./wenn
  ...) Cc 2.13
js. ganzes **Herz** liegt offen vor jm. Dc 3.36
jm. das **Herz** schwer machen Cb 3.27
jn./etw. auf **Herz** und Nieren prüfen Ic 9.4
jm. sein **Herz** öffnen/(eröffnen/aufschließen) Dc 3.10
js. **Herz** rühren Cc 2.16
jm. sein **Herz** schenken Ed 1.47
js. **Herz** schlägt höher (bei etw./wenn ...) Cb 2.25
das **Herz** ist jm. schwer Cb 3.23
ein **Herz** und eine Seele sein Ec 1.23
sich jm./e-r S. mit **Herz** und Seele verschreiben Ed 1.48
sein **Herz** sprechen lassen Cc 2.17
jm. bleibt das **Herz** stehen vor Schreck/... Da 6.16
jm. das **Herz** stehlen Ed 1.36
das **Herz** steht jm. still vor Schreck/... Da 6.16
ein **Herz** aus Stein haben Cc 3.8
seinem **Herz(en)** einen Stoß geben Dd 6.9 Gb 5.9
js. **Herz** im Sturm erobern Ed 1.38
jn. (wie) ins **Herz** treffen Cb 13.19
jm. geht das **Herz** über (bei etw./wenn ...) Cb 2.25
sein **Herz** an jn. verlieren Ed 1.46
sein **Herz** in ... verlieren Ed 1.46
js. **Herz** ist zentnerschwer Cb 3.23
js. **Herz** hämmert/klopft/pocht/schlägt zum Zerspringen
  Bc 2.19
das **Herz** im (Leib(e)) will jm./einem zerspringen (vor
  Leid/Freude/...) Cb 2.25

meinen/..., das/sein **Herz** würde/müßte einem zerspringen (vor Leid/Freude/...) Cb 2.25

das **Herz** auf der Zunge haben/tragen Dc 3.32

sein **Herzblut** für jn./etw. hingeben/geben Ic 2.6

j. wird (doch/schon/...) nicht an **Herzdrücken** sterben Dc 1.36

etw. auf dem **Herzen** haben Dc 3.8

aussprechen/sagen/jm. erzählen/..., was man auf dem **Herzen** hat Dc 3.9

es liegt jm. am **Herzen**, daß ... Ha 4.9

im **Herzen** Deutschlands/der Eifel/Berlins/... Ab 1.6

von **Herzen** bedauern/hoffen/... Ic 2.11

jm. von **Herzen** danken/dankbar sein/... Ic 2.11

jm. etw. von **Herzen** wünschen/... Ic 2.11

mit blutendem **Herzen** etw. tun Hc 2.15

aus ganzem **Herzen** bedauern/... Ic 2.14

von ganzem **Herzen** frohlocken/jubeln/... Cb 2.25

von ganzem **Herzen** hoffen/... Ic 2.14

von ganzem **Herzen** verabscheuen/... Ic 2.14

jm. etw. von/aus ganzem **Herzen** wünschen/... Ic 2.14

an gebrochenem **Herzen** sterben/... Ba 2.33

etw. nur/bloß mit halbem **Herzen** tun Ic 6.3

mit leichtem **Herzen** etw. tun Hc 1.5

mit leichtem **Herzen** sich entschließen/..., etw. zu tun Hc 1.5

mit schwerem **Herzen** etw. tun Hc 2.11

mit schwerem **Herzen** sich entschließen/..., etw. zu tun Hc 2.11

aus tiefstem **Herzen** bedauern/... Ic 2.14

in tiefstem/im innersten **Herzen** (doch) (jn.) lieben/glauben/... Ic 2.16

jm. aus vollem **Herzen** danken/dankbar sein/... Ic 2.12

manche/viele/... **Herzen** brechen Ed 1.60

nur mit halbem **Herzen** dabei sein/bei der Sache sein De 2.4 Ha 2.19

alle/die **Herzen** fliegen jm. (nur so) zu Eb 1.27

jm. (sehr) zu **Herzen** gehen Cc 2.12

von **Herzen** gern etw. tun Hc 3.9

etw. ist jm. (so richtig/so recht/...) aus dem **Herzen** gesprochen Db 13.18

alle/die **Herzen** (im Sturm) gewinnen/erobern Eb 1.27

jm. von **Herzen** gut sein Eb 1.20

von **Herzen** kommen Ic 2.10

jm. am **Herzen** liegen Ha 4.9

seinem **Herzen** Luft machen Dc 3.11

aus seinem **Herzen** keine Mördergrube machen Dc 3.22

js. **Herzen** nahestehen Eb 1.15

sich etw. zu **Herzen** nehmen Ga 12.73

sich etw. vom **Herzen** reden (müssen) Dc 3.13

alle **Herzen** schlagen jm. entgegen Eb 1.27

alle/die **Herzen**/(die Herzen aller) schlagen höher (bei .../wenn ...) Cb 2.26

jn. im **Herzen** tragen Ed 1.55

jn./einen Gedanken/... aus seinem **Herzen** verbannen Db 2.11

(zu jm.) (einige) zu **Herzen** gehende Worte sprechen Dc 1.130

jm. von **Herzen** zugetan sein Eb 1.12

jm./js. Worten/... von ganzem **Herzen** zustimmen Eb 1.31

beklommenen **Herzens** jn. erwarten/... Cb 3.44

blutenden **Herzens** etw. tun Hc 2.15

gebrochenen **Herzens** sterben/... Ba 2.33

leichten **Herzens** etw. tun Hc 1.5

leichten **Herzens** sich entschließen/..., etw. zu tun Hc 1.5

schweren **Herzens** sich entschließen/..., etw. zu tun Hc 2.11

nach **Herzenslust** etw. tun (können) Hc 4.12

über jn./etw. **herziehen** Db 19.9 Gc 2.5

Herzklopfen haben Cb 17.1 Gb 6.32

der **Herzschlag** stockt jm. vor Schreck/... Da 6.16

zum **Herzzerbrechen** sein Cc 2.15

es/das ist zum **Heulen** Cb 3.72

da hilft kein **Heulen** und kein Klagen Fa 21.13

unter **Heulen** und Zähneklappern etw. (schließlich doch/...) tun Gb 6.26 Hc 2.19

(j. würde etw.) lieber **heute** als morgen (tun) Aa 15.4

nicht von **heute** auf morgen zu machen sein/... Aa 12.2

heute mir, morgen dir Da 10.33

eine (richtige/ausgemachte) **Hexe** sein Cc 8.9

j. meint/..., ich könnte/du könntest/... **hexen**! Ii 2.14

ich kann/du kannst/... (doch) nicht **hexen**! Ii 2.14

das/etw. ist ein wahrer/der reinste/... **Hexensabbat** Ac 10.19

einen **Hexenschuß** haben Bc 2.28

etw. zu machen/... (das) ist (doch) keine **Hexerei** De 19.7

du hast/er hat/... wohl einen **Hieb**? Cd 12.13

(sofort/...) auf den ersten **Hieb** etw. treffen/schaffen/... Aa 17.3

jm. einen **Hieb** verpassen/versetzen/geben Cb 13.2 Cc 26.6

hieb- und stichfest sein Ih 3.1

wenn ..., dann/sonst/... setzt's **Hiebe** Cc 25.23

du bist/er ist/... wohl nicht (ganz) von **hier**? Cd 12.13

hier und da/dort Ab 1.3

hier wie dort Ab 2.3

(es muß/...) **hier** herum (sein/...) Ab 1.4

bis **hierher** und nicht weiter! Aa 8.38 Gc 7.15 Hc 6.19

hierhin und dorthin (laufen/...) Ab 3.9

bis **hierhin** und nicht weiter! Aa 8.38 Hc 6.19

mit js. **Hilfe** Ga 12.82

mit **Hilfe** e-r S./von jm./von etw. Ga 12.82

mit fremder **Hilfe** etw. erreichen/... Ga 12.83

ohne fremde **Hilfe** etw. erreichen/... Fa 24.5

Hilfe leisten Ga 12.12

erste **Hilfe** leisten Ga 12.6

das ist/... **Hilfe** in der Not Ga 12.87

Hilfe rufen/schreien/brüllen/... Ga 12.92

um **Hilfe** rufen Ga 12.92

jn. zu/(zur) **Hilfe** rufen Ga 12.93

Hilfe stehen Ga 12.5

Hilfestellung leisten Ga 12.5

Hilfestellung machen Ga 12.5

da **hilft** nichts als arbeiten/Ruhe/... Fa 21.14

was **hilft's**?/hilft es? De 28.18

wie im **Himmel** sein Cc 2.9

Himmel (nochmal/noch einmal)! Cb 19.10 Da 8.11

ach, du barmherziger **Himmel**! Da 8.8

das/etw. fällt (doch) nicht vom **Himmel** De 13.48

unter freiem **Himmel** übernachten/... Ab 4.28

gerechter **Himmel**! Da 8.7

heiliger **Himmel**! Cb 19.10 Da 8.7

ach, du lieber **Himmel**! Da 8.2

jn. schickt/(sendet) der **Himmel** Hb 7.21

das/etw. schreit zum **Himmel** Cc 33.10

das/etw. stinkt zum **Himmel** Cc 33.10

(das) weiß der (liebe) **Himmel** Cd 16.11

weiß der (liebe) **Himmel**, wo/wie/wann/ob/... Ih 4.20

Himmel, Arsch und Wolkenbruch! Cb 19.15

Himmel, Arsch und Zwirn! Cb 19.15

jn. schlagen/verhauen/..., daß er den **Himmel** für eine Baßgeige ansieht Cc 26.11

der **Himmel** behüte/bewahre jn. vor etw./davor, zu ... Da 9.34

Himmel Donnerwetter! Cb 19.15
den **Himmel** für einen Dudelsack ansehen Hd 6.26
zum **Himmel** emporsteigen Cc 35.5
Himmel und Erde in Bewegung setzen De 13.25
den **Himmel** auf Erden haben Hd 2.9
so tun, als ob das/etw. vom **Himmel** fiele De 13.50
sich wie im siebten/siebenten **Himmel** fühlen Cb 2.9
der **Himmel** gebe, daß . . . Db 7.11
wie vom **Himmel** gefallen plötzlich vor jm. stehen/. . .
    Aa 19.2
in den **Himmel** gehen Ba 2.53
jm./den Verliebten/. . . hängt der **Himmel** voller Geigen
    Cb 2.9
den **Himmel** voller Geigen sehen Cb 2.9
dem **Himmel** sei's getrommelt und gepfiffen! Ga 13.10
jn./etw. in den **Himmel** heben Cc 23.6 Id 2.47
Himmel und Hölle in Bewegung setzen De 13.25
jm. **Himmel** und Hölle versprechen Dd 2.17
in den **Himmel** kommen Ba 2.53
der **Himmel** öffnet seine Schleusen Ac 1.8
(wie) im **Himmel** schweben Cb 2.9
eher hätte ich/er/. . . gedacht, der **Himmel** stürzt ein/wür-
    de einstürzen Db 6.24
das möge der **Himmel** verhüten Da 9.34
der **Himmel** ist/sei mein Zeuge (daß) . . . Db 10.26
himmelblau Ac 5.14
um **Himmels** willen (nicht)! Db 15.32
das/etw. ist **himmelschreiend** Cc 33.10
aus allen **Himmelsrichtungen** kommen/herbeieilen/. . .
    Ab 2.9
etw. in alle (vier) **Himmelsrichtungen** schreien/hinaus-
    posaunen/. . . Dc 3.71
hin sein Ac 11.21
nach langem/vielem/. . . **Hin** und Her Dd 4.24
da gibt's (doch/. . .) kein langes **Hin** und Her! Dd 6.32
es ist/gibt/. . . ein dauerndes/ewiges/langes/. . . **Hin** und
    Her (bis . . .) Dd 4.23
hin und her gehen/. . . Ab 3.5
hin und her gehen/laufen/überlegen/raten/reden/wer-
    fen/. . . Dd 4.6
Unschuld/Fleiß/. . . **hin**, Unschuld/Fleiß/. . . her . . .
    Fa 21.14
es ist (für jn.) **hin** wie her, ob . . . oder ob/. . . Ha 8.13
nicht **hin**- und nicht herreichen/herlangen Fb 7.8 Ia 7.1
(innerlich) **hin**- und hergerissen werden zwischen mehre-
    ren Plänen/Wünschen/Gefühlen/. . . Dd 4.4
hin und wieder Aa 3.1
über etw. **hinaus** sein Aa 6.90
über etw. (innerlich) **hinaussein** Ga 6.45
jn. achtkantig **hinauswerfen** Ea 10.22
auf etw. **hinauswollen** Dd 3.25
jm. **Hindernisse** in den Weg legen Hb 4.11
vor sich **hindösen** De 2.7
etw. in sich **hineinbrummen** Dc 1.118
jn. **hineinreiten** Cc 16.25
jm. hinten **hineinkriechen** Fa 17.10
jn. (endlich/. . .) da haben, wo man ihn **hinhaben** will
    Fa 6.22
sich vor Wut/Zorn/Erregung/Leidenschaft/dazu **hinrei-
    ßen** lassen, zu . . . Cb 17.21
in dieser/jener/mancher/vielerlei/einer gewissen/jeder
    Hinsicht Ie 1.10
lieber Karl **hinten** und lieber Karl vorne/Herr Doktor hin-
    ten und Herr Doktor vorne/. . . Aa 2.20
von vorn(e) bis **hinten** falsch/Unsinn/gelogen/. . . sein
    Ic 2.25
von **hinten** bis vorn(e) falsch/Unsinn/gelogen/. . . sein
    Ic 2.25

hinten und vorn(e) falsch/Unsinn/erlogen/. . . sein
    Ic 2.25
hinten und vorn(e) nicht reichen/langen/. . . Fb 7.21
    Ia 7.1
hinten und vorn(e) nichts haben Fb 7.12
hinten und vorn(e) nichts haben Ca 1.28
hintenherum kommen/hereinkommen/. . . Cc 17.16
hintenherum tun/geschehen Cc 17.9
sich auf die **Hinterbeine** stellen Gc 6.12
etw./nichts ohne **Hintergedanken** tun Dd 3.36
jn./etw. in den **Hintergrund** drängen Fa 4.14
sich (meist/etwas/vorwiegend/. . .) im **Hintergrund** halten
    Fa 4.17
im **Hintergrund** stehen Ha 5.3
in den **Hintergrund** treten Ha 5.4
etw./jn. in den **Hintergrund** treten lassen Fa 4.16
sich in einen **Hinterhalt** legen Ab 9.6
in einem **Hinterhalt** liegen Ab 9.6
in der **Hinterhand** sein Gb 4.20
etw. (noch) in der **Hinterhand** haben Gb 4.19
hinter jm. **hinterher** sein Ab 9.8
(mächtige/. . .) **Hintermänner** haben Fa 6.3
jm. (anständig/. . .) was/welche/ein paar/. . . auf den
    (blanken) **Hintern** geben Cc 26.22
j. wäre/ist fast/beinahe auf den **Hintern** gefallen, als . . ./
    vor Schreck/vor Überraschung/. . . Da 5.13
j. hätte sich/hat sich fast/beinahe auf den **Hintern** gesetzt,
    als . . ./vor Schreck/vor Überraschung/. . . Da 5.13
jm. in den **Hintern** kriechen Fa 17.10
was/etwas auf den blanken **Hintern** kriegen Cc 26.41
mit dem **Hintern** umwerfen/umschmeißen, was man mit
    den Händen aufbaut Cd 6.7
jm. den **Hintern** versohlen Cc 26.22
den **Hintern** vollkriegen Cc 26.41
jm. gegenüber/im Verhältnis zu jm./. . . im **Hintertreffen**
    sein Hb 14.12
ins **Hintertreffen** kommen/geraten Hb 14.10
etw. durch die **Hintertür** bekommen/besorgen/. . .
    Cc 17.10
durch die **Hintertür** kommen/hereinkommen/. . .
    Cc 17.16
sich (noch) eine **Hintertür** offenhalten/(offen lassen)
    Ga 6.30
etw. durch ein **Hintertürchen** bekommen/besorgen/. . .
    Cc 17.10
(immer) (noch) ein **Hintertürchen** finden (durch das man
    entschlüpfen kann/. . .) Ga 6.30
sich (noch) ein **Hintertürchen** offenhalten/(offen lassen)
    Ga 6.30
dümmer sein als das **Hinterviertel** vom Schaf/Schwein
    Cd 10.14
hinüber sein Ba 5.7
(ganz schön) **hinüber** sein Hd 6.18
über etw. **hinweg** sein Aa 6.90 Ga 6.45
sich über alle Konventionen/Normen/Formen **hinwegset-
    zen** Cc 9.7
Hinz und Kunz Ia 8.6
Hinz und Kunz kennen/. . . Ia 1.48
(so) arm wie **Hiob** sein Fb 7.14
(von jm.) eine **Hiobsbotschaft** bekommen/. . . Da 10.28
jm. eine **Hiobsbotschaft** bringen/. . . Da 10.28
ein weiches **Hirn** haben Cd 12.9
(aber auch) ein **Hirn** wie ein Spatz haben Cd 10.13
Hirt und Herde Cc 35.13
eine brüllende **Hitze** (sein) Ac 1.24
eine sengende/brütende/(lastende) **Hitze** (sein) Ac 1.24
in der **Hitze** des Gefechts Cb 17.22

leicht/schnell/...in **Hitze** geraten/(kommen) Cb 16.50

sich in **Hitze** reden Cb 16.40

jm./für jn. zu **hoch** sein Cd 2.33

hoch in den Sechzigern/Siebzigern/... sein Bb 2.22

ein **Hoch** auf jn. ausbringen Hd 5.24

Hochachtungsvoll Cd 20.75

in **Hochform** sein Cd 3.45

etw. auf **Hochglanz** polieren De 16.4

jn. **hochleben** lassen Hd 5.25

hochschwanger sein Ed 2.8

in **Hochspannung** sein Cb 17.2

(bis) aufs **Höchste** erregt/überrascht/... sein Ic 2.24

eine Woche/20 Mark/...ist/sind das **Höchste** der Gefühle Ib 1.63

das **Höchste** der Gefühle wäre/ist (für jn.) (wenn .../...) Cb 2.36

zu **Höchstpreisen** verkaufen/... Fb 12.14

auf **Hochtouren** sein De 13.58

jn. auf **Hochtouren** bringen Cb 16.30

auf **Hochtouren** kommen De 13.56

auf **Hochtouren** laufen De 13.58

Hochwasser haben Ca 1.60

Hochwasser führen Ac 3.7

heute/... silberne/goldene/diamantene/eiserne **Hochzeit** haben Ed 4.4

die silberne/goldene/diamantene/eiserne **Hochzeit** feiern Ed 4.4

auf zwei/allen/... **Hochzeiten** (gleichzeitig) tanzen (wollen/...) De 17.22 Ii 2.15

einen **Hof** haben Ac 1.30

(einen großen) **Hof** halten in ... Fa 11.44

einer Frau den **Hof** machen Ed 1.10

da kann man nur **hoffen**! Db 7.12

hoffen und harren Db 7.4

guter **Hoffnung** sein Ed 2.6

die **Hoffnung(en)** hegen, daß ... Db 7.3

(wieder/...) (neue) **Hoffnung** schöpfen Gb 7.4

j./etw. berechtigt zu den schönsten/besten **Hoffnungen** Aa 6.41

keine **Hoffnungen** hegen Db 9.1

jm. **Hoffnungen** machen Db 7.8

sich (berechtigte/begründete) **Hoffnungen** machen Db 7.3

sich keine **Hoffnungen** machen Db 9.1

sich (da) keine falschen **Hoffnungen** machen Da 1.5

in seinem Fach/... auf der **Höhe** sein/stehen Cd 3.31

nicht (ganz/...) auf der **Höhe** sein Bc 2.6

(noch) voll auf der **Höhe** sein Bc 1.9

(ganz/...) wieder auf der **Höhe** sein Bc 1.10

das ist doch die **Höhe**! Cc 33.26

auf der **Höhe** von Lissabon/... liegen Ab 1.5

das Schiff/Flugzeug ist/befindet sich auf der **Höhe** von Lissabon/... Ab 1.5

auf halber **Höhe** (des Berges/des Hügels/...) Ab 1.9

einen Betrag/... in voller **Höhe** bezahlen/bekommen/... Fb 15.52

jn. wieder in die **Höhe** bringen Bc 1.15

auf der **Höhe** seines Fachs sein/stehen Cd 3.31

in die **Höhe** fahren Cb 16.48

in die **Höhe** gehen Fb 12.7

(permanent/kontinuierlich/plötzlich/...) in die **Höhe** klettern/schnellen Fb 12.7

auf/in gleicher **Höhe** liegen Ab 1.5

in gleicher **Höhe** liegen Fb 12.8

auf der **Höhe** seines Ruhmes stehen/sein De 24.27

auf der **Höhe** seiner Schaffenskraft stehen Cd 3.47

in die **Höhe** schießen Ca 2.8

in die **Höhe** schnellen Cb 16.48

die Preise/... in die **Höhe** schrauben Fb 12.6

sich in die **Höhe** schrauben Ab 5.39

sich in die **Höhe** schwingen Ab 3.80

Preise/Kosten/... in die **Höhe** treiben Fb 12.6

auf der **Höhe** der/seiner Zeit sein/stehen Aa 22.13

das **Hohelied** der Treue singen/anstimmen Ed 8.5

alle **Höhen** und Tiefen/(Tiefen und Höhen) des Lebens kennen/durchgemacht haben/... Cd 23.1

ein **Höhenflieger** sein Cd 3.29

kein **Höhenflieger** sein Ic 5.5

ein (absoluter) **Höhepunkt** sein Ic 4.23

das ist ein **Höhepunkt**! Cc 33.26

seinen **Höhepunkt** erreicht/überschritten/... haben Aa 6.49

auf dem **Höhepunkt** ankommen Aa 6.46

zu **Höherem** geboren sein De 7.5

sich in die **Höhle** des Löwen wagen/begeben/... Gb 4.9

in die **Höhle** des Löwen geraten Gb 4.8

ein **Hohlkopf** sein Cd 10.7

eine **Hohlstunde** haben Cd 19.64

jm./js. Anweisungen/... zum **Hohn** etw. tun Dc 7.11

das/etw. ist der reinste/reine **Hohn** Cc 33.15

seinen **Hohn** über jn./etw. ausgießen Db 19.31

nur/bloß/nichts als **Hohn** und Spott ernten Db 19.50

e-r S. **hohnsprechen** Cc 14.24 Db 14.24

Hokuspokus fidibus, dreimal schwarzer Kater Hd 9.14

Hokuspokus zaubermalokus Hd 9.14

bei jm./hier/... ist nichts (mehr) zu **holen** Fb 7.38

jetzt ist da war/... **Holland** Ga 4.21

bei jm. ist **Holland** in Not Ga 4.20

Frau **Holle** macht ihr Bett Ac 1.18

Frau **Holle** schüttelt die Betten/ihre Betten/ihr Bett/das Bett/die Federn/die Kissen Ac 1.18

fahr/... zur **Hölle** Cb 19.16

(...) das ist (in/auf/.../bei jm.) die **Hölle** auf Erden Cb 3.17

(in/auf/.../bei jm.) die **Hölle** auf Erden haben Cb 3.17

zur **Hölle** fahren Ba 2.53

in die **Hölle** gehen Ba 2.53

in die **Hölle** kommen Ba 2.53

hier/bei/auf/... ist die **Hölle** los Cb 18.16

wenn ..., dann ist die **Hölle** los Cb 18.9

jm. die **Hölle** heiß machen (mit etw.) Ga 11.5

jn. zur **Hölle** wünschen/(verwünschen) Cb 16.27

einen **Höllenlärm** machen Dc 9.6

mit einem **Höllentempo** daherrasen/... Aa 14.35

ein **Höllentempo** draufhaben Aa 14.36

gut **Holz**! Ea 9.3

das/80 Mark/... ist viel **Holz** (für so ein Buch/...) Ia 5.16

wenn das/so etwas/... am grünen **Holz** geschieht, was soll (dann) am dürren geschehen? Cc 33.14

aus anderem **Holz** geschnitzt sein als j. If 4.9

aus demselben/dem gleichen **Holz** geschnitzt sein wie j. If 2.6

aus feinem **Holz** geschnitzt sein Cb 12.1

aus hartem **Holz** geschnitzt sein Cb 21.5 Gc 7.2

aus dem **Holz** geschnitzt sein, aus dem man Minister/Generaldirektoren/... macht Cd 3.15

auf jm. kann man **Holz** hacken Gc 10.12

Holz auf sich hacken lassen Gc 10.12

(noch) **Holz** vom (guten) alten Stamm sein Aa 21.13

Holzauge, sei wachsam! Gb 2.7

von/(vom) **Hölzchen** auf/(aufs) Stöckchen kommen Dc 1.50

du hast/er hat/... wohl eins mit dem **Holzhammer** abgekriegt/gekriegt/abbekommen? Cd 12.15

jn. mit dem **Holzhammer** bearbeiten   Cd 19.10
jm. etw. mit dem **Holzhammer** beibringen/eintrichtern/
   einbläuen...   Cd 19.10
du hast/er hat/... wohl eins mit dem **Holzhammer** auf
   den Kopf/Wirsing/Dez/Schädel gekriegt/bekommen?
   Cd 12.15
die **Holzhammermethode** anwenden (müssen)   Cd 19.11
auf dem **Holzweg** sein (wenn man glaubt/...)   Db 21.27
jm. **Honig** um den Bart schmieren/(streichen)   Fa 17.15
jm. wie **Honig** eingehen   Fa 17.21
jm. **Honig** ums/um das Maul schmieren/(streichen)
   Fa 17.15
jm. **Honig** um den Mund schmieren/(streichen)   Fa 17.15
grinsen wie ein **Honigkuchenpferd**   Cb 2.42
strahlen wie ein **Honigkuchenpferd**   Cb 2.22
das/etw. ist kein **Honiglecken**/Honigschlecken   De 20.21
die **Honneurs** machen   Ea 7.21
da/bei/an jm. ist **Hopfen** und Malz verloren   Cd 4.28
dürr wie eine **Hopfenstange** (sein)   Ca 4.15
hopp hopp!   Aa 14.49
(für jn.) **hopp** hopp gemacht sein (müssen)   Aa 14.13
(etw.) **hopp** hopp machen   Aa 14.7
(nun mal) (ein bißchen) **hoppla**/(hoppla hopp)!   Aa 14.49
(für jn.) **hoppla** hopp gemacht sein (müssen)   Aa 14.13
(etw.) **hoppla** hopp machen   Aa 14.7
hops sein   Ab 11.5   Ac 11.21   Ba 5.7
hops gehen   Ac 11.10   Ba 2.16
(na) **hör'**/hört/... mal!   Cc 25.38
wie ich **höre**/wir hören   Cd 17.29
(man) **höre** und staune!   Da 7.1
hört und staunt!   Da 7.1
das/etw. läßt sich **hören**   Db 13.40   Dc 5.56
nicht **hören** (wollen)   Dc 7.2
was/etwas/einiges/... zu **hören** bekommen   Cc 24.67
etw. nicht mehr **hören** können/wollen   Hc 6.15
der/die/... wird/kann (von mir/...) was zu **hören** krie-
   gen!   Cc 25.16
etwas/nichts/... von sich **hören** lassen   Ea 7.24
nichts mehr von etw. **hören** wollen   Hc 6.16
jm. vergeht **Hören** und Sehen bei etw.   Da 6.3
so gewaltig/laut/schnell/..., daß einem **Hören** und Sehen
   vergeht   Da 6.3
jm. eine knallen/..., daß ihm **Hören** und Sehen vergeht
   Cc 26.32
jn./etw. (nur/bloß) vom **Hörensagen** kennen   Cd 17.6
sich nicht aufs **Hörensagen** verlassen   Ac 6.33
einen engen/beschränkten/begrenzten/kleinen **Horizont**
   haben   Cd 11.2
einen weiten/großen **Horizont** haben   Cd 7.15
sich am **Horizont** abzeichnen   Aa 6.6
seinen **Horizont** erweitern   Cd 19.6
über js. **Horizont** gehen   Cd 2.33
js. **Horizont** übersteigen   Cd 2.33
hinter dem **Horizont** verschwinden/...   Ac 1.32
jm. ein **Horn** aufsetzen/(aufpflanzen)   Ed 4.7
sich ein **Horn** stoßen/holen   Bc 2.32
mit jm. (immer/...) in dasselbe/ins gleiche **Horn** tuten/
   blasen/stoßen   Db 16.32
(immer/...) in dasselbe/ins gleiche **Horn** tuten/blasen/
   stoßen wie j.   Db 16.32
ausgehen wie das **Hornberger** Schießen   De 25.94
sich (noch/erstmal/...) die **Hörner** abstoßen/(ablaufen)
   müssen   Cd 24.8
jm. **Hörner** aufsetzen/(aufpflanzen)   Ed 4.7
jn. mit **Hörnern** krönen   Ed 4.7
ein (ausgemachter/...) **Hornochse** sein   Cd 10.11
da **hört** (sich) doch alles auf!   Cc 33.27

das/etw. **hört** (überhaupt/gar) nicht mehr auf   Aa 2.15
das **hört** man gern!   Db 13.40
hört, hört!   Dc 5.105
sich benehmen/ein Benehmen haben/... wie eine offene
   Hose   Ea 12.10
j. macht (sich) noch in die **Hose** (vor Angst/...)   Gb 6.19
mach' dir/macht euch/... (nur/bloß/doch) nicht in die
   Hose!   Gb 6.19
j. scheißt (sich) (noch) in die **Hose** (vor Angst/...)
   Gb 6.19
scheiß' dir/scheißt euch/... (nur/bloß/doch) nicht in die
   Hose!   Gb 6.19
j. macht sich eher in die **Hose**, als daß er ...   Db 15.3
j. scheißt sich eher in die **Hose**, als daß er ...   Db 15.3
die **Hose(n)** anhaben   Fa 10.33
in die **Hose** gehen   De 25.87
(bekanntlich/...) nicht in die **Hose** gehen   Cb 3.37
das/so etwas/... kannst du/kann er/... jm./einem/Leu-
   ten/... erzählen/weismachen/..., der/die die **Hose** mit
   der Kneifzange zumacht/anzieht/zumachen/anziehen
   Db 6.16
nicht aus der **Hose** kommen/können   Bc 2.23
in die **Hose** machen   Ac 8.12
die **Hose(n)** runterlassen   Hd 9.8
j. macht/scheißt sich noch die **Hose** voll (vor Angst/...)
   Gb 6.19
die **Hose(n)** gestrichen voll haben   Gb 6.20
gehen/... als ob man die **Hose(n)** voll hätte   Ab 3.50
(sich) die **Hose** vollmachen   Ac 8.12
jm./einem Jungen die **Hosen** strammziehen   Cc 26.19
sich (anständig/...) auf den/seinen **Hosenboden** setzen
   De 13.17
jm./einem Jungen den **Hosenboden** strammziehen/ver-
   sohlen   Cc 26.19
den **Hosenboden** vollkriegen   Cc 26.41
heute heißt es **Hosianna**, morgen kreuzige ihn   Db 12.20
nicht **hü** und nicht hott   Dd 4.21
weder **hü** noch hott   Dd 4.21
hü oder hott!   Dd 6.32
hüben wie drüben   Ab 2.3
jm. die **Hucke** vollhauen/vollschlagen   Cc 26.9
die **Hucke** vollkriegen   Cc 26.35
sich die **Hucke** vollachen   Cb 10.11
jm. die **Hucke** vollügen   Cc 14.15
sich die **Hucke** vollsaufen   Hd 6.9
ein **Hufeisen** mit einem Pferd dran/(daran) finden
   Cc 19.14
sich in den **Hüften** wiegen   Dc 8.47
das walte **Hugo**!   Db 7.14
ein dummes/blödes/albernes **Huhn** sein   Cd 10.21
ein leichtsinniges **Huhn** sein   Gb 4.30
ein vergeßliches **Huhn** sein   Db 2.13
ein verrücktes **Huhn** sein   Cd 12.25
danach/nach jm./etw. kräht kein **Huhn** und kein Hahn
   mehr   Db 2.5
wie ein **Huhn** hin- und herlaufen/...   Gb 6.40
ein blindes **Huhn** findet auch mal ein Korn   Dd 8.17
sein **Huhn** im Topf(e) haben   Hd 4.59
mit jm. noch ein **Hühnchen** zu rupfen haben   Cc 24.23
da/(darüber) lachen ja die **Hühner**!   Cb 10.31
aussehen/ein Gesicht machen/... als hätten einem die
   Hühner das Brot weggefressen   Cb 5.8
sich auf die **Hühneraugen** getreten fühlen   Cb 13.29
jm. auf die **Hühneraugen** treten   Cb 13.7
mit den **Hühnern** aufstehen/...   Aa 1.28
mit den **Hühnern** zu Bett gehen/schlafen gehen   Aa 1.26
nur/nichts als/... **Hühnerscheiße** im Kopf haben
   Cd 10.15

(etw.) im/in einem **Hui** (machen) Aa 14.7
außen **hui**, innen pfui Cc 16.16
die sterbliche/irdische **Hülle** Ba 5.16
es gibt jn./etw. in/die **Hülle** und Fülle Ia 1.21
Hummeln im Hintern/Gesäß/Arsch/(Hosenboden/Steiß)
  haben Aa 15.25
den/die **Humpen** schwingen Hd 5.37
ein **Hund** sein Cc 8.1
ein (mieser/gemeiner) **Hund** sein Cc 7.8
ein armer **Hund** sein Fb 7.10
(bekannt wie) ein bunter/(scheckiger) **Hund** sein Cd 17.2
ein falscher **Hund** sein Cc 16.50
ein fauler **Hund** sein De 14.7
ein feiger **Hund** sein Gb 6.4
ein frecher **Hund** sein Cc 9.3
ein gerissener **Hund** sein Cd 8.8
ein scharfer **Hund** sein Fa 19.6
treu wie ein **Hund** sein Ed 8.1
(Vorsicht) bissiger **Hund**! Gb 3.10
das/etw. ist ein dicker **Hund**! Cc 33.20
frieren wie ein junger **Hund** Ac 2.1
jm. nachlaufen wie ein **Hund** Cc 5.12
sag doch nicht gleich krummer **Hund**! Cb 19.20
wie ein geprügelter/verprügelter **Hund** (wieder) abzie-
  hen/... De 26.16
da liegt der **Hund** begraben Ha 7.5
wissen, wo der **Hund** begraben liegt Cd 1.42
jn. wie einen (räudigen) **Hund** behandeln Db 19.45
ein toter **Hund** beißt nicht mehr Ga 7.11 Gb 7.21
  Gc 12.22
vom **Hund** auf den Bettelsack kommen Fb 7.31
jn. nervlich/gesundheitlich/mit den Nerven/... auf den
  Hund bringen De 23.3 De 25.28
wie ein geprügelter/verprügelter **Hund** dastehen/...
  De 26.11
etw./das kann einen **Hund** erbarmen/jammern machen
  Cc 2.15
einen **Hund** auf js. Fährte/Spur setzen Ab 9.12
wenn der **Hund** nicht geschissen hätte (hätte er einen Ha-
  sen gefangen) Db 21.31 Dc 5.144
bei diesem Wetter/diesem Regen/... jagt man (doch) kei-
  nen **Hund** hinaus/vor die Tür Ac 1.10
wie **Hund** und Katze sein/miteinander stehen/miteinan-
  der umgehen/... Ec 2.6
(nervlich/mit den Nerven/moralisch/...) auf den **Hund**
  kommen Cc 6.33
wie ein **Hund** leben Fb 7.17
der **Hund** ist auf den Mann dressiert Gb 3.11
mit e-r S. lockt man keinen **Hund** hinter dem Ofen hervor
  Aa 20.4
mit e-r S. kannst du/kann er/... keinen **Hund** hinterm
  Ofen hervorlocken Aa 20.4
wenn..., dann/deshalb brauchst du/braucht er/... mich/
  ihn/... (doch) nicht gleich/sofort/... krummer **Hund**
  zu schimpfen Cb 19.20
von jm. nimmt kein **Hund** (mehr) ein Stück Brot/einen
  Bissen Brot/(einen Bissen) Cc 7.19
es regnet junge **Hunde** Ac 1.7
den Letzten beißen die **Hunde** Hb 14.37
vor die **Hunde** gehen Cc 6.33
etw. tun/findet statt/..., wenn die **Hunde** mit dem
  Schwanz(e) bellen Aa 13.4
schlafende **Hunde** wecken Gb 4.25
die schönsten/... Gedanken/Gedichte/... vor die **Hunde**
  werfen De 28.20
jm. ist **hundeelend** Cb 3.22
ein **Hundeleben** führen/haben Fb 7.17

hundemüde sein De 23.15
mit allen **Hunden** gehetzt sein Cd 8.4
auf **hundert** sein Cb 16.14
Hunderte und Aberhunderte (von jungen Menschen/...)
  Ia 1.6
Hunderte und Tausende (von jungen Menschen/...)
  Ia 1.6
unter **Hunderten** nicht einer, der.../nicht einer unter
  Hunderten macht.../... Ia 3.9
ein **hundertprozentiger** Portugiese/Brasilianer/Musiker/
  Gentleman/... sein Ic 1.8
ein **hundertprozentig** ehrlicher/verlogener/konservati-
  ver/... Mensch/... sein Ic 1.11
hundertprozentig ehrlich/verlogen/deutsch/... sein
  Ic 1.14
ein **Hundertfünfzig/150-Prozentiger** sein Ic 10.18
vom **Hundertsten** ins Tausendste kommen Dc 1.50
auf **hundertzehn** sein Cb 16.14
kalt/kühl wie eine **Hundeschnauze** sein Cc 3.3
einen **Hunger** wie ein Bär haben Hd 4.8
(einen) **Hunger** für drei/zehn haben Hd 4.7
Hunger und Durst stillen Hd 4.17 Hd 5.5
Hunger leiden (müssen) Fb 7.23
einen **Hunger** wie ein Löwe haben Hd 4.8
an **Hunger** sterben Ba 2.35
seinen **Hunger** stillen Hd 4.16
einen **Hunger** wie ein Wolf haben Hd 4.8
nach Gerechtigkeit/... **hungern** und dürsten Hc 4.7
Hungers sterben Ba 2.35
am **Hungertuch** nagen Fb 7.23
ein junger **Hüpfer** Bb 1.2
eine **Hürde** nehmen Ga 6.36
eine **Hürde** im Sprung nehmen Ga 6.36
etw. im **Husch** erledigen/... Aa 14.7
(nur) auf einen **Husch** bei jm. vorbeikommen/herein-
  schauen/... Aa 14.21
(und) **husch** war er/sie/... weg Ab 10.5
jm. was/eins/(etwas) **husten** Db 15.13
(immer/...) auf der/seiner **Hut** sein (müssen) Gb 2.4
bei jm. in guter **Hut** sein Fb 1.44
vor jm./etw. auf der/seiner **Hut** sein Gb 2.4
mit etw. nichts am **Hut** haben Hc 2.7
mit jm./etw. viel/... am **Hut** haben Hc 3.6
das/etw. ist ein alter/ganz alter/uralter **Hut** Cd 18.3
Hut ab (vor jm./etw.)! Db 18.22
vor dem Mann/der Frau/dieser Leistung/... muß man/
  kann man/... nur den **Hut** abnehmen/ziehen
  Db 18.22
den **Hut** auf halb acht/halb elf/halb zwölf aufhaben/auf-
  setzen/... Ca 1.64
verschiedene Leute/verschiedene Meinungen/alle/... un-
  ter einen (gemeinsamen) **Hut** bringen Db 16.22
jm. eins auf den **Hut** geben Cc 24.8
wenn man sieht/..., (dann/da/...) geht einem/jm. (ja)
  der **Hut** hoch Cc 33.17
unter einen **Hut** kommen Db 16.24
eins auf den **Hut** kriegen Cc 24.70
seinen **Hut** nehmen (müssen) De 15.63
dem/der/... mußt du/müßt ihr/... mal/... auf den **Hut**
  spucken Cc 24.8
meinen/sich einbilden/..., man könnte den anderen/al-
  len Leuten/... auf den **Hut** spucken Cc 11.12
das kannst du dir/kann er sich/... an den **Hut** stecken
  Ha 13.6
du kannst dir/er kann sich/... etw. an den **Hut** stecken!
  Db 15.47
den **Hut** tief in die Stirn ziehen/... Ca 1.64

an den **Hut** tippen Dc 8.63
den **Hut** ziehen/lüften Ea 6.9
j. wird sich **hüten**, zu . . . Db 15.12
eine **Hutnummer**/ein paar Hutnummern zu groß für jn.
   sein Ib 1.66
etw. geht jm. über die **Hutschnur** Hc 6.12
sich wie die **Hyänen** auf jn./etw. stürzen Hd 3.13
i-bewahre! Db 15.43
ein **I-Männchen** Cd 19.33
bis auf den (letzten) **I-Punkt** etw. ausarbeiten/ausrech-
   nen/klären/erledigen/. . . Ic 9.9
aufs **I-Tüpfelchen** genau sein/. . . Ic 3.16
bis aufs **I-Tüpfelchen** genau Richtlinien durchführen/An-
   weisungen ausführen/. . . Ic 9.9
kein **I-Tüpfelchen** an etw. ändern If 7.9
I-wo! Db 15.43
js. anderes/zweites **Ich** Cb 3.54
js. besseres **Ich** Cc 1.10
immer **ich**! Hb 14.46
das liebe **Ich**! Hb 11.16
was weiß **ich**?! Ih 4.19
das ist/wäre eine **Idee**! Db 3.14
eine fixe **Idee** De 9.28
keine **Idee**! Cd 16.7
gute/tolle **Idee**! Db 3.15
eine **Idee** Zucker/Salz/. . . Ia 3.10
eine/keine **Idee** größer/kleiner/besser/schlechter/. . . als
   . . . Ib 1.43
auf die **Idee** kommen etw. zu tun Db 3.1
(das/etw. ist) eine **Idee** von Schiller! Dd 5.26
so eine **Idee** überhaupt! Db 3.10
du hast/der hat/. . . vielleicht **Ideen**! Db 21.8
du hast/er hat/. . . (aber auch/vielleicht) **Ideen**! Db 3.11
sein **Idol** muß man sich backen lassen! Da 1.11
mal wieder/. . . einen **Igel** in der Tasche haben Fb 11.7
sich wie ein **Igel** zusammenrollen Dc 8.44
(wieder) um eine **Illusion** ärmer sein De 26.2
sich **Illusionen** machen Da 3.15
sich keine/keinerlei **Illusionen** machen Da 1.2
wann/wohin/wie/wer/. . . auch **immer** Ha 8.23
immer und ewig Aa 2.1 Aa 3.8
auf **immer** und ewig Aa 1.64 Aa 3.15
immer und immer (wieder) Aa 2.1 Aa 3.8
immer wieder Aa 3.6
immer mal wieder Aa 3.1
nur **immer** zu! Gb 7.9
imstande sein, etw. zu tun Cd 3.48
in sein Aa 22.4
zum **Inbegriff** für Qualität/Eleganz/. . . werden/ein Inbe-
   griff . . . sein Ic 4.21
die **Initiative** ergreifen Aa 7.10
sein **Inkognito** fallen lassen/lüften/. . . Dc 3.57
sein **Inkognito** wahren Cc 17.17
etw. von **innen** heraus interpretieren/gestalten/. . .
   Db 4.22
jn. bis ins **Innere** treffen/beleidigen/verletzen/berüh-
   ren/. . . Ic 2.30
das **Innere** nach Außen kehren Ca 1.63
jn. bis ins **Innerste** treffen/beleidigen/verletzen/berüh-
   ren/. . . Ic 2.30
im **Innersten** seines Herzens (doch) (jn.) lieben/glauben/
   überzeugt sein/. . . Ic 2.16
die ganze **Innung** blamieren Cd 4.22 Ea 12.17
die **Insel** der Seligen Ce 35.25
die **Intelligenz** (aber auch) nicht (gerade) mit Schaumlöf-
   feln/Löffeln gefressen haben Cd 10.3
in js. **Interesse** sein/liegen/etw. tun Hb 9.9

im **Interesse** der Sache Da 1.15
Interesse wecken für etw. (bei jm.) Ha 4.25
kein **Interesse** zeigen Ha 8.7
mit jm. (sehr) **intim** sein Ea 4.21
es/das/etw. **intus** haben Cd 1.20
einen **intus** haben Hd 6.17
(etw.) sine **ira** et studio (tun) Cb 20.11
die/eine **Ironie** des Schicksals Da 9.50
jn. in die **Irre** führen Cc 16.14
in die **Irre** gehen Cc 16.56
jn. **irreführen** Cc 16.13
sich nicht **irremachen** lassen Cb 20.2
sich in seinem Entschluß/Vorsatz/. . . nicht **irremachen**
   lassen De 6.6
reif fürs **Irrenhaus** sein Cd 12.37
es geht hier/dort/in/bei/. . . zu wie in einem **Irrenhaus**
   Ac 10.18
ein armer **Irrer** sein Cd 10.2
rennen/rasen/draufschlagen/. . . wie ein **Irrer** Ic 2.26
rennen/rasen/. . . wie ein **Irrer** Aa 14.40
(sehr/schwer) im **Irrtum** sein Db 21.3
nicht/nicht mehr/. . . wissen/verstehen/. . ., woran man
   (mit/bei jm./etw.) **ist** Cd 2.25
nicht wissen/. . ., was mit mir/ihm/dem Karl/e-r S./. . . **ist**
   Ga 1.2
es **ist** (jetzt/. . .) an jm., etw. zu tun Aa 5.6
mir/ihm/dem Herbert/. . . **ist** (so), als wenn/als ob/als
   . . . Db 5.3
was **ist** denn (schon) dabei/(daran), wenn . . ./daß . . . ?
   Db 20.19
es **ist** nichts dabei/(daran), wenn . . ./daß . . . Db 20.19
(ah/. . .) wenn das so **ist**, dann . . ./. . . Dd 9.29
wenn dem so **ist**, dann . . ./. . . Dd 9.29
j. **ist** nicht mehr Ba 5.8
was **ist** (denn) mit dir/ihm/dem Karl/e-r S./. . . ? Ga 1.2
das **ist** nichts Db 19.58
(genau) so/das **ist's**/ist es! Db 20.28
(genau) das **ist's**/ist es (ja) (gerade)! Db 13.45 Ha 1.15
dem **ist** so Db 20.27
was nicht **ist**, kann noch werden Db 7.10
was **ist** denn (schon) wieder? Ga 1.3
j.w.d. wohnen/leben/. . . Ab 1.29
aber **ja**! Db 13.44
ja ja! Db 13.36
na **ja**! Db 13.47
nun **ja**! Db 13.47
oh **ja**! Db 13.44
zu allem **ja** und amen sagen (bei jm.) Db 12.2
ja und nein Dd 4.25
das/etw. ist eine alte **Jacke** Cd 18.3
es ist **Jacke** wie Hose/Buchse (für jn.), ob . . . oder ob/. . .
   Ha 8.13
jm. die **Jacke** vollhauen/vollschlagen Cc 26.9
die **Jacke** vollkriegen Cc 26.35
jm. die **Jacke** vollügen Cc 14.15
sich die **Jacke** vollsaufen Hd 6.9
jadegrün Ac 5.13
die wilde **Jagd** Ab 9.19
die **Jagd eröffnen** Ab 9.18
auf die **Jagd** gehen Ab 4.32
Jagd machen auf jn./etw. Ab 9.1
jn. in die ewigen **Jagdgründe** befördern Ba 4.4
in die ewigen **Jagdgründe** eingehen Ba 2.12
mit etw. kannst du/kann er/. . . mich/ihn/den Herbert/. . .
   jagen! Eb 2.12
jm. **Jägerlatein** auftischen Cc 16.9
eine Meldung/eine Nachricht/ein Befehl/. . . **jagt** die an-
   dere/den anderen Ia 1.52

Jahr für/um Jahr   Aa 3.17
binnen **Jahr** und Tag   Aa 1.45
nach **Jahr** und Tag   Aa 1.57
seit **Jahr** und Tag   Aa 1.9
über **Jahr** und Tag   Aa 1.57
vor **Jahr** und Tag   Aa 1.1
etw. auf **Jahr** und Tag genau/... wissen/...   Aa 1.88
jahraus, jahrein   Aa 3.17
es auf 20/40/80/... **Jahre** bringen   Bb 2.22
im **Jahre** des Heils 1914/...   Aa 1.46
im **Jahre** des Herrn 1850/...   Aa 1.46
in die **Jahre** kommen   Bb 2.6
die **Jahre** kommen und gehen   Aa 2.10
schon bei **Jahren** sein   Bb 2.6
in den/seinen besten **Jahren** sein/stehen   Bb 2.4
noch jung an **Jahren** sein   Bb 1.3
in gereiften **Jahren** ...   Bb 2.7
mit den **Jahren** sich an etw. gewöhnen/...   Aa 10.2
die älteren **Jahrgänge**   Bb 2.5
das/etw. ist (ja nun/...) nicht der wahre **Jakob**   Ic 7.11
es ist ein **Jammer** (mit jm./etw.)   Ga 10.11
das/es ist immer/immer wieder/... der alte/derselbe/der gleiche **Jammer** (mit jm./etw.)   If 7.20
da/hier/dabei/bei etw./... hilft kein **Jammern** und kein Klagen   Gb 7.11
diesem **Jammertal** Ade/Valet sagen   Ba 3.3
sein **Jawort** geben   Ed 3.14
ach **je**!   Da 8.5
seit **je**   Aa 1.9
je und je   Aa 3.1
jeder/jede beliebige Mann/Frau/Sache   Ia 8.1
es **jedermann** recht machen (wollen)   Db 12.1
seit **jeher**   Aa 1.9
von **jeher**   Aa 1.9
jn. ins **Jenseits** befördern   Ba 4.4
jetzt oder nie!   De 13.72   Hb 9.20
(so) arm wie **Job** sein   Fb 7.14
unter dem **Joch** der Fremdherrschaft/... stehen/...   Fa 13.19
sein **Joch** abschütteln/(abwerfen)   Fa 16.8
sich unter js. **Joch** beugen (müssen)   Fa 13.17   Gc 10.18
sich ins/in das **Joch** der Ehe spannen lassen   Ed 3.7
sich nicht ins/in das **Joch** der Ehe spannen lassen   Ed 3.25
ein **Joch** auf js. Schultern legen   Dd 11.35
ein schweres **Joch** zu tragen haben   Cb 3.5
über den **Jordan** gehen   De 25.87
(um) kein **Jota** besser/schlechter/fleißiger/anders/... sein als j./etw.   If 2.13
kein **Jota** an etw. ändern   If 7.9
quod licet **Jovi**, non licet bovi   Fa 22.12   Fa 23.31
Jubel, Trubel, Heiterkeit   Hd 7.15
alle **Jubeljahre** (einmal/mal) etw. tun/vorkommen/...   Aa 3.3
das bronzene/silberne/goldene/eiserne/diamantene **Jubiläum** feiern/haben   Ed 4.4
jn. (gar/absolut/überhaupt) nicht **jucken**   Ha 8.9
falsch wie **Judas** sein   Cc 16.50
wie der ewige **Jude** sein   Aa 15.12
ein ewiger **Jude** sein   Aa 15.12
haust du meinen **Juden**, hau ich deinen Juden!   Gc 14.19
es geht hier/dort/in/bei/... zu wie in der **Judenschule**   Ac 10.18
die reifere **Jugend**   Bb 2.5
von **Jugend** an   Aa 1.60
jung und alt   Bb 2.28   Ia 2.14
von **jung** auf   Aa 1.60
jung und knusprig   Bb 1.4

jung und schön   Bb 1.4
(du) alter **Junge**   Ec 1.30
ein schwerer **Junge**   Cc 7.11
sich wie ein dummer **Junge** benehmen   Ea 12.12
das/es ist zum **Junge-Hunde-kriegen** (mit jm./etw.)   Ga 10.15
jn. wie einen dummen **Jungen** behandeln   Cc 11.35   Db 19.46
eine alte **Jungfer** sein   Ed 3.26
(empfindlich) wie eine alte **Jungfer** sein   Cb 12.3
zu etw. kommen wie die **Jungfrau** zum Kind   Dd 8.14
ein eingefleischter **Junggeselle** sein   Ed 3.27
die blauen **Jungs**   Ab 6.30
nicht mehr der **Jüngste** sein   Bb 2.6
de **jure**   Db 20.36
ipso **jure**   Db 20.36
etw. aus **Jux** tun   Cb 9.21
sich einen **Jux** mit jm. erlauben   Cb 9.2
sich einen/den **Jux** machen und etw. tun/...   Cb 9.1
alles **Kacke**, deine Elli/Emma   Ga 10.20
die **Kackeritis** haben   Bc 2.23
zum **Kadi** laufen   Cc 20.34
jn. vor den **Kadi** schleppen   Cc 20.34
ein netter/reizender/süßer/flotter/kesser/... **Käfer** (sein)   Ca 1.16
das/was j. sagt ist (doch) (alles) kalter **Kaffee**   Dc 1.74
dem/der Tante Marlies/... haben sie (wohl/bestimmt) was/etwas in den **Kaffee** getan   Cd 12.4
bei **Kaffee** und Kuchen sich angeregt unterhalten/...   Hd 4.79
der **Kaffee** ist so stark, daß der Löffel darin steht/stehen kann   Hd 5.48
Kaffee trinken   Hd 4.79
jm. das Glück/die Zukunft/... aus dem **Kaffeesatz** wahrsagen   Da 9.25
in einem/im goldenen **Käfig** sitzen   Fa 13.20
das **Kainsmal** auf der Stirn tragen/(auf die Stirn gebrannt haben)   Cc 14.35
X ist **Kaiser** (Y ist König, Z ist Bettelmann)   Aa 5.19
dahin gehen (müssen), wo der **Kaiser** zu Fuß hingeht   Ac 8.2
dem **Kaiser** geben, was des Kaisers ist   Fa 11.36
Kaiser und Könige haben hier schon .../...   Fa 5.11
wo nichts ist, (da) hat (auch/bekanntlich) der **Kaiser** sein Recht verloren   Fa 7.45
seinen **Kaiser-Wilhelm** unter etw. setzen/(druntersetzen)   Cd 20.4
sich um des **Kaisers** Bart streiten   Gc 3.44
jn. durch den **Kakao** ziehen   Cb 9.7
eingehen wie ein **Kaktus**   Ba 2.7   De 25.72
einen **Kaktus** pflanzen (setzen/drehen)   Ac 8.9
dreinschauen/dreinsehen/glotzen/stieren/gucken wie wie ein gestochenes **Kalb**   Cd 12.39
das goldene **Kalb** anbeten   Fb 3.28
ums goldene **Kalb** tanzen   Fb 3.28
etw. bis zu den griechischen **Kalenden** aufschieben/verschieben   Aa 13.2
ein Ereignis/einen Tag/... rot im **Kalender**/im Kalender rot anstreichen   Db 1.15
vom gleichen **Kaliber** sein wie j.   If 2.12
ein Schurke/... größten **Kalibers** (sein)   Ic 1.21   Ic 7.27
ein Mensch/ein Gauner/... gleichen **Kalibers** sein (wie ...)   If 2.12
weiß wie **Kalk** sein/werden   Da 6.13
bei jm. rieselt schon der **Kalk**   Bb 2.21   Bc 2.45   Cd 12.34
nicht **kalt** und nicht warm sein   Dd 4.19
weder **kalt** noch warm sein   Dd 4.19

js. Hände/Finger/... sind blau vor **Kälte** Ac 2.8
mit eisiger **Kälte** etw. tun/jn. behandeln/... Cc 3.15
vor **Kälte** schlottern Ac 2.6
vor **Kälte** schnattern Ac 2.6
jn. (ganz) **kaltlassen** Cc 3.13
jn. **kaltmachen** Ba 4.5
jn. **kaltstellen** Fa 13.6
er **kam**, sah und siegte De 24.63
wohin **käme** ich/kämen wir/... (denn/denn da/sonst/
   denn sonst) (wenn ...)? Ii 2.4
wie **käme** ich/kämen wir/... (denn) (eigentlich) dazu (etw.
   zu tun)? Db 15.24
(ja) wohin **käme** ich/kämen wir/... denn (wenn ...)!
   Db 15.24
ein (altes) **Kamel** sein Cd 10.11
das größte **Kamel** auf Gottes Erdboden sein Cd 10.18
eher geht ein **Kamel** durch ein Nadelöhr als/als daß ...
   Ii 2.8
das/etw. sind alte/olle **Kamellen** Cd 18.3
alte/olle **Kamellen** aufwärmen Aa 4.16
mir/ihm/der Ulrike/... kann **keiner** Fa 23.11
das Geld/den Ring/... kannst du/kann dein Bruder/... in
   den **Kamin** schreiben Ab 11.12
jm. schwillt der **Kamm** Cb 16.2
bei jm. liegt der **Kamm** auf/bei/neben der Butter Ac 10.9
alles/verschiedene Dinge/... über einen **Kamm** scheren
   Db 4.53
den **Kamm** überschritten haben Aa 6.49
im stillen **Kämmerlein** über etw. nachdenken/... Dc 2.42
im stillen **Kämmerlein** beten Cc 35.19
eine **Kampagne** für/gegen jn./etw. veranstalten/machen
   Hb 3.23
jm./e-r S. den **Kampf** ansagen Gc 6.23
den **Kampf** mit jm. aufnehmen Gc 3.26
ein **Kampf** auf Leben und Tod Gc 3.37
ein **Kampf** bis aufs Messer Gc 3.37
ein alter **Kämpfer** Gc 4.100
auf dem **Kampfplatz** bleiben Ba 2.37
auf der **Kampfstatt** bleiben Ba 2.37
etw. in den falschen **Kanal** kriegen/(bekommen)
   Cb 13.33
den **Kanal** (gestrichen) voll haben Hd 6.21
den **Kanal** von etw. (gestrichen) voll haben Hc 6.4
sich den **Kanal** vollaufen lassen Hd 6.9
in dunkle **Kanäle** fließen Cc 18.37
jn. an der **Kandare** haben/halten Fa 10.18
jn. (fest/stärker/...) an die **Kandare** nehmen Fa 19.29
sich wie die **Kaninchen** vermehren Ba 1.16
wo **kann** man hier mal? Ac 8.3
der/die Tante Emma/... **kann** mir mal! Cb 19.18
der/die Tante Emma/... **kann** mich mal (kreuzweise) (mit
   etw.)! Cb 19.19
das **kann** doch nicht sein! Cc 33.25
in die **Kanne**! Hd 5.56
zu tief in die **Kanne** geschaut/geblickt/geguckt/gesehen
   haben Hd 6.16
in die **Kanne** steigen Hd 5.36
jn. in die **Kanne** steigen lassen Hd 5.36
es gießt/schüttet wie aus **Kannen** Ac 1.7
jm. ist/j. fühlt sich so **kannibalisch** wohl (als wie 500
   Säue(n)) Hd 1.6
(und) hast du was **kannst** du rannte er davon/suchten sie
   das Weite/... Aa 14.23
(und) haste was **kannste** rannte er davon/suchten sie das
   Weite/war er weg/... Aa 14.23
das/etw. ist unter aller **Kanone** Ic 7.19
mit **Kanonen** auf/(nach) Spatzen schießen Id 2.34

ach, du heiliges **Kanonenrohr**! Da 8.4
etw./Geld/... auf der hohen **Kante** haben Fb 9.13
etw./Geld/... auf die hohe **Kante** legen Fb 9.11
jn. am/beim **Kanthaken** packen/nehmen/fassen und ...
   Ea 10.23
ein unsicherer **Kantonist** sein Db 12.9
der eiserne **Kanzler** Fa 11.41
schwer von **Kapee** sein Cd 2.29
totes **Kapital** Fb 15.100
Kapital schlagen aus etw. Hb 9.13
das/etw. ist ein (ganz) anderes **Kapitel** If 3.13
ein denkwürdiges **Kapitel** sein If 6.13
das/etw. ist ein trauriges **Kapitel** (mit jm.) Cb 3.73
das/ein **Kapitel** abschließen/(beenden) Aa 8.13
ein neues **Kapitel** in seinem Leben beginnen/aufschlagen
   If 5.2
das/etw. ist ein **Kapitel** für sich If 3.13
auf js. **Kappe** gehen Dd 11.10 Fb 15.73
auf eigene **Kappe** handeln/etw. tun Dd 11.2
auf js. **Kappe** kommen Dd 11.10
etw. auf seine (eigene) **Kappe** nehmen Dd 11.9 Fa 24.4
was ist **kaputt**? Ga 1.3
sich **kaputtarbeiten** De 12.11
kaputtgehen Ac 11.9
sich **kaputtlachen** Cb 10.10
jn./etw. **kaputtmachen** De 25.23
sich (für jn./etw.) **kaputtmachen** De 25.46
so **kariert** daherreden/... Cc 11.51
sich wie die **Karnickel** vermehren Ba 1.16
die **Karre** steckt/ist im Dreck Ga 4.52
die **Karre** in den Dreck fahren De 25.29 Ga 4.53
(jm.) die **Karre** (wieder) aus dem Dreck ziehen Ga 12.32
die **Karre** (einfach) laufen lassen Fa 8.5
die **Karre** ist (gründlich) verfahren Ga 4.51
der **Karren** steckt/ist im Dreck Ga 4.52
den **Karren** in den Dreck fahren De 25.50 Ga 4.53
(jm.) den **Karren** (wieder) aus dem Dreck ziehen
   Ga 12.32
jm. an den **Karren** fahren/pinkeln/pissen Cc 24.66
den **Karren** (einfach) laufen lassen Fa 8.5
jn. vor seinen **Karren** spannen Hb 10.7
alle/mehrere/... vor denselben/den gleichen **Karren** span-
   nen Db 16.47
der **Karren** ist (gründlich) verfahren Ga 4.51
Karriere machen De 24.7
ein **Kartäuserleben** führen Ea 3.7
eine gute/... **Karte** haben Hd 9.7
eine **Karte** aufspielen/ausspielen Hd 9.7
die/seine letzte **Karte** ausspielen Gb 4.21
nach der **Karte** essen Hd 4.82
in js. **Karte** passen Hb 7.8
alles auf eine **Karte** setzen Gb 4.13
auf die falsche **Karte** setzen Fa 6.40
auf die richtige **Karte** setzen Gb 4.17
diese **Karte** sticht heute/hier/in/bei/... nicht (mehr)
   Dd 10.24
seine **Karte** überreizen Id 2.17
gute **Karten** bei jm. haben Eb 1.8
keine guten **Karten** haben De 25.5
schlechte **Karten** haben Da 10.2
(jm./jm. gegenüber) seine/die **Karten** aufdecken/offen-
   legen Dc 3.59
(jm./jm. gegenüber) seine/die **Karten** nicht aufdecken/
   offenlegen Dc 4.5
die **Karten** offen ausspielen Dc 3.60
jm. in die/seine **Karten** gucken/schauen/sehen Cd 9.5
sich in die **Karten** gucken/schauen/sehen lassen Dc 3.58

sich nicht in die **Karten** gucken/sehen/schauen lassen
Dc 4.5
alle **Karten** in der Hand haben/halten Fa 10.10
alle **Karten** in der Hand behalten Fa 10.12
jm. die **Karten** legen/(schlagen) Da 9.24
die **Karten** mischen Fa 6.17
die **Karten** gut/in seinem Sinn/... mischen/(mengen)
Fa 6.17
mit offenen/(aufgedeckten) **Karten** spielen Dc 3.60
mit verdeckten **Karten** spielen Cc 16.34
die/seine **Karten** (offen) auf den Tisch legen Dc 3.59
die/seine **Karten** überreizen Id 2.17
wie ein **Kartenhaus** zusammenstürzen/zusammenfallen
De 25.86
Kartenhäuser bauen Da 3.17
jn. fallen lassen wie eine heiße **Kartoffel** Fa 13.3
eine **Kartoffel** im Strumpf haben Ac 11.18
rin in die **Kartoffeln**, raus aus den/die Kartoffeln
Db 12.19
mit jm. **Karussel** fahren Cc 24.52
das/etw./was j. sagt/... ist (doch) (alles) **Käse** Ha 15.10
so ein **Käse**! Cb 19.4
etw. geht jn. einen **Käse** an Fa 7.16
sich über jeden **Käse** aufregen/ärgern/(...) Ia 3.23
(vielleicht/...) einen **Käse** machen Cd 13.2
(mal wieder/vielleicht einen/...) **Käse** reden/erzählen/
(...) Dc 1.73
ein **Drei-Käse-hoch** sein Ca 2.10
gut/blendend/... bei **Kasse** sein Fb 3.13
nicht gut/schlecht/knapp/nicht bei **Kasse** sein Fb 4.2
jn. zur **Kasse** bitten Fb 15.27
die **Kasse** führen Fb 15.36
getrennte **Kasse(n)** führen/haben/machen Fb 15.37
Kasse machen Fb 15.21
(so/jetzt/so jetzt/...) ab nach **Kassel**! Ab 7.33
Kassensturz machen Fb 15.21
die **Kastanien** aus dem Feuer holen (für jn.) Ga 12.31
viel/allerhand/etwas auf dem **Kasten** haben Cd 7.1
in den **Kasten** kommen Cc 20.84
im **Kasten** sitzen Cc 20.85
einen **Kater** haben Hd 6.28
jn. befällt der große **Kater** Cb 3.43
ex **Kathedra** sprechen Cc 35.15
nicht ganz **katholisch** sein/scheinen/... Cc 18.5
die schnelle **Kathrin** haben Bc 2.24
(etw. ist) für die **Katz** De 28.3
für die **Katz'** reden Dc 1.90
katzbuckeln Fa 17.7
einen **Katz(en)buckel** machen Fa 17.7
eine fesche **Katze** sein Ca 1.16
eine falsche **Katze** sein Cc 16.50
falsch wie eine **Katze** sein Cc 16.50
naß wie eine (ersäufte) **Katze** sein Ac 3.2
schmeicheln wie eine **Katze** Fa 17.6
(um etw./bei .../...) wie die **Katze** um den heißen Brei
herumgehen Dc 4.3
eine **Katze** fällt immer (wieder) auf die Füße/Pfoten
Ga 6.53
Katz(e) und Maus mit jm. spielen Fa 10.25
die **Katze** im Sack kaufen Cc 16.64 Fb 15.95
die **Katze** aus dem Sack lassen Dc 3.56
die **Katze** nicht aus dem Sack lassen Dc 4.2
da beißt sich die **Katze** in den Schwanz Dc 5.68
das trägt die **Katze** auf dem Schwanz fort/weg Ia 3.15
den großen **Katzenjammer** haben Cc 30.5

sich anhören wie **Katzenmusik**/Katzengejammer
Dc 10.10
es ist (nur) ein **Katzensprung** (bis .../nach .../...)
Ab 1.18
Katzenwäsche machen Ac 9.6
(vielleicht) ein **Kauderwelsch** reden Dc 1.76
an etw. zu **kauen** haben De 20.5
jn./etw. in **Kauf** nehmen müssen Hb 14.28
die/den Burschen/... werd' ich mir/müßt ihr euch
mal/... **kaufen** Cc 24.20
sich einen **kaufen** Hd 6.5
dafür kann ich mir/dafür kann der Karl sich/... nichts
kaufen! Ha 13.4
ein (komischer/wunderlicher/...) **Kauz** (sein) Cb 6.9
eine durstige **Kehle** sein/haben Hd 5.9
eine trockene **Kehle** haben Hd 5.1
aus voller **Kehle** schreien/singen/... Dc 9.9
j. muß sich erst mal die **Kehle** anfeuchten Hd 6.3
jm. die **Kehle** durchschneiden Ba 4.19
jm. an die **Kehle** fahren Cc 26.53
jm. in die falsche **Kehle** geraten Cb 13.34
sein (ganzes) Geld/Vermögen/... durch die **Kehle** jagen
Hd 6.43
etw. in die falsche **Kehle** kriegen/(bekommen) Cb 13.33
sich (fast) die **Kehle** (nach jm.) aus dem Hals schreien
Dc 9.4
jm. an die **Kehle** springen (wollen) Gc 2.24
der Bissen/... bleibt jm. in der **Kehle** stecken Da 6.30
jm. ist die **Kehle** zugeschnürt vor Angst/... Da 6.21
Angst/... schnürt jm. die **Kehle** zusammen Da 6.21
jm. schnürt sich die **Kehle** zusammen vor Angst/Aufre-
gung/Erschütterung/... Da 6.21
jm./einem schnürt sich/es die **Kehle** zusammen (bei etw./
wenn ...) Cc 2.14
jm. die **Kehle** zuschnüren Ba 4.18
den **Kehraus** machen Hd 7.11
seine rauhe Seite/Schroffheit/... nach außen **kehren**
Ea 12.2
Jacken/Hosen/... von innen nach außen **kehren** Ca 1.63
alles von oben nach unten **kehren** Ac 10.6
etw. geht jn. einen feuchten **Kehrricht** an Db 15.35
Fa 7.16
jn. einen feuchten **Kehrricht** interessieren Ha 8.4
die **Kehrseite** (der Medaille) ist/ist daß/... Hb 14.25
seine **Kehrseite** haben Hb 14.24
eine **Kehrtwendung** machen Fa 11.28
einen **Keil** zwischen zwei/mehrere Menschen treiben
Db 17.9 Ec 2.20
im **Keim** vorhanden sein/... Aa 6.9
etw. im **Keim** ersticken Hb 14.3
den **Keim** der Liebe in js. Herz senken Ed 1.36
mir/ihm/der Ulrike/... kann **keiner** Cc 21.12
so gut wie **keiner** hält sich daran/... Ia 3.7
keiner/keine/keins von beiden Ia 4.13
jm. auf den **Keks** gehen (mit etw.) Cb 15.1
das/etw. ist ein bitterer **Kelch** (für jn.) Cb 3.9
den (bitteren) **Kelch** bis zur Neige/bis auf den Grund lee-
ren (müssen) Cb 3.8
möge dieser/der **Kelch** an mir vorübergehen Db 15.31
und im **Keller** surrt die Bartwickelmaschine Cd 18.7
(ah) dich/den/die Gisela/... **kenn'** ich! Cd 9.9
das **kenn'** ich! Cd 9.9
da **kenn'** ich nichts! Fa 19.8
da **kennt** der Schmidt/... nichts! Fa 19.8
(nanu,) so **kenne** ich dich/(kennt j. jn.) (ja) gar nicht!
If 5.14
jn./etw. in- und auswendig **kennen** Cd 1.12 Cd 15.32

jn. von innen und von außen **kennen** Cd 15.32

jn. näher **kennen** Ea 4.1

jn. nicht mehr **kennen** (wollen) Ec 2.14

der/die/der Richard/. . . soll/wird mich (noch) **kennenler-
nen!** Cc 25.16

jn. näher **kennenlernen** Ea 4.11

wenn/. . ., dann **kennt** sich j. nicht mehr (vor Wut/. . .)
Cb 16.21

(aber) da **kennst** du/kennt er/. . . mich/ihn/den Kroll/. . .
schlecht! Db 21.28

es entzieht sich meiner/deiner/. . . **Kenntnis** ob . . .
Cd 16.2

jm. etw. zur **Kenntnis** bringen Cd 15.22

etw. zur **Kenntnis** nehmen Cd 15.16

jn. von etw. in **Kenntnis** setzen Cd 15.21

in dieselbe/die gleiche **Kerbe** hauen/(schlagen) wie j.
Db 16.33

etwas/allerhand/. . . auf dem **Kerbholz** haben Cc 22.6

im **Kerker** sein Cc 20.85

in den **Kerker** kommen Cc 20.84

ein anständiger **Kerl** (sein) Cc 4.2

ein guter **Kerl** (sein) Cc 1.1

ein hergelaufener **Kerl** sein Cc 18.28

ein herzensguter **Kerl** (sein) Cc 1.1

ein lustiger **Kerl** (sein) Cb 7.2

ein patenter **Kerl** (sein) Cb 7.3

ein toller **Kerl** sein Ic 4.15

. . ., das ist ein ganzer **Kerl** Ic 4.1

ein **Kerl** wie ein Bär (sein) Ca 3.4

ein **Kerl** wie ein Baum (sein) Ca 2.2

einen guten **Kern** haben Cc 1.9

den **Kern** des Problems/. . . treffen/. . . (mit etw.) Ha 7.1

kerngesund sein Bc 1.2

sich zanken/streiten/schlagen/hauen/. . . wie die **Kessel-
flicker** Gc 3.22

es geht ein **Kesseltreiben** gegen jn. los Gc 2.18

ein **Kesseltreiben** gegen jn. veranstalten Gc 2.3

eine **Kette** bilden Aa 5.22

jn. an die **Kette** legen Fa 14.9

an der **Kette** liegen/hängen Fa 13.16

jm. **Ketten** anlegen Cc 20.81 Fa 14.9

jn. in **Ketten** legen Cc 20.81

an seinen **Ketten** rütteln Fa 16.5

seine/die **Ketten** sprengen/(zerreißen/ablegen) Fa 16.7

jn. auf dem **Kieker** haben Cb 14.13

auf **Kiel** liegen Ab 6.15

im **Kielwasser** eines Schiffs segeln/schwimmen/. . .
Ab 6.19

(ganz) in js. **Kielwasser** schwimmen Fa 6.38

in js. **Kielwasser** segeln Fa 6.38

Kimme und Korn (Gewehr) Gc 4.99

js. (eigenes) geistiges **Kind** sein Cd 20.44

noch ein halbes **Kind** sein Bb 1.6

js. leibliches **Kind** sein Ed 5.14

ein totgeborenes **Kind** sein De 25.11

kein **Kind** mehr sein Bb 2.1

das/den/die Frau Semmler/. . . kennt (doch) jedes **Kind**
Cd 17.4

von **Kind** an Aa 1.60

das **Kind** mit dem Bade ausschütten Id 2.27

red/. . . mir doch kein **Kind** in den Bauch Dc 1.82

ein **Kind** erwarten Ed 2.5

(ein) gebranntes **Kind** scheut das Feuer Gb 6.41

dich/den/den Braun/. . . haben sie wohl als **Kind** zu heiß
gebadet? Cd 12.15

mit einem **Kind** gehen Ed 2.6

ein **Kind** des Glück(e)s sein Da 9.14

Kind im Hause sein bei jm. Ea 4.18

ein **Kind** unter dem Herzen tragen/haben Ed 2.6

mit **Kind** und Kegel aufbrechen/ankommen/. . . Ia 2.6

ein **Kind** im Leib haben Ed 2.6

ein **Kind** der Liebe sein Ed 5.13

jm. ein **Kind** machen Ed 2.1

sich lieb **Kind** machen (bei jm.) Fa 17.6

das **Kind** im Manne Cb 7.8

das **Kind** muß (schließlich) einen Namen haben Cd 17.45

dem **Kind** einen Namen geben Cd 17.45

das **Kind** beim Namen nennen Dc 3.46

wir werden/j. wird das **Kind** schon schaukeln Ga 6.16

ein **Kind** des Todes sein Ba 2.3

bei einer Frau ist ein **Kind** unterwegs Ed 2.4

jedes **Kind** weiß (doch), daß . . . Cd 17.4

ein (typisches/. . .) **Kind** seiner Zeit sein Fa 9.8

ins **Kindbett** kommen Ba 1.2

im **Kindbett** liegen/sein Ba 1.2

im **Kindbett** sterben Ba 2.36

wie sag' ich's meinem **Kinde?** Dc 3.106

das/etw. ist nichts für kleine **Kinder** Cd 24.16

seinen **Kinderglauben** verlieren Da 1.10

das/es ist zum **Kinderkriegen** (mit jm./etw.) Ga 10.15

das/etw. ist **kinderleicht** De 19.8

reich mit **Kindern** gesegnet sein Ba 1.15

aus **Kindern** werden Leute! Bb 2.3

die **Kinderschuhe** ausgetreten haben Bb 2.2

den **Kinderschuhen** entwachsen Bb 2.2

(offensichtlich/. . .) aus den **Kinderschuhen** nicht heraus-
kommen Bb 1.9

aus den **Kinderschuhen** herauswachsen Bb 2.2

(noch) in den **Kinderschuhen** stecken Aa 6.11

ein **Kinderspiel** sein (für jn.) De 19.8

eine gute **Kinderstube** gehabt/genossen haben Ea 11.2

keine gute **Kinderstube** gehabt/genossen haben Ea 12.4

seine gute **Kinderstube** verleugnen Ea 12.13

an **Kindes** Statt annehmen Ed 5.18

von **Kindesbeinen** an Aa 1.60

von **Kindheit** an Aa 1.60

das **Kinn** in/(auf) die Hand/Hände stützen Dc 8.10

es steht auf der **Kippe**, ob . . ./ob . . . oder ob . . . Ih 4.12

auf der **Kippe** (zwischen zwei Noten) stehen Ih 4.13

einen **kippen** Hd 6.4

die sichtbare **Kirche** Cc 35.11

die unsichtbare **Kirche** Cc 35.11

nun laß/laßt/. . . (mal) die **Kirche** im Dorf Id 2.65

wir wollen/sollten/. . . die **Kirche** im Dorf lassen Id 2.65

die **Kirche** ums Dorf tragen Cd 6.12

kein (großes) **Kirchenlicht** sein Cd 10.3

(so) arm wie eine **Kirchenmaus** sein Fb 7.14

mit jm. ist nicht gut **Kirschen** essen Cb 6.17

die **Kirschen** in Nachbars Garten Hb 12.12

eine faule **Kiste** sein Cc 18.8

(und) fertig ist die **Kiste!** Ga 6.26

alle **Kisten** und Kästen durchsuchen/. . . Ab 12.11

Kisten und Kasten voll haben Fb 6.18

wieder **kitt** sein (mit jm.) Fb 5.29

im **Kittchen** sein/sitzen Cc 20.85

ins **Kittchen** kommen Cc 20.84

jn. ins **Kittchen** stecken Cc 20.83

(nur) ein **Klacks** sein (für jn.) De 19.8

Klage gegen (jn./etw.) führen Cc 20.34

klagen und stöhnen Cb 3.56

trotz allen **Klagens** und Stöhnens etw. tun müssen/. . .
Fa 21.22

klamm sein Fb 11.4

etw. in runde/eckige/geschweifte **Klammern** setzen
Cd 20.26

in runden/eckigen/geschweiften **Klammern** stehen
Cd 20.26

ein Witz/... stammt (noch) aus der **Klamottenkiste**
Aa 21.5

etw. aus der **Klamottenkiste** holen/hervorholen Aa 21.6

einen guten **Klang** haben Dc 10.28

(ab/los/marsch) in die **Klappe**! De 22.14

eine große **Klappe** haben Cc 11.43 Dc 1.104

die/seine **Klappe** aufmachen Dc 1.4 Gc 6.34

die/seine **Klappe** aufreißen Gc 6.34

die **Klappe** (immer/...) so sehr/so weit/... aufreißen
Cc 11.41

große **Klappe**, nichts dahinter Cc 11.72

jm. eins/eine auf die **Klappe** geben Cc 26.24

in die **Klappe** gehen De 22.2

die/seine **Klappe** halten Dc 2.14

sich in die **Klappe** hauen De 22.2

eine große **Klappe** riskieren/haben Cc 11.40

etw. zum **Klappen** bringen Ga 6.12

zum **Klappen** kommen Ga 6.20

ein richtiges/... **Klappergestell** sein Ca 4.16

der **Klapperstorch** ist bei/zu jm. gekommen Ba 1.12

noch/... an den **Klapperstorch** glauben Da 2.7

einen **Klaps** haben Cd 12.8

etw. bringt jn. noch in die **Klapsmühle** Cd 12.32

nicht mehr/... (ganz) **klar** sein Cd 12.33 Hd 6.13

sich (über jn./etw.) **klar** sein Cd 1.36

mit jm./etw. **klar** sein Db 16.14

mit etw. **klar** sein Cd 1.37

sich nicht/noch nicht/... **klar** sein, ob ... Ih 4.1

das/etw. ist (doch) **klar** Ih 1.17

jm. ist etw. **klar** Cd 1.35

das/etw. ist (doch) klar wie **Klärchen**! Ih 1.17

sich (über jn./etw.) im **klaren** sein Cd 1.36

sich nicht/noch nicht/... im **klaren** sein, ob ... Ih 4.1

mit jm./etw./in/bei etw. (gut/glänzend/...) **klarkommen**
Ga 6.7

das/die Sache/etw. (noch/...) **klarkriegen** Ga 6.8

klarsehen Cd 1.38

etw./eins/... möchte/... j. (noch/...) **klarstellen** Dc 3.6

im **Klartext** heißt das/bedeutet das/...: Dc 3.105

im **Klartext** sprechen/reden Dc 3.41

sich (über jn./etw.) **klarwerden** Cd 1.26

(einfach) **Klasse** sein Ic 4.10

ganz große **Klasse** sein Ic 4.11

ein Spiel/eine Darbietung/... erster **Klasse** sein Ic 4.8

nur/doch nur/... zweite(r) **Klasse** sein Ic 7.16

eine Aufführung/ein Lokal/... dritter **Klasse** Ic 5.8

eine **Klasse** für sich sein Ic 4.11

Klassenhiebe kriegen/beziehen Cc 26.48

Klassenkeile kriegen/beziehen Cc 26.48

das **Klassenziel** nicht erreichen Cd 19.25

Klatsch und Tratsch Dc 1.158

eine fürchterliche/entsetzliche/miserable/... **Klaue** ha-
ben Cd 20.2

in js. **Klauen** sein/stecken Fa 13.8

jn./etw. in seinen **Klauen** haben Fa 10.17

nicht mehr hergeben/..., was man einmal in seinen
Klauen hat Fb 1.29

in js. **Klauen** geraten Fa 13.21

jn. den **Klauen** des Todes entreißen Ba 6.5

nur/am liebsten/... in seiner **Klause** hocken Ea 3.18

sich in seine **Klause** zurückziehen/verkriechen Ea 3.16

die **Klaviatur** beherrschen Cd 3.8

jm. eine **kleben** Cc 26.29

jm. ein paar **kleben** Cc 26.29

kleben bleiben Cd 19.25

ein (richtiges/regelrechtes/...) **Klebpflaster** sein Ea 5.14
Hd 6.46

jn./etw. über den grünen **Klee** loben Cc 23.10 Id 2.48

ein unzertrennliches **Kleeblatt** sein/bilden Ec 1.25

(bekanntlich/...) nicht in den **Kleidern** hängen/stecken
bleiben Cb 3.37

nicht aus den **Kleidern** kommen Aa 1.31

Kleider machen Leute Ca 1.54

ein Mann/Kerl wie ein **Kleiderschrank**/ein richtiger
Kleiderschrank sein Ca 2.2

es/das Geld/einen Betrag **klein** haben Fb 3.23

von **klein** auf Aa 1.60

klein, aber fein Ic 4.19

klein und groß Bb 2.28 Ia 2.14

(so) **klein** und häßlich da herumsitzen/da stehen/...
Cb 3.62 De 26.10

klein, aber oho! Ic 4.19

100/5000/... und ein paar **kleine** Fb 3.21

etw. im **Kleinen** aufziehen/betreiben/einkaufen/verkau-
fen/... Fb 15.11

vom **Kleinen** auf das/aufs Große schließen Db 4.23

es/etw. ist/... im **Kleinen** so wie/wie/nicht anders als/...
im **Großen** If 2.16

etw. ist/wäre für jn. ein **kleines** De 19.5

es ist/wäre ein **kleines** für jn., etw. zu tun De 19.5

sich etwas **Kleines** bestellt haben Ed 2.3

etwas **Kleines** erwarten Ed 2.5

bei einer Frau ist etwas **Kleines** unterwegs Ed 2.4

im **Kleinformat** Ib 1.71

das nötige **Kleingeld** haben/besitzen (für etw.) Fb 6.13

nicht das nötige **Kleingeld** haben/besitzen (für etw.)
Fb 4.1

jm. geht das **Kleingeld** aus Fb 4.1

wenn ..., dann/... mache ich/macht der Kurt/... **Klein-
holz** aus jm. Cc 25.26

etw. zu **Kleinholz** machen/schlagen Ac 12.1

etw. in **Kleinholz** verwandeln Ac 12.1

etw. ist/wäre für jn. eine **Kleinigkeit** De 19.5

das/etw. zu tun ist keine **Kleinigkeit** De 20.18

(schon/aber auch/...) eine **Kleinigkeit** kosten/...
Fb 12.1

über jede **Kleinigkeit** stolpern/... Ia 3.18

wegen jeder/der geringsten **Kleinigkeit** streiten/toben/
weinen/... Ia 3.22

für jede **Kleinigkeit** etw. verlangen/... Ia 3.17

sich an jeder **Kleinigkeit** stoßen Ia 3.18

ein **Kleinigkeitskrämer** sein Ic 10.3

jn./etw. **kleinkriegen** Gc 9.4

etw. **kleinkriegen** Fb 8.8

sich nicht **kleinkriegen** lassen Gc 6.4

etw. hüten/... wie ein **Kleinod** Ha 11.12

bis ins **Kleinste** etw. prüfen/untersuchen/... Ic 9.7

nicht **kleinzukriegen** sein Gc 6.4

jm. eine **kleistern** Cc 26.29

jm. ein paar **kleistern** Cc 26.29

(ganz schön/...) in der **Klemme** sein/sitzen Ga 4.13

in die **Klemme** geraten Ga 4.4

jm. aus der **Klemme** helfen Ga 12.30

jn. aus der **Klemme** ziehen Ga 12.30

einen regelrechten/richtigen/ganzen **Klempnerladen** an
der Brust tragen/haben Cc 11.60

die reinste/eine richtige/... **Klette** sein Cc 5.12

wie eine **Klette** an jm. hängen Cc 5.12

sich wie eine **Klette** an jn. hängen Cc 5.12

wie die **Kletten** zusammenhalten/aneinanderhängen/zu-
sammenhängen Ec 1.20

(geistige) **Klimmzüge** machen (müssen) De 13.38

jn. vor die **Klinge** fordern Gc 1.2
eine gute **Klinge** führen/(schlagen) Gc 3.29
eine scharfe **Klinge** führen/(schlagen) Gc 3.29
jn. über die **Klinge** springen lassen Ba 4.8
über die **Klinge** springen müssen Ba 2.6
mit dem **Klingelbeutel** herumgehen Ga 12.10
bei jm. **klingelt** es Cd 1.29
die **Klingen** mit jm. kreuzen Gc 3.28
sich die **Klinke** bei jm. (geradezu/. . .) in die Hand geben Fa 6.10
(bei jm.) (die) **Klinken** putzen Fa 6.8
Klinkenputzer spielen (bei jm.) Fa 6.9
klipp und klar etw. sagen/zu etw. Stellung nehmen/etw. leugnen/. . . Dc 3.38
alle **Klippen** (glücklich/. . .) umschiffen Ga 6.36
einen **Kloß** im Hals/in der Kehle/im Mund (stecken) haben Dc 1.127
jm. ist zumute/. . ., als ob er einen **Kloß** im Hals/in der Kehle/im Mund (stecken) hätte Dc 1.127
reden/. . ., als ob man einen **Kloß** im Mund hätte Dc 1.121
das/etw. ist doch klar wie **Kloßbrühe**! Ih 1.17
ein grober **Klotz** sein Ea 12.1
für jn. (wie) ein **Klotz** am Bein sein Dd 11.34
einen **Klotz** am Bein haben Dd 11.30
sich (doch nicht/. . .) einen **Klotz** ans Bein binden Dd 11.25
auf einen groben **Klotz** gehört ein grober Keil Gc 14.15
der ganze **Klub** Ia 2.8
eine **Kluft** zwischen Menschen/Anschauungen/. . . überbrücken Db 16.19
so **klug** sein wie zuvor/(als wie zuvor) Cd 2.28
nicht **klüger** sein (als vorher/zuvor) Cd 2.28
nicht **klüger** aus etw. geworden sein Cd 2.28
klugreden Dc 1.69
ein **Klugscheißer** sein Dc 1.70
etw. in **Klumpen** schlagen/hauen Ac 12.1
an etw. zu **knabbern** haben De 20.5
nichts (mehr) zu **knabbern** haben Fb 7.23
(du) alter **Knabe** Ec 1.30
an etw. zu **knacken** haben De 20.5
ein alter **Knacker** (sein) Bb 2.15
einen **Knacks** kriegen/bekommen Cb 3.12
einen **Knacks** weghaben/(haben) Cb 3.12
einen **Knall** haben Cd 12.6
(auf) **Knall** und Fall Aa 19.7
knallbunt Ac 5.7
der **Knalleffekt** (bei e-r S.) ist der, daß . . . Dd 10.19 Ha 3.12
jm. eine **knallen** Cc 26.29
jm. ein paar **knallen** Cc 26.29
knallrot/knallblau/knallgrün/. . . Ac 5.7
. . ., und nicht zu **knapp**! Ib 1.22
in den **Knast** (gehen) müssen Cc 20.84
Knast schieben Cc 20.85
die man (ja/. . .)/kann man nicht einmal mit der **Kneifzange** anfassen/anpacken (so häßlich ist die/. . .) Ca 1.25
(ständig/. . .) in den **Kneipen** liegen/herumlungern/. . . Hd 6.45
einen **Knicks** machen Ea 6.10
so eine Entscheidung/. . . kann man/j. (doch) nicht übers **Knie** brechen Aa 12.4
vor jm. aufs **Knie**/auf die Knie fallen Fa 15.14
in die **Knie** gehen/sinken/brechen (vor jm.) Cc 30.22
in die **Knie** gehen (vor jm.) Fa 15.13
weiche **Knie** kriegen Bc 4.5

die **Knie** schlottern jm. Gb 6.33
in die **Knie** sinken/(brechen) Fa 15.13
jn. übers **Knie** spannen/legen Cc 26.20
die **Knie** werden jm. weich Gb 6.33
sich vor jm. auf die **Knie** werfen Fa 15.15
jn. in die **Knie** zwingen Fa 14.6
einen **Kniefall** machen Ea 6.15
einen **Kniefall** vor jm. machen/(tun) Fa 15.16
deshalb/. . . mach' ich/macht er/. . . noch lange/. . . keinen **Kniefall** vor jm. Gc 7.16
jn. auf **Knien** bitten (um etw.) Fa 15.12
jm. auf **Knien** danken (für etw.) Ga 13.7
und wenn er/sie/. . . auf den **Knien** gerutscht kommt/käme, . . . Cc 3.14
ein fauler **Knochen** sein De 14.7
ein harter **Knochen** sein De 20.24
konservativ bis auf die **Knochen** sein Ic 1.15
ein müder **Knochen** sein De 14.5
ein Konservativer/Sozialist/. . . bis in/(auf) die **Knochen** sein Ic 1.8
bis auf die **Knochen** abgemagert sein Ca 4.21
seine müden **Knochen** ausruhen Ab 3.35
bis auf die **Knochen** beleidigt sein Ic 2.21
sich bis auf die **Knochen** blamieren Ic 2.21
sich die **Knochen** brechen Ab 3.57
bis auf die **Knochen** durchnäßt/naß sein Ac 3.1
jm. in die **Knochen** fahren Da 6.6
jm. in die **Knochen** gehen Bc 2.4
alle **Knochen** im Leib(e) fühlen Bc 2.14
jm. tun alle **Knochen** im Leib(e) weh Bc 2.9
jm. schon lange/drei Monate/. . . in den **Knochen** liegen/stecken Bc 2.4
wenn . . ., dann/sonst/. . . kannst du dir/kann der Peter sich/. . . die **Knochen** (einzeln) numerieren lassen Cc 25.26
jm. (noch/. . .) in den **Knochen** sitzen/stecken Da 6.20
die/die alten/js. alte **Knochen** wollen nicht mehr Bc 2.39
reiß deine/die **Knochen** zusammen! De 4.11
jm. die **Knochen** (im Leib) zusammenschlagen Cc 26.14
das/etw. ist (ja) die reinste **Knochenarbeit**! De 12.16
das/etw. ist (ja) die reinste **Knochenmühle**! De 12.16
ein kleiner **Knopf** sein Ca 2.9
näh' dir/näht euch/mach' dir/macht euch/. . . einen **Knopf** an die Nase! Db 1.16
du mußt dir/. . . einen **Knopf** an die Nase nähen/machen Db 1.16
Knöpfe auf/vor den Augen haben Ac 6.53
Knöpfe auf/(in) den Ohren haben Dc 7.7
(dann müssen wir/. . .) an den **Knöpfen** abzählen/(zählen) Dd 8.7
das/daß . . ., kannst du dir/kann er sich/. . . (doch) an den **Knöpfen** abzählen Ih 1.15
sich etw. an den **Knöpfen** abzählen können Ih 1.15
den **Knoten** auflösen/lösen/entwirren Dd 5.21
sich doch keine **Knoten** in die Beine machen können Ca 5.7
den gordischen **Knoten** (einfach) durchhauen/durchschlagen/zerhauen Dd 5.21
mach' dir/macht euch/. . . einen **Knoten** ins Taschentuch Db 1.16
du mußt dir/. . . einen **Knoten** ins Taschentuch machen Db 1.16
jm. (einen) **Knüppel** zwischen die Beine werfen/schmeißen Hb 4.13
mit dem **Knüppel** dazwischenfahren Fa 19.14
man sollte/könnte/müßte mit dem **Knüppel** dreinschlagen Ga 10.15

das/es ist, um mit dem **Knüppel** dreinzuschlagen (mit jm./ etw.) Ga 10.15
den **Knüppel** schlägt man und den Esel meint man Cc 21.15 Dc 3.51
unter js. **Knute** sein/stehen Fa 13.9
jn. unter der **Knute** haben/halten Fa 10.18
jn. unter seine **Knute** bringen Fa 10.30
unter js. **Knute** seufzen/stöhnen/(...) Fa 13.18
k.o. sein/gehen Gc 12.19
(völlig/restlos) **k.o.** sein De 23.10
(immer/...) andern/andern Leuten/... in den **Kochtopf**/ Kochpott gucken (müssen) Fa 7.3
die **Koffer** packen Ab 4.3
die **Koffer** packen (können/müssen) De 15.65
das/etw./was j. sagt/... ist (doch) (alles) **Kohl** Ha 15.10
so ein **Kohl**! Ha 15.9
das/etw. ist aufgewärmter **Kohl** Cd 18.4
alten **Kohl** (wieder) aufwärmen Aa 4.16
seinen **Kohl** bauen/pflanzen Ea 3.2
das macht den **Kohl** (auch) nicht fett Ha 5.34
Kohl verzapfen/erzählen Dc 1.73
Kohldampf haben Hd 4.3
Kohldampf schieben Fb 7.24
schwarz wie **Kohle** (sein) Ac 5.10
die **Kohlen** aus dem Feuer holen (für jn.) Ga 12.31
glühende/feurige **Kohlen** auf js. Haupt sammeln/(versammeln) Cc 29.10
(wie) auf heißen/glühenden **Kohlen** sitzen Aa 15.23
kohlrabenschwarz Ac 5.10
seinen **Koller** kriegen Cb 17.15
die fünfte **Kolonne** Fa 6.46
ein **Koloß** auf tönernen Füßen sein Ga 3.16
unfreiwillige **Komik** Cb 7.9
sehr **komisch**! Cb 12.10
(nun/jetzt) **komm'** (schon)! Dd 6.33
komm', komm'! Cc 25.5
komm'/kommt/... runter! Da 1.8
bis aufs **Komma** übereinstimmen If 1.14
etw. (doch nicht/...) auf **Kommando** tun (können) Aa 17.9
wie **komme** ich/kommen wir/... (denn) (eigentlich) dazu (etw. zu tun)? Db 15.24
gut/... durch die Schule/durch die Universität/durchs Examen/... **kommen** Cd 19.56
jm. (immer/...) mit etw. **kommen** Aa 4.11
so/damit/mit etw. darfst du/darf er/... mir/ihm/... nicht **kommen**! Db 15.27
so darfst du/darf er/... mir/ihm/... nicht kom- **men**! Db 15.26
so darfst du/darf er/... mir/ihm/... nicht **kommen** Gc 6.42
so eine Bemerkung/das/... durfte nicht **kommen**! Cc 33.4
damit/mit solchen Sachen/... kannst du/kann der Emil/... mir/ihm/... nicht **kommen** Db 15.27
..., und dann (plötzlich) knüppeldick **kommen** Da 10.22
das/etw. mußte ja **kommen**! Cd 14.16
laß/laßt/... ihn/den Peter/... nur **kommen**! Gc 1.6
der/die/... soll/sollen nur **kommen** Gc 1.6
es/j. wird (noch/nie/...) dahin/soweit **kommen**, daß ... Aa 6.70
zu etwas/viel/allerhand/... **kommen** De 16.13
auf achtzig/(neunzig/hundert) **kommen** Cb 16.8
anders **kommen** (als man will/als man meint/...) Dd 8.19
dahinter **kommen** Cd 1.27
jm. dumm **kommen**/wenn du mir dumm kommst, .../ komm' mir nicht dumm! Cc 9.14
(wieder) flott **kommen** Aa 6.73

jm. (mit etw.) (sehr/...) gelegen **kommen** Hb 7.7
jm. (mit etw.) nicht gelegen **kommen** Hb 8.2
jm. wie gerufen **kommen** Hb 7.7
hinter js. Absichten/Pläne/etw. **kommen** Cd 9.1
zu kurz **kommen** Hb 14.14
jm. zu nahe **kommen** Cb 13.8
zu nichts **kommen** De 25.69
jm. gerade recht/(richtig) **kommen** Cb 14.14
(wieder) ins reine **kommen** mit jm. (über/mit etw.) Db 16.13
(wieder) zu sich **kommen** Bc 4.6 De 10.1
zu sich selbst **kommen** Cc 30.15
jm. (mit etw.) ungelegen **kommen** Hb 8.2
weit **kommen** (im Leben) (mit etw.) De 24.5
damit/mit solchen ... wirst du/wird er/... weit **kommen**! Hb 6.14
nicht weit **kommen** mit etw. (bei jm.) De 25.66
so weit **kommen**, daß ... Id 2.51
jm. zugute **kommen** Hb 7.6
jm. (sehr/...) zupaß **kommen** Hb 7.7
jm. nicht zupaß **kommen** Hb 8.2
zustande **kommen** Ga 6.19
jm. zustatten **kommen** Hb 7.7
mit etw. (gut/glänzend/...) zuwege **kommen** Ga 6.7
mit etw. nicht/schlecht/... zuwege **kommen** Ga 8.1
das/so eine Bemerkung/... hätte nicht **kommen** dürfen Cc 33.4
(die Regierungen/Jahre/Erinnerungen/...) **kommen** und gehen Aa 6.100
ein (eifriges/...) **Kommen** und Gehen Ab 3.59
kommen und gehen können, wann man will/... Fa 23.9
es/etw. nicht/nicht erst/... dazu **kommen** lassen Hb 4.17
sich (von jm.) nicht dumm **kommen** lassen Gc 6.8
auf jn./etw. nichts **kommen** lassen Cc 23.1
es/etw. nicht/nicht erst/gar nicht erst/... so weit **kommen** lassen Hb 4.17
sich etwas/Nachlässigkeiten/... zuschulden **kommen** lassen Cc 22.2
sich nichts/... zuschulden **kommen** lassen Cc 21.4
mir/dem Paul/... soll noch/nochmal einer **kommen** und sagen, ... Db 18.18
da/jetzt/... soll noch einer **kommen** und sagen, ... Db 18.19
das/das Theater/... schon **kommen** sehen Cd 14.8
da kann **kommen**, was will De 8.5
so jung **kommen** wir nicht mehr/wieder zusammen Hd 5.17
wenn du er/... mir/... so **kommst**/kommt/..., dann ... Db 15.27 Gc 6.42
(immer nach dem Motto/...) **kommst** du heut(e) nicht, dann (kommst du) morgen Aa 11.8
ganz gleich/egal, was **kommt** De 8.5
etw. regeln/..., wie es gerade **kommt** Dd 8.11
wenn es hart auf hart **kommt** De 13.62
3 Wochen/20 Mark/..., wenn es hoch **kommt** Ib 1.62
wenn es hoch **kommt**, (dann) 3 Wochen/20 Mark/... Ib 1.62
kommt mir/ihm/dem Peter/... (aber) (nachher/ dann/...) nicht mit etw./damit, daß/und sagt/... Ga 12.81
erstens **kommt** es anders, zweitens als man denkt Dd 8.20
erstens **kommt** es, zweitens anders, drittens als man denkt Dd 8.20
es **kommt** noch besser ... Aa 6.55 Dc 5.122
da **kommt** er/sie/der Peter/... (doch) schon wieder damit! Aa 4.11
das/es **kommt** darauf an Db 4.86

das **kommt** davon! Dd 9.28

es/das **kommt** daher/davon, daß ... Dd 9.18

wie **kommt** er/der Peter/... (denn) dazu, zu behaupten/
zu der Behauptung/...? Dd 9.23

es **kommt** jm. etwas/einiges/... dazwischen Hb 4.8

so **kommt**/soweit **kommt** es (noch)! Db 15.52

wie **kommt** es/das, daß ...? Dd 9.23

bei etw. **kommt** etwas/viel/allerhand/... heraus De 24.33

bei etw./dabei **kommt** wenig/nichts/... heraus De 25.81

es **kommt** (für jn.) auf eins/dasselbe/das gleiche/... her-
aus, ob ... oder ob/... Ha 8.14

..., und dann **kommt** es (plötzlich) knüppeldick Aa 6.55

kommt, kommt! Cc 25.5

wie's **kommt**, so kommt's/(es) Dd 8.18 De 8.8

wer zuerst **kommt**, mahlt zuerst Aa 5.19

da/bei etw. **kommt** was/viel/allerhand/... raus/heraus
De 27.2

das/etw. **kommt** jn. sauer an Cb 14.8

es/das **kommt** noch schlimmer! Da 10.20

wie **kommt** ihr/... mir denn vor? Cd 12.18

an jm. **kommt** keiner/... vorbei Fa 1.14

(da ist jeder) **Kommentar** überflüssig! Ih 1.24

jm. eine **Komödie** vorspielen/vormachen Cc 16.3

das Essen/... ist/reicht/... (ja) für eine ganze **Kompanie**!
Ia 1.23

ein **Komplott** schmieden Dd 3.19

ein fauler **Kompromiß** Db 16.52

mit dem Gesetz/der Verfassung/... in **Konflikt** kommen/
geraten Cc 20.5

ein ungekrönter/der ungekrönte **König** des/in/... Fa 4.9

ein **Königreich** für ein Pferd/ein Bier/...! Hd 3.16

(den) **Konkurs** anmelden De 25.43

Konkurs machen De 25.42

etwas/viel/... dafür **können**, daß .../wenn ... Cc 22.4

nichts/... dafür **können**, daß .../wenn ... Cc 21.2

nichts/... dazu **können**, daß .../wenn ... Cc 21.2

nicht anders **können** (als etw. (zu) tun) Fa 21.12

etw. auswendig **können** Cd 15.35

(es) mit jm. gut **können** Ec 1.13

(es) miteinander gut **können** Ec 1.11

nicht mehr **können** De 23.6

nicht umhin **können**, etw. zu tun Fa 21.12

er/Karl/... lief/rannte/... was er nur **konnte** Aa 14.28

Konsequenzen haben Dd 10.5

die **Konsequenzen** tragen (für etw.) Dd 11.5

die **Konsequenzen** ziehen (aus etw.) Dd 10.27

die **Konsequenzen** ziehen (müssen) Dd 11.4

eine gute/ernste/... **Konstitution** haben Bc 1.3

Kontakt haben zu/mit jm. Ea 2.7

wenig **Kontakt(e)** haben Ea 3.10

Kontakt aufnehmen zu/mit jm. Ea 4.5

keinen **Kontakt** bekommen (zu/mit jm.) Ea 3.11

in ständigem/permanentem/... **Kontakt** stehen mit jm.
Ea 4.30

viele **Kontakte** haben Ea 2.8

einen Betrag/... von einem **Konto** abheben Fb 15.63

einen Betrag/... auf ein **Konto** einzahlen Fb 15.62

auf js. **Konto** gehen Dd 11.10 Fb 15.73

sein **Konto** überziehen Fb 15.64

sein **Konto** überziehen Id 2.16

(jm.) (tüchtig) **Kontra** geben Gc 6.18

jn./etw. (immer/...) unter **Kontrolle** haben/halten
Ac 6.29

Konversation machen Dc 1.155

ein wandelndes **Konversationslexikon** sein Cd 15.39

im **Konvoi** fahren/fliegen Ab 5.36

jn. (ganz) aus dem **Konzept** bringen Dc 5.29 Ga 2.3
Ga 3.1

(ganz) aus dem **Konzept** kommen/geraten Ga 2.4 Ga 3.2

jm. nicht ins **Konzept** passen Ga 2.7

jm. ins **Konzept** pfuschen Ga 2.3

etw. ins **Konzept** schreiben Cd 20.22

jm. das (ganze) **Konzept** verderben Ga 2.3

der **Kopf** sein (von) einer Gruppe/... Fa 4.5

ein eigenwilliger **Kopf** sein Cb 6.7

ein gerissener **Kopf** sein Cd 8.4

ein heller **Kopf** sein Cd 7.7

nicht ganz klar im **Kopf** sein Cd 12.33

ein kluger **Kopf** sein Cd 7.4

nicht ganz richtig im **Kopf** sein Cd 12.33

etw. noch/... im **Kopf** haben Db 1.7

den **Kopf** voller Dummheiten/Unsinn/Blödsinn/...ha-
ben Cb 8.1

einen dicken **Kopf** haben De 9.11

einen dicken **Kopf** haben Hd 6.29

einen (ganz) heißen **Kopf** haben Bc 2.15

bloß/nur/... im **Kopf** haben Ic 2.2

einen klaren **Kopf** haben Cd 7.8

nichts im **Kopf** haben Cd 10.9

nichts anderes/... im **Kopf** haben als ... Ic 2.2

einen schweren **Kopf** haben Hd 6.28

wo du/sie/der Emil/... nur (immer) deinen/ihren/sei-
nen/... **Kopf** hast/hat/...! De 2.10

einen/einen halben/einen ganzen/zwei **Kopf** größer/klei-
ner sein als j. Ca 2.6

blas'/blast mir (doch) auf den **Kopf**! Cb 19.18

etw. aus dem **Kopf** sagen/vortragen/... Cd 15.35

jm. brummt der **Kopf** De 23.39 Hd 6.30

jm. dreht sich alles im **Kopf** (herum) De 23.44 Hd 6.33

jm. dröhnt der **Kopf** De 23.41 Hd 6.30

jm. ist ganz dumm im **Kopf** De 23.38

man faßt sich an den **Kopf**! (wenn man so etwas sieht/
hört/...) Cd 2.47

es geht um js. **Kopf** Gb 4.40

das/so eine Idee/... käme ihr/dem Peter/... nicht/
nie/... in den **Kopf** Db 3.9

plötzlich/... kommt es jm. in den **Kopf**, etw. zu tun
Db 3.2

nach seinem (eigenen) **Kopf** handeln/... De 9.7

jm. platzt (noch/schon/...) der **Kopf** De 23.40 Hd 6.31

pro **Kopf** ist das/macht das/... Fb 2.14

jm. raucht der **Kopf** De 23.39

es schießt/Gedanken schießen jm. blitzartig/plötzlich/...
durch den **Kopf** Db 3.3

jm. schwirrt der **Kopf** De 23.38

bei dir/der Klara/... spukt's wohl im **Kopf**? Cd 12.7

du/der Peter/... vergißt/... (aber/aber auch/...) noch
deinen/seinen/... **Kopf**! Db 2.14

dafür verwette ich meinen **Kopf** Db 10.30

dafür/wenn das nicht stimmt/..., laß ich mir den **Kopf**
abhacken Db 10.32

der/die/der Peter/... wird dir/ihm/dem Emil/... schon
nicht/nicht gleich den **Kopf** abreißen! Gb 7.15

jm. den **Kopf** abschlagen Ba 4.22

schließlich/... kommst du/kommt der Peter/... noch mit
dem **Kopf** unterm Arm nach Hause Gb 4.39

eine Belohnung/einen Preis/... auf js. **Kopf** aussetzen
Cc 20.14

etw. genau/... im **Kopf** behalten Db 1.12

klaren **Kopf** behalten/bewahren Cb 20.1

kühlen **Kopf** behalten/bewahren Cb 20.1

den **Kopf** oben behalten Cb 20.1 Cb 21.11

(immer/...) auf seinem **Kopf** beharren/bestehen De 9.5

»was man nicht im **Kopf** hat, muß man in den Beinen
haben» Db 2.17

einen (ganz) roten **Kopf** bekommen/kriegen Cc 29.2
auf den **Kopf** der Bevölkerung entfallen/kommen/. . .
 Fb 2.15
etw. mit seinem **Kopf** bezahlen Ba 2.29
j. kann/soll mir/uns auf den **Kopf** blasen (mit etw.)
 Cb 19.18
jm. steht der **Kopf** nicht nach etw./danach, etw. zu tun
 Hc 2.6
mit einem dicken **Kopf** dasitzen De 23.43 Hd 6.32
seinen **Kopf** durchsetzen Gc 8.3
(immer/. . .) seinen **Kopf** durchsetzen wollen/müssen/. . .
 De 9.5
sich an den **Kopf** fassen/greifen Cd 2.47
ein Gentleman/. . . von **Kopf** bis Fuß sein Ic 1.8
jn. von **Kopf** bis Fuß mustern/prüfen/ansehen/. . . Ic 9.3
jn./sich von **Kopf** bis Fuß neu einkleiden Ca 1.65
jm. den **Kopf** vor die Füße legen Ba 4.22
jn. vom **Kopf** bis zu den Füßen mustern/prüfen/anse-
 hen/. . . Ic 9.3
jm. eins auf/über den **Kopf** geben Cc 26.17
nicht auf den **Kopf** gefallen sein Cd 7.3
jm. (immer wieder/. . .) durch den **Kopf** gehen Db 1.5
es/etw. muß (immer/. . .) nach js. **Kopf** gehen De 9.8
wie vor den **Kopf** gestoßen/geschlagen sein Da 5.9
in den **Kopf** gucken/schauen/sehen kann man keinem/
 niemandem/keinem Menschen Cd 2.46
den **Kopf** in die Hand/Hände stützen Dc 8.10
den **Kopf** hängen lassen Cb 3.20
in js. **Kopf** geht nichts/nichts mehr/. . . herein De 23.37
es geht jm. alles/alles mögliche/das wirrste Zeug/. . . im
 Kopf herum Db 1.8
jm. auf dem **Kopf** herumtanzen Fa 10.24
den **Kopf** hinhalten für jn./etw. Hb 14.34
über js. **Kopf** hinweg entscheiden/. . . Dd 6.19 Ha 2.21
Kopf hoch! Gb 7.6
wenn . . ., dann/sonst/. . . bist du/seid ihr (aber) bald einen
 Kopf kleiner/kürzer Cc 25.26
tun, was jm. (gerade) in den **Kopf** kommt Dd 8.26
etw. sagen/reagieren/. . ., wie es einem (gerade) in den
 Kopf kommt Dd 8.26
aus js. **Kopf** kommt (heute/. . .) nichts mehr/. . . heraus
 De 23.37
Kopf an Kopf stehen/. . . Ia 1.41
das/die Dummheit/. . . wird dich/ihn/den Peter/. . . schon
 nicht/nicht gleich/. . . den **Kopf** kosten Gb 7.16
etw. bringt sie/den Heinz/. . . noch/. . . um **Kopf** und Kra-
 gen Gb 4.10
der/die/der Heinz/. . . bringt sich noch/. . . um **Kopf** und
 Kragen Gb 4.10
es geht (für jn./bei jm.) um **Kopf** und Kragen (bei etw.)
 Gb 4.37
um **Kopf** und Kragen gebracht werden Ba 2.42
jn. **Kopf** und Kragen kosten Ba 2.42 De 25.51
Kopf und Kragen riskieren Gb 4.10
Kopf und Kragen verlieren Ba 2.42
sich vor Verlegenheit/. . . am **Kopf** kratzen Cc 29.17
eins/einen auf/über den **Kopf** kriegen Cc 26.38
jn. einen **Kopf** kürzer machen Ba 4.22
den **Kopf** in den Nacken legen Dc 8.48
den **Kopf** (stolz) in den Nacken werfen Cc 11.54
mit dem **Kopf** nicken Db 13.33
jm. den **Kopf** zwischen die Ohren setzen Cc 24.10
einen **Kopf** wie ein Rathaus haben Db 1.11
arbeiten/. . ., bis jm. der **Kopf** raucht De 12.13
etw. im **Kopf** rechnen/ausrechnen/überschlagen/. . .
 Cd 21.1
seinen **Kopf** retten Ab 8.8

seinen **Kopf** riskieren Gb 4.10
den **Kopf** voller Rosinen/Schrullen/Grillen haben
 Da 3.22
jm. etw. auf den **Kopf** zu sagen Dc 3.28
den **Kopf** in den Sand stecken Db 21.21
j. könnte sich vor den **Kopf** schlagen (daß er etw. nicht
 gewußt/. . . hat) Cd 2.49
sich etw. aus dem **Kopf** schlagen können/müssen/. . .
 Db 2.12
den **Kopf** in die Schlinge stecken Gb 4.24
den **Kopf** aus der Schlinge ziehen Ab 8.7
»**Kopf** oder Schrift?« Dd 6.35
seinen/den **Kopf** an js. Schulter legen Dc 8.61
den **Kopf** schütteln Db 14.21
über so einen Unsinn/. . . kann ich/er/der Peter/man/. . .
 (doch) nur/bloß den **Kopf** schütteln Cd 2.47
der **Kopf** wird/ist jm. schwer De 23.38
sich etw. in den **Kopf** setzen Dd 3.29
ein **Kopf** für sich sein Cb 6.7
(aber auch/. . .) einen **Kopf** haben wie ein Sieb Db 2.13
auch wenn . . ., (dann) kann er/können die/. . . ihr/dem
 Peter/den ander(e)n/. . . (noch lange/. . .) nicht/. . . auf
 den **Kopf** spucken Ig 2.9
jm. auf den **Kopf** spucken können Ca 2.6
jm. auf den **Kopf** spucken können (in etw.) Ig 1.14
sich (von jm.) nicht auf den **Kopf** spucken lassen Gc 6.7
nicht/schon nicht mehr/. . . wissen, wo einem der **Kopf**
 steht Ga 3.5
jm. in den **Kopf** steigen Cc 11.68
jm. in den **Kopf** steigen Hd 6.10
jm. zu **Kopf**(e) steigen Cc 11.68
jm. zu **Kopf**(e) steigen Hd 6.10
alles/die ganze Wohnung/. . . auf den **Kopf** stellen
 Ab 12.13 Ac 10.6
und wenn sich j. auf den **Kopf** stellt, es geht nicht/ich
 mach es nicht/. . . Db 15.6 De 28.9
jn. vor den **Kopf** stoßen Cb 13.7
jn. mit dem **Kopf** auf etw. stoßen Db 1.18
den **Kopf** hoch tragen Cc 11.31
einen **Kopf** wie eine Trommel haben De 23.42
den **Kopf** zur Tür hereinstecken Ea 5.12
jm. den **Kopf** verdrehen Ed 1.39
den **Kopf** verlieren Cb 17.5
j. hat den **Kopf** mit seinen eigenen/. . . Dingen/Proble-
 men/. . . voll (so daß er nicht helfen/. . . kann/. . .)
 De 11.13
jm. über den **Kopf** wachsen Ga 8.11
jm. über den **Kopf** wachsen De 11.7
(immer/. . .) mit dem **Kopf** durch die Wand müssen/ge-
 hen/wollen De 9.13
jm. anständig/tüchtig/ordentlich/. . . den **Kopf** waschen
 Cc 24.41
den **Kopf** (noch/noch so eben/. . .) über Wasser halten
 Fb 5.9 Ga 4.17
jm. Beleidigungen/Grobheiten/Vorwürfe/. . . an den **Kopf**
 werfen Dc 3.29
jm. nicht aus dem **Kopf** wollen Db 1.6
jm. nicht in den **Kopf** wollen Cd 2.38
jm. den **Kopf** zurechtrücken/(zurechtsetzen) Cc 24.10
ein helles **Köpfchen** sein Cd 7.7
ein kluges **Köpfchen** sein Cd 7.4
Köpfchen haben Cd 7.7
Köpfchen muß man haben! Cd 7.18
immer **Köpfchen**! Cd 7.18
Köpfchen! Köpfchen! Cd 7.18
zwei/drei/. . . **Köpfe** größer/kleiner sein als j. Ca 2.6
die besten **Köpfe** des Landes/Unternehmens/. . . Fa 4.4

sich blutige **Köpfe** holen Gc 3.35

tausend **Köpfe**, tausend Meinungen Db 17.14

arbeiten/. . ., bis jm. die **Köpfe** rauchen De 12.13

sich die **Köpfe** heiß reden Dc 1.88

die Besatzung eines Schiffes/. . . ist . . . **Köpfe** stark Ia 5.15

die **Köpfe** zusammenstecken Dc 1.157

am **Kopfende** eines Bettes/einer Bahre/. . . De 22.22

jm. **Kopfschmerzen** machen Cb 3.35

sich **Kopfschmerzen** machen wegen/über jn./etw.
  Cb 3.31

Unsummen/. . . auf den **Kopp**/(Kopf) hauen Fb 8.5

jm. einen **Korb** geben Ea 10.4

sich einen **Korb** holen Ea 10.5

einen **Korb** kriegen/bekommen Ea 10.5

(ab/los/husch husch) ins **Körbchen**! De 22.14

ein **Korinthenkacker** sein Ic 10.6

(sich) etw. aufs **Korn** nehmen Dd 3.8

kornblumenblau Ac 5.14

etw. mit einem **Körnchen** Salz verstehen/auffassen/nehmen (müssen) Db 4.27

ein **Körnchen** Wahrheit steckt in etw. Cc 13.17

der **Körper** verlangt sein Recht De 23.18 Hd 4.6

Korrektur lesen Cd 20.61

nicht ganz **koscher** sein Cc 18.5

sich kein **Korsett** anlegen lassen Fa 23.24 Gc 6.5

sich nicht in ein **Korsett** zwängen lassen Fa 23.24 Gc 6.5

(eine) leichte **Kost** De 19.21

eine schmale **Kost** Fb 9.20

eine schwere **Kost** De 20.25

jn. in **Kost** nehmen Hd 4.85

koste es, was es wolle De 8.5

auf anderleuts **Kosten** etw. tun Hb 14.31

auf js. **Kosten** gehen Hb 14.30

auf **Kosten** gehen von jm./etw. Hb 14.30

auf seine **Kosten** kommen (in/bei etw.) Hb 9.16

weder **Kosten** noch Mühen scheuen (um etw. zu lösen/. . .) De 13.30

die **Kosten** für etw. tragen Fb 3.7

sich e-e S. etwas **kosten** lassen Fb 3.4

kein **Kostverächter** sein Hd 4.28

vor jm. einen **Kotau** machen Fa 17.8

auf hohem **Kothurn** einherschreiten Cc 11.23

auf **Kothurnen** schreiten Cc 11.23

Kotzebues Werke studieren Bc 2.25

zum **Kotzen** sein Cc 32.3

j. findet etw. zum **Kotzen** Cc 32.2

das große **Kotzen** kriegen Cc 32.4

Krach machen Dc 9.6

Krach schlagen/machen Gc 6.26

arbeiten/schuften/. . . daß es nur so **kracht** De 12.9

in **Kraft** sein Dd 6.39

die treibende **Kraft** sein (bei/in etw.) De 13.74 Fa 18.17

mit aller **Kraft** etw. tun/versuchen/. . . De 13.59

aus eigener **Kraft** etw. erreichen/schaffen/. . . Fa 24.5

mit geballter **Kraft** auf jn. losgehen/. . . Gc 2.7

Kraft haben wie ein Berserker Ca 3.4

in **Kraft** bleiben Dd 6.40

vor **Kraft** nicht mehr laufen können Ca 3.6

etw. außer **Kraft** setzen Dd 6.42

etw. in **Kraft** setzen Dd 6.38

vor **Kraft** strotzen Ca 3.1

außer **Kraft** treten Dd 6.41

in **Kraft** treten Dd 6.39

volle/halbe **Kraft** voraus Ab 6.6

Kräfte wie ein Bär haben Ca 3.4

Kräfte haben wie ein Berserker Ca 3.4

über js. **Kräfte** gehen De 20.39

seine/die **Kräfte** mit jm. messen Gc 3.27

neue **Kräfte** sammeln Aa 16.6

(noch/wieder/. . .) bei **Kräften** sein Bc 1.9

nach besten **Kräften** etw. tun/versuchen/. . . De 13.41

mit vereinten **Kräften** vorgehen/etw. versuchen/. . .
  Db 16.25

aufpassen/. . ., daß man bei **Kräften** bleibt Bc 1.20

(wieder) zu **Kräften** kommen Bc 1.12

alles tun/. . ., was in seinen **Kräften** steht De 13.43

ein **Kraftprotz** (sein) Ca 3.5

es geht jm. an den **Kragen** Gb 4.38

jm. platzt der **Kragen** Cb 16.3

jn. den **Kragen** kosten De 25.51

jn. am/beim **Kragen** packen/fassen/nehmen und . . .
  Ea 10.23

wenn . . ., dann drehe ich/dreht der Meier/. . . ihm/dem Schulze/. . . den **Kragen** um Cb 16.29

nicht js. **Kragenweite** sein Eb 2.18

etw. ist nicht js. **Kragenweite** Hc 5.7

eine **Krähe** hackt der anderen kein Auge aus Hb 6.16

jn./etw. (fest/. . .) in seinen **Krallen** haben Fa 10.17

nicht mehr hergeben/herausrücken/loslassen/. . ., was man einmal in seinen **Krallen** hat Fb 1.29

die **Krallen** einziehen Gc 10.14

jn./etw. in seine/die **Krallen** kriegen Fb 1.12

nicht mehr aus den/seinen **Krallen** lassen, was man einmal hat/. . . Fb 1.29

jm. seine/die **Krallen** zeigen (müssen) Gc 6.13

alter **Kram** Ac 10.16 Cd 18.2

der ganze **Kram** Ia 2.16

für/um jeden **Kram** Ia 3.19

der übliche **Kram** Cd 18.2

kümmer' dich/kümmert euch/. . . um deinen/euren/. . . eigenen **Kram**! Db 15.36 Fa 7.19

jeden **Kram** behandeln/diskutieren/. . . Ia 3.20

mach'/macht/. . . (doch) deinen/euren/. . . **Kram** allein(e)! Ia 15.67

seinen **Kram** vor allen/allen möglichen Leuten/aller Welt/. . . ausbreiten Dc 3.74

jm. den (ganzen) **Kram** vor die Füße schmeißen/werfen De 15.66

(dauernd/. . .) andern/anderen Leuten/. . . in ihren **Kram** hineinreden/(he)reinreden Fa 7.8

den (ganzen) **Kram** hinschmeißen/hinwerfen De 15.66

sich um jeden **Kram** kümmern Fa 7.2

j. soll sich um seinen eigenen **Kram** kümmern Fa 7.19

sich um jeden **Kram** (selbst) kümmern (müssen) De 11.12

den **Kram** leid sein Hc 6.18

j. soll (doch) seinen **Kram** allein(e) machen! De 15.67

jm. (gut/blendend/. . .) in den **Kram** passen Hb 7.9

jm. nicht in den **Kram** passen Hb 8.3

den **Kram** satt haben/sein Hc 6.18

j./etw. macht jn. (noch/noch ganz/ganz) **krank** Cb 15.17

du bist/der Meier ist/. . . wohl **krank**! Cd 12.11

eine Lungenentzündung/. . . wirft jn. aufs **Krankenlager** Bc 2.2

zum **Kranklachen** sein Cb 10.3

das ist (ja) zum **Kranklachen** Cb 10.3

sich **kranklachen** Cb 10.10

sich **krankmelden** Bc 2.48

sich **krankschreiben** lassen Bc 2.48

wenn j. etw. tut, dann kann er sich gleich/sofort einen **Kranz** schicken lassen Gb 4.12

das/es ist, um die **Krätze** zu kriegen (mit jm./etw.) Ga 10.15

wenn ich sehe/der Meier sieht/. . ., was/wie/. . ., könnte ich/er/. . . die **Krätze** kriegen Ga 10.16

einen **Kratzfuß** machen Ea 6.13
vor jm. einen **Kratzfuß** machen Fa 17.9
das macht das **Kraut** (auch) nicht fett Ha 5.34
gegen jn./etw. ist kein **Kraut** gewachsen Fa 14.21
in/. . . liegt/fliegt/geht/. . . alles wie **Kraut** und Rüben
   durcheinander Ac 10.8
ins **Kraut** schießen Id 2.58
ein (richtiges/. . .) **Kräutchen-rühr-mich-nicht-an** sein
   Cb 12.4
jn. zu seiner **Kreatur** machen Fa 10.32
im **Krebsgang** gehen Aa 6.30
bei jm. **Kredit** haben Eb 1.9
einen **Kredit** aufnehmen (bei einer Bank/. . .) Fb 15.54
etw. auf **Kredit** kaufen Fb 15.41
den/seinen **Kredit** bei jm. verlieren Eb 2.39
bleich wie **Kreide** sein/werden Da 6.13
bei jm. (tief) in der **Kreide** sein/stehen/stecken/sitzen
   Fb 5.8
immer tiefer/. . . in die **Kreide** geraten/kommen (bei jm.)
   Fb 5.3
im engsten **Kreis** (der Familie/seiner Freunde/. . .)
   Ea 4.33 Ed 5.30
in kleinem/kleinstem **Kreis** (stattfinden/. . .) Ea 4.34
jm. dreht sich alles im **Kreis(e)** (herum) Bc 3.1
sich im **Kreis** drehen Aa 6.29
im **Kreis** gehen/sich im Kreis drehen/bewegen Dc 5.66
im **Kreis** gehen Ab 3.19
den **Kreis** schließen Dc 5.43
die besseren/höheren **Kreise** Fa 5.2
weite **Kreise** der Bevölkerung/. . . Ia 1.56
js. **Kreise** stören Ga 2.2
(seine) **Kreise** ziehen Dd 10.14
weite **Kreise** ziehen Dd 10.14
in meinen/deinen/. . . **Kreisen** Ea 4.35
in unseren/. . . **Kreisen** Fa 5.2
aus gut unterrichteten **Kreisen** erfahren/. . . Cd 15.13
in den **Kreisen**, in denen/wo j. verkehrt/. . . Ea 4.35
alter **Krempel** Ac 10.16
der ganze **Krempel** Ia 2.16
jm. den (ganzen) **Krempel** vor die Füße schmeißen/wer-
   fen De 15.66
den (ganzen) **Krempel** hinschmeißen/hinwerfen De 15.66
Krethi und Plethi Ia 2.12 Ia 8.6
alles, was da **kreucht** und fleucht Ia 2.11
es ist ein **Kreuz** mit jm./etw. De 20.26
mit jm. über/(übers) **Kreuz** sein Ec 2.9
sein (liebes) **Kreuz** mit jm. haben De 20.3
es im **Kreuz** haben Bc 2.28
aufs **Kreuz** fallen Ab 3.56
aufs **Kreuz** fallen Cc 16.61
jn. aufs **Kreuz** legen Cc 16.27
über jn./etw. das **Kreuz** machen können De 16.11
ein **Kreuz** steht hinter js. Namen Ba 5.13
ein **Kreuz** hinter js. Namen setzen Ba 5.13
das **Kreuz** nehmen Cc 35.17
das **Kreuz** predigen Cc 35.17
die **Kreuz** und die Quer(e) durch eine Stadt/einen Wald/
   ein Land/. . . gehen/fahren/. . . Ab 3.14
kreuz und quer durch eine Stadt/einen Wald/ein Land/. . .
   gehen/fahren/. . . Ab 3.14
das **Kreuz** schlagen Cc 35.19
jn. ans **Kreuz** schlagen Cc 35.4
am **Kreuz** sterben Cc 35.3
(tapfer/. . .) sein **Kreuz** tragen Cb 21.12
sein **Kreuz** zu tragen haben Cb 3.5
vor jm. zu **Kreuze** kriechen Gc 10.19
drei **Kreuze** hinter jm./etw. machen Ga 7.5

drei **Kreuze** unter ein Schriftstück/. . . machen/setzen
   Aa 8.12 Cd 20.6
den **Kreuzestod** erleiden Cc 35.3
den **Kreuzestod** sterben Cc 35.3
jn. ins **Kreuzverhör** nehmen Cc 20.52
das **Kreuzzeichen** machen Cc 35.19
zum/zu einem **Kreuzzug** aufrufen Cc 35.17
ein häuslicher **Krieg** Gc 3.48
im **Krieg** bleiben Ba 2.37
einem Land/. . . den **Krieg** erklären Gc 4.45
Krieg und Frieden Gc 4.103
ein **Krieg** an/nach zwei Fronten führen Gc 4.89
Länder/. . . mit **Krieg** überziehen Gc 4.45
Krieg zu Wasser/zu Lande/in der Luft Gc 4.102
in den **Krieg** ziehen Gc 4.10
ich **krieg** noch/er kriegt noch/. . . zuviel (mit jm./von
   etw.)! Hc 6.11
nicht/. . . genug **kriegen** (können) von etw. Id 2.1
jn./etw. satt **kriegen** Hc 6.9
zuviel **kriegen** mit jm./von etw. Hc 6.11
kriegst du/kriegt Herbert/. . . das (eigentlich) öfter?
   Cb 6.21 Cd 12.23
ein müder **Krieger** sein De 14.5
das **Kriegsbeil** ausgraben Gc 3.13
das **Kriegsbeil** begraben Gc 13.6
in voller **Kriegsbemalung** erscheinen/. . . Ca 1.52
auf **Kriegsfuß** mit jm./etw. stehen Ec 2.11
auf **Kriegsfuß** mit etw. stehen Cd 4.26
Kriegsrat halten Dd 5.8
zum **Kringeln** sein Cb 10.5
das ist (ja) zum **Kringeln**! Cb 10.5
an der **Krippe** sitzen Hb 9.21
klar wie (ein) **Kristall** (sein) Ac 5.1
das/etw. ist unter aller **Kritik** Ic 7.19
über alle/jede **Kritik** erhaben sein Ic 3.20
Krokodilstränen heulen/vergießen/weinen Cb 11.19
(ganz schön) einen in der **Krone** haben Hd 6.17
das setzt doch allem die **Krone** auf! Cc 33.22
jm./sich die **Krone** aufsetzen/aufs Haupt setzen Fa 11.8
die **Krone** des Ganzen ist:. . . Cc 33.31
was ist dir/ihr/dem Meier/. . . (denn bloß/bloß/. . .)
   in die **Krone** gefahren? Cb 6.19 Cd 12.21
die **Krone** niederlegen De 15.69
die **Krone** der Schöpfung Ed 5.2
jm. in die **Krone** steigen Cc 11.68
jm. in die **Krone** steigen Hd 6.10
jm. geht ein **Kronleuchter** auf Cd 1.30
überflüssig wie ein **Kropf** sein Ha 10.5
ein **Krösus** sein Fb 6.18
kein **Krösus** sein Fb 7.3
eine freche **Kröte** sein Cc 9.3
eine giftige **Kröte** sein Cc 8.8
eine kleine **Kröte** sein Ca 2.9 Cc 8.7
ein paar **Kröten** Fb 3.20
seine letzten **Kröten** ausgeben Fb 3.11
(sich) seine **Kröten** sauer verdienen müssen De 12.19
an **Krücken** gehen Da 2.36
jm. ist ein **Krümel** in die falsche Kehle geraten Hd 4.99
krumm und bucklig sein Ca 1.34
jn. **krumm** und lahm schießen/schlagen/. . . Cc 26.16
krumm und schief hängen/sitzen/. . . Ac 10.13
sich **krümmen** und winden Cc 14.32
sich **krummlegen** müssen Fb 9.6
schon wieder/. . . **krummliegen** Fb 4.6
jm. etw. **krummnehmen** Cb 13.25
jn. zum **Krüppel** schlagen Cc 26.16
Kübel voll Schmutz über jn. ausgießen Db 19.13

dauernd/den ganzen Tag/... in der **Küche** stehen/sein Hd 4.84

auftischen/auffahren/..., was **Küche** und Keller zu bieten haben Hd 5.45

sich den **Kuchen** teilen Fb 2.11

geh'/geht/... zum **Kuckuck**! Cb 19.16

hol' dich/ihn/sie/... der **Kuckuck**! Cb 19.16

hol's der **Kuckuck**! Cb 19.9

auf einem Möbelstück/... klebt der **Kuckuck** Fb 5.22

scher' dich/schert euch/... zum **Kuckuck**! Cb 19.16

... (das) weiß der **Kuckuck**! Ih 4.20

weiß der **Kuckuck** wo/wie/wann/ob/... Ih 4.20

zum **Kuckuck** (nochmal/noch einmal)! Cb 19.8

zum **Kuckuck** mit dem Herbert/der Anna/...! Cb 19.17

zum **Kuckuck** sein Ac 11.21

den **Kuckuck** danach fragen, ob... Ha 8.3

zum **Kuckuck** gehen Ac 11.10

der **Kuckuck** soll dich/ihn/sie/... holen! Cb 19.16

der **Kuckuck** soll mich holen, wenn...! Db 15.1

jn. zum **Kuckuck** jagen Ea 10.17

mit Blumenkohl/Bratkartoffeln/... kann man/kannst du/... sie/... zum **Kuckuck** jagen Eb 2.13

den **Kuckuck** auf ein Möbelstück/... kleben Fb 5.22

sich den **Kuckuck** um jn./etw. scheren Ha 8.3

jn. zum **Kuckuck** wünschen Eb 2.32

in drei **Kuckucks** Namen kann/soll/... j. etw. tun Fa 8.14

jm. ein **Kuckucksei** ins Nest legen Cc 16.26

sich eine **Kugel** durch/in den Kopf schießen/jagen Ba 3.7

eine ruhige **Kugel** schieben De 14.13

zum **Kugeln** sein Cb 10.5

das ist (ja) zum **Kugeln**! Cb 10.5

(fast) **kugelrund** sein Ca 4.9

eine melkende **Kuh** sein Fb 15.112

dastehen/ein Gesicht machen/... wie eine **Kuh**, wenn's donnert Cd 12.40 Da 5.14

die **Kuh** des kleinen Mannes sein Fb 15.113

dastehen/... wie die **Kuh** vorm/am Scheunentor Ga 9.3

zu etw. taugen wie die **Kuh** zum Seiltanzen Cd 4.7

von etw. so viel verstehen wie die **Kuh** vom Sonntag Cd 2.10

blinde **Kuh** mit jm. spielen Cc 16.48

dastehen/... wie die **Kuh** vorm/am neuen Tor Ga 9.3

was j. sich leistet/..., das geht auf keine **Kuhhaut**! Cc 33.29

wie kommt **Kuhscheiße** aufs Dach? Fa 3.10

sich hinter den **Kulissen** abspielen/... Cc 17.4

hinter die **Kulissen** gucken/schauen/sehen Cd 9.6

einen **Kult** mit etw./jm. treiben Id 2.29

den **Kümmel** aus dem Käse suchen Ic 10.5

was hast du/hat Erich/... (denn) für **Kummer**? Cb 3.67

das/etw. ist mein/sein/... geringster **Kummer**! Ha 5.32

(an) **Kummer** gewöhnt sein Cb 3.69

der **Kummer** nagt/frißt an js. Herzen Cb 3.29

jm. **Kummer** machen Cb 3.36

Kummer und Not Cb 3.75

in **Kummer** und Not leben Cb 3.7

Kummer und Sorge Cb 3.75

sich **Kummerspeck** angefressen haben Ca 4.11

wen **kümmert** es/was kümmert's dich/Peter/..., ob... Ha 8.6

(jm.) etw. **kund** und zu wissen tun Dc 3.4

ein fauler **Kunde** sein Cc 18.27 De 14.6

ein übler **Kunde** sein Cc 7.6

seine/die **Kündigung** einreichen De 15.59

auf **Kundschaft** ausgehen Gc 4.66

jn. auf **Kundschaft** ausschicken Gc 4.66

etw. ist eine brotlose **Kunst** Fb 15.117

das/etw. zu tun ist keine **Kunst** De 19.6

was macht die **Kunst**? Ea 9.6

die schwarze **Kunst** Cc 8.18

mit seiner **Kunst** am Ende sein Ga 4.24

die/alle ärztliche **Kunst** ist vergeblich Bc 2.70

die sieben freien **Künste** Cd 19.66

alle **Künste** aufbieten De 13.35

sich (als Schauspieler/...) einen **Künstlernamen** zulegen Cd 20.54

eine **Kunstpause** machen Dc 2.2

das/etw. zu tun ist kein **Kunststück** De 19.6

jm. **Kunststücke** beibringen/zeigen/... Cd 19.5

zur/in **Kur** fahren/gehen Bc 1.16

jn. in die **Kur** nehmen Cc 24.18

unter **Kuratel** stehen Fa 13.11

jn. unter **Kuratel** stellen Fa 14.8

ein harter **Kurs** Fa 11.25

einen harten **Kurs** steuern/... Fa 11.25

ein weicher **Kurs** Fa 11.26

den **Kurs** ändern Fa 11.27

der **Kurs** ändert sich Aa 6.50 Fa 11.30

einen anderen/neuen/entgegengesetzten/... **Kurs** einschlagen Fa 11.27

einen **Kurs** über etw. geben/halten/abhalten Cd 19.62

den **Kurs** halten Ab 5.35

Kurs halten auf (einen Ort/...) Ab 5.34

Kurs nehmen auf (einen Hafen/einen Flugplatz) Ab 5.34

etw. außer **Kurs** setzen Dd 6.43

hoch im **Kurs** stehen (bei jm./in/...) Eb 1.8

der **Kurs** einer bestimmten Gesellschaft/... steht (zur Zeit/...) auf/bei... Fb 15.60

die **Kurse** (an der Börse) fallen/sinken/... Fb 15.61

die **Kurse** (an der Börse) steigen/erholen sich/... Fb 15.61

einen **Kurswechsel** vornehmen Fa 11.27

mit 80 (km)/90 (km)/einem Affenzahn/... in die **Kurve** gehen Aa 14.37

aus der **Kurve** geschleudert werden Ab 5.11

aus der **Kurve** getragen werden Ab 5.11

die **Kurve** herausverhaben (wie man etw. macht) Cd 5.6

die **Kurve** kratzen Ab 7.9

wieder/noch/... die **Kurve** kriegen Ga 6.34

eine **Kurve** elegant/mit 100/... nehmen Ab 5.10

eine **Kurve** schneiden Ab 5.10

kurz: Dc 1.20

kurz nach... Uhr/... Aa 1.56

kurz vor... Uhr/... Aa 1.6

kurz und bündig erklären/... Dc 1.12

kurz und gut: Dc 1.20

kurz und klar zusammenfassen/... Dc 1.13

kurz und knapp formulieren/... Dc 1.13

über **kurz** oder lang Aa 1.55

kurz und schmerzlos sich entschließen/... Aa 19.7

kurz und treffend kennzeichnen/... Dc 1.13

in **Kürze** Aa 1.41

in aller **Kürze** erledigen/erzählen/... Aa 14.5

in der **Kürze** liegt die Würze Dc 1.27

binnen **kurzem** Aa 1.41 Aa 14.1

seit **kurzem** Aa 1.14

vor **kurzem** Aa 1.1

kurzerhand Aa 19.7

kurzfristig Aa 1.70

jn. **kurzhalten** Fa 19.26

einen **Kurzschluß** haben Cb 17.11

du hast/er hat/... wohl **Kurzschluß** im Gehirn? Cd 12.14

eine **Kurzschlußreaktion** sein Cb 17.11

kurzsichtig (sein) Ac 6.49 Cd 11.1

kurztreten müssen (mit etw.) Cc 12.5 Fb 9.5
allerlei **Kurzweil** treiben Hd 2.13
etw. mit **Kußhand** annehmen Hb 9.31
jm. eine **Kußhand** zuwerfen Ea 8.4
jm. **Kußhände** zuwerfen Ea 8.4
und wer **küßt** mich? Hb 14.21
die **Kutte** nehmen Cc 35.28
l.L.! Cd 2.31
l.l.L.! Cd 2.31
l.m.a.A.! Cb 19.19
so **lala** Ic 5.15
ein langer **Laban** (sein) Ca 2.4
daß ich nicht **lache!** Db 6.12
das/etw. kostet jn. nur ein müdes **Lächeln** Cd 18.9
süßsauer/sauersüß **lächeln** Cb 5.11 Cb 10.29
sich ausschütten vor **Lachen** Cb 10.16
sich biegen vor **Lachen** Cb 10.12
brüllen vor **Lachen** Cb 10.15
sich eckig **lachen** Cb 10.11
sich (gar) nicht mehr/nicht einkriegen können vor **Lachen** Cb 10.17
sich eins **lachen** Cb 2.43
dabei gibt's/ist nichts zu **lachen** Cc 13.24
was gibt's/ist (denn) da/dabei zu **lachen**? Cc 13.24
j. hat gut **lachen** Hb 13.14
sich halbtot **lachen** Cb 10.10
sich (gar) nicht mehr/nicht halten können vor **Lachen** Cb 10.17
können vor **Lachen!** Ii 2.9
sich krumm und schief **lachen** Cb 10.10
sich **krümmen** vor **Lachen** Cb 10.12
sich kugeln/kringeln vor **Lachen** Cb 10.12
laß' mich/laßt mich/laßt uns (nicht) **lachen!** Db 6.12
lauthals **lachen** Cb 10.8
(fast) platzen vor **Lachen** Cb 10.14
ein sardonisches **Lachen** Cb 10.27
schreien vor **Lachen** Cb 10.15
sich schütteln vor **Lachen** Cb 10.14
sich wälzen vor **Lachen** Cb 10.12
wiehern vor **Lachen** Cb 10.15
du wirst/ihr werdet/... **lachen!** Dc 5.120
das/etw. ist (ja/doch) zum **Lachen** Db 6.12
Lachen ist gesund Cb 10.26
nichts zu **lachen** haben bei jm./in/auf/... Fa 19.5
sich vor **Lachen** in die Hose(n) machen/pinkeln/scheißen Cb 10.18
(sich) das **Lachen** verbeißen (müssen) Cb 10.22
das **Lachen** wird dir/ihm/der Frau Schulze/... schon/noch/schon noch vergehen Cc 13.25 Da 4.13
zugleich/... **lachen** und weinen Cb 10.20
vor **Lachen** weinen Cb 10.19
sich des **Lachens** kaum/nicht erwehren können Cb 10.7
die **Lacher** auf seiner Seite haben Cb 9.13
versuchen/alles tun/..., um die **Lacher** auf seine Seite zu ziehen/kriegen/bringen Cb 9.13
etw. ins **Lächerliche** ziehen Db 19.29
jn./etw. der **Lächerlichkeit** preisgeben Db 19.30
da kriege ich/kriegt der Maier/... ja einen **Lachkrampf!** Db 6.14
auf die **Lachmuskeln** wirken Cb 10.25
du **lachst** dich krank/weg/da lachst du ... Cb 10.5
(und) fertig ist der **Lack!** Ga 6.26
da/von jm. ist der **Lack** ab Ca 1.19
wie ein **Lackaffe** aussehen/herumlaufen/... Ca 1.53
der **Lackierte** Cc 16.65
ein müder **Laden** sein Aa 20.8
den (ganzen) **Laden** durcheinander bringen Ga 2.3

den **Laden** hinschmeißen De 15.66
den **Laden** dicht machen (können) De 15.82
den (ganzen) **Laden** in Ordnung bringen Ga 5.8
den (ganzen) **Laden** schmeißen Ga 6.18
wir werden/j. wird den **Laden** schon schmeißen Ga 6.16
den **Laden** zumachen (können) De 15.82
ein (alter) **Ladenhüter** Fb 15.19
(noch) kurz vor **Ladenschluß** (etw. tun) Aa 1.73
etw. unter dem **Ladentisch** kaufen/verkaufen Fb 15.88
eine geballte **Ladung** Dreck/Schnee/Kritik/... Ia 1.54
in der **Lage** sein, etw. zu tun Cd 3.48
in einer ausweglosen **Lage** (sein) Ga 4.23
die **Lage** beherrschen Ga 6.50
jn./etw. in eine unangenehme/mißliche/verzwickte/... **Lage** bringen Ga 4.7
nach **Lage** der Dinge Aa 6.98
nicht in js. **Lage** sein mögen Ga 4.32
die **Lage** sondieren Cd 15.17
jn. in die **Lage** versetzen, etw. zu tun Cd 3.50
sich in js. **Lage** versetzen Cd 1.48
Ersatzteile/... auf/(im) **Lager** haben Fb 15.77
Geschichten/Anekdoten/Witze/Vorschläge/Ideen/... auf **Lager** haben Dc 1.146 Fb 1.2
das **Lager** abbrechen Ab 4.4
ein/das/sein **Lager** aufschlagen Ab 4.36 Gc 4.36
eine Gruppe/eine Partei/... ist in zwei/mehrere/verschiedene/... **Lager** gespalten Db 17.8
sich in zwei/mehrere/verschiedene/... **Lager** spalten Db 17.8
in ein anderes/ins gegnerische/ins feindliche **Lager** überwechseln/übergehen Db 11.4
von einem **Lager** ins andere wechseln Db 11.4
ein (völliger/blutiger) **Laie** sein in etw./auf einem Gebiet/... Cd 2.6
da staunt der **Laie** und der Fachmann wundert sich Da 7.17
etw. (so) aus der kalten/freien **Lamäng** machen De 19.8
geduldig sein wie ein **Lamm** Aa 11.4
sanft wie ein **Lamm** sein Gc 10.7
(ganz schön) einen auf der **Lampe** haben Hd 6.17
sich (anständig/...) einen/(eins) auf die **Lampe** gießen Hd 6.7
Lampenfieber haben Cc 29.14 Gb 6.39 Hd 10.10
auf dem **Land** Ab 4.37
aufs **Land** gehen/fahren/... Ab 4.37
auf dem flachen/(platten) **Land** Ab 4.37
das Gelobte **Land** Cc 35.18
das Heilige **Land** Cc 35.18
auf trockenem **Land** ankommen/... Ab 6.33
über **Land** fahren/radeln/... Ab 4.39
(wieder) festes **Land** unter den Füßen haben Ab 6.35
an **Land** gehen/steigen Ab 6.35
ins **Land** gehen Aa 2.11
an/ans **Land** geschwemmt werden Ab 6.25
zusehen, daß man **Land** gewinnt Ga 7.11
Land und Leute kennen/... Ia 1.49
über **Land** und Meer fahren/reisen/... Ab 4.41
das **Land**, wo Milch und Honig fließt Da 3.12
das **Land** der unbegrenzten Möglichkeiten Ab 4.56
bleib(e) im **Land** und nähre dich redlich De 12.24
ans/an **Land** schwimmen Ab 6.27
(schon/wieder/...) **Land** sehen Ga 6.40
es ist noch (immer) kein **Land** in Sicht Aa 2.13
das **Land** meiner/seiner/... Träume/(Sehnsucht) Da 3.7
das **Land** meiner/deiner/... Väter Ba 1.21
das **Land** der Verheißung Cc 35.18
zu **Land** und zu Wasser (irgendwohin fahren können/...) Ab 4.41

jn./etw. an **Land** ziehen Fb 1.19
aufs **Land** ziehen Ab 4.37
ins **Land** ziehen Aa 2.11
landauf, landab Ab 2.4 Ab 4.39
landaus, landein Ab 4.39
in fernen **Landen** Ab 4.47
bei jm. nicht **landen** können (mit etw.) De 25.66
in ferne **Länder** reisen/fliegen/... Ab 4.15
andere **Länder**, andere Sitten If 4.13
außer **Landes** gehen Ab 7.24
jn. des **Landes** verweisen Fa 14.11
faul/untätig/... in die **Landschaft** gucken/schauen/...
De 14.26
faul/untätig/... in der **Landschaft** herumschauen/herum-
gucken/... De 14.26
(da) (dumm/blöd/...) in der **Landschaft** herumsitzen/
herumstehen/... De 14.26
etw. so/einfach so/... in die **Landschaft** werfen/sprit-
zen/... Ac 10.11
fluchen/schimpfen wie ein **Landsknecht** Cb 19.1
wie ein **Landstreicher** herumlaufen/... Ca 1.57
(jm.) **lang** und breit (etw.) erzählen/auseinandersetzen/
darlegen/... Dc 1.29
lang und dürr sein Ca 2.5
schon **lange** Aa 1.13
das/etw. ist noch **lange** nicht alles/so dick wie etw. ande-
res/so widerstandsfähig wie .../... Ib 1.52
noch **lange** nicht sagen/behaupten/... (können/...)
Ib 1.54
lange nicht so groß/gut/schnell/tüchtig/... wie ...
Ib 1.52
der **Länge** nach hinfallen/hinschlagen/... Ab 3.56
etw. in die **Länge** ziehen Aa 11.10
sich in die **Länge** ziehen Aa 2.12
jm. eine **langen** Cc 26.29
jm. ein paar **langen** Cc 26.29
die/den Maier/... werde ich mir/wird er sich/... aber/
schon/schon noch/... **langen**! Cc 24.20
(jm.) (etw.) des **langen** und breiten/längeren und breiteren
erzählen/auseinandersetzen/darlegen/... Dc 1.29
vor **Langeweile** einen Gähnkrampf/die Maulsperre krie-
gen De 14.29
langfristig Aa 1.71
(genau/...) wissen/sehen/..., wo's **langgeht** Cd 15.27
nicht wissen/sehen/..., wo's **langgeht** Cd 16.18
nun mal **langsam**! Aa 11.13
langsam, aber sicher Aa 10.8
ein **Langschläfer** (sein) De 22.11
längst nicht so groß/gut/schnell/tüchtig/... wie ...
Ib 1.52
langsam/jetzt/... **langt's** (mir/meinem Vater/...) (aber)
Hc 6.10
eine **Lanze** für jn. brechen Ga 12.52
jm. durch die **Lappen** gehen Ab 8.5
ein ohrenbetäubender **Lärm** (sein) Dc 9.7
Lärm machen Dc 9.6
(das/etw. ist) viel **Lärm** um nichts Ha 5.36
ein **Lärm**, um einen Toten/Tote aufzuwecken Dc 9.7
die **Larve** fallen lassen/(ablegen) Dc 3.63
jm. die **Larve** vom Gesicht reißen/herunterreißen
Dc 3.82
laß/laßt ihn/sie/...! Db 13.50
es bei etw. **lassen** Aa 8.14
(es) dahingestellt sein **lassen** (müssen), ob/wie/wann/...
Ih 4.18
jn. kalt **lassen** Ha 8.9
das hat j. fein gemacht/prima hingekriegt/ausgezeichnet
gelöst/..., das muß man ihm/ihr/ihnen **lassen**! Ih 3.7

jn. weit hinter sich **lassen** (in etw.) Ig 1.9 Ig 3.6
alles unter sich **lassen** Ac 8.15
jm. etw. übrig **lassen** Ia 6.10
jn. ungeschoren **lassen** Cc 27.5
nichts unversucht **lassen** De 13.19
(von) etw. nicht **lassen** können Aa 4.10
sich und ander(e)n eine **Last** sein Dd 11.33
eine süße **Last** (für jn.) sein Hd 2.24
es ist eine **Last** mit jm./etw. De 20.26
seine (liebe) **Last** mit jm./etw. haben De 20.3
die **Last** des Beweises tragen Cc 20.47
unter der **Last** der Beweise zusammenbrechen Cc 20.48
jm. zur **Last** fallen Dd 11.32
jm. (nicht) zur **Last** fallen (wollen) Dd 11.37 Ea 5.9
jm. etw. (nicht) zur **Last** legen (können) Dd 11.12
eine **Last** auf sich nehmen Dd 11.23
jm. eine schwere **Last** auf die Schultern laden Dd 11.35
jm. fällt eine **Last** von der Seele Ga 7.2
die **Last** der Welt auf seinen/den Schultern tragen Cb 3.6
jm. zur **Last** werden Dd 11.32
(ein Betrag/...) zu js. **Lasten** Fb 15.49
zu js. **Lasten** gehen Fb 15.72 Hb 14.30
ein langes **Laster** sein Ca 2.4
dem **Laster** frönen Cc 6.3
(mal wieder/...) dem **Laster** frönen Hd 2.21
ein **Lästermaul** sein Dc 1.106
eine **Lästerzunge** sein Dc 1.106
mit seinem **Latein** am Ende sein Ga 4.24
geh'/geht/... mir/ihm/dem Herrn Baumann/...
(mal/...) aus der **Laterne**! Ac 6.58
jm. geht eine **Laterne** auf Cd 1.30
jn./etw./so einen wie .../... muß/kann man mit der **La-
terne** suchen Cc 5.17 Ig 1.1
j. wäre/ist fast/beinahe aus den **Latschen** gekippt, als .../
vor Schreck/vor Überraschung/... Da 5.13
eine lange **Latte** sein Ca 2.4
(sie) nicht alle auf der **Latte** haben Cd 12.6
(sie) nicht mehr alle auf der **Latte** haben Cd 12.33
eine lange/ganze **Latte** von Wünschen/Rechnungsposten/
Beschwerden/... Ia 5.13
jm. eine vor den **Latz** knallen/hauen/donnern Cc 26.31
was/ein paar vor den **Latz** (geknallt) kriegen Cc 26.36
für **lau** Fb 14.2
(und) fertig ist die **Laube**! Ga 6.26
sich auf die **Lauer** legen Ab 9.6
auf der **Lauer** liegen Ab 9.6
der **Lauf** der Dinge ... Aa 6.99
das/etw. ist der **Lauf** der Dinge/(Welt) Aa 6.99
den Ereignissen/den Verhandlungen/der Entwicklung/...
ihren (freien) **Lauf** lassen Fa 8.3
seinen **Lauf** nehmen Aa 6.23
nun/jetzt/... wird/muß/... etw. seinen **Lauf** nehmen
Aa 6.24
das ist der **Lauf** der Welt! Fa 8.17
ich bin doch nicht/der Schulze ist doch nicht/... dein/
sein/... **Laufbursche**! Gc 6.11
im **Laufe** der Zeit/der Jahre/der folgenden Wochen/...
Aa 1.51
auf und davon **laufen** Ab 7.15
etw. (einfach) **laufen** lassen Fa 8.4
auf dem **laufenden** sein (über jn./etw./was jn. betrifft)
Cd 15.1
jn. auf dem **laufenden** halten (über jn./etw.) Cd 15.19
sich auf dem **laufenden** halten (über jn./etw.) Cd 15.1
sich wie ein **Lauffeuer** verbreiten Cd 17.33
jm. den **Laufpaß** geben De 15.72
das/es/etw. **läuft** wie geölt De 19.13

das/es/etw. **läuft** wie geschmiert De 19.13
es **läuft** (für jn.) auf eins hinaus/auf dasselbe hinaus/auf
  das gleiche hinaus, ob . . . oder ob/. . . Ha 8.14
ein Motor/. . . **läuft** leer Ab 5.3
da/in der Richtung/. . . **läuft** nichts mehr Aa 8.43
jm. **läuft** alles quer De 25.86
das/etw. **läuft** dir/dem Schulz/. . . (schon/doch) nicht
  weg! Fb 1.51
bei **Laune** sein Cb 4.2
(in) guter/blendender/. . . **Laune** sein Cb 4.4
nicht bei **Laune** sein Cb 5.2
(bei) schlechter/. . . **Laune** sein Cb 5.2
schlechte **Laune** haben Cb 5.2
(je) nach **Laune** etw. tun Hc 4.11
jn. bei **Laune** halten/(erhalten) Cb 4.7
eine **Laune** der Natur Dd 8.22
aus einer **Laune** des Schicksals heraus (kam es dann da-
  hin/. . .) Dd 8.10
jn. in gute **Laune** versetzen Cb 4.6
(so) seine **Launen** haben Cb 6.13
die **Launen** des Glücks/Zufalls Dd 8.21
jm. eine **Laus** ins Fell setzen Hb 5.9
jm. ist eine **Laus** über die Leber gelaufen/gekrochen/(ge-
  hüpft) Cb 5.5
jm. eine **Laus** in den Pelz setzen Hb 5.9
sich eine **Laus** in den Pelz setzen Hb 6.4
jm. gebannt **lauschen** Dc 6.5
du kriegst/er kriegt/. . . (noch) **Läuse** in den Bauch
  Hd 5.11
(rechtzeitig/hoffentlich/. . .) **Laut** geben Dc 1.166
keinen **Laut** von sich geben Dc 2.6
keinen **Laut** sprechen Dc 2.6
j. hat von etw. **läuten** hören Cd 15.5
j. hat es/hat's **läuten** hören, aber nicht zusammen schla-
  gen Cd 16.19
bei jm. **läutet** es Cd 1.29
lauthals lachen/sich unterhalten/. . . Dc 9.9
ein **Law-and-Order-Typ** sein Ic 10.20
wie eine/(gleich einer) **Lawine** brach das Unglück über sie
  herein/. . . Aa 19.4 Da 10.18
eine **Lawine** kommt ins Rollen Aa 7.27
von einer **Lawine** überrollt werden Fa 22.10
(so) arm wie **Lazarus** sein Fb 7.14
leb'/lebt/. . . wohl! Ea 9.11
so wahr ich **lebe!** Db 10.24 Dd 1.29
flott **leben** Hd 2.1
nicht mehr am **Leben** sein Ba 5.8
noch am **Leben** sein Ba 6.1
ein schönes **Leben** haben/(führen) Hd 2.7
wenig/nichts/nicht genug/. . . zum **Leben** haben/verdie-
  nen/. . . Fb 7.1
noch/. . . lange zu **leben** haben Bc 1.4
nicht mehr lange zu **leben** haben Bc 2.61
es zu etwas/allerhand/viel/. . . bringen im **Leben** De 24.4
es zu nichts/. . . bringen im **Leben** De 25.1
es weit bringen im **Leben** De 24.5
es nicht weit bringen im **Leben** De 25.2
. . . und koste es mein **Leben!** Db 10.31 Dd 1.29
nie im **Leben** Db 15.73
so ist das im **Leben** Aa 6.102
aus dem **Leben** abberufen/(abgerufen) werden Ba 2.13
mit dem **Leben** abgeschlossen haben Bc 2.59
das **Leben** pulst jm. in den/in js. Adern Cb 2.2
sein **Leben** auf dem Altar des Vaterlandes opfern Ba 2.31
ein neues **Leben** anfangen/beginnen If 5.3
sein **Leben** aushauchen Ac 11.11 Ba 2.17
wie das ewige/blühende **Leben** aussehen Ca 1.17

sein **Leben** als Rentner/. . . beschließen Bb 2.24
in etw. **Leben** bringen Fa 18.10
jn. ums **Leben** bringen Ba 4.3
Leben in die Bude bringen Fa 18.12 Hd 7.8
mit dem **Leben** davonkommen Ba 6.1
sein/das **Leben** für jn./für etw. dransetzen De 13.47
jn. ins **Leben** einführen Cd 24.14
sein **Leben** für jn./für etw. einsetzen De 13.47
seinem **Leben** ein Ende machen Ba 3.4
js. **Leben** hängt an einem seidenen/dünnen Faden
  Bc 2.67
wissen, wie man mit dem **Leben** fertig wird Cd 3.1
das nackte **Leben** fristen Fb 7.16
ein faules **Leben** führen De 14.15
ein flottes **Leben** führen Hd 2.1
ein freies **Leben** führen Fa 23.1
ein gottgefälliges **Leben** führen Cc 5.7
ein königliches **Leben** führen Fb 6.29
ein lustiges **Leben** führen Hd 2.2
ein zurückgezogenes **Leben** führen Ea 3.6
(mitten) aus dem **Leben** gegriffen sein Cd 20.46
etw. für sein **Leben** gern tun Hc 3.8
ein **Leben** wie Gott in Frankreich führen Hd 2.3
am **Leben** hängen Ba 4.34
sein **Leben** für jn./etw. hingeben Ba 2.30
hoch soll er/sie **leben**, hoch soll er/sie leben, drei mal
  hoch! Hd 5.27
jm. das **Leben** zur Hölle machen Cb 3.15
das **Leben** kennen Cd 23.1
gut/. . . durchs **Leben** kommen Fb 6.2
ums **Leben** kommen Ba 2.26
nicht ohne jn. **leben** können Ed 1.52
jn. das **Leben** kosten Ba 2.28
sein **Leben** lang Aa 2.6
jn. **leben** lassen Ba 6.4
jn. am **Leben** lassen Ba 6.4
sein **Leben** für jn./etw. lassen Ba 2.29
leben und leben lassen Hd 2.22
tu'/tut/. . . das nicht, wenn dir dein/euch euer/. . . **Leben**
  lieb ist! Db 14.9
sich ein schönes **Leben** machen Hd 2.11
jm. das **Leben** sauer machen Cb 3.15
jm. das **Leben** schwer machen Cb 3.15
jm. das **Leben** nehmen Ba 4.3
sich das **Leben** nehmen Ba 3.4
in seinem ganzen **Leben** (noch) nicht gesehen haben/. . .
  Aa 13.1
so etw./einen solchen/. . . in seinem ganzen **Leben**/sein
  ganzes Leben noch nicht gesehen haben/. . . Aa 13.1
das/etw. hätte j. (von jm.) im **Leben** nicht/nie gedacht/
  angenommen/erwartet/. . . Da 5.1
sein **Leben** für jn./etw. opfern Ba 2.30
in js. **Leben** gibt es einen dunklen Punkt Cc 2.8
(nur/. . .) das nackte **Leben** retten Ba 6.2
sein **Leben** für jn./etw. riskieren Gb 4.10
etw. ins **Leben** rufen Aa 7.15
sein **Leben** für jn./etw. in die Schanze schlagen De 13.47
  Gb 4.10
(einem Kind) das **Leben** schenken Ba 1.4
aus dem **Leben** scheiden Ba 2.9
jm. das **Leben** schenken Ba 6.4
sich so durchs **Leben** schlagen Fb 7.2
ein **Leben** führen wie im Schlaraffenland Hd 2.4
bei dem **Leben** seiner Mutter/. . . schwören Db 10.6
das **Leben** hinter sich haben Bb 2.23
das **Leben** noch vor sich haben Bb 1.1
sein **Leben** für jn./etw. aufs Spiel setzen Gb 4.10

mit seinem/dem **Leben** spielen Gb 4.10
(und) wie das **Leben** so spielt Dd 8.9
im **Leben** stehen Da 1.1
im öffentlichen **Leben** stehen Cd 17.9
nicht **leben** und nicht sterben können Bc 2.61
zum **Leben** zuwenig, zum Sterben zuviel haben/verdienen/... Fb 7.15
js. **Leben** zählt nur noch nach Tagen Bc 2.67
ein Kampf/ein Streit/es steht zwischen Menschen/... auf **Leben** und Tod Gc 3.37
es geht um/... **Leben** und Tod (bei/...) Gc 3.38
jn. vom Tod zum **Leben** bringen/befördern Ba 4.4
über **Leben** und Tod entscheiden Fa 10.28
zwischen **Leben** und Tod schweben Bc 2.67
jm. nach dem **Leben** trachten Ba 4.1
ins **Leben** treten Aa 7.28 Ba 1.10
jm. das **Leben** verderben/(versauen) Cb 3.16
sein **Leben** so teuer wie möglich/teuer verkaufen Gc 4.83
das **Leben** verlieren Ba 2.26
sein **Leben** für jn./etw. wagen Gb 4.10
jm./e-r S. sein **Leben** weihen Ic 2.7
jm./e-r S. sein **Leben** widmen Ic 2.7
etw. mit dem/seinem **Leben** zahlen/bezahlen Ba 2.29
am **Leben** zerbrochen sein Cb 3.52
jn. wieder ins **Leben** zurückrufen/zurückbringen/zurückholen Ba 6.5
es von den **Lebendigen** nehmen Fb 12.9
nicht mehr unter den **Lebendigen**/Lebenden weilen Ba 5.8
zeit seines **Lebens** Aa 2.6
sich seines **Lebens** freuen Cb 2.2
seines **Lebens** nicht mehr froh sein/werden (können) Cb 3.25
seines **Lebens** nicht (mehr) sicher sein können Gb 1.5
bis an sein **Lebensende** büßen/leiden/... (müssen) Aa 1.62 Cc 28.3
vor **Lebensfreude** strotzen Cb 2.2
in **Lebensgefahr** schweben Ba 2.1 Bc 2.67
seine **Lebensgeister** auffrischen/wecken Ab 3.36
jm. das **Lebenslicht** ausblasen/auspusten Ba 4.4
jn. in seinem **Lebensnerv** treffen Cb 3.42
sich seinen **Lebensunterhalt** sauer verdienen (müssen) De 12.19
(sich) seinen **Lebensunterhalt** selbst verdienen (müssen) De 12.17
die sitzende **Lebensweise** Bc 2.1
ein/kein **Lebenszeichen** von sich geben Ea 7.24
sich etw. von der **Leber** reden (müssen) Dc 3.13
frei/frisch von der **Leber** weg sagen/erzählen/... Dc 3.34
die beleidigte/gekränkte **Leberwurst** spielen Cb 13.35
jm. **Lebewohl** sagen Ea 8.2
man **lebt** Ea 9.8
j. **lebt** und stirbt für etw. Ic 2.7
seinen/seiner **Lebtag** (noch) nicht gesehen haben/... Aa 13.1
zu js. **Lebzeiten**/Lebzeiten von jm. Aa 1.19
sich auf den **Leck-mich-am-Arsch-Standpunkt** stellen Ha 8.17
ein (richtiger/...) **Leckerbissen** (für jn.) sein Hd 4.51
zäh wie **Leder** sein Hd 4.57
jm. das **Leder** gerben Cc 26.9
jm. ans **Leder** wollen Gc 2.1
gegen jn./etw. vom **Leder** ziehen Gc 2.4
ordentlich vom **Leder** ziehen Dc 3.45
ins **Leere** greifen/schlagen/fallen/... Dc 8.29
eine gähnende **Leere** herrscht in/auf/... Ia 4.21
im **Leerlauf** fahren Ab 5.4

im **Leerlauf** laufen Aa 6.29
ein Baby/den Jungen/... trocken **legen** Ba 1.9
zu **Legionen** kommen/... Ia 1.5
da **legste**/legst du dich hin/nieder! Cc 33.30 Da 7.20
etw. geht jn. einen feuchten **Lehm** an Db 15.35 Fa 7.16
eine (heilsame/gute) **Lehre** sein (für jn.) Cd 24.12
eine bittere **Lehre** sein (für jn.) Cd 24.12
laß dir/laßt euch/... das eine **Lehre** sein!/das zur Lehre dienen! Cc 25.30
in der **Lehre** sein (bei jm.) Cd 19.42
jn. in die **Lehre** geben/schicken/tun (zu jm.) Cd 19.41
in die **Lehre** gehen (bei jm.) Cd 19.42
j. soll/kann sich sein **Lehrgeld** wiedergeben/zurückgeben lassen! Cd 4.20
(viel/...) **Lehrgeld** zahlen/(geben) (müssen) Cd 24.11
auf dem **Lehrplan** stehen Cd 19.63
einen harten **Leib** haben Bc 2.21
noch/seit/... nichts im **Leib** haben Hd 4.1
(vielleicht) eine Wut/einen Zorn/einen Ärger/... im **Leib** haben (auf jn./über etw.) Cb 16.26
bleib'/bleibt/... mir/uns/ihm/... (bloß) vom **Leib** mit jm./etw.! Db 15.98
sich ew. am eigenen **Leib** absparen Fb 9.16
etw. am eigenen **Leib** erfahren/erleben (müssen) Cd 24.9
am eigenen **Leib** erfahren/erleben/(ver)spüren/(müssen), was es heißt, .../... Cd 24.9
jm. auf den **Leib** geschrieben sein Hd 10.12
sich jn. vom **Leib(e)** halten Ea 10.2
jm. nur so am **Leib** herunterhängen/hängen (Kleidung) Ca 4.22
Leib und Leben wagen/riskieren (für jn./etw.) Gb 4.10
seinen **Leib** pflegen De 14.32
jm. auf den **Leib** rücken Cc 24.3 Ga 11.4
mit **Leib** und Seele Künstler/... sein Ic 2.4
mit **Leib** und Seele etw. tun Ic 2.4
mit **Leib** und Seele dabei/bei der Sache sein Ic 2.4
jm. mit **Leib** und Seele ergeben sein Ed 1.51
jm. mit **Leib** und Seele gehören Ed 1.50
an **Leib** und Seele gesund sein Bc 1.2
mit **Leib** und Seele an etw. hängen Eb 1.17
jm. mit **Leib** und Seele verfallen sein Ed 1.53
sich e-r S. mit **Leib** und Seele verschreiben Ic 2.5
(gut) essen und trinken hält **Leib** und Seele zusammen Hd 4.91
etw. am eigenen **Leib** zu spüren bekommen Cd 24.10
jn. bei lebendigem **Leib(e)** verbrennen Ba 4.21
am ganzen **Leib** zittern Ac 2.6 Gb 6.30
jm./e-r S. zu **Leibe** gehen/rücken Ga 6.2
gesegneten **Leibes** sein Ed 2.6
lebendigen **Leibes** verbrannt/begraben/... werden Ba 2.46
aus **Leibeskräften** schreien/brüllen/... Dc 9.1
es scheint, ihm/ihr/dem Maier/... ist der **Leibhaftige** begegnet! Da 5.15
den/seinen **Leibriemen** enger schnallen müssen Fb 9.4
ein ... sein, wie er **leibt** und lebt Ic 1.9
nur über meine/seine/... **Leiche**! Db 15.66
wie eine lebende/wandelnde **Leiche** aussehen Ca 1.31
über **Leichen** gehen Cc 3.12
mit einer wahren **Leichenbittermiene** etw. tun/herumlaufen/... Cb 5.17
eine **Leichenbittermiene** aufsetzen Cb 5.17
den **Leichenschmaus** halten Ba 7.7
wie ein lebendiger **Leichnam** aussehen Ca 1.31
es **leicht** haben (mit/bei jm./etw./in/bei/...) De 19.3
frag mich/fragen Sie ihn/... was **Leichteres**! Cd 16.15
etw. ist/wäre für jn. ein **leichtes** De 19.5

es ist/wäre ein **leichtes** für jn., etw. zu tun   De 19.5
jm. **leichtfallen**, etw. zu tun   De 19.2
etw. **leichtnehmen**   Gb 4.34
in seinem jugendlichen **Leichtsinn** etw. tun   Gb 4.3
sich mit jm./in/bei/... **leichttun**   De 19.2
etw. **leid** sein/es leid sein, etw. zu tun   Hc 6.2
etw. bis dahin/hierhin **leid** sein/haben/es ... sein/haben,
   zu tun   Hc 6.5
sich ein **Leid** antun   Ba 3.5
jm. in **Leid** und Freud zur Seite stehen   Ga 12.40
Leid und Freud mit jm./miteinander teilen   Ga 12.43
in **Leid** und Freud zusammenstehen/zusammenhalten
   Ga 12.41
jm. sein **Leid** klagen   Cb 3.55
ein langes **Leiden** sein   Ca 2.4
das ist/war/... (ja) (eben/...) das **Leiden**   De 20.43
es/das ist (immer/immer noch/immer wieder) das alte
   Leiden mit jm./etw.   De 20.35
wie das **Leiden** Christi aussehen   Ca 1.31
von seinem/seinen **Leiden** erlöst sein   Ba 5.11
jn./etw. gut/... **leiden** können   Eb 1.3
jn./etw. nicht/nicht gut/schlecht/... **leiden** können
   Eb 2.22
es nicht **leiden** können, etw. zu tun/daß etw. getan wird/
   wenn ...   Eb 2.6
sich ein **Leids** antun   Ba 3.5
jm. **leidtun**   Cc 2.11
zu js. **Leidwesen**   Hb 14.42
das/es ist immer/immer wieder/... die alte **Leier**   If 7.19
das/es ist immer/immer wieder/... die alte/dieselbe/die
   gleiche **Leier**   If 7.19
jn. auf den **Leim** führen   Cc 16.20
aus dem **Leim** gehen   Ac 11.13
jm. auf den **Leim** gehen/(kriechen)   Cc 16.61
jn. an der **Leine** haben   Fa 10.20
jn. an die **Leine** nehmen   Fa 19.28
Leine ziehen   Ab 7.11
bleich wie ein **Lein(en)tuch** (sein)   Ca 1.31
etw. auf der **Leinwand** festhalten   Hd 10.9
(in seinem Beruf/...) etwas/viel/... **leisten**   Cd 3.28
sich nicht viel/wenig/nichts/... **leisten** können (bei jm./
   etw.)   Fa 19.1
es sich (bei jm./etw.) **leisten** können, etw. zu tun
   Fa 23.13   Fb 6.11
alles/verschiedene Dinge/... über einen **Leisten** schlagen
   Db 4.53
die/auf der **Leiter** des Erfolgs von Stufe zu Stufe/Stufe um
   Stufe hinaufsteigen/emporsteigen/...   De 24.18
eine lange **Leitung** haben   Cd 2.29
es ist j. in der **Leitung**   Dc 1.54
er/sie/Peter/... sitzt auf der **Leitung**   Cd 2.30
bei jm./da steht j./einer auf der **Leitung**   Cd 2.30
jm. eine **Lektion** erteilen   Cc 24.30
einen feinen **Lenz** haben   Hd 2.7
sich einen feinen/faulen **Lenz** machen   De 14.13   Hd 2.11
... **Lenze** zählen   Bb 2.22
man **lernt** nie aus   Cd 19.36
mancher **lernt's** nie (und mancher noch später)   Cd 2.54
(über) etw. **lesen**   Cd 19.62
zu guter **Letzt** doch/doch noch/... etw. tun   Aa 6.74
etw. ist (aber/doch/wirklich/...) das **Letzte**!   Db 15.83
(wenn .../...) das wäre (noch) das **Letzte**!   Db 15.83
es geht ums **Letzte**   De 13.64
j. wäre der **letzte**, dem man etw. sagen würde/für den man
   etw. tun würde/...   Db 15.10
jn./etw. bis ins **Letzte** kennen/...   Ic 3.5
das **Letzte** geben   De 13.46

das **Letzte** aus sich herausholen   De 13.18
jm. (aber auch/wirklich/...) das **Letzte** sagen   Cc 24.46
jm./sich treu sein bis zum **letzten**   Ed 8.2
jn. bis zum **letzten** ärgern/peinigen/quälen/reizen/has-
   sen/...   Cb 3.17   Ic 2.30
jn. bis zum **letzten** ausnehmen/ausquetschen/aussaugen
   Hb 10.8
jn. bis zum **letzten** bekämpfen   Ec 2.13
die **Letzten** werden die Ersten sein   Aa 5.20
sein **Letztes** geben   De 13.46
sein **Letztes** (für jn.) hingeben/hergeben   Fb 10.11
eine (große) **Leuchte** sein   Cd 7.11
keine (große) **Leuchte** sein   Cd 10.3
eine **Leuchte** der Wissenschaft sein   Cd 7.12
keine **Leuchte** der Wissenschaft sein   Cd 10.3
keinen guten **Leumund** haben   Cc 10.3
wenn du/ihr/sie/... das tust/tut/..., (dann) sind wir ge-
   schiedene **Leute**!   Ec 2.19
die kleinen **Leute**   Fa 5.14
(aber) liebe **Leute**!   Cc 25.6
nicht für andere **Leute** arbeiten   Fa 24.13
etw. unter die **Leute** bringen   Fb 15.2
ander/fremder **Leute** Brot essen   Fb 7.26
seine **Leute** kennen   Cd 15.31
viel/wieder/... unter (die) **Leute** kommen   Ea 2.4
wenig/nicht/... unter die **Leute** kommen   Ea 3.14
mal wieder unter (die) **Leute** müssen   Ea 2.2
die **Leute** von nebenan   Ia 8.11
sich nicht unter die **Leute** wagen/trauen   Ea 3.15
(es) ist ja/hier/... nicht wie bei armen **Leuten**   Fb 6.35
   Hd 4.92
wir sind/du bist/... hier/ja/schließlich/... nicht bei ar-
   men **Leuten**   Hd 4.92
es allen **Leuten** recht machen (wollen)   Db 12.1
jm. die **Leviten** lesen   Cc 24.35
ein wandelndes **Lexikon** sein   Cd 15.39
ein großes **Licht** sein   Cd 7.11
kein großes **Licht** sein   Cd 10.3
sich selbst im **Licht** stehen   Ac 6.60
grünes **Licht** haben (für etw.)   Aa 7.3
jm. geht ein **Licht** auf   Cd 1.30
jm. ein **Licht** aufstecken   Dc 3.88
bei **Licht(e)** betrachtet/besehen   Db 4.88
etw. ans **Licht** bringen   Dc 3.83
Licht in etw. bringen   Cd 1.45
Licht ins Dunkel bringen   Cd 1.45
etw. in einem anderen/neuen **Licht** erscheinen (lassen)
   Db 4.26
etw. in einem günstigen/vorteilhaften **Licht** erscheinen
   lassen   Db 4.67   Id 2.42
(etw.) im hellsten **Licht** erscheinen (lassen)   Db 4.37
in einem schiefen/im schiefen **Licht** erscheinen   Cc 18.18
jn. hinters **Licht** führen   Cc 16.13
grünes **Licht** geben (für etw.)   Aa 7.3
jm. aus dem **Licht** gehen/treten   Ac 6.59
in ein schiefes **Licht** geraten (bei jm.)   Cc 18.20
etw. gegen das **Licht** halten   Ac 6.37
ans **Licht** kommen   Dc 3.94
sein **Licht** leuchten lassen   Cc 11.2
Licht machen   Ac 4.5
jn. in ein falsches/ins falsche **Licht** rücken/setzen/(stel-
   len) (bei jm.)   Cc 10.8
etw. ins richtige/(rechte) **Licht** rücken/setzen/(stellen)
   Db 4.36
bei etw./bei allem/... gibt es/... **Licht** und Schatten
   Hb 14.26
sein **Licht** unter den Scheffel stellen   Cc 12.1

sein **Licht** nicht unter den Scheffel stellen Cc 11.2

das **Licht** scheuen Cc 7.13

alles/etw. in rosarotem/rosigem **Licht** sehen/(. . .) Db 4.69

sich in ein vorteilhaftes/in ein günstiges/ins rechte/(ins richtige) **Licht** zu setzen/(stellen/rücken) wissen/. . . (bei jm.) Cc 11.3

jm. im **Licht** stehen Ac 6.56

sich selbst im **Licht** stehen Hb 4.29

das **Licht** des Tages scheuen Cc 7.13

das **Licht** der Welt erblicken Ba 1.10

ein gutes/merkwürdiges/bedenkliches/. . . **Licht** auf jn./ etw. werfen Db 4.67

kein gutes **Licht** auf etw. werfen Db 4.62

ein neues **Licht** auf etw. werfen Db 4.26

ein schiefes **Licht** auf jn./etw. werfen Cc 18.19

sich in einem günstigen/ungünstigen/vorteilhaften/. . . **Licht** zeigen Fa 1.6

etw. ans **Licht** zerren/(ziehen) Dc 3.84

seine **Licht**- und Schattenseiten haben Db 4.19

das/etw. ist ein **Lichtblick** Db 7.9

(hin und wieder/. . .) einen **Lichtblick** haben Cd 12.43

(hin und wieder/. . .) **Lichtblicke** haben Cd 12.43

Lichtjahre entfernt sein/liegen/weg sein Ab 1.26

sei/seid/. . . so **lieb** und . . .! Ga 12.77

würdest du/würdet ihr/. . . so **lieb** sein und . . .? Ga 12.77

jm. wäre es nur zu **lieb**, wenn . . . Db 8.6

jm. wäre (es) **lieb**/lieber/am liebsten, wenn . . . Ha 6.1

jm. **lieb** und teuer sein Eb 1.14

jm. **lieb** und wert sein Eb 1.14

js. große **Liebe** sein Ed 1.57

etw. mit (viel) **Liebe** tun Hc 3.14

etw. tut der **Liebe** keinen Abbruch Ed 1.67

Liebe auf den ersten Blick Ed 1.34

j. könnte jn. vor **Liebe** fressen Ed 1.54

jn. aus **Liebe** heiraten Ed 3.23

eine **Liebe** im Herzen tragen Ed 1.45

(die) **Liebe** geht durch den Magen Ed 1.70

alte **Liebe** rostet nicht Ed 1.68

aus **Liebe** zur Sache tun Da 1.15

die/js. **Liebe** geht/reicht/währt/. . . bis in den Tod (hinein) Ed 1.56

die/js. **Liebe** geht/reicht/währt/. . . über den Tod hinaus Ed 1.56

etw. zehnmal/hundertmal/tausendmal **lieber** tun als . . . Ha 6.5

Liebesbeziehungen zu jm. anknüpfen Ed 1.18

das/es. ist verlorene/vergebliche **Liebesmüh'/Liebesmühe** De 28.2

das/es ist immer/immer wieder/. . . das alte/dasselbe/das gleiche **Lied** If 7.19

davon kann ich/. . . dir/ihm/. . . ein **Lied** singen Cd 15.30

davon weiß ich/. . . ein **Lied** zu singen Cd 15.30

das hohe **Lied** der Treue singen/anstimmen Ed 8.5

unter »ferner **liefen**« rangieren/kommen/. . . Ig 3.9

bei/an/in/. . . **liegen** Ab 1.2

nach vorn(e)/nach hinten (hinaus)/zur Straße (hin)/. . . **liegen** Ab 1.1

zwei Kilometer entfernt/weit weg/ganz nahe/weiter oben/. . . **liegen** Ab 1.2

vorn/im Mittelfeld/abgeschlagen/hinten **liegen** Ig 3.7

jm. **liegen** Eb 1.7

jm. nicht/. . . **liegen** Eb 2.18

an mir/ihm/. . . soll es nicht **liegen** (wenn es nicht klappt/. . .) Hc 1.4

(ganz/allein/. . .) bei jm. **liegen** Fa 23.29

total daneben **liegen** De 23.47

schon wieder/. . . krumm **liegen** Fb 9.7

nahe **liegen** (bei) Ab 1.17

nahe **liegen** Db 5.1

mit einer Meinung/einer Annahme/. . . völlig/. . . falsch **liegen** Db 21.3

mit einer Meinung/einer Annahme/. . . (völlig/. . .) richtig **liegen** Db 20.8

etw. rechts/links **liegen** lassen Ab 3.22

jn. links **liegenlassen** Ea 10.9

es **liegt** jm., etw. zu tun De 19.1

es **liegt** jm. nicht/. . ., etw. zu tun Eb 2.2

was an mir/ihm/. . . **liegt** – ich werde/er wird/. . . alles tun, was ich kann/er kann/. . . Hc 1.4

es **liegt** an jm./etw./daran, daß . . . Dd 9.18

jm. **liegt** sehr/viel/. . . an etw./daran, etw. zu tun/daß/. . . Ha 4.7

jm. **liegt** wenig/nichts/. . . an etw./daran, etw. zu tun/daß . . . Ha 5.6

es **liegt** (ganz/allein/. . .) bei jm., ob . . . Fa 7.15

es **liegt** (ganz) bei jm., etw. zu tun Fa 23.29

was **liegt** (schon) daran, ob . . .? Ha 8.6

es **liegt** jm. (völlig) fern, etw. zu tun Db 14.26

ein Auto/Motorrad/. . . **liegt** gut/nicht gut/. . . auf der Straße/in der Kurve Ab 5.23

es **liegt** nahe anzunehmen/zu meinen/etw. zu tun (bei etw.) Db 5.1

gegen jn. **liegt** nichts/der Verdacht/. . . vor Cc 20.13

Lieschen Müller Fa 5.13

lindgrün Ac 5.13

(so) dasitzen/dastehen/sich verbeugen/. . ., als hätte man ein **Lineal** verschluckt Ca 5.2

Linie haben De 5.2

eine **Linie** haben/verfolgen De 5.3

in aufsteigender/absteigender **Linie** Ed 6.11

in erster/zweiter/dritter/. . . **Linie** Ib 1.76

in erster **Linie** Ha 6.11

etw. ist ein Erfolg/Reinfall/. . . auf der ganzen **Linie** Ic 2.38

etw. für die schlanke **Linie** tun Ca 1.10

in gerader **Linie** abstammen von Ed 6.10

auf die schlanke **Linie** achten Ca 1.10

auf der gleichen **Linie** liegen wie j./etw./mit jm./etw. Eb 1.28

in vorderster **Linie** stehen Fa 4.2

eine bestimmte **Linie** verfolgen Fa 11.34

die **Linie** verfolgen, daß . . . Fa 11.34

welche **Linie** verfolgt . . .? Fa 11.34

kühn geschwungene **Linien** Cd 22.6

die vordersten/feindlichen **Linien** Gc 4.64

hinter den **Linien** des Feindes/. . . operieren/. . . Gc 4.68

die feindlichen **Linien** durchbrechen Gc 4.72

die **Linke** kommt von Herzen Ea 6.7

zu js. **Linken** Ab 1.47

mit der **Linken** nehmen, was die Rechte gibt Hb 11.5

etw. mit **links** machen Cd 5.21 De 19.8

einen **Linksdrall** haben Db 4.73

etw. für ein **Linsengericht** kaufen/bekommen/verkaufen/. . . Fb 13.2

sich auf die **Lippe(n)** beißen (um etw. nicht zu sagen) Dc 2.23

eine große **Lippe** riskieren Cc 11.40

kein Wort/. . . kommt über js. **Lippen** Dc 2.9

so etwas/. . . kommt nicht über js. **Lippen** Cc 29.16

etw. nicht über die **Lippen** bringen Cc 29.16 Dc 1.93

an js. **Lippen** hängen Dc 6.4

List wider List Ge 6.49

mit **List** und Tücke etw. versuchen/anstreben/hinkriegen/. . . Cc 16.80

auf die schwarze **Liste** kommen Cc 18.23
ein Buch/jn. auf die schwarze **Liste** setzen Cc 18.25
auf der schwarzen **Liste** stehen (bei jm.) Cc 18.24
jn./etw. von der **Liste** streichen De 17.11
das **lob**' ich mir! Db 13.40
über jedes/alles **Lob** erhaben sein Ic 3.21
Lob und Preis . . . Cc 23.12
js. **Lob** singen Cc 23.3
des **Lobes** voll sein über jn./js. Fähigkeiten/. . . Cc 23.2
einen **Lobgesang** auf jn./etw. anstimmen Cc 23.4
js. **Lobgesang** singen Cc 23.3
ein **Loblied** auf jn./etw. anstimmen Cc 23.4
js. **Loblied** singen Cc 23.3
eine **Lobrede** auf jn./etw. halten Cc 23.5
sich in **Lobreden** über jn./etw. ergehen Cc 23.3
viel(e)/. . . **Lobsprüche** machen über jn./etw. Cc 23.3
jetzt pfeift's aus einem anderen **Loch** Fa 19.25
saufen wie ein **Loch** Hd 6.42
alle scheißen aus demselben **Loch** If 1.9
die scheißen alle aus demselben **Loch** If 1.9
ein **Loch** aufmachen, um ein anderes (damit) zu stopfen/
    zuzumachen/zuzustopfen Fb 5.19
jm. ein **Loch** in den Bauch fragen Fa 3.8
jm. ein **Loch** in den Bauch reden Dc 1.81
ein böses/arges/großes **Loch** in den/js. Beutel/Geldbeutel
    reißen Fb 12.3
in ein schwarzes **Loch** fallen Cb 3.46
ein **Loch** in die Luft gucken/starren/stieren De 2.14
    De 14.28
ins **Loch** kommen/(fliegen) Cc 20.84
ein **Loch** im Magen haben Hd 4.34
es scheint/. . ., j. hat ein **Loch** im Magen Hd 4.34
auf/aus dem letzten **Loch** pfeifen/(blasen) Bc 2.63
    Fb 4.5
zu dumm sein, um ein **Loch** in den Schnee zu pinkeln
    Cd 10.14
jn. ins **Loch** stecken Cc 20.83
nicht wissen/sich fragen/. . ., aus welchem **Loch** der Wind
    pfeift/weht Cd 1.42
nicht wissen/sich fragen/. . ., aus welchem **Loch** der Wind
    pfeift/weht Ic 16.20
ein **Loch** mit einem anderen zustopfen Fb 5.19
jm. **Löcher** in den Bauch fragen Fa 3.8
jm. **Löcher** in den Bauch reden Dc 1.81
Löcher in die Luft gucken/starren/stieren De 2.14
    De 14.28
Löcher in die Luft knallen Dd 8.5 Gc 4.53
Löcher in die Luft schießen Dd 8.5 Gc 4.53
es pfeift aus allen **Löchern** (in einem Raum/. . .) Ac 1.11
jn. (mit Fragen) **löchern** Fa 3.8
nicht **lockerlassen** De 8.2
. . . Mark/. . . (bei jm.) **lockermachen** Fb 3.16
schreib' dir/schreibt euch/. . . das hinter die **Löffel**!
    Cc 25.31
jn. über den **Löffel** barbieren/balbieren Cc 16.29
jm. eins/eine hinter die **Löffel** geben/hauen Cc 26.30
jm. ein paar hinter die **Löffel** geben/hauen Cc 26.30
eine/eins hinter die **Löffel** kriegen Cc 26.46
ein paar hinter die **Löffel** kriegen Cc 26.46
mit einem silbernen/goldenen **Löffel** im Mund geboren
    sein Fb 6.19
wenn/solange du/er da/bei. . . keine silbernen **Löffel**
    stiehlst/stiehlt/klaust/klaut, kannst du/kann er da ewig
    arbeiten/. . . Cc 4.9
ein gestrichener **Löffel** voll Ia 1.53
den **Löffel** weglegen Ba 2.16
ein **Löffelchen** für die Mama, eins für . . . Hd 4.43

seinen **Lohn** haben Cc 24.76
in **Lohn** und Brot (bei jm.) stehen/sein De 15.5
jn. um **Lohn** und Brot bringen De 25.37 Fb 7.35
seinen **Lohn** kriegen Cc 24.72
seinen **Lohn** weghaben Cc 24.76
jm. wird sein **Lohn** zuteil Cc 24.72
unter Protest/laut schimpfend/. . . das **Lokal** verlassen
    Gc 6.30
sich auf seinen **Lorbeeren** ausruhen/. . . De 14.39
Lorbeeren ernten De 24.11
(nun/nun mal) **los**! Aa 7.32 Dc 3.103
los, (ab/weg/heraus/heraus mit der Sprache/. . .)!
    Aa 7.32 Dc 3.103
da/dort/. . . ist (aber) was/(etwas) **los** Cb 18.16
da war (aber) was/etwas **los**! Hd 7.2
was ist hier/da/. . . **los**? Ga 1.3
was ist denn (schon) wieder **los**? Ga 1.3
was ist (denn) mit dir/ihm/dem Karl/e-r S./. . . **los**?
    Ga 1.2
in . . ./bei . . ./da/. . . ist nicht viel/wenig/nichts **los**
    Aa 20.5
wenn . . ., dann ist (aber) was/(etwas) **los**! Cb 18.5
    Cc 25.24
mit jm./etw. ist was/etwas **los** Ga 1.1
mit jm./etw. ist irgendetwas **los** Cd 12.21
mit jm. ist (heute/in letzter Zeit/sprachlich/. . .) viel/al-
    lerhand/. . . **los** Cd 1.1
mit jm. ist heute/in letzter Zeit/gesundheitlich/. . . nicht
    viel/wenig/. . . **los** Bc 2.5
mit jm. ist (heute/in letzter Zeit/sprachlich/. . .) nicht
    viel/wenig/herzlich wenig/. . . **los** Cd 2.1
mit jm. ist wenig/nichts/nichts mehr/. . . **los** Bc 2.5
    De 25.58
nicht wissen/. . ., was mit jm. **los** ist Cb 6.20 Cd 12.21
ein hartes **Los** sein Cb 3.4
ein hartes **Los** haben Cb 3.4
mit seinem **Los** zufrieden/nicht unzufrieden/. . . sein
    (können) Da 9.1
mit seinem **Los** nicht unzufrieden/. . . sein Da 10.1
das große **Los** gezogen haben mit jm./etw. Da 9.12
jn./etw. **los** und ledig sein Ea 10.26 Fb 2.7
etw. von jm. **loseisen** Fb 1.31
etwas/viel/allerhand/einiges/eine Menge/. . . **loshaben** (in
    etw.) Cd 3.27
Bemerkungen/. . . **loslassen** Dc 1.83
jn./etw. gar nicht mehr/überhaupt nicht mehr/. . . **loslas-
    sen** Fb 1.27
jn. nicht mehr **loslassen** Hc 3.23
einen **loslassen** Ac 7.5
loslegen Aa 7.24 Dc 1.5
etw. nicht **losschlagen** können Fb 15.17
jn./etw. **lossein** Ab 11.10 Ea 10.26 Fb 2.7
das ist die **Lösung**! Dd 5.24
etw. ist nur eine halbe **Lösung** Ic 6.2
etw. ist eine halbherzige **Lösung** Ic 6.2
nicht für halbe/halbherzige **Lösungen** sein De 5.4
jn./etw. **loswerden** Ea 10.25
etw. nicht **loswerden** (können) Fb 15.17
gegen jn./etw. **losziehen** Gc 2.6
(wieder) im **Lot** sein Ga 5.12
nicht/nicht ganz im **Lot** sein Cc 6.28
etw. ist nicht im **Lot** mit jm. Cc 6.28
von jm. gehen hundert/(fünf) auf ein **Lot** Ha 12.15
jn./etw. (wieder) ins **Lot** bringen Ga 5.4
(wieder) ins **Lot** kommen Ga 5.11
auf dem **Lotterbett** liegen De 14.36
stark wie ein **Löwe** sein Ca 3.4

brüllen wie ein **Löwe** Dc 9.2
gut gebrüllt, **Löwe**! Dc 5.56
kämpfen wie ein **Löwe** Gb 5.6
der **Löwe** des Abends sein Fa 1.18
sich wie ein **Löwe** auf jn./etw. stürzen Hd 3.12
sich wie die **Löwen** auf jn./etw. stürzen Hd 3.12
der **Löwe** des Tages sein Fa 1.18
sich wie ein **Löwe**/die **Löwen** verteidigen Gc 6.19
den **Löwenanteil** bekommen/für sich behalten/...
    Fb 2.20
einen **Löwenmut** haben Gb 5.2
jn. verteidigen wie eine **Löwin** ihre Jungen Gc 6.22
aufpassen wie ein **Luchs** Gb 2.2
eine **Lücke** (aus)füllen (für jn.) De 18.2
eine **Lücke**/Lücken im Gesetz entdecken/... Cc 20.68
eine **Lücke** hinterlassen De 18.1
eine **Lücke** reißen De 18.1
eine **Lücke** schließen De 18.2
in einer Materie/einem Fach/... (große) **Lücken** haben
    Cd 4.13
js. Wissen/... hat (große) **Lücken** Cd 4.13
Lücken hinterlassen De 18.1
Lücken reißen De 18.1
als **Lückenbüßer** dienen (müssen) De 18.5
ein (gemeines) **Luder** sein Cc 8.1
ein dummes **Luder** sein Cd 10.21
ein faules **Luder** sein De 14.7
ein gerissenes **Luder** sein Cd 8.8
für jn. **Luft** sein Ea 10.11
j. ist **Luft** für jn. Cc 34.5
wieder **Luft** haben Aa 16.3
keine **Luft** (mehr) haben De 23.33
hier/dort/bei/in/... ist/herrscht dicke **Luft** Gc 3.1
(na/...) jetzt/... haben wir/ist/... (ja/...) (schon/...)
    wieder (etwas) **Luft** Aa 16.4
in der freien **Luft** Ab 4.25
das/das alles/etw. hängt noch (ganz) in der **Luft** Ih 4.9
den/die Frau Schulze/... zerreiß' ich/zerreißt er/... in
    der **Luft** (wenn ich ihn sehe/wenn er ihn sieht/...)
    Cb 16.29
j. muß mal **Luft** ablassen Cb 16.36
jm. die **Luft** abschnüren De 25.31
halt/haltet/... mal die **Luft** an! Id 2.67
sich in **Luft** auflösen De 25.89
etw. hat sich in **Luft** aufgelöst Ab 11.4
die **Luft** aufpumpen Ab 5.25
jm. geht die **Luft** aus Dc 5.61 De 4.9 De 23.33
jn. wie **Luft** behandeln Ea 10.10
Kringel/Ringe in die **Luft** blasen Hd 11.3
frische **Luft** in etw. bringen Fa 18.11
die **Luft** ist zum Ersticken Ac 1.25
in die **Luft** fliegen Ac 12.7
(ein bißchen/...) an die (frische) **Luft** gehen Ab 4.23
in die **Luft** gehen Ac 12.7 Cb 15.11
aus der **Luft** gegriffen sein Cc 14.16
in die **Luft** greifen Dc 8.29
(Kleidung/...) an die (frische) **Luft** hängen Ac 9.4
tief **Luft** holen De 23.36
(erst einmal/...) tief **Luft** holen (müssen) Bc 2.18 Da 6.1
(endlich) wieder **Luft** holen können Aa 16.3
etw. in die **Luft** jagen Ac 12.6
viel/wenig/nicht/... an die (frische) **Luft** kommen
    Ab 4.24 Ea 3.22
keine **Luft** kriegen/bekommen Bc 2.18
wieder **Luft** kriegen/(bekommen) Aa 16.3
zwischen verschiedenen Gegenständen (etwas/...) **Luft**
    lassen Ac 10.14

(schließlich/...) nicht von der (frischen) **Luft** leben (kön-
    nen) Fb 9.18
nicht von **Luft** und Liebe leben (können) Fb 9.18
in der **Luft** liegen Cd 14.13
in einem Raum/einem Schrank/... **Luft** machen
    Ac 10.14
seinem Ärger/seinem Zorn/seinem Herzen/seiner
    Wut/... **Luft** machen Cb 16.36
die **Luft** nachsehen/prüfen (lassen) Ab 5.24
in die **Luft** reden Dc 1.90
die **Luft** ist rein Cc 19.17
die **Luft** reinigen Gc 3.52
Luft schnappen Ab 3.6
ein bißchen/... (frische) **Luft** schnappen/(gehen)
    Ab 4.23
vor Überraschung/Schreck/... nach **Luft** schnappen
    Da 6.1
die **Luft** ist (in einem Raum/...) zum Schneiden (dick)
    Hd 11.4
sich in die **Luft** schwingen Ab 3.80
jn. an die (frische) **Luft** setzen/befördern Ea 10.19
in der frischen **Luft** sitzen Ab 4.23
durch die frische **Luft** spazieren Ab 3.6
etw. in die **Luft** sprengen Ac 12.6
vor Freude/Begeisterung/... in die **Luft** springen Cb 2.13
da herumstehen und/herumsitzen und/... in die **Luft** star-
    ren/stieren/gucken De 2.14 De 14.28
jm. wieder (etwas) **Luft** verschaffen Ga 12.35
jm. bleibt die **Luft** weg Da 5.4
j. könnte jn. in der **Luft** zerreißen Cb 16.28
sich in die **Lüfte** erheben Ab 5.39
ein **Luftikus** sein Gb 4.29
Luftschlösser bauen Da 3.17
einen **Luftsprung** machen vor Freude/Begeisterung/...
    Cb 2.13
Luftsprünge machen vor Freude/Begeisterung/...
    Cb 2.13
auf dem **Luftweg** etw. schicken/... Ab 4.41
(alles) (nur/...) **Lug** und Trug (sein) Cc 14.22
eine faustdicke **Lüge** Cc 14.21
eine fromme **Lüge** Cc 14.28
lügen wie gedruckt Cc 14.11
j. müßte **lügen**, wollte er sagen/wenn er sagen sollte, daß
    .../... Cc 13.5
Lügen haben kurze Beine Cc 14.39
jn. **Lügen** strafen Cc 14.38
Lügenmärchen erzählen/... Cc 14.14
ein langer **Lulatsch** (sein) Ca 2.4
kein **Lumen** sein Cd 10.3
ich will ein **Lump** sein, wenn ... Db 10.29
sich nicht **lumpen** lassen Fb 10.1
schwach auf/mit der **Lunge** sein Bc 2.18
es auf/mit der **Lunge** haben Bc 2.18
eine gute **Lunge** haben Bc 1.5
eine schwache **Lunge** haben Bc 2.18
aus voller **Lunge** schreien/singen/... Dc 9.9
die **Lunge** hängt jm. aus dem Hals/(zum Hals) heraus
    De 23.35
sich (fast) die **Lunge** (nach jm.) aus dem Hals schreien
    Dc 9.4
(nicht) auf **Lunge** rauchen Hd 11.5
schwache **Lungen** haben Bc 2.18
Lungenzüge machen Hd 11.5
die **Lunte** ans Pulverfaß legen Ac 12.8 Gb 1.16
Lunte riechen Cd 14.11
sich jn./etw. unter die **Lupe** nehmen Db 4.76
lupus in fabula Cc 8.17

Lust haben auf etw./etw. zu tun   Hc 4.3
(viel/große/. . .) **Lust** haben zum . . ./etw. zu tun   Hc 4.3
keine/wenig/. . . **Lust** haben zum . . ./etw. zu tun   Hc 2.4
das kann j. halten, wie er **Lust** hat   Ha 8.10
j. kann warten/sich beschweren/zu jm. gehen/. . ., solan-
ge/sooft/soviel/. . . er **Lust** hat   Ha 8.11
j. kann tun, was er **Lust** hat (das geht keinen etwas an/das
interessiert nicht/. . .)   Fa 23.4
j. kann etw. tun, wie er **Lust** hat (das geht keinen etwas an/
das interessiert nicht/. . .)   Fa 23.4
arbeiten/. . ., daß es eine **Lust** ist   Hc 3.27
jn. überfällt eine große/. . . **Lust** nach etw./etw. zu tun
Hc 4.8
es war/ist alles eitel **Lust** und Freude   Cb 2.10
(je) nach **Lust** und Laune etw. tun können   Hc 4.11
mit **Lust** und Liebe etw. tun   Hc 3.10
Lust und Liebe zu etw. haben   Hc 3.10
das kann j. halten, wie er **lustig** ist   Ha 8.10
Luxus treiben   Hd 2.5
mach's/macht's/. . . gut!   Ea 9.11
(jetzt/nun/. . .) **mach'**/macht (aber) mal halblang!   Id 2.66
laß/. . . das/. . ., oder ich **mach'** dich/. . . kalt!   Cc 25.26
mach's/macht's/. . . kurz!   Dc 1.23
da/so **mach'** ich/macht er/. . . nicht mit   Db 15.25
(nun) **mach'**/macht schon!   Aa 14.49
nun/jetzt **mach'**/macht/. . . schon!   Fa 18.15
mach'/machen Sie/. . . mich nicht schwach!   Cc 33.3
Da 8.6
mach's/macht's/. . . nicht so spannend!   Dc 3.103
Dc 5.133
du **machst's**/er macht's/. . . aber spannend!   Dc 5.133
mach', daß du wegkommst/fertig wirst/. . .   Aa 14.48
macht, daß ihr wegkommt/fertig werdet/. . .   Aa 14.48
mach'/macht zu!   Aa 14.49
das/etw. ist (alles) (nur/. . .)(reine) **Mache**   Cc 15.14
etw. (gerade) in der **Mache** haben   De 12.4
sich an etw. **machen**   Aa 7.23
jn. zu etw. **machen**   Fa 4.25
den Dolmetscher/den Übersetzer/den Anwalt/. . . **ma-
chen**   De 18.7
in Kultur/Kunst/Möbeln/. . . **machen**   De 15.22
jm. sein Fahrrad/seine Freundin/. . . abspenstig **machen**
(wollen)   Fb 1.14
eine Klage/. . . (vor Gericht) anhängig **machen**   Cc 20.34
sich anheischig **machen**, etw. zu beweisen/. . .   Db 10.1
jn. auf etw. aufmerksam **machen**   Dc 3.3
sich (bei jm.) beliebt **machen**   Eb 1.25
sich's/es sich bequem **machen**   Ea 7.7
sich bezahlt **machen**   De 27.1
blau **machen**   De 15.43
jn. blau **machen**   Hd 6.51
jn. böse **machen**   Cb 16.31
sich daran **machen**, etw. zu tun   Aa 7.23
dicht **machen** (können)   De 15.82
jn. dick **machen**   Ed 2.1
sich dick **machen** mit etw.   Cc 11.9
jn. dingfest **machen**   Cc 20.16
sich nicht gern dreckig **machen**   De 14.20
sich dünn **machen**   Ab 7.9
sich fein **machen**   Ca 1.48
etw. fertig **machen**   Aa 8.2
Geld/einen Betrag/. . . flüssig **machen**   Fb 3.15
sich (oben/unten/oben herum/unten herum) frei **machen**
Bc 2.50
etw. geltend **machen**   Dc 5.51
sich mit jm. gemein **machen**   Cc 6.19
jn. glücklich **machen** (wollen/. . .)   Ed 1.64

ich will/wir wollen es gnädig **machen**   Cc 27.6
groß **machen**   Ac 8.9
sich gut **machen**   Cd 3.39
sich hinter eine/seine Arbeit/Aufgabe/Übersetzung/. . .
machen   De 12.3
sich (mit etw.) (nur/. . .) interessant **machen** (wollen)
Cc 11.47
mit mir/dem/. . . kannst du's/könnt ihr's/. . . ja **machen**!
Gc 10.10   Fa 15.19
klein **machen**   Ac 8.7
einen Schein/. . . klein **machen**   Fb 3.24
jn. (völlig/. . .) k.o. **machen**   De 23.2
um es kurz zu **machen**:   Dc 1.20
jn./etw. lächerlich **machen**   Db 19.29
sich lächerlich **machen**   Db 19.49
lange **machen**   Aa 11.9
es nicht mehr lange **machen**   Ac 11.5   Bc 2.61
es/das läßt sich **machen**/wird sich machen lassen   Ii 1.6
jm. etw./eine Arbeit/eine Entscheidung/. . . leicht **ma-
chen**   De 19.19
sich etw./eine Arbeit/das Leben leicht **machen**   De 14.2
jn. um ein paar Mark/. . . leichter **machen**/erleichtern
Cc 19.8   Hb 10.2
sich lustig **machen** über jn./etw.   Cb 9.7
(jm.) jn./etw. madig **machen**   Db 19.9
sich mausig **machen**   Cc 9.12
sich (erstmal/. . .) wieder menschlich **machen**   Ca 1.49
minus **machen**   Fb 15.34
etw. so gut/. . . wie möglich **machen**   De 13.40
jn. mundtot **machen**   Dc 2.34
jn. mürbe **machen**   Gc 9.1
das Bett/die Hose/. . . naß **machen**   Ac 8.15
nichts zu **machen**!   De 28.16
bei jm./da/hier/. . . ist nichts zu **machen**   De 28.16
laß'/laßt/. . . mich/ihn/. . . nur/man **machen**!   Fa 7.1
Fa 8.1
sich nützlich **machen**   Ga 12.7
plus **machen**   Fb 15.31
sich rar **machen**   Ia 4.5
jm. etw. recht **machen**   Db 13.11
es jm. nicht/nie recht **machen** (können)   Db 17.12
es (immer) allen recht **machen** wollen   Gc 10.5
jn. sauer **machen**   Cb 16.31
sich schlecht **machen** (zu etw.)   Cd 4.9
jm. etw. schmackhaft **machen**   Hc 3.36
sich nicht gern schmutzig **machen**   De 14.20
schnell **machen**   Aa 14.4
sich schön **machen**   Ca 1.48
sich e-r S. schuldig **machen**   Cc 22.2
jn. schwach **machen** (mit etw.)   Ga 11.6
aus schwarz weiß **machen**   Cc 16.11
jm. etw./alles/das Leben (sehr) schwer **machen**   Cb 3.27
sich selbstständig **machen**   Ab 11.3
sich selten **machen**   Ia 4.5
sich **machen**   Cd 3.39
etwas/viel/nichts/. . . aus sich **machen**   Ca 1.47
sich strafbar **machen**   Cc 20.10
jm. etw. streitig **machen**   Hb 12.11
j. würde etw. gern ungeschehen **machen**   Cc 30.4
jn. unschädlich **machen**   Ba 4.5   Cc 20.19
sich unmöglich **machen** (durch/mit etw.)   Ea 12.17
die Gegend/. . . unsicher **machen**   Cc 20.8
jn. verächtlich **machen**   Db 19.9
jn. verantwortlich **machen** (für etw.)   Dd 11.11
sich bei jm. **verhaßt** machen (mit etw.)   Eb 2.48
etw./alles verkehrt herum **machen**   Cd 13.14
jn. verrückt **machen** (mit etw.)   Cb 15.3

machen

jm. etw. verständlich **machen** Cd 1.43
sich (jm./jm. gegenüber) verständlich **machen** Aa 14.4
voran **machen** Aa 14.4
jn. wahnsinnig **machen** (mit etw.) Cb 15.3
jn. an/in seinem Entschluß/. . . wankend **machen**
  Dd 4.17
da ist wenig/nichts/. . . zu **machen** If 7.22
sich wichtig **machen** (mit etw.) Cc 11.9
jn. (ganz) wild **machen** (mit etw.) Cb 15.4
Pläne/Hoffnungen/. . . zunichte **machen** Hb 4.19
sich etw. zunutze **machen** Hb 9.3
sich nicht viel/wenig/nichts/. . . daraus **machen**, etw. zu
  tun Hc 2.1
sich viel/etwas/. . . **machen** aus etw. Hc 3.1
sich wenig/nichts/. . . **machen** aus etw. Hc 5.3
jn. besser **machen**, als er ist (bei jm.) Db 18.8
jn. schlechter **machen**, als er ist (bei jm.) Db 19.14
machen, daß man fortkommt/wegkommt Ab 7.11
jn. **machen** lassen Fa 8.1
(aber/auch) alles mit sich **machen** lassen Gc 10.11
mit jm. **machen**, was man will Fa 10.22
j. kann (aber auch) **machen**, was er will (es ist immer
  falsch/es gibt nie ein vernünftiges Ergebnis/es gibt im-
  mer Kritik/. . .) De 28.6
undurchsichtige **Machenschaften** Cc 18.11
das/es **macht** . . . Fb 3.22
das/es **macht** (doch) nichts/. . . Ha 8.28
das/es **macht** viel/allerhand/. . . Ha 4.16
das/es **macht** wenig/. . . Ha 5.17
das **macht** das Wetter/die Hitze/. . . Dd 9.27
was **macht** Karl/Gisela/Onkel Herbert/. . .? Ea 9.7
was/wieviel **macht's**/macht das/macht es? Fb 3.22
was **macht** es (schon)?, Ha 8.27
es **macht** jm. allerhand/viel/. . . aus, etw. zu tun Hc 2.2
es **macht** jm. nichts/. . . aus, etw. zu tun Hc 4.1
macht es etwas? Ha 8.27
wie man's **macht**, ist's falsch/verkehrt De 28.8
wie man's (auch) **macht**, macht man's falsch/macht man's
  verkehrt/ist es falsch/ist es verkehrt Cd 13.18
wenn du noch lange **machst**/er noch lange macht/. . .,
  dann gibt's was/setzt es was/. . . Cc 25.20
das/etw. **macht** jn. nicht heiß Ha 8.9
das/so eine Übersetzung/. . . **macht** dem/dir/dem
  Meier/. . . keiner/niemand nach Ig 1.4
unter dem **machen** er's/machen sie's/. . . nicht Fb 12.12
an der **Macht** sein Fa 11.10
Macht über jn. haben Fa 10.15
keine **Macht** über jn. haben Fa 23.10
mit aller **Macht** etw. tun/versuchen/. . . De 13.59
es steht in js. **Macht**, etw. zu entscheiden/. . . Fa 23.29
es steht (ganz/. . .) in js. **Macht**, ob/wie/. . . Fa 23.29
die Entscheidung/. . . steht in js. **Macht** Fa 23.29
jn. an die **Macht** bringen Fa 11.18
die **Macht** der Gewohnheit Aa 4.23
an die **Macht** kommen/gelangen Fa 11.4
(ganz/. . .) in js. **Macht** stehen Fa 23.29
alles tun/versuchen/dransetzen/. . ., was in seiner **Macht**
  steht De 13.20
die **Macht** übernehmen Fa 11.5
mit den **Mächten** des Bösen im Bunde stehen Cc 8.10
mit den bösen **Mächten** im Bunde stehen Cc 8.10
in eigener **Machtvollkommenheit** etw. entscheiden/. . .
  Fa 24.3
ein **Machtwort** (mit jm.) sprechen (müssen) Cc 24.29
ein leichtes **Mädchen** Ed 7.3
ein spätes **Mädchen** (sein) Ed 3.26
in einem Haus/in einem Unternehmen/. . . **Mädchen** für
  alles sein De 15.33

die kleinen **Mädchen** (so) gern haben Ed 1.1
Mädchen schlägt man nicht! Cc 26.61
ein **Mädchen** von der Straße Ed 7.3
sich wohlfühlen wie die **Made(n)** im Speck Hd 1.4
einen guten/ausgezeichneten/. . . **Magen** haben Bc 1.6
einen empfindlichen/schlechten, . . . **Magen** haben
  Bc 2.20
noch/seit/. . . nichts im **Magen** haben Hd 4.1
es/etw. geht jm. kalt durch den **Magen** Da 6.7
jm. knurrt (schon) der **Magen** Hd 4.4
etw. auf nüchternen **Magen** essen/einnehmen/. . .
  Hd 4.11
etw. auf nüchternen **Magen** trinken/einnehmen/. . .
  Hd 5.45
mit nüchternem **Magen** aus dem Haus gehen/. . . Hd 4.9
und das auf nüchternen **Magen**! Da 7.15
js. **Magen** knurrt vor Hunger Hd 4.4
jm. im **Magen** liegen Bc 2.20 Cb 13.43
js. **Magen** meldet sich (schon/bereits/. . .) Hd 4.4
einen auf den nüchternen **Magen** nehmen Hd 6.1
jm. auf den **Magen** schlagen Bc 2.20
sich den Magen **überladen** Hd 4.26
es dreht sich einem/jm. der **Magen** um, bei etw./wenn
  . . . Cc 32.1
sich den **Magen** verderben Bc 2.20
sich lieber den **Magen** verrenken, als dem Wirt was schen-
  ken Hd 4.94
lieber den **Magen** verrenkt, als dem Wirt was geschenkt
  Hd 4.94
die schwarze **Magie** Cc 8.18
die weiße **Magie** Cc 8.19
jn./die Leute/. . . wie ein **Magnet** anziehen Ca 1.11
gesegnete **Mahlzeit**! Hd 4.70
(na) dann prost **Mahlzeit**! Gc 11.13
sich fühlen/. . . wie einst im **Mai** Hd 1.5
an jm. ist kein **Makel** Cc 5.2
ein ehrlicher **Makler** sein Db 13.23
Makulatur reden Dc 1.76
mit einem **Mal(e)** Aa 19.1
das eine oder andere **Mal** Aa 3.2
ein über das/übers andere **Mal** Aa 3.18
ein ums and(e)re **Mal** Aa 3.18
etw. zum ersten und (auch) zum letzten **Mal**/das erste und
  das letzte Mal getan haben/. . . Aa 13.5
(so) manches liebe **Mal** Aa 3.5
bis zum nächsten **Mal**! Ea 9.13
jedes zweite **Mal** Aa 3.18
ein **Mal** ums andere Aa 3.18
ein **Mal** über das andere Aa 3.18
von Mal zu Mal besser/schlechter/. . . werden/. . .
  Aa 10.6
zu wiederholten **Malen** Aa 3.5
alles/etw. grau in grau **malen** Db 4.63
alles/etw. zu (sehr) rosig **malen** Db 4.68 Id 2.43
alles/etw. zu (sehr) schwarz **malen** Db 4.63 Id 2.40
der schnöde **Mammon** Fb 3.26
dem **Mammon** frönen Fb 1.10
an jm. ist kein **Mangel** Cc 5.2
an jm. gibt es keinen **Mangel** Cc 5.2
Mangel leiden/(haben) (an etw.) Fb 7.18
jn. (ordentlich/anständig/. . .) in die **Mangel** nehmen
  Cc 24.51
etw. zu tun, ist keine **Manier** Ea 12.27
(gute) **Manieren** haben Ea 11.3
keine **Manieren** haben Ea 12.8
was sind denn das für **Manieren**? Ea 12.28
ein gemachter **Mann** sein De 24.23

334

ein gereifter **Mann** (sein) Bb 2.8
ein weit gereister **Mann** (sein) Ab 4.19
ein geschlagener **Mann** sein De 25.21
der kommende **Mann** sein (in/bei/. . .) De 24.16
ein studierter **Mann** (sein) Cd 19.58
ein toter **Mann** sein De 15.87 De 25.21
voll wie 1000 **Mann** sein Hd 6.21
ein **Mann** der Wissenschaft/der Kunst/. . . (sein) De 15.21
du bist/das ist/der Schmidt ist/. . . mein/sein/. . . **Mann** De 17.19
etw. ertragen/sich benehmen/. . . wie ein **Mann** Gb 5.4
. . ., das ist ein ganzer **Mann** Ic 4.1
der gemeine **Mann** Fa 5.13
ich kenne/du kennst/. . . (doch) meinen/deinen/. . . **Mann** Cd 15.31
der kleine **Mann** Fa 5.13
mein lieber **Mann**! Cc 25.7 Da 7.2
pro **Mann** ist das/macht das/. . . Fb 2.14
selbst ist der **Mann**! Fa 24.12
etw. verlangt den ganzen **Mann** De 20.37
ganz der **Mann** (dafür/danach/dazu) sein, (um) etw. zu tun Cd 3.49
nicht der **Mann** sein,(um) etw. zu tun Cd 4.4
nicht der/kein **Mann** danach/dafür/dazu sein, (um) etw. zu tun Cd 4.4
wie e i n **Mann** sich erheben/den Saal verlassen/. . . Db 16.31
bis auf den letzten **Mann** fallen/aufgerieben werden/untergehen/. . . Ia 2.3
alle **Mann** an Bord Ab 6.3
Mann über Bord! Ab 6.20
etw. an den **Mann** bringen Fb 15.3
(ein) alter **Mann** ist doch kein D-Zug (mehr)! Bb 2.20
ein/kein **Mann** von raschen Entschlüssen sein Dd 6.26
ein **Mann** vom Fach sein Cd 15.33
ein **Mann** der Feder sein Cd 20.36
Mann und Frau Ed 5.7
seinen **Mann** gefunden haben De 17.19
den großen/feinen/reichen/. . . **Mann** herauskehren Cc 11.29
sechs/sieben/acht/. . . **Mann** hoch Ia 5.14
alle **Mann** hoch etw. unternehmen/irgendwohin gehen/. . . Ia 2.2
(mit etw.) (bei jm./da) an den falschen/verkehrten/(unrichtigen/unrechten) **Mann** kommen/geraten Ea 10.30
ein **Mann** des öffentlichen Lebens sein Cd 17.9
den toten **Mann** machen Ac 3.11
Mann für Mann Ia 2.5
Mann gegen Mann kämpfen/. . . Gc 4.62
von **Mann** zu Mann sprechen/. . . Dc 3.65
den wilden **Mann** markieren/mimen Cb 16.49
mit **Mann** und Maus untergehen Ab 6.24 Ba 2.38 Ia 2.3
der **Mann** im Mond Ac 1.31
ein **Mann** mit Namen Müller/. . . Cd 17.49
nicht seinen **Mann** (er)nähren De 12.22
kleiner **Mann**, was nun? Ga 9.6
einen kleinen **Mann** im Ohr haben Cd 12.8
der richtige/(rechte) **Mann** am richtigen/(rechten) Platz/ (Ort) sein Cd 3.54
den großen **Mann** spielen/markieren/mimen Cc 11.29
den starken **Mann** spielen/markieren/mimen Cc 11.29
seinen **Mann** stehen Cd 3.43
der **Mann** auf der Straße Fa 5.13 Ia 8.11
sich einen **Mann** suchen Ed 3.5
der **Mann** des Tages sein Fa 1.17
ein **Mann** der Tat sein Dd 7.26
ein **Mann** des Todes sein Ba 2.3

der **Mann** aus dem Volk Fa 5.13
ein **Mann** von Welt sein Fa 5.9
ein **Mann**, ein Wort Dd 1.28
ein **Mann** von Wort sein Dd 1.20
kein **Mann** von großen Worten sein Dc 1.16
Männchen machen vor jm. Fa 15.11
im besten **Mannesalter** stehen Bb 2.4
Männlein und Weiblein Ed 5.7
Manns genug sein, (um) etw. zu tun Gb 5.8
sich **Manns** genug fühlen, (um) etw. zu tun Gb 5.8
Manschetten vor jm./etw. haben Gb 6.13
etw. mit dem **Mantel** der Barmherzigkeit/der Nächstenliebe/. . . zudecken/bedecken/verhüllen/. . . Cc 16.33
etw. mit dem **Mantel** der Vergessenheit zudecken/bedekken/einhüllen/. . . Dc 4.11
den/seinen **Mantel** nach dem Wind hängen Db 12.13
e-r S. ein **Mäntelchen** umhängen Cc 16.32
sein/das **Mäntelchen** nach dem Wind hängen Db 12.13
etw. ohne **Manuskript** erläutern/vortragen/. . . Dc 5.75
. . ., das ist wie im/ein **Märchen** Da 3.11
jm. keine **Märchen** erzählen können Cc 16.70
(jm.) **Märchen** erzählen wollen Cc 16.7
(noch/auch) an (js.) **Märchen** glauben Da 2.6
etw. kann einem/jm. **Mark** und Bein erweichen Da 6.24
jm. durch **Mark** und Bein gehen Da 6.5
Mark in den Knochen haben Gb 5.1
kein **Mark** in den Knochen haben De 4.4 Gb 6.1
den anderen/. . . das **Mark** aus den Knochen saugen Hb 10.9
jm. durch **Mark** und Pfennig gehen Da 6.5
mit jeder **Mark** rechnen (müssen) Fb 9.2
jn. bis ins **Mark** treffen Cb 13.20
jede **Mark** (erst) zehn/zig/. . . Mal umdrehen (bevor man sie ausgibt/. . .) Fb 11.5
eine sonderbare/komische/seltsame **Marke** sein Cb 6.9
eine tolle **Marke** sein Cb 7.4
eine **Marke** für sich sein Cb 6.8 Cb 7.1
einen **Markstein** bilden in . . . Aa 6.47
der schwarze **Markt** Fb 15.107
Waren/. . . auf den **Markt** bringen Fb 15.1
Waren/. . . auf den **Markt** werfen Fb 15.1
neue **Märkte** erschließen (für den Verkauf/. . .) Fb 15.78
kalt wie **Marmor** sein Cc 3.9
jm. den **Marsch** blasen Cc 24.40
sich in **Marsch** setzen Gc 4.37
den **Marschallstab** im Tornister tragen Gc 4.41
das/etw. ist die (richtige) **Masche** Cd 5.12
das/etw. ist die neue **Masche** (von jm.) Aa 22.7
das/etw. ist die sanfte **Masche** Gc 10.25
auf die sanfte **Masche** Gc 10.25
die **Masche** heraushaben (wie man etw. macht) Cd 5.6
eine **Masche** läuft an js. Strumpf Ac 11.19
die **Masche** zieht bei jm. nicht! Cd 9.10
jm. durch die **Maschen** gehen Ab 8.5
jm. in die **Maschen** gehen Cc 16.61
durch die **Maschen** des Gesetzes schlüpfen Cc 20.75
unter der **Maske** der Freundschaft/des Vertrauens/. . . Cc 16.75
die **Maske** fallen lassen/(ablegen/abwerfen/lüften/von sich werfen) Dc 3.63
jm. die **Maske** vom Gesicht reißen/herunterreißen Dc 3.82
in beschränktem **Maß(e)** (gilt das auch für/. . .) Ib 1.9
in demselben/dem gleichen **Maß(e)** (wie/. . .) Ib 1.32
in gewissem/in einem gewissen **Maß(e)** Ib 1.10
in höchstem **Maß(e)** Ib 1.20
im hohen/in hohem/in einem hohen **Maß(e)** Ib 1.18

in einem so hohen/solchen **Maß(e)**, daß . . . Ib 1.31
(sich einen Anzug/ein Kleid/. . .) nach **Maß** (anfertigen
lassen/machen lassen/. . .) Ca 1.66
in natürlichem/vergrößertem/verkleinertem **Maß** Ib 1.70
(für etw.) in reichem **Maß(e)** (gesorgt sein/. . .) Ib 1.19
in (noch) (viel/weitaus/. . .) stärkerem **Maß(e)** (als/. . .)
Ib 1.34
etw. übersteigt jedes **Maß** Ib 1.68
in vollem **Maß(e)** (zutreffen/. . .) Ic 2.23
in zunehmendem **Maß(e)** Ib 1.33
ein gerütteltes/gerüttelt' **Maß** an Schuld/Verantwortung/
Sorgen/. . . haben Ib 1.13
jm. ein hohes **Maß** an Verständnis/Vertrauen/. . . entge-
genbringen/. . . Ib 1.14
nach unser aller **Maß** gemacht sein If 1.8
(das richtige) **Maß** halten Id 1.3
über alles **Maß** hinausgehen Id 2.13
alles/verschiedene Dinge/. . . mit demselben **Maß** messen
Db 4.52
mit zweierlei **Maß** messen Db 4.51
Maß nehmen Ca 1.66
das/js. **Maß** ist voll Hc 6.1
das **Maß** der Geduld/der Nachgiebigkeit/. . . (von jm.) ist
voll Hc 6.1
das **Maß** vollmachen Hc 6.7
etw. mit **Maß** und Ziel tun Id 1.4
etw. ohne **Maß** und Ziel tun Id 2.22
weder **Maß** noch Ziel kennen/(haben) Id 2.21
ideale **Maße** haben Ca 1.6
die breite/große **Masse** Fa 5.14
sich von der Masse **abheben** (durch etw.) Fa 5.7
die **Masse** muß es bringen Fb 15.7
aus der **Masse** hervorstechen Fa 5.7
in der **Masse** untertauchen Ah 8.3
Geld/Angebote/Karten/. . . in **Massen** haben Ia 1.21
in **Massen** herbeiströmen/. . . Ia 1.3
etw. gefällt jm. über alle **Maßen** Hc 3.4
über alle **Maßen** loben/erstaunt sein/. . . Ic 2.24
über alle **Maßen** schön/. . . sein Ib 1.25
etw. in **Maßen** tun/in Maßen essen/trinken Id 1.5
(etw.) **mäßig**, aber regelmäßig (tun) Id 1.14
Maßnahmen ergreifen (für/gegen jn./etw.) Aa 7.13
Dd 7.1
in natürlichem/vergrößertem/verkleinertem **Maßstab**
Ib 1.70
den **Maßstab** abgeben für etw./jn. Ie 1.41
einen strengen/milden/. . . **Maßstab** anlegen Db 4.28
am lebenden **Material** etw. studieren/. . . Cd 19.39
etw. ist höhere **Mathematik** für jn. Cd 2.34
den Gegner/. . . auf die **Matte** legen Gc 12.16
bei jm. ist **Matthäus**/Matthäi am letzten De 25.17
Mattscheibe haben Cd 2.32
Mätzchen machen Cb 8.6
wie eine **Mauer** stehen Gc 4.61
wie eine **Mauer** stehen Gc 6.2
sich mit einer **Mauer** von Vorurteilen/Ablehnung/. . . um-
geben Db 21.23
von/mit einer **Mauer** von Vorurteilen/Ablehnung/. . . um-
geben sein Eb 2.50
etw. errichtet eine **Mauer** zwischen zwei Menschen/. . .
Eb 2.46
ein **Mauerblümchen** sein Ca 1.29
in den **Mauern** unserer/eurer/. . . Stadt (weilen/. . .)
Ab 4.48
ein grobes/ungewaschenes/schandbares/gottloses **Maul**
haben Dc 1.96
ein großes **Maul** haben Cc 11.43

ein loses/lockeres **Maul** haben Dc 1.103
j. kann wohl/. . . sein **Maul** nicht aufkriegen? Dc 2.12
das/sein **Maul** aufmachen Dc 1.4 Gc 6.34
das **Maul** (immer/. . .) zu sehr/so weit/. . . aufreißen
Cc 11.41
mal wieder/. . . das **Maul** über jn. aufreißen Db 19.20
das **Maul** aufsperren Da 4.9
jm. übers **Maul** fahren Cc 24.15
aufs **Maul** fallen (mit etw.) Da 10.5
das **Maul** am richtigen Fleck haben Dc 1.137
jm. eins/eine aufs **Maul** geben Cc 26.24
nicht aufs **Maul** gefallen sein Dc 1.134
jm. ums **Maul** gehen Fa 17.16
das/sein **Maul** halten Dc 2.14
das **Maul** hängen lassen Cb 5.20
eine/eins aufs **Maul** kriegen Cc 26.42
ein schiefes **Maul** machen/ziehen Cb 5.18
Maul und Nase aufsperren/aufreißen Da 4.9
Maul und Ohren aufsperren/aufreißen Da 4.9
das/sein **Maul** aufreißen wie ein Scheunentor De 23.19
jm. das **Maul** stopfen Cc 24.15 Dc 2.35
jm. das **Maul** verbieten Dc 2.31
sich das **Maul** verbrennen Dc 1.111
das **Maul** (mal wieder/. . .) (so/zu/reichlich) vollnehmen
Cc 11.38
sich das **Maul** über jn. zerreißen Db 19.20
dastehen und/. . . **Maulaffen** feilhalten De 14.28
das **Mäulchen** spitzen Ed 1.15
die bösen **Mäuler** (der Leute) Db 19.27
viele/sechs/zehn/. . . **Mäuler** (zu Hause) zu stopfen haben
Hd 4.62
alle **Mäuler** sind voll von jm./etw. Cd 17.39
sich die **Mäuler** über jn. zerreißen Db 19.21
störrisch wie ein **Maulesel** sein Gc 9.13
jm. einen **Maulkorb** anlegen/umbinden Dc 2.33
die **Maulsperre** kriegen (vor Staunen/Verblüffung)
Da 4.9
ein großes **Maulwerk** haben Cc 11.43
pünktlich wie die/ein **Maurer** (sein) Aa 18.2
flink wie eine **Maus** (sein) Aa 14.41
naß wie eine gebadete **Maus** sein Ac 3.2
da beißt die **Maus** keinen Faden ab/(da beißt keine Maus
einen Faden ab) Ih 3.8
da/davon beißt die **Maus** keinen/(keine Maus einen) Fa-
den an Ha 9.12
das trägt eine **Maus** auf dem Schwanz fort/weg Ia 3.15
das kann eine **Maus** auf dem Schwanz forttragen/weg-
tragen Ia 3.15
still wie ein **Mäuschen** sein Dc 2.7
da/bei/. . . möchte ich/möchte er/. . . (gern) einmal (das)
Mäuschen spielen Dc 6.17
ein paar **Mäuse** Fb 3.20
die weißen **Mäuse** Cc 20.95
weiße **Mäuse** sehen Hd 6.25
j. wäre am liebsten in ein **Mauseloch** gekrochen Cc 29.9
das/es ist zum **Mäusemelken** (mit jm./etw.) Ga 10.15
ein strammer **Max** Hd 4.83
mit etw. kannst du dir/kann er sich/. . . keine **Medaillen**
erringen De 25.107
das **Meer** hat keine Balken Ab 4.43
in einem **Meer** von Seligkeit schwimmen Cb 2.9
immer **mehr** Aa 10.7
mehr und mehr Aa 10.7
mehr oder weniger/(minder) Ic 7.3
er hat für den Anzug 2000 Mark bezahlt/. . ., nicht **mehr**
und nicht weniger Ib 1.30
auf ein paar/50/1000/. . . Mark/Meter/. . . **mehr** oder we-
niger kommt es (dabei) nicht an/. . . Ia 5.3

umso **mehr**, als . . . Ib 1.36
ich will **Meier** heißen, wenn . . . Db 6.17
drei **Meilen** hinterm/hinter dem Mond leben Aa 21.11
drei/zehn **Meilen** gegen den Wind stinken Ac 7.1
einen **Meilenstein** (in der Entwicklung/. . .) bilden/darstellen/. . . Aa 6.47
ich **meine** nur. Dc 5.128
etw. ehrlich **meinen**/es ehrlich meinen (mit jm./etw.) Cc 13.20
etw. ernst **meinen**/es ernst meinen (mit jm./etw.) Cc 13.21
es/etw. gut **meinen** Hb 1.4
es gut mit jm./etw. **meinen** Hb 1.4
es nicht gut/schlecht mit jm./etw. **meinen** Hb 2.3
man möchte/sollte (doch) **meinen**, daß . . . Dc 5.102
es/das nicht so **meinen** Dc 5.129
das sollte man **meinen**! Db 16.6
das will ich **meinen**! Db 16.7
meinetwegen Fa 8.15
meinst du, du wärst/meint ihr, ihr wärt/. . . durchsichtig? Ac 6.57
anderer **Meinung** sein (als j.) Db 17.1
derselben/der gleichen **Meinung** sein (wie j.) Db 16.1
einer **Meinung** sein (mit jm.) Db 16.1
unterschiedlicher/verschiedener **Meinung** sein Db 17.2
eine gute **Meinung** von jm./etw. haben Db 18.1
eine hohe **Meinung** von jm./etw. haben Db 18.1
keine hohe **Meinung** von jm./etw. haben Db 19.2
eine schlechte **Meinung** von jm./etw. haben Db 19.2
ganz meiner **Meinung**! Db 16.8
nach meiner/deiner/. . . **Meinung** Db 4.83
nicht von seiner **Meinung** abzubringen sein De 9.19
seine **Meinung** mit jm. austauschen (über etw.) Db 4.3
(felsenfest/steif und fest) auf seiner **Meinung** beharren De 9.20
sich eine **Meinung** bilden (über jn./etw.) Db 4.5
jm. (mal) (gehörig/anständig/ordentlich) die **Meinung** blasen/geigen/flüstern Cc 24.38
bei seiner **Meinung** bleiben De 9.19
seine **Meinung** durchsetzen Gc 8.3
dich/ihn/den Maier/. . . hat keiner/niemand nach deiner/seiner/. . . **Meinung** gefragt Dc 5.135
seine **Meinung(en)** wie sein/das Hemd wechseln Db 12.12
meiner/deiner/. . . **Meinung** nach Db 4.83
jm. (mal) (gehörig/anständig/ordentlich) die **Meinung** sagen Cc 24.38
(jm.) klar/ohne Umschweife/klar und ohne Umschweife/. . . seine/die **Meinung** sagen Dc 3.24
jm. die **Meinung** sagen/geigen, daß es nur so kracht Cc 24.46
in js. **Meinung** sinken Db 19.1
in js. **Meinung** steigen Db 18.9
eine **Meise** haben Cd 12.8
der rote **Meister** De 15.89
in jm. seinen **Meister** finden (in etw.) Ig 2.3
Meister Knieriem De 15.90
seinen **Meister** machen Cd 19.46
Meister Pfriem De 15.91
e-r S. **Meister** werden Ga 6.14
Meister Zwirn De 15.92
auf des **Meisters** Worte hören Dd 5.14
auf des **Meisters** Worte schwören Db 5.14
sich freiwillig **melden** Gc 4.3
nichts zu **melden** haben bei jm./in/. . . Fa 22.5
eine ganze **Menge** Ia 5.9
es gibt jn./etw. jede **Menge** Ia 1.21
(noch/. . .) eine **Menge** zu tun/erledigen/. . . haben Ia 5.9

jede **Menge** Geld/Äpfel/Mitarbeiter/. . . haben/finden/. . . Ia 1.21
die **Menge** muß es bringen Fb 15.7
die **Menge** macht's Ia 1.57
sich von der **Menge** treiben/tragen lassen/(. . .) Ia 1.12
in der **Menge** untertauchen Ab 8.3
jn./etw. in rauhen **Mengen** haben/finden/. . . Ia 1.21
es gibt jn./etw. in rauhen **Mengen** Ia 1.21
in **Mengen** herbeiströmen/. . . Ia 1.3
ein (ganz) anderer **Mensch** sein Hd 1.13
ein (ganz) anderer **Mensch** (geworden) sein If 5.8
ein (ganz) anderer **Mensch** sein als früher/sonst/. . . If 5.8
ich bin/du bist/. . . doch ein freier **Mensch** Fa 23.8
nur noch ein halber **Mensch** sein Bc 2.60
auch nur ein **Mensch** sein Cd 13.19
jetzt bin ich/bist du/. . . wieder ein **Mensch**! Ca 1.49
Mensch! Cb 19.5 Da 8.9
sich benehmen/ein Benehmen haben/. . . wie der erste **Mensch** Ea 12.10
kein **Mensch** Ia 4.1
ein **Mensch** wie du und ich sein If 1.7
(auch) ein **Mensch** von/(aus) Fleisch und Blut sein Cc 2.1
kein **Mensch** fragt danach, ob . . . Ha 5.23
sich wie ein (ganz) anderer **Mensch** fühlen Hd 1.13
Mensch Meier! Cb 19.5 Da 8.10
von **Mensch** zu Mensch mit jm. sprechen/. . . Dc 3.65
kein **Mensch** muß müssen Fa 16.10
Mensch und Tier Ed 5.1
ein neuer **Mensch** werden If 5.4
hat der **Mensch** Worte! Da 7.9
ein **Mensch** ohne Zukunft sein De 25.10
(schon/. . .) die ersten **Menschen**/. . . Aa 1.10
etw. verlangt den ganzen **Menschen** De 20.37
gern unter **Menschen** sein Ea 2.1
einen neuen **Menschen** anziehen If 5.4
den alten **Menschen** ausziehen/(ablegen) If 5.5
unter (die) **Menschen** müssen/kommen Ea 2.4
die **Menschen** meiden Ea 3.3
die **Menschen** nehmen, wie sie sind Da 1.3
des **Menschen** Sohn Cc 35.2
etwas für den/(seinen) äußeren **Menschen** tun Ca 1.49
etwas für den/(seinen) inneren **Menschen** tun Hd 4.17 Hd 5.3
des **Menschen** Wille ist sein Himmelreich De 9.29
seit **Menschengedenken** Aa 1.9
nicht/nicht mehr/. . . in **Menschenhand** liegen Fa 22.6
das/etw. geht über **Menschenkraft** Ii 2.12
das/etw. ist nicht **menschenmöglich** Ii 2.12
das/alles **Menschenmögliche** tun De 13.19
sein **Menschenmögliches** tun De 13.19
das/etw. ist reine/reinste **Menschenschinderei** De 12.16
ein heißblütiger/. . . **Menschenschlag** Cb 16.51
keine **Menschenseele** war auf den Straßen/. . . Ia 4.4
Menschenskind! Cb 19.4
der **Menschensohn** Cc 35.2
der gesunde **Menschenverstand** De 10.8
und so etwas/jn. läßt man auf die **Menschheit** los! Cd 4.17
nichts **Menschliches** ist mir/ihm/. . . fremd Cd 23.4
jm. ist etw. **Menschliches** passiert/begegnet Ac 8.13
wenn mir/ihm/dem Maier/. . . etwas **Menschliches** zustößt/passiert Ba 2.4
merk' dir/merkt euch/. . . das (gefälligst) Cc 25.31
den Kerl/den Mann/. . . werd' ich mir/wird er sich/. . . **merken**! Cb 14.12
sich etw. nicht/nichts/. . . **merken** lassen Ha 8.22
eine **Mesalliance** eingehen Ed 3.21

j. kann sich mit dem/der/dem Maier/... nicht **messen** (in etw.) Ig 2.5

jn. bis aufs **Messer** bekämpfen Gc 3.32

sich bis aufs **Messer** bekämpfen Gc 3.33

jm. das **Messer** auf die Brust setzen Fa 20.6

jm. das **Messer** an die Gurgel setzen Fa 20.6

jm. (selbst) das **Messer** in die Hand geben Ba 3.9

das **Messer** sitzt jm. an der Kehle Ga 4.22

jm. das **Messer** an die Kehle setzen De 25.34 Fa 20.6

jm. ein **Messer** in den Leib stoßen/jagen, rennen Ba 4.14

jn. ans **Messer** liefern Cc 20.63

ins offene **Messer** rennen Da 10.24

schreien/brüllen/..., als ob man am **Messer** stäke/stekken würde Cb 11.22

auf des **Messers** Schneide stehen Ih 4.14

am laufenden **Meter** Aa 3.9

laufende **Meter** Unsinn/Witze/... Aa 3.12

zehn **Meter** gegen den Wind stinken Ac 7.1

etw. hat **Methode** Dd 3.37

andere **Methoden** einschlagen Dd 5.20

so alt wie **Methusalem** sein/werden/... Bb 2.13

einen **Metzgersgang** machen De 28.5

die **Meute** auf jn. hetzen Gc 2.23

mit überlegener **Miene** tun/betrachten/... Cc 11.28

eine **Miene** aufsetzen, als wenn .../... Cb 5.12

sich die **Miene** eines/einer ... geben Cc 11.26

js. **Miene** hellt sich auf Cb 4.1

Miene machen, etw. zu tun Dd 3.47

eine **Miene** machen, als ob .../... Cb 5.12

keine **Miene** machen, etw. zu tun Db 14.2

eine saure **Miene** machen/ziehen Cb 5.15

gute **Miene** zum bösen Spiel machen Cc 16.72

js. **Miene** verdüstert sich Cb 5.24

keine **Miene** verziehen und ... Ha 8.22

ohne eine **Miene** zu verziehen, erklären/... Ha 8.22

mit der selbstverständlichsten **Miene** der Welt erklären/... Dc 1.7

jn./etw. **miesmachen** Db 19.9

faute de **mieux** (etw. tun müssen) Cc 12.6

die **Milch** abrahmen Hb 11.7

wie **Milch** und Blut aussehen Ca 1.4

jm. wie **Milch** und Honig eingehen Fa 17.21

beim **Militär** sein Gc 4.5

zum **Militär** gehen Gc 4.2

(empfindlich) wie eine **Mimose** sein Cb 12.2

geistig **minderbemittelt** sein Cd 10.4

nicht im **mindesten** Db 15.67

zum **mindesten** Ib 1.58

eine **Mine**/Minen legen (gegen jn./etw.) Gc 2.2

alle **Minen** springen lassen De 13.39

ein/zwei/... **Ministersessel** steht/stehen noch leer/sind noch zu besetzen Fa 11.33

jn./etw. zur **Minna** machen Cc 24.51

auf die **Minute** (genau) (ankommen/...) Aa 18.1

in letzter **Minute** Aa 1.73

etw./alles bis auf die letzte **Minute** aufschieben/verschieben Aa 1.76 Aa 11.11

etw./alles bis zur letzten **Minute** aufschieben/verschieben Aa 1.76 Aa 11.11

die **Minuten** werden jm. zur Ewigkeit Aa 15.21

fünf **Minuten** vor zwölf Aa 1.73

von **mir** aus Fa 8.15

wie du **mir**, so ich dir Gc 14.17

(so) **mir** nichts dir nichts Aa 19.6

jn./etw. in **Mißkredit** bringen Cc 10.10

in **Mißkredit** geraten Cc 10.5

im **Mißverhältnis** stehen zu etw. Ie 1.34

Mist sein Ha 15.13

für/um jeden **Mist** Ia 3.19

so/welch ein **Mist**! Cb 19.4

verdammter **Mist**! Cb 19.4

jeden **Mist** behandeln/diskutieren/... Ia 3.20

nicht auf js. **Mist** gewachsen sein Cc 11.52 Cd 16.31

Mist machen/(bauen) Cd 13.3

so einen/allerhand/viel... **Mist** reden Dc 1.75

das/den Besen/... kannst du/kann der Maier/... auf den **Mist** werfen Ac 11.22

mitgefangen, mitgehangen! Cc 28.7

kein/keinerlei **Mitgefühl** haben Cc 3.4

etw. **mitgehen** lassen/(heißen) Cc 19.5

(da) nicht (mehr) **mitkommen** Cd 2.35

(da) nicht (mehr) **mitkönnen** Cd 2.35

etw./alles **mitkriegen** (wollen/müssen) Cd 15.7

darf man **mitlachen**? Cd 2.52

etw. **mitlaufen** lassen/(heißen) Cc 19.5

kein **Mitleid** haben/kennen Cc 3.4

etw. in **Mitleidenschaft** ziehen Hb 5.6

es nicht mehr lange **mitmachen** Ac 11.5

es nicht mehr lange **mitmachen** Bc 2.61

etw./viel/allerhand/viel Leid/... **mitmachen** (müssen) Cb 3.1

jn./js. Gesundheit/js. Nerven/... arg/anständig/böse/hart/... **mitnehmen** De 23.48

nicht **mitreden** können (bei etw./jm.) Cd 2.43

bei etw./jm. (unbedingt/...) **mitreden** wollen/... Fa 6.12

jm. übel/arg/grausam/... **mitspielen** Cb 3.14

von zwölf bis **Mittag** etw. tun/dauern/... Aa 14.3

(zu) **Mittag** essen Hd 4.79

Mittag machen De 15.49

einer/j./... aus unserer/eurer/... **Mitte** De 17.16

(jetzt aber/dann aber/...) ab durch die **Mitte**! Ab 7.3

die goldene **Mitte** einhalten/wählen/... Id 1.2

in der **Mitte** des Lebens stehen Bb 2.4

ich/wir/... heiße/heißen dich/ihn/... in unserer/... **Mitte** willkommen Ea 7.22

in der **Mitte** zwischen ... und ... (sein/liegen) Ab 1.11

im **Mittel** Ib 1.57

gegen etw./jn./dagegen gibt's/gibt es kein/... **Mittel** Fa 14.19

gegen etw./jn./dagegen gibt's/gibt es ein/viele/... **Mittel** Ga 6.1

alle **Mittel** anwenden, um etw. zu erreichen/... De 13.34

jm. die **Mittel** an/in die Hand geben, so daß er etw. tun kann/... Cd 3.50

über seine **Mittel** leben Fb 8.2

sich (ordentlich/anständig/...) ins **Mittel** legen (für jn./etw.) De 13.15

Mittel und Wege finden/suchen/... Dd 5.2

auf **Mittel** und Wege sinnen Dd 5.2

(nur) **Mittel** zum Zweck sein (für jn.) Dd 3.40

jn./etw. als **Mittel** zum Zweck benutzen Dd 3.40

(jm.) als **Mittel** zum Zweck dienen Dd 3.40

mit allerlei/... **Mittelchen** versuchen/... De 13.36

zu den äußersten/letzten **Mitteln** greifen Id 2.9

nach **Mitteln** und Wegen suchen/... Dd 5.2

im **Mittelpunkt** (des Interesses/...) stehen Fa 1.15

den goldenen **Mittelweg** einhalten/wählen/... Id 1.2

einen **Mittelweg** einschlagen/gehen/wählen Id 1.1

in **Mode** sein Aa 22.4

es ist **Mode** daß ... Aa 22.5

etw. in **Mode** bringen Aa 22.2

mit der **Mode** gehen Aa 22.1

(ganz/völlig/...) aus der **Mode** kommen Aa 21.1

eine neue **Mode** kreieren/lancieren Aa 22.3

(jm.) **Modell** sitzen/(stehen) Cd 22.5
einen **modus** vivendi finden/suchen/... Gc 13.1
wie ist/war sowas **möglich**? De 26.20
alle **möglichen** Leute/... Ia 8.5
ist das die **Möglichkeit**? Cc 33.25
nach **Möglichkeit** etw. tun Ii 1.8
sein **Möglichstes** tun De 13.19
der letzte **Mohikaner** Aa 5.27
braungebrannt wie ein **Mohr** (sein) Ca 1.45
schwarz wie ein **Mohr** (sein) Ca 1.45
der **Mohr** hat seine Schuldigkeit getan, der Mohr kann gehen Ga 13.16
einen **Mohr** weiß waschen wollen De 28.14
Moment! Aa 11.19
Moment (mal)! Dc 5.106
im entscheidenden **Moment** ... Dd 6.30
im ersten **Moment** ... Aa 5.32
im gegebenen **Moment** kommen/... Hb 7.19
im **Moment** ... Aa 1.37
(genau) im richtigen **Moment** kommen/... Hb 7.17
in einem schwachen **Moment** ... Gc 10.24
etw./alles bis zum letzten **Moment** aufschieben/verschieben Aa 1.76 Aa 11.11
im **Moment** erledigt haben/zurück sein/... Aa 17.6
einen lichten **Moment** haben Cd 12.43
lichte **Momente** haben Cd 12.43
im 3./4./5./... **Monat** sein Ed 2.7
Monat für/um Monat Aa 3.17
hinterm **Mond** sein Aa 21.11
wir leben/ihr lebt/... (doch) schließlich nicht auf dem **Mond**! Da 1.4
die Uhr/der Chronometer/... geht nach dem **Mond** Aa 1.87
die/den/den Peter/... wünsche ich/wünscht der Karl/... zum **Mond** Eb 2.32
den **Mond** anbellen Cb 19.3
den **Mond** anstarren/anstieren De 2.14 De 14.28
der **Mond** geht auf Ca 1.42
nach dem **Mond** greifen Da 3.18
in den **Mond** gucken Hb 14.15
hinterm/hinter dem/auf dem **Mond** leben Aa 21.11
da/dort in dem Nest/... hinter dem/hinterm **Mond** leben Ab 1.30
j. könnte jn. auf den **Mond** schießen Eb 2.33
j. möchte jn. am liebsten auf den **Mond** schießen Eb 2.33
wenn j. könnte, wie er wollte, würde er jn. auf den **Mond** schießen Eb 2.33
das Geld/den Ring/... kannst du/kann dein Bruder/... in den **Mond** schreiben Ab 11.12
j. kann mir/uns mal im/beim **Mondschein** begegnen Cb 19.18
er/sie/der Peter/... kann sich/... ein **Monogramm** in den Bauch beißen, das wird nicht gemacht/... Db 15.6
und wenn er/sie/der Peter/... sich ein **Monogramm** in den Bauch beißt, das wird nicht gemacht/... Db 15.6
blauen **Montag** machen De 15.43
Moos haben Fb 6.17
eine **Moral** mit doppeltem Boden Cc 7.24
und die **Moral** von der Geschicht':... Dd 10.33
(und) die **Moral** von der Geschichte ist:... Dd 10.33
den/einen **Moralischen** haben Cc 30.5
den/einen **Moralischen** kriegen Cc 30.5
jm. eine **Moralpauke** halten Cc 24.36
jm. eine **Moralpredigt** halten Cc 24.36
wenn ..., dann/... gibt's **Mord** und Totschlag Gc 3.3
morden und brennen Ba 4.27
durch **Mörderhand** sterben Ba 2.43

das/es gibt ein **Mordsspektakel** Cb 18.10
jn. **Mores** lehren Cc 24.41
guten **Morgen**! Ea 9.2
guten **Morgen**! De 2.11
bis zum frühen **Morgen** aufbleiben/tanzen/zechen/tagen/... Aa 1.31
(so) frisch aussehen wie der junge **Morgen** Ca 1.17
vom (frühen) **Morgen** bis zum (späten) Abend Aa 2.3
Morgenluft wittern Db 7.7
von **morgens** bis abends Aa 2.3
in **Morpheus'** Arme sinken/fallen De 22.3
in **Morpheus'** Armen ruhen De 22.5
ich denk'/dacht', ich krieg' die **Motten**! Da 7.13
ach du kriegst die **Motten**! Da 7.12
von etw. angezogen werden wie die **Motten** vom Licht Hc 3.16
ein Witz/... stammt (noch) aus der **Mottenkiste** Aa 21.5
einen Witz/... aus der **Mottenkiste** erzählen/zum besten geben/... Aa 21.6 Cd 18.10
aus der **Mottenkiste** stammen Cd 18.10
es geht nach dem **Motto**: ein Schritt vor und zwei zurück Aa 6.30
Mücke machen Ab 7.11
aus einer/jeder **Mücke** einen Elefanten machen Id 2.32
seine **Mucken** haben Cb 6.16
keinen **Mucks** von sich geben/sagen/machen Dc 2.6
keinen **Mucks** mehr von sich geben/machen Ba 5.7
e-r S. **müde** sein Hc 6.2
es **müde** sein, etw. zu tun Hc 6.2
(fast) umfallen vor **Müdigkeit** De 23.15
(nur/bloß) keine **Müdigkeit** vortäuschen/vorschützen! De 13.73
Muffe haben Gb 6.14
das/etw. ist verlorene/vergebliche **Müh'**/Mühe De 28.2
nach des Tages/nach des Lebens/... **Müh'** und Arbeit De 15.50
Müh' und Arbeit scheuen De 14.3
mit **Müh'**/(Mühe) und Not De 21.3
Mühe haben, etw. zu tun De 20.2
alle **Mühe** haben, etw. zu tun De 20.3
seine (liebe) **Mühe** mit jm./etw. haben De 20.3
mit großer **Mühe** De 21.3
es/etw. lohnt die **Mühe** De 27.1
es/etw. lohnt nicht die **Mühe** De 28.1
sich **Mühe** geben/machen (mit jm./etw.) De 13.13
sich verzweifelte **Mühe** geben, zu ... De 13.31
jn. viel **Mühe** kosten De 20.12
jm. viel **Mühe** machen De 20.12
sich die **Mühe** machen, etw. zu tun/und etw. tun De 13.13
der **Mühe** wert sein De 27.1
nicht der **Mühe** wert sein De 28.1
es nicht/nicht einmal/... (für) der **Mühe** wert halten, etw. zu tun De 28.2
jn. (regelrecht/...) durch die **Mühle** drehen De 12.27
in die **Mühle** (der Verwaltung/der Ämter/...) geraten/kommen De 12.25
in der **Mühle** stecken/sein De 12.26
js. **Mühle** steht nicht still Dc 1.37
es geht jm. (wie) ein **Mühlrad** im Kopf herum De 23.45 Hd 6.33
j. fällt ein **Mühlstein** vom Herzen Ga 7.2
non **multa**, sed multum Ia 1.58
Mumm (in den Knochen) haben Gb 5.1
keinen **Mumm** (in den Knochen) haben Gb 6.1
keinen (rechten) **Mumm** (in den Knochen) haben De 4.4
einen großen **Mund** haben Cc 11.43
einen losen/lockeren **Mund** haben Dc 1.103

einen trockenen **Mund** haben Hd 5.1
wie aus einem **Mund** antworten/schreien/... Db 16.30
sich etw. vom **Mund(e)** absparen Fb 9.16
j. kann wohl/... seinen **Mund** nicht aufkriegen? Dc 2.12
den/seinen **Mund** aufmachen/(auftun) Dc 1.4 Gc 6.34
den **Mund** (immer/...) zu sehr/so weit/... aufreißen
  Cc 11.41
den **Mund** aufsperren Da 4.9
nur/bloß den **Mund** aufzumachen brauchen, um etw. zu
  erreichen/um etw. zu bekommen/... Dc 1.132
mit offenem **Mund** dastehen und ... Da 4.9
jm. über den **Mund** fahren Cc 24.15
den **Mund** am richtigen Fleck haben Dc 1.137
(ständig/...) große Worte im **Mund(e)** führen Cc 11.44
jm. eins/eine auf den **Mund** geben Cc 26.24
nicht auf den **Mund** gefallen sein Dc 1.134
den/seinen **Mund** halten Dc 2.14
reinen **Mund** halten (können) Dc 2.25
den/seinen **Mund** nicht halten können Dc 1.37
an js. **Mund** hängen Dc 6.4
eine/eins auf den **Mund** kriegen Cc 26.42
jm. etw. in den **Mund** legen Cc 14.9
einen schiefen **Mund** machen/ziehen Cb 5.18
jm. den **Mund** wäßrig machen Hd 3.11
von **Mund** zu Mund/(Munde) gehen/(laufen) Cd 17.34
Mund und Nase aufsperren/aufreißen Da 4.9
Mund, Nase und Ohren aufsperren/aufreißen Da 4.9
solche Worte/Ausdrücke/... nicht in den **Mund** nehmen
  Dc 1.93
jm. bleibt der **Mund** offenstehen Da 4.9
Mund und Ohren aufsperren/aufreißen Da 4.9
den **Mund** bis zu den Ohren aufsperren/aufreißen Da 4.9
jm. (immer/...) nach dem **Mund** reden/(sprechen)
  Fa 17.14
sich den **Mund** fransig reden (können) (bei jm.) Dc 1.89
sich den **Mund** fusselig reden (können) (bei jm.) Dc 1.89
ein Glas/eine Tasse/... an den **Mund** setzen Hd 5.43
den **Mund** zum Kuß/Pfeifen/... spitzen Ed 1.15
js. **Mund** steht nicht still Dc 1.37
bei jm. steht der **Mund** nicht still Dc 1.37
jm. den **Mund** stopfen Cc 24.15 Dc 2.35
jm. den **Mund** verbieten Cc 24.16 Dc 2.31
sich den **Mund** verbrennen Dc 1.111
hast du/hat sie/hat der Maier/... den **Mund** verloren/(zu
  Hause gelassen)? Dc 2.12
jm. den **Mund** versiegeln Dc 2.36
den **Mund** verziehen Cb 5.18 Dc 8.13
den **Mund** (mal wieder/...) (so/zu/reichlich) vollnehmen
  Cc 11.38
immer/... mit dem **Mund** vorneweg sein Dc 1.140
jm./sich den **Mund** zuhalten Dc 2.37
den **Mund** nicht/gar nicht/... wieder zukriegen/zubrin-
  gen Da 4.9
in aller **Munde** sein Cd 17.39
viele/sechs/zehn/... **Münder** (zu Hause) zu stopfen ha-
  ben Hd 4.62
ein flinkes/(gut geschmiertes) **Mundwerk** haben Dc 1.138
ein grobes/ungewaschenes/schandbares/gottloses **Mund-
  werk** haben Dc 1.96
ein großes **Mundwerk** haben Cc 11.40 Cc 11.43
ein loses/lockeres **Mundwerk** haben Dc 1.103
ein Lächeln/... huscht um js. **Mundwinkel** Cb 10.6
jm. etw. in/mit gleicher **Münze** heimzahlen Gc 14.10
jm. etw. mit grober **Münze** heimzahlen Gc 14.11
etw., was j. sagt/... für bare **Münze** nehmen Db 5.12
etw. in klingende **Münze** umsetzen Fb 15.45
etw. in klingender **Münze** zahlen/bezahlen/... Fb 15.38

Murks machen Cd 13.2
Murks' gesammelte Werke Cd 13.6
schlafen wie ein **Murmeltier** De 22.6
intra **muros** Ec 1.27
(fast/...) zu **Mus** zerdrückt/gedrückt werden Ac 11.17
jn. hat die **Muse** geküßt Cd 20.48
Muskeln aus/von Eisen haben Ca 3.2
die **Muskeln** spielen lassen Gc 1.1
(nur/...) aus **Muskelpaketen** bestehen Ca 3.6
ein **Muskelprotz** (sein) Ca 3.5
ein hartes **Muß** sein Fa 21.18
mal/mal eben/... **müssen** Ac 8.2
groß **müssen** Ac 8.8
her **müssen** Ha 9.7
mal (eben/...) irgendwohin **müssen** Ac 8.2
klein **müssen** Ac 8.6
(feste/anständig/...) ran **müssen** De 11.2
mal (eben/...) raus **müssen** Ac 8.2
da/durch diese Schwierigkeiten/... **muß** j. hindurch
  Ga 6.32
gerade du **mußt**/die Vera **muß**/... das sagen/tun Cc 25.42
eine **Mußestunde** einlegen Ab 3.34
es ist (jetzt/...) **müßig**, darüber nachzudenken/sich dar-
  über zu streiten/... (ob ...) De 28.19
ein **Muster** an Hingabe/Fleiß/Kollegialität/... sein
  Cc 5.8
das **Muster** eines (guten/...) Schülers/Ehemannes/...
  sein/(abgeben) Cc 5.8
jm. jn. (dauernd/...) als **Muster** vorhalten Cc 5.15
Muster ohne Wert Fb 15.102
nur **Mut**! Gb 5.21 Gb 7.5
nur **Mut** (es/die Sache wird schon schiefgehen)! Gb 7.9
jm. den **Mut** abkaufen Gb 6.5
sich **Mut** antrinken Hd 6.52
(wieder/...) (frischen/neuen) **Mut** fassen Gb 7.4
Mut haben wie ein Löwe Gb 5.2
jm. **Mut** machen Gb 7.1
(wieder/...) (frischen/neuen) **Mut** schöpfen Gb 7.4
den **Mut** sinken lassen Gb 6.7
den **Mut** verlieren Gb 6.7
mit dem **Mut** der Verzweiflung etw. nochmal versu-
  chen/... De 13.32
mit **Mut** voran! Aa 7.33
mutatis mutandis Ie 1.12
sein **Mütchen** an jm. kühlen Cb 16.38
frohen **Mutes** (sein) Cb 4.3
guten **Mutes** (sein) Cb 4.3
js. leibliche **Mutter** sein Ed 5.15
jm. die **Mutter** ersetzen Ed 5.16
bei **Mutter** Grün übernachten/schlafen/... Ab 4.27
Mutter und Kind (sind wohlauf/...) Ba 1.7
der **Mutter** (noch) an der Schürze hängen Ed 5.27
Mutter werden Ba 1.5
etw. mit der **Muttermilch** einsaugen Cd 3.22
futtern wie bei **Muttern** Hd 4.20
sich wie bei **Muttern** fühlen Ea 7.8
wie bei **Muttern** schmecken/... Hd 4.50
(noch) an **Mutters** Rockschößen/Rockzipfel/Rock/Schür-
  zenband hängen Ed 5.27
von **Mutters** Seite Ed 6.12
bei einem Kind die **Mutterstelle** vertreten Ed 5.16
(noch) eine **Mütze** voll Schlaf nehmen De 22.12
am **Nabel** der Welt (wohnen, ...) Ab 1.39
ein (richtiger) **Nabob** sein Fb 6.18
(so) **nach** und nach Aa 10.1
nach wie vor Aa 1.38
je **nachdem** Db 4.86

etw. mit (besonderem/allem) **Nachdruck** betonen/unterstreichen/... Ha 3.6

auf etw. (besonderen) **Nachdruck** legen Ha 3.6

e-r S. **Nachdruck** verleihen/(geben) Ha 3.5

jm. an etw. nichts **nachgeben** If 1.5

e-r S. nicht weiter **nachgehen** Gc 11.1

einen bitteren **Nachgeschmack** bei jm. hinterlassen Hc 7.7

(so) ein bißchen **nachhelfen** Fa 6.18

Nachhilfestunden geben/kriegen/nehmen/brauchen/... Cd 19.32

Nachhilfeunterricht geben/kriegen/nehmen/brauchen/... Cd 19.32

im **nachhinein** Aa 1.74

jm. nicht/niemandem/keinem/... **nachlaufen** Fa 24.11

jn. in üble **Nachrede** bringen Cc 10.10

in üble **Nachrede** kommen/geraten Cc 10.5

jm. nichts **nachsagen** können Cc 21.11

sich etw. nicht **nachsagen** lassen Cc 7.26

das **Nachsehen** haben Hb 14.13

mit jm. **Nachsicht** haben Cc 2.18

ich bitte/er bittet/... um **Nachsicht** (wenn/wegen/...) Ea 11.18

keine **Nachsicht** kennen Fa 19.3

ein (gerichtliches/trauriges/übles/...) **Nachspiel** haben Dd 10.15

etw. wird (noch) ein (gerichtliches/trauriges/übles/...) **Nachspiel** geben Dd 10.15

der/die/das **nächstbeste**/nächste beste Dd 8.23

fürs **nächste** Aa 1.65

jeder ist sich selbst der **Nächste** Hb 11.15

der **Nächste**, bitte! Aa 5.5

jm. in etw. nicht **nachstehen** If 1.5

häßlich wie die **Nacht** (sein) Ca 1.24

schwarz wie die **Nacht** (sein) Ac 5.10

Nacht! De 22.8

gute **Nacht**! De 22.8

(na) dann gute **Nacht**! Gc 11.13

mitten in der **Nacht** ... Aa 1.23

bis spät in die **Nacht** (hinein) arbeiten/feiern/aufbleiben/... Aa 1.31

über **Nacht**/die Nacht über bleiben/... Ea 5.15

es wird **Nacht** vor js. Augen Bc 3.2

jn. zu einer italienischen **Nacht** einladen Hd 7.10

dumm wie die **Nacht** finster sein Cd 10.14

bei **Nacht** sind alle Katzen grau If 1.18

Nacht für/um Nacht Aa 3.17

bei **Nacht** und Nebel verschwinden/fliehen/den Ort verlassen/... Ab 7.20

sich die/eine/die ganze/die halbe **Nacht** um die Ohren schlagen De 22.21

jm. gute **Nacht** sagen De 22.7

die **Nacht** zum Tag machen Aa 1.32

die **Nacht** zum Tag und den Tag zur Nacht machen De 22.21

sich drei/... **Nächte** um die Ohren schlagen De 22.21

jm. gegenüber/im Verhältnis zu jm./... im **Nachteil** sein Hb 14.12

wie eine **Nachteule** aussehen Ca 1.27

singen wie eine **Nachtigall** Dc 10.8

Nachwuchs erwarten Ed 2.5

ohne groß/erst groß/... **nachzudenken**, etw. tun Aa 17.4

einen starren/unbeugsamen/störrischen **Nacken** haben De 9.6

Verfolger/Feinde/... im **Nacken** haben Ab 9.17

jm. den **Nacken** beugen Fa 14.5

(endlich/...) den/seinen **Nacken** beugen müssen Gc 10.17

jm. auf dem **Nacken** sitzen Fa 10.31

jm. im **Nacken** sitzen Ab 9.10

jm. den **Nacken** steifen Gb 7.2

es konnte keine **Nadel** zu Boden/zur Erde fallen (so dicht gedrängt standen die Leute/...) Ia 1.46

man hätte eine **Nadel** zu Boden/auf die Erde fallen hören können (so still war es/...) Dc 9.13

etw. wie eine **Nadel** suchen Ab 12.10

es sticht jm. (in den Beinen/...) wie mit **Nadeln** Bc 2.27

wie auf **Nadeln** sitzen Aa 15.23

jm. **Nadelstiche** versetzen Cb 13.5

jm. nicht so viel gönnen, wie man auf dem **Nagel** fortträgt Hb 12.1

jm. nicht so viel gönnen, wie unter dem **Nagel** geht Hb 12.1

seine Arbeit/seinen Beruf/sein Studium/... an den **Nagel** hängen De 15.62

einen **Nagel** im Kopf haben Cc 11.21

(mit einer Bemerkung/einem Urteil/...) den **Nagel** auf den Kopf treffen Cc 13.9

Nägel mit Köpfen machen Dd 7.7

sich etw. unter den **Nagel** reißen Fb 1.20

ein **Nagel** zu/an js. Sarg sein Cb 15.19

jm. auf den **Nägeln** brennen De 16.1

an den **Nägeln** kauen Dc 8.64

die **Nagelprobe** machen Hd 5.42

nichts (mehr) zu **nagen** und zu brechen haben Fb 7.23

von **nah** und fern (kommen/...) Ab 2.10

der Verzweiflung/dem Ruin/dem Ende/... **nahe** sein Aa 6.57

in greifbarer **Nähe** sein/sich befinden/... Ab 1.22

(hier/dort/...) (ganz) in der **Nähe** (von) Ab 1.16

in der **Nähe** liegen (von) Ab 1.17

in greifbare **Nähe** rücken Aa 6.8

von **nahem** Ab 1.24

jm. (etw.) des **näheren** auseinanderlegen/erklären/... Dc 1.29

dem Verdacht/der Kritik/... (neue) **Nahrung** geben Aa 6.77 Dd 9.4

aus allen **Nähten** platzen Ca 4.9

»mein **Name** ist Hase, ich weiß von nichts« Cd 16.13

Namen sind/Name ist Schall und Rauch Cd 17.52

einen **Namen** haben (als ...) Cd 17.10

auf den **Namen** ihres Mannes/... laufen/gehen/lauten... Cd 17.46

js. (guten) **Namen** in Verruf bringen/kaputtmachen/... Cc 10.10

in js. **Namen** auftreten/kommen/sprechen/... Cd 17.46

etw. unter anderem **Namen**/dem Namen ... veröffentlichen/... Cd 20.54

unter falschem **Namen** reisen/untertauchen/sich im Hotel eintragen/... Ab 4.49

für/zu etw. (nur/...) seinen **Namen** zur Verfügung stellen/hergeben/... Cd 17.47

seinem **Namen** alle Ehre machen Cc 5.1

(jetzt/...) den **Namen** ... führen Cd 17.46

im **Namen** des Gesetzes jn. verhaften/(im Namen des Gesetzes: Sie sind verhaftet) Cc 20.77

seinen **Namen** für etw. hergeben Cc 7.22

seinen **Namen** für etw. nicht hergeben Cc 4.7

jn. (nur/bloß) dem **Namen** nach kennen Cd 17.6

auf den **Namen** ... lauten Cd 17.46

sich einen **Namen** machen (als ...) Cd 17.11

nur dem **Namen** nach etw. sein/kennen/... Cd 17.48

seinen **Namen** unter etw. setzen/(schreiben/...) Cd 20.4

einen Artikel/... mit seinem (vollen) **Namen** zeichnen Cd 20.54

einen **Narren** an jm./etw. gefressen haben   Eb 1.16

jn. zum **Narren** halten/(haben)   Cb 9.9

bei jm. **Narrenfreiheit** haben/genießen   Fa 23.19

es geht hier/dort/in/bei/... zu wie in einem **Narrenhaus**
   Ac 10.18

jn. am **Narrenseil** herumführen/(führen)   Cb 9.10

ein **Näschen** für etw. haben   Cd 5.17

nicht nach js. **Nase** sein/ablaufen/...   Db 14.13

(direkt/...) vor js. **Nase** sein/liegen/stehen/...   Ab 1.20

eine **Nase** für etw. haben   Cd 5.17

eine feine **Nase** haben   Cd 5.20

eine gute **Nase** (für etw.) haben   Cd 5.17

die richtige **Nase** (für etw.) haben   Cd 5.17

jm. läuft die/seine **Nase**   Bc 2.16

pack'/faß' dich an deine eigene **Nase**!   Cc 25.43

packt/faßt euch an eure eigene **Nase**!   Cc 25.43

pro **Nase** ist das/macht das/...   Fb 2.14

eine/die rote **Nase** (haben)   Ac 2.9

eine/die rote **Nase** (haben)   Hd 6.57

jm. seine Gedanken/... (doch nicht) an der **Nase** ablesen
   (können)   Cd 14.12

mit langer **Nase** (wieder) abziehen/(gehen/...)   De 26.14

jm. etw. (gleichsam/schon/...) an der **Nase** ansehen
   Cc 14.33

ich kann/er kann/... dir/ihm/... das (doch/...) nicht an
   der **Nase** ansehen   Cd 16.6

sich die **Nase** begießen   Hd 6.7

js. **Nase** beleidigen   Ac 7.3

jm. etw. auf die **Nase** binden   Dc 3.68

(gedankenverloren/...) in der **Nase** bohren   Dc 8.43

seine **Nase** in jeden Dreck stecken   Fa 7.5

jm. eine **Nase** drehen   Cb 9.19

eine tüchtige **Nase** einstecken müssen   Cc 24.71

auf die **Nase** fallen (mit etw.)   De 25.71

jm. eins auf die **Nase** geben   Cc 24.9

js. **Nase** gefällt/paßt jm. nicht   Eb 2.19

jm. (so richtig/...) in die **Nase** gehen/fahren   Ac 7.2

du bist/er ist/... (wohl) auf der **Nase** gelaufen?   Bc 2.34

seine **Nase** zu tief ins Glas stecken/gesteckt haben
   Hd 6.16

wieder einmal/... die **Nase** zu tief ins Glas gesteckt haben
   Hd 6.16

(nur/immer/...) nach seiner eigenen **Nase** handeln
   De 9.7

die **Nase** hängenlassen   Cb 3.20

jn. an der **Nase** herumführen   Cb 9.8

jm. auf der **Nase** herumtanzen   Fa 10.24

sich (von jm.) nicht auf der **Nase** herumtanzen lassen
   Gc 6.7

js. Gesichtskreis/Verständnis/Horizont/Begriffsvermö-
   gen/... geht nicht über seine/die eigene **Nase** hinaus
   Cd 11.4

die **Nase** hochtragen   Cc 11.31

seine **Nase** in jeden Kram stecken   Fa 7.5

alle **Nase** lang   Aa 3.7

auf der **Nase** liegen   Bc 2.7

jm. eine (lange) **Nase** machen   Cb 9.19

(immer) der **Nase** nach!   Ab 3.18

j. soll sich an seine eigene **Nase** packen/fassen   Cc 25.43
   Db 15.88

sich die **Nase** auf/an einer Scheibe/... plattdrücken
   Ac 6.38

sich die **Nase** putzen   Bc 2.16

durch die **Nase** reden   Dc 1.122

jm. etw. unter die **Nase** reiben   Cc 24.64

nicht weiter sehen als seine **Nase** reicht   Cd 11.4

die **Nase** rümpfen (über jn./etw.)   Cc 34.1   Dc 8.13

seine **Nase** in jeden Scheißdreck stecken   Fa 7.5

jm. jn. vor die **Nase** setzen   Fa 4.23

jm. in die **Nase** stechen   Ac 7.2

seine **Nase** in alles stecken   Fa 7.5

seine **Nase** in etw./in etw., was einen nichts angeht/in etw.,
   wo man nichts zu suchen hat/in anderleuts Dinge/...
   stecken   Fa 7.4

seine **Nase** ins Buch/in die Bücher/ins Mathematik-
   buch/... stecken   Cd 19.12

jm. in die **Nase** steigen   Ac 7.2

jn. mit der **Nase** auf etw. stoßen   Ga 12.65

sich eine goldene **Nase** verdienen (an etw.)   Fb 6.22

die **Nase** von jm./etw. (gestrichen) voll haben   Eb 2.26

die **Nase** (gestrichen) voll davon haben, etw. zu tun
   Hc 6.4

(direkt) an js. **Nase** vorbeilaufen/(...)   Ab 1.20

ein Zug/ein Bus/... fährt jm. (direkt/...) vor der **Nase**
   weg   Aa 1.7

jm. etw. vor der **Nase** wegschnappen/wegnehmen/...
   Aa 1.7

jm. etw. aus der **Nase** ziehen   Dc 3.80

sich die **Nase** zuhalten   Ac 7.4

jm. um eine **Nasenlänge** voraussein (in etw.)   Ig 1.15

jm. etw. (gleichsam/schon/...) an der **Nasenspitze** anse-
   hen   Cc 14.33

jm. einen **Nasenstüber** versetzen/geben/verpassen
   Cc 24.7

jn. **nasführen**   Cb 9.8

ein edles **Naß**   Hd 5.52

für **naß**   Fb 14.2

ins/in das kühle **Naß** springen/sich stürzen/...   Ac 3.9

eine **Natter** am Busen nähren/(sich großziehen)   Cc 16.54

ernster/schwerer **Natur** sein   Ha 4.26

gegen js. **Natur** sein/gehen   Eb 2.3

leichter **Natur** sein   Ha 5.24

eine eiserne **Natur** haben   Bc 1.3   Ca 3.2

Fragen, ... ganz allgemeiner/grundsätzlicher/priva-
   ter/... **Natur**   Ie 1.4

in der freien **Natur**   Ab 4.25

etw. geht jm. wider die **Natur**   Eb 2.3

von **Natur** (aus) schüchtern/draufgängerisch/emsig/
   faul/... sein   Cb 1.2

von der **Natur** stiefmütterlich behandelt worden sein
   Ca 1.23

von der **Natur** wie geschaffen sein zu/für ...   Cd 3.20

etw. liegt in der **Natur** der Sache   Ih 2.5

jm. zur zweiten **Natur** werden   Cd 3.23

wegen **Nebel** ausfallen   De 25.80

ein undurchdringlicher **Nebel** liegt über etw.   Cc 18.12

(so) (ganz) **nebenbei** etw. sagen/tun   Cc 15.10   Ha 5.2

jn. auf ein/aufs **Nebengleis** abschieben/stellen   De 15.75

braun/schwarz wie ein **Neger** (sein)   Ca 1.45

der/das/... wirft/haut den stärksten **Neger** um/(von der
   Palme)   Da 7.21

jn. anständig/nach Strich und Faden/... dazwischen **neh-
   men**   Cc 24.45

etw. ernst **nehmen**   Ha 4.5

es mit etw. ernst **nehmen**   Ha 4.5

es mit jm./etw. genau **nehmen**   Ha 4.4

das/was j. sagt/was j. tut/..., darfst du/braucht er/...
   nicht so genau **nehmen**   Cb 13.45

etw./alles/das Leben (sehr) leicht **nehmen**   Gb 4.26

etw. persönlich **nehmen**   Cb 13.24

etw. zu sich **nehmen**   Hd 4.14

es mit jm./etw. streng **nehmen**   Fa 19.12

etw. tragisch **nehmen**   Cb 3.45

jn. für voll **nehmen**   Db 18.6

jn./etw. wichtig **nehmen** Ha 4.6
jn./etw. nicht wichtig **nehmen** Ha 5.7
es mit etw. (sehr) wichtig **nehmen** Ha 4.6
hart im **Nehmen** sein Gc 7.5
leicht zu **nehmen** sein Cb 6.1
schwer/nicht leicht zu **nehmen** sein Cb 6.14
nehmen wir/nimm/... einmal an, daß ... Ie 1.54
jn./etw. **nehmen**, wie er/es ist Da 1.3
es sich nicht **nehmen** lassen, etw. zu tun Ha 4.2
zwei/mehrere Dinge **nehmen** sich nichts/nicht viel/...
  If 2.2
woher **nehmen** und nicht stehlen? Fb 5.10
jn. (richtig) zu **nehmen** wissen/(verstehen) Ec 1.29
jm. schaut/sieht der **Neid** aus den Augen Hb 12.6
das ist (nur/bloß) der **Neid** der Besitzlosen! Hb 12.12
..., das muß ihm/ihr/... der **Neid** lassen Db 18.17
j. könnte vor **Neid** platzen/vergehen/bersten Hb 12.4
der blasse/blanke **Neid** spricht aus jm. Hb 12.6
gelb/grün/grün und gelb/blaß vor **Neid** werden Hb 12.5
zur **Neige** gehen Aa 8.22
ein Glas/einen Becher/... bis zur **Neige** leeren/(trinken)
  Hd 5.7
nein und abermals/(nochmals) nein! Db 15.64
Nektar und Ambrosia (für jn.) sein Hd 4.52
etw. sein eigen **nennen** Fb 1.22
etw. auf einen (gemeinsamen) **Nenner** bringen Db 16.21
etw. auf einen einfachen/kurzen/lapidaren/... **Nenner**
  bringen Db 4.38
einen gemeinsamen **Nenner** für etw. finden Db 16.20
und so was **nennt** sich Arzt/Wissenschaftler/...! Cd 4.17
Neptun (reichlich) opfern Bc 2.25
(völlig) fertig mit den/seinen **Nerven** sein De 23.50
der/die/der Karl/... hat **Nerven**! Db 15.58
die **Nerven** behalten Cb 20.1
Nerven wie Drahtseile/Stahl/Kruppstahl/(Stricke/Bind-
  fäden) haben Cb 21.4
mit den/seinen **Nerven** (völlig) am Ende sein De 23.50
jm. auf die **Nerven** fallen/gehen (mit etw.) Cb 15.1
mit den/seinen **Nerven** (arg) heruntersein De 23.50
die **Nerven** verlieren Cb 17.6
js. **Nerven** sind zum Zerreißen gespannt De 23.49
nur noch ein **Nervenbündel** sein Cb 17.14 De 23.51
der **nervus** probandi Cc 20.56
nervus rerum Fb 3.29
sich (mit etw.) (bei jm.) (aber) (ganz) schön in die **Nesseln**
  setzen Cd 13.12
wie auf **Nesseln** sitzen Aa 15.23
aus dem **Nest**! Aa 1.30
ein **Nest** von Räubern/... ausnehmen/ausheben/aus-
  räuchern Cc 20.20
das eigene/sein eigenes **Nest** beschmutzen Hb 6.10
das **Nest** ist/... leer Ea 5.18
sich ins warme **Nest** setzen De 15.16
in einem/im warmen **Nest** sitzen De 15.17 Fb 6.24
ein verwöhntes/das verwöhnte **Nesthäkchen** sein Ed 5.26
das kann ja **nett** werden! Db 15.61
j. hat (da) etwas/was **Nettes** angerichtet/angestellt/ange-
  stiftet Cd 13.11
jm. etwas **Nettes** einbrocken (mit etw.) Hb 5.8
j. hat sich (da) etwas/was **Nettes** geleistet Cd 13.11
(jm.) durch's **Netz** gehen/(schlüpfen) Ab 8.5
jm. ins **Netz** gehen/(geraten) Cc 16.61
jn. ins **Netz** locken Cc 16.21
ein **Netz** von Lügen spinnen Cc 14.13
sich im eigenen **Netz** verstricken/(verfangen) Cc 16.67
sich im **Netz** der eigenen Lügen/Heucheleien/Intri-
  gen/... verstricken/(verfangen) Cc 16.67

ein/js. **Netz** von Lügen/Heuchelei/... zerreißen Cc 14.37
seine **Netze** (überall/in .../...) auswerfen/(auslegen)
  Cc 16.31
es ist mir/ihm/dem Peter/... **neu**, daß ... Cd 16.26
das/etw. ist mir/ihm/dem Peter/... **neu** an jm./etw.
  Cd 16.26
(etw.) aufs **neue** versuchen/... Aa 4.12
(etw.) von **neuem** beginnen/machen/... Aa 4.12
auf ein **Neues**! Hd 5.55
was gibt's **Neues**? Ea 9.6
das/etw. ist nichts **Neues** Cd 15.28
du mußt dir/er muß sich/der Peter muß sich/... mal et-
  was **Neues** ausdenken/einfallen lassen Aa 4.19
es gibt/... nichts **Neues** unter der Sonne Cd 23.6
weißt du/... schon das **Neueste**? Cd 17.54 Dc 5.95
das **Neueste** vom Neuen Aa 22.8
das **Neueste** vom Tage Cd 17.53
(fast/bald) platzen vor **Neugier** Fa 3.7
vor **Neugier** brennen zu erfahren, ob ... Fa 3.7
mit etw. **Neuland** betreten Aa 7.4
ach, du grüne **Neune**! Da 8.2
alle **Neune** werfen Hd 9.11
auf **neunzig** sein Cb 16.14
jn. auf **neunzig** bringen Cb 16.33
j. ist der Klügste/Schnellste/... **nicht** Ib 1.55
bei mir/dem/meinem Vater/... **nicht**! Cd 9.10
besser **nicht**! Gb 3.8
erst gar **nicht** etw. tun Db 15.84
... (und) schon gar **nicht** ... Db 15.86
lieber **nicht**! Gb 3.8
... (und) erst recht **nicht** ... Db 15.85
ich möchte/sie möchten/... etw. tun, ... und möchte/
  möchten/... es auch wieder **nicht** Db 4.87
j. ist **nicht** der Klügste/Schnellste/... Ib 1.55
nicht doch! Db 15.41
nicht mit mir/dem/meinem Vater/...! Cd 9.10
nichtig sein Ha 12.12
(noch/...) **nichts** sein De 25.3 De 25.78
es ist **nichts** Cb 3.68 Ha 5.26
mit ..., das ist **nichts** De 25.77
mit ... ist **nichts** De 25.77
(etw. ist) für **nichts** De 28.3
rein gar **nichts** Ia 4.7
aber auch rein gar **nichts** Ia 4.16
weiter **nichts**?/nichts weiter? Dc 5.115 Ha 5.39
so gut wie **nichts** Ia 3.14
etw. wie **nichts** verschlingen/kassieren/einstreichen/...
  Aa 14.6
weiter **nichts**/nichts weiter als ... Ha 5.40
nichts anderes als gelogen/erfunden/Schmu/... sein
  Ib 1.1
nichts/keins von beidem tun/sein Ia 4.14
nichts da! Db 15.53
nichts von dem/alledem (was ...) Ia 4.15
etw. ist **nichts** gegen etw./verglichen mit etw. Ib 1.53
wenn's/wenn es weiter **nichts** ist ... Dc 5.119 Ha 5.15
nichts mehr von .../davon! Db 15.65
(etw. ist) für **nichts** und wieder nichts De 28.3
so tun/..., als ob **nichts** wäre Ha 2.10
nichts weiter? Dc 5.115
jetzt/nun aber/und er/und wir/... **nichts** wie ab/fort/
  weg/raus/los/...! Ab 7.3
das/etw. ist ein **Nichts** De 25.25
sich in (ein) **Nichts** auflösen/verwandeln De 25.89
(wie) aus dem **Nichts** auftauchen/... Aa 19.2
vor dem **Nichts** stehen De 25.16
das süße **Nichtstun** De 14.41

ein **Nickerchen** halten/machen De 22.12

nie und nimmer Db 15.73

dem Gegner/... eine **Niederlage** beibringen/bereiten
   Gc 12.10

sich bei jm. häuslich **niederlassen** Ea 7.7

seinen **Niederschlag** finden in etw. Dd 10.7

so gut wie **niemand** hält sich daran/... Ia 3.7

das ist/dahinter steckt/dahinter verbirgt sich/... **niemand**
   anders als ... Cd 17.51

jm. an die **Nieren** gehen Cb 3.37

alles, was nicht **niet**- und nagelfest ist, mitnehmen/plün-
   dern/... Cc 19.9

eine **Niete** sein Cd 4.15

eine **Niete** ziehen Da 10.36

den **Nimbus** der Unfehlbarkeit/eines ausgezeichneten Chi-
   rurgen/... haben/(tragen) Cd 17.20

sich mit dem **Nimbus** des Künstlers/großen Wissenschaft-
   lers/... umgeben Cc 11.25

etw. geschieht/findet statt/... am St. **Nimmerleinstag**
   Aa 13.3

etw. bis zum St. **Nimmerleinstag** aufschieben/verschie-
   ben Aa 13.2

ein (regelrechter/...) **Nimmersatt** sein Id 2.2

auf **Nimmerwiedersehen** verschwinden/abhauen, ...
   Ab 7.12

wie man es/man's **nimmt** Db 4.86

ein hohes/... **Niveau** haben Cd 3.26

auf js. **Niveau** stehen If 1.4

noblesse oblige Fa 5.12

jn./etw. **noch** und noch haben/finden/... Ia 1.21

es gibt jn./etw. **noch** und noch Ia 1.21

jn./etw. **noch** und nöcher haben/finden/... Ia 1.21

es gibt jn./etw. **noch** und nöcher Ia 1.21

und wenn du/sie/der Peter/... **noch** so ..., es wird nicht
   gehen/er wird es nicht schaffen/... De 28.9

jeder/jede/jedes **noch** so große/kleine/dicke/dünne/...
   Ib 1.39

nochmal so groß/dick/... wie etw. anderes Ib 1.49

nolens volens etw. tun (müssen) Fa 21.11

nomen est omen Da 9.18

nicht ganz **normal** sein Cd 12.36

ein geistiger **Normalverbraucher** sein Ic 5.7

in **Not** sein Fb 7.19

seine liebe **Not** mit jm./etw. haben De 20.3

es hat keine **Not** Ha 10.3

damit/mit etw. hat es keine **Not** Aa 11.7

aus **Not** etw. tun Fb 7.40

ohne **Not** etw. tun Ha 10.2

zur **Not** etw. tun (können) Ha 9.11

mit knapper **Not** entkommen/... De 21.4

Not macht erfinderisch Ga 6.52

Not kennt kein Gebot Fa 21.19 Fb 7.44

der **Not** gehorchend (nicht dem eigenen Triebe) Hc 2.18

Not leiden Fb 7.20

wenn **Not** am Mann ist, dann/... Ga 12.86

in der **Not** frißt der Teufel Fliegen Fa 21.20

in **Not** und Tod zusammenstehen/zusammenhalten
   Ga 12.41

aus der **Not** eine Tugend machen Hb 9.19

die **Notbremse** ziehen Ab 5.32 Fa 12.5 Fb 9.9

seine **Notdurft** verrichten Ac 8.5

der Umgang/die Unterhaltung/... bekommt, ... eine
   freundliche/schärfere/vertrauliche/... **Note** Ie 1.6

in tausend **Nöten** sein Ga 4.20

im **Notfall** etw. tun (können) Ha 9.11

notfalls etw. tun (können) Ha 9.11

(sich) einen **Notgroschen** zurücklegen Fb 9.11

(dringend/bitter) **nötig** sein Ha 9.2

mehr als **nötig** sein Ha 9.3

unbedingt **nötig** sein Ha 9.2

jn./etw. (dringend/bitter) **nötig** haben Ha 9.6

jn./etw. nicht **nötig** haben Ha 10.1

keinen/niemanden/... **nötig** haben Ha 10.1

es **nötig** haben, etw. zu tun Ha 9.6

es nicht **nötig** haben, etw. zu tun Ha 10.1

Notiz nehmen von jm./etw. Cd 15.16

sich **Notizen** machen (über jn./etw./zu jm./e-r S.)
   Cd 20.15

in einer (sehr unangenehmen/...) **Notlage** sein De 25.38
   Fb 7.19

(sich) einen **Notpfennig** zurücklegen Fb 9.11

nottun Ha 9.1

aus **Notwehr** handeln/... Gc 6.45

im/in einem **Nu** Aa 14.2

(noch/wieder/immer/...) **nüchtern** sein/werden Hd 6.56

seine **Nücken** haben Cb 6.16

seine **Nücken** und Tücken haben Cb 6.16

eine dufte **Nudel** sein Cb 7.4

jn. auf die **Nudel** schieben Cb 9.7

eine (richtige/absolute/reine/glatte) **Null** sein (in etw.)
   Cd 4.15

die Ergebnisse/Resultate/Fortschritte/... sind gleich **Null**
   De 25.82

Null Bock auf etw. haben Hc 2.4

in **Null** Komma nichts Aa 14.2

null und nichtig sein Ha 12.12

etw. für **null** und nichtig erklären Cc 20.73 Ha 12.13

ein **Null-acht-fuffzehn**-Stück/Film/Rock/... Ic 5.9

ein **Null-acht-fünfzehn**-Stück/Film/Rock/... Ic 5.9

führende **Nullen** Cd 21.7

die/js. Laune/Stimmung/die Atmosphäre/... sinkt auf/
   unter den **Nullpunkt** Cb 5.26

auf dem (absoluten/...) **Nullpunkt** ankommen Aa 6.61

auf den **Nullpunkt** sinken Aa 6.61

eine komische **Nummer** sein Cb 6.9

eine tolle **Nummer** sein Cb 7.4

eine **Nummer** unter vielen/... sein Ha 12.14

eine gute **Nummer** bei jm. haben Eb 1.8

die große **Nummer** Cc 11.71

eine **Nummer** abziehen Cb 8.11 Cc 11.64

Nummer 1 sein bei jm. Eb 1.24

eine **Nummer**/ein paar Nummern zu groß für jn. sein
   Ib 1.66

eine **Nummer** für sich sein Cb 6.8 Cb 7.1

auf **Nummer** sicher sein/sitzen Cc 20.85

etw. (schon mal) auf **Nummer** sicher haben Fb 1.24

jn. auf **Nummer** sicher bringen/setzen Cc 20.83

(lieber) auf **Nummer** sicher gehen Gb 3.5

(und) was **nun**? Cb 11.25 Ga 8.13

nun und nimmermehr Aa 3.4

j. wäre **nur** zu froh/glücklich/... (wenn .../...) Cb 2.36

j. wäre/täte etw. **nur** zu gern Hc 4.5

jm. mit dem **Nürnberger** Trichter beibringen/einpau-
   ken/... Cd 19.10

eine dumme/doofe/hohle/taube **Nuß** sein Cd 10.7

eine dumme **Nuß** sein Cd 10.7

eine harte **Nuß** sein De 20.24

jm. eins auf die **Nuß** geben Cc 26.17

(noch/wieder/...) eine (harte) **Nuß** zu knacken haben
   De 20.7

jm. eine (harte) **Nuß** zu knacken geben De 20.9

(so klein wie) eine **Nußschale** Ab 6.8

wie eine **Nußschale** auf den Wellen/dem Meer tanzen
   Ab 6.8

zu js. **Nutz** und Frommen Hb 9.34
zu nichts **nutze** sein Ha 13.2
von **Nutzen** sein Hb 7.3
jm. zum **Nutzen** gereichen Hb 7.4 Hb 9.10
weder **Nutzen** noch Schaden (bei etw.) haben Hb 9.28
Nutzen ziehen aus etw. Hb 9.11
(na) und **ob**! Db 13.39
(na) und **ob** j. das will/tut/kann/...! Db 13.39
Obacht geben Gb 2.3
die da **oben** Fa 4.13
von **oben** kommt eine Anordnung/... Fa 4.35
jn. von **oben** herab behandeln/... Cc 11.34
mit jm. von **oben** herab sprechen/umgehen/... Cc 11.34
ein Gentleman/... von **oben** bis unten sein Ic 1.8
jn./etw. von **oben** bis unten mustern/prüfen/kontrollieren/... Ic 9.2
von **oben** bis unten bedeckt mit etw./überschüttet mit etw./voll von etw./naß/... sein Ic 2.28
obenauf sein Fa 4.12
immer/ganz **obenauf** sein Hd 1.9
wieder **obenauf** sein Bc 1.10
etw. (nur) so **obenhin** tun Ic 11.3
an der **Oberfläche** bleiben/schwimmen/dahinplätschern Ic 11.2
an die **Oberfläche** kommen Dc 3.93
etw. (nur) **oberflächlich** tun Ic 11.3
die **Oberhand** behalten (über jn.) Gc 12.6
die **Oberhand** gewinnen (über jn.) Gc 12.5
das **Oberste** zuunterst kehren Ab 12.12
bei jm. klappt etwas nicht/ist etwas/es nicht (ganz) richtig im **Oberstübchen** Cd 12.7
im **Oberstübchen** nicht ganz richtig sein Cd 12.7
Oberwasser haben Ig 1.16
Oberwasser kriegen/bekommen Ig 1.17
bei jm. in guter **Obhut** sein Gc 5.12
sich in js. **Obhut** begeben Gc 5.5
ein Kind/... in js. **Obhut** geben Gc 5.19
jn. in seine **Obhut** nehmen Gc 5.17
am lebenden **Objekt** Untersuchungen anstellen/... Cd 19.39
(ich) danke für **Obst** und Südfrüchte! Db 15.18 Ga 13.17
seinen **Obulus** beisteuern (zu/für etw.) Ga 12.22
seinen **Obulus** (für etw.) entrichten Fb 3.8
arbeiten/schuften/... wie ein **Ochs(e)** De 12.12
dastehen/... wie der **Ochs** vorm/am Berg Ga 9.3
von etw. so viel verstehen wie der **Ochs** vom Klavierspielen Cd 2.10
zu etw. taugen/für etw. geeignet sein/... wie der **Ochse** zum Seilchenspringen/Seilspringen/Seiltanzen Cd 4.7
öd und leer sein Ia 4.21
der **Ofen** ist aus (für jn.) De 25.62
jetzt ist/dann ist/dann war/... der **Ofen** aus De 25.62
wenn ... dann/... ist der **Ofen** aus (für jn.) De 25.62
nie/... hinter dem **Ofen** hervorkommen Ea 3.21
immer/... hinter dem/hinterm **Ofen** sitzen/hocken Ea 3.21
(noch/...) **offen** sein Ih 4.7
etw. ganz **offen** tun/sagen/erklären/aussprechen/... Dc 3.20
es ist (noch/weiterhin/...) **offen**, ob/wie/wann/... Ih 4.7
offen und ehrlich sagen/handeln/vorgehen/... Dc 3.20
plötzlich/... kommt es wie eine **Offenbarung** über jn. Db 3.16
die **Offensive** ergreifen Gc 12.2
in die **Offensive** gehen Gc 12.2
etw. in aller **Öffentlichkeit** sagen/tun/... Dc 3.73
etw. an/vor die **Öffentlichkeit** bringen Dc 3.75

an/(in) die **Öffentlichkeit** dringen Cd 17.30
(nicht) an die **Öffentlichkeit** dringen (dürfen) Dc 2.30
in die **Öffentlichkeit** flüchten (mit etw.) Cd 17.31
Dc 3.77
die **Öffentlichkeit** scheuen Dc 4.14
etw. an die **Öffentlichkeit** tragen Cd 17.37
mit einem Buch/einem Werk/... an die **Öffentlichkeit** treten Cd 17.43 Cd 20.56
etw. der **Öffentlichkeit** übergeben Fb 1.55
sich an die **Öffentlichkeit** wenden Dc 3.75
etw. in die **Öffentlichkeit** ziehen Dc 3.76
(gar) nicht (so/ganz) **ohne** sein De 20.23
mit **ohne** Ed 9.3
oben **ohne** Ed 9.2
ohne mich/ihn/meinen Vater/...! Db 14.11
in **Ohnmacht** fallen/sinken Bc 4.3
ganz **Ohr** sein Dc 6.3 De 1.4
js. **Ohr** haben Dc 6.11
ein **Ohr** haben für etw. Cd 1.17
ein feines **Ohr** haben Cd 5.19
etw. noch im **Ohr** haben Db 1.10
kein **Ohr** haben für etw. Cd 2.15
ein offenes **Ohr** haben für etw. Dc 6.12
ein scharfes **Ohr** haben Cd 5.19
der Hut/... sitzt jm. schief/keck/... auf dem rechten/linken **Ohr** Ca 1.64
darf ich/... um dein/Ihr/... geneigtes **Ohr** bitten? Dc 6.8
jm. etw. ins **Ohr** blasen Dc 1.153
nur/bloß mit halbem/(einem halben) **Ohr** dabei sein/zuhören De 2.13
ein aufmerksames **Ohr** bei jm. (für etw.) finden Dc 6.10
ein geneigtes **Ohr** bei jm. (mit etw.) finden Dc 6.10
ein offenes **Ohr** bei jm. (mit etw.) finden Dc 6.10
jm. etw. ins **Ohr** flüstern Dc 1.153
leicht ins **Ohr** gehen Dc 10.29
sich eine Zeitlang/ein Stündchen/... aufs **Ohr** hauen/legen De 22.12
jn. (ganz schön/mächtig/anständig) übers **Ohr** hauen Cc 16.29
etw. geht bei jm. zum einen **Ohr** hinein/rein (und) zum/aus dem andern (wieder) raus Dc 7.10
auf dem/diesem **Ohr** höre ich/hört sie/hört der Schulze/... schlecht/schwer Id 15.9
sich vor Verlegenheit/... hinterm **Ohr** kratzen Cc 29.17
jm. etw. ins **Ohr** sagen/flüstern/blasen Cc 17.3
jm. sein (geneigtes) **Ohr** schenken/leihen Dc 6.14
auf dem/diesem **Ohr** bin ich/ist sie/ist der Schulze/... taub/(schwerhörig) Db 15.9
noch (sehr/ganz) grün/(feucht) hinter den **Ohren** sein Cd 24.2
noch nicht trocken hinter den **Ohren** sein Cd 24.2
es faustdick/dick/knüppeldick hinter den **Ohren** haben Cd 8.4
etw. gellt jm. noch in den **Ohren** Db 1.10
hast du/habt ihr/hat er/... denn keine **Ohren**? Dc 7.8
jm. klingen die **Ohren** Dc 1.154
es klingt jm. noch in den **Ohren** Db 1.10
etw. schallt jm. noch in den **Ohren** Db 1.10
schreib' dir/schreibt euch/... das hinter die **Ohren**! Cc 24.2 Cc 25.31
du/er/... sitzt/... wohl auf den/deinen/seinen/... **Ohren** (was)? Dc 7.8
wasch' dir/wascht euch/... (gefälligst) die **Ohren**! Dc 7.8
für norddeutsche/spanische/... **Ohren** klingt etw. seltsam/... Dc 10.30
mit hängenden **Ohren** dastehen/zurückkommen/... Cb 3.63

vor unerwünschten **Ohren** etw. darlegen/... Dc 6.18
da legst du/legste die **Ohren** an! Da 7.4
bis über beide **Ohren** in Arbeit stecken De 11.5
mach'/macht/... (doch) die **Ohren** auf! Dc 7.8
die **Ohren** aufknöpfen Dc 6.1
die **Ohren** aufsperren Dc 6.1
nicht für fremde **Ohren** bestimmt sein Dc 6.16
die **Ohren** auf Empfang stellen Dc 6.1
taube **Ohren** finden Dc 7.9
jm. eins/eine hinter die **Ohren** geben/hauen Cc 26.30
jm. ein paar hinter die **Ohren** geben/hauen Cc 26.30
gestern/... haben dir/... doch bestimmt/... die **Ohren** geklungen? Dc 1.154
mit hängenden **Ohren** gestehen Cc 30.14
die **Ohren** hängen lassen Gb 6.7
jn. (ganz schön/mächtig/anständig) über die **Ohren** hauen Cc 16.29
etw. kommt jm. schon zu den **Ohren** heraus Hc 6.4
jm. zu **Ohren** kommen Cd 15.4
sich (verlegen/...) hinter den **Ohren** kratzen Cd 6.4
eins/eine hinter die **Ohren** kriegen Cc 26.46
ein paar hinter die **Ohren** kriegen Cc 26.46
ich werde/sie werden/... euch/ihnen/... die **Ohren** langziehen! Cc 25.20
jm. mit etw. in den **Ohren** liegen Ga 11.2
lange **Ohren** machen Dc 6.17
spitze **Ohren** machen Dc 6.15
jn. bei den **Ohren** nehmen Cc 24.7
jm. um die **Ohren** pfeifen Gc 4.76
(vor) tauben **Ohren** predigen Dc 1.91
bis über beide/die **Ohren** in Schulden stecken Fb 5.6
auf den/seinen **Ohren** sitzen Dc 7.8
die **Ohren** spitzen Dc 6.15
halt'/haltet/... die **Ohren** steif! Gb 7.6
auf taube **Ohren** stoßen Dc 7.9
seinen (eigenen) **Ohren** nicht/kaum trauen (wollen) Db 6.22
bis über beide/die **Ohren** verliebt sein (in jn.) Ed 1.44
seine **Ohren** vor jm./etw. verschließen Dc 7.6
bis an die/über die/über beide **Ohren** verschuldet sein Fb 5.6
jm. die **Ohren** volljammern Cb 3.57
jm. die **Ohren** vollschreien Dc 1.86
du mußt dir/er muß sich/... die **Ohren** besser/gründlicher waschen Dc 7.8
so (falsch/...) singen/..., daß einem die **Ohren** wehtun Dc 10.9
bis über beide/die **Ohren** rot werden Cc 29.2
jn. bei/an den **Ohren** ziehen Cc 24.7
sich die **Ohren** zuhalten Dc 7.5
sich die **Ohren** (mit Watte) zustopfen/verstopfen Dc 7.6
eine moralische **Ohrfeige** sein (für jn.) Cc 25.45
eine gesalzene/schallende **Ohrfeige** Cc 26.33
jm. eine **Ohrfeige** geben Cc 26.29
eine **Ohrfeige** kriegen Cc 26.44
jm. ein paar **Ohrfeigen** geben Cc 26.29
ein paar **Ohrfeigen** kriegen Cc 26.44
jn. am **Ohrläppchen** ziehen Dc 8.25
sich am **Ohrläppchen** zupfen Dc 8.24
Öl ins/aufs Feuer gießen/(schütten) Cb 13.21
Öl auf die Wogen gießen Cb 13.28
Öl auf die/in die/in js. Wunde gießen Cb 17.28
etw./das ist **Öl** auf js. Wunde Cb 17.28
wie ein **Ölgötze** dasitzen Dc 8.32
je **oller**, umso toller! Bb 2.27 Cb 8.14
eingepfercht/zusammengepreßt/dichtgedrängt/... wie die **Ölsardinen** in/auf/... Ia 1.45

die letzte **Ölung** empfangen/bekommen Ba 2.52
jm. die letzte **Ölung** geben Ba 2.52
ein gutes **Omen** sein (für etw.) Da 9.17
ein schlechtes **Omen** sein (für etw.) Da 10.15
der (reiche) **Onkel** aus Amerika Fb 6.33
über den (großen) **Onkel** gehen Ab 3.49
Operation gelungen, Patient tot Ba 2.36
(ein) **Opfer** der Politik/der Pest/der Rücksichtslosigkeit/... sein/werden Fa 14.17
für etw. ein/viele/... **Opfer** bringen (müssen) De 20.38
e-r S. zum **Opfer** fallen De 25.12
den Flammen/Wellen/Bomben/js. Zerstörungswut/... zum **Opfer** fallen Ac 12.21
mit allen **Orden** und Ehrenzeichen (erscheinen/...) Ca 1.52
(wieder) in **Ordnung** sein Bc 1.10
ganz in **Ordnung** sein Cc 4.1 Ic 5.1
nicht (ganz/...) in **Ordnung** sein Ba 2.6
schwer in **Ordnung** sein Cc 4.1
es ist alles in (bester/schönster) **Ordnung** Ga 5.13
etw. ist nicht in **Ordnung** (an etw.) Cc 18.4
etw. in **Ordnung** haben Ac 11.1
in **Ordnung**! Ga 5.13
alles in **Ordnung**! Ga 5.13
ein Reinfall/Mißerfolg/... erster **Ordnung** Ic 7.26
hier/da/... herrscht **Ordnung**! Ac 10.4 Cc 19.11
jn. zur **Ordnung** anhalten Ac 10.3
etw. (wieder) in **Ordnung** bringen Ac 10.2 Ga 5.2
jn./etw. (ganz) in **Ordnung** finden Db 13.3 Eb 1.3
in **Ordnung** gehen De 24.31
das/etw. wird schon wieder/schon/... in **Ordnung** kommen/(gehen) Gb 7.18
(nur/...) der **Ordnung** halber Ea 11.16
Ordnung halten Ac 10.1
etw. in **Ordnung** halten Ac 11.2
Ordnung muß sein! Ga 5.15
jn. zur **Ordnung** rufen Cc 24.1
für **Ordnung** sorgen (müssen) Ga 5.14
wie die **Orgelpfeifen** dastehen Ed 5.25
wahre **Orgien** feiern Id 2.73
ein (richtiges) **Original** sein Cb 7.1
einen **Orkan** der Begeisterung entfesseln/auslösen/... Cb 2.30
hier/da/... am falschen/(unrechten) **Ort** sein Db 21.15
am **Ort** (etw. entscheiden/...) Ab 1.14
am richtigen/rechten/geeigneten/... **Ort** vorsprechen/... Fa 4.31
am angegebenen **Ort** (a.a.O.) Cd 20.71
an einem dritten **Ort** zusammenkommen/... Ab 1.15
ein gewisser **Ort** Ac 8.10
ein heimlicher/verschwiegener **Ort** Ac 8.10
hier am **Ort** Ab 1.15
vor **Ort** arbeiten/... De 15.27
vor **Ort** etw. entscheiden/... (müssen) Ab 1.14
von **Ort** zu Ort gehen/laufen/ziehen/... Ab 4.39
an **Ort** und Stelle (etw. entscheiden/...) Ab 1.14
Ort und Zeit (der Veranstaltung stehen noch nicht fest/...) Aa 1.89
ein gewisses/heimliches/verschwiegenes/stilles **Örtchen** Ac 8.10
höheren **Ortes** entscheiden/... Fa 4.33
eine gewisse **Örtlichkeit** Ac 8.10
frech wie **Oskar** sein Cc 9.5
stolz wie **Oskar** auftreten/... Cc 11.58
etw. geschieht/findet statt/... wenn **Ostern** und Pfingsten auf einen Tag fällt/fallen Aa 13.3
etw. (so lange/...) verschieben, bis **Ostern** und Pfingsten auf einen Tag fällt/fallen Aa 13.2

out sein   Aa 21.2

das/etw. schmeckt nach **Ozean**   Hd 4.50

zwei (verschiedene) **Paar** Stiefel/(Schuhe) sein   If 3.8

eine Schar Soldaten/... zu **Paaren** treiben   Gc 4.85

ein Gut/... in **Pacht** haben   Fb 15.93

ein Gut/... in **Pacht** geben   Fb 15.93

ein Gut/... in **Pacht** nehmen   Fb 15.93

pack' dich/packt euch!   Ab 7.31

packen wir's an!   Aa 7.32

beladen/vollbepackt/... wie ein **Packesel** sein/ankommen/...   Dc 8.57

(ganz einfach) **paff** sein   Da 5.5

(ganz oben) auf der **Palme** sein   Cb 16.15

jn. auf die **Palme** bringen   Cb 16.33

die **Palme** erringen   Gc 12.8

(total) in der **Pampa** wohnen/zu Hause sein/...   Ab 1.29

panem et circenses   Hd 2.25

den Kampf für etw./... auf sein **Panier** schreiben   Hb 3.19

j. wäre/ist fast/beinahe aus den **Pantinen** gekippt, als .../ vor Schreck/vor Überraschung/...   Da 5.13

aus den **Pantinen** kippen   Bc 4.5

seinen Mann/Liebhaber/... unter dem **Pantoffel** haben   Fa 10.33

bei einer/seiner Frau unter den **Pantoffel** kommen/(geraten)   Fa 10.34

(bei einer Frau) unter dem **Pantoffel** stehen   Fa 10.34

ein **Pantoffelheld** sein   Fa 10.35

stur wie ein **Panzer** sein   De 9.13

sich mit einem **Panzer** an Gleichgültigkeit/... umgeben   Cc 3.10

(jm.) etw./alles nachplappern/nachschwätzen/... wie ein **Papagei**   Dc 1.46

reden/schwatzen/plappern/... wie ein **Papagei**   Dc 1.39

in **Papageienfarben**   Ac 5.7

Gedanken/... zu **Papier** bringen   Cd 20.19

einen Eindruck/... auf dem **Papier** festhalten   Cd 20.20

etw. ist nicht das **Papier** wert, auf dem es gedruckt ist/ (...)   Ha 12.9

Papier ist geduldig   Cd 20.65

(nur/zwar/...) auf dem **Papier** stehen   Cd 20.65

eine Skizze/... rasch/... aufs **Papier** werfen   Cd 22.2

seine **Papiere** (nicht) bei sich haben/(führen)   Ab 5.28

keine **Papiere** bei sich haben/(führen)   Ab 5.28

j. kann sich seine **Papiere** abholen   De 15.74

seine **Papiere** kriegen/bekommen   De 15.74

(sofort/...) in den **Papierkorb** wandern   Ha 12.11

nicht von **Pappe** sein   Cc 26.58

pappen bleiben   Cd 19.25

daran/an etw. erkenn' ich/erkennt Herbert meine/seine/... **Pappenheimer**   Cd 1.52

ich kenne/du kennst/... (doch) meine/deine/... **Pappenheimer**   Cd 15.31

das/etw. zu tun ist kein **Pappenstiel**   De 20.18

etw. für einen **Pappenstiel** verkaufen/hergeben/...   Fb 13.2

keinen **Pappenstiel** wert sein   Ha 12.4

päpstlicher sein als der **Papst**   Ic 10.17

wer den **Papst** zum Vetter hat ...   Fa 6.39

die **Parade** abnehmen   Gc 4.32

jm. in die **Parade** fahren   Dc 5.26

das **Paradies** auf Erden haben   Hd 2.9

wie im **Paradies** leben   Hd 2.9

ein **Paragraphenreiter** sein   Ic 10.19

keine **Parallele** haben/ohne Parallele sein   If 3.16

eine **Parallele** ziehen zu .../zwischen ... und ...   Db 4.20

etw. **parat** haben   Fb 1.1

kein **Pardon** geben   Gc 3.30

jm. **pari** bieten   Gc 6.16

sich auf dem gesellschaftlichen/politischen/... **Parkett** bewegen können/zu bewegen wissen/...   Ea 11.3

einen Tanz/... aufs **Parkett** legen   Hd 8.3

sich aufs **Parkett** wagen   Hd 8.3

jm. **Paroli** bieten   Gc 6.16

Partei sein (in etw.)   Db 4.43

bei der falschen/verkehrten **Partei** sein   Db 12.17

bei der richtigen **Partei** sein   Db 12.16

Partei ergreifen/nehmen (für jn./gegen jn./für Argumente/gegen Argumente/...)   Db 4.42

das falsche/verkehrte **Parteibuch** (in der Tasche) haben   Db 12.17

das richtige **Parteibuch** (in der Tasche) haben   Db 12.16

ein Haus mit acht/... **Parteien**   Ea 1.14

die streitenden **Parteien**   Gc 3.46

die vertragschließenden **Parteien**   Cc 20.26

es mit mehreren/allen/beiden/... **Parteien** halten   Db 12.15

über den **Parteien** stehen   Db 4.40

eine gute/blendende/... **Partie** sein   Ed 3.22

(immer/...) mit von der **Partie** sein   De 17.3

eine gute/blendende/... **Partie** machen (mit der Heirat von/...)   Ed 3.22

einen faux **pas** machen/begehen   Ea 12.14

ein blinder **Passagier**   Ab 6.32

etw. (nur) (so) en **passant** tun   Ha 5.2

wie angegossen **passen**   Ca 1.67

das könnte dir/ihm/dem Peter/... so **passen**!   Db 15.58

das/etw. kann jedem (einmal/mal) **passieren**   Cc 2.21

jm. kann nichts **passieren**   Gc 5.21

das/etw. kann nur/bloß ihm/dem Paul/... **passieren**   Ic 1.1

da kann **passieren**, was will   De 8.5

ganz gleich/egal, was **passiert**   De 8.5

unter uns **Pastorentöchtern**   Dc 3.100

Pate stehen (bei jm./etw.)   De 17.8

Pate werden (bei jm.)   Ba 1.17

die **Patenschaft** (über jn./etw.) übernehmen   Ba 1.17

der/... meint, er hätte ein **Patent** darauf/auf etw.   Cc 11.13

etw. als (ein) **Patent** anmelden   Fb 15.119

pater peccavi machen/sagen   Cc 30.10

ubi bene, ibi **patria**   Ba 1.21

das **Patrimonium** Petri   Cc 35.16

ein gemeiner/unverschämter/sauberer/... **Patron** sein   Cc 8.1

ein übler/... **Patron** sein   Cc 7.6

Patrouille gehen   Ab 4.24

in die **Patsche** geraten   Ga 4.5

jm. aus der **Patsche** helfen   Ga 12.30

aus der **Patsche** (wieder) heraussein   De 24.41   Ga 6.43

jn. in die **Patsche** reiten   Ga 4.9

in der **Patsche** sitzen   Ga 4.14

jn. aus der **Patsche** ziehen   Ga 12.30

ein (böser) **Patzer**   Cd 13.5

kräftig/mächtig/anständig/... auf die **Pauke** hauen   Hd 7.1

mit **Pauken** und Trompeten durchfallen/durchrauschen   De 25.104

jn. mit **Pauken** und Trompeten empfangen   Ea 7.19

eine schöpferische **Pause** einlegen   Aa 16.1

eine **Pause** (von ... Minuten/...) einlegen   De 15.48

schwarz wie **Pech** (sein)   Ac 5.10

Pech haben   Da 10.3

Pech auf der ganzen Linie haben   Da 10.4

wie **Pech** und Schwefel zusammenhalten Ec 1.20
vom **Pech** verfolgt sein Da 10.4
pechschwarz Ac 5.10
eine **Pechsträhne** haben Da 10.4
ein **Pechvogel** sein Da 10.8
kräftig/mächtig/. . . in die **Pedale** treten Aa 14.32 Ab 5.7
stante **pede** umkehren/. . . Aa 17.2
per **pedes** Ab 4.50
per **pedes** apostolorum Ab 4.50
den **Pegasus** besteigen/(satteln) Cd 20.49
die ewige **Pein** Cc 35.8
jm. die **Peitsche** zu kosten geben Cc 26.26
jm. nicht von der **Pelle** gehen/rücken Ga 11.3
jm. mit etw. auf der **Pelle** liegen/hängen/(sitzen) Ga 11.3
jm. auf die **Pelle** rücken Ga 11.4
einem Tier/jm. eins auf den **Pelz** brennen/knallen
  Ba 4.16
wasch' mir den **Pelz** und/aber mach' mich nicht naß
  Gb 6.45
jm. auf den **Pelz** rücken Ga 11.4
das **Pendel** (des/der/. . .) schlägt in eine andere/. . . Rich-
  tung aus/um Aa 6.50
das **Pendel** (des/der/. . .) schlägt zur anderen Richtung
  aus/um Aa 6.50
bei jm. in **Pension** sein Hd 4.88
volle **Pension** haben/nehmen/. . . Hd 4.88
in **Pension** gehen De 15.56
sich **pensionieren** lassen De 15.56
eine **Perle** sein Cc 1.4
jm. fällt keine **Perle** aus der Krone, wenn . . . Cc 11.69
etw. (zu) tun heißt/. . . **Perlen** vor die Säue werfen
  De 28.20
jm. einen **Persilschein** ausstellen Cc 22.23
die Ehrlichkeit/der Anstand/. . . in **Person** sein Ic 1.12
. . . und . . . in einer **Person** sein Fa 24.15
in eigener **Person** etw. tun Fa 24.1
ich für meine **Person** Db 4.80
pro **Person** ist das/macht das/. . . Fb 2.14
persona non grata/ingrata Cc 20.98
jn. hassen wie die **Pest** Eb 2.36
jn./etw. meiden wie die **Pest** Ea 10.13 Eb 2.12
stinken wie die **Pest** Ac 7.1
jm. die **Pest** an den Hals wünschen Eb 2.35
jm. den schwarzen **Peter** zuspielen Hb 5.10
jm. ist (gründlich) die **Petersilie** verhagelt Cb 5.27
aussehen/dreinschauen/. . ., als wäre einem die **Petersilie**
  verhagelt Cb 3.65
da/. . . stand **Petrus** Pate Da 9.21
etw. (noch) in **petto** haben Gb 4.19
ein dorniger **Pfad** sein De 20.33
jn. vom rechten **Pfad** abbringen Cc 6.14
vom rechten **Pfad** abkommen Cc 6.4
vom **Pfad** der Tugend abweichen Cc 6.5
den **Pfad** der Tugend verlassen Cc 6.5
den/auf dem **Pfad** der Tugend wandeln Cc 5.6
jn. auf den rechten **Pfad** zurückführen Cc 6.39
die ausgetretenen **Pfade** verlassen If 6.3
in ausgetretenen **Pfaden** wandeln If 7.6
auf krummen **Pfaden** wandeln/(gehen) Cc 6.12
ein **Pfahl** im Fleisch(e) (sein) (für jn.) Cb 3.9
etw. (für etw.) als **Pfand** geben Fb 15.46
etw. (für etw.) zum **Pfand** nehmen Fb 15.47
ein Ei/ein Kotelett/. . . in die **Pfanne** hauen Hd 4.84
jn. in die **Pfanne** hauen Ca 24.47
aufgehen wie ein **Pfannkuchen** Ca 4.6
das kann j. halten wie **Pfarrer** Aßmann Ha 8.10
unter uns **Pfarrerstöchtern** Dc 3.100

aufgedonnert wie ein **Pfau** Ca 1.53
eitel sein/sich spreizen/einherstolzieren wie ein **Pfau**
  Cc 11.59
geh'/geht/. . . hin/. . . wo der **Pfeffer** wächst Ea 10.24
j. soll bleiben/hingehen/. . ., wo der **Pfeffer** wächst
  Eb 2.32
jn. dahin wünschen, wo der **Pfeffer** wächst Eb 2.32
(ein) **Pfeffer-** und Salzmuster Ca 1.70
jm. eine **pfeffern** Cc 26.29
jm. ein paar **pfeffern** Cc 26.29
ich **pfeif'**/er pfeift/. . . drauf/auf etw. Db 15.28
eine **Pfeife** sein Cd 4.15
nach js. **Pfeife** tanzen Fa 15.6
jm. was/(etwas) **pfeifen** Db 15.13
wie ein **Pfeil** losschießen/davonrennen/. . . Aa 14.24
Pfeil und Bogen Gc 4.98
seine **Pfeile** abschießen gegen jn. Dc 1.108
js. Worte/Bemerkungen/. . . bohren sich/gehen jm. wie
  Pfeile ins Herz Cb 13.19
vergiftete **Pfeile** gegen jn. schießen/abschießen Db 19.22
keinen **Pfennig** (mehr) haben/besitzen Fb 4.7
jn. keinen (einzigen) **Pfennig** kosten/. . . Fb 14.1
etw. bis auf den letzten **Pfennig** zurückzahlen/. . .
  Fb 15.53
niemandem/. . . einen **Pfennig** schuldig bleiben Fb 5.27
mit jedem **Pfennig** rechnen (müssen) Fb 7.6 Fb 9.2
auf den **Pfennig** sehen (müssen) Fb 7.6 Fb 9.2
jeden **Pfennig** sparen Fb 9.10
den letzten **Pfennig** mit jm. teilen Fb 10.11
jeden **Pfennig** (erst) zehn/zig/. . . Mal umdrehen (bevor
  man ihn ausgibt/. . .) Fb 11.5
keinen **Pfennig** wert sein Ha 12.4
ein paar **Pfennige** Fb 3.20
j. gäbe keine zwei **Pfennige** für jn./etw. Ha 12.16
seine letzten **Pfennige** ausgeben/hergeben (für jn./etw.)
  Fb 3.11
jn. nicht für fünf **Pfennige** interessieren Ha 8.9
nicht für fünf **Pfennige** Lust haben/verspüren, etw. zu tun
  Hc 2.9
(sich) seine **Pfennige** sauer verdienen müssen De 12.19
für keine zwei **Pfennige** Verstand haben/nachdenken/. . .
  Cd 10.8
arbeiten/schuften/. . . wie ein **Pferd** De 12.12
hoch zu **Pferd(e)** Ab 3.77
das trojanische **Pferd** Cc 16.78
das/etw. hält kein **Pferd** aus De 12.16
vom **Pferd** auf den Esel kommen Fb 7.31
du suchst/er sucht/. . . das **Pferd** und reitest/reitet/. . .
  drauf Ab 12.15
das **Pferd** beim/am Schwanz aufzäumen Cd 6.2
  Cd 13.16
alles auf ein **Pferd** setzen Gb 4.13
auf das/aufs falsche/aufs verkehrte **Pferd** setzen Fa 6.40
sich aufs hohe **Pferd** setzen Cc 11.32
auf das/aufs richtige **Pferd** setzen Gb 4.17
gut zu **Pferd(e)** sitzen Ab 3.73
du suchst/er sucht/. . . das **Pferd** und sitzt/. . . drauf
  Ab 12.15
das beste/js. bestes **Pferd** im Stall sein Ic 4.26
das **Pferd** vor den falschen/verkehrten Wagen/Karren
  spannen selten Cd 13.16
einem (durchgehenden) **Pferd** in die Zügel fallen Ab 3.73
keine zehn **Pferde** bringen/brächten jn. dazu, etw. zu tun
  Db 14.28
keine zehn **Pferde** bringen/brächten das/die Arbeit/. . .
  fertig De 20.40
keine zehn **Pferde** bringen jn. von der Stelle/da weg/. . .
  De 9.24

die **Pferde** gehen mit jm. durch   Cb 17.10
die **Pferde** scheu machen   Id 2.35
mit ihm/ihr/dem Paul/... kann man **Pferde** stehlen
   Hc 1.12
einen **Pferdefuß** haben   De 20.41
Pfiff haben   Ca 1.13
j. mit (einem) **Pfiff**   Ca 1.13
e-r S. den richtigen **Pfiff** geben/zu geben verstehen/zu ge-
   ben wissen   Cd 5.14
den **Pfiff** heraushaben (wie man etw. macht)   Cd 5.6
keinen **Pfifferling** wert sein   Ha 12.4
(herausgeputzt sein/...) wie ein **Pfingstochse**   Ca 1.53
Paris/Brasilien/der Libanon/... ist ein gefährliches **Pfla-
ster**   Gb 1.23
ein teures **Pflaster** (sein)   Fb 12.17
Hintertupfingen/... ist ein totes **Pflaster**   Aa 20.5
ein **Pflaster** auf js. Wunde/die Wunde/js. Schmerzen/die
   Schmerzen/... sein   Cc 2.25
jm. wird das **Pflaster** zu heiß (unter den Füßen)   Ab 7.27
Pflaster treten   Ab 3.8
Pflanzen/Tiere/Kinder in **Pflege** geben   Fb 1.36
Pflanzen/Tiere/Kinder in **Pflege** nehmen   Fb 1.40
und wie das so zu sein **pflegt**   Aa 4.21
(immer/nur/...) seine **Pflicht** tun   Cc 5.3
treu und brav seine **Pflicht** tun   Cc 5.3
jn. in die **Pflicht** nehmen   Cc 5.18
die **Pflicht** ruft!   Cc 5.19
es ist js. (verdammte) **Pflicht** und Schuldigkeit, etw. zu
   tun   Cc 5.20
seine ehelichen **Pflichten** erfüllen   Ed 4.5
einen **Pflock** zurückstecken (müssen)   Cc 12.4   Fb 9.3
Pfötchen!   Ea 9.4
jm. die **Pfote** geben/reichen   Ea 6.5
jm. eins auf die **Pfoten** geben/hauen   Cc 26.23
sich die **Pfoten** danach lecken, etw. zu kriegen/essen/...
   Hd 3.7
bei etw. seine/die **Pfoten** im Spiel haben   Fa 6.15
sich (gewaltig/ganz gehörig/...) die **Pfoten** verbrennen
   Hb 6.7
ein **Photographiergesicht** machen   Cb 10.28
die **Pfropfen** knallen   Hd 6.50
die **Pfropfen** knallen lassen   Hd 6.50
pfui über ihn/den Emil/...!   Eb 2.60
mit seinem **Pfunde** wuchern   Hb 9.25
über die große **Pfütze** fahren   Ab 4.42
eine blühende **Phantasie** haben   Da 3.8
sich wie ein **Phönix** aus der Asche erheben   If 5.11
wie ein **Phönix** aus der Asche steigen   If 5.11
Phrasen dreschen   Dc 1.63
einen **Piep** haben   Cd 12.8
keinen **Piep(s)** mehr von sich geben   Ba 5.7
keinen **Piep(s)** (mehr) von sich geben   Dc 2.8
jm. **piepe** sein   Ha 8.8
jm. **piepegal** sein   Ha 8.8
zum **Piepen** sein   Cb 10.4
das ist (ja) zum **Piepen**!   Cb 10.4
wie ein **Piepmatz** essen   Hd 4.39
bei dir/ihm/der Else/... **piept's** wohl?   Cd 12.13
einen **Pik** auf jn. haben   Cb 14.13
wie **Pik** Sieben da herumstehen/herumlaufen/guk-
   ken/...   Ga 3.6
von der **Pike** auf als Soldat dienen/einen Beruf erlernen/
   in einem Fach arbeiten/...   De 15.13
eine bittere **Pille** sein (für jn.)   De 26.3
die (bittere) **Pille** schlucken (müssen)   De 26.5
jm. eine/die bittere **Pille** versüßen/(verzuckern)   Cc 2.27
   De 26.7

wie **Pilze** aus dem Boden schießen   Ia 1.51
ein eingebildeter/... **Pinkel** sein   Cc 11.19
ein feiner/vornehmer **Pinkel** sein   Fa 5.8
ein alberner **Pinsel** sein   Cd 10.20
die muß man (ja/...)/kann man nicht einmal mit der **Pin-
zette** anfassen/anpacken (so häßlich ist die/...)
   Ca 1.25
Pipi machen   Ac 8.7
es **pißt**   Ac 1.7
jm. die **Pistole** auf die Brust setzen   Fa 20.6
wie aus der **Pistole** geschossen antworten/erwidern/...
   Dc 5.47
wie aus der **Pistole** geschossen kommen   Dc 5.47
jn. auf den **Plan** rufen   De 17.2
auf dem **Plan** stehen   Cd 19.63   Dd 3.20
sich mit dem **Plan** tragen, zu ...   Dd 3.2
auf den **Plan** treten   De 17.1
hochfliegende **Pläne** haben   De 7.3
js. **Pläne** durchkreuzen   Hb 4.20
Pläne schmieden   Dd 3.14
(ganz einfach) **platt** sein   Da 5.5
jetzt/da bist du/seid ihr/... **platt**, was?   Da 7.18
das/etw. ist eine alte **Platte**   Cd 18.3
eine bunte **Platte**   Hd 4.83
immer wieder dieselbe/die gleiche **Platte**!   Aa 4.15
eine kalte **Platte**   Hd 4.83
das/etw. kommt gar/überhaupt nicht auf die **Platte**
   Db 15.46
eine **Platte** auflegen   Dc 10.23
(endlich/...) (mal/...) eine neue **Platte** auflegen   Aa 4.19
   Dc 5.36
immer wieder/wieder/... dieselbe/die gleiche **Platte** auf-
   legen/ablaufen lassen   Aa 4.15
immer wieder/wieder/... mit derselben/der gleichen **Plat-
te** kommen   Aa 4.15
die **Platte** putzen   Ab 7.9
(einen) **Platten** haben   Ab 5.25
Platten hören   Dc 10.24
eine **Plattform** sein/abgeben/... für etw.   Db 4.39
eine gemeinsame **Plattform** für etw. finden   Db 16.20
hier/da/... am falschen **Platz** sein   Db 21.15
fehl am **Platz** sein   Db 21.15
seinen festen **Platz** (im Theater/...) haben   Hd 10.19
Platz (da)!   Ab 3.28
das/beste/einzige/... Haus/Hotel/... am **Platz**
   Ab 1.13
es ist hier nicht am **Platz**, zu ...   Db 21.16
seinen **Platz** aufgeben   Ab 3.25   De 15.58
seinen **Platz** gut ausfüllen   De 15.11
seinen **Platz** behaupten   Gc 6.3
bis auf den letzten **Platz** besetzt sein   Ia 1.39
auf dem **Platz** bleiben   Ba 2.37
den ersten/zweiten/... **Platz** einnehmen (in/bei/un-
   ter/...)   Ig 3.4
sich da/in/... am falschen/(unrechten) **Platz** fühlen
   Fa 2.9
Platz greifen (Unsitten/...)   Cc 7.21
(jm.) **Platz** machen   Ab 3.25
Platz schaffen (für jn./etw.)   Ac 10.14
ein **Platz** an der Sonne   Fa 4.11
(sich) einen **Platz** an der Sonne erobern/erkämpfen/...
   De 24.21
seinen **Platz** (einem) Jüngeren/... überlassen/(freima-
   chen)   De 15.58
auf die **Plätze**! (Achtung! fertig! los!)   Aa 7.21
die anderen/... auf die **Plätze** verweisen   Gc 12.12
zum **Platzen** voll sein   Ia 1.38

(jm.) sein **Plazet** (zu etw.) geben   Db 13.26
pleite sein   De 25.45   Fb 4.8
die ganze Sache/. . . war/. . . eine (einzige) **Pleite**   De 25.85
Pleite machen/gehen   De 25.42
der **Pleitegeier** schwebt über jm.   De 25.41
aber/mal/. . . ein bißchen **plötzlich**!   Fa 18.8
los, ein bißchen **plötzlich**!   Aa 14.49
etw. (schon/. . .) als **Plus** für sich buchen (können)   Hb 13.8
plus minus zehn/. . .   Ia 5.8
der ruhende **Pol** (in der Familie/der Gruppe/. . .) sein   Cb 21.14
der ruhende **Pol** in der Erscheinungen Flucht sein   Cb 21.15
von **Pol** zu Pol (reisen/. . .)   Ab 4.46
noch ist **Polen** nicht verloren   Db 7.10
eine **Politik** der starken Hand betreiben/. . .   Fa 11.24
eine/die **Politik** der offenen Tür   Fa 11.39
(schon/. . .) mehr sein/mehr tun/frecher sein/weniger tun/. . ., als die **Polizei** erlaubt   Cc 33.21
dümmer sein als die **Polizei** erlaubt   Cd 10.14
von **Pontius** zu/(nach) Pilatus laufen   Ab 12.5
sein **Portemonnaie** zücken/ziehen (müssen) (und . . .)   Fb 3.5
nur noch eine halbe **Portion** sein   Bc 2.60   Ca 4.19
eine tüchtige/gehörige **Portion** Glück/Frechheit/Draufgängertum/. . . (haben)   Ia 5.11
viel/allerhand/. . . **Porzellan** zerschlagen/kaputt machen   Ea 12.18
in einer guten/schlechten/gesicherten/. . . **Position** sein   Fa 4.11
in guter/. . . **Position** sein   Fa 4.11
sich jm. gegenüber in einer starken/schwachen/. . . **Position** befinden   Fa 4.26
mit jm. von einer starken/schwachen/. . . **Position** aus verhandeln/. . .   Fa 4.27
seine/die **Position** halten   Gc 6.3
mit jm. aus einer **Position** der Stärke (heraus) verhandeln/. . .   Fa 4.27
sich in **Positur** setzen   Cc 11.57
sich in **Positur** stellen   Cc 11.57
sich in **Positur** werfen/schmeißen   Cc 11.56
ultra **posse** nemo obligatur   De 13.75   Ii 2.13
Possen reißen   Cb 8.5
mit jm. seine **Possen** treiben   Cb 9.12
ab geht die **Post**!   Aa 7.32
(ganz/. . .) (wieder) auf dem **Posten** sein   Bc 1.10
nicht (ganz/. . .) auf dem **Posten** sein   Bc 2.6
auf verlorenem **Posten** sein/stehen/kämpfen/operieren/. . .   De 25.15
sich auf vorgeschobenem **Posten** befinden/. . .   Gc 4.65
Posten stehen   Gc 4.22
auf **Posten** ziehen   Gc 4.22
postwendend (antworten/. . .)   Aa 17.5
. . ., und zwar in der höchsten **Potenz**   Ib 1.21
eine Zahl in die 1., 2., 3./. . . **Potenz** setzen/erheben   Cd 21.4
zusammenpassen/. . . wie **Pott** und Deckel   Hb 7.10   If 1.10
es ist **Pott** wie Deckel (für jn.), ob . . . oder ob/. . .   Ha 8.13
ein Kind/. . . auf den **Pott** setzen   Ac 8.16
alles/verschiedene Dinge/. . . in einen **Pott** werfen   Db 4.53
j. kommt (und kommt) nicht zu **Potte** mit etw.   Ga 8.2
zu **Potte** kommen   Ga 6.13
potthäßlich (sein)   Ca 1.24
jm. gegenüber ein **Prä** haben/das Prä haben, daß . . .   Hb 13.6

etw. ist eine (wahre) **Pracht**   Hc 3.26
etw. tun, das ist eine (wahre) **Pracht**   Ic 2.33
etw. tun, daß es eine (wahre) **Pracht** ist   Cd 3.35   Ic 2.33
es ist eine **Pracht**, wie j. etw. macht   Cd 3.35
sich nicht/nicht lange/lange/. . . bei den **Präliminarien** aufhalten   Dc 1.8
jn. an den **Pranger** stellen   Db 19.39
etw. **präsent** haben   Cd 15.34
(wie) auf dem/einem **Präsentierteller** sitzen/stehen   Fa 1.19
eine **Praxis** (als Arzt/als Rechtsanwalt/. . .) haben/aufmachen/eröffnen/. . .   De 15.18
in der **Praxis** stehen   De 15.9
jm. eine **Predigt** halten   Cc 24.35
um jeden **Preis**   De 8.5
um keinen **Preis**   Db 15.74
etw. zum halben **Preis** verkaufen/kaufen/. . .   Fb 13.3
etw. (weit) unterm/unter **Preis** verkaufen/kaufen/. . .   Fb 13.3
etw. zum vollen **Preis** kaufen/verkaufen/. . .   Fb 15.52
einen **Preis** für die beste Arbeit/das beste Stück/. . . aussetzen   Db 18.13
Preis und Dank . . .   Cc 23.12
gepfefferte **Preise** nehmen/zahlen (müssen)/. . .   Fb 12.9
horrende **Preise** nehmen/zahlen (müssen)/. . . (für etw.)   Fb 12.13
j. würde sich glücklich **preisen**, wenn . . .   Cb 2.35
sich glücklich **preisen** können (daß . . .)   Cb 2.35
bei der **Presse** sein   Cd 20.58
von der **Presse** sein   Cd 20.58
eine gute/blendende/glänzende/. . . **Presse** haben   De 24.56
eine schlechte/miserable/. . . **Presse** haben   De 25.101
so schnell schießen die **Preußen** nicht!   Aa 11.17
preußischblau   Ac 5.14
eingehen wie eine **Primel**   Ba 2.7   De 25.72
primus inter pares sein   Fa 4.9
eine **Prinzessin** auf der Erbse sein   Cb 12.4
im **Prinzip** für jn./etw. sein/. . .   Db 13.4
im **Prinzip** gegen jn./etw. sein/. . .   Db 14.15
etw. aus **Prinzip** tun   Db 13.9
etw. aus **Prinzip** nicht tun   Db 14.19
auf einem **Prinzip** herumreiten   De 9.26
auf **Prinzipien** herumreiten   De 9.26
(immer wieder/. . .) **Prinzipien** reiten   De 9.26
ein **Prinzipienreiter** sein   De 9.26
eine **Prise** (Tabak) nehmen   Hd 11.7
Privatstunden geben/kriegen/nehmen/brauchen/. . .   Cd 19.32
Privatunterricht geben/kriegen/nehmen/brauchen/. . .   Cd 19.32
das **Pro** und Contra/Kontra e-r S. abwägen/. . .   Db 4.18
eine **Probe** seines Könnens/. . . abgeben/liefern/ablegen/geben   Ic 3.25
jn. auf **Probe** einstellen/nehmen/. . .   Cd 19.44
die **Probe** aufs Exempel machen   Cc 18.33
mit jm./etw. eine **Probe** machen   Cd 19.43   De 13.4
etw. auf **Probe** machen   Cd 19.45   De 13.4
etw. (noch/. . .) zur **Probe** machen   De 13.4
jn. auf die **Probe** stellen   Cc 18.32
js. Geduld/Widerstandskraft/. . . auf die/auf eine harte/. . . **Probe** stellen   De 8.4
eine **Probe** seines Könnens/seiner Kunst/. . . zeigen, ablegen/. . .   Cd 3.51
kein **Problem**!   De 19.16
ein **Problem** offen anfassen/anpacken/. . .   Ga 6.3
in **Produktion** sein   Fb 15.9

ein (richtiger/. . .) zerstreuter **Professor** sein   Db 2.15
De 2.2
Profil haben   Ic 4.4
ein scharfes/scharf geschnittenes **Profil** haben   Ca 1.7
im **Profil** gut/. . . aussehen/. . .   Ca 1.7
jn. im **Profil** malen/zeichnen/skizzieren/. . .   Cd 22.4
Profil gewinnen   Ic 4.3
Profit ziehen aus etw.   Hb 9.12
etw. vom **Programm** absetzen/streichen   Dd 6.44
etw. aufs **Programm** setzen   Dd 3.21
auf dem **Programm** stehen   Cd 19.63   Dd 3.20
etw. in ein **Prokrustesbett** zwängen/pressen   Db 4.54
gute **Proportionen** haben   Ca 1.6
(na) dann **prost!**   Gc 11.13
Protest erheben/anmelden gegen etw.   Gc 6.24
unter lautem/. . . **Protest** den Saal verlassen/. . .   Gc 6.30
ein **Protokoll** aufnehmen   Cc 20.37
Protokoll führen   Cc 20.37   Dc 5.76
etw. zu **Protokoll** geben   Cc 20.38
etw. zu **Protokoll** nehmen   Cc 20.39
Hintertupfingen/. . . (das) ist die finsterste/finstere **Provinz**   Aa 20.6
jm. einen **Prozeß** anhängen/an den Hals hängen   Cc 20.34
gegen jn. einen **Prozeß** anstrengen   Cc 20.34
einen **Prozeß** gegen jn. führen   Cc 20.34
jm. den/einen **Prozeß** machen   Cc 20.34
kurzen **Prozeß** mit jm. machen   Fa 19.33
eine **Prüfung** bestehen   Cd 19.50
in einer **Prüfung** durchfallen   Cd 19.54
eine schwere **Prüfung** durchmachen   Cb 3.3
eine schwere **Prüfung** durchstehen   Ga 6.37
eine/js. **Prüfung** steigt um . . . Uhr   Cd 19.55
jm. **Prügel** geben/verabreichen/verpassen   Cc 26.18
Prügel kriegen/beziehen   Cc 26.39
der **Prügelknabe** sein   Hb 14.39
als **Prügelknabe** dienen   Hb 14.39
ein dankbares **Publikum** haben/sein   Fa 1.22
(immer/. . .) ein **Publikum** brauchen/. . .   De 24.58
sich an ein weiteres/größeres/. . . **Publikum** wenden
Cd 17.44   Cd 20.55
wie ein begossener/nasser **Pudel** (wieder) abziehen/. . .
De 26.16
wie ein begossener/nasser **Pudel** dastehen/. . .   De 26.11
das/etw. ist des **Pudels** Kern   Ha 7.6
volle **Pulle** daherrasen/. . .   Aa 14.34
jm. den **Puls** fühlen   Bc 2.52
jm. (auf) den **Puls** fühlen   Fa 3.4
sich die **Pulsadern** aufschneiden/öffnen   Ba 3.7
das nötige **Pulver** haben (für etw.)   Fb 6.13
es fehlt jm. das nötige **Pulver**   Fb 7.7
j. meint/. . ., er hätte das **Pulver** erfunden   Cc 11.12
das **Pulver** (auch) nicht (gerade) erfunden haben   Cd 10.3
das/sein letztes **Pulver** verschießen   Gb 4.21
sein/das/das ganze/sein ganzes/all sein **Pulver** schon verschossen haben   Gb 4.22
hier/da/in/. . . (wie) auf einem **Pulverfaß** sitzen   Gb 1.12
etw. auf **Pump** kriegen/bekommen/kaufen/. . .   Fb 5.11
auf **Pump** leben   Fb 5.13
in **puncto** Religion   Ie 1.46
. . . und damit **punctum!**   Aa 8.35
das/etw. ist (das) **punctum** saliens   Ha 7.4
(genau) das ist (ja) (gerade) der **Punkt**   Ha 7.4
ein dunkler **Punkt** (in js. Leben/. . .)   Cc 22.8
zwei/. . . Geraden schneiden sich in einem **Punkt**   Cd 21.8
ein kitzliger **Punkt**   De 20.46
der kritische **Punkt** (in der Entwicklung/. . .)   Aa 6.85
jetzt/nun mach/macht/. . . (aber) mal einen **Punkt!**
Id 2.68

ein schwacher **Punkt**   Dc 5.98
der schwierigste **Punkt**   De 20.46
das/etw. ist der springende **Punkt**   Ha 7.4
ein strittiger **Punkt**   Dc 5.99
ein toter **Punkt**/der tote Punkt   Aa 6.65
der wichtigste **Punkt**   Ha 7.7
ein wunder **Punkt**   Cb 13.38
Punkt 8/9/. . . (Uhr)   Aa 18.1
an dem **Punkt** sein/angekommen sein/. . ., an dem/wo
man allein nicht weiterkommt/Hilfe braucht/es schwierig wird/. . .   Aa 6.45
einen **Punkt** (nicht) berühren/(besprechen/. . .)   Dc 5.16
sich in einem **Punkt** noch nicht einig sein/. . .   Db 17.5
an/auf einem toten **Punkt** ankommen/anlangen   Aa 6.61
einen wunden **Punkt** (bei jm.) berühren   Cb 13.13
der **Punkt** auf dem i   Ic 10.21
da fehlt nicht der/kein **Punkt** auf dem i   Ic 3.16
einen **Punkt** noch klären   Dc 5.17   Dd 5.4
ohne **Punkt** und Komma reden   Dc 1.40
etw. **Punkt** für Punkt durchgehen/durchsprechen/. . .
Ic 9.8
einen wunden/empfindlichen **Punkt** treffen   Cb 13.13
den toten **Punkt** überwinden   Ga 6.33
immer wieder auf diesen/denselben/. . . **Punkt** zurückkommen/zu sprechen kommen/. . .   Dc 5.41
da fehlt nicht das/kein **Pünktchen** auf dem i   Ic 3.16
nach **Punkten** führen/siegen/. . .   Gc 12.20
in den **Punkten**, die behandelt wurden, einer Meinung
sein/Übereinkunft erzielen/. . .   Db 16.16
. . . und damit **Punktum!**   Aa 8.35
eine (willenlose) **Puppe** in js. Händen sein   Fa 15.7
bis in die **Puppen** feiern/zechen/aufbleiben/. . .   Aa 1.31
bis in die **Puppen** schlafen/pennen/im Bett sein/. . .
Aa 1.33
da/dort/. . . sind (aber) die **Puppen** am Tanzen   Cb 18.16
jn. so lange aufregen/. . ., bis/. . . die **Puppen** tanzen
Cb 18.15
purpurrot   Ac 5.12
einen **Purzelbaum** schlagen/schießen (vor Freude)
Cb 2.16
(ganz) außer/aus der **Puste** sein/ankommen/. . .   De 23.34
(viel/allerhand/. . .) **Puste** haben   Bc 1.5
wenig/. . . **Puste** haben   Bc 2.18
keine **Puste** mehr haben   De 23.33
jm. geht die **Puste** aus   De 4.9   De 23.33
Pustekuchen!   Db 15.45
eine alberne/eingebildete/. . . **Pute** sein   Cd 10.21
puterrot werden   Cc 29.2
den **Putzteufel** haben   Ac 9.11
eine Zahl zum **Quadrat** nehmen/ins Quadrat erheben
Cd 21.4
die **Quadratur** des Kreises sein   Ii 2.6
höllische **Qualen** erdulden/durchmachen/. . . (müssen)
Bc 2.9
der Mann/die Marke/. . . bürgt für **Qualität**   Ic 4.22
eine **quantité** négligeable sein   Ia 3.6
ein tüchtiges/anständiges **Quantum**   Ia 5.11
jn. in **Quarantäne** legen   Bc 2.55
in/unter **Quarantäne** liegen/sein   Bc 2.55
das/was j. sagt ist (doch) (alles) **Quark**   Dc 1.74
sich über jeden **Quark** aufregen/ärgern/. . .   Ia 3.23
etw. geht jn. einen **Quark** an   Db 15.35   Fa 7.16
einen **Quark** von etw. verstehen   Cd 2.10
sich ein **Quartier** suchen/bestellen/. . .   Ea 1.4
jn. ins **Quartier** bekommen   Gc 4.36
bei jm. **Quartier** beziehen/nehmen   Gc 4.36
bei jm. im **Quartier** liegen   Gc 4.36

Quartier machen Gc 4.36
Quartier nehmen bei jm. Ea 1.3
jn. ins **Quartier** nehmen Gc 4.36
dauernd/schon wieder/... an der **Quasselstrippe** hängen Dc 1.53
Quatsch machen Cb 8.3
das/etw./was j. sagt/... ist **Quatsch** mit Soße Ha 15.10
ein richtiges/... **Quecksilber** sein Aa 15.24
Quecksilber im Hintern/im Arsch/(Hosenboden) haben Aa 15.25
etw. aus erster **Quelle** haben/wissen/... Cd 15.11
etw. aus sicherer/zuverlässiger **Quelle** haben/wissen/... Cd 15.12
an der **Quelle** sitzen Cd 15.15 Hb 9.21
die **Quelle** allen Übels sein Dd 9.24
die **Quelle** ist versiegt Aa 8.43
aus dunklen **Quellen** sein/kommen/stammen/... Cc 18.36
neue **Quellen** erschließen (an Geldern/Waren/...) Fb 15.78
aus trüben **Quellen** schöpfen Cc 18.36
ein **Quentchen** Glück/Zufall Ia 3.12
es kommt jm. etwas/einiges/... in die **Quere** Hb 4.8
jm. in die **Quere** laufen/rennen/kommen Hb 4.2
wieder **quitt** sein (mit jm.) Fb 5.29
das/etw. ist die **Quittung** für etw./js. unmögliche Haltung/... Gc 14.13
(immer/...) auf dem **Quivive** sein (müssen) Gb 2.4
krächzen wie ein **Rabe** Dc 10.12
stehlen/klauen wie ein **Rabe** Cc 19.3
ein weißer **Rabe** Ii 2.16
rabenschwarz Ac 5.10
Rache ist Blutwurst Gc 14.16
das/etw. ist die **Rache** des kleinen Mannes Gc 14.14
Rache nehmen für etw. (an jm./etw.) Gc 14.7
nach **Rache** schreien (Unrecht) Gc 14.2
auf **Rache** sinnen Gc 14.4
Rache ist süß Gc 14.16
etw. in den falschen/(verkehrten) **Rachen** kriegen/(bekommen) Cb 13.33
jm. etw. aus dem **Rachen** reißen Fb 1.30
den **Rachen** nicht vollkriegen/voll genug kriegen (können) Hd 3.8
jm. etw. in den **Rachen** werfen/schmeißen Fb 1.15
etw. **rächt** sich Gc 14.12
das **Rad** der Entwicklung/Geschichte zurückdrehen wollen/nicht können/... Aa 6.105
(nur/...) ein **Rad** im Getriebe sein De 12.28
Rad schlagen Ab 3.82
das fünfte **Rad** am Wagen sein Ha 10.6
Radau machen Dc 9.6 Gc 6.27
(nur/...) ein **Rädchen** im Getriebe sein De 12.28
bei jm. ist ein **Rädchen** locker Cd 12.6
unter die **Räder** kommen Cc 6.9
ganz schön **radfahren** Fa 17.1
ein **Radfahrer** sein Fa 17.1
eine **Radfahrernatur** sein: (nach) oben buckeln, (nach) unten treten Fa 17.1
sich (schon/...) die **Radieschen** von unten ansehen/(besehen) Ba 5.8
ein Hochzeitsessen/... mit allen **Raffinessen** Ic 3.11
(vielleicht) in **Rage** sein Cb 16.13
jn. in **Rage** bringen Cb 16.32
in **Rage** kommen Cb 16.8
sich in **Rage** reden Cb 16.40
den **Rahm** abschöpfen Hb 11.7
sich im kleinen/großen/... **Rahmen** abspielen Ib 1.79

im kleinen/großen/... **Rahmen** stattfinden/möglich sein/... Ib 1.80
im **Rahmen** einer (größeren) Untersuchung/Feierstunde/Veranstaltung/... stattfinden/... Ie 1.43
den/einen ... **Rahmen** für etw. abgeben Ie 1.41
aus dem gewohnten **Rahmen** fallen (mit etw.) If 6.14
einer Feier/... einen großen/würdigen/... **Rahmen** geben Ib 1.82
sich in bescheidenem **Rahmen** halten Ib 1.81
den **Rahmen** der bisher geltenden Theorien/einer Veranstaltung/... sprengen (mit etw.) Ie 1.44
aus dem **Rahmen** des Üblichen fallen (mit etw.) If 6.14
wie eine **Rakete** davonsausen/davonrasen/... Aa 14.25
im **Rampenlicht** (der Öffentlichkeit) stehen Cd 17.8
(los) **ran**! Aa 7.32
ein **Rand** bleibt zurück/einen Rand hinterlassen/... Ac 9.3
eine Tasse/... bis zum **Rand** füllen/vollmachen/... Hd 4.95 Hd 5.44
am **Rand(e)** des Abgrunds/Ruins/Verderbens/... stehen/sein/... De 25.39
den **Rand** (immer/...) zu sehr/so weit/... aufreißen Cc 11.41
außer **Rand** und Band sein Cb 8.7
außer **Rand** und Band geraten Cb 8.7
jn. an den **Rand** des Abgrunds/Ruins/... bringen/treiben De 25.35
an den **Rand** des Abgrunds/Ruins/... geraten De 25.38
jn. an den **Rand** des Grabes bringen Ba 4.10 De 25.36
am **Rand(e)** des Grabes stehen Bc 2.62
den/seinen **Rand** halten Dc 2.14
einen **Rand** lassen Cd 20.23
jn. an den **Rand** der Verzweiflung bringen (mit etw.) Cb 15.2 Ga 10.1
das/etw. versteht sich am **Rande** Ih 2.2
so (ganz) am **Rande** etw. tun/sagen Cc 15.10 Ha 5.2
etw. nur (so) am **Rande** erledigen/bemerken/... Ic 11.1
(ziemlich/mehr) am **Rande** liegen Ha 5.1
dunkle **Ränder** um die Augen haben De 23.24
rote **Ränder** um die Augen haben Cb 11.16 De 23.24
ein Mann/... von hohem **Rang** Fa 5.8
jm. den **Rang** ablaufen Ig 1.18
den ersten **Rang** behaupten (unter ...) Fa 4.3
etw. in den **Rang** einer heiligen Kuh erheben Db 4.57
jm. den **Rang** streitig machen (wollen) Gc 12.1
jm. den **Rang** (nicht) streitig machen (wollen/können/...) Fa 4.18
ein Mann/... ohne **Rang** und Namen Cd 17.56
ein Mann/Wissenschaftler/Übersetzer/... von **Rang** und Namen Cd 17.14 Fa 5.8
im **Rang(e)** eines Generals/Leutnants/... stehen Gc 4.39
eine Aufführung/ein Lokal/... dritten **Ranges** (sein) Ic 5.8
ein Spiel/ein Pianist/... ersten **Ranges** (sein) Ic 4.8
ein Schurke/... ersten **Ranges** (sein) Cc 7.7
eine Pleite/ein Betrüger/... ersten **Ranges** (sein) Ic 7.26
rank und schlank (gewachsen) (sein) Ca 1.9
Ränke schmieden/spinnen (gegen jn.) Cc 16.45
jn. (ordentlich/...) **rankriegen** Fa 19.11
jn. (ordentlich/...) **rannehmen** Fa 19.11
(so) (langsam/...) sein **Ränzel** packen/schnüren Ab 4.3
sich den **Ranzen** vollschlagen/vollfressen Hd 4.22
wieder einmal/... seinen **Rappel** haben/kriegen Cd 12.31
du hast/er hat/... wohl einen **Rappel**? Cd 12.13
dabei/bei etw. kann man (ja) einen **Rappel** kriegen Ga 10.16
bei dir/... **rappelt's** wohl? Cd 12.13

und, **raps** ...! Aa 14.44
jn. deckt schon/... der grüne **Rasen** (zu) Ba 5.8
schon lange/... unter dem grünen **Rasen** liegen Ba 5.8
j./etw. bringt jn. (noch/...) zur **Raserei** Cb 15.5
jn. zur **Raserei** bringen Cb 16.34
in **Raserei** geraten/(verfallen) Cb 16.10
jn. (wieder) zur **Räson** bringen De 10.4
Rast machen Ab 3.33
ohne **Rast** und Ruh'/(Ruhe) Aa 15.9
keinen **Rat** annehmen Dc 7.10
jn. um **Rat** fragen Dd 5.5 Ga 12.68
jm. einen **Rat** geben Ga 12.60
ich kann/wir können dir/euch/... nur den (einen) **Rat** geben: Ga 12.60
auf js. **Rat** hin etw. tun Dd 5.15
sich bei jm. (einen) **Rat** holen Dd 5.6 Ga 12.69
j. wird (schon/...) **Rat** schaffen Dd 5.9
bei jm. **Rat** suchen Dd 5.7 Ga 12.67
jm. mit **Rat** und Tat zur Seite stehen/beistehen Ga 12.59
da ist guter **Rat** teuer Ga 9.4
immer/für alles/... **Rat** wissen Cd 3.2 Dd 5.10
keinen **Rat** (mehr) wissen Ga 9.1
sich keinen (anderen) **Rat** (mehr) wissen als zu ... Ga 9.1
jn./einen Arzt/einen Rechtsanwalt/ein Lexikon/... zu **Rate** ziehen Dd 5.12
ein Lexikon/ein Wörterbuch/... zu **Rate** ziehen Cd 19.15
laß dir/laßt euch/... **raten** und ... Ga 12.61
sich nicht zu **raten** und zu helfen wissen Ga 9.1
etw. auf **Raten** kaufen Fb 15.39
etw. in **Raten** zahlen/abzahlen Fb 15.39
die eiserne **Ration** Fb 9.21 Ia 3.25
es ist jm. ein **Rätsel**, wie/was/... Cd 2.23
vor einem **Rätsel** stehen Cd 2.21
in **Rätseln** sprechen Dc 4.4
das ist des **Rätsels** Lösung! Dd 5.24
des **Rätsels** Lösung ist ... Dd 5.23
eine miese/elende **Ratte** sein Cc 7.8
die **Ratten** verlassen das sinkende Schiff Gb 6.47
schlafen wie ein **Ratz** De 22.6
ein **Raub** der Flammen werden Ac 12.17
Raubbau treiben mit seinen Kräften/seiner Gesundheit/... Bc 1.21
rauben und morden Cc 19.16
unter die **Räuber** fallen Cc 6.20 Cc 19.10
ein Zimmer/... sieht aus wie eine **Räuberhöhle**/in einem Zimmer/... sieht es aus wie in einer Räuberhöhle Ac 10.9
in **Räuberzivil** erscheinen/... Ca 1.56
in **Rauch** aufgehen Ac 12.14
sich in **Rauch** auflösen De 25.89
in **Rauch** und Flammen aufgehen Ac 12.14
rauf und runter (klettern/...) Ab 3.10
rauh, aber herzlich Cb 19.22
auf engem/engstem **Raum** zusammengedrängt/... Ia 1.43
viel/wenig/... **Raum** einnehmen Ac 10.14
e-r S. (mehr/weniger) **Raum** geben Dc 5.22
»(danke) **räumlich** unmöglich/nicht möglich« Hd 4.25
Raupen im Kopf haben Cd 12.10
jm. **Raupen** in den Kopf setzen Da 3.26
raus oder rein! Ea 7.28
einen **Rausch** haben Hd 6.17
sich einen **Rausch** antrinken Hd 6.8
es **raushaben**, wie man etw. macht/... Cd 5.5
j. soll sich da/aus etw. schön/... **raushalten** Fa 7.18
ein **Rausschmiß** erster Klasse Ea 10.29
eine **Razzia** (in einem Viertel/...) machen/veranstalten Ab 9.7

sauer **reagieren** (auf etw.) Cb 14.7
rebus in stantibus Aa 6.98 De 25.102
(jm.) (gegenüber) **Rechenschaft** ablegen/geben über etw. Dd 11.15
sich (selbst) (gegenüber) **Rechenschaft** ablegen/geben (über etw.) Cc 30.7
von jm. **Rechenschaft** fordern/verlangen Dd 11.13
jm. (keine) **Rechenschaft** schuldig sein (über etw.) Dd 11.19
jn. zur **Rechenschaft** ziehen Dd 11.13
mit jm./etw. nicht mehr zu **rechnen** brauchen Ha 2.16
mit jm. (immer) **rechnen** können Dd 1.19 De 17.4
auf js. **Rechnung** Fb 15.69
auf **Rechnung** von jm. Fb 15.69
auf anderleuts/auf fremde/(für fremde) **Rechnung** (kaufen/...) Fb 15.71
auf eigene **Rechnung** Fb 15.70
eine gesalzene **Rechnung** Fb 12.15
jm. eine **Rechnung** aufmachen Fb 15.26
noch eine (alte) **Rechnung** mit jm. zu begleichen haben/(begleichen müssen) Cc 24.23
Rechnung führen (über etw.) Fb 15.22
auf js. **Rechnung** gehen Dd 11.10 Fb 15.72
eine/js. **Rechnung** geht nicht auf Db 21.29
etw. auf **Rechnung** kaufen Fb 15.40
auf seine **Rechnung** kommen (in/bei etw.) Hb 9.16
über etw. **Rechnung** legen Fb 15.24
etw. in **Rechnung** nehmen Fb 15.43
jm. die **Rechnung** präsentieren Fb 15.25 Gc 14.6
etw. in **Rechnung** stellen Ha 1.1
e-r S. **Rechnung** tragen Ha 1.1
auf **Rechnung** trinken Hd 5.50
die **Rechnung** ohne den Wirt machen Db 21.30 Ha 2.22
jm. **recht** sein Db 13.12
mir soll's **recht** sein! Db 13.46
ganz **recht**! Db 13.37
etw. ist nicht mehr als/nur **recht** und billig Db 20.17
was dem einen **recht** ist, ist dem andern billig Db 20.32
alles ist **recht** ist – aber das/etw. ist übertrieben/... Id 2.55
jetzt/nun/dann/... erst **recht** nicht (etw. tun) Db 15.85
so **recht** und schlecht etw. tun Ic 7.5
recht so! Db 13.37
im **Recht** sein Db 20.6
(völlig/vollkommen/mehr als) **Recht** haben (etw. zu tun) Db 20.4
etw. zu tun ist js. gutes **Recht** Db 20.18
mit **Recht** etw. tun Db 20.9
mit (vollem) **Recht** etw. tun Db 20.10
Recht behalten Db 20.13
immer/... **Recht** behalten/haben wollen De 9.3
nach **Recht** und Billigkeit entscheiden/... Cc 20.58
das **Recht** mit Füßen treten Cc 20.6
jm. **Recht** geben Db 20.14
jm. das **Recht** geben, etw. zu tun Db 20.15
gegen alles **Recht** und Gesetz sein Cc 20.2
jn. nach **Recht** und Gesetz verurteilen Cc 20.57
gegen **Recht** und Gewissen handeln/etw. entscheiden/... Cc 22.5
nach **Recht** und Gewissen handeln/etw. entscheiden/... Cc 20.45
zu seinem **Recht** kommen Cc 20.22
sich das **Recht** nehmen, etw. zu tun Db 20.3
auf sein **Recht** pochen De 9.25
Recht haben und Recht bekommen sind zweierlei Db 20.38
das **Recht** ist auf js. Seite Cc 20.44

Recht sprechen Cc 20.51
das Recht des Stärkeren (sein) Db 20.37 Fa 11.37
jm. zu seinem Recht verhelfen Cc 20.23
jm. sein Recht verschaffen Cc 20.23
sich sein Recht verschaffen Cc 20.22
sich das Recht vorbehalten zu . . . Cc 20.24
du bist/der ist/. . . mir der Rechte! Db 15.79
gerade/genau der Rechte sein, etw. zu tun/der etw. tun
    muß/dazu/dafür/für etw. Db 15.79
gleiche Rechte, gleiche Pflichten Db 20.33
über die Rechte die Pflichten nicht vergessen Db 20.34
es zu nichts Rechtem bringen (im Leben/im Beruf/. . .)
    De 25.2
zu js. Rechten Ab 1.47
es ist alles beim Rechten Db 20.29
(mit etw.) (bei jm./da) (aber) an den Rechten kommen/
    geraten Ea 10.31
nach dem Rechten sehen/schauen/gucken Ac 6.32
nichts Rechtes sein/werden Ic 7.13
von Rechts wegen Db 20.36
einen Rechtsdrall haben Db 4.73
der Rechtsweg ist ausgeschlossen Cc 20.27
den Rechtsweg beschreiten/(einschlagen/gehen) Cc 20.31
etw. auf dem Rechtsweg klären/entscheiden/(. . .) (lassen)
    Cc 20.30
sich recken und strecken/(dehnen) Dc 8.46
es ist die Rede von etw./jm./davon, daß . . . Dc 5.96
das ist/war (doch) schon immer/lange/. . . meine/sei-
    ne/. . . Rede Db 16.9
von etw./jm. ist (gar/überhaupt) nicht die Rede Dc 5.96
von etw./davon, daß . . . kann (gar/überhaupt) nicht die/
    keine Rede sein Db 21.10
direkte/indirekte Rede Cd 20.53
etw. in freier Rede erläutern/vortragen/. . . Dc 5.75
in gebundener/ungebundener Rede etw. vortragen/. . .
    Cd 20.52
es geht die Rede, daß . . . Cd 17.29
etw. verschlägt jm. die Rede Da 5.6
die Rede auf etw. bringen Dc 5.12
jm. in die Rede fallen Dc 5.26
ein Politiker/. . . hält eine Rede zum Fenster hinaus
    Dc 1.90
(in) Rede und Gegenrede Dc 5.11
eine Rede halten Dc 1.144
eine Rede frei halten Dc 1.145
die Rede kommt auf etw. Dc 5.13
deine/seine Rede sei »ja, ja, nein, nein!« Ih 3.16
der langen Rede kurzer Sinn: Dc 1.20
der in Rede stehende Text/. . . Dc 5.97
das in Rede stehende Projekt/. . . Dc 5.97
jn. zur Rede stellen (wegen) Cc 24.57
nicht der Rede wert sein Ha 5.29
(nur/bloß) so daher reden Dc 1.60
jm. immer/dauernd/. . . dazwischen reden (müssen)
    Dc 1.112
mit jm. deutsch reden (müssen) Dc 3.41
jn. dumm und dämlich reden Dc 1.84
j. hat gut/leicht reden Dc 5.138
sich heiser reden Dc 1.87
sich heiß reden Cb 16.40
vor sich hin reden Dc 1.114
über etw./darüber läßt sich (schon eher/. . .) reden
    Dc 5.101
nicht zu reden von/davon, daß . . . Db 15.86
mit jm. ist (einfach/. . .) nicht zu reden De 9.27
das ist/war (doch) schon immer/lange/. . . mein/sein/. . .
    Reden/(meine/seine/. . . Rede) Db 16.9

das ist mein/sein/. . . Reden seit Dreiunddreißig/33
    Db 16.9
sich vorkommen/. . ., als hielte man Reden zum Fenster
    hinaus Dc 1.90
freche/unverschämte/. . . Reden führen Dc 1.94
grobe Reden führen Dc 1.95
große Reden führen/halten/schwingen Cc 11.39
lose Reden führen Dc 1.94
schmeichelhafte Reden führen Fa 17.11
allerhand/viel/noch/. . . zu reden geben Db 19.47
sich selbst gern reden hören Dc 1.51
reden kostet nichts/kann jeder Dc 1.66
mit sich reden lassen Db 13.1 Gc 10.6
(viel/allerhand/noch/wieder/. . .) von sich reden machen
    Cd 17.1
Reden ist Silber, Schweigen ist Gold Dc 2.53
reden und tun ist zweierlei Dd 7.27
von etw. viel Redens machen Ha 4.12
(nichts als/nur/bloß) dumme/nichtssagende/leere/. . . Re-
    densarten Dc 1.62
jm. mit dummen/nichtssagenden/. . . Redensarten kom-
    men/. . . Dc 1.62
jn. mit leeren/nichtssagenden/. . . Redensarten abspeisen
    Dc 1.28
j. redet, wie er's/er es versteht Dc 1.60
ein großer Redner vor dem Herrn sein Dc 1.139
auf der Reede liegen Ab 6.15
(körperlich/geistig) noch sehr rege sein Bc 1.9
in der Regel (etw. tun) Aa 3.16
die goldene Regel Aa 4.7
eine Regel aufstellen Ib 1.65
sich etw. zur Regel machen Aa 3.16
jn./etw. nach allen Regeln der Kunst sezieren/verarzten/
    verhauen/betrügen/. . . Ic 2.32
bei strömendem Regen Ac 1.6
dann/. . . (da) im Regen stehen Dd 2.14
jn. im Regen stehen lassen Dd 2.5
vom Regen in die Traufe kommen Aa 6.58 De 25.107
in allen Regenbogenfarben schillern Ac 5.8
gespannt sein wie ein Regenschirm Fa 3.2
(die) Regie führen Fa 10.5 Hd 10.7
ein Geschäft/. . . in eigener Regie führen/leiten Fb 15.96
das Regiment führen (in/bei/. . .) Fa 10.5
ein strenges/mildes/. . . Regiment führen Fa 10.5
das Regiment im Haus führen Fa 10.3
(immer/gern/. . .) in höheren Regionen schweben Da 3.1
alle Register seines Könnens ziehen De 24.59
alle Register ziehen/spielen lassen De 24.59
eine menschliche Regung fühlen/(haben) Ac 8.1
scheu wie ein Reh (sein) Ce 29.13
schlank wie ein Reh (sein) Ca 1.9
wie ein gehetztes Reh wirken Gb 6.42
keine Reibungsflächen bieten wollen Gc 10.2
etw. gehört ins Reich der Fabel Cc 14.17
das Reich der Mitte Ab 4.60
das Reich der Schatten Ba 2.56
im Reich der Töne ein großer Meister sein/. . . Dc 10.27
das Reich der Toten Ba 2.56
dicke reichen Ia 6.8
weder vorn(e) noch hinten/weder hinten noch vorn(e)/
    hinten und vorn(e) nicht/vorn(e) und hinten nicht rei-
    chen/langen/. . . Ia 7.1
reichlich Brot/Stoff/. . . haben Ia 6.3
jetzt reicht's mir/meinem Vater/. . . (aber) (langsam/. . .)!
    Hc 6.10
zu Reichtum kommen Fb 6.10
im Reichtum schwimmen Fb 6.18

mit etw./... keine **Reichtümer** gewinnen/verdienen/... können Fb 7.41
(schon längst/...) außer **Reichweite** sein Ab 8.6
in js. **Reichweite** sein/liegen/... Ab 1.22
etw. in seiner **Reichweite** haben Ab 1.22
etw. außer **Reichweite** bringen/(legen/...) Ab 1.34
außerhalb js. **Reichweite** liegen/stehen/... Ab 1.34
sich etw. in **Reichweite** legen/stellen/... Ab 1.22
mit quietschenden **Reifen** durch die Kurve rasen/... Aa 14.37
den **Reigen** beschließen (bei etw.) Aa 5.17
den **Reigen** eröffnen (bei etw.) Aa 5.14
in **Reih** und Glied antreten/... Gc 4.26
eine **Reihe** von Tagen/Versuchen/... Ia 5.12
eine bunte **Reihe** (machen/...) Aa 5.30
eine ganze **Reihe** ... Ia 5.12
eine lange **Reihe** von Beispielen/Wörtern/... Ia 5.13
das/etw. kommt (schon/...) wieder in die **Reihe** Ga 5.11
an der **Reihe** sein Aa 5.4
außer der **Reihe** drankommen/bedient werden/... Aa 5.13
(immer hübsch/...) in der **Reihe** stehen/bleiben/... Aa 5.23
in einer **Reihe** stehen/antreten/... Aa 5.21
die **Reihe** ist an jm., etw. zu tun Aa 5.6
die **Reihe** beschließen Aa 5.17
die **Reihe** eröffnen (bei etw.) Aa 5.14
die **Reihe** mehrerer/... eröffnen Aa 5.14
die **Reihe** herum gehen/fragen/... Aa 5.28
an die **Reihe** kommen Aa 5.5
aus der **Reihe** kommen Gc 4.27
(immer) (schön/hübsch/...) der **Reihe** nach! Aa 5.3
eine **Reihe** schließen Aa 5.26
jn. mit jm. anderem nicht in eine **Reihe** stellen können If 3.2
aus der **Reihe** tanzen/(fallen) If 6.15
aus der **Reihe** treten Aa 5.24 Gc 4.28
Verräter/Anstifter/... in den eigenen **Reihen** haben Cc 16.76
in geschlossenen **Reihen** kämpfen/marschieren/... Gc 4.60
in die **Reihen** der Terroristen/... eintreten De 17.17
die **Reihen** lichten sich Gc 4.84
die **Reihen** schließen Gc 4.86
kotzen wie ein **Reiher** Bc 2.25
scheißen wie ein **Reiher** Bc 2.23
auf etw. keinen **Reim** (mehr) finden können Cd 2.22
sich keinen **Reim** (mehr) auf etw. machen können Cd 2.22
Reime drechseln Cd 20.50
Reime machen Cd 20.50
Reime schmieden Cd 20.50
das/etw. **reimt** sich nicht (für jn.) Cd 2.24
(so richtig/...) zum **Reinbeißen** sein Ca 1.14
etw. (wieder) ins **reine** bringen Ga 5.6
mit etw. ins **reine** kommen Cd 1.26
mit etw. nicht ins **reine** kommen Cd 2.2
mit sich (selbst) ins **reine** kommen Cc 30.15
einen Aufsatz/... ins **reine** schreiben Cd 20.22
mit jm./etw. (wieder) im **reinen** sein Cc 30.17
mit sich selbst im **reinen** sein Cc 30.17
etw. ist **reiner/reinster** Zufall/Unsinn/Hohn/... Ic 1.6
auf etw. **reinfallen** Cc 16.60
(anständig/...) einen **reingewürgt** kriegen Cc 24.74
Kitsch/Rabulistik/... in **Reinkultur** sein Ic 1.7
ein Gentleman/... in **Reinkultur** sein Ic 1.8
jn. **reinlegen** Cc 16.23

jn. **reinreiten** Cc 16.25
sich ganz schön/ziemlich/... **reinreiten** (mit etw.) Hb 6.5
j. ist der **reinste** Glückspilz/Angeber/Neger/... Ic 1.6
sich von jeder Schuld/allem Verdacht/... **reinwaschen** (wollen) Cc 31.4
jm. (anständig/...) eine/einen **reinwürgen** Cc 24.50
die letzte **Reise** antreten (müssen) Ba 2.8
auf die große **Reise** gehen (müssen) Ba 2.8
(schon) wissen/ahnen/..., wohin die **Reise** geht Bc 2.61 Cd 14.9
zu Land(e)/Wasser/Pferd/... **reisen** Ab 4.41
auf **Reisen** sein Ab 4.7
auf **Reisen** gehen Ab 4.9
Reißaus nehmen Ab 7.17
den prickelnden **Reiz** des Ungewohnten/der Gefahr/der Neuheit/... fühlen/empfinden/... Fa 3.1
e-r S. keinen **Reiz** abgewinnen können Hc 5.4
einen starken/großen/... **Reiz** auf jn. ausüben Ca 1.11 Hc 3.22
seinen **Reiz** verlieren Ca 1.19 Hc 5.10
ihre **Reize** spielen lassen Ed 1.16
einen **Reklamefeldzug** führen für/gegen jn./etw. Hb 3.23
die **Reklametrommel** rühren (für jn./etw.) Hb 3.25
Rekruten ausheben Gc 4.14
relativ viel/wenig/... Ib 1.12
ein totes **Rennen** sein Ig 3.15
nicht/nicht gut/noch gut/schlecht/... im **Rennen** liegen Ig 3.8
das **Rennen** machen Gc 12.6
jn. aus dem **Rennen** werfen Gc 12.13
sofort/... medias in **res**/(in medias res) gehen Dc 1.9
etw. (noch) in **Reserve** haben Fb 1.4
jn. aus seiner **Reserve** herauslocken/... Dc 5.3
(viel/...) (innere) **Reserven** haben De 3.6 De 8.6
stille **Reserven** haben/... Fb 15.33
starke/... **Resonanz** finden (in/bei/...) De 24.55
keine/keine starke/schwache/... **Resonanz** finden (in/bei/...) De 25.101
höllischen **Respekt** vor jm./etw. haben Gb 6.43
jm. **Respekt** zollen Db 18.7
der schäbige **Rest** Hd 4.74 Ia 6.11
jm. den **Rest** geben Bc 2.58 De 25.53
der **Rest** ist für die Gottlosen Hd 4.74
sich den **Rest** holen Bc 2.57
das ist der (letzte) **Rest** vom Schützenfest Hd 4.74
der **Rest** ist Schweigen Dc 2.52
die sterblichen/irdischen **Reste** Ba 5.16
rette sich wer kann! Ab 8.12
(ja) bist du/ist der Peter/... noch zu **retten**? Cd 12.3
sich nicht zu **retten** wissen vor so vielen Menschen/so vielen Dingen/Arbeit/... Ia 1.16
der/js. **Retter** in der Not sein Ga 12.38
als js. **Retter** in der Not erscheinen Ga 12.38
einen **Rettungsanker** auswerfen Ga 12.37
jm. (eine) **Revanche** geben (für etw.) Hd 9.12
Revanche nehmen (für etw.) Hd 9.12
jm. seine **Reverenz** erweisen Db 18.7
etw. **Revue** passieren lassen Db 1.3
das größte **Rhinozeros** auf Gottes Erdboden sein Cd 10.18
jn./etw. zugrunde **richten** De 25.24
der höchste **Richter** Cc 35.1
sich zum **Richter** aufwerfen über jn./etw. Db 19.41
jn./etw. vor den **Richter** bringen Cc 20.34
auf dem **Richterstuhl** sitzen Cc 20.51
Richtfest halten Hd 7.12
(sehr) **richtig**! Db 13.37
ganz **richtig**! Db 13.37

etw. ist nicht ganz **richtig** (bei/an)   Cc 18.4

(ein-)mal (so) **richtig** etw. tun (wollen/dürfen/müssen)   Ic 2.46

soviel ist **richtig**, daß ...   Db 20.31

es war angekündigt worden, um 20.00 Uhr käme der Kanzler persönlich/... und **richtig**, als es 20.00 Uhr schlug, traf .../... Dc 5.147

genau/gerade **richtig**/(recht) kommen/erscheinen/(...)   Hb 7.16

du bist/der ist/... mir der **Richtige**!   Db 15.79

gerade/genau der **Richtige** sein, etw. zu tun/der etw. tun muß/dazu/dafür/für etw.   Db 15.79

(genau) das **Richtige** treffen (mit etw.)   Cc 13.9

das einzig **Richtige** tun und ...   Db 20.11

da haben sich die beiden/drei/... **Richtigen** (zusammen)gefunden   Db 16.44

(mit etw.) (bei jm./da) (aber) an den **Richtigen** kommen/geraten   Ea 10.31

noch auf den **Richtigen**/die Richtige warten   Ed 3.1

da sind die beiden/drei/... **Richtigen** zusammengekommen   Db 16.44

endlich etwas **Richtiges** lernen (müssen)   Cd 19.2

nichts **Richtiges** lernen/gelernt haben/können   Cd 4.12

es hat (alles) seine **Richtigkeit** (mit etw.)   Db 20.29

etw. **richtigstellen**   Cc 13.12

jm. als **Richtlinie** dienen (für etw.)   Cc 5.22

jm. als **Richtschnur** dienen (für etw.)   Cc 5.22

sich etw. zur **Richtschnur** (seines Handelns) machen   Cc 5.23

Richtung Hannover/Hamburg/... sein/fahren/...   Ab 1.3

sich in **Richtung** auf ... bewegen/entwickeln/...   Aa 6.42

etw. in die/in diese **Richtung** unternehmen/versuchen/... (müssen)   Db 4.100

sich nach keiner **Richtung** (hin) binden/festlegen/... (wollen)   Fa 23.23

Richtung halten   Ab 5.35

Richtung nehmen auf (einen Ort/...)   Ab 5.34

in eine (ganz) andere **Richtung** schlagen   If 4.11

eine Entwicklung/ein Gespräch/... in seine **Richtung** steuern   Dc 5.34

eine radikale/gemäßigte/... **Richtung** vertreten   Db 4.72

du darfst/der Peter darf/... mal dran/daran **riechen** (wenn du brav bist/wenn er brav ist/...)   Hd 4.100

ich/der Peter/... kann das/etw. doch nicht **riechen**   Cd 16.6

jn. nicht **riechen** können   Eb 2.24

jn./etw. nicht mehr **riechen** können   Eb 2.43

einen (guten/feinen/ausgezeichneten/...) **Riecher** für etw. haben   Cd 5.17

den richtigen **Riecher** für etw. haben   Cd 5.17

etwas **riecht** faul (an etw.)   Cc 18.6

e-r S. einen **Riegel** vorschieben/(vorlegen)   Aa 8.9

sich (kräftig/...) in die **Riemen** legen (für jn./etw.)   De 13.15

sich am **Riemen** reißen   Cb 20.4

den/seinen **Riemen** enger schnallen müssen   Fb 9.4

ein abgebrochener **Riese** sein   Ca 2.9

ein **Riese** von einem Mann   Ca 2.2

ein **Riesenroß** sein   Cd 10.18

mit **Riesenschritten** auf jn. zugehen/geht die Zeit vorbei/...   Aa 14.17

ein (ausgemachtes/...) **Rindvieh** sein   Cd 10.11

das größte **Rindvieh** auf Gottes Erdboden sein   Cd 10.18

damit/mit etw. schließt sich der **Ring** (der Erzählung/einer Geschichte/eines Beweises/...)   Dc 5.43

einen **Ring** bilden (um etw.)   Aa 5.22

den **Ring** schließen   Dc 5.43

einen **Ring** um jn./etw. schließen   Gc 4.70

sich zu einem **Ring** zusammenschließen   Db 16.43

(dunkle) **Ringe** um die Augen haben   De 23.24

die **Ringe** wechseln/tauschen   Ed 3.20

(schwer) mit sich **ringen**   Dd 4.3

jn. aus dem **Rinnstein** auflesen   Ga 12.36

im **Rinnstein** landen/enden   Cc 6.24

nichts/zu wenig/... auf den **Rippen** haben   Ca 4.20

jm. kann man durch die **Rippen** blasen   Ca 4.20

nichts/endlich etwas/... zwischen die **Rippen** kriegen   Hd 4.18

bei jm. kann man die/alle **Rippen** im Leib(e)/unter der Haut zählen   Ca 4.20

ich kann mir/Peter kann sich/... das/die Pfennige/... doch nicht aus den **Rippen** schneiden/durch die Rippen schwitzen   Fb 5.10

jn. in die **Rippen** stoßen   Dc 8.20

jm. ein Messer/den Degen/... zwischen die **Rippen** stoßen   Ba 4.14

bei jm. kann man (schon/...) die **Rippen** zählen   Ca 4.20

jm. einen freundschaftlichen/... **Rippenstoß** geben/versetzen   Dc 8.24

und **rips**, raps war der Teller/die Schüssel/... leer ...   Hd 4.97

auf eigenes **Risiko** handeln/etw. tun   Dd 11.3   Gb 5.15

sich auf ein/das **Risiko** einlassen   Gb 5.14

ein/das **Risiko** auf sich nehmen (etw. zu tun)   Gb 5.13

einen **Riß** bekommen   Db 17.7

ein tiefer **Riß** klafft zwischen Menschen/Anschauungen/...   Db 17.6

ein **Ritter** ohne Furcht und Tadel sein   Gb 5.18

der **Ritter** von der traurigen Gestalt   Cb 3.76

es zieht durch alle **Ritzen**   Ac 1.11

durch die **Ritzen** eines alten Hauses/einer undichten Wand/... pfeifen   Ac 1.11

(vielleicht) einen **Rochus** auf jn. haben   Cb 16.26

den bunten **Rock** anziehen (müssen)   Gc 4.2

den bunten **Rock** ausziehen   Gc 4.2

sich an js./jm. an die **Rockschöße** hängen   Ed 5.28

mit fliegenden/wehenden **Rockschößen** davonrennen/...   Aa 14.25

an js. **Rockschößen** hängen   Ed 5.27

sich an js./jm. an den **Rockzipfel** hängen   Ed 5.28

an js. **Rockzipfeln** hängen   Ed 5.27

im **Rohbau** fertig sein/stehen   Aa 6.43

wie ein schwankendes/wankendes **Rohr** im Wind(e) sein   Ga 3.18

in die **Röhre** gucken/(schauen)   De 26.18   Hb 14.15

aus allen/vollen **Rohren** feuern   Gc 4.57

frech wie ein **Rohrspatz** sein   Cc 9.5

schimpfen wie ein **Rohrspatz**   Cb 19.1

(noch) im **Rohzustand** sein   Aa 6.11

ganz von der **Rolle** sein   Ga 3.4

eine dankbare/undankbare/... **Rolle** haben/sein/spielen müssen/...   Fa 1.4

in der **Rolle** des .../einer Rolle als... auftreten   Hd 10.12

seine **Rolle** ausgespielt haben (in/bei/...)   Fa 6.44

eine **Rolle** (gut/falsch) besetzen   Hd 10.8

aus der **Rolle** fallen   Ea 12.16

sich (erst noch/...) in seine **Rolle** finden (müssen)   Fa 1.1

sich in der **Rolle** des ... gefallen   Cb 2.40

eine **Rolle** für die Rolle des .../der ... ist jm. (wie) auf den Leib geschnitten/genau auf jn. zugeschnitten   Fa 1.8

eine **Rolle** als ... spielen/haben   Hd 10.12

eine/keine (bedeutende/wichtige/...) **Rolle** spielen   Fa 4.1   Ha 4.16

keine (bedeutende/wichtige/...) **Rolle** spielen Ha 5.19

eine/die führende/entscheidende/verhängnisvolle/...
Rolle spielen Fa 6.27

eine glänzende/kägliche/jämmerliche/nicht gerade
rühmliche/... **Rolle** spielen Fa 1.3

eine untergeordnete/zweitrangige/... **Rolle** spielen
Ha 5.19

eine zweideutige/zwielichtige/doppelte/... **Rolle** spielen
Cc 16.40

die erste/zweite/... **Rolle** spielen in/bei/... Fa 4.1

seine **Rolle** gut/ausgezeichnet/schlecht/... spielen Fa 1.3

die **Rolle** der .../des... übernehmen/spielen Hd 10.12

seine **Rolle** überziehen Id 2.16

sich in js. **Rolle** versetzen Cd 1.48

mit verteilten **Rollen** ... Aa 5.18

mit verteilten **Rollen** vorgehen/lesen/... De 17.21

etw. ins **Rollen** bringen Aa 7.19

ins **Rollen** kommen Aa 7.27

(ein Stück/...) mit verteilten **Rollen** lesen Hd 10.12

die **Rollen** tauschen Aa 5.18

j. war in **Rom** und hat den Papst nicht gesehen Ha 7.9

Rom wurde (auch) nicht an einem Tag gebaut/(erbaut)!
Aa 11.18

das/etw. ist (ja) ein ganzer/der reinste/... **Roman**
Dc 1.32

erzähl'/... (jm.) keinen langen **Roman** Dc 1.24

keinen langen **Roman** hören wollen Dc 1.24

rosarot Ac 5.12

nicht auf **Rosen** gebettet sein Fb 7.4

Rosinen im Kopf haben Da 3.22

sich die **Rosinen** aus dem Kopf schlagen (müssen) Da 1.7

sich die **Rosinen** aus dem Kuchen picken/klauben
Hb 11.6

hoch zu **Roß** Ab 3.77

das größte **Roß** auf Gottes Erdboden sein Cd 10.18

Roß und Reiter Ab 3.78

sich aufs hohe **Roß** setzen Cc 11.32

auf dem hohen **Roß** sitzen Cc 11.32

etwas **Rot** auflegen Ca 1.53

rot werden/anlaufen Cc 29.2

die **Röte** steigt jm. ins Gesicht Cc 29.2

etw. treibt jm. die **Röte** ins Gesicht Cc 29.4

der ganze **Rotz** Ia 2.16

frech wie **Rotz** am Ärmel Cc 9.5

jn. wie **Rotz** am Ärmel behandeln Db 19.45

Rotz und Wasser heulen Cb 11.11

eine freche **Rübe** Cc 9.3

jm. eins/einen auf die **Rübe** geben Cc 26.17

eins/einen auf/über die **Rübe** kriegen Cc 26.38

der **Rubel** muß rollen Fb 15.110

den **Rubikon** überschreiten Dd 6.13

im **Ruch** eines ... stehen Cd 17.23

hau **ruck**! De 13.70

mit einem **Ruck** anfahren/... Ab 5.5

in einem **Ruck** erledigen/... Aa 14.7

e-r S. einen **Ruck** geben Hb 3.16

sich einen **Ruck** geben Dd 6.9

es gibt/... einen **Ruck** nach links/nach rechts/zur Mit-
te/... Fa 11.29

etw. geht **ruck-zuck** Aa 14.12

etw. ist **ruck-zuck** fertig Aa 14.6

(etw.) **ruck-zuck** machen Aa 14.6

einen breiten **Rücken** haben Gc 7.4

schon/...... Jahre/Jahrzehnte/... auf dem **Rücken** ha-
ben Bb 2.11

den Feind/... im **Rücken** haben Gc 4.68

die Sonne/... im **Rücken** haben Ac 1.29

einflußreiche Leute/... im **Rücken** haben Fa 6.2

dir/euch/ihm/... juckt wohl der **Rücken**? Cc 26.59

auf js. **Rücken** sich bereichern/... Hb 14.32

hinter js. **Rücken** etw. tun/geschehen Cc 16.39

im **Rücken** des Feindes/... operieren/... Gc 4.68

sich mit dem **Rücken** anlehnen an/lehnen gegen/...
Dc 8.51

mit dem **Rücken** zur Tür/Wand/... stehen/sitzen/...
Dc 8.36

jm. den **Rücken** decken Gc 4.79

jm. in den **Rücken** fallen Cc 16.43

sich den **Rücken** freihalten Gc 4.79

j. wäre/ist fast/beinahe auf den **Rücken** gefallen, als .../
vor Schreck/vor Überraschung/... Da 5.13

auf js. **Rücken** geht viel Gc 7.4

kaum hat man den **Rücken** gewendet/gewandt, da .../...
Ac 6.31

es läuft/rieselt jm. kalt/eiskalt/heiß und kalt über den
Rücken/den Rücken hinunter Da 6.10

jn. auf den **Rücken** legen Cc 16.27

einen krummen **Rücken** machen Fa 17.7

jm. den **Rücken** stärken/steifen Gb 7.2

mit dem **Rücken** zur Wand kämpfen Gc 4.80

zusehen/..., daß man mit dem **Rücken** an die Wand
kommt/zur Wand kämpft Gc 4.80

mit dem **Rücken** zur Wand stehen Fa 21.5

jm. den **Rücken** zudrehen/zukehren/zuwenden Dc 8.16

rückfällig werden Cc 20.72

ein Mensch/eine Frau/... mit **Rückgrat** sein De 5.1

ein Mensch/eine Frau/... ohne **Rückgrat** sein Gc 10.1

Rückgrat haben De 5.1

kein **Rückgrat** haben Gc 10.1

jm. das **Rückgrat** brechen/(beugen) Fa 14.4

aufs verlängerte **Rückgrat** fallen Ab 3.56

jm. das **Rückgrat** stärken/steifen Gb 7.2

Rückschau halten (auf etw.) Db 1.2

einen **Rückschritt** machen (in/bei/...) Aa 6.59

Rückschritte machen (in/bei/...) Aa 6.59

aus **Rücksicht** auf jn./etw. Hb 1.8

mit **Rücksicht** auf jn./etw. Ha 1.13

ohne **Rücksicht** auf jn./etw. Cc 3.16

Rücksicht nehmen auf jn./etw. Hb 1.1

etwas **Rücksicht** üben (jm. gegenüber) Hb 1.2

ohne **Rücksicht** auf Verluste (handeln) Cc 3.16 Ea 12.24

alle **Rücksichten** fahren lassen Ea 12.23

nach **Rücksprache** mit jm. Cd 20.72 Ga 12.89

Rücksprache nehmen mit jm. Cd 20.74 Ga 12.70

(mit etw.) im **Rückstand** sein Aa 6.67

in **Rückstand** geraten (mit etw.) Aa 6.59

seinen **Rücktritt** einreichen De 15.60

jm. den **Rückweg** versperren/verbauen/verlegen Gc 4.78

einen **Rückzieher** machen Dd 2.2

den **Rückzug** antreten Gc 4.82 Gc 11.4

zum **Rückzug** blasen Gc 4.82 Gc 11.4

nur noch/... ein **Rückzugsgefecht**/Rückzugsgefechte lie-
fern Gc 4.82 Gc 11.5

am **Ruder** sein/sitzen Fa 11.10

jn. ans **Ruder** bringen Fa 11.18

das **Ruder** in der Hand halten/haben Fa 11.12

ans **Ruder** kommen/gelangen Fa 11.4

sich (kräftig/...) in die/ins **Ruder** legen (für jn./etw.)
De 13.15

einen guten/ausgezeichneten/... **Ruf** haben/genießen
Cd 17.16

keinen guten/einen schlechten/... **Ruf** haben/(genießen)
Cc 10.2 Cd 17.23

besser sein als sein **Ruf** Cd 17.26

einen **Ruf** (an eine Universität) bekommen/(erhalten)
Cd 19.65

jn./etw. in einen schlechten/üblen/. . . **Ruf** bringen
Cc 10.10   Cd 17.24

dem **Ruf(e)** seines Herzens folgen   De 6.1

in einen schlechten **Ruf** kommen   Cd 17.22

in den **Ruf** kommen, etw. zu tun/zu sein   Cd 17.21

dem **Ruf** der Pflicht folgen   Cc 5.3

in dem **Ruf** eines . . . stehen   Cc 10.1   Cd 17.18

in keinem guten/einem schlechten **Ruf** stehen   Cc 10.2

in dem/(im) **Ruf** stehen, etw. zu tun/zu sein   Cd 17.18

ein **Rufer** in der Wüste sein   Dc 1.91

einen **Rüffel** einstecken müssen   Cc 24.71

einen (anständigen/tüchtigen/. . .) **Rüffel** kriegen
Cc 24.71

jm. einen **Rüffel** verpassen/geben   Cc 24.34

keine/endlich/. . . **Ruhe** (vor jm.) haben   Aa 15.29

j. möchte seine **Ruhe** haben   De 14.1   Gc 13.13

keine **Ruhe** haben/finden (bis . . .)   Aa 15.19

angenehme **Ruhe**!   De 22.8

die ewige/letzte **Ruhe**   Ba 5.15

immer mit der **Ruhe**!   Aa 11.13

stoische **Ruhe**   Cb 21.3

in aller **Ruhe** etw. tun   Aa 11.8

sich zur **Ruhe** begeben   De 22.2

jn. zur letzten **Ruhe** betten   Ba 7.2

die/seine **Ruhe** bewahren   Cb 20.1

eine Klasse/ein Kind/. . . zur **Ruhe** bringen   Ga 5.17

sich nicht aus der **Ruhe** bringen lassen   Cb 20.1

in die ewige **Ruhe** eingehen   Ba 2.10

in **Ruhe** und Frieden leben   Cc 30.27

(endlich/. . .) **Ruhe** geben   Ga 5.16

keine/nicht eher **Ruhe** geben, ehe . . . nicht/. . .   Aa 15.28

Ruhe halten   Ga 5.16

(wieder) zur **Ruhe** kommen   Aa 16.2

nicht zur **Ruhe** kommen   Aa 15.8

jn. in **Ruhe** lassen (mit jm./etw.)   Db 15.95

jm. keine **Ruhe** lassen (ehe . . . nicht/. . .)   Aa 15.28

Ruhe und Ordnung   Ga 5.19

Ruhe (da/da hinten/. . .) auf den billigen Plätzen!/auf den
hinteren Rängen!   Cc 25.46

immer mit der **Ruhe** und dann mit 'nem Ruck!   Aa 11.13

j. ist die **Ruhe** selbst/in Person   Cb 21.1

sich zur **Ruhe** setzen   De 15.56

Ruhe stiften   Ga 5.18

Ruhe vor dem Sturm   Gb 1.14

die **Ruhe** weghaben   Cb 21.1

in **Ruhelage** (sein)   Ab 3.3

sich in **Ruhelage** befinden   Ab 3.3

nicht **ruhen**, bis man etw. erreicht/. . .   Aa 15.19

ein Projekt/. . . (einstweilen/. . .) **ruhen** lassen   Aa 11.9

nicht **ruhen** und nicht rasten, bis man etw. erreicht/. . .
Aa 15.19   De 8.1

in den **Ruhestand** treten/gehen   De 15.56

jn. (gewaltsam/. . .) in den **Ruhestand** versetzen   De 15.71

in **Ruhestellung** gehen   Aa 8.20

(nur) **ruhig**!   Aa 11.13

sich nicht gerade mit **Ruhm** bekleckern/bedecken
De 25.73

zu **Ruhm** und Ehren kommen/gelangen   De 24.9

(viel/. . .) **Ruhm** ernten (mit etw.)   De 24.10

sich in seinem **Ruhm** sonnen   De 24.29

deines/seines/. . . **Ruhmes** voll sein   Cc 23.2

kein **Ruhmesblatt** für jn. sein   De 25.73

du solltest dich/er sollte sich/du mußt dich/er muß
sich/. . . (schon/. . .) (ein bißchen/. . .) **rühren**   De 13.7

sich nicht mehr **rühren**   Ba 5.7   Gc 11.6

sich nicht **rühren** und (nicht) regen   De 14.16

ein menschlich' **Rühren** fühlen/(haben)   Ac 8.1

nichts **rührt** sich (in/auf/. . .)   Ab 3.2   Dc 2.4

kurz vor dem **Ruin** stehen   De 25.39

(schon/. . .) eine (richtige/. . .) **Ruine** (sein)   Bb 2.15

der ganze **Rummel**   Ia 2.16

den **Rummel** kennen   Cd 15.29

in die **Rumpelkammer** gehören   Ha 13.8

in der **Runde** singen/. . .   Aa 5.29

in ihrer **Runde** geht es sehr lebhaft zu/. . .   Ea 4.36

in fröhlicher/. . . **Runde** beisammensein/zusammensit-
zen/. . .   Hd 7.7

eine **Runde** geben/spendieren/ausgeben/stiften/schmei-
ßen   Hd 5.32

die **Runde** machen   Aa 5.15   Cd 17.35

eine **Runde** machen   Ab 3.6

etw. (gut/. . .) über die **Runden** bringen   Ga 6.11

etw. nicht gut/. . . über die **Runden** bringen   Ga 8.3

(gut/noch so gerade/. . .) über die **Runden** kommen (mit
etw.)   Ga 6.9

nicht/nicht gut/. . . über die **Runden** kommen (mit etw.)
Ga 8.3

einen **Rundgang** machen (durch)   Ab 3.6

sich nicht **runterkriegen** lassen   Cb 21.11

das (nötige) **Rüstzeug** haben/mitbringen/besitzen für ei-
nen Posten/. . .   Cd 3.14

nicht das (nötige) **Rüstzeug** haben/mitbringen/besitzen
für einen Posten/. . .   Cd 4.11

sich (das nötige) **Rüstzeug** aneignen für einen Posten/. . .
Cd 19.1

sich unter js. **Rute** beugen (müssen)   Fa 13.17   Gc 10.18

jm. die **Rute** zu kosten geben   Cc 26.26

mit eiserner/der eisernen **Rute** regieren   Fa 11.23

die **Rute** zu spüren kriegen   Cc 26.43

(einen) guten **Rutsch**!   Da 9.36

auf einen **Rutsch** bei jm. vorbeikommen/vorbeige-
hen/. . .   Ea 5.4

einen **Rutsch** machen   Ab 3.53

jm. einen guten **Rutsch** (ins neue Jahr) wünschen   Da 9.28

ins **Rutschen** kommen/geraten   Ab 3.54

ins **Rutschen** kommen/geraten   Ga 3.9

eine **Rutschpartie** machen   Ab 3.55

an etw. ist nicht/gibt es nichts zu/läßt sich nicht **rütteln**
Ih 3.3

an etw. nicht **rütteln** können   Ih 3.3

an etw. nicht **rütteln** lassen   Gc 7.8   Ih 3.2

die **Saat** geht auf/ist aufgegangen   Dd 10.12

aus der **Saat** des Hasses kann/konnte/. . . nichts Gutes ge-
deihen   Eb 2.62

mit dem **Säbel** rasseln   Gc 4.44

eine abgekartete **Sache** sein   Cc 16.73

bei der **Sache** sein   De 1.1

nicht bei der **Sache** sein   De 2.3

(schon/. . .) (längst/. . .) beschlossene **Sache** sein   Dd 6.22

nicht js. **Sache** sein (zu . . .)   Fa 7.13

nicht jedermanns **Sache** sein   De 20.20

eine runde **Sache** sein   Ic 3.13

eine gründlich/rettungslos/völlig/. . . verfahrene **Sache**
sein   Ga 4.50

eine **Sache** von Sekunden/Stunden/Tagen/. . . sein
Aa 14.11

etw. ist nicht js. **Sache**   Cd 4.6

etw. ist meine/deine/. . . **Sache**   Db 15.34   Fa 7.15
Fa 23.28

das ist/war (aber) 'ne/(eine) **Sache**!   Da 7.3

das ist (aber) eine (ganz) andere **Sache**   If 3.10

das ist (schon) eine andere **Sache**   If 3.10

mit jm./etw./(um jn./etw.), das ist (so) eine eigene **Sache**
Cb 6.22 Cc 18.2

eine (ziemlich) faule **Sache** Cc 18.8

das/etw. (zu tun) ist keine große **Sache** De 19.4

das ist so 'ne/eine **Sache** Cc 18.2 Ih 4.23

etw. ist **Sache** des Ministers/. . . Db 15.34 Fa 7.15
Fa 23.28

eine krumme **Sache** Cc 16.37

zur **Sache**! Dc 5.142

in eigener **Sache** kommen/reden/. . . Fa 24.14

unverrichteter **Sache** wieder umkehren/zurückkom-
men/. . . De 26.17

(und) damit ist die **Sache** abgemacht Fb 5.30

die **Sache** begraben Aa 8.15

bei der **Sache** bleiben Dc 5.45

j. wird die **Sache** (schon) deichseln Ga 6.16

die **Sache** ist die:/die, daß . . . Dc 5.15

. . . und damit ist die **Sache** erledigt Ga 6.24

(nicht) zur **Sache** gehören Dc 5.39

(so) jetzt/damit/. . . ist/wäre die **Sache** geritzt Ga 6.25

zusehen/. . ., wie man aus der **Sache** (wieder) heraus-
kommt Ga 6.29

jm. zeigen, was **Sache** ist/(dem/. . . mußt du/. . . mal . . .!)
Cc 25.36

für eine verlorene **Sache** kämpfen De 25.15

zur **Sache** kommen Dc 5.14

das/etw. setzt der **Sache** die Krone auf Cc 33.22

(so) wie die **Sache** (nun einmal) liegt Aa 6.98 De 25.102

jm. zeigen/erläutern/. . ., wie die **Sache** liegt Cd 1.44

eine krumme **Sache** machen Cc 16.38

ganze **Sache** machen Ic 8.2

gemeinsame **Sache** machen (mit jm.) Db 16.29

eine **Sache** gut/prima/ordentlich/. . . machen Cd 3.4

j. wird seine **Sache** schon machen Cd 3.41

etw. (zu tun) ist js. **Sache** nicht/nicht js. Sache Hc 5.5

die **Sache** von der Person trennen Da 1.13

zur **Sache** reden Dc 1.10

nicht zur **Sache** reden Dc 1.59

j. wird die **Sache** (schon) schmeißen Ga 6.16

j. macht seine **Sache** schon Cd 3.41

mit dem Herbert/mit dem Verkauf/. . ., das ist (so) eine
Sache für sich Cb 6.22 De 20.22 Ga 1.5

sich seiner **Sache** (ganz/absolut/. . .) sicher sein Ih 1.1

über der **Sache** stehen Cb 21.8

(hier/. . .) wenig/nichts/. . . zur **Sache** tun Dc 5.39
Ha 5.16

seine **Sache(n)** verstehen Cd 3.6

die **Sache** der Freiheit/der Franzosen/. . . vertreten
Hb 3.20

um der **Sache** willen Da 1.14

etw. um der **Sache** willen tun Da 1.14

mach/macht/. . . (nur/bloß/ja) keine **Sachen**! Cd 13.8

das sind ja nette/schöne **Sachen** (die ich da höre/die wir
da lesen/die der . . . da erzählt/. . .) Cd 13.9

was sind denn das für **Sachen**? Cd 13.10

die handgreiflichsten **Sachen** nicht sehen/. . . Cd 2.53

mit hundertdreißig/hundertvierzig/. . . **Sachen** daherra-
sen/. . . Aa 14.36

in **Sachen** Religion/. . . Ie 1.45

tolle/die tollsten/. . . **Sachen** machen/anstellen/. . .
Cb 8.8

. . . **Sachen** drauf haben/fahren Aa 14.33

Sachen gibt's (die gibt's gar nicht) Da 7.16

j. soll sich um seine eigenen **Sachen** kümmern Fa 7.19

keine halben **Sachen** machen De 5.4 Ic 8.1

die **Sachen** sehen, wie sie sind Da 1.2

seine (sieben) **Sachen** zusammenpacken und abhauen/ab-
schieben/gehen/. . . Ab 7.21

das sind ja nette/schöne **Sächelchen** (die ich da höre/die
wir da lesen/die der . . . da erzählt/. . .) Cd 13.9

was sind denn das für **Sächelchen**? Cd 13.10

von keiner **Sachkenntnis** getrübt sein Cd 2.5

von jeder/jeglicher **Sachkenntnis** ungetrübt sein Cd 2.5

(immer) **sachte** (voran)! Aa 11.13

ein alter **Sack** sein Bb 2.15

ein blöder **Sack** sein Cd 10.19

ein fauler **Sack** sein De 14.7

ein lahmer **Sack** sein De 14.7

ein müder **Sack** sein De 14.7

voll wie ein **Sack** sein Hd 6.20

das/die Pfennige/den Auftrag/. . . habe ich/haben wir/. . .
(schon mal) im **Sack** Fb 1.25

schlafen wie ein **Sack** De 22.6

umfallen wie ein **Sack** De 23.32

in **Sack** und Asche gehen Cc 30.11

den **Sack** schlägt man und den Esel meint man Cc 21.15

lieber einen **Sack** Flöhe hüten als etw. tun Db 15.7

es ist leichter/. . ., einen **Sack** Flöhe zu hüten, als auf diese
Gruppe aufzupassen/. . . De 20.30

in den **Sack** hauen De 15.66

jm. einen **Sack** voller Lügen aufbinden Cc 14.15

einen ganzen **Sack** voll Neuigkeiten mitbringen/aufti-
schen/. . . Cd 17.42

sich mit **Sack** und Pack davonmachen/. . . Ab 7.22

angeben wie ein **Sack** Seife Cc 11.18

jn. in den **Sack** stecken (im Rechnen/Sport/. . .) Ig 1.11

hast du/habt ihr/. . . (zu Hause) **Säcke** vor/an den Türen?
Ea 7.29

genügend/viel/. . . im **Säckel** haben Fb 6.7

in eine **Sackgasse** geraten Ga 4.45

in einer **Sackgasse** stecken Ga 4.48

sich in eine **Sackgasse** verrennen Ga 4.46

ein Mensch/. . . ohne **Saft** und Kraft sein De 4.4

Saft und Kraft haben Ca 3.1

im eigenen/in seinem eigenen **Saft** schmoren Ea 3.5

jn. in seinem eignen/im eignen **Saft** schmoren lassen
Fa 8.13

ein **saft**- und kraftloser Mensch/. . . De 4.4

sag'/sagt/. . . bloß/nur, es gibt jetzt Regen/. . . Dc 5.108

200/. . ., was **sag**' ich? 3 oder 400/. . . Dc 5.124

ich **sag**'/sag's ja! Db 13.42 Ha 3.17

(na) **sag**'/sagen Sie/. . . mal! Cc 25.38

da/nun/. . . **sage** noch einer, . . . Db 18.21

sage und schreibe dreimal sitzenbleiben/jn. vier Stunden
warten lassen/. . . Ib 1.29

das **sagen** Sie/sagst du/sagt ihr! Db 21.9

zu etw./dazu/. . . wäre noch allerhand zu **sagen** Dc 5.20

zu jm. 'du'/'du' zueinander **sagen** Ec 1.2

(und) da soll (mir/uns) noch einer **sagen**, daß/: . . .
Db 13.43 Ha 3.19 Ih 3.10

eins muß man (ja) **sagen**: Dc 5.110

das/etw. hat (weiter) nichts/nicht viel/. . . zu **sagen**
Ha 5.18

(ein-)mal hü und (ein-)mal hott **sagen** Db 12.6

zu etw. ja **sagen** Db 13.25

. . ., das kann ich dir/euch/ihm/. . . **sagen**! Cc 25.18

(jm.) etw. klar und deutlich **sagen** Dc 3.38

(jm.) etw. klar und offen **sagen** Dc 3.20

(jm.) etw. klipp und klar **sagen** Dc 3.38

das/so etwas/. . . darf man gar nicht laut **sagen** Cc 15.12

das kann man wohl/(laut) **sagen**! Db 13.38 Ha 3.15

j. kann das leicht **sagen** Dc 5.138

das mußt du/muß der/die Vera/. . . gerade **sagen**!
Db 15.81

ich muß (schon) **sagen**: . . . Db 4.82 Db 18.18

..., das muß man (schon) **sagen** Db 18.18 Ih 1.5
das kann ich nicht **sagen** Dc 5.117
das ist (gar/überhaupt) nicht zu **sagen**! Cb 10.30
(jm.) nichts **sagen** Dc 2.19
nicht mehr papp **sagen** (können) Hd 4.24
nicht mehr piep (und nicht mehr papp) **sagen** (können)
    Hd 4.24
das kann ich/er/... schlecht (genau/...) **sagen** Dc 5.134
    Ih 4.22
sich selbst **sagen**, daß/:... Dc 1.116
zu sich selbst **sagen** Dc 1.115
das will schon was/etwas **sagen**! Db 18.14
ich will dir/euch/Ihnen mal/einmal was/etwas **sagen**:
    Dc 5.110
das würde/möchte ich nicht **sagen** Db 15.22
wenn ich/man so **sagen** darf Dc 5.127
wem **sagen** Sie/sagst du/sagt ihr das? Cd 15.26
etwas/allerhand/... zu **sagen** haben (in/bei/...) Fa 10.2
nichts/nichts mehr/... zu **sagen** haben (in/bei/...)
    Fa 22.4
jm. (gar) nichts zu **sagen** haben Fa 23.10
das **Sagen** haben Fa 10.1
nicht nein **sagen** können Fb 10.6 Gc 10.4
sich (von jm.) nichts **sagen** lassen Dc 7.10 De 9.2
    Fa 23.12
sich von niemandem/keinem/... etwas **sagen** lassen
    De 9.2 Fa 23.12
sich das/so etwas/... nicht zweimal **sagen** lassen Hb 9.2
ich habe mir **sagen** lassen, daß/:... Dc 1.163 Dc 5.111
    Cd 15.4
sich **sagen** lassen müssen, daß Cc 24.68
was man auch dagegen/gegen jn./etw. **sagen** mag, ...
    Db 18.18 Ha 3.18 Ih 3.9
jetzt/nun **sagen** Sie/sag'/sagt bloß/nur/nur noch, daß ...
    Db 18.20
wie man/er/die Frau Müller/... (so) zu **sagen** pflegt
    Aa 4.21
das **sagen** Sie/sagst du/... so! Db 21.9
..., da kann einer **sagen**, was er will Db 18.18 Ha 3.18
sagen wir ...! Dc 5.112
(übrigens/...) was ich noch **sagen** wollte Dc 5.110
was du nicht **sagst**!/was ihr nicht sagt!/... Da 7.10
was **sagst** du/sagt ihr/... jetzt/nun? Da 7.11
sagt dir/euch/Ihnen/... das/der Name/... etwas?
    Cd 17.55
der eine **sagt** hü, der andere hott Dd 4.22
eine empfindliche **Saite** (bei jm.) berühren Cb 13.13
(viele/...) gleichgestimmte **Saiten** haben/entdecken/...
    Eb 1.30
andere/neue **Saiten** aufziehen (mit/bei jm.) Fa 19.19
mildere/gelindere **Saiten** aufziehen (mit/bei jm.)
    Gc 10.21
in die **Saiten** greifen Dc 10.14
den/einen **Salamander** reiben Hd 5.38
da haben wir/habt ihr/... den **Salat**! Cc 33.2
einen langen **Salm** machen Dc 1.31
Salut schießen Gc 4.34
das attische **Salz** Cb 9.26
das **Salz** der Ironie Cb 9.26
in **Salz** legen Hd 4.84
nicht das **Salz** zur Suppe haben Fb 7.13
nicht das **Salz** in der/zur Suppe verdienen Fb 7.13
das **Salz** der Weisheit Cd 7.21
zur **Salzsäule** erstarren/erstarrt sein Da 6.19
Samariterdienste leisten (für jn.) Ga 12.25
den **Samen** für eine Entwicklung/... legen Aa 7.5
den **Samen** des Guten in ein Kinderherz/in die Herzen der
    Kinder/... senken Cc 5.21

zum **Sammeln** blasen Gc 4.29
in **Samt** und Seide gekleidet sein/... Ca 1.51
samt und sonders Ia 2.4
jn. mit **Samthandschuhen** anfassen Cb 12.6
jm. **Sand** in die Augen streuen (wollen) Cc 16.12
auf **Sand** bauen/gebaut sein Ga 3.14
auf **Sand** geraten Ab 6.21
Sand im Getriebe sein Hb 4.30
Sand ins Getriebe streuen Hb 4.24
hier/dort/... gibt es etw./... wie **Sand** am Meer Ia 1.21
jn. auf den **Sand** setzen Cc 16.28
eine Klassenarbeit/... in den **Sand** setzen Cd 19.23
im **Sand(e)** verlaufen **De 25.95**
auf eine **Sandbank** geraten, ... Ab 6.21
der **Sandmann** streut den Kindern Sand in die Augen
    De 22.16
der **Sandmann** kommt De 22.15
das **Sandmännchen** streut den Kindern Sand in die Augen
    De 22.16
das **Sandmännchen** kommt De 22.15
mit **Sang** und Klang eingehen/... De 25.72
mit **Sang** und Klang irgendwo einziehen/... Dc 9.10
sang- und klanglos wieder abziehen/verschwinden/...
    De 26.13
sang- und klanglos eingehen/... De 25.72
darüber/da schweigt des **Sängers** Höflichkeit Dc 2.20
du kannst dir/der soll sich/... schon mal einen **Sarg** ma-
    chen lassen Cc 25.26
js. **Sargnagel** sein Cb 15.19
ein **Sargnagel** für jn. sein Cb 15.19
das **saß**! Cb 13.41
ein **Satan** in Menschengestalt sein Cc 8.4
etw. **satt** sein/haben Hc 6.2
es **satt** sein/haben, etw. zu tun Hc 6.2
etw. bis dahin/hierhin **satt** sein/haben/es ... sein/haben,
    zu tun Hc 6.5
sich an etw. (gründlich/richtig/...) **satt** gesehen/ge-
    hört/... haben Hc 6.14
sich an etw. (gar/überhaupt) nicht **satt** sehen/hören/rie-
    chen können Hc 3.42
im **Sattel** bleiben Ab 3.73
jn. aus dem **Sattel** heben Ab 3.74 Fa 13.5
jn. in den **Sattel** heben Fa 11.19
sich im **Sattel** halten (können) Ab 3.73
jm. in den **Sattel** helfen Ab 3.64
sich in den **Sattel** schwingen Ab 3.64
fest im **Sattel** sitzen/(sein) Fa 11.15
jn. aus dem **Sattel** werfen Ab 3.75
in allen **Sätteln** gerecht sein Cd 3.3
in den/(zum) **Satz** geben Cd 20.59
in **Satz** gehen Cd 20.59
einen **Satz** machen Ab 3.70
keine drei **Sätze** zusammenbringen/zusammenkriegen
    Dc 1.17
das/etw. ist unter aller **Sau** Ic 7.19
davonrennen/... wie eine gesengte **Sau** Aa 14.25
fahren/... wie eine gesengte **Sau** Ab 5.26
schreiben/schmieren/eine Schrift haben/... wie eine ge-
    sengte **Sau** Cd 20.2
bluten wie eine gestochene/(angestochene) **Sau** Ba 4.29
brüllen/... wie eine gestochene/(angestochene) **Sau**
    Cb 11.22
jn./etw. zur **Sau** machen Cc 24.51
die **Sau** rauslassen Cc 9.13
haben wir etwa zusammen **Säue** gehütet? Cc 25.41
wir haben (doch) nicht zusammen **Säue** gehütet, oder?/
    oder irre ich mich? Cc 25.41

sauer sein (auf jn.) Cb 14.10
sauer werden (auf jn.) Cb 14.6
jm. (sehr) sauer werden De 20.15
einen saufen Hd 6.4
eine Säufernase (haben) Hd 6.57
eine Sauklaue haben Cd 20.2
wie eine Säule dastehen Ca 5.4
die Säulen des Herkules Ab 4.58
vom Saulus zum Paulus werden If 5.6
gib/gebt ihm/gebt ihr/... Saures! Cc 25.22
in Saus und Braus leben Fb 8.1 Hd 2.4
eine Gelegenheit/Pläne/... sausen lassen Gc 11.2
im Sauseschritt daherkommen/zu ... eilen/... Aa 14.27
ein (regelrechter/...) Saustall sein Ac 9.7
wie ein Saustall aussehen Ac 9.7
jm. einen Schabernack spielen Cb 9.3
Schabernack treiben/machen Cb 8.6
nach der Schablone handeln/arbeiten/... Db 4.56
jm. Schach bieten Fa 14.1 Hd 9.10
jn. in/(im) Schach halten Fa 14.3
Schacher treiben (mit einer Ware/...) Fb 12.11
eine alte Schachtel (sein) Bb 2.16
für etw. ist jm. nichts zu schade De 13.27
um jn./etw. ist es nicht weiter schade Ha 5.27
sich zu schade sein für etw./dafür, etw. zu tun/um etw. zu
  tun Db 14.7
einen dicken Schädel haben De 9.11
einen dicken Schädel haben Hd 6.29
einen harten Schädel haben De 9.11
einen hohlen Schädel haben Cd 10.9
jm. brummt der Schädel De 23.39 Hd 6.30
jm. dröhnt der Schädel De 23.41 Hd 6.30
jm. platzt (noch/schon/...) der Schädel De 23.40
  Hd 6.31
jm. raucht der Schädel De 23.39
nach seinem (eigenen) Schädel handeln/... De 9.7
du wirst dir/der Walter wird sich/... noch den Schädel
  einrennen De 9.15
sich (vergeblich) den Schädel einrennen (bei jm.) De 9.16
jm. den Schädel einschlagen Cc 26.13
jm. eins/einen auf/über den Schädel geben/hauen
  Cc 26.25
eins/einen auf/über den Schädel kriegen Cc 26.38
sich etw. aus dem Schädel schlagen können/müssen/...
  Db 2.12
sich etw. in den Schädel setzen Dd 3.29
(immer/...) mit dem Schädel durch die Wand müssen/
  gehen/wollen De 9.13
fort/weg mit Schaden! Aa 8.42
es soll dein/ihr/... Schaden nicht sein Hb 13.11
Schaden anrichten (mit etw.) Hb 5.2
jm. zum Schaden gereichen Hb 5.4
(beim Turnen/...) zu Schaden kommen Bc 2.2
zu Schaden kommen Hb 6.3
Schaden leiden an seiner Seele/seiner Gesundheit Bc 2.3
Schaden nehmen/leiden an seiner Seele Cc 6.26
Schaden nehmen an seiner Seele/seiner Gesundheit
  Bc 2.3
mehr Schaden als Nutzen haben bei etw. Hb 6.1
zum Schaden auch noch den Spott haben Cb 9.16
wer den Schaden hat, braucht für den Spott nicht zu sor-
  gen Cb 9.16
jm./e-r S. Schaden zufügen (mit etw.) Hb 5.2
Schadenersatz für etw. leisten Fb 15.101 Hb 14.33
ein (ausgemachtes/...) Schaf sein Cd 10.11
geduldig sein wie ein Schaf Aa 11.4
ein gutmütiges Schaf sein Cc 1.5

ein verirrtes Schaf sein Cc 7.17
ein verlorenes Schaf sein Cc 7.17
das schwarze Schaf (in) der Familie sein Cc 7.17
sein Schäfchen zu scheren wissen Hb 9.15
sein Schäfchen ins Trockene bringen Hb 9.14
die Schafe von den Böcken trennen/sondern/scheiden
  If 3.5
etw. beiseite schaffen Cc 19.5
sich krumm und bucklig schaffen De 12.11
mit jm./etw. zu schaffen haben De 20.14
mit sich selbst genug zu schaffen haben Cb 3.48
es mit jm. zu schaffen kriegen Gc 3.2
jm. (viel/allerhand/schwer/...) zu schaffen machen
  De 20.12
sich zu schaffen machen in/bei/als/... De 12.2
sich an etw. zu schaffen machen De 12.2
sich mit etw. zu schaffen machen De 12.2
alle/alle meine/deine/die ganzen Schäflein Ia 2.9
das Schafott besteigen Ba 2.47
jn. aufs Schafott bringen Ba 4.23
auf dem Schafott enden Ba 2.47
ein (ausgemachter/...) Schafskopf sein Cd 10.11
(ganz groß) in Schale sein Ca 1.51
eine rauhe Schale haben Cc 1.7
rauhe Schale, weicher Kern Cc 1.7
sich in Schale werfen/schmeißen Ca 1.51
den Schalk in den Augen haben Cb 7.5
der Schalk guckt/schaut jm. aus den Augen Cb 7.5
den Schalk im Nacken haben Cb 7.5
jm. sitzt der Schalk im Nacken Cb 7.5
leerer Schall sein Dc 1.57
(nichts als/...) Schall und Rauch sein Dc 1.57
die Schallmauer durchbrechen Aa 14.38
reden/... wie eine Schallplatte Df 1.39
langsam/spät/nicht richtig/... schalten Cd 2.29
frei über etw. schalten (und walten) können Fa 10.21
nach Belieben/... schalten und walten Fa 23.5
schalten und walten, wie man will/... Fa 23.5
jn. frei/nach Belieben/... schalten und walten lassen
  Fa 8.2
Schaltpause haben Dc 2.1
falsche Scham Cc 29.11
nur keine falsche Scham! Cc 29.11 Gb 7.8
j. wäre vor Scham am liebsten in die Erde gesunken/ver-
  sunken Cc 29.9
j. möchte/würde vor Scham (am liebsten) in die Erde sin-
  ken/versinken Cc 29.9
j. hätte vor Scham in die Erde sinken/versinken mögen/
  können Cc 29.9
j. möchte sich vor Scham in ein Mauseloch verkriechen
  Cc 29.9
j. würde sich vor Scham am liebsten in ein Mauseloch
  verkriechen Cc 29.9
j. hätte sich vor Scham in ein Mauseloch verkriechen mö-
  gen Cc 29.9
j. hätte sich vor Scham am liebsten in ein Mauseloch ver-
  krochen Cc 29.9
j. möchte vor Scham vergehen Cc 29.9
j. hätte vor Scham vergehen mögen/können Cc 29.9
j. möchte vor Scham versinken Cc 29.9
j. hätte vor Scham versinken mögen/können Cc 29.9
die Schamröte steigt jm. ins Gesicht Cc 29.2
mach'/macht/... mir/uns/deinem Vater/... keine Schan-
  de! Cc 7.25
so schlecht sein/handeln, daß es eine Schande ist Cc 7.5
es ist eine Schande, daß .../wie ... Cc 7.20
ein Mädchen/eine Frau in Schande bringen Cc 7.15

Schande über eine Familie/. . . bringen Cc 7.16
in Schande geraten Cc 10.6
zu meiner/deiner/ihrer/. . . Schande sei gesagt: . . ./sei es
  gesagt: . . . Cc 7.26
ich muß zu meiner Schande gestehen, daß . . . Cc 7.27
einen Schandfleck auf seiner Ehre haben Cc 22.9
eine Schandmaul haben Dc 1.96
einen Schandpreis für etw. bezahlen Fb 12.13
zu jeder Schandtat bereit sein Hc 1.11
zu allen Schandtaten bereit sein Hc 1.11
sich für jn. in die Schanze(n) schlagen Ga 12.54
in hellen/dichten Scharen daherstürmen/. . . Ia 1.4
scharf sein auf jn. Ed 1.7
(ganz) scharf sein auf jn./etw. Hd 3.1
die ganze Schärfe des Gesetzes zu spüren bekommen
  Cc 20.50
jn. scharfmachen auf jn./etw. Hd 3.10
eine Scharte (wieder) auswetzen Cd 13.20 Ga 5.1
(auch) nicht den Schatten eines Beweises/eines Verdach-
  tes/. . . haben Ia 4.11
Lüge/Betrug/Untreue/. . . wirft einen Schatten auf die Be-
  ziehungen zwischen zwei Menschen/das gute Verhält-
  nis/. . . Eb 2.45
Schatten unter den/(um die) Augen haben Ca 1.32
wie ein Schatten aussehen Ca 1.31
ein Schatten fällt auf js. Glück/Freude/. . . Da 10.27
jm. wie sein Schatten folgen Cc 5.12
sich vor seinem eigenen Schatten fürchten Gb 6.6
ein Schatten fliegt/huscht/zieht über js. Gesicht Cb 3.60
die Schatten werden länger Ac 1.35
im Schatten leben Hb 14.3
in js. Schatten leben Hb 14.6
Schatten nachjagen Da 3.17
(nur noch) ein Schatten seiner selbst sein Ca 1.31
  Cb 3.13
in js. Schatten stehen Hb 14.6
jn./etw. in den Schatten stellen Ig 1.10
alles (bisher Dagewesene)/. . . in den Schatten stellen
  Ig 1.4
der Schatten des Todes liegt auf jm. Bc 2.64
seine Schatten vorauswerfen Cd 14.14
ein Schattendasein führen Hb 14.3
auf der Schattenseite des Lebens stehen Hb 14.4
seine Schattenseiten haben Hb 14.23
jm. die Schattenseiten e-r S. vor Augen führen/. . .
  Db 4.61
die Zeitungen/. . . aller Schattierungen Db 4.16
aus dem (reichen) Schatz seiner Erfahrung(en) schöpfen
  Cd 23.3
j. würde etw. nicht für alle Schätze der Welt hergeben
  Db 15.77 Ha 11.10
sich glücklich schätzen können (daß . . .) Cb 2.35
j. würde sich glücklich schätzen, wenn . . . Cb 2.35
es zu schätzen wissen, daß . . ./wenn . . . Db 18.11
eine Schau/(Show) abziehen Cc 11.64
auf Schau machen Cc 11.64
jm. die Schau stehlen Cc 11.65
Gelassenheit/eine freundliche Miene/. . . zur Schau tra-
  gen Cc 15.8
es läuft jm. ein Schauder über die Haut Gb 6.38
es läuft jm. ein Schauder über den Rücken Gb 6.38
nicht (nach) links und nicht (nach) rechts/nicht (nach)
  rechts und nicht (nach) links schauen/sehen/gucken/
  blicken De 6.7
weder (nach) rechts noch (nach) links schauen/sehen/
  gucken/blicken De 6.7
es läuft jm./jm. läuft ein Schauer den Rücken herunter/
  hinunter Gb 6.38

seine Schaulust befriedigen (bei einem Unfall/. . .) Fa 7.6
Schaum vor dem Mund haben Cb 16.41
Schaum schlagen Cc 11.45
ein Schaumschläger sein Cc 11.45
(jm.) ein lächerliches Schauspiel bieten/geben/. . .
  Cb 10.2
ein Schauspiel für die Götter sein Cb 10.1
etw. in Scheffeln einheimsen Ia 1.19
es regnet/schüttet wie mit Scheffeln vom Himmel Ac 1.7
(so) scheibchenweise mit der Wahrheit herausrücken/. . .
  Aa 10.10
da kannst du dir/kann er sich/. . . eine Scheibe von ab-
  schneiden Cc 5.16
von dem/der/dem Peter/. . . könnte sich manch einer/
  könnten sich viele/. . . eine Scheibe abschneiden
  Cc 5.16
da könnte sich manch einer/könnten sich viele/. . . eine
  Scheibe von abschneiden Cc 5.16
Scheibenhonig! Cb 19.12
Scheibenkleister! Cb 19.12
sein Schwert/seinen Degen (wieder) in die Scheide stek-
  ken Gc 4.93
sein Schwert/seinen Degen aus der Scheide ziehen
  Gc 4.56
die/eine Scheidewand zwischen Menschen/. . . errichten/
  niederreißen/. . . Eb 2.46
an einem/am Scheideweg stehen Dd 6.3
in Scheidung leben Ed 4.16
(nur/. . .) zum Schein etw. tun/sagen Cc 15.6
den (äußeren) Schein retten Cc 15.9
Schein und Sein Cc 16.80
mehr Schein als Sein Cc 16.79
der Schein trügt Cc 15.19
den (äußeren) Schein wahren/(aufrechterhalten) Cc 15.9
Schein und Wirklichkeit Cc 16.80
jeden Scheiß behandeln/diskutieren/. . . Ia 3.21
Scheiß bauen/machen Cd 13.4
(ach) scheiß' drauf! Ha 8.31
ich scheiß' drauf Db 15.28
für/um jeden Scheißdreck Ia 3.19
jeden Scheißdreck behandeln/diskutieren/. . . Ia 3.21
etw. geht jn. einen Scheißdreck an Fa 7.16
sich um jeden Scheißdreck kümmern Fa 7.2
sich um jeden Scheißdreck (selbst) kümmern (müssen)
  De 11.12
du kannst deinen/er kann seinen/. . . Scheißdreck allein(e)
  machen De 15.67
über jeden Scheißdreck stolpern/(. . .) Ia 3.18
sich an jedem Scheißdreck stoßen Ia 3.18
(verdammte) Scheiße! Cb 19.12
alles Scheiße, deine Elli/Emma Ga 10.20
in der Scheiße rühren Aa 4.17
in der Scheiße sitzen Ga 4.15
in der Scheiße wühlen Db 19.25
jn./etw. durch die Scheiße ziehen Db 19.12
jm. scheißegal sein Ha 8.8
weiter scheißen, als man gucken kann Bc 2.23
die Scheißerei haben Bc 2.23
die Scheißerei kriegen Bc 2.23
die Scheißeritis haben Bc 2.23
einen Scheitel haben/tragen Ca 1.40
den Scheitel rechts/links/in der Mitte tragen Ca 1.40
ein Gentleman/. . . vom Scheitel bis zur Sohle sein Ic 1.8
einen Scheitel ziehen Ca 1.40
auf dem Scheitelpunkt seiner Macht/. . . stehen/angelangt
  sein/sein/. . . Aa 6.46
(von vornherein/. . .) zum Scheitern verurteilt sein
  De 25.11

jm. **Schellen** anlegen Cc 20.81
den **Schelm** in den Augen haben Cb 7.5
der **Schelm** guckt/schaut jm. aus den Augen Cb 7.5
den **Schelm** im Nacken haben Cb 7.5
jm. sitzt der **Schelm** im Nacken Cb 7.5
etw. nach **Schema** F organisieren/erledigen/... Db 4.55
sich an ein (festes) **Schema** halten Cc 5.24
etw. in ein **Schema** pressen Db 4.54
sich nach einem **Schema** richten Cc 5.24
sich vor Vergnügen/vor Freude/... auf die **Schenkel** schlagen/klopfen Cb 2.18
das/den Besuch/etw. zu tun/... kann sich/sollte sich j. **schenken** Db 15.29
sei vorsichtig/..., sonst gibt's (noch/...) **Scherben**! Cb 18.12
es gibt **Scherben**/hat Scherben gegeben Gc 3.51
in **Scherben** gehen Ac 11.15
ein **Scherbengericht** über jn. abhalten Db 19.38
ein kleines/sein/... **Scherflein** beisteuern Ga 12.21
mit einem (kleinen/...) **Scherflein** beitragen Ga 12.21
ein übler **Scherz** Cb 9.23
etw. (nur/...) aus/im **Scherz** tun/sagen Cb 9.20
(jetzt/...) **Scherz** beiseite! Cc 13.22
sich einen schlechten/üblen **Scherz** mit jm. erlauben/leisten Cb 9.3
halb im **Scherz**, halb im Ernst etw. sagen Cb 9.22 Cc 13.27
seinen **Scherz** mit jm./etw. treiben Cb 9.11
keinen **Scherz** verstehen Cb 12.5
keinen **Scherz** vertragen Cb 12.5
... und ähnliche **Scherze** Ia 8.17
Sie belieben/du beliebst/... zu **scherzen** Ha 15.17
jm. eine **scheuern** Cc 26.29
jm. ein paar **scheuern** Cc 26.29
mit **Scheuklappen** herumlaufen/durchs Leben gehen/... Cd 11.5
Scheuklappen vor den Augen haben Cd 11.5
fressen wie ein **Scheunendrescher** Hd 4.33
eine **Schicht** fahren De 15.40
zur **Schicht** gehen De 15.36
von der **Schicht** kommen De 15.39
Schicht machen (arbeiten) De 15.38
(in) 2/3/... **Schichten** arbeiten De 15.37
2/3/... **Schichten** machen De 15.37
js. **Schicksal** ist besiegelt De 25.18
ein gütiges/... **Schicksal** bewahrt jn. vor etw./davor zu ... Da 9.20
seinem **Schicksal** nicht entgehen können Cc 28.1 Da 10.16
sein **Schicksal** selbst/selber in die Hand nehmen Fa 24.8
(und) wie das **Schicksal** so spielt Dd 8.9
jn. seinem **Schicksal** überlassen Dd 2.7
das/etw. müssen wir/... dem **Schicksal** überlassen Fa 22.7
das **Schicksal** will/wollte es, daß ... Da 10.12
(immer/...) alles (von sich) auf andere **schieben** Cc 31.5
unangenehme Erfahrungen/Argumente/... beiseite **schieben** Ha 2.4
schiefgehen De 25.87
sich **schieflachen** Cb 10.10
mit etw. **schiefliegen** (bei jm.) Db 21.3
Schielaugen machen Hb 12.9
nach etw. **schielen** Hd 3.4
jn. (sanft/...) vor das/vors **Schienbein** treten (müssen) Cc 24.6
den Arm/das Bein/... in der **Schiene** tragen/haben Bc 2.30

den **Schierlingsbecher** nehmen/(trinken/leeren) Ba 3.7
schieß'/schießt/... (mal) los! Aa 7.34
wie eine **Schießbudenfigur** aussehen/... Ca 1.59
zum **Schießen** sein Cb 10.5
(das) ist (ja) zum **Schießen**! Cb 10.5
(weit/...) daneben **schießen** mit einer Annahme/... Db 21.3
scharf **schießen** Dc 1.100
eine Gelegenheit/Pläne/... **schießen** lassen Gc 11.2
aufpassen wie ein **Schießhund** Gb 2.2
j. meint/..., er hätte das **Schießpulver** erfunden Cc 11.12
das **Schießpulver** (auch) nicht (gerade) erfunden haben Cd 10.3
Schiffbruch erleiden (bei jm./mit etw.) De 25.71
sein **Schiffchen** zu steuern wissen Cd 5.3
(das/etw.) wird schon **schiefgehen**! Ga 6.17
(so) dumm sein wie **Schifferscheiße** Cd 10.15
es **schifft** Ac 1.7
ein Hochzeitsessen/... mit allen **Schikanen** Ic 3.11
jn. auf den **Schild** erheben/(heben) Fa 11.20
aus etw. mit blankem **Schild** hervorgehen Cc 21.9
etwas/nichts Gutes/Böses/... im **Schilde** führen Dd 3.34
Schildwache stehen Gc 4.21
so was/so etwas lebt und **Schiller** mußte sterben! Cd 10.24
Schimmel ansetzen Aa 21.3
keinen/keinen blassen/nicht den leisesten **Schimmer** haben von etw. Cd 2.9
jn. mit **Schimpf** und Schande davonjagen/... Cc 7.18
das/etw. ist reine/reinste **Schinderei** De 12.16
Schindluder treiben mit jm./etw. Db 19.36
ein (alter) **Schinken** Cd 20.67
eine **Schippe** machen/ziehen Cb 5.19
jn. (tüchtig/anständig/so richtig/...) auf die **Schippe** nehmen Cb 9.7
über den **Schirm** gehen Hd 10.9
unter der **Schirmherrschaft** von ... stehen Gc 5.11
Schiß vor jm./etw. haben Gb 6.16
Schiß in der Hose/in der Buchse haben Gb 6.16
jm./einer Truppe/... eine heiße/blutige/... **Schlacht** liefern Gc 4.58
in die **Schlacht** ziehen Gc 4.46
jn. zur **Schlachtbank** führen Ba 4.23
einen **Schlachtplan** entwerfen Dd 3.18
der ewige **Schlaf** Ba 5.15
etw. (wie) im **Schlaf** hersagen können/wissen/... Cd 15.36
etw. schon im **Schlaf** hersagen können/wissen/... Ic 3.2
etw. schon im **Schlaf** runterbeten/sagen/... können Ic 3.3
jn. um den/seinen **Schlaf** bringen De 22.19
es fällt mir/ihm/dem Peter/... nicht im **Schlaf(e)** ein, etw. zu tun Db 14.27
aus dem (tiefsten/...) **Schlaf** emporfahren Da 6.22
in tiefen **Schlaf** fallen/sinken De 22.3
keinen **Schlaf** finden (können) De 22.18
den **Schlaf** des Gerechten schlafen De 22.5
(noch/...) in tiefstem/tiefem **Schlaf** liegen/sein De 22.6
jn. aus dem **Schlaf** reißen De 22.20
den letzten/ewigen **Schlaf** schlafen Ba 2.18
jn. in den **Schlaf** singen De 22.17
jn. aus dem **Schlaf** trommeln De 22.20
jn. in den **Schlaf** wiegen De 22.17
schlaf gut und träume süß De 22.8
ein **Schläfchen** machen De 22.12
mit jm. **schlafen** Ed 1.26
sanft und selig **schlafen** De 22.5
schlafen gehen De 22.2

schlafen Sie/schlaft/... gut! De 22.8
sich schlafen legen De 22.2
zur Schlafenszeit (Lärm machen/...) Aa 1.23
jn. am Schlafittchen packen/fassen/nehmen und ...
   Ea 10.23
(nur/...) eine Schlafstelle bei jm./einer Familie/... ha-
   ben/finden/... Ea 1.1
Schlaftabletten nehmen Ba 3.7
Schlafzimmeraugen machen Ed 1.14
ein (ganz) anderer Schlag sein If 4.8
ein heißblütiger/... Schlag sein Cb 16.51
etw./das ist ein (schwerer/harter) Schlag (für jn.) Da 10.6
die sind (alle/...) vom gleichen Schlag If 2.11
mit einem Schlag Aa 19.1
alles/mehrere Dinge/... auf einen Schlag erledigen/...
   Aa 1.83
mich trifft der Schlag Da 7.19
ich/er/die Petra/... dachte ..., mich/ihn/sie/... trifft/
   rührt der Schlag Da 5.12
ich/er/die Petra/... dachte/..., mich/ihn/sie/... trifft/
   rührt der Schlag Da 7.20
den/die/die Petra/... trifft der Schlag, wenn ... Da 5.12
   Da 7.20
einen Schlag haben/weghaben Cd 12.7 Cd 12.33
(mit dem) Schlag 8/9/... (Uhr) Aa 18.1
zu einem Schlag ausholen Cc 26.4
zum entscheidenden/zu einem vernichtenden/zu einem
   gewaltigen/... Schlag ausholen Gc 2.12
sich von dem Schlag noch erholen müssen/nicht erholt
   haben/... Da 10.31
wie vom Schlag gerührt/getroffen sein/dastehen/...
   Da 5.10 Da 6.15
ein Schlag ins Gesicht sein (für jn.) Cb 13.44
vom Schlag getroffen werden Bc 2.35
ein Schlag ins Kontor sein Da 10.6
einen Schlag kriegen Da 5.3
jm. den Schlag des Wagens/der Kutsche/... öffnen
   Ab 5.29
etw. geht/folgt/... Schlag auf Schlag Aa 14.45
keinen Schlag tun De 14.11
jm. einen Schlag versetzen Cb 13.3 Cc 26.6
ein Schlag ins Wasser sein De 25.93
einen Schlag mit der Wichsbürste weghaben/(haben)
   Cd 12.7
einen Schlaganfall haben/kriegen Bc 2.35
wenn ..., dann/sonst setzt's Schläge! Cc 25.23
nach allen Seiten/... Schläge austeilen Cb 13.4 Cc 26.5
Schläge kriegen/beziehen Cc 26.39
nach jm. schlagen If 2.5
jn. grün und blau/krumm und lahm/windelweich schla-
   gen Cc 26.12
jn. krankenhausreif schlagen Cc 26.16
etw./alles kurz und klein schlagen Ac 12.1
jn. überlegen schlagen Gc 12.11
sich wacker schlagen (du hast dich ...) Gb 5.5
»eh(e) ich mich schlagen lasse« Hc 1.3
eh(e) er/der Peter/... sich schlagen läßt Hc 1.3
anderen Schlages sein If 4.8
Menschen/Leute/... alten Schlages Aa 21.13
Leute/Menschen/... jeden Schlages Ia 8.18
ein Mensch/Übersetzer/... seines Schlages Cb 1.10
(sehr/ungemein/...) schlagfertig sein Dc 1.141
ein Schlaglicht werfen auf jn./etw. Dc 3.97
leicht/leichte/schwer/schwere Schlagseite haben
   Ab 6.16 Hd 6.24
jetzt schlägt's aber dreizehn! Cb 19.6
Schlagzeilen machen Cd 17.38

da haben wir/habt ihr/... den Schlamassel! Ga 4.54
(gar/überhaupt) nicht (mehr) aus dem Schlamassel her-
   auskommen Ga 4.27
nicht wissen/keinen Weg sehen/... wie man aus dem
   Schlamassel (wieder) herauskommen soll Ga 4.26
aus dem Schlamassel heraussein Ga 6.43
(ganz schön/...) im Schlamassel sitzen/stecken Ga 4.15
eine Schlange bilden Ab 5.14
(sich) eine Schlange am Busen nähren/großziehen
   Cc 16.54
Schlange stehen Aa 5.25
in einer Schlangenlinie/in Schlangenlinien fahren
   Ab 3.15
jm. eine Schlappe beibringen Gc 12.10
eine Schlappe einstecken müssen/erleiden Gc 12.15
schlappmachen De 23.7 Gc 11.3
leben wie im Schlaraffenland Hd 2.4
so schlau sein wie zuvor/(als wie zuvor) Cd 2.28
etw. zu tun/das/etw. ist ein Schlauch De 20.34
du/das/der Peter/... bist/ist (mir) ein ganz Schlauer
   Cc 11.14
nicht schlauer sein (als vorher/zuvor) Cd 2.28
nicht schlauer aus etw. geworden sein Cd 2.28
jm. ist/wird schlecht Bc 2.22
jm. wird schlecht, wenn/bei/... Cc 32.1
es wird einem/mir/ihm/... schlecht bei etw./wenn ...
   Eb 2.14
mehr schlecht als recht gemacht sein/können/... Ic 7.14
so schlecht und recht etw. tun Ic 7.5
bei etw./wenn/..., kann es einem schlecht werden
   Eb 2.14
jn./etw. schlechtmachen Db 19.9
sich aus dem Haus/dem Zimmer/... schleichen Ab 7.19
einen Schleier vor den Augen haben Db 21.20
es fällt jm. (plötzlich/...) der Schleier von den Augen
   Cd 1.32
jm. den Schleier von den Augen reißen/(herunterreißen)
   Dc 3.87
jm. den Schleier vom Gesicht reißen/(herunterreißen)
   Dc 3.82
den Schleier (des Geheimnisses) lüften Dc 3.55
den Schleier nehmen Cc 35.28
(alles/...) (nur noch) wie durch einen Schleier sehen
   Bc 3.4
etw. mit dem Schleier der Nächstenliebe/der Freund-
   schaft/... verhüllen/umkleiden Cc 16.33
jm. ist etw. (völlig) schleierhaft Cd 2.23
eine Schleife fahren/fliegen Ab 5.37
jn. mit zu jm./durch die ganze Stadt/.../in ein Mu-
   seum/... schleifen Ab 3.12
ein Schleimscheißer sein Fa 17.2
in/bei/... herrscht/... (wieder/...) der alte/gewohnte
   Schlendrian If 7.17
es/alles/etw. geht in/bei/... (wieder) den/seinen/im al-
   ten/gewohnten Schlendrian If 7.17
jn. mit zu jm./durch die ganze Stadt/.../in ein Mu-
   seum/... schleppen Ab 3.12
ein Schiff ins Schlepptau nehmen Ab 6.18
jn. ins Schlepptau nehmen Fa 6.35
ins Schleudern kommen/geraten Ga 3.9
die Schleusen des Himmels öffnen sich Ac 1.8
alle möglichen/die unglaublichsten/... Schliche anwen-
   den/... Cc 16.30
jm. auf die Schliche kommen Cd 9.3
hinter js. Schliche kommen Cd 9.3
schlicht und einfach De 19.15
schlicht und ergreifend De 19.15

einen **Schlick** haben Bc 2.13
schließlich und endlich . . . Aa 6.74
Schliff haben Ea 11.7
e-r S. fehlt der letzte **Schliff** Ic 7.8
jm. **Schliff** beibringen Ea 11.9
den letzten **Schliff** erhalten De 16.6
e-r S. den letzten **Schliff** geben De 16.3
Schliff kriegen/bekommen Ea 11.8
halb so **schlimm** sein Db 20.21
(es ist) (schon) **schlimm** genug, daß . . . Da 10.19
zum **Schlimmen** ausschlagen Aa 6.53
sich zum **Schlimmen** wenden Aa 6.52
es ist nichts **Schlimmes** dabei/daran, wenn . . ./daß . . .
  Db 20.19
was ist (denn) schon **Schlimmes** dabei/daran, wenn . . ./
  daß . . .? Db 20.19
nichts **Schlimmes** dabei/daran finden, wenn . . ./daß . . .
  Db 20.19
das/etw. ist noch (lange/. . .) nicht das **Schlimmste**
  Da 10.20
aufs/auf das **Schlimmste** gefaßt sein (müssen) Ga 4.19
sich aufs/auf das **Schlimmste** gefaßt machen (müssen)
  Ga 4.19
es kommt zum **Schlimmsten** Aa 6.56
aus dem **Schlimmsten** herauskommen Ga 6.41
aus dem **Schlimmsten** heraussein Ga 6.42
es/die Dinge/. . . bis zum **Schlimmsten** kommen lassen
  Id 2.5
mit dem **Schlimmsten** rechnen (müssen) Ga 4.19
sich in der eigenen **Schlinge** fangen/(verfangen) Cc 16.67
jm. in die **Schlinge** gehen Cc 16.61
sich aus der **Schlinge** ziehen Ab 8.7
die **Schlinge** zuziehen De 25.35
sich in den eigenen **Schlingen** fangen/(verfangen)
  Cc 16.67
sich auf den **Schlips** getreten fühlen Cb 13.29
jn. auf den **Schlips** treten Cb 13.7
mit jm. **Schlitten** fahren Cc 24.52
unter den **Schlitten** kommen Cc 6.9
Schlitzauge, sei wachsam! Gb 2.7
ein **Schlitzohr** sein Cd 8.7
jm. ein **Schloß** im Mond versprechen Dd 2.17
ein **Schloß** vor dem Mund haben Dc 2.13
jm. ein **Schloß** vor den Mund hängen/legen Dc 2.32
hinter **Schloß** und Riegel sein/sitzen Cc 20.85
etw. unter **Schloß** und Riegel halten Fb 1.34
hinter **Schloß** und Riegel kommen/(gesetzt werden)
  Cc 20.84
jn. hinter **Schloß** und Riegel setzen/bringen Cc 20.83
heulen/weinen wie ein **Schloßhund** Cb 11.11
rauchen/qualmen wie ein **Schlot** Hd 11.6
ein guter **Schluck** Hd 5.52
einen **Schluckauf** haben Bc 2.13
viel/allerhand/. . . **schlucken** (müssen) Cb 13.23
j. muß erstmal/erst dreimal **schlucken**, ehe/bevor er ant-
  worten/etw. sagen/. . . kann (vor Überraschung/. . .)
  Da 5.17
an etw. (lange/. . .) zu **schlucken** haben Cb 13.43
allerhand/viel/. . . **schlucken** müssen De 20.10
ein armer **Schlucker** sein Fb 7.10
jetzt/dann/. . . ist **Schluß** (mit etw.) Aa 8.35
bei jm./was jn. angeht/. . . ist **Schluß** (mit jm./etw.)
  Aa 8.40
Schluß (mit . . .)! Aa 8.40
Schluß (damit)! Aa 8.34
. . . und damit **Schluß** (mit. . .)! Aa 8.35
zum **Schluß** . . . Aa 6.74

nicht zu einem/zu keinem **Schluß** kommen Dd 4.5
Schluß machen Ba 3.1
Schluß machen (mit jm./etw.) Aa 8.11
am **Schluß** marschieren Ig 3.10
einen **Schluß** aus etw. ziehen Dd 10.25
den/die **Schlüssel** des Hauses übergeben/bekommen
  Ea 1.15
sich nicht/noch nicht/. . . **schlüssig** sein (ob . . .) Dd 4.1
sich (über jn./etw.) **schlüssig** werden Cd 1.26
das **Schlußlicht** sein/machen/bilden Aa 5.26
das **Schlußlicht** einer Tabelle/. . . sein/machen/bilden
  Ig 3.11
den **Schlußpunkt** unter/hinter etw. setzen Aa 8.12
unter etw. einen/den (dicken) **Schlußstrich** ziehen (mit
  etw.) Aa 8.12
Schmach und Schande über jn.! Cc 7.20
jn. mit **Schmach** und Schande davonjagen/. . . Cc 7.18
den/seinen **Schmachtriemen** enger schnallen müssen
  Fb 9.4
jm. etw. **schmackhaft** machen Hd 3.9
Schmähreden führen/halten Db 19.23
jn. mit **Schmähreden** überhäufen Db 19.23
bei jm./in/. . . ist **Schmalhans** Küchenmeister Fb 7.22
ein **Schmalspur**akademiker/-theologe/. . . Ic 5.11
mit (viel/. . .) **Schmalz** singen Dc 10.2
das/etw./was j. sagt/. . . ist ein (richtiger/rechter/. . .)
  Schmarren Ha 15.10
etw. geht jn. einen **Schmarren** an Fa 7.16
laß dir's/laßt euch's/. . . (gut) **schmecken**! Hd 4.49
es sich **schmecken** lassen Hd 4.32
etw. **schmeckt** wie schon mal gegessen Hd 4.57
etw./das **schmeckt** nach mehr Hd 4.50
o **Schmerz**, laß nach! Da 8.3
sonst/(. . .) hast du/. . . keine **Schmerzen**? Cd 12.11
hast du/hat er/hat die Marlies/. . . sonst noch **Schmerzen**?
  Cd 12.11
was hast du/hat Erich/. . . (denn) für **Schmerzen**? Cb 3.67
jn./etw. mit **Schmerzen** erwarten Fa 3.3
sich vor **Schmerzen** krümmen/winden Bc 2.9
wie ein **Schmetterling** hin- und herflattern/von einer Blüte
  zur anderen flattern Ed 1.61
wie ein **Schmetterling** aus der Puppe kriechen If 5.12
einen **schmettern** Hd 6.4
Schmiere stehen bei einem Verbrechen/Streich/. . .
  Gb 2.8
jn. **schmieren** Hb 11.14
jm. eine **schmieren** Cc 26.29
jm. ein paar **schmieren** Cc 26.29
sich **schminken** und pudern Ca 1.53
Schmiß haben Ea 11.7
in der **Schmollecke** sitzen Cb 5.22
mit jm. **Schmollis** trinken Hd 5.30
einen **Schmollmund** machen/ziehen Cb 5.21
ein **Schmollmündchen** machen/ziehen Cb 5.21
im **Schmollwinkel** sitzen Cb 5.22
jn. **schmoren** lassen Dc 4.9
Schmu machen Cc 19.6
auf den **Schmus** (den j. erzählt/. . .) eingehen/hereinfal-
  len/. . . Cc 16.60
(vielleicht/aber auch/. . .) (einen) **Schmus** machen/erzäh-
  len/. . . Cc 16.2
jn. mit **Schmutz** bewerfen/(besudeln) Db 19.10
Schmutz und Schund (-literatur) Cd 20.66
im **Schmutz** wühlen Db 19.25
jn./etw. in/durch den **Schmutz** ziehen/(zerren) Db 19.10
den/seinen **Schnabel** aufmachen Dc 1.4 Gc 6.34
den **Schnabel** (immer/. . .) so sehr/so weit/. . . aufreißen
  Cc 11.41

jm. eins/eine auf den **Schnabel** geben   Cc 26.24

jm. (ganz) (schön) um den **Schnabel** gehen   Fa 17.16

reden/sprechen, wie einem der **Schnabel** gewachsen ist
Dc 3.31

den/seinen **Schnabel** halten   Dc 2.14

bei jm. steht der **Schnabel** nicht/keine Minute/keinen Augenblick/. . . still   Dc 1.37

jm. den **Schnabel** stopfen   Cc 24.15   Dc 2.35

sich den **Schnabel** verbrennen   Dc 1.111

den **Schnabel** wetzen   Db 19.19

seinen **Schnabel** (gern/. . .) an ander(e)n Leuten/. . . wetzen   Db 19.19

etw. ist eine **Schnapsidee**   Db 3.12

den letzten **Schnaufer** tun   Ba 2.17

eine große **Schnauze** haben   Cc 11.43   Dc 1.104

frei nach **Schnauze**   Ia 5.4

die **Schnauze** (immer/. . .) zu sehr/so weit/. . . aufreißen
Cc 11.41

auf die **Schnauze** fallen (mit etw.)   Da 10.5

jm. eins/eine auf die **Schnauze** geben   Cc 26.24

die/seine **Schnauze** halten   Dc 2.14

sich die **Schnauze** verbrennen   Dc 1.111

die **Schnauze** vollhaben von jm./etw./davon, etw. zu tun
Hc 6.4

daher schleichen/kriechen/. . . wie eine **Schnecke**
Ab 3.52

jn./etw. zur **Schnecke** machen   Cc 24.51

im **Schneckentempo** gehen/fahren/. . .   Ab 3.4

im **Schneckentempo** vorangehen/vorwärtskommen/. . .
Aa 6.31

weiß wie **Schnee** (sein)   Ac 5.9

das/etw. ist **Schnee** von gestern   Cd 18.5

(bei) **Schnee** und Regen   Ac 1.19

dahinschmelzen/schmelzen wie **Schnee** an der Sonne
Aa 6.71

und wenn der ganze **Schnee** verbrennt: De 8.6

sich freuen wie ein **Schneekönig**   Cb 2.7

jm. den **Schneid** abkaufen   Gb 6.5   Gc 12.4

jn. **schneiden**   Ea 10.8

schneidende(r) Wind/Kälte/Frost/. . .   Ac 1.17

aus dem **Schneider** (heraus) sein   Ga 6.44

herein, wenn's kein **Schneider** ist!   Ea 7.28

frieren wie ein **Schneider**   Ac 2.1

auf die **Schnelle** etw. essen/bei jm. vorbeigehen/. . .
Aa 14.18

mit atemberaubender **Schnelligkeit**   Aa 14.8

jm. ein **Schnippchen** schlagen   Cc 16.25

im **Schnitt**   Ib 1.57

einen/seinen **Schnitt** (bei etw.) machen   De 27.6

ein (dicker) **Schnitzer**   Cd 13.5

jm. **schnuppe** sein   Ha 8.8

etw./eine Arbeit/. . . geht/läuft wie am **Schnürchen**
De 19.12

etw. klappt wie am **Schnürchen**   De 19.12

j. redet wie am **Schnürchen**   Dc 1.40

etw. wie am **Schnürchen** hersagen/aufsagen/. . . können
Cd 15.36   Ic 3.2

jm. **schnurz** und piepe sein   Ha 8.8

jm. **schnurzegal** sein   Ha 8.8

jm. **schnurzpiepegal** sein   Ha 8.8

eine **Schnute** machen/ziehen   Cb 5.19

non **scholae**, sed vitae discimus   Cd 19.38

an die (eigene) **Scholle** gebunden sein   Ba 1.19

sich an die (eigene) **Scholle** gebunden fühlen   Ba 1.19

(na) wenn **schon**!   Ha 8.26

(das ist alles/na/. . .) **schön** und gut, aber/doch/. . .
Db 15.105

das/etw. ist/wäre zu **schön**, um wahr zu sein   Db 6.20

das wäre ja noch **schöner**!   Db 15.49

j. hat (da) etwas/was **Schönes** angerichtet/angestellt/angestiftet   Cd 13.11

jm. etwas **Schönes** einbrocken (mit etw.)   Hb 5.8

j. hat sich (da) etwas/was **Schönes** geleistet   Cd 13.11

schönfärben   Cc 14.29

(nur/. . .) einen (kleinen) **Schönheitsfehler** haben   Ic 7.7

schönreden   Fa 17.12

aufs/auf das **Schönste** verlaufen/. . .   Ic 3.28

jm. **schöntun**   Fa 17.17

rauchen/qualmen wie ein **Schornstein**   Hd 11.6

das Geld/den Ring/. . . kannst du/kann dein Bruder/. . . in
den **Schornstein** schreiben   Ab 11.12

die **Schornsteine** rauchen wieder   Fb 15.108

wie ein **Schornsteinfeger** aussehen   Ca 1.46

ein Kind/. . . auf dem **Schoß** haben/(halten)   Dc 8.62
Ed 5.20

jm. fällt etw. (doch) nicht in den **Schoß**   De 13.48

noch/. . . im **Schoß** der Erde ruhen/. . .   Aa 6.1

im **Schoß**(e) der/seiner Familie   Ed 5.29

in den **Schoß** der Kirche zurückkehren   Cc 35.23

auf js. **Schoß** sitzen   Ed 5.20

längst/. . . im **Schoß**(e) der Vergessenheit ruhen   Db 2.7

noch/. . . im **Schoß** der Zeit ruhen   Aa 6.1

Schotten dicht!   Dc 2.51

die **Schotten** dichtmachen   Dc 7.4

die **Schotten** dichtmachen (können)   De 15.82

(ganz schön) **schräg** sein   Hd 6.18

sich **Schranken** auferlegen   Cb 20.9   Id 1.9

sich keine **Schranken** auferlegen   Cb 17.19

Schranken errichten   Fa 12.1

die letzten/auch diese/. . . **Schranken** fallen zwischen
zwei/mehreren Menschen   Ec 1.26   Ed 1.26

jn. in die **Schranken** fordern   Gc 1.2

sich vor den **Schranken** des Gerichts verantworten
Cc 20.41

jn. vor die **Schranken** des Gerichts zitieren   Cc 20.34

js. Möglichkeiten/js. Entfaltung/den Entwicklungsmöglichkeiten/. . . sind enge **Schranken** gesetzt/(gezogen)
Fa 12.4

jn./etw. in **Schranken** halten   Fa 12.3

sich in **Schranken** halten   Cb 20.9   Id 1.10

keine **Schranken** kennen   Cb 17.20

die/alle **Schranken** niederreißen/übertreten   Id 2.23

jm./e-r S. **Schranken** setzen   Fa 12.2

für jn. in die **Schranken** treten   Ga 12.54

mit jm. in die **Schranken** treten   Gc 3.25

jn. in die **Schranken** verweisen/weisen/zurückweisen
Cc 24.14

bei jm. ist ein **Schräubchen** locker/los   Cd 12.6

das/etw. ist eine **Schraube** ohne Ende   Aa 6.64

bei jm. ist eine **Schraube** locker/los   Cd 12.6

starr vor **Schreck** sein   Da 6.17

ach, du (lieber) **Schreck**!   Da 8.2

mit dem (bloßen) **Schrecken** davonkommen   Da 6.27

vor **Schreck**(en) wie gelähmt sein   Da 6.17

der **Schreck**(en) fährt jm. in die Glieder   Da 6.6

der **Schreck**(en) sitzt/steckt jm. (noch) in allen/den Gliedern   Da 6.20

der **Schreck**(en) sitzt/steckt jm. (noch) in allen/den Knochen   Da 6.20

o **Schreck**, laß nach!   Da 8.3

vor **Schreck** verstummen   Da 5.6

j. muß vor seinem **Schrecken** feststellen, daß . . .   Da 6.25

jn. in **Schrecken** setzen   Gb 6.28

der Gedanke an/. . . hat nichts von seinem **Schrecken** verloren   Da 6.26

das **Schreckgespenst** des Krieges/der Hungersnot/... her-
aufbeschwören/an die Wand malen Db 4.65 Id 2.39
eine kurze/lange **Schrecksekunde** haben Da 6.29
der letzte **Schrei** Aa 22.7
eine Klassenarbeit/... daneben **schreiben** Cd 19.23
wie gestochen **schreiben** Cd 20.1
sich 'von' **schreiben** (können) Fa 5.10
zum **Schreien** sein Cb 10.4
das ist (ja) zum **Schreien!** Cb 10.4
ach und weh **schreien** Cb 3.56
jn. im **Schrein** seines Herzens/seiner Seele bewahren
Ed 1.55
du **schreist** dich weg/da schreist du... Cb 10.5
der eine **schreit** hü, der andere hott Dd 4.22
eine unleserliche **Schrift** haben Cd 20.2
den entscheidenden **Schritt** wagen/riskieren/... Gb 5.10
den entscheidenden **Schritt** nicht wagen/riskieren/...
Gb 6.23
keinen **Schritt** zurückweichen/nachgeben/... Gc 7.10
wenn du/der Peter/... einsiehst/einsieht/... was falsch
war/..., dann ist das/... der erste **Schritt** zur Besse-
rung Cc 30.24
im **Schritt** bleiben Ab 3.65
den zweiten **Schritt** vor dem ersten tun Cd 13.15
(im) **Schritt** fahren Ab 5.16
ein Pferd/... im **Schritt** gehen lassen Ab 3.65
Schritt halten können/wollen/... (mit jm./etw.)
Aa 14.41 Cd 3.40
keinen **Schritt** aus dem Haus tun/(machen) Ea 3.20
aus dem **Schritt** kommen Ab 3.69
j. hat (vielleicht) einen **Schritt** am Leib Aa 14.41
bleib'/bleibt/... mir/ihm/... (bloß) drei **Schritte** vom
Leib(e)! Db 15.93
sich jn. drei **Schritt(e)** vom Leib(e) halten Ea 10.2
im **Schritt** reiten Ab 3.65
Schritt für Schritt vorangehen/seinem Ziel näher kom-
men/... Aa 10.3
js. Macht/Einfluß/... **Schritt** um Schritt zurückdrän-
gen/... Aa 10.3
jm. auf **Schritt** und Tritt begegnen/... Ab 13.4
immer/... im gleichen **Schritt** und Tritt gehen/arbei-
ten/... De 12.30
jm. auf **Schritt** und Tritt folgen Cc 5.12
jm. auf **Schritt** und Tritt nachstellen Ab 9.1
den ersten **Schritt** tun Aa 7.13 Gc 13.2
keinen **Schritt** vor die Tür tun/(machen) Ea 3.20
einen (großen/wichtigen/entscheidenden/...) **Schritt** vor-
wärts/nach vorn tun (mit etw.) Aa 6.80
den **Schritt** wechseln Ab 3.68
seinen **Schritt** zur Tür/... wenden Ab 3.16
ein wichtiger/entscheidender/... **Schritt** sein auf dem
Weg zu... Aa 6.80
keinen **Schritt** (von der Stelle) weichen/... Gc 7.11
bis hierher/hierhin und keinen **Schritt** weiter! Gc 7.15
jn./etw. einen (guten/wichtigen/entscheidenden/...)
Schritt weiterbringen (in e-r S.) Aa 6.76
(noch/...) einen **Schritt** weitergehen als j. Ic 9.15
einen **Schritt** weiterkommen (in/mit e-r S.) Aa 6.80
keinen/keinen einzigen **Schritt** weiterkommen (in/mit e-r
S.) Ga 8.6
einen **Schritt** vor und zwei zurückgehen Aa 6.30
jn. von einem unklugen/unbedachten/unüberlegten/...
Schritt zurückhalten Hb 4.25
vor einem entscheidenden **Schritt** zurückscheuen/zurück-
weichen Gb 6.22
(nur) ein paar **Schritte** sein (bis/zu/...) Ab 1.18
ein paar **Schritte** voneinander entfernt wohnen/...
Ab 1.18

diplomatische **Schritte** einleiten (um/...) Aa 7.14
Dd 7.4
die ersten **Schritte** einleiten Aa 7.13
seine **Schritte** zu/auf... zu/... lenken Ab 3.16
die nötigen/einschlägigen/... **Schritte** tun/unternehmen/
einleiten (um etw. zu erreichen/damit etw. geregelt
wird/...) Aa 7.13 Dd 7.3
die nötigen/einschlägigen/... **Schritte** veranlassen (damit
etw. geregelt wird/...) Aa 7.13 Dd 7.2
sich weitere **Schritte** vorbehalten Dd 4.9
langsamen/schnellen/gemessenen/... **Schrittes** auf jn.
zugehen/... Ab 3.17
ein... von altem **Schrot** und Korn sein Ic 1.20
(noch) ein... von echtem **Schrot** und Korn sein
Aa 21.14 Ic 1.20
etw. ist (nur/der letzte) **Schrott** Ha 12.5
Schrullen im Kopf haben Da 3.22
(nichts als/...) **Schrullen** im Kopf haben Cb 6.11
jm. einen (kleinen/kräftigen/...) **Schubs** geben Fa 18.2
wo drückt dich/ihn/den Peter/... der **Schuh**? Cb 3.67
umgekehrt wird ein **Schuh** draus! Cc 13.13 Db 21.11
(nicht) wissen/... wo jn. der **Schuh** drückt Cb 3.67
du hast/ihr habt/... deine/eure/... **Schuhe** noch nicht be-
zahlt Fb 5.23
jm. etw./die Schuld/die Verantwortung/... in die **Schuhe**
schieben Cc 22.17 Dd 11.17
nicht in js. **Schuhen** stecken mögen Ga 4.32
sich die **Schuhsohlen** nach etw. ablaufen/abrennen
Ab 12.4
noch/noch immer/... die **Schulbank** drücken Cd 19.18
mit jm. zusammen/gemeinsam/miteinander/... die
Schulbank gedrückt haben/drücken Cd 19.30
mit jm. zusammen/gemeinsam/miteinander/... auf einer
Schulbank gesessen haben/sitzen Cd 19.30
ein **Schulbeispiel** sein für etw. Cc 5.26
eine gute/ausgezeichnete/schlechte/... **Schulbildung** ge-
nossen haben/... Cd 19.34
schuld sein (an etw.) Cc 22.4
nicht **schuld** sein (an etw.) Cc 21.2
Schuld haben (an etw.) Cc 22.4
keine **Schuld** haben (an etw.) Cc 21.2
(tief) in js. **Schuld** sein Fb 5.8 Ga 12.76
jn. trifft keine **Schuld** Cc 21.10
die **Schuld** auf jn./etw. abwälzen Cc 22.16 Dd 11.16
sich keiner **Schuld** bewußt sein Cc 31.2
eine **Schuld** nicht bezahlen (können) Fb 5.4
seine **Schuld** eingestehen Cc 30.13
jm. die **Schuld** (an etw.) geben/(beimessen) Cc 22.15
immer/... ander(e)n die **Schuld** geben Cc 31.5
eine schwere **Schuld** auf sich laden Cc 22.10
die **Schuld** auf jn./etw. schieben Cc 22.16 Dd 11.16
(tief) in js. **Schuld** stehen Fb 5.8 Ga 12.76
wer ohne **Schuld** ist, der werfe den ersten Stein Cc 22.24
Db 15.90
die **Schuld** tragen (an etw.) Cc 22.4
keine **Schuld** tragen (an etw.) Cc 21.2
die/jede/jegliche/... **Schuld** von sich weisen/(schieben)
Cc 31.2
jm. die **Schuld** zuschieben Cc 22.16 Dd 11.16
seine **Schulden** nicht bezahlen (können) Fb 5.4
(immer tiefer/...) in **Schulden** geraten/kommen (bei jm.)
Fb 5.3
mehr **Schulden** als Haare auf dem Kopf haben Fb 5.6
tief in **Schulden** stecken Fb 5.6
jm. etw. **schuldig** sein Fb 5.7 Ga 12.75
den **Schuldigen** nicht weit zu suchen brauchen Cc 22.13
(noch) ein Kavalier/... alter **Schule** sein Aa 21.14
Ic 1.20

aus js. **Schule** sein/kommen Cd 19.60

(noch) ein Drucker/Ober/. . . der (guten) alten **Schule**
sein Aa 21.14 Ic 1.20

von der **Schule** abgehen Cd 19.28

jn. in die/eine **Schule** aufnehmen Cd 19.16

eine harte **Schule** durchmachen Cb 3.3

jn. aus der **Schule** entlassen Cd 19.29

hinter/neben die **Schule** gehen Cd 19.27

in die **Schule** gehen Cd 19.18

bei jm. in die **Schule** gehen Cd 19.59

zur **Schule** gehen Cd 19.18

durch eine harte **Schule** gehen Cb 3.3

die **Schule** des Lebens Cd 19.38

durch die **Schule** des Lebens gehen (müssen) Cd 24.6

Schule machen Cc 5.25

aus der **Schule** plaudern/schwatzen Dc 3.69

die Hohe **Schule** reiten Ab 3.71

die **Schule** schwänzen Cd 19.27

(noch) aus der (guten) alten **Schule** stammen Aa 21.14
Ic 1.20

j. soll/kann sich sein **Schulgeld** wiedergeben/zurückge-
ben lassen! Cd 4.20

jn. wie einen (dummen) **Schuljungen** abkanzeln Cc 24.43

jn. wie einen (dummen) **Schuljungen** behandeln
Db 19.46

den **Schulmeister** herauskehren Cd 19.31

jn. über die **Schulter** ansehen Cc 34.2

jn. über die **Schulter** ansehen Dc 8.17

die Jacke/. . . über die **Schulter** hängen Ca 1.73

jm. freundschaftlich/vertraulich/anerkennend/. . . auf die
Schulter klopfen Dc 8.18

Ratschläge/Mahnungen/Warnungen/. . . auf die leichte
Schulter nehmen Dc 7.10

Schulter an Schulter mit jm. stehen/arbeiten/kämp-
fen/. . . Ab 1.50 De 17.14

jm. die kalte **Schulter** zeigen Ea 10.11

vom Alter/. . . gebeugte **Schultern** Bb 2.19

mit hängenden **Schultern** dastehen/. . . Cb 3.63

bedauernd/. . . die **Schultern** hochziehen Ga 9.2 Ha 8.19

auf js. **Schultern** lasten/liegen/ruhen Dd 11.26

die/mit den **Schultern** zucken Ga 9.2 Ha 8.18

jm. einen (kleinen/kräftigen/. . .) **Schupp** geben Fa 18.2

es fallen jm. (plötzlich/. . .) die **Schuppen** von den Augen
Cd 1.32

es fällt jm. (plötzlich/. . .) wie **Schuppen** von den Augen
Cd 1.32

jm. einen (kleinen/kräftigen/. . .) **Schups** geben Fa 18.2

hinter jeder **Schürze** hersein Ed 1.2

jeder **Schürze** nachlaufen Ed 1.2

ein (richtiger/. . .) **Schürzenjäger** sein Ed 1.2

ein **Schuß** Cognac/. . . Ia 3.10

ein **Schuß** Humor/. . . Ia 3.12

ein guter **Schuß** . . . Ia 5.10

(ganz/. . .) (wieder) in **Schuß** sein Bc 1.10

nicht (ganz/. . .) in **Schuß** sein Bc 2.6

weit/weitab vom **Schuß** sein Ab 1.25

etw. (gut/glänzend/. . .) in **Schuß** haben Ac 11.1

etw. (wieder) in **Schuß** bekommen Ga 5.10

einen **Schuß** ins Blaue abfeuern Gc 4.53

einen **Schuß** Leichtsinn/. . . im Blut haben Gb 4.28

etw. (wieder) in **Schuß** bringen Ac 11.25 Ga 5.9

jm. einen **Schuß** vor den Bug geben/knallen/(setzen)
Cc 24.4 Gc 2.10

sich (wieder) (richtig/. . .) in **Schuß** fühlen Bc 1.10

sich nicht (richtig/. . .) in **Schuß** fühlen Bc 2.6

ein **Schuß** geht nach hinten los De 25.98 Hb 6.15

etw. in **Schuß** halten Ac 11.2

etw. ist ein **Schuß** nach hinten De 25.98 Hb 6.15

ein **Schuß** von hinten sein Gc 2.25

(wieder) in **Schuß** kommen Bc 1.12 Ga 5.11

einen (richtigen/kräftigen/. . .) **Schuß** kriegen/(machen/
tun) Ca 2.8

etw. (wieder) in **Schuß** kriegen/(bekommen) Ac 11.24
Ga 5.10

das Wild/den Hasen/. . . vor den **Schuß** kriegen/(bekom-
men) Ab 4.32

ein **Schuß** in den Ofen sein De 25.93

keinen **Schuß** Pulver wert sein Ha 12.4

etw. ist ein **Schuß** ins Schwarze Cc 13.10

einen **Schuß** weghaben Cd 12.7

es mit vollen **Schüsseln** halten Hd 4.29

vor leeren **Schüsseln** sitzen Fb 7.23

in die **Schußlinie** geraten/kommen Gc 2.16

in der **Schußlinie** stehen Gc 2.17

ein (richtiger/. . .) **Schuster** sein Cd 4.16

sich benehmen/ein Benehmen haben/. . . wie ein **Schuster**
Ea 12.10

auf **Schusters** Rappen Ab 4.50

in **Schutt** und Asche legen/verwandeln Ac 12.3

in **Schutt** und Asche liegen Ac 12.5

in **Schutt** und Asche versinken/sinken Ac 12.4

es **schüttet** Ac 1.7

in einen **Schutthaufen** verwandeln Ac 12.3

jm. seinen **Schutz** angedeihen lassen Gc 5.14

sich in js. **Schutz** begeben Gc 5.5

jm. **Schutz** bieten gegen jn./etw. Gc 5.13

unter dem/im **Schutz** der Dunkelheit Ac 4.4

Schutz finden Gc 5.7

jm. **Schutz** gewähren Gc 5.13

jn. in **Schutz** nehmen (gegen ungerechte Angriffe/. . .)
Gc 6.21

jn. unter seinen **Schutz** nehmen Gc 5.16

jm. **Schutz** und Schirm gewähren Gc 5.13

unter js. **Schutz** und Schirm stehen Gc 5.10

sich unter js. **Schutz** stellen Gc 5.5

Schutz suchen vor Kälte/Regen/Verfolgungen/. . . Gc 5.1

in **Schutz** und Trutz zusammenstehen/zusammenhalten
Ec 1.22 Gc 6.48

einen **Schutzengel** gehabt haben Ba 6.7 Da 9.21

nur/bloß/ja nicht **schwach** werden! Gc 7.17

js. **Schwäche** sein Cd 4.25

eine **Schwäche** für jn./etw. haben Eb 1.16

bloß/nur/ja keine **Schwäche** zeigen! Gc 7.17

(auch) seine **Schwächen** haben Cd 4.24

bilde dir/bildet euch/. . . (ja/bloß/nur) keine **Schwachhei-
ten** ein! Db 21.26

er/die Ursel/. . . soll sich ja/bloß/nur keine **Schwachhei-
ten** einbilden! Db 21.26

Schwamm drüber! Db 2.10

er/der Maier/. . . kann sich mit dem **Schwamm** kämmen/
frisieren Ca 1.42

einen **Schwamm** im Magen haben Hd 5.10

es scheint, j. hat einen **Schwamm** im Magen Hd 5.10

im **Schwange** sein Aa 22.4

ins **Schwanken** kommen/geraten Ga 3.9

großen **Schwankungen** ausgesetzt sein Aa 6.84

kein **Schwanz** Ia 4.2

mit hängendem/eingezogenem **Schwanz** wieder abzie-
hen/. . . De 26.16

den **Schwanz** zwischen die Beine nehmen und abzie-
hen/. . . De 26.15

den **Schwanz** (in einer Reihe/in einer Schlange) bilden
Aa 5.26

den **Schwanz** einziehen und abhauen/. . . De 26.15

sich auf den **Schwanz** getreten fühlen Cb 13.29

einen **Schwanz** machen Cd 19.52

jn. auf den **Schwanz** treten Cb 13.7

js. (großer) **Schwarm** sein Ed 1.57

ein ganzer **Schwarm** von Mädchen/... Ia 1.1

ins **Schwärmen** geraten/kommen, wenn man von jm./etw.
   redet/... Id 2.49

eine alte/dicke/... **Schwarte** Cd 20.67

jm. die **Schwarte** gerben/klopfen Cc 26.9

arbeiten/schuften/... daß/bis die **Schwarte** kracht
   De 12.9

eine Straße/... ist **schwarz** von Menschen/... Ia 1.13

in **Schwarz** gehen/gekleidet sein Ba 7.5

Schwarz tragen Ba 7.5

etw. **schwarz** auf weiß haben Ih 3.11

hier/da/... steht (doch) **schwarz** auf weiß (geschrieben/
   gedruckt) Ih 3.12

jm. etw. **schwarz** auf weiß beweisen/zeigen/... Ih 3.13

etw. **schwarz** auf weiß besitzen Ih 3.11

das dauert/da kannst du/kann er/... warten/... bis du
   schwarz wirst/er schwarz wird/... Aa 2.13

Schwarzarbeit machen De 15.83

nicht das **Schwarze** unter den Nägeln haben/besitzen
   Fb 7.13

jm. nicht das **Schwarze** unter dem Nagel/den Nägeln gön-
   nen Hb 12.1

(mitten/genau) ins **Schwarze** treffen (mit etw.) Cc 13.9

der **Schwarzmarkt** Fb 15.107

schwarzsehen für jn./etw. Db 4.64

einen kleinen **Schwatz** halten Dc 1.156

ein (kleines) **Schwätzchen** halten Dc 1.156

es/das/etw. ist (noch) in der **Schwebe** Dd 4.12

es/das/etw. bleibt in der **Schwebe** Dd 4.13

eine Entscheidung/... in der **Schwebe** halten Dd 4.8

sich in der **Schwebe** halten Dd 4.13

eine Entscheidung/... in der **Schwebe** lassen Dd 4.8

(du) alter **Schwede** Ec 1.30

wie die **Schweden** hausen Ac 10.10

ein beredtes/vielsagendes **Schweigen** Dc 2.45

eisern **schweigen** Dc 2.16

jn. mit eisigem **Schweigen** empfangen/... Dc 2.47

eisiges **Schweigen** herrscht/... Dc 2.47

ganz zu **schweigen** von/davon, daß... Db 15.86

das **Schweigen** (endlich/...) brechen Dc 1.3

jn. zum **Schweigen** bringen Dc 1.113

sich in **Schweigen** hüllen Dc 2.21

ein großer **Schweiger** sein Dc 2.44

ein **Schwein** sein Cc 7.8

ein armes **Schwein** sein Fb 7.10

besoffen wie ein **Schwein** sein Hd 6.21

ein faules **Schwein** sein De 14.7

(vielleicht ein) **Schwein** haben Da 9.3

bluten wie ein **Schwein** Ba 4.29

kein **Schwein** Ia 4.2

da haben wir/habt ihr/... das falsche **Schwein** geschlach-
   tet Cd 13.13

wir werden/j. wird das **Schwein** schon töten Ga 6.16

haben wir etwa/wir haben doch nicht zusammen **Schweine**
   gehütet?! Cc 25.41

wir haben (doch) nicht zusammen **Schweine** gehütet,
   oder?/oder irre ich mich? Cc 25.41

ein **Schweinegeld** kosten/ausgeben/... Fb 3.2

bei jm. zeigt sich/... der innere **Schweinehund** Cc 8.14
   De 14.38

seinen inneren **Schweinehund** bekämpfen/überwinden
   Dd 6.11 De 13.9

ein (regelrechter/...) **Schweinestall** sein Ac 9.7

wie ein **Schweinestall** aussehen Ac 9.7

im **Schweinsgalopp** angelaufen kommen/davonlau-
   fen/... Aa 14.31 Ab 3.4

an etw. hängt viel **Schweiß** De 20.36

etw./etw. zu tun kostet viel **Schweiß** De 20.36

(wie) in **Schweiß** gebadet sein Gb 6.36

der **Schweiß** steht jm. wie Perlen auf der Stirn Gb 6.36

der **Schweiß** bricht jm. aus allen Poren Ac 2.12

jm. tritt der (kalte) **Schweiß** auf die Stirn Gb 6.36

sich den **Schweiß** von der Stirn wischen Gb 6.36

schweißgebadet (sein) Ac 2.12

jm. stehen **Schweißperlen** auf der Stirn Gb 6.36

js. **Schwelle** nicht/nie wieder/nie mehr betreten (dürfen)
   Ea 5.22

an der **Schwelle** des Grabes/zum Grab/zum Grabe stehen
   Bb 2.17 Bc 2.62

an der **Schwelle** zum Jenseits stehen Bb 2.17 Bc 2.62

an der **Schwelle** der 40/40er/50/50er/.../40ger Jahre/
   50ger Jahre/... stehen Bb 2.22

an der **Schwelle** einer neuen Zeit/eines neuen Lebensab-
   schnitts/... stehen Aa 6.81

jn. von der **Schwelle** weisen Ea 10.18

(plötzlich/...) eine **Schwenkung** (nach links/...) machen
   Fa 11.29

die ganze **Schwere** des Gesetzes zu spüren bekommen
   Cc 20.50

die ganze **Schwere** der Verantwortung lastet auf jm./js.
   Schultern Dd 11.27

Schwerenot nochmal/noch einmal! Cb 19.11

das/es ist, um die **Schwerenot** zu kriegen (mit jm./etw.)
   Ga 10.15

jm. **schwerfallen** De 20.12

das **Schwergewicht** auf etw. legen Ha 3.4

das **Schwergewicht** einer Untersuchung/Arbeit liegt in/
   auf/... Ha 3.11

jm. etw./eine Arbeit/eine Entscheidung/... **schwerma-
   chen** De 20.13

der **Schwerpunkt** einer Untersuchung/Arbeit liegt in/
   auf/... Ha 3.11

das/etw./etw. zu tun ist ein zweischneidiges **Schwert**
   Hb 14.27

(ständig/...) das **Schwert** des Damokles über sich haben/
   fühlen/... Gb 1.6

das **Schwert** des Damokles schwebt über jm. Gb 1.6

jm. das **Schwert** in/(durch) den Leib bohren/stoßen/ren-
   nen Ba 4.14

durch das **Schwert** sterben Ba 2.45

sich in sein **Schwert** stürzen Ba 3.7

eine Stellung/eine Stadt/... ohne **Schwertstreich(e)** ein-
   nehmen/... Ge 4.71

sich mit jm./etw. **schwertun** De 20.1

darin liegt/lag/... (ja) (eben/...) die **Schwierigkeit**
   De 20.42

in **Schwierigkeiten** geraten Ga 4.3

(jm.) **Schwierigkeiten** machen De 20.11

ins **Schwimmen** kommen/geraten Ga 3.9

der ganze **Schwindel** Ia 2.16

den **Schwindel** (aus eigener Erfahrung/...) kennen/...
   Cc 16.68

von dem (ganzen) **Schwindel** nichts wissen wollen/nichts
   hören wollen/die Nase voll haben/... Cc 16.68

im **Schwinden** begriffen sein Aa 8.23

die **Schwindsucht** im Beutel/Geldbeutel/... haben Fb 4.4

sich die **Schwindsucht** an den Hals ärgern Cb 14.11

ein Vorwurf/eine Kritik/... **schwingt** in den Worten/der
   Bemerkung/... (unüberhörbar) mit Dc 3.49

ins **Schwitzen** kommen Ac 2.10

etw. **schwitzen** lassen Hd 4.84
auf jn./etw. **schwören** Db 18.4 Dd 1.22
bei allem, was einem heilig/teuer ist, **schwören** Db 10.5
ich/der Peter/... könnte **schwören**, daß ... Db 10.2
in **Schwulibus** sein Ga 4.14
in **Schwulitäten** sein Ga 4.14
jn. in **Schwulitäten** bringen Ga 4.9
in **Schwulitäten** kommen/geraten Ga 4.5
(so) (richtig/...) in **Schwung** sein (bei etw.) Aa 6.21
Schwung haben Cb 2.1
keinen **Schwung** (mehr) haben Cb 3.19
jn./etw. in **Schwung** bringen Fa 18.5 Hd 7.5
seinem Auftreten/seinem Stil/... (mehr/...) **Schwung** geben Cb 2.1
(erst/erst einmal) (richtig/...) in **Schwung** kommen
  Aa 6.18 Aa 10.4
Schwung hinter die Arbeit/... setzen De 13.16
den **Schwung** verlieren Cb 3.19
... und **schwupp**, war er weg/...! Aa 14.43
... und **schwuppdiwupp**, war er weg/...! Aa 14.43
es kommt zum **Schwur** Dd 6.24 De 13.63
(und/aber/...) wenn es zum **Schwur** kommt Dd 6.30
  De 13.63
zwischen **Scylla** und Charybdis stehen/zu entscheiden haben/zu wählen haben/... Ga 4.41
per **se** (nicht) tun/sein Ha 8.25 Ih 1.21
nicht für einen/für keinen **Sechser** Verstand haben
  Cd 10.8
an der **See** sein/seine Ferien verbringen/... Ab 4.40
an die **See** reisen/gehen/... Ab 4.40
auf offener/hoher **See** Ab 6.7
zur **See** fahren Ab 6.1
auf **See** geblieben sein Ba 5.12
zur **See** gehen Ab 6.1
in/auf die (offene/hohe) **See** hinausfahren Ab 6.7
in **See** stechen/gehen Ab 6.5
die **Seele** von .../des/der ... sein Fa 1.10
eine durstige **Seele** sein Hd 5.9
eine gute **Seele** sein Cc 1.2
eine treue **Seele** sein Ed 8.1
eine schwarze **Seele** haben Cc 8.3
js. Gesang/Spiel/... hat keine **Seele**/fehlt die Seele
  Dc 10.18
etw. brennt jm. auf der **Seele** Dd 3.24
es brennt jm. auf der **Seele**, etw. zu tun Dd 3.24
aus/(von) ganzer **Seele** frohlocken/... Ic 2.13
keine lebende **Seele** war auf den Straßen/... Ia 4.4
jn. in tiefer **Seele** beleidigen/verletzen... Ic 2.15
aus tiefster **Seele** bedauern/... Ic 2.13
jm. aus tiefster **Seele** danken/dankbar sein/... Ic 2.13
aus/in tiefster **Seele** verabscheuen/... Ic 2.13
aus voller **Seele** frohlocken/jubeln/... Ic 2.19
sich sein Leid/seinen Kummer/... von der **Seele** reden/
  weinen/... Dc 3.14
die/seine **Seele** aushauchen Ba 2.17
jm. etw. auf die **Seele** binden Dc 3.68
seine **Seele** dem Bösen verschreiben Cc 8.11
in js. **Seele** wie in einem offenen Buch lesen (können)
  Dc 3.36
die **Seele** des Ganzen sein Fa 1.10
etw. ist jm. so richtig/so recht/... aus der **Seele** gesprochen Db 13.18
js. **Seele** ist (schon/...) bei Gott Ba 5.9
jm. mit etw. auf der **Seele** knien Ga 11.3
sich die **Seele** aus dem Leib gähnen Bc 23.19
sich die **Seele** aus dem Leib husten Bc 2.16
sich die **Seele** aus dem Leib reden Dc 1.80

sich die **Seele** aus dem Leib rennen Aa 14.28
sich die **Seele** aus dem Leib schreien Dc 9.5
etw. tut jm. in der **Seele** leid Ic 2.20
jm. (schwer/zentnerschwer) auf der **Seele** liegen Cb 3.40
js. ganze **Seele** liegt offen vor jm. Dc 3.36
eine **Seele** von Mensch/einem Menschen sein Cc 1.2
jetzt/nun/... hat die liebe **Seele** (endlich) Ruh! Ac 12.22
seine **Seele** dem Teufel verschreiben Cc 8.11
etw. ist jm. in tiefster **Seele** verhaßt Eb 2.8
eine schwarze **Seele** verraten Cc 8.3
jm. in der **Seele** wehtun Cc 2.12
jm./js. Worten/... aus voller **Seele** zustimmen Db 13.20
die armen **Seelen** Cc 35.9
zwei **Seelen** in seiner Brust haben Cb 3.53
zwei **Seelen** wohnen in js. Brust Cb 3.53
wie die **Seelen** im Fegefeuer umherirren Aa 15.12
zwei **Seelen** (und) ein Gedanke Eb 1.32
in aller **Seelenruhe** etw. tun Aa 11.8
das/etw. kann doch einen **Seemann** nicht erschüttern
  Cb 21.16
das/etw. wirft/haut den stärksten **Seemann** um Da 7.21
Seemannsgarn spinnen Cc 16.9
ein/(sein) **Seemannsgrab** finden Ba 2.38
die **Segel** einholen Ab 6.11
in **Seenot** sein (Schiff) Ab 6.17
auf dem **Seeweg** reisen/... Ab 4.41
die **Segel** hissen/aufziehen Ab 6.2
die **Segel** klarmachen Ab 6.2
die **Segel** streichen Gc 11.7
mit vollen **Segeln** auf ein/sein Ziel lossteuern/zusteuern/
  losgehen/... De 6.8
durchs Examen/durch die Prüfung **segeln** Cd 19.54
ist das der ganze **Segen**? Dd 10.28 Ia 2.18
es ist ein (wahrer) **Segen**, daß ... Da 9.7 Ga 13.9
meinen/... **Segen** hat er/sie/der Peter/...!
  Db 13.27
meinen **Segen** habt ihr Ed 3.19
auf etw. ruht kein **Segen** De 25.84
(jm.) seinen **Segen** (zu etw.) geben Db 13.26
es ist ein **Segen** Gottes, daß ... Da 9.7 Ga 13.9
ich seh' es noch wie heute Db 1.9
wenn ich den/die/den Ernst/... **sehe**, dann ... Eb 2.57
jm./e-r S./sich (täuschend) ähnlich **sehen** If 2.1
alles doppelt **sehen** Hd 6.25
etw. nicht gern **sehen** Db 14.14
alles grau in grau **sehen** Db 4.64
jn. lieber von hinten **sehen** Eb 2.23
laß dich/laßt euch/... hier/... (bloß/nur/...) nicht
  (mehr) **sehen**! Ab 7.32 Db 15.94
das/den/die möchte ich/möchten wir (doch) mal **sehen**
  Gc 1.4
sich an etw. (gründlich/richtig/...) satt **sehen** Hc 6.14
alles/nur noch schwarz **sehen** Db 4.64
jn./etw. noch (deutlich/genau/...) vor sich **sehen** Db 1.9
wir wollen/werden **sehen** Dd 4.18
sehen (müssen), wie man mit etw. fertig wird/aus e-r S.
  wieder herauskommt/... Ga 6.28
jetzt/dann/... muß/soll j. **sehen**, wie er (mit etw.) fertig
  wird/aus e-r S. wieder herauskommt/... Ga 6.28
soll der/die Klara/... doch alleine **sehen**, wie er/sie mit
  etw. fertigwird/... Fa 8.12
sich bemüßigt **sehen**, etw. zu tun Dd 9.9
sich genötigt **sehen**, jn. zu bestrafen/... Fa 21.16
es gern **sehen**, wenn .../daß ... Db 13.7
ich/j. möchte doch (mal) **sehen**, ob j. es wagt, zu .../...
  Db 6.19 Gc 1.4
den/die möchte ich/möchten wir (doch) mal **sehen**, der/
  die es wagt/... Gc 1.4

rot **sehen**, wenn ... Cb 15.13
sich veranlaßt **sehen**, etw. zu tun Dd 9.8
(wir) wollen doch mal **sehen**, wer hier zu bestimmen/sagen/... hat! Fa 19.35 Gc 1.5
jn./etw. zu **sehen** bekommen/kriegen Ac 6.61
erst **sehen**, dann glauben! Db 6.25
jn./sich (nur/...) vom **Sehen** (her) kennen Cd 17.5
jn./etw. nicht **sehen** können Eb 2.23
jn./etw. nicht mehr **sehen** können/wollen Hc 6.15
sich nicht/nicht mehr/... **sehen** lassen (in/bei/...) Ea 5.7
sich mal wieder **sehen** lassen (in/bei/...) Ea 5.7
sich **sehen** lassen können Ic 3.17 Ic 4.17
sich (mit jm./etw.) nicht/nicht mehr/... **sehen** lassen können (in/bei/...) Ea 12.22 Ic 7.21
vor **Sehnsucht** nach jm. vergehen/sich verzehren Ed 1.8
wie dem auch **sei** Ha 8.24
es **sei** denn, daß ... Dd 9.30
...(und) **sei** es auch nur, um/weil/wegen/... Dd 9.31
es **sei** dem, wie ihm wolle Ha 8.24
damit/mit etw. kann ich/er/der Peter/... keine **Seide** spinnen Ha 13.5
eine gute **Seide** miteinander spinnen Ec 1.10
keine gute **Seide** miteinander spinnen Ec 2.2
wie **Seife** schmecken Hd 4.57
wie **Seifenblasen** zerplatzen De 25.88
jm. geht ein **Seifensieder** auf Cd 1.30
des **Seilers** Tochter heiraten Ba 2.48
was darf/soll es **sein**? Fb 15.118
hier ist gut **sein** Ea 7.9
laß'/laßt/... (es) gut **sein**! Aa 8.14
das kann wohl **sein**? Ii 1.1
muß das **sein**? Db 15.41
ich/er/der Peter/... will/... mal nicht so **sein** Fb 10.4
an dem **sein**, was j. sagt/was j. behauptet/... Cc 13.19
nicht an dem **sein**, was j. sagt/was j. behauptet/... Db 21.5
etw. **sein** lassen Db 14.5
es (dann doch/...) **sein** lassen Db 14.5
es gut **sein** lassen Aa 8.14
Sein und Schein Cc 16.80
es/etw. hat nicht **sein** sollen/sollen sein Da 10.32 De 25.96
jedem das **Seine** Db 20.35
die **Seine** werden Ed 3.14
er und die **Seinen** Ed 6.4
den **Seinen** gibt's der Herr im Schlaf De 19.18
eine Frau zu der **Seinen** machen Ed 3.13
er und **seinesgleichen**/sie und ihresgleichen/... If 2.14
nur mit **seinesgleichen** umgehen/verkehren/... Cc 11.63
mit jm. wie mit **seinesgleichen** umgehen/verkehren/... If 1.1
jn. wie **seinesgleichen** behandeln If 1.1
js. schwache **Seite** sein Cb 13.37 Cd 4.25
js. starke **Seite** sein Cd 3.38
jn. auf seiner **Seite** haben Db 4.46 Ga 12.50
(auch) seine gute(n) **Seite(n)** haben Db 4.32
die juristische/technische/... **Seite** einer Sache/einer Angelegenheit/... Db 4.17
komm'/kommt/... mir/ihm/dem Gerd/... (nur/bloß) nicht von d e r **Seite** Gc 6.42
von der/dieser **Seite** kenne ich/... ihn/sie/(kennt j. jn.) gar nicht/... If 5.14
von der/dieser **Seite** haben wir/... ihn/sie/... noch nie erlebt/... If 5.14
von seiner/ihrer/... **Seite** haben wir keine Hilfe zu erwarten/kann man auf nichts zählen/... Ie 1.48

von seiner/deiner/... **Seite** (aus) geschieht nichts in der Sache/... Ie 1.48
von anderer **Seite** hört j./wird jm. erzählt/... Cd 15.14
von dritter **Seite** hört j./wird jm. erzählt/... Cd 15.14
auf der falschen/richtigen **Seite** fahren/gehen/... Ab 5.17
etw. kann/... von keiner **Seite** geleugnet werden/... Ia 4.6
von der mütterlichen/väterlichen **Seite** (her) Ed 6.12
etw. von einer neuen **Seite** (aus) betrachten/... Db 4.25
die stärkere/schwächere/... **Seite** unterstützen/... Db 4.45
von gut/wohl unterrichteter **Seite** hören/erfahren/... Cd 15.13
e-r S. die beste **Seite** abgewinnen Db 4.34
e-r S. eine neue **Seite** abgewinnen Db 4.33
jn. von der **Seite** angreifen Gc 4.67
jn. (dumm/blöd) von der **Seite** anreden/anquatschen/(...) Dc 5.7
jn. von der **Seite** ansehen/anschauen/angucken Cc 18.31 Hb 12.7
jn. auf seine **Seite** bringen Db 4.47
eine (ganz) neue **Seite** an jm./etw. entdecken Eb 1.1
jn. an/bei seiner schwachen **Seite** fassen/packen Gc 10.23
auf einer **Seite** gelähmt sein Bc 2.35
an der **Seite** seines Vaters/... gehen Ab 3.46
auf die **Seite** gehen Ab 3.27
nicht von js. **Seite** gehen Ga 12.47
zur **Seite** gehen Ab 3.27
sich an js. **Seite** halten Ab 3.46
zur stärkeren/schwächeren/... **Seite** halten Db 4.45
jn. von seiner schlechtesten/besten/... **Seite** kennenlernen Fa 1.9
von d e r **Seite** darfst du/darf er/...mir/ihm/... nicht kommen! Gc 6.42
jm. dumm/blöd von der **Seite** kommen Dc 5.7
wenn du/er/... mir/... von d e r **Seite** kommst/kommt/..., dann ... Gc 6.42
etw. auf die **Seite** legen/(schaffen) Fb 9.11
jn. auf die **Seite** nehmen (um mit ihm vertraulich zu sprechen/...) Dc 3.17
etw./alles/das Leben von der angenehmen/heiteren **Seite** nehmen Cb 2.3
etw./alles/das Leben von der leichten **Seite** nehmen Gb 4.26
an js. **Seite** rücken Ab 1.49
zur/auf die **Seite** rücken Ab 3.26
jn. auf die **Seite** schaffen Ba 4.5
sich auf js. **Seite** schlagen/stellen Db 4.42
Rechte/Vorteile/... auf js. **Seite** sehen Db 4.30
etw./die Dinge/... von der besten **Seite** sehen Db 4.34
Seite an Seite mit jm. stehen/arbeiten/kämpfen/... Ab 1.50 De 17.14
auf der einen **Seite** ... auf der anderen Seite ... Db 4.84
sich an js. grüne **Seite** setzen/(komm', kommen Sie/setz' dich/setzen Sie sich an meine/... grüne Seite!) Ab 1.48
an js. **Seite** sitzen Ab 1.45
jm. zur **Seite** sitzen Ab 1.45
(immer/...) auf der **Seite** des Stärkeren/Schwächeren sein/stehen Db 4.45
an js. **Seite** stehen Ga 12.46
auf js. **Seite** stehen Db 4.44
jm. zur **Seite** stehen Ga 12.14
dem/der/dem Maier/... kann sich j. nicht an die **Seite** stellen Ig 1.5
sich jm. (immer/unbedingt/...) an die **Seite** stellen wollen Cc 11.36 If 1.6

jn. in die **Seite** stoßen Dc 8.20
auf die **Seite** treten Ab 3.27
auf js. **Seite** treten Db 4.42
zur **Seite** treten Ab 3.27
nicht von js. **Seite** weichen Ga 12.47
sich von einer (ganz) anderen/neuen **Seite** zeigen If 5.13
sich von seiner/der besten/schlechtesten/. . . **Seite** zeigen
Fa 1.7
jn. auf die **Seite** ziehen (um ihm vertraulich . . .) Cc 17.1
jn. auf seine **Seite** ziehen Db 4.47
seine zwei **Seiten** haben Db 4.19
seine guten und seine schlechten **Seiten** haben Db 4.19
auf **Seiten** von/des/der/. . . Ie 1.50
nach allen **Seiten** auseinanderlaufen/. . . Ab 2.11
sich nach allen **Seiten** umsehen/. . . Ab 2.12
nach allen **Seiten** (hin) vorsorgen/. . . Db 4.15 Ie 1.51
sich jn./etw. von allen **Seiten** betrachten/. . . Db 4.14
von allen **Seiten** kommen/. . . Ab 2.9
etw. von allen **Seiten** sehen/. . . (müssen) Db 4.14
zu beiden **Seiten** des/der/. . . Ab 1.10
von **Seiten** des/der/. . . Ie 1.49
von verschiedenen **Seiten** auf etw. angesprochen werden
Cd 15.14
(sich) jn./etw. von allen **Seiten** (genau) ansehen/betrach-
ten Ac 6.20
(ganz) neue **Seiten** an jm./etw. entdecken Eb 1.1
auf beiden **Seiten** gelähmt sein Bc 2.35
sich die **Seiten** halten vor Lachen Cb 10.13
die angenehmen/schönen/. . . **Seiten** des Lebens genießen/
kennenlernen/. . . Hd 2.10
jn./etw. von allen **Seiten** mustern Ac 6.20
ein Buch/. . . ist 400/. . . **Seiten** stark/dick Cd 20.63
auf **Seiten** der Münchner/der Gegenpartei/. . . stehen
Db 4.44
etw. mit einem **Seitenblick** auf jn./(etw.) sagen/tun
Ac 6.15 Db 4.21
jm. einen (verstohlenen/verständnisvollen/. . .) **Seiten-
blick** zuwerfen Ac 6.13
jm. einen **Seitenhieb** verpassen/versetzen/geben Cb 13.2
seitens des/der/. . . Ie 1.49
sich einen **Seitensprung** erlauben/leisten Ed 4.6
einen **Seitensprung** machen Ed 4.6
sich **Seitensprünge** erlauben/leisten Ed 4.6
Seitensprünge machen Ed 4.6
Seitenstechen/Seitenstiche haben Bc 2.26
Seitenwege gehen Cc 6.11 If 6.5
eine **Sekunde** (bitte)! Dc 5.106
die Ehrlichkeit/der Anstand/. . . **selbst** sein Ic 1.12
j. ist (gar/überhaupt) nicht mehr er **selbst** If 5.16
(ganz) von **selbst** etw. tun Fa 25.2
(ganz) von **selbst** geschehen Fa 25.1
wie von **selbst** laufen/gehen/funktionieren/. . . De 19.11
etw. (nur/. . .) um seiner **selbst** willen tun Da 1.14
Hb 11.1
ein **Selbstbekenntnis** ablegen Dc 3.64
zur **Selbsthilfe** greifen Dd 7.18
das/etw. ist (ja) der reinste **Selbstmord**! De 12.16
Selbstmord begehen Ba 3.4
durch **Selbstmord** enden Ba 3.8
sich einer **Selbsttäuschung** hingeben Db 21.24
nach zwei/drei/. . . Gläsern/. . . schon **selig** sein Hd 6.34
bei meiner ewigen **Seligkeit**! Db 10.25
in die ewige **Seligkeit** eingehen Ba 2.10
in **Seligkeit** schwimmen Cb 2.9
(schon/. . .) ein älteres/höheres **Semester** (sein) Bb 2.8
semmelblond Ac 5.11
wie warme **Semmeln** weggehen/(abgehen) Fb 15.16

Sendepause haben Dc 2.1
mach/macht/. . . keinen langen **Senf**! Dc 1.24
j. muß (immer/unbedingt/. . .) seinen **Senf** dazutun/(da-
zugeben) Fa 7.7
sengen und brennen Ac 12.13
immer schön **senkrecht** (bleiben)! Gb 7.6
das einzig **Senkrechte** sein/tun Db 20.11
Sense! Aa 8.40
. . . und damit **Sense**! Aa 8.35
jetzt/dann/. . . ist **Sense** (mit etw.) Aa 8.34
bei jm./was jn. angeht/. . . ist **Sense** (mit jm./etw.)
Aa 8.40
von der **Sense** des Todes dahingemäht werden Ba 2.24
der **Sensenmann** hält reiche Ernte Ba 2.24
sensu lato Db 4.103
sensu strictu Db 4.102
in **Serie** gehen Fb 15.8
einen langen **Sermon** machen Dc 1.31
ein **Sesam**, öffne dich Fb 6.32
auf alles oder nichts **setzen** Gb 4.13
hoch/niedrig **setzen** Hd 9.6
etw. (wieder) instand **setzen** Ac 11.23
jn. matt/schachmatt **setzen** Gc 12.14
jn. über etw. **setzen** Fa 4.23
entweder . . ./. . . oder es **setzt** was! Cc 25.21
seufzen und klagen Cb 11.21
den letzten **Seufzer** tun/(ausstoßen) Ba 2.17
einen **Seufzer** der Erleichterung ausstoßen Ga 7.3
eine **Sexbombe** (sein) Ca 1.16
außer **sich** sein Cb 16.16
nicht/schon wieder/. . . bei **sich** sein Bc 4.8
für **sich** (allein) sein (wollen) Ea 3.3
unter **sich** sein/bleiben/. . . Ec 1.27
es (in letzter Zeit/. . .) (so) an **sich** haben, zu . . . Aa 4.9
etw. hinter **sich** haben Aa 8.17
es in **sich** haben De 20.23
j. hat so etwas/was an **sich** (was . . .) Ca 1.11
an **sich** . . . Db 4.93
an und für **sich** . . . Db 4.93
(so) (ganz) (allein) für **sich** dahinleben/leben/arbei-
ten/. . . Ea 3.6
(so) halb für **sich** (etw.) sagen/murmeln/. . . Dc 1.115
(ganz) von **sich** aus etw. tun Fa 25.3
(ganz) aus **sich** heraus etw. tun Fa 25.3
etw. vor **sich** hin reden/sagen/sprechen/. . . Dc 1.114
(etw.) vor **sich** hin singen/. . . Dc 10.3
sich (ganz) **sicher** sein Ih 1.1
. . ., da kannst du/könnt ihr/. . . **sicher** sein! Cc 25.18
Ih 1.6
sicher ist sicher! Gb 3.6
(schon/. . .) in **Sicherheit** sein Ab 8.6
mit nachtwandlerischer/schlafwandlerischer **Sicherheit**
etw. tun (können)/. . . Cd 3.24 Ic 3.27
mit tödlicher **Sicherheit** passieren/. . . Ih 1.10
sich in **Sicherheit** bringen Gc 5.4
sich/jn. in **Sicherheit** wiegen Gc 5.6
bei jm. geht/brennt die **Sicherung** durch Cb 17.10
bei jm. gehen/brennen die **Sicherungen** durch Cb 17.10
(schon/. . .) außer **Sicht** sein Ac 6.5
(schon/. . .) in **Sicht** sein Aa 6.6 Ac 6.1
heute/. . . ist (eine) gute/schlechte/. . . **Sicht** Ac 1.3
von . . . hat man/j. eine hervorragende/. . . **Sicht** Ac 6.68
auf kurze **Sicht** Aa 1.70
auf lange **Sicht** Aa 1.71
auf längere **Sicht** Aa 1.71
(allmählich/. . .) in **Sicht** kommen Ac 6.1
(schon/. . .) außer **Sichtweite** sein Ac 6.5

eine **Sie** Ed 5.5
jn. mit **Sie** anreden Ec 1.3
wie ein **Sieb** durchlöchert sein Ba 5.3
etw. (zu) tun ist dasselbe/das gleiche wie mit dem/einem
  Sieb Wasser schöpfen De 28.11
eine böse **Sieben** sein Cc 8.9
mit **Siebenmeilenstiefeln** kommen/marschieren/...
  Aa 14.27
Siebenmeilenstiefel anhaben Aa 14.27
seine **Siebensachen** beisammen/zusammen haben Ia 2.20
seine **Siebensachen** zusammenpacken (und abhauen/ab-
  schieben/gehen/...) Ab 7.21
auf dem **Siedepunkt** ankommen/angelangt sein/...
  Aa 6.46 Cb 16.12
Siesta halten De 22.13
ein teuer erkaufter **Sieg** Gc 12.21
den **Sieg** davontragen (über jn.) Gc 12.7
der **Sieg** heftet sich an js. Fahnen Gc 12.7
den **Sieg** an seine Fahnen heften Gc 12.7
einer Urkunde/... das **Siegel** aufdrücken Cd 20.14
e-r S. das **Siegel** aufdrücken Fa 9.1
jm. etw. unter dem **Siegel** der Verschwiegenheit erzäh-
  len/... Dc 3.16
etw. mit sieben **Siegeln** verschließen Ic 9.12
als **Sieger** auf dem Plan bleiben Gc 12.7
als **Sieger** aus einem Wettbewerb hervorgehen Gc 12.9
die **Siegespalme** erringen Gc 12.8
sieh mal (einer) an! Da 7.6
sieh mal einer guck! Da 7.6
... und **siehe** da, ... Dc 5.147
das/etw. **sieht** dir/ihm/dem Peter/... ähnlich Ic 1.2
so **siehst** du/sieht er/(der Peter)/... aus! Db 15.58
du/er/die Margret/... **siehst**/sieht/... mir gerade danach
  aus (daß ...)! Db 15.80
das/etw. **sieht** ja finster aus Da 10.15
das **sieht** man gern! Db 13.40
vor lauter/reiner Wut/... **sieht** j. (gar/überhaupt) nichts
  mehr Cb 17.13
die Tasche/... **sieht** er/... nie/nicht wieder Ab 11.13
in den **Sielen** sterben Ba 2.40
das **Signal** zum Angriff/... geben Gc 4.55
das **Signal** zum Aufbruch geben Ab 7.1
keine **Silbe** Englisch/Deutsch/... sprechen/verste-
  hen/... Cd 19.35
jm. keine (einzige) **Silbe** von etw. verraten/... Dc 2.18
etw. mit keiner (einzigen) **Silbe** erwähnen/andeuten/...
  Dc 2.17
keine **Silbe** verstehen von etw. Cd 2.18
einen **Silberstreifen** am Horizont sehen/... Db 7.6
als da **sind**? Db 4.96
ich sehe jn./einige/... die nicht da **sind** Ia 4.5
j. kann einen Text/... schon **singen** Cd 15.37 Ic 3.3
da/hier/dabei/bei etw./... hilft kein **Singen** und kein Be-
  ten Gb 7.11
singen und klingen Dc 9.11
moralisch **sinken** Cc 6.31
tief **sinken** Cc 6.31
(ganz) im **Sinn(e)** einer Person/e-r S. sein Db 13.13
gar nicht/überhaupt nicht/... im **Sinn(e)** einer Person/e-r
  S. sein Db 14.12
(ganz/...) nach js. **Sinn** sein Db 13.13
gar nicht/überhaupt nicht/... nach js. **Sinn** sein
  Db 14.12
ein ... im besten **Sinn** sein Db 4.106 Ic 1.5
ein ... im wahren **Sinn** sein Ic 1.4
(schon/...) (einen/seinen) **Sinn** haben Ha 14.1
keinen **Sinn** haben Ha 15.1

(viel/...) **Sinn** für jn./etw. haben Cd 1.2
wenig/keinen/... **Sinn** für jn./etw. haben Cd 2.40
etw. im **Sinn** haben Dd 3.3
mit jm./etw. viel/... im **Sinn** haben Hc 3.5
mit jm./etw. wenig/nicht viel/... im **Sinn** haben Hc 5.4
etwas/nichts Gutes/Böses/... im **Sinn** haben Dd 3.34
einen sechsten **Sinn** für etw. haben Cd 1.6 Cd 3.21
im bildlichen **Sinn** Db 4.105
in diesem **Sinn** (weitermachen/etw. vorantreiben/...)
  Db 4.99
im eigentlichen **Sinn** Db 4.104
im engen **Sinn** Db 4.102
(einen Terminus/ein Wort/...) in gutem **Sinn** (meinen/
  gebrauchen/...) Db 4.108
im strengen **Sinn** Db 4.91
im übertragenen **Sinn** Db 4.105
im weiten **Sinn** Db 4.103
im wörtlichen **Sinn** Db 4.104
in js. **Sinn** handeln/reden/... Db 13.13
das/so eine Idee/... käme ihr/dem Peter/... nicht/
  nie/... in den **Sinn** Db 3.9
(plötzlich/...) kommt es jm. in den **Sinn**, etw. zu tun
  Db 3.2
nach dem **Sinn** des Vertrages/... Db 4.110
jm. steht der **Sinn** nicht nach etw./danach, etw. zu tun
  Hc 2.6
etw. dem **Sinn** nach erfüllen Db 4.111
(schon/...) (einen) **Sinn** geben Ha 14.1
keinen **Sinn** geben Ha 15.1
jm. nicht aus dem **Sinn** gehen/kommen Db 1.6
jm. (immer wieder/...) durch den **Sinn** gehen Db 1.5
den **Sinn** des Gesetzes erfüllen Db 4.112
js. **Sinn** steht nach Höherem De 7.4
jm. ganz aus dem **Sinn** kommen Db 2.1
laß (es) dir/laßt (es) euch/... (ja/nur/bloß) nicht in den
  Sinn kommen, etw. zu tun Db 3.8
tun, was jm. (gerade) in den **Sinn** kommt Dd 8.26
etw. sagen/reagieren/..., wie es einem (gerade) in den
  Sinn kommt Dd 8.26
Sinn machen Ha 14.2
keinen **Sinn** machen Ha 15.2
dem **Sinn** des Vertrages/... nach Db 4.110
das/etw. ist nicht der **Sinn** der Sache Db 4.109
sich etw. aus dem **Sinn** schlagen können/müssen/...
  Db 2.12
etw. ohne **Sinn** und Verstand sein/tun Ha 15.4
Sinn und Verstand haben Ha 14.3
weder **Sinn** noch Verstand haben Ha 15.3
etw. mit **Sinn** und Verstand tun De 10.5
jm. nicht aus dem **Sinn** wollen Db 1.6
jm. nicht in den **Sinn** wollen Cd 2.38
(ein ...) im besten **Sinn** des Wortes (sein) Db 4.107 Ic 1.5
(ein ...) im wahren **Sinn** des Wortes (sein) Ic 1.4
(ein ...) im wahrsten **Sinn** des Wortes (sein) Ic 1.4
ein Leben/... ohne **Sinn** und Zweck Ha 15.7
Sinn und Zweck e-r S. ist .../ist es, ... Dd 3.38
jm. schwinden/vergehen die **Sinne** Bc 4.2
du hast/er hat/der Heinz hat/... wohl seine fünf **Sinne**
  nicht/nicht recht beisammen/zusammen? Cd 12.12
seiner (fünf) **Sinne** nicht/nicht mehr mächtig sein
  Cb 16.17 Cd 12.33
die **Sinne** verlieren Bc 4.3
endlich/... seine fünf **Sinne** zusammennehmen und ...
  De 10.3
(wohl) nicht (ganz) bei **Sinnen** sein Cd 12.1
(vor Wut/...) (ganz) (wie) von **Sinnen** sein Cb 16.17
ich bin doch nicht/der ist doch nicht/... von **Sin-**
  nen! De 10.7

js. ganzes **Sinnen** und Trachten richtet sich/war gerichtet auf/geht auf/richtet sich darauf, etw. zu tun Dd 3.11
eines **Sinnes** sein (mit jm.) (in e-r S.) Db 16.2
gleichen **Sinnes** sein (wie j.) Db 16.2
leichten **Sinnes** etw. tun Gb 4.32
ander(e)n **Sinnes** werden Db 11.2
einen **Sinneswandel** vollziehen Db 11.1
er/sie und seine/ihre/die ganze **Sippe** Ed 6.5
er/sie und seine/ihre/die ganze **Sippschaft** Ed 6.5
etw. ist eine **Sisyphusarbeit** De 20.28 De 28.13
die **Sitten** und Gebräuche Aa 4.22
gegen die guten **Sitten** verstoßen Ea 12.21
sich über jn. zum **Sittenrichter** aufwerfen/machen Db 19.41
in einer ausweglosen **Situation** (sein) Ga 4.23
die **Situation** beherrschen Ga 6.50
jn./etw. in eine unangenehme/mißliche/verzwickte/... **Situation** bringen Ga 4.7
die **Situation** retten Ga 6.39
sich in js. **Situation** versetzen Cd 1.48
seinen **Sitz** in ... haben Fa 4.36
sich von seinem **Sitz** erheben Ab 3.24
in einer Organisation/... **Sitz** und Stimme haben Dd 6.47 Fa 11.32
mit **Sitz** und Stimme vertreten sein/... Fa 11.32
so wahr ich hier **sitze**! Db 10.24
sitzen Cc 20.85
beim Bier/Wein/... **sitzen** Hd 6.2
über einen Roman/... **sitzen** Cd 20.37
wie angegossen **sitzen** Ca 1.67
tief **sitzen** (bei jm.) Fa 9.6
jn. dick **sitzen** haben Cb 14.13
(ganz schön) einen **sitzen** haben Hd 6.17
sitzen bleiben Cd 19.25
auf etw. **sitzen** bleiben Fb 15.17
(zufällig/...) neben jn. zu **sitzen** kommen Ab 1.46
jn. **sitzen** lassen Ed 4.15
jn. auf etw. **sitzen** lassen Fb 15.18
einen solchen Vorwurf/... nicht auf sich **sitzen** lassen (können) Gc 6.10
sich von den/seinen **Sitzen** erheben Hd 10.16
kein **Sitzfleisch** haben Aa 15.24
das/eine Bemerkung/ein Hieb/... **sitzt**/saß/hat gesessen Cb 13.41
ein (richtiges/wandelndes) **Skelett** sein Ca 4.16
ein **Sklave** seiner Geliebten/seiner Leidenschaften/... sein/werden Cc 6.1
sich zum **Sklaven** seiner Geliebten/seiner Leidenschaften/... machen Cc 6.1
ein **Sklavenleben** führen/haben Fb 7.17
ach/ah **so**! Cd 1.51
das/etw. ist nun einmal/mal **so** Ih 3.14
nur **so**. Dc 5.128
das/etw. wird nun einmal/mal **so** gemacht/... (und nicht anders) Dd 7.23 Ih 3.15
gerade mal **so** über die Runden kommen/... Ic 7.6
bald **so**, bald anders/so Db 12.18
(ein)mal **so** (und) (ein)mal anders/so Db 12.18
mal **so**, mal anders/so Db 12.18
heute **so** und morgen anders/so Db 12.18
das/etw. ist **so** und nicht anders! Ih 3.14
das/etw. wird **so** und nicht anders gemacht/... Dd 7.22 Ih 3.15
so bald wie/als möglich Aa 1.79
(nein) **so** nicht! Db 15.25
so oder so Ih 1.21
(das macht/...) der eine **so** (und) der andere so Dd 6.36

entweder **so** oder so! Dd 6.37
etw. **so** oder so (nicht) tun/sein Ha 8.25
na, **so** was/(etwas)! Da 7.8
nein, **so** was/(etwas)! Da 7.8
die high **society** Fa 5.2
von den/(allen) **Socken** sein Da 4.3
mit qualmenden **Socken** daherrennen/angerannt kommen/... Aa 14.25
sich auf die **Socken** machen Ab 7.6
Sodoma und Gomorra Cc 7.23
einen starken **Sog** auf jn. ausüben Ca 1.11
in den **Sog** einer schlechten Gesellschaft/der Stadt/... geraten Cc 6.19
eine kesse **Sohle** aufs Parkett legen Hd 8.3
auf leisen **Sohlen** herangeschlichen kommen/sich davonschleichen/... Cc 17.14
sich an js. **Sohlen** heften Ab 9.9
sich die **Sohlen** wundlaufen (um etw. zu bekommen/...) Ab 12.4
der größte/bekannteste/berühmteste/... **Sohn** der Stadt/seiner Heimatstadt/... Cd 17.3
jn. wie einen/seinen **Sohn** behandeln/lieben/... Eb 1.19
jn. wie einen (verlorenen) **Sohn** aufnehmen/... Ea 7.15
sich um jn. wie um den eigenen **Sohn** kümmern/... Ea 7.15
der **Sohn** des Hauses Ed 5.6
ganz der **Sohn** seines Vaters sein If 2.7
e-e S. als **solche** Da 1.16
... und **solche**, die es (einmal) werden wollen De 15.88 De 24.62
in js. **Sold** stehen Gc 4.18
unter die **Soldaten** gehen Gc 4.2
solide sein/leben Id 1.12
solide werden Id 1.13
was **soll** j. mit etw.? Ha 13.1
dich/die/den Peter/... **soll** doch ...! Cb 19.16
da **soll** doch ...! Cb 19.7
sein **Soll** erfüllen Cc 5.4
Soll und Haben Fb 15.124
ganz **solo** sein Ea 3.19
sich zu einem **Solo** aufraffen/... Hd 8.8
mitten im **Sommer** Ac 1.26
Sommer wie Winter Aa 3.17
in die **Sommerfrische** fahren/gehen Ab 4.40
sommers wie winters Aa 3.17
ein Schelm/ein Schurke/ein Verbrecher/ein gerissener Hund/ein gerissener Lügner/... **sondergleichen** sein Cc 7.7 Ic 7.26
eine **Sonderstellung** einnehmen in/bei/... Fa 4.7
an **Sonn**- und Feiertagen Aa 3.3
geh'/geht/... mir/ihr/der Klara/... (mal/...) aus der **Sonne**! Ac 6.58
jm. lacht die **Sonne** Da 9.9
endlich/heute/... lacht die **Sonne** (mal wieder/...) Ac 1.22
der Glücklichste/glücklichste Mensch/... unter der **Sonne** sein Ac 2.9
sich von der **Sonne** braten lassen De 14.35
(dasitzen/daliegen/... und) sich die **Sonne** aufs Fell/auf den Panz brennen lassen De 14.35
(die) **Sonne** im Herzen haben Cb 6.3
die **Sonne** steht hoch am Himmel Ac 1.28
die **Sonne** steht im Mittag Ac 1.28
die **Sonne** steht im Scheitel ihrer Bahn Ac 1.28
die **Sonne** bringt es/etw. an den Tag Dc 3.110
die **Sonne** steht im Zenit Ac 1.28
bei/vor/nach **Sonnenaufgang** Aa 1.28

ein **Sonnenbad** nehmen De 14.35
einen **Sonnenbrand** kriegen/bekommen/haben Bc 2.12
das/etw. ist doch **sonnenklar**! Ih 1.17
ein kleiner/richtiger/... **Sonnenschein** sein Cb 6.4
auf der **Sonnenseite** des Lebens stehen Da 9.15
du hast/die Marlies hat/... wohl einen **Sonnenstich**?!
Cd 12.5
pünktlich wie die **Sonnenuhr** (sein) Aa 18.2
genau so/anders sein/... wie/als **sonst** Aa 1.8
im **Sonntagsstaat** erscheinen/... Ca 1.51
in **Sorge** sein um jn./etw. Cb 3.31
das/etw. laß'/laßt/... (mal/man/nur) meine/seine/ih-
re/... **Sorge** sein! Db 15.34 Fa 7.17
wie/ob/..., das laß'/laßt/... (mal/man/nur) meine/sei-
ne/ihre/... **Sorge** sein! Db 15.34 Fa 7.17
das/etw. soll/(braucht) nicht js. **Sorge** sein Db 15.34
Fa 7.17
wie/ob/..., das soll nicht js. **Sorge** sein Db 15.34 Fa 7.17
das/etw. ist meine/seine/... geringste **Sorge** Ha 5.32
wenn das deine/seine/Karls/... einzige **Sorge** ist!
Ha 5.33
keine **Sorge**! (das geht schon in Ordnung/das erledigt j.
schon/...) Db 15.38
jm. **Sorge** machen Cb 3.35
sich **Sorge(n)** machen (um jn./etw.) Cb 3.31
(viel) **Sorge** und Mühe (mit jm./etw.) haben Cb 3.32
für etw. **Sorge** tragen Dd 11.22
du hast/sie hat/der Paul hat/... (vielleicht) **Sorgen**!
Ha 5.33
sonst hast du keine **Sorgen**? Ha 5.33
deine/seine/... **Sorgen** möchte ich/möchte er/... haben
Ha 5.33
aller **Sorgen** ledig sein Ga 7.6
sich **Sorgen** machen (um jn./etw.) Cb 3.31
js. **Sorgenkind** sein Cb 3.74
es an der nötigen **Sorgfalt** fehlen lassen Ic 11.4
ein Gauner/Lügner/Angeber/... der übelsten **Sorte**
Cc 7.7 Ic 7.27
nicht von der **Sorte** sein, die ... Cc 4.4
nicht zu der **Sorte** gehören (die ...) Cc 4.4
... in allen **Sorten** und Preislagen Fb 15.79
soso Ic 5.15
soso lala Ic 5.15
der Herr/die Frau/... **Soundso** Ia 8.10
soviel steht fest/ist gewiß/kann man schon sagen/...
Ih 1.3
dreimal/viermal/... **soviel** wie ... Ib 1.50
soweit sein Aa 8.5
sowieso Ih 1.21
etw. **sowieso** (nicht) tun/sein Ha 8.25
sowohl als auch Ib 1.41
Spalier stehen/(bilden) Ea 7.23
einen **Spalt** breit öffnen/offen stehen Ia 3.29
mach'/macht/... keine **Späne**! Dc 1.26
arbeiten/rangehen/... daß die **Späne** (nur so) fliegen
De 12.9
seine Hoffnungen/Erwartungen sehr hoch/zu hoch **span-
nen** Da 3.14
keine **Spannkraft** (mehr) haben Cb 3.19
es fehlt jm. die (nötige) **Spannkraft** (um zu ...) Cb 3.19
hier hast du/...... Mark/... für die **Sparbüchse** Fb 9.19
eisern **sparen** Fb 9.10
das/den Besuch/etw. zu tun/... kann/sollte sich j. **sparen**
Db 15.29
etw. auf **Sparflamme** halten Fb 15.80
einen **Sparren** zuviel im Kopf haben Cd 12.6
Geld/... in den **Sparstrumpf** stecken Fb 9.12

ein teurer **Spaß** sein Fb 12.2
... zu .., das ist kein **Spaß** De 20.21
etw. (nur/..) aus/zum **Spaß** tun/sagen Cb 9.20
es macht jm. keinen **Spaß**, etw. zu tun Hc 5.4
wenn ..., dann hört aber der **Spaß** auf! Cc 25.15
(jetzt/...) **Spaß** beiseite! Cc 13.22
seinen **Spaß** daran haben, etw. zu tun Cb 2.39
aus dem **Spaß** wird bitterer Ernst Cb 9.25
(doch/...) (nur/bloß/...) **Spaß** machen Cb 9.20
jm. (großen/viel/...) **Spaß** machen, etw. zu tun Hc 3.3
sich den **Spaß** machen, etw. zu tun Cb 9.1
sich einen **Spaß** daraus machen, etw. zu tun/aus etw. ma-
chen Cb 9.1
sich einen **Spaß** daraus machen, jn. zu ärgern/... Hc 3.39
seinen **Spaß** mit jm./etw. treiben Cb 9.11
aus (lauter) **Spaß** und Tollerei etw. tun Cb 9.21
Spaß verstehen (in e-r S.) Cb 9.24
keinen **Spaß** verstehen (in e-r S.) Cb 12.5 Fa 19.7
Spaß vertragen (in e-r S.) Cb 9.24
keinen **Spaß** vertragen (in e-r S.) Cb 12.5
(mal wieder/...) seine **Späßchen** machen Cb 8.10
seine **Späßchen** mit jm./etw. treiben Cb 9.11
mit jm. ist nicht zu **spaßen** Cb 6.17 Fa 19.4
nicht mit sich **spaßen** lassen Fa 19.4
besser **spät** als nie Aa 1.78
(also dann/...) auf **später**! Ea 9.12
(also dann/...) bis **später**! Ea 9.12
wie ein **Spatz** essen Hd 4.39
lieber einen/einen **Spatz(en)** in der Hand als eine/die Taube
auf dem Dach Gb 3.9
das/etw. pfeifen die **Spatzen** (doch schon/...) von den Dä-
chern/von allen Dächern/(vom Dach) Cd 17.41
er/der Herbert/... hat wohl/bestimmt/... **Spatzen** unter
dem Hut! Cd 12.30
(aber auch) ein **Spatzenhirn**/Spatzengehirn haben
Cd 10.13
ein/der Leiter/Chefarzt/Pianist/... in **spe** Aa 1.96
sub **specie** aeternitatis Db 4.11
ran an den **Speck**! Aa 7.32
Speck ansetzen Ca 4.2
(anständig/...) **Speck** drauf/auf den Knochen haben
Ca 4.7
mit **Speck** fängt man Mäuse Cc 16.71
Speck auf den Rippen haben Ca 4.7
einen (regelrechten/...) **Speckbauch** haben/kriegen/...
Ca 4.4
Speis und Trank Hd 4.89
nach der **Speisekarte** essen Hd 4.82
es wird jm. **speiübel** bei etw./wenn ... Cc 32.1
das/es gibt **Spektakel** Dc 18.10
Spektakel machen Dc 9.6 Gc 6.27
wer ist der edle **Spender**? Fb 10.5
darf man fragen, wer der edle **Spender** ist? Fb 10.5
(heute/...) die **Spendierhosen** anhaben Fb 10.2
lieber einen/den **Sperling** in der Hand als eine/die Taube
auf dem Dach Gb 3.9
er/der Herbert/... hat wohl/bestimmt/... einen **Sperling**
unter dem Hut! Ea 12.30
(immer/nur/...) in höheren **Sphären** schweben Da 3.1
... im **Spiegel** der Presse/der jüngsten Veröffentlichun-
gen/... Db 4.71
guck'/guckt/sieh'/seht/... (selbst/selber) mal in den **Spie-
gel**! Cc 25.43 Db 15.88
schau' dich/schaut euch/... (selbst/selber) mal in den **Spiegel**
an! Cc 25.43 Db 15.88
steck' dir/steckt euch/... das/... hinter den **Spiegel**!
Cc 24.2 Db 1.17

jm. einen/den **Spiegel** vorhalten/vors Gesicht halten
    Cc 24.62
Spiegelfechtereien treiben Cc 16.4
da/so **spiel'** ich/spielt er/... nicht mit Db 15.25
ein **Spiel** sein (für jn.) De 19.8
ein abgekartetes **Spiel** sein Cc 16.73
mit im **Spiel** sein De 17.7
freies **Spiel** haben Fa 23.17
gewonnenes **Spiel** haben (bei jm./etw.) Ig 1.21
(ein) leichtes **Spiel** (mit/bei jn./bei etw.) haben Fa 10.26
jetzt/... beginnt/... das alte **Spiel** (von neuem/...)
    Aa 4.13
es/heute/... steht alles/... auf dem **Spiel** De 13.65
etw. (nur/...) als **Spiel** auffassen/ansehen/betrachten
    Ha 5.9
aus dem **Spiel** bleiben De 17.9 Ha 2.14
jn./etw. ins **Spiel** bringen De 17.5 Ha 1.2
js. **Spiel** durchschauen Cd 9.2
etw. (zu) tun ist ein **Spiel** mit dem Feuer Gb 4.36
ins **Spiel** kommen De 17.6 Ha 1.5
das freie **Spiel** der Kräfte Fb 15.123
jn./etw. aus dem **Spiel** lassen De 17.10 Ha 2.2
das **Spiel** machen Gc 12.6
ein **Spiel** der Natur Dd 8.22
das/ein **Spiel** des Schicksals Gb 4.37
alles aufs **Spiel** setzen Gb 4.13
Spiel im Spiel (sein) Hd 10.14
js. **Spiel** spielen Db 16.42
ein doppeltes **Spiel** (mit jm.) spielen/treiben Cc 16.40
ein falsches **Spiel** (mit jm.) spielen Cc 16.41
ein gewagtes/riskantes/gefährliches/(...) **Spiel** spielen
    Gb 4.4
ein offenes/ehrliches **Spiel** spielen Dc 3.60
ein übles **Spiel** mit jm. spielen/treiben Cc 16.46
auf dem **Spiel** stehen Ha 1.7
sein **Spiel** mit jm. treiben Cc 16.46
ein falsches **Spiel** (mit jm.) treiben Cc 16.41
ein übles/grausames **Spiel** mit jm. treiben/spielen
    Cb 3.14
das **Spiel** zu weit treiben Id 2.15
jm. das/sein **Spiel** verderben Hb 4.22
dem **Spiel** (regelrecht/...) verfallen sein Hd 9.1
ein **Spielball** in js. Hand/Händen sein Fa 13.13
ein **Spielball** der Wellen sein Ab 6.8
jetzt/... beginnt/... das alte **Spielchen** (von neuem/...)
    Aa 4.13
js. **Spielchen** durchschauen Cd 9.2
sein **Spielchen** mit jm. treiben Cc 16.46
das **Spielchen** zu weit treiben Id 2.15
jm. das/sein **Spielchen** verderben Hb 4.22
den großen Interpreten/den Beleidigten, ... **spielen**
    Cc 11.22
hoch **spielen** Gb 4.4
vabanque **spielen** Gb 4.5
sein Geld/seine Beziehungen/seinen Einfluß **spielen** las-
    sen Fa 6.19
sich etw. **spielend** aneignen/... Cd 19.3 De 19.8
etw. **spielend** lernen Cd 19.3
Spielraum haben Fa 23.14
freien **Spielraum** haben Fa 23.15
jm. (einen gewissen/...) **Spielraum** geben/gewähren
    Fa 23.20
jm. freien **Spielraum** lassen/geben/gewähren Fa 23.21
(so,) genug des grausamen **Spiels**! Aa 8.39
da/bei dem Karl/... spielt sich nichts ab De 28.15
vom **Spielteufel** besessen sein Hd 9.1
in jn. ist der **Spielteufel** gefahren Hd 9.2

den **Spielteufel** im Leib haben Hd 9.1
den lieben langen Tag/die ganze Nacht/... am **Spieltisch**
    sitzen/verbringen Hd 9.3
schreien/brüllen/... wie am **Spieß**/als ob man am Spieß
    steckte/stecken würde/stäke Dc 9.2
schreien/brüllen/..., als ob man am **Spieß** steckte/stek-
    ken würde/stäke Cb 11.22
den **Spieß** umdrehen/umkehren Gc 6.36
den **Spieß** gegen jn. wenden/kehren Gc 6.36
Spießruten laufen Fa 15.18
wie kommt **Spinat** aufs Dach? Fa 3.10
spindeldürr (sein) Ca 4.16
spinnen Cd 12.1
(der) **spiritus** rector (e-r S.) (sein) Aa 7.9
es/etw. steht auf **Spitz** und Knopf Ih 4.14
(einfach) **Spitze** sein Ic 4.10
einsame **Spitze** sein Ic 4.11
eine Bemerkung/... ist eine **Spitze** gegen jn./etw.
    Db 19.34
e-r S. die **Spitze** abbrechen Gc 6.40
jm. die **Spitze** bieten Gc 6.16
die **Spitze** halten Ig 3.3
e-r S. die **Spitze** nehmen Gc 6.40
an der **Spitze** stehen/sein/liegen Ig 3.1
es/die Dinge/eine Diskussion/... auf die **Spitze** treiben
    Id 2.8
Spitzenklasse sein Ic 4.12
etw. **spitzkriegen** Cd 15.8
einen kleinen **Spleen** haben Cd 12.28
du hast/er hat/der Peter hat/... ja einen **Spleen**!
    Cd 12.28
den **Splitter** im Auge/(in den Augen) des/der ander(e)n
    sehen, aber nicht den Balken im eigenen/(in den eige-
    nen) Cc 31.6
splitterfasernackt Ed 9.1
splitternackt Ed 9.1
(einem Pferd) die **Sporen** geben Ab 3.66
sich (erst einmal/...) die **Sporen** verdienen (müssen) (in/
    bei...) Cd 24.7 De 15.14
sich einen **Sport** daraus machen, jn. zu ärgern/...
    Hc 3.39
seinen **Spott** über jn./etw. ausgießen Db 19.31
jm. zum **Spott** dienen Db 19.53
nur/bloß/nichts als **Spott** ernten Db 19.50
nur/bloß/nichts als **Spott** und Hohn ernten Db 19.50
jn./etw. dem **Spott** der Leute/... preisgeben Db 19.32
seinen **Spott** mit jm. treiben Cc 16.47 Db 19.35
etw. zu einem/für einen **Spottpreis** kaufen/bekommen/
    verkaufen/... Fb 13.2
nun/... (mal/...) heraus mit der **Sprache**! Dc 3.103
die Tatsachen/... sprechen eine deutliche/harte/... **Spra-**
    che Dc 3.96
etw. verschlägt jm. die **Sprache** Da 5.6
etw. zur **Sprache** bringen Dc 3.5
die **Sprache** auf etw. bringen Dc 3.5
eine kühne **Sprache** führen Iv 1.99
nicht mit der **Sprache** herausrücken/herausrücken wol-
    len/herauswollen Dc 4.1
zur **Sprache** kommen Dc 3.95
eine andere **Sprache** sprechen (als j.) Cd 2.45
dieselbe/die gleiche **Sprache** sprechen wie j. Eb 1.29
eine deutliche **Sprache** sprechen/reden (mit jm.)
    Cc 24.25 Dc 3.39
die **Sprache** verlieren Dc 2.11
jm. bleibt die **Sprache** weg Da 5.6
die **Sprache** wiederfinden Dc 1.129
(zwei) verschiedene **Sprachen** sprechen Eb 2.15

in sieben **Sprachen** schweigen Dc 2.16

(ganz einfach/völlig/...) **sprachlos** sein Da 5.6

js. **Sprachrohr** sein Db 16.34

Sprachrohr von jm./e-r S. sein Hb 3.26

sich zu js. **Sprachrohr** machen Db 16.35

sich zum **Sprachrohr** e-r S. machen Hb 3.27

für etw. **sprechen** Db 13.28

frei **sprechen** Dc 1.145

für sich (selbst) **sprechen** Dc 3.99

vor sich hin **sprechen** Dc 1.114

gut/... auf jn./etw. zu **sprechen** sein Eb 1.4

schlecht/... auf jn./etw. zu **sprechen** sein Eb 2.21

heute/in letzter Zeit/... nicht gut/schlecht zu **sprechen** sein Cb 5.3

(heute/...) nicht zu **sprechen** sein (für jn.) Cb 5.3 Ea 7.35

jn. zum **Sprechen** bringen Dc 3.81

auf jn./etw. zu **sprechen** kommen Dc 3.5

wir **sprechen** uns noch! Cc 25.12

die **Spreu** vom Weizen trennen/sondern/scheiden If 3.6

etw./alles/vieles/einiges/... **spricht** für etw./dafür, daß ... Db 13.28

nichts/... **spricht** für/dafür daß ... Db 14.22

etw./alles/vieles/einiges/... **spricht** gegen/dagegen, daß ... Db 14.23

noch eben/... zum Bäcker/... **springen** (müssen/...) Aa 14.46

jn. nur für sich/für seine persönlichen Angelegenheiten/... **springen** lassen Fa 10.23

Geld/ein paar Pfennige/... **springen** lassen Fb 10.3

ein (junger) **Springinsfeld** Cd 24.1

bei der kleinsten Andeutung/wenn j. mit dem kleinen Finger winkt/... (dann/da) **springt** j. (schon) Fa 15.6

es **springt** da/bei etw. allerhand/viel/... (für jn.) raus/heraus De 27.2 Hb 13.10

jm. eine **Spritze** (in Höhe von ... Mark) geben/verpassen Fa 6.34

eine **Spritze** kriegen/bekommen Fa 6.37

die oberste(n) **Sprossen** erreichen/... De 24.20

auf einer der unteren/... **Sprossen** (auf) der Leiter (zum Erfolg/...) stehen Fa 4.22

ein weiser **Spruch**! Cd 7.20

(nur/bloß/...) dumme/leere/nichtssagende/... **Sprüche** sein Dc 1.62

(mal wieder/...) **Sprüche** klopfen Dc 1.63

jn. mit leeren/nichtssagenden/... **Sprüchen** abspeisen Dc 1.28

jm. mit dummen/nichtssagenden/... **Sprüchen** kommen/(...) Dc 1.62

sein **Sprüchlein** hersagen/herunterleiern/... Dc 1.6

noch nicht **spruchreif** sein Aa 9.1

(schon/...) auf dem **Sprung** sein Aa 15.10

es ist (nur) ein **Sprung** (bis .../nach .../...) Ab 1.18

js. Gedanken machen einen **Sprung** Dc 5.38

(nur) auf einen **Sprung** bei jm. vorbeikommen/hereinschauen/... Aa 14.21

einen (richtigen/kräftigen/...) **Sprung** machen Aa 6.38

einen (großen/...) **Sprung** (nach vorn/vorwärts/nach oben/...) machen Aa 6.38

(so) **Sprung** auf, marsch, marsch! Aa 7.33

(immer/schon/...) auf dem **Sprung** stehen/sein (müssen) Aa 15.10 De 11.10

ein **Sprung** ins Ungewisse/Dunkle (sein) Aa 6.86

etw./eine Stellung/... als **Sprungbrett** (für eine andere Stellung/...) benutzen/... De 24.19

jm. auf die **Sprünge** helfen Ga 12.64

jm. auf die **Sprünge** kommen Cd 9.3

keine großen **Sprünge** machen können (mit/von etw.) Fb 7.3

ich **spuck(e)**/er spuckt/... auf etw. Db 15.28

jm. bleibt die **Spucke** weg Da 5.6

mach'/macht/... keinen **Spuk**! Dc 1.26

mach'/macht/... nicht soviel **Spuk** (darum)! Dc 1.26

wie ein **Spuk** verflogen sein Da 3.27

der (ganze) **Spuk** ist wie verflogen Da 3.27

ein junger **Spund** Bb 1.2 Cd 24.1

(jm./e-r S.) auf der **Spur** sein Ab 9.5

auf der falschen **Spur** sein Cc 16.56

auf der richtigen **Spur** sein Db 20.7

es fehlt jede **Spur** (von jm./etw.) Ab 10.9

keine/nicht die **Spur** von Fleiß/Takt/Energie/... haben Ia 4.8

jn. von der/einer **Spur** abbringen/ablenken Ab 9.15

keine **Spur** von einer Ahnung haben (von etw.) Cd 2.9

js./die **Spur** (wieder) aufnehmen Ab 9.11

jn. auf die richtige/falsche **Spur** bringen Ab 9.14

keine **Spur** davon ist wahr/...! Db 15.68

auf der falschen **Spur** fahren Ab 5.17

jn. auf eine/die falsche **Spur** führen Cc 16.15

jm./e-r S. auf die **Spur** kommen Cd 9.4

die **Spur** (von jm.) verfolgen Ab 9.3

den **Spuren** (von jm.) folgen Ab 9.3

js. **Spuren** folgen Ab 9.3

(immer und überall/...) js. **Spuren** folgen Cc 5.14

die/js./... **Spuren** führen in .../nach .../... Ab 9.2

Spuren hinterlassen (bei jm.) Fa 9.4

keine **Spuren** hinterlassen (bei jm.) Fa 9.7

auf die **Spuren** von jm. stoßen Ab 9.4

die **Spuren** (von jm.) verfolgen Ab 9.3

js. **Spuren** verlieren Ab 9.13

in/auf js. **Spuren** wandeln Cc 5.14

j. wird etw./etw. Unangenehmes/die Folgen seines Leichtsinns/... (schon) noch zu **spüren** bekommen Dd 10.16

in seinem besten **Staat** erscheinen/... Ca 1.51

beim **Staat** angestellt sein/arbeiten/(...) De 15.24

keinen **Staat** (mehr) machen können mit etw. Ha 12.17

etwas ist faul im **Staate** Dänemark Cc 18.9

eine **Staatsaktion** aus etw. machen Id 2.33

im **Staatsdienst** stehen De 15.24

in den **Staatsdienst** (ein)treten De 15.23

sein **Staatsexamen** machen De 15.97

das **Staatsruder** ergreifen Fa 11.6

das **Staatsruder** (fest/...) in der Hand haben Fa 11.13

den **Stab** über jn. brechen Db 19.40

den **Stab** führen Hd 10.6

ein **Stachel** bleibt Cb 13.42

der **Stachel** des Ehrgeizes treibt jn. (etw. zu tun) De 7.1

wider den **Stachel** löcken Gc 6.37

e-r S. den **Stachel** nehmen Ga 7.9 Gc 6.41

im (ersten/zweiten/.../jetzigen/damaligen/.../letzten/...) **Stadium** (der Entwicklung/...) Aa 6.82

das kritische **Stadium** (in der Entwicklung/...) erreichen Aa 6.85

bei der **Stadt** angestellt sein/arbeiten De 15.25

in die **Stadt** gehen Ab 4.21

Stadt und Land Ab 4.38

die ganze **Stadt** spricht von jm./etw. Cd 17.40

einen **Stadtbummel** machen Ab 3.7

Stadtgespräch sein Cd 17.40

am **Stadtrand** (wohnen/...) Ab 1.37

jm. den blanken **Stahl** in/durch den Leib rennen/stoßen Ba 4.14

ein (regelrechter/...) **Stall** sein Ac 9.7

den **Stall** auf/offen haben/zumachen Ca 1.61

mit offenem **Stall** herumlaufen/... Ca 1.61
den **Stall** (mal) ausmisten (müssen) Ac 9.8 Fa 19.23
wie ein **Stall** aussehen Ac 9.7
einen festen **Stamm** an/von Kunden/Gästen/... haben/... Fb 15.12
(noch) zum alten **Stamm** gehören Aa 21.13
jm. ins **Stammbuch** schreiben (schreib dir das ...!) Cc 24.2
vom **Stamme** Nimm sein Hb 11.4
heute/freitags/... (seinen) **Stammtisch** haben (bei/in/...) Hd 5.40
zum **Stammtisch** gehen Hd 5.40
gut/schlecht im **Stand** sein Ac 11.3
einen/keinen festen **Stand** haben Ab 3.53
bei jm./einem Vorgesetzten/... einen guten **Stand** haben Eb 1.22
bei jm./einem Vorgesetzten/... keinen guten **Stand** haben Eb 2.31
einen leichten **Stand** haben bei jm./in/... Eb 1.23
einen schweren/einen harten/keinen leichten **Stand** haben bei jm./in/... Gc 6.44
Unterlagen/... auf den neu(e)sten **Stand** bringen Cd 20.73
der **Stand** der Dinge (ist der/...) Aa 6.99
in den **Stand** der Ehe treten Ed 3.6
seinen höchsten/tiefsten/... **Stand** erreichen Aa 6.44
über/unter seinem **Stand** heiraten Ed 3.21
der **Stand** des Barometers/der Arbeitslosenzahl/... erreicht seinen/ihren höchsten/tiefsten/... Punkt Aa 6.44
jn. in den **Stand** setzen, etw. zu tun Cd 3.50
aus dem **Stand** springen Ab 3.58
seinen **Stand** verändern Ed 3.6
Standbein, Spielbein, Standbein, Spielbein Dc 8.37
das **Standbein** wechseln Dc 8.37
jm. ein **Ständchen** bringen Hd 7.13
nicht mehr ganz **standfest** sein Hd 6.12
einer genauen Prüfung/... **standhalten** Ic 3.18
einer genauen Prüfung/... nicht **standhalten** Ic 7.9
jm. eine **Standpauke** halten Cc 24.35
das/so eine Äußerung/... ist (doch) kein **Standpunkt**! Cc 25.40
von seinem/ihren/... **Standpunkt** aus Recht haben/... Db 4.29
auf seinem/einem **Standpunkt** beharren/verharren De 9.20
auf seinem/einem **Standpunkt** bestehen De 9.20
seinen **Standpunkt** durchsetzen Gc 8.3
jm. (mal) seinen **Standpunkt** klarmachen (müssen) Cc 24.25
auf dem **Standpunkt** stehen, daß ... Db 4.81
auf einem anderen **Standpunkt** stehen (als j.) Db 17.1
einen anderen/seltsamen/... **Standpunkt** vertreten/einnehmen Db 17.1
jm. eine **Standpredigt** halten Cc 24.35
Standquartier beziehen/aufschlagen Gc 4.36
von der **Stange** sein/kaufen/... Ca 1.69
eine (ganz) schöne/vielleicht eine **Stange** angeben Cc 11.18
bei der **Stange** bleiben Ga 12.48
eine schöne/hübsche **Stange** Geld ausgeben/verdienen/kosten/... Fb 3.1
jm. die **Stange** halten Ga 12.49
jn. bei der **Stange** halten Db 16.46
eine **Stange** Wasser irgendwo hinstellen (müssen) Ac 8.6
eine Rede/... vom **Stapel** lassen Dc 1.144
vom **Stapel** laufen (lassen) Ab 6.5

jm. den **Star** stechen Dc 3.89
js. **Stärke** sein Cd 3.38
js. **Stärke** liegt im Schwimmen/Verhandeln/... Cd 3.38
starr und steif dastehen/dasitzen/... Ca 5.2
einen guten/glänzenden/... **Start** haben (in/bei/...) De 24.13
einen schlechten/miserablen/... **Start** haben (in/bei/...) De 25.1
(ein) fliegender **Start** Aa 7.37
(ein) stehender **Start** Aa 7.37
etw. **starten** lassen Aa 7.21
den **Startschuß** (zu etw.) geben Aa 7.21
Station machen in/bei/... Ea 5.1
eine/keine bleibende **Stätte** haben Ea 1.2
eine bleibende **Stätte** finden in .../... Ba 1.20
(etw.) in **statu** nascendi (beobachten/...) Aa 6.11
der **status** nascendi Aa 6.11
der **status** quo Aa 6.108
der **status** quo ante Aa 6.108
in einen **Stau** geraten Ab 5.15
zu **Staub** und Asche werden Ac 11.16 Ac 12.4
(viel/allerhand) **Staub** aufwirbeln Cb 17.25
den **Staub** Londons/Münchens/... von den Füßen schütteln Ab 4.20
vor jm. im **Staub(e)** kriechen Fa 15.11
sich aus dem **Staub(e)** machen Ab 7.9
Staub putzen Ac 9.10
Staub saugen Ac 9.10
zu **Staub** werden Ba 2.21
in/zu **Staub** zerfallen Ac 11.16
jn./etw. in den **Staub** ziehen/(zerren) Db 19.10
eine dichte **Staubwolke** hinter sich lassen/aufwirbeln/... Ab 3.76
nicht schlecht **staunen** Da 4.2
aus dem **Staunen** (gar/überhaupt) nicht (wieder) herauskommen Da 4.4
ins Rote/Bräunliche/... **stechen** Ac 5.15
jm. eine Neuigkeit/... **stecken** Dc 3.67
sein Geld in Aktien/einen Handel/... **stecken** Fb 15.58
dem/der Christa/... werd' ich/wird er/... es (aber) **stecken** Cc 24.21
stecken bleiben Ab 5.20
js. **Steckenpferd** ist ... Ha 6.6
sein **Steckenpferd** reiten Ha 6.7
es konnte keine **Stecknadel** zu Boden/zur Erde fallen (so dicht gedrängt standen die Leute/...) Ia 1.46
man hätte eine **Stecknadel** zu Boden/auf die Erde fallen hören können (so still war es/...) Dc 9.13
es hätte keine **Stecknadel** zu Boden/zur Erde fallen können (so dicht gedrängt standen die Leute/...) Ia 1.46
eine **Stecknadel** im Heuhaufen/Heuschober suchen Ab 12.11
etw. wie eine **Stecknadel** suchen Ab 12.10
in jm. **steckt** etwas/eine ganze Menge/noch allerhand/... Cd 3.18
es **steckt** nichts/nicht viel/wenig/viel/allerhand/... dahinter Cc 15.13
da/es **steckt** etwas dahinter Cc 18.3
es **steckt** nichts/nicht viel/wenig/... dahinter Ic 11.6
aus dem **Stegreif** eine Rede halten/singen/etw. vortragen/... Dd 8.1
so wahr ich hier **stehe**! Db 10.24
wie **stehe** ich/stehst du/... nun/jetzt/... da? De 25.103
ich **stehe**/er steht/... für nichts Dd 11.20
(politisch) links/rechts/in der Mitte **stehen** Db 4.73
positiv/negativ zu etw./jm. **stehen** Db 4.75
jm. gut/nicht gut/ausgezeichnet/... **stehen** Ca 1.67

jm. bis hierher/hierhin/hier oben **stehen** Hc 6.5
sich bei etw. gut/glänzend/... **stehen** Hb 13.2
sich bei etw. schlecht/miserabel/... **stehen** Hb 14.8
sich gut/glänzend/... **stehen** in/bei/... Hb 13.2
sich schlecht/miserabel/... **stehen** in/bei/... Hb 14.8
sich gut/glänzend/... mit jm. **stehen** Ec 1.11
sich nicht gut/schlecht/miserabel/... mit jm. **stehen**
 Ec 2.4
für etw. läßt j. alles andere/jede Mahlzeit/... **stehen**
 Hd 4.47
abseits **stehen** Db 4.74 Ea 3.4
drüber **stehen** Cb 21.8
mit jm. auf du und du **stehen** Ec 1.2
jm. fern **stehen** Eb 2.16
hinter jm./etw. **stehen** Ga 12.45
machtlos vor etw. **stehen** Ga 8.12
jm./sich nahe **stehen** Ec 1.14
still **stehen** (bleiben) Ab 3.61
über jm. **stehen** Fa 4.19
unter jm. **stehen** Fa 4.21
plötzlich/... vor jm./etw. **stehen** Ab 13.3
es würde jm. besser/gut **stehen** zu .../wenn ... Cc 25.44
das läßt sich/... gleich/... im **Stehen** erledigen/...
 Aa 14.19
stehen bleiben Aa 6.61 Ab 3.32
wie angewurzelt **stehen** bleiben Dc 8.33
bei etw./hierbei/dabei nicht **stehen** bleiben Aa 6.76
einen Zug/ein Auto/... zum **Stehen** bringen Ab 5.18
mit jm. **steht** und fällt alles Fa 1.11
wo waren wir/... **stehen** geblieben? Cd 19.19
jn. teuer zu **stehen** kommen Cc 28.4
noch/nicht mehr/da/... **stehen** können Ab 4.45
ein halbes Kotelett/... **stehen** lassen Hd 4.42
Worte/... (im Raum) **stehen** lassen Cd 5.18
jn. (einfach/...) **stehen** lassen Ea 8.6
alles **stehen** und liegen lassen (und abhauen/...) Ab 7.13
so müde sein, daß man im **Stehen** schlafen könnte
 De 23.16
sich aus dem Haus/dem Zimmer/... **stehlen** Ab 7.19
da **stehst** du/steht man/... machtlos vis-à-vis/(davor)
 Fa 14.22
wo **steht** denn (geschrieben), daß ... Fa 23.30
es **steht** bei jm., ob ... Fa 23.29
es **steht** (allein) bei jm., ob ... Fa 7.15
es **steht** (noch/...) dahin, ob/wie/wann/... Ih 4.8
alles **steht** durcheinander (in/bei/...) Ac 10.8
etw. **steht** und fällt mit etw. Ie 1.30
es **steht** jm. (völlig) frei/(offen), ob/wie/... Fa 23.29
es **steht** zu hoffen/befürchten, daß ... Gb 3.1
es **steht** zu hoffen, daß ... Db 7.1
(so) ähnlich **steht** es/die Sache mit jm./etw. (auch) If 2.15
es **steht** (doch) nirgends (geschrieben), daß ... Fa 23.30
wie **steht's**? Ea 9.6
es **steht** gut/glänzend/... um jn./etw. Hb 13.1
es **steht** schlecht/nicht gut/... um jn./etw. Ga 4.11
Stehvermögen haben De 3.4
jm. den **Steigbügel** halten Hb 3.14
hinter js. Absichten/Pläne/etw. **steigen** Cd 9.1
sich ins Ungeheure/Unermeßliche/Gewaltige/... **steigern** Aa 6.41
nicht aus **Stein** sein Cc 2.2
hart wie **Stein** sein Hd 4.57
kalt wie **Stein** sein Cc 3.9
schlafen wie ein **Stein** De 22.6
ein/der **Stein** des Anstoßes sein (für jn.) Cb 14.3
kein **Stein** bleibt auf dem ander(e)n Ac 12.4
keinen **Stein** auf dem ander(e)n lassen Ac 12.3

es friert **Stein** und Bein Ac 1.17
Stein und Bein schwören Db 10.5
bei jm. einen **Stein** im Brett haben Eb 1.10
es könnte einen **Stein** erbarmen/erweichen, wenn ...
 Cc 2.15
j. dachte, er würde, zu **Stein** erstarren/werden Da 6.18
wie zu **Stein** erstarrt dastehen/... Da 6.18
einen **Stein** statt ein Herz/(des Herzens) in der Brust haben Cc 3.8
jm. fällt ein **Stein** vom Herzen Ga 7.2
jm. einen **Stein** vom Herzen nehmen Ga 7.8
jm. fällt kein **Stein** aus der Krone, wenn ... Cc 11.69
der **Stein** kommt ins Rollen Aa 7.27
den **Stein** ins Rollen bringen Aa 7.20
jm. einen **Stein** setzen Ba 7.9
(j. meint/...) etw. ist der **Stein** der Weisen Dd 5.25
den ersten **Stein** auf jn. werfen Gc 2.21
steinalt (sein) Bb 2.13
jm. **Steine** statt Brot geben Dd 2.8
lieber **Steine** klopfen/(karren)! De 20.29
jm. **Steine** in den Weg legen Hb 4.11
(jm.) die **Steine** aus dem Weg räumen Hb 3.6
den **Steinen** predigen Dc 1.91
zum **Steinerbarmen** heulen/weinen/schluchzen Cb 11.10
zum **Steinerweichen** sein Cc 2.15
zum **Steinerweichen** heulen/weinen/schluchzen Cb 11.10
steinreich sein Fb 6.18
(nur) einen **Steinwurf** weit sein/entfernt liegen/...
 Ab 1.18
sich ein **Stelldichein** geben Ed 1.9
an erster/zweiter/der ersten/der zweiten/... **Stelle** sein/
 stehen/liegen/rangieren Ig 3.5
an führender **Stelle** (in der Industrie/in der Wirtschaft/
 bei/...) sein/mittwirken/arbeiten/... Fa 4.8
ohne **Stelle** sein De 15.78
(in/bei ...) (nicht) an der richtigen **Stelle** sein De 15.12
js. schwache **Stelle** sein Cb 13.37
eine schwache **Stelle** sein in etw. Ic 7.28
eine wunde/verwundbare/empfindliche **Stelle** von/bei
 jm. sein Cb 13.38
zur **Stelle** sein Fb 1.49
eine führende **Stelle** (in der Industrie/in der Wirtschaft/
 bei ...) haben Fa 4.8
eine schwache **Stelle** haben Cb 13.36
keine schwache **Stelle** haben Cd 3.32 Gc 7.1
an erster/zweiter/... **Stelle** etw. tun Ib 1.76
an deiner/seiner/... **Stelle** Db 4.78
an **Stelle** von jm. Db 4.78
auf der **Stelle** (zu etw. bereit sein/...) Aa 17.1
sich an höherer **Stelle** erkundigen/... Fa 4.32
an höherer **Stelle** vorsprechen/... Fa 4.32
etw. rangiert an erster/... **Stelle** Ib 1.77
(in/bei ...) eine/seine **Stelle** antreten (als ...) De 15.3
seine **Stelle** gut ausfüllen De 15.11
eine wunde **Stelle** (bei jm.) berühren Cb 13.13
dem Gegner/... eine schwache **Stelle** bieten/(zeigen)
 Cb 13.39
etw. nicht von der **Stelle** bringen Ga 8.8
eine **Stelle** finden De 15.81
(mit etw.) an die richtige **Stelle** gehen/kommen Fa 4.31
die erste/zweite/... **Stelle** nach/vor dem Komma Cd 21.6
an erster/zweiter/... **Stelle** kommen/stehen/... Ib 1.76
nicht von der **Stelle** kommen (mit etw.) Ga 8.6
(mit etw.) (bei jm./da) (aber) an die richtige **Stelle** kommen/geraten Ea 10.31
sich zur **Stelle** melden Fb 1.50 Gc 4.30
nicht an js. **Stelle** sein mögen Ga 4.32

an js. **Stelle** rücken De 18.6
nicht von der **Stelle** rücken Gc 7.12
sich nicht von der **Stelle** rühren Ab 3.1
jn. (jm.) (sofort/. . .) zur **Stelle** schaffen Fb 1.9
an erster **Stelle** stehen Ig 3.1
an vorderster **Stelle** stehen Fa 4.2
eine **Stelle** suchen De 15.80
dafür/wenn etw. nicht stimmt/. . . laß ich mich auf der
   Stelle totschlagen Db 10.32
eine wunde/empfindliche **Stelle** treffen Cb 13.13
jn. an (s)einer wunden **Stelle** treffen (mit etw.) Cb 13.13
an js. **Stelle** treten De 18.3
auf der **Stelle** treten (mit etw.) Aa 6.28 Ga 8.6
sich an js. **Stelle** versetzen Cd 1.48
an höchster/. . . **Stelle** vorsprechen Fa 4.34
sich an die richtige **Stelle** wenden (mit etw.) Fa 4.31
schwache **Stellen** haben Cb 13.36
eine Zahl/. . . mit ein/zwei/drei/. . . **Stellen** Cd 21.5
js. schwache **Stellen** kennen/ausnutzen Gc 10.23
etw. auf groß/klein/1/2/3/. . . **stellen** Hd 4.84
sich **stellen** Cc 20.15
sich blöd **stellen** Cc 16.53
sich dumm **stellen** Cc 16.53
sich mit jm. gut **stellen** Ec 1.8
sich krank **stellen** Bc 2.49
sich taub **stellen** Dc 7.3
e-e S. über eine andere **stellen** Fa 4.24
sich schützend vor jn. **stellen** Gc 5.15
die Suppe/. . . warm **stellen** Hd 4.84
sich (nur) so **stellen**, als ob Cc 15.2
sich so **stellen**, als ob/wenn man etw. täte/wäre Cc 15.3
auf **Stellensuche** sein/gehen De 15.80
ohne **Stellung** sein De 15.78
eine vorgeschobene **Stellung** halten/aufgeben müssen/. . .
   Gc 4.65
die **Stellung** behaupten Gc 6.3
die **Stellung(en)** beziehen Gc 4.48
in **Stellung** gehen Gc 4.48
die **Stellung** halten Gc 6.3
Stellung nehmen/beziehen (für jn./für Argumente/gegen
   jn./gegen Argumente/. . .) Db 4.7
Stellung nehmen (zu etw.) Db 4.7
die **Stellung(en)** räumen/(aufgeben) Gc 4.81
auf **Stelzen** gehen Cc 11.55
e-r S. den **Stempel** des. . ./der . . . aufdrücken Fa 9.1
e-r S. seinen **Stempel**/den Stempel seiner Persönlichkeit
   aufdrücken Fa 9.1
den **Stempel** tragen *(+ Gen.)* Fa 9.5
stempeln gehen De 15.79
j. wäre/ist fast/beinahe vom **Stengel** gefallen, als . . ./vor
   Schreck/vor Überraschung/. . . Da 5.13
lieber/eher **sterb'** ich/stirbt er/. . . als daß er . . . Db 15.2
auf dem **Sterbebett** jm. anvertrauen/. . . Bc 2.69
durch jn. **sterben** Ba 2.44
davon/daran wird man/er/sie/der Peter/. . . nicht gleich/
   sofort **sterben** Id 2.61
sich zum **Sterben** langweilen Aa 20.2
zum **Sterben** langweilig sein Aa 20.3
ein Thema/. . . **sterben** lassen Aa 8.15
im **Sterben** liegen Bc 2.68
zum **Sterben** verurteilt sein Ba 2.3
kein **Sterbenswort** verlieren über jn./etw. Ha 2.8
(jm.) kein **Sterbenswörtchen** (von etw.) sagen/erzählen/
   verraten Dc 2.19
kein **Sterbenswörtchen** verlieren über jn./etw. Ha 2.8
die **Sterbesakramente** empfangen/bekommen Ba 2.52
jm. die **Sterbesakramente** geben Ba 2.52

js. guter **Stern** sein Da 9.52
js. **Stern** ist im Aufgehen De 24.14
ein/js. guter **Stern** bewahrt jn. vor etwas/davor zu . . .
   Da 9.20
unter einem glücklichen/günstigen/guten **Stern** geboren
   sein Da 9.13
js. **Stern** ist gesunken De 25.7
auf einem anderen **Stern** leben Aa 21.11
js. **Stern** ist im Sinken De 25.7
unter einem glücklichen/günstigen/guten **Stern** stehen
   Da 9.16
unter keinem glücklichen/günstigen/guten **Stern** stehen
   Da 10.11
ein neuer **Stern** am Theaterhimmel/Filmhimmel sein
   De 24.26
im **Sternbild** des Großen Bären/. . . stehen Ac 1.33
js. Augen funkeln/leuchten wie (zwei) **Sterne** Ca 1.36
die **Sterne** tanzen jm. vor den Augen Bc 3.1
die **Sterne** befragen Da 9.22
meinen/. . ., man könnte/. . . die **Sterne** (für jn.) vom Him-
   mel holen Da 3.18
die **Sterne** vom Himmel holen wollen (für jn.) Da 3.18
zwei/drei/. . . **Sterne** auf den Schulterstücken haben
   Gc 4.40
Sterne sehen Bc 3.1
es steht in den **Sternen** (geschrieben), ob/daß/. . . Ih 4.10
nach den **Sternen** greifen Da 3.18
in den **Sternen** lesen wollen/können/. . . Da 9.22
(noch/. . .) in den **Sternen** stehen Ih 4.10
sternhagelvoll sein Hd 6.20
das **Steuer** (der Regierung) (fest/. . .) in der Hand haben/
   halten Fa 11.12
das **Steuer** in die Hand nehmen Fa 10.14
das **Steuer** herumwerfen Fa 11.28
am **Steuer** sitzen Ab 5.27
am **Steuer** stehen Ab 6.12
die **Steuerschraube** anziehen Fb 12.6
einen **Stich** haben Hd 4.57
du hast/er hat/die Petra hat/. . . wohl einen **Stich**?
   Cd 12.6
einen **Stich** ins Rote/Bräunliche/. . . haben Ac 5.15
einen **Stich** in der Birne haben Cd 12.6
einer genaueren Prüfung/. . . **Stich** halten Ic 3.18
einer genaueren Prüfung/. . . nicht **Stich** halten Ic 7.9
jm. einen **Stich** ins Herz geben (mit etw.) Cb 13.19
jn. im **Stich** lassen Dd 2.6
einen **Stich** machen Hd 9.7
jm. (mit einer Bemerkung/. . .) einen **Stich** versetzen
   Cb 13.5
eine **Stichprobe** machen Ac 6.39
Stichproben machen Ac 6.39
(jm.) das **Stichwort** geben/liefern (zu etw.) (mit etw.)
   Dc 5.34 Dd 9.6 Hd 10.15
das **Stichwort** sagen Hd 10.15
einen ordentlichen **Stiefel** vertragen können Hd 6.35
einen tüchtigen **Stiefel** zusammenreden/(. . .) Dc 1.45
jn. wie ein/als **Stiefkind** behandeln Hb 14.1
ein (richtiges/. . .) **Stiefkind** des Glücks sein Da 10.9
   Hb 14.5
jn./etw. (sehr) **stiefmütterlich** behandeln/. . . Ic 11.5
Stielaugen machen Hd 3.5
brüllen/. . . wie ein **Stier** Dc 9.2
wie ein **Stier** auf jn. losgehen Gc 2.7
einen **Stiernacken** haben Ca 3.8
stiften gehen Ab 7.17
Stil haben Ic 4.5
etw. in großem **Stil** aufziehen/. . . Ib 1.78

im großen **Stil** leben Fb 6.28
es wird **still** um jn. Db 2.2
still und heimlich weggehen/etw. wegnehmen/...
  Cc 17.13
ein Knall/Schuß/... zerreißt die **Stille** Dc 9.12
in aller **Stille** jn. beerdigen/heiraten/... Cc 17.15
eine tiefe **Stille** liegt über einer Gegend/einem See/...
  Dc 9.14
stillhalten Fa 15.3
sich in **Stillschweigen** hüllen Dc 2.21
etw. mit **Stillschweigen** übergehen Ha 2.6
in **Stillschweigen** verharren Dc 2.21
stillschweigend etw. tun Dc 2.43
etw. zum **Stillstand** bringen Aa 6.63
zum **Stillstand** kommen Aa 6.61
eine Veranstaltung/... großen **Stils** sein Ib 1.78
im **Stimmbruch** sein Bb 1.11
in den **Stimmbruch** kommen Bb 1.11
(nur/bloß) (eine) beratende **Stimme** haben (in .../bei
  .../...) Dd 6.47
hier/da/in der Sache/in der Materie/... hat j. keine **Stim-
me** Cd 2.44
etw. verschlägt jm. die **Stimme** Da 5.6
mit lauter/leiser/gepreßter/... **Stimme** etw. sagen Dc 1.2
mit gedämpfter/halber **Stimme** sprechen/etw. sagen
  Dc 1.119
eine/js./die innere **Stimme** sagt jm. .../warnt jn., etw. zu
  tun Cc 30.28
die **Stimme** des Blut(e)s Ed 6.1
sich der **Stimme** enthalten Dc 5.90
die **Stimme** des Gewissens Cc 30.30
der **Stimme** seines Herzens folgen Ed 1.49
die **Stimme** der Natur Ed 6.1
seine **Stimme** ölen Hd 5.46
1./2./... **Stimme** singen Dc 10.5
die **Stimme** des Volkes Cd 17.50
hinten und vorn(e)/vorn(e) und hinten/von vorn(e) bis
  hinten nicht **stimmen** Cc 14.19
mit Ja/Nein **stimmen** Dd 6.27
jn. nachdenklich **stimmen** Cb 3.33
es werden **Stimmen** laut, die .../daß .../... Cd 17.27
die negativen/... **Stimmen** mehren sich Cd 17.28
die **Stimmen** mehren sich, daß .../... Cd 17.28
alle/die Mehrheit der/... **Stimmen** auf sich vereinigen
  Dc 5.92
hier/bei etw./... **stimmt** was/(etwas) nicht Cc 18.7
mit jm. **stimmt** was/(etwas) nicht Bc 2.6
mit jm./etw. **stimmt** was/(etwas) nicht Cd 12.21
etwas **stimmt** nicht (mit/bei jm.) (an/mit/bei etw.) Ga 1.1
bei dir/ihm/dem Heinz **stimmt** es wohl nicht so ganz?
  Cd 12.13
in (guter/...) **Stimmung** sein Cb 4.2
in (schlechter/...) **Stimmung** sein Cb 5.1
in aufgeräumter **Stimmung** sein Cb 4.2
in gedrückter **Stimmung** sein Cb 3.21
(heute/...) nicht in der (richtigen) **Stimmung** sein, etw. zu
  tun Hc 2.10
die **Stimmung** heben/zu heben versuchen/... Hd 1.7
in **Stimmung** kommen/(geraten) Cb 4.5
Stimmung machen Hd 7.7
jm. die **Stimmung** verderben (mit etw.) Cb 5.25
eine **Stinkklaue** haben Cd 20.2
so faul sein, daß man **stinkt** De 14.8
das/etw. **stinkt** jm. (schon/allmählich/...) Cb 14.9
  Hc 6.6
stinkwütend sein (auf jn./über etw.) Cb 16.26
sich freuen wie ein **Stint** Cb 2.7

(nur/...) eine **Stippvisite** sein/machen (in/bei/...) Ea 5.4
das ewige **Stirb** und Werde Aa 6.103
davon/daran **stirbt** man/stirbst du/... nicht gleich/sofort
  Gb 7.14 Id 2.61
die **Stirn** haben, etw. zu tun Cc 9.10
jm. seine Gedanken von der **Stirn** ablesen (können)
  Cd 14.12
mit frecher **Stirn** behaupten/erklären/lügen/... Dc 1.97
jm./e-r S. die **Stirn** bieten Gc 6.16
die **Stirn** in Falten legen/ziehen Cb 5.24
etw. ist jm. auf die **Stirn** gebrannt Cc 14.34
die Lüge/die Unwahrheit/... steht jm. auf der **Stirn** ge-
  schrieben Cc 14.34
da/wenn man so etwas hört/..., kann man sich nur an die
  Stirn greifen/packen Cd 2.47
mit frecher/(eiserner) **Stirn** lügen Cc 14.12
die **Stirn** runzeln Cb 5.24
sich vor die **Stirn** schlagen Cd 1.34 Dc 8.11
sich an die **Stirn** tippen Cd 1.34 Dc 8.11
js. **Stirn** umwölkt sich Cb 5.24
niemand/kein Mensch/... weiß, was hinter js. **Stirn**
  vorgeht Cd 2.46
stumm wie ein **Stock** sein Dc 2.10
bei/wenn ... dann gehst du/geht man/geht der/... am
  Stock! De 13.51
wie ein **Stock** dastehen/dasitzen/... Ca 5.2
am **Stock** gehen Bc 2.36
am **Stock** gehen De 23.13
den **Stock** zu schmecken/spüren kriegen Cc 26.43
über **Stock** und (über) Stein laufen/springen/... Ab 4.35
(so) dastehen/dasitzen/sich verbeugen/..., als hätte man
  einen **Stock** verschluckt Ca 5.2
stockbesoffen sein Hd 6.21
stockblau sein Hd 6.21
stockdumm sein Cd 10.8
stockdunkel Ac 4.2
etw. zum **Stocken** bringen Aa 6.62
ins **Stocken** geraten Aa 6.60
ins **Stocken** kommen Aa 6.62
stockfinster Ac 4.2
draußen ist/war/... **stockfinstere**/(kohlpech)ra-
  benschwarze Nacht Ac 4.2
jm. **Stockhiebe** versetzen/verpassen Cc 26.26
stockkonservativ/stockkatholisch/stocknüchtern/... Ic 1.15
stocksteif dasitzen/dastehen/... Ca 5.2
stockzu sein Hd 6.21
aus anderem **Stoff** (gemacht) sein als j. If 4.9
aus demselben **Stoff** (gemacht) sein wie j. If 2.6
aus hartem **Stoff** (gemacht) sein Gc 7.3
etw. gäbe den **Stoff** zu einem Roman/... Cd 20.21
jm. geht der **Stoff** aus Cd 20.42
viel **Stoff** zum Witzeln/Lachen/Reden/Überlegen/... ge-
  ben Dd 9.5
der (ganze) **Stolz** der Familie/seiner Vaterstadt/des Ver-
  eins/... sein De 24.28
j./etw. ist js. ganzer **Stolz** Ha 4.30
seinen **Stolz** dareinsetzen, etw. zu tun Ha 4.3
jetzt/nun/da brat'/(brate) mir (doch/aber) einer 'nen/(ei-
  nen) **Storch**! Da 7.14 Ga 10.17
eine Frau hat der **Storch** ins Bein gebissen Ed 2.2
der **Storch** ist bei/zu jm. gekommen Ba 1.12
noch/... an den **Storch** glauben Da 2.7
wie der/ein **Storch** im Salat da herumspazieren/sich be-
  nehmen/... Cd 6.11
wen **stört** das? Ha 8.27
jm. einen **Stoß** geben Fa 18.2
sich einen **Stoß** geben Dd 6.9

jm. den letzten **Stoß** geben De 25.53

sich an etw. **stoßen**/sich daran stoßen, daß Cb 14.5

auf jn./etw. **stoßen** Ab 13.2

zu jm. **stoßen** Gc 4.88

ein **Stoßgebet** zum/(gen) Himmel senden/schicken
Ga 7.4

einen **Stoßseufzer** ausstoßen Ga 7.3

das/etw. **stößt** jm. sauer auf Cb 14.8

etw. auf **Stottern** kaufen Fb 15.39

etw. ist die gerechte **Strafe** Cc 25.2

Strafe muß sein! Cc 28.6

etw. unter **Strafe** stellen Cc 20.1

etw. ist bei **Strafe** verboten/untersagt Cc 20.2

ein **Strafgericht** über jn. abhalten Db 19.38

mit dem **Strafgesetz** in Konflikt kommen/geraten
Cc 20.5

jm. eine **Strafpredigt** halten Cc 24.36

(förmlich/richtig/regelrecht/. . .) **strahlen** (vor Glück/
Freude/. . .) Cb 2.22

strahlend blau/grün/gelb/. . . Ac 5.6

vor jm./wenn j. etw. sagt/befiehlt/. . ., **strammstehen**
Fa 15.1

an den **Strand** gehen Ab 4.40

voll sein wie eine **Strandhaubitze** Hd 6.20

voll sein wie eine **Strandkanone** Hd 6.20

am gleichen/selben/an einem **Strang** ziehen Db 16.28

gern/halt/mal/halt mal/. . . über die **Stränge** schlagen/
(hauen) Id 2.20

wenn alle **Stränge** reißen, dann/. . . Hb 8.6

eine (ziemlich/arg/. . .) **strapazierte** Entschuldigung/Er-
klärung/. . . Aa 3.26

straßauf, straßab Ab 3.8

eine Wohnung/ein Zimmer/ein Fenster/. . . nach der **Stra-
ße** Ea 1.8

(ein Überfall/. . .) auf offener **Straße** Cc 20.94

Ausschank/Verkauf/. . . über die **Straße** Fb 15.91

alles/die ganze **Straße**/mehrere Straßen abklappern (um
etw. zu finden/. . .) Ab 12.6

jn. von der **Straße** auflesen Ga 12.36

die **Straße** beherrschen Fa 11.42

auf die **Straße** gehen Gc 6.47

(am liebsten/. . .) die breite **Straße** des Herkömmlichen/
Üblichen/. . . gehen If 7.7

(dauernd/. . .) auf der **Straße** herumlungern De 14.30

auf der **Straße** liegen/sitzen De 15.79

eine **Straße** erster/zweiter/. . . Ordnung Ab 5.2

auf der schmalen **Straße** des Rechts gehen Cc 4.8
Cc 21.16

jn. auf die **Straße** setzen/werfen Ea 10.20

frech wie **Straßendreck** sein Cc 9.5

eine Wohnung/ein Zimmer/ein Fenster/. . . zur/nach der
Straßenseite Ea 1.8

(erst/. . .) nach langem **Sträuben** nachgeben/. . . Hc 2.16

das/etw. ist ein harter **Strauß** Gc 3.36

einen **Strauß** mit jm. ausfechten Gc 3.24

noch einen **Strauß** mit jm. auszufechten haben Gc 3.23

auf der **Strecke** bleiben De 25.9

jn./etw. zur **Strecke** bringen Ba 4.5 De 25.26

auf freier **Strecke** halten Ab 5.30

es ist (noch) eine gute **Strecke** Weges (bis . . .) Ab 1.32

auf/über weite **Strecken** (hin) . . . Aa 3.20

alle viere von sich **strecken** Ba 2.16

sechs/sieben/. . . Kontrahenten/. . . auf einen **Streich** er-
ledigen/. . . Aa 1.83

jm. einen **Streich** spielen Cb 9.3

jm. einen bösen **Streich** spielen Hb 5.7

jm. einen heftigen/tödlichen/. . . **Streich** versetzen
Ba 4.13 Cc 26.6

einen **streichen** lassen Ac 7.5

(ziellos/. . .) durchs Land/durch die Gegend/. . . **streifen**
Ab 4.33

jm. in den **Streifen** passen Hb 7.9

jm. nicht in den **Streifen** passen Hb 8.3

ein **Streiflicht** werfen auf etw. Dc 3.97

Streifzüge machen durch . . . Ab 4.33

zum **Streik** aufrufen De 15.51

in (den) **Streik** treten De 15.52

einen **Streit** anfangen Gc 3.12

einen **Streit** anzetteln Gc 3.12

den/einen/seinen **Streit** mit den Fäusten austragen
Cc 26.2

mit jm. in **Streit** geraten (wegen/über etw.) Gc 3.15

etw. ist ein **Streit** um des Kaisers Bart Gc 3.44

mit jm. im **Streit** liegen Gc 3.18

Streit stiften (unter den Leuten/. . .) Gc 3.7

Streit suchen Gc 3.11

etw. ist ein **Streit** um Worte Gc 3.45

einen **Streit** vom Zaun(e) brechen Gc 3.12

die **Streitaxt** ausgraben Gc 3.13

die **Streitaxt** begraben Gc 13.6

über etw./darüber läßt sich/darüber kann man **streiten**
(aber . . ./. . .) Dc 5.19

mit drakonischer **Strenge** vorgehen gegen/. . . Fa 19.15

mit unnachsichtiger/unnachsichtlicher **Strenge** vorgehen
gegen/. . . Fa 19.15

strenggenommen Db 4.91

(nur/bloß noch) ein **Strich** (in der Landschaft) sein
Ca 4.14

dünn wie ein **Strich** (sein/. . .) Ca 4.14

unterm **Strich** sein Ic 7.17

einen harten/weichen/. . . **Strich** haben Dc 10.17

jn. auf dem **Strich** haben Cb 14.13

gegen den **Strich** bürsten/kämmen/glätten/. . . Ac 9.12

unter dem/unterm **Strich** einen positiven/negativen Saldo
ergeben Db 4.9

jn. nach **Strich** und Faden anschnauzen/verhauen/ver-
reißen/. . . Ic 2.41

nach **Strich** und Faden lügen Cc 14.11

auf den **Strich** gehen Ed 7.1

jm. gegen den **Strich** gehen Eb 2.7

einen **Strich** durch etw. machen Cd 20.24

jm. einen **Strich** durch die Rechnung machen Hb 4.21

keinen **Strich** sehen (können) Ac 4.2

keinen **Strich** tun De 14.11

einen (dicken) **Strich** unter etw. ziehen/(machen) (mit
etw.) Aa 8.12 Gc 13.5

mit wenigen/knappen/. . . **Strichen** andeuten/skizzieren
Cd 22.2 Dc 1.18

ein fauler **Strick** sein De 14.7

dieser Schuft/dieser Kerl/. . . ist nicht den **Strick** zum Auf-
hängen wert! Eb 2.59

jm. aus etw. einen **Strick** (zu) drehen (versuchen)
Cc 24.65

zum **Strick** greifen Ba 3.7

wenn . . . dann/. . . kann sich j. ja gleich/sofort einen
Strick kaufen/nehmen (und sich aufhängen) Ga 4.29

am gleichen/selben/an einem **Strick** ziehen Db 16.28

wenn alle **Stricke** reißen, dann . . . Hb 8.6

jn. fest an der **Strippe** haben/halten Fa 19.27

dauernd/schon wieder/. . . an der **Strippe** hängen Dc 1.53

sich (gleich/. . .) an die **Strippe** hängen (und . . .) Dc 1.53

wie **Stroh** brennen Ac 12.16

leeres **Stroh** dreschen Dc 1.63

Stroh im Kopf haben Cd 10.7

wie **Stroh** schmecken Hd 4.57

(nur/...) ein **Strohfeuer** (sein) Cb 2.50

nach dem/einem (rettenden/...) **Strohhalm** greifen Ga 4.30

sich an einen/den letzten/... **Strohhalm** klammern Ga 4.30

(zuletzt noch/...) über einen **Strohhalm** stolpern De 25.49

ein **Strohkopf** sein Cd 10.7

ein/der **Strohmann** sein Cc 16.77 Fb 15.104

den **Strohmann** abgeben/machen (für jn./etw.) Cc 16.77 Fb 15.104

einen **Strohmann** vorschieben Cc 16.77

ach, du heiliger/gerechter **Strohsack**! Da 8.4

sich vom **Strom** der Menge/Massen/... treiben/tragen lassen/... Ia 1.12

im **Strom** der Menge/Masse untergehen Ab 8.2

ein **Strom** von Menschen ergießt sich auf die Straße/in den Wald/an den Strand/... Ia 1.11

gegen den **Strom** schwimmen Db 17.16 Gc 6.38

mit dem **Strom** schwimmen Db 12.10

in den **Strom** der Vergessenheit geraten/sinken/versinken Db 2.3

ein **Strom** von Worten Dc 1.35

es fließen **Ströme** von Blut Ba 4.26

Ströme von Schweiß fließen jm. übers Gesicht Ac 2.12

Ströme von Schweiß vergießen Ac 2.12

Ströme von Tränen vergießen Cb 11.7

es regnet/gießt in **Strömen** Ac 1.7

in **Strömen** fließen Hd 6.49

gegen eine/die **Strömung** ankämpfen/... Gc 6.38

von der allgemeinen **Strömung** erfaßt/nach oben/... getragen/gespült werden Db 12.14

sich von einer/der allgemeinen ... **Strömung** (nach oben) tragen/treiben lassen Db 12.14

(ganz gegen seinen Willen/...) in den **Strudel** der Ereignisse mit hineingerissen werden/... Fa 22.9

im **Strudel** der Ereignisse untergehen De 25.105

sich in den **Strudel** des Vergnügens werfen/schmeißen Hd 2.20

Geld/... im **Strumpf** haben/aufbewahren/... Fb 9.14

sich auf die **Strümpfe** machen Ab 7.6

die gute **Stube** Ea 1.16

(immer) rein/rin in die gute **Stube**! Ea 7.28

(immer/...) in der **Stube** sitzen/hocken Ea 3.18

j. ist mein/dein/... bestes **Stück** Ic 4.25

der Rock/der Mantel/... ist mein/sein/... bestes/(gutes) **Stück** Ic 4.27

ein freches/dreistes **Stück** sein Cc 9.3

ein faules **Stück** sein De 14.7

ein ganzes **Stück** größer/kleiner/besser/schlechter/... (sein) (als ...) Ib 1.45

ein gemeines **Stück** sein Cc 8.1

es ist (noch) ein gutes/(ganz) schönes **Stück** (bis ...) Ab 1.32

das/etw. ist ein starkes **Stück**! Cc 33.20

..., das **Stück** für .../ Mark/... Fb 15.83

etw. am **Stück** kaufen/verkaufen/... Fb 15.84

da kannst du dir/kann er sich/... ein **Stück** von abschneiden Cc 5.16

da könnte sich manch einer/könnten sich viele/... ein **Stück** von abschneiden Cc 5.16

ein schönes **Stück** Arbeit sein/kosten De 20.19

jm. ein **Stück** Blei in den Leib schicken Ba 4.16

jn. wie ein **Stück** Dreck behandeln Db 19.44

ein schönes **Stück** Geld ausgeben/verdienen/kosten/... Fb 3.1

dasitzen/... wie ein **Stück** Holz Ca 5.2

nichts als/... ein **Stück** Papier sein Ha 12.10

etw. ist nicht das **Stück** Papier wert, auf dem es gedruckt ist/... Ha 12.9

einen Text/... **Stück** für Stück durcharbeiten/durchgehen/... Ic 9.8

etw. **Stück** für Stück kontrollieren/nachzählen/... Ic 9.8

jn. wie ein **Stück** Vieh behandeln Ea 12.25

ein **Stück** Weg(es) Ab 3.60

es ist (noch) ein gutes **Stück** Weges (bis ...) Ab 1.32

es ist (noch) ein gutes/(ganz) schönes **Stückchen** bis ... Ab 1.32

da kannst du dir/kann er sich/... ein **Stückchen** von abschneiden Cc 5.16

da könnte sich manch einer/könnten sich viele/... ein **Stückchen** von abschneiden Cc 5.16

sich mal wieder/vielleicht/... ein **Stückchen** leisten Cc 9.11

in **Stücke** fliegen Ac 11.15

in **Stücke** gehen Ac 11.15

große **Stücke** auf jn. halten Db 18.2

etw. in **Stücke** hauen Ac 12.1

etw. in tausend **Stücke** reißen/zerreißen Ac 12.18

j. läßt sich für jn. in **Stücke** reißen Ed 8.6

j. würde sich für jn. in **Stücke** reißen lassen Ed 8.6

etw. in **Stücke** schlagen Ac 12.1

j. könnte jn. in **Stücke** schlagen Cb 16.28

sich die besten **Stücke** aus der Suppe fischen Hb 11.6

in 1000 **Stücke** zerspringen/zerplatzen/... Ac 11.15

jm./sich in allen/vielen/manchen **Stücken** gleichen/ähnlich sein/... If 2.2

in allen/vielen/manchen/... **Stücken** übereinstimmen/... (mit jm.) Db 16.16

(ganz) aus freien **Stücken** etw. tun Fa 25.3

die oberste(n) **Stufe(n)** erreichen/... De 24.20

auf gleicher/der gleichen/derselben **Stufe** stehen (wie j./mit jm.) If 1.3

(kulturell/...) auf hoher/niedriger **Stufe** stehen Aa 6.109

auf hoher/niedriger **Stufe** stehen (in einem Volk/bei ...) Aa 6.109

jn./etw. auf eine/die gleiche **Stufe** stellen mit jm./etw./wie jn./etw. If 1.2

sich nicht mit jm. auf eine/die gleiche **Stufe** stellen können (in etw.) Ig 2.5

Stufe für Stufe hochklettern/... De 15.15

von **Stufe** zu Stufe aufsteigen/... De 24.18

von **Stufe** zu Stufe sinken Cc 6.31 De 25.61

die **Stufen** herauffallen/hinauffallen De 24.61

zwei/drei/... **Stufen** mit einem/jedem Satz/auf einmal nehmen Aa 14.31

jm. **Stufen** (ins Haar) schneiden Ca 1.41

einen harten/weichen/blutigen **Stuhl** haben Bc 2.21

jm. den **Stuhl** unter dem Arsch wegziehen Dc 8.52

j. wäre/ist fast/beinahe vom **Stuhl** gefallen, als .../vor Schreck/vor Überraschung/... Da 5.13

eine Nachricht/eine Mitteilung/... hätte/hat jn. fast/beinahe vom **Stuhl** gehauen (so überrascht ist er/so erschreckt ist er/...) Da 5.13

jm. den **Stuhl** unter dem Hintern wegziehen Dc 8.52

auf dem päpstlichen **Stuhl** sitzen Fa 11.17

jm. den **Stuhl** vor die Tür setzen Ea 10.19

j. kommt (und kommt) nicht zu **Stuhle** mit etw. Ga 8.2

sich zwischen zwei **Stühle** setzen Fa 6.42

sich zwischen alle (verfügbaren) **Stühle** setzen Fa 6.42

zwischen allen **Stühlen** sitzen Fa 6.43

eine Bevölkerung/... mit **Stumpf** und Stiel ausrotten/vernichten Ba 4.9

von **Stund** an Aa 1.58

js. letztes **Stündchen**/(Stündlein) hat geschlagen/ist ge-
kommen Ba 2.3
keine ruhige **Stunde** (für sich) haben Aa 15.8
bis zur **Stunde** Aa 1.61
seit dieser/jener **Stunde** Aa 1.58
in elfter/zwölfter **Stunde** Aa 1.73
zur festgesetzten **Stunde** Aa 1.20
zu früher **Stunde** Aa 1.24
zu jeder **Stunde** (bereit sein/. . .) Aa 1.16
zu gelegener **Stunde** kommen/. . . Hb 7.20
eine geschlagene **Stunde** warten/dauern/. . . Aa 2.8
in letzter **Stunde** Aa 1.73
zu nächtlicher **Stunde** Aa 1.23
jm./jedem/. . . schlägt seine/(die) **Stunde** Ba 2.3
in einer schwachen **Stunde** Gc 10.24
ihre schwere **Stunde** Ba 1.8
manche schwere **Stunde** mit jm. durchgemacht haben/. . .
De 20.4
manche schwere **Stunde** mit jm. durchmachen/. . .
Ga 12.44
zu später/vorgerückter/mitternächtlicher **Stunde** Aa 1.23
zu stiller **Stunde** Aa 1.23
zu ungelegener **Stunde** kommen/. . . Hb 8.8
js. **Stunde** hat geschlagen Aa 5.8
jm. klarmachen/. . ., was die **Stunde** geschlagen hat
Cc 24.26
wissen/verstanden haben/. . ., was die **Stunde** geschlagen
hat Cd 1.40
js. **Stunde** ist gekommen Aa 5.8
js. **Stunde** kommt noch/auch noch/. . . Aa 5.9
die **Stunde** der Rache naht/ist gekommen/. . . Gc 14.5
Stunde um Stunde verging/warteten sie da/. . . Aa 2.9
die/seine **Stunde** wahrnehmen Hb 9.6
Stunden geben/kriegen/nehmen/brauchen/. . . Cd 19.32
die Uhr/Glocke/. . . gibt nur die vollen **Stunden** an
Aa 1.85
js. **Stunden** sind gezählt Bc 2.62 De 25.18
die **Stunden** vergingen wie Minuten Aa 14.17
. . . **Stundenkilometer** fahren Aa 14.33
mit dem **Stundenschlag** 8/9/. . . (Uhr) Aa 18.1
es gibt **Stunk** Gc 3.9
Stunk machen (wegen) Gc 6.31
(es setzt) ein **Sturm** auf die Lebensmittelläden/. . . (ein)
Ia 1.15
ein **Sturm** der Begeisterung Cb 2.30
einen **Sturm** der Begeisterung entfachen/auslösen/. . .
Cb 2.30
zum **Sturm** blasen Gc 4.55
eine Festung/. . . im **Sturm** erobern Gc 4.73
im **Sturm** erprobt sein Cb 21.7
Sturm laufen gegen etw. Gc 6.25
Sturm läuten Ea 7.26
eine Festung/. . . im **Sturm** nehmen Gc 4.73
(durch) **Sturm** und Regen (laufen/. . .) Ac 1.9
das/etw. ist ein **Sturm** im Wasserglas Ha 5.37
den **Stürmen** des Lebens trotzen/ausgeliefert sein/. . .
Gc 3.54
nicht so **stürmisch**! Aa 11.13
im **Sturmschritt** daherkommen/zu . . . eilen/. . . Aa 14.27
es **stürmt** und regnet Ac 1.9
wie ein **Sturmwind** losschießen/davonrennen/. . .
Aa 14.25
ein **Sturzbach** von Worten/Flüchen/. . . (prasselt auf jn.
herab/. . .) Dc 5.28
Stuß machen Cd 13.2
Stuß reden/. . . Dc 1.73
eine **Stütze** an jm. haben Ga 12.50

eine Theorie/. . . findet (in der Praxis/. . .) keine/ihre/
eine **Stütze** Dd 9.14
die **Substanz** angreifen Bc 2.56
von der **Substanz** zehren/leben Bc 2.56
auf der **Suche** sein nach jm./etw. Ab 12.1
(jetzt/. . .) auf die **Suche** gehen (nach . . .) Ab 12.3
sich auf die **Suche** machen/begeben (nach jm./etw.)
Ab 12.3
jn. auf die **Suche** schicken (nach jm./etw.) Ab 12.9
in allem etwas **suchen** Cc 18.34 Db 19.7
da/dafür/für etw. mußt/kannst du dir/kann er sich/. . .
einen anderen **suchen** Db 15.21
so einen guten Spieler/lieben Menschen/guten Appa-
rat/. . . kannst du/kann man/. . . lange **suchen** Ig 1.1
jn. steckbrieflich **suchen**/(verfolgen) Cc 20.12
nichts zu **suchen** haben (in . . ./bei . . ./. . .) Ab 7.29
was **suchst** du/sucht er/. . . (in . . ./bei . . ./. . .)? Ab 7.29
ein Taktgefühl/eine Unverschämtheit/. . ., das/die/. . .
seinesgleichen/ihresgleichen **sucht** Ic 1.17
etw. im **Suff** tun/sagen Hd 6.53
sich dem **Suff** ergeben Hd 6.39
sich dem stillen **Suff** ergeben Hd 6.40
in **summa**: Dc 1.21
summa summarum: Dc 1.21
ein hübsches/schönes **Sümmchen** (Geld) ausgeben/ver-
dienen/kosten/. . . Fb 3.1
die **Summe** allen Wissens/aller Kenntnisse/Erkenntnis-
se/. . . Cd 19.37
(und) von ferne hört man das eintönige **Summen** der Bart-
wickelmaschine! Cd 18.7
im **Sumpf** der Großstadt/von Paris/. . . untergehen/ver-
sinken/. . . Cc 6.21
in einen (regelrechten/. . .) **Sumpf** geraten Cc 6.21
es ist/. . . eine **Sünd'** und Schande, wie . . ./was . . ./. . .
Ic 7.22
häßlich wie die **Sünde** (sein) Ca 1.24
es ist eine (himmelschreiende) **Sünde**, daß . . . Cc 33.12
jn. hassen wie die **Sünde** Eb 2.36
etw. meiden wie die **Sünde** Eb 2.12
für seine **Sünden** büßen müssen Cc 28.2
der **Sündenbock** sein Hb 14.38
den **Sündenbock** abgeben/spielen Hb 14.38
einen **Sündenbock** suchen/brauchen Hb 14.40
ein **Sündengeld** kosten/ausgeben/. . . Fb 3.2
in einem (richtigen/. . .) **Sündenpfuhl** leben Cc 6.25
jm. sein **Sündenregister** vorhalten Cc 24.62
ein reumütiger **Sünder** sein Cc 30.30
wie ein ertappter **Sünder** dastehen/. . . Cc 22.18
wie ein verlorener **Sünder** dastehen/dasitzen/. . . Cb 3.62
De 26.11
(jm.) etw./jn. in **Superlativen** anpreisen/. . . Cc 23.7
Id 2.46
(nur/. . .) in (lauter) **Superlativen** reden (von jm./etw.)
Cc 23.7 Id 2.45
(gern/. . .) sein **Süppchen** am Feuer anderer kochen
Hb 10.6
die **Suppe** auslöffeln sollen/können/müssen/dürfen, die
man sich/ein anderer/. . . einem eingebrockt hat
Hb 14.36
jm. eine schöne **Suppe** einbrocken (mit etw.) Hb 5.8
sich eine schöne **Suppe** einbrocken (mit etw.) Hb 6.6
das macht die **Suppe** (auch) nicht fett! Ha 5.34
aussehen/ein Gesicht machen/. . ., als hätte einem j./als
hätten sie einem in die **Suppe** gespuckt Cb 5.8
jm. in die **Suppe** spucken Hb 4.23
jm. (gehörig/. . .) die **Suppe** versalzen (mit etw.) Hb 4.22
Süßholz raspeln Fa 17.12

suum cuique Db 20.35
wie j. vorgeht/..., das hat/(ist) **System** Dd 3.37
in js. Vorgehen/... liegt **System** Dd 3.37
etw. in ein **System** bringen Db 16.23
Applaus/Beifall/... auf offener **Szene** Hd 10.16
jm. eine **Szene** machen Cc 24.61
etw. in **Szene** setzen Hd 10.9
es verstehen/..., sich in **Szene** zu setzen Cc 11.62
das **Szepter** (fest/...) in der Hand halten/haben Fa 11.14
was sich j. (da) leistet/herausnimmt/..., das ist starker **Tabak** Cc 33.19
etw. in **Tabellenform** zusammenstellen/... Ib 1.75
etw. **tabellenförmig** zusammenstellen/... Ib 1.75
Tabletten nehmen Ba 3.7
tabula rasa (mit etw.) machen De 16.9
Tacheles reden Dc 3.41
ohne **Tadel** sein Cc 5.2
jn. trifft kein **Tadel** Cc 21.10
einen **Tadel** einstecken müssen Cc 24.69
nach der **Tafel** Hd 4.64
vor der **Tafel** Hd 4.64
die **Tafel** aufheben Hd 4.75
zur **Tafel** bitten Hd 4.66
die Dame des Hauses/die Gastgeberin/... zur **Tafel** führen Hd 4.67
etw. an die/auf die **Tafel** schreiben Cd 19.20
den **Tafelfreuden** huldigen Hd 4.45
das/dies/... ist ein schwarzer **Tag** (für jn.) Da 10.7
morgen ist auch noch ein **Tag**! Aa 11.16
(heute/...) seinen großen **Tag** haben De 24.54
(heute/...) einen guten **Tag** haben De 24.53
(heute/...) keinen guten **Tag** haben De 25.74
(heute/...) einen schlechten/schwarzen/rabenschwarzen **Tag** (erwischt) haben De 25.74
(heute/...) seinen guten **Tag** (erwischt) haben De 24.54
keinen guten **Tag** mehr haben (in .../bei .../...) Cb 3.25
auf den **Tag** (genau) ankommen/fertig werden/... Aa 18.1
(noch/...) bei **Tag(e)** Aa 1.25
ewig und einen **Tag** warten/dauern/... Aa 1.15
etw. ist nur für den **Tag** geschrieben/bestimmt/... Cd 20.43 Ha 12.8
guten **Tag**! Ea 9.1
einen schönen guten **Tag**! Ea 9.1
am hellichten **Tag(e)** etw. stehlen/jn. überfallen/... Aa 1.27 Ac 4.4
bis auf den/zum heutigen **Tag** Aa 1.61
j./etw. muß jeden **Tag** eintreffen/erscheinen/hereinkommen/... Aa 1.41
der Jüngste **Tag** Cc 35.6
den lieben langen **Tag** (lang) faulenzen/... Aa 2.21
(2 Tabletten/vier Seiten/...) pro **Tag** Aa 3.22
j. stiehlt mir/ihm/dem Peter/... nur/auch noch/... den **Tag** Db 15.101
jetzt wird's **Tag**! Cd 1.33
jeden zweiten **Tag** Aa 3.19
man soll/... den **Tag** nicht vor dem Abend loben Da 9.41
nicht von einem **Tag** auf den anderen zu machen sein/... Aa 12.2
einen **Tag** um den anderen/andern Aa 3.19
schön wie der junge **Tag** aussehen Ca 1.3
etw. an den **Tag** bringen Dc 3.83
der **Tag** des Herrn Cc 35.14
über den **Tag** hinausweisen/(hinausgehen) Cd 20.43 Ha 11.14
bis in den **Tag** hinein schlafen/pennen/im Bett sein/... Aa 1.33

(so) in den **Tag** hineinleben Gb 4.31
(so/...) in den **Tag** hineinreden/hineinschwätzen/... Dc 1.61
der letzte **Tag** des Jahres Aa 1.86
an den **Tag** kommen Dc 3.94
js. **Tag** kommt noch/auch noch/... Aa 5.9
j. redet/erzählt/... viel, wenn der **Tag** lang ist Dc 1.45
nur/... für den **Tag** leben De 4.7
Kenntnisse/Fleiß/Zynismus/... an den **Tag** legen Dc 3.90
sich einen schönen/guten **Tag** machen Hd 2.12
sich einen vergnügten **Tag** machen Hd 2.12
sich gleichen/... wie **Tag** und Nacht If 4.5
so verschieden sein/sich unterscheiden wie **Tag** und Nacht If 4.5
Tag und Nacht arbeiten/üben/... De 12.8
den **Tag** zur Nacht und die Nacht zum Tag machen De 22.21
jm. guten **Tag** sagen Ea 6.1
Tag und Stunde vereinbaren/... Aa 1.89
der/mein **Tag** hat (auch) nur 24 Stunden De 11.14
Tag für/(um) Tag (etw. tun müssen/...) Aa 3.17
Tag um Tag verging/... Aa 2.9
von **Tag** zu Tag besser werden/schlechter/... werden/... Aa 10.6
den (ganzen) **Tag** totschlagen De 14.10
der **Tag** der offenen Tür Ea 4.39
jm. einen guten **Tag** wünschen Ea 6.1
tagaus, tagein Aa 3.17
so einen guten Spieler/lieben Menschen/guten Apparat/... findest du/findet man/... nicht alle **Tage** Ig 1.1
auf seine alten **Tage** noch etw. tun/erleben/... Bb 2.25
dieser **Tage** Aa 1.1
ewig und drei **Tage** warten/dauern/... Aa 1.15
das waren goldene **Tage** (damals/...) Aa 1.91
(heute/...) über acht **Tage** Aa 1.44
über **Tage** arbeiten/... De 15.26
unter **Tage** arbeiten/... De 15.27
alle zwei **Tage** Aa 3.19
noch ist/es ist noch nicht aller **Tage** Abend Aa 6.91 Ii 1.10
seine **Tage** als Rentner/... beschließen Bb 2.24
(schon/...) bessere **Tage** gesehen haben Fb 7.30
in seinem Leben/... wenig gute **Tage** gesehen haben Da 10.10
js. **Tage** sind gezählt Bc 2.62 De 25.18
sich ein paar schöne/gute **Tage** machen Hd 2.12
das/etw. kann einem/dir alle **Tage** passieren Da 10.33
aussehen/ein Gesicht machen/... wie drei/(sieben/acht) **Tage** Regenwetter Cb 5.10
dreinschauen/... wie drei/(sieben/acht) **Tage** Regenwetter Cb 3.65
schon/... die **Tage** zählen bis .../... Aa 15.18
Tagebuch führen Cd 20.16
(heute/...) in acht/vierzehn/... **Tagen** Aa 1.44
in seinen alten **Tagen** noch etw. tun/erleben/... Bb 2.25
in fernen **Tagen** ... Aa 1.43
in gesunden **Tagen** Bc 1.19
jm. in guten und (in) bösen **Tagen** zur Seite stehen/... Ga 12.40
in guten und in bösen **Tagen** zusammenhalten/zusammenstehen/... Ga 12.41
von längst vergangenen **Tagen** erzählen/... Aa 1.3
bis zum frühen Morgen/bis fünf Uhr/... **tagen** Aa 1.31
die Aufgaben/die Anforderungen/... des **Tages** Aa 1.98
eines (guten/schönen) **Tages** Aa 1.48
zu jeder **Tages**- und Nachtzeit Aa 1.16

bei **Tagesanbruch** (losfahren/. . .) Aa 1.28
vor **Tagesanbruch** (aufstehen/. . .) Aa 1.28
das **Tagesgespräch** sein/bilden Fa 1.16
(noch/. . .) bei **Tageslicht** Aa 1.25
etw. ans **Tageslicht** bringen/ziehen Dc 3.83
ans **Tageslicht** kommen Dc 3.94
das **Tageslicht** scheuen Cc 7.13
im **Tageslohn** stehen/arbeiten (bei einer Firma/. . .)
    De 15.5
(in letzter Zeit/heute/jetzt/. . .) an der **Tagesordnung** sein
    Aa 4.3
etw. von der **Tagesordnung** absetzen Dc 5.79
(heute/. . .) zur **Tagesordnung** gehören Aa 4.3
etw. auf die **Tagesordnung** setzen Dc 5.77
auf der **Tagesordnung** stehen Dc 5.78
etw. von der **Tagesordnung** streichen Dc 5.79
(über etw.) zur **Tagesordnung** übergehen Ha 2.7
zu jeder **Tageszeit** Aa 1.16
tags darauf/zuvor Aa 1.6
auf **Taille** gearbeitet sein/. . . Ca 1.68
(viel/. . .) **Takt** haben Ea 11.6
wenig/keinen/. . . **Takt** haben Ea 12.6
im **Takt** bleiben Dc 10.20
jn. (ganz) aus dem **Takt** bringen Ga 2.3
den **Takt** halten Dc 10.20
aus dem **Takt** kommen Dc 10.19
den **Takt** schlagen Dc 10.21
aus dem **Tal** (wieder) heraussein De 24.40
aber auch/. . . ein **Talent** haben, immer das Falsche zu tun/
    ungewollt Streit zu entfachen/bei anderen anzuek-
    ken/. . . Cb 6.23
ein paar **Taler** Fb 3.20
keinen **Taler** wert sein Ha 12.4
in einer/der **Talsohle** sein/stecken Aa 6.68
aus der **Talsohle** (wieder) heraussein De 24.40
(viel/allerhand/. . .) **Tamtam** machen (um jn./etw.)
    Gc 6.29 Ha 4.15
wenig/kein/. . . **Tamtam** machen (um jn./etw.) Ha 5.13
gerade (gewachsen) wie eine **Tanne** (sein) Ca 1.9
schlank wie eine **Tanne** (sein) Ca 1.9
Tantalusqualen ausstehen/erleiden/erdulden/. . . Cb 3.18
einen **Tanz** mit jm. haben Gc 3.19
jn./eine Dame/. . . zum **Tanz(en)** auffordern Hd 8.5
zum **Tanz** aufspielen Hd 8.6
das/etw. wird noch einen **Tanz** geben/ein Tanz werden
    Gc 3.10
ein/der **Tanz** um das goldene Kalb Fb 3.28
jetzt/. . . geht der **Tanz** los Gc 3.10
etw. ist ein (regelrechter/. . .) **Tanz** auf dem Vulkan
    Gb 1.11
das **Tanzbein** schwingen. Hd 8.2
ein **Tänzchen** mit jm. haben Gc 3.19
tanzen gehen Hd 8.1
zum **Tanzen** gehen Hd 8.1
Tanzstunde haben Hd 8.7
in die **Tanzstunde** gehen Hd 8.7
etw. aufs **Tapet** bringen Dc 3.5
die **Tapeten** wechseln Ab 4.2
wie von der **Tarantel** gestochen aufspringen/. . . Aa 14.31
jn. in der **Tasche** haben Fa 10.27
das/die Pfennige/den Auftrag/. . . habe ich/haben wir/. . .
    in der **Tasche** Fb 1.25
in die/seine eigene **Tasche** arbeiten/wirtschaften Hb 11.9
jm. in die **Tasche**/in die Tasche seines Freundes/. . . arbei-
    ten Cc 19.6
etw. aus eigener **Tasche** bezahlen/zahlen/finanzieren/. . .
    Fb 3.9

jm. auf der **Tasche** liegen Fb 7.25
sich etwas/allerhand/. . . in die **Tasche** lügen Db 21.22
jn. in die **Tasche** stecken (im Rechnen/Sport/. . .) Ig 1.11
etw. in die/seine eigene **Tasche** stecken Hb 11.11
jm. (das) Geld/immer wieder ein paar Mark/. . . aus der
    Tasche ziehen Fb 3.17
es verstehen, jm. (das) Geld/immer wieder ein paar
    Mark/. . . aus der **Tasche** zu ziehen Fb 3.18
sich (doch nur/. . .) die (eigenen) **Taschen** füllen Hb 11.10
vor **Taschendieben** wird gewarnt! Cc 19.13
im **Taschenformat** Ib 1.72
für ein **Taschengeld** arbeiten/etw. reparieren/. . . Fb 13.2
etw. für ein **Taschengeld** kaufen/bekommen/verkau-
    fen/. . . Fb 13.2
nur/. . . ein **Taschengeld** kosten Fb 13.2
wie ein **Taschenmesser** zusammenklappen De 23.14
eine trübe **Tasse** sein Cd 4.15
nicht alle **Tassen** im Schrank haben Cd 12.6
nicht mehr alle **Tassen** im Schrank haben Cd 12.33
in die **Tasten** greifen Dc 10.13
in der **Tat** Ha 3.14
seine Worte/. . . durch die **Tat** beweisen Dd 7.8
jn. auf frischer **Tat** ertappen/erwischen/schnappen
    Cc 20.17
zur **Tat** schreiten Dd 7.6
Gedanken/Pläne/. . . in die **Tat** umsetzen Dd 7.6
eine (große) **Tat** vollbringen Cd 3.53
den **Tatbestand** aufnehmen Cc 20.40
ich/der Willy/. . . wüßte (auch), was ich/er/. . . lieber **täte**
    Eb 2.8
seine Worte/. . . durch **Taten** beweisen Dd 7.8
(nun/jetzt) laßt/. . . mal endlich **Taten** sehen Dd 7.21
(ein Vulkan/. . .) ist noch in **Tätigkeit** Aa 6.20
eine fieberhafte/fiebrige **Tätigkeit** entfalten De 13.33
eine Maschine/. . . außer **Tätigkeit** setzen Aa 8.19
eine Maschine/. . . in **Tätigkeit** setzen Aa 7.22
in **Tätigkeit** treten Aa 7.30
sich zu **Tätlichkeiten** hinreißen lassen Cc 26.50
(das sind/. . .) die nackten **Tatsachen** Cc 13.4
vor vollendete **Tatsachen** gestellt werden Dd 6.23
die **Tatsachen** sprechen lassen Cc 13.2
vor vollendeten **Tatsachen** stehen Dd 6.23
jn. vor vollendete **Tatsachen** stellen Dd 6.20
ein (alter) **Tattergreis** (sein) Bb 2.14
einen/den **Tatterich** haben Bc 2.40
(na,) denn man **tau**! Aa 7.32
vor **Tau** und Tag aufstehen/. . . Aa 1.28
gegen alle Bitten/Ratschläge/allen Bitten gegenüber/allen
    Ratschlägen gegenüber/. . . **taub** sein/bleiben Dc 7.10
hier/bei/. . . fliegen einem die gebratenen **Tauben** nicht in
    den Mund De 13.49
warten, bis/daß einem die gebratenen **Tauben** in den
    Mund/ins Maul fliegen De 14.19
etw./das ist hier (ja) der reinste **Taubenschlag** Ea 5.6
es/das geht hier ja zu wie in einem/(im) **Taubenschlag**
    Ea 5.6
(ein Kind) aus der **Taufe** heben/(über die Taufe halten)
    Ba 1.17
etw. aus der **Taufe** heben Aa 7.15
etw. im **Tausch** für/gegen etw. bekommen Fb 15.92
etw. in **Tausch** geben/nehmen/. . . für/gegen etw.
    Fb 15.92
einen guten **Tausch** machen Hb 13.12
einen schlechten **Tausch** machen Hb 14.29
wenn du glaubst/. . . . . ., (dann) **täuschst** du dich/. . . (ge-
    waltig) Db 21.27
sich (da) allerhand/. . . **Täuschungen** hingeben Db 21.24

einer unter/von **Tausend(en)** sein   Ia 3.8

potz **tausend**!   Cb 19.8

Tausende und Abertausende (von jungen Menschen/...)   Ia 1.6

in die **Tausende** gehen   Ia 1.7

zu **Tausenden** kommen/herbeiströmen/...   Ia 1.9

zu **Tausenden** und Abertausenden kommen/herbeiströmen/...   Ia 1.9

unter **Tausenden** nicht einer, der .../nicht einer unter Tausenden macht .../...   Ia 3.9

im **Team** arbeiten   De 17.15

ein **Team** bilden   De 17.15

ein **Techtelmechtel** mit jm. haben   Ed 1.29

abwarten und **Tee** trinken!   Aa 11.13

über den großen **Teich** fahren/...   Ab 4.42

zum **Teil** ...   Ib 1.15

zum größten **Teil** ...   Ib 1.17

ich für meinen **Teil**   Db 4.80

ein gut' **Teil** von ...   Ia 5.19

ein gut' **Teil** größer/kleiner/besser/schlechter/... als ...   Ib 1.44

sein/seinen **Teil** abkriegen   Cc 24.72

sein/seinen **Teil** beitragen/beisteuern   Ga 12.20

sich sein/(seinen) **Teil** denken   Dc 2.41

j. hat den besseren/(das bessere) **Teil** erwählt   Hb 13.9

sein/seinen **Teil** weghaben/(bekommen haben)   Cc 24.76

da muß man/... beide **Teile** hören   Db 20.24

etw. in seine/hundert/... **Teile** zerlegen   Ac 12.20

teile und herrsche   Fa 11.45

(sich) etw. (fein) brüderlich **teilen**   Fb 2.9

zu gleichen **Teilen** kaufen/...   Fb 2.8

zu gleichen **Teilen** an mehrere Leute gehen   Fb 2.10

jm. seine (aufrichtige/...) **Teilnahme** aussprechen   Ba 7.6

teils teils   Ib 1.15

etw. auf **Teilzahlung** kaufen   Fb 15.39

etw. in **Teilzahlungen** abstottern/...   Fb 15.39

dauernd/schon wieder/... am **Telefon** hängen   Dc 1.53

sich (sofort/...) ans **Telefon** hängen (und ...)   Dc 1.53

nicht über den **Tellerrand** hinausgucken (können)   Cd 11.4

jn. zum **Tempel** hinausjagen/hinauswerfen   Ea 10.17

sein/das **Temperament** geht mit jm. durch   Cb 17.10

seinem **Temperament** die Zügel schießen lassen   Cb 17.19

(erhöhte) **Temperatur** haben   Bc 2.11

(nun mal/...) ein bißchen **Tempo**!   Fa 18.15

(vielleicht) ein **Tempo** draufhaben/vorlegen   Aa 14.36

ein wahnsinniges/irres/... **Tempo** draufhaben   Aa 14.36

Tempo dahinter machen   Fa 18.14

da **Tempo** hinter machen   Fa 18.14

tempora mutantur   If 6.21

eine steigende/fallende **Tendenz** (haben)   Aa 6.35

den roten **Teppich** ausrollen (für jn.)   Ea 7.18

auf dem **Teppich** bleiben   Id 2.64

etw. unter den **Teppich** kehren   Ha 2.4

eine **terra** incognita (sein)   Ab 4.59

sich auf unsicheres **Terrain** begeben   Ga 3.11

sich auf unsicherem **Terrain** bewegen   Ga 3.12

an **Terrain** gewinnen   De 24.43

das **Terrain** sondieren/(erkunden)   Cd 15.17

an **Terrain** verlieren   De 25.6

da/dann/... kannst du/kann er/... gleich/sofort/... dein/sein/... **Testament** machen   De 25.54

sündhaft **teuer** sein   Fb 12.4

ein (richtiger/regelrechter) (kleiner) **Teufel** sein   Cc 9.1

ein (wahrer/leibhaftiger) **Teufel** sein   Cc 8.4

ein armer **Teufel** (sein)   Fb 7.10

der reine/reinste **Teufel** sein   Cc 8.4

schwarz wie der **Teufel** (sein)   Ac 5.10

zum **Teufel** sein   Ac 11.21

daß dich/ihn/... der **Teufel**!   Cb 19.16

fahr/... zum **Teufel**!   Cb 19.16

geh' zum **Teufel** (mit jm./etw.)!   Db 15.100

hol' dich/ihn/sie/... der **Teufel**!   Cb 19.16

hol' mich der **Teufel**, wenn ...!   Db 15.1

hol's der **Teufel**!   Cb 19.9

pfui **Teufel**!   Cc 32.5

jn. reitet der **Teufel**   Cb 8.12

scher' dich/schert euch/... zum **Teufel** (mit jm./etw.)!   Cb 19.16   Db 15.100

... (das) weiß der **Teufel**!   Ih 4.20

was/wer/wo/... zum **Teufel**?   Ih 4.21

weiß der **Teufel**, wo/wie/wann/ob/...   Ih 4.20

zum **Teufel** (nochmal/noch einmal)!   Cb 19.8

wie der **Teufel** rasen/reiten/...   Aa 14.30

zum **Teufel** mit dem Herbert/der Anna/...!   Cb 19.17   Db 15.99

wie der leibhaftige **Teufel** aussehen   Ca 1.27

den **Teufel** im Balg haben   Cc 9.6

den **Teufel** mit (dem)/durch (den) Beelzebub austreiben   Aa 6.92

vom **Teufel** besessen sein   Cc 8.12

es scheint/..., j. steht/ist mit dem **Teufel** im Bunde   Cc 8.10

mit dem **Teufel** im Bunde stehen/sein   Cc 8.10

da soll doch der **Teufel** dreinschlagen!   Cb 19.7

den **Teufel** danach fragen, ob ...   Ha 8.3

in den/die Karin/... ist wohl der **Teufel** gefahren?   Cc 9.6   Cd 12.22

zum **Teufel** gehen   Ac 11.10

bei etw./in etw./da/... hat der **Teufel** seine Hand im Spiel   Da 10.13

bei etw./in etw./da/... muß der **Teufel** seine Hand im Spiel haben   Da 10.13

der **Teufel** soll dich/ihn/sie/... holen!   Cb 19.16   Eb 2.58

der **Teufel** soll mich holen, wenn ...!   Db 15.1

jn. zum **Teufel** jagen   Ea 10.17

mit Blumenkohl/Bratkartoffeln/... kann man/kannst du/... sie/den Herrn Meinert/... zum **Teufel** jagen!   Eb 2.13

auf **Teufel** komm' heraus/raus reden/Geld ausgeben/Aktien zusammenkaufen/...   Ia 1.50

sich den **Teufel** um jn./etw. kümmern   Ha 8.3

den **Teufel** im Leib haben   Cc 9.6

hier/bei/auf/... ist der **Teufel** los   Cb 18.16

wenn ..., dann ist der **Teufel** los   Cb 18.9

ein **Teufel** in Menschengestalt sein   Cc 8.4

sich einen/den **Teufel** um jn./etw. scheren   Ha 8.3

j. soll sich zum **Teufel** scheren (mit jm./etw.)   Db 15.100

hinter jm./etw. her sein wie der **Teufel** hinter der armen Seele   Hd 3.3

hinter dem Geld/... hersein wie der **Teufel** hinter der armen Seele   Fb 11.2

bei etw./in etw./da/... ist der **Teufel** im Spiel   Da 10.13

bei etw./in etw./da/... muß der **Teufel** im Spiel sein   Da 10.13

j. wird den **Teufel** tun und ...   Db 15.14   Fa 8.9

das/diesen Text/die Pläne/... soll der **Teufel** verstehen!   Cd 2.20

(mal wieder/...) den **Teufel** an die Wand malen   Db 4.66

etw. fürchten wie der **Teufel** das Weihwasser   Gb 6.44

wenn der **Teufel** will, dann ist alles möglich/...!   Ii 1.7

jn. zum **Teufel** wünschen   Eb 2.32

es müßte (schon) mit dem **Teufel** zugehen (wenn etw. nicht gutgehen sollte/wenn etw. nicht klappen sollte/...)   Da 10.14   Ih 1.11

ein **Teufelchen** sein Cc 9.1
bist du/ist er/. . . wohl des **Teufels**? Cd 12.20
ich will des **Teufels** sein, wenn . . .! Db 15.1
wie des **Teufels** Großmutter aussehen Ca 1.27
in **Teufels** Küche kommen/geraten Ga 4.6
in (drei) **Teufels** Namen kann/soll/. . . j. etw. tun Fa 8.14
aus dem **Teufelskreis** wieder herauskommen/. . . Ga 6.35
den **Teufelskreis** durchbrechen Ga 6.35
weiter im **Text**! Aa 3.24
jn. (ganz) aus dem **Text** bringen Dc 5.29 Ga 3.1
(ganz) aus dem **Text** geraten/kommen Ga 3.2
jn. bis zum **Tezet** ausnutzen/ausnehmen/ausquet-
schen/. . . Ic 2.32
etw. bis zum/(ins) **Tezet** kennen/. . . Cd 1.12
am/(beim) **Theater** sein Hd 10.1
das/etw. ist (doch alles nur/. . .) **Theater** Cc 15.14
das/es gibt (mal wieder/vielleicht/. . .) (ein) **Theater**
Cb 18.6
wenn . . ., dann gibt's **Theater** Cb 18.6
(vielleicht/. . .) ein **Theater** aufführen Cb 18.1
zum **Theater** gehen Hd 10.1
erst . . . und dann ist das **Theater** groß Cb 18.7
(vielleicht/. . .) ein **Theater** inszenieren Cb 18.2
das **Theater** lassen Id 2.59
Theater machen Gc 6.27
(vielleicht/. . .) ein **Theater** machen Cb 18.1
(ein) (großes) **Theater** machen (um jn./etw.) Cb 18.1
(vielleicht/. . .) (ein Riesen-/Mords-) **Theater** machen (um jn./
etw.) Ha 4.14
(nur/mal wieder/. . .) **Theater** spielen Cc 16.2
jm. **Theater** vormachen/vorspielen Cc 16.3
zum **Theater** wollen Hd 10.1
vom **Thema** abschweifen Dc 5.37
ein neues/anderes/. . . **Thema** anschneiden Dc 5.35
beim **Thema** bleiben Dc 5.45
das **Thema** wechseln Dc 5.35
das/etw. ist (reine/pure) **Theorie** Da 3.29
das/etw. ist graue **Theorie** Da 3.29
grau ist alle **Theorie** Da 3.29
das **Thermometer** steht auf . . . Grad (über Null/unter
Null)/sinkt unter Null/steigt über Null/steht auf dem
Nullpunkt/. . . Ac 1.27
den **Thron** besteigen Fa 11.7
dem **Thron** entsagen De 15.69
jn. auf den **Thron** erheben Fa 11.21
jn. auf den **Thron** heben Cc 23.8
auf den **Thron** kommen Fa 11.7
auf dem **Thron** sitzen Fa 11.16
einen **Tick** haben Cd 12.30
einen **Tick** auf jn. haben Cd 14.13
in einem **Tief** sein/stecken Aa 6.68
der Strudel/. . . reißt/. . . jn./etw. in die **Tiefe** Ab 6.23
in der **Tiefe** seines Herzens (doch) (jn.) lieben/glau-
ben/. . . Ic 2.16
sich von dem Felsen/. . . in die **Tiefe** stürzen Ba 3.7
im **tiefen** Afrika/. . . Ab 1.6
auf dem/seinem **Tiefpunkt** ankommen/. . . Aa 6.69
Tiefsinn stapeln Dc 1.72
einen (bedenklichen/. . .) **Tiefstand** erreichen/. . . Aa 6.69
ein hohes/großes **Tier** Fa 4.10
zum **Tier** herabsinken Cc 6.32
jedem **Tierchen** sein Pläsierchen! Hc 4.14 Hd 2.23
das/etw. ist (doch) klar wie dicke **Tinte**! Ih 1.17
sich (mit etw.) (ganz) schön in die **Tinte** setzen Cd 13.12
(ganz schön/. . .) in der **Tinte** sitzen Ga 4.14
allerhand/viel/. . . rote **Tinte** verbrauchen bei etw.
Cd 20.32

es lohnt sich nicht/. . ., über etw. **Tinte** zu verspritzen
Ha 5.30
über etw. ist (schon/bereits/. . .) allerhand/viel/. . . **Tinte**
verspritzt worden Cd 20.32
jm. einen **Tip** geben Ga 12.62
tipp-topp sein/funktionieren/gearbeitet sein/. . . Ic 3.19
flach/eben sein wie ein **Tisch** Ab 4.55
vom **Tisch** sein De 16.10
bei **Tisch** Hd 4.64
nach **Tisch** Hd 4.64
vor **Tisch** Hd 4.64
etw. am grünen **Tisch** entscheiden/festlegen/verhan-
deln/. . . Da 3.30
etw. vom grünen **Tisch** aus regeln/festlegen/erledigen/. . .
Da 3.30
etw. am grünen **Tisch**/vom grünen Tisch aus festlegen/re-
geln/erledigen/. . . Dd 6.46
am runden **Tisch** zusammensitzen/diskutieren/. . .
Dc 1.152
sich am runden **Tisch** zusammensetzen/. . . Dc 1.152
den **Tisch** abdecken Hd 4.77
vom **Tisch** aufstehen Hd 4.76
von **Tisch** und Bett getrennt leben Ed 4.11
zu **Tisch** bitten/rufen Hd 4.66
zerstrittene Parteien/Personen/. . . an einen **Tisch** (zusam-
men)bringen Gc 13.11
den **Tisch** decken Hd 4.65
unter den **Tisch** fallen Ha 2.15
etw. unter den **Tisch** fallen lassen Ha 2.3
die Dame des Hauses/die Gastgeberin/. . . zu **Tisch** führen
Hd 4.67
zu **Tisch** gehen (mit jm.) Hd 4.81
am **Tisch** der Großen sitzen Fa 4.10
etw. auf den **Tisch** des Hauses legen/blättern/knallen/. . .
Dc 8.58
bar auf den **Tisch** des Hauses legen Fb 15.38
zum **Tisch** des Herrn gehen Cc 35.21
du ißt/es wird gegessen/. . ., was auf den **Tisch** kommt
Hd 4.63
reinen **Tisch** (mit etw.) machen De 16.9
vom **Tisch** müssen De 16.2
jn./alle/. . . unter den **Tisch** saufen Hd 6.36
auf den **Tisch** schlagen/hauen Cb 16.45
sich an den **Tisch** setzen Hd 4.68
sich mit jm. nicht (mehr) an einen **Tisch** setzen Eb 2.52
sich zu **Tisch** setzen Hd 4.68
sich an den/einen gedeckten **Tisch** setzen (können)
Hd 4.58
zu **Tisch**(e) sitzen Hd 4.69
(mit) bei den Erwachsenen/Großen/. . . am **Tisch** sitzen
Hd 4.78
Argumente/Vorschläge/. . . (einfach/. . .) vom **Tisch** wi-
schen Db 14.32
vor **Tische** hörte man's anders! Db 11.9
in/bei/. . . ein richtiges/. . . **Tischleindeckdich** finden
Hd 4.73
das **Tischtuch** zwischen uns/mir und ihm/. . . ist zer-
schnitten/entzweigeschnitten Ed 4.10
wir/die haben/. . . das **Tischtuch** zwischen uns/sich/. . .
zerschnitten/entzweigeschnitten Ed 4.10
einen **Toast** auf jn. ausbringen Hd 5.23
was leistet sich j. (da) leistet/herausnimmt/. . ., das ist starker **To-
bak** Cc 33.19
das **Toben** der Elemente Ac 1.16
die höhere **Tochter** Fa 5.4
die **Töchter** Evas Ed 5.5
die **Tochter** des Hauses Ed 5.6

betrübt bis in den **Tod** (sein) Cb 3.26
jm./sich treu bis in den **Tod** (sein) Ed 8.2
(wenn .../...) das wäre mein/dein/... **Tod** De 25.100
jm. folgen/treu sein/ergeben sein/... bis in den **Tod**
  Ic 2.22
du holst dir/... noch den **Tod** Bc 2.57
der schwarze **Tod** Ba 2.58
der weiße **Tod** Ba 2.58
den sicheren **Tod** vor Augen haben Ba 2.3
dem **Tod** ins Auge gesehen haben Gb 1.17
den **Tod** vor Augen sehen/haben Bc 2.66
(bleich) wie der (leibhaftige) **Tod** aussehen Ca 1.31
jn./etw. auf/(für) den **Tod** nicht ausstehen können
  Eb 2.24
es auf/(für) den **Tod** nicht ausstehen können, wenn/...
  Eb 2.8
den **Tod** erleiden Ba 2.14
(bei einem Unfall/...) den **Tod** finden Ba 2.26
einen frühen/... **Tod** finden Ba 2.23
der **Tod** nimmt jm. die Feder aus der Hand Ba 2.41
den **Tod** am Galgen sterben Ba 2.48
für jn./etw. in den **Tod** gehen Ba 2.30
dem **Tod(e)** geweiht sein Bc 2.65
(schon/...) vom **Tod(e)** gezeichnet sein Bc 2.64
jn. bis in den **Tod** hassen Eb 2.37
Liebe/Treue/Dankbarkeit/... über den **Tod** hinaus
  Ic 2.22
sich den **Tod** holen Bc 2.57
der **Tod** holt jn. früh/schon in jungen Jahren/plötz-
  lich/... Ba 2.23
mit dem **Tod(e)** kämpfen/ringen Bc 2.68
ein Kampf/... auf **Tod** und Leben Gc 3.37
jn./etw. auf/(für) den **Tod** nicht leiden können Eb 2.24
dem **Tod(e)** nahe sein Bc 2.62
der **Tod** nimmt jm. den Pinsel aus der Hand Ba 2.41
..., bis daß der **Tod** euch scheide Ed 3.20
dem **Tod** (noch einmal/...) von der Schippe/(Schaufel)
  springen Ba 6.3
dem **Tod** (noch einmal/...) ein Schnippchen schlagen
  Ba 6.3
kurz vor dem **Tod(e)** stehen/sein Bc 2.62
Tod und Teufel! Cb 19.8
weder **Tod** noch Teufel fürchten Gb 5.3
jn. in den **Tod** treiben Ba 4.10
nichts als/nur der **Tod** kann uns/sie/... trennen Ec 1.21
Tod und Verderben Gc 4.104
jm. **Tod** und Verderben bringen Ba 4.35 Da 10.29
jm. **Tod** und Verderben wünschen/an den Hals wünschen
  Hb 2.5
jn. auf den **Tod** verletzen Cb 13.12
jn. zum **Tod(e)** verurteilen Cc 20.62
jn. zum **Tod** durch Erschießen/den Strang/das Beil/das
  Schwert/das Eisen/... verurteilen Cc 20.62
jn. auf den **Tod** verwunden Ba 4.12 Cb 13.12
den **Tod** in den Wellen finden Ba 2.38
etw. mit dem/seinem **Tod** zahlen/bezahlen Ba 2.29
sich zu **Tode** arbeiten/schuften/... De 12.11
sich zu **Tode** ärgern Cb 14.11
jn. zu **Tode** beleidigen Cb 13.12
zu **Tode** beleidigt (sein) Cb 13.31
zu **Tode** betrübt sein Cb 3.26
himmelhoch jauchzend, zu **Tode** betrübt Cb 2.47
zu **Tode** erschrecken/erschrocken/erschrocken sein
  Da 6.4
zu **Tode** fallen Ba 2.34
sich zu **Tode** frieren Ac 2.1
sich zu **Tode** grämen Cb 3.26

ein Tier/... zu **Tode** hetzen Ba 4.32
zu **Tode** kommen (bei einem Unfall/...) Ba 2.26
sich zu **Tode** langweilen Aa 20.2
jn. zu **Tode** prügeln Ba 4.13
jn. zu **Tode** quälen Ba 4.11
Beispiele/Argumente/... zu **Tode** reiten/hetzen Aa 4.14
sich zu **Tode** schämen Cc 29.9
jn. zu **Tode** schlagen Ba 4.13
mit dem **Tode** spielen Gb 4.10
zu **Tode** stürzen Ba 2.34
des **Todes** sein Ba 2.3
ich will des **Todes** sein, wenn ... Db 6.18 Db 10.32
eines gewaltsamen/unnatürlichen **Todes** sterben Ba 2.26
eines natürlichen **Todes** sterben Ba 2.26
vielleicht/... eine **Todesangst** ausstehen Gb 6.18
Todesängste ausstehen Gb 6.18
jn. aus einer **Todesgefahr** erretten/... Ga 12.39
in **Todesgefahr** schweben/sein Gb 1.4
in höchster **Todesnot** jn. um Hilfe rufen/... Ga 12.88
zahlreiche/... **Todesopfer** fordern Ba 2.25
e-r S. den **Todesstoß** geben/versetzen Aa 8.10
jm. den **Todesstoß** geben/versetzen Ba 4.15
auf etw. steht (die) **Todesstrafe** Cc 20.3
etw. mit **Todesverachtung** tun Gb 5.19
todmüde sein De 23.15
toi, toi, toi! Da 9.32
(noch) bei der **Toilette** sein Ca 1.50
in großer **Toilette** erscheinen/... Ca 1.51
Toilette machen Ca 1.50
sich gebärden/... wie **toll** Cb 16.23
reif fürs **Tollhaus** sein Cd 12.37
es geht hier/dort/in/bei/... zu wie in einem **Tollhaus**
  Ac 10.18
eine treulose **Tomate** sein Dd 2.13
rot wie eine **Tomate** werden Cc 29.3
Tomaten auf den Augen haben Ab 12.16 Ac 6.53
es herrscht ein guter **Ton** in/bei/... Ea 11.11
j. verbittet sich den/diesen/... **Ton** Ea 12.29
den **Ton** angeben Fa 10.1
einen anderen/härteren/umgänglicheren/... **Ton** anschla-
  gen Dc 1.162 Fa 19.20 Gc 10.20
keinen **Ton** von sich geben/sagen Dc 2.6
zum guten **Ton** gehören Ea 11.11
den **Ton** (nicht) halten (können) Dc 10.7
keinen **Ton** hervorbringen (können) Da 5.6
der **Ton** macht die Musik Ea 11.12
der/js. **Ton** ist rauh, aber herzlich Cb 19.21
im **Ton** eines Schulmeisters reden/... Cc 24.44
den **Ton** treffen Dc 1.161 Dc 10.7 Ea 11.5
sich im **Ton** vergreifen Ea 12.20
eine andere/härtere/umgänglichere/... **Tonart** anschla-
  gen Dc 1.162
eine andere/härtere/... **Tonart** anschlagen Fa 19.20
eine andere/umgänglichere/... **Tonart** anschlagen
  Gc 10.20
etw. (schon/...) in allen **Tonarten** singen können
  Cd 15.37 Ic 3.3
hast du **Töne**! Da 7.9
das sind ja ganz neue **Töne**! Db 11.8
ganz neue/ungewohnte/... **Töne** von sich geben Db 11.7
große **Töne** spucken/(reden) Cc 11.42
(jm.) etw./jn. in den höchsten **Tönen** anpreisen/...
  Cc 23.6 Id 2.46
jn./etw. in den höchsten **Tönen** loben/preisen Cc 23.6
eine **Tonne** sein Ca 4.9
zusammenpassen/... wie **Topf** und Deckel Hb 7.10
  If 1.10

ein Kind/... auf den **Topf** setzen Ac 8.16
alles/verschiedene Dinge/... in einen **Topf** werfen
Db 4.53
ein Kind/... aufs **Töpfchen** setzen Ac 8.16
(immer/gern/...) andern/andern Leuten/... in die **Töpfe**
gucken (müssen) Fa 7.3
topfit sein Bc 1.1
vor den **Toren** der Stadt Ab 1.38
kurz vor **Toresschluß** kommen/etw. einreichen/...
Aa 1.73
jm. ein **Tort** antun Cb 13.10
etw. zu tun ist eine (wahre) **Tortur** De 20.27
mehr **tot** als lebendig sein/ankommen/... (vor Erschöp-
fung/Angst) De 23.11
laß'/laßt die **Toten** (in Frieden) ruhen! Ba 5.17
die **Toten** soll man (in Frieden) ruhen lassen Ba 5.17
auf dem **Totenbett** jm. anvertrauen/... Bc 2.69
die **Totenglocke** läuten Ba 7.4
das **Totenhemd** hat keine Taschen Fb 11.8
den **Totenschein** ausstellen Ba 7.8
es herrscht/... **Totenstille** Dc 2.4
die **Totenwache** halten Ba 7.1
sich **totlachen** Cb 10.10
zum **Totlachen** sein Cb 10.3
das/etw. ist (ja) zum **Totlachen** Cb 10.3 Db 6.12
etw./die Sache hat sich **totgelaufen** Aa 6.61 Ga 4.49
(schon/...) **totgesagt** werden Ba 6.6
sich **totlaufen** Aa 6.61 Ga 4.44
jn. **totquatschen** Dc 1.84
jn. **totreden** Dc 1.84
jn. **totsagen** Ba 6.6
und wenn du mich **totschlägst**, ich weiß es nicht/tu es
nicht/... Db 15.5
und wenn der Peter sie/ihn/... **totschlägt**, sie/der Al-
bert/... weiß es nicht/tut es nicht/... Db 15.5
etw. **totschweigen** Dc 4.10
das/etw. ist die sanfte **Tour** Gc 10.25
j. hat (mal wieder/...) seine **Tour** Cb 6.18
in einer **Tour** Aa 3.9
alles geht wieder/... auf die alte **Tour** If 7.16
(auf) die angenehme **Tour** De 14.40
auf die billige **Tour** Cc 16.71
(auf) die gemütliche **Tour** De 14.40
eine krumme **Tour** Cc 16.37
auf eine krumme **Tour** etw. erreichen wollen/... Cc 16.36
auf die sanfte **Tour** Gc 10.25
jm. auf die schmeichlerische **Tour** kommen/... Fa 17.5
auf die **Tour** darf man jm. nicht kommen/... Db 15.26
in einer **Tour** reden Dc 1.38
auf **Touren** sein Aa 6.21 De 13.57
j. hat (mal wieder/...) seine **Touren** Cb 6.18
auf krummen **Touren** etw. tun/versuchen/... Cc 16.36
auf vollen **Touren** laufen/arbeiten/... De 13.58
auf **Touren** kommen Aa 6.18 Aa 10.4
krumme **Touren** reiten Cc 16.36
auf **Tournee** sein Hd 10.5
auf **Tournee** gehen Hd 10.5
immer/ständig/... auf (dem) **Trab** sein De 11.8
(nun mal/...) ein bißchen **Trab!** Fa 18.15
jn./etw. auf/in **Trab** bringen Fa 18.5
jn. (dauernd/...) in/auf **Trab** halten De 11.11
im **Trab** reiten Ab 3.66
(ein Pferd) in **Trab** setzen Ab 3.66
sich in **Trab** setzen Ab 3.66
jm. eine (gehörige/anständige/...) **Tracht** Prügel geben/
verabreichen/verpassen Cc 26.18
eine (gehörige/anständige/...) **Tracht** Prügel kriegen/be-
ziehen Cc 26.39

js./js. ganzes/all mein/all dein/... **Trachten** ist auf etw.
gerichtet/geht auf/geht darauf aus, etw. zu tun/...
Dd 3.11
an der/unserer/... **Tradition** festhalten und ... Aa 4.5
schwer an etw. zu **tragen** haben Cb 3.10
etw. zum **Tragen** bringen Dd 10.20
(nicht) zum **Tragen** kommen Dd 10.9
ein Verein/... **trägt** sich selbst Fb 15.32
von (sehr) geringer **Tragweite** sein Ha 5.22
von (sehr) großer **Tragweite** sein Ha 4.19
(noch) (halb) im **Tran** (sein/etw. tun) Aa 1.34 Hd 6.27
ganz im **Tran** etw. tun De 2.6
mit einer **Träne** im Knopfloch ... Cb 11.20
keine einzige/... **Träne** vergießen wegen jm./e-r S.
Ha 5.31
keine **Träne** wert sein Ha 5.31
jm. kommen die **Tränen** Cb 11.4
unter **Tränen** gestehen/sagen/... Cb 11.12
sich/jm. die **Tränen** abwischen Cb 11.14
in **Tränen** aufgelöst/gebadet sein Cb 11.7
die **Tränen** stehen jm. in den Augen Cb 11.4
jm. treten/(steigen) **Tränen** in die Augen Cb 11.4
jm. die **Tränen** in die Augen treiben Cb 11.1
in **Tränen** ausbrechen Cb 11.5
(die/dicke) **Tränen** rollen jm. über die Backen/(Wangen)
Cb 11.6
die/dicke **Tränen** kullern jm. die Backen/(Wangen) herun-
ter Cb 11.6
Tränen der Freude weinen/vergießen Cb 2.23
zu **Tränen** gerührt sein Cb 11.2
sich/jm. die **Tränen** aus dem Gesicht/aus den Augen wi-
schen Cb 11.14
die/seine **Tränen** hinunterwürgen/hinunterschlucken
Cb 11.3
Tränen lachen Cb 10.19
unter **Tränen** lachen Cb 10.20
bei jm. sitzen die **Tränen** (immer/...) (sehr) locker/(lose)
Cb 11.15
jm. keine **Tränen** nachweinen Ea 10.27
die **Tränen** (immer/...) (sehr) locker sitzen haben
Cb 11.15
einige/ein paar **Tränen** verdrücken/(zerdrücken) Cb 11.4
dicke/allerhand/... **Tränen** vergießen Cb 11.5
bittere **Tränen** weinen Cb 11.8
blutige **Tränen** weinen Cb 11.8
heiße **Tränen** weinen Cb 11.8
in **Tränen** (geradezu/...) zerfließen Cb 11.7
auf die **Tränendrüsen** wirken Cb 11.17
auf die **Tränendrüsen** drücken Cb 11.18
ein bitterer **Trank** (sein) Cb 3.9
ein großes/viel/... **Trara** machen (wegen e-r S.) Ha 4.15
nicht viel/kein großes/... **Trara** machen wegen e-r S.
Ha 5.13
ein Mädchen/... zum **Traualtar** führen Ed 3.13
vor den **Traualtar** treten Ed 3.16
es hängt eine **Traube** von Menschen in/vor/... Ia 1.42
die **Trauben** hängen jm. zu hoch Hb 12.12
die **Trauben** sind jm. zu sauer Hb 12.12
jm./e-r S. nicht (recht/so richtig) **trauen** Cc 18.13
in **Trauer** erscheinen/... Ba 7.5
Trauer anlegen Ba 7.5
Trauer tragen Ba 7.5
Trauerkleidung tragen Ba 7.5
ein (regelrechtes/...) **Trauerspiel** sein/veranstalten/...
Ic 7.23
es ist ein (wahres/...) **Trauerspiel** (mit jm./etw.)
Ga 10.11

etw. ist wie im **Traum** Db 4.70

es ist jm. alles/... wie ein/im **Traum** Db 4.70

es kommt jm. alles/... (so) vor/... wie ein/im **Traum**
Db 4.70

aus, der **Traum**! Aa 8.46

der/dieser **Traum** ist aus Aa 8.46

der/dieser **Traum** ist ausgeträumt Aa 8.46

den/diesen/... **Traum** ausgeträumt haben Aa 8.46
Da 1.9

nicht im **Traum(e)** daran denken, etw. zu tun Db 14.27

es fällt mir/ihm/dem Peter/... nicht im **Traum(e)** ein, etw.
zu tun Db 14.27

j./etw. ist der **Traum** meiner/deiner/... schlaflosen Näch-
te Da 3.20

(immer) noch/... den (alten) **Traum** träumen, zu ...
Db 8.7

wie ein **Traum** zerrinnen Da 1.9

der Mann/die Frau/... ihrer/seiner **Träume** sein Ed 1.59

Träume sind Schäume De 25.92

jn. aus seinen **Träumen** reißen/wachrütteln/... Da 1.12

etw. in seinen kühnsten **Träumen** nicht zu hoffen wagen
Db 6.23

j. hätte sich etw. nicht **träumen** lassen Db 6.23

j. **träumt** zuviel De 2.9

sich in eine **Traumwelt** flüchten Da 3.5

(es ist) (schon) **traurig** genug, daß ... Da 10.19

(das ist/es ist) **traurig**, aber wahr Cc 13.16

keine (rechte) **Traute** haben Gb 6.2

jn. tödlich **treffen** Cb 13.12

es gut/... **treffen** in/bei/... Ea 7.5

es gut/... **treffen** mit jm./etw. (bei jm.) Hb 7.13

es schlecht/... **treffen** in/bei/... Ea 7.5

es schlecht/... **treffen** mit jm./etw. (bei jm.) Hb 8.1

Argumente/... gegen jn./etw. ins **Treffen** führen Dc 5.49

es mit jm./miteinander **treiben** Ed 1.26

es zu arg/schlimm **treiben** Id 2.19

es zu bunt **treiben** Id 2.19

es zu weit **treiben** Id 2.18

j. wird es noch so weit **treiben**, daß ... Id 2.24

sich **treiben** lassen De 4.5

sich gütlich **trennen** Ed 4.14

die **Trennung** von Kirche und Staat/Staat und Kirche
Cc 35.30

die **Trennung** von Tisch und Bett Ed 4.11

einen (klaren/eindeutigen/...) **Trennungsstrich** ziehen
zwischen ... und ... If 3.4

treppauf-treppab (laufen/...) Ab 3.11

auf halber **Treppe** wohnen/... Ea 1.12

eine **Treppe** höher/tiefer wohnen/... Ea 1.12

die **Treppe** hinauffallen/herauffallen De 24.61

jm. **Treppen** (ins Haar) schneiden Ca 1.41

die **Tressen** bekommen Gc 4.38

jm. die **Tressen** herunterreißen Gc 4.38

jn. muß man/ich/... (dauernd/...) **treten** Fa 18.16

jm. zu nahe **treten** Cb 13.8

zutage **treten** Dc 3.91

in js. Zimmer/... herrscht eine derartige Unordnung/...,
daß man nicht weiß, wohin man **treten** soll Ac 10.9

die tägliche **Tretmühle** Aa 4.24 De 12.29

in der **Tretmühle** stecken/stehen/sein De 12.26

jm. **treu** sein/bleiben Ed 4.3

der/die/der Peter/... ist aber/ja **treu**! Da 2.8

treu und bieder sein Ed 8.8

auf **Treu** und Glauben etw. tun Db 5.16 Dd 1.16

... in alter **Treue**, Dein/Deine ... Cd 20.75

jm. die **Treue** brechen Ed 4.6

jm./e-r S. die **Treue** halten Ed 4.3 Ed 8.3

jm./einem Volk/... einen **Tribut** auferlegen Fa 14.15

(einen) **Tribut** zahlen Fa 14.16

einer langen Anstrengung/... seinen **Tribut** zollen/(zah-
len) De 23.4

jm./e-r S. den schuldigen **Tribut** zollen Db 18.7

jn. auf den (richtigen) **Trichter** bringen Cd 1.46

auf den (richtigen) **Trichter** kommen Cd 1.28

den **Trick** kennt j.! Cd 9.8

vor Edelmut/Weisheit/Mildtätigkeit/... **triefen** Cc 5.10
Id 2.74

es **trifft** sich gut, daß/... Hb 7.13

es **trifft** sich nicht gut/(schlecht), daß/... Hb 8.4

einen **trinken** Hd 6.4

für ein **Trinkgeld** arbeiten/etw. reparieren/... Fb 13.2

etw. für ein **Trinkgeld** kaufen/bekommen/verkaufen/...
Fb 13.2

nur/... ein **Trinkgeld** kosten Fb 13.1

einen **Trinkspruch** auf jn. ausbringen Hd 5.23

ein fideles/lustiges **Trio** bilden/... Cb 7.6

falschen **Tritt** haben Ab 3.69

jm. einen **Tritt** in den Arsch geben De 15.73 Fa 18.4

einen **Tritt** in den Arsch kriegen De 15.74 Fa 18.9

wieder **Tritt** fassen Cc 6.42

jm. einen **Tritt** geben Fa 18.3

Tritt halten Ab 3.67

jm. einen **Tritt** in den Hintern geben De 15.73 Fa 18.4

einen **Tritt** in den Hintern kriegen De 15.74 Fa 18.9

einen **Tritt** kriegen De 15.74

ohne **Tritt** marsch! Ab 3.79

einen falschen **Tritt** tun Bc 2.30

das Brot/die Schnitte/ein Brötchen/... **trocken** essen/hin-
unterwürgen/... Hd 4.13

auf dem **trockenen** sitzen/sein Fb 4.4

einen Sumpf/... **trockenlegen** Ac 3.8

die **Trommel** rühren (für jn./etw.) Hb 3.25

ein **Trommelfeuer** auf jn. loslassen Dc 1.85

jm. etw. **tröpfchenweise** beibringen/beibiegen/erzäh-
len/... Aa 10.10

ein bitterer **Tropfen** (in einem an sich schönen Erleb-
nis/...) sein Cb 3.70

es regnet/... in dicken/großen **Tropfen** Ac 1.5

ein edler/guter **Tropfen** Hd 5.52

keinen **Tropfen** Benzin/... (mehr) (haben) Ia 4.22

jm. den letzten **Tropfen** Blut aussaugen Hb 10.8

ein bitterer **Tropfen** in dem Kelch der Freude sein Cb 3.70

ein Glas/einen Becher/... bis auf den/bis zum letzten
Tropfen leeren/austrinken Hd 5.7

(nur/...) ein **Tropfen** auf den heißen Stein sein Fb 5.21

ein **Tropfen** Wermut (in einem an sich schönen Erleb-
nis/...) sein Cb 3.70

js. einziger **Trost** sein Ga 7.10

js. ganzer **Trost** sein Ga 7.10

nicht (ganz) bei **Trost** sein Cd 12.1

das/etw. ist ein schöner/herrlicher/... **Trost** De 26.21

das/etw. ist ein schwacher **Trost** De 26.21

jm. **Trost** spenden Cc 2.23

jm. ein Geschenk/gutes Wort/... als **Trostpflaster** geben
Cc 2.24

es/etw. geht in/bei/... (immer/...) im gleichen/in dem-
selben/im gewohnten/seinen gewohnten **Trott** If 7.16

in/bei/... herrscht/... wieder/... der alte/gewohnte
Trott If 7.16

im **Trott** gehen (Pferd) Ab 3.62

aus dem **Trott** geraten/kommen Cc 6.29

in den alten/gleichen/gewohnten **Trott** zurückfallen/ver-
fallen If 7.11

jm./e-r S. zum **Trotz** etw. tun Gc 6.50

jm./js. Anweisungen/... zum **Trotz** etw. tun Dc 7.11
jm./e-r S. **Trotz** bieten Gc 6.16
seinen **Trotzkopf** aufsetzen De 9.10
im **trüben** fischen Cc 16.35
Trübsal blasen Cb 3.47
ins **Trudeln** kommen/geraten Ab 5.12 Ga 3.9
auf einem **Trugschluß** beruhen Db 21.6
der ganze Ort/... sank in **Trümmer** Ac 12.4
in **Trümmer** gehen Ac 11.15
etw./alles in **Trümmer** schlagen Ac 12.1
der ganze Ort/... liegt in **Trümmern** Ac 12.5
unter den **Trümmern** (des Hauses/...) begraben werden Ba 2.39
nur noch ein (einziger) **Trümmerhaufen** sein Ac 12.5
Linguistik/Minirock/... ist heute/... **Trumpf**/heute ist ... Trumpf Aa 22.6
(noch/...) einen (verborgenen/...) **Trumpf** haben Gb 4.18
einen/den/seinen **Trumpf** ausspielen Gb 4.15
den/seinen höchsten/... **Trumpf** ausspielen Gb 4.15
den/seinen letzten **Trumpf** ausspielen Gb 4.21
(noch/...) einen (verborgenen/...) **Trumpf** in der Hand haben/halten Gb 4.18
jm. einen/den **Trumpf** aus der Hand winden Gb 4.23
seine/alle **Trümpfe** (auch/...) ausspielen Gb 4.15
alle **Trümpfe** in der Hand/den Händen haben/halten Fa 10.10
die besten/... **Trümpfe** (sofort zu Beginn/...) aus der Hand geben Gb 4.16
jm. die (besten/...) **Trümpfe** aus der Hand nehmen Gb 4.23
jm. die **Trümpfe** aus der Hand winden Gb 4.23
sich dem **Trunk** ergeben Hd 6.39
einen **Trunk** tun Hd 5.3
dem **Trunk** verfallen sein Hd 6.41
neue/wiederum/... **Truppen** an die Front werfen Gc 4.87
sich gebärden/aufblasen wie ein **Truthahn** Cc 11.19
herumstolzieren/... wie ein **Truthahn** Cc 11.58
Tschüß! Ea 9.10
für dich/Sie/... **tu** ich/tun wir/... alles! Hc 1.17
nichts **tu** ich/tut j. lieber als das! Hc 1.16
tu/tut/... (nur/bloß/doch/...) nicht so! Cc 15.7
(anständig/...) auf die **Tube** drücken De 13.54
j./etw. ist für jn. ein rotes **Tuch** Eb 2.28
j./etw. wirkt auf jn. wie ein rotes **Tuch** Eb 2.28
auf **Tuchfühlung** gehen Ed 1.21
Tuchfühlung mit jm. halten/haben Ea 4.13 Ed 1.22
in **Tuchfühlung** mit jm. kommen Ea 4.9 Ed 1.21
auf **Tuchfühlung** (näher-) rücken Ab 1.52
in **Tuchfühlung** (mit jm.) sitzen Ab 1.51
in **Tuchfühlung** (mit jm.) stehen Ab 1.51 Ed 1.22
das ist/... die **Tücke** des Objekts De 20.44
seine **Tücken** haben Cb 6.16
jn. auf eine Schule/auf eine andere Schule/aufs Gymnasium/... **tun** Cd 19.17
nichts anderes **tun** (als ...) Aa 2.19
sein Bestes **tun** De 13.44
etwas/... dafür/für die Sache/... **tun** De 13.11
nichts/... dafür/für die Sache/... **tun** Fa 8.6
jm. nicht gut **tun** Cb 3.34
sich an etw. gütlich **tun** Hd 4.19 Hd 5.13
wenn, dann/... hat er/sie/Peter/... es mit mir/Walter/... zu **tun** Gc 3.2
kann ich etwas für Sie/dich/euch **tun**? Ga 12.78
wenn ..., dann/... kriegt es j. mit jm. zu **tun** Gc 3.2
es nicht mehr lange **tun** Ac 11.5 Bc 2.61
nichts **tun** De 14.24

jm. nichts **tun** Cc 20.71
gegen etw./dagegen kann man nichts **tun** Fa 14.19
das Seine **tun** Ga 12.20
das Seinige **tun** Ga 12.20
(nur) so **tun** Cc 15.2
dick **tun** mit etw. Cc 11.9
groß **tun** mit etw. Cc 11.9
sich wichtig **tun** mit etw. Cc 11.9
gut daran **tun**, zu .../wenn ... Db 20.12
nichts **tun** als arbeiten/intrigieren/schwimmen/... Aa 2.19
jn. **tun** und gewähren lassen Fa 8.1
(viel/...) (in/bei/...) zu **tun** haben (mit jm./etw.) De 11.1
mit jm./etw. zu **tun** haben De 20.14
(in/bei ...) (es) (immer/...) mit Herrn X/Frau Y/... zu **tun** haben Dc 5.1 Ea 4.32
nichts/wenig/viel/allerhand/... mit jm. zu **tun** haben Ea 4.2
nichts/wenig/allerhand/schon etwas/... mit etw. zu **tun** haben Ie 1.17
nichts zu **tun** haben De 14.23
mit jm./etw. nichts zu **tun** haben Fa 7.12
mit sich selbst genug zu **tun** haben Cb 3.48
nichts/nichts mehr/... zu **tun** haben wollen/(mögen) mit jm./etw. Eb 2.51
j. will/wird/... sehen/zusehen/schauen/..., was er **tun** kann Ga 12.19
es mit jm. zu **tun** kriegen Gc 3.2
(all) js. **Tun** und Lassen Dd 7.20
das eine **tun** und das andere nicht lassen Ia 8.14
tun, was man nicht lassen kann (tu, was du nicht lassen kannst) Fa 8.14
tun und lassen können, was man will/was einem gefällt/... Fa 23.5
j. will/wird/... sehen/zusehen/schauen/..., was sich **tun** läßt Ga 12.19
(nur) so **tun**, als ob Cc 15.2
so **tun**, als ob/wenn man etw. täte/wäre/... Cc 15.3
jm. (nur/sehr/besonders/...) um etw. zu **tun** sein Ha 4.7
jm. (nur/sehr/besonders/...) darum zu **tun** sein, etw. zu tun/daß ... Ha 4.7
(all) js. **Tun** und Treiben Dd 7.20
j. kann **tun**, was er will (es klappt nicht/...) De 28.7
kein **Tüpfelchen** an etw. ändern/... Ib 1.8
das **Tüpfelchen** auf dem i Ic 10.21
jm. zeigen, wo die **Tür** ist Ea 10.18
zwischen **Tür** und Angel (noch eben) etw. tun Aa 14.20
jm. die **Tür** einrennen/einlaufen (mit etw.) Ga 11.8
(immer gleich/...) mit der **Tür** ins Haus fallen Dc 1.9
j. sollte/... vor seiner eigenen **Tür** kehren Db 15.89
jm. die **Tür** vor der Nase zuschlagen/zuschmeißen/... Dc 8.23
sich die/eine **Tür** offenhalten (für etw.) Dd 5.1 Ii 1.9
die/eine **Tür** für etw. offenlassen Dd 5.1 Ii 1.9
die **Tür** ins Schloß werfen/fallen lassen/... Ea 7.30
jn. vor die **Tür** setzen Ea 10.19
vor der **Tür** stehen Aa 1.42
jm. **Tür** und Tor einrennen (mit etw.) Ga 11.8
e-r S. ist **Tür** und Tor geöffnet (mit etw.) Hb 3.12
e-r S. **Tür** und Tor öffnen (mit etw.) Hb 3.12
von **Tür** zu Tür gehen/laufen/... Fb 15.90
Tür an Tür wohnen (mit jm.) Ab 1.19 Ea 1.13
jm. die **Tür** weisen Ea 10.18
ach du kriegst die **Tür** nicht zu! Da 7.12
endlich/... die **Tür** hinter sich zumachen können Ea 1.22
hinter/bei verschlossenen **Türen** tagen/etw. entscheiden/... Cc 17.5

an allen/wer weiß wie vielen/... **Türen** anklopfen
Ga 12.9
offene **Türen** einrennen mit etw.   Ih 2.8
in .../überall/... offene **Türen** finden (mit etw.)   Hb 1.6
in .../überall/... verschlossene **Türen** finden (mit etw.)
Ea 5.17
an alle/wer weiß wie viele/... **Türen** klopfen   Ga 11.9
vor verschlossene **Türen** kommen   Ea 5.17
jm. stehen alle **Türen** offen   De 24.15
jm. alle **Türen** offenhalten   Hb 3.15
Türen für etw. offenlassen   Dd 5.1   Ii 1.9
einen **Türken** bauen   Cc 15.18
(bei jm.) (die) **Türklinken** putzen   Fa 6.8
in einem elfenbeinernen **Turm** sitzen/(leben)   Da 3.28
jn. in den **Turm** werfen   Cc 20.83
verliebt sein wie die **Turteltauben**   Ed 1.44
einen **Tusch** blasen/schmettern   Gc 4.33   Hd 5.26
tut es etwas?   Ha 8.27
es **tut** nichts (ob)   Ha 8.28
was **tut's**?   Ha 5.41   Ha 8.27
j./etw. **tut's** auch   Hb 7.1
das allein/... **tut's** nicht   Fb 5.20
unter dem **tut** er's/tun sie's/... nicht   Fb 12.12
es **tut** sich nichts/nicht viel/... (in .../bei ...)   Aa 20.5
das/etw. kommt gar/überhaupt nicht in die **Tüte**
Db 15.46
angeben wie eine **Tüte** Mücken   Cc 11.18
Tüten kleben/(drehen)   Cc 20.88
von **Tuten** und Blasen keine Ahnung haben   Cd 2.11
js. **Typ** sein   Eb 1.7
nicht js. **Typ** sein   Eb 2.18
dein/sein/... **Typ** wird hier nicht verlangt!   Db 15.91
eine (komische/seltsame) **Type** (sein)   Cb 6.9
(das ist) **typisch** Albert/Karin/Onkel Herbert/...   Ic 1.3
(das ist) **typisch** Mann/Frau/...   Ic 1.3
jn. bis zum **tz** ausnutzen/ausnehmen/ausquetschen/...
Ic 2.32
etw. bis zum/(ins) **tz** kennen/...   Ic 3.5
das kleinere **Übel** sein   Hb 9.18
nicht **übel** sein   Hc 3.25
ein notwendiges **Übel** sein   Hb 14.44
vom **Übel** sein   Hb 14.45
es wird jm. **übel**   Bc 2.22
es wird jm. **übel** bei etw./wenn ...   Cc 32.1
zu allem **Übel** auch noch/dann noch/...   Hb 14.43
das **Übel** mit der Wurzel ausrotten/(ausreißen)   Ic 8.3
das **Übel** bei der Wurzel packen   Ic 8.3
es erregt jm. **Übelkeit**, wenn .../...   Bc 3.1
von zwei/den beiden **Übeln** das kleinere wählen   Hb 9.18
jm. etw. **übelnehmen**   Cb 13.25
jm. **übelwollen**   Hb 2.2
Fragen **über** Fragen   Ia 1.36
Erklärungen **über** Erklärungen   Ia 1.36
Zweifel **über** Zweifel   Ia 1.36
über sein   Ha 10.4
jm. **über** sein (in etw.)   Ig 1.7
jn./etw. **über** haben   Gb 2.27
etwas/viel/... für jn./etw. **über** haben   Eb 1.3
nichts/wenig/nicht das Geringste/... für jn./etw. **über** haben   Eb 2.20
nichts (mehr) für jn./etw. **über** haben   Eb 2.41
es **über** haben, etw. zu tun   Hc 6.2
über und über bedeckt sein mit/...   Ic 2.28
überall und nirgends sein/sich zu Hause fühlen/...
Ab 2.14
sich in Höflichkeiten/Entgegenkommen/... (geradezu/...) **überbieten**   Id 2.28

etw. bis zum **Überdruß** tun/gehört haben/durchgenommen haben/...   Hc 6.13
eine **Übereinkunft** treffen (mit jm.)   Db 16.48
in beiderseitiger **Übereinstimmung** wurden einige Klauseln geändert/...   Db 16.50
jn./etw. im **Überfluß** haben   Ia 1.26
zu allem/zum **Überfluß** auch noch/dann noch/...
Hb 14.43
es gibt etw./jn. im **Überfluß**   Ia 1.26
im **Überfluß** leben   Fb 6.9
da/in dieser Sache/... bin ich/ist er/ist der Peter/...
überfragt   Cd 16.4
sich in der **Übergangsphase** befinden   Aa 6.83
sich in einem **Übergangsstadium** befinden   Aa 6.83
etw. stillschweigend **übergehen**   Ha 2.5
j. ist **übergeschnappt**   Cd 12.27
das **Übergewicht** bekommen (in einer Auseinandersetzung/...)   Ig 1.20
Überhand nehmen (Unsitten/...)   Cc 7.21
... und **überhaupt**: (warum?.../...)   Db 4.95   Ie 1.14
etw. **überhören**   Dc 7.2   Ha 2.11
das/so eine Bemerkung/... möchte/will ich (aber/lieber)
überhört haben   Cc 33.4
(Gegenstände/...) **überkreuz** legen/anordnen/...
Ac 10.14
jn./etw. sich selbst **überlassen**   Fa 8.11
(ganz/völlig/...) sich selbst/selber **überlassen** sein
Ga 12.90
überlaufen sein   Ia 1.40
es **überläuft** jn. heiß/kalt/heiß und kalt/siedend heiß
Da 6.10
das **überlebe** ich/überlebt Karl/... nicht!   Cb 3.58
du wirst es/ihr werdet es/... **überleben**!   Cb 3.59
das werden wir/das werdet ihr/... auch noch **überleben**
Cb 3.59
es sich (wieder/nochmal) anders **überlegen**   Db 11.2
das hättest du dir/hätte er sich/... vorher **überlegen** müssen!   Cc 25.33
jm. (weit) **überlegen** sein (in etw.)   Ig 1.7
jm. haushoch/turmhoch/himmelweit **überlegen** sein (in etw.)   Ig 1.12
in der **Übermacht** sein   Ig 1.22
Arbeit/Sorgen/... im **Übermaß** haben   Ia 1.27
im **Übermaß** seiner Freude/seines Leids/... gab er dann
nach/...   Ia 1.31
Sport/... im **Übermaß** treiben/betreiben/...   Id 2.69
ich laß mich/er läßt sich/... **überraschen**!   Cd 16.25
lassen wir uns **überraschen**!   Cd 16.25
die sterblichen **Überreste**   Ba 5.16
etw. nochmal **überschlafen** wollen/müssen   Dd 4.2
einen **Überschlag** machen   Fb 15.20
sich vor Freude/... förmlich/regelrecht/... **überschlagen**
Cb 2.7
sich vor Höflichkeit/Entgegenkommen/... geradezu/regelrecht/... **überschlagen**   Id 2.28
im jugendlichen/in seinem jugendlichen **Überschwang**
etw. tun   Gb 4.33
in/aus/nach **Übersee**   Ab 4.42
jn./etw. **übersehen**   Ha 2.13
jm. eine (kurze/knappe) **Übersicht** über etw. geben
Cd 15.24
(etwas) **überspannt** sein   Cd 12.26
sich selbst **übertreffen** (mit etw.)   Ic 3.26
in der **Überzahl** sein   Ig 1.22
(fest/felsenfest) **überzeugt** sein von etw.   Db 5.5
(zu) sehr/stark von sich (selbst) **überzeugt** sein   Cc 11.4
die **Überzeugung** vertreten, daß ...   Db 5.5

jm./einem Tier eins/ein paar **überziehen** Cc 26.6
(paß' auf/...) der/die Helga/... will dir/euch/... **Übles** Hb 2.6
übrig sein Ia 6.10
etwas/viel/... für jn./etw. **übrig** haben Eb 1.3
nichts/wenig/nicht das Geringste/... für jn./etw. **übrig** haben Eb 2.20
nichts (mehr) für jn./etw. **übrig** haben Eb 2.41
(noch) ein **übriges** tun und ... De 13.68 Ib 1.38
aus der **Übung** sein Aa 3.14
in (der) **Übung** bleiben Aa 3.14
aus der **Übung** kommen Aa 3.14
über die/seine **Ufer** treten Ac 3.6
etw. ins **Uferlose** ausarten lassen Id 2.14
ins **Uferlose** gehen Id 2.52
sich ins **Uferlose** verlieren Dc 1.49
zu neuen **Ufern**! If 6.20
zu neuen **Ufern** aufbrechen/sich aufmachen/... If 6.20
js. **Uhr** ist abgelaufen Bc 2.62 De 25.18
eine Bewegung/... entgegen der **Uhrzeigerrichtung** durchführen/... Ab 3.20
eine Bewegung/... in **Uhrzeigerrichtung** durchführen/... Ab 3.20
eine Bewegung/... entgegen dem **Uhrzeigersinn** durchführen/... Ab 3.20
eine Bewegung/... im **Uhrzeigersinn** durchführen/... Ab 3.20
Ulk machen Cb 8.6
Ulk mit jm. treiben Cb 9.12
jm. ein **Ultimatum** stellen Fa 20.7
das non plus **ultra** (für jn.) sein Hc 3.28
um sein Aa 8.27
zum **Umblasen** dünn sein Ca 4.14
sich (fast) **umbringen** für jn./wegen etw. De 13.26
ich/er/Herr Maier/... könnte mich/sich/... **umbringen** (wenn ich sehe, daß/wenn er sieht, daß/...) Ga 10.5
den **Umbruch** machen Cd 20.62
jede Mark/jeden Groschen/Pfennig dreimal **umdrehen** (ehe j. sie/ihn ausgibt/...) Fb 7.6
ich will (auf der Stelle) tot **umfallen**, wenn ... Db 10.32
zum **Umfallen** müde/kaputt/erschöpft/... sein De 23.15
mit jm. **Umgang** haben/pflegen Ea 4.14
schlechten **Umgang** haben Cc 6.22
das/der Peter/... ist kein **Umgang** für dich/meine Tochter/...! Cc 6.23
die nähere/weitere **Umgebung** (einer Stadt/...) Ab 1.36
etw./jn. schlecht **umgehen** können Ha 1.9
j. ist (in letzter Zeit/...) wie **umgewandelt** If 5.9
du wirst dich/er wird sich/der Peter wird sich/... noch **umgucken** Da 4.11
sich aus der **Umklammerung** lösen/befreien Fa 16.4
im **Umkreis** von 30/... km/... Ab 1.35
man kann jn. nicht **umkrempeln** If 7.5
sich nicht/so wenig wie j. **umkrempeln** können If 7.5
im **Umlauf** sein Fb 15.4
etw. in **Umlauf** bringen Fb 15.3
etw. in **Umlauf** setzen Fb 15.3
geistig **umnachtet** sein Bc 2.47
in geistiger **Umnachtung** sein Lebensende verbringen/sterben/... Bc 2.47
etw. (nur) in groben **Umrissen** andeuten/schildern/... Dc 1.18
Umschau halten (in .../bei .../...) Ab 12.2
(jm.) etw. ohne **Umschweife** sagen/klarmachen/... Dc 3.24
keine **Umschweife** machen Dc 3.24
sein Geld/seine Pfennige/seine paar Mark/... in Schnaps/schöne Kleider/... **umsetzen** Fb 15.45

das/... soll er/der Peter/... nicht **umsonst** gesagt/getan/... haben Cc 25.16
mit jm. rücksichtslos/... **umspringen** Fa 10.23
mildernde **Umstände** bekommen Cc 20.69
(keine) **Umstände** machen Ea 7.4
(keine langen/nicht viel/...) **Umstände** machen (mit jm.) (bei etw.) Dd 7.14 Fa 19.33
jm. mildernde **Umstände** zubilligen Cc 20.60
in anderen **Umständen** sein Ed 2.6
in gesegneten **Umständen** sein Ed 2.6
unter **Umständen** Ii 1.3
unter allen **Umständen** De 8.5 Ih 1.20
unter den gegebenen **Umständen** Aa 6.98 De 25.102
unter (gar) keinen **Umständen** Db 15.75
wenn ..., (dann) laß ich mich/läßt der Peter sich/... **umtaufen** Db 6.17
auf **Umwegen** ... Cc 17.11
die **Umwertung** aller Werte Ha 11.15
unbedingt etw. tun wollen/versuchen/... De 13.59
ein Verfahren/... gegen **Unbekannt** einleiten/... Cc 20.29
von etw. (völlig) **unbeleckt** sein Cd 2.5
unberufen (unberufen)! Da 9.33
j./etw. ist **unbezahlbar** Ha 11.8
na, **und**? Db 15.37 Ha 5.15
besser **und** besser/schlimmer und schlimmer/fleißiger und fleißiger/... werden/... Aa 6.39
der/die/der Alfred/... **und** arbeiten/kochen/...! Db 15.19
Undank ist der Welt(en) Lohn Dd 2.18
etw./so was/... ist ein **Unding** Cc 33.6
es ist ein **Unding**, zu .../daß .../... Cc 33.6
(gar) nicht **uneben** sein Hc 3.25
uneins sein Db 17.3
bis ins **Unendliche** weiterdiskutieren/eine Sache an die andere reihen/... Aa 2.15
es ist jm. **unerfindlich**, wie/wieso/wie j. ... konnte/... Cd 2.23
Unfrieden stiften (unter den Leuten/...) Gc 3.7
Unfug machen/treiben Cb 8.2
vor **Ungeduld** vergehen Aa 15.22
nicht von **ungefähr** ... Dd 3.48
j. ist heute/in letzter Zeit/... **ungenießbar** Cb 5.3
im **ungewissen** sein Cd 16.22
jn. über etw. im **ungewissen** lassen Dc 4.7
ein **Unglück** kommt selten allein Da 10.34
zu allem **Unglück** auch noch/dann noch/... Hb 14.43
das **Unglück** will/wollte es, daß ... Da 10.12
ein **Unglücksrabe** sein Da 10.8
ein **Unglückswurm** sein Da 10.8
in **Ungnade** fallen (bei jm.) Eb 2.38
die **Ungunst** der Verhältnisse führt dazu, daß/... Hb 8.12
zu js. **Ungunsten** Hb 14.41
nichts für **ungut** (aber/doch/...) Cb 13.48 Db 15.103
Unheil stiften Hb 5.3
die **Uniform** anziehen Gc 4.2
die **Uniform** ausziehen Gc 4.7
jn. in eine **Uniform** stecken Gc 4.16
auf die/zur **Universität** gehen Cd 19.48
jn. bis zur **Unkenntlichkeit** entstellen/... Ba 5.2
jn. über etw. in **Unkenntnis** lassen Dc 4.8
Unkenntnis schützt vor Strafe nicht Cc 20.99
sich über jn./etw. im **unklaren** sein Cd 16.22
jn. über etw. im **unklaren** lassen Dc 4.7
sich in **Unkosten** stürzen (für jn./etw.) Fb 3.4
sich in geistige **Unkosten** stürzen De 13.37
Unkraut vergeht nicht Ba 6.8

das **Unkraut** mit der Wurzel ausreißen/(ausrotten) Ic 8.3

jm. ist/wäre etw. **unlieb** Hc 5.8

jm. ist/wäre etw. nicht **unlieb** Hc 3.2

(doch) kein **Unmensch** sein Gc 10.6

ich bin/er ist/der Peter ist/... doch kein **Unmensch**! Cc 2.10

in **Unordnung** sein/sich befinden/geraten Ac 10.7

etw. in **Unordnung** bringen Ac 10.5

Unrat wittern Cc 18.30

im **Unrecht** sein Db 21.2

(da/mit etw./...) nicht (so) ganz **Unrecht** haben Db 20.5

es geschieht jm. **Unrecht** Db 20.25

sich im **Unrecht** befinden Db 21.2

jm. **unrecht** geben Db 21.1

jn. ins **Unrecht** setzen Db 21.2

sich ins **Unrecht** setzen Cc 22.3

jm. **unrecht** tun Db 20.25

(mit etw.) (bei jm./da) an den **Unrechten** kommen/geraten Ea 10.30

ins **unreine** reden Dc 1.58

ins **unreine** schreiben Cd 20.22

Unruhe stiften Cb 3.39

jn. in **Unruhe** versetzen Cb 3.39

hier/... sind wir unter **uns** Dc 3.100

weiß wie die **Unschuld** (sein) Ac 5.9

in aller **Unschuld** etw. sagen/bemerken/tun Da 2.1

eine **Unschuld** vom Lande sein Da 2.5

einem Mädchen die **Unschuld** rauben Ed 1.24

(gern/...) die gekränkte **Unschuld** spielen Cb 13.32

seine **Unschuld** verlieren Ed 1.25

eine **Unschuldsmiene** aufsetzen Cc 16.52

unsereiner ist ja schon mit wenigem zufrieden/kann sich so etw. nicht leisten/... Cc 12.7

etw. ist (lauterster/blühender/blanker/glatter/höherer) **Unsinn** Ha 15.10

das/etw. ist höherer **Unsinn** Ha 15.14

etw. ist lauter **Unsinn** Ha 15.8

nur/nichts als/... **Unsinn** im Kopf haben Cb 8.1

Unsinn machen Cb 8.2

Unsinn verzapfen Dc 1.73

unter einem **Unstern** geboren sein Da 10.9

unter einem **Unstern** stehen Da 10.11

ein **Unstern** waltet über etw. Da 10.11

Unsummen (für etw./jn.) kosten/ausgeben/... Fb 3.2

von **unten** auf dienen/seine Karriere beginnen/... De 15.13

sich **unten** herum warm anziehen/... Ca 1.72

ein Durcheinander/eine Unordnung/..., daß man nicht mehr/kaum noch/... weiß, wo **unten** und oben ist Ac 10.9

unterderhand Cc 17.7

wenn du dich **unterfängst**, zu ..., dann ...! Db 15.33

unterfang' dich/unterfangt euch/... (nur/bloß) nicht, zu ...! Db 15.33

dem **Untergang** geweiht sein/preisgegeben sein/verfallen De 25.13

die **Unterhaltung** auf etw./das Thema »...« bringen Dc 5.12

die **Unterhaltung** an sich reißen Dc 5.30

sich nicht **unterkriegen** lassen (von jm./etw.) Cb 21.11 Gc 6.4

Unterkunft und Verpflegung frei haben/... Hd 4.87

Bewerbung/... mit den üblichen **Unterlagen** ... Cd 20.12

ohne **Unterlaß** (etw. tun) Aa 3.9

jm. (weit) **unterlegen** sein (in etw.) Ig 2.4

zur **Untermiete** wohnen (bei/...) Ea 1.7

jedem **Unterrock** nachlaufen Ed 1.2

der fahrbare **Untersatz** Ab 5.22

mein und dein nicht **unterscheiden** können Cc 19.1

zwischen Recht und Unrecht/... nicht **unterscheiden** können Cc 7.2

ein großer/himmelweiter/... **Unterschied** sein If 3.17 If 4.4

im **Unterschied** zu jm. Ie 1.35

einen **Unterschied** machen zwischen ... und ... If 3.3

keinen **Unterschied** machen zwischen ... und ... If 1.11

ein **Unterschied** wie Tag und Nacht sein If 4.4

Unterschlupf finden in/bei/... Gc 5.7

Unterschlupf suchen in/bei/... Gc 5.3

das/... kann ich/er/der Peter/... nur **unterschreiben** Db 13.19

seine **Unterschrift** geben für etw. Cd 20.5

jm. die Korrespondenz/... zur **Unterschrift** vorlegen Cd 20.7

das **Unterste** zuoberst kehren Ab 12.12 Ac 10.6

untersteh' dich/untersteht euch/... und ...! Db 15.33

untersteh' dich/untersteht euch/... (nur/bloß) nicht, zu ... Db 15.33

wenn du dich **unterstehst** ... Db 15.33

das/... kann ich/er/der Peter/... nur **unterstreichen** Db 13.19

die halbe Stadt/das ganze Dorf/... ist **unterwegs** Ia 1.14

nicht **unterzukriegen** sein Gc 6.4

sich ins **Unvermeidliche** fügen (müssen) Da 10.30

unverrichteterdinge wieder umkehren/zurückkommen/... De 26.17

eine bodenlose **Unverschämtheit** sein Cc 33.28

die **Unverschämtheit** haben, etw. zu tun Cc 9.10

auf **Unverständnis** stoßen (bei jm./mit etw.) Cd 2.41

dem **Unwesen** steuern Aa 8.8

sein **Unwesen** treiben in .../bei .../... Cc 20.8

zur **Unzeit** kommen/... Hb 8.9

Unzutreffendes bitte streichen! Cd 20.13

von **uralters** her Aa 1.9

den Segen **urbi** et orbi erteilen/... Cc 35.15

aus **Urgroßvaters** Zeiten stammen Aa 21.4

etwas (so) im **Urin** haben Cd 14.5

in/(auf) **Urlaub** sein De 15.46

in/(auf) **Urlaub** sein Gc 4.6

in **Urlaub** gehen De 15.45

auf **Urlaub** kommen Gc 4.6

jn. aus dem **Urlaub** zurückrufen (lassen) De 15.47

keine **Ursache**! Ga 13.14

kleine **Ursache**, große Wirkung Dd 10.31

Ursache und Wirkung auseinanderhalten/verwechseln/... Dd 9.32

fröhliche **Urständ** feiern Aa 4.20

ein gutes/... **Urteil** haben (über jn./etw./in etw.) Cd 1.13

kein **Urteil** haben (über jn./etw./in etw.) Cd 2.42

ein salomonisches **Urteil** fällen/sprechen Cc 20.57

seit **Urzeiten** Aa 1.9

vor **Urzeiten** Aa 1.1

es ist (nun einmal) so **Usus** Aa 4.2

es ist **Usus**, daß ... Aa 4.2

jm. **Valet** sagen Ea 8.2

jn. zu seinem **Vasallen** machen Fa 10.32

js. leiblicher **Vater** sein Ed 5.15

unser himmlischer **Vater** Cc 35.1

aus, dein treuer **Vater**! Aa 8.37

ist/war dein/euer/... **Vater** Glaser? Ac 6.57

dein/euer/... **Vater** ist/war wohl Glaser? Ac 6.57

Vater und Mutter Ed 5.8

nach alter **Väter** Sitte Aa 4.8

Väter und Söhne Ed 5.9

Vater Staat Fa 11.38
Vaterfreuden entgegensehen Ba 1.13
sich zu seinen **Vätern** versammeln Ba 2.11
von **Vaters** Seite Ed 6.12
bei einem Kind die **Vaterstelle** vertreten Ed 5.17
jm. kann man ein **Vaterunser** durch die Rippen blasen
Ca 4.20
blau wie ein **Veilchen** sein Hd 6.18
j. blüht wie ein **Veilchen** (im Moose) Cc 12.2
veilchenblau sein Hd 6.18
einen **Veitstanz** aufführen Cb 18.4
ein **Ventil** brauchen/suchen (für seinen Zorn/...)
Cb 16.39
wie auf **Verabredung** etw. tun Aa 1.82
sich auf französisch **verabschieden** Ab 7.10
jn. der (allgemeinen) **Verachtung** preisgeben/anheimge-
ben Cc 34.4
jn. mit **Verachtung** strafen Cc 34.4
j. möchte sich **verändern** De 15.6
sich zu seinem Vorteil/Nachteil **verändern** If 5.1
Veranlassung (dazu) geben, zu .../daß ... Dd 9.1
js. Einfluß/... kann (gar/überhaupt) nicht hoch/... genug
veranschlagt werden Fb 6.31
die Kosten für etw./... können (gar/überhaupt) nicht
hoch genug **veranschlagt** werden Fb 12.19
mehr reden/schwätzen/versprechen/..., als man **verant-
worten** kann Dc 1.52
die **Verantwortung** für jn./etw. haben/tragen Dd 11.7
(eine) schwere **Verantwortung** auf sich laden (mit etw.)
Dd 11.24
die **Verantwortung** für (jn./etw.) übernehmen Dd 11.7
jn. zur **Verantwortung** ziehen (wegen) Cc 24.56
im **Verband** fahren/fliegen Ab 5.36
in die **Verbannung** schicken Fa 14.12
in der **Verbannung** leben Fa 14.13
jn. in die **Verbannung** schicken Fa 14.11
sich die Zukunft/die Möglichkeiten zum Weiterkom-
men/... **verbauen** Hb 6.11
j. möchte sich **verbessern** De 15.7
das möchte ich mir auch sehr **verbeten** haben Dc 5.131
sich von selbst **verbieten** Db 15.46
sich ehelich **verbinden** Ed 3.15
X in **Verbindung** mit Y ... Ie 1.13
die **Verbindung(en)** zu jm./dahin/... nicht abreißen las-
sen Ea 4.22
Verbindung aufnehmen zu/mit jm. Ea 4.5
die **Verbindung(en)** zu/mit jm. aufrechterhalten Ea 4.22
keine **Verbindung** bekommen Dc 1.54
mit jm. in **Verbindung** bleiben Ea 4.23
jn./etw. (immer/leicht/...) in **Verbindung** bringen mit
jm./etw. Ie 1.20
eine **Verbindung** eingehen (mit jm.) Ed 3.8
eine eheliche **Verbindung** mit jm. eingehen Ed 3.9
sich mit jm./einer Firma/... in **Verbindung** setzen
Ea 4.27
in ständiger/permanenter/... **Verbindung** stehen mit jm.
Ea 4.30
in **Verbindung** mit jm. treten Ea 4.5
(gute) **Verbindungen** haben Fa 6.1
die **Verbindungen** zu jm. abbrechen Ea 4.25
Verbindungen zu jm. anknüpfen Ea 4.6
verblühe!/verblüht! Ab 7.31
sich in etw. **verbohren** De 9.22
verbohrt sein De 9.14
im **Verborgenen** geschehen/etw. tun Cc 17.4
verbraucht sein Bb 2.18
etw. **verbrieft** und besiegelt haben Ih 3.11

einen (persönlichen) Erfolg/... für sich **verbuchen** kön-
nen De 24.47
falsch **verbunden** sein Dc 1.55
jm. sehr **verbunden** sein Ga 13.3
jm./e-r S. durch langjährige Freundschaft/durch jahrelan-
ge Arbeit/... **verbunden** sein Ea 4.20
sich jm./e-r S. durch langjährige Freundschaft/durch jah-
relange Arbeit/... **verbunden** fühlen Ea 4.20
den **Verdacht** haben, daß ... Db 5.4
jn. im/in **Verdacht** haben (etw. getan zu haben) Cc 18.22
etw. (nur so/...) auf **Verdacht** tun Dd 8.3
jn. in den **Verdacht** des Diebstahls/... bringen Cc 18.22
über jeden/allen **Verdacht** erhaben sein Ic 3.21
in **Verdacht** geraten/kommen Cc 18.21
in den **Verdacht** geraten/kommen, zu ... Cc 18.21
Verdacht schöpfen Cc 18.30
in dem/im **Verdacht** des Diebstahls/... stehen Cc 18.22
in dem/im **Verdacht** stehen, etw. getan zu haben Cc 18.22
verdammt (nochmal)! Cb 19.6
j./etw. ist **verdammt** schwer/scharf/faul/arrogant/...
Ib 1.26
jm. viel/eine Hilfe/eine Stelle/... zu **verdanken** haben
Ga 13.1
jm. nicht **verdenken** können Cb 13.47
es mit jm. **verderben** (mit/durch etw.) Ec 2.1
es mit niemandem **verderben** (wollen) Db 12.1
ins/in sein **Verderben** rennen Da 10.23
jn. ins **Verderben** stürzen Da 10.29
jm. etw. als **Verdienst** anrechnen Db 18.12
sich etw. zum **Verdienst** anrechnen Db 18.12
jn. nach **Verdienst** und Würdigkeit belohnen/...
De 24.12
es nicht um jn. **verdient** haben, daß er einen so hart be-
handelt/... Db 20.26
j. **verdient** es/etw. nicht anders/besser Cc 25.2
j. **verdient**, für etw. gehängt zu werden Cc 25.3
es sich/sich etw. nicht **verdrießen** lassen Cb 4.9
sich **verdrücken** Ab 7.9
(schon) etwas/... **verdrücken** können Hd 4.30
verdufte(t)! Ab 7.31
jn. wegen **Verdunk(e)lungsgefahr** in Haft nehmen/...
Cc 20.78
sich **verdünnisieren** Ab 7.9
der ganze **Verein** Ia 2.8
im **Verein** mit jm. vorgehen/... Db 16.26
im trauten/in trautem **Verein** mit jm. dasitzen/...
Ea 4.37
Sprechstunde/... nach (vorheriger) **Vereinbarung**
Db 16.51
eine **Vereinbarung** treffen (mit jm.) Db 16.48
sich nicht miteinander **vereinigen** lassen (Meinungen/...)
If 3.7
die Sache/Situation/Geschichte/Verhandlungen/... ist/
sind gründlich/rettungslos/völlig/... **verfahren**
Ga 4.50
ein schwebendes **Verfahren** Cc 20.36
in **Verfall** geraten De 25.60
jm./einem Laster/... **verfallen** sein Cc 6.2
(wieder) in guter/... **Verfassung** sein Bc 1.10
j. ist (heute/...) nicht in der **Verfassung**, etw. zu tun
Cd 4.1
verflixt (nochmal)! Cb 19.6
j./etw. ist **verflixt** schwer/scharf/teuer/... Ib 1.26
verflixt und zugenäht! Cb 19.6
verflucht (nochmal)! Cb 19.6
sich **verflüchtigen** Ab 7.9 Ab 11.3
(es gelingt jm. ...) seine **Verfolger** ab(zu)schütteln Ab 8.4

verfügen Sie/... über mich/... Ea 11.19

jn./etw. zur (freien) **Verfügung** haben Fb 1.3

eine einstweilige **Verfügung** erlassen/erwirken/...
Cc 20.74

sich zur **Verfügung** halten Fb 1.48

jm. zur **Verfügung** stehen Fb 1.7

jm. jn./etw. zur **Verfügung** stellen Fb 1.8

eine bewegte/dunkle/... **Vergangenheit** haben Aa 1.92

etw. gehört der **Vergangenheit** an Aa 8.29

sich nichts **vergeben**, wenn ... Cc 11.69

das/etw. soll (alles) **vergeben** und vergessen sein Cc 30.25

jn. um **Vergebung** bitten Cc 30.19

Gott/... um **Vergebung** bitten Cc 35.22

Böses mit Bösem **vergelten** Gc 14.8

für ein **Vergelt'sgott** Fb 14.2

nach **Vergeltung** schreien Gc 14.2

das/die Angelegenheit/... kannst du/kann er/... **vergessen** De 25.97

das Geld/... kannst du/kann er/... **vergessen** Ab 11.12

jm. etw. nie **vergessen** Ga 13.5

dem **Vergessen** anheimfallen Db 2.3

in **Vergessenheit** geraten Db 2.3

vergiß' es/vergeßt es/... Ab 11.12

das/etw. ist (ja) (gar/überhaupt) kein **Vergleich** mit etw. If 3.14

im **Vergleich** zu jm./etw. Ie 1.11

den/einen **Vergleich** aushalten mit jm./etw. If 1.5

den/einen **Vergleich** nicht aushalten mit jm./etw. If 3.1

sich durch einen **Vergleich** einigen Cc 20.25

der/dieser/... **Vergleich** hinkt Ie 1.39

einen **Vergleich** schließen Cc 20.25

einen **Vergleich** ziehen zwischen ... Ie 1.38

mit dem/der/dem Maier/... kann sich j. nicht **vergleichen** If 3.2

vergleichsweise viel/teuer/billig/... sein Ib 1.12

ein teures **Vergnügen** sein Fb 12.2

etw. zu tun, das ist kein/alles andere als ein **Vergnügen** Eb 2.9

etw. ist ein (sehr) zweifelhaftes **Vergnügen** Eb 2.9

ein/sein diebisches **Vergnügen** haben an etw./daran, etw. zu tun Cb 2.41

mit **Vergnügen!** Hc 1.14

mit dem größten **Vergnügen!** Hc 1.15

etw. (nur/bloß) zum **Vergnügen** tun Hc 3.40

es bereitet/macht jm. kein/... **Vergnügen**, etw. zu tun Hc 5.4

sich dem **Vergnügen** in die Arme werfen/schmeißen Hd 2.20

jm. (großes/viel/...) **Vergnügen** bereiten/machen, etw. zu tun Hc 3.30

an jm./etw. (viel/...) **Vergnügen** finden Hc 3.3

an etw. nicht viel/... **Vergnügen** finden Hc 5.4

(viel/...) **Vergnügen** daran finden, etw. zu tun Hc 3.3

nicht viel/... **Vergnügen** daran finden, etw. zu tun Hc 5.4

ein (geradezu) kindliches **Vergnügen** an etw. finden/daran finden, etw. zu tun Hc 3.38

sich das **Vergnügen** machen, etw. zu tun Cb 9.1

sich ein **Vergnügen** aus etw. machen Hc 3.37

sich ein **Vergnügen** daraus machen, etw. zu tun Hc 3.37

sich mucksmäuschenstill **verhalten**/(halten) Dc 2.7

ein **Verhältnis** mit jm. haben Ed 1.28

ein **Verhältnis** haben zu etw./jm. Cd 1.3

kein/... **Verhältnis** haben zu etw./jm. Cd 2.40

ein festes **Verhältnis** mit jm. haben Ed 1.28

ein gespanntes **Verhältnis** zu jm. haben Ec 2.8

ein gutes **Verhältnis** zu jm. haben Ec 1.13

im **Verhältnis** zu jm./etw. Ie 1.11

mit jm. ein **Verhältnis** eingehen Ed 1.27

(endlich/...) ein **Verhältnis** gewinnen zu jm./etw. Cd 1.21

kein **Verhältnis** gewinnen (können) zu jm./etw. Cd 2.39

mit jm. in einem gespannten/in gespanntem **Verhältnis** leben Ec 2.8

in gar/überhaupt keinem **Verhältnis** zu etw. stehen Ie 1.27

in freundschaftlichem **Verhältnis** zu jm. stehen Ec 1.16

im/in einem umgekehrten **Verhältnis** stehen zu etw. Ie 1.26

in einem verwandtschaftlichen **Verhältnis** zu jm. stehen Ed 6.6

das/etw. geht über js. **Verhältnisse** Fb 12.5

über seine **Verhältnisse** leben Fb 8.2

(in) zerrüttete(n) **Verhältnisse(n)** (leben/...) Ed 4.8

aus kleinen **Verhältnissen** kommen/stammen/... Fa 5.15

in kleinen **Verhältnissen** leben/aufwachsen/... Fa 5.15

in geordneten/... **Verhältnissen** leben Fb 6.1

Verhandlungen aufnehmen (mit jm.) (über etw.) Ea 4.28

in **Verhandlungen** eintreten (mit jm.) (über etw.) Ea 4.28

(mit jm.) in **Verhandlungen** stehen (über etw.) Ea 4.29 Fb 15.85

jm. wird etw. zum **Verhängnis** Da 10.17

ich bin/er ist/... (doch) nicht mit jm. **verheiratet!** Fa 23.25

(es scheint) etw. ist **verhext** Ab 11.6

heute/hier/... ist (aber auch/...) alles (wie) **verhext** Ac 10.23

ein **Verhör** mit jm. anstellen Dd 11.14

jn. (mal ernsthaft/...) ins **Verhör** nehmen Dd 11.14

jn. einem **Verhör** unterziehen Cc 20.52

(schon ganz) **verkalkt** sein Cd 12.34

meinen/... man könnte jn. für dumm **verkaufen** Cc 16.17

sich (von jm.) nicht für dumm **verkaufen** lassen Gc 6.8

jn. für dumm **verkaufen** wollen Cc 16.17

Verkehr haben mit jm. Ed 1.26

der ruhende **Verkehr** Ab 5.21

den **Verkehr** mit jm. abbrechen Ec 2.15

etw. in **Verkehr** bringen Fb 15.3

(eine Straße/...) für den **Verkehr** freigeben Ab 5.2

mit jm. **Verkehr** pflegen Ea 4.14

(eine Straße/...) dem **Verkehr** übergeben Ab 5.2

aus dem **Verkehr** ziehen Fb 15.5

das/etw. ist/wäre gar nicht so **verkehrt** Db 13.30

etw. **verkehrt** herum anhaben/anziehen/halten/... Cd 13.17

(mit etw.) (bei jm./da) an den **Verkehrten** kommen/geraten Ea 4.27

sich in jn. **verknallen** Ed 1.42

(ganz) in jn. **verknallt** sein Ed 1.43

jn. nicht **verknusen** können Eb 2.25

ein **verkrachter** Möbelfabrikant/Versicherungsfachmann/ Student/... De 25.108

in etw. kannst du dich/kann er sich/... neben dem/der/ dem Maier/... **verkriechen** Ig 2.7

j. hätte sich vor Verlegenheit/vor Scham/... am liebsten irgendwo **verkrochen** Cc 29.9

sich **verkrümeln** Ab 7.9

lauthals **verkünden**, daß ... Dc 5.32

Verlangen nach etw. tragen/danach tragen, etw. zu tun Hc 4.6

kein **Verlangen** nach etw. tragen/danach tragen, etw. zu tun Hc 2.8

das/etw. ist ein bißchen/reichlich viel **verlangt** Id 2.56

das/etw./etw. zu tun ist (doch) nicht zuviel **verlangt** De 19.20

auf jn. ist **Verlaß** Dd 1.19
auf jn. ist kein/nicht viel/wenig/... **Verlaß** Dd 2.12
verlaß' dich/... drauf! Cc 25.18
..., darauf kannst du dich/kann er sich/... **verlassen**! Cc 25.18
sich auf jn. **verlassen** können Dd 1.19
mit **Verlaub** ... Dc 5.100
mit **Verlaub** zu sagen Dc 5.100
im **Verlauf** des Tages/der folgenden Wochen/der folgenden Jahre/der Diskussion/... Aa 1.50
der **Verlauf** der Dinge Aa 6.99
seinen **Verlauf** nehmen Aa 6.23
nichts **verlauten** lassen über etw. Dc 2.18
nicht/nie um eine Ausrede/... **verlegen** sein Aa 17.5
im Augenblick/... etwas/... in **Verlegenheit** sein Fb 4.3
jn. (arg/sehr/ziemlich/...) in **Verlegenheit** bringen/(setzen) Ga 4.8
jm. aus der/einer **Verlegenheit** helfen Ga 12.30
in die **Verlegenheit** kommen (können), etw. tun zu müssen/etw. zu brauchen/... Ga 4.1
jn. tödlich **verletzen** Ba 4.12 Cb 13.12
tödlich **verletzt** (sein) Ba 5.1 Cb 13.31
den/seinen **Verletzungen** erliegen Ba 2.34
seine Herkunft/die Mutter/seinen Geiz/... nicht **verleugnen** können Ca 1.1
sich **verleugnen** lassen Dc 1.56
sich in jn. **verlieben** Ed 1.42
in jn. **verliebt** sein Ed 1.43
»und da **verließen** sie ihn« Cd 16.14
nichts **verloren** haben in .../bei .../... Ab 7.29
j. hat sehr **verloren** Cc 6.27
jn./etw. **verloren** geben Ab 11.11
an jm. ist ein Maler/Musiker/Politiker/... **verloren** gegangen Cd 3.16 Ic 3.9
verlorengehen Ab 11.1
in **Verlust** geraten Ab 11.7
etw. schlecht **vermeiden** können Fa 21.9
nichts zu **vermelden** haben in .../... Cd 4.14
etw. übel **vermerken** Cb 13.25
bei .../da/... (gar/überhaupt) nicht **vermißt** werden Db 15.92
ein **Vermögen** ausgeben/kosten/... Fb 3.2
über js. **Vermögen** gehen De 20.39 Fb 12.5
sein (ganzes) **Vermögen** versaufen Hd 6.44
ein **Vermögen** wert sein Ha 11.7
die **Vermutung** nahelegen, daß Db 5.2
sich in jn. **vernarren** Ed 1.42
(ganz) in jn. **vernarrt** sein Ed 1.43
dem **Vernehmen** nach soll j. etw. getan haben/... Cd 17.29
das/etw. (zu) tun ist gegen alle **Vernunft** Ha 15.5
Vernunft annehmen De 10.1
(immer/...) gegen die **Vernunft** anrennen (wollen) De 9.17
jn. (wieder) zur **Vernunft** bringen De 10.4
zur **Vernunft** kommen De 10.1
nichts **Vernünftiges** sein/werden/... De 25.4
jm. eins **verpassen** Cb 13.6
Zimmer/Unterkunft/... mit voller **Verpflegung** Hd 4.87
sich **verpissen** Ab 7.9
verraten und verkauft sein De 25.20
verratzt (und verkauft) sein De 25.20
wenn du glaubst/....., (dann) hast du dich/... **verrechnet** Db 21.27
sich förmlich **verrenken**, um etw. zu erreichen/... De 13.26
du bist/er ist/... (wohl/ja) **verrückt**! Cd 12.1

ich bin doch nicht/der ist doch nicht/... **verrückt**! De 10.7
(ganz) **verrückt** sein auf etw. Hd 3.2
ganz/geradezu/... **verrückt** sein nach jm. Ed 1.44
schmerzen/... wie **verrückt** Ic 2.39
wie ein **Verrückter** etw. tun Ic 2.26
das/es ist zum **Verrücktwerden** (mit jm./etw.) Ga 10.12
jn. in **Verruf** bringen (bei jm.) Cc 10.10 Cd 17.24
in **Verruf** geraten/kommen Cc 10.5
sich keinen **Vers** (mehr) auf etw. machen können Cd 2.22
sich in jn. **verschießen** Ed 1.42
jn. in den **Verschiß** tun Hd 5.39
bei jm. **verschissen** haben Eb 2.44
es hat jn. nach ... **verschlagen** Ab 4.54
an eine unbekannte Küste/einen unbekannten Ort/... **verschlagen** werden Ab 4.54
das **verschlägt** nichts Ha 8.29
unter **Verschluß** sein Fb 1.47
etw. unter/hinter **Verschluß** bringen Fb 1.39
etw. unter **Verschluß** halten Fb 1.33
eine **Verschnaufpause** machen/einlegen Ab 3.34
verschnupft sein Bc 2.16 Cb 13.27
(ganz) in. **verschossen** sein Ed 1.43
verschrien sein als Säufer/Raufbold/sehr unehrlich/... Cd 17.23
ohne (eigenes) **Verschulden** (in einer bestimmten Lage stecken/...) Cc 21.1
spurlos **verschwinden** Ab 10.3
jn./etw. **verschwinden** lassen Ab 10.7 Cc 19.5
jn. **verschwinden** lassen Ba 4.6
mal (eben/...) **verschwinden** müssen Ac 8.2
eine **verschwindend** kleine Zahl/Menge/... Ia 3.5
er/sie/Peter/... **verschwindet** regelrecht/richtig/direkt/... neben jm. Ca 2.7
es hat sich (aber auch/wirklich/...) alles gegen jn. **verschworen** Da 10.18
etw. in **Verse** bringen Cd 20.51
Verse drechseln Cd 20.50
Verse machen Cd 20.50
Verse schmieden Cd 20.50
(ganz) aus **Versehen** etw. tun/geschehen Dd 8.28
in der **Versenkung** verschwinden Db 2.4
jn. in der **Versenkung** verschwinden lassen Ba 4.6
(ganz) **versessen** sein auf etw. Hd 3.2
jm. eins **versetzen** Cb 13.6
jm. ehrenwörtlich **versichern**, daß ... Db 10.10
hoch und heilig **versichern**, daß ... Db 10.4
er/sie/Peter/... kann **versichert** sein, daß ... Db 10.8 Dd 1.7
(und) ehe sich j. dessen **versieht** Aa 14.14 Aa 19.5
wenn .../..., dann/... **versinkt** alles um jn. her Cb 2.9
versippt (und verschwägert) sein mit jm. Ed 6.8
gut **versorgt** sein Fb 6.4
bei jm. **verspielt** haben Eb 2.42
sich etwas/einiges/viel/allerhand/... von jm./etw. **versprechen** Db 7.2
jm. hoch und heilig **versprechen**, daß ... Dd 1.4
jm. das **Versprechen** abnehmen, etw. zu tun Dd 1.11
jn. mit leeren/nichtssagenden/... **Versprechen** abspeisen Dc 1.28
sein **Versprechen** einlösen/erfüllen Dd 1.10
jm. ein **Versprechen** geben Dd 1.2
sein **Versprechen** halten Dd 1.10
mehr **versprechen**, als man halten kann Dd 2.16
versprechen und halten ist/sind zweierlei Dd 2.15
bei klarem/vollem **Verstand** sein/eine Operation mitmachen/... Bc 4.9

(aber wirklich/...) kurz von **Verstand** sein   Cd 10.4

nicht (so) (richtig/recht/ganz) bei **Verstand** sein   Cd 12.2

nicht mehr (so) (recht/richtig) bei **Verstand** sein   Cd 12.33

einen hellen/klaren **Verstand** haben   Cd 7.8

einen scharfen **Verstand** haben   Cd 7.9

(ja,) hast du/hat der Peter/... denn gar keinen **Verstand**? Cd 12.3

etw. mit **Verstand** tun   De 10.5

j./etw. bringt mich/ihn/Peter/... noch um den **Verstand** Cb 15.5

j./etw. raubt mir/ihm/Peter/... noch den **Verstand** Cb 15.5

falls in der Tat/..., dann zweifle ich/... an seinem/... **Verstand**   Cd 2.48

seinen **Verstand** nicht (so) recht beisammen haben Cd 12.33

mehr **Verstand** im kleinen Finger haben als die ander(e)n/andere/er/Karl/du/... im Kopf haben/hat/hast/... Cd 7.2

über js. **Verstand** gehen   Cd 2.33

auf seinem **Verstand** sitzen   Cd 10.12

jm. bleibt der **Verstand** stehen   Da 5.7

wenn .../..., (dann/...) steht einem/jm. der **Verstand** still   Da 5.7

den **Verstand** verlieren   Bc 2.46

du hast/... wohl (völlig) den/deinen **Verstand** verloren? Cd 12.14

falls in der Tat/..., dann muß ich/... an seinem/... **Verstand** zweifeln   Cd 2.48

viel/wenig/kein/... **Verständnis** für jn./etw. haben Cd 2.40

einen klaren **Verstandskasten** haben   Cd 7.8

falls in der Tat/..., dann zweifle ich/... an seinem/... **Verstandskasten**   Cd 2.48

seinen **Verstandskasten** nicht (so) recht/richtig beisammen haben   Cd 12.2

über js. **Verstandskasten** gehen   Cd 2.33

auf seinem **Verstandskasten** sitzen   Cd 10.12

jm. bleibt der **Verstandskasten** stehen   Da 5.7

wenn .../..., (dann/...) steht einem/jm. der **Verstandskasten** still   Da 5.7

du hast/... wohl (völlig) den/deinen **Verstandskasten** verloren?   Cd 12.14

falls in der Tat/..., dann muß ich/... an seinem/... **Verstandskasten** zweifeln   Cd 2.48

sich hinter jm./etw. **verstecken**   Dd 11.18

j. braucht sich nicht zu **verstecken** (mit etw.)   Cc 11.1

vor/neben dem Herbert/... brauchst du dich/... nicht zu **verstecken**   Ig 1.6

in etw. kann sich j. vor/neben dem/der/dem Maier/... **verstecken**   Ig 2.7

er/Peter/... meint, er könnte/... mit jm. **Verstecken** spielen   Cc 16.48

mit jm. ein/sein **Versteckspiel** treiben   Cc 16.48

versteh'/verstehen Sie/... mich/ihn/den Peter/... recht!/nicht falsch!   Cd 1.50   Dc 5.103

etwas/viel/allerhand/... **verstehen** von etw.   Cd 1.2

sich gut/blendend/... **verstehen**   Ec 1.13

sich nicht gut/schlecht/miserabel/... **verstehen**   Ec 2.3

sich auf etw. **verstehen**   Cd 3.11

sich darauf **verstehen**, etw. zu tun   Cd 3.11

sich dazu **verstehen**, etw. zu tun   Db 13.24

es nicht **verstehen**, etw. zu tun   Cd 2.9

jm. etw. zu **verstehen** geben   Dc 3.47

das/daß etw. gemacht wird/daß etw. geschieht/... **versteht** sich   Ih 2.2

das/etw. **versteht** sich von selbst   Ih 2.2

sich auf etw. **versteifen**   De 9.21   Gc 7.9

sich zu der Behauptung/... **versteigen**   Id 2.30

wie **versteinert** sein/dasitzen/dastehen/...   Da 6.18   Dc 8.33

beim ersten/... **Versuch**   Aa 17.3

es/etw. kommt auf einen/den **Versuch** an   De 13.5

es/etw. auf einen/den **Versuch** ankommen lassen   De 13.1

(wenigstens/...) einen **Versuch** machen   De 13.1

einen verzweifelten **Versuch** machen, zu ...   De 13.31

ein **Versuch** am untauglichen Objekt sein   Ii 2.7

er/sie/der Peter/... will/kann/... es (mal/...) mit jm. **versuchen**   De 13.3

sich an Bachs Sonaten/... **versuchen**   De 13.2

einen **Versuchsballon** loslassen/(steigen lassen)   Cd 15.18

(ein) **Versuchskarnickel** sein (für jn.)   De 13.6

(ein) **Versuchskaninchen** sein (für jn.)   De 13.6

versucht sein, zu ...   Dd 3.43

sich **versucht** fühlen, zu ...   Dd 3.43

in **Versuchung** fallen   Cc 22.1

jn. in **Versuchung** führen   Ed 1.23   Hc 4.10

in **Versuchung** kommen/(geraten)   Hc 4.10

(noch/...) in **Versuchung** kommen/geraten, etw. zu tun   Dd 3.42

viel/wenig/... **vertragen** können   Hd 6.34

jm. blind **vertrauen** (können)   Dd 1.18

im **Vertrauen** (gesagt)   Dc 3.100

jm. etw. im **Vertrauen** sagen/erzählen/...   Dc 3.17

im **Vertrauen** darauf, daß .../auf ...   Dc 3.108

das in ihn/sie/... gesetzte **Vertrauen** nicht halten/...   Dd 2.10

sich in js. **Vertrauen** einschleichen/schleichen   Cc 16.74

zu jm. **Vertrauen** fassen   Ec 1.6

jn. ins **Vertrauen** ziehen   Dc 3.18

die **Vertrauensfrage** stellen   Dc 5.91

plump **vertraulich** sein/jn. ansprechen/...   Ec 1.4

jm. **vertraut** sein   Cd 15.40

mit jm./etw. **vertraut** sein   Cd 15.40

etw. in **Verwahr** geben   Fb 1.35

etw. in **Verwahr** nehmen   Fb 1.37

etw. in **Verwahrung** geben   Fb 1.35

etw. in **Verwahrung** nehmen   Fb 1.37

j. ist (in letzter Zeit/...) wie **verwandelt**   If 5.9

entfernt **verwandt** sein mit jm.   Ed 6.7

Verwandte sind auch Menschen   Ed 6.17

mein und dein **verwechseln**   Cc 19.1

jm. zum **Verwechseln** ähnlich sein/ähnlich sehen/gleichen/...   If 2.3

sich zum **Verwechseln** ähnlich sein/ähnlich sehen/gleichen/...   If 2.3

zur besonderen **Verwendung**   Cd 20.72

etw./die Sache/der Fall ist/liegt/... sehr **verwickelt** Ga 4.50

eine babylonische **Verwirrung**   Ac 10.25

jn. (ganz) in **Verwirrung** bringen   Dc 5.29   Ga 3.1

(ganz/ziemlich/...) in **Verwirrung** geraten   Ga 3.2

jn. tödlich **verwunden**   Ba 4.12

tödlich **verwundet** (sein)   Ba 5.1

es sind 10/50/100/... Todesfälle/Rücktrittsgesuche/... zu **verzeichnen**   Aa 3.27

einen Erfolg/... zu **verzeichnen** haben   De 24.47

jn. um **Verzeihung** bitten   Cc 30.18

Gott/... um **Verzeihung** bitten   Cc 35.22

unter **Verzicht** auf etw.   Ha 2.20

sich **verziehen**   Ab 7.9

brich dir/brecht euch/... (man) (nur/bloß) keine **Verzierungen** ab/aus der Krone   De 13.52

in **Verzug** sein (mit einer Zahlung/...)   Fb 15.68

ohne **Verzug** zahlen/... Aa 18.3 Fb 15.66
in **Verzug** geraten/kommen (mit einer Zahlung/...)
   Fb 15.67
das/es ist zum **Verzweifeln** (mit jm./etw.) Ga 10.12
jn. zur **Verzweiflung** bringen (mit etw.) Cb 15.2 Ga 10.1
in **Verzweiflung** geraten Ga 10.4
jn. zur **Verzweiflung** treiben (mit etw.) Ga 10.2
das ist/... ein bißchen **viel** Id 2.53
nicht zu **viel** und nicht zu wenig Id 1.6
um **vieles** größer/kleiner/besser/schlechter/... als ...
   Ib 1.47
ist das **vielleicht** nichts? Db 18.15
alle **viere** von sich strecken De 14.34
auf allen **vieren** kriechen/sich an etw. heranschlei-
   chen/... Ab 3.47
auf allen **vieren** gehen Ab 3.47
das akademische **Viertel** Aa 1.97
in **vino** veritas Hd 5.57
ein festes Ziel/... im **Visier** haben Dd 3.10
mit offenem **Visier** kämpfen/... Dc 3.61
nicht mit offenem **Visier** kämpfen/... Dc 4.6
das **Visier** lüften Dc 3.55
Visite machen Bc 2.52
etw. prima **vista** spielen Dc 10.16
etw. mit (Hilfe von) **Vitamin** B schaffen Fa 6.39
ein **Vivat** auf jn. ausbringen Hd 5.24
ein komischer/seltsamer/seltener **Vogel** sein Cb 6.9
ein linker **Vogel** sein Cc 18.27
ein lockerer/loser **Vogel** sein Cc 7.6
ein lustiger **Vogel** sein Cb 7.2
du/der/... hast/hat/... (ja) einen **Vogel**! Cd 12.17
den **Vogel** abschießen Hb 13.5
der **Vogel** ist ausgeflogen Ea 5.19
Vogel, friß oder stirb! Dd 6.34
friß, **Vogel**, oder stirb! Fa 21.21
der **Vogel** ist ins Garn/auf den Leim gegangen Cc 16.63
jm. den **Vogel** zeigen Cb 13.22
etw. aus der **Vogelperspektive** sehen/betrachten/...
   Db 4.12
wie eine **Vogelscheuche** aussehen Ca 1.27
eine **Vogelstraußpolitik** machen/betreiben/... Db 21.21
en **vogue** sein Aa 22.4
(so ein) blödes **Volk** Cd 12.42
junges **Volk** Bb 1.8
viel **Volk** war zusammengeströmt/hatte sich eingefun-
   den/... Ia 1.10
etw. unters/unter das **Volk** bringen Fb 15.2
im **Volksmund** sagt man/heißt es/... Cd 17.50
halt'/haltet/... keine (langen/großen) **Volksreden**!
   Dc 1.25
(mal wieder/...) lange/große **Volksreden** halten/schwin-
   gen Dc 1.33
die kochende/empörte **Volksseele** Cb 17.27
die **Volksseele** kocht Cb 17.27
brechend/gedrängt/gerammelt/gerappelt/gepfropft/ge-
   stopft **voll** sein Id 1.38
noch/... ganz **voll** sein von etw. Cb 2.32
ein Text/... ist gespickt **voll** mit Fehlern/Lügen/...
   Ia 1.52
jm. **voll** und ganz recht geben/zustimmen/... Db 13.20
voll und ganz zufrieden/beschäftigt mit/einverstanden
   sein/Recht haben/versagen/... Ic 2.23
voll bis obenhin sein Hd 6.20
voll wie nur was sein Hd 6.20
sich **vollaufen** lassen Hd 6.9
sich einen **Vollbart** stehen lassen Ca 1.43
(noch/...) im **Vollbesitz** seiner Kräfte sein Bc 1.9

mit **Volldampf** an etw. herangehen/... De 13.53
mit **Volldampf** voraus Ab 6.6
(mitten/genau) ins **Volle** treffen (mit etw.) Cc 13.9
in/mit/... **vollem** Tempo/voller Fahrt/voller Kenntnis/
   vollem Bewußtsein/vollem Lauf/vollem Galopp/voller
   Größe/vollem Ernst/... Ib 1.3
in die **Vollen** gehen De 13.55
aus dem **vollen** schöpfen (können) Fb 6.12
sich der **Völlerei** ergeben Hd 4.38
sich bis oben/obenhin **vollfressen** Hd 4.23
mit **Vollgas** fahren/daherrasen/... Aa 14.34
mit **Vollgas** in die Kurve gehen/... Ab 5.9
Vollgas geben Ab 5.6
im **Vollgefühl** seiner Überlegenheit/Würde/... Cc 11.6
ein **Vollidiot** sein Cd 10.19
wie ein **Vollmond** strahlen Cb 2.22
sich **vollschlagen** Hd 4.22
einen **Volltreffer** erzielen (mit etw.) Cc 13.9
eine **Volte** reiten Ab 3.70
vonstatten **gehen** Aa 6.23
seine **Vor-** und Nachteile haben Db 4.19
die **Vor-** und Nachteile e-r S. abwägen/... Db 4.18
immer langsam **voran**! Aa 11.13
... **voran**, ... hinterdrein Aa 5.31
nicht **vorangehen** Aa 6.28
(schleppend/mühsam/...) **vorangehen** Aa 6.31
nicht **vorankommen** Aa 6.28
in e-r S. (mühsam/gut/...) **vorankommen** Aa 6.37
in etw. nicht **vorankommen** Ga 8.4
mit etw. nicht **vorankommen** Ga 8.5
jn. **voranlassen** Aa 5.11
(schon) (gute/ausgezeichnete/...) **Vorarbeit** leisten
   Aa 7.7
(etw.) im **voraus** (tun) Aa 1.80
jm. etwas **voraushaben** (in etw.) Ig 1.8
jm. (weit) **voraussein** (in etw.) Ig 1.8
nach menschlicher **Voraussicht** ... Cd 15.43 Dd 3.49
in weiser **Voraussicht** etw. tun Dd 3.17
aller **Voraussicht** nach ... Cd 15.43 Dd 3.49
etw. mit **Vorbedacht** tun Dd 3.35
mit/unter dem **Vorbehalt**, daß ... Dd 1.31
ein stiller **Vorbehalt** Dd 1.30
vorbei sein Aa 8.27
als der Rettungswagen kam/..., war es mit ihm/... schon
   vorbei Ba 5.6
bei jm. (kurz) **vorbeigehen** Ea 5.3
etw. (nur) (so) im **Vorbeigehen** tun Ha 5.2
etw. im **Vorbeigehen** erledigen/mitkriegen/... Ic 11.7
bei jm./etw. **vorbeikommen** Ea 5.3
noch in der **Vorbereitung** stehen/stecken Aa 6.10
Vorbereitungen treffen (für etw.) Dd 3.16
sich jn./etw. zum **Vorbild** nehmen Cc 5.13
sich in den **Vordergrund** drängen Cc 11.61
sich (immer mehr/...) in den **Vordergrund** drängen/schie-
   ben Ha 4.24
in den **Vordergrund** rücken Ha 4.23
sich in den **Vordergrund** spielen Cc 11.61
im **Vordergrund** stehen Ha 3.10
jn./etw. in den **Vordergrund** stellen/rücken Ha 3.3
(immer mehr/...) in den **Vordergrund** treten Ha 3.9
jn./etw. aus dem **Vordergrund** verdrängen Fa 4.14
jn./etw. auf **Vordermann** bringen Cc 6.39 Fa 18.13
Vordermann halten Gc 4.26
im **Vorfeld** der Wahlen/der Untersuchungen/... Aa 6.4
gegen jn./etw. gerichtlich **vorgehen** Cc 20.32
jm. einen **Vorgeschmack** von etw. geben Cd 14.15
ein ehrgeiziges **Vorhaben** sein Dd 3.13

etwas/viel/allerhand/nicht viel/... **vorhaben** (mit jm./
etw.) Dd 3.5

jm. **Vorhaltungen** machen Cc 24.58

(die) **Vorhand** haben Hd 9.13

der eiserne **Vorhang** Fa 11.43

genau so weit wie **vorher** sein Ga 8.10

jm. etw. **vorkauen** Cd 19.9

Vorkehrungen treffen (für etw.) Dd 3.16

sich jn. **vorknöpfen** Cc 24.19

jm. nicht (ganz) geheuer **vorkommen** Cc 18.15

sich klein und häßlich **vorkommen** De 26.9

jm. spanisch **vorkommen** Cc 18.15

jm. verdächtig **vorkommen** Cc 18.15

jm. (so) **vorkommen**, als ob/wenn ... Db 5.3

jn. **vorlassen** Aa 5.11

(vielleicht) eine **Vorliebe** haben für jn./etw. Ha 6.3

mit jm./etw. **vorliebnehmen** (müssen) Cc 12.4 Fa 12.6

in etw. kann jm. niemand/keiner/... etwas **vormachen**
Ig 1.4

sich (selbst) etwas/... **vormachen** Db 21.17

sich nichts **vormachen** Cc 16.69 Da 1.2

sich selbst nichts **vormachen** Cc 16.69

du kannst/er kann/... mir/uns/... viel **vormachen!**
Cc 16.10

jm. nichts **vormachen** können Cc 16.70

auf dem/im **Vormarsch** sein auf ... Gc 4.69

über jn. die **Vormundschaft** haben Ed 5.19

für jn. die **Vormundschaft** führen Ed 5.19

unter **Vormundschaft** stehen Ed 5.19

jn. unter **Vormundschaft** stellen Ed 5.19

(nochmal/noch einmal/...) von **vorn(e)** (anfangen/...)
Aa 7.35

von **vorne** bis hinten falsch/Unsinn/gelogen/... sein
Cc 14.19

vorne und hinten falsch/Unsinn/gelogen/... sein
Cc 14.19

etw. von **vorn(e)** bis hinten lesen/studieren/durcharbei-
ten/beherrschen/... Ic 2.43

sich etw. von **vorn** und hinten anschauen/... Ac 6.20

etw. von **vorn** und hinten betrachten/prüfen/... Ic 9.1

vorn(e) und hinten nicht reichen/langen/... Fb 7.21
Ia 7.1

nicht **vorn(e)** und nicht hinten reichen/langen/... Ia 7.1

vorn(e) und hinten nichts haben Fb 7.12

von **vorneherein** etw. tun/sagen/behaupten/... Aa 6.3

sich viel/wenig/nichts/zu viel/... **vornehmen** Dd 3.5

sich jn. **vornehmen** Cc 24.19

jm./e-r S. den **Vorrang** geben Ha 6.2

jm. den **Vorrang** streitig machen (wollen) Gc 12.1

eine **Vorrangstellung** einnehmen/innehaben Fa 4.6

etw. auf **Vorrat** kaufen/anschaffen/anlegen/... Fb 15.76

sich nicht/nicht lange/lange/... bei der **Vorrede** aufhal-
ten Dc 1.8

Sorgen/... sind an jm. nicht spurlos **vorübergegangen**
Cb 3.38

etw. zum **Vorschein** bringen Dc 3.83

zum **Vorschein** kommen Dc 3.91

jm. einen **Vorschlag** zur Güte machen Gc 13.4

sich doch von dem/denen/... nichts **vorschreiben** lassen
Fa 23.12

sich von jm. (doch) keine **Vorschriften** machen lassen
De 9.1

e-r S. **Vorschub** leisten (mit etw.) Hb 3.11

(mal ein wenig/...) **Vorsehung** spielen Fa 6.18

Vorsicht bei der Einfahrt des Zuges! Ab 5.33

mit **Vorsicht** zu genießen sein Cb 6.17

Vorsicht ist die Mutter der Porzellankiste! Gb 3.6

Vorsicht ist besser als Nachsicht! Gb 3.6

Vorsicht walten lassen in/bei/... Gb 3.3

Vorsichtsmaßregeln treffen Gb 3.4

Vorspiegelung falscher Tatsachen Cc 14.25

unter **Vorspiegelung** falscher Tatsachen/von falschen Tat-
sachen (versuchen/...) Cc 14.25

nichts/etwas/viel/wenig/... **vorstellen** Ca 1.2

sich (gar/überhaupt/einfach/...) nicht **vorstellen** können,
daß ... Cd 16.16

vorstellig werden bei einer Behörde/dem Gericht/... (we-
gen e-r S.) Cc 20.33

eine **Vorstellung** haben, wie etw. ist/von jm./etw. Cd 1.7

keine **Vorstellung** (von e-r S.) haben Cd 16.7

keine **Vorstellung** haben, wie etw. ist/von jm./etw.
Cd 16.16

sich eine **Vorstellung** machen, wie etw. ist/von etw./von
jm. Cd 1.7

sich keine **Vorstellung** machen, wie etw. ist/von jm./etw.
Cd 16.16

sich eine keine genaue/eine falsche/... **Vorstellung** ma-
chen von/wie/wann/... Cd 16.17

sich keine genauen/falsche/... **Vorstellungen** machen
von/wie/wann/... Cd 16.17

etw. übersteigt js. **Vorstellungsvermögen** Ib 1.68

einen **Vorstoß** machen Gb 5.11

Vortäuschung falscher Tatsachen Cc 14.25

unter **Vortäuschung** falscher Tatsachen/von falschen Tat-
sachen (versuchen/...) Cc 14.25

jm. gegenüber im **Vorteil** sein/den Vorteil haben, daß ...
Hb 13.6

sehr auf seinen/den eigenen **Vorteil** bedacht sein Hb 11.3

einen **Vorteil** ziehen aus etw. Hb 9.12

Vorteile ziehen aus etw. Hb 9.12

den **Vortritt** haben Aa 5.12

jm. den **Vortritt** lassen Aa 5.11

vorüber sein Aa 8.27

etw. (in Gedanken) an sich **vorüberziehen** lassen Db 1.3

etw. zum/als **Vorwand** nehmen Cc 14.26

etw. **vorwärts** und rückwärts aufsagen/... können Ic 3.3

vorwärtskommen (mit etw.) Aa 6.36

jm. einen **Vorwurf** machen Cc 24.59

sich einen **Vorwurf** machen Cc 24.77

jm. **Vorwürfe** machen Cc 24.59

sich **Vorwürfe** machen Cc 24.77

sich bittere **Vorwürfe** machen Cc 30.9

ein gutes **Vorzeichen** sein (für etw.) Da 9.17

ein schlechtes **Vorzeichen** sein (für etw.) Da 10.15

nicht **vorzeigbar** sein Ca 1.21 Ea 12.9

in nebelhafter **Vorzeit** Aa 1.1

aus grauer/(nebelhafter) **Vorzeit** stammen Aa 21.4

jm./e-r S. den **Vorzug** geben Ha 6.2

seine **Vorzüge** und Nachteile haben Db 4.19

sich nichts **vorzuwerfen** haben Cc 21.5

auf einem **Vulkan** leben Gb 1.13

auf einem **Vulkan** tanzen Gb 1.13

sich die **Waage** halten If 1.12

die **Waage** neigt sich (eher/...) zu dieser/... Seite Dd 6.8

(sehr/schwer) in die **Waagschale** fallen Ha 4.18

nicht in die **Waagschale** fallen Ha 5.21

seinen ganzen Einfluß/sein persönliches Ansehen/... in
die **Waagschale** werfen (damit etw. erreicht wird/...)
Fa 6.20

auf **Wache** sein Gc 4.21

Wache haben Gc 4.21

die **Wache** beziehen Gc 4.21

Wache halten Gc 4.21

jn. mit auf die **Wache** nehmen Cc 20.21

Wache schieben Gc 4.21
Wache stehen Gc 4.21
auf Wache ziehen Gc 4.21
jn. wachrütteln Aa 1.29 Dc 3.85
bleich wie Wachs sein/werden Ca 1.31 Da 6.13
weich wie Wachs sein Fa 15.8
weich wie Wachs werden Fa 15.10 Gc 9.5
(so) (weich wie) Wachs in js. Händen sein Fa 15.8
(wie geht's deinem Jungen/deiner Tochter/...?) er/sie/...
  wächst und gedeiht Ea 9.8
eine alte Wachtel (sein) Bb 2.16
(alt und schon/...) (sehr/...) wackelig sein Bb 2.14
  Bc 2.38
jn. mit der Waffe in der Hand antreffen/... Cc 20.18
mit der Waffe in der Hand kämpfen/... Gc 4.56
zu den Waffen eilen Gc 4.11
keine Waffen bei sich führen Gc 4.1
zu den Waffen greifen Gc 4.45
unter (den) Waffen halten Gc 4.17
die Waffen aus der Hand geben Fa 22.2
mit geistigen Waffen kämpfen Hb 3.17
mit den Waffen klirren Gc 4.44
die Waffen niederlegen Gc 4.91
jn. zu den Waffen rufen Gc 4.15
die Waffen ruhen lassen Gc 4.54
jn. mit seinen eigenen Waffen schlagen Dc 5.55 Gc 6.20
die Waffen schweigen Gc 4.91
unter (den) Waffen stehen/sein Gc 4.13
die Waffen strecken Gc 11.7
mit Waffengewalt Einlaß erzwingen/... Fa 20.9
jm. an den Wagen fahren Cc 24.66
wer wagt, (der) gewinnt! Gb 5.23
keine andere Wahl haben, als etw. zu tun Fa 21.11
Strümpfe/Kassetten/... erster/zweiter/dritter/... Wahl
  Fb 15.82
der Kandidat/der Mann/die Frau/... meiner/ihrer/...
  Wahl Dd 6.7
ein Buch/... seiner/nach freier Wahl (bekommen/...)
  Dd 6.1
jm. bleibt keine andere Wahl, als etw. zu tun Fa 21.11
er/sie/der Peter/... ist in der Wahl seiner Eltern (nicht)
  (sehr) vorsichtig gewesen Ed 6.14
die/js. Wahl fällt auf jn./etw. Dd 6.17
jm. steht die Wahl frei, zu ... oder zu .../ob ... oder ...
  Dd 6.1
zur Wahl gehen Fa 11.31
in die engere/engste Wahl kommen Dd 6.6
geschickt/... in der Wahl seiner Mittel sein Dd 5.17
wer die Wahl hat, hat die Qual Dd 6.31
zur Wahl stehen Dd 6.1
vor der Wahl stehen, (entweder) zu ... oder zu ... Dd 6.2
jm. etw. zur Wahl stellen Dd 6.4
jn. vor die Wahl stellen, (entweder) zu ... oder zu ...
  Dd 6.4
eine/die Wahl treffen Dd 6.16
wählen gehen Fa 11.31
im ersten/zweiten/... Wahlgang gewählt werden/...
  Fa 11.32
das/etw. ist (ja) (der helle/der reinste/heller/reinster)
  Wahnsinn Ha 15.11
dem Wahnsinn verfallen Bc 2.46
j. könnte wahnsinnig werden (vor Schmerz/Angst/...)
  Ga 10.5
rennen/rasen/draufschlagen/... wie ein Wahnsinniger
  Ic 2.26
schreien/brüllen/... wie ein Wahnsinniger Dc 9.2
es ist zum Wahnsinnigwerden (mit jm./etw.) Ga 10.12

das darf/kann (doch) nicht wahr sein! Cc 33.25
das/etw. ist schon (bald/...) (gar) nicht mehr wahr Aa 1.4
so wahr ich hier vor dir stehe/den Apfel hier esse/...
  Db 10.24
das/etw. ist (bestimmt/...) das Wahre Ic 3.14
das/etw. ist (doch) das einzig Wahre Ha 6.9
das/etw. ist (auch/nun/...) nicht das Wahre Ic 7.11
das einzig Wahre an der Geschichte/an dem was j. sagt/...
  ist ... Cc 13.18
es ist etwas Wahres an einer Behauptung/... Cc 13.17
da/(es) ist etwas Wahres dran/daran Cc 13.17
etw. nicht wahrhaben wollen Db 21.18
es ist eine alte/traurige/bittere/... Wahrheit, daß ...
  Cc 13.16
die nackte Wahrheit Cc 13.14
bei der Wahrheit bleiben Cc 13.5
nicht umhin können/..., der Wahrheit die Ehre zu geben
  Cc 13.5
um der Wahrheit die Ehre zu geben Cc 13.5
der Wahrheit (geradezu/direkt/...) ins Gesicht schlagen
  Cc 14.20
jm. die Wahrheit ins Gesicht schleudern Dc 3.28
(jetzt/endlich/...) mit der Wahrheit herausrücken
  Dc 3.54
es ist mit der Wahrheit nicht so genau nehmen Cc 14.10
jm. (mal) ordentlich die Wahrheit sagen (müssen)
  Cc 24.25
jm. ungeschminkt die Wahrheit sagen Dc 3.25
(mit einer Bemerkung/...) (genau/...) die Wahrheit tref-
  fen Cc 13.9
der Wahrheit zuliebe (muß man sagen/muß man zuge-
  ben/...) Cc 13.5
jm. (mal) ein paar/einige unangenehme Wahrheiten sagen
  (müssen) Cc 24.25
seine Drohungen/... wahrmachen Dd 7.6
aller Wahrscheinlichkeit nach passieren/... Ih 1.22
was lange währt, wird endlich gut/(wird endlich endlich)
  Aa 6.96
ein/ein reiner/der reinste Waisenknabe sein in etw./auf
  einem Gebiet/... (gegen jn./gegenüber jm.) Cd 2.6
  Ig 2.8
nicht für einen Wald von/voll Affen Db 15.71
den Wald vor lauter Bäumen nicht mehr sehen Ga 2.5
(durch) Wald und Feld streifen/laufen/... Ab 4.35
wie man in den Wald hineinruft, so schallt es heraus
  Ea 11.12
ein Wald- und Wiesenarzt/ein Wald- und Wiesenan-
  walt/... Ic 5.10
wie ein Wall standen die Massen/... Gc 6.2
jn. in Wallung bringen Cb 16.32
in Wallung geraten Cb 16.6
auf der Walze sein Ab 4.6
immer wieder/wieder ... dieselbe/die gleiche Walze ab-
  spielen/ablaufen lassen Aa 4.15
zum Wälzen sein Cb 10.5
das ist (ja) zum Wälzen! Cb 10.5
weiß/bleich wie die Wand sein/werden Da 6.13
er/sie/der Peter/... denkt (auch/...) nicht von hier bis an
  die Wand Cd 10.10
etw. errichtet eine Wand zwischen zwei Menschen/...
  Eb 2.46
zwischen ... und ... gibt es/steht eine Wand Eb 2.46
wenn ..., dann wackelt die Wand Cb 18.11
jn. an die Wand drücken/drängen Fa 4.15
immer an der Wand lang! Ab 3.18
das Gespenst der Hungersnot/des Krieges/... an die Wand
  malen Id 2.39

bei jm. (wie) gegen eine **Wand** reden   Dc 1.92

jn. an die **Wand** spielen   Ig 1.13

jn. an die **Wand** stellen   Ba 4.24

Wand an Wand mit jm. wohnen   Ea 1.13

wenn . . ., dann wackeln die **Wände**   Cb 18.11

ich/er/Peter/. . . könnte die **Wände** hochgehen (wenn
. . ./. . .)   Cb 15.10

das/es ist, um die **Wände** hochzugehen/raufzuklettern
(mit jm./etw.)   Ga 10.15

da/bei jm./. . . haben die **Wände** Ohren   Cd 15.9

wenn diese/. . . **Wände** reden könnten!   Dc 2.46

sich in seine(n) vier **Wände(n)** verkriechen/. . .   Ea 3.16

lachen/. . ., daß die **Wände** wackeln   Cb 10.17

schimpfen/fluchen/. . ., daß die **Wände** wackeln   Cb 19.2

schreien/brüllen/. . ., daß die **Wände** wackeln   Dc 9.3

die **wandelnde** Güte/Hilfsbereitschaft/Liebe/. . . sein
Ic 1.18

in seinen (eigenen) vier **Wänden** sein/leben/wohnen/. . .
Ea 1.6

immer in seinen vier **Wänden** hocken/. . .   Ea 3.17

sich (nur) in seinen (eigenen) vier **Wänden** wohlfüh-
len/. . .   Ea 3.18

nicht aus seinen vier **Wänden** herauskommen   Ea 3.20

ich/er/der Peter/. . . könnte an den **Wänden** hochgehen/
raufklettern (wenn . . .)   Cb 15.10   Ga 10.15

das/es ist, um an den **Wänden** hochzugehen/raufzuklet-
tern (mit jm./etw.)   Ga 10.15

zu den **Wänden** reden   Dc 1.91

(sofort/. . .) ins Feuer/in den Papierkorb/in den Abfallei-
mer/. . . **wandern**   Ac 10.17

auf der **Wanderschaft** sein   Ab 4.8

auf (die) **Wanderschaft** gehen/ziehen   Ab 4.10

den **Wanderstab** ergreifen   Ab 4.10

zum **Wanderstab** greifen   Ab 4.10

jn./js. Überzeugung/. . . ins **Wanken** bringen   Db 12.4

ins **Wanken** geraten/kommen   Db 12.3

ins **Wanken** geraten   Dd 4.16

nicht **wanken** und nicht weichen   Cb 21.13   Gb 5.7

in die **Wanne** steigen   Ac 9.5

einen Löwen/. . . im **Wappen** führen   Gb 5.22

das **wär's** für heute/jetzt!   Aa 8.11

(so) als wenn nichts **wäre**, erklären/. . .   Dc 1.7

wie **wäre** es, wenn . . .   Dc 5.126

etwas **Warmes** essen (müssen/. . .)   Hd 4.12

nichts **Warmes** essen   Hd 4.12

ihn/sie/den Peter/. . . muß/sollte/. . . man/j. sich **warm-
halten**   Fa 6.7

warmherzig sein   Cc 2.6

ein **warmherziger** Mensch/. . . sein   Cc 2.6

(in/. . .) mit jm. **warmwerden**   Ea 2.5

in/. . . nicht **warmwerden**   Hc 7.9

(nicht) leicht/. . . **warmwerden** mit jm./etw.   Ec 1.5

etw. von der hohen/einer hohen/einer höheren/. . . **Warte**
aus betrachten/beurteilen/. . .   Db 4.10

na, **warte**!/na wartet!   Cc 25.12

etw. kann **warten**   Aa 11.7

da/. . . kannst du/kann er/. . . lange **warten**!   Db 15.20

(nicht) lange auf sich **warten** lassen   Aa 1.39   Aa 17.7

nicht lange auf sich **warten** lassen   Dd 10.8

da/. . . kannst du/kann er/. . . **warten**, bis du/er/. . .
schwarz wirst/wird/. . .   Db 15.20

warum und wieso/weshalb   Dd 9.23

nach dem **Warum** und Wieso/Weshalb fragen   Dd 9.22

schon **was** sein   De 24.22

das ist doch wenigtens/schon **was**!   Db 18.14

so **was** von . . .   Cc 33.6

(gerade/. . .) in der **Wäsche** sein   Ac 9.2

(große) **Wäsche** haben   Ac 9.2

(die) große/kleine **Wäsche**   Ac 9.2

etw. in die **Wäsche** geben   Ac 9.2

(ganz/vielleicht) blöd/stumpfsinnig/dumm/. . . aus der
Wäsche gucken   Cd 12.38

(seine) schmutzige **Wäsche** waschen   Db 19.24

ein **waschechter** Berliner/Schwabe/. . .   Ic 1.16

das ist/draußen ist/. . . eine richtige **Waschküche**   Ac 1.4

ein (alter/richtiger/. . .) **Waschlappen** sein   Gb 6.4

ein (altes/richtiges/. . .) **Waschweib** sein   Dc 1.44

ein stilles **Wasser** sein   Cc 12.3

ein fließendes **Wasser**   Ab 4.44

Kritik/. . . läuft/geht an jm. ab wie **Wasser**   Cb 21.17

ein stehendes **Wasser**   Ab 4.44

über das/übers große **Wasser** fahren/. . .   Ab 4.42

jm. das **Wasser** abgraben   De 25.31

sein **Wasser** abschlagen   Ac 8.7

das **Wasser** schießt/(steigt) jm. in die Augen   Cb 11.4

(das) **Wasser** hat keine Balken   Ab 4.43

Wasser in den Beinen/im Leib/. . . haben   Bc 2.42

mit dem **Wasser** Bekanntschaft machen   Ac 3.4

bis dahin/das passiert/. . ., läuft/fließt noch viel **Wasser**
den Berg hinunter   Aa 1.40

bei **Wasser** und Brot sitzen   Cc 20.87

ins **Wasser** fallen   De 25.79

(so verschieden) wie **Wasser** und Feuer sein   If 4.7

nahe ans/am **Wasser** gebaut haben   Cb 11.15

ins **Wasser** gehen   Ab 3.7

da/in/bei/. . . wird auch nur/bloß mit **Wasser** gekocht/die
kochen auch nur/bloß mit Wasser   Ic 5.14

wie aus dem **Wasser** gezogen da herumlaufen/. . .   Ac 3.2

das **Wasser** steht/geht/reicht jm. (schon/. . .) bis zum/(an
den) Hals/bis hin (hin)   De 25.14   Ga 4.22

jn. über **Wasser** halten   Ga 12.29

sich (noch/noch so eben/. . .) über **Wasser** halten   Fb 5.9
Ga 4.17

das/sein **Wasser** nicht halten können   Ac 8.14

bis dahin/das passiert/. . ., läuft/fließt noch viel **Wasser**
den Rhein/die Donau/. . . hinunter/hinab   Aa 1.40

das **Wasser** steht/geht/reicht jm. (schon/. . .) bis an die/
(zur) Kehle   Ga 4.22

zu **Wasser** und zu Land(e) (irgendwohin fahren kön-
nen/. . .)   Ab 4.41

Wasser lassen   Ac 8.7

was j. sagt/. . ., ist (noch) **Wasser** auf meine/deine/. . .
Mühle/auf die Mühle dieser Leute/. . .   Db 16.37

jm. läuft das **Wasser** im Mund(e) zusammen (bei dem An-
blick von . . ./wenn er . . . sieht/. . .)   Hd 4.48

in etw. kann j. dem/der/dem Maier/. . . das **Wasser** nicht
reichen   Ig 2.6

ein Gebiet/. . . unter **Wasser** setzen   Ac 3.5

etw. (zu) tun ist dasselbe wie/ist das gleiche wie/das nenne
ich/. . . **Wasser** in ein Sieb schöpfen   De 28.11

unter **Wasser** stehen   Ac 3.5

jm. fließt/rinnt das **Wasser** (nur so/. . .) von der Stirn/
übers Gesicht   Ac 2.12

stille **Wasser** sind tief   Cc 12.3

etw. (zu) tun heißt/bedeutet/ist dasselbe wie/. . . **Wasser** in
den Rhein/in die Elbe/ins Meer tragen   De 28.11

Wasser treten   Bc 2.54

Wasser in js. Wein gießen   De 26.1

jm. **Wasser** in den/seinen Wein gießen   De 26.1

aussehen/. . ., als ob man kein **Wässerchen**/(Wässerlein)
trüben/. . . könnte (aber . . ./. . .)   Cc 16.51

flennen wie ein **Wasserfall**   Cb 11.7

reden wie ein **Wasserfall**   Dc 1.39

403

mit allen **Wassern** gewaschen sein Cd 8.4

ein Gentleman/ein Franzose/... reinsten **Wassers** sein
Ic 1.8

etw. ist für jn./wirkt auf jn./... wie ein kalter/eiskalter
Wasserstrahl De 26.4

auf dem **Wasserweg** etw. schicken/einen Ort erreichen
können/... Ab 4.41

jm. eine **watschen** Cc 26.29

jm. ein paar **watschen** Cc 26.29

Watte in den Ohren haben Dc 7.7

sich **Watte** in die Ohren stecken/stopfen Dc 7.6

jn. in **Watte** packen/(einpacken) Cb 12.8

in buntem **Wechsel** aufeinander folgen/... Aa 5.16

einen **Wechsel** platzen lassen Fb 15.65

einen **Wechsel** zu Protest gehen lassen Fb 15.65

in **Wechselbeziehung** zu/mit etw. stehen Ie 1.25

in **Wechselbeziehung** zueinander/miteinander stehen
Ie 1.25

jm. auf den **Wecker** fallen/gehen (mit etw.) Cb 15.1

weg sein Ab 10.8

im Nu/in Null Komma nichts/in zwei Minuten/... **weg**
sein Aa 14.43

einen Augenblick/... (richtig/...) **weg** sein Bc 4.4

ganz **weg** sein (von jm./etw./mit jm./etw.) Cb 2.31
Hc 3.20

rein **weg** sein (von jm./etw./mit jm./etw.) Cb 2.31
Hc 3.20

über etw./darüber/drüber **weg** sein Ga 6.45

weg (da)! Ab 3.28

und schon war er/sie/... **weg** Ab 10.5

..., und **weg** war er/sie/... Ab 10.5

weg mit ... Db 15.96

(schon/...) auf dem **Weg** sein Ab 7.25

auf dem besten **Weg** sein, etw. zu tun/werden/erreichen/... Aa 6.40

auf dem falschen/verkehrten/... **Weg** sein Cc 6.10

auf gutem **Weg(e)** sein Cc 6.44

auf dem richtigen/rechten/... **Weg** sein Ab 3.41 Cc 6.43

jm. im **Weg(e)** sein Hb 4.7

bis dahin/... ist noch ein weiter **Weg** Aa 1.40

auf dem **Weg** der Besserung/Heilung/Gesundung/... sein
Bc 1.11

etw. ist ein dorniger/steiniger/... **Weg** De 20.32

dem/einem solchen Vorgehen/... steht nichts im **Weg**
Hb 3.10

im **Weg(e)** von Verhandlungen/... lösen/... Ie 1.7

auf direktem/indirektem/gütlichem/diplomatischem/...
Weg erledigen/... Ie 1.7

auf chemischem **Weg** analysieren/... Ie 1.7

auf diesem **Weg** nicht weiterkommen/nichts erreichen/... De 25.65

mein/sein erster **Weg** (nach der Reise/...) führte mich/
ihn/... zu/nach/... Aa 17.10

auf gesetzlichem **Weg** etw. erreichen/... Ie 1.7

etw. auf gütlichem **Weg** lösen/regeln/... Gc 13.4

auf halbem **Weg** umkehren/stehenbleiben/... Ab 3.37

jn./js. Einfluß/... auf kaltem **Weg** ausschalten/unschädlich machen/... Ie 1.7

auf dem kürzesten **Weg** irgendwohin fahren/gehen/...
Aa 14.18

etw. auf kürzestem/dem kürzesten **Weg** erledigen/...
Aa 14.18

auf dem schnellsten **Weg** irgendwohin fahren/gehen/...
Aa 14.18

etw. auf schnellstem/dem schnellsten **Weg** erledigen/...
Aa 14.18

etw. auf schriftlichem **Weg** lösen/regeln/... Cd 20.11

jm. bleibt kein anderer **Weg** (offen), als etw. zu tun
Fa 21.11

jn. von seinem/vom rechten **Weg** abbringen Cc 6.14

sich nicht von seinem **Weg** abbringen lassen De 6.6

vom (rechten) **Weg** abkommen Cc 6.4 Ab 3.40

vom **Weg** der Pflicht/des Gesetzes/der Moral/... abkommen/abweichen Cc 6.4

den **Weg** abkürzen/(abschneiden) Ab 3.30

jm. einen **Weg** abnehmen Ab 3.45

jm. den **Weg** abschneiden Gc 4.78

vom rechten/(geraden) **Weg** abweichen/(weichen) Cc 6.4

für etw./(e-r S.) den **Weg** bahnen Hb 3.4

sich einen/den **Weg** bahnen (durch ...) Ab 3.29

jn. auf seinem letzten **Weg** begleiten Ba 7.2

jm./für etw./(e-r S.) den **Weg** bereiten Hb 3.4

einen neuartigen/ungewöhnlichen/seltsamen/... **Weg** beschreiten If 6.4

den **Weg** der Tugend/... beschreiten Cc 5.6 Cc 30.26

etw. auf den **Weg** bringen Aa 7.12

jn. auf den rechten/(richtigen) **Weg** bringen Cc 6.39

jm./für etw. den **Weg** ebnen Hb 3.3

jm. auf halbem **Weg** entgegenkommen Db 13.22

sich/einander auf halbem **Weg(e)** entgegenkommen
Db 13.22

einen **Weg** finden (müssen) (um/wie ...) Ga 6.27

den **Weg** allen Fleisches gehen Ba 2.8

der **Weg** ist (endlich/...) frei (für jn./etw.) Hb 3.9

jm. den **Weg** freimachen Hb 3.5

dieser/... **Weg** ist für ihn/Helga/... nicht gangbar Ii 2.1

es muß doch einen **Weg** geben, wie .../... Dd 5.3

jm. Reiseproviant/Ratschläge/ein gutes Wort/... mit auf
den **Weg** geben Ab 4.53

einen anderen/... **Weg** gehen/nehmen Ab 3.38

einen anderen/... (über einen anderen/...) **Weg** gehen
Dd 5.19

jm./e-r S. aus dem **Weg** gehen Ha 2.17 Ea 10.6

seinen eigenen **Weg** gehen Fa 24.9

seinen geraden **Weg** gehen Cc 5.5

den letzten **Weg** gehen Ba 2.8

einen schweren **Weg** gehen Cb 3.2

einen schweren **Weg** gehen (müssen) Ab 3.44

(unbeirrt/...) seinen **Weg**/(seines Weges) gehen Aa 6.72
De 6.4

den **Weg** gehen, den wir alle gehen müssen Ba 2.8

den **Weg** alles Irdischen gehen Ac 11.11 Ba 2.8

jm. in den **Weg** kommen Hb 4.4

js. **Weg** kreuzen Ab 3.31 Ea 4.26

jm. in den **Weg** laufen Hb 4.1

an js./am **Weg** liegen Ab 1.21

einen **Weg** für jn. machen Ab 3.45

sich auf den **Weg** machen Ab 7.6

seinen **Weg** machen De 6.5

j. wird seinen **Weg** (schon) machen De 6.9

(eben/rasch/...) noch/... einen **Weg** machen müssen
Ab 3.43

seinen **Weg** nehmen Aa 6.23

jn. aus dem **Weg(e)** räumen Ba 4.5

etw. aus dem **Weg** räumen/schaffen Ga 6.6

seinen **Weg** (genau/klar/...) vor sich sehen De 6.2

auf halbem **Weg** steckenbleiben (mit etw.) De 25.8

es gibt/... in/auf/... nicht/weder **Weg** noch Steg Ab 4.52

(in .../...) **Weg** und Steg kennen Ab 4.52

jm./e-r S. im **Weg(e)** stehen (bei etw.) Hb 4.7

sich selbst im **Weg(e)** stehen Hb 4.28

sich jm. in den **Weg** stellen (bei etw.) Hb 4.5

jm. nicht über den **Weg** trauen Cc 18.14

sich auf halbem **Weg(e)** treffen Db 13.22

jm. in den **Weg** treten   Hb 4.5
den **Weg** verfehlen   Ab 3.39
den **Weg** kannst du/kann Helmut/... (gar/überhaupt) nicht verfehlen   Ab 3.42
jm. den **Weg** verlegen   Hb 4.6
jm. den **Weg** versperren   Hb 4.6
jm. den **Weg** vertreten   Hb 4.6
noch einen langen/weiten **Weg** vor sich haben (bis ...)   Ab 1.33
an etw. führt kein **Weg** vorbei   Ha 9.9
nicht vom rechten/(geraden) **Weg(e)** weichen   Cc 5.5
den **Weg** des geringsten Widerstands gehen/wählen   De 14.37
der **Weg** zum Ziel ist dornig/steinig/...   De 20.33
geh' deiner/geht eurer **Wege**!   Ab 7.30
bis dahin/das passiert/... hat es noch gute **Wege**   Aa 1.40
hier/... trennen sich unsere/... **Wege**   Ab 3.38
andere/neuartige/ungewöhnliche/seltsame/... **Wege** beschreiten   If 6.4
jm./für etw. die **Wege** ebnen   Hb 3.3
andere/neuartige/ungewöhnliche/seltsame/... **Wege** einschlagen   If 6.4
krumme **Wege** einschlagen   Cc 6.12
andere/neuartige/ungewöhnliche/seltsame/... **Wege** gehen   If 6.4
ausgetretene **Wege** gehen   If 7.6
eigene **Wege** gehen   Fa 24.9
geheime/heimliche/dunkle/finstere/... **Wege** gehen   Cc 17.12
getrennte **Wege** gehen   Ed 4.9
krumme **Wege** gehen   Cc 6.12
seiner **Wege** gehen   Fa 24.10
verbotene **Wege** gehen   Cc 6.12
unsere/ihre **Wege** kreuzen sich   Ea 4.26
etw. in die **Wege** leiten   Aa 7.11
viele **Wege** führen nach Rom   Dd 6.48
jn. seiner **Wege** schicken   Ea 10.16
unsere/ihre/... **Wege** trennen sich   Ed 4.9
neue **Wege** weisen   Dd 5.20   If 6.6
auf krummen **Wegen** etw. tun/versuchen/...   Cc 16.36
von **wegen**!   Db 15.45
woher des **Weges**?   Ea 9.9
wohin des **Weges**?   Ea 9.9
da kommt ein Wanderer/Onkel Fritz/... des **Weges** daher   Ab 4.11
wie **weggeblasen** sein   Ab 10.6
geistig **weggetreten** sein   Cd 12.35   De 2.5
wie **weggezaubert** sein   Ab 10.6
was/etwas/irgendetwas **weghaben**   Bc 2.6
was/allerhand/... **weghaben**   Cd 5.4
einen **weghaben**   Cd 12.7
(ganz schön) einen **weghaben**   Hd 6.17
weghören   Dc 7.3
schlecht/... **wegkommen** bei etw.   De 25.64
gut/glänzend/besser als/... **wegkommen** (mit etw./bei jm./etw.)   Hb 13.4
schlecht/miserabel/schlechter als/... **wegkommen** (mit etw./bei jm./etw.)   Hb 14.11
(ganz einfach) **wegsein**   Da 5.5
weit **wegsein**   De 2.5
sich (aus einer Runde/...) **wegstehlen**   Cc 17.14
das/den Besen/... kannst du/kann der Maier/... **wegwerfen**   Ac 11.22
die letzte **Wegzehrung** empfangen/bekommen   Ba 2.52
jm. die letzte **Wegzehrung** geben   Ba 2.52
oh **weh**!   Cb 11.24
mit vielem **Weh** und Ach   Hc 2.18

wehe dem, der ...!   Cc 25.14
(die) **Wehen** haben   Ba 1.3
in den **Wehen** liegen   Ba 1.3
sich zur **Wehr** setzen   Gc 6.14
seinen **Wehrdienst** leisten/ableisten   Gc 4.5
jm. **wehtun**   Bc 2.8
jm. **wehtun** (mit etw.)   Cb 13.17
sich **wehtun**   Bc 2.10
sich nicht **wehtun**   De 14.12
ein böses **Weib**   Cc 8.9
jn. zum **Weib(e)** begehren   Ed 3.11
Weib und Kind(er) (verloren haben/...)   Ed 5.10
ein **Weib** nehmen   Ed 3.13
jn. zum **Weib(e)** nehmen   Ed 3.13
sich ein **Weib** suchen   Ed 3.5
ein unmögliches/elendes/verfluchtes/... **Weibsbild**   Cc 8.6
zu **weich** sein   Gc 10.8
die **Weichen** (für etw.) (richtig/falsch) stellen   Aa 7.6
zu **weichherzig** sein   Gc 10.8
jn. **weichkriegen**   Gc 9.2
jn. **weichmachen**   Gc 9.1
Weidmannsheil!   Ea 9.3
kann man **Weidmannsheil** wünschen?   Da 9.38
e-r S. die rechte/(richtige) **Weihe** geben   Ib 1.83
noch/... an den **Weihnachtsmann** glauben   Da 2.7
jm. **Weihrauch** streuen   Cc 23.9   Fa 17.18
wie **weiland** ...   Aa 1.8
(für) ein **Weilchen**   Aa 2.4
eine (kleine/kurze) **Weile**   Aa 2.4
eine ganze **Weile**   Aa 2.4
bis dahin/bis das passiert/... (mit etw.) hat es noch eine gute **Weile**   Aa 1.40
eine lange **Weile**   Aa 2.4
j. **weilt** schon 3 Jahre/lange Zeit/... nicht mehr unter uns   Ba 5.8
jm. klaren/reinen **Wein** einschenken   Dc 3.26
alten **Wein** in neue Schläuche füllen   Aa 4.18
im **Wein** ist Wahrheit   Hd 5.57
Wein, Weib und Gesang   Hd 6.58
das/es ist zum **Weinen** (mit jm./etw.)   Ga 10.13
leise **weinend** abziehen/sich verdrücken/...   Ab 7.9
voll des süßen **Weines**   Hd 6.54
etw. in einer **Weinlaune** tun   Hd 5.49
(in) entgegenkommender **Weise** etw. tun   Ga 12.79
in gewisser **Weise**   Ib 1.10
in gewohnter **Weise** fortfahren/...   If 7.23
in keiner **Weise**   Ib 1.4
in keinster **Weise**   Ib 1.4
in der **Weise** vorgehen/..., daß ...   Ie 1.5
einen Vorwurf/... (weit) von sich **weisen**   Cc 31.1   Db 14.33
das/etw. ist eine alte **Weisheit**   Cd 18.1
deine/seine/... **Weisheit(en)** kannst du/kann er/... für dich/sich/... behalten   Cc 11.15   Dc 5.136
mit seiner **Weisheit** am Ende sein   Aa 4.24
die **Weisheit** (aber auch) nicht (gerade) mit Löffeln/Schaumlöffeln gefressen haben   Cd 10.3
der **Weisheit** letzter Schluß ist, daß .../»(und) der Weisheit letzter Schluß: daß der Mensch was lernen muß«   Dd 10.32
deine/seine/... **Weisheiten** kannst du/kann er/... für dich/sich/... behalten   Cc 11.15
das/so etwas/... kannst du/kann er/... jm. anders/j. ander(e)m/einem anderen **weismachen** (aber nicht mir/ihm/...)   Db 6.15
das/so etwas/... kannst du/kann er/... mir/ihm/... (doch) nicht **weismachen**   Db 6.15

soviel ich **weiß** Cd 15.42
wer **weiß**? Cd 16.12
wer **weiß**, ob/wann/wie/wer/... Cd 16.12
wer **weiß**, wie/wann/wo/wie oft/wie häufig/wie dick/...
 Ia 1.32
weiß ich! Cd 16.10
was **weiß** ich! Cd 16.10
wer **weiß** was für ... Ia 1.32
wer **weiß** was alles Ia 1.33
... und wer **weiß** was noch/noch alles/alles noch Ia 1.34
... und was/wer/... **weiß** ich noch alles Ia 1.34
... und ich **weiß** nicht, was/wer/wem/... (sonst) noch al-
 les Ia 1.34
inwendig **weiß** j. etw., aber auswendig nicht Ic 6.5
j. **weiß** nicht, ob er lachen oder weinen soll Da 5.18
j. **weiß**, was er lieber tut Db 15.8
j. **weiß**, was er lieber tut/täte Hc 5.9
ich **weiß**, was ich weiß! Ih 1.23
meinen/glauben/..., man wäre wer **weiß** wer/was
 Cc 11.12
weißblond Ac 5.11
jn. (bis) zur **Weißglut** bringen/(reizen)(mit etw.) Cb 15.4
 Cb 16.34
..., daß du es nur **weißt**/daß ihr es nur wißt/...! Cc 25.32
weißt du was?:/wißt ihr was?: Dc 5.94
jn. **weißwaschen** Cc 22.23
Weisung haben Fa 21.6
(schon/...) (sehr) **weit** sein (mit etw.) Aa 6.97
so **weit** sein, daß ... Aa 8.4
es **weit** haben (bis/bis zu ...) Ab 1.31
weit besser/schlechter/genauer/... als ... Ib 1.47
weit und breit ist niemand zu sehen/kein Haus/...
 Ab 2.13
genau so **weit** wie vorher sein If 7.14
weit weg sein Ab 1.25
es gelingt jm., das **Weite** zu gewinnen Ab 8.1
das **Weite** suchen Ab 7.9
sich ins **Weite** verlieren Ab 1.42
von **weitem** Ab 1.44
bei **weitem** besser/schlechter/weniger fleißig/weniger
 klug/der größte/der beste/der dickste/... Ib 1.48
nur immer so **weiter**! Aa 3.24
und so **weiter** (und so fort/weiter) Aa 5.35
das **Weitere** Aa 6.93
alles **Weitere** Aa 6.93
des **weiteren** (wurde dann/...) Aa 5.33
bis auf **weiteres** ... Aa 1.67
(so) ohne **weiteres** ... Aa 19.6
so kann das nicht **weitergehen** Aa 6.64
nicht **weiterkommen** (mit jm./etw.) Ga 8.5
nicht **weiterkönnen** (in etw.) Ga 8.7
von **weither** kommen/angereist kommen/... Ab 1.44
weitsichtig (sein) Ac 6.49
mein/dein/... **Weizen** blüht De 24.6
weizenblond Ac 5.11
ihr seid/diese Schülerinnen/... sind/... mir vielleicht **wel-
che**! Ic 7.29
viele/... Kleider/..., und was für **welche**! Ic 4.20
Fehler/Schmerzen/Modelle/..., und was für **welche**!
 Ib 1.23
derjenige, **welcher** sein (in/bei/...) Fa 10.6
es ist grüne **Welle**/grüne Welle haben Ab 5.19
es ist rote **Welle**/rote Welle haben Ab 5.19
die neue **Welle** Aa 22.7
eine **Welle** der Begeisterung Cb 2.30
auf einer **Welle** des Erfolges schwimmen De 24.30
in den **Wellen** begraben werden Ba 2.38

die **Wellen** des Jubels/der Empörung/der Aufregung/...
 gehen hoch/... Cb 2.30 Cb 17.26
die **Wellen** wieder glätten Cb 17.28
die **Wellen** glätten sich wieder Cb 17.30
Wellen schlagen Cb 17.25
hohe **Wellen** schlagen Cb 17.25
die **Wellen** der Begeisterung/Empörung/Aufregung/...
 schlagen immer höher/(...) Cb 2.30
die **Wellen** der Begeisterung/Empörung/Aufregung/...
 schlagen immer höher/(...) Cb 17.26
die gleiche **Wellenlänge** haben wie j. Eb 1.28
etw. liegt nicht auf/ist nicht js. **Wellenlänge** Hc 5.6
auf der gleichen **Wellenlänge** liegen wie j. Eb 1.28
das Theater/Bücher/... ist/sind js. **Welt** Ha 4.28
alle **Welt** Ia 2.1
aus aller **Welt** (Informationen beziehen/zu einem Kongreß
 kommen/...) Ab 2.9
wer/wo/was/wohin/... in aller **Welt**?! Ih 4.21
vor aller **Welt** etw. tun Dc 3.72
um alles in der **Welt** De 8.5
nicht um alles in der **Welt** Db 15.69
die Alte **Welt** Ab 4.57
kein Mensch/niemand/nichts/... auf der **Welt** Ia 4.3
von Reisebüchern/.../Medizinern/.../davon/das gibt es
 genug/noch andere/noch mehr/... auf der **Welt**
 Ia 1.20
das Schönste/... auf der **Welt** Ib 1.69
j./das/Lissabon/... ist (doch) nicht aus der **Welt** Ab 1.23
das/Lissabon/... liegt (doch) nicht aus der **Welt** Ab 1.23
»was kost' die **Welt**?!« Hd 1.14
nicht um die **Welt** Db 15.69
es scheint/..., j./etw. ist nicht von dieser **Welt** Da 3.6
 Ic 4.28
in dieser und in jener **Welt** Ab 2.7 Cc 35.24
abseits von der großen **Welt** (leben/...) Ea 3.8
die halbe **Welt** (kennen/einladen/...) Ia 1.47
die Neue **Welt** Ab 4.57
nicht die **Welt** kosten/bezahlen für/... Fb 13.1
um/für nichts in der **Welt** Db 15.69
die/eine verkehrte **Welt** Cc 14.23
die vornehme **Welt** Fa 5.1
die **Welt** scheint aus den Angeln gehoben Ac 10.24
j. will/j. fühlt sich als könnte er/... die **Welt** aus den
 Angeln heben Hd 1.12
die (ganze) **Welt** aus den Angeln heben wollen Da 3.18
sich (mit offenen Augen) die **Welt** angucken Ab 4.16
sich seine eigene **Welt** bauen Cd 19.8 Da 3.4
solange die **Welt** besteht/existiert Aa 1.9
da/hier/in diesem Tal/... ist/scheint die **Welt** wie mit
 Brettern zugenagelt/vernagelt Ab 1.30
eine Veranlagung/Talente/... mit auf die **Welt** bringen
 Cd 3.17
(ein Kind) zur **Welt** bringen Ba 1.4
die **Welt** für einen Dudelsack ansehen Hd 6.26
für jn. stürzt die/eine **Welt** ein De 25.106
davon/von etw./... stürzt (doch) die **Welt** nicht ein
 Gb 7.14 Id 2.61
der **Welt** entsagen Ea 3.9
eine (ganz) neue **Welt** eröffnet sich jm. Cd 1.22
mit sich und der **Welt** fertig sein Cb 3.52
die **Welt** gerät aus den Fugen Ac 10.24
aus der **Welt** gehen Ba 2.9 Ba 3.3
wissen müssen/..., was in der **Welt** vor sich geht Cd 15.1
eine (ganz) neue **Welt** geht jm./(für jn.) auf/eröffnet sich
 jm. Cd 1.22 Cd 19.7
so was/(etwas) hat die **Welt** noch nicht gesehen Da 7.8
(viel/weit/...) in der **Welt** herumkommen Ab 4.17

etw. in alle **Welt** hinausposaunen/ausposaunen/posaunen
 Dc 3.71
in die **Welt** hinausziehen Ab 4.13
die **Welt** kennen Ab 4.18 Cd 23.1
auf die/in die/zur **Welt** kommen Ba 1.10
in einer anderen **Welt** leben Da 3.3
in einer **Welt** für sich leben Da 3.3
j. versteht die **Welt** nicht mehr Cd 2.50
der **Welt** (freiwillig/. . .) Ade/(Valet) sagen Ba 3.3
Schwierigkeiten/Unstimmigkeiten/. . . aus der **Welt** schaf-
 fen Ga 6.6 Gc 13.3
aus der **Welt** scheiden Ba 2.9 Ba 3.3
sich so recht und schlecht/. . . durch die **Welt** schlagen
 Fb 7.2
(Kinder) in die **Welt** setzen Ba 1.4
Gerüchte/. . . in die **Welt** setzen Cd 17.36
alle **Welt** spricht/redet von jm./etw. Cd 17.39
sich aus der **Welt** stehlen Ba 3.2
j. könnte die ganze **Welt** umarmen (vor Glück/vor Freu-
 de/. . .) Cb 2.7
sich in der **Welt** umsehen Ab 4.16
davon/von etw. geht die **Welt** (doch) nicht unter! Gb 7.14
 Id 2.61
. . . und wenn die **Welt** dabei untergeht De 8.6
in die weite **Welt** wandern Ab 4.13
mit sich und der **Welt** zerfallen sein Cb 3.51
in die weite **Welt** ziehen Ab 4.13
nobel/vornehm geht die **Welt** zugrunde! Ga 10.21
sich von der **Welt** zurückziehen Ea 3.9
für jn. stürzt/fällt/bricht die/eine **Welt** zusammen
 De 25.106
davon/von etw. bricht/stürzt/fällt die **Welt** (doch) nicht
 zusammen Gb 7.14 Id 2.61
zwischen . . . und . . . liegen **Welten** If 4.6
. . . und . . . trennen **Welten** If 4.6
Welten liegen zwischen . . . und . . . If 4.6
Welten trennen . . . und . . . If 4.6
js. Name/. . . hat **Weltgeltung** Cd 17.15
in der **Weltgeschichte** umherfahren/. . . Ab 4.15
da hört sich doch die **Weltgeschichte** auf! Cc 33.27
Weltklasse sein Ic 4.13
ein Künstler/. . . von **Weltrang** Ic 4.14
ein Künstler/. . . von **Weltruf** Ic 4.14
js. Name/. . . genießt **Weltruf** Cd 17.15
(in seinem Leben/. . .) an einem **Wendepunkt** ange-
 langt/. . . sein Aa 6.49
jetzt/. . . **wendet** sich etw. gegen jn. (selbst) Hb 6.15
einem Gespräch/e-r S. eine andere **Wendung** geben If 6.9
eine **Wendung** um/von 180/hundertachtzig Grad vollzie-
 hen Db 11.6
eine schlimme/böse/unheilvolle/. . . **Wendung** nehmen
 Aa 6.52
eine andere **Wendung** nehmen If 6.11
eine unerwartete **Wendung** nehmen If 6.12
eine **Wendung** zum Guten/Besseren nehmen Aa 6.51
eine **Wendung** zum Schlimmen/Bösen/Üblen nehmen
 Aa 6.52
ein (ganz) klein **wenig** Ib 1.42
wenig genug! Ia 3.4
. . . (und) noch **weniger** Db 15.87
um so **weniger**, als . . . Ib 1.36
nichts **weniger** sein als klug/fleißig/. . . Ib 1.27
weniger wäre mehr (gewesen) Ic 7.15
das/etw. ist das **wenigste**, das/was/. . . Ib 1.61
bei allem/allem und jedem/allen Projekten/. . . tausend
 Wenn und Aber haben Hc 2.20
hier/da gibt's kein **Wenn** und (kein) Aber Ih 3.6

mit viel(em) **Wenn** und Aber zustimmen/. . . Hc 2.17
(ja) wenn das **Wenn** und das Aber nicht wär' . . . (dann
 wäre die ganze Welt nicht mehr!) Hc 2.21
wenn . . ., dann . . . Ie 1.15
na, **wenn** schon! Ha 5.15
(na, also/. . .) wenn **schon**, denn schon! Ib 1.40
(schließlich/. . .) **wer** sein De 24.22
die **Werbetrommel** rühren (für jn./etw.) Hb 3.25
wo **werd'** ich denn? Db 15.16
wo **werd'** ich denn jm. etw. erzählen/so dumm sein und
 zustimmen/. . . Db 15.16
daraus/aus diesem Text/. . . **werde** einer klug! Cd 2.20
(noch) im **Werden** (begriffen) sein Aa 6.11
das/es/etw. muß/kann/sollte/. . . anders **werden** (mit jm./
 etw.) If 6.1
dick und rund **werden** Ca 4.5
etwas/was **werden** De 24.4
(mit etw.) (nicht) fertig **werden** Aa 8.3
(wieder) flott **werden** Aa 6.73 Ab 6.26
fündig **werden** Ab 13.1
aus jm./etw. nicht gescheit **werden** Cd 2.17
etw. gewahr **werden** Cd 15.7
grau **werden** Bb 2.10
das kann ja gut **werden**! Cb 18.17
e-r Person/S. habhaft **werden** Fb 1.13
handgemein **werden** Cc 26.51
handgreiflich **werden** Cc 26.51
das kann ja heiter **werden**! Cb 18.17
mit jm. intim **werden** De 4.12
an jm./js. Verhalten/. . . irre **werden** Cd 2.27
an seinem Entschluß/Vorsatz nicht irre **werden** De 6.6
jm. (endlich/plötzlich/. . .) klar **werden** Cd 1.25
(ganz) klein **werden** De 26.8
(ganz) klein und häßlich **werden** De 26.8
(ganz) kleinlaut **werden** De 26.8
aus jm./etw. nicht klug **werden** Cd 2.17
daraus/aus diesem Text/. . . soll einer klug **werden**!
 Cd 2.20
kreideweiß/kreidebleich **werden** Da 6.13
kugelrund **werden** Ca 4.5
jm. (doch/doch ein bißchen/. . .) lang **werden** Aa 15.21
jn./etw. leid **werden** Hc 6.9
es leid **werden**, etw. zu tun Hc 6.9
es müde **werden**, etw. zu tun Hc 6.9
nicht müde **werden**, etw. zu tun De 8.1
das kann ja nett **werden**! Cb 18.17
persönlich **werden** Cb 13.9
j. könnte rasend **werden** (vor Ungeduld/vor Ärger/. . .)
 Cb 15.9
das kann ja reizend **werden**! Cb 18.17
jn./etw. satt **werden**/es satt werden, etw. zu tun Hc 6.9
jm. (sehr) sauer **werden** Hc 2.13
aus jm./etw. nicht schlau **werden** Cd 2.17
was soll nun **werden**? Cb 11.25 Ga 8.13
was soll (nur/bloß) aus jm. **werden**? De 25.40
spitz **werden** Cb 13.1
straffällig **werden** Cc 20.10
es über **werden**, etw. zu tun Hc 6.9
es überdrüssig **werden**, etw. zu tun/(jn./etw. überdrüssig
 werden) Hc 6.9
ungemütlich **werden** Cb 16.1
verrückt **werden** Bc 2.46
verrückt **werden** (mit jm./etw./bei etw.) Cb 15.7
ich/er/Peter/. . . könnte verrückt **werden** (wenn . . ./. . .)
 Cb 15.9
mit jm. vertraut **werden** Ec 1.7
(ein bißchen/etwas/. . .) voller **werden** Ca 4.1

vorstellig **werden** bei jm. (um . . .) Ga 12.55
wahnsinnig **werden** Bc 2.46
wahnsinnig **werden** (mit jm./etw./bei etw.) Cb 15.7
ich/er/Peter/. . . könnte wahnsinnig **werden** (wenn
 . . ./. . .) Cb 15.9
wahr **werden** Dd 7.12
in seinem Entschluß/seiner Entscheidung . . . wankend
 werden Dd 4.15
was **werden** De 24.32
was willst du/will er/will Peter/. . . (einmal/. . .) **werden?**
 De 24.1
(plötzlich/. . .) (ganz) weich **werden** Gc 10.13
ganz weiß **werden** Da 6.13
immer weniger **werden** Ia 3.24
wild **werden** Cb 15.8
es will nicht **werden** De 25.75
das/es wird schon (wieder) **werden!** Gb 7.19
wortbrüchig **werden** Dd 2.3
zunichte **werden** De 25.88
zuschanden **werden** De 25.88
jm. zuviel **werden** Hc 6.8
bei jm. nichts mehr **werden** können Eb 2.40
sich eine Arbeit/. . . sauer **werden** lassen De 13.28
jm. etw. zuteil **werden** lassen Ga 12.26
das **Werden** und Vergehen (in) der Natur/. . . Aa 6.103
sich vor den Zug/vor die Straßenbahn/in die Ruhr/. . .
 werfen/schmeißen Ba 3.7
mit seinem Geld/seinen Kenntnissen/gelehrten Brok-
 ken/. . . (nur so) um sich **werfen** Cc 11.46
am **Werk(e)** sein Aa 6.14
ab **Werk** (kostet etw. . . . Mark) Fb 15.87
frisch ans **Werk!** Aa 7.32
es ist/war das **Werk** eines Augenblicks Aa 14.10
ans **Werk** gehen Aa 7.24
das **Werk** meiner/deiner/. . . Hände Dd 7.25
sich ans **Werk** machen Aa 7.24
etw. ins **Werk** setzen Aa 7.17
vorsichtig/behutsam/. . . zu **Werke** gehen Dd 7.10
ein willenloses **Werkzeug** in js. Händen sein Fa 15.7
allerhand/viel/. . . **wert** sein Ha 11.5
nichts/wenig/. . . **wert** sein Ha 12.2
heute/gestern/. . . nichts **wert** sein Bc 2.5
(einen) **Wert** haben Ha 11.5
keinen/wenig/. . . **Wert** haben Ha 12.2
es nicht/nicht einmal/. . . für **wert** halten/erachten etw. zu
 tun Db 14.3
etw. (weit) unter seinem/seinem wirklichen **Wert** kaufen/
 bekommen/verkaufen/. . . Fb 13.3
e-r S. großen/. . . **Wert** beimessen/(beilegen) Ha 4.8
e-r S. keinen/nicht den geringsten/. . . **Wert** beimessen/
 (beilegen) Ha 5.8
an **Wert** gewinnen Ha 11.11
(großen/den größten/viel/allerhand/. . .) **Wert** legen auf
 jn./etw. Ha 4.8
keinen/nicht den geringsten/. . . **Wert** legen auf jn./etw.
 Ha 5.8
im **Wert** sinken Ha 12.7
im **Wert** steigen Ha 11.11
ein einnehmendes **Wesen** haben Fb 3.19
ein weibliches **Wesen** (im Haus . . .) Ed 5.5
so ein kleines **Wesen** Ed 5.12
kein lebendes **Wesen** war auf den Straßen/. . . Ia 4.4
etw. gehört zum **Wesen** des Menschen/eines Raubtiers/
 der Zivilisation/. . . Ic 1.23
etw. liegt im **Wesen** des Menschen/der Germanen/. . . (be-
 gründet) Ic 1.23
etw. liegt im **Wesen** der Sache (begründet) Ih 2.5

sein **Wesen** treiben in . . ./bei . . ./. . . Cc 20.8
viel **Wesens** um jn./etw. machen Ha 4.11
nicht viel **Wesens** um jn./etw. machen Ha 5.12
im **wesentlichen** . . . Ic 1.24
in ein **Wespennest** stechen/(greifen) Cb 13.14
eine reine/saubere/weiße/blütenweiße **Weste** haben
 Cc 21.3
jm. etw. unter die **Weste** drücken/(schieben) Cc 24.64
in den/nach dem **Westen** gehen/kommen/. . . Ab 4.56
etw. (so) aus der **Westentasche** bezahlen/zahlen (können)
 Fb 6.14
etw. wie seine **Westentasche** kennen Cd 1.12
im **Westentaschenformat** Ib 1.73
unlauterer **Wettbewerb** Fb 15.106
mit jm./einer Firma/. . . im **Wettbewerb** stehen Fb 15.14
mit jm./einem Unternehmen/. . . in **Wettbewerb** treten
 Fb 15.13
was gilt die **Wette?** Db 5.6 Ih 1.14
um die **Wette** laufen/fahren/schreiben/. . . Ig 3.14
jede **Wette** eingehen/(machen), daß . . . Db 5.6 Ih 1.13
eins gegen 10/100/. . . **wetten**, daß . . ./wetten, daß?
 Db 5.6 Ih 1.13
ich möchte **wetten**/wette, daß . . . Db 5.5
alle **Wetter!** Db 18.24
js. Launen sind (so) (veränderlich) wie das **Wetter** Cb 6.13
um gut'/gutes **Wetter** bitten/(anhalten) Fa 17.4
(das ist) ein **Wetter**/(Wetterchen) zum Eierlegen Ac 1.23
gut' **Wetter** (für jn./etw.) machen (wollen) (bei jm./in
 . . ./. . .) Fa 17.3 Ga 12.58
eine (richtige/regelrechte/. . .) **Wetterfahne** sein Db 12.7
(so beständig)/(unbeständig) wie eine **Wetterfahne** sein
 Db 12.7
sich drehen wie eine **Wetterfahne** Db 12.7
der **Wettergott** hat (endlich/doch/. . .) ein Einsehen (mit
 jm.) Ac 1.21
(so beständig)/(unbeständig) wie ein **Wetterhahn** sein
 Db 12.7
sich drehen wie ein **Wetterhahn** Db 12.7
von einer (dunklen) **Wetterwolke** überschattet werden
 Gb 1.8
etw. **wettmachen** Ga 5.3
jm./e-r S. große/. . . **Wichtigkeit** beimessen Ha 4.8
jm./e-r S. keine/keinerlei/. . . **Wichtigkeit** beimessen
 Ha 5.8
wenn/. . . j. jn. am **Wickel** kriegt, dann . . ./. . . Cc 25.27
kein **Wickelkind** mehr sein Bb 2.1
in die **Wicken** gehen Ac 11.10
keinen/nur geringen/nur schwachen/nur kläglichen/. . .
 Widerhall finden (in/bei/. . .) De 25.101
starken/. . . **Widerhall** finden (in/bei/. . .) De 24.55
jm. **Widerpart** geben Gc 6.17
. . ., (da gibt's) keine **Widerrede!** Dc 5.143
. . ., ohne **Widerrede!** Dc 5.143
keine **Widerrede** dulden Dc 5.33
bis auf **Widerruf** gültig sein/. . . Dd 6.45
in **Widerspruch** geraten zu etw. If 4.1
im/in krassem/. . . **Widerspruch** stehen zu etw. If 4.2
auf **Widerspruch** stoßen (mit etw.) Gc 6.43
sich in **Widersprüche** verstricken Dc 5.67
js. **Widerstand** brechen Fa 14.2
jm./e-r S. **Widerstand** leisten/entgegensetzen Gc 6.15
Widerstand gegen die Staatsgewalt Gc 6.46
auf **Widerstand** stoßen (mit etw.) Gc 6.43
im **Widerstreit** der Gefühle . . . Cb 2.48
und **wie!**/aber wie! Ib 1.23
klug/vorsichtig/. . . **wie** ich bin/er ist/. . . Ib 1.24
das **Wie**, Wann und Wo Aa 1.89 Ie 1.16

j. möchte/will/. . . etw. und möchte/will/. . . es auch **wieder** nicht Db 12.5
wieder und wieder Aa 3.6
auf **Wiedersehen**! Ea 9.10
(na) denn/dann auf **Wiedersehen**! Gc 11.12
Wiedersehen macht Freude! Fb 1.52
jm. auf **Wiedersehen** sagen Ea 8.1
eine (große/. . .) **Wiedersehensfeier** veranstalten Ea 7.25
nicht (mehr) **wiederzuerkennen** sein If 5.10
von der **Wiege** an Aa 1.60
von der **Wiege** bis zur Bahre Aa 2.7
etw. ist jm. (schon) (gleich) in die **Wiege** gelegt worden Cd 3.17
etw. ist mir/ihm/dem Peter/. . . (auch/schließlich/. . .) nicht an der **Wiege** gesungen worden Dd 8.13
von der **Wiege** bis zum Grab Aa 2.7
js. **Wiege** stand in . . . Ba 1.11
schwer **wiegen** Ha 4.18
nicht schwer **wiegen** Ha 5.21
zum **Wiehern** sein Cb 10.4
das ist (ja) zum **Wiehern**! Cb 10.4
flink wie ein **Wiesel** (sein) Aa 14.41
rennen/. . . (können) wie ein **Wiesel** Aa 14.41
(durch) **Wiesen** und Wälder (streifen/. . .) Ab 4.35
der **wievielte** ist heute/war gestern/. . .? Aa 1.84
den **wievielten** haben wir heute/hatten wir gestern/. . .? Aa 1.84
(ganz) **wild** sein auf etw. Hd 3.2
halb so **wild** sein Db 20.21
(schon) nicht so **wild** sein Db 20.21
in freier **Wildbahn** Ab 4.31
sich wie die **Wilden** auf jn./etw. stürzen Ic 2.26
wie ein **Wilder** etw. tun Ic 2.26
brüllen/. . . wie ein **Wilder** Dc 9.2
toben/sich gebärden/. . . wie ein **Wilder** Cb 16.23
sich wie ein **Wilder** auf jn./etw. stürzen Ic 2.26
ein regelrechter/ausgesprochener/. . . **Wildfang** sein Ic 2.1
das/etw. **will** gelernt/durchgearbeitet/verstanden/. . . sein De 20.21
ob er/sie/Peter/. . . **will** oder nicht, er muß/. . . Fa 21.11
was **willst** du/will er/. . .? (es ist doch/. . .) Db 15.104 Dc 5.118
was **willst** du/will er/. . . denn noch (mehr)? Db 15.106 Ia 6.13
willst du/wollt ihr/. . . wohl! Fa 20.10
das/es ist kein böser **Wille** (wenn . . .) Fa 21.23
es/das/etw. ist js. freier **Wille** (daß . . .) Dd 11.1
ein bißchen/. . . guter **Wille** gehört (schon/natürlich/. . .) dazu (etw. zu tun) De 13.8
es ist js. letzter **Wille** (daß . . .) Ba 2.54
ein eiserner **Wille** De 3.2
der letzte **Wille** Ba 2.54
wo ein **Wille** ist, ist auch ein Weg De 13.69
jm. (immer/dauernd/zu sehr/. . .) zu **Willen** sein Fa 15.2
den **Willen** haben, etw. zu tun Dd 3.6
einen eigenen **Willen** haben De 3.1
(gar/überhaupt) keinen eigenen **Willen** haben De 4.1
j. muß immer/. . . seinen **Willen** haben/kriegen De 9.4
(gut/. . .!) j. soll seinen **Willen** haben! Gc 10.3
(ganz) aus freiem **Willen** etw. tun Fa 25.3
wider (seinen) **Willen** etw. tun Hc 2.12
(immer/. . .) auf seinem **Willen** beharren/bestehen De 9.5
js. **Willen** brechen Fa 14.4
seinen **Willen** durchsetzen Gc 8.3
(immer/. . .) seinen **Willen** durchsetzen/(durchkriegen) (wollen/müssen) De 9.5
es/etw. muß (immer/. . .) nach js. **Willen** gehen De 9.8

jm. seinen **Willen** lassen Gc 10.3
jm. jeden/allen **Willen** tun Fa 15.2
etw. beim besten **Willen** nicht tun können/. . . Db 15.78
guten **Willens** sein Hc 1.2
willens sein, etw. zu tun Hc 1.1
jm. (jederzeit/. . .) **willkommen** sein Db 13.16 Ea 7.3
jm. ein **Willkommen** bieten (in einer Stadt/. . .) Ea 7.22
das/es ist zum **Wimmern** (mit jm./etw.) Ga 10.14
ohne mit der **Wimper** zu zucken Cb 21.14
mit den **Wimpern** klimpern Ed 1.14
(ah/ach so/. . .,) daher bläst/pfeift/weht (also) der **Wind** Cd 1.42
es weht (in einer Firma/. . .) (jetzt/. . .) ein anderer/neuer **Wind** Fa 19.25
es weht (in einer Firma/. . .) (jetzt/. . .) ein frischer **Wind** Fa 19.25
es weht (in einer Firma/. . .) ein scharfer **Wind** Fa 19.24
schieß'/schießt . . . in den **Wind**! Ab 7.31
rennen/. . . (können) wie der **Wind** Aa 14.41
gegen den **Wind** segeln/fahren/. . . Ab 6.9
wie der **Wind** war j. weg/davonrennen/irgendwohin rasen/. . . Aa 14.25
frischen **Wind** in etw. bringen Fa 19.13
der **Wind** hat sich (spürbar/. . .) gedreht If 6.19
bei jm. ist jedes Wort/jede Ermahnung/alles/. . . in den **Wind** geredet Dc 1.90
frischen **Wind** (in e-e S.) hineinbringen Fa 18.11
vor dem **Wind** kreuzen Ab 6.9
Wind von e-r S. kriegen/bekommen Cd 15.6
jetzt pfeift der **Wind** aus einem anderen Loch Fa 19.25
(immer/. . .) (so) viel **Wind** machen Cc 11.16
(vielleicht) einen/viel **Wind** (um jn./etw.) machen Cc 11.9 Ha 4.13
sich (erstmal/. . .) (ein bißchen) den **Wind** um die Nase/Ohren wehen/(pfeifen) lassen (müssen) Cd 24.4
sich (erstmal/. . .) (ein bißchen) **Wind** um die Nase wehen/(pfeifen) lassen Ab 4.1
sich (einen) anderen **Wind** um die Nase wehen/(pfeifen) lassen Ab 4.1
sich (erstmal/. . .) (ein bißchen) **Wind** um die Ohren wehen/(pfeifen) lassen Ab 4.1
sich (anderen) **Wind** um die Ohren wehen/(pfeifen) lassen Ab 4.1
in den **Wind** reden Dc 1.90
jetzt pfeift der **Wind** aus einer anderen Richtung Fa 19.25
Warnungen/Mahnungen/Ratschläge/. . . in den **Wind** schlagen Dc 7.10
(keinen) **Wind** in den Segeln haben Ab 6.10
jm. den **Wind** aus den Segeln nehmen mit einem Argument/mit Entgegenkommen/. . . Dc 5.58
einen **Wind** streichen lassen Ac 7.5
sich wie der **Wind** verbreiten Cd 17.33
jm. (mal wieder/. . .) **Wind** vormachen Cc 16.6
sich fragen/merken/wissen/. . ., woher der **Wind** weht/(pfeift) Cd 1.42
nicht wissen/sich fragen/. . ., woher der **Wind** weht/(pfeift) Cd 16.20
(bei) **Wind** und Wetter Ac 1.2
Wind und Wetter ausgesetzt sein Ac 1.2
vor/gegen **Wind** und Wetter geschützt sein Ac 1.1
Winde abgehen lassen Ac 7.5
in alle vier **Winde** zerstreut sein/werden Ab 2.12
jm. ein **Windei** ins Nest legen Cc 16.26
kaum aus den **Windeln** (heraus) sein Bb 1.6
j. lag (damals/zu/vor jener Zeit/. . .) noch in den **Windeln** (als . . .) Bb 1.12
in/mit **Windeseile** . . . Aa 14.7

gegen **Windmühlen** kämpfen De 28.10
wie die **Windsbraut** daherjagen/... Aa 14.35
in js. **Windschatten** fahren/segeln/... Ab 5.38
in js. **Windschatten** fahren/segeln Fa 6.38
im **Windschatten** eines Berges/der Weltpolitik/... liegen
   Ab 1.38
jm. einen **Wink** geben Ga 12.62
etw. ist ein **Wink** mit dem Zaunpfahl Dc 3.50
im rechten/spitzen **Winkel** nach rechts/links abbiegen/...
   Ab 3.21
im/in einem toten **Winkel** liegen (zwischen ... und ...)
   Ab 1.12
sich in einen **Winkel** verkriechen Ab 10.1
sich in den hintersten **Winkel** (des Zimmers/...) verkrie-
   chen Ab 10.1
im tiefen/mitten im **Winter** Ac 1.20
winters wie sommers Aa 3.17
Winterschlaf halten Ac 1.20
eine **Winzigkeit** mehr/anders/... Ia 3.13
das/es gibt einen großen **Wirbel** Cb 18.10
im **Wirbel** der Ereignisse untergehen De 25.105
viel/vielleicht einen/... **Wirbel** (um jn./etw.) machen
   Ha 4.14
keinen/... **Wirbel** um jn./etw. machen Ha 5.13
ein Gentleman/... vom **Wirbel** bis zur Zehe sein Ic 1.8
wie ein **Wirbelwind** davonrasen/... Aa 14.25
aus jm. **wird** (nochmal/...) ein Techniker/ein guter Ver-
   handlungsführer/... De 24.3
aus jm. **wird** (nochmal) was/allerhand/viel/... De 24.2
aus jm. **wird** nichts/... De 25.1
aus etw./daraus **wird** etwas/eine große Sache/allerhand/
   viel/... De 24.32
aus etw. **wird** nichts/... De 25.76
und was **wird** mit dir/ihm/Herbert/...? De 24.3
(na/nun) **wird's** bald/endlich?! Aa 14.49
na, **wird's** bald? Fa 18.8
das/es **wird** schon wieder! Gb 7.19
etw./es **wirft** etwas/viel/nichts/... ab Fb 15.29
wirklich und wahrhaftig Ha 3.14
in **Wirklichkeit** ... Db 4.92
die/js. Phantasie/Darstellung/... wird von der **Wirklich-
keit** (weit) übertroffen Ib 1.69
Gedanken/Pläne/... in die **Wirklichkeit** umsetzen
   Dd 7.6
keine/keinerlei/... **Wirkung** haben/zeitigen/(zeigen/...)
   Dd 10.21
eine unerwartete/... **Wirkung** haben/zeitigen/(zei-
   gen/...) Dd 10.4
ohne **Wirkung** bleiben Dd 10.22
seine **Wirkung** tun Dd 10.4
seine **Wirkung** nicht verfehlen Dd 10.4
es herrscht in/bei/... eine polnische **Wirtschaft** Ac 9.9
das ist (ja) eine schöne/saubere **Wirtschaft** Ac 9.9
was ist denn das für eine **Wirtschaft**? Ac 9.9
getrennte **Wirtschaft** führen Fb 15.37
(ständig/...) im **Wirtshaus** sitzen Hd 6.45
jm. eine **wischen** Cc 26.29
jm. ein paar **wischen** Cc 26.29
etw. geschieht/... mit js. **Wissen** Cd 15.41
nicht mehr aus noch ein/nicht mehr ein noch aus/weder
   aus noch ein/weder ein noch aus **wissen** Ga 4.25
   Ga 9.1
nicht (mehr) weiter **wissen** Ga 4.24
wie/woher soll ich/er/der Peter/... das/etw. (denn) **wis-
sen**? Cd 16.5
wissen, wie man mit dem Leben/solchen Leuten/derarti-
   gen Aufgaben/... fertig wird Ga 6.15

ich möchte nicht **wissen**, wie/wieviel/... Ia 1.22
wissen, was sich gehört Ea 11.1
nicht **wissen**, was sich gehört Ea 12.3
nicht **wissen**, ob man kalt oder warm ist Dd 4.19
wissen, wo es lang geht Cd 8.6
nicht mehr **wissen**, was oben und (was) unten ist/was un-
   ten und (was) oben ist Cb 17.9 De 11.6 De 23.46
nicht mehr **wissen**, was/wo rechts und (was/wo) links ist/
   was/wo links und (was/wo) rechts ist De 11.6
   De 23.46
(genau/...) **wissen**, was man will De 6.3
zwar nicht **wissen**, was man will, aber das ganz genau
   Dd 4.20
(schon) (gar) nicht (mehr) **wissen**, wohin damit Ia 1.29
nichts (mehr) **wissen** wollen von jm./etw. Eb 2.41
etw. geschieht/... ohne js. **Wissen** Cd 16.29
wider besseres **Wissen** aussagen/etw. erklären/etw. tun
   Cc 14.6 Cc 20.43
nach bestem **Wissen** und Gewissen aussagen/handeln/...
   Cc 13.6 Cc 20.43
mit js. **Wissen** und Willen etw. tun Cd 15.41 Db 13.10
ohne js. **Wissen** (und Willen) etw. tun Cd 16.29 Db 14.10
meines/seines/... **Wissens** Cd 15.42
das/etw. ist eine **Wissenschaft** für sich De 20.23 Ga 1.6
seinen **Wissensdurst** stillen Cd 19.5
einen großen/... **Wissensschatz** haben Cd 15.38
in allem etwas **wittern** Cc 18.34
diese Steuerpläne/... sind (doch) ein einziger **Witz**
   Ha 5.42
das/etw. ist (doch) (wohl) (nur/...) ein fauler/schlechter
   Witz! Db 6.8
das ist der ganze **Witz** Ia 2.19
ist das nicht ein **Witz**?/das soll wohl ein Witz sein!/mach
   keine Witze Cb 10.31
(und) wo steckt/liegt (da) der **Witz**? Cd 2.51
der ganze **Witz** der Steuerpläne/... liegt darin/ist (doch
   nur)/... Ha 5.42
das ist/etw. ist ein **Witz** von einem Wissenschaftler/einer
   Doktorarbeit/... Cd 4.17
(und) was ist der **Witz** dabei? Cd 2.51
sich einen schlechten/üblen **Witz** mit jm. erlauben Cb 9.3
das/etw. ist der **Witz** der Sache Ha 7.5
der **Witz** bei der Sache/dabei ist (der), daß ... Ha 7.2
der ganze **Witz** bei der Sache/dabei ist (der), daß ...
   Ha 7.3
mach'/macht/... keine/laß deine/laßt eure/... faulen/
   schlechten **Witze**! Db 6.9
Witze erzählen/(reißen) Dc 1.146
über jn./etw. **Witze** machen Db 19.33
j. muß über jn./etw. (mal wieder/...) seine **Witze** machen
   Db 19.33
für jn. (gar/überhaupt) nicht **witzig** sein/etw. nicht witzig
   finden Cc 13.24
das/etw. ist (gar/überhaupt) nicht **witzig** Cb 12.9
ich finde/er findet/Peter findet/... das/etw. (gar/über-
   haupt) nicht **witzig** Cb 12.9
sehr **witzig**! Cb 12.10
während/unter/in der **Woche** Aa 1.89
Woche für/um Woche Aa 3.17
in die **Wochen** kommen Ba 1.1
es vergehen/... **Wochen** und Monate bis .../... Aa 2.10
im **Wochenbett** liegen/sein Ba 1.2
die **Wogen** der Begeisterung/des Jubels/... gehen
   hoch/... Cb 2.30
die **Wogen** (wieder) glätten Cb 17.28
die **Wogen** glätten sich wieder Cb 17.30
auf dein/euer/... **Wohl**! Hd 5.54

zum **Wohl**! Hd 5.54

mit jm. auf js. **Wohl** anstoßen Hd 5.21

sein Glas/... auf js. **Wohl** erheben Hd 5.22

sein Glas/... auf js. **Wohl** leeren Hd 5.22

für das/js. leibliche(s) **Wohl** sorgen Hd 4.61

auf js. **Wohl** trinken Hd 5.21

es geht/... um unser/... **Wohl** oder Wehe De 13.67

jm. auf **Wohl** und Wehe ausgeliefert sein Fa 13.14

js. ganzes **Wohl** und Wehe hängt ab von jm./etw. Fa 13.15

jm. ist bei dem Gedanken/der Vorstellung/... (daß .../) nicht (so recht/...) **wohl** Hc 7.3

nun **wohl**! Db 13.47

wohl dem, der ...! Da 9.54

etw. **wohl** oder übel tun müssen Fa 21.11

nicht ganz **wohlauf** sein Bc 2.6

sich in **Wohlgefallen** auflösen De 25.89

Wohlgefallen empfinden bei etw./wenn ... Db 13.17

sich's/es sich **wohlgehen** lassen Hd 2.11

sämtliche **Wohlgerüche** Arabiens Ac 7.6

jm. **wohlgesonnen**/(wohlgesinnt) sein Hb 1.4

sich's/es sich **wohlsein** lassen Hd 2.11

im **Wohlstand** leben Fb 6.8

ist das eine **Wohltat**! Hd 1.16

jm. eine **Wohltat** erweisen Ga 12.23

freie **Wohnung** (und Verpflegung) bei jm. haben Hd 4.87

in einem Hotel/... **Wohnung** nehmen Ea 1.5

(immer/...) in der **Wohnung** sitzen/hocken Ea 3.18

hungrig wie ein **Wolf** sein Hd 4.8

fressen wie ein **Wolf** Hd 4.33

Fleisch/Wurst/... durch den **Wolf** drehen Hd 4.84

der **Wolf** in der Fabel Cc 8.17

wie durch den **Wolf** gedreht sein De 23.28

sich einen **Wolf** laufen/reiten Bc 2.29

ein **Wolf** im Schafspelz sein Cc 16.50

mit den **Wölfen** heulen (müssen) Db 12.11

einen **Wolfshunger** haben Hd 4.8

kein **Wölkchen** trübt js. Glück Cb 2.10

das ist eine/die **Wolke**! Hc 3.30

eine **Wolke** von einem Kleid/... Hc 3.31

von einer (dunklen) **Wolke** überschattet werden Gb 1.7

schwarze **Wolken** stehen am Ehehimmel Gc 3.47

aus allen **Wolken** fallen Da 5.2

in dicke **Wolken** (von Rauch) gehüllt sein Hd 11.4

in den **Wolken** schweben/(sein) Da 3.21

es ballen sich drohende **Wolken** über jm./einem Land/... zusammen Gb 1.7

im **Wolkenkuckucksheim** leben/(sein) Da 3.21

sich in der **Wolle** haben Gc 3.20

sich mit jm. in der **Wolle** haben (wegen etw.) Gc 3.18

ein in der **Wolle** gefärbter Berliner/Schwabe/... Ic 1.16

sich in die **Wolle** kriegen Gc 3.17

komme/geschehe, was da **wolle** De 8.5

jm. (doch nur/...) gut **wollen** Hb 1.4

hoch hinaus/(obenhinaus) **wollen** De 7.2

da/in/bei/... ist nichts zu **wollen** De 28.17

du/der Fritz/... hast/hat/... (hier/da/...) gar/überhaupt nichts/nicht das mindeste/... zu **wollen** Db 15.39

ohne es zu **wollen**, tun/geschehen Dd 8.28

na, dann **wollen** wir mal! Aa 7.32

js. Augen/Ohren/Beine/... **wollen** nicht mehr Bb 2.18 Bc 2.44

er/sie/Peter/... mag **wollen** oder nicht, er muß/... Fa 21.11

Wollen und Können sind zweierlei Dd 3.50 De 3.7 Ii 2.10

zwischen **Wollen** und Können besteht noch ein großer Unterschied Ii 2.10

etw. mit wahrer/einer wahren **Wollust** tun Hc 3.11

das/etw. ist eine wahre **Wonne** Hc 3.26

vor **Wonne** zergehen/zerfließen/vergehen Cb 2.21

bei jm. im **Wort** sein Dd 1.9

das/etw. ist js. letztes **Wort** Dd 6.21

das/etw. ist ein wahres **Wort**! Cc 13.15

das **Wort** haben Dc 5.82

js. **Wort** haben Dd 1.12

das erste **Wort** haben Dc 5.82

das letzte **Wort** haben in e-r S. Fa 6.14

immer/... das letzte **Wort** haben/behalten wollen/müssen De 9.4

auf ein **Wort**! Dc 5.93

mit einem **Wort**: Dc 1.20

ein geflügeltes **Wort** Dc 1.160

ein hartes **Wort** Cb 13.41

(auf) mein **Wort**! Dd 1.27

an dem, was j. sagt/..., ist kein wahres **Wort** (dran) Cc 14.18

von etw. weiß j. kein **Wort** Cd 16.28

jedes dritte **Wort** von jm. ist »Emanzipation«/»Manipulation«/... Dc 1.48

das erlösende **Wort** sprechen/finden/... Dd 5.11

jm. das **Wort** abnehmen, etw. zu tun/zu schweigen/dafür zu stimmen/... Dd 1.11

jm. das **Wort** abschneiden Dc 5.86

das/ein **Wort** (von vorhin) aufgreifen/aufnehmen Dc 5.83

das **Wort** vom ».. .« (noch einmal) aufgreifen/aufnehmen Dc 5.83

du sprichst/er spricht/Peter spricht/... ein großes **Wort** gelassen aus Dc 5.139 Ha 4.27

das letzte **Wort** behalten Dc 5.63

in **Wort** und Bild über etw. berichten/... Cd 20.64

ums **Wort** bitten Dc 5.80

sein **Wort** brechen Dd 2.3

dein **Wort**/sein Wort/das Wort deines Vaters/... in Ehren (aber ...) Db 6.26

mit keinem **Wort** auf e-e S. eingehen Dc 2.18

ein gutes **Wort** für jn. einlegen (bei jm.) Ga 12.56

jm. das **Wort** entziehen Dc 5.85

das **Wort** ergreifen/nehmen Dc 5.83

jm. das **Wort** erteilen/geben Dc 5.84

etw. mit keinem **Wort** erwähnen Dc 2.17

jm. ins **Wort** fallen Dc 5.26

(allein) das große **Wort** führen Dc 5.31

allein/immer das große **Wort** führen (wollen/müssen) Cc 11.37

jm. sein **Wort** geben Dd 1.3

über etw. ist kein/noch kein/... **Wort** gefallen Dc 2.22

zwischen ihm/... und mir/... ist noch kein hartes/böses **Wort** gefallen Ec 1.28

niemals/... ist darüber/über etw. das leiseste **Wort** gefallen Dc 2.22

jm. aufs **Wort** gehorchen Fa 15.1

über diese/in dieser Angelegenheit/darüber/... ist das letzte **Wort** noch nicht gesprochen/(gesagt) Dd 4.14

da hast du/hat er/Peter/... ein wahres **Wort** gesprochen! Cc 13.15

ein **Wort** gibt/(ergibt) das andere Gc 3.49

jm. aufs **Wort** glauben Db 5.13

kein **Wort** glauben von dem, was j. sagt/... Db 6.5

(bei jm.) jedes **Wort** auf die Goldwaage legen (müssen) Ic 10.2

das **Wort** Gottes Cc 35.26

dein/euer/... **Wort** in Gottes Ohr! Db 7.13

etw. nicht **Wort** haben wollen Db 21.18

jm. bleibt das **Wort** im Hals(e) stecken Da 6.30

sein **Wort** halten Dd 1.10

vor Schreck/Scheu/... kein (einziges) **Wort** herausbringen/hervorbringen (können) Cc 29.15

vor Verlegenheit/Erregung/... kaum ein **Wort** herausbringen/hervorbringen (können) Dc 1.126

das ist das erste **Wort** davon/..., das ich höre/(...) Cd 16.27

kein **Wort** hören wollen (von jm./etw.) Ha 2.12

nicht zu **Wort(e)** kommen Dc 5.88

die anderen nicht/niemanden/... zu **Wort** kommen lassen Dc 1.112

kein **Wort** mehr/weiter (von etw./davon)! Db 15.65 Dc 2.48

in .../bei .../... versteht man (ja) sein eigenes **Wort** nicht mehr Dc 9.8

sich zu/(zum) **Wort(e)** melden Dc 5.81

in dieser Sache/hierin/... hat j. (auch noch) ein **Wort** mitzureden Fa 6.11

jm. das **Wort** im Mund herumdrehen Cc 14.8

jm. das **Wort** aus dem Mund nehmen Db 13.21 Dc 5.57

jn. beim **Wort** nehmen Dd 1.25

e-r S. das **Wort** reden Db 13.8

ein offenes **Wort** mit jm. reden (können/müssen/...) Dc 3.19

kein (einziges) vernünftiges **Wort** reden Dc 1.75

das **Wort** an jn. richten Dc 5.5

(schon mal/...) ein (offenes) **Wort** riskieren/sagen/wagen (können) Dc 3.19 Gc 6.33

ohne ein **Wort** zu sagen ... Dc 2.50

(eine Sprache) in **Wort** und Schrift beherrschen Cd 3.55

ein ernstes **Wort** mit jm. sprechen (müssen) Cc 24.22

vor Scheu/... kein **Wort** zu sprechen wagen Cc 29.15

zu seinem **Wort** stehen Dd 1.20

noch ein **Wort**, und ... (es gibt was/...) Dc 2.49

jm. das **Wort** verbieten Dc 5.87

sich (von jm.) (doch/...) das **Wort** nicht verbieten lassen Dc 5.89

über etw. kein **Wort** verlauten/fallen lassen Dc 2.18

über etw. kein **Wort** verlieren Dc 2.18

über etw. braucht man kein **Wort** zu verlieren Ih 2.2

kein **Wort** verstehen von dem, was j. sagt/... Cd 2.18

auf js. **Wort** vertrauen Dd 1.17

an dem was j. sagt/..., ist kein **Wort** wahr Cc 14.18

einen Text **Wort** für Wort durchgehen/kontrollieren/... Ic 9.8

das rechte **Wort** zur rechten Zeit Db 16.55

zwei Menschen geben sich ihr **Wort** zurück Ed 4.12

jm. sein **Wort** zurückgeben Dd 1.32

sein **Wort** zurücknehmen Dd 2.2

in dieser Sache/hierin/über diese Sache/hierüber/... hat j. (auch noch) ein **Wörtchen** mitzureden Fa 6.11

mit jm. noch ein **Wörtchen** zu reden/(sprechen) haben Cc 24.22

(ja) wenn das **Wörtchen** 'wenn' nicht wär'! Hc 2.21

das/etw. sind (nur/bloß/...) hohle/leere/schöne **Worte** Dc 1.57

(gar) keine **Worte** haben/finden für .../um zu ... Dc 1.123

es fallen harte/laute/scharfe/beleidigende/... **Worte** Dc 5.23

jm. fehlen die **Worte**, um jm. zu schildern/... Dc 1.123

genug der **Worte**! (jetzt wollen wir/... Taten sehen/...) Dd 7.21

hast du **Worte**! Da 7.9

ohne viel(e) **Worte** (zu machen), ist evident/... Ih 2.3

js. **Worte** sind Balsam auf js. Wunde/(auf js. wundes Herz) Cc 2.25

j. kann seine Eindrücke/... kaum in **Worte** fassen Dc 1.125

nicht/nur schwer/... in **Worte** fassen können, was einen bewegt/... Dc 5.4

die **Worte** fließen jm. leicht aus der Feder Cd 20.35

jm. böse **Worte** geben Cc 24.42

jm. gute **Worte** geben (damit er etw. tut/...) Dc 1.77

auf js. **Worte** nicht viel geben können Dd 2.11

noch keine drei **Worte** mit jm. gewechselt haben Cd 17.7

(bei jm.) die **Worte**/js. Worte auf die Goldwaage legen (müssen) Ic 10.2

deine/eure/... **Worte** in Gottes Ohr! Db 7.13

jm. bleiben die **Worte** im Hals(e) stecken Da 6.30

auf js. **Worte** hören Dd 5.13

etw. in schöne/wohlklingende/... **Worte** kleiden Dc 1.68

die **Worte** fließen jm. leicht von den Lippen Dc 1.135

große **Worte** machen Dc 1.67

schöne **Worte** machen Dc 1.67

j. will/... nicht viele **Worte** machen Dc 1.15

jm. die **Worte** im Mund herumdrehen Cc 14.8

jm. die **Worte** aus dem Mund nehmen Dc 5.57

js. **Worte** noch im Ohr haben Db 1.10

js. eigene **Worte** als Waffe gegen jn. benutzen Gc 6.35

seine **Worte** (genau/...) wählen Ic 10.1

seine **Worte** geschickt wählen/zu wählen verstehen/... Dc 1.131

ein paar/einige/... **Worte** mit jm. wechseln Dc 5.9

jm. goldene **Worte** mit auf den Weg geben Dc 1.78 Ga 12.63

ein Mann/Mensch/... von wenig **Worten** sein Dc 1.16

mit anderen **Worten** Dc 1.22 Dc 5.123

(jm.) etw. in drei **Worten** erklären (können/...) Dc 1.14

etw. mit (ein paar/...) dürren **Worten** erklären/skizzieren/... Dc 1.19

(jm.) in (ein paar/...) kurzen **Worten** mitteilen/... Dc 1.14

jm. mit warmen **Worten** danken/... Dc 1.130

etw. mit wenigen **Worten** schildern/erklären/... Dc 1.14

in wohlgesetzten **Worten** etw. darlegen/jm. danken/... Dc 1.131

jn. mit (ein paar) leeren/nichtssagenden/... **Worten** abspeisen Dc 1.28

jn. mit leeren/nichtssagenden/... **Worten** hinhalten Dc 1.28

nach **Worten** ringen Dc 1.124

jn. mit seinen eigenen **Worten** schlagen/widerlegen Dc 5.55 Gc 6.35

(nur) mit **Worten** spielen Dc 1.164

seinen **Worten** Taten folgen lassen Dd 7.8

ein wandelndes **Wörterbuch** sein Cd 15.39

sich zum **Wortführer** einer Gruppe/e-r S. machen Db 16.36

sich an den **Wortlaut** eines Textes/... halten Ic 10.7

sich nach dem **Wortlaut** eines Textes/... richten Ic 10.8

jn. mit einem (wahren) **Wortschwall** überschütten/empfangen/... Dc 5.28

(nur noch/...) ein (menschliches) **Wrack** sein Cc 6.34

(schon/...) ein (richtiges/ziemliches) **Wrack** (sein) Bb 2.15

das/etw. ist **Wucher** Fb 12.16

das ist eine **Wucht**! Hc 3.30

jm. eine **Wucht** geben/verpassen Cc 24.45

eine offene **Wunde** Cb 13.49

eine alte **Wunde**/alte Wunden (wieder) aufreißen Cb 13.16

an js. **Wunde** rühren Cb 13.15

eine **Wunde** muß noch/... vernarben Cb 13.50

tiefe **Wunden** schlagen in/bei/... Cb 13.18
es/das/etw. ist kein **Wunder** Ih 2.6
etw. grenzt an ein **Wunder** Da 4.15
es grenzt an ein **Wunder**, daß ... Da 4.15
es nimmt mich/... **wunder**, daß ... Da 4.1
etw. ist ein reines **Wunder** Da 4.15
was **wunder**, daß/wenn ... Ih 2.6
wie durch ein **Wunder** gerettet werden/heil davonkom-
men/... Da 9.48
mit jm./e-r S. wirst du/wird Peter/... noch dein/sein/...
blaues **Wunder** erleben Da 4.12
das **Wunder** vollbringen, zu ... De 24.50
Wunder wirken (bei jm.) Dd 10.17
etw. grenzt ans **Wunderbare** Da 4.15
du wirst dich/er wird sich/Peter wird sich/... noch **wun-
dern** Da 4.11
ich muß mich doch sehr **wundern** (daß ...) Da 4.1
meinen/glauben/..., man wäre/... **wunders** was/wie
.../... Cc 11.12
sich **wunders** was einbilden/... Cc 11.12
jn. anstarren/... wie ein **Wundertier** Fa 2.7
es war/... (schon immer/...) js. **Wunsch**, zu .../daß ...
Db 8.2
das/etw. ist ein frommer **Wunsch** Ii 2.11
nur/bloß den einen **Wunsch** haben, zu .../daß ... Db 8.5
es geht/läuft/verläuft/... alles nach **Wunsch** Db 8.11
jm. jeden **Wunsch** von/an den Augen ablesen Db 8.8
Ihr/dein/... **Wunsch** ist/sei mir Befehl Db 8.9
von dem **Wunsch** beseelt sein, etw. zu tun Db 8.3
einen **Wunsch** im Busen hegen Db 8.4
wenn ... geschieht, (dann) hat j. keinen **Wunsch** mehr auf
Erden Cb 2.9
du hast/ihr habt/... einen **Wunsch** frei Db 8.8
den (stillen) **Wunsch** hegen, zu ... Db 8.2
da/bei .../... ist der **Wunsch** der Vater des Gedankens
Da 3.19
allerhand/viel/... zu **wünschen** übriglassen Ic 7.10
nichts/... zu **wünschen** übriglassen Ic 3.15
etw. ist js. **Wunschtraum** Db 8.2
(immer) noch/... den **Wunschtraum** hegen, zu ... Db 8.7
etw. ist unter js. **Würde**/es ist unter js. Würde, zu ...
Cc 4.5
das/etw. ist unter aller **Würde** Ic 7.20
etw. für unter seiner **Würde** halten Cc 6.36 Cc 11.7
etw. mit **Würde** (er)tragen Cb 21.9
etw. zu **würdigen** wissen Cd 1.14
ein glücklicher **Wurf** sein Da 9.11
ein großer **Wurf** sein De 24.39
auf einen **Wurf** sofort mehrere Dinge erledigen/...
Aa 1.83
alles auf einen **Wurf** setzen Gb 4.13
die **Würfel** sind gefallen Dd 6.21
an etw. zu **würgen** haben De 20.5
ein armer **Wurm** sein Ed 5.12
etw. hat einen **Wurm** De 20.45
da/in dieser Sache/... steckt/ist der **Wurm** (drin)
De 20.45
sich winden wie ein (getretener) **Wurm** Cc 14.32
der nagende **Wurm** des Gewissens Cc 30.30
vor jm. wie ein **Wurm** im Staub(e) kriechen Fa 15.11
ein armes **Würmchen** Ed 5.12
jm. die **Würmer** aus der Nase ziehen Fa 3.9
jm. **wurscht** sein Ha 8.8
Wurscht, wider Wurscht! Gc 14.18
jm. **wurst** sein Ha 8.8
es geht um die **Wurst** De 13.66
diesmal/heute/jetzt/... geht's um die **Wurst** De 13.66

mit der **Wurst** nach der Speckseite werfen Hb 9.26
mit einer **Wurst** nach einer Seite Speck angeln Hb 9.26
Wurst, wider Wurst! Gc 14.18
sich auf den **Wurststandpunkt** stellen Ha 8.17
das Übel/... bei der **Wurzel** packen Ic 2.49
die **Wurzel** allen Übels ist/... Dd 9.24
die erste/zweite/... **Wurzel** aus 9/100/... ziehen Cd 21.4
in .../... **Wurzeln** schlagen Ea 2.9
wüst und leer sein Ia 4.21
in der **Wüste** predigen Dc 1.91
jn. in die **Wüste** schicken De 15.72
nicht, daß ich **wüßte** Cd 16.8
(ja/tja) wenn ich/er/Peter/... das **wüßte**! Cd 16.9
ich/er/Peter/... **wüßte**, was ich/er ... lieber täte/...
Db 15.8
ich **wüßte** nicht, was ich lieber täte! Hc 1.16
(vielleicht) in **Wut** sein Cb 16.13
blind vor **Wut** sein Cb 16.42
rot vor **Wut** sein Cb 16.42
außer sich sein vor **Wut** Cb 16.16
außer sich geraten vor **Wut** Cb 16.9
kochen vor **Wut** Cb 16.22
jn. packt die **Wut** Cb 16.7
schäumen vor **Wut** Cb 16.22
j. könnte schwarz werden vor **Wut** Cb 15.11
seine **Wut** an jm. auslassen Cb 16.37
jn. in **Wut** bringen Cb 16.32
sich vor **Wut** nicht mehr kennen Cb 16.21
in **Wut** kommen Cb 16.8
sich in **Wut** reden Cb 16.40
vor **Wut** schnauben Cb 16.22
j. will/... jm. ein **X** für ein U vormachen Cc 16.11
sich (doch) kein/nicht ein **X** für ein U vormachen lassen
Db 6.7
Herr **X** und Frau Y Ia 8.6
X, Y und Z Ia 8.7
jeder **x-beliebige** Mann/Verkäufer/... Ia 8.2
jede **x-beliebige** Frau/Verkäuferin/... Ia 8.2
(schon/...) **x-mal** (etw. tun) Aa 3.25
schon/... der **x-te** sein, der/... Ia 1.55
(schon/...) zum **x-ten** Mal (etw. tun) Aa 3.25
auf **Zack** sein Cd 7.5
jm. bricht/fällt kein(e) **Zacke(n)** aus der Krone, wenn ...
Cc 11.69
eine einstellige/zweistellige/dreistellige/... **Zahl** Cd 21.5
100/1000/10.000/... an der **Zahl** Ia 5.14
in großer **Zahl** herbeiströmen/an etw. teilnehmen/...
Ia 1.2
fünf eine gerade **Zahl** sein lassen Cc 27.2
die/seine/ihre **Zahl** ist Legion Ia 1.8
in den roten **Zahlen** stecken/(rote Zahlen schreiben)
Fb 15.35
(mir scheint/...) j. kann nicht bis drei/fünf/zehn **zählen**
Cd 10.8
so tun/sich anstellen/..., als könnte man nicht bis drei
zählen Cc 16.51
(und) ehe j. bis drei **zählen** kann/... Aa 14.14
auf jn. (immer) **zählen** können Dd 1.19
keine genauen **Zahlenangaben** machen (können) Ia 5.2
etw. in **Zahlung** geben Fb 15.42
etw. in **Zahlung** nehmen Fb 15.43
in **Zahlungsschwierigkeiten** geraten Fb 5.2
das/etw. ist gerade/reicht gerade/... für den hohlen **Zahn**
Ia 3.16
einen (tollen/...) **Zahn** draufhaben Aa 14.36
jm. auf den **Zahn** fühlen Fa 3.4
jm. tut kein **Zahn** mehr weh Ba 5.7

(das ist) der **Zahn** der Zeit   Aa 6.104

den **Zahn** werden wir/. . . ihm/. . . ziehen   Db 9.4

den **Zahn** mußt du dir/muß sich der Peter/. . . ziehen las-
sen   Db 9.4

einen **Zahn** zulegen   Aa 14.39

sich an etw. die **Zähne** ausbeißen   De 20.8

bis an die **Zähne** bewaffnet sein   Gc 4.43

wenn . . ., dann/sonst/. . . schlag' ich dir die **Zähne** ein!
Cc 25.26

die **Zähne** fletschen   Dc 8.15

schon seit/. . . nichts/nichts Vernünftiges/. . . mehr zwi-
schen die **Zähne** gekriegt haben   Hd 4.2

frieren, daß einem die **Zähne** klappern   Ac 2.7

jetzt muß j. aber (endlich mal/. . .) etwas/etwas Vernünf-
tiges/. . . zwischen die **Zähne** kriegen   Hd 4.5

lange **Zähne** machen   Hd 4.41

Zähne (weiß/gleichmäßig/glänzend) wie Perlen   Ca 1.44

durch die **Zähne** pfeifen   Dc 8.40

jm. die **Zähne** zeigen (müssen)   Gc 6.13

die **Zähne** zusammenbeißen (und/. . .)   Cb 20.4   De 13.61

etw. mit zusammengebissenen **Zähnen** tun   Hc 2.14

bis zu den **Zähnen** bewaffnet sein   Gc 4.43

mit den **Zähnen** klappern   Ac 2.7   Gb 6.34

mit den **Zähnen** knirschen   Cb 16.43   Dc 8.40

etw. zwischen den **Zähnen** knurren   Dc 1.117

etw. zwischen den **Zähnen** sagen   Dc 1.117

zwischen den **Zähnen** sprechen   Dc 1.120

bei/wenn . . . dann gehst du/läufst du/kriechst du/geht
man/geht der/. . . auf dem **Zahnfleisch**   De 13.51

(nur noch) auf dem **Zahnfleisch** gehen/laufen/kriechen
De 23.12

jn. in die **Zange** nehmen   Fa 20.5

es gibt/herrscht/. . . **Zank** und Streit   Gc 3.8

das/etw. ist ein (ewiger/. . .) **Zankapfel** zwischen . . .
Gc 3.5

um . . . Uhr/jetzt/. . . ist **Zapfenstreich**   Aa 8.36

den **Zapfenstreich** blasen   Gc 4.35

jn. **zappeln** lassen   Dc 4.9

wenn . . ./. . ., dann ist (aber) **zappenduster**!   Cc 25.25

zartblau/zartgrün/zartgelb/. . .   Ac 5.4

das/etw. ist (doch/doch alles/doch alles nur/. . .) fauler
Zauber   Cc 15.14

mach'/macht/. . . keinen faulen **Zauber**   Cc 15.14
Ha 15.16

der ganze **Zauber**   Ia 2.16

den **Zauber** kennen   Cd 15.30

ich kann/du kannst/. . . (doch) nicht **zaubern**   Ii 2.14

(einem Pferd) den **Zaum** anlegen   Ab 3.63

seinen Zorn/seinen Unmut/. . . im **Zaume** halten   Cb 20.6

einen Streit/. . . vom **Zaun** brechen   Aa 7.26

eine große **Zeche** machen   Hd 5.34

die **Zeche** zahlen/(bezahlen) müssen   Hb 14.36

sich auf den dicken **Zeh** getreten fühlen   Cb 13.29

jn. auf den dicken/großen **Zeh** treten   Cb 13.7

jn. auf die dicke/große **Zehe** treten   Cb 13.7

auf **Zehen** stehen/gehen/schleichen/. . .   Ab 3.48

sich auf die **Zehen** getreten fühlen   Cb 13.29

sich auf die **Zehen**(spitzen) stellen   Dc 8.45

jn. auf die **Zehen** treten   Cb 13.7

auf den **Zehenspitzen** stehen/gehen/schleichen/. . .
Ab 3.48

die oberen **Zehntausend**   Fa 5.2

wir leben heute/. . . im **Zeichen** der Ideologien/. . .
Aa 6.89

zum **Zeichen**, daß . . .   Dc 3.107

zum **Zeichen** der Ablehnung/der Zustimmung/. . . mit den
Füßen scharren/den Kopf schütteln/. . .   Dc 8.21

das **Zeichen** zum Aufbruch geben   Ab 7.1

im **Zeichen** der Venus/. . . geboren sein   Ac 1.34

das **Zeichen** des Kreuzes machen/(schlagen)   Cc 35.19

sich ein **Zeichen** machen an einer Stelle/in einem
Buch/. . .   Db 1.14

unter einem glücklichen/günstigen/guten **Zeichen** stehen
Da 9.16

unter keinem glücklichen/günstigen/guten **Zeichen** ste-
hen   Da 10.11

im **Zeichen** der . . ./des . . ./von . . . stehen   Db 4.98

im **Zeichen** des Krebses/des Widders/. . . stehen   Da 9.53

wenn nicht alle **Zeichen** trügen, . . .   Cd 14.17

es geschehen (noch/doch noch/. . .) **Zeichen** und Wunder
Da 4.16

j. glaubt (in der Tat/. . .) noch an **Zeichen** und Wunder
Da 2.6

auf **Zeichen** und Wunder hoffen   Db 7.5

ein **Zeichen** der Zeit (sein)   Aa 6.104

seines **Zeichens** Uhrmacher/Universitätsprofessor/. . .
sein   De 15.20

technisches **Zeichnen**   Cd 22.7

für etw. verantwortlich **zeichnen**   Dd 11.7

sich jm. erkenntlich **zeigen**   Ga 13.6

dem/der/dem Richard/. . . werd' ich's (noch) **zei-
gen**!   Cc 25.16

man kann die **Zeiger** der Uhr nicht zurückstellen/zurück-
drehen   Aa 6.105

ein paar **Zeilen** (an jn.) schreiben/. . .   Cd 20.10

zwischen den **Zeilen** lesen/zu lesen verstehen/mer-
ken/. . .   Cd 9.7

Zeilen schinden   Cd 20.28

einen Text/. . . mit einfachem/doppeltem/. . . **Zeilenab-
stand** schreiben/tippen   Cd 20.27

es ist/wird **Zeit** (etw. zu tun/daß . . ./zu . . .)   Aa 15.15

es ist an der **Zeit**, etw. zu tun/. . ./zu . . .   Aa 15.15

das/etw. hat (noch) **Zeit**   Aa 11.7

es hat (noch) **Zeit** (bis . . .)   Aa 11.7

mit etw. hat es (noch) **Zeit**   Aa 11.7

in absehbarer **Zeit**   Aa 1.41

all die **Zeit**   Aa 2.5

für alle **Zeit**   Aa 1.64

eine Geschichte/ein Märchen/. . . aus alter **Zeit**   Aa 1.3

ein Vertrag/eine Regelung/. . . auf **Zeit**   Aa 1.72

alles braucht seine/die Dinge brauchen ihre **Zeit**   Aa 12.5

das/etw. dauert seine **Zeit**   Aa 12.5

um diese **Zeit**   Aa 1.21

(morgen/. . .) um diese **Zeit**   Aa 1.21

seit einiger **Zeit**   Aa 1.14

vor einiger **Zeit**   Aa 1.1

in nicht allzu ferner **Zeit**   Aa 1.41

zur festgesetzten **Zeit**   Aa 1.20

es ist noch früh an der **Zeit**   Aa 1.81

die ganze **Zeit** (über)   Aa 2.5

zu gegebener **Zeit**   Aa 1.20

hast du/haben Sie/. . . genaue **Zeit**?   Aa 1.84

es verging/. . . geraume **Zeit**   Aa 2.9

nach geraumer **Zeit**   Aa 1.57

seit geraumer **Zeit**   Aa 1.13

zur gleichen **Zeit**   Aa 1.22

die gute alte **Zeit**   Aa 21.12

es ist/wird höchste/allerhöchste **Zeit**, daß . . .   Aa 15.15

zu jeder **Zeit**   Aa 1.16

zu keiner **Zeit**   Aa 1.18

in kurzer **Zeit**   Aa 1.41

(schon/. . .) in (ganz) kurzer **Zeit**   Aa 1.41   Aa 14.1

seit kurzer **Zeit**   Aa 1.14

vor kurzer **Zeit**   Aa 1.1

in kürzester **Zeit** Aa 14.1
vor langer **Zeit** Aa 1.1
seit längerer **Zeit** Aa 1.13
vor längerer **Zeit** Aa 1.1
in der letzten **Zeit** Aa 1.36
in letzter **Zeit** Aa 1.36
ach, du liebe **Zeit**! Da 8.2
mit der **Zeit** ... Aa 10.1
für die nächste **Zeit** Aa 1.65
in nächster **Zeit** Aa 1.41
zu nachtschlafender **Zeit** Aa 1.23
in neuerer **Zeit** Aa 1.36
zur rechten **Zeit** Aa 1.20
(man muß) alles zu seiner **Zeit** (tun/...) Hb 7.23
zur selben **Zeit** Aa 1.22
schon einen Monat/... über die **Zeit** sein Aa 1.75
seit uralter **Zeit** Aa 1.9
vor längst vergangener **Zeit** Aa 1.1
vor der **Zeit** Aa 1.5
im Jahre 500/750/... vor unserer **Zeit** Aa 1.47
vor meiner/deiner/Goethes/... **Zeit** Aa 1.5
vor der **Zeit** meines Vaters/... Aa 1.5
zur **Zeit** Aa 1.37
zu meiner/deiner/Goethes/... **Zeit** Aa 1.19
zur **Zeit** meines Vaters/... Aa 1.19
außer der **Zeit** kommen/stattfinden/... Hb 8.7
die längste **Zeit** etw. getan haben/geherrscht haben/...
    Aa 8.31
die **Zeit** nicht abwarten können (bis ...) Aa 15.17
nicht wissen, was man mit der/seiner **Zeit** anfangen soll
    Aa 20.2
die **Zeit** arbeitet für jn. Hb 7.24
jm. zwei Stunden/vier Tage/sechs Wochen/... **Zeit** geben
    Aa 11.6
(nicht) an eine/an keine bestimmte **Zeit** gebunden sein
    Aa 1.90
mit der **Zeit** gehen Aa 22.11
js. **Zeit** ist gekommen Aa 5.8 Ba 1.1 Ba 2.2
auf kurze **Zeit** gesehen Aa 1.70
auf lange **Zeit** gesehen Aa 1.71
auf längere **Zeit** gesehen Aa 1.71
(drei Monate/ein Jahr/...) **Zeit** gewinnen Aa 11.12
versuchen/... **Zeit** zu gewinnen Aa 11.12
sich kaum (die) **Zeit** zum Essen/... gönnen/nehmen
    Aa 15.11
die **Zeit** heilt vieles/manches/... Cb 13.50
einige **Zeit** lang Aa 2.4
jm. wird die **Zeit** (doch/doch ein bißchen/...) lang
    Aa 20.1
jm. **Zeit** lassen Aa 11.5
jm. keine **Zeit** lassen Aa 15.27
sich **Zeit** lassen (mit etw.) Aa 11.1
nicht mehr lange/nur noch kurze **Zeit** zu leben haben
    Bc 2.61
(noch/...) lange **Zeit** zu leben haben Bc 1.4
Zeit seines Lebens Aa 2.6
sich **Zeit** nehmen (mit etw.) Aa 11.1
in **Zeit** von nichts Aa 14.2
in **Zeit** von Null Komma nichts Aa 14.2
Zeit und Ort (der Veranstaltung werden noch bekanntge-
    geben/...) Aa 1.89
kommt **Zeit**, kommt Rat Aa 10.8
die **Zeit** ist (noch) nicht reif (für etw.) Aa 6.2
aus der guten alten **Zeit** stammen/(sein) Aa 21.15
jm. die **Zeit** stehlen/(rauben) Aa 15.13
Zeit und Stunde vereinbaren/... Aa 1.89
die **Zeit** totschlagen De 14.10 Hd 2.15

sich die **Zeit** verkürzen mit etw. Hd 2.14
keine **Zeit** zu verlieren haben Aa 15.5
sich die **Zeit** vertreiben mit etw. Hd 2.14
seine/die **Zeit** vertrödeln Hd 2.15
die **Zeit** heilt Wunden Cb 13.50
von **Zeit** zu Zeit Aa 3.1
die **Zeitbombe** tickt Gb 1.10
in **Zeitdruck** sein Aa 15.2
in **Zeitdruck** kommen/geraten Aa 15.1
unter **Zeitdruck** stehen Aa 15.2
für alle **Zeiten** Aa 1.64
zu allen **Zeiten** Aa 1.16
von alten **Zeiten** erzählen/... Aa 1.3
die guten alten **Zeiten** Aa 21.12
seit ewigen **Zeiten** Aa 1.9
in fernen **Zeiten** Aa 1.43
in früheren **Zeiten** Aa 1.35
das waren goldene **Zeiten**! Aa 1.91
vor grauen **Zeiten** Aa 1.1
kommende/künftige/spätere **Zeiten** Aa 1.93
vor langen **Zeiten** Aa 1.1
das waren noch **Zeiten**! Aa 1.91
seit undenklichen **Zeiten** Aa 1.9
vor undenklichen **Zeiten** Aa 1.1
seit unvordenklichen **Zeiten** Aa 1.9
seit uralten **Zeiten** Aa 1.9
von längst vergangenen **Zeiten** erzählen/... Aa 1.3
vor **Zeiten** Aa 1.1
zu Goethes/Großmutters/... **Zeiten** Aa 1.19
goldenen **Zeiten** entgegensehen/entgegengehen/...
    Aa 1.95 Aa 6.41
(auch) schon (mal/einmal) bessere **Zeiten** gesehen haben
    Fb 7.30
(jn./sich) seit ewigen **Zeiten** nicht (mehr) sehen/gesehen
    haben Aa 1.12
auf bessere **Zeiten** hoffen Ga 4.31
auf bessere **Zeiten** warten Ga 4.31
im Jahre 500/750/... nach der **Zeitenwende** Aa 1.47
im Jahre 500/750/... vor der **Zeitenwende** Aa 1.47
ob .../..., das ist (nur/...) eine **Zeitfrage** Aa 10.9
ein seltsamer **Zeitgenosse** (sein) Cb 6.9
eine **Zeitlang** Aa 2.4
zeitlebens Aa 1.17
das **Zeitliche** segnen Ba 2.15
etw. in **Zeitlupe** zeigen/auf dem Bildschirm verfolgen/...
    Aa 10.11 Ib 1.74
etw. aus **Zeitmangel** nicht tun/... Aa 15.6
etw. zum richtigen/... **Zeitpunkt** tun Hb 7.18
den falschen **Zeitpunkt** wählen Hb 8.10
den richtigen/rechten **Zeitpunkt** wählen Hb 7.18
den günstigen/günstigsten **Zeitpunkt** verpassen Hb 8.11
etw. im **Zeitraffer** zeigen/auf dem Bildschirm verfol-
    gen/... Aa 14.50 Ib 1.74
in einem **Zeitraum** von mehreren Monaten/... Aa 1.52
im Jahre 500/750/... nach unserer **Zeitrechnung** Aa 1.47
im Jahre 500/750/... vor unserer **Zeitrechnung** Aa 1.47
etw. in die **Zeitung** setzen Cd 20.57
durch alle **Zeitungen** gehen Cd 17.38
ohne **Zeitverlust** Aa 15.7
(nur/...) zum/aus **Zeitvertreib** (etw. tun) Hd 2.16
die/seine **Zelte** abbrechen Ab 4.4
seine **Zelte** aufschlagen Ab 4.36
im **Zenit** des/seines Lebens stehen Bb 2.4
im **Zenit** seines Ruhmes stehen De 24.27
durch die **Zensur** gehen Fa 11.35
jm. fällt eine **Zentnerlast** von der Seele/vom Herzen
    Ga 7.2

im **Zentrum** (des Interesses/der Aufmerksamkeit/...) stehen Fa 1.15

das **Zepter** niederlegen De 15.69

das **Zepter** schwingen/(führen) Fa 10.5

mit jm. **zerfallen** sein Ec 2.16

mit sich selbst **zerfallen** sein Cb 3.51

zu nichts **zerrinnen** De 25.88

innerlich **zerrissen** (sein) Cb 3.50

(ganz/wie) **zerschlagen** sein De 23.26

Zeter und Mordio schreien Cb 11.22

ein lautes/großes/... **Zetergeschrei** anstimmen Cb 11.22

das/etw./was j. sagt/... ist (doch) (alles) dummes **Zeug** Ha 15.10

das **Zeug** zu etw. haben/dazu haben, zu ... Cd 3.14

mein/dein/... **Zeug** Ia 8.13

das ganze **Zeug** Ia 2.16

was j. sagt/tut, ist krauses **Zeug** Ha 15.15

abgedroschenes **Zeug** reden/... Dc 1.63

dummes **Zeug** reden/... Dc 1.73

zusammenhangloses/wirres **Zeug** reden/... Dc 1.76

jm. etwas am **Zeug** flicken Db 19.15

(lauter/...) unverdautes **Zeug** von sich geben Dc 1.64

arbeiten/schuften/... was das **Zeug** hält De 12.9

laufen/rasen/... was das **Zeug** hält Aa 14.28

nur/nichts als/... dummes **Zeug** im Kopf haben Cb 8.1

sich (ordentlich/anständig/...) ins **Zeug** legen (für jn./ etw.) De 13.15 Ga 12.53

dummes **Zeug** machen Cb 8.2

jn. zum **Zeugen** anrufen (daß ...) Db 10.21

Zeugnis ablegen von etw. Dc 3.37

(ein) falsches/(falsch) **Zeugnis** ablegen (wider/gegen jn.) Cc 14.7

j./etw. kann jm. nur das beste **Zeugnis** ausstellen Db 18.3

was tun, sprach/spricht **Zeus** Ga 9.5

im **Zickzack** laufen/fliegen/... Ab 3.15

eine dumme/blöde/alberne **Ziege** sein Cd 10.21

ziegelrot Ac 5.12

meckere/meckert/... nicht, **Ziegenfutter** ist knapp Db 19.57

den kürzeren **ziehen** Hb 14.13

die Aufmerksamkeit/Blicke/... auf sich **ziehen** Fa 2.2

Folgen/... nach sich **ziehen** Dd 10.6

das/etw. **zieht** (bei jm.) Dd 10.18

es **zieht** jn. nach.../von einem Ort weg/... Ab 4.1

als Erster/Zweiter/Letzter/... durchs **Ziel** gehen/laufen/ rennen/... Ig 3.9

ein (erstrebenswertes/gutes/...) **Ziel** abgeben (für jn.) Dd 3.13

(endlich/...) am **Ziel** angelangt sein De 6.11

ein **Ziel** vor Augen haben Dd 3.10

noch weit vom **Ziel** entfernt sein Aa 6.34

sein **Ziel** erreichen De 6.11

nicht zum **Ziel** führen Dd 10.23

übers **Ziel** hinausschießen/(schießen) Id 2.25

jm./sich ein **Ziel** setzen/(stecken) Dd 3.7

sich etw. zum **Ziel** setzen Dd 3.7

(genau/mitten) ins **Ziel** treffen (mit etw.) Cc 13.9

sein **Ziel** verfehlen De 25.68

ein (bestimmtes/...) **Ziel** verfolgen (mit etw.) Dd 3.9

am **Ziel** seiner Wünsche (angelangt) sein Db 8.12 Dd 3.51

ohne Umwege/... auf sein **Ziel** zusteuern De 6.7

ein Leben/... ohne **Ziel** und Zweck Ha 15.7

Ziel und Zweck seiner Reise/... ist es, .../... Dd 3.38

Zielscheibe der Kritik/des Spotts/... sein Db 19.48

zig Leute/mal/... Ia 1.35

jm. eine **Zigarre** verpassen Cc 24.34

eine **Zigarre** verpaßt kriegen Cc 24.71

das **Zimmer** hüten Bc 2.51

einen Apparat/... auf **Zimmerlautstärke** stellen Dc 10.25

jm. zeigen, wo der **Zimmermann** das Loch gelassen hat Ea 10.18

der ganze **Zimt** Ia 2.16

der ganze **Zinnober** Ia 2.16

der übliche **Zinnober** Cd 18.2

jm. etw. mit **Zins** und Zinseszinsen zurückzahlen/zurückgeben Fb 5.28

jm. etw. mit **Zins** und Zinseszinsen heimzahlen/vergelten/zurückzahlen/zurückgeben Gc 14.11

Zinsen bringen/geben Fb 15.56

jm. etw. mit **Zinsen** heimzahlen/vergelten Gc 14.11

von den **Zinsen** leben (können) Fb 6.16

Zinsen tragen Fb 15.56

Kapital/... so anlegen, daß es **Zinsen** trägt Fb 15.57

dastehen/marschieren/... wie ein **Zinnsoldat**/die Zinnsoldaten Ca 5.3

das/etw. ist ein regelrechter/der reinste/... **Zirkus** Ac 10.21

so ein **Zirkus**! Ac 10.22 Cb 8.13

einen richtigen/... **Zirkus** veranstalten Cb 8.9

einen **zischen** Hd 6.4

jm. eine **zischen** Cc 26.29

jm. ein paar **zischen** Cc 26.29

jn. wie eine **Zitrone** ausquetschen/auspressen Hb 10.8

das große **Zittern** haben/kriegen/... Bc 2.41

zittern und beben (vor Angst/...) Gb 6.30

zittern und zagen Gb 6.31

mit **Zittern** und Zagen einer Prüfung entgegensehen/... Gb 6.31

in **Zivil** sein Gc 4.8

jeder **Zoll** ein König/ein Gentleman/... Ic 1.8

keinen **Zollbreit** zurückweichen/von der Stelle weichen/... Gc 7.11

ein alter **Zopf** Aa 21.10

außer sich sein vor **Zorn** Cb 16.16

außer sich geraten vor **Zorn** Cb 16.9

jn. packt der **Zorn** Cb 16.7

jn. packt ein heiliger **Zorn** Cb 16.7

fast platzen vor **Zorn** Cb 16.19

seinen **Zorn** an jm. auslassen Cb 16.37

sich vor **Zorn** nicht mehr kennen Cb 16.21

sich in **Zorn** reden Cb 16.40

jm. schwillt die **Zornesader** (an) Cb 16.5

Zornesblitze auf jn. schießen Cb 16.46

Zoten reißen Dc 1.147

zu sein Hd 6.18

zu haben Fb 15.116

Tür/Fenster/... **zu**! Ea 7.30

na, denn mal/(man) **zu**! Aa 7.32

nur **zu**! Gb 7.9

etw. **zu** lassen/machen/knallen/... Ea 7.30

ein Fahrrad/ein Auto/ein Zelt/... mit allem **Zubehör** Ic 3.12

jn. in die **Zucht** nehmen Fa 19.12

jn. in strenge **Zucht** nehmen Fa 19.12

Zucht und Ordnung Fa 19.36

hier/da/... herrscht **Zucht** und Ordnung Ac 10.4

unter js. **Zuchtrute** stehen/sein Fa 13.10

jn. mit **Zuckerbrot** und Peitsche behandeln/... Cc 2.26 Fa 19.34

das/etw. ist kein **Zuckerlecken**/Zuckerschlecken De 20.21

etw. **zuendeführen** Aa 8.2

mit etw. (gut/glänzend/...) **zuendekommen** Ga 6.7

aus **Zufall** an etw. kommen/... Dd 8.8
da hat der **Zufall** seine Hand im Spiel (gehabt) Dd 8.9
etw. dem **Zufall** überlassen Dd 8.6
(und) wie es der **Zufall** (manchmal) (so) will Dd 8.9
der **Zufall** wollte es, daß ... Dd 8.9
seine **Zuflucht** nehmen zu etw. Ga 12.72
Zuflucht suchen vor Verfolgungen/Kälte/Gewitter/...
Gc 5.2
es **zufrieden** sein Cb 2.6 Ia 6.12
jn. **zufriedenlassen** Db 15.95
am **Zug** sein Aa 5.7 Hd 9.9
(jetzt/...) am **Zug** sein Fa 10.8
das/etw. ist ein schöner/häßlicher/... **Zug** (von jm.)
Cb 1.5
der beherrschende/... **Zug** an/bei jm. ist ... Cb 1.6
Zug haben De 3.3
einen guten/kräftigen/... **Zug** haben Hd 5.12
vielleicht einen **Zug** haben! Hd 5.12
nicht genug/... **Zug** haben De 4.2
(so) einen seltsamen/schwermütigen/... **Zug** haben
Cb 1.5
(so) einen schwermütigen/... **Zug** um den Mund/... ha-
ben Ca 1.38
jn. auf dem **Zug** haben Cb 14.13
im **Zug(e)** der Reformen/der Umbauarbeiten/...
Aa 5.34 Aa 6.26
in/mit einem/auf einen **Zug** das Glas leeren/... Hd 5.8
alles/mehrere Dinge/... in einem **Zug** erledigen/...
Aa 1.83
einen **Zug** ins Lächerliche/ins Kleinliche/zum Lächerli-
chen/zum Kleinlichen/... haben/... Ia 3.26
der **Zug** ist (schon) abgefahren Aa 1.77 Hb 14.22
..., dann ist der **Zug** abgefahren Aa 1.77 Hb 14.22
Zug in etw. bringen Fa 18.12
einen **Zug** von Größe haben Cb 1.7
einen **Zug** zum Großen haben Id 2.50
(nicht) zum **Zug(e)** kommen Dd 7.11 Dd 7.19
jn. (nicht) zum **Zug(e)** kommen lassen Hb 4.9
einen **Zug** (an einer Zigarette/...) machen/(tun) Hd 11.2
einen kräftigen **Zug** aus dem Becher/Glas/... machen/
(nehmen/tun) Hd 5.6
im **Zug** sitzen/stehen Ac 1.13
keinen **Zug** vertragen Ac 1.14
ein **Zug** der Zeit (sein) Aa 6.104
dem **Zug** der Zeit folgen Aa 22.12
etw. um am **Zug** erledigen/... Aa 14.45
(keinen) **Zugang** haben zu bestimmten Leuten/Krei-
sen/... Ea 7.36
keinen **Zugang** finden zu etw./jm. Cd 2.39
(nur) schwer/keinen/... **Zugang** finden zu jm./einer
Gruppe/... Ea 3.13
etw. schlecht **zugeben** können Cc 22.20
wissen/..., wie es im Leben/in der Welt/... **zugeht**
Cd 23.1
zugeknöpft sein Dc 2.5
seiner Leidenschaft/seiner Schwatzsucht/seiner Begier-
de/... **Zügel** anlegen Cb 20.6
die **Zügel** anziehen Fa 19.18
jm./mit jm./bei jm. gehen die **Zügel** durch Cb 17.10
die **Zügel** ergreifen Fa 10.14
ein Pferd/... am **Zügel** führen Ab 3.73
bei jm. die **Zügel** kurz halten Fa 19.26
die **Zügel** (fest) in der Hand haben/halten Fa 10.10
die **Zügel** aus der Hand geben Gc 11.11
die **Zügel** (fest) in die Hand nehmen Fa 19.17
die **Zügel** lockern/lockerlassen Gc 10.21
(versuchen/...) die **Zügel** an sich (zu) reißen Fa 10.13

mit verhängtem **Zügel** reiten Ab 3.65
bei jm./in/... die **Zügel** schießen lassen Gc 10.22
der Einbildungskraft/Phantasie die **Zügel** schießen lassen
Da 3.9
seinem Zorn/seinen Gefühlen/... die **Zügel** schießen las-
sen Cb 17.19
bei jm./in/... die **Zügel** schleifen lassen Gc 10.22
etw. in großen/groben **Zügen** schildern/... Dc 1.18
etw. in kurzen/knappen **Zügen** schildern/... Dc 1.14
die reine Luft/die Bergluft/... in kräftigen/vollen **Zügen**
einatmen Bc 1.5
etw. in vollen **Zügen** genießen Hd 2.19
in den letzten **Zügen** liegen Ac 11.5 Bc 2.63
etw. in vollen **Zügen** trinken Hd 5.6
jm. sehr/herzlich/... **zugeneigt** sein Eb 1.6
zugeschnitten sein auf jn./etw. Ie 1.33
jm. **zugetan** sein Eb 1.11
etw. e-r S. **zugrundelegen** Dd 9.21
e-r S. **zugrundeliegen** Dd 9.20
zugunsten von jm. Hb 9.33
jm. etw. **zugutehalten** (müssen) Cc 22.22
sich etwas/allerhand/viel/... **zugutehalten** auf etw.
Cc 11.5
sich etwas/allerhand/viel/... **zugutetun** auf etw. Cc 11.5
unter **Zuhilfenahme** (von) e-r S. Ga 12.82
jm. gebannt/gefesselt **zuhören** Dc 6.5
jm. stundenlang **zuhören** können Dc 6.6
jm. Vergünstigungen/... **zukommen** lassen Fa 6.16
keine **Zukunft** haben De 25.10
für alle **Zukunft** (gelten) Aa 1.69
in ferner **Zukunft** Aa 1.43
in nicht allzu ferner **Zukunft** Aa 1.41
in nächster **Zukunft** Aa 1.41
die **Zukunft** wird es lehren Aa 1.94
die **Zukunft** wird es lehren/zeigen, wer Recht hat/ob/...
Aa 1.94 Db 20.39
meine/deine/... **Zukünftige** Ed 3.3
mein/dein/... **Zukünftiger** Ed 3.3
das/etw. ist (noch) **Zukunftsmusik** Aa 6.2
kräftig/tüchtig **zulangen** Hd 4.31
etw. geht über das **Zulässige** hinaus Id 2.54
großen/starken/... **Zulauf** haben De 24.57
jm. etwas/viel/... **zuleide** tun Cb 13.17
jm. nichts/niemandem etwas/... **zuleide** tun (können)
Cc 1.6
jm. **zuliebe** etw. tun Hb 9.35
niemandem **zuliebe** und niemandem zuleide (etw. tun)
Hb 9.36
zumindest Ib 1.58
jm. ist gut/ausgezeichnet/... **zumute** Hd 1.3
jm. ist schlecht/miserabel/komisch/... **zumute** Bc 2.6
jm. ist bei etw. nicht (gerade/ganz/...) wohl **zumute**
Hc 7.3
jm. ist nach etw. **zumute** Hc 4.2
jm. ist nicht nach etw. **zumute** Hc 2.5
jm. ist danach **zumute**, etw. zu tun Hc 4.2
jm. ist nicht danach **zumute**, etw. zu tun Hc 2.5
jm. ist/wird bei etw. mulmig **zumute** Hc 7.4
zunächst einmal/mal Aa 1.66
..., sonst gibt's **Zunder**! Cb 18.13
wenn ..., dann gibt's **Zunder**! Cb 18.13
wie **Zunder** brennen Ac 12.16
jm. **Zunder** geben Cc 26.8
Zunder kriegen Cc 26.34
eine böse/boshafte **Zunge** haben Dc 1.96
eine falsche **Zunge** haben Cc 14.3
eine feine **Zunge** haben Hd 4.44

eine feurige **Zunge** haben   Dc 1.136
eine freche **Zunge** haben   Dc 1.96
eine giftige **Zunge** haben   Db 19.26
eine glatte **Zunge** haben   Dc 1.142
eine gute **Zunge** haben   Hd 4.44
eine lose **Zunge** haben   Dc 1.103
eine scharfe **Zunge** haben   Dc 1.101
eine schwere **Zunge** haben   Hd 6.23
eine spitze **Zunge** haben   Dc 1.102
eine verwöhnte **Zunge** haben   Hd 4.44
ein Wort/einen Namen/... auf der **Zunge** haben   Db 1.13
alle Völker/... portugiesischer/deutscher/... **Zunge**
   Ab 4.61   Dc 1.165
ein Geheimnis/eine Frage/... brennt jm. auf der **Zunge**
   Dc 2.40
etw. lähmt jm. die **Zunge**   Da 5.6
ein Wort/ein Name/... liegt jm. auf der **Zunge**   Db 1.13
bei einem Wort/... verrenkt man sich die **Zunge**
   Dc 1.159
etw. zergeht auf der **Zunge**   Hd 4.54
mit beredter/feuriger **Zunge** verteidigen/...   Dc 1.135
bei einem Wort/... bricht man/j. sich (fast) die **Zunge** ab
   Dc 1.159
j. würde sich lieber/eher die **Zunge** abbeißen (als etw. zu
   sagen/...)   Dc 2.24
seine **Zunge** beherrschen   Cb 20.7
sich auf die **Zunge** beißen (um etw. nicht zu sagen)
   Dc 2.23
j. hätte sich auf die **Zunge** beißen mögen (sobald er etw.
   gesagt hatte/...)   Dc 1.110
die **Zunge** klebt jm. am Gaumen   Hd 5.2
die **Zunge** hängt jm. aus dem Hals/zum Hals heraus
   De 23.35
jm. die **Zunge** herausstrecken   Cb 9.18
seine **Zunge** hüten/(zügeln)   Cb 20.7
seiner/der **Zunge** freien Lauf lassen   Dc 3.30
jm. die **Zunge** lösen   Dc 1.128
mit gespaltener **Zunge** reden   Cc 14.2
soweit die deutsche/englische/... **Zunge** reicht/klingt
   Ab 2.6
mit der **Zunge** schnalzen   Dc 8.39
sich die **Zunge** verbrennen   Dc 1.111
seine/die **Zunge** im Zaum(e) halten   Cb 20.7
etw. ist so zart/... daß es auf der **Zunge** zergeht   Hd 4.54
etw. auf der **Zunge** zergehen lassen   Hd 4.55
böse **Zungen** behaupten...   Db 19.27
mit tausend **Zungen** reden   Dc 1.79
ein falscher **Zungenschlag** ist bei dem, was j. sagt/...
   Cc 14.1
mit einem falschen **Zungenschlag** reden/...   Cc 14.1
das **Zünglein** an der Waage sein/bilden   Dd 6.8
mit jm./etw. (gut/glänzend/...) **zurandekommen**   Ga 6.7
mit jm./etw. nicht/schlecht/... **zurandekommen**   Ga 8.1
sich **zurechtfinden** (in .../...)   Cd 3.5
(gut/...) **zurechtkommen** in/bei/mit/...   Cd 3.5   Hd 1.2
mit jm./etw./(in/bei etw.) (gut/glänzend/...) **zurechtkom-
   men**   Ga 6.7
mit jm./etw. (in/bei etw.) nicht/schlecht/... **zurechtkom-
   men**   Ga 8.1
etw. (wieder) **zurechtrücken**   Ga 5.5
jn. (anständig/ordentlich/...) **zurechtstauchen**   Cc 24.46
jn. **zurechtweisen**   Cc 24.32
jm. gut **zureden**   Dc 1.77
jn. übel/anständig/ganz schön/... **zurichten**   Cc 26.10
zurück sein (in/mit etw.)   Aa 6.67
es gibt (da/bei .../...) kein **Zurück** (mehr)   Aa 6.5
hinter jm. **zurückbleiben** (in etw.)   Ig 2.1

solange/soweit ich/du/... **zurückdenken** kann/
   kannst/...   Aa 1.11
zu sich selbst **zurückfinden**   Cc 6.40
weder vor noch **zurückgehen**   Aa 6.28
jn. weit hinter sich **zurücklassen**   Ig 1.19
etw. **zurücknehmen**   Dd 2.1
(etwas/ein wenig/...) **zurückstecken** (müssen)   Cc 12.4
   Fb 9.3
(sie) nicht alle **zusammen** haben   Cd 12.6
(sie) nicht mehr alle **zusammen** haben   Cd 12.33
in sich **zusammenfallen**   De 25.86
sich da was/(etwas) **zusammen**reden/lesen/schreiben/
   rechnen/fabrizieren/...   Ha 15.18
das ganze Haus/die ganze Nachbarschaft/... **zusammen-
   brüllen**   Cb 11.23
eine bunt **zusammengewürfelte** Gesellschaft/...   If 4.12
sein Geld/seine Pfennige/... **zusammenhalten** (müssen)
   Fb 9.1
etw. im **Zusammenhang** sehen/beurteilen/... (müssen)
   Ie 1.22
etw. mit etw./jm. in **Zusammenhang** bringen   Ie 1.20
etw. aus dem **Zusammenhang** reißen   Ie 1.23
in/im **Zusammenhang** stehen mit etw.   Ie 1.21
sich (so) **zusammenläppern**   Ia 5.16
zusammenleben   Ed 1.31
sich **zusammennehmen**   Cb 20.4
sich etw. (auch) nicht (mehr) **zusammenreimen** können
   Cd 2.22
sich **zusammenreißen**   Cb 20.4
jn. **zusammenscheißen**   Cc 24.47
jn. **zusammenstauchen**   Cc 24.46
einen **Zusammenstoß** mit jm. haben   Gc 3.16
zuschanden werden   Ac 11.12
einen Wagen/... **zuschandenfahren**   Ab 5.13
ein Pferd/... **zuschandenreiten**   Ab 3.72
kannst du/kann er/kann der Peter/... ruhig **zusehen**, wie
   ...?   Fa 8.10
jetzt/dann/... muß/soll j. **zusehen**, wie ...   Ga 6.28
tatenlos **zusehen**, wie ...   Fa 8.8
zusehen müssen, wie man mit etw. fertig wird/aus e-r S.
   wieder herauskommt/...   Ga 6.28
zusehends besser/kritischer/unsympathischer/... werden
   Aa 6.39
jm. hart **zusetzen**   Gc 2.11
dem Bier/dem Wein/... fleißig **zusprechen**   Hd 6.37
dem Essen/... fleißig **zusprechen**   Hd 4.31
das/so was/... ist doch kein **Zustand**!   Cc 33.7
es ist doch kein **Zustand**, wenn .../daß ...   Cc 33.7
das sind **Zustände**!   Cc 33.8
das/so was/... sind doch keine **Zustände**!   Cc 33.7
(das sind) unhaltbare **Zustände**   Cc 33.9
ich/er/Peter/... kriege/kriegt/... **Zustände**, wenn
   .../...   Cb 15.10
(das sind) **Zustände** wie im alten Rom!   Ac 10.10
   Cc 33.11
etw. **zustande** bringen   Ga 6.10
Zutritt haben zu jm./bei Hofe/...   Ea 7.34
freien **Zutritt** haben zu etw.   Ea 7.34
ohne js. **Zutun** etw. realisieren/...   Fa 24.5
zuungunsten von jm.   Hb 14.41
jm. ist etw./alles **zuviel**   Id 14.4
was **zuviel** ist, ist zuviel!   Ia 1.30
besser **zuviel** als zuwenig   Ib 1.41
Zuwachs bekommen/kriegen   Ba 1.14
jm. **zuwider** sein   Eb 2.29
sich js. Zorn/Unwillen/... **zuziehen**   Eb 2.48
seinen Gefühlen/Empfindungen/... keinen **Zwang** an-
   tun/anzutun brauchen   Dc 3.1

unter **Zwang** stehen   Fa 21.7
in einer **Zwangslage** stecken   Fa 21.4
lies das Buch/... und **zwar** ganz/gründlich/mit Muße/
  von vorne bis hinten/...   Ib 1.2
einen **Zweck** haben   Ha 14.4
keinen **Zweck** haben   Ha 15.6
seinen **Zweck** erfüllen   Ha 14.5
der **Zweck** heiligt die Mittel   Dd 3.41
das/etw. ist nicht der **Zweck** der Übung   Db 4.109
dazu gehören **zwei**!   Cc 26.64
so sicher sein wie zweimal **zwei** vier ist   Ih 1.9
sich im **Zweifel** sein, ob ...   Cd 16.21
das/eins/etw. steht außer **Zweifel**   Ih 1.3
es unterliegt keinem **Zweifel**, daß ...   Ih 1.4
es besteht kein **Zweifel** darin, daß ...   Ih 1.4
jn. über etw. im **Zweifel** lassen   Dc 4.7
js. Worte/... in **Zweifel** ziehen   Db 6.2
auf keinen/nicht auf einen/nie auf einen grünen **Zweig**
  kommen bei jm./in/...   De 25.67
ein **Zweihundert/200-Prozentiger** sein   Ic 10.18
jeder **zweite** *(+ Subst.)*   Aa 5.2
etw. können/sein Handwerk verstehen/... wie kein/
  (kaum ein) **zweiter**   Ic 3.6

j. kann arbeiten/singen/Fußball spielen/interpretiert ein
  Stück/... wie kein **zweiter**   Ig 1.2
ein **zweiter** Caruso/Gründgens/Balzac/... sein   Ic 3.9
aufs **Zwerchfell** wirken   Cb 10.25
sich in einer (richtigen/...) **Zwickmühle** befinden
  Ga 4.38
in eine **Zwickmühle** geraten   Ga 4.33
in einer (richtigen/...) **Zwickmühle** stecken   Ga 4.38
jn. in einen **Zwiespalt** bringen/stürzen   Ga 4.43
in einem **Zwiespalt** stecken   Ga 4.37
mit jm. **Zwiesprache** halten/führen   Dc 3.66
Zwietracht säen/stiften (unter den Leuten/...)   Gc 3.7
dünn wie ein **Zwirnsfaden** sein   Ca 4.14
an einem (dünnen) **Zwirnsfaden** hängen   Ih 4.15
über einen **Zwirnsfaden** stolpern   De 25.49
sich in einem **Zwischenstadium** befinden   Aa 6.83
in der **Zwischenzeit**   Aa 1.53
jm. eins **zwitschern**   Cc 26.29
jm. ein paar **zwitschern**   Cc 26.29
einen **zwitschern**   Hd 6.4
fünf nach **zwölf**   Aa 1.73
fünf vor **zwölf**   Aa 1.73

Such- und Stichwortregister

Abfuhr Ea 10
abgemagert Ca 4
abgespannt De 23
abhauen Ab 7
abholen (am Bahnhof . . .) Ea 7
abkanzeln Cc 24
Ablehnung Db 14
(Ausdrücke der) Ablehnung Db 15
Abneigung Eb 2
absahnen Hb 11
Abscheu Cc 32
Absicht Dd 3
abwälzen (Schuld) Dd 11
abwälzen (Verantwortung) Cc 22
Achtung Db 18
ähnlich If 2
(ungute) Ahnung Cd 14
Akzente setzen Ha 3
(aber auch) alle(s) Ia 2
allein (einsam) Ia 4
allmählich Aa 10
alt Bb 2
(schon) älter Bb 2
altmodisch Aa 21
sich ändern If 5
Anerkennung Db 18
(Ausdrücke der) Anerkennung
  Db 18
anfangen Aa 7
anflehen Fa 15
anführen (Argumente) Dc 5
angeben Cc 11; Dc 1; Id 2
schlecht angesehen Cc 10
Angewohnheit Aa 4
Angst Gb 6
Angsthase Gb 6
angucken Ac 6
(wieder) anknüpfen an Dc 5
nicht ankommen gegen Fa 22
Anlaß Dd 9
anlaufen (anfangen) Aa 6
jn. anmachen Ha 4
anpacken (rangehen) De 12
(vielleicht) was anrichten Hb 5
anschauen Ac 6
(den) Anschein (wahren) Cc 15
jn. anschnauzen Cc 24
anschneiden (Thema) Dc 5
(sich) (genau) ansehen Ac 6
anständig Cc 4
anstecken (Feuer) Ac 12
(vielleicht) was anstellen Hb 5
Anstoß (erregen) Cb 14
sich anstrengen De 13
antreiben Fa 18
(sich) anvertrauen Dc 3
sich gut, schlecht anziehen Ca 1
arbeiten De 12
arbeiten als . . . De 15
arbeitslos De 15
Ärger Cb 14; Cb 15; Cb 16
argumentieren Dc 5
Armut Fb 7
(so seine) Art Cb 1
auf . . . Art und Weise Ie 1
aufbrechen Ab 7
aufdecken (offenlegen) Dc 3

aufgeben Gc 11
aufgeben (Hoffnung) Db 9
aufhören Aa 8
aufmerksam De 1
aufmöbeln Fa 18
aufmuntern Gb 7
aufnehmen (bei sich) Ea 7
aufpassen De 1; Gb 2
aufregen Cb 15
aufrichtig Cc 13
aufschieben Aa 11
aufteilen Fb 2
jn. aufziehen Cb 9
Ausbildung Cd 19
Ausdauer De 3
ohne Ausdauer De 4
auseinandergehen Ac 11
Auseinandersetzung Gc 3
(innerlich) ausgebrannt De 23
ausgezeichnet Ic 4
sich auskennen Cd 15
mit jm. (gut) auskommen Ec 1
mit jm. nicht, schlecht auskommen
  Ec 2
ausloten Dc 3
alle(s) ohne Ausnahme Ia 2
ausnutzen Hb 9; Hb 10
jn. ausquetschen Hb 10
Ausrede Cc 14
sich ausruhen Ab 3
ausrutschen Ab 3
jn. ausschimpfen Cc 24
aussehen Ca 1
Bankrott De 25
von Bedeutung Ha 4
jn. bedrücken Cb 3
sich beeilen Aa 14
beenden Aa 8
Beerdigung Ba 7
sich befreien Fa 16
begabt Cd 3; Cd 7
Begeisterung Cb 2
begnadigen Ba 6
begreifen Cd 1
nicht begreifen Cd 2
begrüßen Ea 6
beherbergen Ea 7
jn. (total) beherrschen Fa 10
(sein Metier) beherrschen Cd 15
Beherrschung Db 20
Beherrschung (verlieren) Cb 17
jm. beibringen Cd 19
Beifall Db 13
beipflichten Db 13
(gutes) Beispiel Cc 5
Beitrag (leisten) Ga 12
(sattsam) bekannt Cd 17; Cd 18
jn. beknieen Ga 11
sich bekriegen Gc 3
beleibt Ca 4
Beleidigung Cb 13
schlecht beleumdet Cc 10
jeder beliebige Ia 8
sich bemühen De 13
benachteiligt Hb 14
(gutes) Benehmen Ea 11
schlechtes Benehmen Ea 12

beobachten Ac 6
Berechtigung Db 20
bereitwillig (tun) Hc 1
bereuen Cc 30
berücksichtigen Ha 1
nicht berücksichtigen Ha 2
Beruf De 15
jn. nicht berühren Ha 5; Ha 9
besänftigen Cb 17
bescheiden Cc 12
Beschränkung (maßhalten) Id 1
beschwören Db 10
besiegen Gc 12
bei Besinnung Bc 4
Besitzwechsel Fb 2
besoffen Hd 6
besonders Ha 7
bestrafen Cc 25; Cc 26
nicht bestrafen Cc 27
Besuch Ea 5
sich beteiligen De 17
beten Cc 35
beteuern Db 10
betonen Ha 3
Betrachtungsweise Db 4
sich betrinken Hd 6
betrübt Cb 3
betrügen Cc 16; Ed 4
Bevölkerungsvermehrung Ba 1
bewältigen Ga 6
nicht bewältigen Ga 8
in Beziehung zu Ie 1
Beziehungen Ea 4; Fa 6
bezüglich Ie 1
bezweifeln Db 6
billig Fb 13
bitten Ga 11
blöd Cd 10; Cd 12
Blödsinn (machen) Cb 8
blond Ac 5
bluten Ba 4
borniert Cd 11
(ausgesprochen) böse Cc 8
boshaft Cc 8
brauchen Ha 10
nicht brauchen Ha 11
(im) Brennpunkt Fa 1
ohne, mit Brille Ac 6
nichts bringen De 28
bummeln (spazieren) Ab 3
bunt Ac 5
büßen Cc 28
couragiert Gb 5
daherreden Dc 1
dahinterkommen Cd 1; Cd 9
dankbar Ga 12
danken Ga 13
Dankesformeln Ga 13
(immer) dasein (für jn.) Ga 12
(immer) dasein (wenn man gebraucht
  wird) Hc 1
immer (wieder) dasselbe Aa 4; If 7
nicht immer dasselbe (tun) If 6
Dauer Aa 2
dauernd Aa 2
(nochmal) davonkommen Ab 8
deichseln Fa 6; Ga 6

denken, daß ... Db 4
dick Ca 4
Diebstahl Cc 19
der Dingsbums Ia 8
Diskussion Dc 5
Distanz Ea 10
sich distanzieren Db 14
disziplinlos De 4
doof Cd 10; Cd 12
dreckig Ac 9
dreist Cc 9
(Ausdrücke der) Drohung Cc 25
Druck (ausüben) Fa 20
dumm Cd 10
dunkel Ac 4
dünn Ca 4
durch und durch Ic 1
durcheinander (Unordnung) Ac 10
durcheinander (innerlich) Cc 6;
   Ga 2; Ga 3
durcheinander (aus dem Konzept)
   Ga 3
jn. durcheinanderbringen Ga 2;
   Ga 3
sich (bei anderen) durchfressen Fb 7
durchgreifen Fa 11
durchhalten De 3
durchschauen Cd 9
sich durchschlagen Fb 7
durchschnittlich (minderer Qualität)
   Ic 5
sich durchsetzen Gc 8
Durst Hd 5
Echo (finden) De 24
kein Echo (finden) De 25
echt ... (typisch ...) Ic 1
egal Ha 9
egal, was kommt De 8
egoistisch Hb 11
Eheleute Ed 4
Ehre De 24
ehrenhaft Cc 4
ehrgeizig De 7
ehrlich Cc 13
eigenartig (sonderbar) Cb 6
eigennützig Hb 11
eigensinnig De 9
eigenwillig Cb 6; De 9
Eile Aa 15
Einbildung Da 3
eindeutig Ih 3
erst der eine, dann der andere Aa 5
einfach (zu tun) De 19
Einfall Db 3
Einfluß Fa 6
Einflußlosigkeit Fa 13
eingebildet Cc 11
nicht eingreifen Fa 8
jn. einlochen Cc 20
auf einmal (mehreres machen) Aa 1
sich einmischen Fa 7
(wieder) einrenken Cb 17
einsam Ia 4
einschlafen (Unternehmungen)
   Aa 6
einschlafen lassen Aa 8
jn. einschränken Fa 12

sich einschränken müssen Cc 12
sich einsetzen für Ga 12
einsichtig De 10
einsperren Cc 20
einspringen De 18
(Ausdrücke des) Einverständnisses
   Db 13
im einzelnen Ic 9
Empfang Ea 7
empfindlich (Mensch) Cb 12
(Ausdrücke der) Empörung Cc 33
enden Aa 8
engstirnig Cd 11
Entfernung Ab 1
Entgegenkommen Db 13
enthüllen (offenlegen) Dc 3
(Ausdrücke der) Entrüstung Cc 25
Entscheidung Dd 6
Entschluß Dd 6
Enttäuschung De 26
Entwicklung Aa 6
entzweigehen Ac 11
erdolchen Ba 4
erdrosseln Ba 4
erfahren Cd 15
Erfahrung Cd 23
Erfolg De 24
erfolglos De 25
erfolgreich De 24
erhängen Ba 4
Erinnerung Db 1
erledigen De 16
erledigt (erschöpft) De 23
erleichtert Ga 7
erlogen Cc 14
ermuntern Gb 7
ermutigen Gb 7
im Ernst Cc 13
erschießen Ba 4
erschöpft De 23
erschrecken Da 6
Erstaunen Da 4
(Ausdrücke des) Erstaunens Da 7
ertrinken Ba 2
erwartungsvoll Fa 3
jm. erzählen (verraten) Dc 3
essen Hd 4
nichts mehr zu essen Fb 7
Essen nicht anrühren Hd 4
Exil Fa 14
fähig Cd 3
im Fall von Ie 1
fallen (hinfallen) Ab 3
fallen (im Krieg) Ba 2
falsch Cd 13; Cd 14
sich fangen (moralisch) Cc 6
Farben Ac 5
faul De 14
fehlen Ia 7
Fehler Cd 13
feiern Hd 4; Hd 5; Hd 6; Hd 7
Feindschaft Ec 2
fertig (erschöpft) De 23
fertigwerden mit Ga 7
nicht fertigwerden mit Ga 8
Film Hd 10
finden Ab 13

fleißig De 13
flennen Cb 11
auf etw. sofort fliegen Hc 3; Hc 4
fliehen Ab 7
Folge Dd 10
folgen Ab 9
Folgerung Dd 10
foppen Cb 9
fördern Hb 3
Form (Benehmen) Ea 11
keine Form (Benehmen) Ea 12
Fortbewegung Ab 3
jn. fortjagen Ab 7
frech Cc 9
frei sein (zu tun, was man will)
   Fa 23
freigiebig Fb 10
freiwillig Fa 25
fremdgehen Ed 4
fressen Hd 4
Freude Cb 2
Freundschaft Ec 1
Frieden schließen Gc 13
frieren Ac 2
froh Cb 2
frohsinnig Cb 6; Cb 7
früh Aa 1
führen (leiten) Fa 4
führen zu Dd 10
Furcht Gb 6
furzen Ac 7
ganz (unversehrt) Ac 11
Gastfreundschaft Ea 7
gebären Ba 1
verloren geben Ab 11
geboren werden Ba 1
Geburt Ba 1
geduldig Aa 11
Gefahr Gb 1
gefährlich Gb 1
Gefallen Ga 12
sich keinen Gefallen tun (mit etw.)
   Hb 6
jm. gefallen Hc 3
jm. nicht gefallen Hc 5
Gefängnis Cc 20
gefügig Fa 15
Geheimnis Dc 2; Dc 4
mit jm. gehen (Verhältnis) Ea 5
Gehör finden Dc 6
geizig Fb 11
Geizkragen Fb 11
Gelächter Cb 10
(viel) Geld haben, ausgeben ... Fb 3
kein Geld mehr Fb 4
Gelegenheit ausnutzen Hb 9
gelingen Ga 6
gemein Cc 8
gemeinsam (vorgehen) Db 16
genau (vorgehen, prüfen) Ic 9
genießen De 14
genug Ia 6
nicht genug Ia 7
Genuß Hd 2
aufs Geratewohl Dd 8
gerissen Cd 8
gern (tun) Hc 1

Geruch Ac 7
Gerücht Cd 17
gerührt Cc 2
gescheit Cd 7
geschickt Cd 5
gesellig Ea 2
schlechte Gesellschaft Cc 6
gespannt (erwartungsvoll) Fa 3
Gespräch Dc 5
Gesprächsfloskeln Dc 5
Gesprächsstrategien Dc 5
gut gestellt sein (sozial) Fa 4; Fa 5
Gestik Dc 8
gesund Bc 1
getrennt (vorgehen) Db 17
gewandt Cd 5
Gewerbe Fb 15
Gewohnheit Aa 4
Gier Hd 3
glauben Db 5
nicht glauben Db 6
gleich (wie) If 1
gleichgültig Ha 9
Glück Cb 2; Da 9
glücklich Cb 2
jm. nichts gönnen Hb 12
sich nichts gönnen Fb 9
Gott sei Dank! Ga 7
gradlinig De 5
Grausen Da 6
groß Ca 2
großzügig Cc 2; Fb 10
grün Ac 5
Grund Dd 9
gründlich (tun) Ic 8
Gruß Ea 6
Grußformeln Ea 9
Gültigkeit Dd 6
Gunst Eb 1
günstig Hb 7
nach Gutdünken Dd 8
gutgläubig Da 2
gütig Cc 1
nichts haben von Hb 13
unbedingt haben wollen Hd 3
nichts Halbes und nichts Ganzes
  Ic 6
Handel Fb 15
handeln Dd 7
Handlungsfreiheit Fa 23
Handschrift Cd 20
hartherzig Cc 3
hartnäckig De 8
häßlich Ca 1
hau ab! Ab 7
häufig Aa 3
Heimat Ba 1
heimlich Cc 17
heiraten Ed 3
hell Ac 4
helle Cd 7
herabsetzen Db 19
heranziehen Ha 1
herausfordern Gc 1
sich heraushalten De 17; Fa 8
aus jm. etw. herausholen (wollen)
  Hb 9

herauskommen (aus dem Haus) Ea 2
nicht herauskommen (aus dem
  Haus) Ea 3
aus jm. etw. herausquetschen Hb 10
herausschlagen (wollen) Hb 9
herausstellen (besonders) Ha 3
herrschen Fa 11
hervorheben Ha 3
hervorragend Ic 4
herzensgut Cc 1
herzlich Cc 2
heulen Cb 11
Hilfe Ga 12
Hilfestellung Ga 12
hilfsbereit Ga 12
hinausschmeißen Ea 10
hindern Hb 4
hinfallen Ab 3
hinführen zu Dd 10
hingerichtet werden Ba 2
hinkriegen Ga 6
hintenherum Cc 17
hochgeschossen Ca 2
höchstens Ib 1
Hochwasser Ac 3
hoffen Db 7
Höhepunkt (einer Entwicklung)
  Aa 6
hören (auf jn.) Dc 6
nicht hören (wollen) Dc 7
hören (bei jm., Univ.) Cd 19
Hunger Hd 4
Illusion Da 3
illusionslos Da 1
informieren Cd 15
initiieren Aa 7
intelligent Cd 7
jn. interessieren Ha 4
ironisch Cb 7; Cb 9
Irreführung Cc 16
Irrtum Cc 16; Db 21
Jahreszeiten Ac 1
jeder, der da gerade ... Ia 8
Jubel Cb 2
jung Bb 1
Justiz Cc 20
kalt Cc 3
Kampf Gc 4
kämpfen Gc 3; Gc 4; Gc 6
kapieren Cd 1; Cd 9
kaputt Ac 11
kaputtmachen (zerstören) Ac 12
Kartenspiel Hd 9
kennen Cd 15; Cd 17; Cd 18
Klage Cb 3
Klage (Gericht) Cc 20
etw. klappt gut Aa 8; De 24
etw. klappt schlecht Aa 8; De 25
klar (evident) Ih 1
klargehen Ga 6
Klasse sein Ic 4
klauen Cc 19
klein Ca 2
(sich über) Kleinigkeiten (ärgern)
  Ia 3
kleinlich Ic 10
klug Cd 7

knauserig Fb 11
(kleiner) Knirps Ca 2
kochen Hd 4
komisch (sonderbar) Cb 6
kompliziert De 20
Konsequenz (haben) De 5
Konsequenzen Dd 11
(gute) Konstitution Bc 1
Kontakte Ea 4
kontrollieren Ac 6; Ic 9
keine Konzentration haben De 2
Körpersprache Dc 8
Korrespondenz Cd 20
kräftig Ca 3
krank Bc 2
Krawall Dc 9
kriechen Ab 3
Krieg Gc 4
kriminell Cc 20
Kritik Db 19
kritisieren Db 19
Kulminationspunkt Aa 6
Kummer Cb 3
kurzerhand Aa 19
kurzsichtig (engstirnig) Cd 11
lachen Cb 10
Lage Ab 1
kritische Lage Ga 4
lang (hochgeschossen) Ca 2
langsam Aa 11; Ab 3
langweilig Aa 20
langwierig Aa 12
Last (für jn.) Dd 11
(gute) Laune Cb 4
(schlechte) Laune Cb 5
lauschen Dc 6
laut Dc 9
gut leben Fb 6
(noch) lebendig Ba 6
Lebenserfahrung Cd 23
lecker Hd 4
lehren Cd 19
leicht (zu tun) De 19
leichtsinnig Gb 4
Leid Cb 3
leid sein Hc 6
jm. leidtun (was er gemacht hat)
  Cc 30
leise Dc 9
leiten Fa 4
lernen Cd 19
Leumund Cc 10; Cd 17
Liebe Ed 1
nichts lieber (tun) als Hc 3; Hc 4
Liebesbeziehung Ed 1
Linie (haben) De 5
Lob Cc 23
sich lohnen De 27
sich nicht lohnen De 28
was ist los? Ga 1
lösen (Schwierigkeiten) Ga 6
losgehen (auf jn.) Gc 2
loslegen Aa 7
Lösung Ga 6
Lösung (suchen) Dd 5
Lüge Cc 14
lukrativ De 27

E Haltung zu den Mitmenschen

Ea Umgang
Ea 1 Unterkunft, Wohnung
Ea 2 gesellig: unter die Leute kommen (wollen), warmwerden mit
Ea 3 ungesellig: einsam und allein leben (wollen); nicht aus dem Haus kommen
Ea 4 Kontakte
Ea 5 (nicht) besuchen
Ea 6 begrüßen
Ea 7 Gastfreundschaft: empfangen, aufnehmen
Ea 8 (sich) verabschieden
Ea 9 Grußformeln
Ea 10 Distanz, Abfuhr: jn. schneiden; zum Teufel jagen; an die frische Luft setzen
Ea 11 gutes Benehmen, Form
Ea 12 schlechtes Benehmen, Mangel an Form;

Eb Zuneigung – Abneigung
Eb 1 Zuneigung
Eb 2 Abneigung

Ec persönliche Beziehung
Ec 1 gutes Verhältnis, unzertrennliche Freundschaft
Ec 2 schlechtes Verhältnis, Feindschaft; Trennung

Ed Liebe
Ed 1 Liebe, Liebesbeziehung
Ed 2 schwanger
Ed 3 heiraten
Ed 4 Eheleute; fremdgehen; sich trennen
Ed 5 Mensch - Vater - Mutter - Kind - . . .
Ed 6 Verwandtschaftsbeziehungen
Ed 7 Prostitution
Ed 8 Treue
Ed 9 nackt

F Einfluß · Macht · Verfügung · Besitz

Fa Einfluß, Macht, Druck
Fa 1 zentrale Rolle, Mittelpunkt
Fa 2 alle Blicke auf sich ziehen
Fa 3 gespannt, neugierig
Fa 4 soziale Position
Fa 5 die besseren Kreise - die kleinen Leute
Fa 6 Beziehungen; Einfluß nehmen
Fa 7 sich (dauernd) einmischen (wollen)
Fa 8 nicht eingreifen (wollen)
Fa 9 jn., eine Epoche prägen
Fa 10 Machtposition
Fa 11 politische Macht; öffentlicher Einfluß
Fa 12 eingeschränkte Macht
Fa 13 Machtlosigkeit
Fa 14 Unterdrückung
Fa 15 gefügig, unterwürfig
Fa 16 Befreiung
Fa 17 schmeicheln
Fa 18 antreiben, aufmöbeln
Fa 19 streng, scharf
Fa 20 zwingen, Druck ausüben
Fa 21 Zwang, Zwangslage: unter Druck stehen wohl oder übel tun müssen
Fa 22 Ohnmacht: nicht ankommen können gegen
Fa 23 Handlungsfreiheit; tun und lassen können, was man will
Fa 24 selbständig (handeln, leben)
Fa 25 spontan, freiwillig

Fb Verfügung, Besitz
Fb 1 Verfügung, Verfügungsgewalt
Fb 2 Besitzwechsel, Aufteilung
Fb 3 (viel) Geld
Fb 4 kein Geld (mehr) haben
Fb 5 Schulden
Fb 6 Wohlstand: gut versorgt; reich; weich gebettet; im großen Stil leben
Fb 7 Armut: sich so durchschlagen; nichts (mehr) (zu beißen) haben
Fb 8 verschwenderisch
Fb 9 sparsam
Fb 10 freigiebig, mildtätig
Fb 11 geizig
Fb 12 teuer
Fb 13 billig
Fb 14 umsonst
Fb 15 Handel und Gewerbe

G Kritische Lage · Gefahr · Auseinandersetzung

Ga Fertigwerden in schwerer Lage
Ga 1 gestörte Ordnung: was ist (denn) los (mit . . .)?
Ga 2 js. Kreise stören
Ga 3 durcheinander, unsicher; auf tönernen Füßen stehen
Ga 4 unangenehme, schwierige, ernste Lage; Zwickmühle, Sackgasse
Ga 5 (wieder) in Ordnung
Ga 6 zu Leibe rücken, bewältigen, deichseln; klargehen; aus dem Schlamassel heraus(ge)kommen (sein)
Ga 7 erleichtert
Ga 8 nicht bewältigen, nicht von der Stelle kommen mit
Ga 9 ratlos (dastehen)
Ga 10 verzweifeln, verzweifelt
Ga 11 bitten und betteln, jn. beknien
Ga 12 Hilfe: Hilfestellung; Gefallen, Hilfeleistung; Beitrag; Hilfe in der Not; Einsatz; Rat
Ga 13 jm. dankbar sein, danken; Dankesformeln

Gb Haltung in der Gefahr
Gb 1 Gefahr, gefährlich
Gb 2 aufpassen
Gb 3 vorsichtig; sicher ist sicher
Gb 4 leichtsinnig, risikofreudig, unbeschwert
Gb 5 Mut
Gb 6 Angst
Gb 7 jm. Mut machen; Formeln der Ermutigung

Gc Kampf und Streit
Gc 1 herausfordern
Gc 2 attackieren, attackiert werden
Gc 3 Streit, Auseinandersetzung; etw. im Guten, Bösen regeln
Gc 4 Militär, Kampf
Gc 5 Schutz
Gc 6 sich verteidigen, wehren; Front machen gegen; den Spieß umdrehen
Gc 7 unnachgiebig
Gc 8 sich durchsetzen
Gc 9 jn. zermürben
Gc 10 nachgeben, (zu) nachgiebig sein; jn. bei seiner schwachen Seite packen
Gc 11 aufgeben: den Rückzug antreten, die Waffen strecken